omnibus

JEANNE BOURIN

Chroniques médiévales

Le Grand Feu
Très Sage Héloïse
La Chambre des dames
Le Jeu de la tentation

Préface de Jeanne Bourin

OMNIBUS

ISBN : 2-258-03952-5   N° Éditeur : 6267
Dépôt légal : septembre 1994

SOMMAIRE

Préface

Depuis plus de trente ans maintenant, j'ai consacré mon temps et mon travail à l'époque nommée, si maladroitement — mais seulement à partir du dix-huitième siècle, — Moyen Age. Tous les historiens modernes se trouvent d'accord pour fixer comme début à cette période la chute de l'Empire romain d'Occident, au cinquième siècle, et pour lui donner comme fin le quinzième siècle, avec la découverte de l'Amérique.

Mille ans ! Il s'en est passé des événements durant ces dix siècles ! Souvent contraires les uns aux autres, toujours différents et, parfois même, totalement opposés. Il est absurde de vouloir les grouper sous une appellation unique, plutôt méprisante et aussi floue que mal structurée.

En réalité, il y aurait trois parties bien différentes à découper dans ces mille ans. La première, qui s'étend du cinquième au dixième siècle, correspond au déferlement des grandes invasions venues de l'Est avec les Huns, les Wisigoths, les Vandales, ou du Nord avec les Vikings, puis du Sud avec les Arabes arrêtés à Poitiers. Cette période est cruelle, chaotique, douloureuse et sans merci. Surviennent alors trois siècles lumineux, positifs, dynamiques, durant lesquels nos ancêtres des onzième, douzième et treizième siècles bâtissent ou rebâtissent villes, villages, hôpitaux, châteaux, routes, maisons-Dieu, monastères, ponts, églises, cathédrales, et créent des circuits de foires qui fixeront l'avenir économique de bien des régions et subsistent encore aujourd'hui en certaines d'entre elles. Non seulement, ils se révèlent de prodigieux bâtisseurs, ces aïeux médiévaux, mais ils inventeront, dès le retour de la première croisade, au tout début du douzième siècle, la civilisation courtoise, véritable révolution des mœurs qui changera du tout au tout les rapports hommes-femmes durant plusieurs siècles.

Si je me suis tellement passionnée pour ces trois siècles-là, c'est notamment que la femme y tient une place prépondérante et que la « Courtoisie » correspond à un désir de raffinement et de civilité extrêmes.

Malheureusement, le quatorzième et le quinzième siècle, qui les suivent, sont aussi calamiteux que leurs prédécesseurs étaient beaux et joyeux. Avec la Peste noire, en 1348, qui va tuer presque la moitié de la population européenne en se répandant jusqu'en Écosse et en Russie, avec la guerre de Cent Ans, qui durera en réalité cent trente années et ruinera le royaume de France par sa violence et ses destructions, avec les épidémies et les disettes qu'elle provoqua, enfin avec un roi fou, Charles VI, qui régnera quarante-deux ans, tous les acquis des grands siècles médiévaux s'écrouleront dans le malheur.

Au seizième siècle, quand notre pays émergera de ces temps de drames, on n'aura rien de plus pressé que de renier le fameux Moyen Age... Trop de générations n'avaient connu que sa face sombre et chacun s'empressa d'oublier et de rejeter une période dont on ne voulait retenir que ce qu'elle avait comporté de mauvais, de sanglant et de négatif.

Et pourtant ! Durant les onzième, douzième et treizième siècles, que de créations, d'intentions, de trouvailles diverses ! Pour les femmes, ces trois siècles-là sont les meilleurs, les plus grands. Grâce à l'abandon du Droit romain, fort misogyne comme on sait, et à la reprise d'un Droit coutumier d'origine celtique, elles bénéficient alors d'avantages, de pouvoirs, de possibilités immenses. Majeures à douze ans (les garçons le sont à quatorze), elles peuvent gérer leur fortune, tester, hériter, sans avoir à demander l'avis du père ni du mari. En classe, dans les villes et les villages, les petites filles reçoivent le même enseignement que les garçons et, une fois en âge de travailler, les femmes exercent les mêmes métiers que les hommes. C'est ainsi qu'elles peuvent devenir médecins, chirurgiens, juges, écrivains publics, apothicaires, avouées, changeresses, usurières, orfèvres, drapières, épicières, tavernières, fileresses, passementières, tisserandes, et même armateurs !

Pour tout dire, femmes et hommes se trouvent alors parfaitement égaux devant la loi. Ce bel équilibre durera jusqu'au seizième siècle. Après les désastres du quatorzième et du quinzième siècle, on reprit peu à peu le Droit romain, d'abord de façon sournoise, puis officiellement. C'est ainsi que, sous l'emprise de l'engouement pour tout ce qui venait d'Italie, deux édits du Parlement, que je juge criminels, dépouillèrent les femmes de tous leurs acquis. On décida d'aligner la majorité française sur la majorité romaine. Or à Rome, les femmes étaient considérées comme d'éternelles mineures. On supprima donc, purement et simplement, la majorité féminine dans un premier édit, du temps d'Henri II, puis un second édit, datant de la fin du siècle, acheva de dépouiller les malheureuses créatures, en leur interdisant de pratiquer les mêmes métiers que les hommes et d'avoir quelque fonction que ce soit dans l'État. Il ne leur restait plus que leurs yeux pour pleurer !

Qu'auraient pensé d'un si triste sort leurs ancêtres des grands siècles médiévaux, elles qui furent tellement bien servies par la Courtoisie ?

Dans chacun des romans que mes lecteurs vont découvrir ou relire dans ce gros volume, ils trouveront la vie quotidienne d'alors minutieusement reconstituée par mes soins. En effet, j'ai toujours voulu rassembler, pour tous mes livres, une documentation scrupuleuse, détaillée et aussi rigoureuse que pour un ouvrage d'Histoire pure. C'est ainsi qu'en ce qui concerne *La Chambre des dames* et *Le Jeu de la tentation*, j'ai passé trois ans à travailler, dans l'ombre bienveillante de Régine Pernoud, notre grande médiéviste, aux Archives de France. Trois années de recherches et de découvertes aussi variées que passionnantes.

Ne faut-il pas connaître une infinité de détails quand il s'agit de décrire avec précision la vie journalière d'une famille ainsi que chacune de ses occupations ? J'ai dû apprendre le travail des orfèvres, des enlumineurs, des médecins, des bourreliers, des apothicaires et de bien d'autres professions encore. On doit ne rien ignorer des programmes scolaires, de la durée des voyages, de la composition des repas, des ingrédients entrant dans les plats et les sauces, des produits de beauté du temps, des remèdes, baumes et élixirs, des tissus dont sont faits les vêtements, de la largeur des rues, des textes des poèmes... Rien ne doit être laissé dans l'ombre. On doit tout éclairer, tout mettre sous les yeux du lecteur.

Si j'ai mis sept ans à composer *La Chambre des dames*, c'est qu'à la suite des trois années nécessaires à parfaire ma documentation, il m'en a fallu quatre encore pour insérer les fruits de mes recherches dans la trame romanesque que j'avais choisie. Et ce n'est pas chose aisée ! Il ne convient pas que cette documentation écrase de son poids le récit, mais il est indispensable, néanmoins, de ne jamais s'en éloigner, et je me suis toujours efforcée de respecter le plus infime détail, la plus humble particularité.

En effet, si l'auteur souhaite amener ses lecteurs à faire partager son enthousiasme pour une époque, il doit lui en révéler chaque aspect, chaque facette, chaque caractère. On ne peut aimer que ce que l'on connaît et, pour connaître le vrai Moyen Age, tel qu'il m'est apparu à travers les documents étudiés aux Archives ou à la Bibliothèque nationale, tel qu'il revivait devant mes yeux au terme de tant de recherches, je ne disposais pas d'autres moyens qu'une rectitude parfaite au service d'un labeur acharné.

Mais le travail ne suffit pas non plus. Il faut s'efforcer de donner à l'Histoire, cette « petite science conjecturale », dont parlait avec désinvolture Paul Valéry, une réalité indispensable à sa crédibilité. L'entreprise consiste alors à ressusciter ce grand squelette, à l'envelopper d'une chair vivante, frémissante, et à lui redonner une âme. C'est à travers sa propre sensibilité, agissant comme un philtre, que le romancier, scrupuleux dans sa quête de vérité, mais porté par la puissance de son imagination, apportera à son sujet cette densité qui permettra à ses lecteurs de s'attacher à l'époque choisie comme s'ils l'avaient vraiment vécue.

Ce que je fis pour *La Chambre des dames*, puis pour *Le Jeu de*

la tentation, je le fis également pour mes autres livres : *Très Sage
Héloïse*, dont la passion pour Abélard me fascina, *Le Grand Feu*,
brûlant d'un amour tout aussi démesuré.

Le pouvoir du roman, sa raison d'être peut-être, n'est-ce pas de
nous faire partager la vie d'autrui comme si elle était la nôtre ? De
nous faire éprouver ses sentiments, de nous entraîner dans sa
destinée ? Le roman nous fait sortir de nous-même pour nous offrir
des expériences que notre simple passage sur la Terre ne nous
permet pas d'accomplir, parce que nous demeurons dans un temps
donné, une condition particulière, des lieux circonscrits, une personnalité qui nous est propre. Flaubert disait : « Lisez pour vivre ! »
C'est-à-dire pour connaître mille existences différentes de la nôtre
à travers une connaissance élargie aux dimensions du monde.

Par le truchement des personnages qui vivent sous nos yeux et
nous permettent ainsi, peu à peu, de nous identifier à eux, nous
pénétrons dans un univers magique. Souvent, des créatures inventées
nous apparaissent à la fois plus vraies que nature et plus proches
de notre cœur. Ce phénomène d'identification à des êtres, des
situations, des événements qui ne relèvent pourtant que de l'imaginaire, même s'ils s'appuient (ce qui est en particulier le cas pour
Héloïse) sur des personnalités et des faits réels, ce phénomène
étonnant est la justification même du roman « historique ».

C'est pour cette raison que je préfère maintenant l'appeler
« roman dans l'Histoire ». C'est en effet en alliant l'imagination,
certes contrôlée, mais néanmoins créatrice, aux récits puisés dans
les sources des archives de Paris ou de la province, si riches en
ce domaine, que le romancier trace pour son lecteur un chemin qui
peut le conduire au goût et à l'admiration de l'Histoire.

Au cours de certaines séances de signatures, il m'est arrivé parfois
de voir s'approcher de ma table des inconnus qui m'ont expliqué
qu'ils avaient commencé par lire tel ou tel de mes romans avant
de se familiariser assez avec l'Histoire pour souhaiter mieux la
connaître. A travers mes livres, ils avaient appris à apprécier le
récit historique, leur curiosité s'était éveillée, et ils avaient enfin
osé aborder les grands historiens contemporains. Que souhaiter de
mieux ? Prendre ainsi par la main un lecteur, indifférent jusque-là
à notre passé commun, et lui faire découvrir ce qu'il y a de
passionnant et d'enrichissant dans cette recherche de nos racines,
dont est faite l'Histoire, n'est-ce pas réussir une sorte de conversion ?

J'aime mon travail, et j'aime faire partager mes enthousiasmes
à ceux pour lesquels j'écris. Si j'ai passé tant d'années à reconstituer
méticuleusement la vie quotidienne médiévale, c'est pour deux
raisons. La seconde, je viens de vous le dire, c'est à cause de
l'importance du rôle joué par les femmes durant les grands siècles

médiévaux. Quant à la première raison, la plus importante à mes yeux, c'est la place essentielle que Dieu tenait dans la pensée de nos aïeux de ces temps-là. Pour eux, Dieu était au centre du monde. Il était *le* centre du monde. Et c'est pourquoi nos ancêtres des onzième, douzième et treizième siècles faisaient montre d'une gaieté à toute épreuve, au propre sens du mot. Nombre des ouvrages qu'ils nous ont laissés en portent témoignage. Certes leur vie était rude. Mais ils avaient eu une idée magnifique en inventant un huitième péché capital : le péché de désespérance ! Ils jugeaient que, dans un monde racheté, sauvé par le Christ et régénéré, en dépit des tragédies, des malheurs, des maladies, qu'ils connaissaient, tout comme nous, ils n'avaient pas le droit de douter de l'aide de Dieu. Que c'était l'unique faute impardonnable, le péché contre l'Esprit, le péché de Satan. N'y a-t-il pas là un superbe exemple à suivre, de nos jours où tant de nos contemporains, malmenés et désemparés, cèdent à la dépression et au vertige du néant ?

Ce n'est pas sans raison que j'ai choisi l'époque médiévale pour cadre de tant de mes romans. Parmi le si riche héritage que nous ont légué ces ancêtres lointains, le plus précieux n'est-il pas cette douce espérance qui les dressait avec tant de courage contre le renoncement et la négation ?

Puissent mes lecteurs en retrouver ici l'écho !

Juillet 1994.

LE GRAND FEU

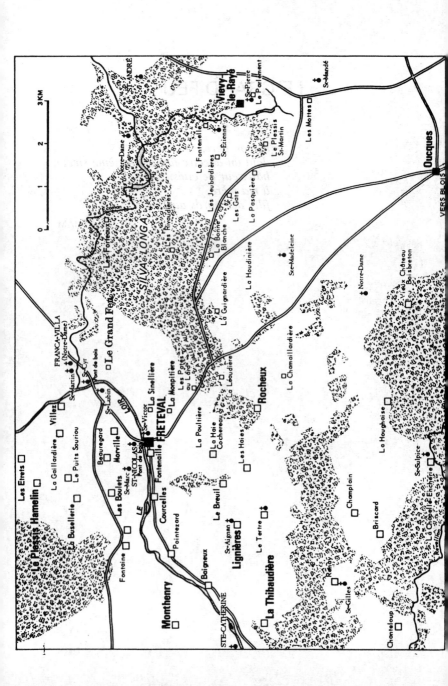

PRINCIPAUX PERSONNAGES

PREMIÈRE PARTIE

GERVAIS-LE-VAVASSEUR. 42 ans. Vigneron du baron de Fréteval.

PERRINE. 36 ans. Femme de Gervais-le-vavasseur.

AVELINE. 16 ans. Fille de Gervais et de Perrine.

ROLAND. 19 ans. Neveu du vavasseur et frère aîné d'Isambour. Moine.

ISAMBOUR. 15 ans. Nièce du vavasseur. Sœur de Roland.

BERNOLD. 24 ans. Maître verrier. Normand.

MAYEUL. 23 ans. Imagier. Ami de Bernold.

FOUCHER DE MESLAY. 56 ans. Baron de Fréteval.

HILDEBURGE. 40 ans. Épouse de Foucher de Meslay.

NÉVELON. 23 ans. Leur fils aîné.

BENOÎT-LE-MANGEUR. 54 ans. Meunier de Fréteval.

GILDAS. 17 ans. Son fils.

DAIMBERT. 23 ans. Sergent fieffé de la forêt de Silva Longa.

ADÈLE DE BLOIS. 14 ans. Épouse d'Étienne de Blois et fille de Guillaume le Conquérant.

MABILE. 65 ans. Mère de Perrine.

RICHILDE. 67 ans. Mère de Gervais.

FRÉMIN-LE-TORD. 60 ans. Oncle de Gervais. Bossu.

AUBRÉE. 32 ans. Épouse de Garin-le-monétaire.

HELVISE. 15 ans. Leur fille.

THIBAUD III. 50 ans. Comte de Blois.

ERMENGARDE. 80 ans. Tante de Foucher de Fréteval.

MAHAUT. 60 ans. Sa fille.

DEUXIÈME ET TROISIÈME PARTIES

BERNOLD. 42 ans. Maître verrier, époux d'Isambour.

ISAMBOUR. 33 ans. Femme de Bernold.

ALIAUME. 17 ans. Leur fils aîné. Travaille avec son père.

GRÉCIE. 13 ans. Leur fille aînée.

PHILIPPA. 7 ans. Leur deuxième fille.

AUBIN. 5 ans. Leur deuxième fils.

DOETTE. 18 mois. Leur dernière fille.

OGIER. Nouveau-né.

ROLAND. 37 ans. Moine infirmier de Marmoutier. Frère d'Isambour.

AVELINE. 34 ans. Cousine d'Isambour. Brodeuse de la comtesse Adèle.

GERVAIS-LE-VAVASSEUR. 60 ans. Vigneron. Père d'Aveline.

PERRINE. 54 ans. Sa femme.

MAYEUL. 41 ans. Maître d'œuvre. Ami de Bernold.

GILDAS. 35 ans. Meunier.

BASILIE. 31 ans. Sa femme.

JULIANE. 13 ans. Leur fille adoptive.

DAMIEN. 11 ans. Leur fils adoptif.

DAIMBERT. 41 ans. Sergent fieffé.

ADÈLE DE BLOIS. 32 ans. Comtesse régnante.

ÉTIENNE DE BLOIS-CHARTRES. Comte régnant, son mari.

AUBRÉE. 50 ans. Femme de Garin-le-monétaire. Amie d'Isambour.

GARIN-LE-MONÉTAIRE. 52 ans. Monétaire de la cour de Blois. Mari d'Aubrée.

ODON-LE-TAPISSIER. 45 ans. Artisan normand.

ADELISE. 15 ans. Fille d'Odon-le-tapissier.

JEHAN-LE-SECRÉTAIRE. 30 ans. Homme de confiance de la comtesse Adèle.

SALOMON DE FRÉTEVAL. Tuteur du jeune héritier de la seigneurie de Fréteval en l'absence de son père Névelon II, parti en Terre sainte.

AGNÈS DE GUERCHE. Femme de Salomon.

PERROT-LE-JARDINIER. 48 ans. Jardinier du Grand Feu.

MARGISTE. 43 ans. Sa femme. Servante d'Isambour.

SANCIE. 15 ans. Leur fille. Chambrière.

BERNARDE. 39 ans. Veuve. Mère de Rémi-l'apprenti.

RÉMI. 17 ans. Apprenti de Bernold.

GERBAUT-LE-MAISNÉ. 42 ans. Souffleur de verre.

AMALBERGE. 40 ans. Sage-femme. Épouse de Gerbaut-le-maisné.

HAGUENIER. 20 ans. Leur fils. Aveugle et musicien.

Le Seigneur a mis devant toi l'eau et le
feu, étends la main vers ce que tu préfères.

Livre de Sirac Le Sage,
15, 15-20

PREMIÈRE PARTIE
EN MANIÈRE DE PROLOGUE

LA CHAPE DE FEU

Juin 1081

1

La vieille Ermengarde s'éveilla la première. Avec l'âge, le
sommeil s'amenuise. Elle se dressa sur un coude et huma l'air à
petits coups, en dressant le nez vers les solives du plafond, comme
font les chiens qui flairent le vent.

La mesnie[1] et les hôtes de son neveu, Foucher de Meslay,
seigneur de Fréteval, dormaient d'un sommeil épais. Les mets et les
vins servis durant le souper avaient alourdi les corps, embrumé
les cervelles.

Ermengarde s'essuya le front. Il faisait chaud. Trop chaud pour
un début juin. Pénétrant dans la pièce par trois hautes fenêtres
étroites, une légère haleine, que la nuit tiédissait à peine, ne suffisait
pas à combattre les relents de sueurs nocturnes ni les remugles
d'ail et de vin.

En dépit des joncs aromatiques et des iris d'eau répandus sur le
sol, malgré les brassées de menthe disséminées le long des murs,
des odeurs corporelles stagnaient autour des couches.

Transformant le donjon de bois en fournaise, le soleil avait
chauffé tout le jour les planches et les madriers de chêne avec

---

1. *Mesnie* : ensemble de ceux qui habitent la maison : famille, obligés, serviteurs.

lesquels on avait construit au début du siècle la forteresse et ses dépendances. L'intérieur de la tour en conservait la touffeur.

Il sembla à Ermengarde qu'une senteur de roussi se faufilait jusqu'à elle. D'où pouvait-elle venir ? On n'allumait plus de feu dans la grande salle du premier, située sous la chambre, depuis près de deux semaines, et, par précaution, la cuisine avait été bâtie dans la cour, à l'extérieur du donjon.

Cependant, cloisonné par des tapisseries et des tentures mobiles, pendues à des perches pivotantes, le second étage était divisé en plusieurs compartiments qui recélaient toutes sortes de recoins.

Ermengarde sentit son cœur s'affoler avant d'avoir compris pourquoi. Elle fit avec précipitation plusieurs signes de croix. A côté d'elle, dans le grand lit carré, Mahaut, sa fille, veuve déjà mûre, et les deux cousines qui l'avaient accompagnée au souper du baron, reposaient paisiblement.

La vieille femme voulut se persuader de son erreur. Tout était si tranquille. Ronflements, paroles indistinctes balbutiées au plus profond du sommeil, mouvements instinctifs des dormeurs, composaient l'habituel partage des nuitées, la rumeur familière à qui couchait depuis toujours dans les chambres communes des donjons.

Venant de l'extérieur, Ermengarde pouvait même distinguer le pas régulier du guetteur qui, du haut du parapet, montait la garde sur le chemin de ronde.

Elle devait rêver...

Pourtant, l'odeur s'accentuait, se précisait. Le roussi, bien reconnaissable à présent, s'imposait.

Ermengarde secoua sa fille par l'épaule.

— Mahaut ! Mahaut ! De par Dieu ! Réveillez-vous !

Presque en même temps, un cri jaillit des profondeurs de la vaste pièce :

— Au feu ! Au feu !

Comme un serpent de lumière, une courte flamme rampa sur la crête d'une tapisserie. La lueur soudaine, les appels qui s'élevaient nombreux, réveillèrent ceux qu'une digestion pesante tenait encore endormis.

Machinalement, Ermengarde cherchait la chemise qu'elle avait roulée et glissée la veille au soir, en se dévêtant, sous son oreiller, pour l'y reprendre au matin.

— Par tous les saints ! Il s'agit bien de vous habiller !

Nue et massive, ayant pour unique vêtement la bande de toile nouée au moment du coucher autour de sa tête, Mahaut tirait sa mère hors du lit dont elle expulsait en même temps ses cousines à demi somnolentes, arrachait le drap de lin, en enveloppait la vieille femme.

Une agitation désordonnée succédait autour d'elles à la paix du sommeil. Elles hésitèrent un instant sur la conduite à suivre.

— Allons, trancha Mahaut en se drapant dans le dessus-de-lit, il faut sortir au plus vite d'ici !

Réveillés en pleins songes, les occupants du donjon surgissaient les uns après les autres d'entre tentures et tapisseries. On s'interrogeait, on appelait, on jetait des ordres, on criait.

Hommes, femmes, enfants, affolés, nus ou vêtus à la diable de la première étoffe tombée sous la main, tournoyaient au milieu de la fumée qui se répandait, des crépitements de l'incendie, des clartés mouvantes des flammes.

— Descendez, par le Christ, descendez tous !

La voix autoritaire du seigneur de Fréteval tentait de couvrir le bruit de la panique.

— Courez au puits !

Grand, maigre, la cinquantaine largement dépassée, le baron Foucher de Meslay, en simple chemise, mais l'épée à la main, abattait tout autour de lui à violents coups de lame les molles cloisons de laine que le feu attaquait.

— Gare à l'échelle ! Pas de bousculade !

Pour rejoindre la grande salle de l'étage inférieur, il fallait emprunter une lourde échelle qui reliait la chambre commune à la vaste pièce d'apparat où s'était déroulé un peu plus tôt le souper.

Engourdis ou agités, apeurés ou déterminés à sauver leur vie coûte que coûte, les familiers, les hôtes et les serviteurs du baron se pressaient autour de l'ouverture.

Déjà impérieux en dépit de sa jeunesse, plus étoffé que son père, mais aussi grand que lui, Névelon le fils aîné de Foucher organisait la descente. Un des bâtards du château, Odon de Fréteval, qu'une longue balafre reçue au combat défigurait, le secondait.

— Place aux vieillards, aux femmes avec leurs enfants, aux malades ! Laissez-les passer !

— Prenez des couvertures ! cria Odon-le-bâtard. Tâchez d'étouffer le feu !

Alertés, la dizaine de soldats formant la garnison, qui étaient cantonnés au troisième et dernier étage de la forteresse de bois, dégringolaient par une autre échelle, arrivaient à leur tour.

— Veillez à ce que personne ne pousse son voisin, ordonna le baron Foucher. Soutenez les faibles !

La fumée s'épaississait. La chaleur devenait suffocante.

— De l'eau ! Il nous faut de l'eau ! hurla un homme jeune, planté et charpenté comme un des hêtres de la forêt, qui tentait à l'aide de couvertures d'aveugler les foyers d'incendie qui se multipliaient.

— Au nom de Dieu, Bernold, descendez, descendez ! répéta Foucher. Vous êtes mon hôte, votre vie m'est précieuse !

Des valets qui couchaient à l'extérieur de la tour, dans une cabane près de la cuisine, parvenaient justement au bas de l'échelle avec des seaux remplis. Ne pouvant monter car l'évacuation continuait, ils les firent circuler de main en main jusqu'aux soldats.

Bernold s'empara de l'un des seaux et en jeta à la volée le contenu sur un lit qui se trouvait à sa portée. Les matelas de laine ou de fougères sèches, les couettes de plumes, les oreillers s'enflammaient les uns après les autres. Les joncs et les iris qui couvraient le sol commençaient, eux-mêmes, à roussir.

— Mayeul ! s'écria Bernold, Mayeul, méfiez-vous ! La perche sous laquelle vous êtes va vous tomber sur la tête !

D'un bond, celui auquel il s'adressait et qui cherchait, lui aussi, à éteindre les flammes rampantes à l'aide d'étoffes arrachées n'importe où, recula, évitant de justesse le morceau de bois embrasé qui s'abattit sur le plancher dans une explosion d'étincelles.

Moins grand que Bernold, agile, souple comme un furet, Mayeul déployait la mobilité et l'adresse d'un animal sauvage.

— Descendez vite, mes amis, descendez tous deux, reprenait Foucher de Fréteval. Descendez ! On ne peut plus rien sauver !

A ce moment, et malgré le grondement de plus en plus obsédant de l'incendie, des hurlements de terreur percèrent le tumulte.

— Écoutez ! On appelle au secours !

Sans hésiter, Bernold et Mayeul s'élancèrent vers l'endroit de la salle d'où s'élevaient les cris.

Au milieu des flammèches qui volaient partout, de la fumée épaisse comme une nuée d'orage, gênés par les meubles et les objets que les occupants de la chambre avaient rejetés, bousculés dans leur affolement, les deux jeunes gens progressaient à grand-peine. Sous l'effet de l'atroce chaleur, le bois des murs, du plafond, du plancher, des lits, des sièges, des coffres, craquait, se fendait, éclatait autour d'eux. Rouge comme le sang, jaune comme le soufre, le feu teignait la pièce ardente de ses rutilements infernaux.

Ils parvinrent cependant près d'une fenêtre dans l'embrasure de laquelle s'étaient réfugiées deux adolescentes. Elles avaient dû croire possible de s'enfuir en sautant par cette ouverture, mais la hauteur du deuxième étage rendait irréalisable tout espoir d'évasion.

A demi nues, coincées derrière une lourde banquette renversée dont le dossier brûlait déjà, elles avaient renoncé à se faire entendre. Agenouillées, serrées l'une contre l'autre, elles priaient à haute voix, implorant Dieu et Notre-Dame.

— N'ayez plus peur !

Unissant leurs forces, les deux amis réussirent à repousser le meuble encombrant dont le chêne ciré prenait mal et qu'on pouvait encore manier.

Isambour se détacha alors de sa cousine Aveline.

Surgissant de l'enfer, une sorte de géant blond, à la nuque rasée selon la mode normande, s'avançait vers elle. Le visage noirci de suie n'était éclairé que par l'éclat des dents, et, en dépit de l'irritation due à la fumée, par un regard clair qui évoquait l'eau de la rivière au milieu de la fournaise.

« Dieu Seigneur ! On dirait l'archange saint Michel en personne ! » se dit Isambour.

— Venez.

Hors d'elle, ses longues nattes brunes battant ses cuisses, l'adolescente s'élança.

A cet instant, une des tentures utilisées afin de calfeutrer la fenêtre en hiver, et qui se trouvait rabattue contre le mur durant les beaux jours, se détacha de son support calciné pour tomber, flamboyante, sur la jeune fille qu'elle recouvrit d'une chape de feu.

Bernold se précipita. Il arracha le tissu ardent qui menaçait de transformer en torche vive celle qu'il masquait, et, pour conjurer la menace d'embrasement de la chevelure ou du léger vêtement qu'elle portait, enveloppa Isambour de la cape dont il s'était luimême revêtu au réveil.

Ils se retrouvèrent tous deux enroulés l'un contre l'autre dans le manteau flottant.

Tandis que Mayeul, de son côté, entraînait la mince et longue fille blonde qui opposait au danger un visage farouche, Bernold, tenant serrée contre lui celle qu'il venait de sauver, entreprit de retraverser en sens inverse la pièce où l'incendie qu'on avait renoncé à combattre faisait rage. Les poutres et les solives du plafond commençaient à céder. Des pans de bois carbonisés menaçaient d'en choir, barrant le passage.

A travers les tourbillons de fumée, les débris enflammés dont la chute s'accompagnait de nouvelles traînées de feu, suffoquant, à demi aveuglé, la gorge desséchée par l'air incandescent, le Normand avançait pas à pas.

De son corps en nage, d'amers effluves de transpiration se dégageaient, qui, mêlés à l'âcre odeur du bois brûlé, emplissaient les narines d'Isambour.

Maintenue pressée contre la poitrine nue de cet homme qui n'avait eu que le temps de passer ses braies rouges sous son ample manteau, l'adolescente, épouvantée, sentait sa propre peau coller à celle de l'étranger, sa propre sueur se mêler à la sienne...

Ils arrivèrent enfin à l'endroit où commençaient les degrés.

— Par mon âme ! Je vous croyais perdus tous deux ! s'écria Névelon, dont la gorge, râpée par la fumée, émettait une sorte de toux rauque. L'échelle est tombée avec tous ceux qui étaient dessus, blessant pas mal de gens. On vient de la relever. J'allais partir à mon tour, en désespérant de vous revoir ! Ce n'est plus tenable ici !

En dépit des quintes qui le secouaient, on le sentait fier de son endurance. Son père le baron Foucher l'ayant eu sur le tard, et devenant vieux, ce serait bientôt lui, le fils aîné, qui serait le seigneur. L'occasion lui semblait bonne de l'affirmer.

— Je pense pouvoir descendre toute seule, souffla Isambour.

— Avoir failli périr brûlée vive ne vous suffit donc pas ? Vous souhaitez aussi tomber de ce perchoir ? demanda Bernold sans desserrer son étreinte. Ce serait folie ! Laissez-moi vous porter encore.

La tenant toujours contre lui avec son bras gauche, tout en s'aidant du droit pour descendre, il parvint sans encombre à l'étage inférieur.

Au pied de l'échelle, des soldats de la garnison avaient apporté des seaux d'eau pour essayer d'empêcher le feu de gagner le premier étage.

— Ils n'arriveront à rien, affirma Bernold. Allons-nous-en.

Aidé de plusieurs serviteurs, Foucher de Fréteval s'affairait à retirer de la pièce aveugle du rez-de-chaussée, profondément enfouie dans le sol sous le plancher de la grande salle et qui communiquait avec elle par une trappe, des objets précieux qu'il voulait sauver du désastre. Un coffre à deniers, des armes, des paniers pleins de vaisselle d'argent et d'étain, des barils de vivres, étaient transportés à l'extérieur par des serviteurs qu'encadraient les deux frères cadets de Foucher. Un jeune chevalier, confié par un seigneur voisin au sire de Meslay afin qu'il pourvoie à son éducation, s'était chargé du lourd crucifix de bronze pendu au-dessus du fauteuil à haut dossier du baron et le transportait avec dévotion.

Auprès de l'unique porte de la salle, qui donnait sur la nuit, Aveline et Mayeul attendaient.

— Vous voici enfin ! s'écria Aveline en s'élançant vers les arrivants.

— Que Dieu soit béni qui nous a accordé de nous retrouver sains et saufs ! murmura Mayeul.

Avant d'emprunter la passerelle permettant de franchir le fossé, les quatre jeunes gens respirèrent un instant avec gourmandise l'air de juin qui, au sortir de la fournaise, leur paraissait miraculeusement léger et amical.

Isambour repoussa doucement les bras qui la tenaient encore.

— Grand merci pour votre aide, dit-elle en glissant à terre. Sans vous, nous étions perdues !

Elle ne portait que la chemise de fine toile enfilée au sortir du lit où elle avait dormi avec sa cousine et la troisième apprentie de leur atelier de broderie, invitée, comme elles deux, par la dame du château. Elle avait l'impression d'être nue. Trempé de sueur, déchiré, sali, le tissu adhérait à son corps, révélant ses formes plus qu'elle ne l'aurait souhaité.

Bernold passa à plusieurs reprises ses mains enfumées sur sa face noircie, comme pour en effacer les traces de ce qu'il venait de vivre.

— Il s'en est fallu de peu que vous ne grilliez, dit-il simplement à Isambour. N'avez-vous aucune brûlure ?

— Mes cheveux sentent le roussi et les épaules me cuisent assez bien, mais je crois que c'est tout.

— Quand j'ai vu la tenture enflammée tomber de la fenêtre, s'écria Aveline, j'ai cru votre dernière heure venue, j'ai voulu m'élancer pour l'arracher...

— Dieu merci, j'ai pu vous en empêcher ! intervint Mayeul. Mais vous vous êtes débattue comme une diablesse !

Son ton, teinté d'admiration, était flatteur.

— Vous ne la connaissez pas encore, dit Isambour, mais tout le monde vous le répétera ici : Aveline, c'est la forte tête de la famille !

La passerelle franchie, les quatre jeunes gens se dirigèrent vers la cour de la forteresse où s'étaient regroupés les rescapés de l'incendie.

Derrière eux, ainsi qu'une ruche géante en folie, le feu ronflait. Des explosions le ponctuaient.

Construit sur une motte de terre rapportée et tassée à mains d'homme, le donjon de bois dressait, à la lisière de la forêt, sa tour carrée par les fenêtres de laquelle s'échappaient maintenant d'immenses flammes et d'épaisses volutes noires. Sa haute silhouette flamboyante se détachait, telle une vision infernale, sur la clarté innocente du ciel où continuaient à brasiller paisiblement des myriades d'étoiles.

Dans la cour, tout était confusion et désolation.

Portes ouvertes, la chapelle, les granges, la cuisine, servaient de refuge. Des blessés gémissaient, se lamentaient ou lançaient des imprécations. Frappés d'effroi, des enfants pleuraient sans fin. Débordées, plusieurs mères tentaient en vain d'apaiser les plus impressionnés.

Dame Hildeburge, l'épouse de Foucher de Fréteval, qui avait pu descendre de l'étage en feu parmi les premiers fugitifs, dirigeait avec compétence les secours. Dans la petite bâtisse des étuves, où elle les entreposait toujours, elle avait pris ses coffrets d'élixirs et d'onguents, pour en distribuer le contenu à tous ceux qui en avaient besoin.

Ses traits ingrats, sans charme aucun, exprimaient une grande fermeté et cette sorte de bonté austère qui est le propre de certaines femmes dénuées de beauté. On la savait attentive à tout et à tous.

Conseillées par elle, plusieurs autres dames fabriquaient des pansements avec des draps déchirés, posaient sur les plaies des compresses de plantes médicinales, oignaient de pommade les brûlures, lotionnaient d'eau pure, puisée à la source, les yeux irrités.

Traversant les groupes à pas pressés qui soulevaient à peine sa robe de bure, frère Régnauld, moine détaché de l'abbaye de Bonneval afin de desservir la chapelle castrale, réconfortait, bénissait, priait.

La lueur fauve de l'incendie, teintant choses et gens de ses reflets sauvages, donnait un aspect démoniaque et irréel à tant de malheurs.

Dans la chapelle, au pied de l'autel, Mahaut, prostrée, récitait son chapelet auprès du corps sans vie de sa mère. Sanglant et noirci, le drap qui recouvrait la dépouille de la vieille Ermengarde était celui-là même dans lequel elle avait dormi un moment plus tôt.

— Qu'est-il arrivé à la tante du baron ? demanda Aveline.

— Elle est tombée de l'échelle avec plusieurs autres personnes et a été écrasée sous leur poids, répondit avec un sanglot une femme qui aidait à soigner les blessés.

— Elle ne peut que s'être rendue tout droit en paradis ! Elle était si vaillante, si gaie !... Nous la connaissions bien, expliqua Aveline à ses compagnons. Elle travaillait aux ouvrages de broderie avec nous, dans la chambre de la dame de Meslay. Malgré son grand âge, elle se montrait toujours d'une grande habileté.

— Elle nous contait des histoires...

Après une courte prière, les quatre jeunes gens sortirent de la chapelle.

— Comment nous rendre utiles ? demanda Isambour. Nous ne pouvons pas demeurer sans rien faire parmi tous ces gens qui souffrent.

Bernold lui jeta un regard curieux.

— C'est plutôt vous qu'il faudrait soigner, dit-il. Vous avez des brûlures aux épaules.

— C'est peu de chose. Je me soignerai plus tard.

Un cri d'effroi, jailli de dizaines de poitrines, déchira soudain la nuit. Recouverte de peaux de bœuf pour protéger la tour de la foudre ou des brandons qu'auraient pu y envoyer d'éventuels agresseurs, la toiture de planches du donjon n'avait pu résister au feu intérieur qui la dévorait. Dans un jaillissement monstrueux de particules enflammées et de débris incandescents, elle s'écroula d'un seul coup.

— Gare aux flammèches ! cria quelqu'un.

On reflua loin du second fossé.

Une enceinte extérieure, enfermant pour la défendre en cas de besoin la motte castrale ainsi que sa cour, avait été édifiée sur une levée de terre, surmontée de palissades, elle-même précédée d'un premier fossé. Les dépendances de la forteresse, chapelle, étuves, cuisine, ateliers divers, écuries, granges, étables, le four banal et la fontaine, s'y trouvaient rassemblés.

Apeurés par les cris, le fracas de l'incendie, l'agitation, les reflets de l'énorme brasier, les animaux s'agitaient derrière les portes closes de leurs abris. Les chevaux frappaient les bat-flanc à coups de sabot ; les chiens hurlaient à la mort dans le chenil ; les ânes, mulets, bœufs, vaches, moutons, brebis et porcs beuglaient, bêlaient, grognaient à qui mieux mieux. Les volailles du poulailler caquetaient, gloussaient, jargonnaient, piaulaient...

— Faites-les taire, mais, surtout, fermez bien les portes ! ordonna Névelon aux valets chargés des animaux domestiques. Si certains d'entre eux s'échappaient, c'est vous qui seriez fouettés !

— Ne craignez-vous pas que ces bâtisses ne flambent à leur tour ? interrogea Mayeul.

— Il n'y a pas de danger. Le fossé qui nous sépare du donjon est assez large pour servir de coupe-feu, assura le fils aîné de Foucher.

Venus de l'extérieur, de l'autre côté de l'enceinte couronnée de palissades, des sons de trompe, rauques et répétés, se firent entendre, transperçant le bruit de la cour.

— Je suis sûre que c'est mon père qui appelle ! s'écria Aveline. Je reconnais sa manière de sonner du cor ! De chez nous, il aura aperçu les lueurs de l'incendie ou entendu les cloches de la chapelle.

« Cette grande fille blonde a quelque chose de décidé, d'audacieux, mais aussi d'autoritaire, de vaniteux qui la rend bien différente de sa cousine », songea Bernold.

Durant le souper, il avait remarqué le groupe formé par les jeunes filles de l'ouvroir et n'était pas mécontent d'avoir eu l'occasion de porter secours aux deux plus plaisantes d'entre elles.

« Aveline ressemble à une épée tirée au clair, toujours brandie, se disait de son côté Mayeul. Isambour, elle, serait plutôt une lame encore au fourreau. »

— Va-t-on ouvrir la grande porte à ceux qui viennent de l'extérieur ? demanda-t-il.

— Certainement. Bien que personne ne puisse plus rien pour le donjon, répondit avec amertume Salomon de Fréteval, fils d'Odon-le-bâtard.

Ce cousin de Névelon, un peu plus jeune que lui, avait néanmoins partagé les jeux d'enfant puis la rigoureuse adolescence du fils que Foucher élevait sans complaisance. Plus encore que leurs liens familiaux, le service de page, puis d'écuyer, accompli par eux conjointement chez le comte de Blois, les avait unis comme des frères. Marié depuis peu, Salomon demeurait le plus fidèle ami de l'héritier du nom, récemment adoubé. Il arrivait dans la cour avec ceux qui avaient aidé au transport des objets arrachés aux flammes.

— Le portier ouvre à ceux qui sont dehors, remarqua Isambour.

— Allons voir qui arrive, proposa Aveline.

Gervais-le-vavasseur [1], père de l'adolescente, n'était pas seul. Une troupe de villageois, de tenanciers et de laboureurs, suivait le petit homme roux, à l'air tout aussi décidé que sa fille.

— Je ne m'étais pas trompée en vous annonçant, mon père ! s'écria Aveline.

— Par le manteau de saint Martin, votre mère était folle d'angoisse ! Mon devoir de vassal m'appelait ici, mais le souci que nous nous faisions pour vous deux m'a fait courir, vous pouvez m'en croire ! N'avez-vous rien, ni l'une ni l'autre ?

— Nous avons été sauvées ensemble par deux des invités du baron, dit Aveline. Sans eux, nous aurions péri ! Nous leur devons une fière chandelle !

— Où sont-ils ? Il faut que j'aille les remercier, reprit Gervais.

— Je ne sais où ils sont allés. Ils étaient avec nous il y a un instant, mais je ne les vois plus, répondit Aveline en cherchant des yeux autour d'elle.

— Ce sont deux nouveaux venus dans la région, des Normands de la suite de la princesse Adèle, la fille du Conquérant, expliqua Isambour.

Depuis son récent mariage avec le prince Étienne, fils aîné et héritier du comte Thibaud de Blois, la future comtesse avait, au su de tous, fait venir à Blois beaucoup de ses compatriotes.

— Ils ne sont pas chevaliers, ajouta Aveline. L'un est maître verrier, l'autre tailleur d'images en pierre.

Le vavasseur aperçut alors le seigneur de Fréteval qui sortait de la chapelle en compagnie de son fils aîné. Il se dirigea vers lui tandis qu'un garçon de seize à dix-sept ans, embarrassé d'un corps trop grand qui achevait tout juste sa croissance, se détachait du groupe mené par Gervais. Il s'approcha des deux cousines.

— Que le bon saint Laurent, qui protège du feu, soit béni de vous avoir sauvegardées, dit-il d'une voix enrouée. Vous auriez pu brûler dans l'incendie !

— Vous ici, Gildas ! s'exclama Isambour. Je ne pensais pas que, des bords du Loir, on eût pu voir ce qui se passait sur le plateau !

— On ne le voyait pas non plus, mais quand Tybert-Belle-Hure est arrivé devant notre moulin en criant que le château flambait et que j'ai vu le ciel tout rouge de ce côté, j'ai eu grand-peur ! Si peur, que j'ai cru rendre l'âme, termina, en baissant le nez, qu'il avait proéminent, le garçon dégingandé.

— Avez-vous tremblé pour nous deux, sire meunier, ou seulement pour Isambour ? s'enquit Aveline en riant.

— Pour vous deux, bien sûr !

---

1. *Vavasseur* : homme pourvu d'un arrière-fief ; vassal d'un vassal.

— Menteur ! J'aurais bien pu m'en aller en fumée sans que vous vous en trouviez mal pour autant !

Elle haussa les épaules avec désinvolture.

— En revanche, je constate que Daimbert, mon cher fiancé, n'a pas jugé utile de se déranger pour si peu, ajouta-t-elle sans la moindre amertume, mais en témoignant, au contraire, d'une sorte de jubilation. Il doit encore courir la fille !

— Sa charge de sergent fieffé [1] de la forêt l'oblige à faire sans cesse des tournées d'inspection dans les bois. Il n'est pas étonnant qu'il soit absent, tenta d'expliquer Gildas.

— Taisez-vous donc ! Vous cherchez toujours à blanchir ceux qu'on accuse ! lança Aveline. Ce qui n'a rien d'étonnant quand on patauge toute la journée dans la farine !

Elle se mit à rire, mais retrouva vite son sérieux.

— Peu importe, conclut-elle. Par tous les saints du paradis, il y a autre chose à faire ici et maintenant que de se soucier de Daimbert !

Le donjon achevait de brûler. Construit en un bois qui avait eu tout le temps de sécher depuis des dizaines d'années, il avait pris feu et avait flambé comme une torche de cire. L'air, chargé des émanations fuligineuses, nauséabondes, de tout ce qui avait été consumé dans la tour, aurait été irrespirable, sans le vent d'ouest qui venait de se lever en chassant une grande partie de la puanteur vers la forêt.

— Comment l'incendie a-t-il pris ? demandait Gervais-le-vavasseur à son seigneur.

— On ne sait. Il est possible qu'une chandelle ou qu'une lampe à huile se soit renversée ou ait coulé sur une tenture... Nos constructions de bois sont à la merci du moindre incident de ce genre.

— Peut-être, mais elles sont aisées à relever. En y mettant une centaine d'hommes et un bon charpentier, nul doute qu'on parvienne à reconstruire le donjon en quelques semaines.

— Entre-temps, nous utiliserons les dépendances pour nous loger... et nous irons visiter nos principaux vassaux.

Seigneur d'importance dans sa région, Foucher de Fréteval tenait un assez haut rang parmi les barons du comte de Blois pour envisager sans trop d'inquiétude le sinistre qui venait d'anéantir le cœur de sa forteresse.

— Mon père, dit alors Névelon, pourquoi ne profiteriez-vous pas de cette occasion pour rebâtir la tour en pierre plutôt qu'en bois ? Notre voisin, Bouchard-le-jeune, n'a-t-il pas procédé de la sorte à Vendôme ?

— Les vassaux de la maison d'Anjou font à leur guise, mon

---

1. *Fieffé* : doté d'un fief.

fils, nous à la nôtre. Les comtes de Blois et d'Anjou sont rivaux. Je ne veux en rien imiter un des adversaires de mon seigneur.

— La pierre a de tels avantages !

— Elle est aussi beaucoup plus onéreuse et moins facile à élever, répondit sèchement Foucher de Meslay. Moi vivant, on ne construira à Fréteval qu'en bois !

— Avec vos serfs, vos tenanciers, vos artisans, le donjon sera vite remis debout, affirma Gervais-le-vavasseur. D'ici là, ce serait un honneur pour ma maison que vous acceptiez de venir habiter quelque temps à Morville.

— Nous verrons, Gervais, nous verrons. A l'heure présente, ramenez toujours chez vous votre fille et votre nièce auxquelles notre invitation aurait bien pu coûter la vie !

Comme il avait autre chose à faire que de s'attarder plus long-temps en compagnie d'un obscur vavasseur, le baron se retourna vers son fils, lui prit le bras, et l'entraîna vers la cuisine où chacun s'affairait. On y préparait des tartines de fromage, on distribuait du lait, du vin, du jambon à tous ceux qui en demandaient.

La nuit s'achevait. A l'est le ciel devenait plus clair. Une sorte de douceur frileuse précédait le jour. Des oiseaux, que l'incendie n'avait pas dérangés, se mettaient à chanter comme à l'ordinaire. Les animaux domestiques, calmés, s'étaient tus. Seuls les coqs se faisaient à présent entendre.

— Voulez-vous, dame, que nous vous aidions ? demanda Isambour à Hildeburge qui passait, portant entre ses bras un nour-risson à la tête enveloppée de pansements.

— Merci, ma fille, l'essentiel est fait maintenant. Les femmes d'ici ont l'habitude de soigner les plaies les plus diverses. Elles connaissent les secrets des plantes... Retournez plutôt à Morville où la pauvre Perrine doit être plus morte que vive dans l'ignorance où elle est de votre sort à toutes deux.

— Il faut vous obéir, dame, dit Gervais-le-vavasseur. Cependant, s'il nous est possible de vous servir...

— Je sais, Gervais, je sais. Nos vassaux sont fidèles et nous pouvons compter sur eux. Les hommes que vous nous avez amenés nous seront très utiles. Ils suffiront.

Au milieu des allées et venues désordonnées, un peu folles des habitants de la forteresse, arrachés à leurs habitudes pour être précipités dans l'horreur, parmi tous ces gens qui s'activaient afin de retrouver un semblant d'ordre, le vavasseur, les deux adoles-centes, Gildas, après avoir cherché en vain Bernold et Mayeul, demeurés introuvables, quittèrent le château. La grande porte étant emboutillée, ils passèrent par une des poternes qui donnait accès au chemin du village.

Située à une courte distance du donjon, perchée sur une plate-forme qui terminait de manière abrupte le plateau boisé juste au-dessus de la vallée du Loir, la communauté villageoise de Fréteval, resserrée autour de son sanctuaire dédié à saint Victor, était entourée d'une enceinte défensive qui la protégeait de toute attaque inattendue.

Gervais et ses compagnons longèrent cette levée de terre sommée de pieux, descendirent ensuite vers la rivière par un sentier qui sinuait jusqu'au pied de la falaise. Non loin de là, un pont de bois permettait de gagner l'autre rive.

Le moulin de Benoît-le-mangeur, père de Gildas, s'élevant au bord de la rivière, un peu plus à l'ouest, à l'endroit où un ancien affluent avait creusé un étroit vallon, le jeune garçon quitta le groupe avant d'atteindre le pont. Personne n'avait encore parlé. Sous le coup des événements qui venaient de se produire, chacun se taisait.

— A bientôt, Gildas, dit le vavasseur. Je passerai un de ces jours au moulin.

— Nous serons toujours heureux de vous y voir, répondit le fils du meunier en s'éloignant.

Sur le pont, l'odeur de la rivière, de ses plantes aquatiques, des feuillages trempant dans son eau verte, mêlée à celle des hautes herbes de juin dont les prés regorgeaient, donna aux deux adolescentes l'impression d'un bain lustral. Leurs esprits fiévreux s'en trouvèrent rafraîchis.

De la rive gauche du Loir, à cause du recul et parce qu'on s'éloignait du coteau escarpé qui faisait écran, on voyait nettement flotter, au-dessus de l'endroit où était situé le château, un nuage de fumée qui souillait l'aube naissante.

— Pendant que nous montions vers la forteresse, dit soudain le vavasseur d'un air entendu, ce petit meunier était dévoré d'anxiété. Il m'a paru, ma belle nièce, que nous n'étiez pas étrangère à son tourment.

— Son père et lui sont de nos amis, mon oncle. N'est-il pas tout naturel qu'ils partagent vos inquiétudes dans un moment comme celui-ci ?

— Il ne s'agit pas de nous, ma perle blanche, vous le savez bien ! s'écria Aveline. Ce garçon est amoureux de vous et aurait préféré périr lui-même dans les flammes plutôt que de vous savoir en danger !

— Par pitié, ma belle, ne vous emballez pas si vite ! Vous partez, vous partez... Votre affection pour moi vous aveugle, vous fait prendre des sentiments innocents pour tout autre chose. Gildas nous aime bien, vous et moi, parce que nous sommes tous trois amis d'enfance.

— Les meuniers sont bien pourvus en deniers, reprit le vavasseur sans tenir compte de ces interruptions. N'oubliez pas que j'ai promis à mon pauvre frère, avant son départ pour le combat qui lui a coûté la vie (que Dieu ait merci de son âme !), d'assurer votre avenir, le moment venu.

— Rien ne presse...

— Vous allez sur vos quinze ans, Isambour. Il faut songer à vous établir.

— Je n'ai pas la tête à m'intéresser à de pareilles choses aujourd'hui. Je suis trop retournée par ce que nous venons de subir.

— Nous attendrons donc... mais pas trop longtemps...

— Par ma foi, vous ne rêvez donc qu'à nous marier, mon père ! lança Aveline. Vous m'avez déjà promise à Daimbert, qui est bien le sergent le plus coureur de toute la comté[1] ! Et voici que vous jetez à présent votre dévolu sur ce petit Gildas sous prétexte qu'il est épris d'Isambour ! Mais il n'est pas le seul, que je sache !

— Taisez-vous, mauvaise graine ! Vous épouserez Daimbert ! Je lui ai donné ma parole, il n'y a pas à revenir là-dessus ! Quant à votre cousine, je suis meilleur juge que vous sur ce qui lui convient ! Je ne veux que son bien !

— Je ne ferai jamais que ce que j'ai décidé de faire ! cria Aveline, rouge de colère. Ni vous, ni personne ne me briserez !

— Par tous les saints du ciel, la voici, à peine sortie du brasier, qui recommence à me défier ! Rien ne pourra donc jamais vous faire changer ? Taisez-vous, tête de mule ! ou vous passerez la journée au cachot, pour vous apprendre à braver votre père !

Aveline murmura quelques mots inaudibles entre ses dents tout en marchant d'un pas rageur auprès du petit homme roux qu'elle dépassait de plusieurs pouces, bien qu'il se redressât autant que le lui permettaient sa fureur et la brièveté de sa taille.

Habituée à calmer sa cousine, Isambour la prit par le bras et lui caressa doucement le poignet comme on flatte une pouliche trop nerveuse qui menace de lancer des ruades.

C'est ainsi que le trio parvint au bout du chemin qui, entre prés et vignes, conduisait à la demeure du vavasseur.

Vigneron du baron, Gervais habitait avec les siens une maison forte entourée d'un étroit fossé de douze pieds de large seulement et de faible profondeur, que surmontait une rangée de palissades. Construite au milieu des vignobles, à bonne distance de tout village, la maison de bois, plus haute que celles des paysans de la région, et dont le portail se trouvait coiffé d'une petite tourelle de guet, était, en dépit de ses modestes dimensions, un immense sujet de fierté pour le vavasseur ainsi que pour sa famille.

---

1. *La comté* : on mettait au Moyen Age comté au féminin. Il nous en reste la Franche-Comté.

Les aboiements de deux molosses, qu'on laissait libres d'aller et venir dans la cour durant la nuit afin de garder la maisonnée et qu'on y avait oubliés en ce début mouvementé de journée, saluèrent le retour du maître.

Une femme assez corpulente, qui attendait manifestement les arrivants, se précipita à leur rencontre, dès qu'ils eurent franchi l'épaisse porte de bois cloutée de fer.

Dans la lumière nouvelle dont les premiers rayons du soleil inondaient la vallée, la cour paisible où se dandinaient des canards était l'image même de la sécurité.

— Sainte Vierge ! Les voici enfin toutes deux, saines et sauves ! J'ai tant prié pour les revoir vivantes !

Dans un même embrassement, Aveline et Isambour furent serrées sur la poitrine généreuse de Perrine, l'épouse de Gervais-le-vavasseur. L'odeur de linge propre, de plantes potagères, de laitage qui avait imprégné leur enfance, les enveloppa derechef.

— Je crois pouvoir affirmer que, telles des salamandres, elles ont traversé l'épreuve du feu sans rien y laisser d'elles-mêmes, remarqua Gervais en faisant la grimace. La peur ne les a pas transformées !

— Mais je n'ai pas eu peur ! protesta Aveline, toujours prête à contredire son père.

— Je n'en dirais pas autant, ma tante, dit Isambour en souriant. J'ai bien cru ma dernière heure venue...

— Mais comment avez-vous pu échapper aux flammes, mes petites colombes ?

— On nous y a aidées, répondit Aveline, soudain laconique.

— Nous avons eu de la chance, ajouta Isambour.

2

Le surlendemain de l'incendie, après l'enterrement de la pauvre Ermengarde, dame Hildeburge fit dire à Perrine que, dès le jour suivant, l'atelier de broderie serait provisoirement transféré chez elle, à Morville. Depuis sa fondation quelques années auparavant, l'ouvroir se tenait dans la chambre haute de la forteresse. Le donjon détruit, en attendant que la nouvelle construction qui devait le remplacer fût édifiée, il fallait bien installer les brodeuses quelque part.

Comme tout le monde aux alentours, Perrine savait que la dame tenait beaucoup à un certain ouvrage qu'elle faisait exécuter avec le plus grand soin, allant jusqu'à y travailler elle-même. Deux de ses parentes, trois parmi les plus adroites de ses femmes, Aveline et Isambour, dont elle estimait fort l'habileté, et une jeune apprentie, nommée Basilie, fille du forgeron de Fréteval, composaient le petit groupe de ses ouvrières.

Si l'épouse du baron attachait tant d'importance à la toile de lin qu'elle faisait broder de laines multicolores, c'était qu'elle avait l'intention de l'offrir en don de bienvenue à la princesse Adèle de Normandie.

En dépit de ses quatorze ans, la princesse, appelée à devenir comtesse de Blois, à la mort de son beau-père, passait en effet pour s'intéresser très vivement aux arts et aux lettres. On vantait son goût et la qualité de son esprit. On disait qu'elle alliait les dons d'organisation de son père, Guillaume le Conquérant, roi d'Angleterre, à la finesse de sa mère, la reine Mathilde. Née dans une des cours les plus brillantes de la chrétienté, Adèle souhaitait encourager tous ceux qui œuvraient à l'amélioration des mœurs de sa nouvelle patrie. La jugeant trop rustique, elle comptait y porter remède en créant à Blois une cour plus raffinée.

Par ailleurs, le bruit était venu de Normandie qu'un travail de tapisserie, beaucoup plus ambitieux et important, avait été réalisé peu de temps auparavant, en hommage au Conquérant, par des religieuses anglaises. Il devait décorer la nef de la cathédrale de Bayeux.

Dame Hildeburge avait alors pensé que la nouvelle mariée serait heureuse, elle aussi, d'en posséder un du même genre dans sa résidence blésoise. En lui restituant les grands moments de son récent passé, il ne pourrait que lui être agréable. Commencé depuis plus de six mois, l'ouvrage ne devait pas être interrompu si on voulait le terminer pour les fêtes de la Noël, date à laquelle il serait opportun de l'offrir.

Perrine fut enchantée de voir sa demeure choisie par l'épouse du baron pour une si importante affaire. C'était un honneur auquel toute la parenté du vavasseur serait sensible.

— Par ma foi ! dit Aveline à Isambour, mon père va éclater de vanité ! Ce n'est pas rien que de recueillir sous son toit un cadeau destiné à la future comtesse de Blois !

Assises toutes deux sur des coussins en tapisserie de Reims bourrés de paille et répandus tout autour du grand lit où elles dormaient ensemble, les cousines faisaient leurs nattes.

Élevées comme des sœurs, elles avaient pris l'habitude de se brosser mutuellement les cheveux avant de les tresser chacune pour soi.

Aveline était fille unique. Après sa naissance, Perrine, demeurée inexplicablement stérile en dépit de multiples pèlerinages, avait pris en charge et élevé comme les siens les deux enfants que lui avait confiés, après son veuvage, le frère de son mari : la jeune femme du pauvre garçon avait été emportée par une mauvaise fièvre à la suite de ses secondes couches. Isambour et son aîné, Roland, devenu moine depuis, avaient trouvé auprès de leur tante la tendresse et les soins dont ils avaient besoin. N'ayant pas ou peu connu leur mère, ils avaient tout naturellement reporté sur Perrine des sentiments filiaux qu'elle méritait amplement par son dévouement ainsi que par l'attachement témoigné sans compter à son neveu et à sa nièce. Leur père, n'ayant plus le courage de continuer à vivre à Morville après la mort de sa femme, s'était mis au service d'un seigneur voisin dont le penchant pour la guerre n'était un secret pour personne. Quelques mois plus tard, il avait, à son tour, trouvé la fin qu'il recherchait sans doute sur un obscur champ de bataille, au cours d'une échauffourée opposant son nouveau maître à un autre baron.

— Il est curieux de constater qu'un malheur aussi grand que l'incendie du donjon change assez peu l'existence de tous les jours, remarqua Isambour. On commence déjà à déblayer les décombres pour reconstruire une tour neuve, et dame Hildeburge se soucie toujours autant de son travail de broderie !

— Vous oubliez les blessés, ma perle blanche, et la mort de la pauvre Ermengarde !

— Je ne les oublie pas, mais je suis frappée par la puissance de la vie. Elle triomphe de tout !

— Le feu, lui, a bien failli triompher de votre peau ! répliqua la fille du vavasseur en riant.

Elle désignait les traces de brûlures qui marquaient en plusieurs endroits les épaules de sa cousine.

Nues toutes deux, au sortir du cuvier où elles s'étaient baignées ensemble selon une coutume qui remontait à leur enfance, elles terminaient leur toilette avant de se rendre en famille à la messe quotidienne.

— Grâce aux compresses d'oignons écrasés que votre mère a eu la bonne idée de m'appliquer dès notre retour, je n'ai plus mal, dit Isambour, mais j'espérais que les marques disparaîtraient en même temps que la douleur.

— Il ne faut pas demander l'impossible, mon cœur. Bientôt il n'y paraîtra plus. C'est l'affaire de quelques jours.

— Il me restera toujours la ressource d'aller trouver Roland dans l'infirmerie de son couvent, reprit Isambour. Avoir un frère capable de soigner tant de maux est une grande chance.

Souple comme une herbe de la rivière, elle se leva pour enfiler sa chemise blanche. Son corps mince, aux rondeurs naissantes, n'était plus celui d'une enfant, sans être tout à fait celui d'une femme. Il en tirait une grâce ambiguë de fruit vert.

En se cambrant pour passer le vêtement de toile plissée, elle fit saillir avec complaisance ses seins menus mais prometteurs.

Cependant, deux grains de beauté jumeaux les marquaient chacun d'une lentille brune qui chagrinait l'adolescente.

— Je regretterai toujours de ne pas être blonde comme vous, dit-elle en nouant de minces galons rouges aux bouts de ses nattes. Vos cheveux et votre teint sont bien plus jolis que les miens.

Dorée et blanche, Aveline, plus grande, plus imposante, plus proche du type féminin à la mode, était, sans vouloir l'avouer à sa cousine, ravie du bleu de ses yeux, de sa carnation de lait.

Pour ne pas blesser celle dont elle s'était déclarée la protectrice, en raison de l'année qu'elle avait de plus, elle prit le parti de s'indigner.

— Que racontez-vous là ? s'exclama-t-elle. Vos cheveux ont la couleur de la châtaigne mûre, vos prunelles le gris argenté des écailles de l'ablette ! Vous n'avez rien à regretter.

— Si ! Votre blondeur !

— Taisez-vous donc ! Tout le monde ne peut pas être pareil. Vous êtes très bien ainsi. La preuve en est que vous plaisez aux hommes, acheva-t-elle avec un clin d'œil malicieux, tout en enfilant ses chausses.

— Oh ! ce pauvre Gildas...

— Il n'y a pas que lui...

Des appels venus de la cour interrompirent la conversation.

— Aveline ! Isambour ! Qu'êtes-vous encore en train de raconter au lieu de vous tenir prêtes pour la messe !

Tout en échangeant des grimaces complices, les deux cousines passèrent à la hâte leurs bliauds [1] de fine toile, l'un rouge garance et l'autre vert. Elles en avaient brodé elles-mêmes le col, le bas, les poignets. Les manches évasées, plus larges que celles de la chemise qu'elles laissaient apparaître, leur tombaient le long des hanches, jusqu'aux genoux.

Des chaussures de cuir souple, un long voile de lin qui les protégerait du soleil, dans lequel elles s'envelopperaient étroitement la tête et le buste avant de pénétrer dans l'église, terminèrent leur ajustement.

Le vavasseur et sa maisonnée partirent aussitôt pour Saint-Lubin, paroisse la plus proche de Morville.

Gervais serrait le bras de son épouse. Avec ses cheveux roux, son nez pointu, il ressemblait à un goupil conduisant une poularde. Cette femme opulente, dont la tranquille robustesse compensait la nervosité de son mari et à laquelle Aveline ressemblait en plus énergique, en plus jeune, était, de son côté, à la dévotion de son petit époux. Elle acceptait placidement la tyrannie, les jalousies,

---

1. *Bliauds* : longues tuniques.

l'agitation du compagnon despotique, mais toujours épris, dont elle partageait l'existence depuis qu'elle était sortie de l'enfance.

— Je ne puis quitter ou regagner Morville, mon amie, sans éprouver de la fierté, dit Gervais. Posséder une terre comme celle-là est une vraie bénédiction !

— La terre et la maison, compléta Perrine.

La disposition de leur demeure était semblable, en plus modeste, à celle du donjon du baron. Deux pièces la composaient. Au-dessus du rez-de-chaussée qui servait de réserve à vivres, la salle. On y pénétrait par une rampe mobile, escamotable en cas de danger. Au second, la chambre haute, où tout le monde couchait. Des courtines [1] pendues entre les lits les séparaient les uns des autres.

Dans la cour, orgueil et raison d'être du vavasseur, un bâtiment assez vaste où se trouvaient pressoir et cellier. Sous ce bâtiment était creusée une grande cave voûtée. Quelle que soit la saison, une odeur vineuse flottait alentour. Au temps des vendanges, la vis du pressoir devenait la clef de voûte de tout le domaine.

Une grange, une écurie, une étable, une porcherie, un poulailler, un puits, complétaient l'ensemble. A l'arrière de la maison, un potager et un verger avaient été gagnés sur l'étendue des vignobles environnants.

Mi-fief, mi-ferme, cette tenure [2] de médiocre importance permettait cependant à Gervais de marcher la tête haute. Les arpents de terrain, qui lui venaient de son père, lui donnaient en effet le droit de fournir aide et conseil au baron dont il cultivait les vignes.

Sa mère, sa belle-mère, déjà âgées, veuves toutes deux, vivaient chez lui, ainsi que Frémin-le-tord, un de ses oncles maternels, vieux garçon bossu et effacé, qui faisait peu de bruit mais beaucoup de besogne.

La maisonnée comportait encore deux servantes et un valet. Le travail de la vigne nécessitait par ailleurs plusieurs brassiers [3].

Sitôt la messe entendue, Perrine fit hâter le déjeuner matinal afin que la salle fût nettoyée et rangée avant l'arrivée des brodeuses. Elle avait également veillé à ce que le sol fût jonché de genêts en fleur. Leur lourd parfum sucré emplissait toute la pièce.

Vers l'heure de tierce, on vit arriver, dans la lumière triomphante du matin, dame Hildeburge et ses parentes, montées sur des mules. Suivaient à pied, portant des paniers d'osier, les trois femmes de sa maison, formées depuis des années par la dame aux secrets de la broderie. Beaucoup plus récemment admise dans le petit groupe, la jeune Basilie fermait la marche.

---

1. *Courtines* : tentures.
2. *Tenure* : domaine.
3. *Brassiers* : journaliers.

— Le baron est à Blois où il a été convié par le comte, dit Hildeburge en pénétrant dans la cour du vavasseur. Je pense qu'il y restera quelque temps.

Il ne semblait pas qu'elle souhaitât le voir revenir trop vite.

— Il demeurera sans doute absent tant que le donjon ne sera pas reconstruit, hasarda Perrine, toujours intimidée devant la dame.

— C'est probable et c'est bien ainsi, admit Hildeburge. Notre campement dans les granges et les dépendances n'a rien de bien commode.

On la savait tout à fait capable de gérer le fief en l'absence du baron. Le cas s'était plusieurs fois produit durant les départs du seigneur de Meslay pour l'host [1] du comte. Chaque fois, elle s'était imposée comme femme de tête et de sang-froid. La calme amitié qu'elle portait à son époux survivait aussi bien au temps qu'à la distance. Au fond, le plaisir d'agir à sa guise, de commander seule, l'emportait chez elle sur les désagréments de l'absence.

Foucher n'était pas non plus homme de caractère facile. Cadet, il avait débuté dans la vie en recevant la cléricature afin de devenir prêtre. La mort de son frère aîné, tué lors d'une attaque de la forteresse de Fréteval par des bandes adverses, l'avait ensuite amené à quitter le service de Dieu pour celui des armes. De nature autoritaire, il avait conservé de sa première vocation un sens très strict de ses devoirs, mais également de ceux des autres. Aussi exigeant pour lui-même que pour ceux qui dépendaient de lui, il se montrait le plus souvent juste mais inflexible.

— Nous serons parfaitement bien ici, reprit Hildeburge en se dirigeant vers les métiers à broder qu'elle avait fait porter par des serviteurs, la veille au soir, à Morville.

Elle salua de la tête la mère et la belle-mère de son hôtesse, deux vieilles aux cheveux blancs, jaunis par la fumée du foyer, qui se tenaient assises près d'une des fenêtres ouvertes, filant la quenouille. Elle prit place ensuite dans le fauteuil à haut dossier qui lui présentait Perrine.

— Grâce à votre hospitalité, reprit-elle, notre ouvrage ne souffrira pas trop de nos malheurs.

Elle eut un sourire rapide, qui tira à peine ses lèvres, sans atteindre ses yeux profondément enfoncés sous l'arcade sourcilière.

Ses parentes, Helvise de Mondoubleau et Placentia de Montoire, s'installèrent auprès d'elle, sur des sellettes. L'une était une femme d'une quarantaine d'années, blonde et grasse. L'autre, sensiblement plus jeune, toute en os, blonde aussi, mais tirant sur le roux. Violet et bleu, leurs bliauds surchargés de galons étaient en tissus de prix.

Les servantes d'Hildeburge, ayant disposé les paniers ouverts aux

---

1. *Host* : armée.

pieds des dames, y puisèrent quatre larges carrés de toile de lin
bise, sur lesquels des figures et des personnages, préalablement
dessinés par leur maîtresse, racontaient les fiançailles, le mariage
à Breteuil, puis l'installation à Blois d'Adèle et d'Étienne. Le tracé
des corps, des visages, des mains, était fait au point de tige. Les
vêtements, les cheveux, les palais, les églises, les animaux, eux,
étaient exécutés au point de couchage qui, remplissant les volumes,
offrait une très vivante impression de relief et d'épaisseur. Des
écheveaux de laine teinte à la toison, de diverses couleurs, et des
aiguilles de bronze furent ensuite distribués aux brodeuses.

On enfila les aiguilles et on se mit au travail.

— Vous qui avez la plus jolie voix d'entre nous, Isambour, dit
la dame, faites-nous donc entendre pour commencer une de ces
chansons que vous connaissez si bien.

Tout en s'activant, les femmes avaient coutume de chanter à tour
de rôle des couplets composés au fil des jours par les unes ou par
les autres. Depuis le temps qu'elles cousaient ensemble, tout un
fonds de chansons se trouvait constitué. Il ne restait qu'à y puiser.

Malgré sa jeunesse, Isambour possédait un timbre grave, chaud,
qui manquait encore d'assurance mais promettait beaucoup.

Un peu avant l'heure de sixte[1], on interrompit la broderie pour
prendre le repas du milieu de la journée.

Dans un autre coin de la pièce, les servantes de Perrine avaient
mis des tréteaux sur lesquels elles avaient ensuite disposé de longues
planches, qu'elles recouvrirent d'une nappe blanche.

— Ce sera un dîner sans prétention, déclara Perrine en sortant
de la cuisine située dans un petit appentis de bois accolé à la
maison. Je sais, dame, que vous n'êtes point gourmande.

— Trop manger alourdit, acquiesça la dame. C'est mauvais pour
l'agilité des doigts.

Les brassiers qui travaillaient à sarcler les vignes et à biner les
jeunes plants rentrèrent du travail, s'assirent au bas-bout de la table.
L'oncle bossu les dirigeait.

Au haut-bout, Gervais céda sa cathèdre à l'épouse de son baron
et prit place à sa droite. Le reste de la famille et des serviteurs
occupa les places restées libres.

On commença par des cerises et du pain blanc, puis on se
partagea une oie rôtie à la sauge, un pâté d'anguilles en pot, du
fromage de brebis. Des beignets de fleurs de sureau terminèrent
le repas.

On s'accorda une courte sieste, puis chacun reprit son ouvrage.

La chaleur pesait. Les chants des brodeuses cessèrent peu à peu.

---

1. *Heure de sixte* : midi.

Au cours d'une pause, on but du lait d'amandes et on croqua quelques dragées.

— L'orage menace, annonça Mabile, celle des deux aïeules qui était la mère de Perrine. Je souffre de ma jambe droite. Le temps va changer. Depuis que je suis tombée aux alentours de mes dix ans d'une souche où j'étais grimpée pour cueillir des mûres, je sais toujours un peu à l'avance le temps qu'il fera. Voilà au moins un service que m'aura rendu cette maudite cassure !

Si, au jugé, on pouvait considérer les deux vieilles femmes comme assez semblables, il devenait vite évident en les observant qu'il n'en était rien. Mabile était grasse, bavarde et un peu familière. Richilde, moins loquace, avait un visage fin, volontaire, avec un nez pointu. Chacun la respectait comme une créature remplie de sagesse. Gervais, son fils, la traitait d'ailleurs avec tant de ménagement que personne ne se serait avisé de faire autrement.

— Je ne sais si le ciel vous donnera raison, dit-elle pendant que ses doigts encore agiles tordaient le fil et que le fuseau descendait lentement, mais j'espère qu'il ne pleuvra pas avant demain. N'oubliez pas que Gaudry est parti ce tantôt dénicher les jeunes éperviers que nos filles dresseront pour la saison prochaine.

Fils du tonnelier de Morville, Gaudry avait treize ans. Sa minceur et son agilité le désignaient pour aller quérir au nid les petits éperviers. On ne disposait, pour cet enlèvement, que de très peu de temps au début de juin. Il fallait en effet prendre les oisillons dans les deux ou trois jours qui suivaient leur naissance. C'était là une besogne délicate dont dépendait le sort futur de la chasse aux perdreaux et aux cailles.

— J'ai demandé qu'on me prévienne dès qu'il sera de retour, dit Aveline. Je tiens à voir le plus vite possible les nouveaux éperviers.

— Êtes-vous donc seule à les nourrir et à les soigner ? demanda avec surprise Hildeburge.

— Non pas, dame. Ma cousine m'aide. Mais c'est une tâche que j'aime mieux accomplir qu'elle !

Peu de temps après, la dame et ses femmes repartirent comme elles étaient venues. Pour ce jour-là, le travail de broderie était terminé.

— Puisque vous attendez le retour de Gaudry, dit alors Isambour à Aveline, je vous laisse. Moi, je vais dans les prés cueillir des glaïeuls sauvages pour en joncher notre coin de chambre.

— Si je le peux, mon cœur, j'irai vous rejoindre... à moins que Daimbert (que le diable l'enfume !) ne me fasse la grâce de venir prendre de mes nouvelles. J'ai appris qu'il était revenu de sa tournée d'inspection dans la forêt. Il ne peut plus, à présent, faire mine d'ignorer l'incendie où nous avons failli périr grillées.

Dans les yeux bleus, étroits, fort écartés de la racine du nez, une lueur de défi s'alluma.

— S'il ne vient pas, c'est qu'il se désintéresse totalement de ce qui peut m'arriver... Peut-être pourrai-je trouver là une occasion de rompre, ajouta-t-elle à mi-voix, les dents serrées.

— Allons, allons, ma chère fille, dit Perrine tout en rangeant les sièges de la salle, ne vous montez pas la tête. Vous savez combien votre père tient à ce mariage. Daimbert est sergent du baron... son père et le vôtre étaient amis d'enfance... enfin, cette union est arrangée depuis toujours...

— On l'a arrangée sans me demander mon avis ! jeta l'adolescente d'un air rageur. C'est pourtant moi, et personne d'autre, qui me retrouverai mariée à ce coq de village, si je n'y mets pas le holà !

Bien qu'elle connût le peu d'estime que sa cousine portait au fiancé choisi par le vavasseur, Isambour fut surprise de la véhémence du ton d'Aveline. Spontanément, elle lui passa un bras autour des épaules et l'embrassa en lui chuchotant qu'il ne servait à rien de se mettre en colère, qu'il valait mieux temporiser. Mais, les pommettes empourprées, les yeux durs comme des lames, Aveline secoua la tête assurant qu'elle préférait la guerre ouverte plutôt que de se laisser conduire au lit du sergent comme la génisse au taureau.

— Je vous savais violente, ma fille, dit Perrine troublée, mais à ce point !...

— C'est que je ne suis plus une enfant qu'on mène à son gré en lisière !

Il y eut un silence. Les deux aïeules filaient leur quenouille sans mot dire. Mabile soupirait. Au bout d'un moment, Richilde leva un menton décidé.

— Je parlerai à Gervais, dit-elle. Mon fils m'écoute toujours...

— Dieu vous inspire ! murmura Perrine, déchirée depuis des années entre les volontés opposées de son mari et de sa fille.

— S'il s'entête à vouloir ce stupide mariage, je me battrai, répéta, en tapant du pied, Aveline exaspérée. Je me battrai !

On entendit alors des bruits de voix dans la cour.

— Seigneur ! Voici votre père qui rentre ! Ne restez pas ici, allez dans la chambre, je vous en prie, supplia Perrine. Ne l'abordez pas dans l'état où vous voilà !

L'adolescente hésita un instant, puis s'élança vers l'échelle conduisant au second étage. On l'entendit bientôt qui donnait des coups de pied dans son coffre.

Isambour connaissait les fureurs d'Aveline et savait qu'elles retombaient aussi vite qu'elles s'étaient enflées.

— Je vais cueillir des glaïeuls, répéta-t-elle, et elle sortit.

Dans la cour, elle croisa son oncle qui revenait, traînant derrière lui cinq ou six garnements du village. Il lui fit un signe amical avant de se diriger vers la salle en criant :

— Perrine ! Faites préparer du pain et du fromage pour ces petits ! Par le manteau de saint Martin, leurs mères les nourrissent bien mal !

Ces manières ne surprirent pas Isambour. Elles lui étaient familières. Si le vavasseur, en effet, ne manquait pas de générosité, il éprouvait aussi le besoin de faire savoir jusqu'où allaient ses largesses. Il était dans son caractère de se complaire dans une certaine ostentation.

La porte de la maison forte une fois franchie, l'adolescente traversa le sentier qui reliait Fréteval au village voisin de Morée, et gagna les prés bordant la rivière.

Des haies vives les séparaient, quadrillant les rives, transformant ces parcelles en autant de chambres vertes où il était interdit d'envoyer paître les animaux domestiques avant la fenaison.

Une barrière de branches entrelacées fermait chaque enclos. Isambour poussa l'une d'entre elles. Après la touffeur du jour, à l'approche du soir, la fraîcheur venue du Loir était de nouveau sensible.

Une odeur vivifiante montait de l'herbe si épaisse qu'elle ressemblait à une chevelure soyeuse et lustrée, décorée de mille fleurs, qu'un souffle d'air faisait ondoyer par moments.

Des boutons d'or, des sauges bleues, des campanules, des véroniques azurées, les fleurettes roses des becs-de-grue, les ombelles blanches des grandes boucages et une multitude de fleurettes aux noms inconnus, y prospéraient.

Isambour huma la brise, respira longuement, voluptueusement les senteurs de sève, de pollen, de miel que le printemps libérait. Le long des haies d'un vert intense qui cernaient le pré, elle reconnaissait le parfum discret, comme timide, des larges fleurs de sureaux, celui, plus insistant et vaguement amer, des beaux aubépins, la présence délicatement fraîche des églantiers, les exhalaisons aquatiques des joncs, des roseaux, des nénuphars...

— Dieu Seigneur, soyez béni pour la beauté du monde ! Soyez remercié de ce cadeau sans prix que Vous nous avez fait... Si Vous ne l'aviez voulu, les fleurs auraient pu être laides !

Une émotion nouvelle lui serrait soudain le cœur. Elle avait déjà vécu quatorze printemps, mais, jamais encore, elle ne s'était pareillement sentie concernée. Il lui semblait que, à la ressemblance des corolles qui s'offraient au soleil, sa jeunesse s'ouvrait à une découverte sans précédent, essentielle. Quelque chose, en elle, était en train de naître...

Elle emplissait jusqu'au vertige sa poitrine des effluves généreux de la terre fécondée.

Depuis toujours, elle avait ressenti la moindre odeur avec une précision que n'éprouvaient ni sa cousine, ni sa famille, ni ses amies. Elle distinguait toutes les nuances, toutes les variétés, tous les mystères de ce qu'on respire, de ce qui sent bon, de ce qui empeste. Ses souvenirs étaient toujours issus d'une rencontre avec une émanation brusquement resurgie. Elle reconnaissait les diverses senteurs de tous les lieux où elle avait vécu, où elle était passée. Le moindre recoin, chaque arbre, toutes les plantes, la terre elle-même en ses différents sols, avaient leur bouquet propre, identifiable, irremplaçable. Les yeux fermés, elle se serait retrouvée dans la maison, les dépendances, le jardin, les vignes, les prés de Morville, sans risque de se tromper jamais, en se fiant uniquement à un sens si développé chez elle.

Cette fois-ci, il suscitait dans son être une sorte de griserie. Une folle envie de rire et de pleurer en même temps la gagna. Pour la première fois, son corps participait, non plus seulement par l'odorat, mais aussi par sa substance la plus intime, au délire sensuel et parfumé de la nature. Elle eut l'impression d'être emportée, roulée, par une énorme vague sauvage. Il lui semblait qu'une présence jeune, drue, joyeuse, mais également impérieuse et cruelle, l'envahissait, l'asservissait.

Elle se laissa tomber dans l'herbe, y enfouit son visage. Une sensation de connivence indicible avec la fête végétale qui l'environnait la submergea.

Elle mordit dans une touffe de menthe pour en éprouver le goût vivant et poivré dans la bouche, saisit à pleines mains des poignées de tiges fraîches, juteuses, qu'elle froissa entre ses doigts.

Venu des entrailles de la glaise humide, un plaisir inconnu montait en elle.

D'une hanche sur l'autre, elle se roula, se vautra, au mitan de la couche herbue qui se creusait sous son poids. L'écrasement des brins d'herbe, remplis de sucs, dégageait des arômes encore plus puissants, enivrants comme le vin, comme l'amour...

« L'amour, ce doit être cet élan, cette fièvre, partagés avec un autre, songea Isambour. Ce qui m'arrive n'est qu'une façon différente, nouvelle, d'aimer la vie. J'épouse la terre, je me donne à elle comme je me donnerais à un homme... J'aime sa beauté, sa vigueur, ses pouvoirs... »

A l'ivresse végétale, s'ajoutait la joie aiguë de se sentir seule et libre.

Elle éprouvait pour la solitude le même goût que pour les odeurs. Toutes les fois qu'elle le pouvait, elle allait la chercher au fond des caches ombreuses que le printemps multipliait sous les branches. Dissimulée par des feuillages, enfouie au milieu des hautes herbes, elle avait ressenti, depuis son enfance, de précieux moments de jubilation muette, au sein d'un monde grouillant de vies révélées à elle seule. Les abords de la rivière, où les senteurs de l'eau s'ajoutaient à celles des prés et des bois, lui avaient souvent procuré un supplément de jouissance secrète qui l'enchantait en la troublant encore davantage.

Autour d'elle, nul ne partageait ce besoin de solitude qui la prenait comme une maladie. Perrine s'en inquiétait, Gervais s'en moquait, Aveline le lui reprochait.

Ce rappel l'éclaira. Elle comprit soudain que ses épousailles avec la nature révélaient son être le plus caché, la marqueraient à jamais de leur sceau indélébile.

Elle venait de subir une métamorphose et n'était plus celle qui entrait, un moment plus tôt, dans le clos. Comme la couleuvre qui laisse derrière elle l'enveloppe froissée de sa précédente apparence, pour repartir, lustrée, vers une autre existence, Isambour sut qu'elle venait de conclure avec les puissances de la terre une alliance indissoluble...

« Marie, Vierge Sainte, Mère du Dieu Vivant, protégez-moi ! Ne me laissez pas envahir par ce besoin païen de jouissance dont je viens de découvrir la violente présence en moi ! Ne me privez pas des joies de ce monde, je vous prie, mais aidez-moi à les discipliner ! »

L'exaltation qui l'avait possédée décrut lentement, pour faire place à une sorte de lassitude qu'elle ne connaissait pas.

La promiscuité inévitable des chambres hautes des donjons, où les tentures ne suffisaient pas à étouffer les échos de certains jeux nocturnes, lui avait appris depuis longtemps ce que l'amour physique était pour les autres. Elle percevait maintenant ce qu'il serait pour elle.

Encore toute secouée par la révélation qu'elle venait de recevoir, elle demeura un moment immobile et rêveuse. Étendue sur l'herbe froissée, à demi enfouie sous les rameaux d'un aulne qui la couvrait de son ombre, elle écoutait dans une sorte de torpeur le chant des oiseaux, le clapotis de l'eau.

Elle ne rapporterait pas à sa tante les glaïeuls sauvages qui lui avaient servi de prétexte à quitter Morville. Tant pis ! La lassitude qui la tenait était trop délicieuse pour qu'elle pût éprouver la moindre envie de se lever afin d'aller chercher les roides fleurs jaunes qui poussaient plus loin.

Elle perçut soudain des bruits de voix, une agitation imprévue qui brisaient ces instants de plaisir secret.

Sachant qu'on ne pouvait pas déceler sa présence tant qu'elle ne bougerait pas, elle se contenta d'écarter imperceptiblement les branches, afin de voir sans être vue.

Elle aperçut un homme sortant de la rivière, puis un second qui le suivait. Nus, ruisselants, ils s'ébrouèrent en riant avant de se rouler dans l'herbe pour se sécher.

Isambour reconnut Bernold et Mayeul qu'elle n'avait pas eu l'occasion de revoir depuis la nuit de l'incendie.

Elle savait pourtant ce qu'ils étaient devenus durant ces trois jours. Rien qu'en écoutant le bavardage des brodeuses, sans avoir eu à poser de question, elle avait appris que les deux Normands s'en étaient allés en forêt de Silva Longa. Ils y avaient rencontré un maître verrier qui avait bâti dans une clairière, au bord d'un étang, un atelier où il fabriquait des vitraux pour les moines de Marmoutier. La réputation d'habileté du vieil homme était parvenue jusqu'en Normandie. En ayant entendu parler, Bernold avait tenu à le rencontrer. Il avait ensuite décidé de demeurer un temps chez son nouvel hôte dont il estimait avoir beaucoup à apprendre. D'après ce qu'on disait, cette visite était la raison de la venue à Fréteval des deux jeunes gens qui avaient, semblait-il, projeté de s'installer dans la région.

— Par Dieu ! L'eau de cette rivière est merveilleuse ! s'écria Mayeul. Douce et fraîche comme une pucelle.

— Douce et dangereuse aussi, dit Bernold. Ne vous y fiez pas, ami. Certains s'y sont perdus !

Planté sur des jambes solides comme des troncs, avec ses épaules musclées, ses hanches étroites, sa tête rieuse surmontée d'une épaisse chevelure blonde que l'eau n'empêchait pas de friser, le Normand donnait une impression de robustesse, de santé, de vitalité, qui saisit Isambour.

Près de lui, brun de poil, brun de peau, les yeux sombres et luisants, mince, souple, agile, Mayeul ressemblait à un pin à côté d'un chêne.

— Puisque le baron est à Blois, reprit Bernold en se frottant la poitrine avec une poignée d'herbe, nous ne pourrons pas nous attarder bien longtemps sous son toit en compagnie de son épouse.

— D'autant plus que le campement actuel dans les dépendances ne se prête nullement à nos travaux, admit Mayeul.

— Avant de retourner à Blois à notre tour, nous aurions pu passer quelques jours de plus chez notre vieux maître de la forêt, reprit Bernold, mais...

Il se mit à rire, de ce rire tout éclairé par l'éclat de ses dents, dont se souvenait très précisément Isambour.

— Par les cornes du diable ! mon ami, vous avez raison ! Il y a un mais, un fameux mais... !

— Qu'allons-nous faire ?

— Tenter de les revoir.

— Comment ?

— Dieu y pourvoira. Fiez-vous à Lui. Rien, jamais, n'est le fait du hasard. Vous le savez bien. Si nous avons sauvé, vous et moi, ces deux filles qui nous plaisent, c'est bien pour que chacun de nous pût ensuite courir sa chance auprès de l'une et de l'autre.

— Sans doute... encore que chercher à percer à jour les projets du Seigneur me paraisse toujours audacieux... Cependant, tout comme vous, je Lui fais pleine et entière confiance et me déclare son homme lige [1]. Ma question n'en demeure pas moins : comment nous y prendre pour revoir nos pucelles ?

— Nous savons maintenant où elles habitent. Présentons-nous chez elles sous couleur de prendre de leurs nouvelles... et séduisons-les !

— Aisé à dire, Mayeul ! Mais celle qui vous intéresse est fiancée, ne l'oubliez pas. Quant à celle que je convoite, elle a aussi, d'après ce qu'on nous a dit, un jeune amoureux qui pourrait bien lui être promis.

— Fiançailles ne sont tout de même pas noces !

— Pas loin, ami, pas loin.

— Eh bien ! s'écria Mayeul en faisant une pirouette, eh bien ! Nous les enlèverons ! En attendant, je retourne me baigner. Il faut toujours profiter des bons moments qui nous sont donnés !

Il courut vers la rivière et s'y jeta, dans un jaillissement étincelant de gouttelettes.

Bernold demeura immobile, à réfléchir, dans la lumière adoucie de la fin de journée. Sa peau blanche semblait pailletée d'or par le poudroiement des rayons du soleil que tamisaient les branches de saules.

Sans trop savoir ce qu'elle voulait, Isambour, d'un coup de reins, se redressa, pour écarter sans autre précaution les ramures qui l'abritaient.

Si léger qu'il fût, le bruit alerta Bernold, qui se retourna.

Au-dessus d'un bliaud rouge, il vit, encadré de longues nattes de bronze, et noyé dans le feuillage, un visage gracile, évoquant celui de quelque ondine des anciens âges, arrachée à son sommeil millénaire, pour venir troubler le cœur des mortels...

Aussi médusés l'un que l'autre, sans un geste, ils se regardèrent un moment, à distance...

Transportés hors du temps, ils ne surent jamais ce qu'avait duré cet échange silencieux.

Leurs vies s'offraient, se liaient, s'unissaient, en cet instant, par la seule force du désir reconnu et accepté.

De loin, et mieux que s'ils s'étaient jetés dans les bras l'un de l'autre, ils découvrirent la perfection d'un don absolu, que rien ne

---

1. *Homme lige* : qui doit à son seigneur une fidélité absolue.

laissait prévoir un moment plus tôt. C'était comme l'embrasement d'une conversion, comme la révélation de la seule Vérité.

Enfin, Bernold recula pas à pas, sans quitter des yeux le mince visage de l'ondine, puis, d'un bond, se précipita dans l'eau et, nageant comme un perdu, s'éloigna.

3

Bien qu'il ne fût pas beau, Daimbert ne comptait plus ses succès féminins.

Un large torse, mais des jambes courtes, des yeux bleus, petits et perçants, un nez trop gros, un front bas surmonté d'une chevelure brune assez mal plantée, ne paraissaient pas, au premier abord, le destiner à une carrière de séducteur. On le considérait pourtant comme tel à Fréteval et aux environs.

Dès que passait à sa portée une femme, belle ou laide, jeune ou déjà sur le retour, avec laquelle il n'avait pas encore forniqué, une lueur gourmande, une manière très particulière d'« allumer » son regard, signalait à l'intéressée que le sergent fieffé l'avait remarquée.

Beaucoup s'y laissaient prendre. On chuchotait que telle ou telle s'était fait renverser par lui derrière une haie, dans le foin, sur une couche de feuilles sèches ou, plus banalement, chez elle, dans le lit conjugal.

— Je ne pense qu'aux femmes et au vin, avait-il proclamé une fois où il était un peu éméché, à Morville, en présence de sa fiancée. Il n'y a rien d'autre, sur terre, qui mérite qu'on s'en soucie !

Ce soir-là, quand Isambour rentra du pré, Daimbert était installé dans la salle en compagnie du vavasseur et du meunier, Benoît-le-mangeur. Ils buvaient tous trois du vin herbé tout en conversant avec animation. Lorsque l'adolescente pénétra dans la pièce, ils se turent avec un bel ensemble.

— Je croyais trouver ici ma tante et Aveline, dit-elle précipitamment pour cacher sa gêne.

— Elles doivent être en train de s'occuper des jeunes éperviers, dit Gervais. Gaudry en a rapporté deux qui sont déjà assez forts.

Entre la cuisine et l'écurie, un petit local avait été réservé à l'élevage des oiseaux destinés à la chasse au vol. Une étroite fenêtre grillagée n'y laissait d'ordinaire filtrer qu'un peu de jour. Mais, à cette heure, les rayons du soleil, obliques et dorés, s'y glissaient suffisamment pour qu'Isambour distinguât tout de suite ce qui s'y passait.

Penchée sur deux nids d'étoffe, d'étoupe et de duvet, qu'elle avait fabriqués de ses mains les jours précédents, Aveline gavait, avec des gestes attentifs, précis, deux petits éperviers. Debout à côté de sa fille, Perrine tenait une écuelle de bois à demi pleine d'un hachis sanglant. L'odeur de fiente, de viande crue, de plumes, était écœurante.

Isambour s'approcha de la cage en osier tressé, grande ouverte, où avaient été aménagés les nids.

— Ils sont beaux, remarqua-t-elle pour dire quelque chose.

Elle se sentait encore si troublée par ce qu'elle venait de vivre au bord du Loir qu'elle avait l'impression de se mouvoir dans une nuée.

— Ils seront beaux si nous les élevons convenablement, assura sa cousine.

— Et s'il ne leur arrive pas malheur ! renchérit Perrine qui était de nature inquiète.

— Ils ont l'air de ne pas se laisser trop mal nourrir.

— Les premiers jours ne sont jamais faciles, mais je leur donne là de la chair d'alouette dont ils sont friands.

Du bout des doigts, Aveline déposait au fond des becs grands ouverts de petits morceaux de viande grossièrement hachés.

Isambour admira une fois de plus combien la passion du dressage transformait sa cousine. La nature impétueuse, emportée, d'Aveline était capable, dans des occasions comme celle-ci, de se montrer patiente et persévérante.

— Je voudrais qu'ils aient déjà mué, afin de pouvoir leur rogner les ongles, leur coudre les paupières, leur attacher une clochette au pied, reprit l'adolescente. Les nourrir, les baigner est beaucoup moins intéressant que de les dresser.

— Vous avez tort, ma fille. Tout fait partie du dressage, corrigea Perrine. Habituer un oiseau à vous reconnaître en lui donnant à manger et en le levant est tout aussi important que de l'accoutumer à se tenir sur son perchoir, ou de lui mettre les gets [1], la longe et les sonnettes, avant de le prendre sur le poing.

— Moi, ce que je préfère, dit Isambour, c'est lui apprendre à reconnaître les sifflements auxquels il devra obéir. En tout cas, c'est ce que je réussis le mieux.

— Votre goût pour le chant y tient la plus grande part, déclara Aveline en continuant à donner alternativement à manger aux deux éperviers. L'oisellerie est pourtant une des plus nobles besognes que nous ayons à accomplir !

On frappa à la porte. Haumette, la plus jeune des servantes, entra pour dire que le vavasseur réclamait la présence de son épouse, de sa fille et de sa nièce. Il avait à les entretenir.

---

1. *Gets* : courroies pour tenir les serres de faucon.

— Il attendra que j'aie fini de nourrir les petits éperviers ! répliqua Aveline, l'œil agressif. Il sait pourtant que ce n'est pas une tâche qu'on peut interrompre pour un oui ou pour un non !

— Si votre père vous demande, ma fille, c'est sans doute qu'il a des choses d'importance à vous communiquer, protesta Perrine.

— Nous verrons bien !

— Il a dit que je pourrais terminer votre travail, hasarda Haumette.

— Par ma foi ! Il est devenu fou ! A-t-on jamais vu une servante s'occuper d'élevage d'éperviers ? N'est-ce pas le propre de la femme ou de la fille du domaine ?

— Bien sûr, Aveline, bien sûr...

Isambour songea tout d'un coup à la conversation qu'elle avait interrompue un moment plus tôt entre son oncle, le meunier et Daimbert. Une angoisse lui serra le ventre.

— Votre fiancé et Benoît-le-mangeur s'entretenaient avec lui quand je suis remontée du pré, dit-elle. Ils avaient l'air de gens qui complotent.

— Daimbert est ici ! s'écria Aveline, le visage durci. Dans ce cas, il faut aller voir ce qui se passe ! Mon père et lui s'entendent comme larrons en foire !

En se hâtant, elle acheva toutefois sa besogne, puis les trois femmes quittèrent l'appentis après s'être assurées que les oisillons étaient au chaud dans leurs nids d'étoffe et que la cage fermait bien.

Dans la salle, les trois hommes buvaient toujours ensemble. Leurs visages rougis, leurs yeux brillants, leurs voix plus hautes, témoignaient de fréquentes libations. Devant eux, sur une table basse, trônaient trois coupes d'étain et un pichet de grès.

— Par le manteau de saint Martin ! ma femme, vous nous avez fait attendre ! s'exclama Gervais, moitié grondant, moitié riant. Nous avons pourtant pris tous trois, ce tantôt, de grandes décisions. N'avez-vous pas hâte de les connaître ?

— Mais si, mon ami, mais si...

Non sans un léger flottement dans la démarche, le vavasseur se leva pour aller se placer entre ses deux compères.

A cause de la chaleur, il n'était vêtu que d'un bliaud court de couleur verte. C'était sa couleur de prédilection. Aussi n'en portait-il pas d'autre. Il exigeait en plus que son épouse et sa fille fissent de même. Avec sa petite taille, sa minceur, ses traits aigus, il avait l'air d'un adolescent précocement marqué de rides.

— Notre ami Benoît est venu me trouver pour me soumettre une requête des plus flatteuses, commença-t-il en appuyant avec un mélange de familiarité et de considération sa main gauche sur l'épaule du meunier.

Fort grand, mais sans qu'un pouce de graisse alourdît son

immense carcasse, celui-ci souriait aux anges. L'appétit insatiable qu'il avait toujours manifesté lui avait valu son surnom de Benoît-le-mangeur, mais cet ogre n'était nullement ventripotent. Capable d'engloutir d'énormes quantités de victuailles, il ne se laissait pas pour autant alourdir par elles. Presque chauve, la cinquantaine proche, il avait un visage aux traits mal taillés surtout remarquable par un nez agressif, planté comme un couteau dans une pomme. De chaque côté de cet appendice démesuré, deux yeux marron, observateurs et pétillants de moquerie, avaient l'air de se rire de cette disgrâce.

— J'ai, en effet, eu l'honneur de demander pour mon fils Gildas la main de votre charmante Isambour, déclara le meunier en inclinant son rostre en direction de Perrine.

Prise au dépourvu, celle-ci s'inclina à son tour en murmurant que c'était là une proposition qui la charmait.

— Les noces auront lieu après les vendanges, annonça le vavasseur.

Il y eut un silence. Tout le monde observait Isambour.

Muette, la tête basse, fort pâle, elle ne disait rien. Son regard demeurait fixé au sol.

— Eh bien ! ma nièce, reprit Gervais. N'êtes-vous pas heureuse d'apprendre une telle nouvelle ?

Une sorte de plainte sortit des lèvres de l'adolescente, qui éclata brusquement en larmes et sortit de la pièce en courant. Perrine fit mine de la suivre. D'un geste, son mari lui ordonna de rester.

— Vous voilà satisfait, je pense ? lança Aveline, empourprée. Ne comprendrez-vous jamais rien ? Gildas est pour elle un ami, bien sûr, mais ne sera jamais davantage !

Le vavasseur se redressa autant qu'il le pouvait. La taille de sa fille était pour lui une source jamais tarie de mortification. Il se serait sans doute mieux entendu avec elle si elle avait été plus petite.

— De quoi vous mêlez-vous ? cria-t-il. Par les cornes du diable ! Faudra-t-il toujours que vous vous mettiez en travers de mes projets ?

— Isambour n'épousera pas Gildas ! cria à son tour Aveline dont la voix pouvait monter aussi haut que celle de son père.

« Ce n'est pas le mari qu'il lui faut !

Benoît-le-mangeur leva une main apaisante.

— Tout doux, ma belle, tout doux ! dit-il. Nous n'épouserons pas votre cousine de force, soyez-en sûre. Seulement, mon pauvre Gildas est assoté d'amour pour elle et j'espérais que c'était réciproque... Si je me suis trompé, mettons que je n'aie rien dit.

— Par le ventre de la Vierge ! cette fille me rendra fou ! hurla Gervais. Voyez comme elle se mêle de tout ! La voici qui entend à présent faire la loi ici, dans ma propre maison ! A-t-on jamais rien vu de pareil ?

Il écumait.

— Laissez-moi faire, maître Gervais, dit alors Daimbert qui ne s'était pas encore manifesté. Laissez-moi faire, je vous prie.

Il se leva, alla se planter devant Aveline, jambes écartées, poings sur les hanches. Tout en fixant sa fiancée d'un air goguenard, il l'évaluait en même temps de l'œil connaisseur du maquignon qui jauge une future poulinière.

— Votre père n'a pas eu le temps de vous annoncer une autre nouvelle qui vous concerne davantage, dit-il avec assurance. Nos noces à nous sont fixées après les foins, c'est-à-dire très bientôt, vers la Saint-Martin-le-Bouillant. C'est pour cette raison que celles de votre cousine ont été repoussées aux calendes d'octobre.

L'intervention de son fiancé accrut la colère d'Aveline. Elle devint cramoisie, mais, lèvres serrées, fit de toute évidence un grand effort pour se contenir.

— Deux mariages la même année ! s'exclama Perrine. Ce sont là bien des frais, mon ami ! Y avez-vous songé ?

— Où croyez-vous donc que j'aie la tête ? bougonna le vavasseur. Puisque Dieu notre sire a jugé bon de nous éprouver en nous donnant deux filles à établir, il nous faut bien en passer par là !

— Je refuse cette union, déclara alors Aveline d'une voix vibrante en dépit des tentatives qu'elle faisait pour conserver une apparence de calme. Vous n'avez pas le droit de me marier contre mon gré. Vous savez bien qu'il n'y a mariage que s'il y a consentement mutuel. Nous ne sommes plus au temps des Romains, mon père, et vous ne m'unirez pas de force à un homme dont je ne veux pas !

Daimbert tenta de rire.

— Par tous les diables ! faut-il que ma promise soit une des rares filles à qui je ne plaise pas ! dit-il en bombant le torse avec suffisance. Il va falloir changer d'avis, ma poulette, parce que nous sommes déjà fiancés, nous deux, ne l'oubliez pas !

— On nous a fiancés quand j'étais encore une enfant, lança Aveline, incapable de garder son sang-froid plus longtemps. Je ne savais pas ce que je faisais !

— Je le savais, moi ! cria Gervais, et je ne m'en dédis pas. Ce mariage se fera, Daimbert, vous pouvez en être certain, même si je dois enfermer cette damnée mule au cachot jusqu'à la cérémonie !

Saisissant avec rage le pichet de vin, il le jeta violemment à terre où il tomba en projetant une giclée vineuse qui colora de rouge les fleurs de genêt.

— Vous pourrez m'enfermer, hurla Aveline en s'emparant d'une des coupes qu'elle lança à son tour sur le sol en manière de défi. Mais il faudra bien me tirer du cachot pour me conduire à l'église, et là, devant le porche où le prêtre nous attendra, je clamerai la vérité ! Je dirai à tout le monde que vous voulez me faire épouser un homme que je n'estime pas, que vous n'en avez pas le droit, que jamais je n'y consentirai, jamais !

Voyant que son père, furieux, défaisait sa ceinture de cuir pour la frapper, l'adolescente repoussa brutalement Daimbert, toujours planté devant elle, fit un bond de côté pour éviter les coups, et se sauva hors de la salle comme un animal traqué.

Les éclats de voix avaient attiré tous les occupants de la maison forte dans la cour, sauf les deux aïeules occupées à filer dans la chambre haute.

Aveline écarta nerveusement les curieux.

— Où s'en est allée Isambour ? demanda-t-elle.

Son grand-oncle, le bossu, sortit alors du groupe où il se trouvait pour s'approcher d'elle. Il posa sur le bras de la révoltée sa large main noircie par le soleil.

— Venez, ma belle-nièce, dit-il. Venez avec moi.

Aveline savait pouvoir faire confiance au vigneron qui ne parlait que fort peu, mais toujours à bon escient. Elle le suivit.

Ils traversèrent le potager où, mêlés aux iris, aux sauges, aux verveines, aux roses, aux lys, poussaient toutes sortes de légumes : épinards, fèves, poireaux, laitues, aulx, courges, fenouils, oignons, mâches, raves, carottes, choux verts et choux blancs, bettes, pois, panais, et des herbes aromatiques comme la sarriette, le persil, le serpolet, le romarin, le thym. Chaque carré, fumé et biné avec soin, était encadré de planches plates afin d'en cerner proprement les contours. L'enclos lui-même, comme tout le reste du domaine, était protégé par un fossé surmonté de solides palissades.

Au bout du jardin potager, et lui faisant suite, se trouvait le verger. Sur un lit de cresson, une source prenait naissance, à l'abri des branches basses d'un gros châtaignier qui l'abritait du soleil. Des arbres fruitiers foisonnaient tout autour. Leurs masses feuillues tranchaient sur les vignes tirées au cordeau qui couvraient la plaine et les flancs des coteaux limitant la vallée vers le nord. Au-delà, la forêt régnait sur le plateau.

Assise dans l'herbe près de la source, Isambour bassinait avec l'eau fraîche recueillie entre ses mains ruisselantes son visage rougi par les larmes.

— Alors ? demanda-t-elle sombrement.

— J'ai fait comme vous, mon cœur : je me suis enfuie de cette maudite salle ! Mon père est fou de rage !

— Dieu Seigneur ! Qu'allons-nous faire ?

— Continuer à refuser des projets de mariage dont nous ne voulons ni l'une ni l'autre !

— Ce n'est pas suffisant, dit le bossu. Il faudrait agir.

— Comment ?

— En allant trouver dame Hildeburge, par exemple. Bien que ce ne soit pas nécessaire, Gervais, par déférence, sollicitera certainement l'avis du baron. Son épouse pourrait peut-être intervenir en votre faveur auprès de lui. Comme votre père est son vassal...

— Sans doute, sans doute, admit Aveline sans paraître bien convaincue. Mais rien ne dit que dame Hildeburge nous soutiendra. Elle pourrait fort bien se ranger au côté de son vigneron et de son forestier.

— Eh bien, moi, j'irai ! s'écria Isambour, dont le regard gris, étrangement lumineux, s'éclaira d'un seul coup. J'irai trouver la dame ! Je lui parlerai !

Si le sentiment tout neuf qui l'habitait lui faisait repousser Gildas, la certitude que ce sentiment était partagé lui donnait force et courage pour défendre son secret.

Elle se leva d'un bond.

— Demain matin, si Dieu le veut, je me rendrai au château, reprit-elle d'un air résolu. Je saurai bien quoi dire !

Soudain, elle se sentait envahie par une détermination véhémente capable de lui faire accomplir des actes qu'elle ne se serait jamais crue destinée à seulement entreprendre. Elle sut qu'elle mettrait tout en œuvre pour obtenir l'homme qui provoquait en elle un semblable bouleversement. Depuis la scène du pré, son cœur contenait quelque chose d'exaltant qui se gonflait et se dépliait comme un bourgeon de mars, avec une douceur impérieuse et irrésistible...

La barrière donnant accès au verger grinça, s'entrouvrit. Haumette courut jusqu'à la fontaine.

— Par les yeux de ma tête ! Venez ! Venez vite ! cria-t-elle. On vous demande !

La petite servante paraissait tellement agitée que le bossu s'alarma.

— Que se passe-t-il ? interrogea-t-il. Allons, par tous les saints ! Parle ! Explique-toi !

— Les Normands ! Les Normands ! bredouilla Haumette.

Isambour lui saisit le bras.

— Quoi ? Quoi ! Que dis-tu ?

— Je dis que les deux étrangers qui soupaient chez notre baron le soir de l'incendie viennent d'arriver. Ils ont demandé à être reçus par votre oncle. Ils ont aussi parlé de vous !

— Qu'ont-ils dit ?

— Je ne sais ! Venez !

En pénétrant dans la salle, Isambour sentait ses jambes trembler sous elle. Son cœur battait si fort dans sa poitrine qu'elle craignait de ne pouvoir rien entendre d'autre.

Benoît-le-mangeur n'était plus là. Daimbert se tenait à l'écart devant une des deux fenêtres. Gervais et Perrine s'entretenaient avec Bernold et Mayeul. Personne ne s'était encore assis. Tous semblaient mal à l'aise.

— Vos sauveurs se sont donné la peine de venir jusqu'ici pour prendre de vos nouvelles, dit Gervais. C'est un grand honneur pour notre famille.

Isambour prit la main d'Aveline, la serra de toutes ses forces. Elles demeurèrent l'une près de l'autre, immobiles, ne sachant que dire.

— Nous attendions votre arrivée à toutes deux, belles amies, dit alors Bernold, pour exposer à vos parents notre double requête.

Son regard croisa un instant celui d'Isambour. Depuis qu'il l'avait découverte sous les ramures de l'aulne, au bord du Loir, il n'avait pensé qu'à la retrouver pour s'en saisir et l'emporter.

Pas une seconde, il n'avait hésité, rusé avec lui-même. Une évidence s'était imposée à lui en cet instant et il savait qu'elle était partagée. Il le savait avec tant de clarté, une telle certitude, qu'il ne pouvait que s'y soumettre. On ne discute pas une évidence.

— Par le cœur Dieu, reprit-il en s'adressant au vavasseur, nous sommes venus, mon ami et moi, vous rendre visite dans un but précis qu'il ne serait pas loyal de celer plus longtemps. A quoi bon tergiverser ? Notre plus cher désir, à l'un et à l'autre, est que vous acceptiez de nous donner comme épouses votre fille, pour lui, votre nièce, pour moi.

L'écrasement du plafond sur le sol n'aurait pas produit un plus grand effet de surprise que cette déclaration.

Perrine porta devant sa bouche une main crispée. La face de Gervais devint aussi rouge que ses cheveux. Daimbert se retourna tout d'une pièce, comme une toupie sous le coup de fouet qui la lance.

Isambour ferma les yeux. Son cœur éclatait, ses nattes glissaient sur ses joues comme des caresses.

Aveline devint aussi pâle que son père était empourpré. Elle eut un frisson puis tomba par terre, pâmée. Sa chute rompit l'enchantement. Perrine se précipita et entreprit de bassiner les tempes de sa fille avec ce qui restait de vin dans une des coupes abandonnées sur la table.

— Vous voyez, dit simplement le vavasseur. Vous voyez !

— Nos demandes sont peut-être un peu subites, convint Mayeul, qui s'était approché de l'adolescente évanouie qu'il contemplait d'un air anxieux, mais nous ne pensions pas vous surprendre à ce point.

— Les circonstances qui nous ont rapprochés tous quatre furent elles-mêmes si exceptionnelles, ajouta Bernold, que seule une façon de faire exceptionnelle, elle aussi, nous a paru convenir.

Aveline retrouvait ses esprits. Elle redressa le buste, s'assit parmi les plis malmenés de son bliaud, regarda Mayeul debout à ses pieds, et se mit à pleurer.

Isambour s'agenouilla auprès d'elle.

— Amie, sœur, dit-elle, ne pleurez pas ! Je vous en prie, ne pleurez pas ! Il n'y a rien de terrible dans ce qui nous arrive. Le même jour, deux hommes demandent chacune de nous en mariage. Ce n'est pas un malheur, au contraire, c'est une grande chance !

— Il faudrait pouvoir choisir, murmura Aveline.

— Vous entendez ? reprit le vavasseur. Elles viennent de vous donner réponse : elles ne sont plus libres. L'une est promise, l'autre fiancée.

— Nous le savions, admit tranquillement Mayeul, mais nos intentions n'en sont en rien modifiées.

Daimbert se fit menaçant :

— Que dites-vous ?

— Une promesse n'est pas un engagement, assura Bernold.

— Il est arrivé à des personnes parfaitement honorables d'être conduites à rompre des fiançailles, compléta Mayeul.

— Je voudrais bien voir ça ! s'exclama Daimbert.

Le vavasseur se redressa de toute sa courte taille.

— Fiançailles sont promesses formelles, trancha-t-il. Qui s'en dédit perd l'honneur et s'expose en plus aux poursuites de celui qui a été bafoué. Daimbert, que voici, est sergent fieffé du baron de Meslay, son père était mon plus ancien ami, nos enfants sont destinés l'un à l'autre depuis le berceau. Pour flatteuses qu'elles soient, vos demandes ne changent rien à de tels faits. Je suis au regret de devoir vous refuser la main de ma fille, tout comme celle de ma nièce, termina-t-il d'un ton sans réplique.

Bernold, qui paraissait un géant à côté du petit homme, fit un pas vers lui.

— Votre nièce n'est pas fiancée, elle, reprit-il en s'efforçant à une patience qui ne semblait pas lui être habituelle. Vous venez de le reconnaître. Acceptez au moins de considérer son cas comme différent de celui de sa cousine... et donnez-la-moi pour épouse.

— L'exemple serait trop mauvais, dit Gervais. Je connais Aveline. Si Isambour devenait votre femme, la vie, sous ce toit, ne serait plus tenable.

Aveline se releva en défroissant d'un geste nerveux les plis de l'étoffe verte.

— Vous vous trompez du tout au tout, mon père, assura-t-elle. Donnez Isambour à Bernold. Pour moi, je me retirerai dans un couvent.

— Par le manteau de saint Martin ! vous êtes aussi faite pour être nonne que moi pour être pape ! s'écria le vavasseur. Avec votre caractère, on ne vous garderait pas trois jours, dans un monastère.

Daimbert vint se placer au côté de l'adolescente.

— J'ai un droit sur vous, ma chère, dit-il avec une expression de gravité soudaine qui donnait à ses traits de jouisseur quelque chose d'inquiétant. Vous semblez l'oublier. Mais je tiens absolument à exercer mon droit.

— Je vous déteste ! cria Aveline. Jamais, entendez-vous, jamais je ne vous épouserai !

Un rire gras lui répondit.

— C'est en quoi vous vous abusez, ma chère ! Vous serez à moi, bel et bien, affirma le sergent. Jusqu'à ce jour, Dieu me damne, aucune femme dont j'ai eu envie ne m'a échappé !

Mayeul se rapprocha d'Aveline.

— Si vous touchez seulement à un cheveu de ma fiancée, je vous saigne comme un porc ! lui cria Daimbert dont le teint devenait violet.

— Je ferai ce qu'elle décidera, répondit Mayeul, mâchoires crispées.

— Elle n'a rien à décider. J'entends qu'elle m'obéisse au doigt et à l'œil, comme un cheval bien dressé ! hurla le sergent en repoussant d'une bourrade le jeune Normand.

Mayeul bondit. Sans que personne ait pu s'interposer, les deux hommes s'empoignèrent. Une haine mutuelle les tenait. Ils se frappaient sauvagement, à coups de poing, à coups de pied, avec des cris rauques. A peu près du même âge, ils se seraient trouvés sensiblement à égalité, l'un grâce à sa force, l'autre à sa souplesse et à sa rapidité, si Daimbert n'avait pas été armé. Sa charge lui en donnait le droit. Dans un fourreau de cuir, il portait au côté gauche un large coutelas à manche de corne.

Soudain, il glissa sur les tiges de genêt qui jonchaient le sol encore humide du vin renversé, et tomba brutalement à genoux. Mayeul s'élança vers lui. Plus rapide que le Normand, le sergent se redressa d'un bond, tira l'arme de chasse dont il avait coutume de se servir pour égorger les bêtes sauvages, et se rua comme un furieux sur son adversaire qu'il frappa.

Jusque-là, Bernold n'était pas intervenu afin qu'on ne pût pas leur reprocher, à Mayeul et à lui, de s'être mis à deux pour rosser un homme seul. Sitôt qu'il vit briller la lame du coutelas, il fonça, saisit Daimbert par le col de sa broigne [1] de cuir, et lui aurait fracassé la tête contre le mur le plus proche, si le vavasseur, le bossu et le solide valet de la maison, accourus aux cris, ne l'avaient ceinturé pour l'empêcher de venger son ami qui s'écroulait à terre

---

1. *Broigne* : tunique épaisse, servant d'armure.

en perdant son sang. Maintenu par les trois hommes qui avaient bien du mal à le maîtriser, il ressemblait à un sanglier coiffé par des chiens de meute.

Daimbert essuya la lame de son coutelas sur la semelle d'une de ses bottes, avant de se diriger, d'un pas volontairement lent, vers la porte près de laquelle il se posta.

— Il respire ! cria Perrine après avoir palpé la poitrine du blessé évanoui. Je vais le soigner. Qu'on m'apporte ce qu'il faut.

Aveline se précipita vers le placard de planches où sa mère conservait des onguents, des huiles médicinales, des plantes séchées, pendant qu'Isambour tirait d'un coffre à linge des bandes de toile enroulées, et qu'Haumette courait à la cuisine chercher du vin.

Perrine déchira le bliaud et la chemise de Mayeul. La plaie saignait beaucoup, mais était nette et franche.

— La lame a dû glisser sur les côtes, dit-elle enfin. Aucun organe ne semble lésé. Si Dieu le veut, il se remettra vite.

— S'il arrive malheur à Mayeul, je ne le pardonnerai jamais à Daimbert ! souffla Aveline.

Sur le qui-vive, attendant la suite des événements, le sergent demeurait près de la porte. Il jeta à sa fiancée un regard de rancune, mais ne bougea pas.

Sous l'effet d'une sollicitation invisible, Isambour leva les yeux. Au milieu de l'agitation qui régnait, Bernold la regardait. Toujours maintenu, il semblait vouloir lui transmettre un message muet. Dans son regard, un éclat comme si son cœur avait pris feu. L'adolescente se sentit submergée par une immense vague d'espoir. Cet homme-là ne renoncerait pas à elle. Rien, jamais, ne l'y contraindrait. Une allégresse d'alouette à l'aube d'un beau matin l'envahit. Tout demeurait possible...

Avec un gémissement, Mayeul revint alors à lui.

— Ami, lui dit Bernold, vous ne semblez pas gravement atteint. Dieu en soit remercié. Bientôt vous serez de nouveau sur pied. En attendant, quittons une maison si peu hospitalière.

Plus mollement retenu, il put se dégager, s'approcher du blessé.

Le vavasseur rejoignit Daimbert, toujours aux aguets près de la porte. Il lui saisit le bras tout en lui parlant d'un air courroucé à voix basse, puis le poussa dehors. Le sergent disparut.

Perrine achevait de poser des compresses de toile imbibées d'huile de millepertuis sur la blessure lavée avec du vin.

— Frère, dit Bernold en se penchant vers son ami étendu par terre, vous sentez-vous capable de marcher jusqu'à la cour et de monter à cheval ? Je vous soutiendrai autant qu'il le faudra.

— Je crois que c'est possible.

— Allons donc.

Il s'inclina davantage pour aider le blessé à se mettre debout.

Ce faisant, il frôla Isambour agenouillée auprès de sa tante et de sa cousine.

— Attendez-moi. Je reviendrai bientôt, dit-il entre ses dents à l'oreille de l'adolescente.

Puis, soutenant Mayeul, il se redressa. Le jeune homme vacilla, mais, sans pouvoir retenir une grimace, parvint en se cramponnant à son compagnon à rester droit.

— Dieu m'est témoin que nous étions venus ici avec les meilleures intentions du monde, dit alors Bernold au vavasseur. Vous nous avez traités comme des ennemis. Tant pis pour vous ! Ne soyez pas surpris de ce qui pourra vous advenir de fâcheux par la suite !

Son ton était si menaçant que personne ne trouva rien à lui répondre.

L'un appuyé à l'autre, les deux hommes traversèrent la pièce dans un silence absolu et sortirent.

Demeurée agenouillée près de l'endroit où avait reposé le blessé, Aveline se releva enfin, s'essuya les yeux du revers de la main et se dirigea, sans un regard pour son entourage, vers l'échelle menant au second étage.

— Amie sœur ! s'écria Isambour en s'élançant vers elle. Ne désespérez pas. Rien n'est perdu !

Avec un sanglot sec, la fille du vavasseur secoua la tête et commença de gravir les premiers échelons.

Décontenancée, ébranlée mais pourtant vibrante d'espoir secret, Isambour hésita à suivre sa cousine. En lui demandant de l'aider à ranger avec Haumette la pièce en désordre, Perrine décida à sa place.

— Nous serons bien en retard pour le souper, ce soir, constata la brave femme en refermant le coffre à linge.

Gervais haussa les épaules.

— Il y a plus grave qu'un souper retardé, ma pauvre amie ! Il y a offense infligée sous notre toit à deux protégés de la princesse Adèle ! Je m'attends au pire !

— Par Notre-Dame ! Que pouviez-vous faire d'autre ? demanda Perrine. Daimbert a bel et bien reçu votre promesse formelle.

— Ce n'est pas une raison pour tirer son coutelas comme il l'a fait ! répondit avec impatience le vavasseur. Par le manteau de saint Martin, on ne frappe pas un homme qui appartient à la maison de Blois comme on trucide un vulgaire gibier !

Isambour n'entendait plus ce qui se disait. Elle ne prêta pas attention à la sortie de sa tante ni à son retour avec les servantes qui dressaient à nouveau la table...

Sa besogne terminée, elle regardait, accoudée à une des fenêtres ouvertes, la cour de la maison forte. Mais elle ne voyait rien. Son esprit retournait sans cesse aux derniers événements de la journée...

Que signifiaient les paroles de Bernold ? Comment pourrait-il revenir après avoir quitté comme il l'avait fait la demeure de Gervais ? Jusqu'à quand faudrait-il l'attendre ?

Le soir descendait, teintant de rose l'eau contenue dans l'auge de pierre où buvaient les chevaux. On entendait les cloches des vaches, les sonnailles des brebis qui rentraient à l'étable. Criant comme des enfants qui jouent, des martinets se poursuivaient au-dessus des toits.

En juin, les jours n'en finissent plus de s'éteindre. La nuit met si longtemps à venir que ceux qui l'attendent pour se réfugier dans son ombre, comme l'adolescente au cœur en mal d'amour, ont l'impression douloureuse qu'elle ne descendra jamais pour les sous-traire à l'angoisse.

4

Personne ne dormit beaucoup cette nuit-là à Morville. Pourtant, au lever du soleil, selon son habitude, Gervais se lavait dans un cuveau de bois placé à l'angle sud des toits sous la gouttière qui récoltait les eaux de pluie et alimentait également la citerne proche.

Qu'il pleuve, qu'il vente, qu'il gèle, ou que la chaleur tiédisse l'eau comme c'était le cas, le vavasseur, par tous les temps, se lavait ainsi, au saut du lit, dans sa cour.

Après quoi, pour faire circuler le sang, il se fustigeait avec des branches de saule, puis s'habillait.

Le reste de la maisonnée procédait, à l'intérieur, à des ablutions moins ostensibles, mais tout aussi sérieuses. Il le fallait bien : le maître avait l'habitude, avant de partir pour la messe, de vérifier la propreté de ses serviteurs. Alignés au bas de la rampe d'accès à la salle, ils étaient tenus de montrer à l'œil critique du vavasseur leurs oreilles, leur cou, leurs mains.

— L'eau ne coûte rien. La saleté n'a pas d'excuse, avait coutume de répéter Gervais, à sa manière tranchante.

En dépit des soucis qui le tourmentaient depuis la veille, il inspecta comme à l'accoutumée la tenue de ses gens et renvoya le valet se nettoyer les oreilles.

On partit ensuite ouïr la messe à Saint-Lubin.

Construite sur un léger tertre, dans la plaine, toute proche de la rivière, et entourée de son vieux cimetière, l'église de Saint-Lubin était la plus ancienne de la vallée. On y venait d'un peu partout dans la région, attiré par le renom de sainteté de l'ancien évêque de Chartres qui, depuis le sixième siècle, protégeait le sanctuaire.

De Morville, pour s'y rendre, on empruntait le chemin menant de Fréteval à Morée. Le très court trajet de quelque quatre cents toises était plaisant. On allait entre vignes et prés, et les rives du Loir n'étaient jamais bien loin.

En ce matin de juin, l'air frais, que les premiers rayons du soleil n'avaient pas encore réchauffé, baignait l'étendue. La lumière rasante argentait l'herbe drue, couverte de rosée, illuminait certains buissons, certains arbres en fleurs, tandis que des pans entiers de boqueteaux demeuraient plongés dans une ombre glauque.

Les oiseaux déliraient. Un martin-pêcheur traversa le sentier comme un éclair d'acier, une grosse couleuvre à collier déroula ses anneaux gris et noirs dans une ornière profonde. Rajeunies par le retour du jour, des odeurs d'eau, de feuillage, de terre grasse, de fleurs, pénétraient les poitrines, revigoraient les esprits.

Isambour marchait à côté d'Aveline. La veille au soir, quand elle était montée se coucher, elle avait trouvé sa cousine, qui n'était pas descendue pour souper, comme pétrifiée entre ses draps. Lèvres serrées, regard durci, elle était l'image même de la colère et du désespoir. On aurait dit le gisant du Refus. Il avait fallu passer un bon moment à l'apprivoiser.

Enfin redevenue confiante, Aveline n'avait parlé que de son dégoût envers Daimbert et de sa décision irrévocable de ne jamais devenir sa femme. De Mayeul, elle n'avait presque rien dit, le plaignant seulement pour sa blessure. Qu'en pensait-elle intimement ? Qu'éprouvait-elle pour un homme qu'elle connaissait si peu, mais dont la demande l'avait pourtant bouleversée ? Le savait-elle ?

De son côté, Isambour n'avait soufflé mot de la scène du pré. Jusqu'alors, les cousines n'avaient jamais eu de secret l'une pour l'autre. Elles se racontaient sans fin les menus incidents de leurs vies innocentes.

Les choses venaient de changer. Pouvait-on exprimer ce qu'on entrevoyait soi-même si mal ? Pouvait-on songer à faire partager une émotion si profonde qu'elle concernait à la fois le corps et le cœur, la chair et l'âme ?

Dans le vaste lit commun, les deux adolescentes avaient donc chuchoté un petit moment, sans pour autant se communiquer l'essentiel de leurs impressions. Les événements inouïs qu'elles venaient de vivre pesaient trop sur elles pour leur laisser la liberté d'en discourir. Leur double inexpérience ne leur permettait pas encore de démêler l'écheveau des espoirs, des craintes, des audaces, des souhaits, des prudences, des tentations qui, les assaillant en même temps, embrouillaient leurs jeunes cervelles.

Cependant, une décision était née des demi-aveux échangés.

Durant la messe quotidienne qu'elles suivraient comme d'habitude à Saint-Lubin, elles prieraient le saint pour qu'il les protège et les guide durant les jours à venir. En échange elles lui promettraient d'accomplir ensemble un pèlerinage à Chartres où il avait été évêque et où il avait fait des miracles.

Prête à se battre contre la terre entière s'il le fallait pour conserver sa liberté de choix, Aveline demanderait à saint Lubin la force de ne jamais céder. Isambour, qui ne savait qu'une chose, le nom de l'homme auquel elle voulait appartenir, le supplierait de le lui accorder.

Elles cheminaient donc, côte à côte vers le sanctuaire, préparant leurs oraisons et frôlant du bas de leurs bliauds les tiges alourdies des hautes herbes humides de rosée. Devant elles, Gervais et Perrine marchaient d'un pas pressé, sans échanger un mot. Suivait à quelque distance un troisième groupe, formé des deux aïeules, du bossu et des serviteurs.

Soudain, rompant le calme champêtre, on entendit, venant de Fréteval, le galop d'un cheval. Comme le chemin faisait maints détours, on ne pouvait voir qui survenait. Par précaution, chacun se rangea sur le talus.

Du dernier tournant, surgit alors un cavalier monté sur un coursier gris pommelé qu'il menait à vive allure.

Sa haute stature, sa nuque rasée sous l'épaisse chevelure blonde, le bliaud rouge qu'il portait la veille, le court mantelet de même couleur, gonflé par le vent de la course et agrafé sur l'épaule droite, ne pouvaient laisser aucun doute sur son identité.

Isambour eut le temps de remarquer que le visage de Bernold semblait durci par une détermination farouche et qu'en parvenant à sa hauteur, il retenait son cheval. Puis elle se sentit saisie, soulevée, jetée en travers de la selle, maintenue par une main ferme, emportée... En dépassant le vavasseur, figé sur le bord de la route, le ravisseur cria :

— Vous me l'avez refusée... Je la prends !

Lancé à folle allure, le coursier s'éloigna, emmenant dans un tourbillon de poussière le cavalier et sa captive.

Suffoquée, la figure criblée de gravillons arrachés au sol pierreux par les sabots du cheval, éperdue, Isambour n'était plus que tremblement, qu'effroi...

Une forte odeur de cuir et de sueur animale l'enveloppait. Pleurant, mais le cœur bondissant déjà d'excitation, elle ressentait dans tout son corps, dans les pulsations de son propre sang, le rythme martelé d'une fuite qui la détachait à jamais de son tranquille passé, pour la précipiter dans l'inconnu. Il lui semblait que ce galop haletant était l'image même de son destin depuis quatre jours... Sa vie s'élançait à présent, comme la monture de Bernold, sur des sentiers incertains...

Au bout d'un assez long moment, la chevauchée débridée s'apaisa, se changea en trot, en pas, puis s'interrompit.

Isambour ouvrit les yeux. Elle reconnut un pré éloigné...

Bernold la redressa, l'assit devant lui, l'appuya contre sa poitrine, essuya avec des gestes maladroits les larmes et la poussière qui souillaient ses joues.

— J'ai besoin de vous, dit-il en enfermant entre ses paumes le visage éperdu de la jeune fille. Oh ! j'en ai tellement besoin !

Puis il l'enlaça. Comme durant l'incendie, elle se retrouvait serrée entre les bras du Normand. Elle reconnaissait l'odeur de sa sueur, celle de son haleine... Sur la face qui se penchait vers elle, Isambour remarqua pour la première fois une fine cicatrice qui partait de la forte mâchoire pour rejoindre l'oreille gauche.

— Je vous veux à moi, toute à moi, mais pas en tant que simple concubine, disait Bernold d'une voix rauque. Je tiens à vous épouser, à vous faire mienne devant Dieu, devant tous... Y consentirez-vous ?

Tout se brouillait dans l'esprit de l'adolescente : l'attrait ressenti, la peur de l'homme, la sagesse inculquée, le désir si neuf, l'horreur du mal, la sourde certitude que le bien était là, dans les claires prunelles qui l'observaient avec anxiété...

Elle respira à fond et finit par incliner la tête en signe d'assentiment, tout en se sentant rougir jusqu'aux épaules.

L'étreinte se resserra, la respiration de Bernold se précipita. Une bouche affamée se posait sur ses tempes, ses cheveux, son cou, là où battait son sang, sur ses lèvres, enfin, encore malhabiles, dont Bernold semblait ne pouvoir se repaître...

— Je craignais que ce rapt ne vous effraie, avoua-t-il, en interrompant à regret ses baisers. En Normandie, c'est une fort ancienne coutume. Nos femmes en sont plutôt fières... mais, ici, vous êtes différents...

— Une coutume interdite à présent par l'Église, souffla Isambour, et qui est considérée comme un grave péché !

Le rire éclatant qu'elle commençait à connaître retentit tout près de ses oreilles.

— C'est interdit quand la fille n'est pas consentante, qu'elle est enlevée contre son gré, répliqua joyeusement Bernold. Mais, amie, belle amie, vous voici consentante, n'est-il pas vrai ? Vous l'êtes ! Vous l'êtes !

Comme il avait l'air heureux...

— Quant au péché, disait-il encore, tout dépend des intentions. Les miennes sont irréprochables puisque je veux que notre union soit bénie !

— Mon oncle... murmura Isambour.

— Votre oncle sera mis devant le fait accompli et n'aura plus rien à dire. Il n'avait qu'à accepter ma demande... Oublions-le, amie, oublions-le... Ce soir, vous serez ma femme et je serai votre mari !

Chaude, douce, mais audacieuse aussi, la bouche aux lèvres sensuelles s'enhardit, suivit les tendres veines de la gorge, descendit vers les seins frémissants sous la toile... L'adolescente se sentit défaillir.

— Pour l'amour de Dieu, Bernold, épargnez-moi, chuchota-t-elle.

Le Normand se redressa, ferma un instant les yeux, se forçant à respirer lentement.

Jamais encore Isambour n'avait eu l'occasion de voir les traits d'un homme altérés par le désir. Cette découverte l'effraya et la chavira en même temps.

— Où allons-nous, maintenant ? demanda-t-elle pour rompre le cercle des tentations.

— A Blois. J'ai tout préparé hier soir après avoir quitté Morville. Il faut vous dire, mon amour, que, depuis notre rencontre au bord de la rivière, je ne pense plus qu'au moment où je vous prendrai...

— Si vous voulez être mon ami, je vous en prie, Bernold, patientez encore un peu...

— Dieu m'assiste... Vous avez raison. Nous n'avons plus long-temps à attendre... J'ai prévenu un prêtre et la princesse Adèle a accepté de nous servir de témoin, Mayeul, que sa blessure n'empê-chera pas d'être présent à notre mariage, et le baron de Meslay, également acquis à notre cause, nous assisteront tous deux.

— Mais... Aveline, mon frère Roland, ma tante... J'aurais aimé les avoir près de moi aussi... J'ai l'impression de rêver, murmura Isambour en passant sur son visage ses mains tremblantes comme pour en écarter une toile d'araignée.

— C'est bien un rêve, mais un rêve qui va se réaliser, que nous allons vivre à deux, mon amie, mon cœur, ma belle espérance, vous qui êtes tout ce que je désire ! Il durera autant que nous, croyez-moi ! Quant à votre famille, elle finira bien par s'incliner devant une alliance qui, après tout, n'a rien d'humiliant pour vous !

— Je ne m'inquiète pas de ce qui pourra se passer plus tard, mon doux ami, mais d'être privée, maintenant, des présences qui me sont chères...

— Une fois mariés, nous aviserons. Tout autant que vous, je souhaite que ce différend cesse aussi vite que possible. Vous l'ignorez, mais, de mon côté, je n'ai plus personne. Les miens ont été massacrés dans le sac de notre ville lors de la guerre contre la Bretagne... tous ont péri... la maison a été rasée, le domaine morcelé, distribué aux vainqueurs... Seul mon jeune âge m'a permis de m'échapper et de m'enfuir pour me réfugier à la cour de notre duc

Guillaume dont mon père avait été un fidèle... Mais ne parlons plus de mon passé. Je ne veux penser qu'à notre avenir.

Il se dégageait de cet homme une telle impression de force, de certitude qu'Isambour capitula.

— Je vous donne ma foi et ma vie, dit-elle tout bas. Je m'en remets à vous pour tout.

Le baiser qui suivit était don et offrande.

— Maintenant, dit Bernold, il nous faut repartir. Guidez-moi, vous qui êtes fille de cette vallée. Comment, d'ici, rejoindre Blois ?

— Il faut traverser le Loir à un passage à gué tout proche où je vais vous conduire. Ensuite, nous gagnerons la forêt de Silva Longa, sur le plateau. Enfin, par la Vallée aux Cerfs nous rejoindrons le chemin qui conduit à Oucques. Une fois là nous rattraperons sans difficulté la route des Comtes, qui va de Chartres à Bourges, en passant par Blois.

— Dieu nous aide et nous dispense des mauvaises rencontres, dit Bernold en se signant. A présent, belle amie, appuyez-vous sur moi et calez-vous le mieux possible. Mon coursier est vif, je n'ai pas l'intention de le retenir.

— Laissez-le donc aller son train, ami, et, même, au besoin, poussez-le ! Plus tôt nous serons rendus, mieux cela vaudra pour nous...

Isambour se sentait maintenant tout à fait en sécurité entre les bras de son ravisseur. Elle ne voulait plus être attentive qu'à la joie qui ruisselait en elle. Cet homme, ce bel homme qu'elle avait choisi en secret, dont elle savait depuis la veille qu'elle lui appartiendrait un jour, eh bien ! il l'avait élue, enlevée, il allait l'épouser ! Une allégresse émerveillée, qu'il fallait apprivoiser comme une présence fabuleuse, comme la licorne des légendes, faisait sa place au plus profond de son cœur... Bernold et elle s'étaient mutuellement choisis, ils s'apprêtaient à lier leurs vies pour toujours. Le reste importait peu...

Elle sourit en appuyant sa joue contre le bliaud rouge. Le trot du cheval la berçait. Au-dessus de son front, elle sentait le menton du Normand qui, bien que soigneusement rasé, lui piquait un peu la peau. Leurs corps se touchaient... Fugitivement, elle songea qu'elle était sans doute en train de goûter la meilleure journée de toute son existence, mais les promesses de la nuit à venir étaient si troublantes qu'elle s'en faisait à l'avance une autre félicité...

Restaient son oncle et sa tante... Le vavasseur devait se trouver dans un état de fureur épouvantable... Tant pis. Il se calmerait. Quand il saurait que l'héritière de la maison de Blois avait, en personne, donné sa caution à leur mariage, il ne pourrait s'empêcher d'en tirer gloire.

Bien entendu, il aurait été préférable de célébrer leur union en grande pompe, selon les traditions, avec toute sa parenté autour d'elle... Perrine, émue et affairée, lui aurait préparé un bliaud de fine toile pourpre brodée de fils d'or, les amies d'enfance l'auraient entourée, Aveline l'aurait embrassée en l'assurant de son affection...

Rien de tout cela ne se produirait. Mais elle avait Bernold, elle serait dans son lit ce soir...

Isambour rejeta la tête en arrière.

— Où habiterons-nous, ami ? demanda-t-elle.

Le Normand, qui la croyait assoupie, profita de la question pour l'embrasser avec une voracité gourmande...

— Pendant quelque temps, nous logerons à Blois, où je partage une simple maison avec Mayeul, dit-il ensuite. Mais, très vite, nous nous installerons près d'ici. J'ai l'intention d'exercer mon métier non loin du nouveau monastère que les moines de Marmoutier sont sur le point de fonder dans cette vallée. Ils ont de vastes projets auxquels, si Dieu le veut, je serai associé, car ils auront besoin de nombreux vitraux.

— Je serai donc l'épouse d'un maître verrier, murmura Isambour, rêveuse.

— Vous verrez, belle, c'est un métier béni qui utilise la lumière du ciel comme premier matériau !

Ils traversèrent des prés, un coin de forêt où des troupeaux de vaches, de moutons ou de chèvres paissaient sous les branches, tandis que des porcs fouissaient l'humus pour y trouver leur glandée habituelle. Des bergers saluaient gaillardement les cavaliers au passage et retournaient bien vite à leur cueillette de fruits sauvages ou à leurs menus travaux.

Après Oucques, la route des Comtes, qui menait à Blois par le plateau de Beauce, s'ouvrit devant eux.

Beaucoup de gens y circulaient. Le cheval ne put avancer qu'au pas. Des marchands, pourvus de charrettes, de mulets ou d'ânes, formaient des groupes organisés et armés, plus aptes à offrir au voyageur voulant se joindre à eux un peu de sécurité, que les moines voyageurs, les clercs, les mendiants, ou les pèlerins qui marchaient en chantant, sans se soucier d'autre chose que du but de leur pèlerinage.

Bernold suivit donc un convoi de drapiers qui venaient de Chartres et se rendaient à Blois afin d'y vendre des balles et des trousseaux de beaux draps de Châlons.

Quelques propos furent échangés avec ces « pieds poudreux » souvent accusés de ne chercher que leur profit et qu'Isambour avait toujours entendu traiter avec mépris par son oncle.

Le soleil devenait plus chaud.

En approchant de Blois, les champs de blé, de seigle, d'orge ou d'avoine, succédaient régulièrement à des cultures de choux, de pois, de lentilles ou de haricots. Divisée en trois parts, chaque pièce de terre comportait une portion ensemencée en céréales, une autre plantée en légumes et la dernière laissée en jachère afin de permettre au sol de se refaire.

— Voyez, amie, nous arrivons !

Bâtie sur un éperon rocheux qui dominait à la fois la vallée de la Loire, au sud, et le plateau de Beauce, au nord, la forteresse de Blois se profilait de loin sur le ciel. Les clochers de Saint-Solenne et de l'abbaye de Saint-Lomer s'y découpaient également au-dessus des toits de la cité.

— Notre petit logis est situé non loin du fleuve, au Bourg Moyen, dit Bernold. Il n'est pas bien grand, mais Mayeul et moi avons tout de même pu y entreposer le matériel dont nous avons chacun besoin pour travailler. C'est l'essentiel.

— Je connais un peu Blois, repartit Isambour. J'y suis venue trois fois avec mon oncle à l'occasion des cours plénières du comte Thibaud. C'est une belle ville !

— Elle sera encore plus belle lorsque notre princesse y aura apporté les améliorations qu'elle projette, assura Bernold avec fierté. Les gens de par ici n'ont pas idée de ce que nous sommes capables de bâtir, nous autres, Normands !

En le sentant si pénétré des mérites de ses compatriotes, Isambour pensa que lier sa vie à celle d'un étranger ne serait pas chose simple. Il lui faudrait toujours y songer si elle voulait éviter de blesser cet homme, né sur un autre sol, et dont les sentiments lui étaient devenus, en si peu de temps, plus précieux que tous autres.

— Après notre mariage, nous irons une fois en pèlerinage au Mont-Saint-Michel, dit-elle. Vous en profiterez pour me faire découvrir votre duché ainsi que ses habitants !

Le grand rire réconfortant jaillit de nouveau.

— Avoir un époux normand suffit, ma belle amie, pour connaître les défauts et les qualités des gens de mon pays ! s'écria Bernold comme ils arrivaient aux portes de la ville. Toutefois, si vous y tenez, nous pourrons nous rendre plus tard en pèlerinage au Mont.

Après avoir franchi le large fossé défendu par les très hautes palissades qui cernaient la ville, isolée, face au fleuve, sur son éperon rocheux, Bernold et Isambour pénétrèrent dans Blois par la porte Chartraine.

L'agitation commença aussitôt.

Bien située au confluent de la Loire et d'une petite rivière appelée l'Arrou, ce qui facilitait les échanges, aisément défendue par son escarpement naturel, la cité des comtes de Blois-Chartres, qui regroupait trois bourgs, jadis distincts, était prospère.

Lors de leur premier séjour dans la capitale de la comté, Gervais avait longuement expliqué à sa fille et à sa nièce comment des professions, issues du château aussi bien que de l'abbaye voisine, avaient peu à peu exercé leurs activités hors des murs castraux. Comment certains artisans, qui avaient commencé par travailler pour le seigneur comte ou pour l'abbé, avaient fini par essaimer vers d'autres pratiques.

« Parce que de nombreux étrangers, séduits par les agréments de notre région, se sont fixés ici, et, aussi, à cause du grand nombre d'enfants nés depuis une ou deux générations, le nombre des clients possibles s'est beaucoup accru, avait encore dit le vavasseur. Plus nombreuse, la population a eu besoin de davantage de fournisseurs. A présent, on trouve à Blois, comme à Chartres ou à Tours, toutes sortes de marchands. Nous avons des tanneurs, des foulons, des drapiers, aussi bien que des selliers, des cordonniers, des savetiers, des bourreliers, sans compter les forgerons, ferronniers, armuriers et même orfèvres ! Pour loger ces gens, on a été amené à construire. Les maçons, couvreurs, serruriers, charpentiers ont trouvé à s'employer. Enfin, il a fallu nourrir tout ce monde. Bouchers, boulangers, poissonniers, cabaretiers, ont été nécessaires. Notre comte a même fait venir des monétaires [1], puisqu'il bat monnaie comme tout seigneur qui se respecte ! »

Isambour gardait dans l'oreille l'accent satisfait avec lequel son oncle avait énuméré ces différents corps de métiers, à croire que l'opulence de la cité rejaillissait sur lui...

— La présence de nos Normands est une grande source de richesse pour cette ville, assurait cependant Bernold. Elle est, grâce à eux, en plein essor !

En dépit des enthousiasmes successifs du vavasseur et de son nouveau compagnon, Isambour ressentait trop intimement la complicité qui la liait à la nature pour se plaire vraiment dans les cités. Leurs rues bruyantes et malodorantes, l'impossibilité d'apercevoir les jardins dissimulés par les façades des maisons, les encombrements, les rencontres étranges qu'on pouvait y faire ne lui inspiraient que méfiance. Elle s'y sentait perdue, mal à l'aise.

— J'aime mieux Morville, dit-elle d'un petit air têtu.

Bernold sourit et l'embrassa sur le coin des lèvres.

— Vous changerez d'avis, belle douce amie, dit-il avec assurance. C'est ici que va commencer notre vie commune. Elle sera si merveilleuse que vous verrez bientôt Blois d'un tout autre œil. En attendant, je vous conduis chez une dame dont le mari, monétaire du comte Thibaud, est fort estimé de lui. Elle vous servira de second témoin et a accepté, à cause de l'amitié qui me lie à son époux, de vous recevoir un moment sous son toit avant l'heure prévue pour la cérémonie de nos noces.

---

1. *Monétaire* : responsable de la frappe des monnaies.

— Vous allez m'y laisser ?

— Par tous les saints ! amie, ne craignez rien. Vous y serez en excellente compagnie. On y prendra soin de vous pendant que je réglerai les derniers préparatifs de notre mariage.

Le cheval se frayait lentement un chemin parmi les piétons, les cavaliers, les marchands ambulants, les troupeaux qu'on menait à l'abattoir, les porcs errants à la recherche de détritus, les convois de tonneaux ou de foin, les charrettes ou chariots transportant des matériaux de construction... L'adolescente remarquait que beaucoup de chantiers s'étaient en effet ouverts un peu partout depuis son précédent passage à Blois. Bernold avait dit vrai. On construisait force maisons de bois, de torchis ou même de pierre, sans compter chapelles et églises...

— La dame qui vous offre l'hospitalité, continuait Bernold, loge auprès de l'hôpital. Les pauvres malades ne sont certes pas un voisinage bien gai, mais vous ne resterez pas longtemps chez elle.

— Comment une personne dont le mari fait partie de la maison du comte peut-elle avoir choisi un tel endroit pour habiter ? s'étonna Isambour.

— Parce que, frappant monnaie, cet homme exerce là un métier qui met l'âme en péril. Aussi cette bonne épouse consacre-t-elle deux jours entiers par semaine au service de l'hôpital, pour contrebalancer par sa charité les dangereuses activités de son seigneur et maître !

Ils parvenaient devant une riche demeure construite en pierre. Bernold frappa du heurtoir le vaste vantail clouté de fer qui s'ouvrit sans tarder. Le cheval pénétra dans une cour assez étroite et peu claire.

Un valet attrapa la bride que lui jeta le Normand en sautant à terre, avant de saisir Isambour entre ses bras pour l'aider à descendre. Il l'y garda si étroitement serrée qu'elle en perdit le souffle. Ce fut un couple enlacé, rieur, que la maîtresse du lieu découvrit en arrivant pour recevoir ses hôtes.

— Par Notre-Dame ! voici une charmante demoiselle ! dit la dame en souriant. Je comprends mieux maintenant, sire Bernold, votre folle aventure et votre hâte à vous marier !

Isambour s'empourpra.

— On me nomme Aubrée, dit l'épouse du monétaire. J'espère que nous deviendrons vite d'assez bonnes amies pour nous appeler par nos noms de baptême.

Elle pouvait avoir une trentaine d'années, mais ses cheveux étaient déjà blancs. Totalement blancs. Ce qui faisait ressortir la fraîcheur de son teint, lui donnait à la fois un aspect très jeune et un air plein d'expérience. Des paillettes dorées dansaient dans ses yeux verts, griffés au coin des paupières par les ans ou les soucis.

D'emblée, avec l'élan de son âge et un très sûr instinct, Isambour sut qu'elle pourrait compter sur cette femme, lui donner son amitié.

— J'ai une fille de quinze ans, comme vous, reprit Aubrée en soupirant. Mais elle est malade et n'a pu descendre à votre rencontre. Nous irons la voir plus tard.

La salle où ils pénétrèrent alors était tendue de nombreuses tapisseries. Sur les meubles de chêne ciré, de la vaisselle d'argent luisait doucement. Jonché de verveine, le sol était recouvert de nattes de paille tressées avec art. Des coussins de peau y étaient disséminés.

Isambour observait tout avec curiosité. Elle pensait que les demeures citadines étaient bien plus raffinées que les logis campagnards de sa connaissance et que le baron lui-même n'avait rien de comparable dans son donjon. Elle préférait cependant Morville et sa rusticité à tout ce luxe. Loin du Loir, de sa vallée, elle se sentait à l'étroit.

— Puisque vous avez eu la bonté de bien vouloir héberger ma future épouse, chère dame, dit Bernold, je vais la laisser un moment à vos bons soins, car j'ai encore certaines dispositions à prendre.

— Vous me quittez ! s'écria l'adolescente.

Deux éclats de rire lui répondirent.

— Pour très peu de temps, amie, assura le Normand. Je vous promets qu'ensuite plus rien ne pourra nous séparer !

— Nous mettrons à profit cette courte absence, reprit Aubrée, pour vous habiller et vous parer comme il sied à une épousée digne d'un homme de la suite princière. Croyez-moi, les heures s'écouleront sans que vous vous en aperceviez.

Elle disait vrai.

Dans la chambre où elle introduisit son invitée après le départ de Bernold, des vêtements de prix se trouvaient disposés sur un lit en bois tourné, décoré d'incrustations en ivoire et recouvert de nombreux coussins.

Aidée d'une servante à l'air avenant, Aubrée fit retirer à Isambour sa chemise et son simple bliaud. Frictionné pour commencer avec une eau de senteur au romarin, le mince corps dévêtu fut ensuite enduit par la chambrière du contenu odorant d'une pomme d'ambre [1] en argent ciselé. Sur la peau ainsi parfumée, elle passa une chemise de soie plissée aux manches collantes.

Le col, les poignets, l'ourlet du bas, étaient ornés de broderies multicolores disposées en guirlandes, qui se détachaient avec beaucoup d'élégance sur l'éclatante blancheur du tissu. Par l'encolure arrondie, la servante lui fit revêtir ensuite un bliaud de cendal [2] vermeil décoré de fleurs et de rinceaux. Gaufré sur la poitrine, galonné d'orfroi [3], il était ceinturé d'une cordelière de soie dorée

---

1. *Pomme d'ambre* : petit vase rond contenant de l'ambre.
2. *Cendal* : étoffe de soie.
3. *Orfroi* : galon tissé d'or.

dont les extrémités frangées tombaient sur les chaussures de cuir
rouge pointues et à hauts talons qu'elle avait également préparées
pour la future mariée.

— C'est la première fois de ma vie que je vais porter des talons
de cette taille ! s'exclama Isambour, ravie.

Au lieu de la honte qui aurait dû l'accabler après un enlèvement
comme celui dont elle venait d'être la victime consentante, il lui
fallait bien admettre qu'elle ne ressentait que plaisir et émerveillement. Jamais elle n'aurait pu imaginer qu'une action aussi
répréhensible l'amenât à tant de joie éblouie.

— Si je m'étais mariée chez ma tante, j'aurais porté de la toile
fine, mais pas de soie, reprit-elle avec une expression comblée, à
peine teintée d'un rien de confusion.

Non sans mélancolie, Aubrée contemplait sa protégée.

— Ces vêtements, dont les tissus ont été achetés à Byzance,
avaient été cousus pour le mariage de ma fille, l'an dernier, dit-
elle tristement. Elle est à peu près de votre taille...

Isambour l'interrogea du regard.

— La veille de ses noces, après une soirée consacrée à de trop
nombreuses libations, son fiancé est parti au petit matin avec des
amis se baigner dans la Loire. Ils étaient ivres, la nuit n'était pas
encore entièrement dissipée... On ignore ce qui s'est passé, mais il
semble qu'il se soit égaré vers des bancs de sable... Il s'y est enlisé
à jamais. Son corps n'a pas été retrouvé. Ses compagnons l'ont
recherché en vain. Helvise, ma fille, ne s'en est pas consolée...

Elle soupira.

— Il faut que vous sachiez que notre famille n'en était pas à sa
première épreuve.

Elle fit quelques pas, comme pour fuir le souvenir de sa peine,
et s'arrêta devant un coffre où était posé un miroir d'étain poli qui
lui renvoya son image.

— Vous avez dû vous étonner de me voir, à mon âge, avec ces
cheveux blancs, reprit-elle au bout d'un instant. Ils ont blanchi en
une nuit. La dernière nuit d'une semaine maléfique durant laquelle
nous avons successivement perdu nos trois jeunes fils... trois beaux
petits garçons âgés de quatre à dix ans. Ils sont morts d'une horrible
maladie contre laquelle les médecins sont demeurés impuissants.
Une fièvre terrible les brûlait. D'épaisses peaux blanches qui se
reformaient au fond de leur gorge au fur et à mesure qu'on les
crevait les empêchaient de respirer... Ils criaient, ils suffoquaient et
ont péri étouffés dans d'atroces douleurs... Il ne nous est resté que
notre fille qui était à Tours, chez une de ses aïeules, cet hiver-là...

Spontanément, Isambour s'approcha de son hôtesse, s'empara
d'une des mains abandonnées dans les plis du bliaud violet et
la baisa.

— En échange de tout ce que vous avez fait pour moi en ce jour, dit-elle, bouleversée, je voudrais tellement vous apporter, avec mon amitié, un peu de paix et de réconfort. Que puis-je faire pour vous aider ?

— Demeurer la fraîche enfant que vous êtes, répondit Aubrée en se redressant. La somme de nos joies et de nos tourments concourt, dans une mesure que nous ignorons, au vaste projet de Dieu sur nous. Nous ne pouvons pas le comprendre, nos cervelles sont trop étroites pour en contenir l'immensité, mais nos destinées tissent au fil des siècles la tapisserie de la Création. Il faut des laines de toutes couleurs, vertes, rouges, blanches, mais aussi grises et noires, pour composer l'ensemble. L'œuvre ne nous sera révélée, dans toute la splendeur et la complexité de sa plénitude, qu'après son achèvement... Nous n'en sommes pas là ! conclut-elle avec un sourire tristement moqueur, comme pour se faire pardonner la gravité de ses propos.

« Allons, reprit-elle en s'emparant d'une brosse à manche d'ivoire que la chambrière venait de sortir d'un coffret en bois sculpté. Allons, ne perdons plus de temps en confidences. Il nous reste à vous coiffer.

Défaits, les cheveux d'Isambour la recouvraient jusqu'aux genoux. Épais, bruns mais moirés de reflets de cuivre, ils lui composaient un manteau sauvage et soyeux qui enveloppait complètement son corps menu.

— Les hommes aiment ces chevelures foisonnantes, déclara Aubrée. La vôtre est fort belle. Le pelage de certaines martres du nord que porte la princesse Adèle est presque de la même nuance.

— Je ne sais si elle plaira à Bernold, dont je connais encore si mal les goûts, dit Isambour en rougissant une nouvelle fois, mais je la trouve bien lourde ! Il m'arrive d'avoir des maux de tête insupportables à cause du poids de mes nattes !

Brossés, lustrés, parfumés, les longs cheveux étaient à présent séparés par une raie médiane. La chambrière entreprit alors de les tresser en y entremêlant des rubans de couleur brodés de fils d'or. Puis elle en décora les extrémités de grands nœuds soyeux qui tombaient jusqu'aux chevilles d'Isambour.

— Pour fêter un jour si beau, permettez-moi de vous offrir ce bandeau d'orfroi orné de perles, ajouta Aubrée, en tirant son présent d'une niche creusée dans le mur, à la tête du lit, et dissimulée par un court rideau. Il tiendra votre voile. Vous le conserverez ensuite en témoignage de l'affection que, déjà, je vous porte.

Isambour se jeta dans les bras de son hôtesse.

— Je voudrais connaître votre fille, chuchota-t-elle.

— Suivez-moi, répondit simplement Aubrée.

Elle souleva une courtine qui séparait la pièce d'un petit oratoire aux murs nus. Un crucifix de buis, au pied duquel était déposée une natte de paille, et, sur une console, une statue de la Vierge en bois peint, en étaient les seuls occupants.

Derrière l'oratoire, se trouvait une seconde chambre dont la fenêtre donnait sur la cour. Assise au milieu de coussins empilés au chevet de son lit, une adolescente chantonnait, tout en caressant d'un geste machinal une poupée de bois articulée. Deux corneilles apprivoisées picoraient des graines à côté d'elle.

La pauvre fille était si maigre, si pâle, qu'on était surpris de constater qu'elle était toujours en vie. Noyé dans une masse de cheveux d'une blondeur exténuée, évoquant les rayons d'un soleil hivernal, qui tombait en cascade jusque sur des mains décharnées, le visage aux yeux cernés était atone.

— Helvise, ma belle enfant, voici Isambour qui vient vous voir, dit Aubrée. Vous êtes toutes deux du même âge.

Aucune réaction n'indiqua qu'elle avait été entendue. La malade continuait à caresser le jouet qu'elle avait sur les genoux comme si elle se trouvait seule.

— Voici bientôt un an qu'elle est ainsi, murmura d'une voix tremblante la pauvre mère. On dirait que son âme s'est perdue dans les sables mouvants où a disparu le corps de son fiancé.

Isambour s'approcha d'Helvise.

— J'aimerais tant devenir votre amie, dit-elle en se forçant à parler d'un ton naturel.

Perdu dans les mèches folles, le regard clair remonta lentement des fines chaussures à la tête ceinte du bandeau nuptial.

Ce n'était pas sa visiteuse que fixait soudain, avec une expression où affleurait quelque chose qui ressemblait à de la nostalgie, la pauvre Helvise, mais les vêtements dont celle-ci était parée. Elle tendit un index hésitant vers l'étoffe vermeille, la frôla, puis retira sa main qu'elle se mit à contempler amèrement. Sans qu'elle semblât s'en apercevoir, des larmes commencèrent à couler en douceur, de manière irrésistible, sur ses joues où la peau était collée aux os.

— Elle a reconnu ses habits de noces ! gémit Isambour, horrifiée.

— Je l'avais espéré, avoua Aubrée.

Elle s'agenouilla près de sa fille, la prit dans ses bras, la berça comme un petit enfant.

Isambour n'osait bouger.

Un long moment s'écoula. Helvise considérait sa mère de l'air surpris d'un dormeur qu'on vient de tirer du sommeil. Elle pleurait encore, mais, à présent, elle le savait. Son regard avait changé. Avec le chagrin, la conscience était de nouveau apparue.

Écartant la toison folle qui la cachait comme un voile, Aubrée embrassa sa fille sur le front.

— Vous revenez à vous, ma douce, dit-elle tendrement. Vous

nous revenez en même temps. Votre mémoire n'est pas morte. Elle n'était qu'évanouie. Dieu vous sauve ! S'Il le veut, votre pensée refleurira !

Elle se releva.

— Je reviens sans tarder, dit-elle encore. Attendez-moi.

Puis elle prit Isambour par la main, l'entraîna hors de la chambre.

— Venez, souffla-t-elle. Vous ne pouvez demeurer ici davantage. Bernold va venir vous chercher. Laissons Helvise se retrouver et prions le Seigneur qu'Il achève de lui ouvrir l'esprit... Voyez-vous, depuis la mort de celui qu'elle aimait, elle n'a jamais versé une larme. Elle ne pouvait pas pleurer. C'était comme si l'eau de son cœur était gelée. Maintenant, cette affreuse glace vient de céder. En vous montrant à elle ainsi vêtue, j'espérais je ne savais quoi... l'impossible ! Votre apparition l'a fait sortir de sa léthargie.

— Mais elle souffre !

— Je préfère la voir s'éveiller à la souffrance, qui est source de grâces, plutôt que de la retrouver, chaque jour, comme une plante privée de soleil !

Les deux femmes s'arrêtèrent un instant dans le petit oratoire pour une prière fervente, puis regagnèrent la pièce où Isambour s'était changée.

— Vous me demandiez comment me remercier pour le peu que j'avais fait en vous accueillant chez moi ? reprit Aubrée. Les pleurs de ma fille sont un cadeau sans prix. Vous l'avez sauvée du noir anéantissement où elle avait sombré. Soyez bénie !

Des bruits de pas précipités retentirent dans la cour, parvinrent dans la salle voisine.

Comme un furieux, Bernold entra dans la chambre.

— Votre oncle veut me perdre ! cria-t-il. Il n'y parviendra pas. Par le cœur Dieu ! Il n'y parviendra pas !

Il tremblait de rage.

— Sainte Vierge mère ! que se passe-t-il ?

— Votre oncle accompagné d'un de ses amis, qui est, paraît-il, meunier, sont arrivés, voici peu, chez le comte. Ils demandent vengeance et réparation. Ils prétendent que je vous ai enlevée contre votre volonté ! Que vous ne deviendrez ma femme que sous la contrainte ! Qu'une union consécutive à un rapt ne saurait, en aucun cas, être valable !

— Il fallait leur dire que j'étais consentante !

— Par tous les saints ! Je n'ai pas cessé de le leur répéter ! Ils ne me croient pas !

— Fort bien. Je vais le leur faire savoir moi-même !

Frémissante, transformée par l'indignation et la nécessité d'agir, Isambour prenait tout d'un coup conscience d'une force neuve qui la soulevait. Jetant sur ses épaules le léger manteau de cendal préparé par Aubrée avec le reste de sa tenue, elle prit la main de Bernold.

— Allons trouver mon oncle et le comte, ami, dit-elle, ne tardons pas. Allons les trouver pour leur dire la vérité.

Le comte Thibaud III de Blois-Chartres occupait, dans l'enceinte fortifiée du château, un palais cerné d'un terrain herbu, tout à côté du donjon. Une chapelle, des logements pour ses chevaliers, ses clercs, ses domestiques, et de vastes dépendances, étaient dispersés aux alentours, soit dans la haute-cour, soit dans la basse-cour.

Bernold et Isambour furent introduits dans la salle d'apparat où le comte rendait la justice.

Une cheminée dans laquelle on pouvait brûler des troncs entiers, quatre fenêtres fort hautes, voûtées en plein cintre, agrémentées de petites banquettes de pierre recouvertes de coussins, des murs en partie peints à la fresque, en partie recouverts de tapisseries histo-riées, un sol dallé et jonché de peaux de bêtes sauvages, composaient un décor imposant.

Cette belle salle était principalement meublée de grands coffres sculptés, de longs bancs à dossiers, de bahuts de chêne foncé, de petites tables basses. Un dressoir chargé de pièces rares d'orfèvrerie et de vaisselle d'or luisait comme une châsse.

Assis sur un siège dont les montants croisés étaient terminés par des têtes de lion en cuivre émaillé, Thibaud, qui avait, lui aussi, quelque chose de léonin dans ses traits majestueux et sa crinière grise, était entouré de seigneurs, de chevaliers, de prêtres et de clercs. Le baron de Fréteval se tenait près de lui.

La cour de justice était sur le point de se terminer. Le dernier justiciable saluait son seigneur. Un peu à l'écart, Gervais-le-vavas-seur s'entretenait avec Benoît-le-mangeur.

Bernold les ignora et conduisit Isambour vers le comte.

— Sire comte, dit-il en pliant le genou, voici la demoiselle qu'on m'accuse d'avoir enlevée de force. Elle a tenu à venir, elle-même, témoigner de la fausseté de ces imputations, et vous assurer de son plein consentement à notre mariage.

— Par mon saint patron ! qu'elle parle, dit le comte. Si elle vous justifie, j'assisterai en personne à vos noces !

Isambour salua, se redressa, et, tendue par cette force nouvelle qui croissait en elle, parla d'une voix assurée.

— J'ai à faire savoir, Sire, à vous et à tous ceux qui sont ici, que j'accepte de tout mon cœur, en parfaite connaissance de cause, une union que je souhaite et qui comblera mes vœux, dit-elle en redressant fièrement sa tête parée du bandeau nuptial.

— Sire comte, ne la croyez pas ! Elle ment ! Par saint Martin, elle ment ! cria le vavasseur, qui s'était rapidement approché de sa nièce. Elle doit épouser le fils de mon compère, Benoît-le-mangeur, qui a déjà eu l'occasion, ce tantôt, de confirmer mes dires, devant vous et notre baron ! Pas plus tard qu'hier, cet homme de bien m'a demandé sa main. Sur ma vie, je la lui ai accordée !

— Je m'en porte garant, affirma Foucher de Fréteval. Mon vigneron m'a clairement expliqué son histoire qui m'a été confirmée par le meunier.

— Ils ont négligé de vous dire, Sire baron, que je n'avais jamais acquiescé à un tel projet, protesta Isambour, animée d'un courage tout neuf pour faire triompher son amour.

Elle se tourna vers Gervais.

— Je prends Dieu et sa Sainte Mère à témoin que je ne voudrais pas, mon oncle, passer à vos yeux pour une nièce ingrate ou dénaturée. Je tiens à vous remercier ici, hautement vous et ma tante, du soin avec lequel vous avez éduqué et entretenu les orphelins que nous étions, mon frère et moi. Je ne l'oublierai jamais ! Je vous en resterai toujours reconnaissante, sachez-le bien. Mais c'est une chose que de vous savoir gré de vos bienfaits. C'en est une autre de me laisser marier contre ma convenance !

Tête baissée, le vavasseur se mordait les lèvres d'énervement.

— Vous vous conduisez comme une écervelée ! jeta-t-il avec rancune. Ce Normand vous a tourné la tête ! Je ne vous reconnais plus pour celle que j'ai élevée !

— De toute façon, je n'aurais jamais accepté de devenir la femme de Gildas, continua Isambour qui se défendait avec une véhémence d'autant plus vive qu'elle s'en découvrait capable pour la première fois et que cette découverte la grisait. Je ne m'y serais jamais résolue ! Jamais ! Même avant d'avoir rencontré Bernold ! A plus forte raison, maintenant que je sais vers qui me porte mon cœur ! termina-t-elle en adressant à celui qu'elle désignait ainsi un regard brûlant.

Le comte Thibaud observait cette fille si déterminée avec un mélange de considération et d'amusement.

— Votre ravisseur vous a donc conquise sans vous faire violence, ma belle enfant ? demanda-t-il en s'adressant à Isambour d'un air intéressé. Apparemment, vous ne lui en voulez pas le moins du monde d'un rapt auquel vous consentez de façon évidente et vous me semblez toute prête à le prendre pour époux.

— Vous dites vrai, Sire comte, assura la jeune fille. Il m'a sauvé la vie lors de l'incendie du donjon de Fréteval où ma cousine et moi avons failli périr brûlées vives. Depuis lors, je sais que je serai à lui.

Le comte se mit à rire.

— Par saint Solenne ! Voilà qui est clair ! s'écria-t-il. Nul ne peut plus soutenir que cette pucelle a été enlevée de force !

— Elle est devenue folle ! s'indigna le vavasseur. Folle à lier !

— Soyez de bonne foi, vassal ! ordonna le comte. Votre nièce refuse le mari que vous lui destiniez et proclame son désir d'épouser l'homme que voici. Ni vous ni moi n'y pouvons rien. Acceptez de bon cœur ce que vous ne pouvez empêcher.

— On nous l'a changée ! protesta Gervais. D'une enfant timide et douce, on a fait une créature agressive et obstinée ! Par le manteau de saint Martin, elle a été envoûtée !

— Des envoûtements comme celui-ci sont légion ! Ils se produisent chaque fois que garçons et filles se rencontrent et se plaisent, trancha le comte Thibaud, qui passait pour être lui-même assez porté sur la galanterie. Allons, allons, vassal, il vous faut céder et venir avec votre femme, ce soir à leurs noces. La princesse Adèle a consenti à leur servir de premier témoin. Vous ne pouvez faire moins que de vous incliner devant leur mutuelle volonté de s'unir quand l'exemple vous en est donné par une personne de sa qualité !

— La fille de mon frère, se marier avec un étranger ! grogna le vavasseur avec rancune.

— Le prince Étienne, mon fils, a bien, lui aussi, épousé une Normande, répliqua le comte avec bonne humeur. Il ne s'en trouve pas plus mal pour autant !

L'assemblée éclata de rire tout autour de lui. Isambour sourit, fit la révérence, baisa la main du comte. Sa cause était gagnée !

Bernold s'inclina profondément.

— Sire comte, merci, dit-il. Nous n'oublierons jamais ce que nous vous devons !

— L'affaire est entendue. Il convient que chacun s'en montre satisfait, reprit Thibaud III en lançant un regard impérieux à Gervais. Ce serait félonie que de se comporter autrement.

Sur ces mots, il se leva de son siège, pour indiquer la fin de la cour de justice.

L'oreille basse, Gervais se dirigea vers la porte.

Bernold pressa le pas pour le rejoindre.

— Je ne voudrais pas que les parents de ma future femme me prennent pour un barbare, dit-il au vavasseur renfrogné. Je tiens à vous faire savoir qu'Isambour recevra de moi, avant le mariage, le douaire auquel elle a droit en don d'épousailles. Elle aura, par moitié, la jouissance de tous mes biens présents et à venir. J'ai déjà réglé cette question. Votre nièce ne sera pas sans avoir.

Gervais haussa les épaules.

— Faites à votre guise, dit-il avec aigreur. Toutes vos belles promesses ne changeront rien au fait que vous l'avez enlevée et qu'elle se mariera sans honneur !

— Par la mort Dieu ! C'est bien votre faute ! Je suis venu vous la demander en bonne et due forme, ce me semble ! s'écria Bernold, échauffé. Qu'avons-nous reçu en échange, mon ami et moi-même ? Refus, menaces, horions !

Les deux hommes se dévisageaient avec une hostilité qui risquait de mal tourner. Foucher de Meslay, qui les surveillait à distance, le comprit à temps. Il vint se placer entre eux.

— N'avez-vous pas ouï, l'un et l'autre, ce qu'a dit le comte, notre sire ? Il entend que chacun accepte sa décision sans rechigner. Tenez-vous-le pour dit et faites la paix. C'est un ordre auquel nul ne peut se dérober.

Thibaud III s'était emparé, pendant ce temps-là, de la main d'Isambour.

Il la conduisit devant une table de chêne ciré, sur laquelle, à côté d'un jeu d'échecs, étaient posées deux coupes d'argent massif aux pieds décorés d'émaux cloisonnés.

— Dieu vous donne honneur et joie durant une longue vie, charmante pucelle, dit-il en prenant les coupes et en les lui tendant. Acceptez en présent de noces ces objets où vous pourrez boire tous deux, votre époux et vous-même, jusqu'au bout de votre existence commune. Conservez-les en mémoire de ce jour. Je vous souhaite une union féconde ainsi que la paix du cœur en compagnie de celui que vous avez choisi si délibérément. Comme vous, nous l'apprécions et l'estimons. N'oubliez pas, cependant, que les Normands sont coursiers sauvages qui supportent avec impatience qu'on leur passe le mors... Gare aux ruades !

DEUXIÈME PARTIE

LA CHAPE DE VERRE

Septembre 1099-Octobre 1101

1

— Quel bel été nous aurons eu cette année ! dit Isambour.

Sur son bliaud écru, elle portait un épais devantier en toile de chanvre qu'elle avait tissé elle-même. De solides gants de cuir lui protégeaient les mains.

Margiste et Sancie, les deux servantes qui l'aidaient à carder la laine de ses moutons, étaient équipées de la même manière.

Assises sous le fort tilleul qui ombrageait le centre de la cour carrée bordée par les bâtiments d'habitation, les ateliers de la verrerie et les dépendances, les trois femmes travaillaient en causant. Posé entre elles sur le sol, un drap propre recueillait la laine cardée. Les toisons, préalablement lavées à l'eau du Loir, attendaient dans des paniers d'osier le moment d'être démêlées. Le cardage se faisait à l'aide de chardons à foulon récoltés chaque année au revers des talus ou dans des pâtis pierreux. Isambour trouvait qu'ils peignaient mieux la laine que les brosses à pointes de fer utilisées par certains.

— Il n'y a pas un souffle d'air, reprit Margiste, grosse femme d'une quarantaine d'années, aux gestes rapides et assurés, qui aimait parler. Aucun flocon ne voltige. Pour nous autres, c'est une chance, mais près des fours il doit faire une chaleur infernale !

— On comprend que les verriers aient choisi saint Laurent pour patron, remarqua sa fille, Sancie, dont les quinze ans rieurs s'amusaient de tout. Quand ils sont par trop rôtis d'un côté, il ne leur reste, comme lui sur son gril, qu'à se retourner de l'autre !

— C'est une dure besogne, reconnut Isambour, mais la beauté, l'éclat et la renommée de leurs œuvres les récompensent de leurs maux. Bernold dit toujours que Dieu, qui est Ordre et Lumière, doit aimer tout particulièrement ceux qui illuminent ses églises de leurs verres de couleur.

D'un revers de main, elle essuya la sueur qui coulait sur son front.

Retenues par un linge noué autour de sa tête afin de les préserver des brins de laine qui auraient pu s'y accrocher, ses nattes ainsi rassemblées pesaient encore plus lourd que d'ordinaire et lui tenaient chaud.

Sous cette coiffure, la peau très claire du visage conservait une fraîcheur dont Isambour ne laissait pas de se sentir fière. Ainsi épurés et dépouillés de leurs rondeurs d'autrefois, ses traits, plus fermement modelés, révélaient à présent un caractère où décision et fermeté n'excluaient pourtant ni sensualité ni une certaine violence intime. La bouche aux lèvres charnues compensait un nez un peu trop mince. Les yeux gris, élargis, éclairaient les joues aux pommettes saillantes que de fines rides striaient aux coins des paupières.

Par terre, contre le banc de bois circulaire entourant le tronc du tilleul, sa dernière-née, Doette, âgée de dix-huit mois, dormait dans un berceau d'osier.

D'un mouvement du pied, Isambour pouvait bercer la petite fille dont les boucles rousses étaient collées sur le front par la transpiration.

Tout près d'elle aussi, mais de l'autre côté, Philippa, sa deuxième fille, assise sur un coussin en peau de chèvre bourré de paille, jouait avec des liserons blancs et des feuilles de fougères. Elle les avait posés dans un petit panier d'écorce qu'elle transportait partout avec elle.

En cette enfant-là, Isambour retrouvait son propre goût pour les contes ou les histoires imaginaires. Elle lui en racontait le plus souvent possible et constatait avec satisfaction que Philippa semblait parfaitement à l'aise dans l'univers des légendes qu'elle avait elle-même tant aimées. Cependant, tout en se félicitant de voir sa seconde fille douée pour le rêve et la fantaisie, elle tenait à lui faire sentir la nécessité de retrouver la réalité, au-delà des fables.

— Ma chère fille, lui dit-elle soudain, sans interrompre pour autant son ouvrage, ma chère fille, je vous ai déjà souvent expliqué que, sur terre, tout était signes et symboles. Connaissez-vous, par exemple, la destination de chacun de vos doigts ?

Elle désigna de son poing ganté la main déliée de Philippa qui secouait la tête en signe d'ignorance.

Les larges yeux de l'enfant semblaient toujours éclairés de l'intérieur par quelques-unes des particules d'or que son père mêlait au verre de ses vitraux pour obtenir le rouge rubis qu'il réussissait mieux que tout autre.

— L'auriculaire, reprit Isambour, symbolise la foi et la bonne volonté. L'annulaire, la pénitence. Le médius, la charité, c'est-à-dire l'amour. L'index, la raison qui nous montre le chemin. Et le pouce, qui est seigneur, représente le principe divin.

— Je ne savais pas qu'il y avait tant de choses dans mes doigts, observa Philippa, qui avait sept ans. Ils font si souvent des bêtises !

Quand elle souriait, l'or s'égayait dans ses prunelles.

Isambour l'attira contre elle et l'embrassa fougueusement. A sa naissance, cette enfant-là avait reçu un privilège exorbitant. Elle était la grâce, la finesse mêmes, disait toujours ce qu'il fallait dire, faisait ce qu'il fallait faire, possédait le don inné de plaire, séduisait le plus innocemment du monde. Auprès d'elle, on prenait conscience d'un bien étrange mystère : celui du charme.

Un bruit de grelots retentit soudain en provenance du chemin de Fréteval. Pierreux, mais bien tracé, il longeait le pied du coteau et passait derrière les bâtiments de la verrerie groupés autour de la cour qu'ils enserraient sur trois côtés.

De l'emplacement où se tenaient les cardeuses, on ne pouvait rien voir de ce qui provenait de cette direction. En effet, les trois femmes tournaient le dos aux arrivants. Installées face à l'espace non bâti ouvert sur le potager, le verger, la chènevière, le pré, et, tout au bout de l'étendue herbue qui descendait en pente douce vers la rivière, le lavoir au toit de chaume enfoui sous les saules et les trembles, elles ne reconnurent les visiteuses qu'à leur entrée dans la cour.

Deux ânes gris, montés respectivement par Perrine et Haumette, s'avancèrent de leur pas sec et martelé jusqu'au puits qui se trouvait devant la maison d'habitation.

Depuis que Bernold et Isambour étaient venus s'installer non loin de Morville, sur la rive opposée du Loir, des relations étroites s'étaient renouées entre la nièce et la tante. En revanche, et malgré les dix-huit années écoulées, Gervais-le-vavasseur continuait à tenir rigueur au couple des conditions dans lesquelles s'était conclue une union qu'il s'entêtait à juger malencontreuse en dépit de la prospérité survenue par la suite. Si les ponts n'étaient pas rompus avec l'oncle rancunier, les rapports de famille restaient à son égard empreints de beaucoup de réserve.

— La canicule ne vous a pas fait hésiter à venir jusqu'ici, à ce qu'il paraît, ma tante, dit en souriant Isambour qui s'était levée pour aller accueillir les nouvelles venues.

— Par ma foi, j'aime mieux filer ma quenouille en votre compagnie qu'en celle de ma belle-mère ! Depuis la mort de ma pauvre mère (que Dieu la garde !) elle se montre de plus en plus tatillonne et autoritaire. Je ne supporte pas de la voir tyranniser sous mes yeux notre pauvre oncle bossu, tout perclus de douleurs par l'âge et le travail aux champs ! répliqua Perrine en descendant de sa monture.

Haumette en fit autant, conduisit les deux ânes à l'écurie où une place leur était réservée et vint rejoindre les cardeuses. Deux sellettes furent rajoutées aux sièges déjà occupés. Les nouvelles venues y prirent place.

— Vous avez de beaux enfants, constata Perrine après avoir embrassé les deux petites filles.

— Hélas, ma tante, il y a ma pauvre Grécie !

— Avant le malheureux accident qui lui est arrivé, elle était aussi avenante que Philippa.

— Différente, bien différente... Elle ressemble tant à son père... Mais vous avez raison, elle était jolie... et si fraîche...

— Moi, je n'aurai jamais de petits-enfants, soupira Perrine qui suivait son idée. Aveline restera fille.

Elle s'épongea le front avec un pan de son voile de lin. Depuis son retour d'âge, elle était la proie de bouffées de chaleur qui l'incommodaient à tout moment. Son teint s'enflammait soudain, sa grosse face ronde se congestionnait, et il lui fallait s'éventer avec le premier objet qui lui tombait sous la main.

— Si l'entêtement de mon oncle et le sien n'avaient pas prolongé ses fiançailles stupides au-delà de ce qui est raisonnable, reprit Isambour, il y a longtemps qu'elle en serait dégagée et qu'elle aurait pu nouer d'autres liens. Il faudra bien, un jour ou l'autre, qu'elle finisse par rompre. Sur mon salut, une telle situation est tout à fait incongrue !

— Dix-huit ans ! Par tous les saints, qui a jamais entendu parler d'une chose pareille ! s'exclama Margiste qui aimait bien s'apitoyer sur le sort d'autrui.

— C'est en effet sans exemple, du moins à ma connaissance, admit Perrine. Je me serais volontiers passée qu'une telle étrangeté se produisît chez moi !

— A présent qu'Aveline loge à Blois et dirige l'atelier de broderies de notre comtesse Adèle, sa vie semble fixée, continua Isambour. Il est plus que temps pour elle de reprendre sa parole quoi que puisse en penser son père. Personne ne devrait encore faire mention d'un projet manqué, vieux de tant de lustres !

— Je ne cesse de le répéter à Gervais, assura Perrine en piquant dans le creux de son bras le bâton de son fuseau garni de la boule de laine et en se mettant à tordre le fil avec rancune, mais vous le connaissez ! Il a décidé que ce mariage aurait lieu, même si Aveline, avant de céder, devait atteindre un âge canonique ! Satan lui-même ne parviendrait pas à le faire renoncer à son idée !

— Que tout condamne, ma tante, tout ! Daimbert le premier. Ne vit-il pas depuis des années en concubinage avec une fille de Marchenoir ?

— Avec celle-là et beaucoup d'autres, soit dit sans mentir, glissa Sancie en étouffant un fou rire.

— En voilà un qui aura passé son existence à courir après les femelles ! s'écria Haumette, mariée quant à elle au valet de Morville depuis plus de dix ans et bien aise de l'être.

— Tout lui est bon... ce n'est pas un parti pour une demoiselle comme votre fille, conclut Margiste.

Perrine haussa les épaules.

— Tu prêches une convertie, dit-elle d'un air douloureux. Mais que veux-tu que j'y fasse ? J'ai le mari le plus têtu du monde !

Elle soupira derechef.

— Nous n'aurons pas de descendants à qui laisser Morville et Gervais ne cesse de parler des petits-fils sur lesquels il comptait. L'idée de mourir sans héritier le mine. Pensez donc, ses vignes tombant en des mains étrangères ! Il n'en dort plus et se lève la nuit pour aller se promener parmi ses jeunes plants ! Cette déconvenue le rendra fou !

— Mais pourquoi, aussi, s'acharner à vouloir Daimbert pour gendre ! Avec un époux de son choix, Aveline pourrait encore avoir des enfants. Elle n'a qu'un an de plus que moi, après tout ! A trente-quatre ans, une femme n'a pas dit son dernier mot.

— Sans doute, ma nièce, mais si elle refuse de se marier avec Daimbert, elle ne parle non plus de personne d'autre et ne semble pas désireuse de s'unir à qui que ce soit. Elle est si jalouse de sa liberté qu'elle pourrait bien préférer vivre fille et seule plutôt que de dépendre d'un homme, si bien fût-il !

— Je n'en suis pas aussi certaine que vous, ma tante... Il est vrai que je ne la vois plus guère, que nous demeurons de longs mois sans nous rencontrer. Ah ! ce n'est plus comme autrefois... Depuis mon mariage, nos rapports ont changé. Non pas que nous nous aimions moins. Non, ce n'est pas cela. Mais tout est différent. Elle vit seule. Moi je suis dévorée par les enfants, la maison, Bernold... Je ne suis plus disponible...

Isambour laissa tomber ses mains sur ses genoux. A ses pieds, la laine cardée se gonflait comme un nuage d'été.

Philippa continuait à jouer avec ses liserons et ses feuilles de fougère transformés par son imagination en dames et chevaliers.

— Aubin voulait tout à l'heure m'emmener chez Haguenier parce qu'il s'est mis en tête de m'apprendre à jouer du pipeau, dit-elle dans le silence qui avait suivi la déclaration de sa mère. J'ai refusé. Je n'aime pas la musique autant que lui. Je préfère rester ici à me raconter des histoires.

Tout en parlant, elle inclinait la tête sur son épaule et une fossette creusait sa joue droite.

— Votre petit frère est fort bien avec Haguenier, ma colombe, dit Isambour. Il ne peut avoir meilleur maître pour le guider.

Elle recommença à manier avec dextérité le gros chardon sur la toison laineuse dont l'odeur de suint subsistait en dépit du lavage à la rivière.

— Je me reproche, ma tante, reprit-elle en s'adressant cette fois à Perrine, de trop aisément me complaire en la compagnie de cette petite fée, alors que je ne sais plus comment me comporter avec Grécie. Malgré tous mes efforts, je ne parviens pas à trouver un terrain d'entente avec cette pauvre enfant. Elle a tellement changé en deux ans.

— Elle a des excuses...

— Dieu sait que je ne l'oublie pas et que je fais tout pour éviter de la blesser ! Mais ce grand malheur qui lui est advenu paraît l'avoir détachée de nous. Je ne comprends pas pourquoi. Elle fuit notre logis et passe son temps, sous prétexte de perfectionner son goût pour le dessin, chez la femme de notre curé qui lui donne des leçons.

— Le chien qui l'a défigurée était le vôtre, dit Perrine. Peut-être vous en veut-elle simplement pour cette raison-là.

— Quelle chose affreuse ! murmura Sancie. Je la reverrai toujours après que Tiran lui eut à moitié dévoré le visage... C'était pas beau à regarder... Tout le monde ici croyait qu'elle n'y survivrait pas.

— J'ai tant prié, tant prié, reprit Isambour, tant supplié Notre-Dame !... A présent, je ne sais plus si cette guérison qui l'a laissée abîmée à jamais fut un bien... Si je dois remercier la Mère du Sauveur de m'avoir exaucée.

— Dieu vous l'a laissée. C'est qu'elle a une tâche à accomplir parmi nous, affirma Perrine. Ceux qu'Il reprend dans leur enfance sont ses anges et ne font que traverser nos vies.

— Je sais, dit Isambour, les lèvres soudain tremblantes, je sais...

Sur les neuf enfants qu'elle avait portés en dix-huit ans, cinq lui restaient. Deux de ses fils et une fille étaient morts de maladies enfantines, en bas âge, trop petits pour qu'elle les ait véritablement connus, mais déjà suffisamment siens pour que leur perte ait été souffrance... Cependant, la pire des douleurs, celle qu'elle n'était parvenue à surmonter, au prix d'une peine infinie, que bien longtemps après, avait été la fin brutale d'Hendri...

— Vous pensez à votre cadet, ma nièce.

— Hélas ! Dieu me pardonne, je ne m'habituerai jamais à l'idée de ne plus le revoir !

Tombé d'un arbre où il était grimpé dénicher des œufs de pie, le petit garçon s'était tué sur le coup. Son frère aîné, Aliaume, l'avait retrouvé, plus tard, au pied du frêne, les bras en croix, les yeux vides, des brindilles arrachées au nid entre les doigts. Un filet de sang coulait de sa bouche. Un si bel enfant, si joyeux, si vivant... Bernold disait de lui qu'il était un vrai Normand. Il en était très fier...

A cette époque-là, Aliaume et Hendri avaient douze et dix ans. Maintenant, Aliaume allait sur ses dix-sept ans, son cadet en aurait quinze...

Isambour se baissa pour chasser loin de Doette une guêpe qui tournait au-dessus de la tête rousse coiffée d'un bonnet de toile.

— A quoi bon vous torturer, ma nièce ? Votre second fils est parti là où il n'y a plus de larmes. Le Mal y est sans pouvoir sur lui. Il est passé du côté du Bien.

— Vous avez raison, ma tante. J'en arrive à me dire que son sort est préférable à celui de Grécie.

Après le second accident survenu à l'un de ses enfants, Isambour avait traversé des moments cruels. Bernold se trouvait souvent absent. Ses chantiers se multipliaient. On construisait des églises partout. Le maître verrier recevait davantage de commandes qu'il n'en pouvait exécuter.

— Pourtant, à tout prendre, dans l'ensemble vous êtes plutôt à envier qu'à plaindre, affirma Perrine, avec le simple bon sens qui avait toujours été le sien. Votre foyer est fécond et, dans sa profession, votre mari est parvenu à une solide renommée. C'est un bon métier que le sien. On n'y est soumis ni à la taille, ni à la dîme, non plus qu'aux droits de banalité, on a même le privilège de pouvoir couper bois et fougères sans redevance et on gagne bien sa vie. N'oubliez pas non plus, ma chère nièce, que la comtesse de Blois vous a gracieusement concédé ce terrain afin que vous puissiez y faire construire la verrerie et les ateliers. C'est un présent de prix, sans parler de la protection de cette haute et puissante dame qui vous est toujours acquise. En outre, les vitraux de votre époux sont recherchés par les plus illustres de nos bâtisseurs. Votre oncle lui-même a bien été obligé de reconnaître une réussite à laquelle, au début, il ne croyait pas. Que voulez-vous de plus ?

— Vous êtes la sagesse même, ma tante, mais, vous le savez, je ne suis pas aussi raisonnable que vous. Ma nature est sans doute trop exigeante, trop possessive... Je reconnais avoir beaucoup reçu... Il m'a aussi été permis de beaucoup donner... J'ai un bon mari. Mais le succès de son entreprise et son œuvre de verrier me privent trop souvent de lui. Il lui arrive couramment de s'absenter pour des semaines, quand ce n'est pas pour des mois, vers de lointains chantiers. Ces séparations me coûtent de plus en plus... J'en viens à penser qu'il aurait été préférable pour moi qu'il réussît moins bien mais que nous demeurions davantage ensemble.

— Allons, allons, Isambour, taisez-vous donc ! Il ne faut pas tenter Dieu... non plus que le diable ! Vous rêvez de l'impossible. Tant de femmes souhaiteraient se trouver à votre place avec une belle maison, des enfants nombreux et un homme comme le vôtre pour époux !

Elle se mit à rouler en pelote la laine filée.

— C'est tout de même ici, au Grand Feu, qu'il travaille de préférence, fit remarquer Margiste d'un air entendu.

— Il est vrai, reconnut la jeune femme. Nul endroit n'est mieux adapté que celui-ci au travail du verre.

Situé non loin de la forêt de Silva Longa, là où le Loir amorçait une large boucle d'est en ouest, l'emplacement choisi par Bernold répondait parfaitement à ses besoins. Le sable de la rivière et la cendre de hêtre n'étaient-ils pas les deux ingrédients qui lui étaient indispensables ? Il les trouvait ici sans avoir à se déplacer beaucoup. A portée de main.

— Je n'oublierai jamais la joie que nous avons éprouvée en nous installant dans cette maison, quand fut terminée l'édification des ateliers, des fours et des dépendances, reprit Isambour, tournée vers ses souvenirs. Bernold exultait.

C'était ce soir-là, une fois terminé le repas de fête clôturant la journée de l'emménagement, que la petite Béatrix avait été conçue... elle n'avait vécu que quelques jours... Mais, plus puissant que le regret causé par la disparition d'un nouveau-né (tous les foyers n'en perdaient-ils pas plusieurs avant que les enfants eussent atteint une dizaine d'années ?), l'impression dominante restait l'amour ardent et joyeux, l'entente charnelle si violente, qui les rapprochait tous deux depuis leur nuit de noces, en des étreintes dont ils ne se laissaient pas.

Même après dix-huit ans, en dépit des heurts dus à l'affirmation de leurs caractères que l'âge rendait plus sensible et qui les dressait parfois l'un contre l'autre en de subites querelles, il leur arrivait, encore frémissants de colère, de se trouver entraînés vers des réconciliations où le désir se nuançait de rancune.

Le plus souvent, Dieu merci, il ne s'agissait que de l'amour fort vif et sans histoire d'un couple uni comme deux troncs enlacés.

Cependant, le vieux comte Thibaud, mort depuis longtemps, n'avait pas eu tort, jadis, de mettre en garde la future mariée. Jusque dans la sécurité de l'union conjugale, un Normand demeure un coursier au sang prompt dont il n'est pas aisé d'éviter les écarts.

Isambour leva les yeux de son ouvrage, sourit machinalement à sa tante. En dépit de certaines nostalgies, la paix régnait autour d'elle et dans son cœur, toujours épris.

On était au tout début de septembre. L'été allait vers son déclin. Dans la douceur lumineuse et comme fruitée de la lumière, le Loir, en contrebas, étalait son cours de bronze. Entre prés et coteaux, cette eau d'un vert aussi profond que les feuilles qui s'y reflétaient ajoutait au paysage un calme, une sérénité, une nuance d'éternité, qui apaisaient l'âme.

Sur l'autre rive, parmi les vignes et les boqueteaux, le clocher de Saint-Lubin pointait entre les branches.

Au Grand Feu, quand le vent soufflait du nord, des odeurs de nénuphars, d'herbes, de plantes aquatiques se mélangeaient à celles des foyers de chauffe, du plomb fondu, des écuries et des étables, composant un amalgame si familier qu'Isambour ne le remarquait plus qu'à peine.

— Au fond, reprit-elle avec amusement, au fond, en dix-huit ans, je n'ai fait que traverser l'eau ! Avant mon mariage, je vivais sur la rive droite du Loir, et me voici à présent sur sa rive gauche !

— Sans doute, ma nièce, mais que de changements dans la vallée durant ce temps !

— Nous aurons vu plus de transformations en cette fin de siècle que toutes les générations précédentes. Bernold dit que le monde actuel est possédé d'une frénésie de construction. On défriche, on bâtit à tour de bras. La forêt recule partout dans la plaine, avec les deux villes nouvelles qu'on y édifie. Même sur le plateau, derrière le château...

— Parlons-en du château ! coupa Perrine d'un ton outré. Pourquoi diable notre jeune baron, Névelon II, a-t-il jugé bon de choisir son cousin, Salomon de Fréteval, pour administrer sa seigneurie en son absence ? Et comment ont-ils pu, tous deux, songer à élire, pour y élever leur nouveau donjon, le site de l'ancien bourg fortifié dont il leur a fallu expulser les habitants ? Partir délivrer le tombeau de Notre-Seigneur Jésus-Christ est une sainte entreprise, personne ne peut le nier, mais le devoir d'un baron n'est-il pas, d'abord, de protéger ses gens ? Les villageois, obligés de quitter leur nid d'aigle pour aller se réinstaller au pied de la falaise, ne sont pas contents. La proximité de la rivière, pas plus que la protection assurée du prieuré de Saint-Nicolas, ne suffisent à les consoler.

— On les comprend, mais on comprend aussi le baron Salomon, plaida Isambour. C'est justement la situation de la plate-forme couronnant le coteau et dominant la vallée, qui explique son choix. Ainsi que vous le dites, c'est une aire de défense comme il y en a peu. Isolée au nord par le Loir et à l'ouest par la gorge qui fracture si opportunément le rocher, c'est un endroit idéal pour édifier une forteresse, ma tante ! Le nouveau donjon contrôlera un immense territoire. Comme un guetteur, il veillera sur nos biens pour les protéger des Angevins. N'oubliez pas que nous demeurons à une portée d'arbalète de certaines de leurs possessions.

— Par tous les saints ! Je ne risque pas de l'oublier ! C'est l'antienne que va répétant à tous vents Salomon de Fréteval.

— C'est un homme sage et de bon jugement, souffla Margiste.

— Sans doute, mais ce n'est pas notre seigneur ! Pourquoi a-t-il fallu que la perte de son épouse, cette pauvre dame Eustachie, ait poussé Névelon à prendre la Croix au lieu de rester ici nous gouverner ? continua Perrine avec rancune.

— Ursion, son fils, qui a sept ans déjà, lui succédera dès sa majorité, si, toutefois, notre baron n'est pas de retour avant. Vous retrouverez votre suzerain naturel, ma tante, d'une manière ou de l'autre !

— Partir en Terre sainte était le plus pressant des devoirs, renchérit Sancie. Pour que l'Église ait absous de leurs péchés ceux qui s'en sont allés là-bas, il fallait bien que leur mission ait été voulue par le Dieu tout-puissant en personne !

— Vous en parlez à votre aise, vous qui dépendez de Blois et non pas, comme nous, du bon vouloir de Salomon de Fréteval !

Isambour se mit à rire, tout en prenant dans un des paniers une nouvelle toison à carder.

— Vous ne l'aimez pas, ma tante, parce que mon oncle a eu maille à partir avec lui. Reconnaissez cependant que votre époux n'en veut faire qu'à sa tête. On peut d'ailleurs dire qu'il n'a jamais cessé de regretter le baron Foucher, qui était son premier maître. En se retirant, après son veuvage, au prieuré de Saint-Martin-de-Chartres, dans l'intention de vivre ses dernières années sous l'habit monastique, notre vieux seigneur a causé une sorte de préjudice à ceux qui restaient attachés aux anciennes coutumes.

— Hélas, vous avez raison, mais ressasser sans fin la disparition du pauvre cher homme ne sert à rien. Il est à présent dans la lumière du seul véritable Suzerain des hommes et certainement bien plus heureux que nous autres. Je me tue à le répéter à Gervais quand il pique des rages contre le tuteur du petit Ursion.

— Ce sera donc cet enfant qui habitera dans le donjon de pierre tout neuf qu'on est en train de construire à la place où s'élevaient les maisons du village, continua Isambour. C'est un beau présent que son père lui a préparé là avant de rallier l'armée du Christ.

— Le baron Névelon sera peut-être revenu quand il sera habitable, son donjon ! suggéra Margiste qui se taisait depuis longtemps.

— A ce qu'on dit, nous ne sommes pas près de revoir ceux qui sont partis délivrer le tombeau de Notre-Seigneur, dit Haumette.

Perrine activait sa quenouille. Elle prit un air plein de sous-entendus pour glisser :

— Il y en a pourtant un, et pas des moins illustres, qui s'est arrangé pour regagner ses terres avant les autres.

Il y eut un silence. On n'entendit plus que les clochettes des vaches qui paissaient dans le pré et le chant des oiseaux.

Un vague sourire aux lèvres, les servantes maniaient les chardons à foulon avec une attention exagérée.

Du pied, Isambour berçait le sommeil de Doette.

Chacune pensait à Étienne de Blois. Le retour dans son comté d'un si haut et puissant seigneur avait consterné ou indigné les gens du pays. L'époux de la comtesse Adèle avait, en effet, quitté le camp des Français durant le siège d'Antioche. Après avoir déconseillé à l'empereur de Byzance, Alexis Comnène, qui hésitait à se porter au secours de l'armée en péril, de se fourvoyer dans une entreprise qu'il décrivait comme perdue, Étienne avait regagné la France.

Celui que les princes les plus valeureux avaient nommé à la tête du Grand Conseil, chef et administrateur de toutes les affaires de l'armée, celui-là, en personne, s'était prétendu malade et avait abandonné le siège de la place forte avec une partie de ses effectifs !

— Il paraît que notre comtesse, qui, elle, est vaillante, a été accablée de honte quand elle a découvert la couardise de son époux, dit Isambour. Être la propre fille du Conquérant et se voir marier à un déserteur, quelle humiliation ! Bernold qui se rend souvent à Blois pour son travail assure qu'elle ne cesse, d'après les bruits qui courent, de faire des reproches au comte en lui montrant où est son devoir. C'est une bien étrange situation.

— Dieu me pardonne, voilà un ménage où c'est l'épouse qui serait digne de porter les braies ! s'écria Sancie en pouffant. Ce n'est pas aussi rare qu'on pourrait le croire !

Les cinq femmes se mirent à rire.

— Le plus courageux de tous, dit alors Philippa qui suivait à sa façon la conversation, c'est Aliaume. Il tue les vipères et les rats d'eau !

Isambour se pencha pour embrasser les fins cheveux de sa fille.

— Savez-vous comment Roland appelle sa nièce, quand je vais avec elle le visiter en son monastère ? demanda-t-elle à Perrine qui les observait toutes deux avec indulgence. « Ma petite salamandre ! » Parce qu'elle vit au Grand Feu et a des yeux d'or !

— Oncle Roland m'a guérie quand je me suis tordu la cheville, l'an dernier, expliqua Philippa avec son désarmant sourire. Je l'aime bien.

Depuis que les moines de Marmoutier, avec la protection du comte et de la comtesse de Blois, avaient fondé un prieuré à Saint-Nicolas-de-Fréteval, dans la vallée, au pied de la falaise, Isambour y avait gagné de voir bien plus souvent son frère que du temps où il était à Tours. L'installation des villageois délogés de leur enceinte-refuge et venus se regrouper par la suite sur les terres du monastère avait naturellement transformé en église paroissiale la chapelle conventuelle. Chacun venait à présent se faire soigner à l'infirmerie du couvent.

— Roland a tant à faire pour répondre aux diverses demandes de soins, reprit Isambour, que le prieur vient de lui adjoindre une aide supplémentaire. Les deux serviteurs qu'il avait ne suffisaient plus à la tâche.

— Votre frère a l'âme droite, opina Perrine avec satisfaction. Je suis fière de l'avoir élevé. S'il l'avait voulu, il aurait pu devenir sous-prieur, et, qui sait ? prieur, un jour. Pour l'amour du Christ qui était humble et pauvre, il a préféré rester simple infirmier. Il ne souhaite rien d'autre que de soulager les maux de ses prochains. Si tous les moines en faisaient autant, ce serait grande merveille !

— Hélas, ma tante, vous n'avez pas tort... mais, écoutez donc... Écoutez !

Les cloches de Saint-Lubin, puis celles de Saint-Nicolas dont il venait d'être question, celles de Saint-Victor, dans l'enceinte castrale, celles de Saint-Martin au bourg neuf de Francheville, du côté opposé, enfin, plus éloignées, celles de Saint-Hilaire, au milieu des vignes, se mettaient, les unes après les autres, à sonner, à carillonner.

— Dieu Seigneur ! Que se passe-t-il ?

Un galop retentit sur le chemin de Fréteval. Des cris, une rumeur, s'élevèrent.

Isambour laissa tomber sur la laine déjà cardée le chardon qu'elle tenait. Suivie de Philippa et de Sancie, elle courut vers le chemin.

Accompagné de gens qui sortaient de partout, un chevaucheur arrivait.

— Bonnes gens, cria-t-il, bonnes gens ! Sachez-le, Jérusalem est délivrée ! Victoire ! Victoire des nôtres sur les Infidèles ! Saint-Sépulcre ! Saint-Sépulcre ! Jérusalem la sainte est reconquise !

De bouche en bouche, la nouvelle s'était répandue à une vitesse inouïe.

Les paysans dans leurs champs, les défricheurs au milieu des essarts, les carriers, maçons, charpentiers, couvreurs, sur les chantiers de construction, les bûcherons de la forêt, les pêcheurs dans leurs barques, tout un peuple d'ordinaire disséminé aux alentours des deux villes nouvelles, ou bien dans la vallée, se trouvait averti, arrivait sur le chemin.

Ils criaient, chantaient, remerciaient Dieu, se congratulaient. Certains tombaient à genoux.

— Jérusalem, la cité sainte, est délivrée ! Les nôtres l'ont reprise aux Sarrasins ! Dieu aide ! Dieu aide ! Dieu nous a aidés ! Béni soit son Nom ! Jérusalem ! Le tombeau de Notre-Seigneur est libéré de ses ennemis ! Gloire à Dieu au plus haut des cieux ! Gloire à Dieu !

Suivi d'un apprenti, Bernold apparut à la porte d'un de ses ateliers. Sa carrure s'était encore élargie. Ses cheveux, qui n'étaient plus coupés à la normande, comportaient bien quelques fils blancs, mais n'ayant guère engraissé depuis son mariage, le maître verrier n'avait pas beaucoup changé.

— Pourquoi tout ce remue-ménage ?

Sur de courtes braies à jambes larges et des chausses maintenues par des bandes de toile entrecroisées jusqu'aux genoux, il ne portait qu'une chemise de lin flottante à laquelle il s'essuyait les doigts. Il devait être en train d'enduire à la craie des planches où il reproduirait ensuite ses premières esquisses, car ses mains étaient saupoudrées d'une fine poussière blanchâtre.

Isambour s'élança vers lui.

— Ami, mon ami ! Jérusalem est reconquise ! Enfin ! La terre où Jésus répandit son sang est revenue aux chrétiens ! Dieu nous a exaucés ! Qu'Il soit glorifié à jamais !

— Bénie soit également la messagère d'une pareille nouvelle ! Le Créateur et Sa créature. Celui qui a permis une si grande victoire et celle qui me l'apprend !

Fameux dans toute la vallée, le rire éclatant de Bernold retentit comme une fanfare.

Il saisit Isambour par la taille, la souleva, et l'entraîna dans un tourbillon désordonné.

— A moi, maintenant ! A moi ! criait Philippa en battant des mains.

Son frère aîné, qui travaillait avec leur père, sortit à son tour du deuxième atelier où il était en train de découper à l'aide d'un fer rouge des morceaux de verre pour de futurs vitraux. Il en tenait encore un à la main, qu'il déposa aussitôt sur la marche de pierre qu'il venait de franchir.

— Jérusalem ! cria-t-il. Jérusalem ! et il sautait de joie.

Philippa courut vers lui.

— Aliaume, dit-elle, en l'honneur de Jérusalem, faites-moi tourner comme notre mère, je vous prie.

Le garçon de dix-sept ans jouissait d'un immense prestige aux yeux de la petite fille que, de son côté, il traitait ainsi qu'un chiot attendrissant.

— Par tous les saints du paradis, vous n'êtes guère lourde, ma levrette, s'écria-t-il gaiement. Je vais vous faire virer comme une toupie de buis !

A la stature de son père, il ajoutait les cheveux bruns et les prunelles grises d'Isambour. Un nez gourmand, aux narines largement ouvertes, apportait à ses traits, par ailleurs un peu trop débonnaires, la touche de hardiesse dont ils avaient besoin.

— Notre fils est toute confiance et don de soi, ce qui le prédispose aux déconvenues, avait confié un jour Isambour à Bernold. Je crains qu'il soit mal armé pour la vie.

— A son âge, être ouvert et bienveillant me semble une bonne chose, avait répondu Bernold. Ne voudriez-vous pas qu'il fût défiant ou égoïste ? L'expérience lui viendra avec les années.

Pour le moment, Aliaume faisait tournoyer sa sœur qui s'étranglait de rire.

Sortis en même temps que le maître verrier et son fils, Gerbaut-le-maisné, souffleur de verre au Grand Feu, et Rémi, l'apprenti, s'étaient mêlés à ceux qui continuaient d'affluer sur le chemin. Avec Bernold et Aliaume, ils composaient l'équipe des faiseurs de vitraux. Si les quinze ans de Rémi le laissaient mince et déluré, Gerbaut, de son côté, promenait devant lui une énorme panse distendue qui trahissait son penchant pour la cervoise [1]. Sur son front, cuit par la chaleur, des veines saillaient, comme si les efforts qu'il accomplissait pour souffler dans la canne de métal avec laquelle il cueillait le verre en fusion les avaient démesurément gonflées. Un linge torsadé, noué à la racine de ses cheveux, lui enserrait la tête afin d'empêcher la sueur de lui couler dans les yeux. Ses pupilles, d'un bleu si pâle qu'elles semblaient décolorées par le reflet des flammes, demeuraient rougies, irritées, en dépit des compresses de plantes émollientes que lui posait chaque soir Amalberge, son épouse, qui était sage-femme et savait soigner. Ils habitaient, avec leur fils Haguenier, aveugle et musicien, dans une maison basse adossée aux ateliers, à l'ouest, du côté des prés.

— Quand nous en aurons terminé avec la commande de vitraux que nous sommes en train de confectionner, s'écria Bernold, nous

---

1. *Cervoise* : nom de la bière au Moyen Age.

en composerons un pour célébrer la prise de Jérusalem. Il sera magnifique.

Après être allé prévenir ceux de Francheville, le chevaucheur revenait. Il s'arrêta devant la verrerie.

— Demain sera jour chômé, annonça-t-il. Après la messe de Te Deum, un grand festin sera offert au château de Blois. Vous tous, gens du Grand Feu, y êtes conviés par le comte et la comtesse auxquels Dieu prête longue vie !

— Grand merci, dit Bernold. Nous nous y rendrons avec joie.

— On dansera sur toutes les places ! Des tonneaux seront mis en perce à tous les carrefours ! continua le messager. Que chacun vienne ! Demain doit être journée de fête et de liesse pour tout le monde !

Isambour, qui s'appuyait à l'épaule de son mari, murmura que le comte Étienne, qui avait si laidement quitté le camp chrétien, aurait sans doute moins de liesse que de regret, mais seul Bernold l'entendit.

Une grande animation régnait toujours sur le chemin. Les cloches continuaient à sonner, multipliant les échos de la joie de tous. Autour du chevaucheur, on s'agitait, on parlait fort, on louait Dieu et ceux qui s'en étaient allés si vaillamment en Terre sainte...

Quand l'homme repartit vers Fréteval, ceux qui l'entouraient ne se résignèrent pas à le quitter. Ils s'élancèrent à sa suite en courant.

— Je retourne à Morville, dit Perrine. Il me faut décider votre oncle à m'emmener demain à Blois. Ce n'est pas tant les réjouissances annoncées qui m'attirent que l'espoir de revoir ma fille !

— Nous partirons tous ensemble, ma tante, et irons embrasser Aveline en même temps que vous, proposa Isambour.

— Espérons-le ! Rien n'est sûr. Vous connaissez Gervais !

Sa quenouille sous le coude, elle grimpa sur son âne et s'en fut, suivie d'Haumette.

— Grécie sera-t-elle du voyage ? demanda Isambour à son époux en lui prenant le bras pour rentrer dans la verrerie.

— Pourquoi ne viendrait-elle pas ? N'a-t-elle pas treize ans révolus ? L'occasion qui s'offre à nous de la sortir, de lui faire rencontrer de nouvelles connaissances me paraît bonne. Ne devra-t-elle pas, fatalement, un jour ou l'autre, en arriver là ? Autant que ce soit durant une fête...

Depuis l'accident qui avait défiguré Grécie, ses parents lui avaient toujours évité d'entrer en contact avec des gens ignorant sa disgrâce. Comme elle ne quittait jamais la vallée, elle n'avait à faire qu'à des personnes prévenues, habituées à la rencontrer. Comment supporterait-elle les regards et les commentaires d'inconnus ? Mais son père venait de décider que le moment était venu de l'arracher à son isolement... Sans doute avait-il raison.

— Où est-elle ? s'enquit Bernold.

— Chez notre curé, répondit Isambour en soupirant. Vous savez bien, mon ami, qu'elle se plaît mieux là-bas qu'ici.

Ainsi qu'il l'avait fait autrefois pour Aveline et sa cousine, le curé de Saint-Lubin avait appris à lire aux enfants du couple.

Dès qu'elle avait pu recommencer à sortir, Grécie, qui paraissait désireuse de fuir le toit familial, était retournée chez le prêtre, dont l'épouse semblait lui apporter aide et secours.

— Allons, allons, ma chère femme, cessez de vous tourmenter de l'éloignement passager de cette pauvre petite, dit Bernold. Si elle préfère maintenant la prêtresse, c'est parce qu'ici tout lui rappelle son malheur. Pardonnez-lui. Il faut la comprendre.

Isambour savait que son mari supportait mal l'évocation d'une infortune à laquelle il ne parvenait pas à se résigner. Elle n'oubliait pas la furie avec laquelle il s'était précipité sur le chien responsable de l'agression, la façon sauvage dont il l'avait abattu... non plus que le désespoir qui l'avait accablé devant le cher visage à moitié détruit...

En effet, si Bernold portait à ses deux fils, Aliaume, l'aîné, et le petit Aubin, âgé seulement de cinq ans, une considération qui s'adressait aux hommes qu'ils deviendraient un jour, il ne s'était jamais caché d'éprouver pour Grécie un certain faible. Il disait qu'elle ressemblait à sa défunte mère... Cette préférence était si sensible que l'enfant l'avait très vite ressentie. Entre son père et elle s'étaient nouées des relations privilégiées. Elle s'en montrait fière jusqu'au jour où elle était devenue la victime du molosse avec lequel elle jouait...

— Hélas, j'essaye de la comprendre, répondit la jeune femme, mais je crains que votre tentative soit un peu hasardée.

— Nous verrons bien, amie. Nous ne pouvons laisser passer la chance qui s'offre à nous. Nous devons tout faire pour rendre notre fille à une vie normale.

— Normale !

— Oui. Je sais. Mais il ne convient pas de lui donner l'impression qu'on la traite comme une pestiférée.

Ils étaient parvenus devant le puits.

— Laissons cela, enchaîna Bernold sur un tout autre ton. Suivez-moi un instant dans mon ouvroir. J'y ai quelque chose à vous montrer.

Plus long que large, l'atelier assez vaste bénéficiait de fenêtres munies, comme celles des chapelles, de petits vitraux transparents qui permettaient au jour d'entrer, même durant la mauvaise saison.

De grandes feuilles de vélin, sur lesquelles Bernold avait esquissé des projets de composition, pendaient, accrochées à des cordes tendues sous les poutres du toit. Posées sur des tréteaux, des planches blanchies à la craie offraient leurs surfaces vierges au futur tracé qui reproduirait les esquisses. Une table longue et étroite servait de support à tout un fouillis de craies, de baguettes et de rognures de plomb, de règles, de fers à diviser, de plumes d'oie, d'encriers, de grattoirs, de godets de peinture avec leurs pinceaux, de chiffons. Contre ses pieds, un coffre de voyage clouté débordait de rouleaux ayant déjà servi. Sur des planches fixées aux murs, s'alignaient de nombreux casiers remplis de poudres de toutes les couleurs, dont certaines fort précieuses, faites de pierres fines pulvérisées. Sur d'autres rayonnages, des morceaux de verre coloré attendaient d'être utilisés.

C'était dans l'atelier voisin que la délicate opération de la cuisson du verre avait lieu, dans des fours à l'odeur de chauffe et au ronflement obsédant.

— Regardez, dit Bernold en conduisant Isambour devant une des esquisses réalisées par lui à l'encre et à l'aquarelle. Regardez.

Il lui désignait le centre du futur vitrail. Dans un lieu verdoyant, très schématisé, trois femmes contemplaient avec stupéfaction un tombeau ouvert et vide. Près de l'une d'entre elles, Celui qu'elle prenait pour un jardinier se tenait debout, une main levée.

— Ne remarquez-vous rien ? demanda Bernold.

— Si je manquais de modestie, je dirais que votre Marie-Madeleine me ressemble bien un peu...

— Comment cela, un peu ? Par le cœur Dieu, c'est votre portrait tout craché !

Il s'inclina en mimant un geste d'offrande :

— Permettez-moi, mon âme, de vous faire don de cette ressemblance comme présent personnel. Je tiens à ce que vous demeuriez, dans l'église neuve de Francheville, à laquelle ce projet est destiné, comme le symbole même de la créature fidèle, élue par Notre-Seigneur, à laquelle fut, en premier, révélé l'immense mystère de la Résurrection.

— Heureusement que c'était une pécheresse, remarqua Isambour dont la voix tremblait un peu. Je ne me serais pas sentie digne de prêter mes traits à Marie !

Entre le sourire et l'émoi, face à face et se tenant par les mains, ils se dévisagèrent un moment, sans rien dire, tout proches.

— Voyez encore, reprit enfin Bernold. Je lui ai mis sur les épaules une chape de couleur rouge rubis. La teinte même du sang de l'Alliance, le symbole de l'Amour divin. Je tenais absolument à vous en revêtir.

— On dirait le mantel de cendal que je portais pour nos noces, souffla Isambour. C'est son exacte réplique, mais celui-ci est en verre. Rien ne pourra l'user !

— Les générations à venir vous verront de la sorte toujours jeune et glorieusement vêtue. N'est-ce pas bien ainsi ?

Il posa un baiser léger sur les lèvres de sa femme, puis, pour briser l'émotion, l'entraîna dehors.

— En l'honneur de la merveilleuse nouvelle que nous venons d'apprendre, dit-il après avoir frappé dans ses mains afin d'attirer l'attention de ses gens disséminés dans la cour, je propose qu'on arrête sans plus tarder le travail pour aujourd'hui.

— A votre gré, mon père, mais il y a certaines précautions à prendre avec les fours, remarqua Aliaume en s'approchant.

— Nous y veillerons tous deux, répondit Bernold. Quant à vous autres, continua-t-il en s'adressant à Gerbaut-le-maisné et à Rémi, vous autres, allez donc vous rafraîchir et vous préparer en vue du souper. Par Dieu ! J'entends qu'on fête dignement chez moi la prise de Jérusalem ! Ce n'est pas une mince victoire ! Notre repas, ma chère femme, doit se montrer digne d'un exploit si considérable !

— Il sera fait selon votre volonté, mon doux beau sire, répondit Isambour en souriant. Ce sera d'autant plus aisé que nous attendions déjà Gildas et Basilie ce soir. Il suffira d'étoffer un peu plus le menu en considération des événements. Laissez-moi, cependant, le temps de voir tout cela de près et, aussi, celui de me changer afin de me faire belle...

— Vous l'êtes toujours à mes yeux, vous le savez bien, lança Bernold du ton tranquille d'un époux assuré d'une entente que, depuis de longues années, il ne remettait plus en question.

Il prit le bras de son fils et retourna avec lui vers les ateliers.

— Sitôt le travail mis en ordre, je te propose de venir piquer une tête dans le Loir en ma compagnie, dit Gerbaut-le-maisné à Rémi. L'eau nous décrassera le cuir !

2

Le soleil commençait à baisser sur l'horizon, mais la touffeur demeurait.

Dans le pré qui descendait vers le Loir, les vaches recherchaient l'ombre. Les pâturages n'avaient d'herbe fraîche qu'au plus près de l'eau. Tout le haut du terrain, décoloré ou roussi par des semaines de sécheresse, offrait l'aspect d'une natte de paille usagée.

Un seau de bois cerclé de fer dans chaque main, Bernarde, la vachère, se dirigeait vers le troupeau agglutiné sous les branches d'un chêne dont les frondaisons se déployaient au-dessus de la haie d'épine noire.

De la cour où elle était revenue prendre Doette, Isambour regardait la petite femme maigre progresser de sa démarche raide vers les bêtes qui l'attendaient en beuglant.

« Comme elle a l'air sévère, songea la jeune mère. Il est vrai que la vie n'a pas été coulante avec elle... »

Le mari de Bernarde, maçon de son état, avait été écrasé, cinq ans plus tôt, sous le chargement d'une charrette de pierres qui s'était renversée sur lui. Restée seule avec son fils Rémi, apprenti au Grand Feu, et une fille plus jeune, la veuve était venue demander si elle pouvait travailler à la verrerie. Elle avait entendu dire au village qu'on y cherchait quelqu'un pour s'occuper des bestiaux. Elle voyait là une occasion de demeurer avec ses enfants. Rémi, aimant bien ce qu'il faisait, pourrait continuer auprès d'elle son apprentissage.

Isambour l'avait engagée comme vachère et la petite Constance, sa fille alors âgée de sept ans, comme gardeuse d'oies.

Ils logeaient depuis tous trois, à côté du souffleur de verre et de sa famille, dans une maisonnette adossée aux principaux bâtiments du domaine.

« J'ai presque honte, parfois, de me voir si heureuse, si protégée, alors que l'existence de tant de gens est d'une telle dureté, pensa encore Isambour. Peut-on avoir des remords d'être tout simplement ce que l'on est, quand on n'a, pourtant, fait de tort à personne ? »

Sous le tilleul, elle constata que ses servantes avaient noué le drap contenant la laine cardée, pris les paniers où il restait des toisons non peignées, et emporté aussi les petits bancs à l'intérieur de la maison.

De son côté, Philippa avait suivi Aliaume et leur père dans l'atelier.

Isambour se retrouvait seule sous les branches qu'aucun souffle d'air ne faisait remuer. L'odeur de feuilles chauffées par le soleil s'exacerbait, se mêlait aux relents de poussière qu'aucune pluie n'avait abattue depuis longtemps. La cour sentait la sève chaude et le silex.

Perchée sur un toit, une tourterelle se mit à roucouler.

Tant de paix autour d'elle et dans son cœur pouvait-elle être reprochée à une créature de Dieu ?

« Je ressens en moi une telle joie de vivre, un si profond accord avec la nature, avec l'air que je respire, le pain que je mange, l'amour que je fais... C'est comme si tout mon être participait à l'élan de la Création. N'est-il pas bon qu'une plante fleurisse quand il lui a été demandé de fleurir ?... Je suis si heureuse ici, dans cette maison, entre Bernold et les enfants... Seigneur, ne m'imputez pas ce bonheur à charge, mais donnez-moi de savoir le faire rayonner, pour leur plus grand bien, sur ceux qui m'approchent... qu'il soit partage et non satisfaction égoïste ! »

Un panier débordant de choux et de salades à la main, Perrot, le jardinier, sortit du potager pour se diriger vers la cuisine. L'époux de Margiste passait son temps à arroser la terre assoiffée afin d'assurer la survie des légumes qui lui étaient confiés. Les bras écartés du corps, sa grosse tête enfoncée dans les épaules, il allait d'un pas lourd. Son bliaud court, ceinturé d'un tablier, découvrait d'épais mollets engoncés dans des chausses basses dont les semelles étaient protégées par des patins de bois. Une coiffe de toile, attachée sous le menton, lui couvrait la tête jusqu'aux oreilles. Il avait posé dessus un chapeau de paille bosselé.

Isambour lui sourit, puis, soulevant le léger berceau où Doette, assommée de chaleur, continuait à dormir, emporta sous son bras l'enfant dans sa couchette.

Elle allaitait ses derniers-nés jusqu'aux environs de deux ans, ce qui était commode et avait l'avantage d'espacer ses grossesses. En outre, cet usage possédait à ses yeux le mérite de conserver intacts entre elle et son nourrisson des liens intimes qui prolongeaient le temps de la gestation. Ainsi voyait-elle chaque fois avec mélancolie et appréhension venir le terme de ses allaitements.

Tenant toujours Doette dans sa berce, elle rentra chez elle où elle aurait à surveiller les apprêts du repas.

Couverte en tuile, construite en pisé enduit d'un lait de chaux et soutenu par des pans de bois, la maison, qui n'avait qu'un étage sur un soubassement de pierres, se situait à l'ouest de la cour. Au sud et à l'est, les ateliers, les étables, les dépendances occupaient la place restante. Le petit bâtiment des étuves se trouvait isolé à l'un des angles du quadrilatère de terre battue, non loin de l'ouverture donnant sur le jardin, les prés, la rivière, la plaine, qui offraient au nord une large perspective. De solides pieux délimitaient le pourtour du Grand Feu.

Bernold avait tenu à ce que sa demeure soit aussi vaste que celle de ses parents en Normandie. Il avait veillé lui-même, durant la construction, au moindre détail.

Le rez-de-chaussée s'était vu consacré au cellier, à la resserre de vivres, au fruitier. Plusieurs marches conduisaient au premier où se trouvait la salle, assez spacieuse pour que toute la famille pût s'y réunir à l'aise. La grande nouveauté de cette installation, celle dont le verrier était le plus satisfait, était la cheminée circulaire, placée au centre de la pièce, permettant à tous de se chauffer sans qu'il y ait d'exclus.

Si la récente découverte du conduit d'évacuation autorisait à présent, dans les villes et les villages neufs, la construction de cheminées à foyers au lieu de simples trous à fumée de naguère, la plupart d'entre elles étaient placées à l'angle des murs ou au milieu de l'un d'eux. En hiver, bien peu pouvaient bénéficier pleinement de la chaleur. Beaucoup se trouvaient refoulés loin de l'âtre.

Bernold s'était passionné pour une innovation qui apportait un supplément d'aise à chacun. Grâce à l'ingéniosité des nouveaux bâtisseurs, tout le monde avait part au rayonnement des flammes.

Au-dessus de la grande pierre plate du foyer, la hotte en forme de pyramide était faite de briques réfractaires soutenues par des traverses de bois.

En pénétrant chez elle, Isambour songea que l'automne approchait, que, bientôt, il faudrait renoncer à passer les soirées dans la cour ou au jardin et qu'on allait retrouver les veillées autour de cette cheminée ronde dont elle s'émerveillait toujours.

Si Bernold avait tenu à diriger la construction de leur logis, sa femme, en revanche, s'était vu octroyer la haute main sur l'agencement intérieur des pièces. Dans la salle et dans les chambres avoisinantes, qu'à la manière normande on avait séparées les unes des autres par des cloisons de planches et non plus par des tentures, c'était Isambour qui avait décidé de tout.

Les coffres, bahuts, lits, banquettes ayant autrefois appartenu à ses parents lui étaient revenus grâce à la générosité de Perrine.

— Il est normal, ma nièce, avait dit celle-ci, que vous les preniez. Votre frère n'a besoin de rien dans son moutier. Votre oncle et moi possédons du mobilier à notre suffisance et, quand nous ne serons plus là, Aveline se retrouvera à la tête de bien trop de choses !

Après le séjour de quatre ans fait à Blois au début de leur mariage, Bernold et Isambour avaient également rapporté avec eux, au moment de leur nouvelle installation, certains objets auxquels ils tenaient. En premier lieu le grand lit de bois sculpté, au matelas moelleux, à la couette de plumes, aux couvertures doublées de peaux d'écureuil, aux coussins de fin duvet. Il était pour eux le complice de tant d'ébattements, de chaudes nuitées...

Mais ce n'était pas le moment de se complaire à de telles réminiscences ! Il était urgent d'aviser au souper.

Isambour déposa le berceau dans un coin de la salle et gagna la cuisine attenante, séparée de la vaste pièce par une simple cloison de planches.

Margiste était en train de sortir du panier apporté par Perrot les plantes potagères qu'elle rangeait au fur et à mesure sur la lourde table de chêne occupant le centre du local. Une petite fenêtre, qui était ouverte, et une cheminée à double crémaillère de fer, à hotte assez peu volumineuse, mais au foyer encombré de landiers, marmites, pelles, grils et poêles, s'y faisaient face. Dans un coin, une large pierre plate creusée, à usage d'évier, perforée à l'une de ses extrémités pour permettre l'écoulement des eaux grasses vers l'extérieur. Dans un autre coin, une huche pouvant contenir le pain d'une semaine. Près de la cheminée, un buffet bas, où l'on voyait par une porte entrebâillée pots, cruches, écuelles, gobelets, en étain ou en bois, boîtes à épices. Deux escabeaux à quatre pieds, des bassines, des chaudrons, de petits balais pour les cendres, des couteaux dans un panier plat, des crocs à piquer la viande, des essuie-mains, et des essuie-vaisselle pendus au mur près de l'évier, achevaient de donner à la cuisine un aspect encombré et actif à la fois.

— J'avais prévu deux beaux pâtés de palombes aux oignons frits ainsi que des perdrix aux choux, dit Margiste dès qu'Isambour l'eut rejointe. Avec des crêpes au cerfeuil et du fromage de brebis, mon souper était fait. Mais ce n'est pas assez pour un repas de fête.

— Aliaume n'a-t-il pas pêché deux ou trois brochets ce matin, à l'aube ? demanda Isambour.

— J'y pensais ! Je vais les faire rôtir sur un lit de romarin, avec du vin rouge et du verjus. On s'en léchera les doigts !

— Les enfants aiment les beignets à la sauge. Puisque Perrot vient de t'en apporter, ne l'épargne pas. Fais-nous ensuite une grosse salade avec cette laitue et la mâche que voilà.

— Croyez-vous que ce sera suffisant ?

— N'es-tu pas de cet avis ?

Margiste redressa le menton.

— Si fait. Soyez sans crainte. Au besoin, je rajouterai un rien de mon invention. Pour aller plus vite en besogne, je vais demander à Bernarde de me donner un coup de main. Avec elle et Sancie, tout ira bien.

— Il me faut maintenant nourrir Doette qui doit mourir de faim, reprit Isambour. Dès que j'en aurai fini avec elle, je reviendrai vous aider toutes trois.

Selon une habitude qui lui était chère, elle alla s'installer avec l'enfant devant la porte de la salle, en haut des marches conduisant à la cour, sous la petite logette qui formait une avancée du toit de tuile.

Supporté par deux gros madriers, cet auvent recouvrait un étroit emplacement dallé. Le mur de fondation, qui était surbaissé à cet endroit, formait de la sorte, sur un de ses côtés, une baie ouverte d'où on pouvait voir ce qui se passait dans la cour. Protégé de la pluie et du soleil, cet abri plaisait fort à Isambour qui s'asseyait souvent sur le banc de bois adossé au mur haut, face à l'ouverture donnant vers l'extérieur.

Selon la saison, elle disposait sur la solive de chêne qui bordait la partie basse de la baie des pots de myosotis, de giroflées, de soucis, de bruyères ou de trèfles. En cette fin d'été, des trèfles blancs et roses égayaient le rebord de bois rugueux.

Doette se réveillait. Son regard hésita un instant, puis se fixa sur sa mère et un sourire ravi étira sa bouche largement fendue.

Isambour la sortit du berceau et souleva à bout de bras le petit corps maintenu dans ses langes par d'étroites bandelettes croisées. Il allait bientôt falloir les supprimer, car la petite fille commençait à marcher et supportait de plus en plus mal d'être ainsi entravée durant son repos.

Moins jolie que ses sœurs, mais plus robuste, elle se montrait d'humeur joyeuse et avait un appétit d'ogresse.

La confiance, l'abandon, le don sans restriction que les enfançons témoignent à celle qui les nourrit de son lait, émouvaient toujours Isambour. Elle se mit à embrasser amoureusement les joues encore chaudes de sommeil, le nez menu, le cou gracile dans les plis moites duquel l'odeur enfantine de sueur légère et d'eau de senteur se nuançait sous les boucles rousses d'un léger fumet qui évoquait à l'odorat de la jeune mère celui des plumes de perdrix encore chaudes au retour de la chasse.

Doette éclata de rire. Elle avait des yeux brun clair couleur de noisettes mûres.

Posant sa fille sur ses genoux, Isambour délaça le devant de son bliaud, puis celui de sa chemise. Les deux grains de beauté qu'elle avait sur chaque sein s'étaient élargis. Ils marquaient de leurs lentilles sombres la peau blanche où, à présent, sur la chair épanouie, courait à fleur d'épiderme un lacis de veines bleutées.

Afin d'empêcher les dents toutes neuves de mordre et de blesser le mamelon qu'elles enserraient, Isambour maintenait d'un doigt l'écartement de la petite mâchoire avide. Penchée sur Doette qui tétait avec frénésie, elle n'entendit pas venir Grécie.

Une ombre, allongée par la lumière rasante du soleil, se projeta soudain sur la mère et l'enfant.

Isambour leva les yeux.

— Savez-vous la nouvelle, ma fille ? s'enquit-elle aussitôt. Jérusalem est délivrée !

— Je sais. Tout le monde en parle. A Fréteval, on danse devant l'église. Le baron Salomon a fait mettre en perce plusieurs tonneaux de vin sous la halle neuve.

Tout en répondant, Grécie caressait avec douceur une hermine apprivoisée qu'elle portait agrippée à son épaule gauche. De ce côté-là, ses traits avaient conservé leur pureté : transparence de la peau, netteté des sourcils, mousse blonde des cheveux, eau des prunelles. De l'autre côté, tout était dévastation...

— Le comte et la comtesse de Blois nous ont conviés demain à un festin qui aura lieu au château, après une grand-messe d'action de grâces, dit Isambour. Votre père a décidé de nous y emmener tous.

— Même moi ?

— Bien sûr, ma petite fille ! Pourquoi pas ?

— Pour rien... Je vais aller retrouver Constance qui vient de rentrer avec ses oies. Je l'aiderai à donner à manger aux oiseaux de la volière.

Elle disparut en courant.

« Que faire, Vierge sainte, que faire ? Comment réparer un tel préjudice ? Que donner, ô Notre-Dame, pour que ma fille retrouve son beau visage intact ? Je sacrifierais sans hésiter dix ans de ma vie si je pouvais, par là, obtenir sa guérison. Je ne cesse de vous le répéter... mais sans doute ai-je tort de m'obstiner dans ce genre de supplique. La véritable prière, dit Roland, est celle qui tend à fondre notre volonté en la Volonté du Seigneur, non pas celle qui, dans son ignorance, le sollicite à des fins trop humaines. Lui seul sait ce qui est bon pour nos âmes et ce qui ne l'est pas. Je le reconnais, et, pourtant, je ne cesse d'espérer un miracle... »

Une chanson jaillit soudain au bas des marches, signalant l'arrivée d'Aubin. A cinq ans, le petit garçon était déjà fou de musique. Il passait ses journées à jouer du pipeau ou de la flûte avec Haguenier, le fils de Gerbaut-le-maisné. Vivant pour son art, le musicien aveugle aimait à l'enseigner à qui partageait sa passion.

Seul descendant de la lignée à ressembler à son aïeule maternelle, la mère d'Isambour, qui avait été brune aux yeux noirs, Aubin était bien différent du reste de la famille. On disait qu'au temps de l'invasion des Maures, un de ses ancêtres avait converti, puis épousé une jeune beauté sarrasine... C'était peut-être une légende. Nul ne le savait. Toujours était-il que les Poitevins qui composaient la parentelle de la défunte grand-mère d'Aubin comptaient parmi eux un certain nombre de personnes au teint basané et à l'œil sombre.

— Je vais faire une chanson pour la fête de demain, déclara l'enfant en s'élançant vers Isambour sur les genoux de laquelle il s'abattit en riant. Vous verrez, ce sera très joli.

Intelligent comme un chat, dont il possédait aussi l'indépendance, il avait déjà des idées bien à lui.

— Mon petit prince, dit Isambour qui aimait l'appeler ainsi parce qu'il ressemblait à l'un des rois mages que Bernold avait reproduits sur un de ses vitraux, mon petit prince, je vous en prie, n'écrasez pas cette pauvre innocente !

En dépit des soubresauts causés par les mouvements désordonnés de son frère, Doette continuait son repas avec le même appétit. Sans tenir compte d'elle, Aubin roulait dans le giron maternel sa tête aux cheveux épais et bouclés comme la toison d'un agneau noir.

— J'ai trouvé un air gai, très gai, si gai, répétait-il en chantonnant, si gai, si gai...

Venant des ateliers et portant Philippa sur ses épaules, Aliaume grimpa deux par deux les marches conduisant à la logette.

— Ma pauvre mère, votre plus jeune fils finira jongleur ! s'écriat-il en déposant Philippa auprès du banc de bois. Je ne vois pas ce qu'il pourrait faire d'autre avec un pareil amour de la musique !

— Devenir moine et chanter les offices en son moutier, répondit en souriant Isambour. Ce serait grande merveille que d'avoir un enfant consacré à Dieu !

— Dans ce cas, il lui reste à progresser en sagesse, reprit Aliaume. Par mon saint patron et le sien, il a du chemin à faire !

Philippa s'était penchée pour regarder boire Doette. D'un doigt, elle effleura les boucles rousses.

— Mon parrain vient-il souper avec vous, ce soir ? demandat-elle en se redressant.

— Sa femme et lui ne vont pas tarder à arriver.

Devenu maître meunier depuis que son père, paralysé des jambes, ne pouvait plus s'occuper du moulin, Gildas était un des meilleurs amis de Bernold. Il venait souvent passer la soirée au Grand Feu. Sa femme, Basilie, la fille du forgeron qui avait travaillé, jadis, dans l'ouvroir de dame Hildeburge, l'accompagnait toujours. Il l'avait épousée plusieurs années après le mariage d'Isambour. Plus personne ne faisait désormais allusion à son malheureux amour de jeunesse. A la suite de plusieurs fausses couches, il était apparu que Basilie ne pourrait pas avoir d'enfant. Le couple avait alors adopté deux orphelins, Juliane et Damien, dont les parents, devenus lépreux, s'étaient vus contraints d'abandonner fils et fille avant de se retirer dans une maladrerie des environs d'où ils ne ressortiraient jamais plus.

A l'heure du souper, quand Gildas et Basilie pénétrèrent dans la salle où la table avait été dressée, Isambour, qui venait tout juste de troquer son bliaud de grosse toile contre un autre d'écarlate et de lisser ses cheveux sur son front avant de les recouvrir d'un voile de lin blanc, se dit une fois encore en les accueillant que son amoureux d'antan avait bien changé.

Il ressemblait de plus en plus à son père, Benoît-le-mangeur. Même carcasse puissante, mêmes gestes amples et calmes, mêmes traits sans beauté, au nez saillant, mêmes yeux marron, où, cependant, i'indulgence remplaçait la moquerie, et l'attention, une attention constante aux autres, la curiosité.

A trente-cinq ans, le meunier était homme d'importance. Nommé prévôt de la ville neuve par le prieur de Saint-Nicolas-de-Fréteval, qui ne manquait jamais de lui manifester, en public comme en privé, l'estime qu'il lui portait, Gildas passait pour riche. En dépit de la sagesse dont témoignait sa façon de vivre, cette réputation lui valait animosité et malveillance de la part de quelques-uns.

— Que voulez-vous, disait-il avec fatalisme, les meuniers ne sont pas aimés ! C'est de notoriété publique. Quoi qu'ils fassent, on leur reprochera toujours l'argent gagné sur la vente d'un aliment si nécessaire que les gens simples le voudraient gratuit... Au fond, soupirait-il, ils ont peut-être raison. Ne demandons-nous pas chaque jour au Seigneur de nous *donner* notre pain quotidien ?

Mais en ce jour de victoire la conversation ne tourna qu'autour de la prise de Jérusalem, des conséquences qu'elle ne manquerait pas d'entraîner pour les pèlerins, de la gloire qui en rejaillirait sur toute l'armée des Francs, de la fondation probable d'un royaume chrétien en cette contrée où était né, avait vécu et était mort le Christ avant sa Résurrection.

Installés autour de la table de planches longues et étroites, famille, compagnons, serviteurs, amis, ne songeaient qu'à se réjouir.

Bernold présidait avec Isambour à sa droite et Basilie à sa gauche.

Plus maigre que mince, l'épouse de Gildas offrait aux regards un visage étroit qu'on aurait dit coincé entre les nattes blond cendré qui l'encadraient. Au premier abord, elle paraissait effacée, mais, dès qu'elle parlait, ses phrases précises, émises d'une voix ferme bien que discrète, amenaient ses interlocuteurs à réviser leurs jugements à son endroit.

Isambour, qui la connaissait depuis l'enfance, savait que Basilie était de celles qui cachent une volonté bien trempée sous une apparence fragile. Ce qui demeurait pourtant vulnérable en elle était l'attachement sans faille qu'elle vouait à son époux. Au moindre propos du meunier, elle levait sur lui les larges yeux saillants dont la nature l'avait pourvue avec tant de tendresse admirative qu'elle ressemblait alors à une orante à l'écoute de son Dieu.

— La seule chose qu'on puisse regretter à propos d'un si prodigieux événement, d'une conquête d'une telle importance, dit-elle en entamant les crêpes au cerfeuil, est que le très saint pape qui a présidé à la mise en route de toute cette entreprise se soit justement éteint si peu de temps avant d'apprendre la réalisation de son grand rêve.

— Par mon âme ! vous dites vrai ! reconnut Bernold. A quelques semaines près, Urbain II aurait vu couronner son règne de la plus enviée des tiares : celle des murailles de Jérusalem !

— Tout comme Moïse mourant au seuil de la Terre promise, il s'en est allé avant que l'orgueil humain ne soit venu gâcher sa juste démarche, dit Gildas. Il semble sûr que le Seigneur éloigne du péché de vanité ceux qui se sont montrés ses meilleurs intendants sur la terre.

— Il les garde de toute complaisance envers eux-mêmes parce qu'il y a bien peu de créatures capables de s'en défendre lorsque la réussite est aussi éclatante... ajouta Isambour. Demeurer humble en certaines circonstances demande de la sainteté !

Bernold lui glissa un regard mi-interrogateur, mi-amusé, et partit d'un grand rire en réclamant du vin de Loire.

Dans la chaleur de la pièce où flottaient de riches odeurs de victuailles mêlées à celles de la maison, à ces exhalaisons propres à chaque demeure où se confondent relents de feu de bois, de chandelles, d'épices, de cire, de nourritures anciennes, Isambour éprouva tout à coup une bouleversante impression de plénitude.

Tous ceux qui se trouvaient là étaient siens à des titres divers. Ils partageaient avec elle toutes sortes de sentiments, de souvenirs, de projets, de tâches. Ils formaient sa famille, son groupe, sa mesnie. Elle fut alors transpercée, comme elle ne l'avait jamais été, par l'évidence d'une solidarité d'échange et de protection entre elle et ses convives.

Elle prit la main de Bernold qu'elle serra de toutes ses forces, et, parce qu'elle se sentait soudain comblée au-delà de l'exprimable, des larmes lui montèrent aux yeux...

Mais, en même temps, un remords s'insinuait en elle. Comment pouvait-elle éprouver une joie si aiguë à la découverte d'une telle surabondance, alors que Grécie, là, tout près d'elle, lui offrait alternativement, selon qu'elle tournait la tête à droite ou à gauche, un profil de vitrail ou un profil de cauchemar ? Était-elle donc égoïste au point de pouvoir oublier ce malheur et l'absence d'Hendri ? Son âme lui parut superficielle, son cœur trop étroit.

— La lumière des chandelles est-elle seule responsable du scintillement de vos prunelles, amie, ou bien aurait-il une autre cause ? s'enquit Bernold à son oreille.

— Je ne sais, mon cher mari, je ne sais... la douceur de certains instants est si violente qu'elle en est douloureuse.

— Voilà une douleur que je vous ferai bientôt passer, Dieu me pardonne, pour la transformer en une tout autre sensation...

Elle lui connaissait ce regard filtrant entre les cils comme un rai de soleil dans une pièce obscurcie...

— Attendons... Ce n'en sera que meilleur, dit-elle dans un souffle.

Puis elle se tourna vers Gildas qui était à sa droite, et entreprit de lui parler de la fête du lendemain.

Placé entre Basilie et Amalberge, la sage-femme, Aliaume s'entretenait avec chacune d'elles tour à tour. S'il se sentait à l'aise avec l'épouse du meunier dont il goûtait les remarques drôles, Amalberge lui procurait en revanche une impression de gêne qu'il avait toujours ressentie à son sujet.

Grande et lourde, avec des seins énormes et un ventre distendu comme si toutes les femmes accouchées par elle lui avaient laissé en partage un peu de leur embonpoint, elle se trouvait affligée d'une bouche d'ogresse. Un menton protubérant projetait sa lèvre inférieure bien au-delà de sa lèvre supérieure. Aussi, dès qu'elle disait quelque chose, une quantité de dents plates et tranchantes comme des pelles apparaissaient, prêtes, semblait-il, à dévorer toute chair fraîche qui se présenterait.

En réalité, c'était une excellente ventrière qu'on mandait bien au-delà de Fréteval. Il n'y avait guère de marmot dans la vallée qu'elle n'eût aidé à venir au monde.

Aliaume avait beau savoir que, depuis qu'elle habitait au Grand Feu, sa propre mère avait toujours eu recours à Amalberge pour l'assister durant chacune de ses couches, il se félicitait néanmoins d'être né à Blois, du temps où ses parents ne connaissaient pas encore Gerbaut-le-maisné et sa forte moitié.

Comment ces deux êtres massifs avaient-ils pu engendrer un fils comme Haguenier ? C'était un mystère aussi incompréhensible que la course du soleil ou le retour des saisons dans leur ronde immuable.

Aliaume jeta un coup d'œil vers le bout de la table opposé à celui où se tenait son père.

Assis entre Sancie, qui se déplaçait sans cesse pour aider sa mère, à la cuisine ou autour des convives, et Constance, la gardeuse d'oies, qui était fort timide, Haguenier était silencieux. Aveugle de naissance, il ne s'intéressait qu'à la musique. Pour compenser, sans doute, tout ce dont son infirmité le privait, il avait été gratifié d'un sens musical quasi miraculeux. C'était lui qui faisait danser les noces à dix lieues à la ronde. Il n'y avait pas de fête dans la vallée sans qu'il s'y trouvât avec sa flûte, son pipeau ou sa musette.

D'oreille plus juste que la sienne, on n'en connaissait pas dans tout le Blésois.

— Que vas-tu nous composer en l'honneur de la prise de Jérusalem, Haguenier ? demanda Aliaume en se penchant sur la table. Je gagerai ma part de paradis que tu es en train de nous fabriquer un hymne à ta façon !

— Par sainte Cécile, patronne des musiciens, vous êtes dans le vrai. Je crois avoir trouvé les accords que mérite une telle victoire !

En dépit de sa maigreur, de son long corps dégingandé, de sa cécité, Haguenier était habité par une telle passion que son visage tout en os, transfiguré par le sentiment d'ouïr et de transmettre des accents sans pareils, semblait éclairé du dedans, mystérieusement anobli. Ses yeux opaques ne parvenaient pas à obscurcir ce rayonnement.

De l'autre côté de la table, Amalberge considérait son fils avec un mélange d'anxiété et d'admiration.

— Dieu m'assiste, dit-elle, j'ai mis au monde plus d'enfants qu'il n'y a de puces dans les poils de ma chienne, et il a fallu que le seul qui soit à moi semble égaré en ce monde, loin de son ciel !

Grécie, qui avait pris place entre Gildas et Rémi, se trouvait en face de la sage-femme.

— Si j'étais vous, dit-elle, je ne m'en plaindrais pas ! Votre fils a bien de la chance, il ne voit pas les laideurs qui l'entourent... Il entend déjà les harmonies qui comblent les bienheureux !

Gildas se pencha vers elle.

— Vous chantez aussi dans les chœurs d'enfants, à Saint-Lubin, dit-il, où votre voix passe pour très pure.

— Quand on chante à plusieurs, on se sent soutenu et guidé, répondit Grécie. Mais tout mon art s'arrête là. Je suis bien incapable de composer.

— On ne peut être doué pour tout ! s'écria Rémi. Si vous ne savez pas inventer des airs nouveaux comme Haguenier, vous savez dessiner. L'un compense l'autre.

Grécie se tourna vers lui. Comme il se trouvait à sa droite, il était placé du côté détruit de son visage et de l'œil crevé.

— J'aime bien dessiner, reconnut-elle. Mon père m'a appris quand j'étais toute petite.

Avec deux doigts, elle prit un morceau de la perdrix aux choux que Sancie venait de déposer, toute découpée, dans l'écuelle commune aux deux jeunes gens.

— Mais ce n'est pas la même chose, acheva-t-elle ensuite. La musique aide à oublier le monde.

Il y avait de l'amertume dans sa voix. Elle allait avoir treize ans, et, parmi les adolescentes de son âge qu'elle connaissait dans la vallée, plus d'une se préparait déjà au mariage.

Remué par l'aveu qu'elle venait de laisser échapper, Rémi posa une main compatissante sur le mince poignet qui émergeait de la manche d'une chemise de lin que le tissu du bliaud jaune safran laissait apercevoir.

— Vous savez que je suis votre ami, et que j'admire votre talent, dit-il en mettant dans son accent toute la chaleur possible.

Il avait des yeux limpides et un sourire contraint. Ne sachant trop comment manifester à sa voisine de table la bonne volonté qu'il ressentait à son égard, il se désolait à part lui de la platitude de ses propos. De trois ans seulement son aîné, il se jugeait à la fois plus mûr et moins intelligent qu'elle.

L'admiration, la déférence, qu'il vouait au verrier se répercutait sur toute la famille de celui-ci. Il aurait souhaité porter secours à la fille d'un homme pour lequel il s'était pris d'une dévotion de disciple à maître.

Austère et même farouche, sa mère, Bernarde, qui participait aussi au repas, mais, selon son habitude, sans desserrer les dents, l'avait élevé dans le culte du père disparu. La mémoire de ce mort pesait fort lourd sur la jeune existence de Rémi. Il lui semblait parfois que la présence d'un homme vivant, quel qu'eût été son caractère, lui aurait paru plus aisément supportable que l'ombre d'un défunt que sa fin tragique parait de toutes les vertus.

Au fil des jours, l'apprenti avait transféré sur Bernold des sentiments filiaux sans emploi. L'accident survenu à Grécie deux ans plus tôt l'avait horrifié. Depuis lors, il la considérait comme une créature persécutée par le Mal et à laquelle il devait, en témoignage d'allégeance à Bernold, protection et soins.

— Le dessin me permettra de travailler plus tard avec Aveline, à Blois, pour la comtesse Adèle, reprit Grécie. Broderies et tapisseries doivent être d'abord reproduites sur parchemin avant d'être exécutées.

— Vous songez à partir...

— Sans doute, puisque je ne me marierai pas.

Le ton était définitif. Gildas en saisit au vol l'âpreté.

— Ne décidez pas ainsi, petiote, en lieu et place de Celui qui est tout-puissant, intervint-il. Que savons-nous de notre avenir ? Bien souvent il est à l'opposé de ce que nous avions imaginé.

— Le mien ne peut être que solitaire, affirma Grécie. Qui voudrait encore de moi ?

— Il y a des gens capables de s'intéresser au cœur ou à l'esprit de ceux que la vie a frappés.

— Je n'accepterai jamais la pitié de personne !

Elle avait élevé la voix. Chacun l'entendit. Un silence gêné suivit.

— Ma petite fille, dit Isambour, je vous en prie, ne vous faites pas de mal en nous en faisant à nous aussi. Tout le monde vous aime autour de cette table, vous le savez bien.

— Vous m'aimez, mon père et vous, parce que vous êtes mes parents, et, ici, il n'y a que des familiers, mais les autres ? Tous les autres ?

Son visage avait pâli, ce qui ne faisait que davantage ressortir la couleur malsaine des chairs boursouflées, des cicatrices violacées, de son côté droit.

— Par le Dieu de Vérité, vous trouverez bien un garçon capable d'apprécier vos qualités. Elles sont grandes, assura Bernold, qui, lui aussi, était devenu fort pâle.

— Avec cette face d'épouvantail ? cria Grécie en se dressant tout d'un coup sous l'effet d'une vague irrépressible de désespoir. Regardez-moi, mon père ! Regardez-moi donc ! Vous détournez toujours les yeux quand nous sommes ensemble. Comme ceux que je croise, comme ceux qui sont ici ! Si vous ne pouvez pas, vous, soutenir ma vue, croyez-vous réellement qu'un homme venu d'ailleurs y parviendra ?

— Je vous en supplie, ma chère fille, je vous en supplie, calmez-vous, dit Isambour. Pourquoi préjuger de l'avenir ? Pourquoi douter de la miséricorde divine ?

— Dieu m'a peut-être marquée pour vous punir de la façon dont vous vous êtes mariée ! lança Grécie d'une voix dure. Il a voulu, par là, vous signifier Sa réprobation et Son désaveu !

Dans la salle, la gêne se changea en consternation.

— Il n'y a pas un de nous qui ne comprenne votre chagrin, intervint Basilie, conciliatrice. Depuis longtemps, nous avons tous mesuré ce que devait vous coûter de tourment et d'humiliation cet horrible malheur, mais nous avons aussi admiré votre courage. Ne vous en départez pas maintenant en vous retournant contre votre mère, en lui faisant porter la responsabilité d'un accident dont, vous le savez, elle est tout à fait innocente.

— Je ne sais rien d'autre que ce que je lis avec horreur dans les yeux de ceux qui me regardent ! hurla Grécie. Quoi que vous en disiez, personne, personne, entendez-vous, ne peut savoir combien c'est abominable !

D'un seul coup, ses nerfs lâchèrent. Elle s'écroula sur la table en sanglotant.

Amalberge se leva alors lourdement de sa place. Elle fit le tour de la table, écarta d'un geste ferme Bernold et Isambour qui hésitaient sur la conduite à suivre mais s'étaient approchés de l'enfant accablée, et s'adressa à eux en premier.

— Laissez-la, dit-elle à mi-voix. Laissez-la. Je sais quoi faire. Elle n'est pas la première que je trouve sur mon chemin en piteux état. Le malheur court le monde... Je vais l'emmener chez moi et la calmer.

Elle se pencha sur le jeune corps secoué de spasmes, posa ses larges mains d'accoucheuse sur les épaules qui tressautaient.

— Venez, ma petite, venez, dit-elle d'un ton volontaire. Nous avons à parler toutes les deux. Je connais une tisane qui vous apaisera.

Grécie se redressa, et, le visage caché par son bras replié, quitta son banc pour suivre Amalberge.

Quand elles furent sorties, Gildas se tourna vers Isambour :

— Ne vous laissez pas assombrir par les paroles de cette pauvre enfant, conseilla-t-il. Elle ne savait plus ce qu'elle disait.

— Par Dieu ! J'aurais dû la gifler pour l'aider à se reprendre, dit Bernold, mais elle était si pitoyable...

— Vous avez bien fait de vous en abstenir, mon ami. Nul ne peut savoir comment elle se serait comportée si vous l'aviez corrigée...

Toute joie envolée, Isambour se rassit. Décidément, rien n'était plus fugace que les instants de bonheur !

— Nous ne devons pas tenir compte des sottises débitées par notre fille, reprit Bernold après avoir regagné sa place. Elle est trop jeune pour surmonter une épreuve que bien des adultes seraient incapables, eux-mêmes, de supporter. Pardonnons-lui ses accusations inconvenantes. En raison de sa souffrance faisons comme si elle n'avait rien dit.

Chacun s'efforça de reprendre le cours des conversations interrompues, mais la gaieté était forcée. La fin du souper manqua d'allant.

Après les beignets à la sauge et les dragées, la veillée se traîna.

Seul l'air de flûte qu'Haguenier interpréta sur un motif improvisé en l'honneur de la prise de Jérusalem apporta un peu de divertissement à une soirée où chacun se sentait mal à l'aise.

Assez tôt, Gildas et Basilie se retirèrent, prétextant l'heure matinale à laquelle ils devaient se lever le lendemain. Comme les jours raccourcissaient beaucoup en ce début de septembre, ils s'en allèrent, dans la nuit noire, en s'éclairant d'une lanterne.

Gerbaut-le-maisné, guidant son fils aveugle, Bernarde, Rémi et Constance, regagnèrent leurs logis respectifs.

Perrot, le jardinier, avait rejoint Margiste dans la cuisine. Il l'aidait à ranger plats, écuelles, gobelets, pendant que Sancie et Aliaume défaisaient la table.

Bernold sortit vérifier les fermetures des portes.

Assise près d'un coffre sur lequel on avait servi de l'hypocras et du lait d'amandes, Isambour, d'ordinaire si active, restait, les mains abandonnées sur les genoux, les yeux dans le vague, sans même penser à remettre en place les pichets et les coupes vides. Les reproches de Grécie l'avaient frappée au vif. Elle ne cessait d'y songer.

« Ceux que nous aimons détiennent sur nous le singulier pouvoir de nous faire souffrir plus que quiconque, pensait-elle. Dans cet ordre-là, mes enfants viennent tout de suite après Bernold. Quand il s'agit d'eux, tous les coups portent ! Dieu Seigneur, faut-il que l'amour soit pourvoyeur de souffrances ? Nos sentiments doivent-ils devenir des armes tournées contre nous-mêmes, et ceux qui nous sont les plus chers, nos plus proches bourreaux ? Je ne me sens pas coupable devant Vous d'une union que Vous avez bénie en son début et n'avez cessé de favoriser par la suite en lui permettant de devenir si féconde... Non, ce mariage ne peut être la cause du malheur de ma fille. Son accusation est sans objet, mais ses attaques ne m'en ont pas moins déchirée... »

Aliaume avait achevé de transporter les planches et les tréteaux dans la resserre. Il s'approcha d'Isambour, toujours prostrée.

— Grécie était hors de son bon sens, souffla-t-il. Elle ne croyait pas elle-même à ce qu'elle disait. Ma mère, ma chère mère, je vous en prie, ne soyez pas malheureuse !

— Hélas, répondit Isambour, je savais depuis longtemps que votre sœur remâchait des griefs à mon sujet. Je ne les devinais pas. A présent, je ne peux plus les ignorer. Dans ce qui lui est arrivé, elle voit les effets de l'union que nous avons contractée, jadis, votre père et moi. Rien de tout cela ne tient debout, mais sa rancune est réelle. J'en suis épouvantée.

— Il ne faut pas l'être, ma mère ! Ce n'était que paroles en l'air. Ne gâchez pas, pour si peu, un jour comme celui-ci. Grécie a peur de l'avenir... de son avenir. Elle ne supporte pas la perte de sa beauté.

— Son sort est si cruel, mon fils !

— Dieu juste ! Je le sais bien et, comme tout le monde ici, je tente de le lui faire oublier. Il y a cependant des limites à tout. Je plains ma sœur très sincèrement, mais sa souffrance ne suffit pas à justifier la manière dont elle vous a prise à partie en plein souper.

— Elle s'est délivrée de ce qu'elle avait sur le cœur avec la soudaineté d'un abcès qui crève. Cette violence même trahit la profondeur de son mal.

Bernold rentrait.

— Notre fille dort chez Amalberge, dit-il. J'en viens. Elle repose dans le calme. J'ai pensé qu'il était préférable qu'elle passât la nuit là-bas. Demain, avant de partir pour Blois, je lui parlerai pour tâcher de lui faire entendre raison.

Isambour secoua la tête.

— Peut-on être raisonnable, à son âge, quand on a subi un tel coup du sort ?

— Si elle ne l'accepte pas de bon gré, il lui faudra bien s'y soumettre par force, soupira Bernold. Nous devons l'en persuader.

— Elle ne nous écoutera pas. Elle ne croirait qu'une personne extérieure à la famille et jouissant à ses yeux d'un grand prestige.

— J'y pense, s'écria Aliaume en frappant dans ses mains, cette personne existe ! C'est sa marraine !

— Aubrée ? Il est vrai qu'elles s'entendent bien toutes deux, admit Bernold.

Isambour réfléchissait.

— Une entente certaine existe entre Grécie et notre amie, reconnut-elle. Vous êtes dans le vrai, mon fils, en pensant qu'Aubrée peut nous aider. J'aurais dû y songer. Les désastres personnels qu'elle a subis l'ont prédisposée plus que tout autre à comprendre l'âme troublée de Grécie...

Isambour se revoyait, au printemps de sa vie, dans la belle demeure du monétaire, découvrant le malheur au fond d'une chambre, où une fiancée-veuve, qui n'avait pas su oublier, végétait comme une plante fanée...

— Puisque nous allons demain à Blois, dit Bernold, pourquoi ne pas en profiter, ma chère femme, pour laisser Grécie quelque temps chez sa marraine ? Aubrée l'accueillera avec joie.

— Certainement. A présent qu'Helvise est partie au loin, sa mère consacre son existence à tous ceux qui ont besoin de secours. Ils sont légion. Notre fille ne pourrait trouver plus franche amitié, ni meilleure conseillère.

Helvise ne s'était jamais mariée. Sa lente guérison l'avait longtemps tenue à l'écart des jeunes gens de son âge. Une fois rétablie, elle avait d'abord cherché à s'occuper des malades de l'hôpital proche de sa demeure, où sa mère se rendait si souvent. Mais sa nature délicate n'avait pu supporter le spectacle de tant de misères. Elle s'était de nouveau repliée sur elle-même jusqu'au jour où lui était parvenue, comme un souffle exaltant, la nouvelle du départ en masse de ceux qui allaient libérer le tombeau du Christ. Urbain II était passé par Chinon, Vendôme, Tours, durant le long périple qu'il avait entrepris à travers le royaume de France pour appeler le peuple de Dieu à la délivrance de la ville occupée par les Infidèles. Helvise l'avait entendu prêcher. Elle s'était révoltée en apprenant les sacrilèges commis dans les Lieux saints et avait été persuadée de la nécessité de prendre la Croix. Partout où passait le pape l'effervescence était immense. Hommes, femmes, enfants, délaissant ce qui avait constitué leur vie jusque-là, se décidaient à partir sur-le-champ, à partir pour Jérusalem ! Comme tant d'autres, Helvise avait été touchée par la grâce. Elle avait annoncé à ses parents sa volonté irrépressible de se joindre à un groupe de vierges et de veuves qui avaient fait serment de ne jamais se quitter tant qu'il ne leur serait pas donné de fouler ensemble le sol qui avait porté jadis le Seigneur Jésus.

Depuis son départ, on avait eu, par des rapatriés, deux ou trois fois de ses nouvelles. Elle allait bien et avait traversé toutes sortes de tribulations sans trop de dommages. Elle faisait dire aux siens qu'elle prierait pour eux au Saint-Sépulcre, quand elle y serait enfin parvenue.

On ne savait rien de plus.

« Fait-elle partie de ceux qui sont arrivés, après tant de souffrances, de trahisons, d'alarmes, au but de leur voyage ? se demanda Isambour. Le terrible climat, les privations, les épidémies, dont font mention ceux qui sont de retour au pays, sans parler des Infidèles qui persécutent nos chrétiens, n'ont-ils pas eu raison de sa fragilité ? Est-elle à présent récompensée d'avoir osé tout risquer sur un appel ? »

La jeune femme se leva.

— Il est tard. Il nous faut dormir, dit-elle. La nuit nous aidera à prendre une décision.

Comme elle tenait à le faire chaque soir, elle se rendit dans la cuisine pour s'assurer que le feu était bien recouvert de cendres dans l'âtre où il attendrait ainsi le lendemain matin. Elle rejoignit ensuite son fils et son époux.

— Heureusement que Philippa et Aubin avaient été couchés avant le souper, dit-elle à Bernold quand ils se retrouvèrent dans leur chambre. J'aurais beaucoup souffert de les voir assister à la scène que nous a faite Grécie.

Autour du couple, dans la lueur calme de la chandelle posée sur un tabouret au chevet du large lit aux couvertures tissées à la maison, la pièce se refermait comme un œuf.

Contrairement aux habitudes de la région, les enfants ne partageaient pas la chambre de leurs parents. Aliaume et Aubin, d'une part, Grécie et Philippa, de l'autre, dormaient dans de petites cellules séparées par des cloisons de bois.

Seule Doette avait encore droit à un coin proche de la couche maternelle. Isambour alla se pencher sur le sommeil de sa dernière-née, et resta un long moment à la contempler.

— Je suis à votre merci, murmura-t-elle en se retournant vers son mari qui se déshabillait. Totalement à votre merci. A la vôtre, en premier, mon cher amour, à celle de ceux que nous avons conçus ensuite. Comment les fruits de notre propre chair peuvent-ils, un jour, devenir si amers ?

Bernold disposait ses vêtements sur une longue perche horizontale fixée au mur le plus proche du lit afin d'y recevoir les effets qu'on quittait pour la nuit. Habitué à ce que sa femme s'occupât de Doette avant de se préparer elle-même, et la croyant apaisée, il n'avait pas prêté attention à sa station prolongée devant le berceau. Le ton de sa voix l'alerta.

— Par mon âme, je ne veux pas vous voir demeurer ainsi triste et dolente, amie, ma belle amie, dit-il en allant vers elle. Je ne le supporterai pas.

Il la prit contre lui.

— Oubliez, je vous en conjure, les sottises que vous avez entendues ce soir. Oubliez-les ! Ce ne sont qu'égarements sans importance.

Isambour appuya son front sur la poitrine de son époux. Entre ses bras, elle se sentait d'ordinaire protégée de tout. L'odeur de ce corps, sa chaleur, étouffaient d'habitude en elle le souvenir de ce qui n'était pas cet homme, suffisaient à affermir le pouvoir qu'il conservait sur elle, en dépit des ans.

Ce soir-là, toutefois, elle ne parvenait pas à éloigner l'image intolérable de leur fille dressée contre elle.

— Je vais me coiffer pour la nuit, dit-elle en se détachant de lui.

Près du profond coffre sculpté où ils rangeaient l'un et l'autre leurs plus riches vêtements, préalablement roulés et saupoudrés d'aromates, une table avait été installée tout exprès pour Isambour. Brosses et peignes en os ou en corne, mais aussi onguents, lotions, parfums, dont elle se servait pour protéger son teint du soleil, entretenir sa chevelure, sentir bon, voisinaient sur le dessus de chêne ciré avec un coffret de cuir où elle enfermait quelques pièces d'argent et les bijoux assez simples qu'elle possédait.

Elle s'assit sur le tabouret placé devant cette table et se mit en devoir de défaire ses nattes.

C'était, chaque soir, comme un rite entre eux. Bernold prenait une des sellettes se trouvant là, s'y installait. Il contemplait ensuite sa femme pendant qu'elle brossait longuement ses cheveux défaits, en signe d'offrande et d'intimité. C'était là une faveur que nul autre, sauf lui, ne pouvait espérer obtenir.

Aubrée avait eu raison, à Blois, le jour du rapt, de dire à sa protégée que les hommes raffolaient de ces grandes toisons odorantes et sauvages. Bernold s'y était fort souvent noyé avec délices.

Une fois encore, leur senteur ambrée réveilla en lui un désir qui n'était plus à présent aussi facile à provoquer qu'autrefois. Les événements de la soirée devaient avoir leur part dans l'élan qui le porta vers son épouse.

Il se leva et vint se placer derrière elle, puis il lui embrassa les épaules à travers le voile mouvant et glissant des longues mèches aux reflets de châtaignes mûres. Enfin, d'un mouvement impulsif, il la releva et la retourna contre lui.

Penché sur le visage offert, il le considéra un instant avec, entre ses paupières plissées, une petite lueur qu'elle connaissait bien.

Fugitivement, elle se demanda quelle était la part de la tendresse, en une telle conjoncture, s'il avait plus envie de la distraire de son chagrin, qu'envie d'elle tout simplement, mais il délaçait son bliaud, le faisait tomber en entraînant la chemise, mettait à nu le corps dont il connaissait à l'avance l'acquiescement...

Isambour n'avait plus le loisir de se poser des questions. Bernold caressait ses seins, la poussait vers le lit...

Tout chavirait... Elle s'abandonna alors sans résistance au goût qu'elle avait de l'amour avec lui, à cette faim qu'elle éprouvait toujours à son égard, et dont, lui semblait-il, elle ne se lasserait jamais...

3

Après la fête donnée à Blois par le comte et la comtesse, la vie reprit son cours.

Il plut beaucoup pendant les deux premières semaines de septembre, ce qui permit à la terre de se gorger d'eau. La végétation y gagna un regain de vigueur et l'herbe reverdit dans les prés.

A la mi-octobre, les arbres commencèrent tout juste à être touchés par l'automne.

C'est à ce moment-là qu'Isambour fut certaine de commencer une nouvelle grossesse.

« Ce sera l'enfant de notre victoire à Jérusalem », se dit-elle, partagée entre un nouvel espoir et l'ennui de se voir si vite reprise.

Doette, qui n'était pas en avance, se mettait enfin à marcher et touchait à tout au grand dam de sa mère. Un jour qu'Isambour faisait fondre de la cire pour boucher les cruchons de grès où elle venait de verser le vin de noix édulcoré au miel qui était une de ses spécialités, la petite fille renversa de la cire brûlante sur son poignet et se mit à hurler.

Sancie appliqua une couche de citrouille râpée sur la brûlure, mais l'enfant continua à se plaindre.

— Je vais la conduire à Roland, dit Isambour à Margiste qui filtrait le liquide noirâtre, obtenu après une assez longue macération des coques de noix vertes écrasées et pilées, dans du bon vin. On ne peut pas la laisser souffrir ainsi !

Construit au pied de l'éperon rocheux sur lequel on édifiait peu à peu un puissant donjon de pierre et ses dépendances, le prieuré de Saint-Nicolas était situé aux confins du village neuf de Fréteval, sur la rive droite du Loir.

Délogés par ordre de leur baron, les villageois, tels des poussins autour d'une poule, s'étaient regroupés aux portes du monastère afin de bâtir leurs nouvelles maisons le plus près possible de l'enclos sacré.

Si beaucoup d'entre elles étaient déjà terminées, l'afflux de colons attirés par les chartes de franchise que les moines octroyaient à ceux qui s'installaient dans le bourg neuf entraînait sans cesse l'ouverture d'autres chantiers. Aussi une grande effervescence régnait-elle aux alentours.

Après avoir franchi la porterie, Isambour, portant Doette dans ses bras, traversa le jardin médicinal où poussaient les simples et pénétra dans l'infirmerie qui avait été placée hors de l'enceinte claustrale, afin que les malades laïques eussent la possibilité d'y venir sans troubler le recueillement des frères.

Ce bâtiment comptait plusieurs salles. Deux d'entre elles contenaient chacune huit lits pour les malades, une autre servait de salle de bains, une quatrième de cuisine. Dans la dernière, chauffée dès l'automne et munie de bancs, on pratiquait les saignées, on administrait les potions, on faisait les pansements.

Roland ne s'y trouvait pas. Seuls ses aides, circulant parmi les lits, officiaient dans le chauffoir.

Accolée à l'infirmerie, une petite maison avait été prévue pour recueillir les malades gravement atteints, qu'on ne pouvait pas laisser avec le tout-venant. Réservée à l'herboristerie, une de ses pièces recélait l'armoire à médicaments. C'est là qu'Isambour trouva son frère.

Roland tenait à la main un pot de pommade qu'il tendait à un habitant du bourg.

— La graisse d'ours, appliquée sur la tête, constitue le meilleur remède contre la chute des cheveux, disait-il à son interlocuteur. Frottez-vous-en énergiquement le cuir chevelu matin et soir. Vous verrez les résultats.

Dès qu'il aperçut sa sœur et sa nièce, il prit congé de l'homme, puis, d'un pas tranquille, alla vers elles.

— Dieu vous garde toutes deux. Est-il arrivé malheur à notre Doette ?

En dépit du don de sa vie au Seigneur et à ses créatures souffrantes, il aimait sa famille d'une tendresse pleine de pudeur dont Isambour connaissait la profondeur ainsi que le dévouement.

S'il ressemblait un peu à sa cadette, ses traits épais, son nez trop large, sa bouche lippue, ses yeux semblables à des grains de raisin sec enfoncés sous l'arcade sourcilière en faisaient la caricature de celle-ci. Pas très grand, mais solide, il portait sur des épaules musclées, dont le tissu noir de la coule ne parvenait pas à atténuer la vigueur, une grosse tête à la peau grêlée.

Il s'exprimait d'une voix assourdie, posée, en coupant ses phrases de silences qui déconcertaient souvent ses auditeurs.

— La brûlure semble avoir entamé la chair en profondeur, dit-il après avoir examiné le bras de l'enfant. Je vais lui faire une application de pétales de lys macérés dans de l'huile d'amandes douces. Elle en sera soulagée et la plaie se cicatrisera rapidement.

Pendant qu'il la soignait, il donna une pâte de coing à la petite fille qui se laissa faire sans difficulté.

Tout autour de la pièce, des étagères supportaient pots d'onguents, d'emplâtres, de baumes divers, burettes d'huile, fioles de sirop, cruchons d'argile cuite contenant électuaires ou eau de fleurs, et corbeilles de vannerie où s'entassaient feuilles, corolles, ombelles, capitules, racines et tiges de plantes médicinales conservées par dessiccation. Sur une table, étaient répandues des herbes fraîchement cueillies qui achevaient de sécher.

Plusieurs mortiers, imprégnés à l'intérieur des diverses couleurs des préparations qu'ils contenaient, s'alignaient sur le rebord de la fenêtre.

De toutes ces plantes, ces pommades, ces épices, se dégageait une odeur douceâtre et médicamenteuse qui entêtait.

— Me voici de nouveau enceinte, dit Isambour à Roland quand il eut achevé de panser la petite fille. J'aurais préféré attendre encore un peu, mais, puisque Dieu le veut, je n'ai rien à dire. Vous serez bon de me préparer un flacon de ce vin d'oignon au miel de romarin que vous me donnez à boire chaque fois que je suis grosse. Je m'en trouve fort bien.

— Soit loué le Seigneur pour une semblable nouvelle, ma sœur ! Heureusement que vous vous employez à perpétuer et à multiplier notre famille. S'il n'y avait que moi pour le faire ce serait grande pitié !

Il eut un rire silencieux qui lui ferma les yeux et les réduisit à deux fentes étroites.

Isambour sourit.

On entendait gémir un malade dans la pièce voisine.

Une cloche sonna soudain pour annoncer aux pauvres gens du village que le moment était venu de la distribution quotidienne des tourtes de trois livres et des fromages de chèvre que les moines répartissaient entre eux à l'heure de sixte.

— Je dois encore avoir de ce vin d'oignon tout prêt dans un flacon, reprit Roland. Vous allez pouvoir l'emporter sans plus attendre.

Il se dirigea vers un placard creusé dans le mur, l'ouvrit. Une grande quantité de fioles, cruches, pichets, pots, bouchés à la cire et parfaitement rangés, apparut.

— J'ai ouï dire que l'ami de votre époux, ce Mayeul qui est à présent maître d'œuvre, avait été mandé par le baron Salomon pour venir aider les maçons qui construisent le nouveau donjon, annonça le moine, tout en enveloppant dans un linge blanc le flacon qu'il venait de prendre parmi d'autres.

— Mayeul ! Sur mon salut, il y a des lustres que nous ne l'avons vu ! Il est resté quelque temps à Blois, avec nous, après notre mariage, puis a décidé un beau jour de s'en aller, sans que nous ayons jamais compris la raison de ce départ.

— Il commençait pourtant, dès cette époque, à acquérir une bonne réputation en tant que tailleur de pierre et imagier.

— Certes. Il a pourtant préféré rallier la suite du prince Henri Beauclerc, le plus jeune fils du Conquérant, qui est d'ailleurs bien le seul à posséder certaines vertus de son père ! C'est en sa compagnie qu'il s'est embarqué pour l'Angleterre. Il doit y être demeuré depuis.

— Ne vous a-t-il jamais donné de ses nouvelles ?

— Rarement. A l'occasion du passage par ici de maçons qui le connaissaient, nous avons su qu'il n'était toujours pas marié. Il semble aussi qu'il ait fait du beau travail outre-Manche. C'est tout. C'est peu. Bernold va être fort heureux de le revoir...

Le retour de Mayeul fut la première chose qu'Isambour apprit à son mari, ce soir-là, en allant au-devant de lui, quand il revint de l'atelier où il ne cessait de façonner le verre qu'au coucher du soleil.

— Par Dieu, je n'espérais plus le voir en ce monde ! s'écria Bernold. Vous savez pourtant qu'il était pour moi comme un frère ! Je peux bien vous avouer que son absence me pèse souvent. Il n'est de jour où je ne pense à lui.

— C'est sans doute que vous vous connaissiez depuis toujours et que vous êtes normands tous deux.

— Vous dites vrai. Mon pays d'origine me manquerait moins si je ne me trouvais pas seul, ici, de mon espèce, loin d'une terre où reposent tous les miens.

Debout devant la fameuse cheminée circulaire où brûlait un bon feu, Bernold semblait perdu dans ses souvenirs.

Isambour, qui travaillait à son métier à tisser, passait des fils de couleur dans la chaîne pendant que Sancie et Margiste dressaient la table du souper. Elle considéra son époux avec surprise.

— Je vous croyais tout à fait blésois à présent, dit-elle vivement. Il y a tant d'années que vous avez quitté votre duché !

— C'est la preuve que je vieillis, soupira le maître verrier. On assure qu'avec les ans les souvenirs d'enfance ne cessent de s'affirmer davantage. Je dois être arrivé à ce moment-là !

— Ne parlez pas de vieillesse, mon ami ! Regardez-vous un peu ! N'êtes-vous pas en pleine force ?

— Je n'ai pas dit que je me sentais vieux, ma belle, mais que je commençais à être sur le retour. C'est indéniable.

— Si vous allez par là, on commence à prendre de l'âge à partir du moment où on naît !

— Hélas oui, et c'est bien triste. Mais n'en parlons plus. Savez-vous quand Mayeul compte arriver ?

— Je l'ignore. Roland ne parlait que par ouï-dire.

— Il ne faudrait pas que son retour coïncide avec mon départ pour l'abbaye de Fleury où je dois absolument me rendre en novembre. Je ne m'en consolerais pas.

Il repoussa du pied des braises qui s'écroulaient, remit une bûche dans l'âtre.

Philippa et Aubin entrèrent alors en tenant de chaque côté l'anse d'un panier rempli de châtaignes.

— Nous sommes allés les ramasser avec Constance qui gardait ses oies du côté de la forêt, dit Philippa. On en a trouvé beaucoup. Notre panier n'était pas assez grand.

— Je ne comprends pas pourquoi les marrons qui sont si bons ont été mis dans des enveloppes qui piquent tellement les doigts, remarqua Aubin en faisant des grimaces. J'aime mieux ramasser des alises ou des nèfles !

— Cessez donc de vous plaindre ! Vous êtes à l'aube de votre vie et même pas encore jeune ! s'écria Bernold en saisissant son plus jeune fils qu'il fit sauter en l'air. Qu'importent les piquants des châtaignes alors que vous avez de si longues années devant vous que vous n'en voyez pas le bout !

Le petit garçon jeta à son père un regard étonné, mais, préférant renoncer à comprendre, se mit à rire.

Isambour, qui continuait à passer sa navette sous les fils de la chaîne, envoya les deux enfants à la cuisine porter leur cueillette, puis, délaissant le tapis à dessins commencé durant l'été, elle s'approcha de Bernold qui s'était replongé dans la contemplation du feu. Elle lui passa les bras autour du cou pour le forcer à se retourner et leva vers lui un visage véhément.

— Qu'importe, plutôt, de vieillir quand on a la chance de marcher à deux, la main dans la main, sur la route qui mène à la vie éternelle ! dit-elle d'une voix contenue où vibrait un ardent reproche. Qu'importent, en vérité, les ans, quand on a l'amour !

— Bien sûr, admit Bernold, bien sûr, et il embrassa sa femme.

Cette nuit-là, dans le grand lit où il s'était endormi sitôt couché auprès d'elle, ainsi que cela lui arrivait assez souvent à présent, Isambour demeura longtemps éveillée, à retourner dans sa tête ce qui s'était passé avant le souper.

« Pourquoi cette appréhension d'une vieillesse encore lointaine chez un homme en pleine maturité ? Il a quarante et un ans. En paraît moins. Je suis à sa dévotion. Les enfants vont bien, et, depuis que Grécie réside à Blois chez Aubrée, notre vie de famille est sans histoire. Vierge sainte, éclairez-lui le cœur ! Faites-lui comprendre que c'est une grande chance que d'avoir échappé jusqu'ici aux maux qui ravagent un monde où il y a tant de malheureux ! Que c'est manquer de sagesse que de se tourmenter du passage du temps ! »

Novembre arriva. Mayeul restait absent. Par un maçon qui travaillait au château de Fréteval, Bernold avait eu confirmation du prochain retour de son ami, sans, pour autant, qu'une date ait été avancée.

Comme le maître verrier devait partir peu après la Saint-Martin pour l'abbaye de Fleury, sous Orléans, où il resterait plusieurs mois à exécuter des vitraux destinés à l'église abbatiale dont la reconstruction était en voie d'achèvement, il s'impatientait.

Ce fut la veille de la fête du grand saint, au matin, qu'un cavalier frappa au portail de la verrerie.

Sec et ensoleillé dans la journée, l'automne, cette année-là, réservait ses brumes aux nuits qui commençaient à devenir froides. A l'heure où Mayeul parvenait enfin au Grand Feu, un brouillard fort dense effaçait les lointains, ouatait la vallée du Loir, la forêt proche. On ne distinguait plus les clochers familiers ni le cours de la rivière. Les flamboiements d'or et de cuivre des arbres n'étaient plus, eux-mêmes, perceptibles. Une buée épaisse recouvrait les feuilles tombées au sol, l'herbe décolorée des chemins.

La cour où le cavalier pénétra était envahie par cette exhalaison bruineuse et le tilleul, enveloppé de vapeur, n'apparaissait plus que sous la forme vague d'un immense fantôme blond.

Ce fut comme dans un rêve que Bernold reconnut son ami dans l'homme à la chape de pluie alourdie d'humidité qui sautait de cheval. Il ordonna aussitôt à Aliaume de prendre par la bride le bai de Norvège, de le conduire lui-même à l'écurie afin de le bouchonner, puis de lui donner du foin et de l'eau.

Une fois dans la salle, Mayeul rejeta le manteau dans les plis duquel traînaient des effluves d'automne et les deux Normands se dévisagèrent en riant avant de se donner l'accolade.

Isambour, les enfants, les serviteurs, les entouraient de respect, de curiosité joyeuse.

— Dieu me pardonne ! Je ne me souvenais plus que tu étais si grand ! s'exclama Mayeul quand les embrassades furent terminées. Une des tristesses de la séparation est d'en arriver à oublier les particularités et jusqu'aux traits de nos meilleurs amis.

— Il y a si longtemps que nous ne nous sommes vus, dit Bernold, que, de mon côté, je t'imaginais toujours aussi brun que du temps de notre jeunesse. Mais tu grisonnes, frère, tu grisonnes !

— Eh oui ! Que veux-tu, la vie ne nous épargne guère !

— Point de mélancolie en un tel jour ! trancha Isambour. Nous ne devons être occupés que de joie !

— Il est dit dans l'Évangile que le père de l'enfant prodigue fit tuer le veau gras pour fêter le retour de son fils, reprit Bernold en riant. Ce ne nous sera pas nécessaire, car tu arrives à pic ! Nous avons dans la lardoire un porc bien gras dont tu me diras des nouvelles. Regarde ses jambons, en train de se fumer sous le manteau de la cheminée !

— Je vais vous préparer un fameux dîner, assura Margiste. Avec un rôt de cochon farci au gingembre et des châtaignes, on a toujours de quoi fêter le voyageur.

Isambour approuva.

— Du temps que nous logions à Blois dans la petite maison de nos débuts, ajouta-t-elle, vous aimiez les tourtes aux noix, me semble-t-il. Je vais vous en confectionner une sur-le-champ.

Mayeul souriait d'aise.

— Vous ne pouvez pas savoir, tous deux, combien je suis heureux de vous retrouver. Le temps que j'ai passé hors de France m'a permis de mieux mesurer ce que représente réellement la communauté d'origine. Les Saxons n'ont pas nos façons d'agir ni de penser.

Il s'informa des divers membres de la famille, des amis, des noms que portaient les enfants, voulut visiter la maison et les ateliers.

— Je savais que tu t'étais fait un nom, dit-il à Bernold quand celui-ci lui eut montré les derniers vitraux qu'il achevait d'exécuter. Mais, devant de telles merveilles, je te salue comme un des meilleurs verriers de ce temps. Un des plus grands.

— J'aime ce métier, tu le sais. Je m'y donne tout entier. Mais toi-même, de ton côté, tu es devenu maître d'œuvre, m'a-t-on dit.

— J'ai beaucoup travaillé en Angleterre. Le prince Henri Beauclerc, qui est puissant et connaisseur, a mis à ma disposition d'excellentes équipes de carriers, tailleurs de pierre, maçons, forgerons, charpentiers. Grâce à sa protection, j'ai pu réaliser d'assez belles choses.

Il secoua la tête.

— Cependant, ce pays m'a vite ennuyé. Autant j'avais été désireux de m'en aller vers d'autres cieux, autant j'ai ressenti l'envie, au bout d'un certain temps, de me retrouver ici. Tel est l'homme ! Quand ton baron m'a fait demander de venir diriger son chantier où il avait des difficultés, je n'ai pas hésité. Seulement, j'ai tenu à m'entourer de certains de mes ouvriers normands. Je ne pourrais plus me passer d'eux. Aussi me suis-je arrangé pour qu'ils aient la possibilité de faire venir un peu plus tard leur famille.

— A propos de famille, te voici toujours célibataire, ami, à ce que je vois.

— Eh oui ! Je n'ai pas eu ta chance ! J'attends encore la femme qu'il me faut.

Isambour entra dans l'atelier.

— Le dîner sera bientôt prêt, dit-elle. Auparavant, j'ai pensé qu'un bain chaud vous ferait plaisir, Mayeul. L'étuve vous attend. Bien entendu, la nuit prochaine, vous coucherez ici.

— Si vous acceptez de loger un pied poudreux de mon espèce.

Il avait toujours la même façon alerte de se mouvoir, le même sourire qui illuminait ses traits d'un seul coup.

— Je félicitais votre époux pour son œuvre, reprit-il. Ses verres colorés sont dignes de la lumière céleste qu'ils filtreront un jour. Le plus beau, à mon avis, est celui de la Résurrection.

Isambour reconnut que c'était un des mieux réussis.

Bernold terminait le montage des vitraux conçus pour l'église de Francheville dont la construction avait pris du retard. Aussi les conservait-il par-devers lui en attendant de les mettre en place après son retour de Fleury. En son absence, Aliaume terminerait les soudures minutieuses des attaches.

— En Madeleine, vous êtes aussi belle que vraie, dit encore Mayeul. On ne pouvait trouver visage plus confiant ni plus aimant pour figurer cette sainte femme.

Comme si elle avait toujours quinze ans, Isambour s'empourpra.

Elle était fière, émue, un peu gênée, que Bernold ait eu l'idée de la prendre pour modèle d'un tel personnage. Comme elle savait que les baguettes de plomb qui enserraient les morceaux de verre colorés et peints étaient épaisses, robustes, car elles avaient été coulées dans des moules en bois de mélèze, elle pouvait raisonnablement penser que ce vitrail résisterait aux intempéries, traverserait les siècles.

— Cette image durera beaucoup plus longtemps que nous, assura Bernold au même moment, comme s'il lisait dans l'esprit de sa femme. Elle rendra perdurable votre enveloppe charnelle, mon amie, et fera encore l'admiration des générations futures alors que nous ne serons plus que cendres !

Ils restèrent un moment, tous trois, à contempler l'œuvre qui était présentée dans un cadre de bois placé devant une des fenêtres afin qu'on pût juger de sa luminosité.

Soudain, le manteau rutilant qui couvrait les épaules de Marie-Madeleine s'éclaira, resplendit.

— Le soleil a dissipé le brouillard comme s'il voulait nous permettre de mieux apprécier la beauté de votre travail, constata Mayeul. C'est vous, Isambour, sous cette chape de verre cramoisie, qui devenez la messagère du beau temps que nous envoie traditionnellement le grand saint Martin ! Je vois là un heureux présage.

— Dieu vous entende ! Allez toujours vous laver et vous remettre de vos fatigues dans l'étuve. Nous dînerons ensuite.

Durant trois jours, le maître d'œuvre demeura chez ses amis. Trois jours charmants, consacrés à l'amitié, pendant lesquels le temps semblait aboli, la jeunesse revenue, la vie à ses débuts... Puis il regagna Fréteval où le réclamait le baron Salomon.

Peu après, Bernold partit pour Fleury. Il n'emmenait pas son apprenti, Rémi, avec lui, mais le laissait à Aliaume. Cependant, comme il lui fallait un aide, il avait choisi un des verriers qui avaient travaillé autrefois à ses côtés chez le vieux maître de la forêt. En dépit de son âge avancé, celui-ci continuait à former des compagnons qui s'en allaient ensuite porter leurs connaissances là où on avait besoin d'eux.

Épaulé par Rémi et Gerbaut-le-maisné, Aliaume aurait à se débrouiller sans le secours de son père, ce qui achèverait de le former. Comme Bernold lui avait préparé la besogne, et que la perspective de devenir le responsable de la verrerie l'excitait, les choses se présentaient bien.

Cependant, Isambour redoutait les longs mois de séparation qui la tiendraient éloignée de son mari, d'autant plus que, cette fois-ci, sa grossesse la fatiguait beaucoup.

— Que Dieu vous garde, dit-elle au maître verrier déjà monté auprès de son nouveau compagnon dans la lourde charrette transportant le matériel qui lui était nécessaire. Mais qu'il me garde aussi. Le temps va me durer sans vous, mon cœur.

— Je serai de retour vers la fin de l'hiver, amie. Ce ne sera pas très long. Vous avez assez d'occupations et d'amitié autour de vous, sans parler de votre cher fardeau, pour remplir vos journées. Vous verrez, tout se passera bien.

— Ainsi soit-il, dit-elle en s'efforçant de sourire, mais quand la voiture franchit le porche d'entrée au Grand Feu, des larmes emplirent ses yeux.

Après un bel été de la Saint-Martin, durant lequel on brûla et on replanta la vigne sur l'autre rive du Loir, ce qui parfuma de fumées odorantes toute la vallée, le temps changea de nouveau.

Un ciel gris pesa sur la plaine. Un vent coupant emporta dans sa froide colère les feuilles rousses ou blondes qui avaient tenu sur les arbres jusque-là. Puis une petite pluie tenace abattit le vent, s'installa.

Comme chaque fois que Bernold était absent, Isambour sentit peser sur elle les responsabilités et les tâches habituelles à qui gère un domaine, alourdies par le départ de celui qui les partageait d'ordinaire avec elle.

A cette époque de l'année, ce manque était d'autant plus sensible qu'il fallait, avant l'hiver, approvisionner le cellier, la cave, le grenier, prévoir le nécessaire pour toute la maisonnée, bêtes et gens, durant les longs mois de mauvaise saison.

Comme il n'y avait pas de vignoble sur leurs terres, c'était au vavasseur que Bernold et elle-même achetaient le vin qui leur était utile. En dépit de ses rancunes obstinées, le vigneron se faisait un point d'honneur de fournir ses neveux et nièces en tonneaux de son cru. Il est vrai qu'il ne leur en faisait pas don, mais le leur vendait à un prix honnête.

Chaque année, après que le baron, usant du droit de banvin [1] qui lui revenait, eut vendu par priorité ce qui lui convenait de la récolte, un chariot rempli de barriques traversait le pont sur le Loir pour apporter à la verrerie son chargement. En manière de cadeau, Gervais joignait toujours à son envoi un demi-muid de verjus afin qu'Isambour pût y faire mariner jambons et fromages à son gré.

Avec ce qui restait du vin de l'année précédente, on faisait alors du vinaigre, conservé, lui aussi, dans de petits fûts.

L'automne et le début de l'hiver étaient donc de rudes saisons pour la maîtresse du Grand Feu qui ne disposait plus d'un instant de répit.

Elle se rendait à la resserre où elle rangeait avec l'aide de Margiste jarres d'huile, sacs de farine, de haricots secs, de pois,

---

1. *Banvin* : droit qu'avait le seigneur de vendre son vin en premier.

de fèves, de lentilles, claies d'oignons et d'aulx, pots de grès
contenant ses confitures à base de miel et le miel lui-même ; puis
elle allait au fruitier où elle triait en compagnie de Sancie coings,
nèfles, prunelles, châtaignes, cromes, baies d'églantiers, et autres
fruits tardifs qui venaient s'ajouter sur les rayonnages de bois aux
pommes, poires, noix, noisettes, cueillies à la fin de l'été.

Il lui fallait, comme d'habitude, surveiller la cuisson du pain, la
fabrication du beurre et des fromages faits avec le lait de ses vaches
ou de ses brebis, mais, en plus, présider à la salaison des poissons,
des quartiers de viande, du lard qu'on ne fumait pas sous le manteau
de la cheminée. Elle aidait à la confection du boudin, des saucisses,
des cervelas, des rillettes, des pâtés, qui nourriraient, avec le gibier
et la volaille comme appoint, toute la maisonnée durant la
mauvaise saison.

En plus de ce labeur de fourmi, Isambour devait aussi tenir les
comptes des achats faits à l'extérieur : objets ménagers impossibles
à façonner sur place, torches, chandelles, flambeaux, épices, sel,
et, parfois, de la viande de boucherie.

Il lui fallait également veiller à ce que le chanvre et le lin fussent
rouis, lavés, battus, tissés, à ce que les pièces d'étoffe obtenues
après tissage fussent teintes grâce au vermillon, à la garance ou à
la guède.

Elle était présente quand Bernarde, dont c'était aussi la charge,
tannait les peaux qui serviraient ensuite à doubler manteaux et
couvertures. Il lui arrivait souvent d'avoir à y mettre la main elle-
même, tout comme sa servante.

Elle filait, cousait, brodait, essayait de terminer sa tapisserie, sans
cesser pour autant d'avoir un œil sur Doette, Aubin et Philippa
auxquels il y avait tant à apprendre.

En outre, il ne lui était pas possible d'ignorer les travaux de
jardinage effectués par Perrot au potager et au verger, ni la façon
dont Constance nourrissait poules, chapons, oies, canards.

Mille petites choses venaient enfin s'ajouter à tant de tâches,
comme la fabrication du savon, fait avec de l'huile extraite des
pépins de raisin ou bien avec du suif et des cendres de hêtre, pour
que ni l'étuve ni les cuveaux ne s'en trouvent dépourvus à l'heure
des ablutions.

Faire régner l'ordre, la bonne entente, parmi les membres de la
famille, des ouvriers de la verrerie et des domestiques, n'était pas
non plus chose toujours aisée...

Aussi, certains soirs, quand tout le monde était couché, Isambour,
rompue, les nerfs à vif, se laissait-elle aller à pleurer, longuement,
dans le grand lit où Philippa occupait sans la remplir la place de
son père.

Le corps léger de la petite fille, qui creusait à peine la couette de plumes, reposait avec l'insouciance de son âge, au côté de sa mère. Une telle présence, bien que précieuse, ne suffisait pas à réconforter l'esseulée, ni à combler le vide de ses bras, le froid de son cœur...

Ce n'était pourtant pas, loin de là, la première fois qu'Isambour se retrouvait seule pendant que Bernold travaillait sur un lointain chantier, mais, cette fois-ci, elle se sentait plus désorientée qu'à l'ordinaire, lasse, si lasse, accablée de soucis et de besognes.

Le lendemain matin, néanmoins, elle se levait avec un nouveau sursaut de courage, bien déterminée à ne plus se laisser abattre par des broutilles alors qu'elle possédait l'essentiel.

Elle allait alors voir Roland ou Basilie, faisait demander à Perrine de venir au Grand Feu, s'occupait de ses enfants avec un regain de tendresse, se persuadait que seule une grossesse difficile expliquait ces moments de découragement.

Les semaines passaient...

Mayeul vint trois ou quatre fois rendre visite à l'épouse de son ami, mais il ne s'attardait guère et ne semblait pas désireux, durant ces rencontres, d'aborder le moindre sujet tant soit peu personnel.

L'Avent, cette année-là, fut pour Isambour un véritable temps de pénitence.

Réduit aux poissons et aux légumes, seuls admis sur les tables en périodes de jeûne, le régime alimentaire de sa maisonnée n'y fut cependant pour rien. Une difficulté nouvelle à surmonter, les charges qui lui incombaient, tourmentait en secret la future mère, plus éprouvée que d'ordinaire par son état.

Tout changea le jour où sa tante lui apprit qu'Aveline comptait venir passer chez ses parents les douze jours des fêtes de Noël.

— Elle n'était pas à la maison l'an dernier, et, bien qu'il se soit gardé farouchement de le déplorer, Gervais en a souffert autant que moi, confia Perrine à sa nièce. Je suis donc parvenue sans trop de mal cette année à le persuader de mettre, pour une fois, son orgueil de côté afin de recevoir dignement notre unique enfant. Je suis certaine qu'au fond il en est enchanté.

Assise à même le sol jonché de foin bien sec, sur un gros coussin, devant la cheminée où flambait un feu de sarments et de vieux ceps tordus, Isambour taillait sur ses genoux des chemises pour Aliaume. La toile de lin écrue, tissée auparavant de ses mains, était encore un peu raide.

En face d'elle, l'épouse du vavasseur avait pris place sur une banquette à dossier. Elle offrait aux flammes les semelles humides de ses socques de frêne pour les faire sécher.

— Je serais si contente de revoir Aveline, dit la jeune femme. Si contente... La dernière fois que nous nous sommes rencontrées à Blois, lors de la fête donnée par le comte et la comtesse en l'honneur de la prise de Jérusalem, les heures que nous avons passées ensemble m'ont semblé beaucoup trop courtes. Lorsqu'il nous a fallu nous séparer, j'avais l'impression d'être à peine arrivée !

— Elle paraît toujours bien aise, elle aussi, de revenir au pays et de nous y retrouver tous, autant que nous sommes, assura Perrine en caressant d'un geste machinal la tête du chien de chasse couché devant le foyer de pierre, à ses pieds. Vous la connaissez. Vous savez qu'elle n'aime pas se plaindre. Depuis qu'elle habite Blois, elle prétend que son travail et ses amies suffisent à remplir son existence. Comment la croire ? Une fille seule n'est pas heureuse ! Elle a beau soutenir que rien ne lui fait défaut, je continue, moi, à penser qu'il lui manque un homme au bras... et dans son lit !

— Vous devez avoir raison, ma tante. Nous avons besoin des hommes... Je lui en parlerai cette fois-ci. Il est temps d'intervenir. Elle ne pourra pas rester éternellement dans la situation ridicule où Daimbert et elle se sont mis. Elle doit enfin régler cette affaire pour recouvrer sa liberté !

Isambour leva les yeux de son ouvrage.

— L'acharnement que mon oncle et elle-même ont apporté dans leur mutuel entêtement l'a acculée à une attitude de refus qui a paralysé les prétendants possibles. Il va bien falloir qu'elle change de contenance. Le plus curieux à mes yeux est qu'elle ne semble pas pressée de le faire. Je me demande pourquoi, avec le caractère que nous lui connaissons, elle ne prend pas de décision. On dirait qu'elle se complaît à faire traîner les choses. Comme si ça l'arrangeait...

Les interrogations d'Isambour ne devaient pas tarder à recevoir une réponse.

Selon la coutume, le baron de Fréteval tint, pour Noël, des assises solennelles auxquelles il convia ses vassaux. Des fêtes furent données à cette occasion, des conflits arbitrés, la justice rendue, les redevances en nature fournies par les manants des environs.

L'état d'Isambour ne lui permit pas d'assister aux festivités où elle avait été invitée, mais elle s'en consola en décorant sa maison comme elle l'avait toujours vu pratiquer autour d'elle et ainsi qu'elle le faisait elle-même depuis son mariage.

Des guirlandes de houx, de gui, de feuillage, des tentures neuves, des nœuds de galons aux couleurs vives, furent accrochés aux solives, aux poutres, suspendus aux murs de la salle et au-dessus des portes.

Puis chacun revêtit des habits neufs le vingt-quatre décembre au soir.

Après avoir mis dans la cheminée une énorme bûche, choisie expressément pour sa taille, on se rendit ensemble à l'église de Fréteval. Il était indispensable que la bûche brûlât pendant toute la nuit de Noël, à petit feu, afin qu'on pût en conserver des tisons qui auraient ensuite la propriété, durant l'année entière, d'écarter de la maison les risques d'incendie dus aux orages et à la foudre.

— J'en recueillerai aussi les cendres pour les répandre dans le potager, expliqua Isambour à Philippa qui s'intéressait beaucoup aux agissements de sa mère. Grâce à elles, nous n'aurons pas de pucerons sur nos jeunes plantes au printemps prochain.

Au milieu de la foule très dense qui se pressait devant le porche de Saint-Nicolas, ceux du Grand Feu retrouvèrent ceux de Morville.

Aveline accompagnait ses parents. Arrivée dans la journée, elle n'avait pas eu le temps de se rendre à la verrerie dans l'intervalle. Les deux cousines s'embrassèrent avec effusion avant de pénétrer dans l'église côte à côte.

Aveline n'était plus aussi mince que jadis, ses traits s'étaient accusés, sa mâchoire durcie, mais elle était toujours aussi blonde et conservait une façon de dresser le menton qui prouvait que son cœur intrépide n'avait pas changé.

Isambour, qui s'appuyait au bras d'Aliaume, se dit que si Bernold s'était tenu auprès d'elle, comme son fils, elle aurait goûté de nouveau à un de ces instants pleins et denses qui emplissaient son cœur de rayons.

Mais son époux était au loin. Il devait, à Fleury en compagnie des moines, s'apprêter à suivre les offices de Noël. Seules leurs pensées pourraient se rejoindre à l'ombre de la Nuit sainte.

La messe de minuit, celle de l'aurore, celle du jour, se succédèrent, coupées par le défilé des prophètes qui, dans l'Ancien Testament, avaient annoncé la venue du Messie, puis par l'entrée de Balaam, monté, pour la plus grande joie des assistants, sur une ânesse, enfin par des chants et de la musique.

Isambour pensait également à Grécie, qui paraissait avoir reconquis une certaine paix en vivant sous le toit d'Aubrée. A cette même heure, à Blois, elle chantait certainement des cantiques de sa voix pure...

Ce fut au sortir de l'église où la chaleur des corps et leurs effluves, mêlés à la senteur de l'encens, finissaient par incommoder la future mère, que les deux cousines se trouvèrent soudain proches de Mayeul.

Elles ne l'avaient pas remarqué durant la cérémonie, mais l'église était bondée. On ne pouvait distinguer que ses voisins les plus immédiats.

— Dieu vous garde, dit-il.

Ce fut tout, mais ce fut assez pour que le bras d'Aveline se mît à trembler sous celui d'Isambour.

On les bousculait.

Ils furent entraînés par la foule jusqu'à la place, et se virent tous trois, un court moment, séparés du reste de leur famille et de leurs compagnons.

— Je n'osais pas espérer vous retrouver, dit encore Mayeul.

— Je n'ai pas cessé d'attendre cet instant, murmura Aveline.

Isambour les dévisageait. A la lueur des dizaines de torches de cire ou d'écorce de bouleau que les fidèles allumaient les unes aux autres, au fur et à mesure qu'ils sortaient de l'église, on voyait assez bien. Éclairée de surplus par la lune et les étoiles qui brillaient dans le ciel froid de décembre, la nuit était sans nuage.

Il sembla soudain à la jeune femme que, sous forme de buées tremblantes, les haleines de sa cousine et de Mayeul s'unissaient au sortir de leur bouche, comme attirées irrésistiblement l'une vers l'autre.

Après avoir échangé quelques mots avec des amis ou des voisins rencontrés dans la bousculade, Gervais-le-vavasseur, Perrine, Aliaume, Philippa et le reste des deux maisonnées, arrivaient, rejoignaient le trio.

Mayeul salua, s'éloigna.

— En une telle circonstance, on ne peut se fâcher contre personne, grommela le vavasseur, mais je n'aime pas du tout cet imagier qui, par ma foi, n'a pas manqué d'audace en profitant de la presse pour venir vous rejoindre ici !

Comme elle le faisait autrefois en leur adolescence complice, Isambour serra à le meurtrir le poignet d'Aveline. Elle parvint à la faire taire.

— Je vais rentrer, dit-elle ensuite. Je me sens lasse. A demain.

Elle embrassa sa tante et sa cousine, prit congé de son oncle, des serviteurs de Morville où elle irait le lendemain dîner ainsi que le voulait la tradition familiale, puis s'en alla, en compagnie de ses gens, appuyée au bras d'Aliaume et tenant Philippa par la main.

Une fois au lit, Isambour dormit peu, partagée qu'elle était entre le regret de l'absence de son époux, et l'excitation où la plongeait ce qu'elle venait de découvrir.

Dans le silence de la nuit d'hiver, sous ses couvertures en peaux de renards, pelotonnée sur le côté, tenant ses paumes appuyées sur son ventre qui s'arrondissait, elle revivait la scène si brève qui s'était déroulée sous ses yeux.

Près d'elle, Philippa dormait sans bruit.

« Ainsi donc, ces deux-là, chacun dans son coin, escomptaient des retrouvailles bien improbables mais cependant si fortement espérées qu'ils se sont parlé, d'emblée, comme des êtres qui s'aiment et qui le savent. Dieu Seigneur, aidez-les ! Puisque c'est au jour anniversaire de votre venue sur cette terre qu'ils se sont rapprochés, bénissez-les. Rendez leur union possible. Assouplissez, Vous qui pouvez tout, l'esprit rigide de mon oncle, défaites les liens qui retiennent encore Aveline prisonnière ! »

Au petit matin suivant, Isambour alla trouver son fils aîné comme il sortait de l'étuve.

— Dès que vous serez restauré, lui dit-elle, vous monterez à cheval. Vous irez au château de Fréteval chercher Mayeul. Je dois lui parler.

— On ne travaille pas aujourd'hui, ma mère. C'est Noël. Il n'y aura personne sur le chantier.

— Le maître d'œuvre et ses compagnons logent dans les dépendances de l'ancien donjon. En vous y rendant à cette heure matinale, vous êtes certain de les cueillir au gîte.

— Sur mon âme, c'est bien pour vous faire plaisir... soupira le jeune homme qui s'éloigna sans enthousiasme.

Isambour attendit avec impatience son retour.

Quand elle entendit le pas des deux chevaux qui franchissaient le porche, elle sentit une sourde anxiété lui serrer le cœur.

Mayeul entra seul dans la salle. Il y trouva la maîtresse du domaine, en simple tenue du matin de laine blanche, sur laquelle elle portait un pelisson fourré de peaux d'écureuils. Elle achevait de donner à Doette sa bouillie d'avoine.

Assis à côté de leur mère, devant le feu crépitant qu'on venait de relancer, après avoir pieusement recueilli les débris de la bûche de Noël, Philippa et Aubin buvaient du lait chaud miellé, tout en mangeant des fouaces.

— Votre fils m'a dit que vous me demandiez ?

— J'ai à vous entretenir, Mayeul, veuillez vous installer près du feu, je vous prie.

Margiste se vit confier les trois enfants qui s'en allèrent à sa suite dans la cuisine. Isambour vint s'asseoir sur la banquette à dossier.

— Depuis que je vous ai quitté, je n'ai pas cessé de m'accuser d'aveuglement, commença-t-elle aussitôt. Je ne me doutais de rien, et pourtant !

Elle se pencha vers le maître d'œuvre. Encadrant son visage aux traits tirés par la fatigue, ses nattes glissaient de ses genoux jusqu'au sol.

— J'aurais dû comprendre, reprit-elle. Quand vous l'avez demandée en mariage, voici dix-huit ans, Aveline s'est pâmée et, hier, au sortir de l'église, elle s'est mise à trembler de tout son corps, dès qu'elle vous a reconnu.

— Nous ne nous sommes jamais parlé seul à seule, dit Mayeul. Nous ne nous sommes rien avoué, rien promis.

Isambour haussa les épaules.

— Peu importe, assura-t-elle. L'évidence crève les yeux. Que comptez-vous faire ?

— Je me le suis demandé toute la nuit.

Il se leva, passa près du chien couché sans paraître le voir, se mit à marcher de long en large.

— Depuis mon arrivée à Fréteval, je me suis renseigné. Votre cousine est toujours fiancée à cette brute de sergent, jeta-t-il entre ses dents. Rien n'a changé en dix-huit ans !

— Détrompez-vous, Mayeul. Seules les apparences demeurent. En réalité, mon oncle souffre de s'être enfermé dans une situation qui le prive d'une descendance à laquelle il aspire chaque jour davantage.

Elle se redressa, alla vers son hôte, lui posa une main sur le bras.

— C'est pour vous en parler que je vous ai demandé de venir, dit-elle avec une conviction intime qui la rendait crédible. Je suis persuadée que ce vieil homme buté et tyrannique, mais qui souhaite si ardemment avoir des petits-enfants pour leur transmettre ses terres, est maintenant, sans se l'avouer, disposé à composer. Allez le trouver. Parlez-lui hardiment. Insistez, bien entendu, sur la fidélité de votre attachement envers Aveline, mais n'hésitez pas non plus à lui faire savoir votre réussite professionnelle. Il n'y restera pas insensible. Un maître d'œuvre réputé vaut bien un sergent fieffé !

— Avant d'entreprendre une démarche comme celle que vous me conseillez là, soupira Mayeul, je voudrais être sûr que votre cousine partage mes sentiments. Les quelques mots échangés hier soir suffisent-ils à justifier une demande qui engagera tout son avenir, tout le mien ?

— J'ai mis longtemps à comprendre, mais je suis certaine, maintenant, d'être dans le vrai.

— Dieu vous entende !

— Il m'entendra.

Comme pour donner raison à Isambour, la porte s'ouvrit. Aveline entra. Enveloppée dans une cape fourrée à capuchon, elle avait le visage rougi par le froid, les yeux rougis par les larmes.

Elle s'immobilisa près du seuil.

— Je n'épouserai pas Daimbert, déclara-t-elle tout à trac. Au retour de l'église, nous avons eu une explication, mon père et moi. Je lui ai dit que, quoi qu'il pût advenir, j'étais résolue à rompre des fiançailles que je n'avais jamais acceptées. Il est entré dans une colère effrayante, s'est mis à hurler, puis, tout d'un coup, il est devenu violet et s'est écroulé !

— Seigneur !

— Nous l'avons aussitôt saigné, ma mère et moi. Nous lui avons tiré une pinte de sang. Après quoi, j'ai pensé à lui poser des sangsues aux pieds et aux oreilles. Il est revenu à lui, il a pu dire quelques mots. Ensuite, ma mère lui a fait boire une tisane confectionnée avec des simples de sa connaissance. Il va mieux. Si Dieu veut, il s'en tirera sans grand dommage.

Isambour avait passé un bras autour des épaules de sa cousine, l'avait conduite doucement jusqu'à la banquette où Aveline se laissa tomber.

Mayeul, qui avait tout écouté sans bouger, vint alors se placer derrière celle qu'il n'avait pu oublier et posa ses mains sur les épaules frissonnantes.

— Votre père a-t-il accepté la rupture de vos fiançailles avec cet homme ? demanda-t-il d'une voix rauque.

— Oui. Il m'a dit que l'approche de la mort qu'il venait d'éprouver lui avait fait comprendre que l'unique chose qui importait réellement était de sauver son âme. Qu'il redoutait de se voir damné s'il me poussait à quelque acte funeste. Qu'il ne voulait pas en porter la responsabilité devant le Dieu vivant. Enfin, qu'il me déliait d'une promesse faite alors que j'étais trop jeune pour en mesurer la portée.

Elle parlait en regardant les flammes.

— Par ailleurs, je pense qu'il n'a pas été mécontent de trouver enfin une manière honorable de mettre un terme à une affaire dont il ne savait plus comment se dépêtrer.

D'un mouvement brusque, elle se retourna vers Mayeul, lui prit les mains, leva vers lui ses prunelles qui pouvaient étinceler comme des larmes, mais qui brillaient soudain ainsi que gouttes de pluie au soleil.

— Je suis libre ! s'écria-t-elle avec on ne savait quoi de cassé, et, pourtant, de triomphant dans la voix. Libre ! entendez-vous, ami, libre !

4

Aliaume détacha le linge épais noué à la racine de ses cheveux, le tordit pour l'essorer, puis le remit en place.

Hiver comme été, la chaleur demeurait torride dans l'atelier de fabrication du verre, autour des quatre fours en maçonnerie doublée de briques.

Gerbaut-le-maisné, Aliaume et Rémi y travaillaient en simples chemises courtes flottant sur leurs chausses.

L'apprenti, ce matin-là, lavait puis séchait à la fumée les bûches de hêtre et le sable du Loir qu'il fallait calciner avant de procéder au mélange intime de ces deux composants initiaux du verre.

Aliaume triait des débris de verreries anciennes ou de mosaïques prélevées dans les ruines de temples païens délaissés. Ces fondants, incorporés à la préparation précédente en même temps que des colorants variés, lui permettraient d'obtenir la teinte recherchée.

Il s'occupait également de remuer à l'aide d'une longue cuiller de fer le liquide en ébullition afin de retirer les scories qui montaient à la surface des creusets réfractaires.

Comme la matière incandescente ne laissait pas voir sa couleur, il était nécessaire, pour contrôler l'évolution des nuances désirées, de surveiller très étroitement l'allure des fours. Il lui arrivait même, parfois, de laisser refroidir certains creusets afin de mieux vérifier leur contenu.

Dans un autre four de travail à température à peine plus basse, Gerbaut-le-maisné, de son côté, à l'aide d'une tige creuse de métal, cueillait le verre en fusion. Il portait ensuite ce tube à ses lèvres, puis soufflait légèrement avant de l'éloigner pour le tenir contre sa joue, car il ne fallait pas attirer de flammes dans sa bouche.

Au bout de sa canne de souffleur, naissait alors une grosse boule de verre coloré. Il la faisait tourner, la réchauffait au moment voulu devant la porte béante du four, et répétait l'opération autant de fois qu'il lui semblait nécessaire avant d'obtenir un manchon de forme et de poids déterminés, sans cesser un instant de faire tourner la paraison à l'extrémité de la tige.

— Contrairement à ce que bien des gens croient, ce n'est pas de souffler le verre qui est vraiment pénible, disait toujours Bernold. Il suffit pour cela de savoir diriger son haleine avec adresse, sans forcer le moins du monde. Non, ce qui est dur, c'est le mouvement continu de rotation de la canne sur elle-même et le balancement simultané qu'il faut exécuter dans les tranchées creusées auprès des fours. Mis bout à bout, le tube et le manchon pèsent bien quarante livres ! L'effort est d'autant plus éprouvant que la température est infernale car le verre se solidifierait tout de suite en perdant sa chaleur.

Depuis le départ de son père, Aliaume se sentait, pour la première fois de sa vie, comptable de tout ce qui se passait dans les ateliers. Auparavant, Bernold, quand il devait s'éloigner, faisait venir de chez son ancien maître de la forêt un verrier expérimenté qui le remplaçait le temps de son absence. A présent que son fils aîné avait terminé ses années d'apprentissage, il avait préféré le laisser à lui-même, en le mettant devant ses responsabilités.

Aussi le jeune homme avait-il à cœur de tout surveiller autour de lui.

Il vit ainsi, du coin de l'œil, Gerbaut-le-maisné, une fois son manchon parvenu à la taille voulue, en couper la partie inférieure, puis déposer un cordonnet de verre incandescent autour de l'extré- mité de sa canne afin de l'en détacher. Ensuite, d'un pas lourd, le souffleur de verre alla déposer sur une table, à côté d'autres manchons déjà prêts, celui qu'il venait d'acheter.

Rémi en garnit aussitôt l'intérieur de sciure de bois, avant de passer un long fer rougi au feu au milieu du cylindre ouvert. Le verre se rompit aussitôt, suivant une ligne bien nette et droite.

L'apprenti plaça ensuite les manchons ouverts sur de petits chevalets, et maintint l'ouverture béante grâce à de minces coins de table.

Aliaume les reprit alors un par un, les introduisit dans le four d'étendage pour qu'ils se ramolissent, puis, à l'aide d'une tige de fer, rabattit vers l'extérieur les deux faces de chacun d'eux, avant qu'elles ne s'effondrent. Il ne lui resta plus qu'à aplanir les feuilles de verre ainsi constituées en forme de carreaux. Par la suite, il les réintroduirait dans un four spécial.

Cette partie de la recuisson demeurait d'ailleurs l'étape la plus délicate de la fabrication. Sachant qu'il fallait sans cesse la contrôler, Aliaume s'en chargeait.

D'ordinaire, son labeur le passionnait. Voir naître les bulles colorées où s'irradiait si bellement la clarté du jour, suivre leur évolution, utiliser ensuite les morceaux de verre, nés d'un travail commun qu'il aimait, pour confectionner des vitraux, l'enchantait. Dans une telle œuvre créatrice, tout lui plaisait.

Mais, si son goût pour le métier de verrier demeurait, depuis quelque temps, une autre préoccupation, encore plus absorbante, avait supplanté en lui l'amour de l'art.

Aussi, ce jour-là, dès son labeur terminé, courut-il à la maison pour se laver, se changer, mettre un bliaud propre, se recoiffer.

On était un samedi. Toute activité professionnelle cessant en fin de matinée, le jeune verrier se trouvait libre avant même le dîner.

— Vous ne prenez même pas le temps de manger quelque chose avec nous, mon fils ? lui demanda Isambour en le voyant traverser la salle d'un pas pressé.

— Mayeul m'a demandé de venir l'aider à préparer avec ses compagnons la fête de demain, répondit le jeune homme. Il y a tant à faire, là-haut, que je n'ai pas un instant à perdre.

Il posa à la diable un baiser sur la joue de sa mère et se sauva.

Février se terminait dans la grisaille. Il faisait assez peu froid, mais l'humidité suintait de partout. Du ciel bas, de la terre renfrognée où l'herbe rabougrie et pisseuse avait triste mine, des branches noirâtres, de l'eau bourbeuse.

Le Carême venait de commencer. La couleur du temps convenait parfaitement à cette période de pénitence.

Mais Aliaume ne remarquait rien. Il marchait en bondissant ainsi qu'un chevreau de l'année. Son cœur brillait en lui comme un soleil. Cette grande lueur qui l'éclairait au-dedans projetait sur ce qui l'entourait des reflets aveuglants.

Il parvint à la poterne de l'enceinte fortifiée qui ceignait le château neuf, sans même s'être rendu compte du chemin parcouru.

Grâce au savoir-faire et à l'organisation de Mayeul, les travaux d'édification, qui, de prime abord, avaient donné de la tablature aux maçons du baron, s'étaient vus menés à bien.

A présent terminé, le donjon de pierre dressait au sommet de l'éperon rocheux qui surplombait la vallée ses trois hauts étages circulaires couronnés d'un parapet protégeant le chemin de ronde.

Ses murs épais, au gros œuvre en durs rognons de silex roux, cassés en deux, la cassure étant placée en parement, étaient égayés d'un damier alterné de grisons et de blanches pierres de tuffeau, qui ornaient les ouvertures, portes et fenêtres. Une galerie de bois courait à l'extérieur de la tour, au niveau du second étage, là où se trouvait le logement du baron et de sa famille.

L'hiver qui s'achevait n'ayant pas connu de gelées sérieuses, la construction n'avait pas été interrompue par les méfaits du froid.

Tout se trouvant ainsi terminé, le baron Salomon avait décidé de fêter joyeusement la fin des travaux.

Le dimanche des brandons, premier dimanche de Carême, tombant le lendemain, il fallait en profiter. Selon la coutume, on allumerait des feux dès la tombée de la nuit, on se promènerait le long des remparts avec des torches enflammées, puis on ferait ripaille et on danserait.

La mesnie du seigneur, le maître d'œuvre et ses meilleurs compagnons, certains habitants de Fréteval, quelques vassaux proches, avaient été conviés à un festin dans la grande salle toute neuve du premier étage.

Aliaume y pénétra par la rampe d'accès mobile qui y conduisait. La presse était grande sur l'étroite passerelle. Le jeune verrier dut se faufiler au milieu des allées et venues de tout un peuple d'artisans et de serviteurs.

Comme il le prévoyait, une agitation de veille de fête régnait dans l'immense pièce circulaire dont les hautes fenêtres munies de feuilles de parchemin soigneusement poncées et huilées donnaient sur les quatre points cardinaux.

En cette journée d'hiver, peu de clarté filtrait à travers elles, aussi un feu de reculée flambait-il dans la vaste cheminée à hotte saillante, que flanquaient, de part et d'autre, deux longs placards latéraux. Des appliques en fer forgé où brûlaient des torches de cire, et, suspendu aux énormes solives de châtaignier, un lustre muni de chandelles rouges, achevaient d'éclairer la salle. C'était à leur lumière que des compagnons, grimpés sur des échelles, accrochaient à des perches mobiles les courtines de couleurs vives destinées à diviser en compartiments le trop grand espace disponible.

— Venez donc nous aider, Aliaume ! cria un homme maigre, au

visage buriné, qui suspendait aux murs, en compagnie de deux aides, des tapisseries multicolores aux armes de la famille du baron et de ses principaux vassaux.

— Je viens ! répondit le jeune homme avec élan.

Odon-le-tapissier était arrivé à Fréteval à la suite de Mayeul. Originaire de Fougère, en Normandie, il avait fait venir depuis peu sa femme et ses trois filles, qui logeaient avec lui dans les dépendances de l'ancien château.

— Prenez donc un marteau et des clous, conseilla-t-il au verrier. Vous allez m'aider à placer cette tenture derrière le siège d'honneur du baron.

Il s'agissait de clouer une bande de toile armoriée sous une lourde épée incrustée d'or, une lance, et un bouclier blanc orné de merlettes en orle, qui étaient les armes des seigneurs de Meslay. On les avait fixés au-dessus d'une cathèdre de bronze recouverte de bandes en tapisserie.

Le fils d'Isambour s'empara d'une échelle, l'appliqua contre le mur de pierre, y grimpa lestement.

Odon-le-tapissier glissa vers lui une baguette de bois qu'il convenait de clouer solidement avant d'y poser le tissu brodé de laines. Ce fut bientôt fait et un des aides tendit alors au jeune homme l'extrémité de l'étoffe destinée à être pointée.

— Dieu vous garde, Aliaume ! dit alors derrière lui la voix de Mayeul. Vous serez certainement récompensé en Son paradis pour être venu nous prêter main-forte en un tel moment !

Du haut de son échelle, le jeune verrier salua le maître d'œuvre, qui le considérait en souriant.

Depuis que ses épousailles avec Aveline avaient été décidées, le Normand faisait preuve d'une bonne humeur que rien ne semblait pouvoir entamer. Ni les difficultés de la construction entreprise, ni le retard apporté à son mariage par la maladie du vavasseur.

Resté diminué après l'attaque qui avait failli l'emporter le matin de Noël, Gervais ne se remettait pas aussi vite que ses proches l'avaient tout d'abord espéré. Aussi n'avait-on pas osé lui apprendre un projet qui ne l'enchanterait sûrement pas. Bien qu'il n'ait jamais reparlé de Mayeul, tout laissait à penser qu'il demeurait mal disposé à son égard.

Perrine avait donc demandé aux futurs époux d'attendre Pâques avant d'aviser le père d'Aveline de leur décision et de fixer la cérémonie.

Les quarante jours de Carême durant lesquels on ne se mariait pas serviraient d'ultime épreuve à ces fiancés de la longue patience.

Aveline était retournée à Blois où Mayeul allait lui rendre visite aussi souvent qu'il le pouvait.

— Le baron Salomon ne pourra qu'être satisfait des travaux

d'aménagement qu'il nous a enjoint d'accomplir en un temps record, dit le maître d'œuvre. La salle a fière allure avec toutes ses décorations, et la chambre de l'étage seigneurial, au-dessus, est encore plus belle !

— Il sera mieux logé ici que dans le vieux château de bois ! remarqua Aliaume.

— Pas si vieux que vous le croyez, jeunot que vous êtes ! protesta Mayeul avec amusement. Il y a à peine dix-huit ans qu'il a été reconstruit. C'était juste après l'incendie qui avait anéanti le précédent donjon. Date mémorable où Dieu a permis que nous rencontrions, votre père et moi, nos futures épouses !

— Je sais, dit Aliaume, mais il avait l'air soudain distrait.

Le laissant se remettre au travail, le maître d'œuvre s'éloigna.

La vaste salle retentissait de coups de marteaux, d'interpellations, d'ordres donnés et des crépitements du feu dévorant deux énormes troncs d'arbre. Des odeurs de pierres fraîchement taillées, de sciure, de paille, de chanvre, de suint, se mêlaient à celles des bûches flambant dans l'âtre.

Entre la cheminée à hotte et la porte d'entrée, s'ouvrait un puits profond. On l'avait creusé à l'intérieur même de l'édifice par souci de commodité, mais aussi pour en disposer sans avoir à s'aventurer au-dehors, en cas de siège.

Sa margelle de grès poli résonnait du heurt des seaux de bois cerclés de fer que des femmes manœuvraient pour y puiser de l'eau.

Soudain, l'une d'entre elles poussa un cri qui frappa les oreilles d'Aliaume en train de descendre de son échelle.

Laissant tomber clous et maillet, le jeune homme s'élança vers le puits.

— Êtes-vous blessée, Adelise ? s'écria-t-il.

Les trois filles d'Odon-le-tapissier aidaient leur père en participant, elles aussi, aux préparatifs de la fête. Les deux aînées entouraient à présent la plus jeune qui venait de se faire coincer la main entre la corde du seau qu'elle remontait et la paroi de pierre. De la peau écorchée, le sang coulait goutte à goutte sur le sol jonché de paille.

— Ce n'est pas profond, assura Mahiette, la cadette, qui allait sur ses dix-huit ans. Trempez votre main dans l'eau froide, ma sœur. Pendant ce temps, je vais quérir des pansements et un baume à la maison.

Elle partit en courant pendant que l'aînée, Guirande, approchait de l'adolescente une petite seille à demi pleine.

— Souffrez-vous ? demanda Aliaume.

— Un peu.

Elle eut une moue tremblante qui bouleversa le garçon.

— Par Dieu qui me voit, je donnerais volontiers une de mes mains pour que la vôtre ne soit pas écorchée !

— Ce serait un mauvais marché, souffla Adelise. Je gage que vous ne tarderiez pas à vous en repentir.

« Jamais, songea Aliaume, jamais je n'aurais cru possible d'être à ce point ému par une présence. Qu'a donc cette pucelle pour me troubler de la sorte ? »

Depuis qu'il était allé chercher Mayeul, le matin de Noël, sur l'injonction de sa mère, sa vie avait basculé. Ne sachant où habitait le maître d'œuvre, il était entré dans une des dépendances de l'ancien château où il pensait le rencontrer. Mais il s'était trompé de logis. La porte poussée, il s'était alors trouvé face à face avec une créature mince, mais à la gorge ronde et dont les seins déjà épanouis bougeaient librement sous la toile du bliaud. Blonde comme une fille du Nord, elle levait sur lui de larges yeux clairs où couraient des risées azurées comparables à celles que la brise soulève en été sur les eaux de la Loire.

Moqueuse et grave en même temps, femme enfant, elle participait de l'innocence de l'un et des pouvoirs de l'autre.

Depuis lors, le temps n'existait plus qu'en fonction de leurs rencontres et l'avenir se parait d'un unique visage.

— Que se passe-t-il ? demanda Odon-le-tapissier, qui venait de terminer son travail. A vous voir courir comme un possédé, mon garçon, j'ai cru qu'il était arrivé un grand malheur.

— Ce n'est qu'un petit malheur, murmura en haussant les épaules Guirande, qui n'était pas jolie.

— J'ai cru avoir la main broyée, protesta Adelise.

Aliaume se retourna d'un coup vers le tapissier.

— Puisque Dieu le veut et qu'il est question de cette main-là, justement, en ce moment-ci, lança-t-il tout d'un trait, permettez-moi de vous la demander, pour moi, en mariage.

— Quoi ? Quoi ? Que voulez-vous dire ? bafouilla l'artisan, ahuri.

— Je vous ai dit que je vous demandais la main d'Adelise à laquelle je désire m'unir en justes noces, répéta le fils d'Isambour d'une voix claire. Je l'aime depuis la Noël et n'ai pas encore osé le lui dire. Aussi, je saisis l'occasion qui se présente, car je ne puis pas attendre plus longtemps !

— Vous êtes fou !

— Pourquoi ? J'ai dix-sept ans, elle en a quinze. Je travaille avec mon père à la verrerie et lui succéderai plus tard. Ne suis-je pas un bon parti ?

— Sans doute, sans doute...

— Que souhaitez-vous de plus ? J'aime votre fille. Accordez-la-moi. Nous serons bientôt mari et femme !

— Vous allez, vous allez... J'ai deux filles plus âgées à caser avant Adelise, moi ! Et savez-vous seulement si vos parents seront d'accord ? Leur en avez-vous déjà touché un mot ?

— Pas encore. Mon père a été absent tout l'hiver. Mais je vais en parler à ma mère sitôt redescendu à la maison. J'en fais mon affaire.

— Vous vous emballez comme un poulain dans un pré et ne me laissez même pas le temps de me retourner ! protesta encore, mais plus mollement, le tapissier.

Aliaume s'adressa alors directement à l'adolescente qu'il n'avait pas eu le courage de regarder jusque-là.

— C'est à vous, Adelise, de trancher, dit-il. Oui ou non acceptez-vous de devenir mienne ? M'aimez-vous un peu ?

L'adolescente leva vers lui des prunelles troublées par une émotion où entrait moins de surprise que de joie. Une sorte de fièvre les faisait scintiller comme l'eau du fleuve au grand soleil de juillet.

— Si personne ne s'y oppose et si c'est la volonté du Seigneur Dieu, murmura-t-elle en s'empourprant, je ne serai pas ennuyée de vous épouser, Aliaume. Non, sur mon âme, je ne le serai pas...

Le garçon sentit son sang l'étouffer. Il dut s'appuyer à la margelle du puits dont la fraîcheur le ranima. Tout son corps tremblait.

— Eh bien ! répétait Odon-le-tapissier, eh bien !

Ce fut le moment que choisit Salomon de Fréteval pour faire son entrée dans la salle. Il venait constater l'état d'avancement des travaux.

Entouré de certains de ses frères, de ses cousins, des chevaliers attachés à son service, de leurs épouses, d'hommes d'armes et de valets, le baron donnait le bras à sa femme, dame Agnès de Guerche, tout en poussant devant lui ses deux plus jeunes fils.

— Par le Créateur ! ce nouveau donjon est plus digne que le précédent de loger notre famille, constata-t-il avec satisfaction, tout en se plantant devant la cathèdre de bronze. Ses murs de pierre nous protégeront bien mieux de la froidure, sans parler de la perfidie des Angevins !

— A son retour de Terre sainte, votre cousin ne pourra que se montrer satisfait d'habiter en un pareil endroit, renchérit dame Agnès. Avec un château comme celui-ci et un fils robuste comme le petit Ursion, l'avenir de sa race semble assuré.

Le baron Salomon fit la grimace. Il avait un visage mobile, ouvert, une solide tête carrée posée sur le corps musclé d'un chasseur et d'un guerrier. Prompt au rire comme à la colère, il savait se montrer bon vivant quand il le fallait, mais personne n'aurait osé lui tenir tête.

— Je regretterai toujours que Névelon ait jugé bon de confier son fils unique à la garde d'une de ses sœurs plutôt qu'à moi-même, remarqua-t-il d'un ton dépité. Je suis le tuteur en titre de cet enfant, que diable ! J'aurais préféré le garder près de moi... Mais enfin je dois veiller sur lui, même de loin ! C'est pourquoi je tiens à ce qu'il puisse s'installer ici, plus tard, en toute sécurité. Cette forteresse sera son plus sûr abri.

Chacun savait que le baron Salomon acceptait mal d'être le fils d'un des nombreux bâtards de la famille seigneuriale et que son amour-propre n'en était que plus chatouilleux.

— Ursion vous devra beaucoup, soupira dame Agnès de Guerche, comme si cette constatation lui était douloureuse.

Maigre et pâle, avec un visage qui trahissait on ne savait quel sens tragique de l'existence, l'épouse de Salomon s'exprimait tout naturellement de façon pathétique. Il semblait qu'en elle quelque chose aimât et recherchât les situations critiques.

— Nous verrons comment il se comportera à sa majorité, déclara le baron que les jérémiades de sa femme agaçaient et qui ne se gênait pas pour le montrer.

« Allons, reprit-il en s'adressant, cette fois, à Odon-le-tapissier, allons, il n'y a pas de temps à perdre si nous voulons que tout soit prêt demain. Rappelez-vous que je tiens à ce qu'on fixe mes plus beaux massacres de cerfs et de daims au-dessus de la cheminée. Ils achèveront de la décorer et doivent être mis en place pour le banquet.

— Ils y seront, mon seigneur, ils y seront, vous pouvez y compter.

— Votre fille est-elle blessée ? demanda la dame du château en désignant, de loin, Adelise.

Contrairement à la tradition établie par les châtelaines qui l'avaient précédée à Fréteval, elle n'avait pas coutume de soigner ses gens, car elle redoutait la vue du sang.

— Ce n'est qu'une égratignure, répondit le tapissier qui avait eu le temps de juger son monde. Ce ne sera rien. Guirande et Mahiette s'en occupent.

Le baron et sa mesnie se dirigèrent alors vers les degrés de bois qui permettaient d'accéder au second étage du donjon.

— Je dois suivre le seigneur de Fréteval, chuchota Odon à Aliaume. J'ai des instructions à lui demander au sujet des tapisseries de sa chambre. Attendez-moi. Je n'en ai pas pour longtemps.

Mahiette revenait avec une bande de toile usagée et un petit cruchon d'argile cuite. Elle essuya le sang qui continuait à suinter des écorchures, puis versa sur la peau tuméfiée un peu de liquide contenu dans le récipient.

— C'est une décoction d'herbe-aux-coupures, dit-elle. Notre mère m'a assuré qu'on ne peut rien trouver de mieux.

Elle entreprit ensuite de bander la main tremblante.

Quand ce fut terminé, Aliaume s'en empara à son tour pour la porter à ses lèvres. Il retira ensuite d'un de ses doigts un anneau d'or qui lui venait d'Aveline, sa marraine, et le passa à l'annulaire de l'adolescente.

— Vous serez ma femme, dit-il tout bas. Ma femme ! Nous nous marierons dès que mon père sera de retour.

— Je ferai comme il vous conviendra, murmura Adelise. Je puis vous assurer qu'il n'y aura pas de difficulté du côté de ma famille. Mon père fait tout ce que je veux. Il ne vous reste qu'à convaincre vos parents... Je ne suis pas une riche héritière... Peut-être le regretteront-ils...

— S'ils s'opposaient à notre mariage, nous pourrions toujours nous passer de leur consentement, s'écria Aliaume. Mais je ne pense pas que nous aurons à en arriver là ! Ils ne sont pas intéressés et vous aimeront quand ils vous connaîtront.

Le soir même, dès qu'il fut redescendu à la verrerie, Aliaume chercha Isambour afin de la mettre au courant de son projet.

Il la trouva dans la laiterie, occupée à garnir de fromages de chèvre des séchoirs en fer forgé dont elle suspendrait ensuite les plateaux carrés par des chaînettes sous le manteau de la cheminée, afin de sécher et de fumer les fromages en même temps.

L'odeur de lait et de crème fraîche dont la petite pièce était imprégnée apportait à ceux qui y pénétraient une sensation qui avait quelque chose de calme, de rassurant, de maternel.

En y entrant, Aliaume sut aussitôt que la nouvelle qu'il avait à annoncer serait bien reçue par sa mère.

Isambour l'écouta tout en continuant à remplir les séchoirs.

— Eh bien ! mon fils, dit-elle, quand il se fut tu. Eh bien ! vous voici donc, déjà, sur le point de fixer votre vie...

Elle s'essuya les doigts à un linge pendu à un clou, et posa ensuite une main sur l'épaule d'Aliaume, tout en redressant de l'autre une mèche brune qui retombait sur le front du garçon.

— Bien que votre décision puisse paraître bien hâtive, je serais mal placée pour vous en blâmer, reprit-elle avec tendresse. Je suis allée encore plus vite que vous en besogne, jadis, et ne m'en suis jamais repentie ! Cependant, êtes-vous bien certain de ne pas confondre amourette et véritable attachement ? Êtes-vous tout à fait sûr de votre cœur ? Certains se trompent si cruellement...

Du vieux bliaud qu'elle portait pour travailler dans la laiterie et que son ventre distendait, émanait une odeur un peu aigre de laitage et de sueur.

Aliaume eut pour elle un regard désarmant de sincérité.

— Je l'ai vue et aimée le matin de Noël, dit-il avec force. Depuis, je n'ai pas cessé d'être habité par cet amour. Je puis vous assurer qu'il est planté au plus profond de moi, qu'il fait partie de mon être comme l'arbre du terrain où il pousse !

— Je vous crois, mon fils, je vous crois. Mais vous êtes le plus pur de nous tous. C'est à cause de cette candeur même que je tiens à vous mettre en garde contre un entraînement qui ne serait que passager...

— Par Dieu qui me voit, ma mère, je vous jure que je ne me trompe pas.

— Je suis toute disposée à vous faire confiance, Aliaume, soyez-en persuadé. A partir du moment où vous m'assurez de la solidité de vos sentiments, sachez que je ne me mettrai jamais en travers. J'ai trop pâti de la façon brutale et tyrannique dont mon oncle a agi lors de mes propres noces. Votre choix doit être bon. Cette jeune Adelise ne peut qu'avoir de solides qualités pour que vous l'ayez remarquée. Et puis, n'est-elle pas normande ? C'est à mes yeux une vertu de plus, vous le savez !

Elle souriait à présent avec malice. Aliaume se sentait délivré d'un grand poids.

— Il ne nous reste plus, maintenant, qu'à faire connaissance toutes deux, à apprendre à nous aimer l'une l'autre, conclut Isambour. Amenez-la-moi donc demain, après le festin du baron, avant le défilé aux flambeaux. Mon état m'empêche de me rendre au château, mais vous pouvez être assuré que je lui ferai bon accueil.

En dépit de ses traits tirés, de sa taille alourdie, elle semblait soudain redevenue joyeuse et vive comme elle l'était avant cette grossesse plus fatigante que les précédentes.

— J'ai pensé que nous pourrions nous marier dès que mon père sera revenu parmi nous, avança Aliaume.

— Pourquoi pas ? Il ne tardera plus beaucoup à présent. Le retour du printemps et le sien coïncideront sans doute cette fois-ci de très près.

Une gravité soudaine transforma l'expression d'Isambour.

— Agenouillez-vous devant moi, mon fils, dit-elle. Je dois vous bénir en une circonstance aussi importante que celle-ci. A l'aube de cette vie nouvelle où vous allez vous engager, il est bon que vous receviez avant toute autre la bénédiction de votre mère.

Sur le front offert, elle traça avec le pouce un signe de croix, tout en priant Dieu de protéger l'enfant désarmé qu'était Aliaume.

« La fille de ce tapissier normand est-elle bien l'épouse qui convient à un garçon comme le mien ? se demanda-t-elle plus tard, après le souper, quand sa maisonnée fut allée se coucher. Sera-t-elle digne de lui ? Comprendra-t-elle qu'avec un mari aussi confiant, la moindre trahison serait dévastatrice ? Notre-Dame, protégez-les tous deux ! Ayez pitié, Vierge Sainte, de leur jeunesse ! »

Le lendemain, après son lever, elle passa un long moment dans l'étuve en compagnie de Sancie. Elle se fit laver les cheveux, puis frictionner tout le corps d'essence d'herbes odorantes recueillies durant l'été dans son jardin et dans les prés.

— Il faut que je sois présentable pour recevoir ma future bru, confia-t-elle à sa jeune servante. Que dirait-elle d'une belle-mère mal entretenue, mal coiffée ?

— Elle regardera surtout votre fils, dit la petite en riant. Vous l'intimiderez. Elle n'osera seulement pas lever les yeux sur vous.

Sancie se trompait.

Quand Aliaume introduisit Adelise dans la grande salle jonchée de paille fraîche où brûlaient, mêlées aux bûches du foyer, des branches de romarin qui parfumaient l'air, Isambour reçut en plein visage un regard si lumineux, si assuré, qu'elle en ressentit un choc.

Derrière leur mère, Philippa et Aubin détaillaient, sans bienveillance excessive, le clair visage encadré par le capuchon de la chape fourrée de lièvre, les longues nattes d'un blond si pâle qu'elles semblaient mêlées de fils d'argent, la petite taille, la minceur de celle qu'Aliaume introduisait sous le toit familial.

— Entrez, mon enfant, entrez dans cette maison qui sera peut-être vôtre un jour, dit spontanément Isambour. Mon fils avait raison : nulle ne peut être plus charmante que vous !

Sans confusion aucune, l'adolescente fit une petite révérence, prit la main de son hôtesse, et la baisa. Elle sut ensuite la remercier avec grâce, sourire à Aubin, louer les fossettes de Philippa.

On s'installa près de la cheminée circulaire, de l'autre côté de laquelle Margiste et Sancie, qui se chauffaient en faisant griller des châtaignes, ne perdaient rien d'une visite qui les intéressait tant.

En bavardant, on mangea des rissoles aux raisins secs, des noix confites au miel, on goûta aux châtaignes, puis on but des coupes de vin de mûres.

Adelise se montrait gaie, naturelle, point sotte, curieuse de tout.

Isambour s'en félicitait, en s'étonnant néanmoins qu'une fille aussi jeune pût être si sûre d'elle-même et de ses pouvoirs.

Philippa, qui s'était assise sur un coussin aux pieds de sa future belle-sœur, paraissait enchantée de ce qu'elle découvrait en elle et s'intéressait affectueusement au pansement qui protégeait les éraflures de sa main gauche.

Quand la lumière du jour commença à baisser, Adelise dit qu'il lui fallait rentrer. La nuit serait bientôt là. Ses parents attendaient son retour pour partir avec elle au défilé des torches. Bien qu'Aliaume l'accompagnât, ils ne seraient tout à fait rassurés que lorsqu'elle aurait regagné le château.

— Avant de vous en aller, acceptez ce présent en don de bienvenue au Grand Feu, lui dit alors Isambour en lui tendant un bracelet d'argent incrusté d'hyacinthe qu'elle avait jusque-là conservé dans son aumônière. Il a appartenu à ma mère. Je serais heureuse que vous le portiez.

— Je ne m'en départirai jamais, dame, vous pouvez en être certaine, affirma Adelise. Je le vénérerai puisqu'il me sera venu de vous !

Quand les deux jeunes gens furent sortis, les langues se délièrent. Les servantes firent part de leur bonne impression.

Philippa loua son frère d'avoir choisi une si gracieuse pucelle.

— Quand je serai grand, c'est moi qui l'épouserai, dit Aubin. Aliaume sera trop vieux à ce moment-là !

— Décidément, cette petite enchanteresse séduit tous les hommes de la famille ! remarqua Isambour en riant. Je suis certaine qu'elle ne déplaira pas non plus à votre père et qu'il donnera de bon cœur son consentement à un tel mariage.

Toutes ses pensées s'attachaient à présent au prochain retour de Bernold.

Ce long hiver l'avait éprouvée plus qu'aucun autre. Elle ressentait à en crier le besoin de retrouver son mari, de se reposer sur lui de ses responsabilités, de goûter de nouveau sa protection et sa chaleur.

Trois semaines s'écoulèrent, qui lui parurent se traîner. La mi-carême passa. Les merles recommencèrent à siffler avec leur frénésie printanière. Les premiers bourgeons reverdirent sous-bois et jardins. De la terre réveillée, une sorte d'effervescence sensuelle, gaie, tonique, montait aux cœurs et aux corps des humains.

Vint un soir de mars rempli des rumeurs du vent d'ouest. Le crépuscule commençait à obscurcir le ciel échevelé où se poursuivaient des nuages.

Le portail de la cour s'ouvrit. Un homme enveloppé d'une loque en guise de chape pénétra dans la cour. Il fit quelques pas, chancela, et roula sur le sol, privé de connaissance.

Les deux chiens de chasse et le molosse qui jouaient devant la maison s'élancèrent vers lui en jappant doucement. Ils tournèrent d'abord en le reniflant autour du corps étendu, puis se mirent à lécher les pieds nus et ensanglantés, les cheveux remplis de boue, les mains inertes.

Alerté par les plaintes des chiens, Aliaume sortit de la verrerie, s'approcha de la forme allongée par terre.

— Dieu de gloire ! Que vous est-il arrivé, mon père ? s'écria-t-il en reconnaissant le maître verrier.

Mais Bernold n'était pas en état de lui répondre.

Le jeune homme courut alors chercher Gerbaut-le-maisné.

A eux deux, ils soulevèrent et portèrent le blessé dans un des ateliers, puis le couchèrent sur la table de planches qui servaient à la reproduction des premières esquisses.

Le souffleur de verre chassa les chiens, s'empara d'un seau d'eau qui se trouvait là, en jeta le contenu sur la face sans couleur. Ensuite, à petits coups, il frappa les joues souillées.

Bernold suffoqua, s'agita, ouvrit les yeux.

— Mon père ! Mon père ! Répondez-moi ! Parlez-nous, je vous en prie ! criait Aliaume.

— Sauvé... je suis sauvé, murmura le Normand.

— Sauvé de qui ? Sauvé de quoi ? questionna Aliaume. Je ne comprends pas. Où est votre aide ?

— Ils l'ont tué, souffla le verrier en secouant la tête.

— Tué ! Mais qui ? Qui donc ?

— Des larrons fossiers, des briseurs de chemins, qui nous ont cernés et attaqués du côté de la Vallée aux Cerfs... Ils étaient peut-être une dizaine.

Bernold s'interrompit, voulut se redresser, mais retomba en arrière sur les planches.

— Ils m'ont roué de coups, gémit-il.

La porte s'ouvrit. Comme si une bourrasque l'avait projetée dans la pièce, Isambour, le ventre en avant, entra.

— Que vous est-il arrivé, mon cher amour ? Vous êtes blessé ! s'écria-t-elle.

— Je crois ne rien avoir de cassé puisque j'ai pu me traîner jusqu'ici. Je suis rompu, amie, rompu... mais n'ai que des plaies au cuir. Les os ont tenu bon.

Penchée sur son époux, Isambour prit entre ses mains le visage où poussière, écorchures, eau boueuse, se mêlaient pour composer un masque pitoyable, et le baisa aux lèvres.

— Vous voilà vivant ! dit-elle. Vivant ! Dieu soit béni ! C'est tout ce qui m'importe ! Je vais vous laver, vous panser, vous guérir, mon bel amour... Vous serez bientôt sur pied !

— Frobert, mon aide, est mort, la charrette a été volée avec tout ce qu'elle contenait. Il ne me reste rien. Ni argent, ni outils. Ces larrons puants ont pris nos vêtements et jusqu'à nos chausses ! Ensuite, ils m'ont jeté cette guenille en signe de dérision, gronda Bernold dont la colère renaissait avec les forces.

— Mon ami, mon aimé, ne vous agitez pas ainsi...

— Tout chrétien que je suis, je les aurais volontiers occis si je l'avais pu, continua le blessé, dont la mémoire revenue réveillait la fureur. Je marchais sans armes sur moi, près du cheval que je tenais par la bride pour le guider dans le sentier boueux, quand ils ont fondu sur nous. Frobert, qui suivait la charrette, avait, lui, un bâton à la main. Il s'en est servi pour se défendre autant qu'il a pu, mais ils lui ont fendu le crâne avec une massue... Je l'ai vu tomber... Bien que je me sois battu à coups de pied, de poing et en aie blessé deux ou trois, ils sont parvenus à me maîtriser. Ils

m'ont alors attaché à un tronc d'arbre après m'avoir dépouillé...
Pour rompre mes liens, après leur départ, il m'a fallu des heures...

— Vous vous fatiguez, Bernold. Je vous en supplie, cessez de
vous rappeler ces affreux moments. Plus tard, quand vous vous
serez reposé, vous nous raconterez plus en détail ce qui vous est
arrivé, intervint Isambour. Gerbaut et Aliaume vont vous porter
maintenant à la maison où vous vous restaurerez pendant qu'on
préparera l'étuve.

Aidé de son fils et du souffleur de verre, le blessé parvint à
gagner la grande salle où ils l'installèrent devant la cheminée, sur
une banquette à coussins.

Aussi impressionnées l'une que l'autre, Philippa et Sancie lui
servirent des œufs lardés avec du vin chaud à la cannelle et au miel.

Pendant qu'il mangeait, Isambour, aidée de Margiste, allumait le
feu dans l'étuve. Elle avait demandé au souffleur de verre d'aller
quérir Amalberge, plus experte qu'elle-même en remèdes de toutes
sortes, mais l'accoucheuse n'était pas chez elle. Elle devait assister
une femme en gésine dans quelque coin de la vallée.

Après avoir rempli d'eau chaude le large cuveau de bois, l'avoir
doublé d'un drap épais afin d'éviter les échardes, puis vérifié la
chaleur des dalles plates sur lesquelles le blessé prendrait place,
Isambour retourna vers la maison.

Un lourd nuage cendreux passait au-dessus de la plaine. Une
averse rageuse se mit à strier les rafales de vent. De ses lanières
cinglantes, la pluie fouettait le sol de la cour, les toits de tuiles,
les branches qui commençaient à reverdir.

Au milieu des bourrasques, il fallut de nouveau aider Bernold à
gagner la petite bâtisse octogonale de l'étuve.

— Laisse, Margiste, laisse, dit alors Isambour à la servante qui
se proposait de demeurer pour la seconder. Je n'ai besoin de
personne quand il s'agit de mon époux !

Restée seule avec celui dont elle se voulait l'unique assistante,
elle lui retira la chape fourrée, dont, tels les enfants de Noé, Aliaume
avait recouvert la quasi-nudité de son père. Puis, avec beaucoup
de précautions, elle le soutint pour qu'il s'étende sans dommage
sur l'épaisse toile matelassée, posée à même les dalles de pierres
chaudes.

Des sillons sanglants, des contusions, des traces laissées par les
cordes qui l'avaient maintenu, marquaient de leurs stigmates le
grand corps blond étendu devant elle.

En un geste d'amour instinctif, de dévotion éperdue, elle s'agenouilla alors près de lui et posa ses lèvres sur le ventre plat aux
muscles durs, là où une longue balafre sinuait.

— Dieu, que je vous aime ! dit-elle d'une voix sourde. Votre souffrance est ma souffrance. Il me semble que c'est ma propre chair qui a été meurtrie !

Bernold posa une main sur la tête inclinée de son épouse.

— Pour revenir jusqu'ici, j'ai eu à faire des efforts très durs, avoua-t-il. Très durs. Mais je voulais me retrouver chez moi... près de vous... C'est cette volonté-là qui m'a permis d'arriver jusqu'à notre cour...

Les lèvres d'Isambour se posèrent sur le cœur de son mari, s'y attardèrent. Contre sa bouche, elle sentait les pulsations sourdes qui étaient sa vie...

— Allons, je dois vous laver avant toute autre chose, dit-elle en se relevant avec difficulté à cause de sa taille alourdie. Ensuite je vous panserai de mon mieux.

Elle aida Bernold à entrer dans le cuveau, à s'y asseoir, puis, à l'aide d'un savon au miel, elle entreprit de laver de ses souillures ce corps qu'elle vénérait.

Avec douceur et attention, elle savonna, rinça, essuya la peau rendue fragile par les coups, avant de reconduire son mari vers les dalles chauffées.

D'un petit coffre que Roland avait coutume de regarnir chaque fois qu'elle en avait besoin, elle retira des pots d'onguent, des flacons d'élixirs.

Au milieu de la buée qui s'élevait des pierres fumantes, dans l'odeur d'embrocation et de vinaigre aromatisé, Bernold se mit à parler. Il raconta comment Frobert et lui avaient été assaillis alors qu'ils revenaient de Fleury en coupant au plus court par une sente forestière. Comment il lui avait fallu des heures, par la suite, pour user contre le tronc rugueux où il avait été attaché les cordes usagées mais encore solides qui le ligotaient.

— Je craignais que des loups ou des ours, attirés par l'odeur du sang, ne vinssent m'attaquer avant que j'aie pu me libérer, dit-il. Dieu merci, je n'ai vu que des écureuils, une laie qui est passée non loin de moi avec ses marcassins, plusieurs hardes de daims et de cerfs, mais aucune bête fauve.

Il soupira.

— J'étais épuisé. Par moments, je désespérais. Je pensais ne jamais vous revoir, ni vous ni les enfants...

Il se redressa sur un coude avec une grimace de douleur pendant que les mains adroites d'Isambour continuaient à l'oindre, à le masser.

— J'ai bien cru ma fin venue, reconnut-il sans fausse honte. Oui, sur mon âme, j'ai senti que je pouvais mourir ! D'abord au fort de la mêlée, quand ces damnés chiens me cognaient avec leurs gourdins... Ensuite, contre ce tronc, quand j'imaginais ne jamais parvenir à me détacher avant la nuit.

— Mon ami !

Bernold serra les lèvres, resta un moment songeur, secoua la tête.

— Jamais encore, reprit-il, non, jamais, je n'avais vraiment arrêté ma pensée sur la fin qui m'attend...

— C'est Dieu qui nous attend, mon bien-aimé, dit Isambour d'une voix tremblante. C'est vers Lui que nous partons...

— Sans doute mais la chair est faible, ma femme, très faible... L'épouvante me tenait aux tripes... J'ai eu peur, je ne puis le nier, une peur affreuse...

— Vous étiez protégé par les prières incessantes que j'adresse pour vous au Seigneur ! Vous ne pouviez pas mourir ainsi !

— Vous devez avoir raison, amie, mais dans des moments comme ceux que j'ai vécus ce matin, on n'est plus que frayeur. On se sent comme une bête traquée... et puis j'avais vu tomber mon pauvre compagnon... J'ai entendu sa nuque se briser sous les coups qu'il recevait... Jamais je n'oublierai ce craquement... C'était comme si mon propre cou s'était rompu...

Dans le silence qui suivit, Isambour embrassa avec passion le visage aux yeux clos qui reposait sur son épaule.

— Plus tard, reprit la voix douloureuse, plus tard, quand je me suis libéré des cordes qui me liaient à l'arbre assez éloigné du chemin où ces damnés porcs m'avaient attaché, je n'ai pas retrouvé le corps de mon compagnon. Ils ont dû l'emmener pour s'en débarrasser dans quelque fossé profond où personne n'ira le chercher...

— Dès demain, il faudra prévenir le sergent du château. Le baron a droit de haute et basse justice sur la partie de la forêt où vous avez été attaqués. Les gens d'armes feront des recherches.

— J'y compte bien, quoique je ne me fasse guère d'illusion sur les résultats qu'ils pourront obtenir... La futaie est si vaste... Néanmoins, je ne dormirai pas en paix tant qu'on n'aura pas tout tenté pour que Frobert repose en terre bénie.

— Nous ferons dire des messes à Saint-Lubin pour le repos de son âme.

Après les baumes, les huiles, les essences de simples qu'elle avait employés tour à tour, Isambour rasa Bernold, le coiffa.

— Vous voici redevenu le bel homme que rien ne vous empêchera jamais d'être, remarqua-t-elle en souriant. Dans quelques jours, vous ne vous ressentirez plus de tout cela.

Debout devant elle, il achevait de passer sa chemise. Avec élan, elle noua ses bras autour du cou puissant, solidement rattaché aux épaules par une seule coulée de muscles lisses, et baisa longuement son mari sur la bouche.

Ce fut lui qui se détacha d'elle le premier. Il la repoussa avec douceur, mais fermeté.

— Nous sommes encore en Carême, et vous êtes enceinte à pleine ceinture, amie, dit-il. Ce serait un grave péché que de passer outre.

— Vous avez raison, admit-elle en soupirant. Certes, vous avez raison, mais c'est bien dommage !

Il sourit.

— N'y pensons plus. Nous nous rattraperons plus tard. Aidez-moi plutôt à revêtir ce bliaud que vous avez, j'en suis sûr, tissé, teint, cousu tout exprès pour moi durant mon absence, termina-t-il d'un ton volontairement léger. Il est fort beau.

— Vous aurez peut-être bientôt l'occasion de le porter pour une cérémonie familiale, remarqua Isambour, qui s'était ressaisie.

— Que voulez-vous dire ?

— Notre fils aîné a rencontré le jour de Noël une jeune pucelle qui lui a tourné la tête. Il compte vous la présenter le plus vite possible...

— Par Dieu ! N'a-t-il pas le temps ? A dix-sept ans, je ne songeais guère à me marier ! Je courais de fille en fille...

— Sans doute est-il différent de vous.

— Quand je pense que Mayeul a attendu la quarantaine pour parler épousailles !

— Vous l'avez vu ?

— Il est venu me rendre visite, un jour, à Fleury, pour me mettre au courant de ce qui lui arrivait. En nommant Aveline, il brillait de joie comme un astre !

— Eh bien ! Notre fils brille pareillement quand il se trouve près d'Adelise...

— Joli nom ! Est-elle digne de le porter ?

— Je pense qu'elle ne vous déplaira pas.

— Il reste qu'Aliaume est un innocent qui ne possède nullement la cervelle nécessaire pour fonder un foyer.

— C'était ce que mon oncle prétendait aussi de moi, quand il s'opposait à notre union.

— Sur mon âme, je ne m'oppose à rien du tout ! Si le cœur lui en dit, après tout, que ce béjaune épouse qui bon lui semble !

Amorti par les vapeurs épaisses qui emplissaient la petite pièce, le grand rire retrouvé résonna de nouveau.

— La mort m'a frôlé de trop près, ma chère femme, pour que j'attache, ce soir, de l'importance à autre chose qu'au fait d'être vivant ! Par le Créateur, être vivant est une grâce dont on ne s'émerveille pas assez. C'est un présent sans prix qui nous a été fait là !

5

Ainsi qu'Isambour l'avait prévu, Bernold se remit vite de ses contusions et blessures superficielles, mais il en fut tout autrement de son esprit, qui demeura troublé et anxieux assez longtemps.

La semaine qui suivit l'agression, les sergents du baron finirent par retrouver, au fond d'une combe forestière, le corps de Frobert, à moitié dévoré par les bêtes sauvages.

Le maître verrier put donc faire enterrer son aide comme il le souhaitait, dans le petit cimetière qui entourait l'église Saint-Lubin. Il ne retira cependant pas de cette cérémonie l'apaisement escompté.

Pour la première fois de sa vie, il avait cru mourir et conservait de cette rencontre avec la peur dernière une angoisse jusque-là étrangère à sa nature. Son travail, la vie familiale retrouvée, lui apportaient bien l'équilibre dont il avait coutume de se satisfaire, mais sans combler l'impression d'insécurité qui rôdait en lui maintenant.

Mars se terminait. La pluie et le vent, qui n'avaient guère cessé d'y sévir, firent soudain place à un temps clair, frais, parcouru de souffles sentant l'herbe nouvelle et les jeunes pousses. Parfumée de renouveau, la nature embaumait comme une femme amoureuse.

Pâques approchait.

Sur les talus reverdis, Philippa cueillait des primevères ou des violettes parmi les feuilles mortes de l'année passée. Elle s'en confectionnait des couronnes et des guirlandes qu'elle entremêlait à ses tresses.

Aliaume demanda à son père, dont la santé paraissait rétablie, la permission de faire venir Adelise au Grand Feu, le samedi suivant, veille des Rameaux. Sur le conseil d'Isambour, il lui avait déjà fait part de ses projets de mariage, et brûlait du désir de lui présenter sa future femme.

— Il ne serait pas convenable de la recevoir ici officiellement, avant d'avoir fait notre demande, dit Bernold. Venez en passant, comme par hasard, dans l'après-midi, une fois le travail achevé. Nous boirons une coupe d'hydromel et mangerons des galettes. Vous ne vous attarderez pas.

Ce samedi matin-là, le maître verrier se mit à ranger des esquisses dont son fils s'était servi en son absence. Aliaume était parti avec Rémi chercher du sable aux rives du Loir. Ils en avaient pour plusieurs heures et ne reviendraient à l'atelier qu'une fois la charrette pleine.

Parmi les feuilles de vélin qu'il classait, Bernold tomba soudain sur des morceaux de parchemin de plus petit format. C'étaient des chutes qu'on conservait pour des croquis de moindre importance. Il y en avait six ou sept. Sur chacun d'eux, une forme féminine, mince et cependant épanouie, s'offrait au regard, sous plusieurs angles différents. Debout, assise, de face, de trois quarts, de dos, mais se retournant, c'était toujours la même silhouette gracile, langoureuse, fine et sensuelle à la fois.

« Ce doit être là cette Adelise dont notre fils est assoté, songea le père. Il ne pense qu'à elle... Elle lui a fait perdre son bon sens ! Si le dessin ne la flatte pas, il est certain qu'elle est... »

Il ne trouva pas de mot pour qualifier l'adolescente et demeura debout, un bon moment, les croquis à la main, plongé dans ses réflexions, considérant, les sourcils froncés, l'image renouvelée du jeune corps si aisément décelable sous les légers vêtements dont Aliaume ne semblait l'avoir revêtue que par simple convention.

Comme Gerbaut-le-maisné allait et venait dans l'atelier voisin, Bernold remit les dessins de son fils à leur place, parmi les esquisses de vitraux, puis reprit ses rangements.

La matinée s'écoula. L'heure du dîner arriva.

Revenu de la rivière, Aliaume parlait à tort et à travers, riait fébrilement, ne cessait de s'agiter.

— Paix ! lança soudain Bernold. Calmez-vous, mon fils ! Par ma tête, ne dirait-on pas que nous allons recevoir la reine de France elle-même !

Isambour sourit. Le garçon piqua du nez vers l'écuelle qu'il partageait avec sa mère.

— Pourquoi vous tourmenter ? demanda celle-ci. Tout se passera bien. Votre père ne demande qu'à vous donner raison. Telle que je connais notre future bru, ce sera bientôt chose faite !

Sitôt le repas terminé, le jeune homme partit comme s'il avait le diable aux trousses.

Bernold se rendit alors dans le pré, où, aidé de Bernarde, et profitant du beau temps, Perrot, le jardinier, tondait les moutons du domaine. Le maître verrier y resta un bon moment. Sa forte poigne était préférable à celle d'une femme pour maintenir les grosses brebis ou les béliers qui tentaient d'échapper aux ciseaux du tondeur.

Ce fut durant cette occupation que Philippa vint le quérir.

— Mon père ! Mon père ! Aliaume et sa pucelle sont arrivés !

— C'est bon. Je viens.

Quand Bernold entra dans la salle dont seulement quelques traînées de soleil, issues des fenêtres ouvertes, striaient le demi-jour, il ne vit d'abord rien, tant la clarté du dehors lui emplissait les yeux.

— Voici Adelise qui vient nous rendre visite, mon ami.

Isambour poussait vers son époux une forme souple qui franchit d'un pas léger la limite de la pénombre pour se trouver brusquement dans une des coulées lumineuses épandues sur les dalles jonchées de foin.

— Soyez la bienvenue !

Surgie dans la lumière printanière, et comme l'émanation, elle-même, du renouveau, vêtue d'un bliaud turquoise, ses nattes aux reflets d'argent, entremêlées de pâquerettes en guirlandes, son visage rosi par l'émotion levé vers l'arrivant, la jeune fille sourit, salua, voulut s'emparer de la main de son futur beau-père pour la baiser.

— Que non pas, dit-il. Embrassons-nous à la normande !

Il l'attira vers lui, posa ses lèvres sur la bouche charnue... Ce fut comme si les quatre fours de ses ateliers s'allumaient en même temps dans ses veines. Un torrent ardent incendia son sang... le submergea. Il demeura un instant, penché en avant, comme un homme pris de vertige, suspendu au-dessus d'un précipice, puis releva un visage bouleversé qu'il chercha à dissimuler en y passant plusieurs fois une main tremblante.

— Venez donc boire une coupe d'hydromel avec nous, mon ami, dit (fort loin sembla-t-il à Bernold, comme issue d'une brume irréelle) la voix d'Isambour. Venez !

« Que m'arrive-t-il ? Dieu, que m'arrive-t-il ? Suis-je possédé ? Cette pucelle est promise à mon fils... à mon fils. Elle est presque déjà ma fille ! »

Il se demanda s'il n'allait pas tomber, là, aux pieds d'Adelise qui le dévisageait de ses prunelles élargies.

— Je ne me sens pas très bien, finit-il par dire d'un timbre étouffé. La tête me tourne. Je suis resté dans le pré, en plein soleil, pendant longtemps...

— Que vous êtes donc imprudent, mon ami ! s'écria Isambour. Vous auriez dû rabattre sur votre tête le capuchon de ce chaperon ! Vous savez bien que le soleil de mars est dangereux !

— On dit même qu'il rend fou ! ajouta Aliaume en riant.

— Buvez sans moi, jeta le maître verrier. Je vais aller m'allonger.

Il traversa la salle comme un somnambule, gagna la chambre conjugale, se laissa tomber sur le lit, enfouit sa tête dans un des gros oreillers...

Quand Isambour vint le rejoindre, après le départ d'Aliaume et d'Adelise, il n'avait pas bougé et paraissait somnoler. Elle s'approcha du grand corps étendu, se pencha sur lui.

— Bernold !

Il ne répondit pas.

« Sans doute s'est-il endormi. C'est ce qu'il pouvait faire de mieux, pensa la jeune femme. Qu'il repose. Un bon somme le remettra d'aplomb ! »

Elle sortit doucement de la pièce pour se rendre dans le jardin. Aidée par Philippa et Doette, qui ramassaient de petites branches, elle coupa des rameaux de buis qu'elle ferait bénir le lendemain matin à la messe. Leur odeur douce-amère devait à jamais demeurer liée dans son souvenir à ce moment-là.

— Aliaume et Adelise ne sont pas restés longtemps, remarqua Philippa.

— Si votre père n'avait pas été pris de malaise, les choses se seraient passées autrement, ma petite fille. Que voulez-vous, il n'a pas été prudent. Le soleil lui a fait du mal.

— Maintenant, il connaît Adelise, continua Philippa. Je voudrais bien savoir ce qu'il pense d'elle.

— Il nous le dira ce soir, au souper.

Mais, le moment venu, Bernold se plaignit de toujours souffrir de la tête. Il ne voulut pas manger.

— Je vais vous faire une tisane de feuilles et de fleurs de basilic, proposa Isambour. C'est souverain pour les maux comme ceux-là !

— Si vous voulez.

Assis près du feu, il fixait les flammes jaunes d'un air sombre.

Après avoir bu le breuvage préparé par sa femme, il retourna se coucher en recommandant qu'on ne se soucie pas de lui.

— Mon père vous a-t-il parlé d'Adelise ? demanda Aliaume à Isambour, une fois le souper terminé, quand chacun se fut retiré.

— Ma foi non. Il n'est pas bien et semble trop abattu pour s'intéresser à autre chose qu'à son mal. Nous allons laisser passer ce dimanche, mais, s'il ne va pas mieux lundi, il ira trouver Roland qui saura quoi faire pour le guérir.

— Espérons qu'il n'a rien de grave...

Aliaume était décontenancé.

— Adelise n'a pas voulu, elle non plus, me faire savoir ce qu'elle pensait de lui, reprit-il. Elle prétend qu'elle ne l'a pas assez vu pour avoir une opinion.

— Je la comprends. Ils n'ont pas échangé dix paroles !

— J'aimerais tant savoir si mon père compte donner son consentement à notre mariage... Viendra-t-il avec nous aux matines ?

— Je ne sais. Tout dépendra de son état de santé.

Bernold décida pourtant de se rendre, à jeun, comme toute sa maisonnée à Saint-Lubin où les fidèles assistaient traditionnellement à l'office des matines en cette veille des Rameaux.

Les lanternes que chacun tenait à la main ponctuaient l'obscurité de leurs petites lueurs vacillantes. Ces lumières égrenées le long des chemins convergeant vers l'église ressemblaient aux grains brillants d'un chapelet mouvant répandu dans la plaine au cœur de la nuit printanière.

Durant l'office, Isambour fut frappée de la ferveur obstinée avec laquelle priait son époux.

Il revint ensuite au Grand Feu en marchant seul, sans desserrer les dents, en tête de leur petit groupe où bavardaient compagnons et serviteurs.

Une fois au lit, il se plaignit de nouveau de migraine, se tourna sur le côté et demeura silencieux.

Pendant toute la journée du dimanche, il resta obstinément enfermé dans sa chambre sans presque se nourrir, sans mot dire.

Aliaume partit après le dîner avec Philippa pour Fréteval où des ménétriers jouaient de la cornemuse sur la place afin de faire danser la jeunesse. Ils en revinrent tout dépités, car Adelise, qui avait pris froid à ce qu'affirmait sa mère, ne s'était pas jointe à eux. Sans elle, il n'y avait pas de divertissement possible pour le jeune homme. Philippa dut supporter la mauvaise humeur de son frère jusqu'à l'heure des vêpres.

Toute la famille revenait de ce dernier office dominical lorsque Mayeul franchit le portail du Grand Feu.

Il sauta de cheval avant même que celui-ci fût immobilisé, jeta les rênes à Rémi.

— Mes amis ! Mes amis ! s'écria-t-il en s'élançant vers Bernold et Isambour qui se trouvaient près du tilleul. Ce jour est un jour béni ! Le père d'Aveline a enfin accepté de me recevoir ! Nous avons longuement parlé ensemble... Il vient de m'accorder la main de sa fille ! Ma ténacité semble l'avoir impressionné. Le mariage est fixé au lundi de Quasimodo, le lendemain des Pâques closes !

Il rayonnait. Isambour lui saisit les mains, les serra.

— Comme je suis heureuse pour vous deux ! Vous touchez tout de même au bout de vos peines ! Aveline va être au comble du bonheur !

— Je vous souhaite à l'un et à l'autre toute la félicité possible, dit Bernold, les dents serrées. Pour tardive qu'elle soit, votre union n'en sera peut-être que meilleure !

— Dieu me pardonne ! n'oubliez pas, ami, que je me suis mariée à quinze ans et que je ne m'en trouve pas malheureuse pour autant ! protesta Isambour en riant.

— Ce n'était pas ce que je voulais dire...

— Je le sais bien, Bernold. Je vous taquinais... Allons, Mayeul, ne restons pas dans la cour. Entrons chez nous pour y vider une coupe de vin gris en votre honneur !

— Ce serait bien volontiers, mais je repars tout de suite pour Blois. Je tiens à annoncer la bonne nouvelle à... ma fiancée, le plus tôt possible !

— Elle comptait venir pour Pâques, remarqua Isambour.

— Nous avions, en effet, songé à profiter de ce jour saint pour convaincre le père d'Aveline de nous accorder son consentement. Grâce à l'adresse de votre tante, qui a su utiliser l'amélioration ressentie par son malade pour plaider notre cause, tout a été plus vite que prévu. Nous y avons gagné une semaine !

Ses dents blanches éclairaient son visage à la peau mate, où mille petites rides joyeuses s'inscrivaient autour des yeux.

Il donna l'accolade à ses amis et repartit comme un tourbillon.

— Voilà au moins un homme heureux ! constata Bernold d'un ton ironique. Il aurait dix-huit ans qu'il ne serait pas plus naïvement ravi !

— Je vous trouve soudain bien sévère envers votre ami, reprocha doucement Isambour à son époux. D'ordinaire, vous êtes si proche de lui... Que vous arrive-t-il donc, mon cher cœur ?

— Je souffre sans cesse, ce qui me rend d'humeur morose, dit le maître verrier. Donnez-moi donc à boire de cette nouvelle préparation de coques d'amandes qui fait dormir en dépit des douleurs.

— Si vous n'allez pas mieux demain, mon ami, il vous faudra consulter Roland. Il trouvera bien le moyen de vous soulager.

Le lendemain matin, Bernold se rendit en effet au prieuré de Saint-Nicolas-de-Fréteval. Il passa d'abord voir son beau-frère, qui lui donna un élixir de sa façon, en l'assurant qu'il en ressentirait sans tarder les bienfaits, puis, quittant l'infirmerie, il gagna l'enceinte monastique et fit demander le père abbé. Il avait coutume de se confesser à lui.

— J'ai besoin de votre aide, mon Père, lui dit-il en l'abordant. Mon âme est en danger.

La confession fut pénible. Quand Bernold se retira, il n'avait pas reçu l'absolution et savait que le feu qui le brûlait était un reflet de celui de l'enfer. Néanmoins, il n'avait pas trouvé en lui le courage de s'engager à un renoncement que l'abbé voulait définitif.

« Un si grave péché... la rupture du sacrement de mariage, d'un sacrement librement donné, librement reçu, se répétait-il en suivant la route qui le ramenait chez lui. Un tel péché... mais si tentant ! Seigneur, il ne fallait pas la mettre sur mon chemin, cette fille qui est la jeunesse, le charme, la chair en fleur... Elle est ma dernière chance... A mon âge, une rencontre pareille rend fou ! La tentation est trop forte... d'autant plus que je sais, sans avoir rien eu à lui dire, qu'Adelise partage mon trouble, qu'elle a été, elle aussi, prise de vertige durant ce baiser, qu'elle est consentante... Que je n'ai qu'un geste à faire... Comment voulez-Vous que je résiste ? Je ne supporte pas l'idée qu'un autre puisse la prendre, et surtout pas mon fils... D'ailleurs, ils ne sont pas encore mariés, même pas fiancés, à peine promis, puisque ce tapissier et moi n'avons toujours

parlé de rien... Il n'en est pas moins vrai qu'Aliaume, lui, a engagé
sa parole... Que faire ? Dieu tout-puissant, que faire ? Je ne pourrai
même pas communier dimanche, jour de Pâques ! Que dira
Isambour ? Comment lui expliquer l'impossibilité où je me trouverai
d'approcher de la Sainte Table ? Ne suis-je pas dès à présent
damné ? Le père abbé vient de me dire que celui qui commet
l'adultère en pensée l'a déjà perpétré. Si Vous devez, de toute façon,
me rejeter, Dieu de justice, autant que ce soit pour une véritable
faute ! Si je dois me perdre, que je me perde entre les bras blancs
d'Adelise... Mais alors, j'entraînerai avec moi cette enfant dans la
damnation éternelle ! »

Il se laissa tomber par terre, sur le revers d'un talus. L'air était
doux, l'herbe neuve, encore rase, ressemblait à un tapis de fine
laine verte. Des oiseaux s'égosillaient dans les arbres dont les
bourgeons éclataient de toutes parts. Gorgée de sève, la campagne
se livrait voluptueusement au printemps.

L'air perdu, Bernold fixait de petites anémones sauvages, blanches
et rosées, qui étoilaient le rebord du fossé, là où commençait la
haie d'épines noires.

« Vous qui nous avez créés et connaissez nos faiblesses, Dieu,
prenez pitié de moi ! Prenez pitié ! Cette folie peut m'amener au
pire ! A cause d'elle, je serais capable de délaisser femme et enfants,
de quitter Isambour, qu'en dépit de tout je continue à aimer... mais
autrement... Je renierais la foi que je lui ai engagée et notre passé...
car il me faudrait partir... Je ne suis pas baron, moi, pour installer
une concubine sous le toit conjugal... De toute manière, la présence
d'Aliaume rend la chose impossible... Je me perdrais, Seigneur, je
me perdrais, corps et âme ! Éloignez de moi cette pucelle ! Qu'elle
tombe malade... que sa famille soit obligée de partir... Trouvez un
moyen ! Je Vous en conjure !... Mais que deviendrai-je si elle s'en
va ? Pourrai-je jamais vivre comme avant ? Elle s'est logée dans
ma tête, dans mon cœur, dans mon sang, comme un très doux
poison. Je ne peux plus le rejeter sans rejeter ma vie ! »

Durant certains de ses voyages, il lui était arrivé de tromper
Isambour. Ces brèves aventures étaient demeurées sans importance,
sans suite. Aucune n'avait menacé le cours de son existence. Cette
fois, avant même que rien ne se soit passé, il était pris, lié, subjugué.
Sans avoir encore touché Adelise, sans l'avoir possédée, il savait
quel pouvoir elle détenait sur lui, quelle démence elle ferait lever
en lui...

Il resta un long moment prostré, au bord du chemin. Quand il
se redressa, il était convaincu que, seul, un miracle pourrait le sauver.

La semaine sainte, que certains nommaient semaine d'angoisse,
s'écoula pour cet homme aux abois comme un cauchemar.

Autour de lui, sa famille respectait son silence, portait au compte du malencontreux coup de soleil son air tourmenté, son mutisme.

Il ne pouvait rester en place, ne se trouvait bien nulle part, n'avait de goût à rien. Ses ateliers, où d'ordinaire il travaillait dans la joie, lui étaient devenus prisons.

Il partait, marchait à travers prés et chemins creux, suivait le cours du Loir, sans but, sous la pluie revenue et le ciel maussade. Les bourrasques le laissaient insensible. S'il frissonnait, ce n'était pas de froid.

Le jour du vendredi saint, il suivit, pieds nus, en chemise, et se flagellant, la procession des pénitents qui cheminaient à travers les rues neuves du village de Fréteval, à la suite de la grande croix de bois portée par l'un d'entre eux.

Le soir venu, il dit à Isambour qu'il avait décidé de passer la nuit en prières, qu'il connaissait dans la forêt un ermite auprès duquel il allait se rendre afin de faire oraison en sa compagnie jusqu'au lendemain.

Peu habituée à de telles manifestations de mysticisme chez un être dont la foi, toute simple et droite, n'avait d'ordinaire point besoin de semblables recours, Isambour préféra cependant acquiescer.

L'attitude de Bernold l'inquiétait bien un peu depuis le samedi précédent, mais elle se persuadait que seule l'appréhension d'un mal qui le tourmentait de manière si durable pouvait expliquer le changement incompréhensible de son mari.

Ainsi que tous les hommes, il détestait souffrir, et n'acceptait pas cette maladie sournoise dont aucun remède ne semblait pouvoir venir à bout.

Elle le laissa donc partir sans trop de crainte en se contentant de lui souhaiter une retraite salutaire.

Il ne réapparut pas le lendemain matin, non plus qu'à l'heure du dîner.

Le samedi saint, jour d'attente par excellence, jour de recueillement, de méditation pour toute la chrétienté, s'écoula sans qu'on ait de nouvelles du maître verrier.

Selon la tradition, les enfants du village vinrent, crécelles en main, réclamer les œufs teints et les menues piécettes qu'on leur partageait la veille de Pâques.

Manger des œufs étant défendu durant tout le Carême, les gens de la vallée en possédaient à foison. Ils ne se faisaient pas prier pour en donner aux petits quêteurs.

Comme chaque année, Isambour leur distribua une partie de ses réserves, mais sans y trouver l'amusement habituel. Une inquiétude sournoise la taraudait.

Elle avait bien songé à aller trouver sa tante pour lui confier le malaise qu'elle ressentait devant l'étrange comportement de Bernold, mais Gervais-le-vavasseur et Perrine étaient absents. Ils s'étaient rendus à Blois pour voir Aveline.

Un travail de broderie, que la comtesse Adèle jugeait urgent, tenait en effet attachées à leurs métiers les ouvrières du château comtal. Obligées de demeurer sur place, en dépit des fêtes, elles n'avaient pu s'éloigner de leur ouvroir ainsi qu'elles le faisaient d'ordinaire.

Partis pour plusieurs jours, l'oncle et la tante d'Isambour avaient décidé de profiter de leur déplacement pour faire dans la cité blésoise les achats indispensables au mariage de leur fille et de Mayeul, fixé au lundi de la semaine suivant celle de Pâques.

Passant d'un extrême à l'autre, Aveline ne connaîtrait pas, cette fois-ci, de longues fiançailles. La brève cérémonie prévue à cet effet aurait lieu très simplement durant le séjour de ses parents chez elle.

Isambour déplorait de ne pouvoir se trouver auprès de sa cousine en cette occasion, mais son état ne lui permettait plus de se risquer sur les routes. Puisque les noces auraient lieu, comme il se devait, à Saint-Lubin, paroisse de l'épousée, elle pourrait toujours y assister.

« Pourvu que Bernold soit de retour pour ce lundi de Quasimodo, songeait la jeune femme. Et pourvu qu'il soit guéri ! »

Elle savait qu'une fois leur union célébrée, Mayeul et Aveline s'installeraient à Blois. Le comte et la comtesse avaient en effet demandé au maître d'œuvre, qui en avait terminé avec le donjon de Fréteval, de venir travailler pour eux à l'édification de remparts en pierre qu'ils avaient décidé de faire élever autour de leur ville. En outre, ils projetaient d'y faire construire un nouveau sanctuaire et plusieurs autres édifices. L'ouvrage ne manquerait pas.

Aveline et son mari trouveraient donc tous deux à s'employer à l'ombre du château. Désormais, Isambour aurait encore moins qu'auparavant l'occasion de rencontrer sa cousine. Elle le regrettait, mais aimait assez cette dernière pour se dire que le bonheur si longtemps attendu qu'Aveline allait enfin connaître justifiait bien des sacrifices de la part de ceux qui lui étaient attachés.

Les pensées d'Isambour se partagèrent donc entre Bernold et Aveline, durant la messe du Feu nouveau qu'elle suivit à Saint-Lubin, le samedi saint au soir, entourée de ses enfants et de ses gens.

Allumée sur la place, à quelques toises du porche de l'église, il y eut d'abord la flambée de bois sec à laquelle le prêtre enflamma le grand et lourd cierge pascal qu'il venait de bénir. Puis les fidèles, un à un, vinrent lui emprunter symboliquement le feu nouveau pour leurs propres luminaires. Tout le monde pénétra ensuite dans le sanctuaire plongé dans l'obscurité où les lueurs mouvantes de tant de cierges apportaient peu à peu la lumière, image de la Résurrection.

C'était la première fois que le maître verrier ne se trouvait pas présent avec les siens en cette fête de l'Espérance, la première fois qu'il ne reçut pas, des mains de son curé, le flacon d'eau bénite, renouvelée chaque année après la bénédiction des fonts baptismaux.

« Quand va-t-il revenir ? se demandait Isambour. Faites, mon Dieu, qu'il ne lui soit rien arrivé ! Que ses maux n'aient pas empiré ! En cette cérémonie qui célèbre un de Vos plus grands mystères, permettez-moi de Vous demander la guérison de mon époux. N'acceptez pas qu'il tombe plus gravement malade. Retirez-lui le mal dont il se plaint. Guérissez-le, Seigneur, guérissez-le, je Vous en prie ! »

Au retour de l'église, Isambour trouva dans la cour de sa maison Aliaume, qui avait préféré se rendre à la messe de Fréteval pour y rencontrer Adelise.

Il avait posé sa lanterne sur la margelle du puits, et, autant qu'on pouvait en juger à la maigre clarté qui vacillait devant lui, il paraissait accablé.

— Que se passe-t-il, mon fils ? demanda Isambour, le cœur battant. Pour l'amour du ciel, qu'est-il arrivé ?

— Adelise a disparu !

— Comment cela, disparu ?

— Je ne sais pas, ma mère ! Je ne sais rien !

Il pleurait.

Isambour confia à Margiste, en lui recommandant de les coucher au plus vite, Philippa et Aubin qui tombaient de sommeil, puis elle se sépara de ses gens.

— Venez, Aliaume, dit-elle ensuite à son fils. Venez.

La nuit était froide. On ne pouvait rester dehors sans risquer de prendre mal. Ils entrèrent donc tous deux dans un des ateliers de la verrerie.

Posées sur une table de planches, leurs deux lanternes éclairaient faiblement, à travers les fines lames de corne transparente qui laissaient passer la lumière des bougies, les vitraux entreposés dans leurs cadres de bois et le désordre habituel à ce lieu de travail.

Aliaume se laissa tomber sur un tabouret. La tête entre les mains, il sanglotait comme un enfant.

Isambour s'approcha de lui.

— Pleurer ne sert à rien, dit-elle, non sans un léger agacement. Reprenez-vous, mon fils ! Racontez-moi plutôt comment les choses se sont passées.

Après quelques derniers soubresauts, le grand corps de l'adolescent se calma peu à peu. D'un revers de main, il s'essuya les yeux, puis il se redressa.

— Je n'ai guère vu Adelise, ces derniers jours, dit-il. Elle souffrait d'un refroidissement. En outre, elle ne tenait pas, durant la semaine sainte, à ce que nous nous rencontrions trop souvent. Elle attendait Pâques.

— Ne m'avez-vous pas dit ce matin l'avoir saluée, hier au soir, à la sortie de l'Office des Ténèbres ?

— Si fait. Elle se trouvait avec sa famille à Saint-Nicolas.

— Alors ?

— Alors, je lui avais justement proposé de me rendre chez elle ce tantôt, pour parler tous deux de nos projets. Elle avait accepté...

La voix du garçon buta, se cassa.

Isambour resserra autour de son cou le voile de lin blanc qui lui enveloppait la tête.

— Allons, allons, mon fils, continuez !

— Il n'y a pas grand-chose à dire. Quand je suis arrivé chez les parents d'Adelise, vers l'heure de none, elle ne s'y trouvait pas. Ils m'ont appris que, tout de suite après le dîner, un enfant du village était monté lui dire que Juliane, la fille adoptive de Gildas et de Basilie, l'attendait. Elles sont amies et se voient assez souvent... J'ai patienté.

— Vous ne vous êtes pas rendu au moulin ?

— Je m'y suis décidé après un bon moment. Personne n'y avait vu Adelise. Juliane ignorait tout de leur soi-disant rendez-vous.

— C'est un malentendu. Ces enfants se seront mal comprises. Adelise aura rendu visite à une autre de ses compagnes.

— Fréteval n'est pas si grand... J'ai entrepris le tour de tous les endroits où elle aurait pu se trouver.

— Au château neuf ?

— On ne savait rien.

— Qu'avez-vous fait ensuite ?

— Je suis retourné chez elle. Ses parents commençaient à s'inquiéter. Son père et moi sommes partis à sa recherche dans les environs, à Morville, à Saint-Lubin, à l'orée de la forêt, aux bords du Loir. Partout. Elle n'était nulle part.

— On ne disparaît pas comme ça !

— Je ne cesse de penser aux larrons qui ont attaqué mon père et son aide...

— Ce sont des voleurs. Une fille sans argent ne les intéresse pas... à moins qu'ils en aient à sa vertu... Mais si cette chose affreuse s'était produite, votre amie serait revenue.

— Par le ventre de la Vierge ! si un tel malheur arrivait, je n'aurais de cesse de retrouver et d'occire ces porcs !

— Calmez-vous, mon fils ! La réalité doit être plus simple. Je suis persuadée que demain vous saurez à quoi vous en tenir, que tout s'éclairera.

— Dieu vous entende, ma mère !

— J'espère bien, également, qu'après cette retraite prolongée, votre père reviendra guéri et de belle humeur.

— S'il se trouvait ici à présent, je suis certain qu'il m'aiderait.

— En vérité, je crois qu'il vous conseillerait surtout de rester calme. Allons, il faut aller vous coucher et tenter de dormir. Veiller inutilement ne rime à rien. La nuit est déjà avancée. Nous ne pouvons pas espérer apprendre quoi que ce soit de neuf à une heure pareille.

— Je sens que je ne vais pas fermer l'œil un instant. Je préfère demeurer ici pour attendre.

— Ce n'est guère raisonnable, Aliaume. Que voulez-vous qu'il se produise durant le temps qui nous sépare de l'aube ? Cette nuit-ci est sainte et vouée au mystère. Laissons-la s'écouler sans troubler son déroulement sacré.

Cependant, Aliaume ne suivit pas sa mère qui regagna seule sa maison pour tenter de trouver le repos. Il resta dans l'atelier où il finit par s'assoupir, enveloppé dans sa chape, sur le foin qui recouvrait le sol de terre battue.

Le soleil se levait au-dessus de la vallée, dans un ciel où s'étiraient de longs nuages gris et safranés, quand on frappa avec force au vantail de la grande porte d'entrée.

Aussitôt réveillé, Aliaume se précipita dans la cour où l'air piquant du petit matin acheva de le tirer du mauvais sommeil où il avait sombré en dépit de ses résolutions.

Le portail ouvert, le jeune homme se trouva devant Gildas.

— Vous ! A une pareille heure ! s'écria-t-il.

— Je dois parler à votre mère, répondit le meunier d'un air préoccupé. C'est très important. J'ai un message pour elle.

— Un message ! De qui ?

— Je ne puis vous le dire. Il faut que je voie Isambour en premier.

— Bon. Suivez-moi.

Les servantes commençaient tout juste à ranimer le feu dans la cheminée quand les deux hommes entrèrent dans la salle.

Sur un coffre, plusieurs corbillons d'œufs teints en vert, en jaune, en rouge, en violet, en rose, au moyen de sucs de diverses plantes, attendaient d'être distribués aux enfants du logis en ce matin de Pâques.

Après s'être lavée dans le cuveau posé comme à l'accoutumée au pied de son lit, avoir refait ses tresses, puis s'être habillée avec l'aide de Sancie, Isambour donnait à présent à Doette son bain matinal. La petite fille tapait de ses mains l'eau tiède qu'elle projetait en riant sur le devantier dont sa mère s'était enveloppée.

Aliaume entra dans la chambre.

— Gildas demande à vous parler, ma mère.

— A cette heure-ci ?

— Il dit que c'est important.

Isambour rappela Sancie à qui elle confia Doette.

Dans la salle, elle trouva le meunier, debout devant la cheminée, l'air tourmenté.

— Par ma foi, que peut-il bien se passer, mon ami, pour que vous veniez nous surprendre ainsi, au saut du lit ?

Lèvres serrées, Gildas considéra un instant la femme au ventre distendu qui se tenait devant lui. Elle achevait de s'essuyer les mains au tablier qu'elle venait de dénouer et tenait à présent comme une serviette.

— Asseyez-vous, Isambour, dit-il avec gêne.

D'instinct, Aliaume vint se placer derrière sa mère qui s'installait sur la banquette à dossier.

— Par mon âme ! Parlez, Gildas, parlez ! De quoi s'agit-il ? demanda Isambour que toutes ces précautions mettaient de plus en plus mal à l'aise.

— Voici. Hier, en fin de matinée, Bernold est venu me voir, au moulin. Si son ami Mayeul ne s'était pas rendu à Blois auprès de votre cousine, c'est à lui qu'il se serait adressé, m'a-t-il dit. En son absence, il avait pensé que je serais le plus indiqué pour venir vous trouver...

— Me trouver ? En quoi mon mari a-t-il besoin d'un intermédiaire entre lui et moi ?

— Ce qu'il avait à vous faire savoir est si grave, ma pauvre amie, si douloureux...

Il s'interrompit une nouvelle fois pour frotter longuement, d'un l'air malheureux et hésitant, son grand nez rougi par l'air vif du dehors.

Les yeux fixes, Isambour le dévisageait.

— Je vous écoute, dit-elle brièvement.

Gildas écarta les pans de sa chape et tira un parchemin roulé de la large ceinture de cuir qui serrait son bliaud à la taille.

— Lisez ceci, dit-il. Ce sera plus simple. Il me l'a remis pour vous.

Les mains qui délièrent le lien de soie rouge tenant le rouleau fermé tremblaient si fort qu'elles durent s'y reprendre à plusieurs fois avant d'y parvenir.

Isambour,

Au terme d'un combat contre moi-même qui a duré une semaine, je pars avec Adelise. Je n'ai pas d'excuse et ne cherche pas à m'en trouver. Le Mal me tient. Pourrez-vous jamais me pardonner ? Je vous laisse tous mes biens. Que Dieu vous garde !

Bernold.

Penché au-dessus de l'épaule de sa mère, Aliaume avait pris connaissance en même temps qu'elle du contenu de la lettre.

Il poussa une sorte de plainte rauque, puis se laissa tomber par terre en frappant de ses poings fermés les dalles jonchées de foin. Des sanglots secs le secouaient. Des injures, des imprécations, tout un délire verbal sortait de sa bouche tordue de dégoût et de chagrin.

Insensible, pour la première fois de sa vie, à la douleur d'un de ses enfants, Isambour s'était laissée aller en arrière, la tête appuyée au coussin de tapisserie qui recouvrait le dossier de la banquette.

Les yeux fermés, pâle comme si elle était évanouie, elle demeura un moment immobile. Rien de ce qui l'entourait n'avait plus d'existence. Elle n'était attentive qu'à l'éclosion, à la montée, d'une spirale de souffrance, issue de son ventre et qui s'élevait jusqu'à sa poitrine en produisant en elle une sensation d'abîme intérieur, de gouffre intime, qu'elle reconnaissait. Cinq ans plus tôt, pendant qu'elle courait vers l'arbre sous lequel gisait, mort, son second fils, Hendri, elle avait éprouvé cette même impression de peur, d'horreur, de désastre irréparable.

— Mon amie, ma pauvre amie, répétait Gildas affolé, ne sachant que faire.

Au bout d'un moment, Isambour, sans changer de position, rouvrit les yeux.

— Fornicateur, adultère, et, pourrait-on dire, incestueux, puisqu'il s'agit de la presque fiancée de son fils, il va se damner, murmura-t-elle d'une voix détimbrée.

Elle ne pleurait pas. Une sécheresse terrifiante l'envahissait.

— Que vous a-t-il dit ? demanda-t-elle enfin à Gildas.

— Il a été bref, répondit sobrement le meunier. En quelques mots, il m'a expliqué ce qui lui arrivait, m'a confié ce parchemin et a insisté pour que je ne vous le remette que ce matin.

— Pourquoi, ce matin seulement ?

— Sans doute pour se donner le temps de mettre son projet à exécution et prendre du champ... J'ai tenté de lui parler comme à l'ami qu'il était pour moi, j'ai voulu l'empêcher de se ruer à sa perte... J'ai dit ce que j'ai cru devoir dire pour le retenir près de vous et de vos enfants... Il n'y a rien eu à faire. Il ne m'écoutait pas... Je sais à présent ce que c'est qu'un possédé... Il m'a quitté sans rien vouloir entendre, presque en courant.

Isambour sentit soudain, au fond de ses entrailles, tressaillir et s'agiter avec violence l'enfant à naître.

— Il ne faut pas que le petit que je porte subisse le contrecoup de cette infamie, dit-elle en posant ses paumes sur son ventre agité de tressaillements. Il ne le faut pas. Puisque son père nous abandonne et se désintéresse de cette nouvelle vie qu'il a fait germer en moi, je deviens son unique protectrice.

— Vous ne manquez pas de courage, Isambour, dit Gildas avec respect.

— Ne croyez pas cela. Je me connais. Quand le malheur me frappe, je fais d'abord bonne contenance, car je ne perçois que lentement la réalité des choses. J'ai l'air vaillante, mais ce n'est qu'illusion. Au fil des heures, la vérité s'infiltre en moi, me pénètre, me fait de plus en plus souffrir. Elle finit toujours par me vaincre. C'est à ce moment-là que j'aurai besoin d'aide, Gildas, quand j'aurai vraiment compris ce qui m'arrive !

Elle se redressa, se leva, alla vers Aliaume qui sanglotait toujours à même le sol.

— Levez-vous, mon fils, continua-t-elle, levez-vous ! Nous voici trahis tous deux en même temps, dépouillés en même temps. Tâchons de faire front ensemble.

Aliaume tourna vers sa mère un visage meurtri, ruisselant, décomposé.

— Je les tuerai, les chiens ! Je les tuerai ! cria-t-il. Je les chercherai partout, partout ! Et, quand je les aurai trouvés, rien ne pourra m'empêcher de me venger !

Il martelait le sol à coups de poing.

— Taisez-vous, ordonna Isambour. Taisez-vous donc. Vous ne savez plus ce que vous dites.

Elle se sentait lasse, lasse, incapable de chapitrer Aliaume comme il l'aurait fallu.

— Voulez-vous venir vous installer chez nous ? proposa Gildas.

— Non, mon ami. Merci. Je resterai ici. Pour le moment, du moins. Tant que je n'aurai pas accouché. Je tiens à ce que cet enfant sans père naisse au moins dans sa propre maison.

« Pourquoi ? se demandait-elle en même temps. Pourquoi s'accrocher à une chose pareille ? Quelle importance cela a-t-il en réalité ? »

Un sentiment d'effondrement, de gâchis irréparable, l'écrasait.

Elle se dirigea vers la fenêtre ouverte sur la jeune lumière d'avril. L'air sentait bon.

Soudain, toutes les cloches de la vallée se mirent à sonner joyeusement pour annoncer la première messe matinale de la Résurrection.

Par bandes tournoyantes, leurs carillons firent s'envoler pigeons, moineaux, merles, sansonnets... Les ailes claquaient, les cloches tintaient, le soleil brillait. Il semblait à Isambour, qu'au même rythme qu'à celui de son cœur rompu, battants et oiseaux scandaient sans fin un seul nom, toujours repris et répété : « Ber-nold, Ber-nold, Ber-nold... »

6

— Je vous ai tous réunis chez moi, dit Gervais-le-vavasseur, parce que l'injure a été publique, et que la vengeance doit être prise en charge par tout notre lignage.

Revenus de Blois le vendredi, Gervais et Perrine avaient tout de suite été informés par la vieille Richilde, mère du vigneron, de l'abandon dont Isambour et ses enfants venaient d'être les victimes. Le sang du vavasseur n'avait fait qu'un tour. Il était accouru chez sa nièce en l'assurant qu'il prenait les choses en main, que la traîtrise dont son mari s'était rendu coupable ne demeurerait pas impunie.

— Je ferai justice ! s'était écrié le petit homme, si satisfait de pouvoir enfin entrer en lutte ouverte avec Bernold, tout en ayant le bon droit pour lui, qu'il en était comme rajeuni.

— Je vous en prie, mon oncle, avait dit Isambour, ne vous mêlez de rien. Je suis seule concernée. Je saurai agir, selon les circonstances, au mieux de mes intérêts et de ceux de mes enfants.

Mais sans vouloir l'écouter, le vavasseur avait convoqué à Morville, pour le lendemain, tous ceux auxquels l'attachaient des liens de parenté.

Dans la salle de sa demeure se trouvaient donc réunis ce samedi-là, autour de lui, sa femme, sa mère, Frémin-le-tord, son oncle, tout recroquevillé par les rhumatismes, Aveline et Mayeul, arrivés le matin même de Blois pour préparer leurs noces et fort contristés de ce qu'ils venaient d'apprendre.

Isambour avait pris place près d'Aliaume. On ne savait lequel était le plus blessé. Accompagné de ses deux fils jumeaux, Jofroi et Onfroi, deux colosses blonds âgés d'une vingtaine d'années, un cousin éloigné de Gervais, Thiégaud de Marchenoir, gros homme roux à la face bouffie des bons buveurs, avait lui aussi répondu à l'appel.

— Je vous ai réunis, commença le vavasseur, pour organiser notre vengeance entre parents. La faide [1] est une obligation sacrée à laquelle nul ne peut se dérober. Je sais que vous m'offrirez tous de grand cœur votre aide pour laver l'outrage infligé à ma nièce et à ses enfants par le mari indigne qui vient de les abandonner, sans même tenir compte de la grossesse de son épouse !

Il y eut un silence. Dans la cheminée, le feu dévorait un tronc d'arbre. De la cour, montaient les caquetages des volailles.

---

1. *Faide* : vengeance d'un crime exercée par les parents de la victime.

— Je suppose qu'en tant que chef de notre maison, dit alors Thiégaud de Marchenoir, vous êtes tout désigné pour devenir le chevetaigne [1] de la guerre promise à votre neveu félon.

— Je serai fier de pouvoir me considérer comme tel, assura Gervais.

Redressé sur son siège, drapé dans son manteau de serge verte, la mine passionnée, le vavasseur ne montrait plus trace du mal qui l'avait terrassé à la Noël. Il revivait.

— Je ne veux pas entendre parler de guerre entre ma famille et celui qui demeure, en dépit de ses fautes, l'époux auquel me lie le sacrement du mariage, dit Isambour en sortant soudain du silence dans lequel elle s'était enfermée depuis le début de la réunion. Je tiens à répéter devant vous tous que je ne demande rien à personne, que je n'ai pas souhaité ce conseil, que je ne réclame pas réparation.

— Soyez généreuse autant que vous le voudrez, ma nièce, s'écria Gervais, mais l'injure dépasse votre personne pour éclabousser tout votre lignage. Vous ne nous empêcherez pas d'agir comme nous le devons.

— Moi, lança Aliaume d'une voix sourde, moi, je veux me venger !

— Mon fils ! protesta Isambour, mon fils, songez qu'il s'agit de celui qui vous a donné la vie !

— Justement ! Il m'a tout pris, lui qui me devait, au premier chef, aide et protection ! Il est doublement coupable envers moi !

— Vous savez, mon enfant, dit alors Frémin-le-tord, que votre père est issu d'une race où les hommes, avant que l'Église n'y mette bon ordre, étaient habitués à répudier leurs femmes pour un rien, et à multiplier les concubines à leurs foyers. Il faut tenir compte de ces origines païennes encore proches chez ceux qui ne sont pas aussi anciennement convertis que nous au christianisme.

— Ces coutumes barbares sont depuis longtemps proscrites par le pape et les évêques, trancha Gervais. Ce n'est pas à nous de remettre en question leurs décisions.

— Il ne s'agit pas de cela, voulut expliquer le bossu, mais...

Thiégaud de Marchenoir lui coupa la parole.

— N'oubliez pas, notre oncle, que le roi de France Philippe Ier, lui-même, a été jugé et excommunié voici quatre ans, à Clermont, par le pape Urbain II, pour un crime comparable. L'Église n'a jamais admis qu'il ait répudié sa première épouse, Berthe de Frise, pour se lier par des noces scélérates à Bertrade de Monfort, du vivant du mari de celle-ci, Foulques-le-Réchin, notre voisin, le comte d'Anjou !

Le gros homme hochait la tête d'un air sévère.

---

1. *Chevetaigne* : chef.

— Le royaume de France mis en interdit à cause de l'inconduite de son roi ! soupira Perrine. Quelle honte ! Quelle misère !

— Ce n'est pas la première fois qu'une telle chose se produit et ce ne sera certainement pas la dernière, soupira le bossu. La chair est faible. Monter sur un trône n'y change rien !

— Sans doute, sans doute, reprit le vavasseur, mais nous nous éloignons de notre propos. Il s'agit de nous unir par serment dans le but de rechercher le mari adultère de notre nièce, jusqu'à ce que nous le retrouvions pour le châtier.

Ses yeux vifs brillaient d'excitation.

— Par Dieu ! Où comptez-vous donc aller ? demanda Jofroi, qui, des jumeaux, était le plus loquace, son frère se contentant de l'approuver par de vigoureux hochements de tête. A-t-on idée de l'endroit où il peut se dissimuler avec cette fille ?

A ces mots, Aliaume émit une sorte de plainte sourde qui déchira Isambour.

— Nul ne sait où ils se terrent, répondit Gervais. Mais j'ai des amis un peu partout dans la région et je connais fort bien un des sergents de la forêt de Silva Longa. Si je le lui demande, il fouillera chaque combe, chaque fossé, chaque hallier.

— N'oubliez pas qu'ils sont normands tous deux, fit alors remarquer Richilde, que son extrême vieillesse n'empêchait pas de conserver l'esprit clair. S'ils sont retournés dans leur duché, vous pourrez toujours battre la campagne par ici !

— Il est vrai, opina le bossu, que le plus sûr moyen pour eux de rester hors d'atteinte est bien de gagner la Normandie ou même de passer en Angleterre.

Le vavasseur haussa les épaules.

— Par mon chef, ce ne sont là que suppositions gratuites ! affirma-t-il d'un ton tranchant. Il est beaucoup plus vraisemblable que nos deux complices sont demeurés dans les environs.

— Et pourquoi donc ? demanda Isambour. Aucun de vous ne peut savoir combien Bernold gardait de nostalgie de son pays. Tout comme ma grand-tante, je crois que vous perdrez votre temps à traquer dans la vallée ou les bois ceux qui sont déjà, sans doute, fort loin de chez nous.

— Oh ! vous, ma nièce, vous ne souhaitez qu'une chose, c'est que nous laissions votre mari se vautrer tranquillement dans son adultère ! s'exclama avec humeur le petit homme obstiné. Si on vous écoutait, Dieu me pardonne, on ne bougerait pas ! On laisserait faire !

Aveline, qui était assise entre son fiancé et sa cousine, tenait une main de celle-ci entre les siennes. Elle la serrait par moments de toutes ses forces.

Demeuré jusque-là silencieux, la tête basse, la mine grave, Mayeul intervint après que le vavasseur se fut tu.

— De nous tous, je suis sans doute celui qui connaît le mieux Bernold, dit-il posément. Nous sommes amis d'enfance, lui et moi. Je puis vous assurer qu'il n'est pas mauvais au fond de lui-même et que jusqu'ici c'était un juste. Ce qui vient de lui advenir me demeure inexplicable, mais prouve qu'il a perdu la raison. Je suis persuadé qu'il doit déjà regretter cette folie... Par le Dieu de Vérité, je jurerais qu'il ne va pas tarder à rentrer chez lui, repentant. Je vous demande de lui laisser le temps de se reprendre, de ne pas le poursuivre avant de lui avoir accordé un délai de contrition suffisant.

Il y eut un nouveau silence. Le regard qu'Isambour adressa à Mayeul n'était que gratitude.

— L'Église recommande en effet que les parents de l'offensé attendent quarante jours avant d'user de représailles envers les coupables, reconnut Thiégaud de Marchenoir. Beaucoup s'y conforment. C'est le délai jugé nécessaire pour que les lignages poursuivis soient dûment avertis du danger.

— Dans notre cas, il n'y a pas de lignage à prévenir, lança Gervais avec irritation. Le mari d'Isambour n'a plus de famille. Tous les siens ont été décimés au cours des guerres intestines entre Bretons et Normands.

— Je trouve néanmoins, mon ami, dit Perrine, que notre futur gendre a raison. Bernold peut encore se repentir, venir à résipiscence. Dieu ne veut pas la mort du pécheur. Ne soyons pas plus intransigeants que Lui. Laissons à celui dont Satan a égaré le cœur le temps de regretter sa faute et, peut-être, de la réparer.

— Comment pourrait-il jamais réparer le mal qu'il a fait ? jeta Aliaume. Il a souillé Adelise, trahi sa foi envers ma mère, et m'a désespéré. Peut-on effacer de tels crimes ? Les parents d'Adelise crient à l'enlèvement, clament leur fureur, demandent réparation. Je leur ai promis de m'en charger.

— Par la Vierge Sainte ! Mon fils, taisez-vous ! s'écria Isambour. Quoi qu'ait pu commettre votre père, il demeure votre père ! Vous n'avez pas le droit de le condamner ! N'oubliez pas, je vous en conjure, que nous serons jugés comme nous aurons jugé. Que le Seigneur vous demandera compte de vos agissements envers celui auquel vous devez, dans tous les cas, respect filial et soumission.

— On ne peut respecter que ceux qui restent respectables, protesta sombrement le jeune homme. Mon père n'est plus des leurs. Ses forfaits sont tels que nul ne songerait à exiger une once de déférence envers un malfaiteur comme lui !

— Eh bien, moi, son épouse, moi qui suis concernée par ses actes autant et même plus que vous, Aliaume, je lui conserve cependant mon estime. Je ne me permets pas d'accabler de mon mépris un homme que le Mal, seul, a pu égarer à ce point !

Pâle et les yeux cernés de bistre, Isambour s'était redressée. Elle se tenait très droite sur son siège, la tête haute.

— Je demande donc, moi aussi, à cette assemblée, reprit-elle, de repousser à quarante jours l'ouverture des hostilités envers mon époux. Nous sommes plusieurs, ici, à penser qu'il faut lui laisser le temps de se repentir. Ce délai une fois révolu, si Bernold n'est pas de retour, nous nous réunirons à nouveau, mon oncle, pour décider de la marche à suivre. Auparavant, je vous supplie tous de ne rien tenter pour le traquer. Attendons seulement, attendons, et prions Dieu d'amener cette âme à repentance.

— Il a droit à ce délai, convint le bossu. Nous devons le lui accorder.

Le vavasseur se grattait la tête avec indignation.

— Vous donnez ainsi au félon loisir de gagner la Normandie, grommela-t-il, furieux.

— S'il a jamais eu l'intention de retourner dans son pays natal, il doit déjà y être rendu, remarqua Thiégaud de Marchenoir avec lassitude. Ou bien il est parti depuis une semaine et nous n'avons aucune chance de le rattraper, ou bien il se cache quelque part dans la région et nous le dénicherons au gîte une fois les quarante jours révolus.

Aveline se pencha vers sa cousine.

— Vous avez obtenu gain de cause, amie, dit-elle, mais je vous trouve bien magnanime. A votre place, je n'aurais de cesse de me voir vengée ! Au besoin, j'agirais par moi-même, et je vous prie de croire que rien ne m'empêcherait de faire justice !

— Hélas, soupira Isambour, hélas ! le châtiment infligé à l'adultère a-t-il jamais consolé personne ?

— Certes oui ! s'écria Aveline. Se venger efface l'offense et rend l'honneur !

— Pour moi, murmura Isambour en secouant le front, pour moi, ce n'est pas une question d'honneur, c'est une question d'amour...

Les hôtes du vavasseur quittaient leurs sièges, changeaient de place, s'entretenaient par petits groupes.

Voyant que Mayeul était allé saluer le bossu, Perrine vint rejoindre sa fille et sa nièce, toutes deux assises sur un coffre, près d'une fenêtre ouverte.

— Qu'allez-vous faire, à présent, Isambour ? demanda-t-elle.

— Je ne sais, ma tante... non, vraiment, je ne sais...

— Pensez-vous demeurer au Grand Feu ?

— Je préfère y rester pour le moment. Après la naissance de mon enfant, j'aviserai.

Elle passa la main sur ses yeux.

— Depuis huit jours, je vis dans une sorte de brume, avoua-t-elle. Je n'arrive pas à croire au reniement de Bernold. Cela lui ressemble si peu... J'attends. J'espère son retour... Il ne peut pas s'en être allé pour bien longtemps. Il me semble toujours qu'il va pousser la porte de la salle et venir me demander pardon... C'est pourquoi je suis très reconnaissante à Mayeul de ce qu'il a dit. Il est vrai qu'il n'y a aucune méchanceté dans le cœur de mon pauvre fou de mari ! Le démon l'a séduit, c'est tout. Il ne peut pas ne pas se reprendre... nous étions si unis, si heureux ensemble !

Elle pliait les épaules comme sous l'excès d'un poids insupportable.

Aveline s'empara d'une des mains de sa cousine, la porta à ses lèvres.

— Vous voir si douloureuse, amie, sœur, est horrible, dit-elle, et me fait mal à en crier !

— Je ne veux surtout pas que mon épreuve vous détourne de la joie qui doit être vôtre, reprit vivement Isambour en se redressant. Vous vous mariez lundi avec un homme excellent. Ne vous souciez pas du reste !

— Comment le pourrais-je ? Vous savez combien je vous aime !

— Justement. Vos noces sont bien le seul événement qui puisse encore m'apporter un peu de douceur, affirma Isambour. Savoir que vous allez, enfin, connaître la satisfaction d'être la femme de celui que vous avez si longtemps attendu, me redonne courage. Cela prouve au moins que nos prières finissent, un jour ou l'autre, par être exaucées !

Elle eut un pauvre sourire.

— Laissez-vous aller à goûter un bonheur si mérité, reprit-elle avec conviction. Il serait trop triste que mon chagrin l'assombrît.

Mais Isambour avait surestimé ses propres forces. Comme elle était le témoin de la mariée, il lui incomba, le lundi suivant, de tendre avec l'aide de Salomon de Fréteval, témoin du marié, le voile de pourpre au-dessus de la tête des nouveaux époux, pendant le chant de bénédiction.

Elle parvint à le maintenir le temps voulu, mais, quand elle en eut fini, ses jambes se dérobèrent sous elle. Elle vacilla et perdit connaissance.

Gildas et Jofroi de Marchenoir l'étendirent dans le fond de l'église, sur un banc adossé à l'un des murs. Basilie lui fit respirer des aromates qu'elle conservait dans une petite boîte d'ivoire enfouie dans son aumônière.

Revenue à elle, Isambour se mit à pleurer. C'était ses premières larmes depuis le matin de Pâques.

En dépit de ses efforts, elle ne parvenait pas à les arrêter. Sur son visage défait, les pleurs coulaient, pressés, comme les flocons de neige qui, en ce matin d'avril, tombaient sur les pruniers et les cerisiers en fleur.

— Voulez-vous que nous vous reconduisions chez vous ? demanda Basilie.

— Non, merci. Il ne faut pas gâcher le mariage d'Aveline.

Une boule d'angoisse l'étouffait, un poids lui écrasait la poitrine, la conscience d'une perte irréparable l'aveuglait enfin.

Ce ne fut qu'à la fin de la cérémonie qu'elle parvint à se maîtriser, mais la détresse qui l'avait si cruellement envahie ne se dissipa plus.

Dehors, il neigeait toujours. Il sembla à Isambour que ce retour imprévu du froid correspondait mystérieusement au sentiment de désespoir qui lui glaçait le cœur.

Le long repas de noces offert à Morville par le vavasseur et Perrine lui fut un supplice.

Ne voulant à aucun prix troubler la fête, elle tenta de dissimuler sa douleur aux invités de son oncle et de faire bonne contenance, mais personne ne sut ce qu'il lui en coûtait. Elle parvint même à sourire une fois ou deux à Aveline qui la regardait avec inquiétude, et prit l'air intéressé quand les bateleurs venus de Blois se livrèrent à des acrobaties, à des sauts périlleux, à des jongleries, avant de divertir les convives de chants gaillards et de morceaux de musique.

On ne dansa pas. Aveline avait souhaité qu'on s'en abstînt par respect pour le malheur arrivé à Isambour et aux siens.

En dépit de cette attention, la fête nuptiale apportait inexorablement à la délaissée l'évidence de l'état d'abandon qui serait désormais le sien.

Parmi les fumets des viandes, les odeurs d'épices ou de pâtisseries, à travers les éclats de rire, le bruit des conversations et des coupes entrechoquées, au milieu des refrains repris en chœur par l'assemblée, Isambour mesurait davantage l'étendue de la solitude qui l'attendait et les conséquences désastreuses du départ de Bernold.

Heureusement pour elle, la fête fut de courte durée. La comtesse Adèle avait demandé à sa meilleure brodeuse de reprendre son travail dès le mardi matin. Les nouveaux mariés se virent donc obligés de quitter Morville à la fin du banquet. On ne prolongea pas les festivités plus avant.

Sur le point de monter à cheval pour suivre Mayeul, Aveline, enveloppée dans une chape de drap cramoisi fourrée de loutre, serra sa cousine dans ses bras.

— Promettez-moi, sœur, de venir nous rejoindre à Blois sitôt après vos couches, lui dit-elle. Vous ne pourrez rester au Grand Feu une fois délivrée.

— Nous verrons... nous verrons... Ne vous souciez pas de moi. Tout ira bien.

Elles s'étreignirent.

— Longue vie à tous deux, parvint à articuler Isambour. Que
Dieu vous garde !

Perrine s'essuyait les yeux. Le vavasseur souriait dans le vague.
Il songeait à ses futurs héritiers.

Rassemblés dans la cour de la maison forte, sous l'averse continue
des flocons, les invités, trop bien nourris et abreuvés pour souffrir
du froid humide de ce jour d'hiver égaré en avril, lancèrent des
vivats enthousiastes et accompagnèrent le départ des époux de
longues acclamations.

— Nous allons nous en aller, nous aussi, déclara ensuite Isambour
à sa tante. Je me sens lasse.

— Je comprends, ma chère nièce, je comprends, soupira Perrine.
Rentrez bien vite chez vous. J'irai vous voir sans tarder.

Amalberge, qui avait été conviée aux noces avec Gerbaut-le-
maisné et leur fils Haguenier, s'approcha d'Isambour.

— Vous avez mauvaise mine, dame, lui dit-elle. Ménagez-vous.
Songez à votre état.

— J'y songe, Amalberge. J'y songe.

Dans les yeux de la sage-femme, profondément enfoncés sous
l'arcade sourcilière, compréhension et apitoiement se lisaient.

— Je vais chercher Philippa qui joue dans la chambre du haut
avec d'autres petits, déclara-t-elle sans insister. Je n'en ai pas
pour longtemps.

Dans la charrette bâchée qui les ramenait un peu plus tard à la
verrerie, Isambour serrait Philippa contre elle, autant pour la protéger
du froid que par besoin de sa présence. Heureusement, elle avait
cette enfant-là !

Trop jeunes, Aubin et Doette ne lui étaient pas d'un grand
secours. Aliaume, quant à lui, l'inquiétait beaucoup. Il avait refusé
d'assister au mariage d'Aveline et devenait chaque jour plus
nerveux. Il se nourrissait à peine, travaillait de moins en moins à
l'atelier, disparaissait des journées entières. Où allait-il ? En une
semaine, il avait vieilli de plusieurs années.

Sa mère ne reconnaissait plus le garçon confiant et joyeux de
naguère. Elle avait toujours pensé que sa nature sincère, dénuée de
méfiance, l'exposait plus qu'un autre aux déconvenues de l'existence, mais elle n'avait su prévoir une aussi totale et rapide
transformation.

Devenu la proie d'une obsession, il devait passer ses journées à
rechercher les traces des fugitifs, sans tenir compte du délai que
chacun s'était engagé à respecter, lors de la réunion tenue chez le
vavasseur. Gardait-il une chance de retrouver son père et son amie ?
Étaient-ils trouvables ? Isambour ne le pensait pas. Son cœur déchiré
avait ressenti leur éloignement avant qu'elle ne l'admît.

— Avez-vous froid, ma mère ? Vous tremblez, dit Philippa.

Fanée à présent, la couronne de pervenches et de primevères qu'elle portait depuis le matin pendait autour de son visage aux sourcils froncés par l'inquiétude.

— Je n'ai pas très chaud, en effet, ma petite fille. La neige me glace toujours le sang, reconnut Isambour. Et puis, je suis fatiguée.

Gerbaut-le-maisné, qui conduisait la jument pommelée, émit une sorte de grognement. Amalberge et Haguenier, assis à l'arrière de la voiture, sur une banquette qu'on avait rajoutée à leur intention, se taisaient tous deux. Sur les genoux de l'aveugle, reposait la petite harpe dont il s'était servi durant le banquet pour accompagner les jongleurs.

Devant la charrette, obsédants par l'abondance de leur chute monotone et légère, les flocons blancs rayaient le ciel sans couleur. Les champs, les prés, les arbres, si verts la veille encore, avaient retrouvé leur linceul hivernal. Les vergers aux pétales enneigés semblaient s'être trompés de saison.

L'attelage cahotait sur le chemin qui longeait le Loir. Le bruit crissant des roues broyant les cristaux de glace dans les ornières profondes accompagnait seul le pas assourdi du cheval.

— Par ma foi, c'est un drôle de temps, grommela Amalberge comme la voiture franchissait le pont de bois reliant les deux rives de la rivière. Je n'aime pas ces retours de la froidure... Il ne faudrait pas que les gelées tardives nous privent de prunes et de cerises, cette année.

— *N'y a pas si gentil avril*

« *Qui n'ait son chapeau de grésil !* chantonna Haguenier à mi-voix.

— Tant qu'on est en avril, les retours de l'hiver sont à craindre, commenta Gerbaut-le-maisné. On fait trop confiance au printemps. Il n'est pas toujours bon bougre !

Isambour n'ignorait pas que le souffleur de verre, son épouse et son fils ne parlaient ainsi que pour meubler le silence et l'arracher à ses pensées. Elle leur en était reconnaissante comme à tous ceux du Grand Feu qui, depuis le départ de Bernold, l'entouraient de sollicitude.

Le plus atteint avait été Rémi qui vouait à son maître une sorte de vénération. Mais il était de nature trop dévouée pour ne pas avoir trouvé de parade : la responsable ne pouvait être qu'Adelise. C'était elle qui avait détourné le verrier de son devoir. C'était donc sur elle, sur elle seule, qu'il convenait de faire retomber mépris et imprécations. S'il se contenait en présence d'Aliaume, il se rattrapait en son absence. Il avait fallu, plusieurs fois, le faire taire, car les injures qu'il déversait sur « la catin, l'horrible traîtresse, la puante scélérate qui avait assoté un homme de bien comme le maître », risquaient de parvenir jusqu'aux oreilles des enfants.

Dans la charrette, la conversation roulait toujours sur les caprices du temps.

« Que m'importe à présent les plantes, les fruits, les récoltes du domaine ? se demandait Isambour. Sans Bernold, toutes ces choses auxquelles j'accordais, voici encore si peu de jours, une grande importance, sont dénuées d'intérêt pour moi. Je m'aperçois que notre entente, et elle seule, colorait à mes yeux les instants de la vie. Privée de cette complicité-là, je n'ai plus goût à rien... »

— Est-ce que Grécie va revenir maintenant avec nous à la maison ? demanda soudain Philippa, toujours enveloppée dans la chape de pluie de sa mère et serrée contre elle.

Isambour se mordit les lèvres. Jusqu'à présent, elle avait évité d'envisager la façon dont sa fille aînée se comporterait en apprenant la conduite de son père. Mais Aveline venait de lui proposer, avant de partir pour Blois, de mettre elle-même l'adolescente au courant. L'idée avait paru bonne à Isambour. Il fallait bien que Grécie soit prévenue un jour ou l'autre de ce qui était advenu. Autant que ce soit par les soins d'Aveline.

Avec son caractère imprévisible, comment l'enfant préférée de Bernold prendrait-elle une semblable nouvelle ?

— Je ne sais pas encore, ma chère fille, soupira Isambour. Irons-nous la rejoindre à Blois, ou, au contraire, viendra-t-elle nous retrouver ? Je n'ai rien décidé...

Elle se sentait sans courage, incapable de faire face aux responsabilités si diverses qui allaient lui échoir.

« Je me croyais vaillante, songeait-elle tristement en pénétrant chez elle un moment plus tard, mais ce que je prenais pour une certaine force d'âme n'était que l'assurance où je vivais de ne jamais manquer de soutien. Ce qu'on nommait autour de moi sérénité n'était, au fond, que la quiétude d'un cœur qui se croyait aimé et, je puis bien me l'avouer, préféré à tout autre... J'avais tout misé sur la fidélité de Bernold ! Maintenant, je me sens perdue... je ne suis plus la préférée de personne ! »

Ce soir-là, dans le lit veuf de celui qui aurait dû légitimement l'occuper, auprès de Philippa endormie, Isambour pleura sans plus se soucier de rien. Un désespoir absolu l'écrasait. Tout en elle s'effondrait. Allongée sur le dos, immobile dans le noir pour ne pas réveiller sa fille, les bras étendus le long de son corps que plus personne, désormais, n'étreindrait, elle laissa ses larmes couler sur ses joues, mouiller l'oreiller et le drap, sans tenter de les essuyer. Une impression si totale de désastre l'envahissait qu'une peur sourde lui serrait le cœur, lui tordait le ventre, comme si elle se sentait tomber au fond d'un gouffre...

« Comment vais-je pouvoir vivre sans lui, sans compter le revoir, moi qui supportais déjà si mal ses absences momentanées ? »

Au petit matin, elle sombra dans une somnolence douloureuse, après avoir songé avec un déchirement supplémentaire à sa cousine qui découvrait au même moment les ivresses d'une nuit de noces entre les bras de son mari...

Dans les jours qui suivirent, Isambour comprit que le mariage d'Aveline resterait pour elle le véritable début de sa nouvelle condition de femme délaissée.

A son insu, une évolution s'était accomplie en elle. Une sorte de lucidité accablée avait remplacé l'hébétement initial. Ayant cessé d'attendre à chaque instant le retour de Bernold, elle se voyait acculée à admettre qu'il ne reviendrait sans doute pas. Elle ne se demandait plus avec horreur où il pouvait bien dissimuler ses amours adultères. Qu'importait le lieu ? Seules comptaient sa disparition et une absence dont elle concevait à présent qu'elle pourrait bien être définitive.

Comme un acide qui creuse peu à peu un trou dans le plus résistant des cuirs, la conscience de la perte irréparable qu'elle venait de subir avait mis une semaine à pénétrer son esprit. Elle découvrait enfin avec effroi l'étendue du saccage... Amputée d'une complicité de près de vingt ans, elle se sentait tellement diminuée qu'il lui semblait être devenue une ombre sans épaisseur et sans réalité.

Les attentions de ceux qui l'entouraient, pas davantage que la tendresse de ses enfants, ne lui apportaient de véritable réconfort. Quant à sa foi... Elle s'aperçut avec stupeur qu'elle ne priait pas, qu'elle n'en éprouvait plus le besoin, qu'elle n'y songeait seulement pas. Selon la coutume et pour ne pas troubler son entourage, elle continuait à se rendre chaque matin à la messe en compagnie de ses gens, mais elle y assistait sans y participer autrement que des lèvres. Un mannequin de paille aurait aussi bien fait l'affaire.

Une sécheresse désertique remplaçait la source d'eau vive où, auparavant, son âme s'abreuvait.

Avec l'amour de Bernold, l'amour qu'elle vouait au Seigneur s'en était allé. Elle s'avisa que, pas une fois depuis le mariage de sa cousine, elle n'avait eu recours à Dieu. Étrangement, la ruine de sa vie conjugale entraînait avec elle l'anéantissement de toute relation avec le Créateur. Elle n'aurait su expliquer pourquoi, mais elle le ressentait ainsi. Quelque chose, en elle, s'était rompu. Des morceaux épars de son cœur, ne pouvait plus sortir que poussière morte...

Elle ne se révoltait pas, pour autant, contre Celui qui était à l'origine de toutes choses. Une morne apathie l'habitait. Elle ne se détournait pas de Lui avec fureur. Elle en détachait simplement sa pensée. Il avait cessé d'occuper son ciel. Vide était devenue son âme, vides également les cieux.

Reconnaissant la gravité de ce nouveau mal, elle se décida à aller trouver son frère.

Roland ne parut pas surpris de ce que sa sœur lui confiait. Consterné lui-même par la forfaiture de Bernold, il connaissait trop bien l'intensité des sentiments qu'Isambour portait à son mari pour s'étonner d'un tel aveu.

— Vous êtes ébranlée jusqu'au tréfonds de votre être, lui dit-il après l'avoir entendue. Quand la terre tremble et vomit sa lave, tout est brûlé aux alentours. Il en est de même pour vous. Ce grand bouleversement de votre existence a calciné jusqu'à votre confiance en Dieu. Mais l'herbe finit par reverdir sur les flancs pelés du volcan. Votre foi fera comme elle. Croyez-moi, les racines tiennent bon, même lorsque tiges et feuilles sont détruites.

Ils allaient, l'un près de l'autre dans le jardin aux plantes médicinales du monastère, et c'était tout naturellement que Roland, en cette fin d'avril, parlait à sa sœur de la puissance des germinations.

Le beau temps revenu permettait à la nature de se livrer une fois de plus avec exubérance à son travail d'enfantement. Comme chaque année, on ne pouvait que s'émerveiller de sa vitalité, de sa jeunesse toujours renouvelées.

Dans leur floraison, pommiers et poiriers succédaient aux cerisiers et aux pruniers. La campagne foisonnait de buissons éclatants. A travers prés, pâtures, sous-bois, chemins creux, un tapis vert, dru et soyeux se déroulait.

— Rien pourra-t-il jamais reverdir en moi comme en ce jardin ? murmura Isambour. Je ne suis que décombres...

Plongé dans un de ces silences qui lui étaient coutumiers, Roland avança un moment sans parler aux côtés de la jeune femme.

— Je voulais vous demander quelque chose, dit-il enfin. En voulez-vous à la pucelle qui a séduit votre époux ? Lui portez-vous des sentiments de haine ?

Il avait l'air plus préoccupé par la réponse qui allait lui être faite que par ce qu'il avait entendu jusque-là.

— Si je ne la connaissais pas, je pense que je la haïrais, répondit Isambour. Mais, comment pourrais-je reprocher à la jouvencelle qu'Aliaume m'a présentée un jour de m'avoir volé mon mari ? Elle n'a pas manœuvré dans l'ombre pour l'attirer. J'étais présente au moment fatal où ils se sont rencontrés. Elle ne lui a rien dit, l'a tout juste salué... Non, mon frère, voyez-vous, je ne puis la tenir pour responsable. Tout comme Bernold, elle est victime du Mal ! Tout comme lui, elle a été captivée, ensorcelée, perdue, arrachée à elle-même et aux siens... emportée comme un fétu par la tourmente !

Le moine soupira de soulagement.

— Dieu soit béni ! Vous pratiquez le pardon des offenses, ma sœur, en dépit de l'engourdissement de votre foi. Là est le plus important. Je redoutais pour vous que les effets pernicieux de la jalousie vous aient dressée contre votre rivale. Un tel sentiment aurait mis votre salut en péril. Restée pure de toute animosité, vous demeurez dans l'amitié du Seigneur. D'autant plus que vous montrez de la pitié envers les coupables...

— Ce n'est pas de la pitié, rectifia Isambour. C'est une sorte d'obligation où je me trouve d'admettre qu'ils n'ont, ni l'un ni l'autre, décidé ou voulu ce qui est arrivé...

De l'allure appesantie des femmes enceintes, elle marcha un moment en silence. Son bliaud de laine écrue balayait les bordures d'oseille et de thym.

— Sans y rien comprendre, j'ai assisté, pendant plusieurs jours, au débat de conscience qui a déchiré Bernold, reprit-elle au bout d'un moment. Je mettais sur le compte des maux du corps ce qui était en réalité lèpre de l'âme, mais je puis vous assurer qu'il était torturé et qu'il se débattait contre la tentation. Comment pourrais-je nier, dans ces conditions, qu'il a été envoûté par l'Adversaire, abusé par lui ?

Ils longeaient à présent les poiriers taillés en cordons qui cernaient des carrés où la sauge, la guimauve, le millepertuis, l'arnica, le sénevé, l'angélique, la menthe, l'armoise, le basilic et bien d'autres simples bourgeonnaient ou commençaient à fleurir.

— En vérité, mon frère, continua Isambour, je n'éprouve pas de haine parce que je ne me sens pas humiliée. Dépouillée, oui, humiliée, non. Je l'aurais été si Bernold m'avait quittée par caprice ou goût du changement, s'il m'avait rejetée après s'être lassé de moi. Je crois pouvoir affirmer sans me tromper que ce n'était pas le cas. Je suis certaine qu'il m'aimait encore avec tendresse, qu'il aurait continué à le faire sans la rencontre qui l'a transformé. Une force plus impérieuse que sa volonté, plus puissante que ses sentiments pour moi, l'a envahi... C'est un état d'emprise démoniaque ! Voyez-vous, Roland, mon époux est possédé !

Le moine inclina sur sa poitrine la grosse tête sans beauté qui émergeait du capuchon de son froc noir.

— C'est justement pour conjurer de telles aliénations que l'Église enjoint de plus en plus d'imposer le sacrement du mariage à la place de la simple bénédiction dont on s'est si souvent contenté dans le passé, expliqua-t-il. Le sacrement est à la fois barrière contre le démon et soutien aux époux consacrés. Beaucoup sont retenus par cette aide spirituelle et par cet interdit. Pour que votre mari se soit laissé circonvenir en dépit de la sainteté du lien qui l'attachait à vous, il a fallu que le Mal déploie contre lui tous ses artifices. Bernold était un homme loyal. Ce fut sûrement un dur combat. C'est pourquoi vous avez raison de ne pas le maudire. Il n'a dû capituler qu'à bout de résistance. Il est plus à plaindre qu'à blâmer, ma sœur. Il faut prier sans cesse pour qu'il soit secouru.

— Je ne puis.

— Je le ferai pour vous et demanderai à tous les frères de ce moutier de se mettre en oraison dans la même intention. La prière, voyez-vous, est plus forte que le Mal, bien sûr, mais, aussi, plus forte que la colère de Dieu puisqu'elle parvient souvent à la conjurer.

— C'est ce que me dit et me répète la femme de notre curé. Elle vient fréquemment me voir depuis le départ de Bernold. Je la laisse dire...

— Je demanderai en plus à Notre-Dame de Chartres de vous soutenir et de vous aider à retrouver l'amour du Seigneur.

— Qu'elle vous entende, mon frère !

Isambour quitta Roland sans avoir puisé de véritable apaisement dans l'affection et l'attention qu'il lui portait. Elle n'était pas en état d'échapper à son malheur.

Les jours s'écoulèrent. La vie se déroulait selon les habitudes établies, mais l'épouse délaissée continuait à se sentir isolée parmi les siens. Ses mains s'activaient, sa pensée demeurait ailleurs.

« Que fait-il en ce moment ? Comment vit-il ? Il a dû reprendre son métier de verrier... Il ne sait rien faire d'autre et y réussit si bien. Pense-t-il parfois à nous ? Regrette-t-il ? Non, il ne doit rien regretter... »

Tout lui était amer.

Les quarante jours de rémission accordés à l'adultère passèrent sans fournir le moindre renseignement sur ce que Bernold avait pu devenir. Aucun message, aucun signe.

Il y eut une nouvelle réunion chez le vavasseur. Il y fut décidé que les membres du lignage pouvaient, désormais, se mettre en quête du coupable pour le prendre et le châtier.

Ce qui atteignit Isambour plus qu'une menace dont elle ne pensait pas qu'elle pût être exécutée fut l'attitude implacable de son fils aîné.

Le temps écoulé, ni les tentatives de consolation prodiguées aussi bien par sa mère que par Rémi ou Gerbaut-le-maisné, sans parler de Roland, rien ni personne n'avait pu calmer la vindicte d'Aliaume. Il ne rêvait que vengeance et représailles.

— Ma mère, dit-il à Isambour, au retour de la seconde réunion punitive de Morville, ma mère, je vais vous quitter. J'ai acquis la quasi-certitude que ceux que nous recherchons ne se sont pas réfugiés par ici. Ils doivent avoir gagné la Normandie. Il me faut les y poursuivre.

— Mais, enfin, mon fils, que comptez-vous donc faire ? Vous n'allez tout de même pas porter la main sur votre père !

— Celui qui a renié nos liens de parenté, ce n'est pas moi ! jeta le jeune homme avec rage. Le parjure, le renégat, ce n'est pas moi !

— Le parricide, ce serait vous ! Et, vous le savez bien, aucun crime n'est plus abominable !

— De toute façon, ma vie est gâchée, perdue, condamnée ! Quand je me serai vengé, je partirai à pied pour les Lieux saints, où, durant le temps qui me restera à souffrir, je me mettrai au service des pauvres pèlerins de Dieu !

Isambour se prit la tête entre les mains.

— Décidément, aucun de ceux que j'ai tant aimés n'aura pris pitié de moi, dit-elle d'un ton douloureux. Ni votre père, ni vous n'avez, un seul instant, songé à m'épargner.

— Ne me mettez pas au même rang que celui qui est à l'origine de tous nos malheurs ! Je suis une victime, comme vous !

— Est-ce une raison pour lui appliquer la peine du talion, ainsi que des païens ? Ne vivons-nous pas sous une charte d'amour, de pardon et d'oubli des injures ?

— Je suis donc un mauvais chrétien ! Mais, là encore, ma mère, à qui la faute ? J'étais loyal et confiant avant d'être trahi !

— Croyez-vous que le pardon des offenses ne s'applique qu'à des peccadilles ? Ne savez-vous pas que, plus grave est l'outrage, plus nécessaire est la merci ?

— Autrefois, je le pensais, en effet. Mais vous ne pouvez savoir combien j'ai souffert, combien je souffre !

Il se laissa tomber au pied du lit sur lequel Isambour, qui filait sa quenouille, était assise.

— Je suis malheureux à en crever ! gémit-il en enfouissant son visage dans les plis de la courtepointe qui recouvrait la couche. J'ai espéré que mon cœur éclaterait... mais il doit être solide... Que voulez-vous que je devienne si je ne tente pas de calmer ma peine en rendant coup pour coup ?

— Vous ne calmerez rien du tout, mon fils ! Rien du tout ! Croyez-moi, le crime commis ne changera pas la situation où vous vous trouvez. Vous n'y gagnerez qu'un surcroît d'horreur envers vous-même !

Aliaume se redressa, contempla sa mère d'un air égaré, s'abattit en sanglotant sur son épaule.

— Perdu ! Perdu ! Je suis perdu ! gémissait-il en une litanie désolée. Mère ! Ma mère ! Secourez-moi !

Ainsi qu'elle le faisait quand il était enfant, Isambour caressait les cheveux indisciplinés de son fils en lui parlant tout bas.

Dans son ventre, le petit à naître s'agitait. Elle songeait combien Bernold s'était montré léger et égoïste en s'en allant comme il l'avait fait, sans se soucier le moins du monde de ceux qu'il laissait derrière lui, de ceux dont il saccageait le présent et comprometait l'avenir...

Aliaume demeura un long moment enfoui dans la chaleur maternelle, abandonné à son deuil. Lorsqu'il releva son visage tuméfié, il lut tant de compréhension, d'amour, d'angoisse dans les yeux d'Isambour, qu'il en fut tout remué.

— Dieu me pardonne ! dit-il, je ne pensais qu'à moi ! Vous êtes pourtant encore plus à plaindre, hélas ! si c'est possible... et, malgré tout, vous accordez miséricorde ! Mais comment faites-vous ? Comment y parvenez-vous ?

— Vous savez aussi bien que moi qu'ils ne sont responsables ni l'un ni l'autre, dit doucement Isambour. Vous savez qu'ils se sont, tous deux, débattus contre l'emprise de l'Ennemi. Il les a pourtant forcés à l'écouter pour les soumettre enfin à ses lois criminelles... Pouvons-nous les condamner sans appel, nous qui sommes, comme eux, pécheurs et sensibles à la tentation ?

— Mais nous y résistons !

— En toute bonne foi, mon fils, me jureriez-vous que vous vous seriez détourné d'Adelise si elle avait déjà été mariée quand vous l'avez rencontrée ?

Aliaume baissa la tête.

— Vous voyez, conclut Isambour, vous voyez bien ! Qui peut se vanter de ne pas tomber dans le péché ? Personne. Nous nous montrons toujours si lâches devant le désir !

Elle posa sa quenouille et son fuseau sur la courtepointe à côté d'elle et, d'un geste que ses enfants connaissaient bien, elle se rejeta en arrière tout en portant la main à ses reins, douloureux depuis qu'elle approchait du terme de sa grossesse.

Aliaume considérait sa mère avec confusion et repentir.

— Je vais attendre que vous ayez mis au monde cet enfant, dit-il. Je ne puis vous laisser sans protection en une pareille affaire.

Isambour lui adressa un regard ému.

— C'est bon, reprit-il. Je reste jusqu'à la naissance. Ensuite, je verrai.

— Nos parents vont peut-être retrouver votre père avant mes couches, remarqua-t-elle. Je ne le souhaite pas, mais je préférerais cela plutôt que de vous savoir conduit à commettre un acte irréparable. S'ils le prennent, ils le traduiront sans doute devant un tribunal ecclésiastique qui lui infligera une lourde peine, mais lui laissera la vie. C'est pour moi l'essentiel.

Aliaume s'agenouilla devant sa mère et lui baisa les mains.

— Vous abandonner, ma mère. Une femme telle que vous ! Dieu juste, est-ce pardonnable ?

— Ce sont nos affaires, à votre père et à moi. Personne, hors nous deux, ne peut en juger. Pas plus vous qu'un autre, mon fils !

Elle se leva.

— Il est l'heure d'aller souper, dit-elle. Venez, Aliaume, donnez-moi votre bras. Je suis de plus en plus lourde.

La Pentecôte arriva, avec ses processions, ses guirlandes de fleurs tendues entre les maisons des villages, ses lâchers de colombes, ses danses populaires.

Au Grand Feu, on suivit les offices, mais on évita les réjouissances. L'absence du maître verrier pesait sur tout le monde. Il n'y avait pas jusqu'à ses chiens qui ne l'attendaient et ne le cherchaient en gémissant. La gaieté n'était plus de mise. Les enfants eux-mêmes se montraient moins insouciants. Philippa se tenait le plus souvent possible auprès de sa mère, faisant taire Aubin et Doette quand ils criaient trop fort.

Ce fut le soir du lundi de Pentecôte, un soir chaud, grondant de menaces orageuses, qu'Isambour ressentit les premières douleurs de l'enfantement. Elle achevait de bercer Doette, qui avait mis beaucoup de temps à s'endormir et reposait enfin.

Constatant que les spasmes se produisaient à un rythme beaucoup plus rapproché que les autres fois, elle appela Sancie et lui enjoignit de courir prévenir Amalberge.

Mais à peine avait-elle enfilé sa chemise d'accouchée, sur le devant de laquelle était cousue la prière destinée à préserver des gésines laborieuses, qu'elle perdit les eaux. Décontenancée, mais sans trop s'inquiéter, elle s'essuya rapidement et pensa aller s'étendre.

Avant qu'elle ait pu gagner le petit lit de sangles affecté aux enfantements, et dressé à l'avance dans un coin de la chambre, une contraction plus violente se produisit, lui déchirant le ventre.

Elle poussa un cri strident. A sa profonde stupéfaction, elle sentit alors l'enfant sortir d'elle, glisser le long de ses jambes, dans un flux de sang.

Il serait tombé sur le sol jonché des hautes herbes odorantes de juin si elle ne l'avait retenu dans les plis de sa chemise et, un peu affolée, reçu, gluant et gigotant, entre ses mains.

— C'est un garçon ! lança-t-elle à la sage-femme qui entrait sur ces entrefaites. Il semble solide et bien membré.

— Dieu tout-puissant ! Il est déjà né ! s'écria Margiste qui suivait la ventrière en portant des brocs d'eau chaude, des langes, de petits vêtements de toile.

— Pourquoi m'avoir fait prévenir si tard, dame ? demanda Amalberge en s'emparant de l'enfant qui criait.

— Je vous ai appelée dès que les douleurs sont devenues insistantes, comme je le fais toujours, dit Isambour. Mais tout s'est ensuite passé fort rapidement. Je n'ai jamais accouché si vite !

Amalberge coupa le cordon ombilical, le noua avec soin, enveloppa, après l'avoir essuyé, le petit corps tout agité dans un linge propre, le tendit à Margiste afin qu'elle le baignât.

Elle procéda ensuite à la délivrance d'Isambour qui s'était

allongée sur la couche prévue à cet effet, puis se mit en devoir de la laver et de la parfumer.

Pendant ce temps, Margiste frottait de sel l'enfançon qui se débattait et poussait des cris de putois, le plongeait dans le cuvier servant d'ordinaire à Doette, le savonnait avec un morceau de savon au miel. Mais il ne semblait aucunement apprécier cette façon de faire et protestait de plus belle.

Après l'avoir séché, elle le frictionna à la poudre de racine d'iris, ce qui parut plaire au petit garçon qui se calma. Enfin, elle lui passa autour du cou un mince collier de grains d'ambre pour qu'il ne souffrît ni de coliques ni de convulsions.

Après en avoir terminé avec la mère, Amalberge revint vers l'enfant. Elle lui versa dans les yeux quelques gouttes de vinaigre rosat apporté par Sancie, et lui banda le nombril en le compressant à l'aide d'une ceinture de lin.

Une chemise de toile fine et une brassière molletonnée l'habillèrent. Il ne restait plus à la sage-femme qu'à emmailloter le nouveau-né dans les langes blancs qu'elle maintint par des bandelettes entrecroisées afin qu'il gardât les jambes droites.

Margiste et Sancie avaient installé pendant ce temps Isambour dans le grand lit dont elles avaient changé les draps. Deux gros oreillers la tenaient presque assise.

— Il vous faut boire à présent l'infusion d'alchémille que je vous fais prendre à chacune de vos couches, dit Amalberge. Margiste va vous la préparer.

— Je n'ai mis au monde aussi aisément aucun de ses frères et sœurs, remarqua la nouvelle accouchée. C'est à peine si j'ai souffert !

— Dame, rétorqua la sage-femme, j'en ai vu de bien des sortes depuis que je fais ce métier, mais presque jamais je ne suis arrivée après que tout a été fini ! J'en reste encore saisie, éberluée... et même un peu vexée !

Elle se prit à rire en ouvrant bien grand sa bouche d'ogresse.

— Enfin, le principal est que vous ayez un beau garçon. Il convient d'en remercier le Seigneur.

— Pour un bel enfant, c'est un bel enfant ! assura Sancie penchée sur le berceau où elle avait couché le nourrisson.

— Donnez-le-moi, dit Isambour. Je l'ai à peine vu.

Sancie souleva l'enfantelet et le porta à sa mère.

— Vierge Sainte ! Il ressemble à Hendri ! s'écria la nouvelle accouchée. On jurerait que c'est Hendri revenu parmi nous !

Des larmes lui montaient aux yeux.

— Mon petit, mon petit, murmura-t-elle en le serrant avec précaution contre sa poitrine. Mon petit que je retrouve !

Pendant un instant, une joie poignante la submergea, puis elle pensa que Bernold ne partagerait ni cette joie ni cette émotion. Pour la première fois, il se trouvait absent lors de la naissance d'un de ses enfants. Absent pour longtemps, sans doute pour toujours. Le petit garçon connaîtrait-il jamais son père ?

— Comment allez-vous l'appeler ? s'enquit Margiste qui revenait avec un plein gobelet de tisane fumante.

— J'ai pensé à Ogier, répondit Isambour.

Elle n'osa pas avouer que Bernold lui avait dit une fois aimer ce nom. C'était celui d'un héros du pays d'où, jadis, étaient venus ses ancêtres.

— Va pour Ogier ! dit Amalberge qui faisait un paquet des draps et des linges ensanglantés dont elle s'était servie. Ce n'est pas courant. Il ne risquera pas de rencontrer beaucoup d'autres galopins portant le même patronyme que lui !

Isambour achevait de boire l'infusion d'alchémille.

— Il faut faire prévenir ma tante, Basilie, la prêtresse et la dame du château, recommanda-t-elle à Margiste. Elles ne me pardonne- raient pas de les laisser dans l'ignorance d'une telle nouvelle. Quant aux voisines, je ne doute pas qu'elles viendront d'elles-mêmes dès que la chose sera sue !

Le défilé des commères du voisinage était inévitable. Malgré l'éloignement relatif des villages les plus proches, il y avait aux alentours deux ou trois fermes avec lesquelles Isambour entretenait de bonnes relations... et puis le départ de Bernold aiguisait les curio- sités...

Perrine s'extasia avec d'autant plus de conviction qu'Aveline avait fait savoir à ses parents qu'elle commençait une grossesse.

— Pourvu qu'elle ait un fils, elle aussi ! dit-elle avec élan. Si jamais c'était une fille, Gervais en ferait une autre maladie !

L'épouse du curé de Saint-Lubin, qui était une petite personne infatigable, remplie d'énergie, proposa de prendre chez elle Philippa et Aubin durant la quinzaine de jours où leur mère garderait le lit. Isambour la remercia, mais déclina l'offre. Elle préférait conserver ses enfants auprès d'elle. Margiste et Sancie s'en occuperaient.

De la part de Gildas, qui ne pouvait pénétrer dans la chambre d'une femme alitée, puisqu'il n'était ni son père, ni son mari, ni son frère, Basilie annonça à leur amie l'échec des recherches entre- prises pour retrouver Bernold. En dépit de l'acharnement apporté par certains à la poursuite des coupables, aucune trace n'avait pu être relevée. Il devenait évident que le maître verrier et sa concubine avaient quitté la région.

— Merci pour cette nouvelle, dit Isambour. Je serai désormais moins inquiète du sort de Bernold. Malgré tous les torts qu'il a envers moi, et le mal qu'il m'a fait, il n'en demeure pas moins mon mari. Je ne puis supporter l'idée de le savoir pourchassé comme une bête malfaisante.

— C'est bien parce qu'il ne l'ignorait pas que Gildas a tenu à ce que je vous mette au courant des résultats, assura Basilie. Vous connaissez l'amitié qu'il a pour vous.

— Ne pourrait-il aussi chapitrer Aliaume ? reprit Isambour. Mon pauvre garçon crie toujours vengeance, mais il me semble que sa fureur est un peu retombée. En lui montrant combien nous avons besoin de lui à la verrerie pour la poursuite du travail, peut-être Gildas parviendrait-il à lui faire entendre raison. J'ai si peur des excès de son âge ! Le bon sens d'un homme rassis pourrait avoir une excellente influence sur lui.

— Si vous le souhaitez, vous pouvez être certaine que mon mari s'y emploiera, affirma Basilie.

— De toute façon, j'ai l'intention de demander à Aliaume de rester ici jusqu'à mes relevailles. Ce nouveau délai de quarante jours contribuera peut-être à le calmer. Il ne pourra pas me refuser aide et protection durant le temps où je suis tenue de demeurer enfermée dans la maison.

Assise sur son lit, soutenue par une pile d'oreillers, ses lourdes nattes soigneusement tressées tombant sur ses genoux et encadrant son visage amaigri, Isambour paraissait rajeunie. Cependant, ses yeux gris, remplis de tristesse, n'avaient jamais retrouvé leur éclat depuis le départ de Bernold.

— Une fois ce délai passé, que comptez-vous faire, mon amie ? demanda Basilie.

— Tout dépendra de la décision d'Aliaume...

Le baptême du petit Ogier, qu'Amalberge n'avait pas jugé utile d'ondoyer, tant il était robuste, eut lieu trois jours plus tard.

Selon la coutume du diocèse de Blois, il fallait deux parrains et une marraine pour un garçon. L'inverse pour une fille. Haguenier et Rémi furent les parrains. Philippa, très émue, la marraine.

De sa chambre, Isambour entendit le carillon que le vent du nord lui apportait. Le son en était différent des autres, car l'usage voulait que le carillonneur utilisât pour les baptêmes un maillet de bois garni de cuir, avec lequel il frappait le rebord de la cloche, suivant un rythme particulier à chaque paroisse...

Le repas qui suivit réunit famille et amis proches dans la salle, mais Isambour ne put y assister. Ce fut Aliaume qui présida le dîner où ni le père ni la mère du nouveau-né ne se trouvaient présents.

Les grâces à peine dites, les femmes de l'assemblée quittèrent la table pour rejoindre Isambour dans sa chambre où Sancie lui avait servi les meilleurs morceaux pour compenser son isolement forcé.

— Votre nouveau fils est fort réussi, ma nièce, remarqua Perrine. C'est une bénédiction qu'un aussi bel enfant ! Par ma foi, le Seigneur vous a fait là un merveilleux présent. J'y vois le signe qu'Il ne vous abandonne pas et veille sur vous ainsi que sur votre descendance.

— Nous en avons bien besoin, soupira Isambour.

Le quarantième jour accompli, la cérémonie des relevailles put se dérouler.

Vêtue d'un bliaud de toile blanche, un voile de lin immaculé sur les cheveux, la mère de famille se rendit à l'église en compagnie de la sage-femme qui l'avait accouchée. Aliaume, Philippa, Aubin, les serviteurs et les ouvriers du Grand Feu, Perrine, Gervais, Gildas, Basilie, suivaient.

Amalberge donna l'eau bénite à Isambour, qui, n'étant pas encore purifiée, ne pouvait tremper directement ses doigts dans le bénitier.

Après la messe entendue par la postulante à l'entrée de la nef, le curé de Saint-Lubin vint la chercher pour l'accompagner à l'autel. Une miche de pain dans une main, un cierge allumé dans l'autre en signe de purification, Isambour reçut la bénédiction du prêtre avant de s'incliner pour baiser la pierre sacrée sur laquelle s'était déroulé le saint sacrifice.

Quand elle sortit de l'église au bras de son fils, elle était sanctifiée. Le pain bénit qu'elle tenait entre les doigts en portait témoignage.

Désormais, elle pouvait reprendre sa place au foyer et retrouver ses occupations habituelles.

Juillet se terminait. On moissonnait partout. L'odeur de la paille fraîchement coupée flottait au-dessus de la vallée, des coteaux. Il faisait chaud et sec.

Peu après la cérémonie des relevailles, Gerbaut-le-maisné vint trouver Isambour. Les ateliers avaient fermé leurs portes, le soir approchait.

Du Loir, montait jusqu'à la cour de la verrerie une senteur fade d'eau tiédie par le soleil, de glaise humide, de nénuphars. Des remugles puissants émanaient des étables et de l'écurie. Des fumets de friture s'échappaient de la cuisine.

Assise sur le banc de bois circulaire qui cernait le tilleul, Isambour allaitait Ogier.

— Dame, dit le souffleur de verre, il faut que je vous cause.

— Qu'y a-t-il donc, Gerbaut ?

Le gros homme remonta d'un geste ample son énorme estomac qui débordait considérablement de sa ceinture de cuir.

— Par Dieu et ses saints, reprit-il, ce que j'ai à vous dire n'est guère facile.

Il renifla un bon coup.

— Voilà, continua-t-il, Rémi et moi voudrions savoir si votre fils a l'intention de continuer à travailler avec nous.

— Pourquoi ? A-t-il parlé de vous quitter ?

— Non pas, mais il est si distrait, si indifférent à tout ce qui se fait...

L'homme soupira comme un bœuf.

— Depuis le départ du maître, il n'est plus le même. Il n'a de goût à rien.

— Il est pourtant allé monter à Francheville les vitraux de l'église neuve de Saint-Martin, que son père n'avait pas eu le temps de mettre en place.

— Par Dieu oui ! Il le fallait bien. Le prieur nous devait une grosse somme. Mais à présent il musarde et il ne fait plus grand-chose de bon.

Isambour dégagea avec douceur la pointe de son sein droit de la petite bouche avide qui la pressait et, avant de changer l'enfant de côté, le tint un moment à bout de bras devant elle. Il n'avait pas deux mois, mais promettait déjà d'être fort et plein de vie comme jadis Hendri.

— Vous ne l'avez pas raté, votre petit gars, remarqua le souffleur de verre qui, de toute évidence, se souciait d'Ogier comme d'une guigne.

Isambour tendit au nourrisson son second mamelon d'où sourdait le lait.

— Vous savez la peine que j'aie eue à retenir Aliaume ici, dit-elle à Gerbaut, qui, gêné, regardait ailleurs. Si je l'avais laissé faire, il nous aurait quittés depuis longtemps. Il m'a fallu ruser pour parvenir à mes fins. De là à connaître ses intentions, mon pauvre ami, il y a loin. J'ignore tout de ses projets.

— S'il nous quitte, il n'y a plus qu'à fermer les ateliers, jeta le gros homme avec rancune. Rémi et moi ne pouvons y suffire. L'absence du maître nous met déjà assez dans l'embarras !

— Je sais, Gerbaut, je sais, soupira Isambour. Vous avez pourtant bien fait de venir me trouver. Je parlerai à mon fils.

Le souffleur de verre s'en alla.

Parmi les branches du tilleul, au-dessus de la tête de la jeune mère, une nuée d'oiseaux pépiaient, sifflaient, piaillaient, à l'approche du soir. Perchée sur le toit de l'étuve, une tourterelle roucoulait. On entendait les coups de sabot que les chevaux donnaient dans leurs bat-flanc...

« Tout, ici, serait paix et douceur, songea Isambour, sans la trahison, la félonie de Bernold ! Par sa faute, Aliaume est comme fou, la verrerie menacée de fermer, nous allons nous trouver sans ressource... et moi, je n'en peux plus de chagrin... »

Des larmes l'aveuglaient.

Gorgé de lait, Ogier s'endormait contre le sein de sa mère.

« Celui-ci sera mon dernier petit, continua Isambour. Je n'aurai pas d'autre enfant... plus d'homme près de moi... plus jamais d'amour... M'y habituerai-je un jour ? Me ferai-je à cette affreuse situation de femme abandonnée ? »

Elle s'essuya les yeux d'un revers de main.

« Me voici à présent avec le souci du lendemain à assurer pour tous ceux qui dépendent de moi... Comment faire ? Mon mari, mon fils, notre subsistance... vais-je tout perdre en même temps ? »

Elle referma son bliaud, se leva, Ogier endormi entre les bras, pour regagner sa maison.

« Je ne sais plus comment m'adresser à Vous, Dieu Seigneur, car j'ai tant de peine que mon âme en est comme bâillonnée... Aussi, je ne Vous demande rien, Dieu de pitié, rien, si ce n'est la force de ne pas tomber dans le pire des péchés, le péché de désespérance. »

7

— Je ne pouvais plus vivre au Grand Feu après le départ d'Aliaume, dit Isambour. Son absence et celle de son père ont vidé la maison.

Aubrée serra la voyageuse dans ses bras.

— Vous êtes ici chez vous, amie, dit-elle. Je suis si contente qu'en cherchant du secours vous vous soyez tournée vers moi ! Nous disposons de beaucoup de place sous ce toit, vous pourrez vous y installer à votre guise.

— Que ferais-je sans vous ? Je me sens tellement perdue... Dieu merci, Aveline m'a trouvé du travail. Grâce à elle, je vais entrer dans l'atelier de broderie de la comtesse Adèle, reprit Isambour. Avant mon mariage, j'ai déjà fait partie, à Fréteval, d'un ouvroir du même genre et la comtesse s'est toujours montrée fort bonne pour nous.

Aliaume s'en était allé après la fête de la Dormition de la Vierge. Craignant sans doute que sa mère réussît, encore une fois, à le retenir, il s'était sauvé durant une nuit de pleine lune, chargeant Rémi d'annoncer aux siens le lendemain matin qu'il avait décidé de prendre la route de Normandie... qu'il travaillerait là-bas comme ouvrier verrier...

Au lieu d'abattre Isambour, cette nouvelle désertion lui avait produit l'effet d'un coup de fouet.

Elle s'était soudain résolue à organiser son infortune.

Gerbaut-le-maisné et Rémi partiraient pour Fontevrault. Un certain Robert d'Arbrissel venait d'y fonder une abbaye nécessitant une importante main-d'œuvre.

Amalberge et son fils Haguenier étaient tous deux trop nécessaires à la vallée pour la quitter. Ils y resteraient.

Les ateliers du Grand Feu fermés, Perrot, Margiste, Bernarde et Constance demeureraient sur place, vivant sur le domaine, gardant la maison, soignant les bêtes, entretenant jardin et cultures.

— Je compte retourner chez moi de temps en temps, expliqua Isambour à Aubrée. Je tiens à ce que rien ne se détériore...

Elle avait amené avec elle ses enfants et Sancie.

— Il me faudra engager une autre servante qui s'occupera d'Ogier et de Doette pendant que je serai à l'ouvroir...

Descendus de charrette après elle, Philippa et Aubin se voyaient accaparés par Grécie qui, une fois sa mère embrassée, semblait uniquement préoccupée de les retrouver.

De passage avec Mayeul à Morville durant le mois d'août, Aveline avait confié à Isambour que sa fille aînée ne paraissait pas bouleversée par le départ de son père.

— Je ne sais comment vous dire, avait soupiré Aveline, mais Grécie m'a donné l'impression de ne guère compatir à ce qui venait de vous arriver. Elle en était surprise, bien sûr, mais peu affectée. Je me suis peut-être trompée, mais j'ai eu le sentiment qu'elle n'en souffrait pas autant que nous l'avions redouté.

Pendant que deux valets de la riche demeure déchargeaient les coffres de cuir cloutés où étaient serrées les affaires des voyageurs, Isambour, qui s'entretenait avec Aubrée, observait Grécie.

Elle ne l'avait pas revue depuis de longs mois, à un moment où les adolescentes se transforment très rapidement.

Âgée tout juste de quatorze ans à présent, la jeune fille n'offrait plus rien d'enfantin. Dotée du corps délié qui avait été celui de sa mère à son âge, elle était pourvue d'une taille mince, de hanches élégantes, de petits seins haut placés. Le côté intact de son visage offrait tant d'attraits que c'était une pitié que de regarder l'autre...

Tenant Philippa et Aubin par la main, elle s'approcha de Sancie qui portait Ogier.

— Voici donc mon dernier petit frère, dit-elle en se penchant vers le nourrisson. C'est vrai, par Notre-Dame, qu'il ressemble à Hendri !

Remarquant que l'attention d'Isambour était tournée vers ses enfants, Aubrée lui posa une main sur le bras.

— Que Dieu me voie, amie, reprit-elle, mais votre Grécie jouit d'une intelligence hors du commun. C'est une créature remplie de dons ! Elle chante à merveille, peint fort bien, compose des poèmes ravissants. Depuis que vous me l'avez confiée, je l'ai fait instruire comme ma propre fille. Ses maîtres admirent la facilité avec laquelle elle retient ce qu'ils lui enseignent.

— Je n'en suis pas surprise, admit Isambour. Pour s'initier à l'instruction religieuse, elle a appris à lire et à écrire avec notre curé bien plus vite que ses deux frères aînés. Aubin sera comme elle.

— Si elle n'avait pas subi ce malheureux accident, vous auriez pu envisager de la marier à un riche marchand...

— Hélas, mon amie, il ne peut en être question.

Les coffres étaient enfin descendus de la lourde charrette qui avait amené les voyageurs. Tout le monde entra dans la maison.

Septembre commençait. Une lumière de miel lustrait les toits de tuiles et les clochers des églises.

— Dès que j'ai reçu votre message, j'ai fait aménager la partie de notre maison que nous n'habitions pas. Cette demeure est bien trop vaste pour nous ! remarqua Aubrée avec élan. C'est une grande satisfaction pour moi de me dire que ces pièces inoccupées vont enfin servir à loger quelqu'un !

Parvenue à la cinquantaine, Aubrée gardait son corps sans graisse, mince et racé, mais, si elle n'avait pas pris de poids, son dos s'était voûté. Sous un voile violet, entre ses nattes blanches, ses traits, marqués de rides, conservaient un charme étrangement émouvant parce qu'on le sentait sur le point d'être détruit. Elle évoquait un fruit ayant dépassé son point extrême de maturité...

En pénétrant dans la maison de son amie, Isambour retrouva l'impression d'opulence qu'elle avait ressentie la première fois qu'elle y était venue.

En ce temps-là, son état d'esprit était tout autre. Quand Bernold l'avait amenée jadis à Blois, ils vivaient tous deux les débuts mouvementés de leurs amours, les croyaient éternelles, se sentaient portés par leur désir l'un de l'autre comme par un vent d'orage... Depuis, elle était souvent retournée chez la femme du monétaire, mais toujours en compagnie de son époux, ou, tout au moins, dans la certitude de le retrouver sans tarder...

Que restait-il de ce passé si proche ?

— Je devine vos pensées, amie, dit Aubrée. Ne vous laissez pas ronger par le regret de ce qui n'est plus.

Les enfants suivaient Grécie qui, derrière les porteurs des coffres, les emmenait visiter leur nouvelle installation. Berçant Ogier, Sancie leur emboîta le pas.

Isambour se laissa tomber sur un siège à pieds croisés.

— Dix-huit ans pendant lesquels nous avons tout partagé. Tout. Peines et joies, murmura-t-elle d'une voix enrouée. Dix-huit ans de bonheur, somme toute... Pensez-vous qu'on puisse les oublier ? Croyez-vous que leur souvenir me laisse un instant de repos ? Oh ! vous qui nous avez reçus chez vous au début de ces temps heureux, vous devez, mieux que quiconque, comprendre ce que je ressens !

Debout devant son amie, Aubrée posa ses mains sur les épaules recouvertes d'un pan du voile pourpré qui enveloppait la tête inclinée d'Isambour.

— Comprendre n'est pas toujours se lamenter avec ceux dont on devine la souffrance, dit-elle avec une ferme douceur. Mon amitié pour vous doit vous aider à sortir de votre peine, non pas à vous y enfoncer davantage.

Elle accentua sa pression sur les épaules lasses.

— Je veux vous soutenir dans le combat que vous aurez à livrer contre vous-même, mon amie, contre les autres, aussi, et surtout contre l'amollissement de la tristesse. Vous savez que je vous suis entièrement dévouée. Mais l'appui que je vous offre ne comporte ni connivence, ni attendrissement. Je tiens à devenir votre sauvegarde, à vous délivrer de la tentation du laisser-aller, qui est une des plus pernicieuses.

Elle se pencha, posa ses lèvres à la racine des cheveux d'Isambour, là où la raie médiane les divisait.

— Si vous l'acceptez, je serai pour vous comme une mère, termina-t-elle. Mais une mère de roc, pas de cire molle. C'est de solidité que vous aurez le plus besoin.

— Soyez bénie, Aubrée, dit Isambour. Il fallait que quelqu'un me prît par la main pour me maintenir sur le chemin où, toute seule, je risque de me perdre. C'est un si rude sentier !

— Courage, amie, courage ! reprit la femme du monétaire. Vous avez déjà prouvé dans le passé que vous étiez capable de vaillance. Je sais que le départ de Bernold est pour vous la plus dure des épreuves. Depuis que j'en ai été informée par Aveline, je n'ai pas cessé de prier Dieu pour qu'Il vous vînt en aide. Mais le Seigneur secourt de préférence ceux qui ne se laissent pas aller au découragement. Luttez ! Armez-vous contre le désarroi ! Battez-vous contre l'adversité !

Isambour eut un sourire navré.

— Vous me parlez comme à un preux partant à l'assaut, remarqua-t-elle. Je n'ai, hélas, rien d'un chevalier...

— Vous vous trompez, ma chère fille ! protesta Aubrée. Que défend le chevalier ? La veuve et l'orphelin. Vous êtes sans mari, vos enfants n'ont plus de père ! En combattant pour eux, pour vous-même, vous faites la même chose qu'un paladin !

— Si je ne me sens pas capable de venir à bout de ma tristesse, dit Isambour en se redressant, je suis néanmoins décidée à élever le mieux possible les cinq innocents que Bernold m'a laissés. Je me refuse à ce qu'ils deviennent à leur tour victimes de sa folie. Pour eux, je travaillerai. Je m'efforcerai de recréer autour de nous un vrai foyer.

— Vous voyez bien qu'il y a en vous beaucoup de ressources !

L'amour maternel soutiendra votre énergie... Croyez-moi, Isambour, en perdant un homme, vous n'avez pas tout perdu !

Aubrée s'assit à côté de son amie.

— Je ne vous apprendrai rien en vous déclarant que mon mari m'a souvent trompée, murmura-t-elle tout en fixant amèrement ses mains maigres sur le dos desquelles commençaient à apparaître quelques taches brunes. Sous ses airs tranquilles, il cache un penchant sans retenue pour les filles follieuses... J'en ai terriblement souffert quand je m'en suis aperçue. A présent, j'y suis accoutumée. Je suis presque reconnaissante à Garin de sauver les apparences...

— Vous ne l'aimez plus !

— Le sais-je seulement ? Aimer, ne pas aimer... la frontière entre nos sentiments me semble bien indécise... Je lui demeure attachée... nous avons nos souvenirs. Il m'a chérie autrefois... Lors de nos malheurs, il n'a jamais cessé de me soutenir.

Isambour considérait maintenant Aubrée d'un air compatissant.

— Vivre auprès d'un homme plein de duplicité et de mauvais désirs serait, je crois, au-dessus de mes forces, dit-elle en secouant la tête.

— Si Bernold revenait un jour vers vous, même après des années d'abandon, lui fermeriez-vous votre porte ?

— J'y pense souvent... Pour être tout à fait franche, j'ignore ce que je ferais...

— Bien sûr. Rien n'est simple...

Les deux amies demeurèrent un moment silencieuses.

Le retour des enfants, leur agitation, leurs bavardages, mirent fin à un tête-à-tête durant lequel Isambour s'était sentie plus proche d'Aubrée qu'elle ne l'avait jamais été.

— Occupons-nous du plus pressé, dit la femme du monétaire en se levant. Je vais vous conduire à présent à votre nouveau logis que tout ce petit monde a déjà visité. A partir d'aujourd'hui débute une vie nouvelle !

Dès lors, Isambour trouva auprès de cette femme qui savait se montrer forte sans rudesse, aimante sans complaisance, l'aide dont elle éprouvait un si impérieux besoin.

Aubrée commença par installer chez eux son amie et ses cinq enfants.

Composé d'une salle flanquée d'une cuisine, au rez-de-chaussée, de deux chambres au premier, le bâtiment qu'elle leur céda était relié à sa propre demeure par un passage en torchis à pans de bois. Derrière les deux constructions, un jardin de ville, étroit et feuillu. Sur le devant, la cour close cernée par les ateliers de monnayage où le bruit des coups de marteaux résonnait tout le jour, les écuries et les resserres.

Meublée avec simplicité, mais agrément, la grande pièce où se réunissait la famille, aussi bien que les chambres, comportait de solides meubles de chêne cirés et d'épaisses tentures accrochées aux murs pour aider au maintien de la chaleur. L'herbe des jonchées était renouvelée chaque matin.

Des bouquets de fleurs ou de feuillage répartis dans des pots de grès ou de cuivre éclairaient le bois sombre.

En plus de ses effets personnels, de ceux de ses enfants, Isambour avait apporté avec elle des peaux de mouton et de castor, des coussins, des couvertures fourrées pour les lits.

Sans joie, mais avec acharnement, elle s'efforça de rendre son nouveau domicile le plus confortable possible afin que les siens y retrouvent la chaude intimité perdue.

Une jeune servante, fille du cuisinier d'Aubrée, ronde comme une caille, fort débrouillarde, et répondant au nom de Bathilde, vint rejoindre Sancie qui s'occupait de l'entretien du logis et des enfants quand leur mère était absente.

Grécie se chargea de l'éducation de Philippa et d'Aubin auxquels, le matin, elle donnait des leçons de lecture, d'écriture, d'instruction religieuse, de dessin, de musique. L'après-midi, c'était elle qui recevait les enseignements des maîtres choisis par Aubrée.

Grâce à l'entremise d'Aveline qui dirigeait l'atelier du château, Isambour fut à même de prendre la place laissée vacante par une des brodeuses qui venait de mourir en couches.

Après les avoir assistés au moment de leur mariage, puis pourvus d'une terre pour s'installer, la comtesse ne s'était jamais désintéressée de Bernold et d'Isambour. Outrée par l'abandon du maître verrier, elle saisit l'occasion qui lui était offerte de venir en aide à l'épouse délaissée par le Normand. Isambour fut aussitôt engagée par elle à l'essai.

Avec une certaine ostentation, mais beaucoup d'énergie, Aveline s'était instituée le mentor de sa cousine pour tout ce qui touchait à la reprise d'un métier qu'elles avaient appris ensemble autrefois et où elle-même excellait.

Entre la fille du vavasseur, tentée de tout régenter, mais à l'affection inébranlable, et Aubrée, plus fine, plus discrète, tout aussi décidée à l'empêcher de sombrer, l'exilée entama une nouvelle tranche de son existence.

Elle avait déjà vécu à Blois. Seulement, en ces débuts passionnés de sa vie conjugale, comme elle ne respirait que dans l'ombre de Bernold, elle n'avait pas eu l'occasion d'approcher souvent la cour comtale.

Désormais, elle allait y passer ses journées, découvrir un monde bien différent de celui auquel elle était accoutumée.

Si le comte Étienne de Blois, Chartres et Meaux, héritier d'une des plus puissantes maisons suzeraines de l'époque, était reconnu par tous comme un fort grand seigneur, un des hommes les plus riches qu'on pût voir, il n'en restait pas moins vrai que c'était la comtesse Adèle le premier personnage de la comté.

Le prestige de son père, Guillaume le Conquérant, devenu grâce à sa valeur roi d'Angleterre, celui de sa mère, la reine Mathilde, dont chacun louait le caractère et les vertus, y étaient, certes, pour quelque chose. Mais la personnalité de la comtesse elle-même n'avait pas cessé de s'affirmer depuis que son époux, en 1089, succédant à son père, Thibaud III, avait pris le pouvoir.

Adèle était le principal objet des conversations blésoises. Isambour entendait parler d'elle à tout bout de champ, aussi bien dans le quartier, quand elle faisait ses achats, que chez ses hôtes.

On disait que, continuant à entretenir d'étroits rapports avec le duché de Normandie, doté d'institutions plus évoluées que celles du reste du royaume ainsi que d'une excellente administration, la comtesse s'était inspirée de cet exemple pour instituer une véritable chancellerie à sa cour. De grands officiers et des juristes secondaient, à l'émerveillement de leurs sujets, le comte et la comtesse dans l'exercice de leur pouvoir, tandis que des prévôts, des vicomtes, d'autres hommes liges encore, les représentaient auprès de la population des campagnes.

Isambour devait vite s'apercevoir que les qualités d'organisation de la comtesse Adèle n'étaient pas ses seuls talents.

Aveline, en effet, à l'instar des gens qui l'entouraient, ne tarissait pas d'éloges sur la châtelaine. Elle n'avait, au fond, que deux sujets importants de conversation, Mayeul et la comtesse. Quand elle abandonnait l'un, c'était pour reprendre l'autre.

Son mari et elle avaient été logés à l'intérieur de l'enceinte castrale, dans la basse-cour du château, là où habitaient, en plus des chevaliers et des clercs, les artisans nécessaires à l'édification, à l'entretien, à la décoration des nombreux bâtiments de la forteresse.

C'était un petit univers clos où tout le monde se connaissait, où les racontars et les nouvelles se répandaient à une vitesse inouïe, mais où beaucoup révéraient Adèle de Normandie.

Du comte, on s'entretenait avec prudence. Sa fuite de Palestine avait fortement entamé son prestige. Si on ne se laissait aller à le critiquer qu'à mots couverts, c'était davantage par respect envers son épouse que par considération pour lui.

— Comment un seigneur de si haut parage a-t-il pu, à un moment décisif, quitter le camp des soldats de Dieu dont il était le chef élu ? soupirait Aveline. Pour une femme de la trempe de notre comtesse, une pareille félonie est une terrible épreuve.

Au contact des familiers de la cour et, aussi, depuis son mariage, la fille du vavasseur s'était transformée. Elle avait gagné en épanouissement ce qu'elle avait perdu en agressivité. Elle s'efforçait de s'adapter aux usages de la cité des comtes ainsi qu'aux façons d'être de Mayeul. Éprise de son époux autant qu'il était possible, elle vivait sa passion avec toute la violence de son cœur entier, étranger à la modération tout autant qu'au simulacre.

— La première fois qu'il m'a embrassée sur la bouche, je me suis évanouie, avait-elle confié à sa cousine d'un air triomphant. Je ne me féliciterai jamais assez d'avoir su me garder pour lui pendant de si longues années... Il est seulement dommage d'avoir perdu tant de lustres !

Elle avait alors caressé son ventre qui commençait à s'arrondir, avant de conclure :

— Dieu merci, nous nous rattrapons comme il faut de ce retard ! Je puis vous garantir, ma colombe, que le petit qui est là est un véritable enfant de l'amour !

S'apercevant, en dépit de son manque d'intuition, qu'un tel sujet mettait Isambour au supplice, elle en revenait bien vite à chanter les louanges de la comtesse Adèle.

Les huit premiers jours de l'installation d'Isambour à Blois s'écoulèrent de la sorte. Ce fut une période d'initiation à des façons d'agir, à des modes, à des pratiques bien différentes de celles du Grand Feu.

En dépit de l'amitié d'Aubrée, de l'affection d'Aveline, de la présence auprès d'elle de cinq de ses enfants, il arrivait souvent à l'exilée de se sentir affreusement dépouillée de tout ce qui avait constitué sa vie jusqu'alors.

L'attitude de Grécie lui était un tourment de plus. Au lieu de venir loger avec sa famille, l'adolescente avait préféré rester chez Aubrée où elle profitait de la chambre vacante d'Helvise. Prétextant l'exiguïté du local où vivaient les siens, elle ne s'y rendait que pour s'occuper de ses frères et sœurs, mais s'arrangeait pour ne jamais se trouver seule avec sa mère. Autant elle semblait se plaire avec les petits, autant elle fuyait celle-ci avec soin.

« Au fond, elle se comporte ici comme elle le faisait chez nous, se répétait Isambour. Ce qui rend ses manières plus difficiles à supporter pour moi vient de ce que je vis dans cette ville en étrangère, que l'espace me manque, que le départ de Bernold a fait de moi une écorchée vive ! »

Certains soirs, quand la jeune femme se retrouvait seule, enfants et servantes une fois couchés, elle connaissait des moments d'affreuse détresse.

Aubrée lui avait bien proposé de venir passer toutes ses soirées chez elle, mais comment accepter de figurer à ces veillées durant lesquelles l'épouse du monétaire recevait souvent beaucoup de monde ? Isambour préférait demeurer seule. L'idée des conversations à soutenir, des petits jeux à partager, lui était insupportable.

Son chagrin solitaire lui était encore moins difficile à endurer que les réjouissances en commun.

Assise devant sa porte ouverte sur le jardin que la nuit d'automne envahissait, elle laissait sa quenouille tomber sur ses genoux pour évoquer sans fin son bonheur perdu, s'en remémorer les douceurs envolées, pleurer sur sa condition. Son âme asséchée ne lui permettait toujours pas d'avoir recours à la prière, ce dont elle souffrait à la manière des pèlerins perdus dans le désert et qui meurent de soif tout en rêvant d'eau pure...

En plus de ces causes d'affliction, elle se sentait misérable, loin des lieux où elle avait toujours vécu, déracinée. Sa maison, son domaine, la vallée du Loir dont chaque écho, chaque sentier, chaque reflet du ciel dans le courant de la rivière, lui étaient fraternels, ce coin de terre rassurant, comme il lui paraissait inaccessible !

Des bruits de rires, de musique, de chants, de causeries, lui parvenaient de la grande maison où les hôtes d'Aubrée se divertissaient... Il semblait à Isambour qu'on tournait là-bas sa peine en dérision.

L'épouse du monétaire soupçonna cet état de choses et s'en alarma. Au bout de quelques jours, elle décida de sortir son amie, de lui faire découvrir le nouveau visage de Blois.

— Je vous emmène, lui dit-elle un après-midi. Allons nous promener en ville.

Elles sortirent. Seul un valet les accompagnait.

La cité était en pleine transformation. Avec la participation des habitants, exemptés pour ce faire de certaines corvées par le comte et la comtesse, on édifiait, sous la haute autorité de Mayeul, des remparts de pierre pour remplacer les anciennes fortifications de bois.

Des maçons, aux mains protégées des brûlures de la chaux par d'épais gants de cuir, dirigeaient leurs ouvriers mêlés aux simples particuliers. A même le sol, des plâtriers préparaient du plâtre ou gâchaient du mortier. Ailleurs, des aides remplissaient d'un mélange de cailloux, de fibres ligneuses et de ciment les intervalles compris entre les rangées de pierres. Perchés sur des échafaudages de planches, d'autres poseurs élevaient jusqu'à eux, au moyen d'une poulie, des chargements de briques. Au sommet d'une tour presque achevée, deux hommes marchaient à l'intérieur d'une grande roue en bois autour de laquelle s'enroulait une corde permettant de hisser de lourds blocs préalablement taillés qu'on destinait aux créneaux.

— Bernold avait raison d'affirmer que la venue des Normands allait bouleverser l'existence de ce pays, dit Isambour.

— Il est certain que la comtesse Adèle est arrivée ici avec de grands projets, des hommes capables de les réaliser et assez de ténacité pour amener son époux à partager ses vues, reconnut Aubrée.

À l'intérieur de la ville, des maisons en pierre, en pisé ou en torchis remplaçant les anciens logements en bois, se multipliaient au milieu des églises, chapelles, monastères aux murs tout blancs, à peine achevés.

Étroites et escarpées, les rues de la cité grimpaient des rives de la Loire vers le château, en suivant la pente abrupte du coteau pour parvenir à l'éperon couronné par la forteresse. Resserrées entre le fleuve et le rocher, les demeures s'étageaient les unes au-dessus des autres. Leurs toits s'imbriquaient comme les écailles d'une pomme de pin.

Des trois bourgs distincts qui s'étaient érigés au fil des ans le long des berges, la nouvelle enceinte ne faisait plus qu'une seule et même agglomération. Le Bourg Saint-Jean à l'est, le Bourg Moyen, au centre, le Fiscus, quartier dépendant du fisc royal, à l'ouest, s'étaient fondus et reliés. Des clos, des logements, des jardins suspendus en terrasse, des rues, des édifices religieux, les unissaient.

Si certains quartiers offraient encore des îlots de tranquillité, les voies commerçantes grouillaient de monde.

— Venez, Isambour, venez. Passons par la rue des dinandiers, la rue des orfèvres, la rue des drapiers et la rue des ferronniers ! C'est une si bonne idée d'avoir ainsi regroupé les artisans qui font le même métier !

Elles se faufilèrent à travers la foule.

Des charrois de pierres, de madriers ou de tuiles, des ménagères, des mulets dont les bâts débordaient de briques, des chevaliers suivis de leurs écuyers, qui se frayaient un chemin à grands cris, des maçons poussant de lourdes brouettes de sable, des mendiants, des charpentiers portant de longues planches sur l'épaule, des moines au capuchon rabattu, des mires [1] sur leurs mules, des clercs moqueurs, des marchands d'eau, de salades ou de volailles, se bousculaient entre les étals des boutiques où l'on vendait à fenêtres ouvertes.

Quelques porcs errant à la recherche de détritus, des chiens qui leur disputaient leurs trouvailles, achevaient d'encombrer la chaussée de terre battue.

— Quand il pleut, dit Aubrée, la pluie ruisselle le long des pentes, ce qui lave le sol, mais, par temps sec, la poussière est souvent gênante.

Il faisait encore chaud en ce début de septembre. Des odeurs de mortier, de crottin, de sciure, des bouffées vineuses, des relents

---

1. *Mires* : médecins.

d'ail et d'oignon, se mêlaient aux exhalaisons des eaux grasses coulant sous les planches jetées en travers des rues pour permettre d'enjamber les caniveaux.

— Savez-vous, dit Aubrée qui tenait le bras d'Isambour, que des tanneurs et des foulons se sont installés au confluent de la Loire et de la petite rivière appelée Arrou ? Pour le feutrage du drap, me croirez-vous ? les foulons utilisent de l'urine recueillie par des concessionnaires spécialement commis à cet office ! Mais cette industrie, comme celle des tanneurs, sent mauvais. Aussi a-t-on eu l'idée d'assigner aux malheureux qui exercent ces deux métiers le quartier le plus exposé au vent d'ouest !

Elle riait. Isambour s'efforçait de paraître amusée.

Elles passaient devant des porches d'où s'échappaient des chants liturgiques, devant des logis d'où fusaient des criailleries.

Dans les boutiques étroites où l'on voyait travailler côte à côte maîtres et apprentis, s'entassaient, selon les endroits, des épices, des denrées diverses, des tissus, des poteries, des objets en cuir repoussé, des tas de vaisselle en bois ou en étain, des bijoux d'argent ou d'or, des instruments de fer, des parchemins roulés ou en cahiers, des selles, des harnais...

— Par tous les saints, que de tentations dans une ville comme celle-ci ! remarqua Isambour. Nous ne connaissons rien de semblable, dans nos villages !

Depuis le temps qu'elle vivait à Fréteval, elle avait oublié l'agitation et les richesses des grandes cités.

— Quand nous revenions à Blois, c'était toujours à l'occasion de quelque fête ou d'une foire, reprit-elle. Je finissais par penser qu'il fallait des occasions exceptionnelles pour voir étaler tant de marchandises !

En réalité, elle n'avait envie d'aucune de ces choses offertes à la convoitise des passants. Elle soupirait après le calme de la vallée du Loir.

Lasses, soûlées de tumulte, les deux amies rentrèrent chez Aubrée à la fin de la journée. Ce fut avec soulagement qu'elles retrouvèrent la fraîcheur et la paix du logis.

Pour se désaltérer, elles se firent servir dans la salle du lait d'amandes et de l'hydromel.

Le soleil couchant allumait des reflets étincelants sur les aiguières, les bassines de cuivre, sur les plats, les coupes d'argent, posés à même les coffres et les bahuts, éclairait d'un rayon une tapisserie, en laissait une autre dans l'ombre...

— Dieu vous garde toutes deux ! lança soudain une voix d'homme.

— Vous arrivez bien, mon ami ! dit Aubrée. Boirez-vous avec nous une coupe d'hydromel ?

Maître Garin-le-monétaire vint s'asseoir près de son épouse. Il souriait benoîtement, mais ses yeux marron demeuraient attentifs et observateurs comme ils l'étaient toujours.

De taille moyenne, lourd, le nez tombant, l'air endormi sauf quand il relevait ses épaisses paupières pour lancer un regard rapide sur ce qui l'entourait, le monnayeur était un être secret dont Isambour ne savait trop quoi penser.

Comme il passait ses journées dans son atelier, parmi des lingots d'argent qui, sous sa surveillance, se transformaient en oboles, deniers, sous et livres, elle ne le rencontrait que rarement.

— Nous sommes allées musarder en ville, expliqua Aubrée. La presse y était grande.

— Plus il y a de monde, plus il y a d'échanges, et mieux les marchands vendent, répondit le monétaire. Par Salomon, nous avons tous intérêt à ce que Blois ne cesse de s'accroître.

Il but lentement, en le goûtant avec gourmandise, le contenu de sa coupe.

— Un pèlerin de ma connaissance, qui rentre de Jérusalem, reprit-il ensuite, vient de me donner des nouvelles de notre fille.

— Par la croix de Dieu, mon ami, que vous a-t-il dit ? s'écria Aubrée en reposant si brusquement le hanap qu'elle tenait à la main qu'un peu de liquide en gicla sur le sol.

— Helvise se porte bien. Elle nous adresse son filial souvenir et nous fait savoir qu'elle a trouvé la paix dans la cité sainte. Elle nous prie également de ne plus nous tourmenter à son sujet.

C'était bien dans la façon de cet homme d'énoncer avec un tel détachement une information dont il connaissait l'importance pour sa femme.

— Vous ne savez rien de plus ?

— Le pèlerin n'a vu notre fille que fort peu de temps. Ils se sont rencontrés chez la veuve d'un chevalier franc qui a ouvert à Jérusalem une maison d'accueil pour les filles seules et sans appui.

— Pense-t-elle revenir un jour ?

— Vous m'en demandez trop ! Helvise ne connaissait pas ce pèlerin. Elle lui a fort peu parlé.

Le monétaire déposa sa coupe et se leva.

— Je vais me préparer pour le souper, dit-il. A bientôt.

Il sortit de son pas lourd.

— Vous voyez, Isambour, soupira Aubrée, Garin ne me tient au courant de rien ! Nous vivons l'un près de l'autre sans partager grand-chose. Il a sa vie, j'ai la mienne. Nous nous rencontrons de temps en temps...

Isambour comprit l'amertume de son amie, mais elle songea que ces relations conjugales distendues étaient encore préférables à l'absence de l'époux...

Le lendemain matin, après la messe quotidienne que toute la maisonnée entendait dans la chapelle de l'hôpital voisin, la jeune femme se rendit chez Aveline qui devait la conduire à l'atelier où elle allait commencer à travailler.

Non sans un nouveau déchirement, il lui avait fallu quitter ses enfants, et tout spécialement le petit Ogier qui s'éveillait chaque jour un peu plus à la découverte de ce qui l'entourait. Elle ne pourrait allaiter son dernier-né durant la journée. Sancie lui donnerait à boire du lait de chèvre au moyen d'un petit pot de grès muni d'un bec à versoir auquel était fixée une toile très fine à travers laquelle le liquide tiède coulerait aisément. Serait-ce aussi bon pour l'enfant que le sein maternel qu'il ne retrouverait plus que matin et soir ? Isambour se le demandait avec inquiétude tout en se dirigeant vers la forteresse.

Le logis d'Aveline et de Mayeul était constitué d'une grande salle située au premier étage d'une maison communautaire où s'étaient regroupés les maîtres des principaux métiers du bâtiment appelés au château de Blois par la comtesse Adèle. La basse-cour de la forteresse en contenait plusieurs du même genre.

Décorée de tentures brodées par Aveline, encombrée de lourds meubles de chêne, la pièce était ordonnée autour d'un vaste lit, objet manifeste de tous les soins de sa propriétaire. De nombreux coussins, des couvertures de laines vives doublées de peaux d'agneaux, une courtepointe abondamment galonnée, décoraient la couche conjugale qu'encadraient un lourd coffre à rangement et une perche horizontale fixée au mur pour y déposer les vêtements.

Lorsque Isambour entra, Aveline, accroupie devant la cheminée de pierre à hotte conique qui occupait un des coins de la salle, achevait de recouvrir de cendres l'âtre où rougeoyait un tas de braises.

— Je suis prête, ma colombe, dit-elle. Le feu va couver sous la cendre jusqu'à mon retour ou celui de Mayeul. Le premier rentré le relancera.

Fort économe, la fille du vavasseur n'avait pas pris de servante à son service. Une femme attachée à la maison communautaire faisait le ménage du petit logement deux ou trois fois par semaine.

Les deux cousines sortirent en se tenant par le bras pour gagner l'atelier où, désormais, elles travailleraient ensemble.

Située dans la haute-cour, la longue bâtisse consacrée aux ouvrières de la toile, du lin, de la laine et de la soie, était divisée en plusieurs ouvroirs de filage, tissage, couture, broderie.

Avant de parvenir au premier étage où on les attendait, Isambour, précédée de son mentor, traversa, au rez-de-chaussée, la salle des couturières dans laquelle une dizaine d'apprenties et une maîtresse taillaient, ajustaient, cousaient, montaient les vêtements du comte, de la comtesse, de leurs cinq fils et de leurs deux filles.

Elle fut frappée par la qualité et la diversité des tissus, par leurs coloris éclatants, vert, blanc, violet, rouge, jaune, par la quantité de galons, d'orfroi, de tresses en soie, de parements brodés, qu'on y appliquait.

— La comtesse Adèle est fort attentive à la façon dont se vêt chacun des membres de sa famille, remarqua Aveline. Ils sont tenus de donner à sa cour l'exemple du bon goût et du raffinement.

Tout le monde savait dans le comté que, depuis son union avec Étienne de Blois, Adèle de Normandie avait à cœur de se montrer comme l'exemple à suivre si l'on voulait affiner les anciennes mœurs, jugées par elle trop frustes.

En onze ans de pouvoir, elle était déjà parvenue à obtenir un assez bon résultat. La transformation des comportements blésois frappait plus particulièrement Isambour que sa vie à Fréteval avait détournée d'une évolution suivie de trop loin pour l'avoir intéressée.

Dans l'atelier où elle pénétra enfin, sept brodeuses s'installaient à leurs places habituelles.

Aveline les présenta une par une à sa cousine. Contrairement à ce qu'avait imaginé celle-ci, les ouvrières n'étaient pas toutes jeunes. Leur âge s'échelonnait de dix-huit à cinquante ans.

Avec sa haute taille, ses formes opulentes dont son bliaud vert ne dissimulait pas les rondeurs, illuminée par un bonheur tout neuf, l'œil clair, la tête haute, Aveline prenait soudain, parmi ses compagnes, une importance nouvelle. Elle parlait avec autorité, veillait à tout, conseillait, tranchait, réprimandait.

— Voici votre place, ma cousine, dit-elle à Isambour. Je vous ai mise près de moi.

Par trois fenêtres étroites, la grande pièce donnait sur une partie herbue de la haute-cour et sur les arrières du palais qui avoisinait le donjon. Comme il faisait encore beau, ces fenêtres étaient ouvertes.

Isambour regardait autour d'elle.

Poussée contre un des murs de l'ouvroir, une lourde table était recouverte de toutes sortes d'objets : un dévidoir sur lequel était tendu un écheveau de lin blanc, des tambours à broder de tailles diverses, des écheveaux de soie moulée d'or dont l'éclat blond s'échappait d'enveloppes de toile mal fermées utilisées pour leur protection, des bobines aux riches nuances variées, des broches portant fils d'or et fils d'argent, des peaux de mouton poncées servant à dessiner les motifs à reporter sur l'étoffe, des toiles à patron, des canevas, du cordonnet, des ganses, des lacets...

A un râtelier de bois étaient suspendus de petits marteaux, des crochets, des poinçons, des ébauchoirs de buis servant à modeler les fils, des ciseaux de toutes tailles, des emporte-pièces, des navettes, et beaucoup d'autres instruments indispensables aux brodeuses.

Deux métiers en bois de châtaignier occupaient le centre de la salle.

Les ouvrières étaient assises sur des sellettes de chêne recouvertes d'un rembourrage de crin.

— Tenez, Isambour, voici votre corbeille. Elle contient tous les outils dont vous aurez besoin.

Aveline tendait à sa cousine un corbillon d'osier tressé contenant un doigtier d'ivoire, deux dés, de longues aiguilles très fines en bronze et en fer, des ciseaux pointus, une pelote de cire, des pinces.

— Par ma foi, amie, reprit la fille du vavasseur, si vous avez un tant soit peu perdu la main depuis le temps où nous travaillions ensemble, ce n'est pas bien grave. Après quelques jours d'entraînement, l'habileté vous reviendra vite au bout des doigts !

Assise à la gauche d'Isambour, une femme d'une quarantaine d'années, au visage coloré, aux lèvres épaisses, et à la poitrine rebondie, approuva de plusieurs hochements de tête.

— C'est comme l'amour, dit-elle d'un air gourmand, quand on l'a fait, par Dieu ! on ne l'oublie plus jamais !

Elle riait, en portant à sa bouche une main qui tenait une aiguillée enfilée d'or à passer.

— Voulez-vous bien vous taire, Audouarde-la-beaupignée ! protesta une fille d'une vingtaine d'années dont les tresses rousses tombaient jusqu'au sol de chaque côté de son siège. Est-ce que ce sont les réflexions à faire devant une nouvelle ?

Son visage rond était parsemé de taches de rousseur comme si on lui avait jeté en pleine figure une poignée de son.

— Bien parlé, Gilète ! approuva une troisième brodeuse qui était dans les âges d'Isambour. Si nous voulons suivre les traces de la comtesse Adèle, nous devons apprendre à tenir notre langue. Mauvais discours et mauvaises manières vont de pair.

Celle-là était blonde, nette, soignée, avec un bliaud fraîchement repassé, des cheveux nattés sans une seule mèche qui dépassât, un voile éclatant de blancheur sur la tête.

— Oh, vous, Béatrix, lança la première qui avait parlé, l'amour ne doit pas vous laisser beaucoup de souvenirs mémorables... Vous êtes bien trop sage !

— Paix, cria Aveline. Ces babillages sont déplacés. Pour débuter, je vais donner à Isambour une bordure à compléter. Elle s'y fera la main en soulignant au point de tige les contours des motifs dessinés. Allons ! A l'ouvrage !

On commença par travailler en silence, puis Gilète, qui paraissait vouer une admiration sans borne à la comtesse Adèle, se mit en devoir de décrire à Isambour la façon dont cette femme de goût avait meublé et décoré les salles du château.

— Tout cela est vrai, reprit Aveline au bout d'un moment, mais la réussite des réussites reste bien sa propre chambre.

— Vous pouvez le dire ! s'écria Audouarde-la-beaupignée. Par tous les saints, on n'a jamais rien vu de si beau !

Parler de la chambre d'Adèle mit tout l'atelier en effervescence. Chaque ouvrière voulait rajouter un détail.

— Sur deux des murs, dit Béatrix, il y a des tentures brodées par notre ouvroir, qui représentent la création du monde, le paradis terrestre, le déluge et certains passages de l'Ancien Testament. C'est là un travail qui nous a pris plusieurs années. Il est d'une précision dans les détails dont vous n'avez pas idée.

Une femme d'une cinquantaine d'années, toute en os, avec des cheveux gris clairsemés qui, sous un voile lie-de-vin, lui faisaient deux petites nattes maigrelettes, intervint à son tour. Elle ressemblait à une chèvre dont elle avait la face longue et étroite, la mâchoire inférieure pendante, la voix bêlante. Dans son visage ingrat, deux larges prunelles dorées, bombées, brillantes, accentuaient cette ressemblance.

— Sur le troisième mur, dit-elle tout en continuant à broder sans désemparer, on peut admirer un autre de nos ouvrages qui représente des scènes de la soi-disant existence d'anciens dieux païens...

— Il s'agit des dieux grecs, coupa Aveline d'un air entendu. C'est Dom Renaud, le chapelain de notre comtesse, qui l'a dit devant moi. Je croyais que vous le saviez, Erembourge.

— Sur le plafond, continua celle-ci, sans se laisser démonter, sont peints des signes du zodiaque environnés d'étoiles. C'est une merveille !

— Le sol est recouvert d'une marqueterie de marbre composée de fleurs, d'animaux fabuleux ou familiers et de paysages de montagnes, récita sans perdre haleine Gilète dont le visage roux s'enflammait d'enthousiasme.

— Par ma foi, il ne faut pas oublier le fameux lit de sa seigneurie, reprit Aveline qui entendait mener la conversation. Il est en bois sculpté, avec des pieds d'ivoire les plus élégants du monde. A sa tête, sont représentés les arts libéraux et notre comtesse a composé elle-même des devises savantes qui sont gravées tout autour... Vous ne pouvez, ma colombe, imaginer sans l'avoir vu l'enchantement dont on est saisi en pénétrant dans cette chambre incomparable.

— Elle sera tout à fait parfaite quand l'ouvrage auquel nous travaillons maintenant sera terminé, dit une petite femme maigre et brune qui n'avait encore rien dit jusque-là.

— C'est bien pourquoi, Mahaut, vous avez raison de tirer

l'aiguille sans bavarder, approuva Erembourge. Nous n'avons pas de temps à perdre !

Par Aveline, Isambour savait l'importance de l'ouvrage entrepris.

Afin d'ajouter à tant de merveilles une note de dévotion filiale, la comtesse avait confié à ses brodeuses le soin de confectionner un nouvel ouvrage auquel elle attachait la plus grande importance : un baldaquin relatant, sur une toile d'une extrême finesse, les étapes de la conquête de l'Angleterre par Guillaume le Conquérant, son illustre père. Il s'agissait là du raffinement suprême. Aussi les moyens n'avaient pas été épargnés pour faire de ce travail d'aiguille une véritable œuvre d'art.

— Songez, ma cousine, reprenait la fille du vavasseur, songez que seuls des fils d'or, d'argent, ou de la soie la plus pure, ont été jugés dignes de retracer les principaux événements d'une pareille épopée ! On y ajoute même, par endroits, des perles et des pierres fines !

— Il s'agit, paraît-il, en plus luxueux, de la copie de la fameuse tenture narrative d'église exposée chaque année, quinze jours par an, dans la cathédrale de Bayeux, expliqua Béatrix penchée sur le tambour dont elle se servait pour tendre le fin tissu qu'elle parsemait de fleurs de soie. Vous comprenez de quelle responsabilité nous sommes chargées là ! Il nous faut faire preuve de la plus grande attention, de la minutie la plus scrupuleuse si nous ne voulons pas décevoir la comtesse.

Isambour se dit que le culte entretenu par les brodeuses autour de la personne d'Adèle magnifiait leur labeur. Le sentiment qu'elles éprouvaient d'être les instruments d'une personne si incomparable poussait chacune d'entre elles à se surpasser. L'enthousiasme manifesté par Aveline n'était que le reflet de la vénération dont la plupart des ouvrières de l'atelier entouraient leur suzeraine. Cependant, elles ne devaient pas toutes partager ce zèle. Dans un coin, silencieuses, ne levant pas le nez de leur ouvrage, deux sœurs jumelles brodaient côte à côte, l'air fermé, échangeant entre elles des regards excédés.

— Eh bien, moi, dit tranquillement Isambour dont la première aiguillée de soie moulée d'or fin venait de casser, moi, je ne suis pas près de me sentir digne de participer à un tel chef-d'œuvre ! Je ne suis même pas certaine d'en être un jour capable !

— Il ne faut jamais partir perdante ! s'exclama une grosse femme au teint de suif à laquelle l'embonpoint empêchait de donner un âge.

Placée près d'une des fenêtres, elle travaillait à une portion du baldaquin dont la longueur correspondait à celle d'une des peaux de mouton sur lesquelles le dessinateur de la cour traçait les scènes à reproduire avant de les mettre au net sur la toile.

Soudain, la porte de l'atelier s'ouvrit. Un homme d'une trentaine d'années entra. Une large ceinture en cuir serrait à la taille son bliaud de serge bleue. Une tablette de cire et un stylet y étaient suspendus.

— Voici Jehan, le secrétaire de notre comtesse, souffla Gilète. C'est un de ses familiers. Elle ne s'en sépare pas davantage que de son chapelain !

Un groupe de personnes richement vêtues apparaissaient à leur tour derrière une dame de taille moyenne, à la peau blanche, aux yeux clairs.

Les brodeuses esquissèrent un mouvement pour se lever.

— Restez assises, je vous prie ! lança Adèle de Normandie. Vous savez bien que je ne veux pas vous voir bouger quand j'entre ici. Sur mon âme, je m'en voudrais de vous faire manquer un seul point !

Isambour revoyait toujours avec intérêt cette femme du même âge qu'elle, dont l'existence semblait, à l'image des travaux qu'elle faisait exécuter, tissée d'or et de soie.

Sur une longue tunique à fleurs et à rinceaux multicolores, elle portait ce jour-là une gipe [1] d'étoffe gaufrée, fort ajustée, qui dessinait ses formes déliées. Ses larges manches, évasées à partir du coude, garnies de broderies d'argent, descendaient presque aussi bas que son bliaud. Enroulée deux fois autour de sa taille, une ceinture d'orfroi retombait jusque sur de fins souliers de cuir mosaïqué. Un voile transparent recouvrait ses cheveux blonds dont les nattes étaient surmontées d'un bandeau orné de pierreries.

— Voici donc notre Isambour installée en bonne place, dit la comtesse en se dirigeant vers sa nouvelle ouvrière. Soyez la bienvenue parmi les femmes de mon ouvroir. Vous savez combien je suis satisfaite de vous compter dorénavant au nombre de mes brodeuses.

— Fasse le ciel, dame, que je ne vous déçoive pas !

— Je vous fais confiance. D'ailleurs, Aveline ne cesse de louer votre adresse... et puis j'ai déjà eu l'occasion, voici fort longtemps, il est vrai, de la constater par moi-même.

Elle avait un sourire un peu moqueur qui la rajeunissait, mais, dans son regard, affleurait une sorte d'exigence intime, de force contenue et ombrageuse.

Isambour se souvint de tout ce qu'on racontait sur le comte Étienne, sur la honte éprouvée par son épouse depuis son retour précipité de Terre sainte.

Ainsi donc, cette princesse, elle aussi, dont le destin semblait si éclatant, connaissait opprobres et tourments à cause de la conduite déshonorante de son seigneur !

Y avait-il quelque part des fruits dont un ver ne rongeait pas le cœur ?

Les personnes de la suite demeuraient près de la porte pendant

---

1. *Gipe* : justaucorps féminin très ajusté.

que la comtesse allait et venait d'une ouvrière à l'autre, complimentant ici, faisant là une remarque précise, toujours justifiée.

Pendant ce temps, Jehan-le-secrétaire s'approcha d'Isambour.

— Par saint Clair, patron des brodeuses, voici bien la plus avenante de toutes les manieuses d'aiguille que j'aie jamais rencontrées ! dit-il à mi-voix en se penchant sur l'épaule de la jeune femme. Ne craignez-vous pas d'abîmer ces beaux yeux en les fatiguant à de pareils travaux ?

— Je craindrais bien davantage de laisser mes enfants mourir de faim si je ne gagnais pas de quoi les nourrir ! répondit Isambour en continuant son ouvrage.

— Si je comprends aisément celui qui vous les a faits, je ne comprends pas, en revanche, qu'il vous laisse le soin de subvenir seule à leurs besoins.

L'aiguillée d'or à passer se rompit une seconde fois entre les doigts qui venaient de l'enfiler.

— Ne soyez pas si nerveuse, douce amie, dit Jehan.

Il riait. Il était beau, sûr de lui. Il exaspéra Isambour.

— Laissez-moi travailler en paix, je vous prie, dit-elle en égratignant d'un ongle rageur l'or qui recouvrait le fil de soie.

— A votre aise, ma belle, acquiesça-t-il en saluant bien bas. Mais il faudra nous revoir.

Isambour haussa les épaules.

— Je n'en vois pas la necessité.

A quel jeu s'amusait cet homme ? Comment pouvait-il croire qu'elle s'y prêterait ? En avait-elle le temps, l'envie, la possibilité ?

La comtesse s'éloignait. Sa petite troupe la suivait.

— Jehan, venez-vous ?

— Me voici, dame !

Il rejoignait le groupe, mais son parfum de musc s'attarda derrière lui.

— Eh bien ! pour une première journée ce n'est pas si mal, chuchota Audouarde-la-beaupignée à sa voisine. Vous avez reçu des paroles aimables de la comtesse Adèle et vous avez séduit son secrétaire !

Isambour ne répondit pas. Elle brodait avec une application excessive la bordure qu'on lui avait confiée.

— Par ma tête, avec ses yeux bleus et ses cheveux bruns, ce Jehan est un joli garçon ! reprit Audouarde dont le teint était soudain encore plus coloré, les prunelles plus brillantes. S'il me recherchait, moi, je ne saurais rien lui refuser, à ce beau museau !

— Taisez-vous, babillarde ! ordonna Aveline. Qui bavarde à tort et à travers travaille mal. Nous avons mieux à faire qu'à pérorer.

Le soleil se couchait quand les brodeuses quittèrent l'atelier.

Isambour avait mal au dos, ses seins alourdis lui causaient des élancements en dépit de la large bande de toile avec laquelle elle s'était comprimé la poitrine afin de la maintenir et de retarder la montée de lait. Son corps ignorait ses nouvelles conditions de vie, avait ses habitudes ; il protestait à sa manière contre le changement de régime auquel il était soumis.

— La journée m'a paru bien longue, confia-t-elle à sa cousine en traversant la basse-cour.

— Vous vous y ferez, assura Aveline. Notre travail n'est pas sans intérêt et les brodeuses sont de bonnes filles.

Aveline avait décidé de raccompagner Isambour jusqu'à son domicile avant de rentrer chez elle.

Après avoir franchi la poterne qui permettait aux habitants de l'enceinte castrale d'entrer et de sortir sans passer par la grande porte sévèrement gardée, les deux jeunes femmes se trouvèrent devant le spectacle offert par le crépuscule qui envahissait sous leurs yeux l'immense vallée de la Loire.

En une dégringolade de toits dont les tuiles reflétaient les teintes sanglantes du couchant, les demeures de la cité s'imbriquaient jusqu'au fleuve que franchissait un pont de bois.

Sur l'autre rive, fief distinct de la ville, l'île de Vienne, bande de terre comprise entre la Loire et un de ses bras morts, tel un bateau noyé dans la brume, s'enfonçait avec ses maisons et son église dans une grisaille indistincte.

Au-delà, de vastes prairies, des champs cultivés, des vignobles, des villages disséminés dans la campagne, de lointaines forêts enfin s'étendaient jusqu'à l'horizon coloré de feu. Cette incandescence s'adoucissait peu à peu en de savants dégradés qui parvenaient à atteindre le mauve rosé des colchiques.

Cependant, bousculés comme des troupeaux de moutons noirs, d'épais nuages dissimulaient des pans entiers de ciel. Cerné par ses berges d'encre, de cendre, d'ombre, le fleuve, dont l'eau tranquille roulait des flots d'ardoise, se vêtait de reflets rutilants qui s'étiraient tout au long de son cours.

Par endroits, le flot était comme laqué de garance, ailleurs, il appartenait déjà à la nuit.

— A-t-on jamais rien vu de plus magnifique ? demanda Aveline.

Immobiles, éblouies, les deux cousines se sentaient éclairées, illuminées, comme glorifiées par cette apothéose.

— Je dois admettre que, comparé à une telle splendeur, notre Loir paraît étriqué entre ses collines, reconnut Isambour. Pourtant, même devant une semblable merveille, je ne le renierai pas. Moins grandiose, il est plus à ma taille.

— Décidément, ma colombe, vous et moi, chacune à notre manière, nous sommes fidèles avant tout ! jeta Aveline en s'emparant du bras d'Isambour pour l'aider à redescendre vers la ville.

8

Isambour écoutait tomber la pluie sur les tuiles du toit et sur le gravier des allées du jardin.

On devait être à peu près au milieu de la nuit. Contre l'épaule gauche de la jeune femme, Doette, blottie dans la chaleur maternelle, dormait du profond sommeil des enfants fatigués de jouer. Une légère odeur fauve se dégageait des cheveux roux et de la peau laiteuse de l'enfant.

Tournée du côté du mur, Philippa semblait faire des rêves agités. Elle remuait beaucoup, des bribes de phrases lui échappaient par instants.

Dans son berceau, posé près du lit où la mère et ses deux filles reposaient, Ogier, croyant téter, et tout en dormant, suçait son pouce avec ardeur. Isambour entendait le bruit mouillé des lèvres obstinées du nourrisson.

Installé dans un cabinet attenant à la chambre principale, Aubin était également tout proche.

Sancie et Bathilde se partageaient la seconde chambre de l'étage.

Percevoir autour d'elle tout son monde endormi et confiant pendant qu'elle veillait procurait autrefois à la mère de famille un sentiment aigu de satisfaction. Elle aimait alors se sentir responsable de la bonne marche de sa maisonnée, du destin de chacun de ses membres. C'était avec assurance qu'elle supportait en ce temps-là une charge qui ne l'écrasait pas.

Désormais, l'angoisse avait remplacé la sérénité. Comment parvenir à élever, à éduquer ses enfants ? Comment les guider dans leur jeune âge, leur adolescence, les choix essentiels de leurs vies ? A certains moments, une peur affreuse transperçait Isambour. Si elle était à présent admise de façon définitive parmi les brodeuses de la comtesse Adèle, ce qui assurait sa subsistance et celle des siens, pourraient-ils toujours continuer à loger chez le monétaire où ils ne payaient pas de loyer ? Cette situation restait précaire, un peu humiliante... Et le Grand Feu ? L'entretien des bâtiments et des terres se révélait fort lourd...

Sans le soutien de Bernold, l'existence de chaque jour n'était plus que difficultés, tourments...

De crainte de réveiller les enfants, Isambour bougeait le moins possible. Cependant, lasse de demeurer immobile dans le noir, à ressasser sans fin mêmes appréhensions et mêmes alarmes, il lui arrivait parfois de se lever. Avec précaution, elle sortait du lit, passait une chaisne [1] molletonnée qui lui servait aussi au sortir du cuveau où elle se lavait chaque matin, et allait s'accouder à la fenêtre.

Ce mois d'octobre avait encore des nuits point trop froides. Isambour respirait longuement les senteurs de feuilles jaunissantes qu'exhalait le petit jardin. Si elle n'y trouvait pas de véritable consolation, car tout lui était réminiscences et blessures, la fraîcheur nocturne lavait comme une eau bienfaisante son esprit endolori, lui permettait ensuite de s'endormir sans trop de peine.

Mais il n'y avait pas que les soucis et les chagrins pour l'obséder... De plus en plus souvent elle devenait la proie d'autres harcèlements.

Sevré d'étreintes depuis des mois, son corps n'acceptait plus une privation qui le suppliciait. Affamé, il n'était plus qu'appels, que désir...

Entre les bras d'Adelise, Bernold se souciait-il encore de la femme esseulée qu'il avait laissée derrière lui ? Imaginait-il tant soit peu les maux qu'elle devait supporter à cause de lui ?

Isambour constatait un peu plus chaque nuit que, si son cœur était parvenu à souffrir avec dignité, il n'en était pas de même de sa chair dont les besoins ne s'embarrassaient pas de scrupules.

« Dieu saint ! gémissait-elle, je recèle un animal en rut qui réclame son dû ! Il trouble mes pensées et me rend mauvaise... Il glisse en moi la tentation du péché. Il ignore le sacrement qui me lie... Féroce envers celui qui m'a trahie, il me pousse à rejeter notre alliance, à me libérer des liens qui m'attachent à Bernold... Entre ses griffes, je ne suis plus en état de trouver des excuses à mon mari, je le maudis et même, par moments, vais jusqu'à le haïr ! »

Comme elle ne parvenait toujours pas à recouvrer l'élan nécessaire à l'offrande de son âme, que la prière continuait à ne lui être d'aucun secours, elle se sentait condamnée à devenir la proie du Malin. Une proie terriblement vulnérable... faible, si faible...

Une fois de plus, cette nuit-là, le désir la tenait. Comme sur un gril, elle se tournait et se retournait sans pouvoir espérer d'apaisement. Faute de recevoir la satisfaction qu'ils réclamaient, ses sens la torturaient. La chaleur du lit ne lui était plus supportable...

Elle rejeta le drap mais n'éprouva aucun bien-être. Trop vive était sa fièvre... Elle décida de se lever.

Sa rancune envers Bernold s'aggravait du poids humiliant de la honte qu'à cause de lui elle s'infligeait à elle-même.

Elle enfila à la hâte la chemise de jour roulée sous son oreiller et sortit de la chambre.

Après avoir sans bruit traversé la salle, elle gagna le jardin sur lequel il pleuvait sans répit depuis des heures.

---

1. *Chaisne* : long vêtement faisant parfois office de robe de chambre.

Dehors, l'odeur de la pluie, de la terre détrempée, des feuilles mortes jonchant le sol, l'assaillit. Elle se trouvait transportée au centre d'un univers liquide dont le bruit crépitant empêchait d'entendre autre chose que son écoulement monotone.

Les yeux fermés, la tête renversée en arrière, presque nue sous le ruissellement que le ciel déversait sur elle, Isambour demeura un moment, comme une statue au porche d'une cathédrale, les mains ouvertes le long des cuisses, immobile, offerte...

Sur son visage où gouttes de pluie et larmes, étroitement mêlées, coulaient, l'eau douce s'unissait au sel amer. Le long des nattes brunes encadrant le visage de noyée, des perles fugitives glissaient avant de tomber sur le gravier de l'allée.

« Ô Bernold, qu'avez-vous fait de moi ? »

Combien de temps resta-t-elle ainsi, frissonnante de froid bien que consumée d'ardeurs ?

Au fond du jardin, une petite porte qui ne servait guère s'ouvrit soudain avec précaution. Une lourde silhouette masculine entra, referma le battant, se dirigea vers la maison. A travers l'obscurité pluvieuse, la lueur balancée d'une lanterne éclaira soudain la femme debout dans une des allées.

— Vous ici, Isambour ! A cette heure ! Vous allez prendre mal !

Elle ouvrit les yeux pour apercevoir, enfoui sous le capuchon de sa chape pluviale, le visage étonné de Garin-le-monétaire que la chiche lueur jaune éclairait de bas en haut.

— Par le Dieu tout-puissant, que faites-vous sous l'averse, toute seule, au milieu de la nuit ? demanda-t-il.

— Je ne pouvais dormir.

L'époux d'Aubrée posa sa main libre sur le bras d'Isambour.

— Ne restez pas ainsi. Venez. Rentrons.

D'une ferme pression, il la décida à bouger, à se diriger avec lui vers le logis où elle habitait.

Ils pénétrèrent ensemble dans la salle. La tiédeur du feu s'y attardait.

Comme une draperie mouillée, la chemise trempée collait au corps de la jeune femme, épousant et révélant ses formes. Garin s'empara d'une courtine pliée sur un siège, la déposa sur les épaules d'Isambour.

— Voulez-vous que je réveille une de vos servantes pour qu'elle descende vous frictionner ? s'enquit-il.

— Non. Merci. Je le ferai moi-même.

— Il faudra aussi vous sécher les cheveux avec soin, reprit le monétaire. Ce sera le plus long, mais n'y manquez pas. On s'enrhume souvent pour avoir eu la tête mouillée.

— Merci de vous soucier à ce point de ma santé, dit Isambour. Vous devez penser que je suis devenue folle.

L'homme rejeta en arrière son capuchon dégoulinant.

— Dieu m'en garde ! reprit-il de sa voix calme, un peu traînante, j'ai suffisamment vécu pour savoir reconnaître un véritable chagrin d'une lubie. Je sais ce qu'il en est et je peux comprendre plus de choses que vous ne le croyez.

Il secouait sa grosse tête grisonnante.

— Le malheur ne m'a pas, non plus, fait défaut, continua-t-il, le front penché, sans relever les paupières. Qui n'entend qu'une cloche n'entend qu'un son... Seule Aubrée vous a parlé de nous, de notre couple...

— Elle m'a décrit vos épreuves et affirmé qu'aux pires moments, vous lui aviez toujours été secourable, rectifia Isambour, tout en resserrant autour d'elle l'étoffe rouge qui ne parvenait pas à la réchauffer.

— Sans doute, sans doute... mais elle n'a certainement pas manqué de vous laisser entendre que j'avais des goûts dépravés, que je courais les filles faciles...

Il releva avec brusquerie son lourd visage pour jeter à la femme ruisselante qui se tenait debout près de lui un de ces regards aigus dont il avait le secret.

— Eh bien ! Soit ! admit-il avec une sorte de rage pleine de rancune, soit ! Je vais en effet chercher là où je peux les trouver les satisfactions que me refuse une épouse plus froide que cette nuit d'automne et pour laquelle l'amour est une abominable corvée !

Isambour tressaillit.

— Allez vous sécher, soupira Garin. Vous n'êtes pas en état de m'entendre. Je ne sais pourquoi je me confie à vous !

— Parce qu'il faut bien parler à quelqu'un... murmura Isambour.

— Nous sommes tous, vous et moi, victimes du même gâchis ! jeta entre ses dents le monétaire, tout en rabattant son capuchon. Le Mal est partout. Il embrouille nos vies à plaisir. Il corrompt sans jamais se lasser l'œuvre du Créateur. A nous d'essayer de nous en tirer... de sauver, si nous le pouvons, nos chances de salut !

Il se baissa, reprit la lanterne qu'il avait posée sur un coffre en entrant, et sortit afin de regagner le logis qu'il fuyait plusieurs fois par semaine pour aller s'étourdir ailleurs.

Isambour alla tirer le verrou, revint vers le feu, rejeta la courtine, se dépouilla de la chemise qui lui collait à la peau, puis se mit en devoir de se frictionner avec un des langes d'Ogier, posés, pour les tenir au chaud, sur deux tréteaux, devant la cheminée.

Quand elle se fut séchée, elle regagna sa chambre où elle s'enveloppa dans la chaisne molletonnée de ses veillées solitaires avant d'aller se pencher sur le berceau de son petit garçon.

Assise au pied du lit où Doette et Philippa dormaient toujours, elle défit d'abord ses nattes alourdies, avant de se frotter vigoureuse-

ment la tête avec une épaisse serviette de toile tirée du grand coffre
où elle rangeait son linge.

Comme l'avait prévu le monétaire, il lui fallut du temps pour
parvenir à sécher ses longs cheveux.

Tout en maniant le peigne et la brosse, elle se disait que Garin
s'était bien conduit à son égard. Elle aurait à réviser l'opinion
qu'elle avait de cet homme. Jusqu'à présent, elle ne l'avait vu qu'à
travers des rencontres conventionnelles ou les récits d'Aubrée. S'il
était vrai que celle-ci ne témoignait à son mari que froideur et
rebuffades, on pouvait lui trouver des excuses. L'ironie du sort
voulait qu'elle fût la confidente d'une femme incapable de répondre
aux désirs de son époux...

Pour ne pas retomber dans les affres dont elle n'était sortie qu'à
grand-peine, Isambour préféra penser à autre chose... Elle se dit
qu'elle pouvait être reconnaissante au monétaire de ne pas avoir
profité de la situation insolite où il l'avait trouvée. Bien d'autres,
à sa place...

Cette constatation l'amena à songer au secrétaire de la comtesse.

Depuis un mois qu'elle était entrée à l'ouvroir du château, Jehan
avait imaginé mille prétextes pour la revoir et venir tourner autour
d'elle. Un intérêt subit à l'endroit du travail effectué par les ouvrières
d'Adèle de Blois lui servait d'excuse. Les compagnes d'Isambour
en riaient et brocardaient entre elles ce changement d'attitude.

Sans se permettre jamais un geste aventuré, un mot de trop, le
jeune homme assiégeait la nouvelle brodeuse d'attentions, de menus
présents, d'allusions transparentes.

— Quand je me souviens de la manière dont Bernold s'est
emparé de moi, avait dit un soir Isambour à sa cousine qu'elle ne
pouvait tenir dans l'ignorance d'assiduités aussi affichées, je ne
comprends rien aux façons de ce garçon. Il ne se comporte pas
comme les hommes le font d'ordinaire. On dirait qu'il craint de
passer à l'attaque. Serait-il impuissant ?

— Certainement pas, avait répondu Aveline en riant. Ce sont là
des modes mises au goût du jour par la comtesse elle-même. Au
château, on ne vit pas comme ailleurs, ma colombe, vous n'êtes
pas sans le savoir. On ne s'y comporte pas selon nos anciennes
habitudes. Par ma foi ! Adèle de Blois s'est mis en tête de changer
les hommes en pigeons roucouleurs et les loups en agneaux !

On savait à la cour comtale que, sans jamais faillir, la suzeraine
entretenait des échanges épistolaires variés, nombreux, remplis de
bienveillance avec des adorateurs déclarés, mais platoniques, comme
Geoffroi de Reims, Hildebert de Lavardin, évêque du Mans, ou
Baudri, abbé de Bourgueil. Celui-ci se piquait de faire œuvre
poétique. Il adressait à la comtesse des vers enflammés mais toujours
respectueux qui enchantaient leur destinataire. Le comte Étienne

n'avait pas à prendre ombrage d'une correspondance ou de visites connues de chacun, et, de toute évidence, parfaitement innocentes.

— Il est vrai que notre comtesse cultive les belles-lettres, attire maints poètes, savants ou historiens au château, compose elle-même des poèmes, avait ajouté Aveline. Elle a su se faire, à juste titre d'ailleurs, la réputation d'une femme d'esprit ainsi que de grand savoir. A son contact, choses et gens évoluent à vive allure !

Occupée à refaire ses nattes, Isambour songeait qu'il était peut-être possible en effet d'amener les hommes à se comporter avec plus de respect envers les femmes, mais qu'on ne transformerait pas leurs instincts. Que Jehan, un jour ou l'autre, s'enhardirait à son endroit.

Que ferait-elle quand il ne se contenterait plus d'oublier auprès d'elle un bouquet, un gant, un anneau de corail ? Qu'il demanderait davantage qu'un sourire, qu'un mot aimable ?

Recoiffée, elle quitta son vêtement de nuit avant de se remettre au lit.

Nue devant sa couche, elle passa lentement ses mains sur ses seins marqués des deux grains de beauté où s'étaient si souvent attardées les lèvres de Bernold, sur ses hanches qu'il emprisonnait naguère entre ses paumes, sur son ventre qui avait toujours porté avec fidélité, assurance et quiétude les semences confiées par l'époux durant leur commun plaisir...

Faudrait-il donc renoncer pour toujours aux caresses d'un homme ?

L'idée d'abandonner simplement ses doigts à Jehan lui avait, jusqu'à présent, été désagréable. En dépit de tout, elle continuait à aimer, à attendre Bernold, ce qui la préservait de la tentation. Mais si son corps parlait plus haut que ses sentiments ? Si sa chair l'entraînait à elle ne savait quelle compromission ?

Par la faute d'un renégat, serait-elle amenée à se parjurer, à renier ses serments les plus sacrés, à perdre son âme ?

Autrefois, elle se serait jetée à genoux pour implorer aide et secours de Dieu et de Notre-Dame. Ils ne l'auraient pas abandonnée en un si grand péril... Mais elle ne savait plus Les prier. L'aridité dont elle souffrait depuis le départ de son mari avait desséché en elle la rosée de la grâce. Vers qui se tourner ? A qui demander secours ? Où trouver appui ? Tout lui manquait à la fois.

Elle dormit peu et mal. Des rêves l'assaillirent jusqu'à l'heure du lever...

Le lendemain, à l'ouvroir, quand elle vit entrer sur les pas de la comtesse Adèle le jeune secrétaire dont les yeux la cherchèrent aussitôt, elle se troubla et sut qu'elle ne pourrait pas lutter sans fin contre son désir. Un jour arriverait où le premier galant venu ferait l'affaire. Elle le sut, mais une honte brûlante l'empourpra...

Le dimanche suivant, après la grand-messe, elle se rendit avec Grécie et Philippa chez Aveline où elles avaient l'habitude, toutes trois, de dîner chaque semaine. Aubin, Doette et Ogier restaient sous la garde de Sancie.

Il ne pleuvait plus, mais, du ciel gris, une haleine maussade et froide soufflait sur la vallée, à travers les rues de Blois.

Dans la salle de la maison commune, un bon feu flambait, léchant les flancs d'une marmite d'où s'échappait un fumet appétissant de perdrix en capilotade. Enfoui dans les cendres chaudes de l'âtre, un pot de grès devait contenir du bouillon aux gousses d'ail. Deux poêlons mijotaient sur les braises chaudes contenues dans les récipients creux terminant les grands landiers de fer qui supportaient les bûches.

Devant la cheminée, une table recouverte d'une longue nappe blanche avait été dressée.

L'odeur de cuisine, de pain grillé, de feu, de linge propre, restait liée à ces réunions du dimanche qui apparaissaient à Isambour comme les uniques moments de son existence où les douceurs de la complicité familiale retrouvaient un peu de leur pouvoir.

Quand Mayeul remonta de la cave où il était allé quérir du vin frais, il montrait un air préoccupé qui n'échappa nullement à Isambour.

Aussi ne fut-elle pas surprise, une fois dit le bénédicité, lorsqu'il s'adressa à elle tout en entamant un pâté d'anguilles.

— Il faut, ma cousine, que je vous apprenne une nouvelle. Une nouvelle d'importance ! Je sais depuis peu où se trouve Bernold !

Ce fut comme si une poigne sans pitié étreignait brutalement le cœur de la jeune femme, ainsi qu'on serre sous ses plumes le col d'un pigeon pour l'étouffer.

— Dieu ! souffla-t-elle. Est-ce possible ?

— Vous voilà toute pâle, ma perle ! s'écria Aveline. N'allez pas vous pâmer, au moins !

Isambour secoua la tête comme on chasse une mouche.

— Où est-il ? demanda-t-elle.

— En Angleterre. Nous pouvions toujours le chercher en Normandie... Il n'a fait qu'y passer.

— Qui vous a renseigné ?

— Un maître charpentier rencontré hier matin dans notre basse-cour. Il arrivait de Douvres où il a longtemps séjourné. D'après lui, Bernold semble s'être fixé dans cette ville. C'est sur le chantier de construction d'une église où ils travaillaient tous deux qu'il a connu votre mari puis s'est lié d'amitié avec lui. Ils ont parlé ensemble. Mon nom a été cité. C'est pourquoi cet homme m'a abordé et salué de la part de Bernold.

— Allait-il bien quand ce charpentier l'a quitté ?

— Fort bien. Sa réputation de verrier est, semble-t-il, déjà grande outre-Manche.

Il y eut un silence. Isambour considérait sans le voir le morceau de pain tranchoir posé devant elle. Pour la première fois depuis qu'il s'en était allé, elle entendait parler de Bernold comme d'un être vivant, non comme d'un disparu. Il se trouvait ailleurs, voilà tout. Il travaillait, mangeait, dormait, riait, aimait... loin d'elle... mais, enfin, il prenait à nouveau corps. Ce n'était plus ce fantôme insaisissable dont elle venait parfois à se demander s'il existait toujours... Il y avait un endroit du monde où son rire éclatant résonnait encore de temps à autre...

Aveline surveillait sa cousine d'un œil inquiet. Philippa fixait sur sa mère un regard rempli d'amour et d'interrogation. Grécie jouait avec la pie apprivoisée qu'elle avait apportée dans une petite cage d'osier et qui se tenait maintenant sur son épaule.

— Mon père était-il seul ? demanda soudain l'adolescente sans cesser de caresser la tête penchée de l'oiseau.

— Voyons, ma petite fille... protesta Aveline.

— Elle a raison, dit Isambour. Il est normal que je sache où et comment vit mon époux.

— Il n'est pas seul, répondit sobrement Mayeul.

Venant du logement voisin, on entendait des éclats de voix avinées, des refrains de chansons à boire.

— Ce n'était donc pas une simple liaison passagère, murmura Isambour dont la gorge était nouée comme par un garrot. Il ne reviendra pas.

Alertée par le ton avec lequel sa cousine avait prononcé ces derniers mots, Aveline leva les sourcils. Elle ne comprenait pas comment une femme bafouée avec une telle impudence pouvait, au fond d'elle-même, espérer le retour de l'infidèle. Dans un cas semblable, elle n'aurait songé qu'à se venger, à tuer sa rivale...

Mayeul essuyait avec soin la lame de son couteau sur une bouchée de pain.

— Par Dieu, ma cousine, reprit-il, le départ de Bernold est trop récent pour en tirer des conclusions définitives. Il n'y a qu'un peu plus de six mois que cette folie l'a pris. Ce n'est guère long. Laissez-lui le temps de se fatiguer d'une aventure dont il devrait assez vite avoir épuisé les charmes.

Grécie déposa la pie sur le banc à côté d'elle et se leva pour aider Aveline à apporter sur la table, après le pâté d'anguilles, le plat de perdrix en capilotade avec les deux poêlons. L'un contenait des navets aux châtaignes, l'autre de la purée de fèves.

— Si mon père revenait au Grand Feu, lui pardonneriez-vous, ma mère ? interrogea l'adolescente. Accepteriez-vous qu'il revienne vivre avec nous ?

— Le sais-je ? soupira Isambour. Le sais-je seulement moi-même ?

— De toute façon, l'Église punit sévèrement l'homme qui a enlevé la pucelle promise à son fils. Si vous accusez Bernold d'adultère et de rapt devant notre évêque, on lui infligera sept ans de pénitence, trancha Aveline qui servait ses convives en versant dans leurs écuelles viande et légumes. Vous pourrez toujours, par la suite, si vous le souhaitez, réclamer la séparation.

Isambour repoussa vers Mayeul l'écuelle qu'elle partageait avec lui. Elle n'avait plus faim. Sa gorge restait nouée, un tremblement qu'elle ne pouvait maîtriser l'agitait.

— Je ne demanderai jamais la séparation. Je ne porterai non plus aucune plainte, dit-elle d'une voix lasse. Je ne veux pas mêler l'Église à notre différend. Si Bernold revient un jour, je ne sais pas ce que je ferai, mais je sais ce que je ne ferai pas...

Elle s'interrompit. Ses doigts pétrissaient machinalement une boulette de mie de pain.

— Le sacrement de mariage lie l'homme et la femme à jamais, reprit-elle avec un peu plus d'assurance. Rien ne peut, par la suite, les séparer. Rien, ni personne. Même pas la faute de l'un d'eux. Bernold et moi resterons pour l'éternité unis devant Dieu. Pris de folie, il peut l'avoir oublié. Pas moi.

Autour de la table, chacun mangeait en silence.

— Vous avez raison, affirma Mayeul au bout d'un moment. Séparation, répudiation ou divorce ne rompent que les liens charnels. Aucun pouvoir humain ne parviendra jamais à dénouer les liens spirituels. En échangeant de plein gré, tous deux, vos consentements et vos anneaux, vous avez consacré votre union et, du même coup, l'avez rendue indissoluble.

On entendit alors la voix légère de Philippa :

— Moi, je ne me marierai pas avec un homme. Je serai l'épouse du Seigneur Jésus-Christ !

Isambour se pencha vers l'enfant, l'embrassa sur le front.

— Ce serait certainement le meilleur des choix, ma petite fille, dit-elle tendrement. Mais nous avons tort de parler devant vous de ces tristes choses. N'allez surtout pas vous imaginer qu'il n'y a que des mariages manqués. Il y en a d'heureux. Regardez Aveline et Mayeul, par exemple.

— Ils ne sont pas mari et femme depuis bien longtemps ! remarqua Grécie. Il faut attendre davantage pour savoir à quoi s'en tenir.

Aveline partit d'un rire un peu forcé.

— Eh bien ! Au moins, vous ne vous payez pas de mots, ma chère enfant ! s'écria-t-elle. Par ma foi, vous n'êtes pas de ceux à qui on peut en faire accroire !

— Je jouerais cependant volontiers mon salut sur la solidité et la durée de leur union, répliqua avec fermeté Isambour à sa fille. Les dix-huit années pendant lesquelles ils se sont attendus ont coulé entre eux un mortier aussi solide que celui des remparts de Blois !

Aveline adressa un regard de gratitude à sa cousine pour cette profession de foi.

La conversation dévia. On parla des habitants de la ville qui se plaignaient des transformations apportées à leur cité, et n'acceptaient qu'à contrecœur de la voir s'agrandir.

— Il y a des grincheux partout, dit Mayeul. Les gens se méfient toujours des changements qui modifient leurs habitudes.

— Peut-être, mais il y a beaucoup de mécontents, affirma Isambour qui faisait effort pour se mêler à la conversation. Hier, à l'ouvroir, on parlait d'une délégation d'artisans du Bourg Moyen qui seraient venus présenter leurs doléances au comte Étienne à ce sujet. Il les a reçus, mais, après leur départ, on assurait qu'il était furieux !

— C'est pourtant un seigneur calme et pieux, qui ne se met pas souvent en colère, objecta Aveline.

Avec l'aide de Grécie et de Philippa, elle retirait les récipients vides pour les remplacer par une jatte de crème au vin, décorée de poires cuites.

— Depuis son peu glorieux retour de Terre sainte, certains ne cessent pas de le dénigrer, reprit-elle, une fois sa tâche terminée. C'étaient les mêmes, autrefois, qui louaient sa générosité, sa modestie, sa bienveillance envers ses sujets !

— Que voulez-vous, amie, le pape Urbain II (que Dieu ait son âme !) a trouvé bon, avant sa mort, d'excommunier tous les déserteurs. On peut donc à juste titre se demander si le comte Étienne ne fait pas partie de ceux qui se voient rejetés vers les ténèbres extérieures !

Mayeul souriait. Sa joie de vivre reprenait le dessus.

— Ne plaisantez pas avec les choses saintes, mon ami ! répliqua Aveline. Il est déjà assez triste de voir en même temps le royaume de France frappé d'interdit, et notre propre comte en situation difficile avec le Saint-Siège !

— Les affaires des hommes coïncident rarement avec celles de Dieu, murmura Isambour.

Le repas se terminait par des fromages de chèvre et de brebis. Mayeul fit circuler un pichet de vin cuit additionné de miel et d'aromates.

— On ne parle plus au château que d'une grande fête qui devrait avoir lieu pour l'Épiphanie, annonça soudain Grécie, au milieu d'un silence. On insinue même qu'une nouvelle d'importance y serait annoncée aux Blésois.

— Je ne serai plus loin de mon terme, à ce moment-là, remarqua Aveline en adressant à son mari un regard de connivence amoureuse qu'il lui rendit d'un air amusé et attendri à la fois.

— Comment savez-vous ces choses-là ? demanda Isambour à sa fille.

— Chez Aubrée, tout le monde sait tout sur tout, répondit l'adolescente en vidant à petites gorgées le contenu de son gobelet d'étain. Et puis, on aime les fêtes. Celle des vendanges, à la Saint-Rémy, a beaucoup fait jaser. Il paraît qu'on y a trop bu de vin nouveau.

Isambour se dit que Grécie avait quatorze ans, qu'elle était à l'âge des premières amours, que son destin devenait chaque jour plus cruel. Pendant les veillées auxquelles elle ne manquait jamais d'assister chez le monétaire, elle devait entendre bien des propos légers. Qu'en pensait-elle ? Comment envisageait-elle son avenir ? N'avait-elle encore été attirée par aucun garçon ?

Jamais la jeune fille ne se confiait à sa mère. A personne d'autre, non plus... Elle conservait ses sentiments enfouis au fond de son cœur. Quelques mots, un regard désabusé, une expression railleuse, lui échappaient parfois... Qu'en conclure ?

A sa propre malchance, était à présent venue s'ajouter la disparition de son père sans qu'elle ait laissé voir ce que ce nouveau malheur lui inspirait.

Isambour aurait aimé prendre entre ses bras l'enfant éprouvée pour l'aider à porter son fardeau. La pudeur farouche de Grécie s'y opposait. Pas plus qu'on ne peut frôler un blessé grave sans le faire souffrir, on ne pouvait s'intéresser ouvertement à l'adolescente sans provoquer de sa part un sursaut de défense ou un mouvement de fuite.

Emmurée de son côté dans sa douleur, sa mère pouvait-elle lui être du moindre secours ? Depuis des années, elles ne savaient plus parler l'une avec l'autre. Leur double infortune allait chacune son chemin, comme des sentiers forestiers qui partent du même carrefour pour ne plus cesser, par la suite, de diverger...

Quelques jours après ce dimanche d'octobre, un valet envoyé de Morville par Gervais vint annoncer à Aveline la mort de Richilde, la mère du vavasseur.

A plus de quatre-vingt-cinq ans, la vieille femme était tombée de l'échelle qui conduisait à la chambre du haut. Elle s'était cassé une jambe et avait dû garder le lit. Une mauvaise fièvre s'était déclarée.

— Elle toussait à se déchirer la poitrine, expliqua Martin-Rougegonelle, le valet. Aucune boisson aux simples, aucun cataplasme, aucune relique, n'a pu en venir à bout. Elle a passé dans la nuit. On l'enterrera demain.

— Je l'aimais bien, dit Aveline en se signant. Dieu la reçoive
en son paradis ! Je vais prévenir la comtesse ; elle ne me refusera
pas un congé pour aller assister aux funérailles de ma grand-mère.
Nous partirons demain matin avec la charrette, mon mari, vous
et moi.

Le soir tombait. La fille du vavasseur rentrait de l'ouvroir. Mayeul
n'était pas encore revenu de son chantier.

— Il faut aussi avertir ma cousine, reprit Aveline. Elle est des
nôtres. Rendez-vous chez elle tout de suite pendant que je vais au
palais. A votre retour, vous souperez avec nous, après quoi, vous
coucherez ici. Je vous installerai une paillasse devant la cheminée.

Prévenue, Isambour décida d'accompagner ses cousins. Par le
valet, elle fit demander à Aveline d'informer la comtesse de la
nécessité où elle se trouvait de s'absenter et de l'en excuser. Elle
rejoindrait le lendemain matin les voyageurs au lever du soleil.

Adèle de Blois accorda deux journées de liberté à ses brodeuses.

Mayeul s'inquiéta de savoir son épouse sur les routes alors qu'elle
en était à son sixième mois de grossesse, mais Aveline l'assura de
sa bonne santé, de sa prudence, et ajouta qu'en sa compagnie elle
se sentait à l'abri de tout risque.

Ce fut donc une charrette accompagnée d'un cavalier qui franchit,
à l'aube suivante, les remparts en construction, pour s'éloigner
de Blois.

Il faisait gris. Sous un brouillard léger, le plateau de la petite
Beauce étendait en alternance ses grasses terres brunes, fraîchement
labourées, parcourues par des semeurs au pas lent, leur sac de
grains sur le ventre, et des parcelles en jachère, ou des vignes
vendangées depuis peu. Des boqueteaux de châtaigniers, déjà jaunis,
de hêtres, commençant à roussir, de chênes, à peine touchés par
l'automne, se dressaient entre les champs.

— Les vanneaux ont déjà regagné les guérets, remarqua Martin-
Rougegonelle qui conduisait la charrette.

Le bruit des roues de la voiture écrasant, dans un nuage de
poussière, les graviers de la route, couvrait en partie la voix du
valet. Assise à côté, les genoux enveloppés d'une chaude couverture
de laine, bien emmitouflée dans sa chape fourrée, Aveline se souvint
que certains oiseaux, qui fréquentaient les bords de Loire en été,
avaient coutume de revenir chaque hiver nicher sur le plateau.

— Si ce n'était mon chagrin, dit-elle à Isambour qui se tenait
à sa gauche sur la banquette à dossier, je ne serais pas mécontente
de ce petit voyage. Vous savez combien j'aime me retrouver à
Fréteval chaque fois que je le peux. Nous y avons tant de souvenirs,
ma belle cousine...

Isambour approuva de la tête.

— Encore plus que vous, amie, j'ai laissé là le meilleur de ma vie...

Retourner dans la vallée du Loir, retrouver les odeurs de brouillard, de terres labourées, de feux de broussailles, de forêt automnale, qui faisaient lever dans son cœur tant de fantômes, était à la fois pour elle nostalgie, déchirement, appel...

Mayeul lançait son cheval en avant, piquait un galop, et revenait vite s'informer de l'état de santé d'Aveline.

Les dix lieues du trajet se passèrent sans incident. Très fréquentée, la route n'était cependant pas assez encombrée pour entraver longtemps la marche de la charrette.

On croisait des chariots remplis de barriques, des chasseurs suivis de leurs chiens et armés d'arcs, de carquois, de filets ou de frondes.

Revenant de gauler les noix, de cueillir des champignons, ou de ramasser des châtaignes, des enfants et des femmes rentraient chez eux, portant de lourds paniers.

Sur les talus à l'herbe piétinée, des moines, vêtus de leurs coules noires aux capuchons rabattus, allaient, par deux ou trois, en égrenant entre leurs doigts des chapelets de buis poli.

Des troupeaux de moutons, pour lesquels l'heure du changement de pacage était venue, encombraient subitement la chaussée, en dépit des protestations véhémentes des voyageurs, et leur coupaient la voie.

Martin-Rougegonelle grognait, puis saluait du geste des bûcherons de sa connaissance qui gagnaient la forêt de Silva Longa, avec, sur l'épaule, leur cognée dont le tranchant miroitait.

En sens inverse, des serves chargés de fagots s'en revenaient des bois.

Mêlés à tout ce va-et-vient, des groupes de pèlerins marchaient en chantant des cantiques vers Notre-Dame-de-Chartres où ils allaient adorer la Sainte Tunique que portait la Vierge le jour de l'Annonciation. Dans leur sillage, de pauvres malades, entourés de parents ou de voisins, progressaient péniblement vers le puits des Saints-Forts, qui se trouvait dans la crypte de la cathédrale. Ses eaux possédaient de miraculeuses vertus curatives.

Isambour et Aveline joignaient leurs voix à celles qui psalmodiaient et le trajet leur paraissait plus court.

Vers l'heure de sixte, la voiture entra dans la cour de Morville.

Partagée entre la joie de revoir Aveline et Isambour plus tôt que prévu, et la nécessité d'afficher un deuil de convention, Perrine reçut les trois arrivants moitié souriant, moitié pleurant. Elle n'avait jamais beaucoup aimé une belle-mère qui, à son gré, conservait trop de pouvoir sur l'esprit de Gervais.

Le vavasseur, en revanche, véritablement atteint, priait à genoux au pied du lit de toile qu'on avait dressé dans la salle. Il ne se releva pas pour accueillir les voyageurs, mais se contenta de leur adresser, à distance, un bref salut, avant de reprendre ses oraisons.

A la tête de la couche mortuaire, deux pleureuses, dont c'était l'office, se lamentaient, arrachant leurs cheveux épars, s'égratignant les joues en signe d'affliction.

Aux coins de la paillasse sur laquelle la défunte, pour manifester son humilité, avait demandé qu'on répandît des cendres, quatre cierges brûlaient. Leur odeur de cire chaude se confondait avec celle des rameaux de buis qui jonchaient le sol et avec les relents louches de la mort.

Vêtue d'une chemise blanche, ses cheveux dissimulés sous un linge soigneusement enroulé autour de son crâne, Richilde paraissait encore plus chétive que de son vivant. Son visage détendu était sans âge, et son corps décharné semblait s'être rétréci aux dimensions de celui d'un enfant. Tout en l'aspergeant d'eau bénite, Isambour songeait qu'on ne savait plus si cette dépouille était celle d'une très vieille femme ou celle d'une pauvre petite fille.

Privée de ses défenses, la créature autoritaire, possessive, qu'avait été la mère du vavasseur, n'était plus qu'une maigre enveloppe blafarde dont seules les lèvres minces et ravalées indiquaient la volonté tenace. Hors du temps, elle donnait à présent l'impression d'avoir admis la vanité de toute lutte. On pouvait espérer qu'elle avait enfin trouvé la paix.

Un sanglot sec arracha Isambour à ses pensées. Dans un coin de la salle, assis sur un escabeau, la tête inclinée sur sa poitrine, Frémin-le-tord pleurait sa sœur partie rejoindre leurs ancêtres au royaume de Dieu.

Isambour s'approcha du vieil homme, l'appela doucement. Il leva vers elle un visage déformé par le chagrin.

— Un chrétien ne devrait pas se lamenter sur le retour au Père d'un de Ses enfants, murmura-t-il tristement. Je sais bien que Richilde connaît maintenant le bonheur de la Présence Ineffable, mais que voulez-vous, elle était mon aînée ! Elle a emporté avec elle les souvenirs de notre commun passé...

La parenté et une partie des gens de Fréteval qui connaissaient depuis toujours la famille du vigneron arrivèrent peu après.

On reçut le baron Salomon et son épouse pendant que les servantes entouraient le cadavre de larges bandes de toile qui l'enserraient étroitement.

« Les morts et les nourrissons sont traités de semblable manière, se dit Isambour. On les enroule dans des linges, on les lie de toute part, comme pour mieux les isoler, les préserver du dangereux contact du monde... »

Dès que le curé de Saint-Lubin fut arrivé, Gervais, Mayeul, Gildas et Martin-Rougegonelle soulevèrent sur leurs épaules le brancard où venait d'être déposé le corps de Richilde enveloppé de ses bandelettes.

Derrière le seigneur de Fréteval et dame Agnès qui menaient le deuil, le convoi funéraire s'ébranla.

Précédé de deux clergeons, et revêtu de ses vêtements sacerdotaux violets, le curé marchait en tête du cortège. Les pleureuses le suivaient immédiatement.

Durant l'office des morts, Isambour sentit des larmes couler sur ses joues. N'éprouvant en réalité qu'une affection assez tiède pour Richilde, elle n'aurait sans doute eu qu'un chagrin raisonnable si Bernold s'était tenu aux côtés de Mayeul, à la place qui aurait dû être la sienne et que Gildas occupait au titre de meilleur ami de la famille.

Les chants liturgiques, les parfums d'encens, de cire, de feuillages tressés en couronnes et posés par terre autour du brancard, réveillaient chez tous les assistants un cortège de réminiscences.

Frémin pleurait sa sœur, Gervais sa mère, Perrine pensait à la sienne, disparue depuis longtemps, Isambour se déchirait aux épines du souvenir. Ses parents, Hendri, ses trois enfants morts en bas âge, justifiaient une douleur que l'absence de Bernold, la fuite d'Aliaume, l'infortune de Grécie alimentaient également.

Aveline, qui se tenait près de sa cousine, lui prit le bras, le serra avec force.

C'était dans cette même église, au printemps précédent, qu'avaient eu lieu leurs noces, à Mayeul et à elle. Aussi, malgré l'émotion que lui causait la disparition d'une aïeule dont le caractère était très proche du sien, sa peine s'estompait-elle devant son bonheur tout neuf et ses espoirs de maternité. Cette constatation provoquait un certain trouble, un peu de gêne, dans son cœur honnête. Pour s'en défaire, elle se répétait que Dieu peuplait son royaume en puisant dans son peuple terrestre, que la vie qu'elle portait serait une nouvelle victoire sur la mort, que, depuis la création du monde, ce prodigieux renouvellement n'avait jamais cessé. Simple semeuse d'avenir dans l'immense cohorte de celles qui l'avaient précédée, de celles qui la suivraient, elle ne pouvait en retirer ni gloire ni remords...

Voyant Aveline prier près d'elle avec ferveur, Isambour tenta, une fois encore, de retrouver l'élan capable d'arracher son âme inerte à sa passivité. Comme le prêtre élevait l'hostie sainte pour la présenter aux fidèles, en l'offrant en leur nom au Seigneur, elle souhaitait tendre son esprit vers le Ressuscité. Cet effort spirituel lui demeura impossible. Peut-on rassembler et ériger le sable qui vous coule entre les doigts ?

Lassée d'elle-même, Isambour promena ses regards sur l'assistance. Parmi les hommes qui entouraient Gervais, elle remarqua soudain Daimbert, l'ancien fiancé d'Aveline. Demeuré célibataire, il continuait à défrayer la chronique. On disait qu'il changeait de femmes comme on change de braies...

En l'apercevant, elle ressentit l'impression désagréable qu'elle avait toujours éprouvée à l'approche de cet individu aussi coureur que dénué de scrupules.

Mécréant s'il en était, il se désintéressait de l'office et lorgnait tout autour de lui. Ses yeux rencontrèrent ceux d'Isambour. Aussitôt, une lueur paillarde et moqueuse éclaira ses prunelles. Ce fut elle, la première, qui détourna la tête.

On ensevelit Richilde à même la terre, dans la simple fosse creusée sous une des dalles du chœur, à côté de celle où reposait son mari, mort longtemps auparavant d'un accident de chasse.

Après une dernière bénédiction, les invités retournèrent à Morville où le vavasseur leur offrait un repas funéraire.

Isambour se félicita que Daimbert, appelé ailleurs par sa charge de garde forestier, ne pût y assister.

La nourriture fut copieuse mais sans apprêt. Si on but moins qu'à une noce, bien des convives repartirent néanmoins la mine colorée, s'entretenant de tout sauf de la défunte. Les pleureuses ne se montrèrent pas les moins assoiffées...

En compagnie de Perrot, de Margiste, de Bernarde, d'Amalberge et d'Haguenier, qui avaient tous assisté à l'enterrement puis au dîner, Isambour quitta la table dès qu'elle le put, afin de se rendre au Grand Feu.

Elle y revenait pour la première fois depuis son départ pour Blois. Ses retrouvailles avec un passé englouti lui furent si pénibles qu'elle s'attarda le moins possible en un endroit où tout lui était déchirement. Les chiens de Bernold eux-mêmes, par leur façon de l'accueillir tout en cherchant autour d'elle une autre présence, ne cessaient d'évoquer le disparu.

Les serviteurs entretenaient le domaine le mieux qu'ils pouvaient. Si Isambour remarqua quelques erreurs ou manquements, elle n'en dit rien et se contenta de s'assurer que l'essentiel était fait.

Elle passa la nuit à Morville, dans la chambre du haut, dont elle partagea le grand lit avec Perrine et Aveline.

— Je ne reviendrai pas ici avant mon terme, dit, une fois couchée, Aveline à sa mère. Mais je tiens à vous avoir auprès de moi quand je serai en mal d'enfant. Aussi, j'aimerais que vous vous installiez chez nous, à Blois, au début des calendes de janvier. Pourquoi ne viendriez-vous pas nous rejoindre au moment des fêtes de l'Épiphanie ? Je serais plus tranquille.

— Gervais se fera bien un peu tirer l'oreille, répondit Perrine, mais il est si désireux d'avoir un petit-fils qu'il en passera, pour une fois, par où je voudrai. Vous pouvez compter sur moi, ma colombe. Je ne vous ferai pas défaut en un pareil moment !

Le lendemain matin, les voyageurs reprirent la route en direction de Blois.

Le vent d'est avait soufflé durant la nuit et dissipé les nuages. Au-dessus de la vallée du Loir parée de toutes les rousseurs, de toutes les blondeurs de l'automne, le ciel était parfaitement bleu. Mais la bise restait aigre. Les premières gelées blanches ne tarderaient plus.

On fit un crochet par Fréteval pour embrasser Roland, lui demander quelques pots d'onguent, certaines tisanes destinées à soigner fièvres et toux, puis on repartit.

La charrette parvenait près d'un lieu dit Le Pâtis-au-Lard, quand des cris se firent entendre.

Débouchant d'un chemin creux, une trentaine de paysans aux vêtements déchirés et sanglants firent soudain irruption sur la route. Ils gémissaient, vociféraient, semblaient éperdus. Mêlées aux hommes, des femmes traînaient des enfants effarés, accrochés à leurs bliauds. Des marmots hurlaient.

— Par Dieu, que se passe-t-il ? demanda Mayeul qui chevauchait près de la voiture.

Il s'adressait à un laboureur barbu qui paraissait conduire les fugitifs.

— Ils brûlent tout, nos chaumières, nos granges, nos récoltes ! cria l'homme, tout en se signant.

Il s'arrêta. Ceux qui le suivaient l'imitèrent.

— Qui donc brûle tout ? Qui donc ? répéta Mayeul.

— Les maudites gens du comte de Vendôme ! répondit le paysan.

— Ils n'en sont pas à leur premier coup ! lança une femme. Que Dieu me pourfende si je ne dis pas la vérité !

Ils parlaient tous à la fois.

Véhéments ou éplorés, ils disaient que, partis de Lignières qui dépendait du comté voisin, des gens d'armes étaient arrivés à l'aube au Breuil pour voler bœufs et brebis.

Devant la résistance des habitants du hameau qui appartenaient au baron de Fréteval, ils étaient devenus furieux, avaient commencé à frapper de leurs lances ceux qui se trouvaient à portée.

Pourvus de fourches et de bâtons, d'autres serfs étaient alors sortis de chez eux.

La mêlée était devenue générale. Des deux côtés, on se battait avec frénésie.

Après avoir tué ou blessé plusieurs de leurs adversaires, les gens d'armes, qui avaient aussi perdu deux des leurs, commencèrent, par mesure de représailles, à incendier les chaumières. A cause du vent, le feu s'était propagé à vive allure. La petite agglomération brûlait tout entière. Il n'y avait plus eu qu'à s'enfuir devant les flammes, les épées et les lances.

— C'est souvent que ceux de Vendôme viennent nous piller ! dit un garçon dont l'épaule, transpercée, avait saigné jusque sur ses chausses.

Confectionné avec un pan de chemise déchirée, un bandage de fortune laissait encore suinter un peu de sang.

— Que le diable les grille tous dans sa fournaise ! hurla une femme qui sanglotait tout en se griffant le visage. Ils ont forcé ma fille avant de l'achever !

— Vite, courez à Fréteval trouver le baron Salomon pour lui demander aide et protection ! lança Mayeul. Il vous logera dans sa cour et fera soigner vos blessés avant d'aller avec ses gens reprendre vos bêtes aux Vendômois.

— C'est bien ce que nous comptons faire, admit le barbu. Tels que vous nous voyez, nous nous rendons au château. En attendant de reconstruire nos chaumines, nous ne pouvons trouver refuge que là-haut.

— Les femmes qui portent des nourrissons vont monter dans la charrette, dit Aveline. En nous serrant, nous parviendrons à tenir tous ensemble.

Elle se pencha vers Martin-Rougegonelle.

— Retournons d'où nous venons, ordonna-t-elle. Il n'est pas possible d'abandonner ces pauvres gens sur le bord du chemin.

Isambour se leva de la banquette, descendit de voiture.

— Voilà toujours une place pour une mère et son enfant, dit-elle. Je marcherai avec les autres.

Fréteval était à peine à une demi-lieue. On y parvint sans encombre.

A l'ouest, par-delà un pan de forêt roux et or, une épaisse fumée noirâtre s'élevait dans le ciel bleu.

9

Dans une des forêts proches de Blois, le comte Étienne fit faire, la veille de l'Épiphanie, une grande battue suivie d'une chasse aux loups.

Il faisait froid. Gainés de givre, les arbres et les buissons dressaient leurs chevelures glacées sur un ciel de cendres.

Dès la fine pointe de l'aube, dans un vacarme de hennissements, de sabots ferrés, d'interpellations, d'ordres et d'aboiements, le comte, ses veneurs et leurs meilleurs limiers, les seigneurs de la suite, les écuyers, ainsi qu'un grand nombre d'invités franchirent la porte ouest de la ville. L'ivresse de la chasse les tenait tous. Dans un même élan, ils piquèrent vers la campagne blanche que des rabatteurs avaient parcourue avant eux.

Armés de lances en bois de frêne surmontées de fers taillés en losanges, ou d'arcs faits de branches d'if dont les cordes de soie étaient plus résistantes, plus cinglantes aussi, que les cordes de chanvre, les chasseurs portaient, suspendus au cou, des carquois remplis de flèches aux pointes acérées. De fortes épées, ou bien des dagues moins lourdes, pendaient à leur côté gauche. Pour soutenir les lances, certains prenaient appui sur leurs larges étriers.

De toute la journée, ils ne descendirent pas de cheval.

A l'abri des remparts de Blois, les citadins purent entendre, plusieurs fois de suite, les trompes de chasse qui cornaient la quête, la vue, la prise, la mise à mort.

Grâce à ces sonneries, les brodeuses, dans leur atelier, pouvaient, elles aussi, suivre les péripéties de la poursuite.

Au crépuscule, la troupe exultante et fourbue rentra dans la cité. Témoignant de la réussite, mais aussi de la nécessité d'une telle entreprise, six gros loups au poil gris, éventrés, sanglants, suspendus à des perches que des valets portaient sur leurs épaules, suivaient les cavaliers.

Les habitants firent un accueil enthousiaste au comte et à ses hôtes. Un banquet, puis un bal clôturèrent la journée.

Le lendemain, on fêtait la Tiphaine en célébrant dans la plus grande pompe l'anniversaire de l'arrivée à Bethléem des Rois mages venus d'Orient à la suite d'une étoile resplendissante, pour adorer le fils du Très-Haut.

Garin-le-monétaire, Aubrée, Isambour, ses enfants, et les serviteurs, tous vêtus avec recherche ou avec soin de vêtements de couleurs vives, sortirent dès le lever du jour afin de se rendre à l'office.

A travers les rues décorées de courtines, de guirlandes en feuillage, de bouquets de houx, de touffes de gui, les Blésois et beaucoup de paysans des alentours, entrés dans la ville à l'ouverture des portes, s'acheminaient hâtivement vers la collégiale Saint-Solenne.

Il s'agissait d'être dans les premiers au sanctuaire si l'on voulait avoir une bonne place pour ne rien perdre de la cérémonie.

Sur le parvis, parmi les fidèles attendant parents ou amis, Isambour aperçut Perrine, arrivée de Fréteval la veille, dans la suite du baron Salomon, ainsi que Mayeul qui donnait le bras à Aveline, enceinte à pleine ceinture. Les deux groupes se réunirent pour pénétrer ensemble dans le sanctuaire.

Une lourde odeur d'encens flottait sous les voûtes peintes et entre les murs épais, couverts eux aussi de fresques représentant des scènes du Nouveau Testament. Le blanc, le rouge, l'ocre et le vert y alternaient en bandes innombrables.

Garin parvint à caser tout son monde non loin du chœur, devant un pilier décoré, comme tout l'édifice, de motifs aux tons accentués. Aveline pouvait s'y appuyer.

La foule s'épaissit vite autour d'eux. Des habitants des trois bourgs réunis à présent par une même muraille, d'autres venus de la rive gauche du fleuve, des marchands, des artisans, des paysans, se coudoyaient, échangeaient des nouvelles, morigénaient les enfants qui se glissaient entre les grandes personnes, s'entretenaient du temps, des récoltes, de leurs affaires, de la guerre qui se déroulait outre-mer, ou bien parlaient d'amour...

Une haute cathèdre surmontée d'un dais pourpre brodé de croix d'or attendait l'archidiacre qui apparut, précédé d'enfants de chœur, de petits clercs, de diacres, de chanoines et de plusieurs prêtres. Il s'assit pendant que l'orgue, tout nouvellement installé, rugissait ou murmurait tour à tour.

Ses soufflets en peau de taureau chassaient l'air vers des tuyaux d'airain qui produisaient des sons inhabituels que chacun écoutait avec recueillement.

Le comte et la comtesse, leurs fils, leurs filles, suivis des principaux seigneurs de leur cour ainsi que de leurs gens, survinrent enfin et prirent place sur des chaires tendues de tapisseries.

L'office pouvait commencer. Au son des lyres, harpes, cors et flûtes, cymbales et cithares, qui formaient l'orchestre de la cathédrale concurremment avec l'orgue, la liturgie de l'Épiphanie se déploya.

Isambour aimait l'éclat, le faste des grandes cérémonies religieuses. Mais elle en goûtait aussi le sentiment de communauté fraternelle, de joie partagée, qui rapprochait alors les fidèles. Parmi les flots de musique et la fumée des encensoirs, ils éprouvaient ensemble, au même moment, la certitude de participer à une œuvre immense. Unis par l'émerveillement de leurs âmes, ils l'étaient également par l'humble et joyeuse acceptation de leurs esprits.

Justes ou fausses, leurs voix s'élevaient toutes ensemble vers les voûtes bleuies d'encens. C'était aussi d'un même élan qu'ils s'agenouillaient, se signaient, courbaient le front ou répondaient au célébrant.

En dépit de la morne tristesse qui glaçait sa foi, comme le froid l'eau des ruisseaux, Isambour se disait que, même sans le recours de la prière, l'office auquel elle assistait lui apportait fraternité et réconfort.

Devant elle, Grécie, Philippa et Aubin suivaient avec ferveur et avidité le spectacle sacré qui leur était offert.

Avant l'Évangile, la célébration de l'Épiphanie prit corps.

Précédés d'un diacre portant un lourd chandelier d'argent où brûlait un arbre de cire, suivis de serviteurs tenant des coupes remplies de grains d'encens, de pièces d'or, de résine odorante, trois chanoines apparurent dans la nef inférieure. L'un était revêtu d'une dalmatique blanche, le second d'une dalmatique rouge, le dernier d'une dalmatique noire. Une palme dans une main, un flacon de parfum dans l'autre, une couronne dorée sur leurs cheveux bouclés, soigneusement enduits de suie pour les rendre sombres et brillants, ils avançaient avec majesté.

Tombant jusqu'à terre, de longues capes d'étoffe diaprée recouvraient leurs épaules.

Après plusieurs stations dans les différentes chapelles du pourtour, ils parvinrent au maître autel, puis montèrent sur le jubé afin d'y entonner l'Évangile.

Quand ils en furent aux mots : « L'or, l'encens et la myrrhe », ils déposèrent avec un bel ensemble leurs présents sur les marches de l'autel.

Le premier roi proclama alors : « Voici l'étoile ! » Une étoile d'argent apparut, glissa, s'arrêta, suspendue, à l'entrée du chœur. Comme frappés de stupeur, les Rois mages la montraient du doigt à l'assemblée.

La foule participait pleinement. On riait, on prenait ses voisins à témoin, on chantait avec les mages. L'air ravi, Aubin filait des notes hautes et pures.

— Je n'ai jamais rien vu d'aussi beau ! chuchota à sa mère Philippa, dont les yeux dorés brillaient comme les flammes des cierges.

Soudain, une main pressa le bras d'Isambour.

— Que Melchior, Gaspard et Balthazar vous gardent tous trois en personne, ma belle amie ! murmura une voix à son oreille.

Elle tourna la tête pour découvrir Jehan, le secrétaire d'Adèle de Blois, qui la dévisageait d'un air galant.

— Que faites-vous ici ? Votre place n'est-elle pas auprès de notre comtesse ? demanda dans un souffle la jeune femme, tout en cherchant à se donner une mine sévère.

— Elle n'a que faire de mes services en ce moment !

Le regard bleu pouvait être doux et câlin comme celui d'un enfant.

— Moi non plus, je n'ai pas besoin de vous, Jehan, reprit tout bas Isambour. Ne sommes-nous pas réunis en ce saint lieu pour prier Dieu ?

— Je ne suis pas venu vous soustraire à vos dévotions, amie, assura le secrétaire. Je veux simplement obtenir de vous la promesse de danser avec moi, ce soir, au bal du château.

— Je ne sais si je m'y rendrai.

— La comtesse compte sur votre présence, à défaut de celle de votre cousine...

Grécie tourna la tête, jeta un rapide regard à sa mère et à Jehan, puis revint à la célébration liturgique qui se poursuivait. L'épais voile de lin blanc qui lui couvrait les cheveux dissimulait en partie son profil droit.

Isambour posa un doigt sur ses lèvres.

— Je ne peux rien promettre, dit-elle dans un murmure.

Une nouvelle pression sur son bras lui fit comprendre que, selon sa méthode, Jehan considérait comme acquise une acceptation qu'elle hésitait à donner, puis le secrétaire s'éloigna.

Durant la fin de l'office, Isambour ne fut que distraction.

Les approches sans cesse renouvelées de Jehan la troublaient dangereusement. Si, jusqu'à ce jour, elle était parvenue à éviter les pièges qu'il lui tendait avec une ténacité inlassable, elle savait bien que ses propres défenses faiblissaient. Sans complaisance, elle mesurait les progrès accomplis dans sa pensée par les tentations dont il semait sa route...

Fidèle à sa manière d'être, Jehan ne se départait jamais du respect qu'il lui témoignait depuis leur première rencontre. Néanmoins, il accentuait peu à peu son emprise sur l'esprit de la brodeuse.

A la cour d'Adèle, les hommes et les femmes se piquaient d'entretenir entre eux des rapports plus délicats que partout ailleurs. On échangeait des œillades, des poèmes, des rubans. On écoutait de la musique ensemble, on allait dîner sur l'herbe à plusieurs, on s'entretenait de l'amour, mais on ne le faisait pas hors mariage. Du moins le prétendait-on. La comtesse Adèle donnait le ton et tenait avant tout à ce que ses familiers prissent modèle sur sa propre façon de se conduire.

Pour Isambour, qui ne fréquentait le château qu'au titre d'ouvrière, ces nouvelles subtilités du cœur n'avaient guère de sens. Elle ne respirait l'air de la cour que de loin.

Cependant, soit dans l'ouvroir où il se rendait fort souvent, soit lors de rencontres aux abords de la forteresse ou bien dans les rues de Blois, Jehan enfermait la jeune femme dans un réseau de manœuvres si habiles, si obsédantes, qu'elle y songeait plus qu'il n'aurait fallu.

Durant les nuits douloureuses où il lui fallait combattre sa sensualité insatisfaite, l'image du jeune secrétaire la poursuivait de plus en plus souvent.

« Si je voulais, se disait-elle, si je voulais... »

Elle se répétait encore une fois, ce matin-là, au sortir de l'office, qu'elle n'aurait qu'un geste à faire... ce qui lui procurait en même temps remords et excitation.

La coutume voulait que la journée de la Tiphaine fût réservée à la fête.

Après la messe, une cavalcade était organisée à travers toute la ville. Déguisés en rois ou en évêques, des jeunes gens parcouraient Blois en chantant et en interpellant les promeneurs. Ils réclamaient du pain, du vin, de la chandelle. Des vociférations, des chants licencieux, fusaient de leur troupe, étaient repris par certains passants, gagnaient de rue en rue jusqu'aux portes de la cité.

Protestations ou connivences les environnaient de leur tumulte. En certains endroits, on s'empoignait ; en d'autres, on fraternisait.

D'un genre bien différent, une autre manifestation se déroulait pendant ce temps-là au château.

A grands sons de trompes, le comte Étienne avait fait savoir depuis plusieurs semaines qu'il réunirait le matin de l'Épiphanie, après la messe, une cour plénière en la haute salle neuve de son palais. Ses principaux vassaux y étaient convoqués.

Aussi, vers l'heure de tierce, une foule parée d'étoffes aux teintes vives se pressait-elle dans la pièce imposante qu'une rangée de colonnes centrales divisait en deux nefs distinctes. Un plafond lambrissé en plein cintre, composé d'étroites lames de châtaignier assemblées avec une ingéniosité qui faisait l'admiration de tous, épousait la double forme d'un bateau renversé.

Décorés, selon le goût du comte et de la comtesse, de fresques ou de tapisseries, les murs racontaient la geste des seigneurs de Blois.

Issus du sang de Charlemagne par leur aïeule, Leutgarde de Vermandois, épouse de leur ancêtre Thibaud-le-Tricheur, les hauts et puissants sires de Blois tiraient gloire et prestige de cette illustre parenté. La décoration murale en faisait foi.

De son côté, Adèle avait tenu à ce que sa famille fût dignement représentée. Plusieurs toiles brodées illustraient l'existence mouvementée du Conquérant et de la reine Mathilde.

En pénétrant avec Garin, Aubrée, Aveline, Mayeul et Perrine dans la pièce somptueusement ornée, Isambour remarqua, parmi d'autres, suspendu en bonne place, l'ouvrage façonné de laines multicolores auquel elle avait travaillé, jadis, à Fréteval, sous l'œil critique de dame Hildeburge.

Le rappel de ces temps lointains de son adolescence, alors que Bernold n'était pas encore entré dans sa vie, l'attendrit. Aussitôt, les lieux solennels dans lesquels elle se trouvait lui parurent moins impressionnants.

Assis sur un siège de parade, large et lourd, garni de hauts bandeaux et de coussins à glands d'or, Étienne de Blois présidait l'assemblée. Près de lui, également sur une chaire à tapisseries, Adèle l'assistait.

Beaucoup de prestance, un air d'urbanité et de noblesse, caractérisaient le comte. Le nez long, le grand front, les yeux bruns, bombés et veloutés comme ceux des cerfs, la bouche ferme aux dents superbes, un sourire nuancé d'ironie douce, l'avaient longtemps fait passer pour l'homme le plus séduisant de sa cour, pour le modèle des chevaliers. Depuis son retour sans gloire d'Antioche, beaucoup avaient changé d'opinion. Il ne restait à ses laudateurs qu'à se rabattre sur la bienveillance ou l'équité dont il faisait preuve envers ses sujets.

Ses proches célébraient son esprit, sa culture, sa piété. Les femmes de son entourage comprenaient l'amour que lui portait Adèle. Certaines la jalousaient.

Les filles et les fils du couple comtal se tenaient un peu en retrait, sur des sièges plus bas, moins riches que ceux de leurs parents.

— Parce qu'il est né bègue et contrefait, Guillaume, le fils aîné de la famille, ne pourra jamais succéder à son père, souffla Aveline à sa cousine. Comment le comte et la comtesse qui sont si beaux ont-ils pu engendrer un avorton pareil ?

— Le plus charmant est le plus jeune, constata Aubrée. On dit qu'il est le préféré de sa mère.

Autour de l'estrade armoriée, les grands personnages de la cour avaient pris place. Le sénéchal, le chancelier, le chambellan, le bouteiller, le connétable, les médecins d'Étienne et d'Adèle, leurs chapelains respectifs, leurs écuyers, leurs secrétaires, des juristes dont ils ne savaient plus se passer, et de nombreux clercs se trouvaient là.

Vêtu d'un bliaud de samit de soie à rayures violettes et blanches, bordé de larges bandes de broderies ton sur ton, Étienne de Blois portait un grand manteau pourpre retenu sur la poitrine par un fermail d'or, carré, massif, incrusté de pierres fines. Ses chaussures en cuir doré arboraient des pointes agressivement dressées selon la récente mode lancée par feu Guillaume-le-Roux, un des frères d'Adèle, qui avait été roi d'Angleterre après le Conquérant.

Tué cinq mois plus tôt, au cours d'une chasse, et honni de tous, ce prince tyrannique, violent, débauché, n'avait laissé que peu de regrets. En revanche, il avait influencé les goûts vestimentaires du moment et légué à ses contemporains ces chaussures nommées pigasses, qui provoquaient l'engouement des uns, les moqueries des autres, sans parler des invectives du clergé.

Sur les cheveux châtains du comte de Blois, qui commençaient à grisonner, un large cercle d'or, rehaussé de gemmes, luisait et accrochait la lumière des torchères fichées dans les murs. Chaque fois qu'Étienne tournait la tête, des reflets étincelants s'y allumaient.

Adèle ne brillait pas moins. Le manteau qui recouvrait son bliaud de cendal vermeil, enrichi de broderies, était tout semé d'or et d'orfroi. Un bandeau tressé d'or et d'argent la couronnait.

— En les voyant tous deux, ainsi que leurs enfants, on comprend pourquoi, nous autres brodeuses, avons tant d'importance en cette cour ! dit en riant Aveline à Isambour.

— Ils ne pourraient certes pas se passer de nous, répondit la jeune femme. Notre avenir est assuré !

— Avez-vous reconnu Baudri-de-Bourgueil ? demanda Garin à Perrine qui contemplait avec avidité les fastes d'une assemblée où Gervais lui avait rarement permis de venir.

— Je ne connais pas grand monde ici, avoua l'épouse du vavasseur. Que voulez-vous, je suis une campagnarde. Qui est donc ce Baudri-là ?

— Un abbé qui est aussi poète et adresse à notre comtesse poème sur poème, expliqua Aubrée.

On parlait beaucoup à la cour et dans la ville du soupirant platonique d'Adèle. Il la chantait avec un lyrisme qui amusait, mais faisait aussi un peu jaser... A ses yeux, aucune femme ne pouvait être comparée à sa protectrice. Il l'égalait aux neuf muses réunies puisque, non contente d'encourager les arts, elle composait elle-même des vers d'un goût aussi sûr que raffiné. Arbitre incontesté, mécène d'une générosité sans bornes, érudite dénuée de pédanterie, intelligence rayonnante, épouse modèle, mère admirable, tels étaient les termes qu'il employait pour parler de son idole. Comme il louait aussi sa beauté, en disant qu'elle était belle à faire tourner toutes les têtes, il y avait de mauvaises langues pour affirmer que c'était spécialement celle de Baudri qui était concernée...

— Je le croyais plus jeune, remarqua Isambour.

— Il a largement dépassé la cinquantaine, mais n'en continue pas moins à se comporter comme un jouvenceau amoureux ! répondit Aubrée.

— Sans jeunesse et sans grand charme, comment peut-il faire ?

Le monétaire, qui avait entendu la réflexion, se pencha vers Isambour.

— Le cœur, seul, compte dans un cas comme le sien, non le visage.

— Le cœur, bien sûr, mais aussi le corps, murmura la jeune femme. Cet abbé possède peut-être un bel esprit, puisque vous le dites, mais on voit surtout sa vilaine figure !

— Nez tordu et face mal taillée n'ont jamais empêché un homme de plaire, assura Garin. Il y a beaucoup de femmes dans ce palais, croyez-moi, qui ne demanderaient qu'à être à la place de la comtesse afin de se voir pareillement adulées. Baudri sait parler d'amour comme peu d'entre nous en seraient capables.

— En parler, en parler...

— On ne lui demande rien de plus ! intervint Aubrée. Son rôle se borne à rimer, à louer, à vénérer notre suzeraine. Pas davantage.

— Il ne franchira jamais le seuil de la chambre qu'il a décrite avec tant de talent, du moins pour ce que vous pensez, conclut le monétaire. Cette pièce où vit sa déesse doit lui demeurer un paradis inabordable...

Sa phrase fut interrompue par une sonnerie de trompettes.

Dans un déploiement d'étoffes chatoyantes, le comte se levait pour s'adresser à l'assistance.

— Seigneurs, amis, féaux, mes bons vassaux, et, vous aussi, ma dame, sachez qu'avec l'aide de Dieu, notre sire, qui tient tout en sa main, j'ai été amené à prendre une grave décision. Après avoir demandé conseil aux meilleurs esprits de ma comté, j'ai choisi de me croiser une seconde fois, de repartir vers la Terre sainte afin de venir en aide à ceux qui, en combattant les Sarrasins, luttent pour que rayonne sur terre la lumière du Christ Roi.

— La comtesse l'a emporté ! chuchota Garin à sa femme.

Chacun devait en penser autant, car tous les regards convergèrent d'un seul coup vers Adèle.

La mine modeste mais satisfaite qu'arborait en cet instant la fille du Conquérant traduisait une approbation doublée d'une fierté personnelle que chacun, dans la salle, comprenait.

— Je reprendrai donc la croix dès le début du printemps, reprit Étienne de Blois. D'ores et déjà, je peux vous dire que le frère du roi de France, Hugues de Vermandois, fera route en ma compagnie. Le comte de Bourgogne et le duc d'Aquitaine, Guillaume IX de Poitiers, se joindront également à nous.

Le murmure flatté de l'assistance souligna la qualité de ce triple compagnonnage.

— Durant mon absence, continua le comte, je remettrai la régence de mes possessions à ma très chère épouse, la comtesse Adèle, qui a déjà démontré à quel point elle pouvait être apte à gérer et à administrer nos domaines. En outre je la nomme tutrice de nos enfants durant leur minorité.

Des vivats fusèrent.

— Les qualités de fermeté et d'organisation de notre comtesse ne sont plus à prouver, glissa Aveline à Isambour. Cette femme-là gouverne et administre aussi bien qu'un homme !

S'il y eut quelques réserves dans l'assemblée, nul ne s'en aperçut.

On vit alors la princesse Mathilde, aînée des filles d'Étienne, se lever pour marcher vers son père. Elle tenait à la main une croix de soie rouge brodée par ses soins. Avec une révérence, elle l'offrit au futur croisé qui embrassa en souriant la petite fille dont les longues nattes blondes tombaient presque jusqu'à terre, puis attacha l'emblème sacré sur son épaule gauche.

— Par ce deuxième départ, j'espère acquérir la rémission de mes pénitences, reprit le comte. Je fais ici appel solennellement à toutes les bonnes volontés présentes pour réunir autour de moi une solide troupe de loyaux compagnons. En plus des grâces divines, ils bénéficieront, eux aussi, d'une remise de pénitence, de la protection assurée de leur famille et de leurs avoirs durant leur absence, de l'immunité, du droit à l'hospitalité de l'Église, de l'exemption de toutes taxes ou péages, enfin de la sauvegarde effective de leurs biens contre la saisie. Je ne fais mention que pour mémoire de la suspension des poursuites judiciaires !

Il y eut des rires. Certains calculaient déjà les sommes qu'ils pourraient tirer de la vente d'un troupeau, d'une terre, voire d'un fief, afin de payer équipement et voyage.

— Je connais bon nombre de prêteurs qui ne vont pas tarder à s'enrichir ! murmura Garin à Mayeul.

— Lors du précédent départ du comte, voici six ans, dit à mi-voix le maître d'œuvre, beaucoup de monastères ont avancé des fonds à ceux qui en avaient besoin. Ils leur prêtaient sur gages. Leurs domaines s'en sont trouvés, par la suite, agrandis d'autant !

— Le voyage coûte cher. Le retour aussi ! approuva le monétaire. Par Dieu ! On se ruine plus aisément qu'on ne s'enrichit, en Terre sainte !

— Voulez-vous bien vous taire ! protesta Aveline. Ce n'est pas pour faire fortune que tous ceux-ci songent à partir. C'est dans le but de se rendre à Jérusalem, sur le tombeau de Notre-Seigneur ! Pour en assurer la défense !

Pendant ce temps, une grande animation régnait parmi les vassaux groupés devant l'estrade. Désireux de suivre le comte dans son expédition expiatoire, ils n'en ressentaient pas moins une vive appréhension devant le saut à accomplir. Il y avait les fiers-à-bras qui ne parlaient que de pourfendre les Infidèles, et les prudents qui soupesaient les avantages et les inconvénients d'une semblable entreprise. Ceux qui n'avaient pas suivi Étienne la première fois se montraient les plus tentés, mais ils ne possédaient pas toujours les moyens de mettre leur projet à exécution. Les autres se souvenaient... Pas mal d'entre eux ne se montraient guère chauds pour reprendre la route. S'endetter demeurait le souci primordial, mais soigneusement caché, de la majorité.

Seuls les plus fortunés envisageaient avec insouciance les frais qui allaient leur incomber. Aussi ne manifestaient-ils que mépris pour les tergiversations de leurs voisins, qui, en retour, cherchaient à paraître dégagés de ces préoccupations mesquines. Il était depuis toujours de bon ton chez les barons de n'attacher aucune importance aux sordides questions d'intérêt. L'unique pensée reconnue devait être la sauvegarde des Lieux saints. Le Royaume franc de Jérusalem avait besoin d'aide : sans s'arrêter à rien d'autre, il fallait donc s'y rendre !

— En la personne de leur suzerain, ils veulent tous se reconnaître dignes de porter la croix, remarqua Mayeul. C'est une question d'honneur.

— Par tous les saints, qui ne les comprendrait ? dit Garin. N'est-ce pas là le meilleur moyen de lui témoigner leur joie et leur approbation pour la décision qu'il vient de prendre ? Chacun l'attendait depuis si longtemps !

— Il est vrai que la honte était des plus cuisantes pour tous ceux qui s'en étaient sentis éclaboussés à travers lui, admit Aubrée. A présent qu'il a décidé de réparer ses erreurs passées, ses vassaux vont redoubler d'attachement à son égard. Au-delà du devoir vassalique, l'estime retrouvée va tisser entre eux tous de nouveaux liens.

Dans le bruit des conversations, exclamations, interjections que les paroles du comte avaient suscitées, sous le coup du soulagement ressenti, tout le monde s'exprimait librement et sans fard.

— Ce jour est un jour solennel, reprit Étienne de Blois après que les trompettes eurent de nouveau sonné pour apaiser le tumulte. J'ai donc également résolu, afin de me ménager les faveurs célestes et de mériter le pardon de mes fautes, de procéder sur l'heure à l'affranchissement de dix de mes serfs.

On vit alors s'avancer au milieu de la foule des seigneurs, des dames, des familiers de la cour comtale, six hommes et quatre femmes vêtus de simples tuniques de bure serrées à la taille par d'épaisses ceintures de cuir. Les hommes portaient des braies tenues par des bandelettes, de grosses chaussures et des capuchons. Les femmes avaient noué un voile sur leurs cheveux.

Le comte étendit la main droite vers le groupe intimidé qui se tenait debout au pied de l'estrade.

— Moi, Étienne, comte de Blois, Chartres et Meaux, je prends à témoin de l'acte suivant le Seigneur Dieu tout-puissant : j'affranchis et libère à perpétuité de tout joug de servitude les hommes et les femmes que voici. Jusqu'à aujourd'hui, ils étaient miens. Devenus libres, ils transmettront cette liberté à leurs fils et filles déjà nés ou à naître. Dès à présent, ils auront pleine liberté et pouvoir d'aller où et quand il leur plaira, de disposer de leurs biens comme des hôtes libres. J'accompagne cet acte d'affranchissement d'un don en terre pour chacun d'eux afin qu'ils s'établissent. En compensation, une taxe exigible en deniers ou en gâteaux de cire sera perçue, par tête, sur chacune des parcelles ainsi distribuées.

Le comte s'interrompit un instant pour considérer les nouveaux affranchis qui demeuraient devant lui, immobiles et muets.

— En fils obéissant de l'Église, reprit-il au bout d'un instant, je me soumets par cet acte à son désir de libération des serfs chrétiens qu'elle considère comme une œuvre pie et éminemment charitable. Que le Seigneur Dieu en reverse le bénéfice sur toute ma descendance !

Un écuyer apporta alors au comte un panier rempli de mottes de terre et de fétus de paille.

En témoignage de ce que des terrains allaient changer de possesseur, Étienne de Blois remit une motte et quelques fétus entre les mains de chacun des hommes et des femmes à présent libres qui défilaient l'un après l'autre devant lui.

Bien qu'à distance, Isambour remarqua que certains d'entre eux tremblaient d'émotion en recevant ces dons symboliques.

La cour de justice, durant laquelle le comte avait à juger plusieurs affaires, se tint aussitôt après.

— Je me sens lasse, souffla Aveline à Mayeul. J'aimerais m'asseoir.

— Voulez-vous sortir, mon amie ? demanda le maître d'œuvre.

— Attendons encore un peu, répondit la jeune femme en s'appuyant plus lourdement au bras de son mari. Je suis encore vaillante, en dépit de mon tour de taille !

Étienne de Blois en termina enfin avec ses jugements. Il procéda ensuite aux distributions de cadeaux qui clôturaient toujours les cours plénières : chevaux, faucons, armes, vêtements de prix, manteaux fourrés, furent offerts aux vassaux qui se pressaient autour de l'estrade suivant leur rang et leur importance.

Puis la foule des invités se dispersa.

Certains retournèrent en ville. D'autres demeurèrent au palais pour partager avec la famille du comte et ses gens repas de fête et galettes traditionnelles.

Après avoir été saluer le baron Salomon et dame Agnès, qui faisaient partie des commensaux de la maison comtale, Isambour, Aveline, Perrine, Mayeul, Aubrée et Garin se retirèrent.

En quittant le château, ils croisèrent une troupe de jongleurs et de musiciens ambulants qui venaient divertir les convives.

Pour célébrer de leur côté la Tiphaine, le monétaire avait invité à sa table un de ses amis, changeur de son état, ainsi que sa femme et ses enfants, en plus du maître d'œuvre et de sa famille.

Le repas se déroula avec l'opulence familière qui était de mise chez lui.

On s'entretint du second départ du comte qui ne manquerait pas de restaurer son prestige aux yeux de ses sujets, bien que tout le monde sût à quoi s'en tenir sur l'instigatrice de cette affaire.

Ce fut l'occasion pour Garin et Aubrée de se chamailler, l'une soutenant qu'Adèle venait de se comporter comme la conscience incarnée du comte qui, sans elle, se serait à jamais discrédité auprès de la postérité ; l'autre estimant qu'elle avait outrepassé ses droits en intervenant ainsi dans la destinée de son époux et que ce n'était pas faire montre de véritable amour que de renvoyer le pauvre homme s'exposer une seconde fois à la mort.

La discussion s'apaisa à l'arrivée de la galette. Ce fut Mayeul qui trouva la fève et sa femme qu'il couronna.

L'après-midi se passa ensuite en jeux de société : échecs, osselets, devinettes, charades. Les plus jeunes firent de la musique. Grécie chanta avec Philippa et une autre jeune fille tandis qu'Aubin les accompagnait avec sa flûte.

Tout en écoutant aubades et virelais, ou en participant par politesse aux jeux qui l'ennuyaient, Isambour songeait à Jehan qu'elle avait aperçu, durant la cérémonie du matin, debout derrière le siège de la comtesse. Elle se demandait si elle se déciderait à le rejoindre au bal, le soir venu.

Aveline, que la longue station debout avait fatiguée, souhaita rentrer chez elle assez tôt. Sa mère et son mari se joignirent à elle. Les autres invités s'en allèrent peu après.

— Nous allons souper rapidement et nous faire belles pour nous rendre au palais où nous sommes conviés au bal de l'Épiphanie, dit Aubrée à la tombée du jour.

— Je ne sais si j'irai avec vous, répondit Isambour. Danser ne me tente plus guère...

— Par Dieu, amie, il n'est pas bon pour une femme toujours jeune et belle de vivre comme une nonne ! s'écria le monétaire. Un peu de divertissement ne vous fera pas de mal, croyez-moi.

Il n'eut pas de peine à convaincre Isambour. Ainsi qu'une plante aux racines fouisseuses, la tentation ne cessait de croître au fond d'elle-même.

— Viendrez-vous également danser avec nous ? demanda Aubrée à Grécie, occupée à nourrir, sur un coin de coffre, sa pie apprivoisée de débris de viande et de pain.

— Je préfère rester, répondit-elle.

— Pendant nos veillées, vous dansez pourtant avec plaisir, ce me semble.

— Il est vrai, mais ici, on est habitué à moi. Il n'en est pas de même au château.

Isambour s'approcha de sa fille, entoura de son bras les épaules graciles.

— Il faudra bien, ma petite enfant, que vous affrontiez le monde, dit-elle avec le plus de douceur possible. Pourquoi ne pas commencer ce soir ?

— Parce que je ne suis pas prête à le faire. Dans cette maison, je me sens à l'abri. Au palais, je serais trop exposée aux regards.

Isambour se pencha et posa ses lèvres sur la nuque flexible, à la peau nacrée. Partagés par une raie médiane parfaitement nette, les cheveux de Grécie étaient nattés en deux tresses lisses qui laissaient voltiger à leurs racines quelques menues mèches blondes. Si une parcelle de son corps déjouait la farouche volonté de réserve et de refus qui caractérisait son attitude depuis son accident, c'était bien celle-là. Fragilité, grâce, souplesse, blondeur, s'étaient réfugiées en cette étroite colonne de chair sur laquelle la détermination de l'adolescente n'avait pas prise.

— Il en sera fait comme vous voudrez, ma chère fille, murmura Isambour. Dieu me garde de jamais vous contraindre pour une chose pareille !

La nuit était tombée lorsque Aubrée, Isambour et Garin, escortés par trois valets porteurs de torches, sortirent pour se rendre au palais des comtes.

Vêtues toutes deux de laines finement tissées et décorées de galons brodés, les deux amies, enveloppées dans des chapes à capuchons doublés de castor, suivaient aussi vite que possible le monétaire qui avançait à grands pas.

La nuit était brumeuse et froide. Les haleines fumaient dès qu'on ouvrait la bouche. Les torches en écorce de bouleau grésillaient sous l'effet de l'humidité.

Illuminé par des centaines de flambeaux de cire vierge, le palais leur apparut comme un lieu de délices.

Des airs joyeux accueillirent les arrivants dès qu'ils eurent pénétré dans la grande salle où avait eu lieu l'assemblée du matin. Ornée de houx, de gui, de bruyère, de fleurs d'ellébore, l'estrade où s'était tenu le comte servait à présent aux musiciens. Harpes, flûtes, tambourins, bombardes, musettes, clochettes, cornemuses, timbres et castagnettes en os, rivalisaient d'entrain.

D'un côté de la rangée de colonnes, on dansait. De l'autre, autour de la famille comtale, des groupes s'étaient formés entre l'immense cheminée où brûlaient plusieurs troncs d'arbres amoncelés, et une longue table couverte d'une nappe blanche sur laquelle s'entassaient des victuailles.

Parmi les invités, circulaient des valets qui offraient sur de larges plateaux du vin herbé ou pimenté, de l'hydromel, de l'hypocras. Des coupes d'argent décorées d'émaux, des gobelets ciselés ou des hanaps en verre sertis d'argent, y étaient également empilés.

Le monétaire connaissait beaucoup de gens. Il en présenta plusieurs à Isambour que tout ce bruit et ce luxe étourdissaient.

Les danses se nouaient, se dénouaient...

Le comte, la comtesse, les personnes de leur suite, installés sur des banquettes à coussins, en un espace délimité par des courtines, suivaient de loin ces ébats.

De temps en temps, Étienne de Blois se levait de son siège pour prendre la main d'Adèle ou d'une des dames présentes, et la conduire parmi les danseurs auxquels ils se mêlaient un moment. Les invités faisaient de même.

Habillés de soie ou de laine fine, ils étaient tous couverts de broderies, d'orfroi, de joyaux en or, argent et pierreries. Sur leurs têtes, des bandeaux de métal précieux, ciselés avec art, imitaient les fleurs que l'hiver avait, pour une saison, supprimées.

— En ce jour de la Tiphaine, chacun tient à porter couronnes à l'imitation des trois mages, dit en riant Aubrée à Isambour.

Elles se trouvaient toutes deux mêlées à un groupe d'amis du monétaire et de sa femme. On bavardait, on buvait, on s'amusait de tout.

Vibrante et rythmée, la musique entraînait têtes et cœurs dans son tourbillon de joie un peu folle.

Dans la cohue, Isambour aperçut soudain Jehan qui contournait les assistants et se dirigeait dans sa direction.

Avec sa taille bien prise, serrée par une large ceinture de cuir blanc sur laquelle blousait la souple serge bleue de son bliaud, il lui parut particulièrement à son avantage. Elle pensa qu'il avait raison de ne se vêtir que de cette couleur qui était celle-là même de ses prunelles. Elle lui seyait à merveille.

Dès qu'elle l'eut vu, la jeune femme sut qu'elle l'attendait. Un trouble fait de désir et de gêne lui fit monter le sang aux joues.

— Comme vos yeux brillent, belle douce amie, dit le secrétaire de la comtesse en l'abordant. Ils ont l'éclat et les reflets argentés de nos plus fines lames...

Il se pencha vers elle :

— La blessure qu'ils ont faite à mon cœur ne peut être pansée que par vous !

— Vous me parlez comme à une de ces dames de la cour auxquelles vous avez l'habitude de vous adresser, alors que je ne suis qu'une simple brodeuse, protesta Isambour.

— Tissage et broderie ne sont-ils pas considérés tous deux comme des arts nobles ? Les femmes qui s'y adonnent ne font-elles pas souvent elles-mêmes partie des familles de nos plus valeureux barons ? répliqua Jehan en souriant.

— Je ne suis pas de celles-là !

— Cessez donc d'être si modeste, belle amie. Ce soir, et parée comme vous l'êtes, vous pouvez rivaliser avec n'importe laquelle des femmes présentes qui entourent notre comtesse.

Il prit la main droite d'Isambour et la baisa. La jeune femme s'empourpra.

— Le cramoisi vous va bien, affirma le secrétaire.

D'un rouge profond, le bliaud d'Isambour était décoré de galons blancs rebrodés de soie carminée...

— Par la merci Dieu, ne tardons plus à aller danser, lança Jehan. Ne m'avez-vous pas promis de m'accorder rondes et farandoles ?

Garin intervint dans la conversation.

— Ne vous faites pas prier, amie, dit-il. Profitez de cette soirée sans remords. La vie est courte et notre sire Dieu ne nous demande pas de refuser certains plaisirs. Se vouloir trop austère peut être préjudiciable à l'âme. Pour qu'elle s'épanouisse, il faut de la gaieté à cette belle plante de paradis, tout comme les fleurs de nos jardins ont besoin de soleil pour fleurir !

La complicité du monétaire, dont les goûts lui semblaient sujets à caution, ne plut guère à Isambour, mais quelques danses n'engageaient pas à grand-chose. Elle suivit Jehan.

Les ménestrels venaient d'attaquer une estampie [1] gaie et rythmée. L'air en était si plaisant que les assistants ne tardèrent pas à le scander en battant des mains.

Emportée par une sorte de joie violente, amère, Isambour se livra à la musique. Jehan lui serrait les doigts...

Ils dansèrent, burent de l'hypocras traîtreusement doux, dansèrent de nouveau...

Autour d'eux, d'autres couples répétaient comme eux, sans se lasser, jusqu'au vertige, les pas, toujours les mêmes, indéfiniment repris...

Caroles, trèches, espingueries [2], rondes se succédèrent.

— Il doit être fort tard, dit soudain Isambour. Je vais rentrer.

— A votre gré, ma belle. Je vous accompagne, déclara Jehan avec empressement.

— Non pas. Mes amis y suffiront.

— Je ne les vois plus. Ils doivent être partis de leur côté depuis longtemps.

— Partis sans moi ! protesta la jeune femme avec surprise.

Était-ce par trahison qu'Aubrée et Garin s'en étaient allés sans la prévenir, ou, plutôt, n'était-ce pas une sorte de complicité affectueuse ? Ils devaient juger qu'elle avait besoin de s'amuser, d'oublier, peut-être même, de refaire sa vie...

La connaissaient-ils si mal ?

Autour du couple qu'ils formaient, Jehan et elle, la foule des danseurs commençaient à se clairsemer.

Isambour en prit seulement conscience. Une gêne indicible lui serra le cœur.

— Ils n'ont sans doute pas voulu vous arracher à la fête, dit Jehan qui conservait la main de sa danseuse emprisonnée dans la sienne.

---

1. *Estampie* : danse trépidante du temps médiéval.
2. *Trèche, espinguerie* : danses vives et bondissantes.

— Je ne peux pas revenir toute seule à travers les rues, en pleine nuit ! murmura la jeune femme comme si elle se parlait à elle-même.

— Par tous les saints, il ne saurait en être question ! s'écria le secrétaire. Si je vous laissais faire une chose pareille, je serais le dernier des rustres !

Après avoir franchi la poterne du château, on plongeait dans l'obscurité et le froid. Isambour frissonna.

— Votre chape n'est pas assez chaude, douce amie, dit Jehan.

Il passa son bras autour des épaules recouvertes de castor et serra sa compagne contre lui.

Comme ils n'avaient pas demandé de valet pour les accompagner, le jeune homme portait dans sa main gauche une lanterne qui éclairait faiblement leur marche.

L'heure était tardive. Quelques légers flocons de neige voletaient au-dessus des toits pentus puis venaient s'évanouir sur le sol.

A cause de la fête nocturne, on avait accordé aux invités du comte la permission de sillonner les artères de la ville après l'heure habituelle du couvre-feu. Aussi une patrouille de sergents du guet qui survint au coin d'une rue laissa-t-elle passer le couple sans aucune des vérifications auxquelles étaient d'ordinaire soumis les promeneurs attardés.

— Si vous le vouliez, vous qui me plaisez tant, chuchota Jehan contre le capuchon fourré, quand le guet se fut éloigné, si vous le vouliez, je pourrais être, cette nuit, le plus heureux des hommes.

« Voici donc le moment venu ! » songea Isambour.

Elle tremblait.

— Taisez-vous ! dit-elle sans conviction.

Ils avançaient épaule contre épaule dans les ténèbres que rayaient les blanches mouches de janvier. Jehan se serrait toujours davantage contre sa compagne.

Parvenus devant la porte d'une maison neuve, rue des Trois-Clefs, le secrétaire de la comtesse s'arrêta.

— Je loge ici, souffla-t-il. Pour l'amour de Dieu, acceptez de venir terminer la nuit chez moi !

— Jamais !

Jehan se baissa, posa sa lanterne par terre, puis, se retournant, attira d'un geste brusque Isambour contre lui.

— Vous voilà seule, abandonnée, sans homme pour vous aimer et, pourtant, si désirable, dit-il avec une sourde véhémence. Pourquoi vous refuser les plaisirs que votre jeunesse réclame ?

— Parce que je ne vous aime pas ! lança Isambour en se rejetant en arrière.

Elle pensait que cette réponse découragerait le garçon. Il n'en fut rien. Violemment, il la ramena contre lui. Ses lèvres écrasèrent la bouche dédaigneuse.

Le baiser qu'il lui imposa fut si brutal que leurs dents se heurtèrent.

Ce ne fut pourtant pas cet emportement qui révulsa Isambour. Ce fut, en un éclair, la comparaison avec d'autres embrassements dont le goût lui revint, la transperça, lui fit prendre en horreur un contact subi et non pas désiré.

D'instinct, elle gifla Jehan à toute volée, puis, profitant du désarroi du secrétaire, elle se libéra de son étreinte, et se mit à courir sur la chaussée bourbeuse, au milieu du tourbillonnement grêle de quelques flocons qui s'acharnaient.

Le jeune homme s'élança sur ses traces, la rejoignit.

— Je n'avais pas l'intention de vous offenser, dit-il quand il se trouva à sa hauteur. Dieu le sait ! Mais j'ai tant envie de vous !

— Je vous croyais moins grossier que les hommes de nos campagnes, jeta Isambour tout en continuant sa course. Je vois qu'il n'en est rien !

Jehan lui saisit à nouveau le bras pour l'arrêter. Elle glissa sur le sol verglacé et serait tombée s'il ne l'avait retenue.

— Sur mon âme, je vous aime et ne vous forcerai jamais, dit-il sans la lâcher, mais sans la reprendre contre lui. Vous savez bien que je vous respecte.

— Alors, conduisez-moi devant ma porte, et laissez-moi !

Ils parvinrent sans plus mot dire à la demeure du monétaire.

— Pour être de ceux qui tentent de suivre les directives amoureuses de la comtesse, reprit Jehan en voyant Isambour prête à rentrer chez elle, je n'en suis pas moins follement épris de vous. Ayez pitié de moi. Ne vous fâchez pas pour un simple baiser. Il y a si longtemps que j'attendais ce moment !

— Bonne nuit ! lança Isambour, avant de s'élancer dans la cour dont elle referma avec précipitation la porte derrière elle.

Mais elle avait les larmes aux yeux en entendant le pas de Jehan s'éloigner... Sous ses paupières fermées, elle revoyait un cavalier au court mantelet rouge qui galopait vers elle et l'enlevait sur sa selle.

10

— Venons-en au fait, dit Gildas. Par saint Lubin ! je n'ai pas parcouru le chemin de Fréteval à Blois pour vous parler de la pluie et du beau temps !

« Que va-t-il encore m'apprendre ? se demanda Isambour. Décidément, il a une vocation de messager, mais ses nouvelles sont rarements bonnes ! »

Remontant à quatre jours, la fête de l'Épiphanie avait laissé à la jeune femme, qui n'avait pas revu Jehan depuis lors, une impression désagréable, vaguement inquiétante.

S'il lui fallait, en plus de ses relations troubles avec le secrétaire de la comtesse, faire face à d'autres complications, comment allait-elle s'y prendre ?

Ce dimanche matin, en rentrant de la messe, Isambour et ses enfants avaient trouvé le meunier de Fréteval qui les attendait dans la salle de leur logis.

Il avait maigri. Son nez n'en paraissait que plus agressivement aquilin.

En devisant de choses et d'autres, il avait partagé leur premier repas de laitage, d'œufs, de tartines, puis Philippa, Aubin et Doette étaient allés jouer dans le jardin pendant que Bathilde couchait Ogier.

Le temps s'était radouci. Un soleil de janvier, décoloré et sans chaleur, se faufilait entre les hauts toits de tuiles tandis que, dans la pièce jonchée de foin, un feu vif flambait en pétillant.

— Aliaume est de retour, annonça Gildas.

Une onde de soulagement parcourut Isambour.

— Enfin ! s'écria-t-elle. Je vais le revoir ! Dieu soit béni ! Mais pourquoi n'est-il pas ici lui-même ?

— Parce qu'il n'ose pas. La façon dont il s'est enfui de chez vous lui fait redouter vos reproches.

— Il me connaît bien mal ! soupira la jeune femme. A quoi servirait de récriminer ? Il est revenu, voilà le principal ! Comment va-t-il ?

— Bien... quoiqu'il ne se console pas d'avoir échoué dans ses recherches.

— Il n'a donc pas retrouvé son père ?

— Dieu ne l'a pas voulu. Ce n'est pourtant pas faute, si j'en crois ce qu'il m'a dit, d'avoir battu en tous sens la campagne normande !

— Le pauvre garçon pouvait toujours se démener ! Bernold vit à présent de l'autre côté de la Manche.

— En êtes-vous certaine ?

— Tout à fait. Mayeul a rencontré dernièrement un maître charpentier qui revenait d'Angleterre où il avait travaillé avec mon mari.

Il y eut un silence. On entendit les enfants qui criaient dans le jardin, et le tintement acharné des marteaux maniés par les ouvriers monnayeurs, de l'autre côté de la cour.

Dans l'atelier du monétaire, on frappait monnaie tout au long du jour.

— Bernold vous a-t-il donné de ses nouvelles depuis son départ ? s'enquit au bout d'un moment Gildas d'un air gêné.

— Jamais. Il veut sans doute nous signifier par son silence que nous avons cessé d'exister pour lui... Voyez-vous, Gildas, je n'ai plus d'époux !

— Mon amie, ma pauvre amie... je voudrais vous dire...

— Je sais, Gildas, je sais...

Isambour se leva de son siège, s'empara d'une paire de pincettes et se mit à tisonner le feu sans nécessité.

Tout en lui tournant le dos, elle reprit, en s'adressant à l'homme dont l'honnête regard ne la quittait pas :

— Votre dévouement et votre amitié me sont acquis depuis toujours, je ne l'ignore pas, mais personne ne peut se mettre à ma place ni souffrir pour moi !

Elle se redressa, reposa les pincettes, demeura debout devant le foyer.

— Le destin d'une femme abandonnée est plus pénible qu'on le pense, continua-t-elle, la tête inclinée sur sa poitrine. On n'y songe guère d'habitude, ou bien, juste en passant, pour la plaindre et s'apitoyer sur son sort. La vérité vécue est que tout manque en même temps. Il ne reste qu'une alternative : se résigner ou bien lutter.

Elle s'interrompit, releva la tête, regarda enfin le meunier qui l'écoutait toujours avec la plus profonde attention.

— Après des mois d'effondrement et d'incertitude, j'ai choisi de lutter, continua-t-elle. Je ne veux plus me laisser abattre. Ce serait la fin de toute vie familiale. Mes enfants me mépriseraient. Pour eux, mais aussi pour l'idée que je me fais de moi-même, je dois surmonter cette épreuve et cesser de me considérer comme perdue parce que mon mari est parti avec une autre ! Les miens, mes amis, mon travail, me permettront, si Dieu a pitié de moi, de continuer à élever ceux dont je demeure l'unique soutien.

Gildas avait croisé les mains sur ses genoux.

— Je vous savais vaillante, dit-il, les yeux attachés à ses ongles aux lunules incrustées de farine, mais tout de même pas à ce point ! On voit que vous êtes de bonne race...

— Je n'ai pas un cœur de serve ! jeta fièrement Isambour en avançant le menton d'un air résolu. Si je veux reconstruire ma vie, le moment est venu de me ressaisir !

Gildas se frotta longuement le nez en signe de réflexion.

— Cela veut-il dire que vous avez déjà rencontré un autre homme ? finit-il par demander d'une voix incertaine.

— Une femme ne peut-elle vivre seule, en paix, avec ses enfants, sans qu'on imagine aussitôt qu'elle ne rêve que de s'attacher à nouveau le licol autour du cou ? lança avec impatience son interlocutrice. Allons, mon ami, ce sont là idées toutes faites ! Me voici libre. Ce n'est pas pour déposer aussitôt cette liberté en d'autres mains !

— Par la Croix du Christ ! je ne peux que vous en féliciter, croyez-le bien ! approuva le meunier. Faites à votre guise, vous ferez ce qu'il faut !

Il se leva à son tour du banc où il était assis.

— Quel conseil donner de votre part à Aliaume ? demanda-t-il.

— Celui de rouvrir les ateliers de verrerie, de reprendre un apprenti et un souffleur, de remettre les fours en marche. Il est jeune. Il a un bon métier. Son chemin est tout tracé.

— Parviendra-t-il jamais à oublier son infortune ?...

— Avec ou sans oubli, il doit penser avant tout à son avenir ! trancha Isambour. A son âge, tout est possible. Que Dieu me pardonne, mais, à sa place, je cesserais de me ronger pour une infidèle. Je chercherais une belle fille sans fâcheux passé et je ne tarderais pas à l'épouser !

— Comme vous avez changé, amie, remarqua Gildas. Vous étiez encore si meurtrie quand je vous ai vue à l'enterrement de votre grand-tante... voici que, soudain, vous vous montrez revigorée et combative comme je ne l'aurais pas cru possible.

— En passant, le temps transforme faits et gens, reconnut Isambour en détournant les yeux. La vie m'aura au moins appris deux choses : d'abord à ne pas m'apitoyer sans fin sur mon propre sort ; ensuite, qu'il est bon de prendre les événements comme ils se présentent, sans rechigner, en s'acceptant et en acceptant les autres tels que Dieu les a faits.

« Que m'arrive-t-il ? se demanda-t-elle quand elle se retrouva seule, une fois le meunier reparti. Pourquoi ai-je parlé de la sorte à Gildas ? Je me suis laissée aller à lui faire des déclarations que je ne m'étais encore jamais permises au plus secret de mon âme. Sa présence m'a incitée à adopter une manière d'être dont je ne me croyais pas capable voici seulement une heure ! Pourquoi ? Suis-je en train de devenir une autre ? »

Le front appuyé au manteau de la cheminée, Isambour observait la danse échevelée des flammes qui consumaient les bûches entre-croisées. Dans un brusque éclatement, comme un essaim de guêpes fauves, des étincelles en jaillissaient pour retomber ensuite sur le pavé, et s'éteindre aussi rapidement qu'elles avaient surgi.

« Les assiduités de Jehan ne sont-elles pas, en réalité, la cause de cette espèce de griserie qui s'est tout d'un coup emparée de moi ? Gildas ne s'y est pas trompé... Suffit-il donc à un cœur rempli d'amertume d'un témoignage d'amour pour se sentir allégé de son mal ? Sommes-nous si versatiles ? Suis-je une créature aussi légère que ces femmes qui passent d'homme en homme sans jamais paraître y laisser la moindre part d'elles-mêmes ? En me faisant trouver des excuses à un prochain abandon qu'il désire, espère, prépare malgré moi, ne serait-ce pas encore mon corps qui me joue ce tour ? »

Isambour alla à la fenêtre, l'entrouvrit, regarda ses enfants qui, ayant enfourché des bâtons terminés par des têtes de chevaux sculptées dans le bois, s'amusaient à se poursuivre.

Elle referma la fenêtre et revint à pas lents vers le métier à tapisser sur lequel un ouvrage l'attendait.

« Décidément, l'air de Blois ne me vaut rien, songea-t-elle. Les villes sont des chaudrons lucifériens où le Mal se déchaîne en toute impunité. Il s'y trouve bien plus à l'aise qu'à la campagne. La nature ne cesse pas, en effet, de nous montrer Dieu à l'œuvre dans sa Création. Les astres, l'eau, les nuages, les arbres, les plantes, sont sans péché, puisque innocents... Ils témoignent de l'ordre du monde et de l'attention que le Seigneur y porte. Les cités, au contraire, tiennent leurs habitants enfermés entre des murailles closes pour mieux les séquestrer et les tenir éloignés de la simple liberté des champs... Leurs plaisirs sont frelatés, les tentations y rôdent... »

— Qu'avez-vous donc, ma mère ? demanda Philippa qui rentrait toute seule du jardin, ainsi que son caractère indépendant la poussait souvent à le faire. Avez-vous du chagrin ?

— Non pas, ma colombe, non pas, répondit Isambour. Bien au contraire. Gildas vient de nous apporter une bonne nouvelle : votre frère aîné est de retour au Grand Feu.

— Aliaume est revenu ! s'écria l'enfant en joignant les mains d'un air extasié. Quel bonheur ! Quand le verrons-nous ? Va-t-il venir ici ? Ou allons-nous le rejoindre là-bas ?

— Je ne sais pas encore...

Philippa se jeta dans les bras de sa mère et se suspendit à son cou.

— Oh ! Partons, partons, je vous en prie ! Retournons chez nous !

— Hélas, ma petite fille, ici j'ai du travail et je gagne de quoi nous faire vivre convenablement.

— Mais puisque Aliaume est rentré, il rouvrira la verrerie ! Tout va recommencer comme avant !

— Ce n'est pas si simple, soupira Isambour. J'ignore ce que votre frère compte faire. Demeurera-t-il à Fréteval ou préférera-t-il repartir ailleurs ? Se remettra-t-il au travail dans nos ateliers ou bien cherchera-t-il un autre endroit pour un autre ouvrage ?

— Si vous lui dites de ne pas nous quitter une seconde fois, il vous obéira, ma mère ! Vous savez comme il vous écoutait.

— Rien n'est plus pareil, maintenant... soupira Isambour. Enfin, nous verrons, nous verrons... En attendant, il faut nous occuper du dîner.

L'attitude de Philippa donna à réfléchir à la jeune femme. Contrairement à la petite fille, elle ne tenait pas tellement à se retrouver au Grand Feu. La présence d'Aliaume ne suffirait pas à remplir la place vide... Trop de souvenirs nichaient aux bords du Loir...

Peut-être, aussi, l'attente, redoutée et espérée en même temps, du dénouement de son aventure avec Jehan l'incitait-elle à ne pas s'éloigner de Blois ?

Le lundi matin, à l'atelier, les brodeuses remarquèrent les traits tirés et les yeux cernés d'Aveline, parvenue à son terme. Elle se traînait.

— Vous ne pouvez pas continuer à venir ici ni à travailler dans l'état où vous voilà, lui dit Béatrix, qu'en tant que seconde ouvrière tout le monde considérait comme sa remplaçante désignée. Retournez chez vous et reposez-vous. Pendant votre absence tout se passera bien. Soyez tranquille. J'y veillerai.

— Pour attendre mon heure, je suis aussi bien ici, parmi vous, qu'à la maison où je tourne en rond comme un ours en cage ! s'écria Aveline, qui préparait un ouvrage en cousant des pièces de vélin sous la toile fine afin de lui donner du relief. Et puis je n'aime pas m'écouter. Il sera toujours temps, aux premières douleurs, de regagner mon logis.

— A moins que vous n'accouchiez au milieu des soies et des orfrois ! remarqua Isambour tout en maniant avec délicatesse un tambour de petite taille utilisé pour la broderie au crochet. Pour Ogier, j'ai été prise de court. Il est venu au monde en moins de temps qu'il n'en faut pour le dire !

— Vierge Mère et Sainte ! Je vois à l'avance la tête de Gilète et celle des jumelles si vous nous faites un marmot à même le plancher, tout à trac ! s'esclaffa Audouarde-la-beaupignée, debout devant son dévidoir chargé d'un écheveau de soie jaune chamois qu'elle enroulait.

Occupée à broder de petites feuilles d'or pâle sur un tronc d'arbre d'or rouge, Gilète lui fit une grimace moqueuse et protesta avec véhémence.

— Sur mon âme ! je ne me démonterai pas pour si peu, assura-t-elle gaiement. Voir naître un enfant n'a rien de bien étonnant pour moi. N'oubliez pas que je suis l'aînée de huit frères et sœurs, et que ma mère en a mis douze au monde !

Les jumelles, qui faisaient toujours bande à part dans leur coin, furent les seules à se taire. Penchées sur leur ouvrage, elles exécutaient avec application, au point de tige, des inscriptions explicatives au-dessus des personnages déjà façonnés. Lèvres serrées, regards indifférents, elles laissèrent les autres s'entretenir avec excitation de leurs propres couches. Vieillissant sans qu'aucun homme ait jamais été tenté de partager leur vie, elles en gardaient rancune aux femmes pourvues de maris et de progéniture.

— Tout cela est bel et bon, trancha enfin Béatrix, en train de composer un fond de fils d'argent nuancés de soie verte pour le court manteau d'un cavalier, mais nos histoires ne changent rien à la réalité du moment. Nous devons aviser. Au nom de chacune d'entre nous, je vous demande, Aveline, de repartir chez vous sans tarder et de vous mettre au lit sous la garde de votre sainte femme de mère !

— Bien parlé ! approuva Mahaut, qui s'exprimait toujours avec un minimum de mots afin de distraire le moins de temps possible de son labeur de fourmi.

Sa mince tête noiraude demeurait sans cesse inclinée sur les broderies d'une exquise finesse que ses doigts criblés de trous d'aiguille réussissaient à points menus.

Aveline finit par céder. Elle repartit vers son logis en admettant que ses jambes enflées et le poids de son ventre suffisaient à la fatiguer. Ils justifiaient son départ.

L'atelier retrouva son calme.

Une pluie froide de janvier cinglait la façade du bâtiment, crépitait sur les tuiles du toit, transformait la cour en bourbier.

Ce fut après que les cloches de la chapelle des comtes eurent sonné l'interruption du travail, qu'Erembourge, l'ouvrière qui ressemblait à une chèvre, s'approcha d'Isambour. Celle-ci achevait de démêler plusieurs aiguillées d'or qui s'étaient mélangées.

Un retard s'ensuivait. Les autres brodeuses sortaient déjà.

— Nous n'avons guère le temps de faire ici plus ample connaissance, dit la femme. Ne trouvez-vous pas que c'est dommage ? Nous travaillons ensemble toute la journée, et, pourtant, nous restons des étrangères, les unes pour les autres.

— Il est vrai, admit Isambour. Que voulez-vous, entre les heures passées à l'ouvroir et les obligations de mère de famille qui m'attendent à la sortie, je n'ai, hélas, pas le temps de lier amitié avec qui je le souhaiterais !

Les gros yeux bombés d'Erembourge semblaient taillés dans une agate dorée.

— On trouve toujours le moyen de faire ce qu'on désire vraiment, répondit-elle d'un air entendu. J'ai envie de vous connaître davantage, figurez-vous. Eh bien ! je suis certaine d'y parvenir. Voulez-vous, par exemple, venir demain, après souper, passer la veillée chez moi ?

— Je ne sais si ce sera possible...

— Je suis veuve et mes enfants se trouvent dispersés loin de moi, continua Erembourge. Mon isolement me pèse. Soyez bonne, rendez-moi visite... Je demanderai à une ou deux voisines de se joindre à nous.

Isambour n'éprouvait pas de sympathie particulière pour cette brodeuse plus âgée qu'elle, dont l'esprit railleur la déconcertait souvent. Mais elle connaissait suffisamment le poids de la solitude pour compatir et comprendre le besoin de compagnie que pouvait ressentir son interlocutrice.

— Je tâcherai de me rendre libre demain soir, promit-elle en rangeant les fils d'or enfin démêlés dans les enveloppes de parchemin qui les contenaient. Je vous apporterai des pâtes de coing.

Ce fut en effet avec une écuelle d'étain bien remplie de friandises et recouverte d'un linge blanc qu'Isambour se présenta le lendemain soir chez sa nouvelle amie.

Erembourge habitait au quatrième étage d'une maison déjà ancienne, coincée entre deux constructions récentes.

La pièce où elle introduisit sa visiteuse était peu et mal meublée. Trois chandelles l'éclairaient. La plus grosse était posée sur l'unique coffre que semblait posséder la pauvre femme, la seconde brûlait au chevet d'un lit recouvert d'une courtepointe rougeâtre et usagée. Fichée dans un chandelier de fer, la troisième avait été mise sur une petite table nappée de toile et poussée devant la cheminée.

Deux pichets de terre, quelques gobelets de buis, un plat de bois rempli de beignets à la sauge, y étaient disposés.

Après avoir débarrassé son invitée de sa chape, Erembourge la conduisit devant un siège proche du maigre feu qui grignotait une bûche à demi calcinée.

— Asseyez-vous, mettez-vous à l'aise, lui dit-elle. Grand merci pour vos pâtes de coing. J'en suis gourmande !

Elle plaça l'écuelle d'étain près du plat de beignets.

— J'ai demandé à deux de mes amis de venir nous rejoindre, expliqua-t-elle ensuite. Je pense qu'ils ne vont pas tarder.

On frappa. Une femme âgée, dont les nattes aux mèches jaunies battaient les gros seins mous, fit son entrée dans la pièce.

— Ysanne est une de mes plus chères voisines, assura Erembourge. Connaissant les vertus des simples, elle me confectionne des breuvages qui me soignent le mieux du monde !

On se mit à parler de l'effervescence causée dans la ville par le second départ du comte pour Jérusalem. Ce n'était que chevaliers et hommes d'armes, la croix rouge sur l'épaule, soucieux de mettre leurs affaires en règle avant de s'en aller.

— Commençons à boire et à manger en attendant le retardataire, proposa la veuve au bout d'un moment. Il ne nous en voudra pas d'avoir goûté avant lui à ces bonnes choses.

Le vin de mûres était assez fort, les beignets excellents.

Isambour vida plusieurs fois son gobelet, tout en savourant, tièdes et enduits de miel, les gâteaux parfumés à la sauge.

La porte fut de nouveau heurtée à petits coups.

Erembourge alla ouvrir. Jehan entra.

Il rejeta son capuchon, se défit de son manteau, et salua les trois femmes qui le considéraient d'un œil bien différent mais tout aussi attentif. Complices, curieux, surpris, les regards convergeaient vers lui avec un bel ensemble.

— Dieu vous garde, amies, dit-il en se dirigeant vers la cheminée. Je suis bien aise de vous voir.

Que faire ? Que dire ?

Isambour sentait son cœur cogner et ses genoux se dérober.

Très à l'aise, Jehan prit sur la table un gobelet, le remplit, s'approcha de la jeune femme.

— Accepterez-vous de trinquer avec moi et de boire à nos santés réciproques, belle douce amie ? demanda-t-il en se penchant vers elle.

Comme toujours, il était vêtu de bleu ; comme souvent, il souriait, mais ses yeux clairs étaient assombris par une expression de défi toute nouvelle.

Isambour se dit qu'il ne servirait à rien de s'indigner, qu'au fond elle n'était qu'à moitié étonnée de ce qui lui arrivait, que de toute façon...

Ils devisèrent un certain temps, tous quatre, en agitant les potins qui occupaient la cour et la ville.

Ysanne ne tarda pas à se plaindre de l'estomac et pria Erembourge de la reconduire chez elle.

— Je ne loge pas bien loin, dit-elle en manière d'excuse. Je ne retiendrai que très peu de temps notre hôtesse hors d'ici !

La porte se referma bientôt sur les deux voisines.

— Pourquoi vous être donné le mal de monter cette farce ? demanda Isambour au jeune homme. Elle est indigne de vous !

— Parce que vous aviez refusé de venir chez moi quand je vous en ai priée !

Il se leva, vint se planter devant elle.

— La docilité et la patience prônées par la comtesse ayant échoué, je me suis dit qu'il restait la ruse, puisqu'il ne pouvait être question de la force entre nous. N'avais-je pas raison ?

— La tête me tourne, souffla Isambour. Ce vin de mûres est aussi traître que vous !

Jehan éclata de rire.

— S'il vous rend moins farouche, c'est déjà une bonne chose !

— Je vous croyais loyal. Je constate que je me suis trompée.

— Est-ce donc être déloyal que de vous amener à faire ce dont vous mourez d'envie ?

Isambour se leva.

— Je ne trahirai jamais la foi jurée ! assura-t-elle, tout en s'apercevant que ses jambes la portaient avec peine, tant elles tremblaient.

— Jurée à qui ? A un homme qui vous a trahie, abandonnée, bafouée ! Est-il digne d'un pareil sacrifice ?

— Quel sacrifice ? Il n'y en a pas, puisque je ne vous aime pas !

Elle se trouva brusquement saisie, enlacée, pressée par des bras impérieux.

— Le sacrifice de votre plaisir, ma belle amie, n'est-ce donc rien ?

Le visage de Jehan se penchait vers le sien. Elle se rejeta en arrière.

— C'est vrai que j'ai soif d'amour, reconnut-elle simplement. C'est chose naturelle à mon âge. Mais l'acte charnel est pour moi acte d'importance, grave, presque sacré, parce qu'il prend sa source au sang des cœurs ! Ce ne sera jamais ni un divertissement ni une passade !

— Mais, enfin, je vous aime !

— Je parlais d'amour partagé !

— Eh bien ! nous le partagerons !

L'amabilité empressée que reflétait d'ordinaire la physionomie de Jehan avait fait place à un masque avide griffé par le désir.

— Je vous veux ! lança-t-il en ramenant contre la sienne, d'un geste autoritaire, la tête aux nattes brunes.

Puis, essayant de desserrer les lèvres obstinément closes, il l'embrassa de force... La résistance opiniâtre qu'il n'attendait pas acheva de ruiner les apparences policées qu'il se donnait par ailleurs tant de peine pour étaler.

— Viens, dit-il d'une voix rauque. Viens !

Il cherchait maintenant à entraîner Isambour vers le lit à la courtepointe rouge. Une lutte silencieuse s'ensuivit. Mais la jeune femme n'était pas de force à maîtriser son assaillant. Elle se retrouva jetée malgré elle sur la couche douteuse de sa mauvaise hôtesse.

Tout en la maintenant d'une poigne rageuse, tandis que son autre main explorait le corps étendu sous lui en tentant de retrousser le bliaud et la chemise, Jehan l'embrassa une seconde fois avec tant de voracité qu'elle en perdit le souffle.

Allait-elle se laisser prendre comme une fille qu'on culbute sur le premier matelas venu ?

L'odeur de cet homme lui déplaisait, le goût de sa salive lui répugnait...

D'un mouvement brusque, elle releva une de ses jambes, et envoya un furieux coup de genou dans le bas-ventre de son agresseur.

Avec un cri, il roula sur le côté, plié en deux et geignant.

D'un bond, Isambour se redressa, courut vers la porte, s'élança dehors.

Sans chape, son voile flottant derrière elle, ses nattes lui battant les hanches, elle courut comme une perdue à travers la nuit d'hiver que balayait un glacial vent du nord.

Mais elle ne se préoccupait pas du froid. Son cœur cognait à lui en faire mal, le sang lui battait dans la gorge... Qu'importait tout cela !

L'homme qui, par félonie, avait cherché à la faire sienne ne l'avait pas soumise !

Cette victoire, remportée sur son propre trouble autant que sur Jehan, la grisait soudain. Avec une confiance retrouvée en ses possibilités de défense, elle lui rendait le sentiment de sa dignité, de son intégrité préservée.

C'était sans doute un amer exploit, mais c'était un exploit !

Sans avoir rencontré grand monde, elle parvint enfin devant la demeure du monétaire, traversa la cour, gagna son logis.

En refermant sa porte, elle jeta un coup d'œil derrière elle et vit que la fenêtre de la chambre de Grécie était encore éclairée. A travers le châssis en bois tendu de feuilles de parchemin poncées et huilées, la lueur de bougies toujours allumées frissonnait.

Isambour savait que sa fille dessinait, lisait, étudiait une partie de ses nuits, et elle l'approuvait.

Afin de ne pas attirer l'attention de l'adolescente, elle s'appliqua à rabattre l'huis sans faire de bruit.

Une fois dans sa chambre, elle se laissa glisser à terre près du berceau où dormait Ogier et posa son front sur le bois ouvragé du petit lit. L'odeur de l'enfant l'enveloppa. Elle en éprouva une sorte d'apaisement mélancolique.

Ainsi donc, au plus profond de son cœur, l'amour si puissant qu'elle avait conçu vingt ans plus tôt survivait en dépit de tout ! Il venait de prouver sa permanence.

Ce n'était pas un sursaut de vertu qui l'avait arrachée aux bras de Jehan, c'était une évidence : elle ne pouvait pas se donner à cet homme-là, alors qu'elle en aimait un autre !

Contrairement à ce qu'elle avait cru, le premier venu ne faisait pas l'affaire. Si, en des moments de détresse intime, elle était parvenue à s'en persuader, elle s'était trompée. Plus fort que ses défaillances, son instinct s'y refusait.

Bien que son corps, affamé d'étreintes, souffrît durement d'une chasteté qui lui était à charge, n'importe quel passant ne pouvait pas le satisfaire. Un seul y parviendrait.

Bernold !

Secouée de frissons, traversée d'élancements douloureux dans tous ses os transis, Isambour découvrait que, pour elle, la fidélité n'était pas choix, non plus que résolution ou morale, mais conséquence irréfutable d'un lien si étroitement serré qu'aucune main étrangère ne saurait le dénouer.

Parce que, malgré ses torts, elle persévérait à aimer avec assez d'intensité son époux absent pour ne pouvoir envisager l'amour charnel sans lui, elle n'avait pas supporté le contact sur sa peau d'un autre épiderme que le sien...

Les caresses de Jehan lui répugnaient. Entre elle et lui, une barrière s'était dressée. Obstacle infranchissable, le dégoût les séparait.

C'était aussi simple que cela. Son corps ne voulait connaître qu'un amant, n'en admettrait pas d'autres... La trahison, l'abandon ne changeaient rien à une vérité bien trop essentielle pour être entamée par eux.

Elle était de celles qui ne se donnaient bien qu'à celui qu'elles aimaient. Or, un seul avait su l'émouvoir et elle persévérait à n'aimer que lui...

« Que faire, mon Dieu, que devenir ? Si je ne puis avoir recours à des aventures passagères, comment traverser les nuits, les mois, les années, qui m'attendent ? Comment vivre sans Bernold, avec le désir planté comme une lame dans ma chair ? »

Elle s'aperçut seulement au bout d'un très long moment que le malaise qui la tenait et la faisait grelotter n'était pas uniquement dû à ses tourments.

Elle claquait des dents, se sentait glacée et fiévreuse à la fois, souffrait de violents maux de tête.

Elle retourna dans la salle où un chaudron de cuivre, suspendu à la crémaillère, au-dessus des braises, conservait de l'eau chaude durant la nuit. Elle remplit un cruchon de grès qu'elle revint glisser dans son lit. Philippa et Doette y dormaient l'une près de l'autre, parties vers leurs rêves d'enfants, inconscientes, tranquilles.

Isambour se déshabilla aussi vite que possible, et se coucha à côté de ses filles.

Prenant garde à ne pas réveiller les petites, elle continua, en dépit du cruchon tiède qu'elle avait sous les pieds, à se sentir agitée de tremblements.

« J'aurai pris froid en courant à travers les rues », se dit-elle. Ses membres n'étaient plus que courbatures.

A l'aube, une fièvre violente se déclara.

Les obsessions qui ne l'avaient pas quittée traversaient les brumes douloureuses et brûlantes qui l'envahissaient, ne cessaient de la hanter.

Réveillée par sa mère, Philippa alla chercher Sancie.

— Prépare-moi une tisane...

De Fréteval, Isambour avait apporté avec elle des sachets de plantes médicinales séchées et dosées par Roland. S'en servant souvent pour soigner ses enfants, elle en connaissait parfaitement les propriétés.

Sur ses indications, la servante mélangea des fleurs de bourrache, de sauge, de souci, de genêt, de pensée sauvage, avec des feuilles de saule, en fit une infusion adoucie au miel et l'apporta à sa maîtresse.

— Je ne prendrai rien d'autre de toute la journée, dit celle-ci.

Je voudrais guérir rapidement. Il ne faut pas que je traîne ici si je veux faire tout le travail qui m'attend à l'ouvroir...

Il fallut pourtant demander à Aubrée d'envoyer un valet prévenir l'atelier d'une absence dont on ne pouvait à l'avance fixer le terme.

Bathilde et Sancie lavèrent, habillèrent, nourrirent les enfants, puis les conduisirent à la messe.

Sa pie apprivoisée perchée sur une épaule, Grécie pénétra peu après dans la chambre.

— Comment vous sentez-vous, ma mère ? s'enquit-elle en s'approchant du lit où Isambour somnolait.

— Fort lasse. Je suis rompue. La fièvre me brûle.

— Vous aurez pris mal cette nuit.

Ce n'était pas une suggestion mais une affirmation.

— Sans doute...

Trop mal en point pour interroger l'adolescente sur ce qu'elle savait, la malade ferma de nouveau les yeux.

— Je ne suis bonne qu'à dormir, souffla-t-elle afin de ne pas avoir à s'expliquer.

En fin de matinée, une voisine d'Aveline vint annoncer que l'épouse de Mayeul avait ressenti à l'aube les premières douleurs de l'enfantement. Les choses ne se présentaient pas trop bien.

— Mon Dieu ! gémit Isambour, mon Dieu ! Il faut que cela arrive alors que je gis dans ce lit, incapable de me lever, d'aller l'assister ! Bonne à rien !

— Ne vous tourmentez pas, mon amie, dit Aubrée qui se trouvait là parce que ce n'était pas un de ses jours d'hôpital. Aveline a sa mère, une sage-femme et plusieurs commères à son chevet. Je connais nos Blésoises : elles doivent avoir envahi sa chambre ! Elle en sera quitte pour mettre son enfant au monde sans vous, voilà tout !

Isambour secoua sur l'oreiller sa tête aux joues enflammées par la contrariété autant que par la fièvre.

— Vous oubliez que nous sommes comme des sœurs, toutes les deux ! protesta-t-elle. Je lui avais promis de ne pas la quitter en ce moment critique... Et puis, je dois être la marraine du nouveau-né. Si je suis retenue ici par la maladie, comment m'acquitter de ce devoir ?

— Pour l'amour du Ciel, calmez-vous ! répliqua Aubrée. La première chose à faire est de vous guérir. Ensuite, nous aviserons. De toute manière votre futur filleul est encore à naître ! Attendons qu'il soit là pour envisager la cérémonie de son baptême !

Le mécontentement aggrava l'état de la malade, ce qui décida Aubrée à lui poser des sangsues aux pieds.

La journée fut noyée pour Isambour dans des brumes fébriles.

La scène de la veille au soir, son avenir incertain, le retour de son fils, l'absence de son mari, les couches d'Aveline, composaient dans sa tête appesantie une sorte de ronde obsédante, coupée d'assoupissements.

Peu après vêpres, Mayeul passa pour dire que les douleurs ne paraissaient pas porter sur l'enfant, qu'Aveline faisait preuve du courage qu'on pouvait attendre d'elle, mais que l'épreuve risquait de se prolonger.

Il ne vit pas Isambour et repartit au plus vite.

— Berthe-la-hardie, qui est sage-femme de la comtesse, est venue épauler la ventrière de votre cousine, annonça Aubrée à son amie après le départ de Mayeul. C'est elle qui a mis au monde tous les héritiers de la maison de Blois. Elle n'a pas sa pareille pour masser les ventres en mal d'enfants et compose elle-même ses onguents. Sa réputation est grande dans toute la comté.

Isambour dit qu'elle s'en réjouissait, mais qu'elle donnerait un an de sa vie pour être auprès de sa cousine, pour lui apporter les secours de son expérience en un pareil moment.

— Heureusement que j'ai pensé, voici déjà deux mois, à lui faire don des petites statues en bois taillé de sainte Britte et sainte Maure, qui ont toujours présidé à mes propres couches, dit-elle. Elles aident aux heureuses délivrances.

— Je suis également allée, ce tantôt, mettre un gros cierge à la chapelle voisine, reprit Aubrée. Ne vous inquiétez pas. Votre cousine sera protégée.

Pour être certaine que la malade dormirait, la femme du monétaire lui fit boire du lait dans lequel elle avait versé quelques gouttes de suc de pavot.

Il fut aussi décidé que Sancie coucherait sur un matelas, dans la chambre de sa maîtresse, tandis que Philippa et Doette partageraient son propre lit avec Bathilde.

Le berceau d'Ogier avait également changé de pièce. Grécie l'avait pris avec elle.

Le lendemain matin, la fièvre était un peu moins forte.

Isambour continua à vider de nombreux gobelets de tisane et des sangsues lui furent remises aux pieds.

— A-t-on des nouvelles d'Aveline ? s'enquit-elle plusieurs fois au cours de la matinée.

— Un valet est parti aux renseignements, répondait Aubrée. Il n'y a rien de nouveau. Elle peine toujours...

En dépit de sa fermeté, l'hôtesse d'Isambour parvenait difficilement à cacher son inquiétude.

— C'est qu'elle n'est plus très jeune, finit-elle par murmurer, le front soucieux. Par tous les saints ! pourquoi avoir tant attendu pour se marier ! Quand on accouche pour la première fois à seize ou dix-sept ans, tout se passe beaucoup mieux !

— Elle est solide, répétait avec entêtement Isambour. Je ne l'ai jamais vue malade. Durant notre enfance, j'avais des maux de ventre, de gorge, des migraines, des fièvres... Aveline n'avait rien. Il ne lui est arrivé que des accidents. Elle s'est cassé un bras, est tombée d'une charrette, ce qui lui a démis le genou, a même été jetée contre un mur par un cheval emballé. Chaque fois, elle s'est rétablie très vite...

— J'ai entendu parler d'une femme qui use de sortilèges dans certains cas, souffla Aubrée, assise sur le pied du lit de son amie. Si les choses traînent trop en longueur, j'irai la trouver.

Grécie, qui donnait le biberon à son petit frère, à côté de sa mère, leva les yeux.

— Vous croyez aux sortilèges, vous ? demanda-t-elle avec curiosité.

— Ils produisent parfois de bons résultats, assura la femme du monétaire. Pour être tout à fait honnête, on est bien forcé de reconnaître que d'autres échouent...

— L'Église ne les interdit-elle pas expressément ? interrogea l'adolescente.

— Bien sûr que si ! Mais ne faut-il pas tout tenter quand une vie est en danger ?

— Pourquoi forcer le sort ? murmura Grécie. N'est-il pas plus sage de s'en remettre à Celui qui a créé toutes choses ? Il y a des fois où la mort est plus accueillante que la vie.

Isambour ferma les yeux. Le silence emplit la chambre. On n'entendit plus que le très faible bruit de succion que faisait Ogier en buvant son lait.

La nuit était tombée depuis longtemps quand on frappa à la porte de la rue. Un valet alla ouvrir. Mayeul entra. Il demanda Aubrée, qui le reçut dans la salle où elle se trouvait seule.

En le voyant paraître, pâle, les yeux rougis, les vêtements tachés de sang, elle craignit le pire. Il le comprit, étendit une main qui tremblait encore.

— Non, rassurez-vous, dit-il, elle vit ! Mais elle est brisée. Il lui faudra du temps pour se remettre. On l'a sauvée de justesse.

— Et l'enfant ? demanda timidement la femme du monétaire.

— Elle va bien.

— Une fille !

— Par Dieu ! Oui ! Elle a failli coûter cher à sa mère !

Il y avait de la rancune dans la voix du nouveau père. Il en prit conscience, secoua la tête.

— Je n'ai pas encore eu le temps de penser à elle, dit-il pour s'excuser. Depuis des heures, je n'ai songé qu'à ma femme. J'ai cru la perdre...

Sur les traits creusés d'anxiété et de fatigue, on pouvait déchiffrer les traces du combat qu'il venait de livrer aux côtés d'Aveline.

Si la présence d'un homme dans la chambre où une femme accouchait était, en général, jugée indésirable, il y avait cependant des circonstances où on l'admettait.

— Étiez-vous auprès d'elle ? demanda Aubrée.

— Au début j'ai attendu chez une voisine. Puis elle m'a demandé. J'y suis allé... J'ai vécu son supplice avec elle... Jamais je n'aurais imaginé qu'il fallait tant souffrir pour mettre au monde un enfant... Elle hurlait et m'enfonçait ses ongles dans la main à chaque retour des douleurs... J'étais heureux de pouvoir partager tant soit peu ses tortures, mais je me rendais bien compte de l'effrayante disproportion de ce que nous endurions, elle et moi ! C'était une impression abominable que de la voir se débattre contre un mal sur lequel je restais sans aucun pouvoir... Il a fallu aller chercher l'enfant dans son ventre d'où il ne voulait pas sortir... Une vraie boucherie. Il y avait du sang partout ! Quand la petite est née, nous étions tous à bout de forces. La sage-femme titubait de fatigue, Aveline avait la face grise, le nez pincé, les épaules, les joues, marquées de points rouges à cause des terribles efforts qui avaient fait éclater les veines de sa tête et de son cou...

— N'y pensez plus, conseilla Aubrée. Elle se remettra vite. Pour la naissance d'Helvise, j'ai eu, moi aussi, des couches laborieuses. Trois jours après, j'étais rétablie. Aveline est solide. Ces épreuves ne seront bientôt plus pour vous deux qu'un mauvais souvenir.

Elle tendit à Mayeul une coupe d'hypocras.

— Buvez, dit-elle. Vous en avez besoin.

— Je vais retourner chez nous, dit le maître d'œuvre après avoir bu. Prévenez, je vous prie, Isambour de ma part.

— Elle a tellement déploré de ne pouvoir seconder votre épouse pendant qu'elle était en gésine !

— Qu'aurait-elle pu faire de plus que Berthe-la-hardie ? Que les autres femmes qui étaient présentes ?

— Pas grand-chose, sans doute, mais vous connaissez leur attachement !

— Annoncez-lui la nouvelle. Insistez sur le fait que nous attendrons son rétablissement pour baptiser notre fille qui peut attendre, car elle est bien constituée et semble robuste.

— Comment l'appellerez-vous ?

— Jeanne. C'était le nom de ma mère.

Il s'enveloppa dans sa chape, et, pour la première fois depuis son arrivée, eut un léger sourire.

— Elle ne sera point sotte, lança-t-il avec un peu de sa gaieté retrouvée. Elle est née les yeux ouverts !

Sans plus tarder, Aubrée fit part à Isambour de la naissance de sa filleule.

— Une fille ? s'écria la malade. Seigneur ! Mon oncle va en faire une jaunisse !

La nuit s'écoula ensuite sans incident. Le jour suivant, l'état d'Isambour s'améliora.

Les enfants reçurent la permission de venir embrasser leur mère et Philippa lui fit don d'une couronne de rubans qu'elle avait tressée pour elle.

Grécie lui proposa de chanter à son chevet en s'accompagnant de la harpe portative qui ne la quittait guère plus que sa pie apprivoisée.

Le jour passa. Une nouvelle nuit survint.

Prise de pitié envers Sancie, Isambour assura Aubrée qu'elle n'avait plus besoin de garde. La jeune servante put aller retrouver Bathilde et les deux petites filles dans l'autre chambre.

Vers l'heure de matines, la porte du fond du jardin, qui servait aux escapades du monétaire, s'entrouvrit en silence. Deux hommes la franchirent.

— Vous voilà à pied d'œuvre, dit tout bas le plus âgé. Il ne vous reste plus qu'à tenter votre chance, mon ami.

— Soyez béni pour votre aide, maître Garin ! Sans vous, je n'avais aucun moyen de la revoir avant longtemps.

— Dites-vous bien, Jehan, que c'est autant pour tirer cette charmante femme du malheur où elle s'enlise que pour vous secourir que j'ai fait tout ceci, reprit en chuchotant le monétaire. Que Dieu me pardonne si je me trompe, mais je ne crois pas mal agir en vous permettant de la rejoindre !

La nuit était humide et froide. Sans plus rien dire, les deux hommes se séparèrent. L'un gagna la grande demeure, l'autre se dirigea vers la petite maison.

La clé que lui avait confiée le maître du lieu permit au secrétaire de la comtesse de pénétrer sans difficulté dans la salle, puis de gagner la pièce suivante.

Enfouie sous ses couvertures, Isambour reposait.

Accrochée par des chaînettes à la tête de son lit, une lampe à huile éclairait faiblement la dormeuse, ses draps froissés, les deux gros oreillers qui la soutenaient. Une bande de toile blanche, nouée autour de sa tête, la protégeait du froid. Cette coiffure austère épurait ses traits, accusait leur modelé, révélait le côté vulnérable d'un visage qui, d'ordinaire, savait taire ses faiblesses.

Une phrase dite un jour devant lui par la comtesse revint à l'esprit de Jehan : « Dieu doit nous aimer quand nous dormons, avait-elle murmuré. Nous sommes alors abandonnés, nous sommes livrés, les armes nous sont tombées des mains... »

Dans une cassolette d'étain, des branches de romarin achevaient de se consumer, combattant de leurs senteurs aromatiques les odeurs de la maladie.

Troublé, le jeune homme demeura un moment immobile, se demandant comment il allait être accueilli.

Avait-il eu raison de tant insister auprès du monétaire, soucieux de complaire à l'un des favoris de sa suzeraine, afin d'obtenir son assistance ? N'était-ce pas prématuré ?

Seul le souvenir de leur dernière entrevue et de son aboutissement l'avait occupé jusque-là. Il lui fallait cette femme qui s'était si prestement dérobée à lui. Pour se la procurer, toutes les manœuvres lui paraissaient justifiées.

Des doutes l'assaillaient à présent...

Ravivé cependant par la scène qu'il avait sous les yeux, son violent désir l'incita à jeter des scrupules trop tardifs pour porter leurs fruits.

« Au diable les hésitations, se dit-il. Affaiblie par la fièvre, ma petite brodeuse ne pourra plus se défendre avec la même vigueur que l'autre nuit... Et puis je suis certain qu'elle se languit de caresses... »

En prenant soin de ne rien heurter, il avança vers la couche. Sous ses pas, les brindilles de foin jonchant le sol et le bois du parquet craquèrent traîtreusement.

Le sommeil d'Isambour ne devait pas être aussi profond qu'il semblait à son visiteur. Elle ouvrit les yeux.

— Par tous les saints ! ne criez pas ! ordonna Jehan en s'élançant vers elle. Songez à tous ceux qui pourraient vous entendre !

Parvenu au bord du lit, il se pencha vers le visage empreint de stupeur.

Ne sachant pas encore si elle était la victime d'un rêve ou bien si, pour extraordinaire que la présence de cet homme à pareille heure, dans sa chambre, pût lui paraître, elle avait véritablement affaire à lui, Isambour hésitait.

Ce fut le mouvement d'air soulevé autour d'elle par sa présence, l'odeur de drap humide dégagée par les vêtements du jeune homme qui achevèrent de la renseigner.

— Qui vous a permis... ? commença-t-elle.

Des paumes dominatrices pesèrent sans explication sur ses épaules, des lèvres encore froides du dehors écrasèrent sa bouche.

Elle voulut se débattre.

Mal réveillée, encore engourdie par la chaleur du lit, fatiguée par la maladie, Isambour était loin de posséder les mêmes ressources d'agressivité que lors des précédentes initiatives de Jehan.

Une mêlée confuse s'ensuivit.

Hardiment, les mains avides écartaient le drap, les couvertures fourrées de peaux d'agneaux, découvraient, au creux tiède du matelas, le corps nu aux beaux seins offerts, gonflés et doux, marqués, chacun, de leur grain de beauté jumeau, le ventre blanc...

Avec une exclamation étouffée, Jehan s'abattit de tout son poids sur la femme qui cherchait, toujours en vain, à le repousser...

C'est alors que la porte de la chambre s'ouvrit soudain, livrant passage à Grécie.

L'adolescente se jeta vers le lit où les deux adversaires confondus luttaient aussi farouchement l'un que l'autre. Comme un chat sauvage, toutes griffes dehors, elle attaqua l'agresseur de sa mère.

Tiré, bousculé, égratigné, martelé de coups, Jehan se redressa pour se débarrasser de l'intruse. En se retournant, il aperçut la face mutilée de Grécie qu'il ne connaissait pas. Saisi, il suspendit un instant son geste défensif. Avec une promptitude imparable, elle en profita pour tirer de sa manche des ciseaux à broder qu'elle y avait cachés, et en porta un coup violent à l'épaule gauche du jeune homme. Le tissu de laine de la chape amortit le choc. L'arme improvisée ne pénétra que très superficiellement dans le gras du bras.

Sous l'effet de la stupéfaction autant que sous la morsure du métal, Jehan poussa un cri, tâtant de sa main droite sa légère blessure. Une seconde fois, l'adolescente frappa. Les ciseaux atteignirent cette fois l'avant-bras du secrétaire.

— Pour l'amour de Dieu, ma fille, arrêtez ! cria Isambour.

Elle sortit du lit avec précipitation, s'enveloppa dans la courte-pointe froissée, immobilisa le poignet de Grécie avant que celle-ci ait eu le temps de recommencer.

Abasourdi et mortifié, Jehan essaya maladroitement de désarmer l'adolescente. Elle lui échappa.

— Vous êtes bien bonne de vouloir ménager un tel félon ! lança-t-elle à sa mère en venant se poster près d'elle. L'aurait-il fait, ce bouc, si je n'étais pas intervenue ?

Mais elle remit ses ciseaux dans sa manche.

La honte et la fureur avaient remplacé chez l'agresseur d'Isambour le désir insatisfait. Il recula vers le mur le plus proche, s'appuya contre un coffre de voyage en cuir clouté qui se trouvait là, et, la mine offensée, enroula un pan de sa chape autour de son bras ensanglanté.

Puis, sans un regard pour les deux femmes qui suivaient sa retraite en se tenant par la main, il marcha vers la sortie. Sur le seuil, il se retourna.

— Vipères ! lança-t-il entre ses dents. Vous êtes deux vipères !

Puis, d'un pas rageur, il quitta la pièce.

On l'entendit traverser la salle, s'éloigner. La porte d'entrée claqua derrière lui.

Isambour se laissa retomber sur sa couche.

— Par Notre-Dame, comment, ma chère fille, avez-vous pu savoir que ce garçon s'était introduit dans ma chambre avec l'intention de me forcer à lui céder ? demanda-t-elle sans pouvoir maîtriser le tremblement nerveux qui l'agitait.

— Vous allez reprendre froid, ma mère, dit Grécie. Recouchez-vous, je vous en prie.

Elle aida la convalescente à s'étendre de nouveau, tira sur elle draps et couvertures, la borda avec soin.

— Sur mon âme, cessez de trembler ! reprit-elle avec un mélange d'agacement et de passion contenue. Respirez lentement. Calmez-vous. Cette méchante affaire est terminée.

Avec son sang-froid coutumier, elle tira à elle un escabeau pour s'asseoir au chevet du lit maternel.

— Depuis que ce larron d'honneur vous a si effrontément abordée pendant la messe de l'Épiphanie, je m'étais promis de ne pas le laisser vous importuner davantage, expliqua-t-elle enfin. J'entendais souvent parler de lui aux veillées où je me trouvais. Ses assiduités auprès de vous ne sont pas longtemps demeurées secrètes, vous devez vous en douter. Vos compagnes d'atelier se sont empressées de jaser. Le bruit m'en est revenu.

Elle serra les lèvres comme le faisait Isambour, mais, au lieu de signifier souci ou réflexion, cette habitude, chez elle, témoignait volonté et audace.

— Je savais que vous ne l'aimiez pas, continua-t-elle d'un air résolu. Vous ne pouviez pas vous être laissé prendre à ses mani-gances, puisque vous ne cessez d'attendre et d'espérer le retour de mon père... Aussi, tout à l'heure, alors que je venais de souffler ma bougie, quand j'ai entendu des pas sur le gravier du jardin, j'ai entrouvert ma fenêtre. J'ai vu ce damné chien. J'ai deviné qu'il allait chercher à profiter de votre état pour s'imposer à vous...

Elle s'empara d'une des mains de sa mère et la baisa avec ferveur.

— Je l'aurais tué s'il l'avait fallu, avoua-t-elle tout bas. Tué ! Jamais je ne vous aurais laissée vous défendre seule, affaiblie comme vous l'êtes !

— Ma fille, ma petite fille... Vous m'avez sauvée de quelque chose de pire que le déshonneur, murmura Isambour. Vous m'avez sauvée du mépris de moi-même !

Doigts enlacés, elles demeurèrent un moment silencieuses.

— Si vous le voulez bien, ma mère, je resterai avec vous jusqu'à la fin de cette nuit, proposa l'adolescente au bout d'un moment. Je ne serais pas tranquille si je vous quittais après ce qui vient de se passer ici.

— Reste, reste, mon enfant tant aimée ! répondit Isambour avec élan. Il y a si longtemps que j'attends cet instant.

Grécie quitta la chaisne molletonnée qu'elle portait et rejoignit sa mère dans le grand lit.

Depuis combien d'années n'avaient-elles plus dormi ensemble ?

Bouleversée de sentir sa fille étendue à ses côtés, d'entendre son souffle devenir petit à petit profond et régulier, Isambour demeura immobile sans parvenir à retrouver le sommeil.

La scène qu'elle venait de vivre lui semblait irréelle, folle, mais son dénouement, le rapprochement inespéré intervenu entre elle et Grécie, lui procuraient un tel réconfort que la satisfaction l'emportait sur l'inquiétude dans son esprit pacifié.

Qu'allait faire Jehan ? Chercherait-il à se venger ? Mais comment le pourrait-il ? Étant dans son tort, il aurait sans doute la prudence de se taire et de ne pas attirer l'attention de la comtesse sur une conduite qui ne pouvait que la révolter. Par crainte de perdre un appui dont il n'était pas en état de se passer, il serait contraint au silence... Pour le jeune homme comme pour sa victime, il était préférable de ne rien ébruiter des événements de la nuit...

Isambour finit par sombrer dans une somnolence tardive en se répétant que le pire avait été, par deux fois, évité, que le secrétaire s'était à jamais discrédité auprès d'elle, que les tentations qu'il avait pu éveiller ne survivraient pas à sa déloyauté...

Le lendemain matin, il fallut cependant mettre Aubrée au courant de l'agression de Jehan et de l'intervention de Grécie.

— Ce garçon est devenu fou ! s'écria la femme du monétaire. Lui qui passait pour un modèle d'urbanité et que notre comtesse ne cessait de louer pour ses excellentes manières !

— Eh bien, voilà au moins la preuve que toutes les belles paroles débitées à la cour de Blois ne changent rien à la nature humaine ! s'exclama Isambour. En dépit des illusions qu'on cultive autour de la comtesse Adèle, l'animal qui loge en chacun de nous reste toujours aussi présent ! Les poèmes de votre Baudri de Bourgueil n'y peuvent mais.

— On dirait que vous vous en réjouissez, mon amie, fit remarquer Aubrée, qui, en l'absence de Grécie occupée par ses frères et sœurs, aidait la convalescente à boire, pour se fortifier, un gobelet de vin d'écorce de saule. Il est pourtant fort triste de constater que les tentatives faites pour venir à bout de nos instincts échouent si lamentablement.

— Un homme restera toujours un homme, soupira Isambour. Corps et âme mêlés. C'est perdre son temps que de le nier. Il nous faut nous en accommoder et compter avec notre nature tout comme avec notre esprit... L'alliance de la bête et de l'ange. C'est là notre double héritage. Si nous ne voulons pas nous tromper gravement sur notre pauvre destinée, nous devons accepter ce constat et nous faire une raison.

Seule après le départ de son amie, la convalescente se prit à songer aux derniers mois qu'elle venait de vivre.

Bien au chaud dans son lit, et bénéficiant de la lucidité qui succède souvent aux faiblesses de la maladie, elle récapitula les événements qui s'étaient déroulés depuis son arrivée à Blois. Ils ne la satisfaisaient pas.

« Puisque Aliaume est revenu au Grand Feu, pourquoi ne pas y retourner à présent ? se demanda-t-elle. Les souvenirs de mon bonheur détruit ne me poursuivront pas davantage là-bas qu'ici. J'ai également vécu avec Bernold dans cette ville, et notre passé m'attend partout au coin des rues... Philippa souhaite rentrer. Je suis persuadée qu'Aubin et Doette seraient ravis de retrouver les libres espaces de notre vallée. Mon fils aîné a certainement besoin de secours, besoin de moi... Il serait bien préférable pour nous tous de nous regrouper sous le toit familial... Aliaume prendra la place de son père. Je recommencerai à diriger nos serviteurs, à m'occuper avec eux de la maison, du jardin, des animaux... Seule Grécie souhaitera peut-être demeurer ici. Il faudra que je lui en parle. A présent qu'elle a recouvré confiance en moi, il n'est pas impossible qu'elle consente à revenir à Fréteval... »

Ce projet l'occupa tout le jour. Elle préféra cependant ne s'en ouvrir encore à personne et décida d'attendre son complet rétablissement pour aviser.

La nuit suivante, elle fit un rêve...

Devenue la Marie-Madeleine du vitrail exécuté naguère par Bernold, elle se trouvait enchâssée dans un des murs de l'église où il avait été monté. Vêtue de la chape vermeille qui évoquait le manteau de ses noces, elle s'avisait soudain que ce n'était plus le Christ qui se tenait auprès d'elle, mais une femme pâle, petite et maigre, dont les cheveux noirs, tressés de perles blanches, tombaient sur une tunique de laine immaculée.

— Venez avec moi, lui dit la femme.

Elles se détachèrent ensemble du vitrail et gagnèrent une grande salle occupée par une table fort longue. Une foule de convives y avaient pris place.

Isambour-Marie-Madeleine se retrouva assise en face de la dame blanche et à côté d'un jeune garçon.

En tournant la tête pour lui adresser la parole, elle eut un coup au cœur. Son voisin n'était autre qu'Hendri, son second fils, mort depuis des années ! Il lui sourit d'une façon extraordinairement gaie, confiante. Un sourire de joie pure. Puis il posa sa main sur celle de sa mère, qui reposait sur la nappe.

Sa main, à lui, était chaude et souple, alors que celle d'Isambour était raide et glacée !

La femme en blanc quitta alors son siège pour s'approcher d'eux. Avec une expression énigmatique, elle glissa à l'annulaire droit d'Isambour une bague dont le chaton, en forme de trèfle, ne comportait plus que deux rubis...

— Il n'y en aura pas de troisième, dit-elle en fixant d'un air entendu ses prunelles d'un noir scintillant sur le visage de son interlocutrice. Jamais. Souvenez-vous-en...

Isambour se réveilla.

Elle était dans sa chambre.

Philippa et Doette avaient repris leur place à ses côtés.

Heureuses de ce retour à leurs habitudes, elles dormaient paisiblement.

Tout était silence. On devait être au cœur de la nuit.

Il semblait, néanmoins, qu'une nuée blanche, irradiante, emplissait la pièce d'une sorte de rayonnement mat et enveloppant.

Une présence s'imposait. Invisible mais certaine. Attentive, aimante, patiente... si forte, si réconfortante, qu'Isambour en éprouva un émerveillement muet, une extase indicible, un bouleversement poignant, éperdu, qui était également allégresse et gratitude...

— Dieu est là, dit-elle. Il me fait don de Sa grâce ! Je L'ai retrouvé.

Elle se leva, revêtit sa chaisne, s'agenouilla au pied de son lit, fit avec ferveur les trois signes de croix dont on lui avait dit dans son enfance qu'ils ouvraient les portes de l'oraison et que la Vierge s'y complaisait, puis elle se mit à prier.

11

Arrachée à ses songes, Adelise ouvrit les yeux dans l'obscurité familière de la pièce où la nuit s'attardait, et soupira.

Couché sur elle, la tête reposant entre ses seins, Bernold ronflait. Le poids de cet homme, le bruit discordant de sa respiration l'avaient tirée d'un rêve dont le souvenir évanescent lui laissait un goût de nostalgie... Elle chercha à repousser le grand corps blond étendu de tout son long en travers du matelas, mais ne réussit qu'à provoquer un grognement indistinct du dormeur.

Elle ne parviendrait pas à se défaire de l'encombrant compagnon de lit qui l'écrasait, au plus profond de son sommeil comme à l'état de veille, d'un amour trop possessif pour ne pas être accablant. Il la tenait à sa merci.

Quelle heure pouvait-il être ?

Depuis dix-sept mois que le couple fugitif s'était installé à Douvres, il avait appris à reconnaître, au bruit tout proche et fracassant des vagues, le moment où la mer achevait sa montée diurne ou nocturne.

Adelise se trompait souvent dans les horaires des marées, mais elle crut se souvenir qu'un marin avait parlé devant elle de l'heure de prime pour l'étal de la marée haute. Le flux viendrait alors battre le pied des hautes falaises crayeuses qui encadraient le port. Le silence et le repos tiraient donc vers leur fin... Avec son cortège habituel d'agitation, de tintamarre, le jour n'allait pas tarder à se lever. Le premier jour de septembre...

L'année précédente, à cette même date, Adelise faisait une fausse couche qui devait la laisser dolente durant des mois. Sans grand regret pour la perte d'un enfant qu'elle ne souhaitait pas voir arriver si tôt, elle n'en conservait pas moins un fort mauvais souvenir de toute cette affaire.

Affolé par le danger que courait son amie, Bernold n'avait pas cessé de lui prodiguer les marques d'un attachement tellement abusif qu'elle s'était inquiétée, pour la première fois depuis leur fuite de France, de l'avenir qui l'attendait.

Si l'amour d'un homme fait, parvenu à une grande notoriété dans son art, l'avait flattée et éblouie au début de leur liaison, l'excès même de l'ardeur qu'il lui témoignait l'avait remplie de malaise dès leur première nuit, dans la forêt de Silva Longa.

Sur la paille de l'abri forestier où Bernold la prenait avec une fougue qui la déconcertait plus qu'elle ne la séduisait, l'adolescente pleurait sans bruit après chacun des assauts trop souvent renouvelés de son amant.

Bien différent des agaceries auxquelles l'avaient habituée les jeunes gens qui la courtisaient jusque-là, ce délire sensuel lui faisait peur.

Elle s'y était pourtant accoutumée. La fascination du pouvoir exercé et la contagion d'une aussi folle passion avaient à la longue touché l'objet de tant de ferveur.

Adelise ne s'était plus contentée de se laisser adorer. Son cœur était trop neuf pour ne pas se montrer, un jour ou l'autre, sensible aux témoignages constants des transports qu'il inspirait.

Bernold avait enfin reçu la récompense de ses soins.

Le printemps et l'été de leur installation à Douvres gardaient pour les amants l'odeur de leurs incessantes étreintes, mêlée à celle de la marée et du goudron.

Puis, à la suite d'une chute faite sur le pavé gras du port, la future mère avait été victime de l'accident qui l'avait en même temps délivrée d'une grossesse qui la contrariait et condamnée à la sollicitude maladroite du maître verrier.

Si ses sens s'étaient éveillés durant les derniers mois, elle n'en était pas devenue autre pour autant et continuait à préférer les prémices de l'amour à ses accomplissements.

Durant sa convalescence, elle était parvenue à esquiver tout rapport charnel avec Bernold, mais cet état de choses n'avait pu s'éterniser. Il lui avait bien fallu se soumettre de nouveau aux entreprises, trop emportées pour son goût, d'un homme à l'avidité sans cesse renaissante.

Ces plaisirs immodérés, joints à la crainte continuelle où elle vivait de se retrouver enceinte, et à son manque naturel de tempérament, l'avaient insensiblement éloignée de son ami.

Quand elle avait tout quitté pour le suivre, elle espérait connaître une existence bien différente de celle dont elle devait s'accommoder dans ce damné pays.

Avec l'inexpérience de ses quinze ans, elle avait imaginé une suite de moments délicieux pendant lesquels elle verrait à ses pieds un soupirant disponible et décidé à accepter ses moindres caprices.

Elle oubliait sottement que le maître verrier aurait à gagner leur pain, à assurer leur vie commune. Levé dès l'aube, il se lavait dans le cuveau de bois loué aux étuves du port, prenait en hâte le premier repas qu'elle lui avait préparé et la quittait pour de longues heures.

Parfois, il revenait en coup de vent pour le dîner ; le plus souvent, il n'en trouvait même pas le temps.

Fatigué et couvert de poussière, il rentrait le soir pour se laver à nouveau, souper, recevoir quelques compagnons. Ils s'entretenaient ensemble de l'église à laquelle ils travaillaient tous, du nouveau roi d'Angleterre, Henri Ier Beauclerc, quatrième fils du Conquérant, ou, le plus fréquemment, de la Normandie, du royaume de France...

Selon les saisons, Adelise filait, cousait, raccommodait, près du feu ou devant la fenêtre ouverte, en se disant tout bas qu'elle perdait ses plus belles années dans l'ennui d'une aventure sans éclat.

Le petit logis loué à leur arrivée donnait sur le port et n'avait rien d'un palais. La salle en était étroite. Le lit, où elle se remémorait à présent le déroulement de ses déceptions, en occupait une bonne partie. La cheminée lui faisait face. Très peu de meubles pouvaient s'y loger. Les relents du poisson qu'une marchande vendait à longueur de journée sous leur unique fenêtre imprégnaient la pièce, les vêtements, jusqu'à la nourriture qu'Adelise s'efforçait de cuisiner à la française.

« En somme, se répétait la jeune femme pour la centième fois, en somme, Bernold ne sait faire que ses vitraux et l'amour ! Un homme plus jeune aurait aimé danser, comme moi, faire de la musique. Nous aurions eu des amis de notre âge... Lui ne sait pas s'amuser ! Il est persuadé que ses baisers et ses caresses suffisent à me combler d'aise... Il ne connaît pas au monde d'autre divertissement que l'accouplement ! Sur ma tête, ce n'est pas pour croupir dans un endroit comme celui-ci que j'ai fui ma famille et un amoureux qui me convenait, au fond, bien mieux que son père ! J'en ai assez de me morfondre chaque jour à attendre le retour d'un ami qui, pour tout arranger, se montre plus jaloux qu'il n'est permis et suspecte le moindre de mes gestes ! »

Comme le ménage de l'étroit logis et la couture, qu'elle accomplissait à contrecœur, n'occupaient pas tout son temps, Adelise avait décidé de sortir le plus souvent possible pour s'en aller, chaque fois qu'elle le pourrait, promener en ville.

Principale cité maritime des Cinq Ports, qui comprenaient Hastings, Hythe, Romney et Sandwich, point de départ de la grande route de Londres, porte naturelle de l'Angleterre vers le continent, Douvres était un centre des plus animés. Une foule de marins, de soldats, de marchands, de moines, de clercs, y grouillait.

Adelise avait noué des relations amicales avec la fille de leur voisine du dessus ; elle était gantière et travaillait chez elle. Cette jeune Emma, qui avait seize ans, lui plaisait beaucoup. Moqueuse et gaie, elle s'amusait d'un rien. Sortir avec elle était devenu un besoin pour la jeune femme. Elles se rendaient ordinairement sur le port pour assister à l'arrivée ou au départ des bateaux, à leur chargement, leur déchargement, à l'embarquement des passagers. Elles se divertissaient toutes deux des propos, remarques, apostrophes et quolibets que leur présence suscitait parmi les passants et y répondaient parfois assez vertement.

Il leur arrivait aussi d'aller se promener sur les falaises pour contempler la mer...

Si Bernold apprenait jamais à quel genre de passe-temps son amie consacrait ses après-midi, il était à craindre qu'il ne prît mal la chose...

Adelise tenta une nouvelle fois d'écarter le corps étendu sur le sien, mais ne parvint qu'à réveiller son compagnon.

Sa bruyante respiration s'interrompit, changea de rythme, il soupira, redressa la tête.

— Vous ne dormez plus, mon cœur ? demanda-t-il.

— Comment le pourrais-je ? Vous me cassez les oreilles à longueur de nuit !

— Je vous ai déjà dit de siffler pour me faire taire.

— Siffler me tient tout aussi éveillée que les bruits que vous faites !

— Par Dieu ! Il doit bien y avoir un moyen de ne pas importuner pendant son repos la femme qu'on aime ! Comment donc font les autres ?

— Je l'ignore. N'oubliez pas que vous êtes le premier homme dont je partage la couche !

— Je le sais, ma belle, et en suis bien aise !

Redressé sur un coude, il suivait d'un doigt les tendres formes de son amie.

Elle avait une taille incroyablement fine, qu'il pouvait emprisonner sans peine entre ses deux mains, des hanches rondes, des jambes bien faites, des seins durs et pommés dont les larges pointes roses se dressaient dès qu'on les touchait.

— Jamais je ne me lasserai de vous, dit-il de la voix ardente qu'elle ne connaissait que trop. Ma faim de votre corps est insatiable...

Ses caresses se firent plus insistantes, plus précises...

Une fois encore, Adelise subit le déferlement d'une passion qui évoquait pour elle, depuis leur installation à Douvres, la fureur des flots déchaînés quand ils se ruaient contre les blanches falaises...

Mais elle ne fit que se prêter aux violents jeux d'amour qui lui étaient imposés. Fatiguée de leur fréquence, la chair indifférente et le cœur à la dérive, elle mima le plaisir pour complaire à son amant, tout en lui en voulant de la contraindre à un semblable simulacre.

Quand Bernold retomba sur elle, après un dernier gémissement, elle attendit un moment, puis reprit la conversation interrompue.

— Comment faisiez-vous donc, avant de me connaître, lorsque vous couchiez avec votre femme ? demanda-t-elle d'une voix têtue. Vous arrivait-il de la tirer de son sommeil aussi souvent que vous le faites pour moi ?

Elle savait que Bernold détestait entendre parler de son passé, de sa famille, et, tout spécialement, de son épouse.

— Ma foi, je n'en sais plus rien, grommela-t-il. N'êtes-vous pas mon unique sujet de préoccupation ? Le reste est oublié.

Il se redressa, s'étira, s'assit.

— Allons, le jour se lève, remarqua-t-il. Il me faut sortir de ce lieu de délices pour aller travailler.

Debout près du lit, il lui parut immense. Sa carrure remplissait toute la chambre.

— J'irai vous attendre ce soir, sur le chantier, dit la jeune femme. Du moins, s'il ne pleut pas !

— Fasse le ciel qu'il n'y ait pas une seule goutte de pluie ce jourd'hui ! s'écria-t-il tout en versant l'eau de trois grands seaux dans le cuvier de bois posé au pied du lit.

Pendant qu'il se lavait, Adelise tirait d'un placard situé sous la fenêtre de leur chambre du pain, du fromage, du lait caillé et deux tranches de pâté en croûte.

Revêtue d'une simple chemise flottante, ses cheveux blonds argentés comme les feuilles du saule dénoués ainsi que les aimait Bernold et glissant sur ses épaules, petite, mince, souple, avec des gestes légers, l'adolescente préparait le simple repas du matin avec une grâce innée.

Bien qu'il se frictionnât, le maître verrier la suivait des yeux, ne perdait aucun de ses mouvements, s'en délectait.

« Tant qu'à avoir transgressé la loi de Dieu, tant qu'à savoir mon âme en péril à cause du corps de cette femme enfant, qu'au moins je profite au maximum des plaisirs offerts par sa beauté ! songeait-il avec fatalisme. Que je me perde au mieux, puisque je me perds ! »

Ils déjeunèrent l'un en face de l'autre, puis Bernold s'en fut.

Jadis, comme le bon chrétien qu'il était, il allait chaque matin à la messe. A présent, il ne s'y rendait plus que le dimanche, avec son amie. Les sacrements leur étant désormais interdits, ni l'un ni l'autre n'avaient pu approcher de la sainte table depuis leur départ de Fréteval.

Le verrier en souffrait dans son âme honnête et dans sa foi. Il ne ressentait pourtant aucune velléité d'amendement. Quitter Adelise était inimaginable. Le moindre déhanchement de la jeune femme le bouleversait. Il aurait préféré mourir plutôt que de renoncer à la tenir entre ses bras.

« J'ai besoin d'elle comme on a besoin de nourriture et de sommeil, pensait-il tout en se rendant à son chantier. Elle est mon pain et le sel de ma vie ! Si je lui ai sacrifié ma famille, ce qui me fait peine, je dois cependant reconnaître, pour rester franc avec moi-même, que son seul contact me paie de tout ! »

Comme il l'avait pressenti avant de l'enlever, elle était sa jeunesse retrouvée, sa revanche sur le temps...

Autour de lui, la ville entamait une journée nouvelle. Les étuviers criaient que leurs bains étaient chauds, des marchands ouvraient leurs échoppes, des femmes balayaient devant leur porte, les porcs partaient à la recherche des détritus dont ils s'engraisseraient, des marins entraient dans les tavernes pour s'y rincer le gosier.

Au-dessus des toits agglutinés à ses pieds, du port où se pressaient des navires venus de tous les pays voisins, une lourde forteresse saxonne, dont les défenses de terre avaient été renforcées par les Normands, dominait la cité et l'horizon houleux dont les premiers rayons du soleil dissipaient les pans de brume.

Bernold huma avec sensualité l'air salin dont les senteurs d'iode et de varech lui rappelaient son pays natal.

Après avoir aimé Adelise, il se sentait toujours incroyablement allègre, dispos.

Mouettes, goélands, hirondelles de mer, planaient, pêchaient en se laissant tomber comme des pierres jusque dans le creux des vagues, rasaient les voiles repliées des navires, se posaient en brochettes sur les mâts, flottaient entre les coques peintes, ou se disputaient les détritus informes jetés par les marins par-dessus bord.

Leurs cris gutturaux emplissaient l'air.

C'était à la construction d'une église dédiée à la Vierge Marie que Bernold et son équipe travaillaient.

Enclos de palissades, interdit aux profanes, le chantier débordait d'activité quand le maître verrier y pénétra.

Pendant qu'un appareilleur traçait les lignes de coupe sur des pierres, des plâtriers, dans un coin, gâchaient pour les maçons plâtre et mortier. Des carriers, des sculpteurs, des imagiers coupaient, martelaient, façonnaient tympans, chapiteaux et statues. Des charpentiers sciaient des planches, des manœuvres transportaient sur des brouettes, des charrettes ou sur leurs épaules, des seaux, des blocs de pierre, des troncs d'arbres.

L'architecte qui dirigeait le chantier n'était pas encore arrivé ; Bernold salua le parlier [1] qui contrôlait et administrait les travaux exécutés, puis gagna sa loge.

Chaque corps de métier disposait d'une petite bâtisse élevée sur le chantier pour ses besoins propres.

Construite en bois, comme toutes les autres, la loge du verrier ne pouvait pas contenir les fours qui se trouvaient un peu plus loin, sous un abri en pierre. Elle était encombrée du fouillis habituel d'esquisses, de caisses remplies de morceaux de verre rangés par coloris, de craies répandues un peu partout, de fioles contenant des sels de fer ou de plomb, de la poussière de zinc, des oxydes de cuivre et de fer pulvérulents, du vinaigre, du fiel de bœuf, de l'urine, ainsi qu'une grande quantité de baguettes de plomb.

Une longue table de planches supportait comme au Grand Feu des agrandissements de maquettes exécutés à la craie délayée, des pinceaux en poils de martre, d'écureuil, de chat ou bien de crinière d'âne, et des pinces plates, les grugeoirs.

L'apprenti, un jeune Normand du nom de Théophile, était occupé à étendre, à l'aide d'une brosse fine, de la peinture grise au revers d'un morceau de verre, quand son maître entra.

— Dieu vous garde, sire Bernold ! J'attendais votre arrivée avec impatience, s'écria le garçon. Vous ne m'avez pas dit hier au soir quelle nuance de grisaille je dois poser ici. La plus foncée, l'intermédiaire, ou la plus claire ?

Il avait une quinzaine d'années, une face ronde, au nez retroussé, une tignasse couleur de chanvre. De petits yeux vairons le singularisaient.

Bernold se pencha sur la vitre où il avait scellé avec de la cire et en bonne position les principaux fragments du vitrail qu'il était en train de composer.

— Celle-ci est trop sombre, décida-t-il aussitôt. Il faut trouver une teinte plus douce, plus perlée... Tâche de te souvenir des nuages qui couvraient le ciel, la semaine passée au-dessus de la Manche...

Brusquement, il revit les yeux d'Isambour, leur précieux gris argent, leur éclat quand elle était heureuse... Son cœur se serra.

« Que n'ai-je pu conserver l'épouse que j'avais, tout en caressant

---

1. *Parlier* : contremaître.

une autre femme ! songea-t-il pour la millième fois. Pourquoi devoir choisir ? »

Peu après, la porte de la loge s'ouvrit. Un homme d'une cinquantaine d'années, grand et gros, pénétra à son tour dans le local. Dans son visage sanguin, ses yeux à fleur de tête ressemblaient à ceux d'un veau.

Entre ce maître d'œuvre saxon et le Normand, la sympathie n'existait guère. Bernold se méfiait de lui plus qu'il ne l'estimait.

— Pourquoi diable ne parvenez-vous pas à trouver le fameux bleu qu'emploient les ouvriers de France ? demanda le nouveau venu après avoir brièvement salué son interlocuteur. On me rebat les oreilles d'une découverte qui promet, paraît-il, de faire merveille. Seriez-vous moins capable qu'eux ?

— Le bruit court qu'ils broient des saphirs afin d'obtenir cette couleur céleste, répondit Bernold. Ils doivent être plus riches que nous pour pouvoir se permettre une telle dépense. Si j'en juge d'après la parcimonie qui règne ici, jamais vous ne serez à même de financer d'aussi coûteuses trouvailles.

— Ce bruit est sans doute faux, dit le gros homme en haussant les épaules. A-t-on jamais vu utiliser des pierres fines pour colorer du verre ? Il est bien plus vraisemblable qu'ils ont découvert un nouveau procédé secret, dont ils défendent jalousement les composantes, en faisant courir des rumeurs flatteuses pour eux. Ils comptent sur ces légendes pour donner à leurs œuvres une renommée immense qui se répandra à travers toute la Chrétienté !

— Elle leur reviendra de droit s'il est vrai qu'ils sont arrivés à imiter le ciel du plus bel été !

— Par le ventre de la Vierge ! J'entends que mes vitraux soient aussi beaux que les leurs ! Il s'agit tout simplement de se procurer la formule d'une fabrication entourée de mystère, mais sûrement plus simple qu'on le dit !

— Si on pouvait les convaincre de nous la communiquer...

— Vous rêvez, mon compère, vous rêvez ! Par saint Georges, je préférerais avoir affaire à des hommes habiles et malins plutôt qu'à des rêveurs !

— J'ai connu en France un vénérable maître verrier d'un grand savoir et d'une profonde sagesse, qui n'ignorait sans doute pas, lui, quels ingrédients il fallait employer pour obtenir ce fameux bleu, dit Bernold. Il y a fait deux ou trois fois allusion devant moi, mais n'a jamais répondu à mes questions quand je cherchais à en savoir davantage...

Une fois l'architecte parti, le verrier se remit au travail. Mécontent de lui et des autres, il en voulait furieusement à son visiteur de ses paroles méprisantes...

Le soir s'annonçait lorsque Adelise, qui l'attendait depuis un moment, vit son amant sortir du chantier.

Les épouses des autres compagnons pénétraient librement sur le lieu de travail de leurs maris, alors que les concubines n'y étaient pas admises. Certaines règles de conduite étaient en effet appliquées dans les confréries de bâtisseurs. Nul ne pouvait se permettre de les enfreindre.

Sous la responsabilité du maître d'œuvre, chaque membre de la confrérie était tenu d'observer une tenue décente, de suivre régulièrement les offices religieux, de donner une somme calculée d'après ses revenus pour la caisse de secours servant à aider les malades, les veuves, les orphelins ; et de ne pas jouer aux jeux de hasard.

— Si nous allions nous promener un peu sur la falaise avant le souper ? proposa Adelise. Il devrait y avoir ce soir un magnifique coucher de soleil. C'est en septembre qu'ils sont les plus beaux !

— Va pour la promenade, ma belle amie, répondit Bernold, incapable de refuser un plaisir à sa compagne. Par saint Georges ! comme on dit dans ce pays, j'ai besoin de me changer les idées !

Une fois parvenus sur la hauteur située à l'est du port, là où le roi saxon Harold s'était décidé le premier à faire élever une citadelle, le couple reprit haleine.

L'air était doux, le ciel clair encore. A l'ouest, le soleil se drapait de pourpre. La mer glauque s'en trouvait parée au loin de reflets somptueux.

La courtine [1] de la forteresse ne parvenait pas jusqu'au bord de la falaise. Entre les deux, un espace couvert d'une herbe maigre et rase demeurait libre.

Un bras passé autour des épaules d'Adelise, Bernold parvint avec elle à l'extrémité du terrain.

— Je n'ai jamais mieux senti qu'en cet endroit combien je suis issu d'une race de voyageurs et de marins, dit-il en respirant à pleins poumons. La vue de la mer m'exalte, me donne des envies d'aventure...

L'adolescente fit la moue.

— Quoique Normande, moi aussi, je puis vous assurer, mon ami, que je ne partage en rien votre point de vue, avoua-t-elle. Les grands voyages ne me tentent pas.

— Ne seriez-vous point heureuse de partir vers d'autres contrées, inconnues de nous, qui nous permettraient de découvrir des gens, des sites nouveaux ?

— Nullement...

Elle appuya son front sur l'épaule de son amant.

---

1. *Courtine* : mur de fortification situé entre deux bastions.

— Tout au contraire, reprit-elle d'une voix enjôleuse, je souhaiterais regagner la France. J'en ai assez de ce pays où je m'ennuie !

Bernold secoua la tête.

— Vous savez bien que c'est impossible, belle douce amie. Làbas, nous serions pris et jugés comme fornicateurs et adultères. Le châtiment serait à la mesure de nos fautes !

— Il suffirait de nous rendre dans une région où personne ne nous connaît !

— Vous vous y trouveriez, alors, aussi isolée qu'ici.

— Du moins, autour de moi, on parlerait une langue compréhensible ! Et puis, je n'aime pas ces Saxons !

Elle frotta son front contre l'étoffe brune du bliaud que Bernold portait pour travailler.

— Si nous partions pour Paris, reprit-elle, ne serait-ce pas une bonne idée ? Tout le monde assure que c'est une belle ville et fort joyeuse.

— Par tous les saints, qu'y ferions-nous ?

Elle se mit à rire.

— Des vitraux et l'amour, mon ami ! N'est-ce pas vos deux occupations favorites ?

Le verrier l'enlaça plus étroitement.

— Mon plus cher désir est de vous contenter, reprit-il. J'essaye de vous le prouver chaque fois que je le peux, mais Dieu me damne si je consens jamais à retourner vers le royaume de France ! Au coin de la première rue venue, il suffirait de tomber sur un de nos Blésois pour être aussitôt dénoncés et châtiés ! Avez-vous donc envie d'être mise durant sept ans au ban de la société ?

— Le Seigneur m'en préserve ! Mais à Paris nul ne nous remarquera si nous savons rester prudents...

Sachant d'expérience combien Adelise pouvait se montrer tenace, entêtée, obstinée, n'ignorant pas, par ailleurs, la faiblesse dont il était capable à l'égard d'une fille qui lui enflammait aussi facilement le sang, Bernold préféra parler d'autre chose.

— Regardez, ma belle, reprit-il en manière de diversion, regardez les navires qui regagnent le port avant la nuit. Leurs voiles ressemblent à des ailes géantes que teinterait le feu du ciel !

Elle ne répondit pas.

— Ne boudez pas, amie, je vous en supplie...

— Je ne boude pas. Je suis triste.

Bernold accusa le coup, soupira, promena des yeux anxieux sur le paysage environnant.

Au sud de la plate-forme où se dressait le puissant donjon bâti par les Normands, mais plus près du rivage, s'élevait au-dessus des flots une tour octogonale construite pour servir de phare aux temps lointains de l'occupation romaine. Une église avait été édifiée contre elle.

— Si nous demeurons encore un peu ici, nous n'allons pas tarder à voir des flammes sortir de la tour, assura le verrier d'un ton engageant. Depuis plus de mille ans, on continue à y allumer, durant la nuit, des feux qui signalent aux bateaux l'entrée du port. C'est un très curieux spectacle.

— Rentrons plutôt, répliqua Adelise qui ne désarmait pas.

... Dans les jours qui suivirent, elle eut l'habileté de ne pas revenir sur un sujet qui déplaisait à son amant. Toute son attitude témoignait cependant de sa lassitude et de son insatisfaction.

Dans le courant des ides de septembre, au moment des grandes marées d'équinoxe qui fracassaient avec furie tout ce qui se trouvait sur leur passage, la jeune femme s'aperçut qu'elle était de nouveau enceinte. Cette découverte ne la surprit pas. Depuis des mois, elle la redoutait et ne se faisait pas d'illusion sur la durée du répit qui lui avait été accordé. Seulement, puisqu'il fallait en passer par cette épreuve, elle décida de l'utiliser afin d'amener le maître verrier à faire enfin ce qu'elle voulait.

Pour lui annoncer la nouvelle, elle attendit donc un moment où il ne pourrait rien lui refuser.

Un soir, après le souper, comme ils se mettaient au lit, alors qu'elle lui voyait les yeux luisants de désir, elle fit semblant de se pâmer.

L'inquiétude que manifesta aussitôt Bernold l'incita à prolonger assez longtemps sa défaillance.

Quand elle jugea son réveil opportun, elle profita de la sollicitude qui lui était témoignée pour aborder la question qui lui avait inspiré ce stratagème.

— Eh oui ! mon cher seigneur, me voici de nouveau grosse de vos œuvres, murmura-t-elle avec une confusion qui ravit le verrier. Nous aurons l'an prochain un enfant à nous... si, toutefois, notre espoir n'est pas déçu une seconde fois !

Elle fit la moue et se blottit contre la poitrine nue de l'homme qui la considérait avec une émotion attendrie.

— Vous savez comme nous sommes, nous autres femmes, reprit-elle d'un ton câlin, nos grossesses nous donnent des envies qu'il est mauvais de contrarier sous peine de voir, plus tard, nos petits en pâtir...

— Je suis si heureux de ce que vous venez de m'apprendre là, ma bien-aimée, que je ferai l'impossible pour vous complaire, assura Bernold. Vous n'avez qu'à me dire ce que vous voulez.

Adelise secoua la tête.

— Vous m'avez déjà refusé ce à quoi j'aspirais plus que tout au monde...

— Par mon saint patron ! Comment ai-je pu rejeter une de vos demandes et ne point m'en souvenir ?

Elle hésita, posa ses lèvres au creux de l'épaule de son amant, avant de murmurer d'une voix plaintive :

— Vous m'avez défendu de vous reparler de notre retour en France...

Bernold serra les mâchoires.

— Vous voyez, continua-t-elle avec une expression chagrine. Vous voyez bien que vous vous opposez toujours à mon souhait le plus cher !

— Je vous ai déjà expliqué les raisons qui nous empêchent de remettre les pieds sur le sol d'un pays où on nous considère comme parjures, fornicateurs et adultères ! s'écria le verrier irrité. Mais vous ne voulez rien comprendre ! Croyez-vous donc que je ne partage pas votre envie ? Que je n'aimerais pas, moi aussi, retrouver ma vallée et mes ateliers ?

— Il ne s'agit pas du Blésois, protesta vivement l'adolescente. Je sais tout aussi bien que vous que nous ne pourrons jamais y retourner. En revanche je ne vois vraiment pas ce qui nous empêche d'aller nous installer à Paris !

La discussion s'envenima. Pour la première fois de leur liaison, Bernold, à bout de patience, gifla son amie.

Mortifiée, suffoquant de dépit, Adelise, se refusant farouchement à toute réconciliation, se tourna vers le mur.

Elle ne se tint pas cependant pour vaincue. Dès le lendemain, elle multiplia insinuations et sous-entendus.

Ce fut donc un homme déjà ébranlé que vint trouver, un brumeux matin d'automne, un ancien compagnon normand qui arrivait de France.

A l'aide d'un fer à diviser chauffé au rouge, Bernold achevait de découper des morceaux de verre suivant des patrons en carton placés dessous, dont il avait, auparavant, reproduit par transparence les formes à la craie.

Son apprenti étant sorti faire une course, il se trouvait seul quand la porte s'ouvrit.

— Que Dieu vous ait en Sa sainte garde ! dit le nouveau venu en entrant. C'est déjà un effet de Sa bonté, me semble-t-il, que de vous avoir trouvé sans trop de mal dans une cité si peuplée ! Par chance, vous êtes déjà bien connu à Douvres.

Du temps de leur jeunesse, ils avaient travaillé tous deux dans l'atelier du vieux maître de la forêt de Silva Longa. En dépit des années écoulées, Bernold reconnut aisément son condisciple de jadis. Il était toujours aussi maigre et noir que du temps de leur compagnonnage.

— Benoît Chaucebure ! s'écria-t-il. Par tous les saints, que devenez-vous ? Je suis heureux de vous revoir !

— Hélas, dit l'autre, la raison qui m'a poussé à venir vous chercher au-delà des mers n'est pas des plus gaies ! Quand vous la connaîtrez, vous vous réjouirez moins de nos retrouvailles !

Dans l'odeur du plomb fondu et de la peinture, le voyageur expliqua que leur vénéré maître se mourait.

Son âge avait eu raison de sa forte constitution. Alité vers la fin de l'été, il ne se relèverait plus, le savait, l'acceptait.

Ses forces déclinaient. Aucune maladie n'étant venue à bout de sa robustesse, il ne lui restait plus qu'à mourir de vieillesse.

— Seulement, il ne veut pas s'en aller vers la Lumière de Dieu sans avoir confié à qui de droit certain secret de fabrication qu'il tient lui-même de son propre père...

— M'aurait-il choisi ? Serait-ce possible ? demanda Bernold bouleversé.

— Il affirme que vous avez été le meilleur de ses élèves, que vous demeurez son disciple préféré, qu'en dépit des erreurs que vous avez pu commettre par ailleurs, vous vous êtes imposé comme le plus grand des verriers de sa connaissance.

— Vous a-t-il donc chargé de me transmettre un document ?

— Non point. Vous savez qu'il ne fait confiance à personne dès qu'il s'agit de son art.

— Alors ?

— Alors, il vous réclame et vous demande instamment de ne pas tarder à venir recueillir de sa bouche ce qu'il tient à vous dire avant d'expirer.

Bernold posa sur la table de planches le fer à diviser qui se refroidissait.

— Dans la situation où je me trouve, il m'est fort difficile de me rendre là-bas, murmura-t-il en essuyant d'un geste du poignet la sueur qui coulait de son front. Je risquerais gros si on me savait de retour !

— Le maître y a songé, assura Benoît Chaucebure, dont la face, marquée de rides qu'on aurait crues dessinées au fusain, traduisait la gêne. Il est persuadé que si vous arrivez chez lui par des chemins forestiers et ne demeurez que peu de temps à son chevet, vous ne courrez aucun risque.

— Vous-même, qu'en pensez-vous ?

— Que les bois sont discrets... que le désir d'un maître mourant est sacré !

La porte s'ouvrit à nouveau. Théophile entra en sifflant. Il s'interrompit brusquement en découvrant le visiteur.

— Allons, conclut Bernold pour clore la conversation, allons, venez donc ce soir souper à la maison, Benoît, nous y parlerons de nos projets.

En lançant cette invitation, il savait déjà que le sort en était jeté : il regagnerait un pays où l'attendaient mille dangers... L'appel de son vieux maître venant s'ajouter aux supplications de son amie lui retirait toute chance de s'en tenir à un refus que seule la plus élémentaire prudence lui conseillait !

La joie que manifesta Adelise, quand elle sut à quoi s'en tenir, adoucit un peu l'amertume du verrier et lui donna le courage de dissimuler à la jeune femme son appréhension.

Mais ce fut à un homme au cœur enténébré qu'elle se donna cette nuit-là. L'emportement avec lequel il la posséda tenait autant de l'immolation consentie que de la fougue amoureuse.

Afin de se conformer aux deux volontés qui le poussaient à agir contre son gré, Bernold accepta de se rendre à Paris, une fois menée à bien son entrevue avec son ancien maître.

Le couple régla ensuite ses affaires à Douvres. Il ne reviendrait plus en Angleterre.

Loué dix-huit mois plus tôt à la poissonnière, le logement du port lui fut rendu. Un remplaçant s'installa dans la loge du chantier de construction.

Théophile versa quelques larmes et jura qu'il n'oublierait jamais l'enseignement reçu ni celui qui le lui avait fourni.

Les adieux de la future mère et de son amie Emma se déroulèrent plus fraîchement. Cette amitié de rencontre n'était pas destinée à durer. La joie manifestée par Adelise au moment du départ refroidit beaucoup les témoignages de regret que sa compagne de promenade s'était promis de lui prodiguer.

Le surlendemain de l'arrivée de Benoît Chaucebure, les trois voyageurs s'embarquèrent pour la France sur une nef à la voile qui avait accepté de les prendre à son bord.

La traversée fut mauvaise. Les marées d'automne secouèrent impitoyablement la coque de l'embarcation. Adelise ne cessa pas d'être malade tout au long de la traversée.

Entre deux haut-le-cœur, elle s'emportait contre un pays qu'on ne pouvait atteindre ou quitter que par voie d'eau, jurait qu'elle n'y remettrait jamais les pieds.

Le ciel se montra aussi maussade que la mer, et la pluie accueillit les arrivants sur la terre de France.

Heureusement pour eux, Benoît Chaucebure avait organisé leur retour. Ils trouvèrent des chevaux qui les attendaient au couvent où, sans leur poser de question, des bénédictins les hébergèrent pour une nuit, dans la maison des hôtes.

Il leur fallut douze jours pour atteindre leur but.

Ils mangeaient rapidement au pied d'un arbre, au bord d'une rivière, dans les réfectoires où ils dormaient aussi.

Octobre se montra, cette année-là, plus clément que septembre. Il cessa de pleuvoir au bout de deux journées. Dès lors le soleil succéda chaque matin aux brumes de l'aube.

Après avoir longé la côte un certain temps, les voyageurs empruntèrent les routes normandes, franchirent sur un pont de bois la Seine à Rouen, puis traversèrent forêts, marais, et prés verts du pays d'Ouche.

Pour éviter certains péages trop onéreux, mais aussi pour fuir les grandes voies, si fréquentées qu'il était toujours possible d'y rencontrer, en déplacement, quelque carrier, maçon, charpentier ou verrier de connaissance, le trio emprunta de préférence chemins creux et sentiers forestiers. Le risque de s'y trouver affronté à des malfaiteurs parut à Bernold moins redoutable que celui de tomber sur des amis...

Si Adelise, ravie de se voir exaucée, prenait du bon côté les incidents du voyage, il n'en était pas de même pour le maître verrier. L'angoisse grandissait en lui à mesure que diminuait la distance qui le séparait du but de son voyage.

Son humeur s'en ressentait. Sombre et nerveux, il réprimandait son amie, comme une enfant dissipée, pour la moindre peccadille... Elle protestait, il insistait, ils se chamaillaient sans fin.

Bernold surprit plusieurs fois, posé sur lui, le regard étonné de Benoît Chaucebure. Ce n'était sans doute pas ainsi que le messager du vieux maître s'était imaginé les rapports de ceux qui avaient choisi de vivre leur amour loin des contraintes familiales.

« Tant de gâchis, pour aboutir à des disputes de vieux ménage, semblaient dire aux amants les yeux réprobateurs et narquois de leur compagnon de route. Dieu me pardonne, ce n'était vraiment pas la peine de tout saccager pour en arriver là ! »

Le verrier devinait les sentiments qu'éprouvait Benoît.

Son irritation s'en trouvait accrue.

Après Chartres, ils coupèrent à travers la plaine de Beauce.

C'était le temps des vendanges et des labours d'automne.

En voyant les vignes envahies par les vignerons, leurs femmes, leurs enfants, Bernold se souvenait du temps où ses parents et lui, aidés de leurs serfs, vendangeaient. Il se revoyait, tranchant à petits coups de serpette les grappes poissées de jus sucré ou recouvertes d'une buée bleutée, et s'en gorgeant, quand on ne le regardait pas, avant de les laisser tomber dans les seaux de bois posés entre les ceps. L'odeur miellée du raisin mûr, celle des filles échauffées qui retroussaient leurs chemises de toile le plus possible, les âcres effluves de la sueur des hommes chargés de lourdes hottes attachées sur leur dos, lui remontaient aux narines.

Comme dans son enfance, des chariots attelés de bœufs patients attendaient à l'extrémité des rangs que soient remplies les futailles qu'ils contenaient.

C'était, ailleurs, des paysans penchés sur le manche poli de leur charrue à roues et à versoir, tellement plus utiles que les araires du passé, qui lui rappelaient le pas lent, appuyé, des laboureurs normands suivant la marche puissante de leurs bœufs attelés l'un et l'autre par un joug frontal.

Dans son souvenir, ces travaux des champs comportaient une part de sensualité qui venait sans doute des senteurs vigoureuses dégagées par les feuilles de vigne froissées ou de celles de la terre grasse que le soc de la charrue ouvrait comme un ventre...

L'effort fourni par les corps dénudés et suants que le soleil avait hâlés jusqu'à les noircir évoquait vaguement pour l'enfant, élevé dans les chambres communes des donjons de bois, d'autres efforts, nocturnes ceux-là, accomplis non loin de lui dans les lits où garçons et filles se rejoignaient subrepticement pour se livrer à d'ardentes besognes...

A Bonneval, les trois cavaliers rencontrèrent le cours du Loir.

La couleur de bronze de la rivière, les aulnes et les saules penchés qui ombrageaient ses bords, le glissement ondoyant de son eau sur les algues molles qui en peuplaient le fond, réveillèrent chez le mari d'Isambour d'amères réminiscences. Tout ce paysage portait pour lui le sceau indéfinissable de ce qui demeurait à jamais lié à dix-huit ans de sa vie...

Il ne restait plus aux voyageurs qu'à suivre le courant pour gagner la forêt de Silva Longa.

Quand ils se retrouvèrent sous les frondaisons des grands chênes, des hêtres aux fûts lisses comme des colonnes de marbre verdi, ils éprouvèrent tous une sensation de soulagement. La plaine cependant ne leur avait pas été néfaste. Mais, à l'abri des dômes feuillus, loin des regards curieux des paysans, ils ressentirent d'instinct le sentiment de protection que procure la sylve à ses familiers.

L'angoisse de Bernold s'atténua. Il aimait les bois. Durant son adolescence chasseresse, le galop de son cheval l'avait entraîné au plus profond des halliers normands. A une époque plus récente, son métier de verrier l'avait obligé à se loger à la lisière d'une forêt où il trouvait les bûches de bouleau et de hêtre dont il avait besoin. Lavées, séchées à la fumée, puis calcinées, elles devenaient cendres avant qu'il ne les mêlât au sable de la rivière pour fabriquer le verre de ses vitraux.

Comme ses ancêtres, il conservait au fond de lui l'amour des arbres dont le bois, l'écorce, les fruits, les feuillages leur avaient donné au cours des âges charpentes, murs, palissades, charrettes, roues, tonneaux, et aussi chauffage, cuisson des aliments, éclairage, nourriture, plantes salvatrices ainsi que beaucoup d'autres présents.

La mousse, la fougère procuraient des couches moelleuses et parfumées. Les alises, les prunelles et les airelles sauvages, les champignons, les noisettes et les châtaignes, complétaient leurs repas, quand ils ne les composaient pas.

Avec ses réserves innombrables de gibier, avec l'ombrage et la pâture, la litière et le fourrage qu'elle offrait aux animaux domestiques de tous poils, la forêt demeurait, pour Bernold, comme pour chacun de ceux qui vivaient hors des villes, la mère nourricière par excellence.

Mais c'était une mère mystérieuse. Un univers de sortilèges et de légendes où des présences invisibles frôlaient les simples mortels de leurs approches bénéfiques ou maléfiques... Sous les hautes branches de ses arbres, flottait un air plus odorant, plus balsamique, mais aussi plus étrange, qu'à découvert. Tout le monde y était sensible. En passant devant un amoncellement de rochers moussus aux formes de géants terrassés, Adelise se signa.

Pour la villageoise qu'elle était, ces immenses étendues boisées, majestueuses et fraîches, mais également enchevêtrées ou obscures, représentaient l'abri, le cheminement protégé, aussi bien que le domaine de puissances surnaturelles, souvent inquiétantes, quand ce n'était pas le repaire de rôdeurs, détrousseurs et vagabonds de toutes sortes.

Heureusement, beaucoup de gens moins redoutables y circulaient et y vivaient.

A la lisière de la forêt de Silva Longa, les cavaliers croisèrent des pâtres en train de surveiller leurs troupeaux, des enfants cueillant le houblon sauvage pour en manger les tendres grelots verts ou les mettre à fermenter afin d'obtenir de la cervoise, des paysannes qui ramassaient les faines tombées qu'elles écraseraient pour en tirer de l'huile.

Plus loin, ce furent des bûcherons, maniant la hache avec application, des charbonniers, dont la réputation n'était pas trop bonne à cause de la mine noire que le charbon de bois leur donnait ; des arracheurs d'écorce qui en broyaient les lambeaux prélevés sur les troncs pour en extraire le tan utilisé dans le tannage des peaux ; des chasseurs d'ours et de loups ; des sabotiers en quête de bois dur ; des bigres, éleveurs d'essaims d'abeilles capturés à l'état sauvage, puis entretenus par leurs soins, dans le but d'en revendre la cire et le miel...

— S'il n'y a pas ici autant de monde que sur les routes, on est cependant loin d'y être seul ! remarqua Bernold. Prenons garde. Les rencontres fâcheuses y sont également à redouter.

— On n'a pas affaire aux mêmes gens, dit Benoît Chaucebure.

Les habitués des sous-bois sont moins bavards que les vignerons ou que les laboureurs. Le silence des futaies doit être contagieux !

— Fasse Dieu que nous ne croisions pas de sergents forestiers ! reprit le maître verrier. Ils fouinent partout, interrogent, suspectent et forcent souvent les boisilleurs ou les essarteurs à leur raconter ce qu'ils ont pu apercevoir.

Tout en parlant, Bernold songeait qu'Isambour n'avait sûrement pas porté plainte, mais que le vavasseur et les parents d'Adelise ne devaient pas y avoir manqué...

La fin du voyage se termina pourtant sans incidents. Seuls des cerfs suivis de leur harde, des daims bondissant, plusieurs laies guidant leurs marcassins, des envols de faisans, de perdreaux ou de coqs de bruyère, ainsi que les courses échevelées des lièvres, ponctuèrent le passage des chevaux.

Le vieux maître habitait avec les deux ou trois fidèles qui lui restaient dans les locaux en mauvais état de sa verrerie.

Situés au cœur de la forêt, au bord d'un étang d'où naissait un ru, les ateliers et les maisons avaient été construits sans ordre, selon les besoins. Comme il s'était trouvé, autrefois, un grand nombre de compagnons pour recevoir l'enseignement du maître, plusieurs logements inoccupés maintenant se détérioraient peu à peu, envahis par les mauvaises herbes, les ronces et les orties. Des toitures s'effondraient, des murs tombaient en ruine.

Dans l'unique pièce dont il se contentait désormais, celui que tant de verriers avaient révéré et écouté avec le plus profond respect gisait sur une paillasse. Des draps, qui n'avaient pas été lavés depuis longtemps, et une couverture râpée recouvraient son corps usé par les ans.

— Vous voici enfin, Bernold ! dit le vieillard en reconnaissant son visiteur. Dieu soit béni ! J'avais peur de vous manquer. Il ne me reste sans doute plus beaucoup de temps à vous consacrer, mais j'ai encore toute ma tête et ce que j'ai à vous confier m'est parfaitement présent à l'esprit.

Accoté à plusieurs oreillers aussi douteux que le reste de sa couche, le vénérable verrier avait un visage d'ascète que l'âge avait raviné sans en altérer l'ordonnance. De longs cheveux blancs recouverts d'un bonnet de toile ainsi qu'une barbe opulente lui donnaient l'aspect d'un patriarche de l'Ancien Testament. Ses prunelles décolorées voyaient encore assez bien. Les mains aux veines saillantes, qui reposaient sur le revers taché du drap, restaient puissantes.

Comme il avait consacré toute son existence à la recherche de la perfection de son art, il n'avait pas eu le temps de prendre femme. Aussi vivait-il en vieux célibataire insoucieux de propreté et d'ordre domestique.

Sachant combien l'impatience du malade devait être vive, combien il devait brûler du désir de révéler ses secrets à Bernold, Benoît Chaucebure entraîna Adelise hors de la pièce où les deux hommes demeurèrent seuls.

Le compagnon de route de la jeune femme lui présenta un vieux souffleur de verre désœuvré qui s'ennuyait, et le dernier disciple du maître. Plus très jeune lui non plus, celui-ci répondait au nom de Pierre Marchegai, sans doute parce qu'il riait à tout propos et paraissait posséder, en dépit de tout, un fort joyeux caractère.

Il offrit à la voyageuse une galette, du fromage de chèvre, un gobelet de lait et des noix fraîches.

— Comme nos ateliers sont fermés et que je n'ai plus de verre à sertir, je me suis transformé en maître queux ! expliqua-t-il d'un air jovial. Fours pour four, j'ai troqué ceux des vitraux contre celui du pain !

— Vous n'envisagez décidément que le bon côté des choses, ami, soupira Benoît. C'est une grande grâce que d'être né comme vous, avec la bonne humeur au cœur. Pour ma part, j'aurais plutôt tendance à me ronger les sangs...

Assis sur un banc de planches, les pieds dans l'herbe, sur l'étroite bande de terre séparant la maison de l'étang, Adelise et les trois hommes devisaient tout en regardant le soleil baisser derrière les branches. Des grenouilles coassaient, des sauvagines glissaient vivement entre les roseaux et les joncs. Au loin, des ramiers s'appelaient...

« Les eaux dormantes et les arbres centenaires de nos forêts possèdent seuls le pouvoir d'apporter tant de paix, pensa la jeune femme. La mer me fatiguait par son incessant mouvement, sa rumeur... A présent, je retrouve le calme dont j'ai besoin. Un court séjour loin des villes nous sera profitable à tous deux. Il me reste à m'arranger pour que Bernold accepte de demeurer quelques jours ici. »

Pour la première fois depuis longtemps, elle se sentait tranquille, les nerfs en repos.

Les secrets que le mourant avait confiés à son disciple préféré devaient être d'importance, car le verrier sortit de la chambre du vieillard avec une mine concentrée, mais aussi triomphante, qui en disait long sur sa jubilation. De petites lueurs joyeuses dansaient dans ses prunelles.

— Par mon âme ! J'aurai, à partir de ce jour, de quoi prouver aux maîtres d'œuvre étrangers que je suis devenu le contraire d'un novice ! s'écria-t-il en s'approchant de son amie et de ses compagnons. Je ne regrette plus d'avoir rejoint une contrée où m'attendait une telle révélation !

— Que je suis donc heureuse de vous voir si bien disposé, mon

ami ! s'exclama Adelise en lui prenant une main pour le forcer à
s'asseoir près d'elle. On est à son aise ici. Sans avoir les mêmes
raisons que vous de me féliciter de notre séjour, je le goûte néanmoins à ma façon !

Elle désigna d'un geste la pièce d'eau dont la surface lisse
semblait celle d'un miroir d'étain poli où se seraient reflétés le
soleil, la prairie qui l'encerclait, les beaux arbres éployés qui lui
composaient une couronne frissonnante.

— C'est un endroit comme je les aime...

Bernold passa un bras autour de la taille encore mince.

— J'y ai beaucoup travaillé, jadis, dit-il en souriant, mais ne
suis pourtant jamais demeuré indifférent au charme qu'il dégage.
Je suis content de voir que vous vous y plaisez comme moi. C'est
un lieu paisible.

— Dès que j'ai vu l'étang, je me suis sentie rafraîchie, pacifiée,
reprit la jeune femme. Aussi ai-je eu une idée. Votre maître souhaite
certainement vous conserver près de lui jusqu'à ce qu'il s'en aille.
Vous ne pouvez pas vous dérober au dernier désir d'un mourant.
Demeurons ici et tenons-lui compagnie aussi longtemps que Dieu
en décidera.

— Dieu l'a-t-Il donc décidé ? demanda Bernold d'un air amusé.
Ne serait-ce pas plutôt vous ?

— Ce que femme veut... souffla Pierre Marchegai.

Surprise, mais satisfaite de constater que son ami en passait si
volontiers par où elle l'en priait, Adelise décréta que la chose était
arrêtée, qu'il n'y avait plus à y revenir.

Une semaine de rémission, étrangement suspendue entre la vie
et la mort, entre le passé et ce qui devait arriver, s'écoula ensuite
pour les amants.

L'automne commençait à dorer ou à roussir les arbres. Les nuits
se faisaient fraîches, brumeuses. Les matinées s'étiraient entre nuées
et soleil, mais les journées se paraient d'un éclat blond qui alanguis-
sait la clairière.

La santé du vieux maître déclinait lentement. Il s'affaiblissait un
peu plus chaque jour. Cependant, son enveloppe charnelle recélait
sans doute encore assez de ressources dernières pour retarder une
fin inéluctable. Son âme en repos attendait avec sérénité le prochain
face-à-face...

Si Bernold estimait de son devoir de tenir compagnie au mourant
autant que celui-ci le souhaitait, il le quittait pourtant dès que la
fatigue avait eu raison de la résistance précaire du vieillard, pour
aller se promener avec Adelise.

Sans jamais beaucoup s'éloigner, ils parcouraient ensemble les
combes, les éboulis, les clairières, les sentiers forestiers, s'initiaient

à la vie foisonnante de la forêt, participaient de tous leurs sens à la fête automnale qui s'y déroulait.

Récriminations et bouderies avaient pris fin entre eux. Un regain d'amour les tenait. La jeune femme elle-même se prêtait de bonne grâce aux désirs de son ami dont elle semblait partager mieux qu'auparavant les ardeurs. En cette clémente demi-saison, une sorte de lune de miel renouvelée leur était accordée... Grisés par les violentes senteurs d'humus et de fougères, il leur arrivait de s'aimer sur la mousse au hasard des alcôves rencontrées sous les ramures.

Ce vendredi-là, après s'être longuement abandonnés aux bras l'un de l'autre, ils demeuraient enlacés à l'abri du feuillage d'un hêtre déjà roux, quand un grand rire et des jurons paillards les arrachèrent à leur bien-être.

— Par ma barbe ! Les voilà ! cria quelqu'un. Regardez !

— Voici donc notre Normand fornicateur en train de forniquer ! s'écria une voix grasse, tandis que Daimbert, suivi de deux gardes forestiers, écartait les branches. On ne nous a pas menti ! reprit-il d'un air railleur. C'est bien pour courir la gueuse que ce voleur de filles a quitté femme et rejetons !

Sûr de lui, il se campa sur ses courtes jambes, une main sur le manche de sa dague. Dans l'autre, il tenait un gourdin en bois de houx. Ses hommes étaient armés comme lui.

— A force de vous chercher partout, il fallait bien finir par vous trouver ! constata le premier garde.

— J'en connais un qui va être content, à Morville ! ajouta l'autre.

— J'ai fait prévenir Gervais et les siens dès que j'ai été averti moi-même, dit Daimbert d'un air important.

Sa première stupeur dissipée, Bernold s'était relevé, puis avait aidé Adelise à en faire autant.

Il se plaça devant elle.

— Avez-vous reçu mission de m'arrêter ? demanda-t-il d'une voix sèche.

— Oui, par tous les diables ! De vous prendre et de vous ramener mort ou vif ! Pour inceste, rapt et adultère ! lança le second garde.

Daimbert lui fit signe de se taire et se rapprocha du verrier.

— Avant de vous livrer à la justice, chien de Normand, nous allons régler tous deux un vieux compte qui n'a que trop traîné ! jeta-t-il d'un air menaçant. Votre damné ami m'a volé jadis ma fiancée ! Vous l'avez soutenu dans son forfait ! Si on ne vous en avait pas empêché, vous m'auriez même volontiers occis, si j'ai bonne mémoire... Il va falloir payer tout ensemble, le passif et l'actif !

Son rire gouailleur éclata comme un hallali.

— Au nom du Christ ! Je vous en supplie, laissez-nous aller !

gémit Adelise en tombant à genoux sur la mousse. Ayez pitié de nous !

Une lueur salace traversa le regard du sergent fieffé.

— Je m'occuperai de vous plus tard, ma belle catin, ricana-t-il. Mais il me faut d'abord...

Bernold se rua sur lui, il ne put achever.

Avec une fureur et une haine mutuelles, les deux hommes s'empoignèrent.

Plus grand, plus souple, le verrier parvint à tordre le bras gauche de son adversaire, tout en immobilisant le droit. Le gourdin roula sur le sol.

Adelise, qui était toujours agenouillée, s'en empara aussitôt, le tendit à son ami. Celui-ci fit un bond en arrière, se saisit du bâton avant que les autres aient pu l'intercepter, et le brandit en le faisant tournoyer au-dessus de sa tête.

Voyant Daimbert dans l'impossibilité d'utiliser sa dague, les deux gardes attaquèrent alors le verrier avec leurs propres gourdins.

Les coups sourds des triques de houx résonnèrent sinistrement dans l'air léger, rayé de soleil et blondi par l'automne.

Bernold maniait son arme avec tant d'énergie qu'il brisa celle d'un de ses assaillants qui se trouva soudain, près de lui, un court morceau de bois entre les mains. Avant qu'il ait pu se rejeter en arrière, il fut atteint de plein fouet par un des furieux moulinets du Normand. Sa tête sonna comme un boisseau qui éclate. Il roula sur le sol, assommé.

— Sus ! Sus ! cria Daimbert. Chargeons-le comme un loup !

Le combat reprit entre les deux forestiers et l'amant d'Adelise.

Celle-ci s'était un peu reculée. Les mains jointes, les yeux élargis, elle suivait d'un air épouvanté une lutte qui ne pouvait plus être que mortelle.

Bernold continuait à se défendre avec emportement, mais le garde qui avait conservé son gourdin était un colosse, et le sergent, rendu enragé par sa première défaite, chargeait son ennemi ainsi qu'aurait pu le faire un sanglier furieux.

Chaque coup échangé était assené pour tuer. Tous trois le désiraient.

Pendant un temps, le sort demeura indécis.

Puis Daimbert, atteint à l'épaule par une terrible volée, s'écroula sur le sol en hurlant.

Sans s'en occuper, Bernold continua de se battre avec le garde.

Le cri de son amie ne l'alerta pas assez vite.

D'un geste précis de chasseur, le sergent, après avoir rampé jusqu'à lui, trancha d'un coup de dague le tendon d'Achille de l'homme qu'il haïssait.

Déséquilibré, le verrier s'écroula à son tour comme un arbre sous la cognée.

Avec une sourde exclamation, le colosse se jeta sur lui pour l'achever.

— Attends, attends ! ordonna Daimbert, triomphant, la lame de son arme appuyée à présent sur la gorge de celui qu'il venait d'abattre. Tranche-lui seulement le tendon de l'autre pied. Je vais le maintenir pendant que tu opéreras. Attache-lui aussi les mains derrière le dos avec sa ceinture. Je ne veux pas qu'il puisse se déplacer en prenant appui sur ses avant-bras, mais il ne faut pas non plus qu'il meure tout de suite. Nous l'expédierons après... Auparavant, il assistera au spectacle que nous allons lui offrir...

Adelise avait compris. D'un bond, elle se releva de sa position implorante pour s'élancer vers le sous-bois.

Le garde n'eut qu'à lui jeter son gourdin dans les jambes pour la faire tomber à terre. Il marcha vers elle...

— Moi le premier ! commanda Daimbert. Tu auras ton tour ensuite !

Perdant son sang, entravé par ses blessures et ses liens, cherchant vainement à se traîner vers le tas de feuilles sèches sur lequel le sergent renversait Adelise, Bernold grondait comme un animal qu'on va égorger.

Plaquée au sol par la poigne du garde, la jeune femme se débattit autant qu'elle le put pour échapper aux deux brutes qui la maintenaient. En vain.

Giflée, troussée, forcée, elle fut contrainte de subir, sous les yeux de son amant, la concupiscence de Daimbert. Ivre de lubricité et de haine, l'ancien fiancé d'Aveline se vengeait enfin de ses humiliations passées, tout en assouvissant son inlassable appétit de jouissance.

Des bruits de branches cassées et de course, des appels retentirent, tout proches.

Haletant, une épée nue à la main, Aliaume émergea d'entre les troncs de hêtres.

Décoiffé, le visage griffé par les branchages, les vêtements déchirés, il avait l'air d'un fou.

Devant la scène qui s'offrait à lui, il s'immobilisa un instant.

Daimbert se rajustait. Le garde s'étendait sur Adelise dont le bliaud déchiré, retroussé et souillé, laissait voir les cuisses blanches.

Avec un gémissement de désespoir, le jeune homme se précipita vers le sergent et lui assena un si violent coup d'épée sur la tête, que le crâne chauve éclata sous le choc.

Lentement, le corps trapu s'écroula auprès de sa victime.

D'un bond, le colosse se redressa et se rua vers la futaie où il se perdit bientôt.

Aliaume ne le poursuivit pas.

Comme statufié, il regardait agoniser à ses pieds l'homme qu'il venait de frapper avec une sauvagerie qu'il ne se connaissait pas. Le temps parut s'arrêter sous les feuillages immobiles qu'aucun souffle n'agitait.

Enfin, sans un coup d'œil vers la femme qui, rabattant sur ses jambes chemises et bliaud, se relevait en chancelant, Aliaume se dirigea vers son père.

— Je tenais à parvenir près de vous le premier, dit-il d'une voix tremblante. Aussi ai-je devancé mon oncle et sa troupe. Je voulais me venger, nous venger tous, du mal que vous nous avez fait... Je voulais vous châtier... Mais je ne vous aurais pas mutilé ! Nous nous serions battus en loyal combat, sous le regard de Dieu !

Il se pencha vers l'homme abattu qui le dévisageait sans paraître le reconnaître, d'un regard halluciné, et lui délia les mains.

Bernold se souleva sur un coude.

— Adelise ! râla-t-il. Adelise !

Aliaume se retourna. Une forme pâle disparaissait en courant dans le sous-bois.

— La laisserez-vous ! jeta rageusement le jeune homme. La laisserez-vous enfin !

— Mais il faut la retenir ! cria le verrier avec une sorte de sanglot sec qui lui déchira la poitrine. La retenir !

Il retomba en arrière et perdit connaissance.

Arrachant des pans de sa propre tunique, Aliaume se mit en devoir de bander les chevilles sanglantes de son père.

Il prit ensuite le corps inerte sous les aisselles et tenta de le soulever. Mais il ne put y parvenir tant Bernold était lourd.

Le jeune homme songea alors aux compagnons du vieux maître qui logeait avec lui non loin de là.

Par un bûcheron qui renseignait Daimbert sur ce qui se passait dans ce coin de forêt, les gens de Fréteval avaient été prévenus du retour du couple adultère. On avait également su où il s'était réfugié...

Il fallait aller demander secours à la verrerie de l'étang...

Après s'être assuré que, des trois corps à terre, seul celui de son père respirait encore, Aliaume s'éloigna en courant.

De vengeur, il était devenu meurtrier ! Ce n'était plus par vindicte personnelle qu'il avait tué, mais pour mettre fin à une situation intolérable, et par pitié pour celui qu'il croyait ne plus aimer...

Pleurant sur tout cet abominable gâchis, il se dirigea pourtant sans perdre de temps vers l'habitation du vieux maître. Il y trouva Benoît Chaucebure et Pierre Marchegai occupés à écaler des noix.

Mis au fait de la tragédie qui venait de se dérouler dans la forêt, ils déclarèrent disposer d'un brancard de branches entrelacées sur lequel ils sortaient parfois le mourant.

Portant cette civière de fortune, ils repartirent tous trois dans la plus grande hâte, et en se lamentant, vers l'endroit où gisait Bernold.

Ce fut Benoît qui remarqua un vol de corbeaux tournoyant en cercle au-dessus des arbres.

— Ces maudites bêtes sont des suppôts de Satan, dit-il sombrement. Elles se disputent les âmes de ceux qui défuntent en état de péché mortel !

— Regardez ! s'écria Aliaume. Ils se posent sur le sommet de ce chêne !

C'est alors qu'ils aperçurent, pendu par sa ceinture à une grosse branche de l'arbre, un corps de femme vêtu d'un bliaud couleur de mousse.

A demi dissimulé par le feuillage et par la chevelure dénouée dont les vagues argentées lui voilaient la face, le cadavre n'avait pas de visage.

Chaussés de fins souliers de cuir fauve, aux bouts pointus, ses pieds, petits et cambrés, se balançaient avec mollesse.

TROISIÈME PARTIE
EN MANIÈRE D'ÉPILOGUE

LA CHAPE DE GLACE

Janvier 1102-Mai 1103

1

Grécie tira derrière elle la porte de l'atelier qui claqua, et traversa en se hâtant vers la maison la cour balayée par un rude vent du nord.

Le froid durait depuis l'Avent. Ce mois de janvier se terminait sans que le gel cédât.

Enveloppée dans un manteau d'épais drap de laine fourré de peaux de taupes, la jeune fille en retenait les plis lourds contre elle d'une main crispée. De l'autre, elle serrait les brodequins de son père.

Elle grimpa en courant les degrés conduisant à la logette si accueillante à la belle saison, et qui précédait la salle. En cette journée d'hiver, personne ne se trouvait sous l'auvent de tuiles. Seule la bise glacée l'occupait en sifflant.

Dans la pièce où l'adolescente pénétra, la chaleur, qui rayonnait de la cheminée circulaire jusqu'à la tenture calfeutrant la porte, s'alourdissait d'une buée assez dense.

D'épaisses volutes s'élevaient d'un chaudron de cuivre accroché à la crémaillère, au-dessus du feu vif. Un liquide rutilant y bouillonnait.

Debout au milieu des vapeurs dégagées par la décoction des racines de garance, le dos courbé, Isambour teignait en rouge des braies neuves pour Aliaume et tournait avec application, à l'aide d'un long bâton, la teinture violemment colorée.

En entendant entrer sa fille, elle se retourna. Sur les traits creusés de tourments, lustrés de sueur, Grécie retrouva l'expression d'anxieuse interrogation qu'elle avait l'habitude d'y déchiffrer à chacun de ses retours de l'atelier.

La souffrance inexprimée contenue dans les yeux cernés de bistre la poignait chaque fois autant. Qu'attendait Isambour ? Quel message guettait-elle de la part de l'unique témoin admis dans son antre par le maître verrier mutilé ?

La jeune fille quitta sa chape et l'accrocha près de la porte, à la barre de bois munie de têtes de béliers sculptées sur lesquelles on posait les vêtements.

Le regard d'Isambour se fixa sur les brodequins aux hautes tiges renforcées que Grécie tenait toujours à la main.

Margiste sortit alors de la cuisine, suivie par Doette. La petite fille, dont les nattes rousses atteignaient à présent la poitrine, suçait une pâte d'amandes d'un air gourmand. La grosse servante portait Ogier pour lequel elle avait une prédilection parce qu'il ressemblait de plus en plus à Hendri qu'elle avait beaucoup aimé.

En dépit de ses dix-huit mois, et bien qu'il marchât parfaitement tout seul, l'enfant profitait de la faiblesse qu'on lui témoignait pour continuer à se faire dorloter.

En voyant sa maîtresse qui tournait toujours les braies, afin de les aider à prendre une coloration uniforme, Margiste se décida à poser Ogier à terre.

— Vous voilà en nage, dit-elle d'un air de commisération bougonne. Par ma tête, vous allez prendre mal. Laissez-moi donc touiller à votre place. Je n'ai rien de bien pressé à faire à présent.

Isambour lui tendit le bâton enduit de garance jusqu'à mi-hauteur, puis se dirigea vers sa fille.

— Votre père est-il parvenu à se mouvoir un peu, ce jourd'hui ? demanda-t-elle tout en s'essuyant le visage avec le devantier de toile qui protégeait son bliaud des éclaboussures.

Grécie secoua tristement le front.

— Malgré les tiges très élevées de ses brodequins, il ne peut guère se déplacer qu'en traînant les pieds, répondit-elle en soupirant. Et encore, à grand-peine !

Isambour rabattait sur ses avant-bras les manches de sa chemise blanche qu'elle avait roulées.

— Pourquoi, Seigneur, pourquoi ne puis-je aller lui tenir compagnie ? murmura-t-elle d'une voix tremblante. Il me semble que je pourrais l'aider...

Depuis que le vavasseur et ses gens avaient retrouvé Bernold blessé, près de son vieux maître agonisant, à la verrerie de l'étang, trois mois s'étaient écoulés.

Transporté à Blois afin d'être jugé à la cour comtale dont il relevait comme vassal, le maître verrier avait été placé à l'hôpital du château en attendant son procès. On l'y avait soigné. Ses plaies s'étaient cicatrisées. Il n'en demeurait pas moins infirme, sans espoir d'amélioration. Ses tendons tranchés lui interdisaient à l'avenir toute marche normale.

Régente durant l'absence du comte, reparti pour la Terre sainte, Adèle de Blois avait tenu à présider elle-même, fin décembre, la cour de justice chargée de statuer sur le cas de Bernold. Ce n'était pas tant le meurtre d'un garde forestier qui lui était reproché, puisque en le tuant il avait seulement défendu sa vie, que d'avoir été surpris en flagrant délit d'adultère avec la promise de son fils.

Son état avait cependant apitoyé la comtesse. Les juges avaient suivi. Les suppliques nombreuses de ses amis, et tout spécialement celle de Mayeul, ne devaient pas non plus être étrangères au jugement rendu. Estimant qu'il avait été suffisamment puni par une mutilation définitive, on s'était contenté de lui appliquer la pénitence prévue par l'Église dans un cas semblable. Sept ans de jeûne au pain et à l'eau durant les trois carêmes (avant Pâques, avant la Saint-Jean-Baptiste, pendant l'Avent) plus les mercredi, vendredi et samedi de chaque semaine. L'obligation de continence était imposée durant ces mêmes jours.

Mais le Normand s'était, de son propre chef, contraint à une bien plus sévère discipline.

Au moment de regagner le Grand Feu, après la Noël, il avait demandé qu'on avertît les siens du vœu de silence et de solitude qu'il s'était engagé vis-à-vis de Dieu à observer durant ces sept années de mortification.

Il logerait dorénavant dans son atelier de croquis, seul, sur un lit de toile, et n'ouvrirait la bouche que pour les nécessités du travail qu'il comptait reprendre.

En dehors de ces échanges indispensables, il n'adresserait la parole à personne et vivrait comme un reclus.

C'était rejeter Isambour et ses enfants.

L'unique personne admise à pénétrer dans le local qu'il ne quittait jamais avait été Grécie. Elle portait à son père nourriture, bois, vêtements, remèdes et tous objets dont il avait besoin. Il la remerciait d'un geste ou l'embrassait parfois sur le front.

Par cette existence ascétique, Bernold entendait-il racheter ses fautes, expier ses responsabilités dans l'affreuse fin de son amie, ou bien se consacrer jalousement à des souvenirs qu'il n'accordait à quiconque le droit de venir troubler ?

Isambour ne cessait de se le demander. Tout en vaquant à son labeur quotidien, elle ne pouvait s'empêcher d'y songer et suppliait le Seigneur de l'éclairer sur les motifs d'un comportement qui lui importait plus que tout.

La joie de retrouver le domaine longtemps quitté était loin, à présent ! Le retour de Bernold n'avait apporté que recrudescence de peine et d'amertume.

Si l'épouse trahie avait cru, jadis, pouvoir intervenir, poser ses conditions à une éventuelle reprise de vie commune avec son mari, elle s'était lourdement trompée ! Elle n'avait rien eu à dire. Les événements avaient entraîné un état de fait qu'il n'était donné ni à elle ni à nul autre de modifier...

— Dieu me pardonne, ma nièce, vous auriez aussi bien fait, dans votre jeune temps, d'épouser Gildas plutôt que votre Normand ! lui avait dit alors Perrine dont la tranquille affection et le bon sens s'étaient révélés fort précieux depuis la réinstallation à la verrerie. Avec un brave garçon comme lui, vous n'auriez pas connu tant de vicissitudes !

— J'aimais Bernold, ma tante, et, sur mon âme, je l'aime toujours, avait répondu Isambour. A ce qu'il faut croire, l'amour, chez moi, est indéracinable !

Si Perrine faisait tout ce qui était en son pouvoir pour porter secours au ménage brisé, le vavasseur, lui, ne se manifestait que rarement.

Déçu de se retrouver sans héritier mâle après la naissance d'une fille chez Aveline, dépité d'avoir vu sa vengeance familiale anéantie, Gervais se consolait en chassant quand il ne pouvait s'occuper de ses vignes.

A la suite du baron, ou seulement en compagnie de quelques compères, il parcourait plaine et sous-bois sans désemparer. On l'entendait sonner de la trompe en amont puis en aval du Loir...

Isambour en reconnaissait le son entre tous...

La porte s'ouvrit à nouveau. Aliaume entra.

— La nuit tombe, dit-il. On ne peut plus travailler aux ateliers. J'ai renvoyé Rémi et Gerbaut-le-maisné chacun chez soi.

L'ancienne équipe des verriers s'était reformée. Dès que l'on avait su que le Grand Feu allait, malgré tout, rallumer ses fours, les anciens compagnons avaient voulu revenir.

C'était Aliaume, maintenant, qui dirigeait la petite équipe. C'était lui qui se déplaçait pour aller reconnaître les chantiers, qui établissait les relevés, prenait les mesures exactes des futurs vitraux, prévoyait la position des meneaux, celle des feuillures des fenêtres à décorer, proposait les devis.

Son père se contentait de dessiner, d'après les renseignements fournis par le jeune homme et que lui communiquait Rémi, des esquisses sur parchemin, à partir desquelles il traçait sur sa table de planches une ou plusieurs maquettes. Mais, surtout, il se consacrait à la fabrication du fameux bleu dont il avait payé si cher la mystérieuse formule.

Aliaume et lui ne se voyaient ni ne se parlaient jamais.

— Le souper ne va pas tarder à être prêt, dit machinalement Isambour. Nous en avons presque terminé avec la teinture de vos braies, mon fils.

Un candélabre de fer à trois branches à la main, Sancie entra à son tour dans la salle que le feu seul éclairait. Avec elle, une clarté plus vive pénétra dans la pièce. Elle déposa le chandelier sur un coffre et s'en alla.

Aliaume vit que sa mère tenait à la main les brodequins de Bernold.

— Cessez donc de vous faire du mal, dit-il avec irritation. A quoi bon pleurer sur ce qui est sans remède ?

Depuis le mois d'octobre précédent, le caractère de son fils aîné s'était durci. Le jeune homme se refusait à exhiber ses souffrances. Mais elles l'oppressaient.

Adelise morte, Bernold estropié pour toujours, demeuraient pour lui des sujets interdits. Il se refusait à en évoquer l'horreur devant qui que ce fût.

Contrairement au maître verrier, il n'était pas passé en jugement pour avoir tué Daimbert. En prenant la défense de son père, il avait accompli un devoir sacré. Qui aurait pu le blâmer d'avoir exercé son droit à la vengeance privée ?

Comme le sergent forestier était orphelin, sans parenté connue, l'enchaînement fatal des règlements de comptes familiaux n'était pas à redouter. Par ailleurs, la paillardise, la brutalité du personnage ne laissaient de regret à personne. Bien des maris trompés et des filles mises à mal devaient même se réjouir en secret de la disparition de leur tourmenteur.

Après avoir payé sa dette envers le disparu en versant à sa paroisse le prix du sang, Aliaume avait tout simplement repris sa vie et son travail de verrier.

Afin de réunir la somme nécessaire à ce rachat d'une faute jugée par chacun respectable entre toutes, Isambour s'était vue contrainte de vendre un de ses champs. Son fils n'en avait été que mieux considéré.

Cette transaction, cependant, ne réglait que l'aspect matériel de l'affaire.

Si, en apparence, le cours des jours avait repris comme avant la tuerie de la forêt, l'âme droite et sincère d'Aliaume en demeurait marquée au fer rouge. Quelque chose en lui s'était rompu, avait cédé, sous l'excès du malheur. Sans qu'il y fasse jamais la moindre allusion, tout dans sa façon d'être trahissait une transformation intime irrémédiable et muette.

La fuite des deux amants l'avait déjà atrocement blessé. Les cruels événements qui avaient entouré leur retour et leur expiation lui avaient apporté un intolérable surcroît de désolation.

Il se réfugiait dans un travail qui lui permettait de fréquenter les seuls lieux où il trouvait un peu de paix : les églises et les monastères. Il s'y attardait plus qu'il n'était nécessaire pour oublier dans la prière ou la méditation les sombres agissements du monde.

Mais le choc était encore trop récent pour qu'il fût aisé au fils de Bernold de demeurer longtemps pacifié. A tout bout de champ, sa révolte se réveillait.

— Chaque fois que je vois ces brodequins, le cœur me fend, soupira Isambour. Je ne peux les toucher sans frémir...

D'un geste furieux, Aliaume arracha à sa mère les chaussures montantes, pour les jeter avec rage loin de lui.

Ogier qui jouait avec Doette dans un coin se mit à crier.

— Je vous ai connue plus courageuse, s'écria le jeune homme d'une voix vibrante. Vous avez su faire face à l'abandon et à la gêne ; ne pouvez-vous accepter un châtiment qui frappe le responsable de tous nos maux ?

Les cris firent sortir Philippa de la chambre où elle s'appliquait à recopier un livre d'Heures en compagnie d'Aubin. Elle avait plus de neuf ans en ce mois de janvier privé de joie.

Elle entra, inspecta d'un coup d'œil la salle et ses occupants, puis se dirigea tranquillement vers les brodequins échoués contre un des coffres de chêne luisant. Elle les ramassa, les considéra un instant, puis sans rien dire, les emporta à la cuisine.

— Elle a raison, observa Grécie. Il n'y a rien là d'autre que des souliers à graisser.

En silence, Isambour et Margiste sortaient les braies teintes du bain garance. Pour ne pas se brûler, elles utilisaient de longues pinces de fer à l'aide desquelles elles saisissaient les pièces d'étoffe colorées avant de les déposer, en attendant qu'elles refroidissent, dans un baquet de bois. Il ne resterait qu'à les rincer à l'eau claire et à les étendre au grenier pour les faire sécher.

— Après le souper, je vous demanderai, ma mère, l'autorisation de monter au château, glissa Grécie à Isambour comme celle-ci se dirigeait vers Ogier pour le nourrir. Haguenier et deux de ses amis musiciens vont y jouer de la flûte pendant la veillée.

Les sourcils froncés, Isambour se retourna vers sa fille. La lumière des chandelles éclairait le côté intact, si pur, du jeune visage. Le refus, prêt à jaillir, s'en trouva différé. Grécie avait seize ans depuis l'automne. Pouvait-on la priver bien longtemps des pauvres et rares joies qu'elle connaîtrait jamais ?

Depuis le retour à Fréteval, l'adolescente avait organisé le soir, tantôt chez elle, tantôt chez les uns ou les autres, des réunions fréquentes. On y contait des histoires, on y récitait des chansons de geste, on y jouait de quelque instrument de musique. Parfois, on y dansait.

C'étaient, bien entendu, les soirées de Blois qui lui en avaient donné l'idée. Au lieu de se réunir seulement pour bavarder, boire du vin herbé, manger des gâteaux tout en filant ou en cousant comme auparavant, Grécie avait décidé qu'il fallait mettre à profit ces moments de loisir pour amener les habitants de la vallée qui le voudraient bien à s'intéresser à autre chose qu'à leurs minces affaires quotidiennes.

Son initiative n'avait pas été mal accueillie par les marchands et les artisans des alentours ; non plus que par quelques laboureurs à l'aise qui étaient fiers de voir leurs rejetons fréquenter les gens de la verrerie que protégeait la comtesse de Blois.

La baronne, de son côté, n'était pas mécontente d'assister, sur ses terres, au développement de certaines coutumes citadines. Tout ce qui venait de la cour comtale et reflétait tant soit peu les goûts d'Adèle était prisé au plus haut point dans son entourage. Aussi ouvrait-elle volontiers, quand le baron y consentait, la salle de son donjon aux jeunes gens que réunissait, autour de ses propres enfants et de leurs familiers, l'amour de la musique et du divertissement.

Les malheureux événements du mois d'octobre avaient, un temps, interrompu ces habitudes. Le moment était sans doute venu de les reprendre.

— Vous ne pouvez pas vous rendre seule au château, répondit cependant Isambour pour se donner le temps d'aviser. Je doute que votre frère consente désormais à vous y accompagner.

— Par Dieu ! Je n'ai pas le cœur à rire, lança Aliaume en levant les épaules. Je ne comprends même pas...

Grécie frappa ses mains l'une contre l'autre.

— Eh bien, je n'ai pas, moi, les mêmes raisons que vous de me priver des seules distractions qui me sont octroyées ! s'écria-t-elle avec vivacité. A chacun ses épreuves !

Aliaume ouvrit la bouche pour répondre, mais il se ravisa et sortit de la salle en claquant la porte.

— Au nom du ciel, mes enfants, ne vous faites pas de mal les uns les autres ! protesta Isambour. Nous avons assez de soucis sans que vous alliez encore vous quereller !

— Ne vous tourmentez pas pour nous, ma mère, dit Grécie. Aliaume et moi nous aimons bien. Vous le savez.

Elle posa un baiser léger sur la joue qui conservait encore un peu de la chaleur des flammes auxquelles elle avait été exposée et sourit.

— Laissez-moi aller à cette veillée, je vous en conjure, reprit-elle doucement. J'ai besoin de me divertir... Tout est si triste, ici, depuis trois mois !

Isambour soupira.

Ogier se cramponnait à ses jupes et tirait sur son devantier pour qu'elle s'occupât de lui. Elle se baissa, prit l'enfant dans ses bras, se redressa en le serrant contre elle.

— Sur mon âme, ma fille, je ne vous blâme pas de vouloir échapper un moment aux ombres qui assombrissent cette maison, assura-t-elle. Mais je ne puis vous laisser partir seule en pleine nuit.

— Rémi et Haguenier m'escorteront. Ils ne demandent que ça !

Il était vrai que l'apprenti et le musicien aveugle se disputaient le privilège de tenir compagnie à Grécie. Si les autres garçons du pays semblaient fuir les occasions d'approcher l'adolescente défigurée, ces deux-là, du moins, lui demeuraient fidèles.

— Eh bien ! Faites donc à votre guise, ma fille, murmura Isambour à bout d'arguments, et que Dieu vous garde !

Entre la femme bafouée et l'adolescente qui demeurait l'unique et fragile lien capable de rapprocher, peut-être un jour, les époux désunis, une connivence d'une qualité très subtile avait renforcé l'entente retrouvée.

— Ce soir nous serons nombreux à la veillée, expliqua Grécie. Juliane et Damien seront des nôtres en plus de la mesnie et des commensaux du baron.

— Gildas peut se féliciter de ses enfants adoptifs, reconnut Isambour. En les prenant sous son toit, il s'est montré, une fois de plus, bien inspiré.

Depuis le retour de la famille du verrier au Grand Feu, le meunier et les siens n'avaient cessé de témoigner à ceux qui se réinstallaient la plus attentive amitié. Toujours prêts à leur venir en aide, ils avaient contribué pour beaucoup à la reprise d'une existence dont les débuts étaient difficiles. Des rapports incessants s'étaient institués entre le moulin et la verrerie.

Juliane, qui n'avait qu'un an de moins que Grécie, s'était tout de suite signalée par son désir de nouer amitié avec elle.

Avant le départ pour Blois, les deux petites filles ne se voyaient que fort peu. Blessée par la moindre marque d'attention, Grécie ne se prêtait en rien aux tentatives de rapprochement tentées par cette fille pleine de gaieté et d'allant qu'était Juliane.

Le séjour chez Aubrée, à Blois, la réconciliation avec Isambour, et l'âge aussi, avaient apprivoisé, adouci, l'enfant en révolte contre le sort douloureux qui lui était échu.

La fille adoptive du meunier avait enfin pu lui témoigner une affection qui ne demandait qu'à se manifester.

La personnalité si singulière de la sœur d'Aliaume, son intelligence, ce qu'il y avait de cruel dans sa destinée, exerçaient en effet sur ceux qui l'approchaient attirance ou répulsion, mais n'en laissaient presque aucun indifférent. Belle, saine, enthousiaste, généreuse de nature, Juliane éprouvait pour Grécie un sentiment où il entrait à la fois de la fascination et un profond désir de porter remède à tant d'infortune. Si elle avait fréquenté Adelise pendant le bref passage de la jeune Normande à Fréteval, elle n'avait jamais ressenti pour elle, trop habile, trop coquette à son gré, la même attirance qu'envers sa nouvelle amie.

Isambour se félicitait d'une amitié qui offrait à sa fille aînée l'occasion de s'attacher à quelqu'un de son âge.

Le frère de Juliane, Damien, n'avait encore qu'un peu plus de treize ans, grandissait comme un baliveau et faisait preuve envers ceux du Grand Feu d'une bonne volonté maladroite qu'on jugeait tour à tour touchante ou exaspérante selon les moments.

Ce soir-là, contrairement à ce qu'avait prévu Grécie, Juliane et Damien passèrent la prendre ainsi que Rémi et Haguenier avant de monter au château. Mais ils n'étaient pas seuls. Gildas les accompagnait.

— Le froid est vif, expliqua le meunier, et j'ai craint que cette jeunesse ne prît du mal dehors par un temps pareil. J'ai donc fait atteler la charrette. Je vais conduire tout mon monde là-haut, à l'abri de la bâche et des couvertures de laine.

— Je vous remercie, mon ami, dit Isambour. Je m'inquiétais de savoir ces enfants cheminant sans protection par ce soir de gel. Les loups sont affamés, ces temps-ci. On les entend hurler chaque nuit.

Le meunier approuva.

— Je le fais autant pour les miens que pour les vôtres, termina-t-il rondement. Vous n'avez pas à m'en remercier. Je vous ramènerai votre fille et ses compagnons sains et saufs après la veillée.

— Vous y assistez donc ?

— Sans doute. Le baron Salomon m'honore de sa protection. Il ne déteste pas me compter parmi ses invités... Par saint Martin, patron des meuniers, la considération d'un haut et puissant seigneur est toujours bonne à prendre ! Allons, partons ! Ne vous inquiétez pas, belle amie, vous nous verrez revenir avant le couvre-feu.

Quand le bruit de la charrette se fut éloigné, Isambour se dirigea vers la cheminée. Philippa et Aubin faisaient griller des châtaignes sur les braises, devant le foyer, près de Margiste et de Sancie qui filaient la quenouille au coin du feu.

— Pourrons-nous boire du cidre nouveau ? demanda le petit garçon dont les doigts étaient noircis et la figure barbouillée de suie. C'est ce que je préfère avec les marrons.

— Je vais aller en quérir un pichet à la cave, dit Perrot, le jardinier, en se levant. J'en boirai bien un coup, moi aussi.

Aliaume et lui confectionnaient des filets en cordes de chanvre. Ils s'en serviraient le lendemain matin pour dresser des embûches dans les haies et les taillis avoisinants. La chance aidant, ils y prendraient peut-être quelque gibier qui se transformerait en rôt pour le souper. La forêt proche et les landes du plateau de Beauce regorgeaient de bêtes noires ou rousses.

Deux chiens courants, tachetés de feu et de blanc, dormaient aux pieds du fils aîné de la maison. Depuis son retour à la verrerie, il les avait dressés pour la chasse au cerf, au chevreuil, au renard ou au lièvre, suivant les occasions. Ils descendaient de ceux qui avaient jadis appartenu à Bernold et dont on avait été obligé de se défaire en partant pour Blois. Donnés à des laboureurs des environs, ils avaient eu de nombreuses portées dont ceux-là étaient issus.

« Comme tout est calme, songea Isambour en reprenant sa place devant la cheminée, sur la banquette garnie de coussins. En nous voyant ainsi rassemblés autour de l'âtre, qui pourrait croire qu'une tornade a dévasté nos vies ? »

Elle soupira et se remit à son ouvrage. Entre deux étoffes de laine verte, elle cousait des peaux d'écureuil pour confectionner un pelisson bien chaud. Philippa le porterait sous son bliaud comme gilet protecteur contre le froid. Durant l'hiver, tout le monde se matelassait ainsi la poitrine et le ventre.

« Dieu Seigneur, je Vous donnerais dix ans de ma vie pour que Vous m'accordiez en échange le moyen de pénétrer dans l'atelier de Bernold, pria Isambour. Que fait-il durant ces longues soirées solitaires ? A quoi occupe-t-il son temps ? A qui pense-t-il ? Le savoir si proche et, pourtant, aussi éloigné de moi que lorsqu'il habitait Douvres, me tord le cœur. Mon amour, mon cher époux, pourquoi vous être imposé une pénitence qui me châtie autant que vous ? N'avez-vous donc point songé à moi le moins du monde ? Ne reste-t-il dans votre mémoire aucun souvenir des temps heureux où nous étions tout l'un pour l'autre ? Avez-vous oublié notre passé ? »

Elle avait pris l'habitude de ces litanies qui ponctuaient ses travaux, ses prières, ses veilles, ses songes. La présence voisine mais interdite de celui dont rien n'était parvenu à la détacher l'obsédait. Elle paraissait s'occuper, comme autrefois, des enfants, de la maison, du domaine, mais, en réalité, elle agissait par habitude. Son esprit était ailleurs, au seuil de l'atelier où se terrait l'homme mutilé dont le destin la déchirait et qu'elle ne cessait d'imaginer, de visiter en pensée, de secourir.

Si la fin sans merci d'Adelise, sa sépulture hâtive hors de la terre bénie, la brièveté de son existence ne pouvaient que lui faire pitié, Isambour se devait pourtant d'admettre en son for intérieur, avec lucidité et confusion, que cette mort lui était soulagement.

Dans quel abîme d'horreur, de remords, avait-elle dû, en revanche, plonger l'amant dépossédé, responsable de cet abominable gâchis ? Son amie pendue n'était-elle pas damnée, damnée par sa faute ?

Quels sentiments, quel repentir, quelle contrition, pouvaient bien occuper les insomnies, les méditations sans complaisance de l'ermite coupable qu'était devenu l'époux adultère ?

Privé de celle qui l'avait ensorcelé, affolé, conduit au péché, passait-il son temps à la pleurer, à se reprocher de l'avoir amenée à sa perte, ou bien ressassait-il des souvenirs que sa conscience déplorait ?

Que regrettait-il le plus : d'avoir si gravement fauté avec elle, ou de ne plus pouvoir le faire ?

Vers laquelle des deux femmes qu'il avait successivement aimées et enlevées allait à présent son cœur ? La morte ou la délaissée ?

Isambour inclinait son front barré de deux rides soucieuses sur le pelage lustré de l'écureuil dont l'odeur rousse l'enveloppait.

« Une fois son deuil accepté, sa douleur moins dévorante, il se souviendra de nos amours, se répétait-elle en poussant son aiguille avec acharnement. Dieu juste ! Il n'est pas possible que dix-huit ans de vie tendrement commune, sensuellement commune, ne finissent par l'emporter sur quelques mois de démence ! »

Quand elle avait été avertie de la présence du couple adultère à la verrerie du vieux maître, elle avait, d'abord, été suffoquée d'indignation. Quoi ? Bernold était venu avec sa catin s'installer à quelques lieues du toit familial ? Les défier tous ? La plus élémentaire des pudeurs ne l'avait-elle donc pas retenu ? Une telle provocation lui avait paru intolérable. Elle en avait oublié d'avoir peur pour lui.

Sa tante, qui était aussitôt accourue, partageait son irritation.

Mais lorsqu'elles avaient su toutes deux de quel prix le couple venait de payer son forfait, elles avaient pleuré ensemble et s'étaient tues.

Dans le cœur d'Isambour, l'amour avait, sans trop de peine, surmonté la rancune.

Nulle pitié, cependant, pour l'homme souffrant qui était revenu. Elle l'aimait trop pour jamais rien éprouver de semblable à son endroit. Mais un espoir renaissant, silencieux, têtu s'était insinué en elle depuis que, de nouveau, le maître du Grand Feu logeait chez lui, chez eux, à deux pas d'elle...

Si seulement il lui était permis d'approcher Bernold, de renouer les fils cassés de la trame de leurs jours, elle saurait bien guérir, consoler et reprendre ce mari que les ruses de l'Adversaire avaient fourvoyé dans les ronces du péché...

Repus de châtaignes et de cidre, les enfants étaient allés se coucher, emmenés par les servantes.

Une fois leurs filets achevés, Aliaume, ses chiens sur les talons, et Perrot, se retirèrent à leur tour.

— J'attendrai Grécie en cousant, dit Isambour à son fils. Plus tôt j'aurai fini ce pelisson, mieux ce sera.

Restée seule, elle reprit le cours de ses pensées.

Lèvres serrées, profil penché sur son ouvrage, elle offrait à la lueur mouvante du feu et des trois chandelles l'image même de la ténacité, de la volonté sans faille, qui l'habitaient.

Cet homme qu'on lui avait pris, c'était le sien. Elle saurait le reconquérir. Au plus profond de son être, l'amour vivant, le respect de son état d'épouse, la certitude inébranlable des pouvoirs attachés au sacrement qui les liait l'un à l'autre, étaient aussi solidement enracinés qu'un enfant à naître. Elle était décidée à tout tenter pour retrouver un compagnon qui demeurait à ses yeux le seul désirable. La mutilation même qu'il avait subie, en lui interdisant dorénavant toute nouvelle équipée, offrait à Isambour la possibilité de redevenir la seule femme, l'unique intermédiaire entre l'amour et lui.

Si son cœur, à elle, saignait en évoquant son bel ami estropié, sa lucidité lui répétait qu'elle saurait l'aider à survivre, à surmonter l'horreur, à condition qu'il acceptât de s'en remettre à ses soins. Leur réunion deviendrait la seconde victoire d'un attachement qui défiait l'adversité !

... Comme Gildas l'avait promis, Grécie fut de retour avant le couvre-feu. Devant les braises amoncelées, Isambour cousait toujours, avec opiniâtreté. Les yeux qu'elle leva vers sa fille étaient fixes, ardents.

— Vous voici donc, dit-elle. Je n'ai pas vu le temps passer.

— Moi non plus, Dieu merci ! s'écria l'adolescente. La veillée était si gaie ! Nous avons chanté, fait de la musique, joué à la main chaude...

Elle retira sa chape, vint embrasser sa mère.

— Vous ne m'en voulez pas de vous l'avouer ? s'enquit-elle avec un peu d'inquiétude.

Isambour plia le pelisson, le rangea à côté d'elle, dans un panier, se leva.

— Si on ne se divertissait pas à votre âge, quand le ferait-on ? dit-elle tendrement.

Elle posa ses mains sur les épaules de Grécie et l'embrassa sur le front.

— Je ne vous reprocherai jamais de savoir saisir les occasions de joie qui se présentent, ma fille, affirma-t-elle. Il n'est pas bon de goûter à la vie du bout des lèvres. Nous devons, au contraire, y mordre à pleines dents. Puis avoir assez de courage, de confiance aussi, pour avaler ensuite tout le gâteau, miel et fiel confondus !

Elle sourit.

— Un chrétien doit être gai, continua-t-elle avec allant. Oui, sur mon salut, il le doit ! N'a-t-il pas l'Espérance ?

Grécie dévisageait sa mère.

— Vous semblez transformée, remarqua-t-elle. Que s'est-il donc passé, ce soir ?

— Je ne sais trop... Une grâce, sans doute, vient de m'être accordée : celle qui aide à persévérer en dépit de tout !

Venue des tréfonds, une onde lumineuse se répandit sur les traits amaigris.

— Vous voici éclairée du dedans comme par une lampe, dit Grécie. Il y a longtemps que je ne vous ai pas vu l'air aussi déterminé... et, en même temps, apaisé.

— Espérons que cette paix ne s'évanouira pas avec la nuit bénie qui me l'a rendue, murmura Isambour en s'emparant du chandelier. Allons nous coucher à présent. Il est tard.

En dépit du gel et du vent tranchant, elle décida, le lendemain matin, d'aller rendre visite à son frère, dans son monastère.

Roland demeurait pour elle un soutien précieux par le calme et la sagesse dont il ne se départait jamais. Si ses potions ou ses onguents lui rendaient toujours le plus grand service, ses avis affectueux, les encouragements qu'il lui prodiguait comptaient encore bien davantage.

Elle le trouva dans l'infirmerie. Il préparait une éponge narcotique avant de procéder à l'amputation de la main gangrenée d'un blessé couché dans un des lits voisins.

Un tronc brûlait dans la grande cheminée de la pièce. Des vapeurs au fumet aromatique s'exhalaient d'un chaudron pendu à la crémaillère. Sur la bûche enflammée, une lame nue, fixée à un manche de bois, attendait qu'on s'en servît pour cautériser la plaie au fer rouge.

— Que Dieu vous garde, ma sœur. Je ne puis interrompre mon travail, dit Roland. Voulez-vous vous asseoir près du feu ? Quand j'en aurai terminé avec ce pauvre homme, je serai tout à vous.

En parlant, il trempait l'éponge dans une écuelle remplie d'une mixture sombre. Isambour savait que le mélange de jusquiame, de pavot et de mandragore utilisé par son frère dans des cas comme celui-ci était dosé selon des proportions que le moine tenait secrètes.

Après l'avoir imprégnée de ce liquide, Roland poserait l'éponge sous le nez de son patient qui ne tarderait pas à sombrer dans un sommeil profond. Les souffrances de l'amputation lui seraient, de la sorte, épargnées.

— Je vais plutôt passer chez le savetier de la rue basse auquel j'ai donné une paire de houseaux [1] à ressemeler, dit Isambour, peu désireuse d'assister à l'opération. Je reviendrai dans un moment.

Comme elle sortait du monastère, elle croisa Damien qui y pénétrait en courant. Il paraissait affolé. Pour le forcer à s'arrêter, elle saisit le fils adoptif de Gildas par le bras.

— Vous avez l'air bien pressé, petit, remarqua-t-elle. Pourquoi tant vous dépêcher ?

— Ma mère a glissé sur une plaque de verglas en sortant du moulin. Elle est tombée dans le bief ! s'écria Damien en pleurant. C'est terrible... Mon père et son apprenti ont eu beaucoup de mal à la retirer de l'eau à moitié prise par la glace...

— Est-elle toujours en vie ? demanda Isambour en se signant.

— Elle était sans connaissance quand je suis parti, mais elle respirait encore... Dieu saint ! Pourvu qu'elle ne meure pas !

— On la sauvera, j'en suis sûre ! Allez demander de l'aide aux moines. Ils sauront la soigner. Moi, de mon côté, je cours là-bas !

Situé à l'extrémité ouest de Fréteval, après le pont de planches qui reliait le village au pied de la falaise surmontée du donjon, le moulin montrait un haut toit pentu et une façade à pans de bois.

Dans la salle ébranlée par le bruit de la roue et celui de la meule, Basilie était étendue sur le vaste lit qu'elle partageait d'ordinaire avec son époux. Ses vêtements ruisselants avaient été jetés par terre. Ils gisaient auprès de la couche, à même le sol couvert de foin.

Gildas, Juliane et deux servantes étaient penchés sur le corps inanimé qu'ils avaient recouvert de couvertures fourrées.

Des voisins, des voisines, emplissaient la pièce et parlaient à voix basse.

Saluant au passage ceux qu'elle connaissait, Isambour s'approcha du lit.

Le masque blafard de la noyée semblait déjà celui d'une morte. Ses nattes pâles, raidies par l'eau, mouillaient le drap.

Isambour s'immobilisa près de Gildas qui se retourna.

— Par tous les saints, comment avez-vous si vite su ?...

— J'ai rencontré Damien au sortir du moutier...

Le meunier hocha la tête.

— Avant de choir dans l'eau glacée, elle est tombée sur la berge rendue glissante par le gel, souffla-t-il. Sa tête a cogné le sol durci

---

1. *Houseaux* : bottes de cuir.

avec tant de rudesse que nos servantes l'ont entendu d'ici. Elle semble assommée... Nous ne parvenons pas à la ranimer...

— L'avez-vous frictionnée avec du vinaigre ?

— De toutes nos forces... et Juliane lui a glissé deux briques chaudes sous les pieds...

— Dans les cas de pâmoison prolongée, Roland introduit quelques gouttes d'un élixir de romarin entre les mâchoires du malade, dit Isambour. Voulez-vous que j'aille en quérir ?

— Damien devrait revenir incessamment, répondit Gildas. Il en rapportera peut-être...

L'enfant et un des aides de Roland survinrent en effet peu après. Mais en dépit des soins prodigués, Basilie ne revint pas à elle.

Raidie, les yeux clos, la peau du visage devenue grise sous la bande de toile qui lui enserrait la tête, elle aurait paru sans vie si un léger souffle n'avait pas continué à lui soulever la poitrine.

L'heure passant, les voisins se retirèrent un à un.

— Je ne vais pas vous laisser en un moment pareil, décida Isambour. Faites prévenir chez moi. Je ne rentrerai pas tant que Basilie n'aura pas repris ses sens.

Gildas s'empara d'une des mains de la visiteuse qu'il baisa doucement. Il paraissait très ému.

— Entre mon vieux père paralysé et ma femme sans connaissance, me voici en piteux équipage, dit-il en s'efforçant de sourire. Heureusement qu'il me reste enfants et amis !

La journée s'écoula.

Après un repas hâtif, Juliane vint s'asseoir à côté d'Isambour qui lui avait demandé une quenouille pour s'occuper les mains.

Avec son teint éclatant, ses larges yeux bruns, pleins de chaleur et d'entrain, sa bouche charnue faite pour sourire, elle semblait encore plus pitoyable que le reste de la famille. Il y avait discordance entre son apparence de santé, de jeunesse, de pétulance, et les larmes qui coulaient, sans qu'elle cherchât même à les essuyer, jusque sur son bliaud qui en était tout détrempé sur la poitrine.

Autour de la pièce où le ronflement familier du feu et les bruits sourds du moulin étaient les seuls qu'on entendît, la vie avait repris son cours. Gildas et Damien étaient retournés à leurs meules. Les sacs de grains à moudre ne pouvaient pas attendre.

Un relent de poussière farineuse flottait sous les solives épaisses du plafond, en dépit de l'odeur du romarin et des bûches incandescentes. Le battement de la grande roue secouait tout l'édifice, scandait le temps de façon monotone, obsédante. « Il est impossible d'oublier un instant qu'on se trouve dans un moulin », songeait Isambour, tout en se disant que, si elle l'avait voulu, elle aurait été chez elle dans ce logis qui lui plaisait bien moins que le sien...

— Dieu notre sire permettra-t-Il que la mère s'en aille si jeune encore ? murmura Juliane au bout d'un moment. Je ne peux le croire. Nous avons tant besoin d'elle !

Isambour jeta un regard au corps immobile comme un gisant.

— Rien n'est perdu, dit-elle. Je connais des gens qui ont stagné des jours dans l'état où voilà Basilie, pour se relever un beau matin, tout à fait guéris. Votre mère est une femme nerveuse dont la fragilité apparente dissimule une force réelle. Elle ne se laissera pas mourir sans lutte, croyez-moi. La volonté de vivre est ce qui compte le plus, après l'aide divine. Je suis certaine qu'elle ne manque ni de l'une ni de l'autre.

En dépit des assurances prodiguées, Basilie resta jusqu'au soir ainsi qu'on l'avait sortie de l'eau. Inerte.

Les servantes qui avaient passé la journée à ravauder des draps dans la chambre du haut où demeurait Benoît-le-mangeur devenu impotent descendirent préparer le souper.

Quand il ne recevait pas quelque vieil ami comme le vavasseur ou le curé de Saint-Lubin, le vieillard, paralysé, exigeait auprès de lui la présence constante de ces filles jeunes qu'il forçait à lui parler sans cesse, à lui raconter les moindres événements survenus dans la vallée. Il vieillissait mal, se complaisait dans la saleté, injuriait son fils quand il voulait le laver, tyrannisait son entourage sans la moindre vergogne. Seule Basilie était parvenue, jusqu'à présent, à se faire respecter de lui.

Son travail interrompu au coucher du soleil, Gildas remonta voir comment allait sa femme. Couvert d'une fine poussière blanche, les traits tirés, il demeura un moment debout au chevet du lit.

— Elle semble entre la vie et la mort, murmura Isambour. Son âme paraît s'être éloignée... Pourtant, elle respire toujours.

— Hélas, dit le meunier, il y en a qui restent ainsi !

Il proposa ensuite à leur amie de la reconduire chez elle. Demeurer indéfiniment de garde auprès de ce corps privé de conscience était inutile. Personne ne semblait à même de porter remède à l'étrange syncope qui isolait Basilie du monde des vivants.

— Il ne fait pas encore tout à fait nuit. Je peux rentrer seule... Mais comptez sur moi : je reviendrai demain, promit Isambour.

Ni le lendemain, ni le jour suivant, l'état de la malade ne changea. Les frictions renouvelées, pas plus que les élixirs de Roland ou que les prières adressées à saint Martin, patron des meuniers, ne parvinrent à la tirer de son absence.

Yeux clos, narines pincées, face décolorée, Basilie offrait aux regards anxieux de ses proches une figure aveugle que rien ne paraissait pouvoir ranimer.

Appelée à la rescousse, Perrine se souvint que la comtesse Adèle, atteinte, cinq ou six ans plus tôt, d'une fièvre dont aucun des médecins ne venait à bout, avait été guérie après être restée deux nuits étendue sur la châsse de saint Agil, au monastère de Rebais, en Brie. Mais la distance à parcourir, vu la faiblesse de Basilie, parut un obstacle insurmontable à Gildas...

Chaque jour, Isambour venait prendre des nouvelles de son amie. Elle demeurait plus ou moins longtemps auprès d'elle, en compagnie des commères du voisinage qui se relayaient à son chevet.

Grécie accompagnait souvent sa mère. Sa propre expérience du malheur l'aidait à deviner comment réconforter au mieux Juliane. Les deux adolescentes se rapprochèrent beaucoup durant ces heures d'attente.

Gildas passait, se penchait sur le lit, soupirait, échangeait quelques mots avec les voisines et venait s'asseoir un moment à côté d'Isambour. Il lui parlait de son travail, du moulin, de ses enfants adoptifs, puis repartait comme il était venu.

Le troisième jour, Basilie s'agita faiblement, ouvrit les paupières, les referma, balbutia quelques mots incohérents, et sombra de nouveau.

Ce fut un événement. Les femmes qui la gardaient appelèrent le meunier à grands cris. Accouru, il ne constata aucun changement apparent dans le maintien de son épouse, mais voulut bien croire les commères sur parole.

Venue seule après le dîner, car Grécie s'occupait de son père, Isambour assista au second réveil de Basilie. La malade promena un regard vague sur ceux qui l'entouraient, murmura une phrase indistincte, referma les yeux.

— Amie, dit Isambour en s'inclinant vers elle, amie, par la Croix de Dieu ! revenez à vous !

Alerté une seconde fois, Gildas entrait vivement dans la pièce, allait au lit où gisait le corps dolent de son épouse. Le sentit-elle ? Elle releva les paupières. Lentement. Comme si elle accomplissait un épuisant effort.

— Basilie, ma petite Basilie, chuchota le meunier en contenant sa voix, m'entendez-vous ? Je suis là. Près de vous. Vous allez guérir. A présent, c'est certain...

Troubles comme une eau à demi prise par la glace, les prunelles de la noyée restèrent un moment fixées sur le visage maculé de farine qui s'interposait entre elle et le reste du monde. Une lueur de discernement y brilla furtivement. Les lèvres molles murmurèrent « Gildas », une ombre de sourire les distendit.

— Elle vous a reconnu ! dit Isambour. Dieu soit loué ! Elle est sauvée !

Courbés tous deux sur le lit de la malade, ils se trouvaient aussi proches que possible l'un de l'autre, épaule contre épaule.

Gildas tourna la tête. Sa lèvre supérieure était agitée d'un léger tremblement.

— C'est une femme plus solide qu'on ne pourrait le croire, remarqua-t-il avec un pauvre sourire. Elle ne manque pas de résistance.

Rentrant de Fréteval, Juliane pénétra dans la pièce à son tour.

— Réjouissez-vous, ma colombe, dit Isambour. Votre mère revient à la vie pour de bon !

Une des voisines décréta qu'il ne fallait plus tarder à nourrir Basilie, à jeun depuis trois jours.

— Nous avons justement du brouet de chapon ! s'écria une servante.

— Puis-je lui en donner ? demanda Juliane.

— On peut toujours essayer, répondit Gildas avec fatalisme.

L'adolescente eut beaucoup de mal à faire absorber un peu de liquide à la malade qui retombait sans cesse dans son état de torpeur et laissait couler le bouillon hors de sa bouche, sans l'avaler.

— Il faut qu'elle repose à présent, conseilla Isambour qui avait aidé la jeune fille. Il est inutile de la tourmenter davantage. Dès qu'elle aura faim, elle s'arrangera bien pour le faire savoir.

La nuit d'hiver était déjà là.

— Cette fois-ci, je ne vous laisserai pas rentrer toute seule jusqu'au Grand Feu, déclara Gildas. Le froid dure depuis des semaines. Les loups deviennent dangereux.

Il n'eut pas beaucoup à insister. Isambour appréhendait un retour solitaire, plus tardif que de coutume. Elle savait combien la faim rend les fauves hardis.

Elle grimpa donc sans protester dans la charrette bâchée que le meunier avait fait atteler. Une épaisse couverture de laine leur enveloppait les genoux à tous deux.

Avant de s'asseoir et de prendre les rênes, Gildas déposa contre son siège, à portée de la main, une hache à lame nue et un javelot de frêne.

La lune était pleine. Sa clarté sans chaleur argentait la nuit, l'éclairait de reflets d'opale. Le paysage familier semblait fardé de céruse. Des traînées de givre scintillaient sous les ombres cendreuses des arbres, sur les talus à l'herbe recroquevillée. La plaine, ses vignes et ses champs, ses vergers et ses prés, baignaient dans une transparence bleuâtre. Le long du Loir que suivait la charrette, l'odeur fade de la rivière se mêlait à celle, piquante, du gel. Sous le ciel clair, l'eau, pas encore entravée par la glace, glissait comme une lourde coulée de poix scintillante.

A Fréteval, dans les maisons calfeutrées, chacun devait se tenir au plus près du foyer. Personne ne traînait dehors.

Les seules lumières visibles étaient celles des torches enflammées que les guetteurs de la forteresse avaient fichées dans les murailles épaisses du parapet, tout en haut de la tour, pour éclairer le chemin de ronde. Ces lueurs fauves piquaient de leur éclat oscillant les parements de silex revêtant le donjon.

Massive, dressée au sommet de son éperon rocheux, dominant la vallée, la haute silhouette vigilante de la bâtisse neuve se découpait puissamment sur l'horizon nocturne.

— Je repars plus tranquille, dit Isambour. Votre femme sera bientôt debout.

— Si Dieu en a décidé ainsi...

Le silence s'installa. Encadrant le devant de la voiture, les lanternes de fer ne projetaient, à travers leurs volets garnis de fines plaques de corne translucide, qu'un maigre halo jaune sur la croupe grise du cheval, les ridelles, et, de chaque côté, sur un étroit espace de la route caillouteuse.

A l'abri de la bâche et de la couverture rêche, Isambour se savait protégée du froid ainsi que des dangers de la nuit. Cependant, une sensation de gêne l'envahissait peu à peu.

L'attitude de Gildas, d'ordinaire assez loquace, n'était pas naturelle. Il se taisait comme s'il craignait soudain de livrer ses pensées. Le bruit des sabots ferrés résonnait seul dans le calme glacé.

— Votre mari se refuse-t-il toujours à vous voir ? demanda-t-il tout d'un coup, en s'arrachant à sa rêverie.

Le ton était presque brutal.

— Toujours.

C'était la première fois que quelqu'un d'étranger à la famille osait interroger ainsi Isambour. Depuis que Bernold avait fait savoir aux siens qu'il était décidé à couper les ponts entre eux et lui, tout le monde s'ingéniait à ne pas aborder de front ce sujet douloureux.

Au début, en raison de son intimité avec sa nièce, Perrine s'était crue autorisée à lui en parler. Devant le refus ferme et net de condamner le coupable auquel elle s'était heurtée, elle n'avait pas récidivé.

Ce n'était pourtant pas faute de clabaudages ! La conduite du maître verrier était fort souvent évoquée durant les veillées, à Fréteval ou dans les environs. Évoquée et jugée ! Sa fuite avec une pucelle, leur retour, le désastreux aboutissement de leur aventure, n'avaient pas fini de faire marcher les bonnes langues du cru.

Odon-le-tapissier, sa femme, les deux filles qui leur restaient, étant repartis un an plus tôt cacher en Normandie leur honte et leur chagrin, ne pouvaient pas joindre leurs propres malédictions aux critiques acerbes des gens de la vallée. Mais ils n'auraient guère pu être plus sévères.

On s'abstenait cependant de jaser devant les enfants, les compagnons, et, tout spécialement, devant l'épouse du réprouvé. Par respect pour elle. A cause de la façon dont elle s'était comportée après avoir été si cruellement délaissée.

Pour sa dignité.

Si Gildas et Basilie n'avaient pu éviter, parfois, devant elle, de faire allusion à ce qui s'était passé, eux non plus n'avaient jamais cédé au désir de l'entretenir ouvertement d'un malheur trop grand pour que l'amitié fût en mesure d'y apporter un quelconque adoucissement.

Pourquoi donc le meunier rompait-il, sans que rien l'y forçât, la loi du silence que chacun observait ?

Tête baissée, front alourdi, il semblait plongé dans de sombres réflexions dont sa compagne ne suivait plus le cours. C'est alors qu'elle décida, pour faire diversion et rompre cet inexplicable silence, de lui faire part d'un projet qu'elle envisageait depuis quelque temps.

— L'accident de Basilie m'a permis de mieux connaître votre Juliane, commença-t-elle d'un ton résolu. Par ma foi, vous possédez là une charmante fille !

— Sans doute.

— Avez-vous déjà songé à l'établir ?

— Basilie m'en a parlé peu de jours avant de tomber à l'eau.

Isambour approuva.

— Elle a eu raison.

Chaque fois qu'on ouvrait la bouche, une vapeur épaisse s'en échappait. L'encolure du cheval qui tirait la charrette était, elle aussi, environnée de la buée grise sortie de ses naseaux.

— J'ai pensé que cette enfant ferait une bonne épouse pour mon fils aîné, continua Isambour. Elle est courageuse, saine, vive, gaie...

Un rire amer l'interrompit.

— Par le cœur Dieu ! voilà qui est admirable ! s'écria Gildas avec une sorte d'ironie farouche. Marier Aliaume et Juliane ! Quelle bonne idée !

Isambour leva les sourcils.

— Je ne vois pas en quoi ma proposition vous semble si surprenante, dit-elle. N'est-il pas habituel, entre familles unies comme les nôtres par d'anciennes et loyales relations d'amitié, de penser à nouer des alliances ?

— C'est la chose la plus normale du monde. Mais encore faut-il que la fille et le garçon soient d'accord. L'un et l'autre. Ce qui n'est pas toujours le cas. Tant s'en faut !

— Vous croyez que Juliane...

— Ce n'était pas à elle que je faisais allusion.

Isambour soupira.

— Je sais que mon fils s'est, une première fois, lourdement trompé dans son choix...

D'une main crispée par le froid, elle resserra autour d'elle les plis de sa chape.

— Il ne faut pas en conclure qu'il ne s'intéressera jamais plus à une autre pucelle. Grâce à Dieu, il est encore jeune. A cet âge, on oublie vite peines et déceptions.

— Il est des attachements dont on ne parvient jamais à se déprendre.

— Espérons que ce ne sera pas le cas d'Aliaume !

La voiture parvenait devant le portail du Grand Feu.

Le meunier tira sur les rênes. Le cheval s'arrêta.

— Grand merci pour votre conduite, mon ami, dit Isambour. Nos sires loups jeûneront encore ce soir sans m'avoir dévorée !

Elle s'efforçait de rire, mais la mine fermée de son compagnon ne se dérida pas.

— Je constate que mon projet vous déplaît, reprit-elle. Par tous les saints, je ne m'y attendais pas ! Il me semblait qu'une pareille union ne pouvait que vous convenir...

— Il ne s'agit pas de moi, ni de mes sentiments, répondit Gildas, mais de ceux de nos enfants. Vous les ignorez tout autant que moi. Votre fils reste enfermé dans son deuil et Juliane ne paraît pas se soucier des garçons. Il est prématuré de s'occuper d'une affaire à laquelle, apparemment, personne ne songe que vous.

Il descendit de voiture, la contourna, vint tendre la main à sa passagère pour l'aider à descendre.

Comme ils portaient l'un et l'autre de gros gants de cuir doublés de peaux de chat sauvage, leurs doigts engourdis manquèrent leur prise, et, l'appui manquant, Isambour, déséquilibrée, serait tombée si le meunier ne l'avait rattrapée à pleins bras.

Il la remit debout, la repoussa, lui cria au revoir et sauta d'un bond dans la charrette dont il fouetta aussitôt le cheval.

Isambour suivit un instant des yeux l'attelage qui s'en allait, rabattit le plus possible sur son front le capuchon de sa chape, parce que le froid lui paraissait soudain plus mordant, puis elle rentra chez elle.

2

— Dieu de gloire ! s'écria Aveline, si ce second enfant est encore une fille, mon père ne s'en consolera pas !

Appuyée aux genoux de sa mère, la petite Jeanne, insouciante des rancœurs que sa naissance avait entraînées, jouait avec les fines lanières de chamois blanc qui terminaient la ceinture de cuir tressé du bliaud maternel. Enroulée plusieurs fois autour de la taille, des reins, puis des hanches d'Aveline, la tresse de peau était si longue que ses extrémités frangées seraient tombées par terre si l'enfant ne les avait pas empoignées.

— Je crains bien que mon oncle ne vous pardonne que difficilement, en effet, une deuxième déception, admit Isambour. Il désire si fort un héritier mâle, son caractère reste tellement entier, qu'il est capable, sans petit-fils, de se fâcher avec vous !

De toute évidence, cette éventualité ne tourmentait guère la future mère. Elle caressa les cheveux bruns de Jeanne, qui ressemblait beaucoup à Mayeul, et sourit.

— Sur mon âme, il m'importe assez peu qu'il nous boude un temps. Ne suis-je pas sa fille unique ? Il sera bien forcé de se raccommoder avec moi s'il veut connaître mes enfants à venir.

Son mari ayant été envoyé à Meaux par la comtesse Adèle afin d'y étudier le projet d'une nouvelle église, Aveline avait profité de son absence pour venir passer la mi-carême avec ses parents.

Tout en elle respirait l'assurance et la félicité.

— Si, cette fois-ci encore, je ne lui donne pas le garçon souhaité, eh bien, tant pis ! reprit-elle en redressant à sa manière provocante son menton volontaire. Ce sera pour la prochaine fois !

Son œil clair se fit plus dur.

— N'ayant pas été lui-même capable de procréer le fils tant désiré, il n'a rien à redire au fait que nous n'y réussissions pas mieux ! lança-t-elle d'un ton agressif.

Isambour sourit.

— Vous ne changerez jamais, ma batailleuse ! remarqua-t-elle, tout en guidant avec dextérité la navette de son métier à tisser entre les fils tendus de la trame. Et c'est très bien ainsi.

Installé dans une pièce située sous la salle du Grand Feu, à côté de la resserre à vivres, sur un sol de terre battue afin que soit maintenue l'humidité nécessaire à la solidité des fils, le vieux métier en bois de châtaignier fonctionnait en grinçant de toute sa lourde carcasse.

Avec la fin de l'hiver, l'époque du tissage revenait. On avait besoin de draps. Aussi profitait-on du radoucissement de la température pour descendre dans le local sans chauffage où l'on devait travailler. On y fabriquait de solides pièces de toile avec le lin récolté l'année précédente sur les terres du domaine.

— Si, pour ma part, je grossis, reprit Aveline, vous, en revanche, amie, sœur, avez beaucoup maigri. Votre mine n'est guère brillante...

— Comment pourrait-il en être autrement ? Je me ronge les sangs !

D'un geste nerveux, Isambour actionnait du pied les pédales de buis servant de levier pour former l'ouverture de la chaîne.

— J'ai beau avoir accepté de temporiser, continua-t-elle en

lançant la navette une seconde fois, je me sens, par moments, à bout de patience !

— Tout le monde ici admire votre courage...

— Ce n'est pas du courage ! Dieu le sait ! C'est la volonté de parvenir à mes fins. C'est le désir de retrouver un homme qui est le mien, par sacrement librement échangé, un homme auquel je n'ai jamais renoncé et qui se trouve maintenant à ma portée.

Elle s'immobilisa un instant.

— Je ne pense qu'à lui. Il me faut le reprendre. Le savoir si proche est pour moi torture et espérance...

Aveline se pencha vers sa cousine.

— Tiendrez-vous sept ans ? demanda-t-elle avec emportement. Il est permis d'en douter en vous voyant minée comme vous l'êtes par l'épreuve que Bernold vous impose. Vous ne pourrez jamais supporter un si long temps de pénitence ! Au nom de quoi, d'ailleurs, Dieu juste, vous contraindre à une pareille mortification ?

L'indignation lui enflammait les pommettes.

— Ce n'est certes pas à moi d'y aller, continua-t-elle avec sa fougue coutumière, mais, à votre place, ma perle, je forcerais la porte qui m'est interdite. J'irais crier à mon mari que, malgré sa conduite indigne, je l'aime toujours, que j'entends vivre de nouveau avec lui !

— Il s'est engagé devant le Seigneur à se vouer au silence et à la solitude, soupira Isambour en rabattant d'un mouvement sec le long peigne de bois qui resserrait la tissure. C'est pour lui un devoir sacré qu'il ne peut rompre à la légère... Toutefois, si quelqu'un d'autre l'y amenait...

Lèvres serrées, elle travailla un moment sans plus rien dire. Les craquements du métier à tisser meublaient seuls le silence.

— Quand je pense, reprit-elle ensuite, avec une sorte de violence contenue, quand je pense que Bernold ne connaît même pas son dernier fils ! Il loge de l'autre côté de cette cour mais n'a jamais vu Ogier !

— Vous êtes bien bonne de vous soucier encore d'un homme aussi égoïste, déclara Aveline de son ton péremptoire. Le vœu a bon dos ! Par ma foi, s'il l'a prononcé, c'est qu'il l'a bien voulu ! On ne lui en demandait pas tant ! Allez, ma colombe, il ne mérite pas que vous vous tourmentiez ainsi pour lui !

Elle prit sur ses genoux sa fille que ses éclats de voix semblaient inquiéter et la berça pour l'apaiser.

— Je ne vois pour vous que deux solutions, dit-elle au bout d'un instant. Forcer votre mari à reprendre la vie commune, ou bien l'abandonner à son mauvais sort ! Le laisser ruminer tout son soûl souvenirs, remords et péchés confondus !

Le battement du métier fut seul à lui répondre.

Isambour travaillait avec acharnement.

Pour la distraire, Aveline entreprit alors de lui parler de l'atelier de broderie qu'elle dirigeait toujours à Blois, des ouvrières qu'elles y connaissaient toutes deux, de la perfide Erembourge, de Jehan-le-secrétaire.

— Depuis peu, il s'est amouraché d'une des suivantes de notre comtesse, annonça-t-elle. Il renouvelle avec cette fille les manœuvres employées à votre égard.

— Il a bien tort ! assura Isambour. Pour se faire aimer d'une femme, on n'a pas besoin de tant de manigances !

Et elle relança sa navette.

... Les paroles de sa cousine firent cependant leur chemin en elle, devinrent son principal sujet de méditation. Pendant plusieurs jours, elle les tourna, les retourna, pesant le pour et le contre, s'interrogeant sans fin.

Aveline repartit pour Blois avec sa fille, mais le ferment qu'elle avait déposé dans l'esprit d'Isambour ne cessa pas pour autant de faire son œuvre.

Les conseils donnés coïncidaient si parfaitement avec les aspirations de celle qui les avait reçus, traduisaient si clairement ses propres sentiments, qu'ils lui parurent bientôt la sagesse même et l'unique marche à suivre. Naturellement, elle n'en avait retenu que la suggestion qui lui convenait.

Avec le retour du printemps, ses sens se réveillaient, la troublaient de nouveau. Elle en était d'autant plus tourmentée que celui qui aurait pu les apaiser se trouvait à présent séparé d'elle par un espace dérisoire... Il dormait à quelques toises de sa chambre, non loin de la couche où elle se languissait. N'en était-il donc pas de même pour lui ? En pleine force de l'âge, remis de ses blessures et en dépit d'une infirmité qui ne pouvait le gêner au lit, soumis à une continence fort éloignée de son tempérament, ne subissait-il pas, dans sa solitude, les assauts d'un désir comparable à celui qui la poignait dans la chambre conjugale ? Malgré ses résolutions ascétiques, ne brûlait-il pas de retrouver des étreintes dont le souvenir ravageait son épouse ?

Après une dernière nuit d'hésitation et d'insomnie, Isambour se décida.

Ce matin-là, au retour de la messe, elle s'arrêta dans la cour, auprès du puits, fit signe à ses gens de regagner le logis, prit Ogier dans ses bras.

— Cet enfant ignore jusqu'au visage de son père ! s'écria-t-elle en s'adressant à Grécie qui la considérait avec surprise. C'est là une situation révoltante qui ne doit pas durer ! Je vais y remédier !

— Dieu vous assiste, ma mère, dit l'adolescente. Que comptez-vous donc faire ?

— J'ai mon idée, assura Isambour. Rentrez, ma fille, rentrez à la maison avec Philippa, Aubin et Doette. Faites-les déjeuner. Je vous rejoindrai plus tard.

Sans répliquer, Grécie entraîna son frère et ses sœurs vers l'habitation dont la cheminée fumait dans l'air matinal.

Appuyée de la hanche à la margelle du puits, Isambour les suivit des yeux.

Il n'y avait pas de vent. Tout était calme. Dans le ciel laiteux, le soleil, encore pâle au sortir de l'hiver, tiédissait les premiers bourgeons. Une brume légère, enrobant arbres et toits, estompait les lointains, les rendait flous.

« Allons ! se dit Isambour en prenant une profonde inspiration, allons ! J'ai assez patienté comme cela. Que Dieu me garde ! Que Notre-Dame me protège ! »

Sur son front, ses lèvres, sa poitrine, elle fit un triple signe de croix, assura l'équilibre d'Ogier sur son bras gauche, et se dirigea vers les ateliers.

Aliaume avait déjà regagné le sien, Rémi et Gerbaut-le-maisné le leur.

A travers les fenêtres ouvertes, on entendait le ronflement familier des fours...

Isambour poussa le battant de bois derrière lequel se terrait celui qu'elle allait affronter, et entra.

Assis devant sa table de planches, tournant le dos à la porte, Bernold écrasait à l'aide d'une sorte de pilon appelé porphyre une poudre noire sur un morceau de verre qui lui servait de palette. Devant lui, un godet rempli d'eau additionnée de gomme d'arbre fruitier séchée et pulvérisée attendait qu'il délayât à l'aide de ce liquide la poudre finement broyée.

Au bruit que fit l'huis, il se retourna.

Il y avait deux pleines années que les époux ne s'étaient plus trouvés face à face... deux ans...

— Je suis venue vous présenter Ogier, votre plus jeune fils, dit précipitamment Isambour. Il aura bientôt vingt et un mois. N'est-il pas temps que vous fassiez sa connaissance ?

Les cheveux de Bernold avaient beaucoup blanchi. La barbe qu'il se laissait à présent pousser était, elle aussi, plus blanche que blonde...

Après s'être, tour à tour, posé sur la femme, puis sur l'enfant, le regard clair vacilla. Le maître verrier ferma les yeux. Pas un mot ne sortit de sa bouche.

Il demeura ainsi, sans bouger, détourné de son travail, les paupières closes, offrant à Isambour un masque douloureux, creusé de rides nouvelles qu'elle ne lui connaissait pas.

— Bernold ! cria-t-elle. Bernold !

Il secoua la tête. Elle vit des larmes qui coulaient des yeux fermés. D'abord médusé, Ogier s'agitait maintenant dans les bras maternels. Il tendait les mains vers les pinceaux, les craies, les bâtons de cire posés sur la table où son père s'appuyait.

— En nous l'envoyant, le Seigneur nous a envoyé un second Hendri, reprit Isambour d'une voix tremblante. Il est aussi fort que lui et lui ressemble trait pour trait...

Ces derniers mots furent balbutiés...

Au profil de l'homme assis en face d'elle, se superposait soudain, de manière hallucinante, le visage désespéré d'un des disciples de Jésus, incliné vers le corps du Christ, au moment de la mise au tombeau. La fresque reproduisant la scène de l'ensevelissement se trouvait à Blois, dans la chapelle de l'hôpital proche de la demeure du monétaire. Isambour avait eu maintes fois l'occasion de la contempler.

Sur le visage de Bernold, comme sur celui de l'apôtre qui soutenait le Crucifié, la douleur s'aggravait d'une expression d'impuissance et, en même temps, de culpabilité, qui déchira l'âme de l'épouse épouvantée.

— Je vous aime toujours ! cria-t-elle. Quoi que vous ayez fait, quoi que vous fassiez, je ne cesserai jamais de vous aimer !

Ainsi que les jeunes faucons enfermés à Morville dans des cages à armature d'osier, contre lesquelles, affolés, ils se jetaient pour tenter de s'échapper, le cœur d'Isambour cognait comme un fou dans sa poitrine.

Une sorte de sanglot rauque répondit, seul, à son aveu.

Apeuré, Ogier se mit à pleurer.

— Que Dieu me voie, reprit Isambour. Qu'Il me juge ! En venant vous trouver, j'étais certaine d'agir selon la loi des époux. Il faut que vous le sachiez, Bernold, votre femme, vos enfants, sont malheureux sans vous !

Serrant son fils contre elle, elle s'élança alors vers la porte et sortit.

Une fois dehors, elle chancela, faillit tomber. Que venait-elle de faire ? Qu'avait-elle osé ? Et pour quel résultat ?

— Venez, dame, dit alors auprès d'elle la voix d'Amalberge. Venez. Je vais vous donner à boire un cordial de ma façon. Vous vous en trouverez bien.

La sage-femme sortait de l'atelier où l'on soufflait le verre. Elle avait dû y porter quelque remède à son mari, Gerbaut-le-maisné, qui souffrait de plus en plus des yeux.

Comme beaucoup de gens au Grand Feu, elle révérait Isambour.

Retirant Ogier des bras de sa mère, elle le posa à terre.

— Allez, petit, dit-elle, allez trouver Margiste. Elle a sûrement pour vous du lait chaud, du miel et des galettes.

L'enfant s'éloigna de la démarche maladroite des tout-petits.

— Vous voilà bien pâle, dame, dit encore la grosse ventrière. Êtes-vous en état de venir jusqu'à mon logis ?

— Mais oui, mais oui, assura Isambour. Je ne suis tout de même pas comme cette pauvre Basilie qui ne tient plus debout depuis son accident !

L'épouse du meunier ne se remettait pas bien de sa chute dans l'eau du bief. Si elle avait recouvré la parole, elle n'en était pas moins sujette, de temps à autre, à d'inquiétantes défaillances de mémoire, et n'avait pas encore la possibilité de se mouvoir comme avant. Elle ne commandait plus qu'assez mal à ses jambes qui se dérobaient sous elle et demeuraient sans cesse flageolantes.

— Sur mon chef ! je suis soucieuse des suites de cette affaire-là, grogna Amalberge. Il y aurait là-dessous quelque diablerie que ça ne m'étonnerait guère !

— Qui pourrait lui en vouloir ! Elle est bonne comme le bon pain !

— Meuniers et meunières ne sont point aimés, par ici, dame, vous le savez bien !

Elles arrivaient à la maisonnette de la sage-femme.

Assis près de la porte, sur un banc de pierre, Haguenier jouait du pipeau.

— Je m'entraîne pour la prochaine veillée, dit le musicien aveugle quand il eut reconnu les voix des arrivantes. Elle doit avoir lieu au Grand Feu, paraît-il. Il s'agit de bien recevoir les invités auxquels Grécie a demandé de venir.

« C'est vrai, songea Isambour. Je l'avais oublié. J'ai d'autres sujets de préoccupation qu'une veillée ! »

Mais elle ne fit pas de remarque, but le cordial que lui offrait Amalberge, et repartit ensuite en prétextant un travail qui la réclamait.

Il lui fallait être seule un moment.

Elle contourna la maison où les enfants devaient avoir achevé leur repas, gagna le jardin, traversa le pré, descendit au lavoir qu'elle savait trouver vide, s'y assit sur la paille laissée par Margiste et Sancie depuis la dernière lessive, puis, emprisonnant ses genoux entre ses bras, se mit à réfléchir.

Elle aimait ce bord d'eau où, mêlée à celle du Loir et de la cendre froide, flottait l'odeur de la saponaire dont on faisait bouillir feuilles et racines afin d'obtenir une mousse savonneuse qui décrassait le linge. Le cours tranquille de la rivière, son glissement immuable entre les branches frôleuses des aulnes ou le déploiement argenté des saules, parvenaient assez souvent à l'apaiser. Elle se laissait fasciner par le miroitement et le murmure liquide de son courant, la molle ondulation des plantes qui peuplaient son fond, le vol des insectes, les saccades des araignées d'eau...

Mais, cette fois-ci, le charme n'opéra pas.

Une à une, les larmes de Bernold tombaient sur son cœur.

Jamais elle ne l'avait vu pleurer. Pas même sur la tombe fraîchement refermée d'Hendri, le jour où on avait porté en terre leur second fils, pas même après l'accident qui avait à jamais défiguré sa fille préférée...

Pour qu'il en fût arrivé là, il fallait que son mari eût été atteint au plus intime de son être, à une profondeur telle qu'aucune défense, aucune pudeur, aucun respect humain n'y eussent accès... dans le lieu obscur où l'on saigne, désarmé, nu, offert à la pointe acérée du malheur...

Un homme comme lui, un Normand de bonne race, n'aurait jamais consenti, autrement, à laisser voir couler ses pleurs...

Ainsi donc, ils avaient été, tous deux, blessés à la source vive de leur existence, tous deux avaient connu le froid tranchant du couteau qui partage l'étoffe, pourtant solidement tissée, de la destinée...

Au début de l'aventure qui le lui avait arraché, elle l'imaginait grisé, heureux, triomphant. Par la suite, amer, endeuillé, peut-être repentant, mais, à aucun moment, elle n'aurait songé à se le figurer rompu au point de ne pas même chercher à dissimuler ses plaies.

Face à cette constatation, les anciennes interrogations, lancinantes, revenaient : sur qui, sur quoi, pleurait Bernold ? Sur la jeune pendue, morte et damnée par sa faute ? Sur la fin de sa passion démente ? Sur lui ? Ou bien pleurait-il sur l'affreux désordre où il avait entraîné les siens, sur le mal accompli, sur sa famille reniée, sur les ravages causés par son égarement ?

Était-ce un homme torturé par d'inavouables regrets, ou travaillé par la grâce fécondante du repentir, qu'elle venait de revoir ?

Comment s'en assurer ?

Ce manquement à un engagement sacré qu'elle avait été amenée à commettre pour le rejoindre, aurait-elle jamais le courage et la possibilité de le renouveler ?

Pris une première fois par surprise, Bernold ne se garderait-il pas mieux, désormais ? Il pourrait fermer sa porte à clé, ne l'ouvrir qu'après s'être assuré que seule Grécie se trouvait sur le seuil...

Saisie par leur trouble à tous deux, Isambour n'avait pas su tirer parti du désarroi de celui qu'elle venait relancer dans sa retraite. Sa propre émotion, la confusion de son esprit, l'en avaient empêchée.

Trouverait-elle encore la force de violenter à la fois les consignes de Bernold et ses propres scrupules ? Pour quoi faire ? Pour quoi dire ? Et pour obtenir quoi ?

Avant d'agir, tout lui avait paru clair. Après l'action, plus rien ne l'était...

Isambour s'en trouvait là de ses réflexions, quand elle entendit un bruit de voix. D'instinct, parce qu'elle avait conservé de sa jeunesse le goût de la solitude, elle souhaitait éviter toute rencontre intempestive et songea à se dissimuler.

Le lavoir ne lui en offrait pas le moyen. En poussant la porte de planches mal jointes qui le fermait, on la découvrirait sans difficulté.

Mais c'était du côté de l'eau, non de celui du pré, que lui parvenaient les échos entendus...

Elle se glissa au fond de l'étroit local, contre le mur opposé à la rivière, pour se tapir dans le coin sombre situé derrière les tréteaux et le grand cuveau de bois retourné.

Du Loir, on ne pouvait la voir.

Une barque à fond plat apparut alors.

Grécie y avait pris place en compagnie de Juliane et de deux garçons.

Isambour les reconnut pour un des fils du boucher et celui du tonnelier de Fréteval.

Ils conversaient tous quatre, avec ce mélange de provocations, de railleries, de timidité, qui est le propre des adolescents.

Inclinée vers le courant dans lequel elle laissait pendre une main, Grécie s'était placée de façon à présenter à ses compagnons de promenade le côté intact de son visage. L'épais voile blanc qui lui enveloppait les cheveux et les épaules cachait en partie son autre profil.

Sur les traits de sa fille, Isambour découvrit avec étonnement une sorte d'animation inhabituelle, un émoi fait d'excitation et de plaisir, qu'elle n'y avait jamais vus.

Grécie allait-elle enfin connaître autre chose que l'exclusion due à sa mauvaise fortune ? Un des deux garçons qui l'accompagnaient dans la barque serait-il assez avisé pour reconnaître, sous la face à demi détruite, les qualités de la jeune fille ?

L'embarcation, environnée des gouttes d'eau soulevées par les rames, passa devant le lavoir, puis s'éloigna.

Les brumes matinales s'étaient dissipées. Une lumière allègre ravivait les couleurs, parait les prés de sa verte jouvence, lustrait les bourgeons pleins de sève. La brise apportait avec elle, acides et gaies, des bouffées d'air qui embaumaient l'herbe nouvelle.

En dépit des avances du printemps, Isambour ressentait une impression de gêne, de malaise, qui n'était pas uniquement due à l'échec de sa tentative auprès de Bernold. L'attitude de Grécie sur l'étroit bateau lui donnait aussi à penser...

« Par Notre-Dame ! se dit-elle, mon chagrin déteint sur tout ce que je vois. Il assombrit les plus innocentes rencontres. Qu'y avait-il là d'autre que quatre jeunes gens qui s'entretenaient en badinant de la prochaine veillée dont ils espèrent de bons moments ? Je devrais même m'en montrer plutôt satisfaite... »

Elle ne l'était pourtant pas et regagna soucieusement son logis.

Ce ne fut qu'au moment du dîner qu'elle revit Grécie. Il lui sembla retrouver, sur les traits de l'adolescente, le reflet de la fièvre qu'elle y avait décelée le matin, au bord de l'eau.

Elle hésita à mettre sa fille au courant de sa présence dans le lavoir. Mais s'en abstint cependant. En dépit de tout ce qui la rapprochait de nouveau, Isambour savait combien Grécie tenait à son indépendance et se méfiait de la moindre intrusion dans sa vie personnelle.

Comme pour lui donner, du reste, l'exemple de la discrétion, la jeune fille n'interrogea pas sa mère sur la visite faite au maître verrier. Un seul coup d'œil, dès son entrée dans la salle, lui avait sans doute suffi pour comprendre que rien n'était changé entre ses parents, que l'audace de l'une n'avait pas provoqué chez l'autre le geste attendu.

Une dizaine de jours plus tard, la veillée eut lieu.

On était en carême. Le dimanche soir avait donc été choisi comme le seul jour disponible dans la semaine. Depuis la veille, chacun s'affairait, tant pour cuisiner que pour tout préparer. Des guirlandes de verdure décoraient la salle dont Margiste avait long-temps battu et brossé les courtines, tandis que Sancie faisait reluire meubles, étains et cuivres. Isambour avait fabriqué des flambeaux de cire accolés avec quatre mèches de toute la longueur de la bougie, avant de veiller personnellement au bon état des bliauds, des chausses et des voiles. Les enfants s'étaient occupés des jonchées d'herbe fraîche.

Parce qu'elle en grillait d'envie et n'était pas loin de ses dix ans, Philippa assisterait à la veillée. C'était un événement dans sa jeune existence. Pourtant, malgré la fébrilité qu'elle ne parvenait qu'imparfaitement à cacher, elle sut éviter des manifestations de joie dont elle sentait qu'elles auraient été déplacées.

La situation si particulière dans laquelle se trouvaient Isambour et Bernold faisait de cette réunion, la première depuis le retour au Grand Feu du maître verrier, une bien étrange soirée. De toute évidence, certains invités n'avaient accepté d'y venir que par curio-sité.

En plus des enfants du baron Salomon en âge de sortir, de quelques-uns de leurs amis ou parents proches, des gens de la verrerie et du domaine, on vit arriver des marchands et des artisans de Fréteval, accompagnés de leurs épouses, fils ou filles.

Haguenier et trois de ses compagnons habituels jouaient de la flûte, de la vielle, du chalumeau, de la cornemuse et frappaient des tambourins sonores.

En dépit du peu d'entrain qu'elle y apportait, Isambour avait tenu à ce que ses hôtes fussent bien reçus.

Installés en cercle autour de la cheminée, les convives de la veillée buvaient de l'hydromel, de l'hypocras, des vins herbés, tout en dégustant beignets, boules de pâtes cuites dans du lait, bâtonnets de crème de noix frits et roulés dans des épices, galettes, gaufres, crêpes, dragées.

Habitée par une sorte de frénésie, Grécie allait des uns aux autres, inventait des jeux nouveaux, lançait l'idée d'un concours de sifflets, proposait une farandole, incitait le tonnelier, dont la mémoire était célèbre dans la vallée, à réciter de longs passages de la *Chanson de Roland* ou bien de celle de Guillaume d'Orange. Elle avait l'œil à tout.

Encouragées, plusieurs femmes entonnèrent soudain des chansons de toile dont l'assemblée reprit en chœur les refrains...

L'état de Basilie ne lui permettait pas de participer à ce genre de réunion. Aussi Gildas était-il venu seul pour accompagner Juliane et Damien. Il avait pris place à la droite d'Isambour, contre laquelle, de l'autre côté, se blottissait Philippa, très attentive à tout ce qui l'entourait.

— Votre Grécie étincelle, ce soir, glissa-t-il à l'oreille de sa voisine. Je ne l'ai jamais vue aussi allante.

— Il est vrai, ami, qu'elle est pleine d'entrain. Depuis quelque temps, déjà, je la trouve différente...

Le meunier eut un sourire entendu.

— Une fille amoureuse est toujours plus à son avantage qu'une autre, déclara-t-il tranquillement.

Isambour lui saisit le bras.

— Par le Dieu de vérité, que voulez-vous dire ?

— Le bruit court que le second fils de notre boucher ne lui serait pas indifférent...

— Croyez-vous, ami, que lui-même puisse s'intéresser à elle, malgré...

Elle fut interrompue par toute une agitation. Plusieurs invités insistaient pour que Grécie acceptât de chanter. Sans se faire prier, elle leur donna satisfaction.

Gildas mit un doigt sur ses lèvres. Isambour se tut.

Cultivée à Blois, la voix de Grécie avait appris à se modeler, à s'affirmer, à se poser. Son répertoire était bien plus varié que celui des autres filles de la vallée et plus original. Aux réceptions d'Aubrée, elle avait emprunté lais, descorts [1], chansons à danser, refrains de pastoureaux.

---

1. *Descorts* : couplets.

Vêtue d'un bliaud de fine toile verte galonné de rouge et de blanc, d'où émergeaient le col et les poignets brodés d'une chemise immaculée, voilée d'une mousseline de lin rabattue si adroitement sur le côté de son visage qu'on ne le distinguait qu'à peine, la jeune fille au corps souple, aux nattes blondes brillant comme fils d'or, parvenait presque à faire oublier son infortune.

« Dieu Seigneur ! Faites que le garçon qui a transformé ma fille par sa seule attention possède suffisamment de jugement et d'amour pour l'aimer telle qu'elle est, à demi belle seulement, mais accomplie, ardente, capable de se donner comme bien peu sauraient le faire ! Faites qu'elle découvre par lui les joies pour lesquelles, de si manifeste façon, Vous l'avez créée ! »

Emportés par le rythme joyeux de ses chants, les auditeurs de Grécie frappaient à présent tous ensemble dans leurs paumes, en scandant certains passages qui leur plaisaient.

Au bout d'un moment, la chanteuse alla prendre Juliane par la main, puis, souriante, l'attira auprès d'elle, au centre du cercle amical. Elles entamèrent alors ensemble une chanson à deux voix où il était question d'une princesse faisant lancer à son ami, par la sentinelle de la plus haute tour du donjon paternel, une lettre attachée à une flèche... Ainsi prévenu, le jouvenceau se déguisait pour enlever sa belle...

Pendant que les deux adolescentes détaillaient leur poème musical, Isambour observait le fils du boucher de Fréteval.

Debout derrière les personnes assises, il faisait partie d'un petit groupe de jeunes gens entourant les enfants du baron Salomon.

De taille moyenne, brun, le teint coloré, les épaules larges, il avait, sous d'épais sourcils, des prunelles d'un bleu si cru qu'on cherchait d'abord à quoi les comparer : la gentiane ? le bleuet ? la bourrache ? Qu'importait... Seul comptait ce que cachait un regard si remarquable. La mâchoire puissante, le cou solide, indiquaient force et volonté. En revanche, les cheveux plantés bas sur le front pouvaient signifier entêtement ou esprit borné. Mais Grécie aurait-elle pu distinguer un sot ? Sûrement pas...

Le chant à deux voix achevé, les jeunes filles rejoignirent les compagnons de leur âge.

Isambour songeait que si Bernold ou Aliaume s'étaient trouvés là, ils auraient pu, l'un ou l'autre, s'entretenir avec le fils du boucher de Fréteval, le faire parler... Mais Aliaume s'était réfugié ce soir-là dans le moutier de son oncle Roland, et Bernold demeurait étranger à la vie de sa famille...

— Je connais bien le père de ce garçon, reprit Gildas. Il est de ceux que Névelon II, notre jeune baron, avait autorisés, avant de partir pour la Terre sainte, à s'établir dans le bourg, avec plusieurs autres marchands. C'est un travailleur et un honnête homme. Le fils revient de Chartres où il est allé apprendre le métier de sellier. Il n'est que le cadet. Son frère aîné reprendra plus tard la boucherie paternelle où il travaille déjà. Elle n'est pas assez importante pour les nourrir tous.

— Que savez-vous de lui ?

— Pas grand-chose. Il est resté longtemps absent. Le délai d'apprentissage pour la sellerie est fixé à huit ans, vous savez. Il a beaucoup changé durant ce temps. Avant son départ, c'était un enfant batailleur et casse-cou comme ils le sont presque tous.

— Quel est son nom ?

— Raymondin. On l'avait surnommé Fripe-écuelle quand il était petit, tant il se montrait vorace.

Isambour sourit.

— Ce n'est guère joli !

— Bah ! Le nom n'est rien. L'homme est tout !

Le fracas d'un écroulement, puis des hurlements venus du dehors les interrompirent.

— C'est Aubin ! cria Philippa.

Isambour se précipita vers la logette qui précédait la salle. Gildas et plusieurs invités la suivirent.

Ils découvrirent, sous l'auvent de tuiles, le petit garçon en larmes qui lançait de furieux coups de pied à des tréteaux écroulés autour de lui.

— Par tous les saints, mon fils, que vous arrive-t-il ? demanda Isambour en attirant dans ses bras Aubin dont la lèvre supérieure saignait, pendant qu'une énorme bosse poussait sur son front.

— Il voulait écouter la musique ! expliqua Philippa d'un air compréhensif. Alors, il a grimpé sur tout un échafaudage qu'il avait monté pour pouvoir regarder et entendre par la petite fenêtre ouverte...

— Vous semblez bien au fait, ma fille, remarqua Isambour. N'auriez-vous pas été dans le secret ?

Philippa rougit et baissa la tête. Ses nattes de miel glissèrent sur ses joues. Elle sourit de sa façon discrète, puis coula vers sa mère un regard où l'amusement se nuançait d'inquiétude.

— Un petit peu, souffla-t-elle.

Tout le monde se mit à rire.

— Votre curiosité et votre désobéissance n'ont pas tardé à être punies, jeune fou, reprit Isambour en s'adressant à son fils. Après vous avoir couché, je vous avais défendu de vous relever. Vous m'aviez promis de rester tranquillement au lit.

— J'ai pas pu résister, grogna le petit garçon.

— Par le grand saint Nicolas, qui protège les enfants, vous auriez pu vous casser un bras, une jambe ou même la tête, dit Gildas. Vous avez eu de la chance de vous en tirer à si bon compte !

Isambour, qui ne pouvait oublier la mort d'Hendri, serra farouchement Aubin contre elle.

— Un malheur comme celui-là suffit dans une famille ! s'exclama-t-elle avec véhémence.

Puis, se tournant vers ceux qui étaient sortis de la salle à sa suite :

— Ne vous occupez pas de lui. Rentrez, conseilla-t-elle. Je vais aller soigner ce garnement et je reviens.

Philippa et Gildas furent seuls à l'accompagner dans sa chambre où elle étendit Aubin sur son lit avant de lui laver la lèvre et le front à l'eau fraîche.

Elle demanda ensuite à sa fille d'aller quérir dans le petit bâtiment des étuves un sachet de feuilles séchées de la plante nommée « bec-de-grue ».

— J'en confectionnerai une compresse que j'appliquerai sur cette grosse bosse, expliqua-t-elle au jeune blessé. Et vous me ferez le plaisir de la conserver en place, sans bouger, jusqu'à demain matin !

— J'admire toujours combien vous savez garder votre calme dans les situations les plus inattendues, observa Gildas. Dieu sait que, depuis vingt et des années, les occasions de m'en apercevoir ne m'ont pas fait défaut !

— Hélas ! soupira Isambour. Hélas ! ami, il est vrai que la vie nous malmène !

Debout auprès du lit où elle avait déposé Aubin, elle tournait le dos au meunier.

Elle voulut se retourner pour lui sourire, mais, tout d'un coup, elle eut le sentiment qu'il était préférable de s'en abstenir. A travers le voile qui recouvrait ses cheveux, son cou et ses épaules, elle sentait le souffle de Gildas, tout proche d'elle. Ce souffle, rien de plus... Pourtant, elle sut que quelque chose de singulier était en train de se produire. Qu'au moindre mouvement qu'elle amorcerait vers lui, l'homme qui se tenait derrière elle agirait.

Que ferait-il ? Elle l'ignorait et ne voulait pas le savoir, mais l'état de leurs rapports amicaux basculerait. Elle le sentait et suspendit son geste...

Quelques instants s'écoulèrent. Personne ne bougeait. Aubin avait fermé les yeux et, de l'autre côté de la couche, Ogier dormait dans son berceau.

Philippa ouvrit la porte.

— Voici le sachet, dit-elle.

Le sortilège fut rompu...

Mais cette nuit-là, une fois la veillée terminée et chacun rentré chez soi, quand elle s'étendit enfin pour dormir, l'épouse délaissée de Bernold évoqua la scène qui s'était si discrètement déroulée un moment plus tôt au bord de ce même lit où elle reposait à présent. Sans que rien ait été exprimé, un événement s'était produit, qui demeurerait à jamais enfoui dans le mystère des choses informulées, mais qui n'était pas sans importance. La violence du trouble ressenti par Gildas avait été si intense, si proche de l'acte, qu'elle en avait subi le choc comme s'il l'avait touchée...

Qu'aurait-elle fait, si son ancien amoureux n'avait pas su se taire plus longtemps ?

Il l'aimait donc toujours... Les années passées n'avaient rien détruit, rien entamé dans ce cœur fidèle... Il ne dépendait que d'elle, une fois encore, de rendre un homme heureux en trouvant dans ses bras la paix des sens...

Elle rêva un moment, puis chassa de son esprit des pensées qui ne débouchaient sur rien. Son amour pour Bernold était un bouclier de bronze qui la protégeait d'elle-même et des autres, qui la gardait, à l'abri de son disque frappé d'une croix...

Sa pensée se détacha enfin de Gildas pour se tourner vers Grécie et le jeune sellier qui la faisait briller comme une torche...

De ce côté-là non plus, rien ne fut dit.

L'adolescente allait, venait, aidait sa mère, faisait lire, écrire ou chanter ses frères et sœurs, mais ne parlait pas de ce qui lui tenait à cœur, ne mentionnait jamais le nom du garçon qui semblait l'émouvoir.

Au demeurant, elle n'avait pas besoin de se confier à qui que ce fût. Son attitude suffisait.

Sa façon de rire à propos de tout et de rien, de bousculer gaiement ses cadets, de s'extasier sur les charmes renaissants du printemps, de veiller avec minutie aux soins de son corps ainsi qu'à ses atours, tout la dénonçait.

Ce fut Perrine, une fois de plus, qui entra dans le vif du sujet.

Le vieil oncle bossu, Frémin-le-tord, avait reçu un coup de pied de cheval dans le ventre et ne s'en remettait pas. Les compresses, les baumes, les saignées demeuraient sans effet. On cherchait en vain comment le soulager.

Stoïquement, sans phrases inutiles, il s'acheminait vers sa fin, le savait et faisait tout ce qui était en son pouvoir pour que cette issue inéluctable causât le moins de dérangement possible à ceux de Morville.

Isambour lui rendait presque chaque jour visite.

Couché dans la salle, près du feu, car il ne parvenait plus à se réchauffer, Frémin-le-tord demandait seulement qu'on ne tînt pas compte de lui. Ainsi qu'il l'avait toujours fait, il se souciait des autres plus que de lui-même, prétendait n'être qu'un vieux bonhomme peu intéressant et préférait entendre parler de ce qui était advenu aux gens qu'il connaissait plutôt que de ses maux.

Tout en filant sa quenouille en compagnie de Perrine assise à côté d'elle, Isambour, installée auprès de la couche où gisait le vieillard, se laissait aller à raconter ce qui la préoccupait. C'est ainsi qu'elle en vint à faire mention de l'intrigue supposée entre Grécie et le jeune sellier de Fréteval.

— Puisque vous abordez ce sujet, ma nièce, dit Perrine, autant vous avouer tout de suite que je suis au courant. Par ma foi, c'est à croire que ce qui se passe au Grand Feu concerne tout le village ! Durant ma visite quotidienne à Basilie ce matin, on s'entretenait avec passion des chances d'un mariage entre votre fille et ce Raymondin.

— Déjà ! s'écria Isambour. Alors que je ne suis moi-même sûre de rien !

— Vous savez à quel train vont les langues ! soupira la femme du vavasseur. On jase, on jase...

L'oncle Frémin approuva de la tête. A cause de sa bosse, il devait rester couché sur le côté. On ne voyait dépasser de la couverture de laine bourrue doublée de peaux de lièvre teintes en rouge que sa face maigre, surmontée d'un linge blanc noué autour de son crâne chauve.

— La simple charité voudrait que personne n'intervînt dans une histoire de ce genre, dit-il de la voix essoufflée et rauque qu'il avait depuis son accident. Votre Grécie a déjà eu assez d'épreuves dans sa courte existence sans que la première commère venue se mêle de ce qui lui arrive !

— On n'empêchera jamais les gens de clabauder, soupira Perrine. Mais là n'est pas ce qui me tracasse.

Elle cala plus fermement sa quenouille au creux de son bras gauche et se tourna vers sa nièce.

— Sur ma vie, je ne voudrais pas raviver votre peine, ma colombe, mais enfin, y a-t-il des chances pour que ce garçon accepte de faire sa vie avec une fille défigurée ? Tout est là.

— Je le sais bien, ma tante ! Mais que voulez-vous que je fasse ? Aller trouver le père de Raymondin pour lui demander les intentions de son cadet ?

Isambour enroulait en pelote la laine déjà filée. Ses doigts s'activaient nerveusement.

— Que Dieu nous aide ! continua-t-elle. Qu'Il me donne le don de discernement. Cette histoire ne fait que commencer et je ne pense pas qu'il soit bon de trop vouloir hâter les choses. Si je n'en ai pas déjà entretenu Grécie, c'est que je suis persuadée que ces tourtereaux n'en sont encore qu'aux prémices...

Perrine se leva pour aller remettre une bûche dans le feu. Le vavasseur avait emmené les servantes dans les vignes où on avait besoin de tous les bras disponibles pour les tailles de printemps.

La froidure qu'on avait crue partie faisait un retour offensif. Un vent aigre s'insinuait sous les portes.

— Il ne faudrait pas que votre fille, émue par les premiers témoignages d'attention qu'un jeune mâle lui porte, et le renouveau aidant, se laissât tourner la tête, continua-t-elle en reprenant sa place d'un air préoccupé. Fêter la Pentecôte avant Pâques n'est pas bien grave pour la plupart des pucelles, et le malheur est alors aisément réparable, mais pour Grécie, ce serait bien différent.

— A qui le dites-vous, ma tante ! J'y songe sans cesse. Cette enfant est si imprévisible, si peu semblable aux autres. A la fois plus violente et plus vulnérable...

— Si Raymondin s'en amusait un temps pour l'abandonner ensuite, je n'ose envisager ce qu'elle serait capable de faire !

— Moi non plus, reconnut Isambour tristement. Moi non plus. Que le Seigneur nous préserve d'un tel méchef !

Une fois rentrée chez elle, les propos de sa tante la poussèrent à essayer d'obtenir auprès de Grécie des renseignements précis sur ses relations avec Raymondin. En dépit du respect qu'elle avait toujours ressenti pour les secrets d'autrui, il lui parut que, cette fois, elle se devait de passer outre. Y voir plus clair était devenu nécessité.

Le soir même, après le souper, alors qu'elle se trouvait dans sa chambre en compagnie de sa fille aînée qui venait de coucher Philippa et Doette, Isambour jugea le moment venu.

Elle interrogea donc Grécie sur les différents mariages qui étaient envisagés dans la vallée pour les mois à venir.

L'adolescente se mit à rire.

— Votre projet d'union entre Juliane et Aliaume tient-il toujours ? s'enquit-elle d'un air amusé. Je crains bien, ma pauvre mère, que mon frère soit à mille lieues d'y songer... ou, alors, il cache bien son jeu !

— Peut-être, en effet, me suis-je avancée un peu à la légère en mettant Gildas au courant d'une idée qui ne vient que de moi, mais...

Grécie coupa la parole à Isambour en lui disant que le meunier devait avoir bien d'autres préoccupations en tête que ces histoires d'épousailles. L'état de Basilie semblait stagner de façon alarmante. Juliane avait avoué à son amie qu'on se demandait à présent si l'esprit de la noyée n'était pas définitivement obscurci. Si elle n'allait pas sombrer dans une sorte d'apathie sans remède.

Il ne fut plus possible ensuite de ramener la conversation vers un sujet que, de toute évidence, la jeune fille souhaitait éviter.

Isambour préféra attendre une autre occasion plus propice pour solliciter des confidences qui se révélaient encore prématurées.

Si elle n'insista pas davantage, ce fut aussi parce qu'en dépit de l'anxieuse tendresse qu'elle vouait à sa fille, une autre obsession l'habitait.

D'après ce qu'en disaient Rémi et l'adolescente elle-même, Bernold n'allait pas bien. Sombre, tourmenté, il se nourrissait mal et se laissait aller. Son travail en subissait le contrecoup. Le maître verrier ne semblait plus y apporter le soin ni l'exigence qui avaient jusque-là été siens.

Comme ce changement coïncidait avec l'irruption de sa femme dans sa retraite, Isambour ne pouvait manquer de s'interroger sur la conduite à adopter dans les semaines à venir.

Retourner voir Bernold ? Tenter une seconde fois de l'arracher à l'isolement qui ruinait peu à peu ses forces et son talent ? Ou bien se conformer à ses instructions, ne plus l'importuner, accepter une existence de veuve à quelques toises de l'époux muré dans sa détresse ?

Son cœur, son corps, se révoltaient contre une telle éventualité.

La nuit, elle écoutait le vent souffler autour de la maison ou la pluie tambouriner sur les tuiles, et elle pleurait en silence. Ou bien elle se retournait jusqu'à l'aube sur sa couche au risque de réveiller ses deux plus jeunes filles endormies à ses côtés.

De cette double torture, elle ne parlait à personne. Ni à sa tante, ni aux femmes de son entourage. Si Aveline s'était trouvée là, si Aubrée avait été à portée, peut-être aurait-elle cherché conseils et soutien auprès de l'une ou de l'autre. Mais elles étaient loin...

Son unique recours demeurait la prière. Depuis qu'elle avait retrouvé le chemin de la confiance en Dieu, elle se livrait, à n'importe quel moment de la journée, à de brèves mais intenses oraisons. C'était, entre elle et Celui dont nous savons si peu de chose sinon qu'Il est tout attention, une sorte d'entretien sans cesse interrompu, sans cesse repris. Elle s'adressait à Dieu comme à un confident, à un guide, à l'unique ami sûr. Elle Lui faisait part de ses difficultés du moment, Le remerciait pour une fleur, la beauté du monde ou un regard d'enfant, et Lui demandait de lui venir en aide chaque fois qu'elle se tourmentait plus qu'à l'ordinaire... Une force intime naissait en elle de ce contact immatériel. C'était là qu'elle puisait son endurance.

Mars se terminait. Le carême parviendrait bientôt à son terme. On approchait de Pâques fleuries...

Par un matin où la bourrasque redoublait de virulence, emportant dans sa course fétus de paille, plumes d'oisons ou de canards, brins de laine arrachés aux ciseaux des tondeurs, pendant que les nuages se bousculaient dans le ciel comme des troupeaux de moutons noirs, Amalberge frappa à la porte de la salle.

Assise devant une petite table de chêne ciré, Isambour établissait les comptes de la verrerie à l'aide d'un abaque. Jadis, c'était Bernold qui s'occupait des sommes à faire rentrer comme de celles à sortir, des frais du ménage, des revenus du domaine.

Depuis deux ans, ces responsabilités incombaient à celle sur laquelle il s'était déchargé de tous ses devoirs.

— Par ma tête, dit Amalberge, je vous dérange !

— Ma foi non. J'en ai presque terminé.

D'un mouvement rapide des doigts, Isambour faisait glisser les boules de différentes couleurs sur la planchette rectangulaire où elles étaient alignées. Il y avait vingt-sept cases sur trois colonnes. Une colonne pour chaque série de neuf chiffres : une pour les unités, une pour les dizaines, une pour les centaines. Comme chaque chiffre avait, selon la colonne où il était inscrit, une valeur différente, les calculs étaient sans difficulté et se réduisaient à quelques gestes.

— Quand je vous vois travailler de la sorte, reprit la sage-femme, je me dis qu'avoir délaissé une dame telle que vous est folie !

Sur une ardoise, à l'aide d'un bâton de craie, Isambour inscrivit un dernier chiffre, puis elle fit signe à sa visiteuse de s'asseoir.

— C'est ce que je pense aussi, admit-elle avec un sourire. Hélas, ça ne change rien à la réalité !

Amalberge prit un air mystérieux.

— Voudriez-vous, justement, si c'était possible, y changer quelque chose ?

— Comment donc ?

Les deux femmes se dévisagèrent un instant en silence. Puis Amalberge tira de la large manche de sa tunique une petite fiole d'étain, soigneusement bouchée.

— Si vous mélangiez sept gouttes de votre propre sang au contenu de ce flacon, dit-elle en baissant les yeux, et si vous amalgamiez le tout à une sauce accompagnant un plat du souper de votre mari, vous sauriez bientôt ce que je veux dire. J'ai pensé à sa pénitence, mais nous sommes samedi. Vous lui donnerez ceci demain, dimanche, jour où il lui est loisible d'améliorer un peu son ordinaire de pain et d'eau. Il faut qu'il mange le tout. Par les cornes du diable ! Vous n'aurez plus qu'à aller le trouver ensuite... Il ne vous repoussera pas !

Saisie, Isambour demeurait immobile.

— Ce sont là pratiques interdites par l'Église, remarqua-t-elle.

— Sans doute, sans doute, mais les prêtres ne sont pas dans le secret de la Création, que je sache, et Notre-Seigneur Jésus n'a jamais interdit à une épouse fidèle de tout tenter pour reprendre son mari volage. N'est-il pas défendu de séparer ce que Dieu a uni ? Alors, pourquoi serait-il mauvais de vouloir le réunir ? Et puis, nul ne le saura...

— Ce liquide peut être néfaste pour la santé...

— Sur la tête d'Haguenier, mon cher fils, je puis vous jurer qu'il est sans danger. C'est un mélange de simples, cueillis une nuit de pleine lune, de carapaces d'écrevisses broyées, de sève de myrte, de buis et de mandragore, sans parler de quelques autres ingrédients dont je vous réponds.

— L'avez-vous déjà essayé ?

— Souventes fois ! Toujours avec de bons résultats !

On entendit la voix d'Aubin qui grimpait l'escalier en chantant.

Sans un mot de plus, Isambour tendit la main, prit la fiole, la glissa à son tour dans sa manche.

— Que le Seigneur nous pardonne, murmura-t-elle en se signant.

Amalberge sourit de sa bouche d'ogresse.

— Il aime ceux qui s'aiment, souffla-t-elle au moment où Aubin ouvrait la porte. Il protège ceux qui se sont unis par sacrement de mariage !

Puisque l'occasion lui en était offerte, Isambour décida de ne plus tergiverser et, sans plus attendre, de faire, dès le lendemain, l'essai du breuvage de la sage-femme. Si elle n'obtenait pas l'effet escompté, tant pis pour elle. En revanche si elle parvenait à ses fins, ce serait la preuve qu'elle n'avait pas mal agi puisqu'elle serait exaucée...

De toute manière, elle irait se confesser à la fin du carême, époque de continence obligatoire aussi bien pour elle que pour Bernold.

« Mon carême à moi dure depuis deux ans, se dit Isambour. Dieu me pardonnera d'écourter le sien ! »

Le lendemain soir, après avoir commandé une sauce à l'ail capable de dissimuler éventuellement le goût du liquide contenu dans le flacon, il lui fut aisé de le verser dans l'écuelle d'anguilles poêlées que Margiste avait préparée pour son maître. Au préalable, la jeune femme y avait ajouté sept gouttes de son sang...

Avant que la famille prît place autour de la table, Grécie porta à son père, selon son habitude, la nourriture dominicale qui rompait avec la stricte abstinence quotidienne.

Durant ce souper, Isambour vécut dans une sorte de transe qui lui fit perdre le sens de ce qu'on lui disait. Elle se mouvait comme dans un songe. Incapable d'avaler une seule bouchée, elle se contenta de boire un peu de vin chaud au miel, en prétendant qu'elle souffrait de l'estomac.

Une fois les enfants au lit, elle déclara à Grécie et à Aliaume qu'elle avait l'intention de se préparer à la semaine sainte qui débuterait le lendemain, en procédant, ce soir-là, à de grandes ablutions. Puis elle demanda qu'on fît chauffer l'étuve et qu'on ne se souciât plus d'elle. Elle en aurait pour un bon moment.

Longuement, ensuite, elle soigna son corps, le lava, l'oignit de senteurs, le para. Puis elle défit ses nattes, brossa amoureusement son épaisse chevelure couleur de châtaigne où ne brillaient encore que fort peu de cheveux blancs et la parfuma. Sans la renouer, elle l'épandit sur la fine chemise de toile safranée qu'elle avait mise après son bain, puis quitta le petit bâtiment de l'étuve.

La nuit était épaisse. Le vent soufflait sa rude haleine à travers la cour. Il plaqua le léger tissu contre les seins, le ventre, les cuisses de la femme qui marchait vers son but, sans tenir compte de lui. Il fouetta ses cheveux dénoués qui s'agitaient furieusement et claquaient sur ses reins comme la queue coléreuse d'une jument noire.

Isambour se dirigea vers l'atelier, ouvrit la porte qui n'était pas fermée de l'intérieur, se signa trois fois sur le seuil, et entra.

Couché et appuyé sur un coude, Bernold dessinait dans son lit.

Auprès de lui, posée sur un petit fût renversé, une chandelle éclairait maigrement ses mains et le bas de son visage, mangé de barbe.

Isambour n'hésita pas.

Sans un mot, elle marcha vers l'homme qui, éperdu, la regardait venir, défit le coulissage de sa chemise, qui glissa le long de son corps pour choir à ses pieds, et, se penchant vers le visage levé vers elle, le baisa aux lèvres.

Puis elle souffla la chandelle.

3

En avril, Frémin-le-tord s'éteignit sans bruit ; en juin, Isambour fit une fausse couche provoquée par une chute dans l'escalier de sa maison ; en août, on apprit la mort du comte Étienne de Blois, tué par les Sarrasins après avoir enfin accompli au Saint-Sépulcre le pèlerinage qui lui avait permis de rendre honneur et gloire à son lignage.

La comtesse Adèle fit dire des messes pour le repos de l'âme de son époux, puis, en attendant la majorité de ses fils, continua à assurer avec fermeté, adresse et justice, la régence des comtés de Blois et Chartres.

A la mi-septembre, en un moment d'égarement, Basilie s'alla noyer dans le Loir. Cette fois, ce fut pour de bon. Des pierres attachées autour de la taille, elle entra dans l'eau fraîche, vers la fin du jour, alors que, semblable aux sons de flûtes désaccordées, le chant rouillé des courlis retentissait dans l'air du soir où traînaient des fumées de feux de broussailles.

On l'enterra discrètement à Saint-Nicolas-de-Fréteval, en mettant au compte de la démence un acte de destruction qui l'aurait privée de sépulture chrétienne s'il avait été perpétré en toute lucidité.

Le plus triste, ce fut le manque de tristesse manifesté par son époux. De façon évidente, malgré ses efforts pour le dissimuler, Gildas n'endura pas de véritable peine.

Fort calme, il se comporta avec la componction qu'on pouvait attendre d'un veuf, mais personne ne le vit pleurer une femme dont la fin avait été si pénible et qui l'avait chéri autant qu'il était possible.

— Par ma tête ! les meuniers n'ont pas de cœur ! s'écria Margiste en revenant de l'enterrement.

— Il ne convient pas de parler sans savoir ! protesta Isambour. Le cœur n'est pas toujours tourné du bon côté, mais il n'en est pas moins là pour autant !

En dépit des regrets éprouvés après la disparition du vieil oncle bossu qu'elle aimait bien, et de l'horreur conçue en apprenant la façon dont Basilie avait mis fin à ses jours, la maîtresse du Grand Feu, elle non plus, n'avait été profondément touchée par aucun des deuils survenus durant le printemps et l'été.

Depuis qu'elle avait renoué avec Bernold une vie conjugale remplie d'ombres, un nouveau tourment s'était glissé en elle à la place de l'ancien. Une obsession l'habitait : faire renaître entre son époux et elle l'amour réciproque qu'ils avaient autrefois ressenti l'un pour l'autre.

Si leurs corps s'étaient en effet reconnus avec une ardeur, une complicité, sur lesquelles Isambour avait compté pour forcer la retraite du verrier, il n'en était pas de même de leurs sentiments.

Relevé de son imprudent vœu personnel par l'évêque de Blois, à la suite d'une nouvelle intervention de la comtesse Adèle, Bernold, bien que maintenu dans ses sept ans de pénitence, avait pu retrouver sa place au foyer.

Une scène très pénible, durant laquelle il avait dû solliciter le pardon de son fils, avait eu lieu au préalable entre lui et Aliaume. Le jeune homme avait pratiqué l'oubli des offenses pour que le père fautif pût revenir vivre avec les siens. Mais tout n'était pas réglé pour autant.

Si les apparences parvenaient à tromper bien des gens, elles n'abusaient aucun des principaux intéressés.

Isambour constatait à son grand dam que coucher de nouveau avec son mari ne signifiait pas posséder autre chose que son enveloppe charnelle. Les bras dont elle sortait chaque matin l'enfermaient bien dans leur chaleur, mais aucun rayon ne brillait plus pour elle dans le regard de Bernold. Tout juste un peu de tendresse usée, survivant à la tempête, s'y lisait-elle parfois, ainsi qu'une certaine reconnaissance pour le plaisir partagé au creux du lit commun.

C'était tout. Ce n'était rien.

La jeunesse obstinée de son amour à elle n'acceptait pas cette pauvreté. Il lui fallait l'homme tout entier, corps et âme.

Inventif, tenace, son esprit cherchait jour et nuit le moyen de ranimer le feu assoupi.

De leur côté, les enfants avaient repris le plus naturellement du monde une vie de famille dont ils avaient un besoin instinctif.

Grécie continuait à servir Bernold de préférence à tout autre. Ayant senti qu'il ne convenait pas de modifier une habitude qui leur était également chère, Isambour s'y soumettait.

Philippa essayait sur son père les effets de ses charmes encore à demi enfantins, et parvenait souvent à le faire sourire.

Aubin composait pour lui des chants d'une tendresse ineffable qu'il interprétait en s'accompagnant d'une petite lyre portative que lui avait prêtée Haguenier.

Ainsi qu'une tourterelle rousse, Doette roucoulait sur les genoux paternels toutes les fois qu'on le lui permettait.

Mais le préféré était à présent Ogier. La ressemblance indéniable que l'enfant présentait avec Hendri, son fils tué, semblait envoûter le Normand. Penché sur le reflet d'un visage qu'il avait pensé ne jamais revoir, il se laissait prendre à une sorte de vertige ambigu, où les traits du disparu et ceux du dernier-né se confondaient en un mirage qui inquiétait parfois Isambour.

Comme le maître verrier ne pouvait se déplacer qu'à grand-peine, au risque de tomber, Rémi et Aliaume le portaient de l'atelier à la salle, puis de la salle à l'atelier, sur un siège haut et étroit qu'ils avaient fabriqué à son intention. Voir son époux, si puissamment bâti, jadis si vif, réduit à cet état d'estropié, déchirait Isambour, mais ne changeait rien à la ferveur admirative qu'elle lui portait depuis le jour déjà lointain du rapt.

Elle l'avait aimé beau, fort, fidèle, elle continuait à l'aimer amoindri et mutilé, après qu'il l'eut trompée. A ses yeux, il demeurait l'unique, le seul homme à l'avoir jamais séduite. Elle trouvait à ses rides du caractère, à ses cheveux blanchissants l'attrait émouvant de ce qui témoigne de notre précarité, et le corps de Bernold recelait pour elle le secret de toutes les félicités charnelles.

Parfois, le soir, dans leur lit, quand il s'était endormi à ses côtés, il arrivait à Isambour de lutter contre le sommeil en se louant de la respiration sonore qui la gardait éveillée. Elle tenait à se pénétrer de l'émerveillement qu'elle éprouvait à le sentir de retour auprès d'elle : voilà qu'il avait repris sa place, celui dont l'absence avait été insupportable !

Son poids sur le matelas, son odeur, son souffle bruyant lui-même, étaient, pour la femme qui avait connu les affres de la séparation et de la solitude, autant de signes bouleversants d'un renouveau qui l'inondait d'amour.

En avril, quand elle s'était vue enceinte une nouvelle fois, elle avait été heureuse. Un enfant de Bernold ne pouvait être qu'une bénédiction ! Elle avait pleuré en le perdant, mais s'était vite consolée en se persuadant qu'elle en porterait bientôt un autre.

Jamais on ne parlait d'Adelise. C'était comme si l'ensorceleuse n'avait pas traversé leurs vies en y semant désordres et douleurs.

Aliaume, quant à lui, semblait, au fil des jours, se guérir d'une souffrance qui reculait dans le passé. Il consentait à sortir de temps en temps avec Grécie, se montrait moins taciturne, semblait éprouver un soulagement certain à s'être réconcilié avec son père.

Tout aurait été bien si Isambour n'avait pas été pourvue du plus exigeant des cœurs. Le calme revenu ne lui suffisait pas. D'autant plus qu'elle conservait secrètement l'amertume d'une découverte qui la poursuivait de son dard.

La nuit de leurs retrouvailles, alors qu'ils venaient, Bernold et elle, de s'aimer avec un emportement qui l'avait leurrée, elle avait senti une pluie tiède de larmes silencieuses couler sur son épaule.

De toutes ses forces, avec passion, elle avait serré contre le sien le corps qui ne s'était pas encore retiré d'elle.

— Ne pleurez pas, ami, mon bel ami ! Je vous en conjure ! Par le Christ, ne pleurez pas !

Ces mots tendres n'avaient provoqué qu'un redoublement de douleur chez celui qu'elle enlaçait. Comme un bateau dans la tempête, il était secoué par un désespoir tumultueux dont elle ne pouvait plus ignorer la cause.

Aussi s'était-elle tue, en berçant son époux entre ses bras, comme un enfant perdu.

Mais sa détresse était immense et immense sa déception. Cette première nuit de réunion avait été baptisée de leurs pleurs simultanés mais pourtant étrangers.

Ainsi donc, aux rives mêmes du plaisir, alors que leurs chairs demeuraient confondues, Bernold se reprochait des transports arrachés à sa sensualité parce qu'ils le détournaient d'une malheureuse passion, et l'amenaient à la renier !

C'était à ce moment-là, au comble du désenchantement, qu'Isambour s'était juré de reprendre sur son mari un empire qui ne serait plus seulement celui des sens. Au lieu de l'abattre, ce nouveau crève-cœur l'avait déterminée à continuer la lutte entreprise. Elle ne serait pleinement rétablie dans son bonheur d'antan qu'après avoir amené l'infidèle à désavouer l'égarement dont elle mesurait mieux, maintenant, l'étendue.

Toutes ses pensées, toute son énergie furent, dès lors, tournées vers la reconquête d'un amour qui se dérobait au sien.

Bernold, qui n'avait jamais été bavard, parlait le moins possible depuis son retour. Leurs échanges se bornaient à l'essentiel. La vie quotidienne en faisait tous les frais. Chaque fois qu'Isambour tentait une incursion dans leur passé ou vers ses propres sentiments, le maître verrier esquivait l'entretien. Ses réponses se faisaient alors si vagues qu'il y aurait eu de quoi décourager n'importe qui de moins déterminé qu'Isambour.

Forte du premier succès obtenu grâce à sa volonté rebelle, elle se refusait au découragement. Rien ne la rebutait. Considérant à la dérobée la nuque puissante inclinée sous le poids des nostalgies ou des contritions, elle se répétait qu'il ne dépendait que d'elle de relever le courage, l'ardeur à vivre, de l'homme dont elle connaissait mieux que personne les ressources.

Cette quête inlassable détournait la mère de famille des autres sujets d'observation qui auraient dû être siens.

C'est ainsi qu'elle ne prêta que peu d'attention à la tournure qu'avait pu prendre l'aventure de Grécie et du jeune sellier de Fréteval.

Sa fille n'en disait mot. C'était qu'il n'y avait rien de décisif à signaler... Il n'était que d'attendre...

Durant l'été, Isambour avait bien constaté certains retards, quelques contradictions entre les propos de l'adolescente et la réalité, sans parler de la mort de la pie apprivoisée qui n'avait guère semblé peiner Grécie... Mais y avait-il là de quoi s'alarmer ? Elle s'était persuadée du contraire.

Ce fut un soir d'automne, alors que septembre s'achevait, qu'elle remarqua soudain la mine sombre de sa fille.

La nuit tombait. Isambour avait passé l'après-midi à confectionner de la pâte de coing en compagnie de Margiste, et toute la maison était parfumée de la forte senteur des gros fruits jaunes.

Les hommes n'étaient pas revenus des ateliers. La lueur des fours rougeoyait encore au fond de la cour.

Grécie entra dans la salle au moment où sa mère distribuait à Doette et à Ogier les débris de la pâte de fruits édulcorée au miel.

Occupée à partager aux deux enfants qui se les disputaient les morceaux poisseux et ambrés, Isambour ne remarqua pas, tout d'abord, la contenance de sa fille aînée.

Ce fut l'immobilité de celle-ci qui l'alerta.

— Que vous arrive-t-il, mon agneau ? demanda-t-elle en constatant que l'adolescente, qui s'était laissée tomber sur le lourd coffre de bois situé non loin de la porte, demeurait prostrée, les coudes sur les genoux, la tête enfouie entre les mains.

— Je reviens du moulin, dit Grécie. J'ai couru trop vite. Je suis à bout de souffle.

L'explication était si manifestement fausse qu'Isambour ne put éviter de s'en apercevoir.

— Par ma foi, vous ne soufflez guère ! remarqua-t-elle en repoussant Doette et Ogier suspendus à son bliaud. Vous voilà pâle comme un linge !

Elle alla vers Grécie, s'arrêta devant elle.

— Vous semblez bouleversée, ma chère fille, reprit-elle. Pourquoi donc ?

— Juliane ne se remet pas de la mort de sa mère adoptive. Elle souffre de voir que Gildas ne témoigne aucun vrai regret de la perte de Basilie.

— Vous êtes trop sensible, ma colombe. Il n'est pas raisonnable de se mettre en pareil état pour le deuil d'une amie.

— Je l'aime beaucoup.

— Il est vrai, et c'est très bien ainsi, mais cessez donc de vous tourmenter outre mesure. Laissez faire le temps. Il apaisera le chagrin de Juliane en lui fournissant joies et peines nouvelles. C'est encore le meilleur des médecins !

— Dieu vous entende ! souffla Grécie. Nous en avons tous besoin !

Aliaume et Rémi entrèrent alors, portant le siège sur lequel se tenait Bernold, Isambour ne fut plus occupée que de son mari.

Cependant, le lendemain matin, durant la messe quotidienne à Saint-Lubin, le bref entretien qu'elle avait eu avec sa fille lui revint en mémoire.

« Se donne-t-on tant de souci pour les malheurs d'autrui, fût-ce d'une amie très chère ? se demanda-t-elle soudain. N'y aurait-il pas, derrière cette grande sollicitude, une réalité différente, plus personnelle à Grécie ? Sa pâleur, son désarroi, tendraient à prouver qu'elle était durement touchée... Seigneur, je me suis peu attachée, ces derniers temps, aux soins de mes enfants. Je Vous en demande pardon. Vous savez ce qui me hante. Ayez pitié de moi, des miens, et tout particulièrement de mon enfant défigurée. Aidez-nous ! Aidez-la ! »

Les jours qui suivirent semblèrent donner tort aux alarmes d'Isambour. Grécie avait retrouvé un comportement normal. Sa mère n'eut pas l'occasion de s'entretenir seule à seule avec elle. Sans doute la jeune fille n'avait-elle été victime que d'un dépit amoureux passager ne tirant pas à conséquence...

La vérité éclata brusquement quand Roland apprit à sa sœur que le second fils du boucher de Fréteval, ayant renoncé à s'établir au pays, s'en était allé chercher fortune ailleurs.

— Mon Dieu ! voilà donc la raison du trouble de ma fille ! s'écria Isambour. Et moi qui ne savais rien !

L'infirmier, qui dosait avec méticulosité une potion commandée par le prieur du monastère pour une de ses parentes, ne répondit pas tout de suite.

Selon son habitude, il prenait le temps de réfléchir.

Ce matin-là, il n'y avait personne dans l'herboristerie où œuvrait le moine. Le fait se produisait rarement. D'ordinaire, plusieurs malades attendaient leur tour sur les bancs fixés le long d'un des murs.

— Si ce garçon est parti, reprit Roland en se redressant, c'est, sans doute, pour une raison d'importance.

— Savez-vous quelque chose ?

— Il prétend ne pas avoir trouvé assez de pratiques par ici.

Il s'interrompit une seconde fois. Bras croisés, tête inclinée sur la bure noire de sa tunique, il demeurait debout devant la table où il avait préparé le breuvage demandé, et semblait parti dans une suite de considérations soucieuses.

— Par la Croix du Christ ! mon frère, parlez ! s'écria Isambour. Vous semblez me cacher quelque chose.

— Hier, je suis monté au donjon pour faire une saignée à dame Agnès de Guerche, l'épouse de notre baron, qui souffrait d'un flux de bile noire, reprit le moine. Je n'ai pu éviter d'entendre les propos tenus dans la chambre haute où il y avait beaucoup de demoiselles et de servantes.

Isambour sentit son cœur s'emballer.

— Alors ? souffla-t-elle.

— Il semblait ressortir de leurs bavardages que ce Raymondin aurait surtout été préoccupé de s'éloigner d'une fille dont il souhaitait se débarrasser après l'avoir mise dans une situation délicate...

— A-t-on cité un nom ?

— Aucun.

Un nouveau silence.

— Personne n'ignore au château que je suis votre frère, acheva l'infirmier en soupirant.

— Il n'est pas prouvé pour autant qu'il s'agissait de Grécie !

— Bien sûr que non, Dieu merci ! Mais vous feriez tout de même bien, ma sœur, de chercher de votre côté à savoir ce que tout cela signifie.

Isambour prit l'onguent qu'elle était venue quérir, remercia le moine, et le quitta fort inquiète.

Que croire ? Était-il possible que sa fille, dont le jugement demeurait toujours si ferme, si clair, ait pu s'amouracher de ce Raymondin au point de se laisser séduire comme une gardeuse de chèvres ? Qu'elle ait succombé à un garçon dont les agissements prouvaient assez le manque de qualité et de conscience ? Était-elle à ce point tourmentée par sa disgrâce physique qu'elle se fût précipitée dans les bras d'un jouisseur qui lui avait prêté, par habitude, un peu plus d'attention que les autres garçons de son entourage ? Comment savoir ?

S'adresser directement à Grécie paraissait impossible à Isambour. Elle connaissait l'habileté de l'adolescente à se dérober. Jamais on ne parvenait à lui faire dire ce qu'elle avait décidé de taire. Si elle n'était pas venue, de son propre chef, se confier à sa mère, c'était qu'il n'y avait rien à avouer... ou qu'elle préférait cacher à tous, y compris à celle-ci, une avanie dont elle comptait se sortir seule...

Soudain, une idée traversa l'esprit anxieux d'Isambour. Si quelqu'un savait quelque chose de toute cette histoire, ce ne pouvait être que Juliane. Il fallait aller trouver la meilleure amie de Grécie et l'amener à révéler le secret qu'elle détenait peut-être.

Rebroussant chemin, la maîtresse du Grand Feu se dirigea vers le moulin.

On préparait à Fréteval et dans la vallée la fête des vendanges fixée au lendemain, jour de la Saint-Rémi, aussi tout le village était-il en effervescence.

Les coups de maillets frappés par les tonneliers sur leurs tonneaux, barils, muids, setiers et autres futailles, retentissaient à travers rues et ruelles ; des odeurs vineuses rôdaient aux porches des demeures et des entrées de caves ; des chariots transportant de lourdes cuves de bois cerclées de fer brinquebalaient vers les pressoirs.

A l'intérieur des maisons, les femmes rinçaient pots, pintes et chopines, tandis que d'autres accrochaient des grappes à des cercles en osier, qu'elles suspendraient ensuite aux solives de leurs salles afin de conserver plus longtemps le raisin.

Sur les façades à pans de bois, on disposait des guirlandes de pampres et de feuilles de vigne, des bouquets de fleurs des champs, des courtines de couleur, des tresses de paille piquées de soucis, de scabieuses, de colchiques, de résédas jaunes, de millepertuis, d'origan, de véroniques, ou de panicauts...

Isambour passait, saluait hâtivement, continuait son chemin.

Au moulin, elle trouva Juliane, en compagnie d'une servante, plumant des bécasses pour le dîner.

— Il faut que je vous parle sans tarder, dit-elle à la jeune fille. Pourrions-nous faire quelques pas ensemble dans votre pré ?

Juliane rougit, se troubla, se leva prestement en laissant là son travail.

— Venez, dame, répondit-elle.

Au-delà des bâtiments et du bief, Gildas possédait de vastes pâturages longés par le Loir.

Sans se soucier des mouches qui les assaillaient, des vaches y paissaient, tondant au plus près l'herbe desséchée par un été trop chaud.

— Vous êtes la seule véritable amie de Grécie à Fréteval, commença aussitôt Isambour, dès que la jeune fille et elle-même se trouvèrent loin des oreilles indiscrètes, sur un étroit chemin qui suivait la rive, à l'ombre des saules argentés. C'est pourquoi je me suis décidée à venir vous voir. Il m'est revenu des bruits déplaisants au sujet de ma fille et de ce Raymondin qui a dernièrement quitté le pays. Je dois savoir ce qui s'est passé entre eux.

Juliane baissa la tête. Si Isambour y avait pris garde, elle se serait aperçue que sa compagne paraissait plus déçue qu'embarrassée, mais elle ne le remarqua pas.

Trop occupée par ce qu'elle venait d'apprendre pour s'attacher à autre chose, elle mit sur le compte de la gêne l'hésitation de la jeune fille.

— Ne craignez pas de trahir une confidence, insista-t-elle. Il y va du bien de Grécie. Depuis quelque temps, elle est triste et abattue. J'ai besoin de connaître les raisons de ce changement pour l'aider à se tirer d'affaire.

— Si elle ne vous a rien dit, dame, c'est sans doute qu'elle préfère ne pas vous causer de nouveaux tourments.

— Ce peut être aussi par fierté, parce qu'elle croit pouvoir se passer de mon soutien, corrigea Isambour. Vous savez tout comme moi combien elle possède d'amour-propre et d'indépendance !

Juliane approuva de la tête.

En frôlant les graminées sèches qui bordaient le chemin, sa chemise blanche, dépassant d'une bonne main sous son bliaud bleu foncé, ramassait de minuscules graines adhérentes et des traînées de poussière.

— Je ne pense pas me montrer déloyale à son égard en reconnaissant qu'au printemps dernier, elle s'est en effet éprise de ce Raymondin, reconnut la fille du meunier au bout d'un instant. Elle ne s'en cachait guère et m'en parlait avec la fougue qui est dans sa nature.

Elle s'interrompit pour détacher son voile d'un souple rameau de saule qui l'avait accroché.

— Elle imaginait qu'il partageait son entraînement, alors qu'il se montrait en réalité plus curieux qu'amoureux... du moins c'était l'impression que j'en avais, acheva-t-elle en reprenant sa marche auprès d'Isambour.

— C'est, hélas, sûrement vous qui étiez dans le vrai, soupira cette dernière.

— Grâce à ce malentendu, Grécie a pu être heureuse quelques mois. N'est-ce pas, déjà, un résultat appréciable ? J'en ai causé une fois ou deux avec Aliaume. Il partageait tout à fait cette façon de voir, je puis vous l'assurer !

En terminant sa phrase, Juliane s'était de nouveau empourprée.

Malgré son inquiétude, Isambour ne put, cette seconde fois, ignorer le trouble de son interlocutrice. Elle lui jeta un regard attentif, mais ne la suivit pas sur un terrain qu'elle se réservait d'explorer plus tard.

— Si ma fille a connu, un temps, une certaine forme de bonheur, elle ne doit en être que plus atteinte à présent, continua-t-elle fermement. Savez-vous comment les choses se sont passées ?

— Pas le moins du monde. Sur ma vie, dame, Grécie n'aime pas se plaindre et déteste apitoyer, vous ne l'ignorez pas. Elle m'a tout juste appris, voici deux semaines, que Raymondin avait décidé de partir sans esprit de retour. Comme je l'interrogeais sur la raison d'une telle résolution, elle s'est contentée de lever les épaules, en prétendant que c'était là une preuve de plus de la légèreté des hommes, qu'il n'y avait pas à s'en étonner... Pourtant, ses yeux étaient pleins de larmes !

— Par Notre-Dame, que puis-je faire pour la secourir ? Elle a dû également vous conter notre réconciliation durant le séjour que nous avons fait à Blois, mais, en dépit de tout, elle n'en demeure pas moins, fort souvent pour moi, une énigme.

— Je dois bien reconnaître que son malheur lui a forgé un caractère de fer et qu'elle se défend de toute faiblesse, admit Juliane. Il m'a fallu un certain temps pour découvrir que, derrière ce rempart, elle cachait une sensibilité d'écorchée.

— A ce que je vois, vous la jugez bien, murmura Isambour. Puisque, en plus, vous êtes de son âge, peut-être avez-vous une idée sur la meilleure façon de me comporter pour lui venir en aide sans la mortifier ?

— Je ne sais, dame, je ne sais. Nous sommes si différentes, elle et moi ! J'avais l'habitude de tout confier à ma mère... Je trouvais toujours en elle appui et réconfort... C'est pourquoi elle me manque tellement !

Sur ces mots, sa voix se cassa.

Elle se tut, détournant les yeux vers l'eau glauque du Loir qui coulait en contrebas du pré.

La sécheresse de l'été et de ce début d'automne avait sensiblement fait baisser le niveau de la rivière. Ses berges se montraient à découvert bien plus bas qu'à l'ordinaire. Les racines des aulnes et des saules qui s'y abreuvaient, ainsi que les tiges des joncs et des roseaux qui les peuplaient, étaient à nu, enrobées de vase séchée et nauséabonde.

— Cette odeur marécageuse est bien désagréable, remarqua Isambour afin de permettre à Juliane de se reprendre. Le manque d'eau devient préoccupant, cette année. On parle déjà d'épidémies, de mauvaises fièvres, dans la vallée et en petite Beauce.

— Avec l'automne, la pluie va revenir...

Juliane se tourna d'un mouvement spontané vers la mère de son amie.

— Vous devriez, dame, aborder franchement avec Grécie le sujet qui vous préoccupe, conseilla-t-elle en esquissant un pauvre sourire. Ce serait bien mieux pour vous deux !

Le long de la route qui la ramenait chez elle, Isambour songeait à la manière la plus appropriée d'interroger sa fille, quand elle s'entendit appeler.

Parvenue à la hauteur du Grand Feu, elle atteignait les maisonnettes adossées aux ateliers.

Sur le pas de sa porte, elle vit Amalberge qui la hélait. Tournant court, elle franchit le pontet enjambant le fossé surmonté de palissades qui fortifiait le domaine, et poussa le portail bas donnant accès aux dépendances.

— Si vous avez un moment, dame, j'aimerais bien vous entretenir, dit la sage-femme.

— A condition que ce ne soit pas trop long...

Le sol en terre battue de la petite salle où entra Isambour était jonché d'herbe fraîche. La plus grande propreté régnait dans l'étroit logis.

— Vous prendrez bien un peu de poiré...

Une fois assises devant la table placée auprès du lit, les deux femmes goûtèrent en silence le liquide cuivré qu'Amalberge avait versé dans leurs gobelets de buis.

— Je ne sais pas trop par où commencer, dame, vous me voyez bien ennuyée d'avoir à vous apprendre ce que j'ai à vous apprendre, grommela la ventrière. Mais je dois le faire. C'est un devoir.

— Par tous les saints, Amalberge, de quoi s'agit-il ?

— De votre Grécie.

Isambour pressa ses mains l'une contre l'autre. Elle attendit le coup.

— Hier, elle est venue me voir, reprit la grosse femme. Elle voulait savoir quelles herbes il fallait employer pour faire passer un enfant... Une de ses amies qui est en peine l'aurait chargée de se renseigner auprès de moi. Je n'en sais rien, mais j'ai préféré vous prévenir.

Assommée, Isambour était incapable de répondre. L'horreur montait en elle comme une marée grise.

— Faire passer un enfant... répéta-t-elle au bout d'un moment. Tuer son enfant ! Dieu ! Ma fille, ma fille à moi, a pu y songer !

Sans chercher à cacher ni même à essuyer ses larmes, elle se mit à pleurer. C'était comme une blessure ouverte soudain dans sa chair et qui saignait.

— Dame, murmura Amalberge, dame, ce n'est peut-être pas pour elle...

Isambour secoua la tête, se leva, alla vers la porte, sortit.

L'air doux et blond de l'automne, un peu moite, alourdi d'odeurs de pommes mûres et de feuilles mourantes, l'enveloppa comme un suaire douceâtre.

Elle se dirigea vers la verrerie. Bernold devait encore se trouver dans son atelier.

La vue brouillée, elle croisa Haguenier sans même le remarquer.

Tâtonnant devant lui à l'aide d'un bâton de houx soigneusement écorcé et poli, l'aveugle, qui tenait sa flûte sous le bras, suivait la sente sinuant entre Fréteval et Morée, le long de la rive gauche du Loir, à travers champs, vergers, prairies.

En entendant un bruit précipité de pas, il s'arrêta un instant, perçut les plaintes étouffées d'Isambour qui s'éloignait, puis il reprit sa marche.

— Par tous les diables, que se passe-t-il donc ici, ma mère ? demanda-t-il en parvenant chez lui.

— Hélas ! mon fils, hélas ! Il nous advient un grand malheur ! gémit-elle, en l'aidant à franchir le seuil de leur logis.

Isambour avait continué sa route jusqu'à l'atelier de son époux. D'instinct, c'était vers lui qu'elle se tournait...

Avec des gestes légers, délicats, Bernold lissait une couche de peinture au vernis presque noir sur un verre enduit préalablement de cire. Penché vers l'élément de vitrail posé à plat devant lui, il maniait doucement une large brosse plate, faite en poils de blaireau, tandis qu'un appuie-main soutenait son avant-bras tout en préservant la surface à peindre.

— Ami, mon ami, par pitié, aidez-moi ! supplia Isambour. J'ai tant de chagrin !

Elle se laissa tomber aux pieds de son mari et, posant son front sur les genoux recouverts d'un vieux tablier de rude toile tachée de couleurs, elle s'abandonna à sa peine.

D'un mouvement aussi précautionneux que celui qu'il avait pour utiliser ses pinceaux, Bernold caressa la tête secouée de sanglots qui roulait sous ses doigts.

— Au nom du Christ, qu'avez-vous, amie, sœur ? Que vous arrive-t-il ? demanda-t-il en s'arrachant à sa propre méditation morose. Vous vous contenez mieux, d'ordinaire.

D'une voix hachée, avec des mots maladroits, Isambour parla. Elle dit ce qui était arrivé à Grécie, ce que la sage-femme venait de lui apprendre, sa propre détresse.

— Un enfant, répétait-elle, un enfant envoyé par Dieu et condamné à périr par celle-là même qui était chargée de lui donner vie !

La porte de l'atelier s'ouvrit de nouveau et Grécie entra. Elle portait dans un panier le repas que son père prenait souvent sans quitter son atelier, quand il avait trop d'ouvrage.

— Vous voici donc, ma fille ! lança Bernold. Vous tombez bien ! Oui, par la Sainte Croix, vous tombez bien !

La jeune fille posa le panier sur la table. Son regard allait de son père à sa mère. Celle-ci leva un visage meurtri.

— Je reviens de chez Amalberge, dit-elle en manière d'explication.

L'expression de Grécie se durcit.

— Je voulais justement vous mettre au courant de ce qui m'est advenu, déclara-t-elle, sans laisser paraître autre chose que de la contrariété.

Isambour se redressa. Ses genoux tremblaient sous elle.

— Dites-moi, je vous en conjure, dites-moi que vous allez garder votre enfant ! implora-t-elle. Oh ! dites-le-moi !

La jeune fille secoua la tête

— Non pas, dit-elle. Je ne pourrais jamais aimer le rejeton d'un homme sans honneur et sans foi. Je serais même capable de le haïr ! Son félon de père m'a promis le mariage, puis m'a rejetée quand il a eu obtenu ce qu'il voulait. Dieu me pardonne ! Il s'est servi de moi comme d'une catin !

Bernold grondait.

— Si je tenais encore sur mes jambes, j'irais jusqu'au bout du monde chercher ce cadet puant et je le tuerais ! cria-t-il.

— C'est un lâche ! lança Grécie d'un air farouche. Après m'avoir abusée, et dès qu'il a été informé de mon état, il s'est enfui le plus loin possible d'ici, pour ne pas avoir à affronter la vengeance de ma parentèle !

Isambour alla vers sa fille, la prit dans ses bras.

— Laissons-le à son triste destin, conseilla-t-elle. De toute façon, il s'est déshonoré et recevra sa punition dans ce monde ou dans l'autre... Ce n'est plus lui qui importe. C'est bel et bien le petit être dont vous êtes à présent responsable. Son sort dépend de vous, de vous seule...

— Je n'en veux pas. Je ne l'ai jamais désiré ! s'écria Grécie. Je n'en ai que faire !

— Il ne s'agit pas de savoir si vous souhaitiez ou non cet enfant, reprit Isambour gravement. Il est là, dans votre corps ! Il s'agit maintenant de porter à terme, de donner le jour à une créature qui vous a été confiée par le Seigneur afin que vous la mettiez au monde où sa place est déjà marquée ! Vous y refuser est un péché mortel !

— Votre mère est dans le vrai, approuva sombrement Bernold. Vous soustraire à ce devoir sacré serait un manquement irréparable au premier commandement : « Tu ne tueras pas. » Ce serait une forfaiture.

Grécie se dégagea avec brusquerie de l'étreinte maternelle.

— Croyez-vous donc que je n'ai pas assez subi d'épreuves ? jeta-t-elle avec amertume. Qui, à ma place, pourrait souhaiter accoucher d'un monstre à ma ressemblance ?

Isambour accusa ce nouveau coup. Elle ferma un instant les yeux, demeura immobile, tremblante, aux abois.

— Votre enfant n'héritera pas de votre disgrâce, parvint-elle cependant à dire après avoir pris une profonde aspiration. J'en suis certaine. Vous étiez une merveilleuse petite fille avant votre accident. C'est cette beauté originelle que vous lui transmettrez, non les conséquences fortuites d'un méchef survenu plus tard. Quand une femme devient mère après avoir été amputée d'une jambe ou d'un bras, son petit naît entier !

— Vous avez peut-être raison, admit Grécie, mais peu importe. Je n'ai pas su me garder de l'homme, je saurai me garder du rejeton... Parce que j'ai cessé de me méfier, il m'est arrivé malheur. On ne m'y reprendra pas. Je ne désarmerai plus. Pas même devant celui qui ne serait jamais qu'un bâtard !

— Les bâtards, ma fille, trouvent place dans toutes les familles, dit Bernold. Voyez plutôt au château, chez les Meslay eux-mêmes : il y en a je ne sais combien ! Le baron Salomon n'est-il pas, Dieu me pardonne, l'héritier, lui aussi, d'une lignée illégitime ? Cela ne l'empêche pas d'avoir été choisi par le noble Névelon II comme administrateur de sa seigneurie et tuteur de son fils en attendant son retour de Terre sainte.

— Chacun les élève sans façon, avec les autres marmots de la maisonnée, reprit Isambour. Tant qu'une fille n'est pas mariée, elle est libre de ses actes. Nul ne peut lui reprocher une naissance hasardée, dans la mesure où, justement, elle n'a rien fait pour la supprimer. Seule l'épouse chrétienne doit se montrer irréprochable. Ce n'est pas votre cas.

Elle joignit les mains.

— Sur mon âme, rien ne vous empêche de conserver, de mettre au monde, puis d'élever votre petit, assura-t-elle. Vous aurez là un nouvel être à aimer, qui sera à vous, à vous uniquement ! Il vous accompagnera tout au long de votre existence. Il restera près de vous, alors que votre père et moi serons retournés au royaume de Dieu ! Ma fille, ma chère fille, au nom de la tendresse que je vous porte, je vous en supplie : revenez sur votre décision !

— Je ne veux pas de lui ! Je ne l'aurai pas ! répéta Grécie, opposant à ses parents un visage buté.

— Si vous supprimez cette semence, qui germe dans votre sein, c'est comme si vous perciez à coups de dague un de vos frères ou sœurs que vous chérissez tant ! C'est un meurtre, tout comme c'en serait un de tuer Aubin, Doette ou Ogier !... Encore que celui-ci représente pour vous bien davantage ! Il est la chair de votre chair ! Y avez-vous songé ?

En dépit des larmes qui continuaient à la suffoquer, Isambour s'exprimait avec une force singulière. Sa conviction était si puissante qu'elle la portait au-delà de la douleur.

Grécie parut enfin touchée. Sans mot dire, elle s'essuya les yeux d'un revers de main.

— Cet innocent demande à vivre, continua Isambour. Il a droit à la vie... et vous, qui l'avez conçu, vous n'avez pas le droit de le priver de ce don de Dieu qui permet à une âme de s'incarner dans votre corps. Comment pouvez-vous seulement imaginer vous dresser contre le plan de la Création ?

Bernold écoutait sa femme avec respect et approbation. Manifestement, il faisait cause commune avec elle et louait sa résistance.

— Votre mère ne vous parle pas du châtiment que vous encourriez en plus de la part de la justice humaine, ajouta-t-il quand Isambour se fut tue. Vous n'êtes pas sans savoir, ma pauvre enfant, comment sont jugées et exécutées les femmes qui se font avorter.

— Je n'ai pas peur ! jeta Grécie en relevant le visage défiguré.

— Nous connaissons votre courage, reconnut le maître verrier. Mais vous feriez mieux de l'employer à ne pas fuir la première de toutes les responsabilités qui vous sont offertes : celle de transmettre la vie. Y faillirez-vous ?

— Personne n'a besoin de moi pour sauver l'espèce ! protesta Grécie à bout de nerfs. Il ne manque pas de poules pondeuses sous la calotte des cieux ! Si je vous écoutais, je gâcherais les pauvres années de jeunesse qui me restent !

Retournée auprès de son époux, Isambour se tenait à présent derrière lui, les mains posées sur ses épaules.

— C'est, de votre part, un égoïsme mal compris, ma fille, s'écria-t-elle. Le gâchis consisterait, au contraire, à condamner à mort l'enfant qui, par sa présence, vous procurera soutien et tendresse ! Ah ! que ne puis-je le porter à votre place ! A défaut de le faire, je l'élèverai si vous ne souhaitez pas lui donner vos soins. Je vous déchargerai de ce souci. Dans cette maison, un petit de plus ou de moins ne changera pas grand-chose, et je me sens déjà prête à l'aimer.

— Non ! Non ! J'ai dit non ! Ce sera non ! hurla Grécie. J'en ai assez, assez !

Comme une folle, elle s'élança vers la porte et sortit de l'atelier en courant.

— Par le sang du Christ ! Elle est perdue ! gronda Bernold. Elle sera damnée !

— Faut-il, mon Dieu, qu'elle soit malheureuse pour agir de la sorte, murmura Isambour. Blessée dans son amour comme dans son amour-propre...

Elle se tenait toujours debout derrière le siège de son mari. Celui-ci se retourna vers elle et posa ses larges mains maculées de peinture sur les siennes.

— Vous vous êtes bien battue, belle douce amie, assura-t-il en reprenant, pour la première fois depuis son retour, une appellation qu'il lui donnait autrefois. Oui, sur ma vie, vous avez vaillamment lutté et avez dit tout ce qu'on pouvait dire !

— Hélas, non, puisque je ne suis pas parvenue à convaincre Grécie !

Bernold secoua la tête avec obstination.

— Vous êtes une bonne et noble femme, continua-t-il sans tenir compte de l'interruption. En vous écoutant défendre avec tant d'ardeur un petit être encore en germe, contre celle-là même qui le porte, je me disais que, décidément, vous aurez toujours été traitée sans pitié par ceux à qui vous donnez le plus d'amour... Vous ne méritez pas les mécomptes ni les déceptions que nous vous avons tous infligés... Malgré les apparences, voyez-vous, c'est un de mes sujets quotidiens de réflexion. Je ne cesse de me répéter qu'il y a grande honte pour moi à vous avoir tant fait souffrir...

— Bernold !

Sous ses doigts, le verrier sentait trembler ceux d'Isambour. Il s'empara d'une des mains abandonnées sur ses épaules, la baisa doucement.

— Si on n'en crève pas, les pires plaies finissent, un jour ou l'autre, par se refermer, dit-il enfin d'une voix assourdie. Je vous demande encore un peu de patience...

On frappa à la porte.

— Dame, dit Sancie en se faufilant dans la pièce, dame, Ogier vient de s'écorcher les genoux en tombant dans la cour. Il ne veut pas que je le soigne. Il vous réclame.

— Je viens, répondit Isambour.

Elle se pencha vers Bernold, le baisa sur la bouche, puis sortit sans se soucier de sa mine défaite ni des traces humides qui marbraient ses joues.

Elle ne savait plus bien où elle était. Un malheur peut-il porter le bonheur en croupe ?

Dehors, elle trouva Aliaume berçant entre ses bras son petit frère qui geignait pour se faire plaindre.

— Vous feriez un bon père, mon fils, remarqua-t-elle simplement, en se chargeant à son tour d'Ogier. Vous devriez songer à prendre femme.

En voyant le jeune homme se troubler sous son regard, elle sut qu'elle avait vu juste et qu'il ne restait plus qu'à mettre Gildas au pied du mur.

Elle s'en chargerait. De ce côté-là, au moins, les événements paraissaient vouloir s'arranger de la bonne façon.

Restait Grécie...

L'adolescente ne se montra pas de la journée.

Le soir, à l'heure du souper, elle fit dire par Sancie à ses parents que, souffrant d'une forte migraine, elle demeurerait couchée.

Philippa, qui partageait avec son aînée et Doette la chambre des filles, confirma l'état dolent de sa sœur.

— Je me souviens de quelqu'un d'autre qui a utilisé de prétendus maux de tête pour ruminer en paix un mauvais coup, dit Bernold en regardant sa femme d'un air de connivence. Il ne faut pas la laisser ressasser seule ses pensées.

— Dieu vous inspire, ami, répondit Isambour. Soupez sans moi, je vais aller tenir compagnie à Grécie.

Lovée au creux du large lit, l'adolescente avait les yeux rougis et cernés de mauve.

Elle considéra avec méfiance sa mère qui entrait et venait s'asseoir près d'elle.

— Comment un événement qui ne devrait apporter avec lui que joie et espoir peut-il nous conduire toutes deux à nous faire tant de mal ? demanda Isambour, en posant une main fraîche sur le front fiévreux de sa fille. L'arrivée d'une nouvelle créature ici-bas demeure, en dépit des circonstances de sa venue, signe de bénédiction. C'est une bonne nouvelle. Pourquoi ne pas l'accepter humblement, sans vouloir écouter la voix de l'orgueil, qui est aussi celle de l'Adversaire ?

Provenant de la salle proche, de l'autre côté de la cloison de bois, on entendait un bruit confus de conversations.

Des chevaux hennissaient dans l'écurie.

Perché sur le faîte du tilleul, un rameur répétait sans fin son roucoulement monotone.

— L'enfant sera bien chez nous, assura Isambour. Ainsi que je vous l'ai proposé, je l'éduquerai et le soignerai, s'il en est besoin. Je pense à lui comme s'il était déjà parmi nous.

— Il n'y est pas ! souffla Grécie. Non, par ma foi, il n'y est pas encore !

— Les païens pouvaient tuer leurs filles, parfois même leurs fils, si cela leur convenait. Pas nous. Le Christ nous a enseigné le respect de la vie d'autrui. Avant toute autre chose...

Isambour parlait bas, d'une voix émue, par moments défaillante.

— Quand Aliaume est né, quand la sage-femme me l'a mis entre les bras, le premier sentiment que j'ai ressenti avant même l'amour maternel, ce fut du respect, continua-t-elle. Un respect infini pour cet être fragile, sorti à la fois de mon ventre et du néant, et qui, par la grâce de Dieu, allait vivre, vivre... pénétrer dans le grand mystère de l'existence, pour y participer... Depuis, à chaque naissance, j'ai retrouvé ce sentiment révérentiel devant le nouveau venu

à qui il m'était permis de donner une chance inouïe : celle de faire
son salut, afin de connaître, plus tard, la Vie Éternelle...

Elle se pencha un peu plus vers sa fille.

— Sans passage sur terre, point d'éternité, répéta-t-elle en
appuyant sur les mots. A-t-on, en conscience, le droit de priver une
âme de ses chances de paradis ?

Grécie fit la moue.

— Tout ce que vous me dites là est bel et bon, affirma-t-elle.
Je pense que c'est vrai. Mais j'ai été trop à même de mesurer
combien un père compte dans une famille pour en priver celui dont
vous prenez si bien la défense. Il n'a pas besoin que d'une mère,
mais aussi d'un père. Je ne veux pas d'enfant à demi orphelin !

— Vous accepteriez donc d'épouser l'homme qui se présenterait
pour endosser cette paternité ?

— Sans doute. Je m'engagerais envers lui avec reconnaissance.
De toute façon, je ne puis espérer faire un mariage d'amour...
l'expérience dont je sors me l'a bien prouvé...

— Ma chère fille, dit Isambour, ma chère fille, que je vous suis
reconnaissante de vous montrer si raisonnable ! Voyons... redites-
moi que vous garderiez votre petit si vous étiez en mesure de lui
donner un protecteur...

Grécie partit d'un rire amer.

— J'y consentirais certainement, mais il reste à découvrir un
homme capable de se mettre sur les bras une femme repoussoir
encombrée d'un bâtard !

— On trouve bien des remplaçants pour effectuer des pèlerinages
en vos lieu et place, pourquoi ne se présenterait-il pas un suppléant
dans un cas comme celui-ci ? demanda Isambour, mais, au fond de
son cœur, elle mesurait les difficultés d'une entreprise si singulière.

— Ce sera donc une question d'argent, remarqua la jeune fille,
avec son habituelle et implacable lucidité. Ma pauvre mère, il vous
faudra dénicher un acheteur... je crains bien que vous ayez du mal
à y parvenir... Encore que je ne voie pas d'autre moyen de sortir
de l'impasse, tant pour votre futur petit-fils que pour moi...

Elle rit de nouveau, mais avec davantage de tristesse.

Plus tard, quand Isambour eut quitté sa fille endormie pour
rejoindre Bernold dans leur chambre, elle mit son époux au courant
de ce qui venait d'être dit.

— Je me rendrai demain à Morville pour la fête des vendanges,
termina-t-elle. Mon oncle y sera entouré d'un tas de gens. Il a
l'habitude d'inviter toute la vallée à défiler chez lui ce jour-là.
Parmi ses convives, je verrai si je ne peux rencontrer celui que
nous cherchons.

— Quel homme un peu droit se prêterait à un tel marchandage ?
demanda Bernold. Il est navrant de livrer notre pauvre enfant,

comme une pouliche à vendre, contre monnaie sonnante et trébuchante... Ce projet ne me plaît pas.

— Peut-être existe-t-il quelque part un brave garçon que les malheurs et le reste de beauté de Grécie sauraient émouvoir... murmura Isambour sans y croire elle-même. Avons-nous, d'ailleurs, une autre échappatoire ?

Comme chaque soir, elle aidait son mari à retirer ses brodequins. Comme chaque soir, elle détourna les yeux pour ne pas voir les deux longues et hideuses cicatrices violacées qui lui déformaient les talons.

— Plus j'avance en âge, plus je perçois que Dieu nous laisse, ainsi que des fruits, mûrir sur l'arbre jusqu'à ce que nous ayons atteint l'exact degré de maturation nécessaire à l'accomplissement de nos destinées, dit gravement Bernold. Pour certains, il faut très longtemps, ce sont des fruits tardifs. Pour d'autres, la fleur est si belle qu'il semble préférable de la cueillir avant que sa promesse risque de se voir gâtée. Pour tous en revanche, patience et solidité sont nécessaires afin de lutter contre les intempéries et le vent mauvais qui secouent tronc et branches. Pour tenir, il faut se cramponner...

Le lendemain matin, jour de la Saint-Rémi, après que toute la maisonnée eut défilé dans l'étuve, et comme chacun s'apprêtait pour la messe des vignerons, Amalberge arrêta Isambour sous le tilleul qui commençait à perdre ses feuilles.

— Dame, dit-elle, j'ai quelque chose de fort important à vous confier.

— Le maître m'attend pour s'habiller. Je n'ai guère le temps...

— Ce ne sera pas long. Il s'agit toujours de votre fille.

Isambour dévisagea la sage-femme avec appréhension.

— Par le ciel, qu'y a-t-il encore ?

— Voilà. Haguenier vous a croisée hier comme vous me quittiez. Il a voulu savoir la cause de votre peine. Je n'ai pas su me taire et lui ai tout raconté.

— Peu importe, dit Isambour assez nerveusement. Peu importe. Tout le monde sera bientôt au courant.

— Sait-on...

— Je ne comprends pas.

— Haguenier est devenu comme fou quand il a su ce qui arrivait à Grécie. Il m'a avoué qu'il l'aimait depuis longtemps mais qu'il n'aurait jamais songé à lui en parler tant il demeurait persuadé qu'elle ne pourrait en aucune façon s'intéresser à un aveugle.

— Votre fils !

— Ils partagent tous deux le goût de la musique et il leur est arrivé de chanter ensemble. Pour lui, qui ne l'a jamais vue, elle n'est qu'une voix. Une voix d'ange...

Isambour resserra autour de ses épaules l'ample voile rayé qui lui enveloppait la tête et le buste.

— L'amour de votre fils ne change rien au sort de ma pauvre Grécie, soupira-t-elle. Elle se refuse à mettre au monde un enfant sans père.

— Justement ! s'écria Amalberge, dont la large face s'éclaira soudain. Justement ! Un père, moi, je vous en propose un : mon Haguenier. Il sait à quoi s'en tenir sur l'état de Grécie et s'offre à la prendre en charge, avec son fardeau. Il s'estimera comblé s'il peut sauver l'honneur de sa belle, lui servir de soutien, l'entourer d'affection, et l'aider à élever son petit.

Sans se soucier de son bliaud pourpre fraîchement lavé et repassé, Isambour se laissa tomber sur le banc de planches qui ceignait le tronc du tilleul.

— Sainte Vierge ! murmura-t-elle, et elle se mit à rire convulsivement, tandis que des larmes jaillissaient de ses yeux.

4

— Touchez là, mon beau neveu, dit le vavasseur, touchez là. Le temps de la réconciliation est venu. Je commence à me faire vieux. Je ne tiens pas à me trouver encombré de rancune quand je me présenterai devant Dieu, notre sire. Ce jour de noces me semble tout indiqué pour que nous fassions la paix, vous et moi !

Bernold et Gervais ne s'étaient pas revus depuis le retour du verrier chez lui. Pendant l'année écoulée, Perrine, seule, avait assuré la liaison entre Morville et le Grand Feu.

Installé sur une cathèdre, devant la table servie, le mari d'Isambour, qui se refusait à marcher en public, serra donc la main, puis donna l'accolade à l'oncle irascible qui la lui proposait.

Ils s'exécutèrent tous deux sans chaleur excessive, mais avec le même désir d'oubli et d'apaisement.

Elle était loin l'époque où le vavasseur vouait aux flammes éternelles l'époux de sa nièce et ne parlait que de le pourfendre !

L'union de Grécie et d'Haguenier fournissait au vindicatif petit homme roux l'occasion de régler une affaire de famille reléguée par les récents événements dans un passé reculé.

— Que saint Vincent, patron des vignerons, nous protège tous ! conclut-il d'un air satisfait, en levant sa coupe d'argent finement ciselé.

Au sortir de la très simple cérémonie souhaitée par Grécie, les quelques parents et amis conviés à partager le repas de ce mariage pas comme les autres s'étaient retrouvés à la verrerie.

La semaine des vendanges terminée, et tandis que de nombreux paysans en profitaient pour chasser dans les vignes dépouillées, on avait pu songer à fixer la date du mariage.

Il fallait se hâter, tout en évitant les jours de pénitence imposés à Bernold. Aussi choisit-on le mardi suivant la Saint-Denis, date qui convenait à chacun.

Octobre était beau et chaud. Trop chaud même, après les touffeurs estivales. Tout le monde attendait la pluie, avec impatience et une certaine anxiété.

Blond comme le vin de paille, l'air léger d'arrière-saison circulait allègrement sous un dais de ciel bleu.

La luminosité était telle qu'on distinguait, bien au-delà du Loir, aux flancs des lointains coteaux de l'autre versant de la vallée, les sillons rectilignes que traçaient des laboureurs.

Entre l'été torride et l'hiver que certains prédisaient rude, ce doux automne rappelait par sa limpidité celui de l'année précédente auquel, pourtant, on s'efforçait à la verrerie de ne pas songer...

En plus des gens du Grand Feu et de ceux de Morville, les seuls invités étaient Gildas et ses enfants adoptifs, ainsi que, venus tout exprès de Blois, Garin-le-monétaire accompagné d'Aubrée.

La marraine de la mariée avait tenu à revêtir elle-même sa filleule de la chemise de soie safranée et du bliaud en fine toile cramoisie, brodé de guirlandes fleuries, qu'elle avait fait faire à son intention et apportés en grand arroi dans un encombrant coffre de voyage.

Drapé avec art sur la tête de Grécie, un voile épais couvrait les nattes soyeuses entremêlées de rubans rouges et blancs. Il retombait assez bas pour dissimuler autant que faire se pouvait le mauvais profil de la jeune femme.

Durant la messe, les villageois et les tenanciers des environs, qui s'étaient déplacés en grand nombre, avaient bien un peu chuchoté, mais la dignité des nouveaux époux, le rapprochement poignant et insolite de leur double infirmité, avaient frappé les imaginations et mis une sourdine aux commérages.

L'épouse au visage meurtri et son jeune mari aveugle semblaient l'un et l'autre marqués du sceau des victimes. On les respectait.

Mesurant le courage nécessaire à la formation d'une pareille alliance, beaucoup d'assistants avaient préféré ne pas approfondir les causes de ces étranges noces.

Revenus au Grand Feu, parmi leurs proches, Haguenier et Grécie se tenaient à présent, de part et d'autre du siège où Bernold avait pris place, près de la table en forme d'U, dressée pour la circonstance dans la cour de la verrerie.

Porté jusqu'au chœur de l'église par son fils aîné et son apprenti, selon une habitude adoptée depuis maintenant des mois, le maître verrier avait pu assister à la messe nuptiale.

Il avait ensuite regagné son logis, en compagnie d'Isambour, dans la charrette qui le conduisait d'ordinaire aux offices.

Avant de commencer à dîner, les convives trinquaient donc en buvant à la santé du couple nouvellement uni, quand un chevaucheur en provenance de Blois se présenta au portail du domaine.

Suant et couvert de la poussière des chemins, il apportait un message de Mayeul. Au terme d'un accouchement qui avait de nouveau mis ses jours en danger, Aveline avait donné naissance, la nuit précédente, à une seconde petite fille, nommée Muriel.

— Je suis maudit ! s'écria le vavasseur en s'écroulant sur un des bancs qui entouraient la table. Maudit ! Je n'aurai jamais d'héritier mâle ! Mes vignes tomberont entre des mains étrangères !

— Grâce au ciel, notre fille est encore bien vivante ! protesta Perrine. Elle pourra toujours vous donner une autre fois le garçon que vous désirez tant !

— Taisez-vous donc ! hurla Gervais en tapant du poing avec fureur sur la table qui tressauta dans un bruit d'étains heurtés. Taisez-vous donc ! Tout comme moi, vous venez d'entendre qu'Aveline avait failli passer durant ses couches ! Elle ne pourra plus avoir d'enfant !

Isambour tenta de calmer son oncle en lui faisant remarquer que la naissance de la petite Muriel, survenue le jour même d'un mariage dans la famille, lui paraissait de bon augure ; que nul ne pouvait savoir si la santé de sa cousine avait été ébranlée au point de lui interdire tout espoir futur de maternité ; qu'enfin il n'était pas bon d'accueillir l'arrivée d'un nouveau-né en lui faisant grise mine ; mais aucun de ces arguments ne toucha le vavasseur.

Rouge comme un coq fâché, opposant une résistance rageuse aux consolations qu'on lui prodiguait de toutes parts, il ne cessa plus, pendant tout le repas, de fulminer contre la malchance qui poursuivait sa race.

Assis l'un près de l'autre, ainsi qu'il convenait, les mariés, pendant ce temps, s'entretenaient à mi-voix.

Les éclats de l'oncle Gervais ne semblaient guère les impressionner.

Entre le long garçon maigre, au regard sans vie, et la jeune femme blonde, précautionneusement enveloppée dans son voile, une sorte de complicité s'installait.

Lorsque Isambour avait fait part à sa fille de la demande en mariage du musicien, celle-ci ne s'était pas récriée.

— Pour lui, au moins, je serai toujours belle, avait-elle pensivement. Qui d'autre qu'un aveugle pouvait, en réalité, s'éprendre de moi ?

Sans tergiverser, elle avait alors donné son accord à un projet que ses parents, de leur côté, n'envisageaient qu'avec réserve.

— Pourvu d'un père, l'enfant pourra naître et grandir normalement, avait-elle déclaré ensuite. N'était-ce pas ce que vous vouliez, ma mère ? Je ne pense pas éprouver de difficultés à témoigner de l'affection à celui qui m'aura tirée d'un aussi mauvais pas. Dès à présent, je le considère comme mon meilleur ami.

Au cours de la semaine de leurs brèves fiançailles, les deux jeunes gens parurent s'entendre à merveille. Ils parlaient souvent ensemble, toujours avec confiance. La musique et le chant, mais aussi leurs mutuelles épreuves, et surtout un avenir qui, désormais, leur serait commun, leur fournissaient bon nombre de sujets de conversation, mais aussi maintes preuves de goûts et d'aspirations partagés.

— Que voulez-vous, mon amie, dit Aubrée à Isambour la veille des noces. Que voulez-vous, il l'aime ! Si elle ne lui rend pas encore la pareille, il est bien possible qu'elle se laisse peu à peu gagner par la contagion d'un sentiment si sincère. Et puis, qui sait... Ne peut-on pas tomber amoureux de l'amour qu'un autre vous porte ! Surtout dans le cas de Grécie, trop intelligente pour ne pas reconnaître qu'il ne lui est guère possible d'inspirer d'autre attachement...

D'abord réticent, Bernold, lui aussi, avait fini par admettre que ce gendre imprévu présentait certains avantages.

En outre le monétaire et sa femme proposaient de faire entrer Haguenier dans le groupe des musiciens de la cour comtale de Blois.

Le talent et la renommée de l'aveugle plaidaient en sa faveur. Garin et Aubrée se faisaient fort de l'introduire, puis de l'imposer auprès de ceux qui gravitaient autour de la comtesse Adèle. La régente elle-même serait influencée par eux. Elle demeurait fort désireuse d'attirer dans son cercle les artistes les plus doués du Blésois.

— Au début de leur installation, ces enfants, s'ils le désirent, pourront fort bien loger sous notre toit, avait dit Aubrée. Grécie s'y retrouvera un peu comme chez elle... Au reste, sans plus attendre, ne serait-il pas possible, après le repas de noces, de repartir tous ensemble pour Blois ? Voyager en groupe est plus sûr.

— Il me sera dur de me séparer de ma fille aînée, mais je pense qu'une fois de plus vous allez lui rendre là un fort grand service, avait reconnu Isambour. Il est sans doute préférable pour elle et pour son mari de quitter le plus tôt possible Fréteval et certains souvenirs...

C'était donc de leur future existence à Blois que s'entretenaient les jeunes époux, sans trop s'émouvoir des manifestations de désappointement et de colère auxquelles se livrait le vavasseur.

En fin de compte, le repas se déroula comme prévu.

On avait fait asseoir le chevaucheur au bout d'une des tables, à la place qu'on laissait toujours vacante pour le voyageur ou le pèlerin envoyé par Dieu...

— Maintenant que voici Grécie établie, dit Isambour à Gildas qui se trouvait à sa gauche, il va falloir nous occuper d'Aliaume.

Le meunier pencha son grand nez sur le morceau de pain tranchoir qu'il avait devant lui, et ne répondit pas tout de suite.

Avant de relever un front soucieux, il absorba plusieurs morceaux de sanglier en marinade, accompagnés de châtaignes rôties.

— Par tous les saints, pourquoi faut-il que vous soyez aussi entêtée ? soupira-t-il en jetant un regard lourd de reproche à sa voisine. J'étais certain que vous finiriez, un jour ou l'autre, par revenir sur ce sujet.

— C'est qu'il me tient à cœur, affirma Isambour. J'ai pu ces derniers temps m'assurer que notre fils et votre Juliane se plaisaient mutuellement. Voudriez-vous rendre ces deux enfants malheureux ?

— Les unir ne me semble toujours pas une bonne idée.

— Pourquoi donc ? Une alliance entre nos familles vous répugne-t-elle à ce point ?

Gildas secoua la tête. Dépit et fascination se partageaient son âme meurtrie.

Il dévisagea un instant celle qui le traitait si mal. En dépit de tout, les traits fins, les larges yeux gris, le front bombé surmonté en cette journée de fête d'un bandeau orné d'orfroi, continuaient à exercer sur lui un pouvoir que rien n'avait pu entamer. Ni les rides naissantes, ni les cheveux blancs qui filetaient d'argent les lourdes tresses brunes... Non plus que la fidélité sans faille envers un autre.

— Vous savez fort bien ce que j'en pense et pourquoi je le pense, reprit-il enfin. Oui, par saint Martin, vous le savez depuis toujours !

Autour d'eux, les conversations allaient bon train.

Aussi fiers qu'heureux d'une union qui les rapprochait de façon inespérée du maître verrier, Amalberge et Gerbaut-le-maisné parlaient avec Perrine, Bernarde et Perrot.

Rémi taquinait Sancie. Garin tentait de rasséréner le vavasseur en lui versant à boire.

Philippa, Damien, Aubin et Doette s'agitaient sur leur banc. Des fous rires irrépressibles les secouaient tour à tour. Profitant du relâchement de toute surveillance, ils se gorgeaient de châtaignes.

Bernold envisageait avec Aubrée l'avenir des nouveaux mariés, qui, de leur côté, continuaient à causer.

Juliane et Aliaume, par ailleurs, devisaient avec animation, sans se douter le moins du monde qu'ils se trouvaient au centre des propos du meunier et de son ancienne promise.

— Chassez une fois pour toutes de votre esprit les fantômes de

notre jeunesse, disait justement Isambour. J'espérais n'avoir jamais
à vous le signifier, mais, puisque vous y tenez, Gildas, sachez donc
que vous avez toujours été le seul à imaginer certaines choses...
Le seul à les espérer, le seul à y croire.

Elle posa une main ferme sur la manche de son interlocuteur.

— Oubliez, mon ami, oubliez des rêves impossibles. Revenez
enfin à la réalité. Cherchez-vous une nouvelle épouse... Acceptez
de donner Juliane en justes noces à Aliaume !

— Dieu me damne ! Vous avez une vocation de marieuse ! jeta
le meunier entre ses dents. Eh bien ! puisque vous vous y intéressez,
apprenez que je ne me remarierai jamais. Quant à Juliane, je ne
suis pas pressé de la voir quitter le moulin. Elle tient comme
il faut son rôle de maîtresse du logis et je ne saurais par qui
la remplacer.

— Elle tiendrait encore mieux son propre ménage, affirma
Isambour. Je vous croyais bon, Gildas. Ne me détrompez pas en
vous montrant, pour une fois, égoïste au point de sacrifier le bonheur
de votre fille à je ne sais quelle rancœur !

— Je serais peut-être bon, comme vous dites, si je n'étais pas
si morfondu, grommela le meunier. Le moyen de songer aux autres
quand on est soi-même mal en point !

Isambour rougit de contrariété.

— S'il fallait attendre d'être heureux pour s'occuper de ceux
dont on est responsable, lança-t-elle avec force, on ne s'en soucierait
pas souvent !

Elle ne put continuer, car toute la tablée réclamait à présent aux
nouveaux conjoints musique et chansons de noces.

— Il faut vous exécuter, renchérit Garin-le-monétaire. Nous
serons contents, ma femme et moi, de juger sur pièces les talents
d'Haguenier qu'on nous a tant vantés.

On passait des pâtés de carpes, des rissoles, des tourtes aux
pommes, mais quand Grécie se leva pour chanter, chacun s'immobilisa.

Ce fut dans un grand silence que sa voix pure s'éleva, accompagnée par la flûte d'argent de l'aveugle.

L'air et les paroles composés par lui faisaient preuve d'un art
très sûr.

Plusieurs autres pièces interprétées soit par le musicien, soit par
sa jeune femme, soit en duo, se succédèrent.

— Je me porte garant de leur succès à Blois, s'écria le monétaire.
Ils plairont.

— Mon regard sera le regard d'Haguenier, et je me ferai confectionner un masque que je porterai au château, lança Grécie. Dans
ce métier, il est préférable de se montrer sous son meilleur jour.
Nous devons attirer la sympathie, non la compassion.

Comme le défi se mêlait à l'amusement dans le ton de la mariée, son nouvel époux lui passa un bras autour des épaules et l'attira contre lui.

Grand, maigre, sans beauté, mais les traits empreints d'une sérénité, d'une bienveillance, qui les ennoblissaient, Haguenier présentait un alliage de gaieté et de douceur assez courant chez ceux qui ne sont pas à même de voir les actions des hommes.

Ce fut sur cette vision réconfortante qu'Isambour demeura ce soir-là, après le départ pour Blois des jeunes époux, de Garin, d'Aubrée et de Perrine.

En dépit de la grogne du vavasseur, qui se refusait à faire la connaissance de leur deuxième petite-fille, sa femme avait en effet décidé de se joindre aux voyageurs. Elle désirait constater de ses yeux le rétablissement d'Aveline et aussi embrasser Muriel.

Une séparation si vite survenue, alors qu'elle ne l'avait nullement envisagée, chagrinait bien un peu la mère de Grécie, mais elle se consolait en se persuadant que la jeune femme serait mieux à sa place à la cour de la comtesse Adèle qu'à Fréteval. Un avenir prometteur semblait devoir s'ouvrir devant le couple de musiciens, l'enfant était sauvé... Ce mariage impromptu se révélerait peut-être meilleur que certaines unions longuement préparées... Et puis, elle demeurait seule pour s'occuper de Bernold, et le garder sans partage...

— Sur ma tête, mon fils et votre fille paraissent fort bien s'accorder ! constata Amalberge d'un air satisfait après que le pas des chevaux se fut éloigné. Qui aurait dit, du temps de leur enfance, que nous les marierions un jour ! La vie me surprendra toujours !

— Ce qui me frappe le plus, remarqua Isambour en refermant le portail, c'est que la rencontre de ces deux infortunes débouche sur quelque chose qui ressemble à une sorte de tendre et solide entente. Vous avez raison, Amalberge, l'existence est imprévisible. Dieu seul sait ce qui nous convient. Nous autres, pauvres créatures, nous nous égarons le plus souvent.

Six semaines plus tard, quand Perrine revint de Blois où elle avait laissé en bonne santé Aveline et sa famille agrandie de Muriel, il devint évident que la sage-femme ne s'était pas trompée.

Les nouvelles du jeune couple étaient satisfaisantes.

Bien accueillis à la cour de la comtesse, ainsi que par Adèle elle-même, Grécie et Haguenier connaissaient déjà un début de notoriété. Ils logeaient dans la demeure du monétaire, là où Isambour avait habité avec ses enfants durant leur exil. Aubrée les traitait le mieux du monde.

— Entre Haguenier et notre fille tout semble-t-il bien se passer ? avait demandé Bernold.

— Par Notre-Dame, quelle femme ne serait heureuse avec un

mari comme celui-là ! s'était écriée Perrine. Il est aux petits soins pour elle et paraît sans cesse remercier le ciel de lui avoir octroyé une pareille épouse !

— Que vouloir de plus ? avait conclu Bernold en se tournant vers Isambour. Notre fille est sans doute mieux mariée que beaucoup d'autres. C'est une grande grâce que nous avons reçue en l'occurrence. Ce doit nous être un réconfort dans la situation actuelle.

L'automne, en effet, se terminait mal. Des pluies torrentielles avaient succédé à la sécheresse. Depuis de longues semaines, il ne cessait de pleuvoir. Le Loir avait débordé et s'était répandu dans les villes neuves à peine achevées, dans les champs, les vignes, les prés de la vallée.

Bien des maisons de Fréteval et de Francheville voyaient leurs celliers ou leurs caves inondés. Des taches de moisissure souillaient les murs blancs dont certaines assises étaient menacées. L'inquiétude des habitants montait avec la crue qui comblait les fossés creusés au pied de leurs fortifications en planches. Des échafaudages avaient été emportés.

Du Grand Feu, on découvrait un paysage inconnu. Le spectacle familier de la boucle de la rivière, des cultures ou des pâturages avoisinants, s'était transformé. Une sorte de lac était apparu, d'où n'émergeaient que les plus grands arbres, les maisonnettes construites par les vignerons au bout de leurs terrains, et le clocher de Saint-Lubin, dont le cimetière entourant l'église se trouvait immergé, ce qui avait forcé le curé à enterrer ses paroissiens au champ des Cercueils, hors d'atteinte de la montée des eaux.

Les serfs et les tenanciers logés dans des bâtisses inondables avaient dû se réfugier sur les toits de leurs chaumières, avant qu'on n'allât les chercher en barques.

Du haut de sa motte de terre, Morville dominait encore la nappe liquide, mais on n'en voyait plus que les bâtiments. Le potager, le verger, les vignobles, avaient disparu. C'était un sujet de désespoir incessant pour le vavasseur, dont l'unique consolation était que ses concurrents voyaient leurs ceps également noyés.

Située à mi-pente du coteau, la verrerie ne craignait rien, mais le pré et la chènevière reposaient, eux aussi, sous plusieurs pieds d'eau. Seul le toit du lavoir semblait flotter à la dérive.

Une odeur de fange et de marécage stagnait au-dessus des terres submergées.

L'odorat sensible d'Isambour en souffrait beaucoup. Aux soucis causés par les conséquences de ce déluge, s'ajoutaient pour elle des relents nauséeux.

Le ciel gris de novembre se reflétait tristement dans la vaste étendue ondoyante qui lui servait de miroir.

Des scintillements métalliques luisaient à perte de vue.

Au moindre souffle de vent, de courtes vagues grises s'ourlaient d'un peu d'écume.

Sous le crépitement de la pluie, une infinité de grosses bulles glauques crevaient à la surface de la lagune malsaine qu'était devenue la vallée.

Des cadavres de vaches, de moutons, de poules, de chèvres, dérivaient par endroits, ou s'accrochaient aux branches entremêlées, aux troncs flottants que survolaient de longs vols de corbeaux et d'oiseaux de proie.

— La famine guette, prédit un soir Bernold d'un air soucieux. Nous serons peut-être réduits ici même, si le diable s'en mêle, à disputer ces carcasses aux charognards !

— Nous avons des réserves, mon ami ! protesta Isambour. Nous pouvons tenir encore longtemps. La pluie finira bien par s'arrêter de tomber.

Elle estimait que son mari voyait à présent, bien plus facilement qu'autrefois, les choses en noir. Aussi s'appliquait-elle, malgré ses propres craintes, à lui présenter les faits sous leur meilleur aspect.

— Bien des pauvres gens commencent à manquer de vivres, continua le maître verrier, sans se laisser détourner de son propos. Après la sécheresse de cet été et les trombes d'eau actuelles, bon nombre d'entre eux n'ont déjà plus de provisions. Que vont-ils devenir si l'hiver se montre rigoureux ?

— Ceux qui possèdent un peu plus partageront avec ceux qui seront démunis. N'est-ce pas ce qui nous est prescrit ? J'ai commencé à faire porter aux villages neufs quelques paniers de poissons fumés ainsi que plusieurs sacs de fèves ou de lentilles. Sur ordre du baron Salomon, mon oncle approvisionne Fréteval en vin. Gildas fournit la farine.

— Il ne faudrait cependant pas que cette crue dure trop, répéta Bernold. Le spectre de la disette est un des plus affreux qui soit... La dernière est encore bien proche !

Ils se tenaient tous deux dans l'atelier du verrier où sa femme venait de plus en plus souvent le rejoindre.

Sur ces entrefaites, Rémi entra, portant sur une plaque de fer plusieurs moules à noyaux dans lesquels reposait du plomb préalablement fondu.

Sans interrompre le travail de sertissage auquel il se livrait, Bernold indiqua d'un geste à son apprenti où poser sa charge et le remercia brièvement.

Une puissante odeur de métal chauffé emplissait l'atelier.

En cette saison, bien qu'il fît plus humide que froid, la chaleur voisine des fours paraissait la bienvenue, on laissait ouvertes les portes qui donnaient d'un atelier à l'autre.

Bernold prit une baguette de plomb, l'étira, la coupa à la taille du morceau de verre coloré et peint à enchâsser, la modela à la forme voulue, la mit en place.

C'était toujours avec le même intérêt qu'Isambour assistait aux différentes opérations que le verrier exécutait avec l'habileté et la sûreté de main d'un maître.

Penché sur son établi où reposaient les pièces du panneau à composer, Bernold commençait invariablement par le centre avant de progresser vers le pourtour. Il insérait le fragment choisi dans la baguette de plomb nervurée, moulée en creux, dont il rabattait les ailes sur le verre. Il maintenait l'ensemble à l'aide de quelques larges clous de maréchal-ferrant, dont les têtes carrées présentaient le double avantage d'être aisées à manier et de ne pas détériorer le fragile assemblage. Il continuait ensuite à disposer ses autres éléments, un par un, et les mettait à leur place jusqu'à ce que le panneau fût achevé.

— Savez-vous que je suis retournée plusieurs fois à l'église de Francheville pour y admirer le vitrail où vous m'aviez représentée sous les traits de Marie-Madeleine ? dit en souriant Isambour à son époux pour lui changer les idées. Je le revois chaque fois avec le même plaisir... et le même trouble... Je suis allée jusqu'à en rêver, une nuit, quand je vivais à Blois !

Elle avait parlé d'une traite, sans y penser.

Soudain, le songe oublié lui revint en mémoire. Elle frissonna.

Que lui avait donc déclaré la petite femme noire en lui passant au doigt cette bague en forme de trèfle qui ne comptait plus que deux rubis au lieu de trois ?

Une phrase sibylline... : « Il n'y en a que deux. Il n'y en aura plus de troisième ! Ne l'oubliez pas ! »

Elle se rappelait fort bien s'être en vain demandé ce que signifiaient les deux pierres rouges qui restaient. Que représentait ce chiffre ? Deux quoi ? Deux douzaines d'années ? Deux ans ?

Elle se secoua.

— Il faut que je retourne voir ce que font Doette et Ogier, dit-elle avec précipitation. Je reviendrai plus tard.

Elle sortit en toute hâte, comme si elle avait eu le diable aux trousses, laissant Bernold occupé à nettoyer et à frotter avec du suif les jointures qu'il s'apprêtait à souder...

Les jours suivants, la pluie se calma. Enfin, lentement, au début des ides de décembre, le Loir réintégra son lit.

La crue laissait derrière elle un fond de vase, des vignes perdues, des vergers et des jardins enlisés encombrés de débris informes, un cheptel décimé, des maisons aux murs noircis et souvent ébranlés.

— Nous devons, sans tarder, nous rendre à la rivière pour chercher du sable, déclara peu après Aliaume à son père. Nous avons épuisé nos réserves pendant l'inondation et en manquons maintenant pour la fabrication du verre.

— Allez-y donc, mon fils, avec Rémi, puisque c'est nécessaire, concéda le maître verrier. Méfiez-vous, cependant, de la boue qui doit encore être épaisse par endroits. La charrette risque de s'embourber. Par Dieu ! ce m'est arrivé une fois et je puis vous assurer qu'il n'y a là rien de plaisant !

Contrairement à ce que craignait Bernold, il n'y eut pas d'enlisement, mais un accident.

Au retour, alors que la matinée s'achevait et que, chargée d'un sable souillé de vase qu'il faudrait longuement laver avant de le sécher, la charrette remontait vers le Grand Feu, l'essieu d'une des roues cassa.

Engluée dans les profondes ornières boueuses, la voiture déséquilibrée s'inclina dangereusement.

Aliaume, qui marchait de ce côté-là, voulut la retenir, l'empêcher de verser. S'arc-boutant, il tenta de résister à l'affaissement de la charretée. C'était compter sans le poids du sable et l'état du terrain. Son pied glissa, il tomba, et reçut sur lui une partie du chargement, et la ridelle en bois de frêne.

Rémi, lui, cheminait en tête, guidant le mulet par la bride. En se suspendant au harnais, il parvint à éviter que l'animal ne fût entraîné à son tour. Cependant, s'il réussit à le maintenir debout, il ne put éviter la rupture d'un des brancards.

Aux cris qu'il poussa, Perrot, qui se trouvait dans le potager, et Bernarde, qui soignait ses vaches, accoururent.

A eux trois, ils redressèrent la charrette renversée.

Couvert de sable noirâtre, Aliaume gisait sur le sol, sans connaissance.

— Dieu Seigneur ! Il est mort ! cria Bernarde songeant à la terrible fin de son mari, le maçon qui avait été écrasé sous la pierraille.

Les yeux exorbités, elle tomba à genoux en se signant plusieurs fois de suite.

Rémi se mit à pleurer.

— Mais voyez donc, il respire ! déclara Perrot, le seul à conserver son sang-froid. Il faut le porter à la maison.

Dès que le jardinier voulut soulever le blessé, celui-ci, rendu à la conscience par la douleur, se mit à crier.

— Ma jambe ! Ma jambe !

— Par ma foi, vous devez avoir quelque chose de cassé, reprit Perrot. Ne bougez pas, je vais chercher mon échelle. Nous vous étendrons dessus.

Quand Isambour, qui peignait du chanvre dans la salle avec

ses servantes, entendit du bruit au pied de l'escalier de pierre, elle s'étonna.

— Va voir, dit-elle à Sancie.

— Que Dieu nous assiste ! s'écria celle-ci après avoir ouvert la porte. C'est votre fils qu'on ramène sur l'échelle de Perrot !

Les moments qui suivirent ne furent que confusion.

Alerté par Rémi, qui était allé le prévenir à cheval pour gagner du temps, Roland ne tarda pas à arriver, avec le coffret de cuir où il rangeait ses remèdes.

Après avoir palpé le corps meurtri de son neveu, il déclara que, par miracle, Aliaume n'avait qu'une jambe fracturée et quelques côtes froissées.

— Il vous faudra, ma sœur, mettre un gros cierge à saint Lubin, dit-il à Isambour, penchée au-dessus du lit de toile dressé à la hâte sur lequel on avait étendu le jeune homme. Votre fils s'en tire relativement à bon compte. Il aurait pu avoir les hanches broyées, ou pis encore !

— Comme vous avez bien fait, mon frère, de devenir moine ! assura Isambour. Hors des murs d'un moutier, nos vies ne sont que tourments et dommages !

— Il y a tout de même de bons moments dans l'existence des laïques, du moins si j'en crois ce qu'il m'a été donné de constater et d'entendre au cours de mon ministère, corrigea malicieusement le moine que rien ne semblait pouvoir détourner de son calme souriant. Vous-même, n'étiez-vous pas heureuse, voici peu, du mariage de Grécie ?

— Après combien d'angoisses et de luttes !

— Bien sûr ! Nous sommes ici-bas, ma sœur, sur la terre de la Grande Épreuve dont parle saint Jean dans son Apocalypse. Là où nous devons purifier nos vêtements, c'est-à-dire notre chair, dans le sang de l'Agneau ! Rien ne nous y est facile, cela va de soi. Le séjour des bienheureux ne deviendra nôtre que plus tard, beaucoup plus tard... Il n'y a qu'à prendre patience.

En parlant, il lavait les blessures d'Aliaume avec du vin, les enduisait d'huile, lui bandait la poitrine, posait de chaque côté de la jambe cassée deux étroites planchettes de bois comme attelles, puis les fixait solidement à l'aide de bandelettes entrecroisées.

— A propos de patience, mon beau neveu, reprit-il avec son ton d'ironie tranquille, à propos de patience, il va vous en falloir une bonne dose. En dépit de votre remuante jeunesse, je me vois obligé de vous prescrire la plus complète immobilité, et le repos, pendant un bon mois.

— Que vais-je devenir durant tout un mois ! s'insurgea Aliaume. Ne pourrais-je marcher avec des béquilles afin de me rendre à mon atelier ?

— Pour risquer de demeurer par la suite avec une jambe torte, comme l'était le dos de notre défunt oncle Frémin ? (Que Dieu lui fasse miséricorde !)

Roland secoua sa grosse tête chevelue.

— Assurer la reprise des os est indispensable. Quand ils seront ressoudés, vous pourrez utiliser des béquilles. Pas avant, acheva-t-il avec fermeté.

— Par Dieu, la malchance me poursuit ! s'écria le blessé dont la fièvre échauffait le cerveau. Rien ne me sera donc épargné !

— Buvez ce gobelet de vin de reine-des-prés. Il apaisera fébrilité et agitation, reprit Roland sans se démonter. Un peu plus tard, votre mère vous fera prendre une infusion de basilic qui vous incitera à dormir. Après quoi, nous aviserons.

Rassurée, Isambour se permit un sourire entendu.

— Je connais peut-être quelqu'un qui vous aidera à tuer le temps plus agréablement que vous ne le pensez, mon fils, dit-elle. Je vais m'en occuper.

Elle accompagna Roland jusqu'au portail, tout en l'entretenant avec animation. Quand il se fut éloigné au trot paisible de sa mule, elle se rendit auprès de Bernold afin de le tenir informé des suites de l'accident.

Après le dîner, des pas alertes franchirent les degrés menant à la salle. La porte s'ouvrit. Juliane entra.

— Dieu vous garde ! lança-t-elle gaiement en s'approchant d'Aliaume.

Étendu devant l'âtre, sur l'étroit lit de toile qui servait d'ordinaire aux couches de sa mère, le jeune homme contemplait avec amertume les flammes fauves en train de dévorer de grosses bûches noueuses.

La fièvre embrumait son esprit. Ce fut un regard à la fois trop brillant et un peu flou qui se fixa sur l'arrivante.

De l'autre côté du foyer circulaire, Philippa et Aubin, qui jouaient aux osselets, dressèrent la tête en même temps. La petite fille mit un doigt sur ses lèvres. Son frère se tut.

— Vous ! s'écria Aliaume. Vous ! Ce n'est pas possible !

— Et pourquoi donc ? demanda en souriant Juliane. Ne sommes-nous point de bons amis ?

Elle retira sa chape puis le voile épais qui lui couvrait la tête sous le capuchon rabattu.

Il commençait à faire plus froid. Le vent du nord qui soufflait avec rudesse s'insinuait sous la porte, mugissait dans la cheminée.

— Votre mère m'a fait savoir ce qui vous était arrivé, alors, je suis venue, expliqua-t-elle simplement.

Après l'air piquant du dehors, la chaleur de la salle lui avivait le teint, accentuant l'aspect sain et vigoureux qui émanait d'elle.

Peau fraîche, yeux sombres et vifs, largement fendus comme

ceux des chevaux, bouche aux dents solides et éclatantes, donnaient à Juliane l'aspect d'une belle plante pleine de sève, ou d'un fier animal sauvage qu'on aurait su amadouer.

— Ma mère avait raison, je vais beaucoup moins m'ennuyer que je ne le craignais, souffla Aliaume.

— Je l'espère bien ! Je me trouve là pour vous aider à franchir les jours qui vous séparent de votre guérison. Je viendrai le plus souvent possible... du moins si mon père ne s'y oppose pas trop...

— Je saurai bien le persuader ! déclara Isambour qui sortait de sa chambre où elle venait de faire la sieste. Bien que Gildas soit aussi têtu qu'un âne bâté, j'ai pourtant espoir de l'amener à accepter votre venue ici autant qu'il vous plaira !

— Si je devais jouer mon ciel sur celui qui est le plus entêté des deux, assura Aliaume, je parierais sur vous, ma mère. Par mon saint patron, je serais certain de gagner !

— Dieu vous entende, mon fils ! De toute manière, je vais essayer.

Contrairement à ce qu'elle avait pensé, elle n'eut pas grand mal à persuader le meunier. Tourmenté par l'état de son vieux père, Benoît-le-mangeur, devenu hydropique, et par les risques de famine qui ne cessaient de s'accentuer, Gildas se contenta de lever les épaules en affirmant que les femmes manquaient de cervelle et que sa fille se conduisait comme une linotte. Il ne lui défendit pourtant pas de continuer ses visites.

L'Avent passa, puis la Noël, et l'Épiphanie.

A cause de la pénurie de nourriture, on fêta moins plantureusement qu'à l'accoutumée la naissance du Messie. La ferveur y gagna sans doute en intensité ce que les estomacs y perdirent en abondance.

Aliaume recommença à marcher avec des béquilles. Il n'en eut pas besoin longtemps. La présence fréquente de Juliane ne devait pas être étrangère à la rapide amélioration de son état.

Peu après la Tiphaine, le froid s'intensifia.

Il neigea deux jours de suite, puis, la nuit suivante, brutalement, tout gela.

De leur lit, Isambour et Bernold entendirent, en provenance du verger, des craquements, des éclatements sourds.

— Par tous les diables, que se passe-t-il ? demanda le maître verrier. D'où peut venir un bruit pareil ?

Isambour se leva, ouvrit la fenêtre.

Sous la pâle lumière de la lune, une couche glacée, qui miroitait de façon inquiétante, recouvrait la neige fraîchement tombée. Tout était silence, blancheur, luisance, froid tranchant. Seules les plaintes des arbres torturés rompaient par instants de leurs détonations soudaines le grand mutisme de la nature.

Du verger qu'on ne pouvait voir, montait un bruit auquel il n'y avait pas à se tromper. Des branches se brisaient sous l'effet du gel, des écorces éclataient, des troncs se fendaient.

— Dieu ! murmura Isambour frissonnante. Dieu ! je n'ai jamais rien entendu d'aussi impressionnant.

Elle referma la fenêtre, et, grelottante malgré la chape fourrée dans laquelle elle s'était enveloppée, revint se coucher.

Sous les chaudes couvertures doublées de peaux de mouton, la tiédeur du lit demeurait sauvegardée. Près du corps de Bernold, il faisait encore meilleur.

Isambour se blottit contre son mari, lui caressa la poitrine de sa paume fortement appuyée, tout en humant à petits coups l'odeur de leurs peaux accolées.

Il la prit dans ses bras.

— Voici donc venue cette froidure que chacun redoutait, constata-t-il. Pourvu que le tilleul résiste. Il est le roi de la cour !

Le lendemain, quand le couple s'éveilla, le silence était si présent, si total, qu'il distillait un sentiment d'angoisse.

— Voyons un peu, dit Bernold.

Comme chaque matin, Isambour aida son époux à se lever, lui mit ses brodequins et lui offrit le bras pour lui permettre de se redresser.

La mutilation du verrier lui donnait une démarche raidie, saccadée, malhabile, qui faisait toujours aussi mal à sa femme. Elle ne parvenait pas à s'y habituer, espérait sans cesse un miracle, et sentait sa gorge se serrer quand le grand corps estropié s'appuyait de tout son poids sur elle avant de se déplacer.

Au lit, ou bien assis devant sa table de travail, Bernold restait l'homme fort qu'elle était habituée à voir en lui. Dès qu'il devait bouger, tout s'effondrait. Il n'y avait plus qu'un pauvre infirme. Ce n'était pas tolérable...

Parvenu laborieusement à la fenêtre, ils l'ouvrirent et demeurèrent confondus.

La brusque chute de température avait saisi par surprise le tilleul pour l'emmurer vivant dans une carapace de glace. Comme par magie, un arbre de cristal s'était substitué à l'autre.

Sous le poids de ce revêtement luisant comme verre, une des maîtresses branches s'était rompue, détachée du tronc en le labourant, pour s'écraser sur le banc de bois qu'elle avait fracassé. Elle gisait à présent sur la neige, au pied du géant blessé qui dressait vers le ciel, bras vengeur et fantomatique, une cime déséquilibrée, dénudée, verglacée, dont les fibres pendaient, blondes et lacérées, au milieu des lambeaux d'écorce.

Bernold referma la fenêtre.

— Il est à ma ressemblance, maintenant ! dit-il sombrement. Amputé, déchu... Je vois là un mauvais signe !

— Ce n'est qu'un arbre, remarqua Isambour. Ou bien il s'en tirera et repartira au printemps prochain en donnant naissance à de nouveaux rameaux, ou bien nous en planterons un autre.

— Plus jamais il ne sera le même ! reprit Bernold en secouant amèrement la tête. Plus jamais !

— Je vous en prie, mon ami, n'attachez pas trop d'importance à ce petit malheur, dit Isambour. Il y a plus grave.

Elle s'emmitouflait dans sa chape la mieux fourrée.

— Je dois aller voir ce qu'il en est du verger, expliqua-t-elle. Attendez-moi. Je serai bientôt de retour.

Elle sortit.

Dehors, autant que l'air glacial, la beauté du décor lui coupa le souffle.

Elle n'avait plus le sentiment de se trouver dans sa cour, dans son cadre habituel, mais au royaume de l'hiver.

Tout était figé, blanc de frimas, luisant de verglas, noir, silencieux.

Isambour aperçut, seul et frileux dans cet univers pétrifié, un rouge-gorge qui sautillait le long du mur de l'écurie. Cette humble présence mise à part, pas un être vivant. Pas un bruit. Pas une odeur.

L'haleine du vent du nord avait anéanti jusqu'à la plus infime exhalaison.

Des stalactites pendaient des toits, des porches, du moindre surplomb. Comme des glaives translucides et acérés, elles brillaient aux premiers rayons du soleil.

Sur le parchemin des fenêtres, sur le bois des portes, d'étranges fleurs de givre traçaient de singuliers dessins, des entrelacs fous et pourtant rigoureux.

Isambour ressentait physiquement, dans ses membres, la pesanteur de la neige durcie qui coiffait les toits de sa demeure. Elle remarqua que les murs exposés au nord étaient enduits d'une couche glacée qui les faisait miroiter ainsi que des vitraux incolores.

Se détournant du tilleul démembré, prenant bien garde de ne pas glisser sur le sol gelé, craquant sous ses pas, elle se dirigea vers le jardin. Sous ses houseaux doublés de peaux, elle portait des patins de bois qui lui permettaient de marcher sans trop de gêne.

Quand elle tourna l'angle du mur donnant sur la plaine, le verger, le pré, elle eut un éblouissement.

Saisie et figée par le froid dans une sorte d'universel agenouillement, la nature tout entière pliait, s'inclinait, se courbait sous le joug. Un manchon transparent et beaucoup plus volumineux recouvrait chaque tige, le moindre brin d'herbe, la plus fine ramille, les sarments, les dernières feuilles mortes.

Armure étincelante, cette enveloppe-piège maintenait de force la végétation penchée, raidie et pourtant éployée, ou même couchée, et, par endroits, étendue sur le sol.

La fragilité de ce monde endiamanté se traduisait par un tintement de verrerie heurtée que produisaient les ramures en s'entrechoquant au plus léger souffle venu de l'horizon.

« Mon Seigneur et mon Dieu, murmura Isambour, la splendeur de cette chape de glace est digne de Votre paradis ! Soyez-en remercié, de quelque prix qu'il nous faille la payer par la suite ! »

Enduits de verglas, les arbres brillaient dans la jeune lumière du soleil levant comme s'ils étaient taillés dans une matière irréelle. Certaines branches pleuraient de longues larmes claires, tandis que d'autres continuaient à se dresser sur le ciel, luisantes, chatoyantes, diaprées. Dès qu'un rayon lumineux les touchait, mille reflets du prisme s'y allumaient.

Blanchie, scintillante, roide, l'herbe hérissait ses brins grossis par leur gaine de glace ainsi qu'une courte toison drue et laiteuse.

Toute cette symphonie cristalline sur fond de ciel bleu, de fûts noirs cuirassés de givre, de cimes infléchies jusqu'à toucher terre sous leurs chevelures de neige, émerveillait, emplissait le regard, absorbait l'esprit, le détournait des ravages causés par tant de magnificence.

Branches rompues sous le faix, arbres fendus, décapités, abattus, arbustes déracinés, jonchaient le terrain que leurs blessures ou leur agonie ne tachaient point de rouge, mais qu'un linceul rigide et candide ensevelissait déjà sous lui.

Clairsemées parmi cette splendeur mortelle, des flaques d'eau gelée ouvraient leurs prunelles vitreuses comme des regards éteints.

— Oh, ma mère ! chuchota derrière Isambour la voix de Philippa. Que c'est beau, mais que c'est effrayant !

Bien enveloppée dans une épaisse couverture de laine, la petite fille, dont le mince visage émergeait des plis de l'étoffe trop grande pour elle, contemplait avec un émerveillement apeuré le spectacle de la nature férocement parée qui l'entourait.

— Vous avez raison, mon agneau, soupira Isambour. Cette beauté sera, peut-être, notre perte... Mais, de ma vie, il ne m'a rien été donné de voir de plus féerique !

Philippa n'avait pas tort de se sentir effrayée. Les mois qui suivirent furent cruels.

Il fit si froid, cette année-là, que, de mémoire d'homme, on ne s'en souvenait pas de pareille. Le Loir gela. Chargés de bois ou de pierres, des convois le traversaient sans inconvénient, tant la glace était épaisse.

Après avoir dévoré rats et mulots, on en vint, en certains endroits, à abattre les chevaux pour survivre.

Rendus fous par la faim, les loups s'attaquaient aux humains, envahissaient les villages non fortifiés, dévastaient les tenures isolées.

A plusieurs reprises, il fallut organiser des battues d'où les chasseurs rentraient épuisés, traînant derrière eux, sur des claies de branchanges attachées par des cordes, les corps empilés et sanglants de leurs ennemis.

A l'extérieur des palissades du Grand Feu, on creusa des fosses profondes qu'on recouvrit de broussailles. Plusieurs fauves y tombèrent, qu'on entendait hurler la nuit.

En février, vint le dégel. On pataugea de nouveau dans la boue.

Quand, enfin, le printemps s'annonça, bien des pauvres gens étaient morts de froid ou d'inanition.

En dépit des secours, souvent entravés par les intempéries, et de l'entraide qui ne se démentit jamais, ce fut une population décharnée, affaiblie, qui émergea de l'hiver.

Isambour se félicita alors que Grécie s'en fût allée à Blois. Il était bien préférable dans son état de s'être trouvée à proximité de la comtesse dont la cité, ravitaillée par priorité, avait moins pâti que les campagnes. Sous le toit de l'opulent mari d'Aubrée, la future mère n'avait certainement pas eu à souffrir de la disette.

Le vieux Benoît-le-mangeur, qui avait tant d'appétit, ne résista pas à de si longues privations. En dépit de sa condition de meunier, qui lui permettait d'être moins mal nourri que beaucoup d'autres, il fut de ceux que la mauvaise saison emporta.

Gildas mena de nouveau le deuil et argua de la solitude qui le menaçait pour repousser à plus tard un mariage qui éveillait en lui trop de nostalgie.

Tant bien que mal, la vie reprit son cours.

Le père abbé de Marmoutier envoya du grain pour ensemencer les champs dont les précédentes semailles avaient été gâtées ou perdues. On replanta les vignobles détruits. On reconstruisit les maisons écroulées. On consolida celles qui branlaient un peu trop. On reconstitua le cheptel. Dans les villes neuves, on se remit à bâtir.

Au Grand Feu, une fois sa déchirure badigeonnée de poix, le tilleul, retaillé, se couvrit de feuilles nouvelles qui ne dissimulèrent néanmoins qu'imparfaitement sa déchéance.

Il fallut bien s'habituer à sa nouvelle forme, moins opulente, moins harmonieuse qu'auparavant, mais qui témoignait de sa vigueur.

— L'opiniâtreté des hommes, décidément, n'a d'égale, Dieu me pardonne, que la vitalité de la nature, dit Bernold à Isambour, un matin d'avril, en contemplant d'un œil rêveur la frondaison mousseuse du grand arbre qu'un nouveau banc de bois encerclait. Rien ne parvient à nous décourager, elle et nous !

— La vitalité prodigieuse de la création, sa ténacité, m'ont toujours émerveillée, ami, répondit Isambour. C'est un exemple qui m'a beaucoup servi.

Comme ceux du Grand Feu, ceux de Morville, chacun des habitants de la vallée, le maître verrier et sa femme étaient sortis amaigris, las, affaiblis, des épreuves hivernales. En revanche, une paix qu'ils goûtaient l'un et l'autre régnait à présent dans leurs cœurs. Les craintes partagées, la lutte en commun pour assurer la subsistance de leurs gens et de leurs enfants, la reprise d'une intimité dont ils éprouvaient tous deux le même besoin, mais, aussi, le pont jeté par les mois écoulés entre dix-huit années d'entente et leur existence présente, ce faisceau de circonstances les liait de nouveau solidement.

Dépouillée du trompeur vêtement tissé par l'habitude, leur union sortait renforcée du périlleux parcours qu'elle avait dû effectuer. Durant cette difficile traversée, elle avait subi bien des transformations. Moins assurée, moins évidente, elle conservait du temps de la détresse un sens plus aigu de sa fragilité, une attention plus grande aux dangers de la route, davantage de gratitude pour le moindre instant de bonheur rencontré.

Si voisines, les amours naissantes de Juliane et d'Aliaume aidaient Isambour et Bernold à retrouver, à travers leurs enfants, la pérennité de leur propre aventure.

« Nos sentiments ont, sans doute, moins de fougue qu'en leur commencement, moins de tranquille certitude que par la suite, songeait Isambour en considérant son fils et la fille de Gildas se contempler, éblouis, mais ils ont gagné à présent, sous l'emprise de la douleur, je ne sais quelle dimension supplémentaire, comme un reflet d'éternité... »

En mai, Bernold se plaignit de difficultés respiratoires et de brûlures d'entrailles. Comme les remèdes de Roland échouaient à le soulager et que le temps des couches de Grécie approchait, Isambour parvint à décider son mari de partir avec elle pour Blois. Il pourrait y consulter le propre médecin de la comtesse, qui était aussi celui du monétaire. Sa convalescence se déroulerait auprès du berceau de l'enfant attendu.

En l'absence de leurs parents, Aliaume et sa fiancée assureraient la bonne marche de la verrerie et celle du domaine. Ils s'occuperaient de tout comme s'ils étaient déjà chez eux.

Après avoir confié les enfants à Margiste ainsi qu'à Juliane, dont la présence quotidienne rassurait Isambour, bien qu'elle ne quittât pas sans appréhension Ogier encore si petit, on se mit en route.

Pour que le maître verrier ne souffrît pas trop des cahots, on avait installé un matelas au fond de la charrette conduite par Perrot.

En dépit de l'affreux hiver qu'elle avait traversé, la campagne était fleurie. Dans les jardins, les prés, le long du chemin, au milieu des taillis ou des sous-bois, on apercevait bien des arbres renversés, déchiquetés, rompus, mais, le plus souvent, ils étaient déjà sciés et leurs bûches empilées.

Comme toujours en temps de famine, l'abondance n'était pas revenue avec le printemps. Il faudrait attendre l'été pour cueillir fruits, légumes, céréales, confiés à la terre. Cependant, les routes étant de nouveau praticables, les régions plus riches, moins touchées par le fléau, faisaient parvenir aux autres les aliments indispensables à leur survie.

On croisait des convois de vivres, expédiés par le bailli d'Adèle de Blois ou par le père abbé de Marmoutier. Partis des bords de la Loire, ils se dirigeaient vers ceux du Loir.

— J'ai froid, se plaignit soudain Bernold.

Assise près de lui, au fond de la voiture, Isambour ramena jusque sous le menton de son mari l'épaisse couverture de laine qui le protégeait de la fraîcheur matinale.

— Il ne fait guère chaud, ami, soupira-t-elle. Il serait grand temps que le soleil se montrât davantage. Que voulez-vous, nous sommes en plein dans la semaine des saints de glace !

— Par les yeux de ma tête ! s'écria soudain Perrot, je crois bien que nous allons croiser une procession. Elle vient de Marchenoir.

— C'est vrai, dit Isambour. Ce sont les Rogations ! Elles ont commencé hier.

D'ordinaire, elle participait avec sa maisonnée et tous les fidèles de la paroisse au grand tour du territoire qui en dépendait.

Le premier jour voyait bénir les prés et les futures fenaisons ; le deuxième jour, les guérets et les moissons à venir ; le troisième, les vignes et l'espoir de fructueuses vendanges.

Fête chrétienne, mais aussi fête des prémices, des récoltes, des engrangements escomptés, les Rogations étaient pour tout le monde l'occasion de rompre la monotonie des travaux domestiques en suivant le prêtre à travers pâturages, labours et vignobles. Comme tous les enfants des environs, ceux de la verrerie s'amusaient beaucoup de ces promenades.

Durant trois jours, on se retrouvait avec plaisir pour ce vagabondage en commun, durant lequel se nouaient des amitiés. On marchait, on priait, on chantait, et on se restaurait des offrandes en nature déposées, du moins en temps normal, par les paysans tout au long du parcours.

— Les voilà ! indiqua Perrot.

Suivant un chemin qui serpentait à travers la petite Beauce, une longue file processionnaire arrivait à un carrefour que coupait la route de Fréteval à Blois.

De part et d'autre du sentier, sur un rang, chacun à la place qui lui avait été assignée, hommes, femmes, garçons, pucelles, enfants, défilaient en psalmodiant des litanies, à la suite d'un jeune prêtre, lui-même précédé de clergeons.

Tout d'un coup, le cortège s'arrêta au bord d'une longue pièce de terre.

Dans une corbeille que lui tendait un enfant de chœur, le curé prit une poignée de croisettes bénies en cire blanche destinées à conjurer la grêle, les tempêtes, les intempéries de toutes sortes, et la lança à la volée dans le champ.

— Regardez ! reprit Perrot, très excité par cette rencontre. Regardez ! Au pied de la croix du carrefour, il y a un reposoir !

Appuyé aux marches du calvaire, décoré de guirlandes, de feuillage vert, de bouquets de fleurs, se dressait en effet un petit autel drapé de blanc, gardé par plusieurs jeunes gens.

La procession, qui était repartie, traversa la route devant la charrette immobilisée, puis se dirigea vers le grand crucifix de pierre.

Isambour et Perrot s'agenouillèrent dans la voiture au passage du prêtre, qui les bénit avant de gagner le reposoir.

Bernold avait fermé les yeux. Ses lèvres remuaient. Il priait avec tous ceux qui se trouvaient là pour demander à Dieu que l'année à venir fût moins dure que la précédente.

Après s'être incliné devant le reposoir fleuri, l'officiant prit l'eau bénite que lui présentait dans un vase sacré un de ses clergeons, et traça avec son goupillon de larges signes de croix vers les quatre points cardinaux.

Soutenue par l'aigre vent de mai, la bénédiction s'envola en direction des terres verdoyantes, porteuses de promesses en herbe, afin de les féconder et aussi de leur assurer la protection céleste.

La foule chantait les louanges du Seigneur et les besoins de ses créatures. Des jeunes filles vêtues de blanc jetaient à pleines mains des pétales d'églantines, de giroflées, ou de pervenches, qui jonchèrent bientôt le sol devant l'autel.

— Que Dieu nous donne de bonnes récoltes et qu'Il vous guérisse, mon cœur, murmura Isambour à l'oreille de son époux.

La charrette repartit.

A Blois, il y avait beaucoup de monde en prévision de la grande fête de l'Ascension qui avait lieu le surlendemain.

Il ne fut pas aisé de se frayer un passage dans la cohue.

Chez le monétaire, où Isambour retrouva le martèlement familier des maillets frappant les lingots d'argent, les voyageurs furent accueillis à bras ouverts.

Deux valets portèrent Bernold jusqu'à la chambre qu'Aubrée avait réservée à ses amis.

Prévenue aussitôt, Grécie arriva comme on finissait d'installer son père dans le large lit dont elle avait aidé la maîtresse du logis à broder la belle courtepointe galonnée.

La jeune femme ne s'était pas arrondie autant que sa mère à chacune de ses grossesses. Jamais on n'aurait deviné qu'elle approchait de son terme.

— Je vais mettre au monde dans quelques jours, après neuf mois réels de gestation, un enfant qui passera pour être né prématurément ! dit-elle à ses parents en souriant de sa manière moqueuse.

— Par Notre-Dame ! vous ne changerez jamais, ma fille ! s'écria Isambour.

Afin de mieux la voir, elle se recula un peu, éloignant d'elle, à bout de bras, une Grécie épanouie qui portait, comme elle l'avait annoncé, un masque de peau blanche qui lui couvrait la moitié du visage.

— Votre état vous va bien, constata la mère avec satisfaction. Vous paraissez heureuse.

— Je le suis, reconnut doucement la jeune femme, tout en s'approchant de la couche où Bernold était étendu. Ou, du moins, je le serais si vous n'étiez pas malade, mon cher père !

Le maître verrier fit une grimace douloureuse.

— La sensation d'avoir avalé par mégarde un peu de mon plomb en fusion n'est guère plaisante, se plaignit-il. Pourvu que le médecin de la comtesse Adèle décèle rapidement les causes de ce mal, pour m'en débarrasser !

— Il est retenu au palais ce jourd'hui et ne pourra passer vous voir que demain matin, dit Grécie. Mais il est très savant et fort écouté à la cour.

Haguenier survint sur ces entrefaites. Il venait saluer ses beaux-parents.

Il paraissait moins maigre, était vêtu avec plus de recherche, reflétait sur toute sa personne un air de prospérité sereine que ses prunelles sans regard ne parvenaient pas à démentir.

Le soir venu, après le souper, tout le monde se regroupa dans la chambre du malade. Souffrant toujours beaucoup du ventre, Bernold signala en plus à sa femme que ses mains et ses pieds devenaient gourds. Ni les cruchons d'eau chaude dont on l'avait entouré, ni les tisanes calmantes que lui administrait Isambour sur les conseils de Roland, ne lui apportaient de soulagement.

De guerre lasse, pour l'assoupir et lui permettre de se reposer un peu, elle lui fit boire une décoction de graines de pavot.

Tout en le surveillant du regard, elle alla rejoindre ses hôtes qui s'étaient installés dans le coin le plus éloigné du lit afin d'éviter de déranger le malade par trop de bruit.

On parla à mi-voix des événements de l'hiver, de ce qui s'était produit depuis les noces d'octobre.

— La famine a sévi dans bien des vallées avoisinantes, dit Garin-le-monétaire. Nous autres, Blésois, nous avons la chance de posséder la cour de nos comtes qui draine le meilleur des campagnes. Nous bénéficions également du principal port fluvial de la région. Le trafic qui se fait sur la Loire est source de richesse et d'approvisionnement pour chacun d'entre nous. Grâce à lui, nous n'avons pas manqué des principales denrées qui faisaient si cruellement défaut ailleurs.

— On raconte même, ajouta Aubrée avec tristesse, qu'on en est venu, dans certains endroits particulièrement déshérités, à manger de l'herbe. Dieu m'assiste ! Faut-il être affamé pour en arriver là !

— Je ne sais pas ce qu'il en est de l'herbe, précisa Isambour, mais je peux vous assurer que le pain dont nous sommes obligés de nous contenter chez nous est fait de raclures de blé et de seigle.

Garin inclina un front soucieux.

— On parle d'une nouvelle épidémie de feu sacré, reprit-il. Surtout dans les régions pauvres, là où la terre est mauvaise. Les manants mangent n'importe quoi et se tordent ensuite dans d'affreuses douleurs...

Il s'interrompit brusquement.

Grécie tressaillit.

— N'en a-t-on pas signalé également quelques cas par ici ? demanda-t-elle.

— Si fait, assura Aubrée. Il paraît que, sur l'autre rive de la Loire, à la maladrerie de Saint-Saturnin, il y en a un si grand nombre qu'ils s'entassent jusque dans les couloirs ! Ici même, à l'hôpital où je me rends régulièrement, nous avons plusieurs de ces malheureux que tourmente le mal des ardents. C'est terrible à voir. Ils pourrissent lentement sous l'effet d'une brûlure qui consume l'intérieur de leurs corps. Leurs membres noircissent comme du charbon. La seule façon de les sauver reste de leur couper pieds et mains gangrenés... Il y en a qui se tordent, en proie à d'horribles convulsions.

— Par la Sainte Mère de Dieu ! Ne parlons plus de ces abominations ! s'écria Grécie. Il est mauvais pour une femme sur le point d'accoucher d'entendre de semblables choses !

Haguenier, qui était assis à côté d'elle, posa une main à peine tâtonnante sur un des genoux de son épouse.

— Prions plutôt le bon saint Antoine qui délivre d'un mal que beaucoup, à présent, nomment de son nom, dit-il d'une voix apaisante. Depuis que ses reliques ont été transférées de Constantinople en Dauphiné, elles opèrent des miracles. Je me suis laissé dire qu'une dévotion particulière, issue du constat du grand nombre de guérisons obtenues, a conduit les moines de Saint-Antoine-en-Viennois à fonder un nouvel ordre. On les nomme les Antonites. Ils accueillent dans leurs hospices bon nombre de gens atteints de l'épidémie brûlante. Certains malades, dont l'état semblait désespéré, se sont retrouvés guéris. Parfaitement rétablis. A tel point que les hôpitaux antonites se multiplient. Il y en a même un près de Paris à ce qu'on prétend.

Grécie serrait les lèvres comme le faisait Isambour quand une idée la tourmentait.

— Vous êtes bien inspiré de parler ainsi, souffla-t-elle à l'oreille d'Haguenier. Ma mère ne semble pas, pour l'instant, faire de rapprochement entre ce qui vient d'être dit et la maladie de mon père. Fasse le Seigneur qu'elle ait raison. Pour moi, je vais prier saint Antoine...

Le médecin de la comtesse Adèle parut préoccupé, le lendemain matin, après avoir miré les urines de Bernold, pris son pouls, longuement palpé le ventre douloureux ainsi que les extrémités livides et insensibles.

— Tout cela ne me dit rien qui vaille, confia-t-il ensuite à Aubrée qui le raccompagnait, afin de l'interroger hors de la présence de ses amis. Le malade est de robuste constitution, il est vrai, mais les privations de l'hiver, survenues après sa mutilation, l'ont beaucoup affaibli. Il n'est pas impossible qu'il soit atteint du feu Saint-Antoine, qui fait de nouveaux ravages, ces temps-ci. N'en dites encore rien à personne. Je lui ai ordonné de prendre de la santonine pour l'aider à expulser le flot de bile jaune qui lui brûle les entrailles. Si nous ne parvenons pas à lui procurer un soulagement, il faudra aviser.

La nuit suivante, Bernold fut la proie de convulsions qui dessillèrent les yeux d'Isambour, l'affolèrent, et laissèrent le verrier rompu.

Rappelé, le médecin prescrivit de faire absorber au patient de l'infusion d'armoise et d'aspérule, de lui appliquer sur le ventre un pigeon vivant fendu en deux, puis de le frictionner à l'huile de camomille.

Aveline, qui était venue rendre visite à ses cousins dès le lendemain de leur arrivée, leur prodiguait conseils et affection. Mayeul la rejoignait aussitôt que son travail le lui permettait. Ils amenaient avec eux leurs deux petites filles qui n'apparaissaient que peu de temps dans la chambre de Bernold pour ne pas le fatiguer.

— Muriel vous ressemble, amie sœur, avait constaté Isambour d'un air absent. Vous avez chacun la vôtre.

Mais son cœur était ailleurs.

Il fallut l'accouchement de Grécie, survenu le jour de la Saint-Baudille, heureuse coïncidence puisque ce saint protégeait les femmes en gésine, pour tirer l'épouse de Bernold de son accablement.

Les premières douleurs prirent la future mère un peu après le souper. Aubrée fit aussitôt prévenir sa propre sage-femme, qui suivait Grécie depuis son installation à Blois.

Ce fut donc entourée d'Isambour, d'Aveline, d'Aubrée, de la

ventrière, de son aide, et de plusieurs voisines, que la jeune femme donna le jour à un solide garçon de sept livres. L'enfant fit son entrée dans le monde au premier chant du coq et tout se passa bien.

— Malgré ses souffrances, votre père va être heureux, murmura Isambour en embrassant la jeune accouchée sur son front trempé de sueur. Il vous devra son premier petit-fils !

— Le mien, en revanche, va en crever de jalousie ! assura Aveline qui gardait une dent contre le vavasseur. Pensez donc, un garçon ! Du premier coup !

— Comment voulez-vous l'appeler ? demanda Aubrée.

— Bernold, répondit Grécie spontanément, et des larmes lui vinrent aux yeux.

Chacune des assistantes savait qu'en Normandie on ne donnait le nom du grand-père au nouveau-né qu'après la mort de l'aïeul. Jamais de son vivant.

Isambour se pencha sur le berceau où la ventrière venait de déposer l'enfant.

— Il sera beau, proclama-t-elle avec une amère fierté. Il mérite de porter un tel nom !

Puis, retournant vers Grécie que les femmes achevaient de laver et de parfumer, elle lui dit :

— Je vous avais bien dit, ma chère fille, que vous n'aviez rien à redouter, reprit-elle. De votre père à vous, puis de vous à votre fils, la beauté de la race s'est perpétuée, intacte ! Votre malheureux accident n'y a rien changé.

Haguenier fut enfin admis à pénétrer dans la chambre. Il se dirigea en premier vers le grand lit où il savait que reposait à présent Grécie.

Aubrée le guida à travers le désordre qui suit inévitablement un accouchement.

Parvenu près de sa femme, il chercha sa main, la trouva, s'en empara, l'embrassa avec dévotion.

— Le prochain sera nôtre, chuchota-t-il pour que personne ne l'entendît.

Puis il s'enquit à haute voix de la façon dont s'était déroulée la naissance.

Dans la nuit qui suivit, Bernold eut de nouvelles convulsions. Son corps se tordait comme s'il était possédé, de la bave coulait de sa bouche crispée, ses prunelles se révulsaient.

— Il ne peut demeurer ainsi, à souffrir comme un damné, dit le lendemain matin Garin à Isambour dont les traits défaits, l'expression épouvantée, disaient assez la détresse. Il faut faire quelque chose. Puisque la médecine se montre impuissante, il reste le recours à Dieu et à ses saints.

— J'y ai pensé, répondit-elle. Hier, je me suis renseignée et je viens de prendre une décision. L'abbaye qui conserve les reliques de saint Antoine est dans le Viennois. C'est trop loin. Nous n'avons pas le temps de nous y rendre... Mais les Antonites ont construit près de Paris un autre hôpital où a été transféré un reliquaire contenant quelques ossements de leur saint patron. Des guérisons miraculeuses s'y sont déjà produites. Il nous faut y aller !

Une détermination farouche l'animait.

Consciente à présent de la gravité du mal dont souffrait Bernold, elle se sentait capable de remuer ciel et terre, de tenter l'impossible, pour le sauver. Le perdre était ce qu'elle craignait le plus au monde... Que devenir sans lui ? Comment vivre alors qu'il ne serait plus ?

Garin fit préparer une litière qui lui appartenait, puis l'offrit à ses amis pour la durée de leur voyage.

En dépit du beau temps, car on approchait de la Pentecôte et le soleil brillait, un épais matelas, des coussins, des couvertures, y furent disposés.

Des valets armés furent mis à la disposition des pèlerins. Ils escorteraient à cheval la litière attelée de deux robustes juments grises.

Renvoyé avec la charrette à Fréteval, Perrot fut remplacé par un solide conducteur capable de se battre, lui aussi, au besoin.

Un frère bénédictin, versé en médecine, accompagnerait le malade, lui prodiguerait soins et prières.

Avant de quitter la demeure du monétaire, Bernold, qui demeurait lucide quand il n'était pas tordu par la souffrance, et manifestait un sobre courage, souhaita mettre en ordre ses affaires ainsi que sa conscience.

Il commença par son testament, légua tout ce qu'il possédait à Isambour, à charge pour elle de le distribuer quand elle le jugerait bon entre leurs enfants. Il institua cependant Aliaume son successeur et héritier principal en lui faisant don, sans plus attendre, de la verrerie.

Dépouillé de ses liens, allégé de ses avoirs terrestres, il ne lui resta plus qu'à se préoccuper de son salut.

Relevé de sa pénitence, en raison de son état, par l'évêque de Blois, il put recevoir l'extrême-onction, se confesser publiquement devant ceux de sa famille et de ses amis qui étaient présents, puis communier.

— Je tiens à implorer le pardon complet et définitif de mon épouse, pour le mal que je lui ai causé, dit-il ensuite au prêtre qui venait de lui administrer le saint viatique. Je ne serai vraiment en paix avec moi-même qu'après qu'elle m'aura accordé merci.

C'était la première fois que l'époux infidèle exprimait ouvertement son repentir.

Isambour, qui priait avec tous les autres assistants, à genoux au pied du lit, se releva.

— Il y a longtemps, Dieu le sait, que je vous tiens quitte d'un passé où vous étiez aveuglé par le démon, dit-elle en enfonçant ses ongles dans ses paumes pour ne pas hurler. Je ne vous en garde aucune animosité. Soyez en repos !

Elle se pencha sur la couche et baisa Bernold au front, là où brillait encore la trace de l'huile consacrée.

— Que le Seigneur vous absolve, comme je le fais de tout mon cœur, acheva-t-elle dans un souffle.

Bernold prit une des mains de sa femme et y appuya longuement ses lèvres, comme pour les marquer d'un sceau indélébile...

Il demanda ensuite à voir son petit-fils, le bénit et remercia Grécie de lui avoir procuré cette ultime joie.

A l'heure du départ, le lendemain matin, toute la maisonnée était réunie dans la cour du monétaire. Beaucoup pleuraient.

Isambour embrassa sa fille, salua son gendre, serra une dernière fois entre ses bras le petit Bernold qui dormait, prit congé d'Aveline et de Mayeul, aussi consternés l'un que l'autre, puis remercia ses hôtes de leur amitié jamais en défaut.

— A travers ceux qui se trouvent réunis ici en cet instant, tout notre passé est évoqué, dit-elle à Aubrée. Je ne sais ce que nous réserve l'avenir, mais Dieu soit loué pour les compagnons qu'Il a mis sur notre route !

Le bruit du lourd portail de bois se refermant derrière la litière lui glaça pourtant le cœur...

Elle se tourna vers son mari, étendu parmi les coussins. Il respirait avec difficulté. Elle lui caressa la joue et lui sourit.

Absorbé dans ses oraisons, les yeux clos, le moine infirmier, assis en face d'elle, disait son chapelet.

Il fallut du temps pour sortir de Blois. Comme à son ordinaire, la ville bourdonnait, s'affairait, s'agitait. De nouvelles constructions surgissaient un peu partout. Quand donc la cité de la comtesse Adèle cesserait-elle d'être un vaste chantier ?

Après avoir franchi les portes de l'enceinte fortifiée, on prit, vers Orléans, la route qui longeait la Loire.

Il faisait doux en cette fin d'un mois de mai qui n'avait pourtant guère été beau.

Au-dessus du large fleuve, une buée bleutée baignait les lointains. La verdure brillait de toutes ses feuilles nouvelles. Le long des talus, les aubépins étaient en fleur.

Isambour frissonna tout à coup. Une douleur brutale, cuisante, lui transperçait le ventre. Ses mains et ses pieds ne parvenaient pas à se réchauffer...

Dans le rêve qu'elle avait eu, voici plus de deux ans déjà, les doigts qu'Hendri avait posés sur les siens étaient souples et chauds, bien qu'il fût mort, alors que ceux de sa mère, vivante, demeuraient froids et raidis...

Cette sensation demeurait si présente à l'esprit d'Isambour qu'elle y pensa tout de suite.

C'était donc cela !

Elle jeta un coup d'œil vers le bénédictin. La chaleur l'avait assoupi. Tombée sur sa poitrine, sa tête encapuchonnée de noir dodelinait aux cahots de la route.

Tant mieux. Il n'était pas nécessaire de l'avertir tout de suite qu'au lieu d'un seul malade, il en aurait désormais deux à convoyer. Il serait toujours temps de le prévenir si le mal devenait insoutenable. L'important n'était pas là. Il était dans la certitude de partager jusqu'à son terme, et quel qu'il fût, le sort de Bernold.

Depuis qu'elle avait compris ce dont il souffrait, la peur d'une séparation sans retrouvailles possibles ici-bas la hantait. Privée de l'homme qui n'avait jamais cessé d'être, depuis leur rencontre, le centre de sa vie, elle se savait incapable de lutter. La découverte soudaine qu'elle venait de faire la pacifiait.

Elle était atteinte, elle aussi, du feu Saint-Antoine. A cette communauté-là, elle serait également associée...

Elle se pencha vers Bernold.

— Comment vous sentez-vous, mon cher amour ? demanda-t-elle.

Il ouvrit des yeux qui paraissaient plus grands et plus bleus que de coutume, tant sa face était amaigrie, considéra avec une violente et déchirante tendresse le visage incliné vers le sien.

— J'ai besoin de vous, dit-il. Oh ! Ma femme bien-aimée, j'ai besoin de vous !

Les mots qu'il avait prononcés après le rapt, lors de leur première étreinte. Les mêmes mots !

Comme l'avaient si souvent fait les enfants quand ils étaient malades, Bernold lui tendit alors une main, une pauvre main gangrenée, pour qu'elle la gardât entre les siennes.

C'était plus qu'un geste de confiance et d'attachement, c'était un don. Le don total d'un être à un autre être. L'abdication de toute fausse honte, de tout faux-semblant. Il s'en remettait à elle pour l'aider, le secourir, le soutenir et l'aimer. Avec sa main, il lui remettait sa personne et ce qui lui restait de vie. Sans restriction.

Tout en serrant avec précaution, de ses propres doigts engourdis, ceux qu'il lui abandonnait, Isambour songea que cette simple pression était sans doute plus absolue que les étreintes charnelles qui les avaient pourtant naguère si intimement confondus. Le retranchement du plaisir apportait comme un supplément d'âme à cette offrande.

Si un double miracle les guérissait bientôt (ils ne pourraient l'être qu'ensemble) il leur faudrait, ensuite, vivre dans la chasteté. Ne pas troubler par les violences de la sensualité la limpidité parfaite de leur nouvelle existence conjugale. Ce dur sacrifice serait, pour elle, le plus grand témoignage de reconnaissance, l'ultime renoncement offert en action de grâces.

Une plainte de son mari la tira de son rêve. Elle lui donna à boire un peu de la décoction de pavot dont le moine, qui dormait si bien dans son coin de litière, lui avait confié plusieurs petites fioles.

Soudain, la douleur la fouailla de nouveau. C'était comme si des ongles de fer rougis lui labouraient les entrailles.

Pour atténuer la brûlure qui l'incendiait, elle absorba précipitamment quelques gorgées du liquide calmant. Puis elle attendit un moment de rémission et posa doucement ses lèvres sur celles de Bernold.

« Tout est bien, se dit-elle en considérant avec ferveur son compagnon de nouveau endormi. Tout est bien. Seigneur, soyez béni ! Nous nous sommes enfin retrouvés, lui et moi, à jamais ! Vous nous avez permis d'aller jusqu'au bout de l'amour. Quoi qu'il advienne à présent, guéris ou non, morts ou vifs, nous resterons unis... liés pour toujours par Votre sacrement... en ce monde ou dans Votre royaume ! »

Si le voyage se déroulait sans incident, ils parviendraient au lieu de leur pèlerinage le dimanche même de la Pentecôte. N'était-ce pas, là encore, un signe parmi les signes ?

Née, nourrie, interrompue par le feu, leur histoire était placée sous son ardent emblème. Couronnant l'ensemble, la Pentecôte en deviendrait le dernier et flamboyant symbole...

Que disait donc Roland, citant un prophète de l'Ancien Testament ? « Il y avait en moi comme un foyer dévorant au plus profond de mon être. »

La douleur et la joie consumaient Isambour.

L'amour était embrasement, combustion, anéantissement de soi dans l'autre, fusion...

Les rayons du soleil, qui pénétraient dans la litière entre les rideaux de cuir relevés et roulés, se posaient sur la tête de Bernold et sur la sienne ainsi que des langues de feu...

Bercée par la marche égale des juments, souffrant un peu moins sous l'effet du pavot, à demi assoupie à son tour, Isambour contemplait avec émerveillement et gratitude le cours de la Loire que nimbait la lumière.

Le Platane, le 8 septembre 1984.

Note

Le feu Saint-Antoine, le Feu Sacré, le Mal des Ardents, noms divers donnés à des épidémies dues à l'ingestion, le plus souvent par temps de disette, de farines contaminées par l'ergot de seigle.

L'ergot de seigle est un parasite de certaines graminées qui se présente sous forme de minces bâtonnets de deux à trois centimètres de long accolés à la tige de l'épi. Il peut se trouver mêlé aux grains et être moulu avec eux.

C'est un toxique responsable au cours des temps de nombreuses épidémies. La dernière en France a eu lieu voici une trentaine d'années à Pont-Saint-Esprit, dans le Gard, en plein vingtième siècle.

Maux de ventre, convulsions, gangrène des membres, brûlures internes, se succèdent tandis que se produit une élévation, ou, au contraire, une baisse de tension artérielle.

Il n'existe pas d'antidote.

Remerciements

Avant de clore ce livre, je tiens à exprimer ma gratitude envers ceux qui m'ont apporté leur concours amical pour la documentation historique qui m'était nécessaire. Que soient donc assurés de ma reconnaissance M. Jean Martin-Demézil, directeur honoraire des Archives du Loir-et-Cher ; la Société archéologique, scientifique et littéraire du Vendômois ; M. Pussot, président de l'Association des Amis du Vieux Blois ; Mme Martine Tissier de Mallerais, conservateur du château et des musées de Blois ; Mme Coïc, bibliothécaire et conservateur du musée de Bayeux, ainsi que son assistante, Mlle Liliane Pasquet.

Une mention particulière pour M. Jean-Jacques Danne, rédacteur aux Archives départementales de Blois, qui m'a confié son mémoire de certificat de licence sur Adèle de Normandie, le seul existant à ma connaissance sur la fille de Guillaume le Conquérant. J'y ai découvert l'importance, jamais encore pleinement mise en lumière, du rôle joué par cette princesse dans l'éclosion de la civilisation courtoise. Je l'en remercie chaleureusement.

Enfin, que M. Claude Leymarios, archéologue, directeur du

chantier de fouilles du château de Fréteval, trouve ici le témoignage de toute ma gratitude et de mon amitié. Durant les années passées à composer ce livre, il n'a cessé de me fournir les renseignements les plus éclairants sur le site de Fréteval, son histoire et sur les recherches archéologiques auxquelles il s'adonne depuis plus de dix ans. Qu'il sache que ma reconnaissance est à la mesure de son obligeance.

J.B.

TRÈS SAGE HÉLOÏSE

Me sera-t-il pardonné, Seigneur ? J'ai tant aimé. Si une âme peut trouver justification dans l'intensité même de la passion qui l'a investie, je ne crains rien, Seigneur. Vous savez quelle ardeur m'a consumée.

Cet amour, si longtemps cabré contre Votre sentence, cet amour qui ne fut que déchaînement et déchirement, ce don sans restriction d'un être à un autre être, trouvera-t-il grâce, lui aussi, devant Vous ?

Du plus profond de ce corps vaincu où mon cœur achève de s'user, Seigneur, je crie vers Vous !

Ne me condamnez pas à demeurer, pour l'éternité, séparée de celui dont le nom envahit mes prières. Me le rendez-Vous ?

O Pierre ! nos noces sont-elles enfin sur le point d'être à jamais consacrées ?

Je vais mourir, Pierre. Depuis vingt-deux ans, j'attends cette minute. Au seuil de la mort, j'en demeure confondue : comment ai-je pu vivre tant d'années sans toi, si longtemps après toi ?

Tu l'avais prévu. Tu me l'avais écrit et je t'avais répondu que je ne pourrais pas te survivre ; qu'en te perdant, je perdrais ma vie. Je le croyais. A l'avance, la pensée de ta mort était pour moi un engloutissement. Mais j'ignorais ma propre résistance. C'était toi, bien sûr, qui avais raison.

Ces vingt-deux années, tout entières occupées par mes devoirs d'état et par mon amertume, ces années sans merci, se figent dans mon souvenir comme des larmes gelées.

Ton absence fit de ce temps d'exil un hiver qui ne finissait plus. Quel triste pèlerinage ! Et, cependant, mon bien-aimé, j'ai veillé à tenir dignement, sans défaillance, la place que tu m'avais assignée. Je crois y être parvenue.

Tu me désirais forte : j'ai voulu le devenir. Tu m'imaginais apaisée, j'ai donné à tous le spectacle de ma sérénité. Tu m'avais façonnée à tes méthodes de travail, je les ai poussées aussi loin qu'il m'a été possible. Il n'est pas jusqu'à la sagesse antique, dont tu faisais un tel cas au temps de ta gloire, que je n'aie copiée.

Aux yeux du monde, j'ai accompli ma tâche ainsi qu'il se devait. On vante mon érudition, ma compétence, mon détachement des biens temporels, ma fermeté de caractère..., on va jusqu'à parler de ma perfection !

Dérision et apparence !

J'ai pu m'astreindre à me comporter ainsi que tu le souhaitais. Je n'ai pu, au fond de moi, vaincre ma faiblesse ni étouffer ma douleur.

Si je suis parvenue à me repentir de mes fautes d'autrefois, ce ne fut jamais avec assez de contrition, et les pénitences subies ne sauraient compenser, je le sais, la tiédeur de mes regrets. Le mal que je t'ai fait malgré moi, oui, celui-là me désespère. Quant aux péchés commis dans tes bras, je ne trouverai jamais en moi la force de les condamner.

Maintenant encore, alors que mes sens, depuis longtemps refroidis, ne me tourmentent plus, je ne puis prendre en aversion ce qui fut notre délire, et je conserve, envers certains instants de notre passé, une coupable indulgence...

Je ne Vous l'ai jamais dissimulé, Seigneur. Pierre, je te l'ai déjà dit : je suis glorifiée parmi les hommes, mais je n'ai aucun mérite devant Dieu qui sonde les cœurs et les reins, et qui voit clair dans nos ténèbres.

Alors que me voici parvenue au terme de mon combat, je désire, avant de paraître devant mon juge, dresser un ultime bilan de mes fautes et de mes souffrances, de mes transports et de mes renoncements. Comme l'organisatrice avisée que l'on me félicite d'être, je souhaite laisser tout en ordre derrière moi, et, jusqu'au tréfonds de mon âme, porter la lumière.

15 mai 1164

— Depuis sexte, notre mère abbesse n'a pas prononcé un mot, pas ouvert les yeux !

— Dieu nous vienne en aide, sœur Margue !

Une pluie de printemps tombait sur les massifs d'ancolies, sur les iris et sur le buis en fleurs du jardin clos. Sous le cloître, il faisait sombre, bien qu'on fût au mois de mai.

La prieure, qui marchait en égrenant son chapelet, s'était immobilisée pour faire face à la sœur infirmière.

— Depuis des semaines, nous nous doutions toutes que son mal était inguérissable, dit-elle d'un ton volontairement mesuré où frémissait cependant une tension inhabituelle. A présent, nous voici fixées. Vous savez comme moi que le médecin de la défunte comtesse Mathilde, lors de sa visite matinale, ne nous a laissé aucun espoir. Notre mère est à bout de résistance. Son cœur l'abandonne. Nous n'avons plus que le recours de la prière.

Le voile de lin noir encadrait un visage aux méplats accusés, que la maturité accentuait en le durcissant un peu. Sur les traits de la mère Agnès se lisait une intransigeance spirituelle que l'on sentait plus aiguisée chez elle que tout autre sentiment. D'une bonté active, sans faiblesse, d'un dévouement dont on ne connaissait pas les limites, elle alliait à un sens pratique, dont tout le monastère bénéficiait, une ferveur d'apôtre qui ne laissait pas d'intimider certaines.

— Qu'allons-nous devenir sans notre mère Héloïse ?

Dans la voix de la sœur infirmière vibrait une familiarité débordante de tendresse et d'admiration. Ses lourdes épaules se courbaient sous la peine. Encore jeune, bâtie en campagnarde, elle était mieux faite pour soigner les malades et fabriquer des onguents avec les simples, dont elle n'ignorait aucune vertu, que pour supporter le fardeau d'une épreuve qui la touchait au cœur. Son visage sans finesse était empreint de désarroi.

— Dans quel état se trouvait-elle quand vous l'avez quittée ?

— Elle gisait sans mouvement. En m'approchant pour essuyer la sueur qui coule de son front, j'ai vu bouger ses lèvres.

— Il ne convient pas de la troubler.

— Dieu m'en garde ! Si cela vous est possible, cependant, j'aimerais que vous veniez la visiter un moment, avant none. Elle est si pâle, si défaite, que je crains, à tout instant, de la voir passer.

— Allons.

L'odeur du jardin humide de pluie pénétra dans l'infirmerie avec les deux femmes qui l'avaient retenue entre les plis de leurs robes de laine noire. La pièce, au plafond bas, soutenu par des poutres de chêne foncé, n'était pas grande. Encadrés de rideaux de toile aux plis cassants, des lits de bois, alignés le long du mur, remplissaient presque tout l'espace libre. Comme les fenêtres, garnies de feuilles de parchemin poncé, ne laissaient filtrer que peu de clarté, on avait allumé, auprès de la seule couche qui fût occupée, une chandelle dont la mèche grésillait en se consumant. Le sol était jonché d'hysope, de mélisse et de menthe fraîche. Pour achever de purifier l'air où traînaient des relents médicamenteux, un feu de romarin brûlait dans la cheminée de pierre.

Les deux seules sources lumineuses de la salle se trouvaient réparties de part et d'autre du lit de l'abbesse, lui-même un peu à l'écart des autres. Dans la pénombre, des reflets mouvants tremblaient sur les draps, sur le coussin de tête et sur le visage sans couleur de celle qui se mourait, comme si elle attirait vers elle toute la clarté de la pièce.

Deux novices à genoux priaient en silence.

Mère Agnès s'approcha. Sur la couverture en peau de mouton, on avait déposé le manteau noir de l'abbesse. La prieure entendait derrière elle la respiration de la sœur infirmière.

— N'a-t-elle rien pris depuis qu'elle a reçu l'extrême-onction ?

— Rien. Je n'ai pas osé la déranger.

— Vous avez bien fait, sœur Margue. Il y a dans son oraison quelque chose de sacré.

A ce moment, une des mains de la malade, celle qui portait l'anneau d'or de sa charge, se souleva un peu, comme à la recherche d'un objet.

— Que veut-elle ?

— Je ne sais.

L'abbesse remua d'un geste alenti sa tête qui conservait, en dépit de la maladie, une noblesse qu'accentuait en l'épurant la coiffe de lin des moniales. Un instant, elle ouvrit les yeux, regarda autour d'elle et désigna du doigt un livre de psaumes posé à son chevet, sur un trépied, entre la croix pectorale qu'il avait fallu lui retirer, et un gobelet d'étain contenant de l'élixir de thériaque préparé par sœur Margue.

— Nous aurions dû y songer, murmura l'infirmière : c'est le psautier que lui avait autrefois envoyé maître Pierre Abélard...

Avec précaution, la sœur prit l'ouvrage et le posa sur le drap, contre la main de l'abbesse. Les doigts aux ongles bleus se soulevèrent alors, avec effort, pour se poser sur le parchemin enluminé qu'ils caressèrent lentement, dévotement, en un mouvement de va-et-vient qui était à lui seul un acte de possession.

Mère Agnès et sœur Margue suivaient des yeux le geste tendre qui semblait rythmer une litanie.

« Il existait à Paris une jeune fille nommée Héloïse. »

Te souviens-tu, Pierre, d'avoir tracé ces mots dans la lettre adressée à un de tes amis, lettre dont on a tant parlé ? Peu de temps après que tu l'eus écrite, un hasard, dont je ne sais pas encore s'il fut heureux ou malheureux, me la mit entre les mains. En découvrant cette phrase, une émotion semblable à une brûlure m'embrasa. Je l'éprouve toujours en y pensant.

C'est, en effet, ainsi que tout a commencé.

Une jeune fille de seize ans, fraîchement sortie du monastère de Sainte-Marie d'Argenteuil, voilà celle que j'étais alors. Au couvent, je m'étais montrée précocement attirée vers les disciplines intellectuelles, et mon oncle avait encouragé ce penchant en me faisant donner des leçons supplémentaires. Tu connais l'obstination qui m'habite et la ténacité dont je sais faire preuve. Mes études furent ma première passion. Je puis dire que, des années durant, je me suis nourrie de grec, de latin et d'hébreu. Les Écritures, la théologie, la physique, la versification et la musique, sans compter les arts féminins plus répandus, m'avaient livré leurs secrets. De ces connaissances, amassées avec tant de zèle, je ne devais pourtant recueillir que des fruits amers. Qui l'eût cru à ce moment-là ? J'avais acquis, toute jeune encore, une certaine renommée du fait de cette culture que peu de femmes, en ce siècle, ont été à même de posséder. On parlait de moi dans le royaume. Je n'étais pas sans le savoir et j'en tirais vanité. Cependant, si j'avais beaucoup appris dans les livres, je ne connaissais, en revanche, rien de la science, combien plus essentielle, de la vie !

L'esprit paré, l'âme candide, j'étais plus exposée aux tribulations de l'existence que mes compagnes, sans doute moins savantes que moi, mais tellement mieux informées. Quand il leur arrivait de se rendre dans le sein de leurs familles, elles y retrouvaient des parents, des sœurs, des frères, des amis, tout un univers dont les exemples et les propos les instruisaient mieux des réalités de chaque jour qu'une bibliothèque entière de manuscrits grecs ou latins !

Il n'en était pas de même pour moi. Orpheline, prise en charge par le frère de ma mère, chanoine à Notre-Dame, je ne sortais du monastère de Sainte-Marie que pour demeurer sous le toit quasi monacal de mon oncle. Feutrés, étouffés, les échos de la ville ne troublaient guère ce coin de paix. Élevée dans un univers innocent, pétrie de certitudes et d'idées livresques, j'abordai, la tête en feu et le cœur froid, aux rives de ma jeunesse.

Depuis lors, songeant à ces premières années, je me suis étonnée de ce que, pendant le temps passé à Argenteuil, rien, en moi, ne se soit enflammé d'amour pour Dieu. Tu sais l'ardeur dont je suis animée et que je peux tout immoler à mon adoration. Comment mon âme est-elle restée assoupie, alors qu'on nous lisait, chaque jour au réfectoire, des récits pleins d'exaltation relatant la vie des saints, et que j'avais une sous-prieure dont nous savions toutes qu'elle était comblée de grâces ? Puisque j'étais faite pour aimer d'un amour absolu, j'aurais dû me donner au Seigneur.

Cependant, aucune révélation, aucun élan ne me poussa jamais vers le service divin. Seul, mon esprit veillait. Mon cœur, mon corps, mon âme aussi, comme dormant, vivaient dans un état semi-léthargique.

J'en suis venue à penser que, par destination, j'étais mise en réserve pour un autre devenir ! Sans le savoir, je t'attendais. Pour toi, que j'ignorais, j'accumulais des réceptacles de vénération et de tendresse, afin de t'en faire don, sans partage, quand l'heure serait venue. Et l'heure approchait...

Comme je ne le savais pas, je coulais des jours de labeur et de vertu chez mon oncle Fulbert. Te souviens-tu de sa maison ? Elle était blanche, à colombage et à pignon, située dans le cloître Notre-Dame. J'aimais cet enclos réservé aux chanoines et à leurs familles, véritable petite cité entourée de murs d'enceinte percés de quatre portes qui nous isolaient de Paris, et je me sentais chez moi dans ses rues, où chaque habitation possédait son jardin. Le nôtre, qui descendait vers la Seine, débordait de poiriers, de pruniers, de noisetiers que je pillais, suivant les saisons. On y avait mêlé les fleurs et les légumes, et je pouvais y cueillir à volonté des roses et des épinards, des œillets, des sauges ou du basilic.

Le parfum de cet endroit, perdu pour moi, ne ressemble à aucun autre. C'est en vain qu'ici, au Paraclet, beaucoup plus tard, je tentai de retrouver, parmi les plantes que je fis semer dans le jardin d'herbes, la senteur de mon adolescence.

Dans ce lieu tranquille, je vivais sans souci et tout m'y était divertissement. A mes pieds coulait le fleuve, animé d'un incessant mouvement de batellerie qui m'occupait des heures durant. De ma fenêtre, par-delà les frondaisons de notre clos, je regardais l'agitation du port Saint-Landry, tout proche, où accostaient en un va-et-vient sans fin des barques et des bateaux chargés de mille marchandises diverses.

Quand je sortais dans la ville, les rues de Paris, grouillantes de monde, m'enchantaient. Avec Sibyle, cette servante que tu as connue, je parcourais en premier les abords de l'école Notre-Dame où des écoliers et des clercs de tous les pays s'interpellaient en quantité de langues étrangères. Le bruit de ton nom m'y frappa, un jour. Sans cesse répété, il me devint bientôt familier. Parmi cette foule estudiantine, qui ne parlait de toi ? Ta célébrité s'étendait bien au-delà de nos frontières, et faire partie de ceux qui étaient admis à t'écouter passait pour une faveur insigne.

Cependant, tu n'étais alors pour moi que le plus illustre des philosophes, que le plus admiré des maîtres, et pas encore l'Unique, le seul homme digne d'être aimé. Ta pensée ne m'absorbait pas au point de rendre le reste du monde sans attraits à mes yeux, et je musais dans la cité, toutes les fois que je le pouvais, en quête de spectacles et de nouveautés.

D'un bout à l'autre, je parcourais avec ma suivante la ville, presque tout entière contenue dans son île, depuis le palais royal, en aval, avec son jardin et les treilles du roi, jusqu'à son quartier religieux, en amont, où nous habitions. Je m'attardais volontiers rue de la Vieille-Juiverie, non loin de la synagogue, dans les échoppes où je tâtais des étoffes venues de Perse, où je goûtais les épices importées d'Orient, et où un vieil orfèvre, que je connaissais, me laissait essayer les bijoux qui me tentaient. Quand j'étais lasse d'errer de la sorte, j'entraînais Sibyle, au hasard, vers une chapelle, et nous priions un moment côte à côte, dans un parfum d'encens et de cire. Ensuite, je plongeais de nouveau dans les rues étroites où tout un peuple se pressait. Il y avait de tout dans cette cohue : des jongleurs montreurs d'animaux savants, dont le bagou m'amusait ; des bouviers qui poussaient devant eux des bœufs affolés, et il fallait se garer ; des mendiants plus ou moins estropiés ou aveugles ; des portefaix cherchant querelle pour une vétille à quelque crocheteur ; des vendeurs d'eau avec leurs seaux en équilibre sur leurs épaules ; des marchands d'oublies auxquels j'achetais souvent des gâteaux ; des colporteurs qui savaient, avec leur boniment plein d'adresse, m'extorquer un ou plusieurs deniers ; beaucoup de pèlerins enfouis sous leurs larges chapeaux de Saint-Jacques, avec la coquille et le bourdon ; des moines vêtus de bure et les pieds nus ; des cavaliers portant parfois leur belle en croupe ; des hérauts d'armes, toujours pressés ; des dames dans des litières, que j'essayais d'apercevoir derrière les rideaux baissés ; des médecins à la mine importante, montés sur leur mule ; et des crieurs de vin du roi, qui voulaient à toute force me faire déguster leur dernier cru.

Une curiosité jamais épuisée me poussait vers les boutiques des tisserands, quand je désirais un manteau neuf ; dans celles des merciers où je trouvais les plus belles soieries du Levant ; dans celles des pelletiers, car j'ai toujours aimé les fourrures douces et chaudes au corps. Je m'arrêtais chez les chapeliers ou les herbiers, vendeurs de si gracieuses coiffures et couronnes de fleurs, chez les enlumineurs ou les ciseleurs que je regardais travailler avec émerveillement. Les marchands d'oiseaux me retenaient de longs instants devant les cages jacassantes d'où jaillissaient des plumages de toutes les nuances et des chants inconnus de moi. Je baguenaudais aussi devant les étalages des vendeurs d'écuelles ou de patenôtres, d'escarcelles ou de tablettes à écrire, dont je faisais une grande consommation, et il n'y avait pas jusqu'aux armes de Tolède qui ne retinssent mon attention.

Quand la cloche de Saint-Merry, ou celle de Sainte-Opportune, avait sonné l'angélus, les échoppes fermaient et je rentrais à la maison, les jambes rompues et sans un sol dans mon aumônière. Qu'importait ? Je n'avais qu'à demander pour recevoir. Je croyais être heureuse, et, au demeurant, je l'étais sans doute.

Plus tard, tu m'as fait connaître les vertiges et les emportements de la passion, ses fièvres et ses félicités, mais plus jamais il ne m'a été donné d'éprouver ce bonheur sage qui se contentait de la saveur d'un fruit ou de l'achat d'une ceinture à mailles d'or. Je ne pense pas, au reste, avoir été faite pour ce genre de contentement paisible. Très vite je m'en serais lassée. En moi, sans que je le sache, résonnaient en sourdine d'autres appels...

Néanmoins, à cette aube de ma vie, j'étais encore, et pour peu de temps, l'enfant spontanée et candide qu'aimait si fort l'oncle Fulbert. Car il m'aimait comme un père, cet homme dont l'affection était un alliage de fierté, d'habitude et d'égoïsme. Son souci majeur était ma réputation. Sa nièce passait pour la femme la plus instruite de son époque : il s'en dilatait d'orgueil !

Aussi, rien n'était-il trop bon ni trop beau pour moi. Lui, qui devint l'artisan de notre malheur, lui, que j'ai si souvent maudit par la suite, n'était alors qu'un brave homme qui m'appelait sa fille et ne savait comment me choyer.

Je le revois, dans sa robe de chanoine, massif, haut comme un chêne, prenant énormément de place, et je me souviens que ses mains, noueuses et capables de broyer n'importe quelle poigne normale dans une simple pression, me déplaisaient. Des mains de tueur de bétail.

Avec moi, pourtant, il était sans méchanceté. Sur ses traits, taillés à coups de serpe dans un bois rude, passait une sorte de bonté quand il me regardait. Tant que je suis demeurée telle qu'il se plaisait à m'imaginer, nos rapports furent sans heurts. A sa manière, il devait avoir aimé l'unique sœur qu'il avait eue, et je ressemblais à ma mère, morte trop tôt. Aussi reportait-il sur moi un peu de l'affection vouée à la disparue.

Et puis, j'étais son chef-d'œuvre ! Vaniteux autant que dévoué, il s'était piqué au jeu et n'avait rien épargné pour faire de moi une femme illustre. La réussite de ses visées l'avait gonflé d'un contentement dont je bénéficiais. Croyant m'aimer pour moi-même, il m'aimait pour le lustre que je donnais à son nom. Depuis, il a démontré de quoi il était capable. A l'époque, aucun signe ne laissait deviner dans ses agissements le bourreau qu'il allait devenir. Je ne pressentais rien.

J'éprouve une certaine difficulté, Pierre, à me remémorer ce passé. Il m'arrive d'oublier que j'ai pu vivre avant de t'avoir connu.

Me voici parvenue à soixante-trois ans. Depuis quarante-six longues années, ta personne ou ton souvenir ont empli ma vie. En dépit des apparences, et de mes activités multiples, je puis confesser à la face du monde que tu n'as jamais cessé une minute d'être l'objet, le but, l'oméga de mes préoccupations ou de mes méditations.

A présent, je dois fournir un effort pour rechercher, au-delà de ton apparition dans mon existence, les témoignages à demi effacés du temps où je ne te connaissais pas... Et voici que, lentement, des fragments de ces jours oubliés resurgissent, au dépourvu, du gouffre de ma mémoire.

Est-ce parce que je vais mourir ?

Peut-être. Ce serait donc un ultime salut à la jeune fille que je fus, à celle dont tu parlais dans ta lettre, à celle, qu'un jour, tu décidas d'aimer. Car tu le décidas, Pierre. Tu l'as reconnu depuis.

Jamais, pourtant, tu n'as relaté les circonstances dans lesquelles tu m'avais vue pour la première fois. Est-ce à moi de m'en souvenir ? Ce détail, il est vrai, a peu d'importance.

Tu étais alors, clerc et chanoine, régent des Écoles de Paris, professeur, plus que célèbre, de théologie et de philosophie. Ta réputation était telle qu'il n'y avait guère de maisons, dans notre quartier érudit, où on ne s'entretînt souvent de toi, le soir, à la veillée. Comme tout le monde, j'étais au courant de la longue et retentissante suite de tribulations qui t'avait victorieusement opposé, depuis des années, aux plus estimés de nos maîtres. On peut dire sans exagération qu'en même temps que le roi Louis VI tu régnais sur les étudiants de notre cité. Non seulement il en venait de tous les coins de France, mais ta renommée universelle en attirait de partout. De Suède, d'Allemagne, des Flandres, d'Angleterre, de Salamanque et de Rome, il en arrivait sans cesse, qu'on rencontrait en bandes dans les rues et qui ne savaient plus où loger.

Ta gloire était alors à son zénith. Ceux-là même qui n'avaient pas la chance d'être de tes auditeurs louaient, par ouï-dire, la vigueur, la fougue, la nouveauté et le génie que tu apportais à ton enseignement. On redoutait ton esprit qui n'épargnait personne et pouvait se montrer, selon ton humeur, capable d'enchanter ou de fustiger. Tes élèves disaient que tu transformais les sujets que tu traitais et que les plus moroses, dans ta bouche, devenaient passionnants.

Entre femmes, il était question surtout de ton charme, de ton élégance, de cette séduction si bien faite pour attirer les cœurs et qui se voulait insensible. Parmi mes amies, il en était une qui avait eu la fortune de t'approcher à la faveur d'une réception chez son père. Elle vantait ta voix de trouvère, tonnante ou caressante selon l'instant, aussi habile à chanter qu'à instruire.

Était-il, humainement, possible de te résister ?

Durant les repas où mon oncle aimait à convier des chanoines de ses amis, j'entendais louer ta culture, ton érudition, tes mérites, tes innovations et jusqu'à tes audaces. Si certain parlait de ton orgueil, on lui opposait ta vie consacrée aux études, ta chasteté, ta sagesse. Tu avais, certes, des ennemis virulents, mais, en revanche, beaucoup t'admiraient.

Les différents professeurs, qui se relayaient pour parfaire mon instruction, te citaient en exemple et me donnaient tes derniers cours à méditer. Qu'on t'aimât ou qu'on te honnît, tu ne laissais personne indifférent.

Avant même de te connaître, j'étais déjà nourrie de ta pensée, imprégnée de ton enseignement.

Il me restait à découvrir l'homme que tu étais. Pourquoi ne pas évoquer notre première rencontre ?

C'était le lendemain de la Saint-Jean d'été. Il faisait chaud, et je me souviens que, la veille, un orage avait nettoyé les rues de Paris.

Je revenais des étuves publiques où j'avais l'habitude de m'aller baigner chaque semaine, et, légèrement vêtue, d'une chemise de lin finement tissée et d'un bliaud de soie azur, ceinturé par un galon d'orfroi, un chapeau de fleurs sur mes cheveux encore humides du bain, je rentrais au logis, tout en conversant avec Sibyle. Je me sentais jeune et avenante.

Si je n'ai jamais été de ces beautés voyantes qui subjuguent tous ceux qui les approchent, je savais d'instinct qu'il fallait une certaine distinction d'esprit et de goût pour me remarquer.

Mon oncle me disait souvent : « Ma fille, vous intimidez les hommes et c'est là une bonne chose ! »

Peut-être était-ce parce que j'étais grande, que j'avais un front haut et bombé, ou que je tenais souvent baissés ces yeux que, plus tard, tu comparais à deux fenêtres ouvertes sur le ciel ? Je ne sais. Il est des femmes faites pour plaire au plus grand nombre, et d'autres, plus secrètes, destinées à ne séduire que quelques-uns. J'étais de celles-ci, et, ne l'ignorant pas, j'en tirais une discrète satisfaction.

Je venais donc de quitter la rue de la Parcheminerie, quand une foule d'étudiants surgit soudain, du côté de l'école cathédrale. Contrairement à leur habitude, ils ne vociféraient pas, ne gesticulaient pas, entourant avec vénération un homme de haute taille qui allait parmi eux, devisant. On devinait sans peine de quel prestige jouissait ce maître auprès de ses élèves. Deux clercs, qui me croisèrent, te nommèrent en passant : « Messire Abélard, le philosophe... »

Curieuse, je te fixai, quand un troupeau de porcs, qui cherchaient, comme ils sont accoutumés de le faire, des détritus dans le ruisseau, me bouscula. D'un saut, je les évitai. Ce faisant, ma coiffure de fleurs tomba par terre. Un de tes étudiants, en riant, la ramassa et me la rendit. C'est alors que tu me regardas pour la première fois.

Debout sous le soleil de juin, décoiffée, confuse, malmenant entre mes doigts les roses et les jasmins de ma parure, je me sentis, avant d'avoir retrouvé mes esprits, jaugée, soupesée, estimée, en un regard.

Le souvenir de cette scène, jamais, ne me quittera.

Tu me saluas, et tu passas.

Dès cet instant, tout était dit. Ainsi que le visage du Christ sur le voile de sainte Véronique, ton image s'était gravée dans mon cœur, à jamais.

— Vous êtes toute pâle, demoiselle, me dit Sibyle.

Je pouvais l'être, en effet. C'était mon destin que je venais de voir, face à face. Ce qui domine dans mon souvenir, en même temps que ce foudroiement, c'est une certitude. Je sus que ce serait toi, toi seul, qui remplirais ma vie.

Quelque chose, au plus profond de moi, venait de naître. Neuve et intacte, la passion qui sommeillait dans mon âme s'incarnait soudain.

Je n'avais plus qu'à attendre ton retour, que je sentais inéluctable. Je m'y préparai.

Peu de temps après, mon oncle me parla de toi. Ce fut sans surprise que je l'écoutai.

J'étais dans la salle de notre maison, occupée à broder au fil d'or une étole, tandis que les servantes préparaient le souper, et je rêvais à un poème d'Ovide sur l'amour que je venais de lire. Fulbert entra. Avec ses six pieds de haut, quand il pénétrait dans une pièce, elle semblait toujours rapetisser. La chape noire, qui l'enveloppait, en ne laissant voir qu'assez peu de son surplis, accusait encore sa carrure de bûcheron. Il était fort agité par ce qu'il avait à me dire. Je ne me souvenais pas de l'avoir jamais vu en un pareil état.

— Ma nièce, s'écria-t-il, un grand honneur va nous échoir !

Je le regardai interrogativement.

— Je vous écoute, mon oncle.

Je me revois interrompant mon ouvrage, car mes doigts tremblaient sur l'étoffe que je tenais.

— Vous n'êtes pas sans avoir ouï parler du grand Abélard...

— Qui ne le connaît de réputation ?

— Eh bien, ma nièce, vous allez être à même de le connaître beaucoup mieux. En personne, et aussi souvent que vous le voudrez.

Je n'avais pas tant espéré. Il n'est pas dans ma nature de m'attendre aux événements fastes. Je suis plus encline à prévoir le malheur que les joies. Je ne comprenais pas, d'ailleurs, par quel biais tu comptais te mêler à ma vie. Aussi n'eus-je pas à me forcer pour jouer l'étonnement.

Mon oncle m'expliqua que certain chanoine de ses amis lui avait fait rencontrer dans la journée l'illustre Abélard. Manifestement, l'honneur, qui venait de lui échoir, le laissait ébloui, flatté.

— Ce maître, célèbre entre tous, m'a entretenu de la façon la plus courtoise, reprit-il avec complaisance. Il a paru prendre un réel intérêt à mes propos et a été jusqu'à approuver avec chaleur mes opinions sur l'art de la métaphore.

J'ai su, depuis, ce que cachait une attention si subite. Tu as écrit toi-même, après m'en avoir parlé lors de nos premiers entretiens amoureux, que l'idée d'entrer en rapport avec Fulbert t'était venue dans le but précis de me séduire. Tu voulais amener mon oncle à te recevoir sous son toit dans l'unique pensée, ô mon bien-aimé ! de me faire céder plus aisément. Tant de ruse n'était pas nécessaire. Tu étais déjà vainqueur de la place que tu souhaitais investir et, avant que tu aies commencé tes travaux d'approche, j'étais rendue à merci.

Tu pris donc la peine de déployer toute ton adresse pour obtenir ce que tu désirais et, pour ce faire, tu agis avec l'emportement propre à ta nature, c'est-à-dire, il faut bien l'avouer, sans la moindre prudence. Si le vieillard avait été de tempérament soupçonneux, la soudaineté de ton offre, son côté trop séduisant l'auraient aussitôt mis en alerte. Mais il était à mille lieues de t'imaginer épris de sa nièce, et l'admiration qu'il te vouait l'empêchait de voir en toi autre chose que le plus brillant de tous les philosophes. Ce fut donc sans aucune peine que tu le décidas.

Sous le prétexte que les soins d'un ménage nuisaient à ton travail et te coûtaient fort cher, tu lui proposas de venir loger chez lui. Tu alléguas la proximité où l'école cathédrale était de notre demeure et les avantages qu'il y aurait à te trouver si voisin du lieu de ton enseignement. Flattant ensuite son goût de l'argent et le désir sincère qu'il ressentait de pousser mon instruction aussi loin que possible, tu lui offris, outre un prix de pension élevé, de me donner gratuitement des leçons, aussi souvent que tu le pourrais.

— Cette dernière proposition emporta mon assentiment, me confia Fulbert après avoir résumé la situation. Vous aurez de ce fait, ma fille, le maître le plus réputé de toute la chrétienté, et votre savoir, déjà hors de pair, va se parachever de la plus heureuse façon. Je me suis donc cru autorisé, sans plus attendre, à donner mon accord plein et entier à messire Abélard, en vue d'un tel arrangement. J'avoue l'avoir invité à consacrer à votre éducation tous ses instants de loisir, la nuit comme le jour, et je lui ai même octroyé la permission de vous châtier, si besoin en était.

Bien calé sur ses jambes écartées, les mains croisées sur sa chape noire, mon oncle me considérait avec jubilation. Un tel projet le comblait. Il trouvait d'un seul coup le moyen de me faire instruire sans bourse délier, par un professeur exceptionnel, et de lui louer, par la même occasion, une chambre au prix fort. Pouvait-on rêver plus heureux accommodement ?

Confondue par tant d'inconscience, je le dévisageai sans mot dire. Était-il vraiment aveuglé à ce point ? En dépit de ma jeunesse et de mon ingénuité, je devinais tout de suite tes intentions. N'étaient-elles pas limpides ? Elles rejoignaient, en plus, si parfaitement mes propres souhaits que je n'hésitais pas une seconde sur les motifs réels qui t'avaient incité à agir. Un vertige, où l'appréhension se moirait de délices, s'empara de moi.

Abélard allait venir s'installer dans l'intimité de notre logis !

Mon oncle, bien loin de se douter des mouvements qui m'agitaient, s'employait à me démontrer les avantages de la situation. Tout en faisant mine de l'écouter avec déférence, je laissais mon imagination galoper et je n'ai pas souvenir d'avoir entendu un seul de ses arguments.

Une fièvre joyeuse me faisait battre le cœur. Quelle ne serait pas notre chance à tous deux — déjà je nous unissais dans ma pensée — de vivre entre les mêmes murs ! La perspective de cette promiscuité quotidienne me ravissait. Je n'étais pas, pour autant, sans mesurer les risques que ta trop fascinante présence allait faire courir à ma vertu. Qu'importait ! Je décidai sur-le-champ de me livrer à toutes tes volontés. Tant pis pour moi si, en retour, j'avais à subir quelques préjudices. Je pressentais que les enchantements, que tu me dispenserais, compenseraient au centuple les épreuves qu'ils entraîneraient à leur suite.

On t'a beaucoup reproché, depuis, de t'être introduit chez moi dans l'unique intention de me suborner, sans amour, poussé seulement par un violent appétit de luxure.

Et quand cela serait ? Il fallait bien un aiguillon au commencement d'intérêt que tu me portais. Tu m'avais aperçue dans la rue, tes étudiants t'avaient renseigné sur mon identité. Ce faisant, tu avais soudain découvert que les femmes existaient. Ce n'était pas là une mince trouvaille ! Ta pensée, toujours active, enfin disponible, s'était alors emparée du nouveau sujet d'étude que j'étais devenue et ne m'avait plus lâchée.

J'aime à t'évoquer, ô mon amour, tel que tu étais au seuil de ta cruelle destinée : trente-huit ans, beau comme un dieu !

Parvenu au faîte des honneurs, tu restais sans rival. Ton ambition, momentanément assouvie, te laissait en repos. Interrompant, pour souffler, ta marche ascendante, tu prenais le temps de regarder autour de toi. Une soif toute neuve de jouissance s'emparait de tes sens. Non, non, il n'y rien, là, de scandaleux. Ce qui t'arrivait n'était pas autre chose que l'aboutissement normal de la vie de continence, de labeur acharné, que tu t'étais imposée depuis ton adolescence, mais que tu ne pouvais continuer à mener indéfiniment.

Puisque tu venais de te décider à faire halte, n'était-il pas naturel que tu voulusses combler, d'un coup, les lacunes de ton passé uniquement consacré, jusque-là, aux études ? Le temps était venu pour toi de découvrir d'autres accomplissements.

Quant au choix que tu fis, comment pourrais-je le critiquer ?

Tu m'as avoué, depuis, que ma réputation de fille cultivée avait contribué à fixer ton attention. Nous partagions les mêmes goûts, nous vivions dans le même milieu, à l'ombre de Notre-Dame, et la femme que tu avais rencontrée t'avait plu. Dès lors, n'était-il pas naturel que tu me distinguasses et misses tout en œuvre pour m'amener à partager tes désirs ? Comment a-t-on pu critiquer ta conduite, alors qu'elle demeurait si logique et qu'elle traduisait si fidèlement ton caractère volontaire, possessif et toujours impatient ? En dépit de tes calomniateurs, je continue à penser que ton attitude n'impliquait aucune déloyauté à mon égard.

Une fois ton dévolu jeté sur ma personne, ton impétuosité te conduisit à me vouloir tout de suite, et sans restriction. Je ne te l'ai jamais reproché, jamais je ne te le reprocherai. Il aurait été bien plus dur pour moi de constater ton indifférence que de deviner les motifs de la fougue qui te poussait. Si ton amour fut, au début tout au moins, la conséquence d'une décision froidement arrêtée, il se transforma très vite en un entraînement si puissant que, pas plus que moi, tu ne sus y résister. La tentation charnelle, que je fus d'abord pour toi, se mua bientôt en une passion sans seconde et un même incendie nous enflamma tous deux. Depuis lors, il n'a pas cessé de brûler au plus profond de mon cœur et mon existence tout entière lui a servi d'aliment.

Vois-tu, elles devaient être infinies, les provisions d'attachement, de dévotion, de constance et d'adoration exclusive que j'avais engrangées durant mes années studieuses d'Argenteuil, car l'amour, que tu allumas en moi, n'en vint jamais à bout. Il combla tout mon être, n'y laissant de place pour aucun autre culte, de quelque essence qu'il fût. C'était mon âme, Pierre, que je t'avais livrée ! Ce don fut si total qu'aucune souffrance, aucune séparation, aucun sacrifice, aucune perte : ni ton silence, ni mon amertume, ni le temps, ni ta mort, ni l'approche de la mienne ne sont parvenus à en atténuer l'immuable et immortelle ardeur.

15 mai 1164

— Ma mère, il vous faut prendre un peu de cette décoction d'agripaume, qui est souveraine pour le cœur.

Sans ouvrir les yeux, l'abbesse eut un geste de refus. Sœur Margue serra les lèvres. Elle avait l'habitude d'être obéie par ses malades. Quand il lui arrivait de ne pas l'être, elle usait au besoin de force pour faire avaler à la patiente son élixir ou son vulnéraire. Cette fois-ci, pourtant, elle n'osait pas insister.

La révérendissime mère n'était pas femme à se laisser imposer une médecine !

L'infirmière regretta l'absence de la mère Agnès, partie, quand la cloche des exercices avait sonné, rejoindre les sœurs à l'office de none. Elle savait que les novices, qui priaient sans reprendre haleine près de la couche de l'agonisante, ne lui seraient d'aucun secours.

La prieure, de par sa longue amitié avec elle et, surtout, parce qu'elle était la propre nièce de feu messire Abélard, était bien la seule moniale du Paraclet à posséder quelque influence sur l'esprit de fer de l'abbesse.

Il ne restait qu'à attendre. None était un office court. Mère Agnès ne tarderait pas à revenir.

Sœur Margue posa sa potion sur un coffre de chêne, près de la cheminée, tisonna le feu et y jeta une brassée de romarin séché.

Elle se sentait inutile et en souffrait, à la fois dans son amour-propre d'infirmière et dans l'affection filiale qu'elle voulait à celle qui se mourait.

Avec un soupir, elle se dirigea vers la fenêtre la plus proche, l'entrouvrit, respira l'air, parfumé d'œillet et de thym, que charriait un léger vent d'est.

Dehors, il ne pleuvait plus. Sœur Margue serait volontiers allée se promener, comme elle aimait à le faire, entre les plates-bandes du jardin potager qui s'étendait sous ses yeux jusqu'aux rives de l'Arduzon, bordées d'une frange bruissante de roseaux. Elle inspecta l'horizon à peine vallonné où les bois cernaient de toutes parts les prairies du couvent, jeta un coup d'œil au moulin dont la roue de bois projetait au loin, en tournant, une poussière d'eau que le soleil irisait, et soupira derechef. Plus jamais, la grande abbesse n'irait goûter les premières cerises, cueillir des roses pour la tombe de maître Abélard, ou exiger du frère lai préposé au jardinage qu'il plantât de la sauge ou bien du cerfeuil ! Quel vide suivrait sa disparition ! Héloïse était, réellement, le centre de toutes les activités, aussi bien matérielles que spirituelles, du Paraclet. Que deviendrait-il après sa mort ?

L'infirmière referma sans bruit la fenêtre, prit son chapelet de buis et retourna vers la gisante. Debout au pied du lit, ne perdant pas du regard celle qui continuait à l'ignorer, elle se mit en devoir de prier pour elle.

Je t'ai écrit, dans une lettre : « Ce n'est pas seulement notre délire, ce sont les heures, ce sont les lieux témoins de notre délire, qui sont si profondément gravés dans mon cœur avec ton image, que je me retrouve avec toi dans les mêmes lieux, aux mêmes heures, dans le même délire. »

Il est vrai que, pendant de longues années, ces évocations du passé furent mon enfer. Avec une précision qui ne me laissait pas de repos, ma mémoire gardait le souvenir de chaque rencontre, de chaque geste, de chaque sensation. En dépit d'un travail de toutes les minutes, de prières qui étaient des cris, de confessions humiliantes et de macérations corporelles souvent renouvelées, rien ne venait à bout de ces trop vifs rappels.

Je puis évoquer, à présent, sans torture, et seulement avec une déchirante tendresse, la chambre de jeune fille que j'occupais en ma jeunesse chez mon oncle Fulbert.

Je m'y revois, assise devant ma table, des manuscrits ouverts tout autour de moi, l'oreille aux aguets. J'attendais ton retour de l'école cathédrale. J'aimais jusqu'à ton pas, fortement appuyé, toujours rapide, et je goûtais intensément la douceur de cette attente.

Je savais que tu paraîtrais, debout dans l'embrasure de la porte, immobile un instant avant qu'elle ne se refermât derrière toi en nous emprisonnant dans notre paradis.

Mon oncle nous faisait confiance, sans mesure. La première fois qu'il t'avait conduit à moi, le jour même de ton installation, il avait jugé préférable de demeurer un peu avec nous et d'assister au début de la leçon de philosophie que tu m'avais donnée sur-le-champ. Le sérieux de tes propos l'avait, à la fois, assoupi et convaincu de ton austérité.

C'est qu'il ne voyait pas ton regard !

Lorsque j'avais levé les yeux sur toi, après qu'il nous eut présentés l'un à l'autre, j'avais été saisie par l'intensité de ton expression. Tout en m'adressant des paroles banales, tu me dévisageais d'une manière qui trahissait la plus brûlante attention.

Pendant quelques jours, cependant, tu te satisfis sans doute de ce langage, car tu me fis travailler comme il se devait, te contentant de m'observer ainsi qu'un chasseur à l'affût. De mon côté, j'espérais, tout en l'appréhendant, le moment où tu changerais d'attitude. Une anxiété savoureuse me poignait.

Bien que nullement préparé par tes antécédents à une stratégie amoureuse aussi subtile, et faisant avec moi tes premières armes, tu te montras fort habile en me laissant patienter de la sorte. Un homme expérimenté ne se serait pas comporté autrement. Était-ce malaise devant un premier geste, prudence à l'égard d'un retour offensif de Fulbert, ou, plus simplement, hésitais-tu à entraîner vers les abîmes de la passion la vierge que j'étais ? Je l'ignore. Par la suite, j'oubliai de t'en parler. Nous étions alors occupés à des pratiques qui ne nous laissaient guère de temps pour nous interroger...

Toujours est-il que cet atermoiement, en m'amenant à douter de tes sentiments, fit tomber les derniers obstacles que la pudeur élevait encore en moi. D'abord surprise, puis vite inquiète, je crus m'être trompée et que je ne te plaisais pas. Un doute me harcelait. Pourquoi ce silence ? N'éprouvais-tu aucune émotion en ma présence ? Peut-être ne savais-je pas, comme il l'aurait fallu, interpréter tes regards ? Peut-être avais-je l'outrecuidance de prendre pour de l'inclination ce qui n'était, de maître à élève, que communion d'esprit et goûts partagés ?

Je ne savais plus que penser. Pendant ce temps, l'ambiguïté de notre situation se révélait en maints pièges et à mille tentations. Tout proches, penchés sur le même livre, nos mains s'effleuraient, nos bras se touchaient, nos souffles se mêlaient. Seules, nos voix, trop frémissantes ou trop assourdies, trahissaient parfois nos ravages intimes.

Ce délai, que tu accordais à l'assouvissement de nos convoitises, acheva de m'affoler.

Il n'est que trop certain que tu employas cette trêve à me subjuguer de la plus adroite façon. Si mon cœur avait encore pu conserver quelque repli dont tu n'étais pas le maître, tu mis tout en œuvre pour le réduire à ta merci.

N'était-il pas enivrant, pour l'ancienne élève des sœurs d'Argenteuil que j'étais, de voir le professeur omniscient que tout le monde révérait se prodiguer pour elle seule ?

Peut-être avais-tu senti dès l'abord que tu me troublais ? Peut-être savais-tu depuis le premier jour que tu n'avais qu'un geste à faire ? Je le croirais volontiers. Mais il était dans ta nature possessive de désirer également asservir ma pensée à la tienne de façon que je t'appartinsse par l'esprit comme par les sentiments.

Ayant la vocation de l'absolu, tu ne pouvais te contenter, ô Pierre ! de m'avoir séduite, il te fallait encore fondre nos deux intelligences, forger la mienne au feu de la tienne... Ton pouvoir était immense, tu en connaissais l'étendue. Ce fut un jeu pour toi de me former à tes méthodes, auxquelles j'étais, d'ailleurs, admirablement préparée. L'empreinte de tes concepts marqua à jamais mon jugement. Je n'ai rien fait, tu le sais, pour m'y opposer. Je m'offris à ton enseignement comme la terre s'offre à la pluie.

Très vite, je fus conquise par l'originalité, la profondeur, l'éclat de tes vues, comme je l'étais déjà par les charmes de ta personne, de tes yeux, de ta voix. Tu m'éblouissais ! Il n'y avait pas un atome de ton être qui ne fût pour moi perfection.

Je me souviens qu'après ton départ je demeurais longtemps à ma place, comme envoûtée.

La nuit était déjà avancée, puisque mon oncle, dans sa folie, t'avait laissé libre de m'instruire à n'importe quel moment de la journée. Bien entendu, le soir te convenait plus que tout autre instant, et tu préférais les heures nocturnes qui nous isolaient si bien après le couvre-feu.

Fulbert, les servantes, tout reposait dans la maison. Éclairée par deux chandelles parfumées à l'ambre gris, ma chambre, abri de chaleur et de lumière, rayonnait seule dans l'obscurité. Du cloître Notre-Dame, endormi entre le fleuve et l'église cathédrale, aucun bruit ne montait. Il fallait ouvrir ma fenêtre pour percevoir faiblement le clapotis de l'eau contre les rives de notre île. La ville, bercée entre les bras de la Seine, plongeait tout entière dans l'ombre et le silence.

Pour mes nerfs, tendus jusqu'à l'angoisse, il y avait comme un surplus d'excitation dans ces ténèbres que je sentais complices. Tout me poussait à t'aimer : n'y avait-il pas jusqu'à l'isolement de la nuit dans notre enclos qui ne m'y invitât ? J'ai toujours cru, et je le crois encore, que la Providence m'avait, depuis les origines, désignée pour être tienne. Un tel concours de circonstances ne trompe pas.

Tu m'avais donc conquise aussi complètement qu'il est possible ; il ne me restait plus qu'à t'appartenir.

Tu me devinais consentante, tu n'en pouvais plus d'attendre : un accord tacite nous amena à conclure. Le soir où tu m'attiras sur ta poitrine, je ne t'opposai pas la moindre résistance et tu fis de moi ce que tu voulus.

Te souviens-tu ? Je portais un bliaud de cendal écarlate et tes doigts rompirent ma ceinture d'argent.

Nous venions de traduire une page de Sénèque. Dans la chaleur de l'explication, tu avais posé ta main sur la mienne. Elle y était restée. J'avais alors vu sur tes traits l'animation intellectuelle se muer en un tout autre émoi. Je guettais cette seconde, je l'appelais pendant mes insomnies ; pourtant, je la redoutais. Quand je sentis ton souffle sur ma bouche, une confusion, une panique enfantine me fit trembler de la tête aux pieds.

Tu compris mon effarouchement. Tu sus l'apaiser. Pour respecter ce sursaut d'innocence, tu t'astreignis à retenir ton propre élan, à prendre le temps de m'apprivoiser. Je t'ai conservé une gratitude immense pour cette délicatesse dont peu d'hommes, semble-t-il, sont capables.

Après mon cœur, après mon esprit, c'était au tour de mon corps d'être révélé à lui-même, étape par étape, jusqu'à son plein épanouissement.

Pendant des lustres, la nostalgie de tes caresses a hanté mes rêves et mes veilles. Tu le sais. Je m'en suis plainte à toi. Ce fut, à n'en pas douter, le juste châtiment des trop douces amours que nous connûmes, Pierre, dans l'ivresse de nos découvertes et le mépris de notre trahison. Car nous trompions la confiance de mon oncle sans le moindre remords, et sous son propre toit.

Pourtant, je ne parviens pas encore à éprouver de honte en évoquant nos transports. Puisque Dieu nous a frappés par la suite, nous avons, et à quel prix ! acquis le droit d'en garder mémoire. Nous avons payé, mon bien-aimé. Au cours d'épreuves sans pitié, avec ton sang, avec mes larmes, nous nous sommes lavés de nos péchés.

Je les ai expiés, mais je ne les ai jamais reniés. Je soutiendrai toujours que dans le don que je t'ai fait de moi il y avait quelque chose de pur, parce que d'absolu. C'est par la suite que j'ai attiré sur nos têtes la foudre divine. Pas à ce moment-là.

Te rappelles-tu nos voluptés et dans quelle extase je les vivais ? Non, non, nous n'étions pas ravalés au rang des bêtes, mais élevés à des joies qui dépassaient notre condition. Plus tard, tu t'es accusé de concupiscence. Je rejette cette accusation. La tendresse, la sollicitude, avec lesquelles tu m'as initiée, le respect que tu n'as jamais cessé de me témoigner aux instants les plus fous de notre frénésie, témoignent en faveur de notre passion.

L'horreur, que tu as manifestée ultérieurement envers ce qui te remémorait ces mois de bonheur, m'a toujours déchirée. Pourquoi les as-tu stigmatisés ? Ils étaient l'expression de ce qu'il y avait de meilleur, de plus rayonnant, de plus fervent en nous.

Quand je songe à cette période, je vois des jours de soie tissant une existence de félicité. Laisse-moi, une dernière fois, en dévider le cours.

Dès que tu avais franchi le seuil de ma chambre, le temps basculait. Je ne percevais même plus les bruits familiers de la maison. Sourde, aveugle et insensible à tout ce qui nous était étranger, j'évoluais dans un univers où, seuls, toi et moi avions une réalité.

Je me souviens du goût de fleur qu'avaient tes lèvres en été, car tu mâchais du jasmin pour aromatiser ton haleine. En hiver, tu portais un manteau de laine épaisse, fourré de pelages de loups. L'odeur sauvage, qui s'en dégageait encore, demeurait longtemps sur ta peau. J'aimais flairer contre toi ces effluves de bête fauve qui ajoutaient un relent insolite à la senteur de vétiver dont tu avais l'habitude de te faire oindre au sortir des étuves.

Pour la créature instinctive et sensuelle que je ne puis entièrement dissimuler sous mon masque d'intellectualité, les parfums ont toujours eu une extrême importance par leur pouvoir d'évocation. J'ai conservé en secret dans ma cellule, pendant des années, le poignet brodé d'une de tes chemises. Ce ne fut que lorsqu'il eut perdu la dernière trace, l'ultime exhalaison, qui me rappelait ta présence, que je pus m'en séparer...

Au premier temps de notre amour, nous tenions, afin de sauver les apparences, à rester un moment assis devant ma table en faisant semblant de travailler. Nous consultions les livres d'un œil inattentif, nous abordions, sans nous y attarder, un sujet de philosophie inexploré, mais nous étions bien trop distraits par nous-mêmes pour consacrer beaucoup de temps à autre chose qu'à notre mutuel désir.

Tes mains, attirées vers moi comme papillon par la flamme, se posaient sur mon bras, remontaient vers ma gorge, se perdaient dans la toile et libéraient insidieusement en moi, dans une progression savante, des instincts inconnus qui déchaînaient mes sens. Tu savais être le plus doux des initiateurs, mais aussi le plus avide des amants. Certains de mes bliauds étaient si malmenés par ta fougue qu'il m'arrivait, pour qu'on ne s'aperçût de rien, d'en raccommoder les déchirures fort avant dans la nuit, quand tu m'avais quittée. Ces preuves de ta passion ne faisaient que renforcer la mienne. C'était une créature éperdue que tu portais ensuite sur mon lit, dans le désordre des coussins, des couvertures fourrées et des draps ouverts.

La sage enfant qui avait dormi sur cette même couche, quelques mois plus tôt, rêvant de quelque jongleur aperçu sur une place ou de l'achat d'un fermail d'or, s'en était allée sans esprit de retour. A sa place, une femme ivre de son corps se roulait dans tes bras, mordant et gémissant, embrasée par un accord charnel qui se permettait tous les raffinements, toutes les découvertes. Tu faisais preuve, dans nos étreintes, du même génie d'improvisation qui t'avait rendu célèbre dans un tout autre enseignement. En ces joutes, aussi neuves pour toi que pour moi, tu n'apportais aucune gaucherie, mais, au contraire, une habileté si incendiaire qu'il m'arrivait de penser que j'allais perdre l'esprit dans les transes de nos embrassements.

Au plus fort de notre tempête, je revois sur ton front une veine qui se gonflait comme une corde, à la racine de tes cheveux. Il m'arrivait aussi, quand je reprenais conscience, de t'entendre rire, d'un rire bas, un peu rauque, qui me bouleversait. Tu parlais peu, sais-tu ? à ces moments-là. Sans doute, par crainte d'être entendu au-delà de nos murs, ou parce que, maître en l'art de la parole, tu en connaissais le vain bruit. A moins que ce silence n'ait été une marque de respect, une forme de dégustation plus avertie et plus voluptueuse.

Rien, pas même le fumet d'inquiétude qui pimentait nos amours, ne manquait à notre bonheur. Pour mieux dérouter les possibles soupçons de mon oncle, tu es allé jusqu'à me frapper, ainsi qu'il t'avait recommandé de le faire, et ce, de façon à être entendu. Il est bien certain que personne, à ce moment-là, ne prenait la peine de nous épier, mais nous ne détestions pas certaines manifestations de violence. Ces coups, donnés par l'amour et non par la colère, excitaient nos convoitises et nous paraissaient, comme tu l'as avoué plus tard, plus doux que tous les baumes. Si dévorante était notre faim de possession charnelle que nous éprouvions, lorsque tu me battais, une jouissance encore accrue.

Nous avons tout essayé, tout expérimenté, tout connu, sauf la satiété. Tu fus l'Homme, pour moi. Pour toi, j'ai tenté d'être la Femme !

Elles furent brèves, Pierre, nos amours, mais d'une intensité, d'une plénitude telles, qu'elles m'ont instruite et comblée à jamais ! En quelques mois, tu m'as révélé chaque degré du plaisir, chaque sommet de la joie. Les demi-mesures n'étant le fait ni de ta nature ni de la mienne, nous nous sommes donnés l'un à l'autre aussi totalement qu'il était humainement possible de le faire. Et notre soif jamais étanchée était si vive que ni la lassitude, ni l'accoutumance, ni l'ennui n'ont eu de prise sur elle.

Alors même que nous étions assouvis et rompus, nous connaissions de délectables intermèdes. Je me souviendrai toujours des chansons que tu composais en mon honneur et qu'à mon oreille, dans la tiédeur du lit, pour moi seule, tu chantais. Apaisés, encore mêlés l'un à l'autre, nous savourions la douceur de ces accalmies qui nous aidaient à reprendre des forces. Ta voix, qui m'a toujours asservie à ses charmes, gardait jusque dans ses murmures des sonorités si chaudes, des accents si pleins de tendresse qu'il m'arrivait de pleurer d'aise contre ta poitrine.

La suavité de tes mélodies, la grâce de tes vers ont survécu aux événements qui les ont inspirés. Je sais qu'on les a longtemps chantés à travers tout le pays, et je pense, tant tu y as mis d'émotion sincère, que certains, aux heures d'amour, les redisent à leur amie. Ces paroles, que des lèvres inconnues répètent peut-être souvent, demeurent les échos perdus de notre jeunesse, Pierre. Ils plaident en notre faveur. Ton nom et le mien, jetés au vent, ainsi que des semences, en quelle terre retomberont-ils pour germer et croître, confondus l'un avec l'autre, pour l'éternité ? Que le temps me dure d'être réunie à toi de cette façon-là !

Ai-je vraiment le droit de demander encore ? N'ai-je pas eu, icibas, et dès l'aurore de ma vie, plus que n'importe quelle autre femme ?

Nous respirions la béatitude. Rappelle-toi : notre intimité s'étendait à chacun de nos sentiments et nous étions aussi proches qu'il est possible de l'être. J'employais certains de tes mots pour m'exprimer, et tu m'empruntais des gestes ou des expressions. Tout nous était commun...

Cependant, tu me quittais chaque jour avec plus de peine. Nous ressentions un tel besoin l'un de l'autre, nous étions devenus si oublieux du monde extérieur que chacun de tes départs pour l'école cathédrale était un déchirement. Tu t'ennuyais de moi au milieu de tes étudiants. Il t'arrivait de plus en plus souvent, durant tes cours, de m'écrire des lettres folles, de versifier sur quelque particularité de ma personne ou de mon caractère.

Quand tu m'avouais combien tes leçons te laissaient à présent indifférent, quand tu évoquais la tiédeur avec laquelle tu les faisais, quand tu parlais de l'obsession où tu étais de moi, je m'en réjouissais.

Plutôt que de puiser dans tes récits une confiance sans mesure en la pérennité de notre passion, j'aurais été plus avisée de m'inquiéter de ce désintérêt qui nous trahissait de si voyante façon.

Ni toi ni moi n'avions envisagé les conséquences de cette désaffection, de ce reniement de tout ce qui avait été ton œuvre jusque-là. Avec une légèreté qu'excusait seul notre enivrement, nous nous riions des rumeurs qui commençaient à circuler sur notre compte. Beaucoup de femmes, dépitées de ce que tu ne les aies pas remarquées, et d'étudiants déçus, parlaient maintenant de nous sans bienveillance. J'en avais été informée par Sibyle. Dans le petit monde des écoles où nous vivions, on jasait plus qu'il ne l'eût fallu. Le fait que tu te sois brusquement décidé à venir loger sous notre toit avait déjà alerté l'opinion. Les leçons si particulières que tu me prodiguais durant des heures nocturnes renforcèrent les commérages. Nos servantes y apportèrent, sans nul doute, bien des précisions. Tes chansons amoureuses, toutes bruissantes de mon nom, achevèrent de convaincre ceux qui nous faisaient encore crédit. Enfin, la négligence que tu manifestas envers tes cours, et la façon hâtive dont tu les expédiais, afin de revenir plus vite près de moi, ouvrirent les yeux des plus acharnés de nos défenseurs.

Par ailleurs, nos ardeurs sapaient ton énergie. La fatigue embrumait tes pensées. Tes discours prenaient un aspect terne et fade qui désespérait ceux qui, jadis, t'admiraient pour ta vigueur et ton originalité. Comme tu n'avais plus le temps ni l'envie de préparer des conférences inédites, tu te contentais de répéter celles que tu avais déjà faites, sans les orner d'aucun commentaire nouveau.

Ce fut une désolation. Du chœur de tes disciples consternés montaient de sévères et douloureux reproches. On t'abordait dans la rue, pour te demander de reprendre tes explications brillantes d'autrefois. On s'inquiétait avec hypocrisie du mal qui te rongeait sans doute en secret. Tes élèves osaient discuter tes opinions, tes collègues te tenaient à l'écart de leurs délibérations.

Autour du couple extasié que nous formions, le filet des bavardages, dangereusement, se refermait.

Nous n'en avions cure !

Le jour où un de tes amis t'aborda en ces termes :

« Par le Ciel, saurais-tu me dire ce qu'est devenu le grand Abélard et son inspiration ? », tu lui ris au visage et tu rentras à la maison me conter l'anecdote que tu jugeais plaisante. Comme des innocents que nous n'étions plus, nous nous en sommes amusés, au lieu d'en trembler comme nous l'aurions dû. C'était le premier grondement annonçant l'orage.

En effet, pendant que notre quartier, la ville, la province, le pays même chantaient nos amours ou les condamnaient, un homme, dont nous dépendions tous deux, continuait à ne rien savoir. Son ignorance assurait notre salut. Nous aurions dû y songer et agir en conséquence. Nous n'y avons jamais pensé. L'amour nous avait fascinés.

Un jour, pourtant, le Ciel m'envoya un sérieux avertissement. Tu étais absent, retenu à un festin de chanoines, et nous avions convié à notre table, pour souper, une cousine de Fulbert, Biétrix Tifauge. Tu l'as à peine connue. C'était une petite femme noiraude, âgée d'une cinquantaine d'années, d'une minceur confinant à la sécheresse. Elle tirait vanité de l'étroitesse de sa taille, sans se douter que sa maigreur faisait clabauder la famille. Veuve d'un négociant en vins qui lui avait laissé du bien, elle vivait à son aise dans une maison qu'elle avait fait construire, de façon curieuse, hors de l'île, de l'autre côté de l'eau, non loin du grand Châtelet. Elle prétendait que la ville s'étendrait le long de la chaussée Saint-Antoine, et je crois que les événements sont en train de lui donner raison.

N'ayant pas le triomphe modeste, elle aimait d'ailleurs beaucoup avoir raison.

Je me souviens que, pendant le repas, elle m'avait plusieurs fois fixée de son œil de poule, non sans une curiosité où luisait une étincelle de malveillance. Sachant que l'indulgence n'était pas sa qualité dominante, totalement indifférente à son opinion, je n'y avais pas pris garde. Soudain, un peu trop haut perchée, sa voix s'éleva. Nous en étions au blanc-manger. Mon oncle venait de tirer avec gourmandise, du coffre aux épices dont il gardait toujours la clef sur lui, une once de sel indien et une once de cannelle, qu'il mélangeait soigneusement à la chair broyée du chapon et aux amandes pilées de son plat favori.

— Ainsi donc, mon cousin, vos aspirations se bornent à vivre céans, le mieux possible et le plus agréablement ?

Sans détacher son attention de la vaste écuelle d'étain qu'il tenait par une anse, Fulbert leva une épaule en signe d'évidence.

— Bien vivre n'est pas défendu, que je sache, dit-il après avoir goûté le mélange avec une grimace approbatrice. Le péché ne commence qu'à la gourmandise ou à la goinfrerie.

Il fit signe à la servante de verser dans les hanaps, sans plus attendre, un vin herbé de sa composition, où dominaient le gingembre, la noix muscade et le miel.

— Il y a tant de façons de comprendre la goinfrerie, assura dame Tifauge avec un sourire acide.

Mon oncle redressa son buste aussi trapu qu'une tour du château Vauvert.

— Qu'entendez-vous par là, ma mie ?

On le savait fort susceptible et chatouilleux pour tout ce qui touchait, de près ou de loin, à l'honneur familial. Devant son sourcil froncé, Biétrix fit la moue.

— Tout doux, mon bel ami, dit-elle en élevant une main blanchie par l'emploi quotidien d'une pâte au lait d'ânesse dont elle m'avait communiqué la formule, tout doux ! Il ne s'agit nullement de ces friandises innocentes que j'apprécie autant, sinon plus que vous. Nenni ! Je songeais à d'autres appétits...

Ce disant, son regard glissa vers moi qui ne parlais guère.

— Qu'en dites-vous, Héloïse ?

Je la considérai tranquillement.

— Rien, ma cousine.

Elle plissa les paupières, qu'elle avait bombées et flétries comme celles de certaines volailles.

— Vous n'êtes guère éloquente, ma belle, pour une jeune personne qui prend tant de leçons, et avec un maître si réputé.

Je la considérai non sans curiosité. La méchanceté, quand elle est gratuite et dénuée à ce point de complication, recèle un ferment qui m'intéresse.

— Si vous souhaitez que je vous expose la dernière théorie dont on dispute sur les Universaux...

— Il n'est pas besoin de philosophie pour mener certains entretiens, reprit-elle avec entêtement. On va disant que vous vous entendez à merveille avec messire Abélard...

— Fort bien, en effet, confirmai-je sans me départir de mon calme. Il est des plus savants.

Mon aplomb lui déplut. Ses yeux se rétrécirent encore.

— En ville, on parle beaucoup de vos goûts communs, insinuat-elle en dégustant son vin herbé. Comme nous sommes parentes, je me crois même autorisée à vous rapporter quelques propos peu obligeants qui courent...

Mon oncle laissa retomber avec tant de force ses paumes sur la nappe que les noix, noisettes et raisins secs empilés sur un plat au centre de la table s'écroulèrent et roulèrent sur le sol.

— Qu'on ne me casse plus les oreilles avec ces stupides calomnies ! ordonna-t-il d'une voix tonnante. On m'en a déjà touché deux mots. J'entends que ce soient les derniers. Maître Abélard et Héloïse sont au-dessus de tout soupçon. La chasteté de l'un, la pureté de l'autre demeurent inattaquables. J'espère m'être bien fait comprendre, Biétrix ?

Dame Tifauge pinça les lèvres, hésita une seconde, et se décida enfin à prendre de la pâte de coings en parlant d'autre chose.

Pour moi, je contemplais mon oncle et je réfléchissais. Cette fureur, tout entière occupée à prendre notre défense, décelait tant de candeur, de parti pris et d'aveuglement, en même temps qu'une confiance si absolue, qu'elle deviendrait plus redoutable qu'une autre le jour où elle se retournerait contre nous.

Je savais combien Fulbert, homme faible, dissimulé dans l'enveloppe d'un Hercule, tenait à l'apparence énergique qui lui était échue. A la moindre défaillance de son personnage, il lui faudrait renoncer au prestige dont il jouissait dans son entourage. Une telle perspective ne pouvait pas être supportable à sa vanité. Cette forme avilie de l'orgueil, je l'ai compris depuis, restait la dominante du caractère de mon oncle. Pour sa gloire, par amour-propre, il tenait plus qu'à tout à sa réputation d'homme de caractère. Il a démontré atrocement, par la suite, à quelle extrémité il pouvait se porter quand il se jugeait ridiculisé. Hélas ! il était de ces êtres qui ne peuvent accepter l'idée de s'être trompés !

S'il venait, un jour, à apprendre la vérité sur nos relations, s'il se découvrait bafoué, il en souffrirait doublement : dans sa fierté intime, d'abord, et dans ses prétentions familiales, ensuite. Pour sauver la face, il lui faudrait alors se montrer aussi implacable qu'il avait été indulgent jusque-là. La tendresse qu'il me vouait à sa façon ne me serait, en de telles circonstances, d'aucun secours. Elle ne le rendrait que plus sensible à l'outrage. Chacun sait qu'une affection déçue décuple l'étendue du ressentiment et incite à la rancune.

Je ne l'ignorais pas. Tout en le regardant écraser des noix entre ses poings de bûcheron, j'évoquais ses colères. Cependant, je n'éprouvais nulle crainte. La certitude où je vivais me rendait invulnérable. Une seule créature au monde détenait le pouvoir de me faire souffrir : toi ! Des autres, je ne redoutais rien.

J'achevai tranquillement mon souper, me lavai les mains dans le bassin d'argent à l'eau parfumée que me tendait une servante et essuyai mes doigts qui ne tremblaient pas à une serviette de lin. Comme on était en hiver, une bonne flambée de fournilles chauffait l'âtre. Je m'installai sous le manteau de la cheminée, près du chat, frileux comme moi, qui ronronnait d'aise à mes pieds. La soirée se termina dans la paix. Mon oncle et sa cousine jouaient aux échecs. Je filais au rouet.

Quand tu rentras, tardivement, tu vins me rejoindre dans ma chambre. Blottie dans mon lit sous mes couvertures doublées de peaux d'agneau, je ne songeais plus à l'incident du souper. Ce ne fut que beaucoup plus tard, alors que nous flottions, apaisés, aux bras l'un de l'autre, que j'y pensai de nouveau. Tu me parlais du repas que tu venais de présider et dépeignais les reproches qu'il t'avais fallu essuyer :

— Je ne suis plus libre de moi-même, constatais-tu avec rancœur. Ma réputation devient un carcan ! Que je puisse souhaiter vivre en dehors des livres et de l'École semble à mes amis incompréhensible et attentatoire ! Ils ont osé, devant moi, faire allusion à notre liaison. Bien entendu, ils s'exprimaient en termes voilés, mais il s'en est fallu de peu que notre réunion ne tournât en querelle. N'est-ce pas odieux ?

Je convins que la violation de notre vie intime par les méchants propos qui couraient la ville était chose déplaisante, mais que faire ?

Je ne parvenais pas à prendre cette menace au tragique. Rien, en fait, ne pouvait ternir ma joie ni briser mon enchantement. Tu sais que notre amour fut toujours pour moi un bien suprême, dont l'importance réduisait à néant toute autre considération. L'appréhension, pas plus que le remords, n'avait de prise sur lui. L'univers, qui s'étendait au-delà de tes bras, ne m'intéressait plus et ne m'impressionnait pas.

Ton récit, le souvenir des phrases sans indulgence de Biétrix, et les avertissements réitérés de Sibyle qui se rongeait d'inquiétude pour moi bourdonnaient autour de mon bonheur comme autant de mouches importunes, mais il suffisait d'un geste de toi pour que je n'y pense plus. Ce n'était pourtant pas inconscience : je mesurais l'importance du danger. C'était détachement et indifférence.

Je ne m'alarmais donc pas des menaces qui se précisaient, et toi, de ton côté, tu choisis de les mépriser.

Nos plus beaux jours, nos plus doux mois, passèrent ainsi.

Mais les êtres les plus aveuglés finissent par retrouver la vue, et ce qui est de notoriété publique ne peut demeurer éternellement caché.

Ce fut de la plus sotte façon que mon oncle fut mis au fait de notre secret. Sibyle était tombée malade. Un accès de fièvre tierce, dont l'inquiétude pouvait fort bien être cause, la tenait au lit. Je dus, pendant quelque temps, me contenter des services d'une des chambrières, aussi fourbe que stupide. Tu ne dois même pas l'avoir remarquée. Elle boitait assez bas et opposait aux événements une face butée qui semblait toujours ruminer quelques bribes de pensées obscures. En dépit du temps écoulé et de l'inutilité de la chose, je ne puis me souvenir de cette fille sans un reste de ressentiment. Pauvre créature... A elle, comme à tous ceux qui m'ont blessée, il me faut, à présent, pardonner du fond du cœur. Je le dois. Mais, crois-moi, ce n'est pas facile...

Elle découvrit donc dans ma chambre une de tes lettres que j'avais omis de dissimuler, et alla, tout benoîtement, la porter à mon oncle. Les termes en étaient clairs. On ne pouvait s'y tromper.

Fulbert sut enfin à quoi s'en tenir sur nos relations. Ainsi que je l'avais imaginé, son courroux fut à la mesure de ce qu'avait été, auparavant, sa confiance.

Ta missive à la main, il surgit dans la salle où j'étais occupée à tailler un pelisson de velours que je me destinais. A sa pâleur, au mouvement nerveux de ses paupières, à la violence de son irruption, j'avais compris ce qui se passait, avant même qu'il eût prononcé un mot.

J'étais presque encore une enfant. Ce fut pourtant à cette minute-là que je découvris, pour la première fois, le sang-froid dont j'étais capable quand il s'agissait de notre cause. Si j'avais, en effet, tenu à ignorer jusqu'à ce moment ultime le danger auquel nous nous exposions, ce n'était pas faute d'y avoir furtivement songé. Chaque fois que ma pensée s'y était arrêtée, je m'étais demandé de quelle façon je réagirais face au scandale. Je l'ignorais et n'en présumais rien.

Tout soudain, et non plus en imagination, je me trouvais devant l'homme furieux que nous avions bravé. Un calme de grand fond se fit alors en moi. Je sentis, presque physiquement, la fermeté de mon âme et l'intrépidité de mon amour. Je laissais fulminer le vieillard sans défaillir devant lui. Il m'accabla de reproches et ne manqua pas de me jeter notre déshonneur à la face. Pendant qu'il parlait, je me disais, à l'abri de mes cils baissés, qu'être ta maîtresse était pour moi un fort grand honneur et que le pauvre homme, qui vomissait ainsi ses injures, n'y comprenait rien.

— Vous avez forniqué sous mon propre toit ! hurlait Fulbert. Entre ces murs paisibles où la honte n'aurait jamais dû avoir asile !

Ne me sentant pas coupable, je le plaignais, mais ne me repentais pas.

C'est à ce moment-là que tu entras. Alerté, alors que tu revenais d'un de tes cours, par les vociférations qui jaillissaient de la salle où nous nous tenions. Tournant contre toi son emportement, mon oncle te reprocha sans désemparer ta trahison, ta fourberie, ta malhonnêteté. Des mots implacables sortirent de sa bouche. Il te traita de voleur, de suborneur, et cria qu'il te méprisait :

— Aussi haut étiez-vous, avant, dans mon estime, aussi bas êtes-vous, maintenant, tombé !

Je t'observais avec angoisse et constatais, non sans douleur, la confusion où tu te trouvais. Tu acceptais les reproches de Fulbert comme fondés. Ta conscience, moins éprise d'absolu que la mienne, se jugeait fautive et ne s'absolvait pas.

Tu n'eus pas une parole pour nous justifier. Comme foudroyé, pâle autant que ton accusateur, tu l'écoutais sans un geste, sans tenter de défendre notre passion mutuelle.

Je découvris alors ce que pouvait être la torture de voir souffrir dans sa dignité l'être qu'on aime le plus au monde. Je te sentais rempli de honte et ne pouvais supporter pour toi cet abaissement. J'aurais donné ma vie pour que cette épreuve te fût épargnée, à toi, l'homme illustre que chacun respectait et révérait comme un modèle. Fallait-il que ce soit à cause de moi, à cause de notre amour, que tu en arrives là ?

Un désespoir sans bornes me submergea à cette pensée. Je n'avais jamais souhaité, désiré, espéré que ton bien. Voici que j'attirais sur ta tête un tel opprobre !

Je voulus parler, nous disculper, expliquer à mon oncle que la fatalité, uniquement, était en cause. Que, seule, l'intention importait, que nous n'avions jamais voulu son malheur, mais que le sentiment qui nous unissait était plus impérieux que nos volontés. Il ne me laissa pas ouvrir la bouche et m'ordonna brutalement de me taire.

Ensuite, il te pria de quitter au plus vite sa demeure, de ne jamais y remettre les pieds. Par un reste d'égard envers ta réputation, il consentit à ne pas ébruiter l'affaire si tu partais sur-le-champ, sans esprit de retour.

Que pouvions-nous faire ? Nous nous étions ri de lui dont nous dépendions. Ses sentences devenaient pour nous des arrêts.

Je puis dire que ce fut à cet instant-là que je commençai à souffrir. Pour la première fois, je me sentis écrasée sous la douleur. Déchirée en moi-même. Mon paradis s'écroulait. Je n'ai jamais si bien compris le désespoir d'Ève, après la chute.

De ma chambre, où Fulbert m'avait enfermée, je suivis le bruit des préparatifs qu'il te fallut aussitôt faire pour rassembler, avec l'aide de ton valet, ce qui t'appartenait. J'étais anéantie. Écroulée sur mon lit, je pleurai jusqu'à épuisement.

Par mon fait, tu t'en allais, chassé, avili. Cette constatation ne me laissait pas de repos. Tout en sanglotant, j'entendais les allées et venues de ton domestique qui transportait au-dehors les coffres remplis de parchemins et de livres que tu avais apportés avec toi. Puis ce fut le tour de tes objets personnels, de tes vêtements.

Cet affairement me suppliciait. J'évoquais l'ivresse de ton arrivée pour la comparer à l'horreur de ce départ. Je ne savais que trop avec quelle acuité tu devais en ressentir la différence ! Ton humiliation et mon impuissance me révoltaient. De tout mon amour, j'aurais voulu être près de toi, panser tes blessures, alléger ton fardeau.

Hélas ! Cette consolation m'était refusée ! Tu te trouvais seul dans ta détresse, seul à être exilé !

Car tu quittais notre maison à jamais. Comme un glas, cette évidence me harcelait : « Il s'en va pour toujours, pour toujours... » Finie notre intimité, finies nos nuits extasiées, finie cette vie radieuse qui nous comblait tous deux.

Loin l'un de l'autre, comment existerions-nous ? Tous les jours, tous les soirs à venir nous verraient donc séparés ? Une stupeur mêlée d'épouvante me serrait la gorge à cette évocation.

Cependant, je suis ainsi faite que, devant un obstacle, je cherche aussitôt le moyen de passer outre. Ne pouvant accepter l'idée de notre éloignement, je me mis en quête d'un subterfuge. La volonté de te rejoindre par n'importe quel artifice, à quelque prix que ce fût, s'imposait à moi jusqu'à l'obsession. Il me fallait découvrir la meilleure façon de procéder pour te retrouver, malgré les interdits dont on nous accablait.

Courant à ma table, je t'écrivis dans la fièvre un mot de lettre et me précipitai à la croisée. En effet, si mon oncle avait fermé ma porte à clef, il avait négligé de clore également ma fenêtre. M'y penchant, je te vis, dans le jardin, qui surveillais d'une mine sombre le transfert de tes bagages.

Tu portais un long manteau de drap olive, attaché sur l'épaule par un fermail d'argent que je t'avais offert. Tel je te vis en cet instant, debout sous un cerisier dont les fruits commençaient de rougir, tel je te vois encore en mon cœur : d'une mâle beauté, rehaussée du prestige de la douleur dont tu portais l'empreinte sur ton visage. Dans un élan de tout mon être vers toi, je me dis que je t'appartenais. Quoi qu'il pût advenir par la suite, je sus alors que je demeurerais tienne jusqu'à mon dernier souffle.

J'ai tenu parole.

Si puissante était mon adoration que tu la sentis sur toi, à travers l'espace qui nous séparait. Levant la tête, tu me vis et me fis signe. Après avoir porté mon billet à mes lèvres, je te le jetai vivement.

Une ère nouvelle commençait pour nous.

Sa confiance s'étant dissipée avec ses illusions, mon oncle se mit à me surveiller étroitement. J'assistai, chez cet homme gouverné par l'amour-propre, à une transformation qui ne laissa pas, malgré les raisons que j'avais d'être abattue, de m'intéresser. Passant d'un excès à un autre, il me soupçonnait à tout propos et n'ajoutait plus foi à aucun de mes dires. Nous respirions un air empesté par le doute. Je ne pouvais plus faire un geste sans être suspectée et je me vis prisonnière du plus rancuneux des geôliers.

Mes leçons particulières furent assumées par un vieux chanoine au chef parcheminé qui bavait en pérorant et aurait dégoûté la plus effrontée des filles follieuses. Je n'eus plus le droit de sortir en compagnie de Sibyle, mais avec la servante qui m'avait trahie, et la durée de nos promenades était fixée à l'avance par mon tuteur.

Une lanterne à la main, Fulbert effectuait chaque nuit une ronde à travers la maison endormie. Je crois bien qu'il devait se lever et venir écouter à ma porte, toutes les fois qu'un craquement un peu soudain partait de mon bois de lit !

Ton nom fut, systématiquement, banni de toutes nos conversations. Il fallait faire semblant de t'ignorer. La plus lointaine allusion à ton enseignement ou à tes théories déchaînait les foudres du maître de notre logis.

Naturellement, cet ostracisme ne fit qu'aiguiser l'envie que j'avais de te revoir. Plus on me tenait en lisière, plus je sentais grandir en moi le besoin de ta présence.

Pendant quelque temps, ma douleur fut telle qu'elle mit un frein à mon désir ; mais, les jours passant, les élans de mon cœur se doublèrent de ceux de ma chair qu'un feu intime consumait. Contre la privation des apaisements auxquels il était habitué, mon corps veuf de toi se révoltait. Mes rêves étaient remplis de ton attente.

Vois-tu, j'avais trop bien été éveillée à la volupté pour consentir sans rébellion à vivre chastement.

La violence de ma passion devait fatalement venir à bout des obstacles élevés sur le chemin qui me menait vers toi. Aussi, la nécessité me rendit-elle audacieuse. Grâce à la complicité de Sibyle et à celle de ton valet, cet Ancenis, qui t'est resté si longtemps attaché, nous réalisâmes alors le plan que je t'avais exposé dans ma lettre. Il était des plus simples et le goût que mon oncle éprouvait pour les épices me vint en aide. Sibyle mêla, en effet, au gingembre dont il avait accoutumé de se servir chaque soir dans son vin cuit, une certaine poudre de pavot fournie par un mire de ses amis. Le résultat ne se fit pas attendre : il fallut porter le vieillard dans son lit.

Ce fut donc un jeu pour moi, après le couvre-feu, et une fois tout le monde assoupi, de descendre t'ouvrir la petite porte du jardin.

Il ne pouvait être question de te conduire à ma chambre, trop espionnée maintenant par les servantes. Comme il faisait doux, en cette fin de printemps, je te menai dans le grenier. J'y avais hâtivement assemblé dans l'après-dîner des ballots de laine à filer que j'avais recouverts, je m'en souviens encore, de quelques peaux de mouton qu'on tenait en réserve. Je retrouve, en y songeant, leur odeur de suint et la rugosité des toisons sous mes doigts.

Après des semaines de privation, nos retrouvailles ne furent que plus ardentes. Nous nous sommes aimés, ce soir-là, avec emportement, avec délire. Jamais, peut-être, notre jouissance n'avait été si aiguë. L'angoisse, le sentiment de notre culpabilité, et l'évidence du péché que nous commettions, renforçaient de leur piment chacune de nos sensations.

Ce fut une femme brisée, mais comblée, que tu quittas à l'aube.

La réussite de mon stratagème m'incita à le renouveler. Nulle honte, nulle crainte du scandale qui menaçait ! N'étions-nous pas bien au-delà ? Notre faim, plus impérieuse que notre raison, nous menait de main ferme.

Grâce au pavot, tu revins plusieurs fois. Nous fêtâmes, t'en souviens-tu ? l'anniversaire de notre rencontre par une nuit frénétique où je pensai trépasser sous l'emportement de tes caresses.

Notre grenier était devenu le lieu de toutes les délices, et mes plus intenses souvenirs restent liés à son odeur de poussière et de nuit.

Nous n'avions pas osé allumer de chandelle. Seules les étoiles, clignotant à travers une fente que nous avions pratiquée dans le toit en déplaçant quelques ardoises, éclairaient nos ébats. Une coulée de lune se glissait parfois jusqu'à notre couche et baignait de sa lumière pâle nos corps nus. Le rayon bleu faisait luire d'un éclat de perle l'émail de tes dents ainsi que tes prunelles. Tu vois, je n'ai rien oublié. Même pas la nuit d'orage où tu me possédas sous la pluie, au rythme du tonnerre...

Seigneur ! Nous étions ivres l'un de l'autre. Seigneur ! Il faut que Vous nous ayez pardonné ces excès idolâtres, manifestations de notre amour. Il le faut, Seigneur ! Vous n'avez pas permis qu'ils se prolongent, Vous nous les avez fait expier, mais, puisque Vous nous les avez donnés, Seigneur, soyez-en remercié !

Dans notre grenier, les heures nous furent comptées. Nous prévoyions qu'il en serait ainsi. Sans jamais en parler, nous nous y attendions.

Aussi, quand Fulbert nous surprit, un matin, alors que l'aurore se levait, unis autant qu'on peut l'être, nous ne fûmes pas étonnés. Seulement déçus. Comme notre félicité avait été de courte durée ! Qui donc avait averti mon oncle ? Qui nous avait espionnés ? Qui l'avait mis en garde contre sa boisson favorite, parfumée au gingembre ? Qui l'avait conduit à notre retraite ?

Je l'ignore toujours, n'ayant rien fait, par la suite, pour être mieux informée. Ce n'était là qu'un point de détail. Il fallait bien un entremetteur au destin.

Fulbert se dressa donc, devant nous, tel Jupiter tonnant. D'une voix grondante, il donna à deux valets qui le suivaient l'ordre de se saisir de toi et de te jeter à la rue, dans la tenue sommaire où tu te trouvais. L'exécution se fit rapidement et sans paroles inutiles. Le vieillard avait sans doute compris que les cris ne serviraient à rien. Son attitude implacable m'effraya beaucoup plus que ses imprécations précédentes. Je ne pus, cette fois, retenir mes larmes devant lui.

Il me regarda partir, ensuite, avec, au fond des yeux, un tel mépris que, pendant quelque temps, j'étouffai de honte. Non pas tant pour mon propre compte, Pierre, que pour toi dont je partageais la mortification. Je connaissais ton juste orgueil. La façon ignominieuse dont tu avais été chassé pour la seconde fois de notre demeure, les circonstances mêmes de cette expulsion ne devaient pas t'être supportables.

A mes yeux, rien ni personne n'avait le pouvoir d'entamer la suprématie de notre passion. Je la plaçais au-dessus de toutes les opinions. Il ne pouvait en être de même pour toi, qui avais à défendre un honneur tellement plus éclatant que le mien. Je comprenais ton point de vue et je ressentais, à travers toi, le cuisant de notre avanie. Dieu merci, nul ne divulgua, à ma connaissance du moins, ce qui s'était passé chez nous et tu pus continuer à enseigner comme à l'ordinaire, sans avoir à essuyer le plus léger affront.

Cependant, nous nous trouvions séparés sans aucun recours. Pour plus de sûreté, mon oncle avait décidé de me tenir tout à fait enfermée. Il allait jusqu'à faire préparer à part ses mets et ses boissons, sans cesser pour autant de me considérer, pendant les repas, d'un œil plein de suspicion. Les cours du vieux chanoine égrotant furent, eux aussi, supprimés. Un nouveau serviteur, à la mine peu avenante, fut chargé de veiller sur moi, jour et nuit. Il couchait devant ma porte et, pour ce faire, s'installait dans le couloir dès que je m'étais retirée dans ma chambre.

En de telles conditions, il ne pouvait être question de songer à te demander de revenir en cachette. Une semblable folie n'était pas concevable. L'eût-elle été, je ne disposais plus des moyens de t'en avertir. Sibyle, en effet, m'avait été retirée avec l'ordre de ne plus quitter la cuisine. Le filet des interdictions venait de se refermer sur moi.

Tout nous condamnait donc. Pourtant, je ne me laissai pas aller à la consternation. Une force plus puissante que la douleur s'affirmait en moi et je sentais, inexplicablement, que rien d'irrémédiable n'était encore accompli. Une espérance, qui n'avait point de bornes, m'habitait. Était-ce cécité ? N'était-ce pas, plutôt, les prémices d'un instinct nouveau qui s'éveillait à mon insu au plus secret de mon être ?

15 mai 1164

Comme il convenait, l'office des complies avait pris fin à la chute du jour. L'heure était venue, pour les moniales, de s'aller coucher aux dernières lueurs du crépuscule, sans l'aide d'aucune chandelle, ainsi qu'il était prescrit.

Mais la nuit qui venait n'était pas une nuit ordinaire. Ce n'était plus un secret pour personne dans l'enceinte du couvent : la mère abbesse se mourait. Afin de la secourir en cette extrémité, ses filles ne dormiraient pas et passeraient leur temps de sommeil à prier pour l'âme qui s'éloignait déjà.

Réunies dans l'oratoire initial, celui qu'avait fondé Abélard et que ses disciples avaient, ensuite, bâti de leurs mains, les bénédictines du Paraclet, à genoux, revêtues de la coule noire en signe de pénitence, faisaient oraison. Certaines étaient prosternées, le visage contre terre. D'autres suppliaient Dieu, les bras en croix. Toute la vie du couvent, par ailleurs désert, paraissait s'être concentrée autour de l'autel au pied duquel reposait de son dernier sommeil le fondateur, messire Pierre.

Non loin de là, entre les murs confinés de l'infirmerie, cinq silhouettes de femmes se pressaient autour du lit de l'agonisante. La prieure, qui connaissait les goûts de détachement et de simplicité de celle qui n'était plus qu'à demi présente parmi elles, avait tenu à ce que rien ne fût solennel, en cette ultime veille. Seules, avaient été admises à venir se recueillir, en plus de sœur Margue et d'elle-même, mère Ermeline, la maîtresse des novices, qui se trouvait être la sœur jumelle d'une des premières bienfaitrices du Paraclet, dame Adélaïde. Épouse du noble Galo, femme de cœur et de bon sens, dame Adélaïde était sans conteste la seule amie de l'abbesse qui n'appartînt pas au couvent. Elle avait accueilli Héloïse, lors de son arrivée et de ses rudes débuts en ce coin isolé de Champagne, sans jamais cesser, par la suite, de la réconforter de son amitié et de ses deniers.

Agenouillée près de la couche, elle joignait à présent ses prières à celles de sa sœur. Sous sa guimpe empesée, on ne distinguait d'elle que des cheveux blancs et un large front coupé de rides que le chagrin alourdissait.

Si la mourante ouvrait un instant les yeux qu'elle tenait obstiné-ment clos sur son recueillement, elle serait sans doute heureuse, avant d'expirer, de voir une dernière fois un visage si fidèle.

Un peu en retrait, se tenait la cinquième personne ayant obtenu la permission de passer la nuit auprès de la révérendissime mère.

Nul ne la connaissait. Elle était arrivée après vêpres, munie d'une recommandation de l'évêque de Reims. Son costume et la litière qui l'avait amenée indiquaient une grande aisance que ne démentaient en rien son maintien réservé et l'élégance de ses manières. Une riche bourgeoise, vraisemblablement, que le renom de piété et de sagesse d'Héloïse devait avoir attirée au Paraclet. Elle avait dit se nommer dame Guenièvre et avait insisté pour être admise à partager la veille.

— J'ai accompli un voyage de plusieurs lieues pour venir jusqu'ici, avait-elle expliqué à la prieure, et je vous demande en grâce de me laisser libre de prier pour le repos de votre auguste mère. J'ai tant entendu parler d'elle...

Tout hôte était sacré. La demande de dame Guenièvre avait donc été agréée sans difficulté. On lui avait aussitôt donné une des cellules réservées aux visiteurs de marque, tout en lui laissant la faculté de venir se recueillir auprès de la mourante si bon lui semblait.

Ayant ramené sur sa tête un pan de sa cape, agrafée sur la poitrine par une plaque d'or ciselé, elle demeurait immobile. Sous le tissu d'épaisse soie lie-de-vin qui l'enveloppait, on distinguait des traits marqués par l'âge, mais qui avaient dû être beaux, des yeux pleins de sagacité, et une bouche aux lèvres épaisses que deux rides encadraient. Elle tenait entre ses doigts un chapelet aux grains d'ambre et paraissait absorbée dans ses dévotions.

Soudain, le souffle de la mourante se précipita. On devinait l'effort qu'il lui fallait accomplir pour aspirer un peu d'air. Sa poitrine se soulevait de façon spasmodique et un faible râle sortait de sa gorge.

— N'y a-t-il vraiment rien à faire, sœur Margue ? Sinon pour la guérir, du moins la soulager ?

Mère Agnès s'était penchée vers l'infirmière. La gravité et la douleur se lisaient sur son visage.

— Elle se refuse à boire mon élixir, gémit sœur Margue. Je ne puis le lui faire absorber de force !

Mère Agnès soupira. Elle connaissait la volonté de l'abbesse et savait à quoi s'en tenir quant aux raisons de son refus.

« La mort lui est désirable, se dit-elle avec résignation. La souhaitant, elle ne fera rien pour entraver son œuvre. Voici donc comment, pour la première fois, Dieu juste, Votre volonté coïncide avec la sienne ! »

Dame Guenièvre s'était penchée pour mieux observer la scène. Un intérêt presque avide luisait dans son regard.

« Héloïse va trépasser ! Elle n'a plus de couleur. J'aurai donc été de celles qui pourront dire avoir assisté à sa fin. Comme c'est étrange ! Je vais être à même de décrire à mon père l'agonie de cette femme dont le destin est à jamais lié à celui d'Abélard. Si vieux que soit mon père, il s'y intéressera. Tout ce qui contribue à lui rappeler son exécration pour le régent des Écoles de Paris, et leurs longs démêlés, ravive ses facultés amoindries. Héloïse n'est-elle pas demeurée, en dépit de sa charge d'abbesse et du renom de perfection dont elle jouit ici, l'épouse, fidèle par-delà la mort, de ce philosophe qui fut condamné une première fois par le concile de Soissons, une seconde fois par celui de Sens ? Elle ne l'a jamais désavoué, ni lui ni leur amour. C'est avec démesure, sans pudeur et sans frein qu'elle s'était donnée à lui. Toute sa piété actuelle n'y peut rien changer ! Qu'était-il donc, cet homme, pour avoir si totalement subjugué la plus savante de nos érudites ? Mon père et ses amis l'ont toujours décrit comme un monstre d'orgueil, un égoïste, uniquement préoccupé de son plaisir et de sa renommée. Mais les vieilles femmes qui l'ont connu gardent une sorte d'indulgence à son égard. Quand il leur arrive d'en parler, un reste de nostalgie embrume leurs prunelles décolorées. Détesté par toi, Albéric, mon père, par Lotulphe de Lombardie, ton compagnon, par Roscelin, vilipendé par Bernard de Clairvaux lui-même, et par tant d'autres, mais défendu, admiré par Foulques de Deuil, par le comte Thibaud de Champagne, par Pierre le Vénérable, abbé de Cluny, qui était donc, au juste, messire Abélard ? »

Dame Guenièvre changea de position. Elle n'était plus jeune, et les cahots de la route qu'elle venait de parcourir l'avaient rompue.

L'excitation qui s'était emparée d'elle quand elle avait appris, grâce au récit d'un pèlerin de passage, la fin prochaine d'Héloïse lui avait fait oublier ses douleurs pour la lancer, sans plus de réflexion, sur les chemins, loin de la demeure opulente de son orfèvre de mari, pour assister en témoin à la mort de celle dont tant de gens parlaient comme d'une créature semi-légendaire.

« Qui, parmi nos lettrés, ne continue à s'intéresser à messire Abélard ? Il est mort à présent depuis plus de vingt ans, et, cependant, autour de sa mémoire, les passions subsistent. Son œuvre étonne, scandalise, déconcerte notre génération tout comme elle fit pour les précédentes. En dépit de ses audaces, pourtant, elle est de celles qu'on ne peut ignorer. Avant son malheur, l'homme irritait par son arrogance, son côté ostentatoire, sa superbe, et il est certain que, de nos jours, ses livres entretiennent cette animosité. Il a toujours un grand nombre de détracteurs et d'adversaires. Les griefs de mon père, de beaucoup d'autres encore, restent bien vivants. Chacun le sait, mais il n'en est pas moins vrai qu'il a su s'imposer comme le philosophe le plus courageux de notre époque. Ceux qui l'ont lu prétendent qu'il est en avance sur son siècle, ceux qui l'ont entendu qu'il possédait des dons d'une diversité et d'une richesse exceptionnelles. Qu'on le critique ou qu'on le loue, il faut bien admettre la primauté d'un esprit étincelant et subtil comme le sien. D'ailleurs, qui l'a connu assez intimement pour le juger ? Dialecticien, humaniste, poète inspiré et aussi mystique sincère, il ne fut que contradiction et hardiesse. Je me demande si personne l'a jamais vraiment compris. Il ne faut pas être partial. Ses épreuves l'ont certainement épuré. On a dit que la fin de sa vie avait été édifiante. Il se peut que la conscience de ses misères, de ses faiblesses, la souffrance, et les humiliations sans nombre qui s'abattirent sur lui, dans la seconde moitié de son existence, l'aient sauvé de lui-même et du péché contre l'Esprit qu'on lui a tant reproché. Mon père le hait toujours, mais n'est-ce point là entêtement de vieillard ? Une seule créature au monde pourrait, raisonnablement, lui en vouloir, mais elle l'adore à l'égal d'une divinité et n'a jamais accepté d'être considérée comme sa victime. Tout au contraire, elle tire gloire d'avoir été choisie par lui, d'avoir souffert à cause de lui, d'avoir renoncé à tout pour lui ! N'est-il pas illogique de se montrer plus vindicatif que celle dont il a ravagé la vie ? La grandeur d'âme dont ne cesse de faire preuve Héloïse ne nous condamne-t-elle pas ? En fin de compte, ne sommes-nous pas coupables de mesquinerie envers celui qui a suscité et entretenu une telle vénération ? En dernier recours, la justification d'Abélard n'est-elle pas l'amour d'Héloïse ? »

Il y eut un bruit du côté de la porte. La mère cellérière entra, portant deux gros cierges de cire vierge qu'elle avait fait tout spécialement confectionner, dans la journée, par des sœurs converses à l'intention de la mourante. Elle s'approcha du lit, s'inclina avec dévotion, et se mit en devoir de déposer les cierges à la tête de la couche. Prenant un brin de romarin incandescent, elle alluma les mèches et souffla la chandelle à demi consumée. La cire ayant été malaxée avec de l'essence de marjolaine, un parfum de fleur se répandit bientôt dans la pièce, refoulant l'odeur de l'herbe à joncher qui se fanait sur le sol et celle des drogues inemployées.

Dame Guenièvre suivit des yeux la mère cellérière, qui s'en allait après s'être signée.

« Parvenue au terme de ses jours, que pense à présent Héloïse ? songeait-elle. Ce masque clos cache-t-il le souci d'une âme rendue à Dieu ou l'obsession d'un cœur jamais apaisé ? La sage abbesse, que chacun loue, est-elle apparence ou réalité ? Que reste-t-il, sous la coiffe de lin, de la folle aventure, des souvenirs luxurieux ? A-t-elle abjuré sa foi en Abélard ? S'est-elle, enfin, soumise à la volonté divine ? »

Une touffeur sentant la sueur et les aromates pesait sur les femmes à genoux autour du lit. L'air confiné devenait lourd.

Sœur Margue se leva dans un bruit de jupe et alla ouvrir une des fenêtres étroites donnant sur le jardin. Dehors, la nuit de mai n'était que douceur. Le cri d'un râle d'eau et le ululement d'une chouette, qui devait nicher dans un noyer voisin, pénétrèrent dans la pièce avec des senteurs de lilas et de plantes aquatiques. Le bruit de la rivière occupait le silence, comme un fond murmurant sur lequel le souffle de l'agonisante s'élevait de façon irrégulière et combien menacée.

Tu as parlé d'allégresse, Pierre, à propos de la lettre que je t'écrivis quand je m'aperçus que j'attendais un enfant.

Ce fut du ravissement et du triomphe. Je portais, j'allais mettre au monde un être né de toi et de moi, une créature participant de nous deux, en laquelle seraient unies à jamais nos deux essences ! De par lui, indissolublement, nous serions liés. Une telle éventualité me comblait. Pendant un temps, je me délectai à être la seule qui sût la présence invisible qui m'habitait. J'en tirais même un secret orgueil. Quelle est la mère qui n'a ressenti en son cœur ce sentiment d'importance et de mystère, quand elle se découvre chargée d'une telle promesse ? Bien vite, cependant, je désirai que tout le monde sût l'événement. Cette naissance proclamerait enfin à la face du monde que j'étais tienne et que je le demeurerais.

Un reste de prudence me fit taire ma joie. Je t'écrivis aussitôt pour t'apprendre l'exaltante nouvelle et pour te consulter. Que devais-je faire ?

Au cours d'une promenade dans notre jardin, où j'avais encore la permission de me rendre, en considération des murs qui le fermaient de toutes parts, je pus joindre Sibyle et lui glisser la lettre que je te destinais. Elle s'arrangea pour te la faire parvenir, et tu m'adressas en retour une missive qui me fut remise par la même messagère.

Tu y louais ma vaillance. Il était bien question de courage ! C'était d'amour qu'il s'agissait ! Dieu merci, tu m'y exposais également un projet d'enlèvement qui acheva de m'enchanter. J'avais à peine dix-huit ans, en ce temps-là, et un reste d'enfance s'attardait en moi pour se manifester de façon inattendue quand surgissait quelque situation excitante. J'étais sans doute forte, vois-tu, dans les épreuves, mais tout m'était divertissement dans les instants de bonheur.

Tu me proposais de me faire quitter la maison de mon oncle, et Paris, pour me conduire en Bretagne, chez ta sœur Denise, qui habitait encore dans ton pays natal, au Pallet. Si ta mère n'était pas entrée, comme le voulait la règle, dans les ordres en même temps que ton père, si tous deux n'avaient pas consacré, chacun de son côté, le restant de sa vie à prier Dieu, c'est sous ton propre toit que je me serais réfugiée. Il n'en était pas question. Tu avais donc songé à Denise parce qu'elle était bonne et toute dévouée à ta cause. Plus proche de toi qu'aucun autre de tes frères et sœurs, mariée, mère de famille, elle offrait toutes les garanties désirables pour un tel projet. Tu savais aussi qu'elle me traiterait avec amitié.

Cette partie du programme ne présentait pas de difficulté majeure, mais mon départ de la maison, où Fulbert me tenait prisonnière, était une tout autre histoire.

Heureusement, un événement fortuit, si tant est qu'un événement le soit jamais, me vint en aide. Mon oncle fut convié sur ces entrefaites à se rendre chez un chanoine de ses amis, demeurant à Provins, et qui organisait pour son propre enseignement une joute oratoire sur un sujet de théologie. Flatté et tenté par l'invitation qui lui était faite, le vieillard se décida à partir, en dépit de l'inquiétude que je lui causais. Il fit maintes recommandations à mon geôlier, sermonna les servantes, me tint un grand discours sur les devoirs d'une fille, et s'en alla sur sa mule, suivi d'un seul valet.

Je le vis partir avec jubilation. Grâce à Sibyle, je te fis avertir de cette absence, puis je préparai le plus discrètement possible un sac où je mis un peu de linge, quelques vêtements et deux ou trois livres que j'aimais.

C'est en triant mes affaires que je trouvai, rangé au fond de mon coffre, un habit de religieuse complet dont une sœur d'Argenteuil m'avait fait présent, quand j'avais quitté le couvent. Cette trouvaille me donna une idée. Je savais les routes peu sûres et fort long le parcours à effectuer. De multiples dangers guetteraient sur les chemins le couple sans escorte que nous formerions. Pourquoi ne pas revêtir ce vêtement sacré ? Il me protégerait mieux des brigands et des pillards qu'une suite d'écuyers en armes.

Sous ton costume de chanoine et sous mes voiles de nonne, nous serions à l'abri des violences et des cupidités. Je décidai donc de passer la robe monacale dès que le moment en serait venu, et je t'attendis.

Tu m'as cruellement reproché, depuis lors, ce déguisement que tu qualifias d'irrévérencieux. Dans mon esprit, il ne l'était pas. Je n'eus pas une seconde la pensée d'outrager la profession bénédictine en imaginant cette ruse. Je n'avais qu'un seul but : mettre plus sûrement à l'abri le précieux fardeau que je portais. Ce travestissement n'était, à mes yeux, qu'un moyen habile de me protéger ainsi que mon enfant. On peut me blâmer d'avoir agi à la légère, mais, si je me suis comportée de la sorte, sans prendre le temps de la réflexion, je puis néanmoins affirmer qu'aucune idée profanatoire ne m'effleura. Jamais je n'ai voulu, selon tes propres mots, me jouer de la grâce divine. Loin de moi un tel sacrilège ! Sur bien des points, je te l'ai déjà dit, j'étais encore une enfant. Dans la fièvre des préparatifs, il me parut tout simple d'utiliser cet ajustement que je venais de découvrir si opportunément. N'était-ce pas là un nouvel adjuvant à l'enivrante aventure ?

Tu me fis beaucoup de mal, par la suite, en m'accusant de ce péché impie. Mais il était sans doute dans mon destin de payer d'une souffrance chaque moment, chaque miette de félicité. Il est vrai que Dieu m'avait donné le dangereux privilège de me réjouir et de me torturer avec une terrible et égale intensité.

Je reçus peu après le billet où tu m'invitais à me tenir prête pour la prochaine nuit. Un bonheur délirant me submergea.

Sibyle se chargea, une dernière fois, de mêler du pavot au vin de mon garde du corps, qui ronfla bientôt de la plus belle façon. Elle s'employa également à détourner l'attention de ma servante boiteuse, en l'occupant à babiller avec les filles de cuisine, et la voie se trouva libre. Je pouvais m'en aller.

Une impression d'irréalité me portait pendant que je me glissais, à l'heure convenue, dans l'escalier de la maison que j'abandonnais sans doute pour toujours. Nul remords, nulle appréhension. Une assurance absolue, au contraire, et une certitude sans défaut. Je partais vers toi, vers ton pays, pour mettre au monde mon enfant. Notre enfant. Le ciel me pardonne, tout comme Marie attendant Jésus, je me proclamais bienheureuse !

Dans le jardin assombri, je te rejoignis sous les branches. L'été s'achevait. Les premières pommes étaient mûres et leur odeur douceâtre flottait dans la nuit de septembre. Il faisait beau. La pluie la plus obstinée, d'ailleurs, n'aurait pas entamé mon entrain.

Te souviens-tu avec quel emportement tu me serras contre toi ?

Je n'avais point encore commencé de grossir et je conservais la
souplesse de ma taille, que tu comparais, comme le psalmiste, au
tronc d'un jeune peuplier.

Sous le manteau qui m'enveloppait, tu ne distinguas pas le
vêtement que je portais, mais le voile de lin noir qui recouvrait
ma tête t'intrigua. Je t'avouai donc ma supercherie. Si j'ai bonne
mémoire, tu n'en parus pas autrement scandalisé. Il me revient
même que tu me félicitas pour mon initiative. Toutefois, il est
naturel que tu aies envisagé cet accoutrement d'une tout autre
manière, après tant de malheurs et d'années écoulées.

Nous ne nous attardâmes pas dans l'enclos des chanoines et nous
prîmes aussitôt la fuite. Pour ne pas attirer l'attention du guet, tu
avais fait conduire par ton valet deux bons chevaux sellés, de l'autre
côté du petit pont, non loin de la chapelle Saint-Séverin.

Il faisait encore nuit quand nous nous éloignâmes de Paris, par
la rue Saint-Jacques. La lune, qui était pleine, fut notre premier
guide. Lorsque j'évoque cet enlèvement, notre route et le voyage
qu'il nous fallut accomplir, je ne cesse de louer ta prévoyance et
la façon dont tu organisas nos étapes. Il est vrai que l'itinéraire
t'était familier pour l'avoir déjà plusieurs fois parcouru, mais il
n'en était pas moins semé d'embûches.

Tu avais pris la précaution de faire signer par notre évêque, que
tu connaissais bien, un sauf-conduit te donnant les mêmes garanties
de secours et d'égards qu'il octroyait d'ordinaire à ceux qui partaient
en pèlerinage. Ce document nous assurait le gîte et la chère dans
les hospices, les hôpitaux routiers et les maisons-Dieu situés sur
notre parcours.

La route d'Orléans, que nous empruntâmes pour commencer,
nous apparut comme très fréquentée dès que le jour se leva. C'était,
me dis-tu, chose normale sur la vieille voie romaine, encore bien
entretenue par le soin des congrégations qui ne cessaient de s'en
occuper. Elle reste, de beaucoup, m'expliquas-tu encore, le chemin
le plus utilisé par les caravanes de pèlerins qui se rendent à Saint-
Jacques-de-Compostelle.

Nos vêtements religieux nous valurent le respect de tous et nous
permirent de nous fondre parmi les autres voyageurs sans attirer
l'attention de personne, tant les habits sacerdotaux étaient nombreux.

Ce me fut une nouvelle raison d'apaisement. Qui donc, dans
cette foule, pourrait nous reconnaître, si tant est que quiconque ait
eu vent de notre disparition ? Je me rassurai de la sorte et cessai
de penser à mon oncle et à ses sbires.

Tout m'était sujet de curiosité et d'amusement au début de ce
premier grand voyage que j'entreprenais de si passionnante façon.

La chaussée, ravinée, creusée d'ornières et assez boueuse, filait,
toute droite, bien tracée, à travers champs et forêts. Je découvrais

la beauté verdoyante d'une région que je ne connaissais pas et qui différait sensiblement des coteaux d'Argenteuil.

En dépit des chaleurs de l'été finissant, les feuillages n'étaient point encore touchés d'or, les herbes folles et les fougères des talus demeuraient fraîches, et de minces cours d'eau pleins de cresson couraient dans les prairies. Des clochers pointaient au-dessus des frondaisons, brillants de soleil dans la splendeur du matin.

Une allégresse à goût de vent et de feuilles s'emparait de moi. Les êtres et les choses me semblaient bienveillants ou complices. Il n'y avait pas jusqu'aux paysans labourant leurs champs qui ne me parussent nous suivre des yeux avec approbation, et les pastoureaux aux houseaux rapiécés, qui jouaient du pipeau en gardant leurs moutons, égrenaient des notes que je qualifiais d'amicales !

Vois-tu, Pierre, il n'est de vérité que celle du cœur, et le mien débordait.

Cependant, nos chevaux nous emportaient, aussi vite que possible, au milieu des voyageurs de toutes espèces qui cheminaient dans la même direction que nous. Parmi eux, il y avait un grand nombre de moines noirs et blancs, marchant pieds nus sur les pierres, mais il se trouvait aussi de gras abbés montés sur des mules. Des basternes cahotantes croisaient de riches litières entourées d'une escorte solidement armée. Des troupes de pèlerins, chantant des cantiques, vêtus de la pèlerine de bure, la gourde en bandoulière, le chapeau noir garni de coquilles sur la tête et le bourdon à la main, se faisaient dépasser par des guildes de marchands, plus soucieux d'écus que de patenôtres, qui transportaient à dos d'âne ou de mulet des coffres aux panses bien remplies. Des étudiants, sans autre bagage que leurs tablettes de cire et leurs plumes, allaient de compagnie avec des écuyers aux armures élégantes. Des jongleurs, des bateleurs suivaient l'un ou l'autre groupe, dans l'espoir d'un gain improbable ou d'une bénédiction toujours bonne à prendre. Des mendiants erraient sur les bas-côtés, tendant vers nous des doigts crochus ou des moignons, et, pour achever d'encombrer la chaussée, des bergers d'une lenteur éprouvante conduisaient leurs troupeaux à l'abreuvoir !

Nous allions, droit devant nous, chevauchant côte à côte, échangeant de rares paroles, mais maints regards de connivence.

Nous traversâmes de maigres bourgs où des poules affolées piaillaient entre les pattes de nos montures, et des villes opulentes, comme Étampes, où nous eûmes notre première étape dans une auberge peu avenante. La foire y attirait un grand concours de peuple, et ce ne fut qu'après bien des refus que nous échouâmes entre ses murs de torchis où on nous dénicha une soupente pour tout gîte. En dépit de la crasse, nous n'y fûmes pas malheureux.

Le lendemain, nous reprîmes la route. Un orage creva sur nous,

nous mouillant jusqu'aux os, mais il ne faisait pas froid et nous préférâmes continuer notre chemin.

De menus incidents émaillaient notre randonnée, comme cette fille simplement vêtue d'une chemise, les cheveux flottant sur les épaules, l'air inspiré, que nous avons croisée à la hauteur d'un bois, peu après Toury, qui semblait marcher dans un rêve, sous les quolibets et les propos gaillards que lui lançaient les garçons de rencontre.

Pour laisser reposer nos chevaux, nous nous arrêtions parfois dans un village et en profitions pour manger un morceau de lard, du fromage, des fruits.

Les croix balisaient notre cheminement, et les puits, les fontaines, les montjoies, faites de pierres plates empilées en forme de pyramide au faîte du moindre monticule. Des oratoires routiers, de petites chapelles à la flèche aiguë surveillaient les carrefours, gardaient les passages difficiles, sanctifiaient les endroits dangereux. Ils nous servirent plusieurs fois d'abris provisoires ou de refuges, quand la pluie tombait trop dru ou que la fatigue me gagnait. Je me souviens de la paix, de l'odeur d'encens de ces pauvres sanctuaires où tremblaient dans la pénombre des lueurs de cierges éclairant l'humble autel de pierre ou de bois. Je revois aussi certaines statues de Christ ou de Vierge dolente, taillées avec vénération, par le couteau d'un homme simple, dans le cœur d'une chêne ou d'un châtaignier.

Jusqu'à Tours, il ne nous arriva rien de fâcheux, hormis les caprices du temps et quelques péages qu'il nous fallut acquitter sous la menace.

La crainte des détrousseurs de grands chemins nous tenaillait bien un peu, mais il y avait trop de passage sur la route de Saint-Jacques pour qu'ils s'y risquassent ouvertement.

Nous prenions goût à cette errance qui nous permettait de vivre si à l'aise, l'un près de l'autre, sans risque et sans loi.

Lorsque nous n'avions point rencontré d'auberge ou d'hôtellerie à notre convenance, nous trouvions asile, grâce au certificat que t'avait délivré ton évêque, dans quelque hospice routier dont nos costumes nous ouvraient grand les portes. Nous y étions reçus ainsi que des vagabonds de Dieu, nourris, couchés, réconfortés. Quelle affluence, Seigneur, dans vos maisons ! Des pénitents publics, aux frocs sombres, marqués de croix rouges, des femmes entourées d'un grouillement d'enfants, d'autres dont la vertu paraissait incertaine, des malades aux pansements maculés, des clercs faméliques, des besaciers, et, surtout, d'innombrables pèlerins.

Après une prière aux reliques de saint Euverte, à Orléans, nous passâmes la Loire dont j'aimais l'étalement majestueux. Nous saluâmes ensuite, au passage, Notre-Dame de Cléry. Puis ce fut

Blois, où nous fîmes étape dans une grasse auberge dont la table était bonne. Pour respecter les convenances, ainsi que chaque fois que nous nous trouvions en un lieu décent, nous avions réclamé deux chambres. Comme chaque fois, aussi, tu vins, à la nuitée, me rejoindre dans la mienne.

A Tours, lieu de pèlerinage s'il en fut, il y avait afflux de monde. Le corps de saint Martin, qui ressuscita trois morts, y attire, bon an mal an, une assistance nombreuse. Dans la basilique dédiée à son saint patron, on s'écrasait devant la châsse richement sculptée et dorée. J'y priai avec une ardeur toute particulière pour que mon enfant soit un fils et qu'il te ressemblât.

Malheureusement pour nous, il nous fallait, en cette bonne ville, quitter la voie romaine. La route de Saint-Jacques et son incessant mouvement de pèlerins se dirigeaient vers Poitiers, alors qu'il nous fallait gagner les abords de Nantes.

Nous prîmes donc l'étroite route qui épousait le cours méandreux de la Loire parmi les vignobles et les prés. La campagne, à l'entour, était semée de châteaux forts dont les tours crénelées se dressaient avec arrogance un peu partout. Il y en avait sur les coteaux, au fond des bois, à chaque boucle du fleuve.

Nous n'étions pas sans savoir que ces forteresses servaient parfois de repaires à des seigneurs aux mœurs grossières ou féroces qui s'enrichissaient à l'aide de taxes illégales, de pillage, et, au besoin, de tortures. De sombres récits nous revenaient en mémoire. Tout en suivant, sur la rive sud, le large lit du cours d'eau, en admirant la lumière, semblable à une poudre dorée, qui baignait le val, nous ne laissions pas d'être inquiets et de regarder chaque taillis, chaque venelle, avec circonspection. Au reste, peu de voyageurs sur le chemin mal tracé, envahi par les herbes, barré de ronces, et creusé d'ornières boueuses. Nos chevaux avaient ralenti leur allure sur ce terrain glissant et l'inquiétude me gagnait.

Pour me rassurer, tu chantais, de ta voix que j'aimais tant, quelque cantilène ou quelque ballade en mon honneur, ou tu t'ingéniais à me faire remarquer les murs candides de moutiers habités par de pieux moines et disséminés sur les deux rives.

Des villages, aux pignons blancs et pointus, aux meules encapuchonnées, aux tas de fumier puants, se serraient au pied des forteresses. Quand nous passions trop près des maisons, des aboiements de chiens fusaient aussitôt de toutes parts.

Nous rencontrions des enfants gardant des chèvres ; des femmes qui suivaient à pas lents quelques vaches, tout en faisant tourner une quenouille entre leurs doigts ; des paysans à l'air taciturne ramenant des chevaux de l'abreuvoir ; des porchers, qui jouaient du chalumeau tandis que leurs porcs fouillaient le sol sous les branches des chênes ; et des moines à pied ou à dos d'âne qui égrenaient un rosaire tout en se hâtant.

Le soir tombait quand nous arrivâmes à Candes, petite ville ceinturée de murailles, située au confluent de la Loire et de la Vienne, où mourut saint Martin. Tu me conduisis vers la cellule délabrée, mais pieusement décorée de fleurs, où avait vécu le grand saint. A sa place, me dis-tu, il était question de construire une église. Tu me racontas aussi comment un groupe de Tourangeaux décidés étaient venus en barque, un beau soir, pour enlever le corps que tous vénéraient. Après s'être introduits par une fenêtre, ces larrons d'un genre particulier avaient déterré la dépouille sacrée, l'avaient hissée par l'étroite croisée qui leur avait déjà livré passage et s'étaient enfuis à force de rames en emportant triomphalement leur butin jusqu'à Tours. Cette aventure me divertit, mais je me gardai bien d'y faire allusion devant l'aubergiste qui nous reçut, le bonnet à la main, sur le seuil de son établissement.

Après une nuit qui fut douce, nous repartîmes à l'aube vers Saumur. La tendre lumière matinale blondissait les saules, les peupliers, les aulnes, et les noisetiers du bord de l'eau. Jusqu'à l'horizon moutonnaient de nonchalants coteaux couverts de vignes.

La ville une fois passée, le chemin changea de visage. Il s'enfonçait dans une forêt de hêtres où il nous fallut bien pénétrer. Hormis quelques bûcherons que nous croisions de temps à autre, la piste, que nous suivions à travers les fûts élancés, était déserte. Des chants d'oiseaux, de brusques envols, des fuites éperdues, le bond d'un chevreuil ou d'un lièvre animaient, seuls, cette solitude. Devinant mon angoisse, tu tentais de me réconforter en m'assurant que la connaissance que tu avais de cette région nous permettrait de surmonter tout danger, mais des histoires de sorcellerie me revenaient en tête et mon cœur sautait comme un chevreau dans ma poitrine au moindre froissement de feuilles.

Mon épouvantement s'accrut quand le bruit d'une troupe lancée au galop retentit soudain derrière nous. Nous nous serrâmes contre les troncs gris pour laisser passer des cavaliers de fort mauvaise mine qui nous dédaignèrent, sans doute à cause de nos humbles costumes. Ce ne fut qu'une bonne lieue plus loin que nous comprîmes ce qu'ils cherchaient.

Un homme encore jeune était pendu par les pieds à la maîtresse branche d'un chêne qui semblait être poussé tout exprès à la croisée des chemins pour faire office de potence. Ses vêtements de velours déchirés et salis, le sang qui coulait de son visage jusqu'à terre, et un tronçon de lame, brillant à quelques pas de là dans l'herbe foulée et piétinée, disaient qu'il s'était défendu vainement contre ses agresseurs. Au loin, on percevait des hennissements de chevaux et des cris de femme.

— Il est mort, constatas-tu après t'être approché du corps.

En dépit de tes objurgations et de la nausée qui me soulevait le cœur, je descendis de mon cheval pour t'aider à dépendre le cadavre, pour l'étendre sur la mousse. Tu le recouvris de son manteau, et nous nous mîmes en prière pour le repos de cette pauvre âme.

Ébranlée par l'émotion, je te demandai, un peu plus tard, d'écourter ce jour-là notre trajet. Il se trouvait justement, car nous approchions de ton pays, qu'un baron de ta connaissance, dont le château était voisin, pourrait nous donner asile, à ce que tu m'assuras, si nous allions le lui demander.

J'ai oublié le nom de notre hôte d'un soir, mais je me souviens de sa bonté et de la spontanéité de son accueil. Il ne chercha pas à savoir quel lien m'attachait à toi, mais me reçut comme une sœur. Me sentir à l'abri de sa courtoisie, derrière le pont-levis relevé et les hautes murailles de la citadelle, me fut d'un grand allégement.

Après un souper abondant, des jongleurs, des tambourineurs et un trouvère qui s'accompagnait fort plaisamment de la citole nous firent oublier l'horreur de la scène vécue dans la forêt.

Le lendemain matin, une pluie têtue noyait les contours des vallons entourant le château. Cependant, en disant adieu au gentil seigneur qui nous avait si charitablement hébergés, je me sentais réconfortée.

Nous continuâmes donc à suivre, sous l'averse cette fois, le cours de la Loire et ses méandres. A Chalonnes, nous quittâmes le fleuve pour nous enfoncer dans les terres en direction de Clisson et du Pallet.

Les chemins devinrent affreux. Remplis de boue ou de pierrailles, jonchés de bois mort, à peine visibles, ils entravaient plus qu'ils n'aidaient notre marche. Il nous arriva de nous lancer à travers prés pour éviter les fondrières qui nous menaçaient.

A l'approche de la région côtière, le temps ne cessa de se gâter. Des pluies de plus en plus fréquentes se déversaient sur nos têtes, nous laissant trempés dans des vêtements qui n'avaient pas eu loisir de sécher. Pour nous dérober à ces déluges, et malgré le retard que des arrêts incessants mettaient à notre progression, nous cherchions abri dans les reposoirs bâtis à cette intention, de place en place, au bord du sentier. Je ne sais si tu te souviens d'un certain colporteur trop bavard à ton gré, qui nous tint compagnie dans un de ces refuges, bien contre notre désir. Il voulait à tout prix nous faire acheter un des colifichets qu'il transportait dans sa boîte, et n'eut de cesse que tu ne m'aies offert un stylet pour écrire, quand il sut que j'en étais capable.

Tu t'inquiétais aussi pour l'enfantelet que je portais ! Pas moi. Je connaissais ma robustesse. Mais il n'en est pas moins vrai que les dernières lieues, qui s'étiraient sans fin entre Beaupréau et

Clisson, nous parurent fort longues. Pour échapper à la monotonie, je me disais que cet enlèvement avait des charmes assez puissants pour faire oublier ses inconvénients momentanés. Je te priais alors de chanter, afin de me distraire.

Le paysage changea soudain. Nous pénétrions dans le Bocage. Une beauté farouche émanait des amoncellements de rocs gigantesques, jetés en un chaos de fin du monde au milieu d'arbres centenaires aux troncs noueux. Des ruisseaux, bondissant comme des torrents, couraient sur des fonds de clairs graviers. Des prairies d'un vert d'émeraude et une végétation proliférante me firent penser à quelque Eden sauvage où il nous aurait été donné de pénétrer. Sur une colline, dominant de sa masse le confluent de deux rivières, une citadelle aux tours écrasantes se dressait, impérieuse, comme la gardienne de quelque royaume enchanté.

— Nous sommes tout proches, dis-tu avec soulagement.

Il ne nous restait plus que deux lieues à parcourir.

Le village du Pallet me plut tout de suite. Entouré de pâturages et de bois verdoyants, arrosé par un cours d'eau limpide, la Sanguèze, il m'apparut, au bout de notre course, comme le havre que j'espérais.

Bien qu'en terre étrangère, je ne me sentais pas exilée dans ce pays qui était le tien et où, loin des foudres de mon oncle, je trouverais la quiétude dont je ressentais si fort le besoin.

Le château où tu étais né te serait revenu de droit en tant qu'aîné si ton état de clerc ne t'en avait dépossédé. Il était donc devenu le bien de ton frère cadet qui n'y résidait que rarement, préférant vivre à Nantes. Ce fut vers la demeure de ta sœur que nous nous dirigeâmes après que tu m'eus fait passer devant l'austère bâtisse de tes aïeux.

Je me souviens de tout. Du goût de sel qu'avait le vent en cette journée de septembre, de la vitesse des nuages glissant dans le ciel, de ton visage hâlé par le grand air, de ma lassitude, de notre commune espérance en une existence nouvelle, et des passe-roses qui fleurissaient le seuil du logis de Denise.

C'était une belle maison, festonnée de treilles, coiffée d'ardoises, qui dressait avec fierté son pignon au-dessus des toits de chaume du village. Une cour herbue, avec un puits ombragé par un gros figuier, un verger plein de branches odorantes, des écuries, des remises, et tout un menu peuple de valets, de servantes composaient et peuplaient le domaine de ta sœur. Quand elle se porta au-devant de nous, je vis que ce n'était pas là une simple femme de la campagne, mais bien une personnalité, et je m'apprêtai à l'aimer. La chaleur de son accueil ne me déçut pas. Aucune réticence de la part de cette mère de famille aux nombreux enfants qui aurait pu s'indigner de notre situation, se choquer de me voir enceinte sous l'habit de religieuse, et nous condamner tous deux. Elle m'ouvrit simplement les bras et m'appela sa sœur. Grande, blonde, elle te ressemblait, et ce trait me toucha. Seuls, ses yeux gris différaient de tes prunelles noires où s'allumaient, à mon voisinage, de si ardentes flammes.

— Considérez-vous céans comme chez vous, Héloïse !

Je m'y sentis tout de suite à mon aise, en effet. Sans doute parce que j'avais été une enfant sans mère et sans véritable foyer, il me fut aisé de m'incorporer à ta famille. Pas un instant, je ne souffris de dépaysement. Tout au contraire j'éprouvai très vite un bien-être aussi profond que s'il avait été fait d'habitudes anciennes. Bien entendu, le mérite en revenait à Denise. Vivre près d'elle pacifiait. J'appris peu à peu à mieux la connaître et j'en vins à penser que son attitude tranquille cachait une âme éprise d'absolu. Sous ses apparences de femme heureuse, elle dissimulait un état d'inquiétude qui la tenait en alerte du matin au soir. Bonne jusqu'à l'oubli d'elle-même, elle témoignait cependant d'une susceptibilité déconcertante. Mère attentive s'il en fut, elle réclamait en retour un attachement sans partage. Épouse toute dévouée, elle se sentait blessée par la moindre inattention. Son art était de savoir tirer de chacun de ces déchirements intimes un suc de tendresse dont tous bénéficiaient.

Avec moi, elle fut parfaite. En dépit de ses neuf enfants et de son époux, un besoin de se donner jamais apaisé sourdait au fond de son cœur. J'en profitai. Elle me donna une chambre du premier étage, orientée au midi, avec un lit carré de chêne et des draps de toile fine. Chaque jour, on jonchait mon plancher d'herbes fraîches qui fleuraient bon la menthe et la citronnelle. De vastes coffres de bois sculpté furent apportés afin que j'y pusse ranger mes affaires, et une lampe en terre contenant une mèche baignant dans l'huile fut suspendue par un jeu de chaînettes à mon chevet pour que je fusse éclairée, une fois couchée.

Dès notre arrivée, ta sœur se prodigua. Pour commencer, elle nous fit préparer un bon souper. Puis son mari et ses fils aînés, au retour des champs, vinrent nous rejoindre, afin de nous saluer de manière fort affectueuse. Avant le repas, dans la tiédeur du soleil couchant, nous restâmes un moment sur le seuil à deviser de compagnie.

Je nous revois tous, un peu plus tard, parents, enfants, serviteurs, rassemblés dans la salle du rez-de-chaussée. Cette pièce, de taille imposante, était le cœur de la maison : on y mangeait, on y dormait, on y cuisinait, on y veillait. Aux poutres brunies du plafond étaient suspendus des jambons, des casiers à fromage et des quartiers de lard. Le pétrin y voisinait avec la huche, et un buffet où trônaient des étains jouxtait la crédence aux épices. Des lits clos occupaient trois de ses côtés, et une cheminée digne d'un château garnissait le quatrième. Sous son manteau, large comme un dais, étaient accrochées des viandes mises là pour être fumées. De chaque côté du foyer, deux bancs de pierre offraient un abri confortable contre le froid et les vents coulis. Des chats y ronronnaient avec béatitude. Pour me chauffer les doigts, je m'étais approchée de l'âtre où brûlait un feu d'enfer. Ses flammes léchaient les flancs d'une marmite qu'on eût dite pour géants. Solidement suspendue à une crémaillère, elle laissait échapper, en dépit d'un lourd couvercle, un fumet qui aiguisa mon appétit. Les landiers de fer battu servaient de supports à des plats couverts qui se tenaient au chaud commodément et, parmi les cendres, de nombreux pots posés sur des braises mijotaient à petits bouillons.

Nous prîmes place autour de la longue table servie. Après le bénédicité, chacun s'assit. J'étais à la droite du maître de maison qui siégeait au haut bout, sur un siège à dos sculpté. Sa famille s'étageait par ordre d'âge sur les bancs fixés à la table. Les valets se tenaient à l'extrémité.

Ton beau-frère avait dans son comportement quelque chose de décidé et d'attentif qui me plut aussitôt. Sec comme un sarment, grand, le teint basané par les intempéries, le nez en bec d'aigle, il posait sur son entourage un regard hardi qui s'intéressait au moindre détail pour en faire son profit.

Des neuf enfants du couple, je ne me souviens pas avec exactitude. Je sais seulement que le second fils te ressemblait comme un jeune frère et que la dernière-née, Agathe, qui vint, plus tard, me rejoindre au Paraclet, avait alors des charmes enfantins qui remuaient en moi une fibre en voie d'épanouissement. Notre Agnès, la fille que Denise eut l'année suivante, n'était pas encore annoncée.

Ce premier repas, dont j'ai oublié les composants, à part un certain pâté d'anguilles dont tu retrouvas le goût avec ravissement, conserve en mon souvenir un bouquet rustique. Tout y était nouveau pour moi : l'odeur du cidre, la saveur du pain de seigle, la senteur du linge de table blanchi sur le pré, et les effluves insistants de l'étable qui se faufilaient jusqu'à nous.

Les servantes allaient sans cesse de la cheminée aux convives. Denise ne se déplaça que pour découper les chapons. Ce qui me surprit le plus, ce fut le peu de paroles qu'échangeait tout ce monde. Alors qu'à Paris les amis de mon oncle et nous-mêmes nous entretenions tout au long du repas, je constatai qu'en Bretagne enfants et serviteurs mangeaient sans souffler mot. Seuls, Louis et Denise échangeaient avec nous des propos dénués de fièvre sur l'état des chemins, le temps, ou les dernières récoltes. Ils s'adressaient, l'un et l'autre, à toi avec une déférence à laquelle je fus sensible. Manifestement, ils se sentaient flattés de nous recevoir. J'étais heureuse de constater que ton renom n'était pas inconnu des tiens, ainsi qu'il advient si souvent. Je fus également touchée par la délicatesse dont ils firent preuve en ne faisant aucune allusion à l'irrégularité de notre situation, à notre fuite, à mes espérances.

Après la veillée qu'on écourta par égard pour notre fatigue, je me retirai dans ma chambre. Je m'arrêtai un moment sur son seuil. Dans ce cadre, j'allais vivre pendant des jours, des mois, peut-être des années. Qui pouvait savoir ? Je me refusais à faire des projets, de quelque ordre que ce fût. La sagesse voulait que je vécusse sans me soucier du lendemain, sans me permettre d'imaginer un avenir dont il m'était impossible de rien prévoir. D'ailleurs, je n'avais pas d'angoisse. Là où tu m'avais conduite était ma place. Là, était, à présent, mon gîte et mon refuge. Il me fallait attendre, simplement, la commune naissance de mon fils et de mon destin. Plus tard, j'aviserais.

Je m'accoudai à la fenêtre qui donnait sur le verger pour respirer l'air de la nuit. Il faisait bon. Aux exhalaisons des fruits qui mûrissaient non loin de moi, se mêlaient une lointaine haleine marine et certains relents de bétail. Je sus avec certitude que j'avais bien fait de suivre ton conseil et que, sous ce toit paisible, rien d'aventureux ne pourrait m'arriver.

En m'étendant ensuite entre les draps blancs, un peu cassants, qui sentaient la lessive, je me trouvai lasse, mais une sérénité champêtre me berçait, qui m'endormit presque aussitôt.

Afin de me familiariser, disais-tu, avec les us et coutumes de ton pays, tu décidas de demeurer quelques jours près de moi. Je crois que tu aspirais surtout à goûter en ma compagnie les joies simples d'une existence sans contrainte et sans interdit. Ce furent des moments bénis. Tu me faisais suivre pas à pas les sentiers de ton enfance, parcourir les bois jaunissants que tu avais aimés, côtoyer les ruisseaux où, jadis, tu t'étais baigné. C'était, de toi à moi, une nouvelle initiation. Nous mordions aux mêmes poires, croquions ensemble des noisettes, et tressions l'un pour l'autre des couronnes de fleurs.

Hélas, ce bonheur ne pouvait durer toujours ! Il te fallait partir. Tu ne pouvais t'attarder davantage avec moi. Tes étudiants, ta carrière, mille devoirs de ta charge t'attendaient à Paris.

Après une dernière promenade autour de la maison dont les treilles portaient déjà des grappes dorées, après des étreintes éperdues et des baisers sans fin, nous dûmes nous séparer. Pour combien de temps ? Nous l'ignorions tous deux. Te quitter me déchirait. Aucun être humain, pas même l'enfant que j'attendais, ne pouvait combler le vide que ton absence créait en moi. Ce fut à ce moment-là que je compris combien la femme, en moi, l'emportait sur la mère. Je sus d'instinct qu'il en serait toujours ainsi.

Par respect pour ton courage, par souci de dignité, et pour ne pas affliger ta sœur, je retins mes larmes quand je te vis t'en aller, un petit matin, au galop de ton cheval. Si mes yeux étaient secs, mon cœur saignait !

— N'ayez crainte, mon frère, nous vous la soignerons ! avait assuré Denise en te donnant l'accolade.

Nous savions qu'on pouvait compter sur elle, mais là n'était pas notre souci.

Après une nuit de larmes, je décidai cependant de ne pas contrister les tiens par le spectacle de mon affliction. Je tenais, vois-tu, à leur prouver que j'étais digne de toi.

Leur attitude pleine de ménagement et de bonté me simplifia la tâche. Jamais reine attendant l'héritier du trône ne fut plus entourée de soins que je ne le fus au Pallet durant ma grossesse. On me réservait les mets les plus délicats, les plus beaux fruits, les pâtisseries les plus fines. De crainte que je ne souffrisse du froid, on me réserva une place sous le manteau de la cheminée, et on le garnit de coussins. Pour me désennuyer, pendant les longues pluies d'automne, les enfants jouaient pour moi des mystères, et Denise contait les récits légendaires de Lancelot du Lac ou les enchantements de Merlin et de Mélusine.

Les saisons se succédèrent. Il y eut le temps des colchiques dans les prés, celui des vendanges, celui des marrons cuits sous la cendre et du cidre nouveau. Les feuilles blondirent, rougirent, jonchèrent la cour. Dès le matin, on allumait un grand feu dans la salle avec les tisons de la veille demeurés incandescents, et on remplissait de paille les sabots.

Les premières gelées blanches firent leur apparition. Le sol durci résonna sous le pas des chevaux. On tua trois cochons, on les sala, on les fuma pour les jours de disette. A la Saint-Michel, Louis paya ses journaliers et en loua d'autres. A la Saint-Martin, comme il se doit, les labours et les semailles d'automne se trouvèrent achevés.

Puis le froid s'installa. Après la pluie, vint la neige. Une clarté blafarde emplissait la maison dès qu'on ouvrait la porte. Une pelisse d'hermine fourrait la campagne, étoffait les arbres les plus grêles, transformait les horizons familiers en steppes immaculées. Denise grondait les enfants qui rentraient trempés après des batailles de boules de neige.

Un peu avant Noël, les loups se montrèrent. La nuit, on les entendait gratter contre la porte des étables, hurler à la lune et se battre pour quelque proie. Des moutons et des chèvres disparurent. Ravis et terrifiés, tes neveux s'accroupissaient devant le feu en demandant qu'on leur racontât les aventures d'Ysengrin. Les hommes du village se mirent en chasse, firent des battues, tuèrent plusieurs fauves.

Le temps coulait sans hâte. Tu me manquais de cruelle façon. La bienveillance de ta famille ne masquait qu'imparfaitement mon destin de brebis égarée loin de son amour, de son pays, de sa demeure, de ses proches. Je ne savais rien de toi, rien de mon oncle. Je m'épuisais en imaginations. L'hiver avait achevé de rendre impraticables les chemins de ta Bretagne, et nul voyageur ne se hasardait plus jusqu'à nous. En filant ou en cousant les menus vêtements et le trousseau de mon enfant à naître, je rêvais inlassablement. Que faisais-tu ? Que se passait-il à Paris ? Quel était, depuis ma fuite, le comportement de Fulbert ?

Les flocons de neige tissaient un voile impénétrable entre Le Pallet et le reste du monde. Parfois, je me réfugiais dans ma chambre pour lire ou étudier nos auteurs favoris, mais, en dépit de la boule pleine de tisons ardents que je portais suspendue au bras, le froid me délogeait bientôt.

En bas, dans la grande salle, je retrouvais l'odeur des fèves en train de cuire dans la marmite avec le lard, les cris des enfants, l'agitation des servantes et le sourire de Denise. Par délicatesse, ta sœur semblait toujours considérer que tout allait au mieux pour moi. Cependant, il m'arrivait de surprendre le regard chargé de sollicitude qu'elle dirigeait de mon côté quand elle me croyait occupée ailleurs.

Je m'alourdissais de jour en jour. La matrone du village, qui venait régulièrement tâter mon ventre et me poser des questions, jugeait que tout se passait normalement. Comme elle était un peu sorcière, elle me donnait à boire un breuvage fortifiant dans la composition duquel elle laissait entendre qu'entraient du malvoisie, des tranches de parricaut et quelques onces d'ambre gris. Je ne sais si cette boisson détenait tous les principes bienfaisants dont elle la parait, mais il est certain que je me portais gaillardement. Il m'arrivait d'étouffer dans la salle commune et d'éprouver le besoin de sortir, de changer d'air, de marcher. Je m'enveloppais alors dans l'épais manteau fourré de loutre que Denise m'avait offert pour m'aller promener dans la neige.

L'air sentait le gel, le vent me coupait le visage et mon haleine fumait devant moi. J'allais au village, ou dans le verger, ou sur le chemin de Clisson. Le bocage hivernal m'enchantait par son aspect irréel. Il y avait dans ce site farouche enseveli sous un linceul blanc une pureté qui me rafraîchissait l'âme.

Les habitants de la région m'avaient adoptée. Après un temps de méfiance, ils s'étaient apprivoisés et acceptaient, parfois, de s'entretenir avec moi quand ils le pouvaient. A l'opposé des esprits raffinés et brillants que je fréquentais à Paris, ces paysans d'une autre race surent pourtant m'intéresser. En eux se mêlaient étroitement un mysticisme fervent et les survivances d'anciennes idolâtries païennes toujours tenaces. On disait que des druidesses officiaient encore dans la forêt de Brocéliande et dans certaines îles battues des vents.

De toute évidence, ils ne souffraient pas de cette coexistence. Ils possédaient au plus haut point le sens du sacré et celui du mystère. C'est pour cela que je les ai aimés. Je me fis même quelques amis parmi eux. Plus près que nous de la nature, ils vivaient d'instinct et découvraient Dieu dans ses œuvres. Depuis lors, je me suis toujours opposée à ceux qui les traitaient de barbares.

Les jours passaient. En janvier, il gela si fort que la plus grosse pierre de la margelle de notre puits se fendit. Le froid s'était installé. On ne pouvait plus se coucher sans feu. Comme je ne dormais pas avec le reste de la famille dans la salle où la tiédeur stagnait, on m'allumait, chaque soir, une flambée dans ma chambre. Je m'endormais alors en humant l'odeur du feu de bois et en contemplant les lueurs mouvantes des flammes qui dansaient sur mon plafond.

Le dimanche des brandons, avant l'entrée en carême, ce fut le dégel. La pluie, une pluie grise, tenace, affreusement déprimante, se mit à tomber. Tout se transforma en boue. Sous peine d'enlisement, il fallait rester enfermé. Cette réclusion me fut pénible. Les heures me pesaient de plus en plus. Seule, la veillée où chacun s'évertuait à distraire le reste de la famille apportait un peu de mouvement à la monotonie des jours. Je revois le cercle attentif qui entourait celui qui contait. La tradition celtique est riche de légendes et ton beau-frère les connaissait toutes. Nous l'écoutions avec recueillement, pendant que les plus jeunes enfants, déjà couchés, passaient des têtes curieuses par les portes entrouvertes des lits clos.

Il faisait bon sous le manteau de la cheminée. Dehors, il pleuvait. Pendant que le père parlait, les fils taillaient d'étranges figures de bois dans des morceaux de châtaignier, les valets tressaient des paniers de jonc, les femmes filaient ou cousaient. Quand le conteur se sentait fatigué, on buvait du vin cuit à la cannelle et on mangeait des nèfles, des noix, ou du fromage rôti. La paix qui se dégageait de ces soirées était si profonde que j'avais l'impression de pouvoir la toucher en étendant les mains. Denise cessait, parfois, de tourner son rouet pour échanger avec son mari un regard de confiante gravité. Leur entente semblait sans fêlure, et, tout naturellement, le climat de la maison s'en ressentait.

Au début du mois de mars vint un vent d'est qui chassa la pluie. Les bienfaits du premier soleil m'inondèrent. Mon enfant bougeait en moi avec une vigueur accrue. Je le sentais remuer sous mes paumes quand je les appliquais sur mon giron. Alors, une allégresse nouvelle, par bouffées, me soulevait.

En même temps, je constatais mon propre changement. A travers la lente germination des mois d'hiver, en cette retraite où ma pensée tournait toujours autour des mêmes thèmes, mon âme avait mûri comme un fruit. Ton absence, notre éloignement, ma future mater-

nité, et les responsabilités qui seraient miennes désormais avaient
labouré mon cœur de fond en comble. Une fermeté moins intransigeante, mais plus profonde que mon assurance d'autrefois,
m'habitait à présent. Je sentais que je serais en mesure de faire
face aux épreuves qui ne pourraient manquer de m'échoir.

De tous les obstacles qu'il me faudrait franchir avec mon fardeau
nouveau-né, le plus redoutable demeurait Fulbert. Je connaissais sa
capacité de rancune, et je l'appréhendais. Non pour moi-même,
mais pour celui que j'allais mettre au monde. Il me faudrait bien
le lui amener un jour. Que se passerait-il, alors ?

Tout en me retournant entre mes draps, j'imaginais la scène dont
je savais que je sortirais victorieuse. Mon oncle fulminerait, mais
je ne redoutais plus ses cris. Un grand calme intérieur s'était fait
en mon cœur, depuis que j'avais découvert le petit nombre de
choses qui importait vraiment. Mon tourment ne pouvait venir que
de ta personne : le reste du monde ne détenait plus le pouvoir de
me faire souffrir. De toi, j'attendais tout. Tout me ramenait à toi.

Contrairement à ce que j'avais craint lors de ton départ, ce n'était
pas une douleur insupportable que je ressentais maintenant. Non.
J'avais fini par m'installer dans l'attente. Comme la terre pendant
la froidure, j'étais trop occupée à nourrir dans mon sein la semence
que tu m'avais donnée pour dépenser mes forces en pleurs vains.
Le temps de te retrouver n'était pas venu. Je vivais donc au ralenti.
Mes peines, comme mes joies, demeuraient en veilleuse. D'elle-
même, et à l'imitation de la saison, ma nature s'était mise en état
d'hibernation pour rassembler ce qu'il y avait de meilleur en elle.
Une sorte de sagesse ancestrale calmait les agitations de mes sentiments. Depuis que je t'aimais, vois-tu, c'étaient bien là les premiers
moments où je ne me trouvais ni en transe ni en révolte. J'avais,
d'instinct, organisé mon existence autour de l'enfant que je devais
porter à terme, autour de nos souvenirs et de l'espoir que je cultivais
intimement de te retrouver le plus vite possible, après ma délivrance.

Je n'étais pourtant pas transformée au point de ne pas souhaiter
apprendre ce qu'il advenait de toi. Avec les bourgeons renaissait
ma soif de participer à ta vie. Tout en admettant la nécessité de
patienter, j'aurais aimé être informée de tes faits et gestes. Que
faisais-tu ? Qui voyais-tu ? Quelles étaient tes préoccupations ? Si
loin de Paris, j'éprouvais une certaine difficulté à suivre ton emploi
du temps. De cette impossibilité naissait un malaise.

C'est alors qu'un moine survint un jour au Pallet, porteur d'un
message pour moi.

On était à la mi-mars. L'air se faisait plus doux, le soleil plus
tiède, la brise plus innocente. Des pousses vertes pointaient aux
branches du verger et les merles commençaient de siffler. Les
primevères et les violettes fleurissaient entre les feuilles pourris-

santes de l'année précédente, et les chats déchiraient la nuit de leurs cris amoureux.

Mon fardeau devenait pesant. Je marchais donc à pas ralentis autour du puits, tendant aux blonds rayons mon visage pâli par la réclusion de l'hiver et mes mains encore gercées, quand j'aperçus un froc qui franchissait le portail. Les chiens aboyèrent et s'élancèrent vers l'arrivant. Louis, qui passait par là, les appela. Le moine hésitait :

— On m'a assuré que logeait céans une dénommée Héloïse...

C'était un bénédictin de Saint-Denis qui regagnait Nantes à pied. Tu lui avais confié une lettre pour moi. Je m'en emparai comme d'un trésor et montait la lire dans ma chambre. Pendant ce temps, le mari de Denise s'occupait de faire servir au messager une bouillie de blé noir et du chou cuit sans graisse, car on était en carême.

Ta missive disait combien le temps te pesait loin de moi. Tu parlais de tes nuits insomnieuses et des images qui te tourmentaient. Tu évoquais aussi ta charge, ton labeur, le succès jamais démenti de ton enseignement. Par ailleurs, tu faisais allusion, mais de façon sibylline, aux remords qui te travaillaient au sujet de mon oncle. Tu décrivais la compassion que t'inspirait la violence de sa douleur, et tu jugeais insoutenable la honte qui le tenait courbé sous son joug. « Il a terriblement vieilli depuis notre fuite, écrivais-tu. Je ne puis le croiser sans me répéter que c'est par notre faute que cet homme subit un semblable supplice. » Tu terminais en m'assurant de ta foi, et en me promettant, pour une date point trop lointaine, une heureuse issue à nos tribulations.

Je me rappelle que la lecture de ton message ne me satisfit pas entièrement. Qu'entendais-tu, au juste, par « une heureuse issue » ? Je connaissais la facilité avec laquelle tu parvenais à t'aveugler toi-même, quand il s'agissait de réaliser un de tes désirs. Si ta subtilité et ta pénétration se montraient sans égales dans le monde des idées abstraites, tu ignorais, en revanche, les motifs simplement humains de tes semblables avec une telle candeur, tu manquais à tel point de sens pratique, que je te savais démuni devant la réalité autant qu'un petit enfant.

Que préparais-tu à Paris ?

Je relus ta lettre des dizaines de fois pendant les jours qui suivirent le passage du moine, sans parvenir à deviner le sens de tes allusions.

Cependant, mon temps approchait. J'étais aussi ronde qu'une tour de guet, je souffrais des reins, et, chaque soir, mes jambes enflaient.

Le dimanche des Rameaux, les douleurs de l'enfantement me prirent au retour de la messe.

Je n'aime pas à me souvenir des heures qui suivirent. Il y eut beaucoup d'agitation dans ma chambre où Denise et la matrone, qu'on avait été quérir aussitôt, étaient entourées d'une nuée de voisines. De peur qu'un mauvais esprit n'entrât pour s'emparer du jugement de l'enfantelet, on tenait la fenêtre étroitement fermée. Pour conjurer le sort, brûlait, près de ma couche, une poudre composée par la sage-femme avec des simples, de la racine d'armoise et des fleurs séchées d'herbe de la Saint-Jean. Selon la coutume du pays, je serrais dans ma main droite une tige de basilic et une plume d'hirondelle afin que ma délivrance fût rapide.

Au milieu de la pièce, on avait apporté un grand baquet de bois dont on renouvelait sans cesse l'eau chaude. La buée, qui s'en échappait, envahissait tout. Je me souviens encore avec répugnance de la chaleur humide qui collait mes draps contre mon corps distendu, achevant de rendre pénible l'épreuve que je subissais. Jamais je n'aurais pensé qu'il fallût tant peiner pour donner le jour. Le rythme des douleurs se précipitait implacablement. Mon ventre déchiré, ouvert, dilaté de souffrance, n'était plus pour moi qu'un sujet d'horreur. Pourtant, je me refusais à crier comme le conseillaient celles qui m'entouraient.

Ce fut là sot orgueil. Je m'en accuse volontiers. La vie ne m'avait pas encore enseigné, à grands coups de nerf de bœuf, la simplicité, vertu sans éclat qui conduit à la plus difficile de toutes : l'humilité.

Au bout d'heures qui me parurent éternelles, j'accouchai d'un fils. J'en remerciai sans tarder la Vierge Marie et saint Martin que j'avais tant priés pour qu'il en soit ainsi. Hélas ! je ne trouvais pas qu'il te ressemblât, et j'en éprouvais une grande amertume ! Cependant, tout le monde se félicitait autour de moi, car l'enfant était fort et bien membré. Je décidai sur-le-champ de le nommer Pierre-Astralabe. N'était-il pas tombé dans ma vie comme un don du ciel ?

Quand on le déposa, après l'avoir emmailloté, près de moi, sur un coussin, je ressentis un grand respect pour cet être neuf et si totalement pur. Mon fils ! Je touchai du doigt son crâne doux comme un museau d'agneau et une tendresse triste m'envahit. Quel destin connaîtrait cet enfant sans père, ce bâtard, qui aurait, plus tard, le droit de me reprocher sa naissance ?

Passionnément, je souhaitais ta présence à mon chevet, Pierre, en un tel moment. Au plus fort de ma douleur, je m'étais tue, mais, à présent, je me laissais aller à pleurer, alors que j'aurais dû ne songer qu'à la joie. Il en est ainsi de ma nature. Je ne redoute pas les vicissitudes auxquelles je puis faire face en luttant, front à front. Mais les craintes imprécises me déroutent et me laissent sans défense. Ce fut donc de mes larmes que mon fils reçut, en premier, le baptême.

Devant le prêtre, le lendemain, à l'église du Pallet, Denise devint la marraine de son neveu. Hors de ma présence, l'eau sainte coula sur la tête fragile de mon enfant.

Quand je songe, maintenant, mon fils, à ce que fut mon existence, je vois bien que je n'ai pas su t'aimer comme il l'aurait fallu. Comme tu étais en droit de t'y attendre. Vois-tu, en ce début de semaine sainte où tu naquis, j'avais dix-huit ans, le cœur dévoré et aucune inclination pour la maternité. Rien ne m'avait préparée dans mon passé à jouer ce rôle. Ni mon éducation : fille érudite, uniquement tournée vers les études, je ne m'étais jamais intéressée aux enfants. Ni mon amour : femme éprise, folle d'un homme adoré, je m'étais livrée à lui sans réserver la moindre parcelle de mon être, ou de mon âme. Celui que j'aimais m'occupait tout entière.

Pendant l'hiver que je venais de vivre, j'avais bien assisté à des manifestations d'amour maternel. Denise était mère autant qu'on peut l'être. Aussi avais-je cru, à son contact, que s'éveillait en moi cette tendresse très douce, qui, par instants, l'illuminait. C'était compter sans la souveraineté de ma passion.

Je ne prétends pas que je ne t'ai pas aimé : ce serait monstrueux. Mais, recherchant en toi le reflet, la réplique de ton père, je t'ai mal et insuffisamment aimé.

M'as-tu pardonné ? Toi dont la vie est consacrée à Dieu, as-tu pu absoudre ta mère du manque de soin dont, sans doute, a souffert ta jeunesse ?

16 mai 1164

Avant que la cloche des exercices n'ait sonné vigiles, les moniales, demeurées depuis complies dans l'oratoire, avaient déjà récité les sept psaumes de la Pénitence. Avec une ferveur accrue, elles entonnèrent alors les chants liturgiques de l'office de nuit. La vénération, qu'elles vouaient à leur mère, décuplait leur ardeur. Hors de l'édifice consacré, au-delà de l'enceinte du Paraclet, leurs voix exaltées s'élevaient à travers la nuit de mai, portant l'harmonie sainte vers les prés, les bois, les champs labourés où le blé commençait à sortir du sol, et les oreilles attentives de ceux qui ne dormaient pas.

Il y avait comme une angoisse dans l'air. Pourtant, tout était calme. La lumière du croissant de lune bleuissait l'eau de la rivière, les pierres du chemin, les murs du monastère et la porte cloutée de fer à laquelle venaient de se présenter, en dépit de l'heure indue, deux prêtres vêtus de chapes noires à capuchon. L'un des deux semblait un vieillard, l'autre, un homme en pleine maturité.

La sœur portière les dévisageait soucieusement, par le judas du portail, sans se décider à ouvrir.

— Pourquoi donc êtes-vous venus si tard ? demanda-t-elle au bout d'un moment, les sourcils froncés.

— Nous avons appris, alors que nous étions non loin d'ici, que votre mère abbesse était au plus mal, répondit le plus âgé des deux en guise d'explication. Sa réputation de vertu est si grande qu'il nous a fallu nous rendre auprès d'elle aussitôt.

— Il est vrai qu'elle est bien malade.

— Est-elle vraiment perdue ?

— C'est au Seigneur seul de décider.

— Qu'Il vous assiste, ma sœur ! Pourriez-vous avoir la bonté de faire dire à votre prieure que deux humbles prêtres demandent à être reçus par elle ?

La portière secoua la tête.

— Je ne puis la déranger, répliqua-t-elle sévèrement. Madame la prieure se trouve présentement au chevet de notre révérendissime mère.

Le plus jeune des deux prêtres, qui n'avait encore rien dit, rompit alors le silence.

— Il se pourrait, cependant, que votre mère prieure acceptât de venir nous parler, dit-il sans élever la voix.

— J'en doute fort.

Le ton était assez peu encourageant.

— Vous lui direz que le fils d'Héloïse désirerait l'entretenir, continua le prêtre avec douceur.

Tout en s'exprimant de la sorte, il repoussa en arrière son capuchon. La clarté lunaire éclaira alors des traits fermes, un visage bien dessiné, aux pommettes hautes, et des yeux clairs dont l'expression était à la fois calme et résolue. La ressemblance avec le masque de la mourante était saisissante.

— Seigneur ! s'exclama la sœur portière en joignant les mains, Seigneur ! Que me faut-il faire ?

— Nous laisser pénétrer, et aller quérir la mère prieure.

Ce fut dans la grande salle de la maison des hôtes que la portière les fit entrer. Sous les hautes voûtes des tables étaient alignées. Des bancs de bois, où dormaient des errants enveloppés dans des couvertures de tiretaine, s'adossaient aux murs.

— Je vais avertir de votre présence la mère Agnès.

Peu de temps après, le bruit de jupes et de chapelet se fit entendre de nouveau.

— Veuillez me suivre au parloir.

Héloïse, qui tenait avant tout à sauvegarder la chasteté morale et physique de sa communauté, avait voulu qu'on élevât des grilles entre les visiteurs et les religieuses qui les recevaient. On commençait à suivre son exemple un peu partout en France.

La prieure attendait donc les prêtres derrière de solides barreaux de fer. Elle les salua avec une émotion qu'elle ne cherchait pas à dissimuler.

— Comme il y a longtemps, mon père, que je ne vous ai vu, dit-elle avec un sourire mélancolique dédié au temps déjà lointain où elle vivait, au Pallet, dans une familiarité enfantine avec son cousin.

Pierre-Astralabe inclina le front.

— Pas depuis votre prise de voile, Agnès, voici près de vingt-cinq ans.

Il y eut un silence. Tous deux avaient choisi Dieu. Aucun ne le regrettait. Il est, cependant, des pièges du souvenir dont il faut se garder. Une certaine nostalgie peut être contraire à la santé d'une âme croyante.

Le prêtre reprit l'entretien :

— Alors que je me trouvais de passage à Provins, j'ai appris fortuitement la maladie de ma mère, dit-il en changeant de ton. Le frère lai qui apportait la nouvelle ne cachait pas la gravité de son état. J'ai donc décidé de venir la saluer une dernière fois, puisque la Providence m'en donnait l'occasion.

Une gravité, qui devait lui être coutumière, ombrait son regard.

— Pourrais-je la voir ?

La prieure réfléchissait.

— Vous connaissez aussi bien que moi les prescriptions de notre règle : personne ne doit pénétrer dans les parties privées du monastère, sauf les clercs pour le service des autels, et les ouvriers qui ont à effectuer des réparations indispensables. Cependant, en de telles circonstances, je prends sur moi une dérogation dont on ne saurait me blâmer. Je ne pense pas agir contre l'esprit de notre ordre en vous laissant accomplir un pieux devoir filial.

Le prêtre approuva en silence.

— Mon compagnon, le père Thomas, abbé de Saint-Ayoul, qui a connu autrefois maître Abélard, pourrait-il, lui aussi, venir prier ?...

— Cela est impossible ! J'en suis désolée, croyez-le bien, mon père, mais votre présence sera déjà une infraction suffisante à nos statuts pour que je ne l'aggrave pas davantage.

De l'émotion fugace qui l'avait remuée un moment plus tôt, il ne subsistait rien. Elle ne faisait plus qu'un avec sa charge.

Laissant le vieillard en prière dans le parloir, la mère Agnès, suivie de Pierre-Astralabe, traversa le cloître. La nuit était sereine, à présent. Une odeur de pluie flottait encore entre les buis de l'étroit jardin, mais le ciel embrasé d'étoiles scintillait au-dessus des toits. Parvenue devant la porte de l'infirmerie, la prieure se retourna.

— Sachez que votre mère n'a pas prononcé une parole depuis qu'elle a reçu l'extrême-onction, après sexte. Non pas qu'elle soit dans le coma, mais elle reste plongée dans une sorte de méditation intérieure dont rien ne semble pouvoir la distraire.

— Est-elle perdue ?

— A moins d'un miracle, je crains que oui. La vie se détache d'elle sans qu'elle fasse rien pour la retenir.

Le prêtre hésita un instant.

— Pensez-vous, Agnès, que ma vue puisse lui faire le moindre mal ?

— Non. Pourquoi ? J'inclinerais plutôt à croire que votre présence lui sera douce. N'êtes-vous pas l'unique lien charnel qu'elle ait encore avec le monde ?

— Hélas ! Nous nous voyons si peu.

— Sans doute ne sera-t-elle que plus heureuse de cette ultime chance qui va lui être donnée de vous bénir, avant de s'en aller.

On entendait, apporté par la brise, le chant des moniales qui emplissait l'espace.

— Allons ! Je suis prêt.

La mère prieure poussa la porte et s'effaça. Pierre-Astralabe s'avança vers le lit où Héloïse agonisait.

« J'allais aussitôt en Bretagne, afin d'en ramener mon amante et d'en faire ma femme », as-tu écrit, Pierre, dans ta lettre. Jamais action plus simple n'engendra d'aussi fatales conséquences !

Pourtant, je m'en souviens, tout commença dans la grâce du renouveau, comme pour la fête des calendes de mai.

On venait de célébrer mes relevailles à l'église du village quand tu revins parmi nous.

L'unique printemps breton que j'aie jamais connu demeure radieux dans ma mémoire. Le verger n'était que foisonnement de feuilles fraîches, d'herbe drue, de pétales. Les poiriers et les pommiers en fleurs éblouissaient le regard. L'air embaumait la sève, le miel, les ajoncs. Des touffes de narcisses poussant au bord de l'eau faisaient parvenir jusqu'à moi des bouffées si odorantes qu'on songeait au passage invisible de quelque magicienne.

Assise à l'ombre d'un amandier, je chantais en sourdine pour endormir mon fils dans son berceau. Engourdie par les senteurs, par le bourdonnement des abeilles et par ma propre mélopée, je laissais se fermer mes paupières, tandis qu'un rayon de soleil se faufilait entre les branches pour me chauffer la nuque.

Soudain, des bruits de pas me tirèrent de ma somnolence. J'ouvris les yeux. Tu te dressais devant moi. Debout dans la tendre lumière, tu tenais par la main la petite Agathe qui t'avait conduit jusqu'à moi.

— Pierre !

Tout recommençait. Emportée par un élan que je croyais avoir désappris pendant ce long hiver, je me jetai dans tes bras. L'amour me possédait de nouveau.

Au bout d'un certain temps, nous nous penchâmes, tout en nous tenant par la taille, au-dessus de la nacelle où dormait notre fils.

— Il te ressemble, Héloïse !

Tu paraissais heureux de le constater. Je te cachai donc ma propre déception.

— Denise assure qu'il est fort pour son âge.

Je crois bien que nous étions aussi décontenancés l'un que l'autre devant cette créature née de nous, qui nous intimidait. Nos études pas plus que nos amours ne nous avaient préparés à tenir ce rôle de parents où nous nous sentions si mal à l'aise. Loin de toi, j'avais pu penser que je deviendrais presque une véritable mère. En ta présence, il m'apparaissait que j'étais ta maîtresse avant tout, que seule, ta personne m'importait. Tel était ton pouvoir. Près de toi, je ne me sentais capable de m'intéresser à aucun autre être, fût-il mon fils.

Seigneur, voici certainement une des fautes les plus secrètes, et, sans doute, la plus grave, dont je doive m'accuser : prise comme je l'étais par l'amour d'un homme, j'ai accepté de ne livrer à mon enfant que le rebut de mon cœur, que la part infime que mon amant n'occupait pas. Mais ne l'occupait-il pas tout entier ?

Cette carence a, peut-être, pesé plus lourd contre nous, dans votre balance, Seigneur, que tout le reste. Je n'ai pas su aimer mon fils quand il avait besoin de ma tendresse, je l'ai délibérément sevré de l'affection à laquelle il avait droit. N'est-il pas juste que vous m'ayez châtiée en me séparant, par la suite, de celui que je lui avais préféré ? C'est à ce moment-là, dans le verger candide, que tout s'est joué, puisque Pierre me parla sans plus attendre du projet de mariage qui l'amenait vers moi. O Seigneur ! en ce même jour, je mesurai mon indifférence à l'égard de mon fils et le gouffre vers lequel nous entraînait la folie de son père ! Tout cela n'est-il pas clair ? N'y a-t-il pas là beaucoup plus qu'une coïncidence ?

Si longtemps après, faut-il donc que je sois enfin éclairée ? Aux portes de la mort, faut-il, malgré tant de cris et de révoltes, que je comprenne le sens de mon épreuve ? Je me débattais contre une sentence dont je ne discernais pas la cause : je la vois à présent !

Ainsi donc, en cette éclatante journée de printemps, j'ai décidé d'un cœur enivré que seul Pierre importait, alors que, dans le même temps, nous prenions une résolution qui contenait tous les germes de nos malheurs...

En effet, tu m'exposas aussitôt, avec ton impatience coutumière, les raisons de ton brusque retour. Tu avais décidé qu'il nous fallait marier.

Assis l'un près de l'autre dans l'herbe, nous nous tenions enlacés. Je t'écoutais parler.

— J'ai d'abord évité ton oncle, disais-tu. Son désespoir le rendait comme fou. Il prononçait contre moi des menaces insensées, mais demeurait beaucoup plus réservé à ton égard. Il est certain, vois-tu, que cet homme sans finesse demeure convaincu de ton innocence. Il me prend pour un suborneur éhonté qui s'est diverti à te séduire, avant de t'enlever, et dont on doit tout craindre. Il désire me tuer, me torturer, m'anéantir, que sais-je ? Cependant, croyant ma famille capable de te faire subir des représailles tant que tu te trouves en son pouvoir, dans le cas où il m'arriverait malheur, il parvient à se contenir. En outre, il n'est pas sans savoir qu'il n'est point facile de tirer vengeance d'un homme aussi important et aussi célèbre que moi. Je reste néanmoins persuadé qu'il est capable de tout oser, de tout tenter, pour assouvir sa haine. Aussi, durant l'hiver, n'ai-je cessé de me tenir sur mes gardes.

— Pour toi aussi, Pierre, ces mois furent donc longs ?

— Éternels !

Tes mains couraient sur moi. Je me souviens que tu jouais avec mes tresses tout en me caressant.

— L'excès de l'affliction que montrait ton oncle, repris-tu, me toucha, à la longue. Je m'accusais de lui avoir volé par amour sa nièce tendrement aimée. N'était-ce point là trahison ? J'allai enfin le trouver. Durant une entrevue que je préfère ne pas te relater, car elle fut cruelle à mon amour-propre, je lui promis toutes les réparations qu'il lui plairait d'exiger. Toutes. Pour mieux l'apaiser, j'en vins donc à lui offrir une satisfaction qui dépassait de loin ce qu'il pouvait espérer : je lui offris de t'épouser, à la seule condition que ce mariage fût tenu secret, afin de ne pas nuire à ma réputation.

— Hélas ! Pierre, qu'a-tu fait ?

— Mon devoir. Fulbert accepta, m'engagea sa parole, et m'embrassa pour sceller notre réconciliation.

Accablée, je baissais la tête. Une femme ordinaire, une femme dont la passion eût été moins absolue et le désintéressement moins total, aurait pu se réjouir d'une telle proposition. Pour moi, j'en vis dès l'abord le sombre côté.

— Qu'as-tu ? N'es-tu point heureuse ?

Tu me dévisageais avec surprise. Parviendrais-je jamais à te dissuader d'un projet si funeste, si contraire à ta gloire ? Comment ne voyais-tu pas toi-même l'erreur irréparable que tu t'apprêtais à commettre ?

— Pierre, dis-je, la gorge serrée, Pierre, cette chimère est pure folie !

Je me sentais aussi lucide qu'on peut l'être et je tentais de t'ouvrir les yeux. Aucune satisfaction ne viendrait jamais à bout du courroux de mon oncle. Je le savais. Je te le dis. Blessé dans sa vanité, il ne pardonnerait pas.

— La magnanimité est le propre des natures fortes, Pierre,

ajoutai-je, et Fulbert est faible. Il est capable d'accumuler en secret d'inépuisables réserves de rancune dans l'espoir du moment où elles seront utilisables. Il attend son heure, vois-tu, et sa cruauté s'aiguise au fil des jours. Je le crois capable de jouer à la perfection le pardon des offenses, mais il ne le pratiquera jamais ! Si tu me ramènes à Paris, je retomberai en son pouvoir et c'en sera fait de nous ! Je le connais mieux que toi. Crois-moi : si je quitte mon refuge du Pallet, nous sommes perdus. Mon oncle tirera à son heure la vengeance éclatante qu'il espère de toi. Rentrer ensemble, c'est nous mettre à sa merci !

— Nous n'aurons plus rien à craindre, puisque nous serons mariés.

— Mais nous n'aurons pas l'air de l'être, puisque notre union doit rester secrète ! En bonne logique, il me faudra vivre sous le toit de mon oncle, si nous ne voulons pas attirer l'attention. Tu en seras réduit à venir me visiter en cachette. Tout recommencera comme avant notre fuite.

Desserrant ton étreinte, je m'écartai un peu de toi.

— Réfléchis, Pierre, à ce que cette situation aura d'insupportable, à ce qu'elle a d'irréalisable. C'est pour calmer la fureur de Fulbert que tu lui as proposé de devenir mon époux, n'est-ce pas ? Or, d'où lui venait cette hargne ? Du déshonneur auquel notre liaison, notre fuite, ma maternité enfin avaient exposé la famille. Bon. En quoi un mariage ignoré de tous lui rendra-t-il cette honorabilité à laquelle il tient tant ? En rien. Ce ne peut être que dans la mesure où la chose sera sue qu'elle sera réparatrice. Mon oncle se verra donc devant l'alternative suivante : ou ébruiter l'événement afin d'en récolter les fruits, ou le taire et rester déconsidéré. Tel que je le connais, il n'hésitera pas un instant. Nous aurons donc perdu sur tous les fronts à la fois. Je retomberai de nouveau sous sa coupe et chacun saura que tu m'as aliéné ta liberté.

— Fulbert m'a donné sa parole, affirmas-tu d'un air entêté.

Ton inconscience me stupéfiait. Au long des mois que tu avais passés chez lui, tu avais pourtant eu le loisir de juger le personnage. L'avais-tu si mal observé ?

Pour ne pas te heurter, et, cependant, parvenir à te convaincre si je le pouvais, je passai à un autre ordre d'argumentation, plus capable de t'atteindre, me semblait-il.

— Il est quelque chose de plus grave que cette menace suspendue au-dessus de nos têtes, repris-je sans me décourager. C'est le discrédit auquel, en m'épousant, tu vas t'exposer. Tu es clerc et chanoine, Pierre, ne l'oublie pas ! Je partage, tu le sais, la noble idée que tu te fais de ta charge. En te mariant, tu dérogerais ! Ta grandeur est liée au célibat. Si, de nos jours, le mariage d'un clerc est encore admis, tout le monde sait pourtant qu'il y a là déchéance et avilissement. Notre idéal chrétien n'est pas compatible avec ce genre de compromission. Étant ta maîtresse, je te lie beaucoup moins. Tu es libre de disposer de toi, de me quitter quand tu le jugeras bon, de t'éloigner momentanément si tes travaux l'exigent. Tu conserves ton indépendance, ton intégrité. Écoute-moi, Pierre, ne te charge pas de chaînes qui entraveront ta marche triomphante vers les cimes. Ne consomme pas, toi-même, ton propre sacrifice. Ne m'impose pas la honte d'être ta complice. Je t'aime trop pour me pardonner jamais, si j'avais la noirceur d'accepter ta proposition, ta chute inévitable.

Tu m'interrompis avec emportement.

— Que m'importe l'opinion d'autrui ! Je te veux à moi. Je ne puis supporter l'idée d'être séparé de toi davantage. Comme il ne saurait être question de te ramener à Paris pour y renouer des relations illégitimes sans exciter le ressentiment de Fulbert, il me faut t'épouser !

J'entends encore ta voix assourdie, je revois ton regard lourd de désir, je sens sur mon bras le tremblement de ta main. C'est à ce moment-là, vois-tu, Pierre, que je compris combien ton amour était charnel, combien tes sens l'emportaient, dans ta passion pour moi, sur tout autre sentiment. J'en souffris en silence. L'adoration, que je te vouais, dépassait mon corps, si elle l'asservissait. Elle embrasait mon âme et me faisait préférer ton bien à mon bonheur.

De mon seul point de vue, en effet, ce projet de mariage pouvait paraître séduisant. Unis l'un à l'autre par un sacrement, tu m'appartiendrais autant que je t'appartiendrais. La tentation aurait pu être grande. Mais je ne voulais pas de joug pour toi. Je te respectais et t'admirais trop pour t'imposer un mode de vie qui te ravalerait au rang du premier manant venu. A mes yeux, tu étais un maître, un exemple, un idéal. On ne ligote pas un idéal à la vie domestique !

— Songe, Pierre, songe aux entraves qu'une épouse apporterait à tes études, repris-je avec feu. Tu es le maître suprême des Écoles de Paris ! Te vois-tu, alors que la philosophie t'occuperait, dérangé par les cris ou les malpropretés d'un enfant, par les berceuses de sa nourrice, par le va-et-vient des serviteurs et des servantes, par les tracas d'une maison ? Quel rapport peut-il y avoir entre ton œuvre et les soins d'un ménage, entre ton pupitre et ce berceau, entre tes livres et la quenouille que je filerais ? Sans doute, les gens riches peuvent allier des activités si contraires. Ils ont, dans leurs palais, des appartements réservés, et l'opulence simplifie tout. La condition d'un philosophe, tu le sais, n'est pas celle des riches. Elle te condamnerait à l'enfer des soucis d'argent et te ferait perdre ton temps en besognes.

Ainsi que la Pythie de Delphes, je me sentais agitée par un don de prémonition.

— Marié, tu serais submergé par les ennuis quotidiens, donc perdu pour tes études. Ton prestige en serait diminué d'autant. Quel préjudice pour tous les étudiants qui attendent de ta part un message, une doctrine philosophique, un mode de pensée ! repris-je sans te laisser le temps de m'interrompre. Quelle responsabilité pour moi ! Que de reproches m'accableraient ! Non, Pierre, non, je n'ai pas le droit de t'asservir de la sorte. Ton esprit exceptionnel doit pouvoir disposer librement de lui-même. Ce siècle attend de toi une nouvelle direction spirituelle : ce serait faillir que d'y manquer !

Pour donner plus de poids à mes affirmations, je citai saint Jérôme, saint Paul, Sénèque, tous les grands esprits qui, tour à tour, au cours des siècles, avaient condamné le mariage comme incompatible avec l'austérité et la pureté de mœurs d'un savant.

— Si tu ne veux pas tenir compte de tes devoirs de clerc, envisage au moins la dignité, l'éclat de ton renom de philosophe ! m'écriai-je encore avec désespoir. Est-il un roi, un sage, dont la renommée puisse être égalée à la tienne ? Quelle contrée, quelle cité, quel village n'est agité du désir de te voir ? Quelle femme, quelle fille ne brûle pour toi en ton absence et ne s'enfièvre à ta vue ? Oublies-tu l'immense célébrité dont tu jouis de par le monde ? Ne sais-tu pas qu'en m'aliénant ta personne tu te ravales au rang de mari ordinaire et que ce culte, qu'on te voue, en souffrira ? Tu es une idole, Pierre, une idole de ce temps ! Ne déçois pas tes adorateurs en descendant du pinacle où ils t'ont hissé pour te vautrer devant leurs yeux effarés dans les vulgarités de simples noces !

Dans mon esprit enfiévré, les idées se bousculaient. Le désir de te convaincre précipitait ma voix.

— As-tu également considéré qu'il te faudrait te démettre de ton canonicat si tu ne voulais pas te trouver, de par notre mariage, dans une situation ecclésiastique irrégulière ? Quel exemple déplorable ! Venant d'un maître aussi vénéré, une telle démission serait, à juste titre, considérée comme la pire des trahisons !

Pendant que je parlais en m'arrachant les mots du cœur, tu jouais avec le poignard qui pendait à ta ceinture. Changeant encore une fois de méthode, je me mis à te dépeindre mes sentiments.

— Sache donc, Pierre, que je préfère l'amour au mariage, et la liberté à une chaîne ! proclamai-je en me levant d'un bond, afin de me tenir debout devant toi. J'en prends Dieu à témoin, Auguste, le maître du monde, m'eût-il jugée digne de l'honneur de son alliance et à jamais assuré l'empire de l'univers, le nom de ta concubine me paraîtrait plus doux et plus noble que le nom d'impératrice avec lui ! Je veux te conserver par le charme de la tendresse et non t'attacher par des liens impossibles à rompre. Je n'ai jamais cherché en toi que toi-même. Je ne veux rien de plus. Il m'est doux de ne te devoir qu'à ton bon plaisir et non à un serment !

Je ne me contenais plus. Mon ardeur, retenue pendant tant de mois, éclatait avec une force torrentielle. Mon amour changeait de dimension. Il s'oubliait lui-même en faveur du bien-aimé. Par une humilité amoureuse dont je goûtais l'amertume et la suavité à la fois, je renonçais de mon plein gré à des joies banales pour me consacrer sans restriction à ta gloire. Demeurer ta maîtresse, sans bruit, dans l'ombre, me paraissait plus juste, moins prétentieux, et bien préférable à cette union trop voyante qui ressemblerait à un défi.

— Si je ne t'épouse pas, je me verrai donc obligé de te laisser ici. Quitte à venir te voir quand j'en aurai le temps ?

Tu détournais la tête en parlant de la sorte. Je compris que je t'avais touché et que tu admettais la justesse de mes arguments.

— Nos séparations momentanées rendront nos rapprochements d'autant plus doux qu'ils seront plus rares, dis-je en te tendant les mains. Ne sais-tu pas que l'habitude use l'amour et que la vie quotidienne lui est toujours fatale ?

Tout en te souriant d'un air de connivence, je t'examinais avec inquiétude. Ma véhémence t'avait-elle persuadé du bien-fondé de mon refus ? Ma dernière manœuvre de séduction te tenterait-elle ?

Tu te levas avec lenteur, comme un homme qui pèse le pour et le contre. Ensuite, face à face, sous les branches fleuries de l'amandier, nous nous contemplâmes en silence. Brusquement, tu fis un pas en avant, et tu m'attiras contre ta poitrine. Le visage que tu inclinas alors vers le mien était celui du désir. Je sus que j'avais perdu.

— Je t'épouse et je t'emmène, grondas-tu en me serrant à me briser entre tes bras. J'ai tant envie de toi que je crois en devenir fou ! Que m'importe le danger, le scandale, les éclaboussures et tous tes beaux raisonnements ? C'est de toi, dans mon lit, que j'ai besoin ! Tout le reste m'est égal.

En dépit du ton passionné de tes paroles, j'éclatai en sanglots en les entendant. Mes nerfs, tendus à l'extrême, craquèrent tout d'un coup. L'acharnement que tu apportais à détruire le fragile équilibre de notre bonheur me confondait.

— Nous marier est la seule chose qui nous reste à faire si nous voulons achever de nous perdre tous les deux, et nous préparer une souffrance égale à notre amour ! m'écriai-je au milieu de mes larmes.

Cependant, je cessai de m'insurger contre ta volonté. Tu étais le maître. Puisque tu en avais décidé ainsi, je ne pouvais qu'obéir. L'idée de te causer, par mon opposition, une peine quelconque ne m'était pas supportable. Du jour où je t'ai aimé, je me suis fixé une règle absolue : faire ce que tu souhaitais, toujours, à quelque prix que ce soit. Je ne m'y suis jamais dérobée. Je n'ai même pas eu à m'y astreindre. Vois-tu, Pierre, j'ai de l'amour une conception si haute qu'il me semble que ce n'est rien accorder que de ne pas tout donner. Tout. Y compris son propre jugement. Y compris le respect de soi-même, et sa réputation.

Je pressentis aussitôt, en effet, combien cette union me déconsidérerait aux yeux de tous. En t'épousant, je paraîtrais céder à un calcul assez bas. Je serais jugée par le monde comme une intrigante remplie de duplicité. A qui donc, dirait-on, profitait cet hymen scandaleux ? A Héloïse ! A moi qui le repoussais de toutes mes forces. J'étais prête, mon cher amour, tu le sais, à sacrifier mon avenir au rayonnement de ta gloire. Voilà qu'en plus tu réclamais aussi l'immolation de ma renommée personnelle. C'était toi qui exigeais ces épousailles, j'aurais pourtant l'air d'en être l'instigatrice. Il me paraissait fort injuste qu'on me rendît responsable de ton avilissement, alors que je m'employais par tous les moyens à t'en détourner. Ma passion, c'est-à-dire ma raison d'être, allait se voir publiquement déshonorée.

Puisque nous ne pouvions faire autrement, j'avais accepté l'éventualité d'une existence marquée par le péché, au risque d'y perdre mon âme. Mais je conservais une fierté : celle du désintéressement absolu de mon amour. J'allais jusqu'à penser en secret que toute ma justification tenait, justement, dans cette abnégation. Je désirais donc par-dessus tout qu'on considérât mes sentiments avec respect. Il me fallait les garder intacts de toute souillure. Ce mariage ruinerait mes espérances. On ne manquerait pas d'insinuer que je m'étais laissé séduire par le plus illustre de nos maîtres afin de pouvoir l'épouser.

Tant que j'étais ta maîtresse, tu pouvais te ressaisir, reprendre le cours de ta vie là où notre rencontre l'avait interrompu, redevenir le philosophe fameux qui se détournait des choses de la chair, et personne ne pouvait me soupçonner de rouerie. Devenue ta femme, on m'accuserait de manœuvres tortueuses et d'avoir vendu ce que je ne songeais qu'à donner !

Après avoir, vainement, tenté de t'ouvrir les yeux, après avoir échoué, il ne me restait plus qu'à accepter les conséquences de ton aveuglement. Dieu sait, pourtant, que j'en apercevais les dangers !

De toutes les fautes dont je me suis si souvent accusée depuis en confession, celle qui m'est la plus lourde, la plus pesante à porter, est bien cette capitulation. En acceptant de t'épouser, j'ai commis ce que j'appelle un crime. N'est-ce pas, en effet, des suites de cette union que naquit notre malheur ? Le drame, qui devait nous séparer à jamais, prit racine dans le consentement que tu m'arrachas ce jour-là, sous les branches du verger de Denise. Une fois de plus, le démon se servit d'une femme pour perdre l'homme, et ce fut moi l'instrument de sa ruse !

Tu m'aimais trop possessivement pour accepter l'unique voie

vraiment satisfaisante qui nous était ouverte : vivre dans la continence, nous aimer par le cœur et non par le corps. Là, en définitive, je l'ai vu depuis, était la solution. Une grande passion chaste nous eût sublimés et sauvés. Il est vrai que notre attirance était trop sensuelle pour s'accommoder d'un tel renoncement. Aux amants éperdus que nous étions, la perspective d'une existence sans étreintes n'était pas imaginable. Tu n'acceptais même plus de me voir éloignée de toi. Il te fallait m'avoir tout de suite et pour toujours à tes côtés.

Piège, j'étais devenue. Malgré mes avertissements, tu y tombas et nous fûmes perdus !

Que je suis infortunée, Seigneur, d'être responsable d'un tel désastre ! Vous savez bien, pourtant, que je n'ai jamais voulu le malheur de Pierre, et que j'aurais joyeusement donné ma vie pour son bonheur et sa célébrité !

Puisque tu m'as enseigné, mon bien-aimé, que l'intention seule comptait, je suis innocente. Coupable dans mes actes, hélas ! mais innocente dans mon cœur. Je n'ai pas voulu ces noces ! Un instinct très sûr m'avertissait qu'elles nous conduiraient à la catastrophe. Je m'y suis opposée autant que je l'ai pu sans te heurter. Reconnais, je t'en prie, que, si tu es parvenu à m'imposer ta décision, je n'y ai pas librement consenti.

Cependant, j'avais espéré te faire partager ma répugnance. J'avais échoué. Il ne me restait plus qu'à agir ainsi que tu l'ordonnais.

Nous résolûmes donc de quitter Le Pallet deux jours plus tard, et de rentrer le plus discrètement possible à Paris.

La conséquence immédiate de cette détermination fut de me séparer de notre fils. Il me fallait laisser en Bretagne cet enfant dont l'existence chez mon oncle n'était pas concevable. Ce fut pour moi une grande affliction. Je sentais que c'était là le premier dommage d'une liste qui serait longue. En nous engageant sur le chemin que tu entendais nous faire suivre, nous nous condamnions, je le savais, aux complications de toutes sortes.

Je n'ai sans doute pas choyé mon fils autant que je l'aurais dû. Ce fut pourtant cruel de m'en séparer si vite. Je ne doutais pas de la compétence et de la tendresse de ta sœur, qui s'en occuperait comme s'il était à elle. Je connaissais la nourrice choisie, qui se trouvait être, de toute évidence, une bonne et brave femme, mais cet enfant qui était mien, je ne le verrais plus !

Au matin du départ, quand je le déposai pour la dernière fois dans son berceau, je me sentis prise de faiblesse. Le charme innocent de ce petit être, que j'abandonnais derrière moi sans savoir si je pourrais jamais revenir le chercher, me tenait penchée au-dessus de lui comme si une puissance sans pitié m'avait courbée sous sa poigne. Il fallut m'entraîner de force loin de lui.

Après des adieux pleins d'émotion à la famille généreuse qui m'avait si affectueusement accueillie, après un dernier regard à la façade de pierres que le soleil levant teignait d'or rose, après un ultime salut au puits de la cour et aux arbres du verger, j'embrassai Denise comme si elle eût été ma mère, et je m'éloignai.

Tout un pan de ma vie basculait dans le passé. L'ère de l'ingénuité était achevée. Celle des responsabilités commençait.

Notre voyage se passa bien. Il faisait beau. Les haies d'épines blanches étaient fleuries tout au long des sentiers, et les blés verdoyaient dans les champs. Beaucoup plus légère qu'à l'aller, je chevauchais aussi avec plus d'endurance. Nous ne fîmes pas de mauvaises rencontres. Était-ce Dieu ou Satan qui éloigna de notre route les brigands et les rançonneurs ? Je me le suis souvent demandé. Je n'ai jamais osé donner la réponse.

En dépit de notre solitude amoureuse, des attraits du mois de mai, de la passion que tu ne cessais de me témoigner et que je ne pouvais m'empêcher de te rendre avec emportement, une angoisse inavouée me taraudait. Quel destin nous attendait à Paris ?

Lorsque nous arrivâmes en vue des toits de la cité, mon cœur se serra. Notre escapade était finie. Le devoir se refermait sur nous.

Le bruit et le mouvement de la ville, qu'il nous fallut traverser, m'étourdirent sans m'alléger pour autant de mes amers pressentiments.

Dans la salle de sa maison, que je trouvai plus sombre qu'à l'ordinaire, Fulbert me reçut avec un mélange de compassion et de froideur qui me glaça. Il avait, c'était vrai, beaucoup vieilli et ressemblait de plus en plus à un chêne foudroyé. Il m'annonça que ma chambre m'attendait, que Sibyle serait de nouveau attachée à mon service, et que la cérémonie du mariage était fixée à la huitaine. De mon fils, pas un mot. Ce bâtard causait sans doute trop de honte à mon tuteur pour qu'il acceptât d'en faire mention.

Les sentiments qui m'agitèrent quand je me retrouvai, un peu plus tard, entre les murs où j'avais passé ma jeunesse étaient des plus tumultueux. Une sorte de vide entre mes bras, et l'impression d'avoir laissé une part de moi-même en Bretagne ; la remontée de nos souvenirs amoureux ; un malaise dû à l'effort de réadaptation qu'il me fallait fournir pour vivre de nouveau dans cette pièce que j'avais cru quitter pour toujours ; la nostalgie de ta présence et l'amertume de t'avoir vu partir à peine arrivé pour retourner chez toi ; la crainte des agissements de mon oncle, mêlée à la peur imprécise de ce qui nous attendait, toutes ces impressions me bouleversaient.

Je marchais nerveusement du lit à la fenêtre, considérant avec gêne les meubles pourtant familiers et le jardin clos qui descendait mollement vers la Seine dans un entrelacs de pommiers en fleurs et d'aubépins roses. Ce cadre, où rien n'avait changé, accentuait mon malaise. Debout devant ma croisée, face au ciel crépusculaire que des martinets cisaillaient en piaillant, je me laissai enfin aller à pleurer. Ce fut dans cet état misérable que Sibyle me découvrit. Elle mit sur le compte de l'émotion ces larmes que je n'essuyai pas et se lança aussitôt en mille bavardages pour m'aider à chasser un moment de désarroi.

Je dormis mal, cette nuit-là. Des cauchemars hideux ne cessèrent de m'importuner.

Les jours suivants, je me préparai, malgré que j'en eusse, aux noces qui allaient faire de moi la femme de maître Pierre Abélard, clerc et chanoine de Notre-Dame ! Je ne pense pas qu'une future épousée, tout en complétant son trousseau, ait jamais été aussi tourmentée que je le fus alors. Chaque instant qui passait, me rapprochant de cette union profanatoire, me faisait prendre plus nettement conscience de notre aberration. En dépit des promesses de discrétion faites par Fulbert, je ne crus pas une seconde à la réalité de ses serments. L'avenir ne me donna que trop raison !

Ce fut donc la mort dans l'âme que je me rendis, la veille du jour fixé, à confesse. Puis vint la veillée précédant la cérémonie.

Nous avions décidé de la passer en oraison, afin d'attirer sur nous le pardon divin. Mais la foi, sans l'espérance et l'amour, n'est qu'un sépulcre blanchi dont se détourne l'Esprit Saint.

Je ne savais plus prier. Tu m'occupais trop, Pierre ! C'était sans cesse vers toi que me ramenaient mes pensées.

Je nous revois, tous deux, agenouillés par terre, sur les dalles, éclairés par les cierges qui trouaient de leur clarté jamais en repos l'obscurité de l'église. Devant l'armoire eucharistique, une lampe brûlait. Sa lueur animait d'une sorte de vie palpitante l'hostie exposée. Nous avions revêtu de longs manteaux noirs à capuchon, tels des pénitents. Qu'étions-nous d'autre ? L'odeur de l'encens et des fleurs, mêlée à celle de l'herbe qui jonchait le sol, nous alourdissait. Je me souviens de mon front pesant, au creux de mes mains.

Plusieurs chapelains nous assistaient. Leurs prières devaient être bien différentes des nôtres ! Nous récitâmes cependant ensemble l'office de vigiles. Ma voix défaillait. La tienne me parut plus assurée.

Comme cette nuit fut longue !

Après vigiles, nous restâmes jusqu'à l'aube enfermés dans l'église. Je ne pense jamais à ces heures d'amères méditations sans évoquer l'adoubement d'un chevalier. Pour lui aussi, on requiert le silence et l'adoration. Mais, en signe de pureté, il est vêtu d'une tunique blanche. Son âme doit être sans ombre, ainsi que sa tenue. Il en était tout autrement pour moi ! En dépit de ma longue confession et de l'absolution qui m'avait été donnée, je me sentais dépouillée de ma fraîcheur, de mon intégrité et de mes espérances. Le poids du péché non expié pesait à mes épaules. Je me disais que notre amour n'était pas de ceux que Dieu consacre, que notre union était un défi lancé à Sa bonté, qu'il nous faudrait un jour payer cet acte insensé.

Aux premières lueurs du jour, alors que tout dormait encore dans l'île, une porte s'ouvrit du côté du chœur pour laisser entrer mon oncle, quelques-uns de ses parents et deux amis à toi. J'ai su depuis qu'ils avaient tous juré de garder le silence. Ils prirent place dans les stalles, et la cérémonie commença.

Un prêtre en surplis s'avança vers nous. Il nous bénit, puis bénit nos anneaux. Tu me passas l'alliance au doigt « où bat la veine du cœur ». Le simple frôlement de ta main sur la mienne, en un pareil lieu, me mit le sang aux joues.

Après la bénédiction nuptiale, nous assistâmes à la messe, dite à notre intention. J'étais écrasée par le sentiment d'une intolérable duperie.

Aussitôt l'office terminé, et après un dernier échange de regards, nous nous séparâmes. Tu partis avec tes amis. Je rentrai avec mon oncle dans la maison du cloître des chanoines.

Jamais plus triste mariage ne se vit. Je me souviens qu'il faisait un temps gris, doux et humide. Un temps de larmes rentrées.

Sans courage, l'âme en déroute, je gagnai le fond du jardin, m'assis au pied d'un coudrier qui poussait là. Je demeurai longtemps, plongée en une sorte de torpeur, à contempler le fleuve qui coulait un peu plus bas, et l'activité du port Saint-Landry qui me distrayait tant autrefois. La fausseté de notre situation me semblait sans issue. Elle l'était.

Dans les jours qui suivirent, je m'aperçus que la vie en commun avec mon oncle se révélait encore plus étouffante que je ne l'avais imaginé. Cette cohabitation hostile, d'où toute entente, toute chaleur humaine étaient bannies, ne pouvait pas durer. Fulbert m'évitait le plus possible. Je faisais de même. Nos rapports se bornaient donc à l'échange de salutations sans élan, matin et soir. Les rares repas qu'il nous advint de prendre en tête à tête n'ont laissé dans mon souvenir qu'une impression de vide et de répulsion. Comme je l'avais prévu, notre mariage secret n'avait rien résolu. Manifestement, mon oncle remâchait ses rancœurs. Je le voyais soucieux, obsédé et excédé par l'attention que je lui portais. Tel Judas, il vivait sous mes yeux les affres de la félonie, terrifiantes pour une conscience chrétienne.

Je me taisais et l'observais froidement. Il n'était plus en mon pouvoir d'intervenir, d'arrêter la marche des événements. Je dépendais, nous dépendions, toi et moi, à présent, des agissements d'un homme aigri et outragé. Qu'y faire ? Impuissante, soumise à tes

volontés, engagée dans une impasse, j'en étais réduite à l'inaction.
Les machinations de mon tuteur se muaient pour moi en arrêts du
destin ! Ainsi que tout l'avait laissé présager, notre union légitimée
me liait aux démarches de Fulbert. En nous mettant dans le cas de
dépendre de lui, nous avions renoncé à notre propre autonomie. Il
n'était plus temps de le déplorer. Depuis que tu m'avais fait
connaître ta fatale détermination, je savais qu'il devait en être ainsi.

Comme je ne suis pas de celles qui acceptent de courber la tête
sous le joug, j'affermis mon âme et la tournai tout entière vers ton
adoration. Là était ma délivrance. Pour ne pas sombrer, il me fallait
me raccrocher à cet amour qui allait devenir plus que jamais, dans
l'air raréfié où il me fallait évoluer, mon support et ma force.
J'avais, d'abord, à organiser la vie clandestine à laquelle nous nous
étions condamnés.

Ainsi que nous en étions convenus, tu me fis savoir, quelques
jours après la cérémonie de nos noces, que tu viendrais me visiter
le lendemain. Il te fallait prendre mille précautions pour ne pas être
surpris en train d'accomplir cette action déshonorante qui consistait à
rejoindre celle qui était, cependant, ta femme devant Dieu et devant
les hommes ! Comme nous n'avions plus, du moins, à nous cacher
de mon oncle, je ne me préoccupai pas de lui. Sibyle fut chargée de
t'introduire secrètement jusqu'à moi, quand il ferait nuit noire.

Hélas ! juin commençait, avec ses journées si longues et ses nuits
trop courtes. Il nous fallut attendre fort tard que chacun fût endormi,
car la douceur de la température incitait aux promenades prolongées
et aux causeries sans fin.

J'étais au comble de l'impatience. Je t'attendais dans ma chambre,
comme jadis. Bien que l'excitation joyeuse d'alors fût perdue, et
que le titre de mari, dont tu pouvais maintenant te prévaloir, n'ajoutât
rien à mon attachement, je m'étais préparée à ces retrouvailles
comme à une fête. Il me fallait à tout prix préserver de la médiocrité
les instants attendus que tu me consacrerais.

Baignée, ointe d'essence de tubéreuse, vêtue d'une simple
chemise de soie brodée à l'encolure et aux poignets, les cheveux
dénoués sur les épaules, mais retenus sur le front par un bandeau
orné de perles, j'avais tenu à être l'image même de la jeune épousée
recevant son seigneur.

Ma chambre avait été rangée avec soin, le sol jonché de pétales
de roses, des coussins aux tons vifs répandus un peu partout, et
des mets que tu aimais disposés sur un de mes coffres avec un
hanap de cristal et un broc de vin pimenté.

Tout aurait dû contribuer à notre félicité. Hélas ! s'il est en notre
pouvoir de conformer les apparences à nos désirs, il ne l'est pas
d'y plier notre sensibilité. Dès l'abord, un trouble subtil s'insinua
en nous, qui gâta jusqu'à l'air que nous respirions. En dépit de

l'effort accompli pour donner à nos retrouvailles aimable figure, ou, peut-être, à cause de cela, nous éprouvions un sourd malaise. Ce qu'il y avait de factice dans notre commune envie de reprendre les choses là où nous les avions laissées au moment de notre fuite, nous sautait aux yeux. On n'abolit pas à volonté dix mois aussi pleins d'événements, aussi chargés de conséquences. Plus rien n'était naturel, chaque mot, chaque geste devenait faux !

Après de vaines tentatives d'entretien, nous nous jetâmes avec fureur dans les bras l'un de l'autre. Il nous fallait oublier l'absurdité de notre état, et retrouver, au plus profond de nos étreintes, la vérité de notre passion.

A quelles folies ne nous sommes-nous pas livrés, cette nuit-là, dans la chambre obscurcie dont j'avais soufflé les chandelles ! Par la fenêtre restée ouverte, les senteurs du jardin pénétraient jusqu'à nous. Odeur des fraises mûres et des pieds de sarriette, arôme des lis à la chair neigeuse, exhalaisons des foins, venues de l'autre côté de l'eau, vous demeurez liés dans mon souvenir aux effluves de nos corps enfiévrés que vous effleuriez sans les rafraîchir.

Dans l'avidité désespérée avec laquelle nous nous possédions, il y avait autre chose que la seule poursuite de la volupté. C'était le désir sauvage d'étouffer en nos cœurs la peur qui ne nous quittait plus.

Nous finîmes par nous endormir au creux du lit en désordre, sans être parvenus à échanger autre chose que des sensations. La douce causerie, que j'espérais, n'avait pu naître. De façon paradoxale, notre frénésie était, en quelque sorte, un aveu d'impuissance à communiquer, dont nous avions conscience tous deux.

Avant l'aurore, tu te réveillas en sursaut. La crainte d'être aperçu sortant de chez moi te talonnait. Tu t'habillas, m'embrassas à la hâte, et tu te sauvas.

Est-ce ainsi qu'un mari quitte sa femme après leur nuit de noces ? Il est vrai que les heures que nous venions de voler à nos mensonges n'étaient point nuptiales. De l'union que nous avions si étourdiment contractée, afin de nous concilier les bonnes grâces de l'oncle Fulbert, rien de bon n'était à espérer.

Quand je songe aux semaines qui s'écoulèrent de la sorte, je me demande comment nous eûmes le courage de soutenir une semblable parodie.

Notre mutuel besoin l'un de l'autre était si grand que nous eussions vraisemblablement continué longtemps encore à nous payer de simulacres, si l'attitude de mon oncle n'était venue changer le cours des événements.

Il me faut, aujourd'hui, essayer d'expliquer sans acrimonie le comportement de Fulbert, quelque tragique qu'en ait été l'aboutissement. Je dois demeurer impartiale. Ne serai-je pas jugée comme j'aurai jugé ? Il est certain que cet homme orgueilleux et doué de l'esprit de famille avait été blessé à la fois dans sa vanité et dans sa tendresse à mon égard. Il est non moins certain qu'en dépit des déceptions que je lui avais infligées il conservait pour moi un reste d'affection, due, sans doute, à la force de l'habitude et au souvenir de ma mère. Il m'en voulait, certes, mais ne me reniait pas encore. Une réparation faite en bonne et due forme l'eût apaisé. Or, que lui avions-nous fourni comme satisfaction ? Un mariage furtif que nul ne devait connaître !

C'était une belle compensation que nous lui offrions là !

Le monde du cloître Notre-Dame, celui des Écoles, Paris tout entier étaient au courant de ma faute, et personne ne pourrait être avisé de ma réhabilitation !

Dans l'esprit de Fulbert, malade de susceptibilité rentrée, une idée fixe s'incrusta : faire savoir la vérité. Tant que j'étais en Bretagne, entre les mains des parents d'Abélard, il s'était tu. Il craignait pour moi et ne possédait aucun moyen de laver ma réputation. A présent, j'étais rentrée au bercail et mon honneur m'avait été rendu.

Comment rester muet en de telles conditions ? L'envie de parler ne lui laissait plus de repos. J'imagine qu'il dut lutter contre la tentation, mais sa nature avide de considération et sensible au respect humain le poussait au parjure. Quoi, pendant des mois cruels, il lui avait fallu baisser la tête, supporter l'opprobre, souffrir les remontrances, les mines apitoyées ou les railleries de ses proches, mourir de confusion, de colère impuissante, sans pouvoir s'expliquer et, à présent que j'étais rentrée dans la voie des convenances, il n'aurait pas eu le droit de le crier sur les toits ? Tu n'avais pas songé, Pierre, aux ravages de conscience qu'une telle soif d'égards pouvait provoquer. Ils étaient pourtant prévisibles.

Sur le visage creusé de mon oncle, j'avais suivi les phases de ce combat sans merci. Il était perdu d'avance. Je m'attendais donc aux suites. Elles ne se firent pas attendre.

Étant parvenu à se persuader du bien-fondé de ses arguments, mon oncle se décida à parler. Je suppose qu'il en éprouva même un plaisir rugueux et un peu trouble. Il s'arrangea donc pour faire comprendre à ceux de ses parents qui l'avaient assisté comme témoins à notre mariage que le temps était venu de passer outre à leurs scrupules. Abélard s'était-il embarrassé de pareille délicatesse quand il m'avait séduite dans la propre demeure de son hôte ? La nécessité de laver l'honneur de la famille leur parut certainement justifier la divulgation de notre secret.

Fulbert et les siens devaient aussi songer aux nouveaux risques que nous prenions. Nos rencontres, pour espacées et clandestines qu'elles aient été, risquaient d'être découvertes. « Si Abélard accepte de voir sa femme passer de nouveau pour sa maîtresse, devaient-ils penser, nous ne pouvons accepter, quant à nous, un tel redoublement de honte et d'infamie. »

Le malheur, vois-tu, Pierre, était que tous ces gens nous jugeaient ainsi que des êtres du commun. Ils n'avaient pas compris l'exceptionnelle gravité de nos sentiments. Ils se comportèrent donc comme de vulgaires justiciers. Par leurs soins, des chuchotements indiscrets coururent la ville et l'École.

Avec quelle délectation chacun devait-il colporter l'excitante nouvelle ! Abélard, l'illustre maître, était marié ! Ce héros de la vie spirituelle avait sacrifié sa gloire à la fornication ! Ce Sénèque des temps modernes était la proie d'une faible femme !

Tes ennemis, enfin, se voyaient fournir une arme contre toi.

Dès que j'eus vent des racontars qui se multipliaient, je m'élevai contre eux. N'étais-je pas la seule personne, en dehors de toi, qui sût à quoi s'en tenir ? Je clamais désespérément mon démenti, insouciante de ma renommée, si je pouvais sauver la tienne.

Ce fut Biétrix Tifauge qui donna l'alarme. Cette femme n'a jamais désarmé contre moi. Pourquoi ? Je ne le sais pas encore.

On était en août. Il faisait, je m'en souviens, une chaleur de grand été. On avait tendu un velum dans le jardin, entre les branches, afin que la brise venue du fleuve pût nous rafraîchir. Assis dans l'herbe, sur des coussins amoncelés, nous étions vêtus aussi légèrement que possible. C'était un dimanche, me semble-t-il. Nos servantes étaient parties danser sur le pré Saint-Germain. Des refrains de chansons, des airs de carole parvenaient jusqu'à nous. Mon oncle jouait aux dés avec ma cousine, venue nous visiter comme elle en avait l'habitude. Par courtoisie, je leur tenais compagnie.

Afin de me donner une attitude, je tressais des guirlandes de chèvrefeuille que je destinais à l'église voisine. Des mouches, excitées par la chaleur, voletaient autour de nous. Leur vrombissement demeure dans mes oreilles comme le murmure assourdi des commérages.

Après une discussion vaine au sujet du dernier poème de Marbode, Biétrix se tourna soudain vers moi :

— Je ne sais si je dois vous féliciter, mon enfant, attaqua-t-elle aussitôt avec un sourire en lame. J'ai ouï dire que vous étiez en puissance de mari... mais votre discrétion est si grande...

— Qui donc vous a fait ce beau conte, ma cousine ?

Je m'exprimai sur un ton badin, mais mon cœur sautait entre mes côtes.

— Un de nos parents.

J'examinai mon oncle. Il ne broncha pas.

— Je ne sais lequel d'entre eux s'est permis de vous mystifier de la sorte, assurai-je avec conviction, mais il en a menti !

Fulbert fronça les sourcils. Biétrix faisait des mines.

— C'est pourtant un homme de bonne foi, reprit-elle sans cesser de sourire. Je ne le crois pas capable de duplicité.

— On l'aura abusé.

— Il paraissait bien informé et décrivait de mystérieuses épousailles, célébrées non loin d'ici et vous unissant à un homme célèbre.

Rejetant le chèvrefeuille, je me levai d'un bond et vins me planter devant la veuve.

— Il me semble que, si j'étais mariée, je le saurais, dis-je.

— Vous pourriez préférer ne pas en parler.

— Et pour quelle raison, je vous prie ?

— Il est des charges qui coïncident assez mal avec l'état de mariage, ma belle, et des réputations qui n'y survivraient pas.

Je la fixai dans les yeux.

— Je vous jure, ma cousine, que je suis toujours fille.

— En voilà assez !

Mon oncle s'était levé à son tour, repoussant les coussins avec rage, jetant au loin le cornet à dés.

— Puisque la chose est sue, Héloïse, pourquoi la nier ?

Je me retournai vers lui pour le dévisager plus à mon aise.

— Je ne sais qui a propagé cette fausseté, m'écriai-je, mais ce ne peut être qu'un imposteur. Vous savez bien, vous, mon oncle, ce qu'il en est.

Je le poussais dans ses derniers retranchements. Allait-il se parjurer ?

— Justement ! cria-t-il en se redressant de toute sa taille, justement ! C'est en me refusant à admettre l'évidence que je mentirais à présent. Vous êtes mariée, et bien mariée. C'est un fait. Tout le monde le sait. Ce n'est plus la peine de le dissimuler.

Devant tant d'impudence, je m'emportai.

— Ainsi vous voilà donc du nombre de mes ennemis ! Vous vous joignez à eux pour me déconsidérer ! criai-je. Je ne suis point mariée, vous dis-je !

Biétrix nous guettait avec, au fond de ses yeux de volaille, une immense satisfaction.

— Enfin, ma fille, avez-vous convolé, oui ou non ?

— Non !

— Si !

La scène tournait à la farce. Un violent dégoût me gagnait. Je ne cessai pas, pour autant, de défier Fulbert du regard.

— Menteuse ! damnée menteuse ! hurla-t-il.

— Félon ! jetai-je entre mes dents.

A peine le mot était-il parti qu'une gifle d'une force terrible faillit me jeter à terre.

— Éloignez-vous, fille de Satan, écartez-vous de moi, que je ne vous voie plus, ou je vous tue sur place ! ordonnait mon oncle en esquissant un nouveau geste pour me frapper.

Suffoquée d'indignation, je regagnai ma chambre. Ainsi donc, on nous avait trahis et notre secret était la fable de la cité ! Pour l'avoir prévu, je n'en souffrais pas moins. Non pour moi. Je me moquais des sots et de leurs caquets. Pour toi : je savais quel coup cette découverte te porterait ! Comment avais-tu pu, mon cher amour, faire confiance en la parole de gens si directement intéressés à la renier ?

Puisque cet hymen te semblait nécessaire, il ne fallait y mêler personne. Il est vrai que mon oncle, dans ce cas, eût pu douter de l'accomplissement d'une cérémonie à laquelle nous n'aurions pas jugé bon de le faire assister. Je me sentais devenir folle ! Pourquoi m'avais-tu fait quitter Le Pallet où j'étais si tranquille ?

Aurais-tu offert de m'épouser si tu avais prévu que mon oncle dévoilerait ainsi ce qu'il avait juré de taire ?

Une fois encore, douleur et déception viendraient de mon parage ! C'était moi qui attirais l'orage sur ta tête ! Moi qui entravais ta glorieuse destinée ! Mon cœur criait de souffrance à cette constatation.

Et voici, Seigneur, que, tout soudain, je me demande si je ne m'abusais pas moi-même en m'accablant de la sorte. Non pas qu'il puisse être question de mettre en doute ma sincérité. J'étais totalement, éperdument sincère. N'étais-je pas, cependant, victime sans m'en douter du personnage que j'avais adopté une fois pour toutes ? Celui de l'amoureuse éblouie, humble et sacrifiée ? Ne me suis-je pas joué, durant des lustres, le mystère de l'élue par l'Amour ?

Car, enfin, c'était Pierre qui avait voulu notre hymen. C'était lui, en bonne justice, qui nous avait mis dans le guêpier où nous nous débattions. J'ai toujours été trop sensible à la logique pour ignorer cette évidence. Pourtant, je m'accusais, avec une bonne foi absolue, d'être la responsable de nos malheurs. N'y a-t-il pas là quelque chose d'inconciliable ?

Seigneur, je crie vers Vous ! Vers quel abîme, vers quelle découverte me conduisez-Vous ainsi, pas à pas ? Mon amour s'est si intimement confondu avec ma propre existence que je ne puis plus les dissocier l'un de l'autre. Je ne le puis sans mourir ! Est-ce donc parce que je suis aux portes de la mort que Vous portez le glaive dans mon âme ? Cet examen de conscience général n'aurait-il pas d'autre but que de démystifier ma raison d'être ?

Non, Seigneur, non, je Vous en supplie, laissez-moi ma croix !

16 mai 1164

D'un mouvement brusque, qu'on n'eût pas attendu de sa faiblesse, la mère abbesse se dressa soudain sur sa couche. Penchée en avant, tenant serrées contre sa poitrine les couvertures qu'elle agrippait entre ses mains fébriles, elle semblait en proie à une horreur sans nom. Ses yeux, grands ouverts, fixaient son entourage et ne le voyaient pas. Une expression hagarde crispait ses traits.

— Non, murmura-t-elle de façon distincte en passant avec lenteur ses doigts sur son visage, non, ce n'est pas possible !

Un moment, elle demeura ainsi, continuant à contempler de son regard de visionnaire les assistants de son agonie. Eux, figés, n'osaient plus respirer.

Debout au fond de la pièce, Pierre-Astralabe, fort pâle, observait sa mère. Toute à son débat intérieur, elle ne le reconnut pas. Le vit-elle seulement ?

Elle tremblait à présent de tout son corps. Une sueur poisseuse coulait dans son dos, sur son front.

Sœur Margue se pencha pour essuyer la face souffrante avec un linge de toile fine. La malade n'eut pas l'air de s'en apercevoir.

— Elle est glacée, chuchota la sœur infirmière à mère Agnès qui avait repris sa place auprès du lit. Il faudrait, peut-être, que je bassine ses draps avec des tisons et des graines de coriandre ?

La prieure eut un geste impératif.

— Ne bougez pas. Laissez-la. Ne voyez-vous donc pas qu'elle dialogue avec Celui devant lequel, bientôt, elle doit comparaître ?

Les épaules d'Héloïse s'affaissaient lentement. Le ressort qui l'avait dressée tout à coup se détendait-il ?

Non sans peine, grâce à l'aide de sœur Margue, la révérendissime mère se recoucha enfin. Elle respirait avec effort. D'une main aveugle elle pressait sa poitrine à l'endroit du cœur.

Le psautier, qu'elle avait réclamé la veille, avait glissé sous les coussins écroulés. Elle ne s'en inquiéta pas.

Les signes d'une immense fatigue s'inscrivaient sur ses traits privés de couleur. On pouvait y lire la détresse et l'abandon.

Abandon à la volonté divine ? Abandon de soi ?

Par la fenêtre toujours ouverte s'insinuaient les accents assourdis du chœur des moniales qui continuaient à chanter les psaumes, dans l'oratoire. L'office de vigiles n'était pas encore terminé.

Lassée de son inaction, sœur Margue s'empara, d'un geste décidé, du gobelet plein de thériaque qu'elle avait vainement préparé. Profitant de la lassitude de l'abbesse qui n'avait plus la force de la repousser, elle souleva le buste amaigri comme on ferait d'un enfant, et fit couler un peu du breuvage revigorant entre les lèvres disjointes. Puis elle réinstalla la patiente avec une douceur de mère parmi les draps froissés.

Un besoin irrépressible de dévouement agitait l'infirmière. Bravant une seconde fois le regard désapprobateur de la prieure, elle enveloppa ensuite avec soin, dans une poche de fourrure, une pierre carrée qui avait tiédi entre les cendres, et, soulevant les couvertures de peaux, la glissa sous les pieds d'Héloïse.

— Pourquoi vous acharner ?... souffla la mère Agnès.

L'expression de fidélité butée qu'elle déchiffra dans les yeux de sœur Margue ne l'incita pas à continuer plus avant.

Se retournant vers la couche, elle reprit la récitation de son chapelet.

Au fond de l'infirmerie, Pierre-Astralabe, tombé à genoux, exhalait son âme ardente en une oraison passionnée.

La scène provoquée par Biétrix ne fut pas la dernière, hélas ! qui nous opposa, Fulbert et moi. Lors de nos trop rares rencontres, tu m'adjurais de continuer à protester que rien n'était plus faux que cette histoire de mariage. Je t'obéissais, Pierre, comme toujours. Ma vie devenait infernale. Exaspéré par mes dénégations, mon oncle prenait l'habitude de me corriger sans vergogne. Il éprouvait, aurait-on cru, un malin plaisir à faire défiler sans cesse chez nous de nouveaux amis qui m'interrogeaient sans fin sur nos noces. On eût dit que toute la ville s'intéressait à notre situation.

Fulbert poussait vers moi les questionneurs, je niais farouchement ; il s'acharnait, moi aussi. Nous en venions bientôt aux cris. Nos altercations prenaient, de jour en jour, plus d'ampleur. Le résidu d'affection qu'il m'avait gardé après notre fuite et mon retour finit par fondre au souffle de nos disputes. Me jugeant ingrate et rebelle, il me chassa de son cœur.

Dès lors, tout fut mort entre nous. Je n'étais plus des siens. Avec la même intransigeance qu'il m'avait naguère défendue, il m'accablait à présent. Son ressentiment pouvait, enfin, se donner libre cours. A tous moments, j'étais sujette aux injures les plus grossières, aux reproches, aux mauvais traitements.

Par fierté, et pour ne pas ajouter à tes ennuis, je ne te parlais jamais, dans nos heures d'intimité, des sévices qu'il me fallait supporter. Il est vrai que tu venais bien peu.

Inquiet des bruits qui circulaient et que je ne pouvais te celer, tu commençais à mettre en doute la sincérité de mon oncle.

— Fulbert est un traître ! me confias-tu une nuit, alors que nous devisions en nous restaurant, après l'amour. Je crois bien qu'il a divulgué la vérité, malgré ses serments.

Je partageais ta réprobation. Bien qu'il me soit arrivé de penser que les façons d'agir de mon tuteur étaient, peut-être, explicables. En effet, de toutes les représailles qu'il avait dû imaginer pendant que j'étais au Pallet, celle qui consistait à affirmer que j'étais ta femme, alors que je l'étais réellement, n'était pas la plus vengeresse. De la part d'un être aussi maladivement bilieux n'aurait-on pas dû s'attendre à pis ? Pour assouvir sa vindicte il devait être capable d'inventer bien autre chose qu'une indiscrétion, même agrémentée d'un parjure !

Je l'appréhendais. C'est pourquoi il me semblait qu'il eût été plus habile de lui laisser cette revanche, plutôt que de l'inciter, par notre intransigeance, à en méditer une plus terrible. Je souhaitais temporiser, attendre que le bruit fait autour de cette affaire s'estompât, pour aviser ensuite. Ta nature bouillante ne pouvait pas, je le savais, se plier à une si dure discipline.

Je continuai donc, sur ton ordre, à démentir les propos tenus sur notre compte. Fulbert en devenait enragé. Il me fallait me garer sans cesse de ses coups. Certaines fois, je ne pouvais éviter à temps les objets lancés à toute volée qui pleuvaient sur moi.

Soudain, tout se précipita.

A la suite d'une querelle particulièrement pénible au cours de laquelle mon oncle m'avait frappée avec un tisonnier, au risque de me blesser, tu fus mis au fait de ce qui se passait sous notre toit.

J'ai toujours pensé que Sibyle, révoltée dans l'affection qu'elle me vouait, avait jugé bon de te prévenir. Que ne s'en est-elle abstenue !

Une nuit où je ne t'attendais pas, tu survins tout à coup. A mes questions, tu répondis savoir de quelle manière on me traitant céans et qu'il ne te convenait point que cela continuât.

— Que veux-tu donc que je fasse ?

— Quitter cette demeure.

— Tu n'y songes pas !

— Il n'y a pas d'autre solution.

— Où irai-je donc ?

— J'y ai pensé. Je ne puis te recevoir longtemps chez moi. Ce serait confirmer que nous sommes mariés.

— Je n'ai pas d'autres asile.

— Si fait ! Tu vas retourner à l'abbaye d'Argenteuil où tu fus élevée.

— Au couvent !

— Nous n'avons pas le choix.

— Qu'y ferai-je, puisque je suis ta femme ?

— Tu y reprendras paisiblement tes études, en attendant que je vienne te chercher. Nous n'aurons qu'à laisser couler le temps.

Plus tard, les esprits étant calmés, nous chercherons une solution plus satisfaisante.

Je réfléchissais.

— C'est en tant que visiteuse laïque, que je m'installerai à Argenteuil ?

Tu me considéras d'un air perplexe.

— Il me semble plus sûr de te faire revêtir l'habit monastique, dis-tu au bout d'un instant. Sous la robe sacrée, tu seras tout à fait à l'abri des poursuites de ton oncle. Mêlée aux novices, hors du monde, tu n'auras plus à redouter ses revendications.

Une sorte de panique s'empara de moi.

— Je préférerais ne pas prendre de vêtements religieux, dis-je doucement. Ils me sépareront encore plus de toi que les murs du couvent.

Tu te mis à rire, Pierre, je me le rappelle. Tu m'assuras ensuite que ni les murailles conventuelles ni le costume de laine noire ne t'empêcheraient de venir me retrouver quand nous le désirerions. Puis tu m'attiras dans tes bras.

Il en fut donc ainsi que tu l'avais voulu.

Au jour dit, je me rendis chez toi, en cachette, alors que j'étais censée flâner à la foire du Lendit. Sibyle, bien entendu, m'accompagnait. Dans ton logis, qui eût dû être mien, et où je ne pénétrai pas sans émotion, je me changeai et passai sous ta direction les différentes pièces de mon ajustement de moniale. Je ne sais comment tu étais parvenu si rapidement à t'en procurer un. Je ne te le demandai pas. Tout y était, à l'exception du voile que portent uniquement celles qui ont prononcé des vœux définitifs. Tu m'aidas toi-même à ajuster la robe et tu attachas l'ample manteau sur mes épaules.

Ce furent, hélas ! les derniers soins familiers que tu me donnas ! En quittant mes parures de couleur, je vêtais sans le savoir une tunique de Nessus dont je ne parviendrais plus à me défaire.

Tu me trouvas plaisante sous cet accoutrement sévère et me le témoignas, au risque de me friper. Je ne partageais pas ton humeur badine. Une angoisse m'étouffait.

Le cœur en deuil, je te quittai enfin, et pris le chemin du monastère. Montée sur ma jument, ma servante en croupe, je fendis la cohue au pas. C'était, en effet, fête chômée, ce jour-là. On dansait dans les rues, sur les places, dans les cours. Il faisait chaud. Les crieurs de vins et les taverniers avaient quantité de pratiques et on croisait beaucoup de trognes illuminées. Une certaine joyeuseté montait de la foule légèrement vêtue, portée à la plaisanterie, et quelque peu excitée par la canicule. Des femmes égrenaient des rires énervés, les hommes leur contaient fleurette, des enfants, qu'on ne surveillait plus, couraient en piaillant entre les groupes et les pattes des chevaux.

Avec quelle mélancolie je traversais cette presse à laquelle j'aimais me mêler quand loisir m'en était donné ! J'étais encore bien jeune pour délaisser les divertissements de mon âge. Combien de temps durerait ma claustration ? Je soupirais. Au milieu du peuple en joie, je me sentais étrangère. Déjà exilée.

Non pas que mon caractère fût porté à la frivolité. Je préférais mes livres à la danse. Mais, si la jeunesse en moi était plus encline à l'étude qu'aux jeux, il n'en demeurait pas moins qu'elle était la jeunesse. J'aimais la gaieté, la musique, les promenades et les bliauds de soie vive.

En m'enfermant dans un couvent, je renonçais, peut-être pour longtemps, à tout cela. Par amour de toi, j'aurais sacrifié bien davantage. Tu le savais. Mais ne risquais-je pas, aussi, en retournant chez les sœurs, de me priver de ta présence qui m'était tellement nécessaire ? Quand, comment viendrais-tu me visiter ? Toute étreinte nous serait, désormais, interdite. L'entente charnelle, que nous réalisions si parfaitement, devenait un rêve sacrilège dans l'enceinte d'une abbaye.

Livrée à mes pensées amères, je m'éloignais de Paris et de son agitation. Par le chemin allant du Grand Pont à Saint-Germain-le-Rond, je gagnai le marché aux Pourceaux, puis la route d'Argenteuil.

Il nous fallut attendre, pour passer, le bac qui permettait de franchir la dernière boucle de la Seine. Dans la touffeur du milieu du jour, j'étais trempée de sueur sous mon épais vêtement de laine. Devant mes yeux abattus, des barques, chargées de rameurs et de femmes, sillonnaient le fleuve dans un grand bruit d'eau agitée et de rires.

La rive, où nous finîmes par aborder, était couverte de vignes. Le raisin mûrissait déjà.

— Les vendanges seront belles cette année, remarqua Sibyle, qui ne savait quoi faire pour me distraire de mes mornes rêveries.

J'approuvai d'un signe. Que m'importait ? Le vin ne participait-il pas dorénavant aux douceurs qu'il me fallait ignorer ?

Les murs du couvent se dressaient, massifs, au-dessus des vignobles. Devant le portail, Sibyle me quitta. Elle s'en retournait seule, sur ma jument, vers mon ancienne vie. A cet instant, malgré mes difficultés familiales et les violences de mon oncle, il s'en fallut de peu que je ne repartisse avec elle. Une nostalgie, qui ressemblait à un pressentiment, me poignait. Seul, le respect de ton autorité me retint.

Les religieuses, que j'avais quittées peu d'années auparavant, m'accueillirent sans trop de réticence. Aucun enthousiasme, cependant. Elles étaient peut-être secrètement flattées de ce que la femme la plus érudite du royaume vînt leur demander asile, mais les rumeurs qui n'avaient pas manqué de leur parvenir au sujet de ma vie privée les inquiétaient manifestement. Aux questions allusives qu'elles me posèrent, je répondis en expliquant mon besoin d'une retraite par la nécessité de parachever certains travaux. J'ajoutai avoir l'intention de me consacrer à la méditation des Livres saints.

Je retrouvai une cellule semblable à celle où j'avais grandi, le calme des habitudes conventuelles, l'ordre et la beauté des jardins.

Dès le lendemain, je me remis à l'étude. Il me fallait cette discipline pour échapper à mon obsession. J'y puisais un apaisement relatif.

Quelques jours passèrent ainsi, hors du temps. Je pensais à toi. J'attendais. Quoi ? Je l'ignorais. Le dénouement de notre histoire ? Comment s'annoncerait-il ? Je ne pouvais imaginer sans crainte la fureur redoublée de mon oncle après ma disparition. Connaissait-il le lieu de ma résidence ? Viendrait-il m'y chercher ? M'y laisserait-il ?

Une nervosité dont je n'étais pas maîtresse me gagnait. Je ne supportais que difficilement l'éloignement où je me trouvais de toi, alors que l'union que nous avions contractée aurait dû nous réunir pour toujours. L'ignorance me pesait. Le désir me harcelait de nouveau.

Que faisais-tu, mon bien-aimé, pendant que je me languissais à Argenteuil ? Dans quel état d'esprit et de cœur vivais-tu ? Lentement, la fièvre montait en moi.

C'est alors qu'un dimanche, après none, tu me fis demander au parloir. En ce temps-là, il n'y avait pas de grille entre les visiteurs et les moniales. Tu pus donc m'entretenir tout à ton aise et d'aussi près que possible. Dès l'abord, tu me dis souffrir de mon absence, mais te féliciter néanmoins de m'avoir soustraite aux brutalités de Fulbert.

— Ton départ l'a outré d'indignation. Il écume et menace à tout venant. Le spectacle qu'il donne n'est plus celui du digne chanoine que nous connaissions, mais celui d'un homme qui a perdu la raison.

— Sait-il que je suis ici ?

— Tout se sait à Paris ! Il n'en est que plus furieux à l'idée que tu portes maintenant l'habit des religieuses. On dirait que ce détail a achevé de l'enrager.

— Que dit-il, au juste ?

— Il clame à tous les échos, et ses parents font chorus avec lui, que je les ai joués, que je n'ai jamais pris notre mariage au sérieux, que je t'ai obligée, en outre, à entrer dans les ordres afin de me débarrasser de toi.

— C'est absurde ! Il est fou !

— Il est, certainement, en train de le devenir.

Le doute, soudain, me transperça comme une dague.

— Pierre, jure-moi que ce n'est pas pour m'éloigner de toi, pour faciliter notre séparation que tu m'as envoyée ici ?

Je n'avais pas encore envisagé une telle hypothèse. Les complications qui semaient notre route commençaient-elles à te peser ? Mon séjour à Argenteuil était-il, en définitive, un habile stratagème pour amorcer une rupture entre nous ? Mon départ pour un monastère ne te servait-il pas, au mieux, à prouver l'inanité des rumeurs affirmant que nous étions mariés ?

— Pierre, réponds-moi. Je t'en supplie !

Tu eus, alors, ce sourire qui m'ensorcelait.

— S'il ne tenait qu'à moi de te prouver sans plus tarder le côté démentiel d'une semblable supposition, dis-tu plus bas, je le ferais sur-le-champ. Hélas ! je ne le puis.

Tu me saisis les mains.

— En tant que visiteuse laïque, tu ne dois pas être fort surveillée par tes compagnes ?

— Je suis libre, en effet, d'aller et de venir à ma guise.

— Parfait.

Tu inspectas, d'un regard rapide, les alentours.

— Trouve-toi, ce soir, après complies, dans le réfectoire. Je t'y rejoindrai.

Je te dévisageai comme si je doutais de ton bon sens.

— C'est tout à fait impossible, mon amour ! Nous sommes, ici, dans un lieu consacré. Songe au scandale !

— Nul ne le saura. Rassure-toi. Ne suis-je pas ton époux ?

Ta détermination était arrêtée. Rien ne pouvait plus t'en détourner. Après d'inutiles tergiversations, je cédai, une fois de plus.

Comme en un rêve, je te vis partir ostensiblement du couvent. Je regagnai ma cellule. Un trouble, dans lequel je ne chercherai certes pas de justification à l'acte que nous nous apprêtions à commettre, un trouble où les sens et l'esprit se déchiraient comme des chiens, m'occupa jusqu'à la fin de l'office du soir.

Mes compagnes, après s'être agenouillées devant l'abbesse pour recevoir la bénédiction de la nuit et baiser son anneau, montèrent se coucher. Le crépuscule embrasait le couchant.

Le souffle court, je fis quelques pas dans le jardin, afin de prendre du retard. Personne ne s'inquiéta de moi. Mon état de visiteuse me dispensait d'observer la règle et me donnait droit à certains privilèges.

L'ombre gagnait quand je me retrouvai dans le réfectoire. Tu avais sans doute choisi cet endroit pour ce que le bâtiment où nous prenions nos repas était un peu à l'écart des autres. Les cuisines, qui y attenaient, se trouvaient vides, à cette heure tardive.

Je regardai vivement autour de moi. Tout était silencieux. Après m'être assurée de ma solitude, je m'apprêtais à tirer les lourdes portes de bois, quand je te vis surgir de la roberie, rasant les murs.

— Je me suis caché, au risque d'y périr suffoqué, entre les vêtements des religieuses, me dis-tu en me rejoignant. Nul ne pouvait m'y découvrir.

Tu riais. Tu m'embrassais. Je fermai le vantail.

A l'intérieur du réfectoire, il faisait presque nuit. Les dernières lueurs du jour teignaient de pourpre les feuilles de parchemin léger qui garnissaient les fenêtres. Les longues tables, recouvertes de nappes blanches, retenaient encore un fantôme de clarté. Dans la pénombre, brillait seulement la flamme d'une lampe d'argent allumée au pied d'une statue de la Vierge.

— Je ne veux plus rester ici, Pierre ! Emmène-moi !

— Et où veux-tu aller, ma pauvre adorée ?

— N'importe où. J'étouffe entre ces murs.

Tu me pris dans tes bras.

— Patience. Notre heure viendra. Il n'est que d'attendre.

— Je n'en puis plus.

— Crois-tu donc que je ne meurs pas d'envie, moi aussi, de te retrouver ?

Tu m'enlaçais plus étroitement. Tes lèvres se faisaient plus gourmandes, tes mains plus chercheuses. L'amour me dévastait. Pourtant, l'idée du sacrilège me révolta.

— Non, Pierre, pas ici !

— Pouvons-nous gagner ta cellule ?

— Il n'y faut pas songer. On ne peut y pénétrer qu'en passant devant la pièce où repose l'abbesse.

— Tu vois bien !

Quand tu me tenais contre toi, je perdais tout contrôle. Un vertige de feu m'arrachait à mes limites pour m'entraîner vers les cimes du plaisir. Je te cédai donc. Ce fut un déchaînement.

Plus tard, dans une lettre que tu m'écrivis en réponse à l'une des miennes, tu disais : « Tu sais que notre impudicité ne fut pas arrêtée par le respect d'un lieu consacré à la Vierge. Fussions-nous innocents de tout autre crime, celui-là ne méritait-il pas le plus terrible des châtiments ? »

Je reconnais notre déraison. Jamais, non plus, n'ai-je tenté de la minimiser. Notre passion, ce soir-là, se colora brusquement des reflets sulfureux de l'enfer. Sur un mot de toi je t'aurais, sans hésiter, précédé ou suivi jusque dans les abîmes enflammés de la géhenne... Dieu le sait, qui veillait, Lui qui est l'Omniscient !

Avant vigiles, tu t'en allas. Je te vis disparaître dans la nuit d'été, englouti par elle.

A cet instant, tout s'achevait. Je l'ignorais, mais en regagnant furtivement ma cellule, je pleurais tout bas. Rien, pourtant, ne semblait perdu, rien ne parlait de condamnation. Tu m'avais promis de revenir. Tu faisais des projets encore en me disant au revoir. Mon corps conservait l'empreinte du tien ; ton odeur demeurait, vivante, sur moi ; je pouvais croire à l'éternité d'un amour que tu me prouvais avec tant de fougue.

D'où me venait donc ce goût de cendres ?

Il s'écoula deux ou trois jours sans que rien se produisît. La chaleur persistait. Les feuilles de nos treilles se recroquevillaient déjà. Les prunes du verger, exposées au soleil par un feuillage desséché, se craquelaient. Des larmes de miel coulaient sur leur peau blonde. Les abeilles s'enivraient de suc. Dans le jardin, la terre se fendillait et les frères lais arrosaient sans fin. L'herbe était rousse comme un pelage de cerf. On commençait à prier pour demander la pluie.

Afin de profiter des moments de fraîcheur, je travaillais dès l'aube, puis je faisais la sieste vers la douzième heure du jour, après dîner.

Rien de plus tranquille. Ainsi, avant l'ouragan. Tout se tait. Le répit accordé fait oublier la menace.

Puis, le feu de Dieu s'abattit sur nous !

Parvenue à ce terme, Seigneur, je me sens rétive comme un coursier auquel on impose contre sa volonté le saut d'un obstacle. Vous savez que je n'ai jamais cessé d'en vouloir à Fulbert de sa barbarie. Voici donc qu'il me va falloir, sans plus tarder, lui accorder merci ! Comment le pourrais-je ? Si j'étais seule en cause, Seigneur, je le tiendrais quitte. Mais son abominable cruauté envers Pierre, je ne saurais l'oublier !

On peut, sans doute, chercher des motifs à son crime. N'en trouve-t-on pas toujours ? Mon entrée au couvent avait certainement achevé de lui faire perdre l'esprit. Porté au dernier degré de rage par ce qu'il considérait comme une suprême trahison de mon mari désireux de se défaire de moi, mon oncle devint fou de haine. Après mon déshonneur et sa propre honte, après un enlèvement qui avait fait du bruit et la naissance d'un bâtard, après tant de méfaits et de traîtrises, Abélard m'enfermait dans un monastère, violant encore une fois ses serments les plus solennels ! Fulbert ne put admettre une telle duplicité. Dans son esprit brûlé de fièvre, l'idée d'un plan diabolique germa soudain. La popularité de mon suborneur ne lui parut plus supportable. Ce fut donc vers une vengeance aussi infamante que sanguinaire qu'il se tourna.

Je puis énumérer ses raisons. Pourrais-je jamais lui pardonner ? Je sais que je le dois si je veux, Seigneur, me présenter devant Vous avec quelques chances d'être absoute. Que c'est dur, mon Dieu, d'étouffer ma rancune. Par la faute de cet homme sans pitié, nos deux existences furent détruites. Il est vrai, pourtant, que plus tard Pierre me conjura de voir en lui Votre instrument, qu'il estima légitimes les représailles de mon oncle qui, disait-il, lui avait retourné félonie pour félonie, qu'il Vous rendit grâce pour une épreuve méritée et sanctifiante !

Jusqu'à ce jour, j'ai refusé de suivre Pierre sur ce chemin. Je me suis ancrée dans mon ressentiment. L'heure est-elle donc venue de jeter, avec mon orgueil, mes griefs par-dessus bord ? Pour m'en aller vers Vous sans chaîne, Seigneur, délivrée de moi-même et de mes obsessions. Puisque Vous le voulez, mon Dieu, puisque Pierre m'a écrit jadis qu'il le souhaitait aussi, je vais m'y efforcer. Mais c'est affreusement difficile. Arracher cette épine si bien implantée dans mon cœur, c'est trancher dans le vif.

Seigneur ! Aidez-moi !

« Pardonnez-moi mes offenses ainsi que je les pardonne à celui qui nous a offensés ! »

Je n'en ai plus pour longtemps, d'ailleurs, à parler de Fulbert. Je préfère ne pas m'attarder en sa compagnie.

Avec certains de ses parents, il ourdit donc un complot. Il savait que Pierre, toujours sur ses gardes, reposait dans une chambre retirée de sa demeure. Un domestique veillait à sa porte. Il ne dut pas être coûteux d'acheter ce valet. Qui ne corrompt-on pas avec un peu d'or ? Une nuit, Fulbert et les siens furent introduits par le serviteur déloyal dans la pièce où Pierre dormait. Ils l'immobilisèrent par force et lui firent subir, à peine éveillé, la plus sauvage et la plus ignominieuse des mutilations.

Quand j'appris, à Argenteuil, par les soins maternels de l'abbesse, le monstrueux attentat dont tu venais d'être la victime, Pierre, j'eus l'impression que la lumière du jour s'obscurcissait, et je perdis connaissance.

Dès que je revins à moi, je sollicitai la permission de regagner Paris pour t'aller soigner.

— Il n'est pas sûr que messire Abélard souhaite votre présence à ses côtés pour le moment, me dit l'abbesse. Il lui faut du repos. L'agitation que lui causerait votre venue lui serait néfaste. Priez plutôt pour lui, ma fille. C'est d'oraisons qu'il a le plus besoin !

Je ne parvenais pas à prier. Le fer, qui avait amputé mon époux, avait tranché mon avenir du même coup et nous avait précipités tous deux dans la douleur. Une révolte furieuse me soulevait tout entière. Je ne pouvais me retenir d'accuser, Seigneur, Votre cruauté ! La torture subie par ce corps adoré me dévastait l'âme. J'étais assiégée d'images hideuses et je souffrais jusque dans mes entrailles à l'évocation du supplice qui t'avait été infligé, mon pauvre et cher amour.

Je n'acceptais pas Votre jugement, Seigneur ! Je me dressais contre lui !

Pourquoi Pierre payait-il, seul, dans sa chair, un péché qui nous était commun ? Nous avions été deux pour la faute, il se trouvait seul pour le châtiment !

Une écrasante sensation d'injustice s'appesantissait sur moi.

Fallait-il que Pierre soit condamné, alors que nous étions unis devant Dieu ? Du temps de notre liaison, la colère divine nous avait épargnés. C'était après que nous eûmes légitimé cet amour illégitime, quand nous avions couvert des voiles du mariage la honte de nos égarements, que la rigueur du Seigneur s'acharnait sur nous !

Dans la cellule où je m'étais réfugiée, je ne pleurais point. L'intensité de ma détresse dépassait toutes larmes. Repliée sur moi-même comme si j'avais reçu un coup de couteau dans le ventre, je tremblais de tous mes membres, mais j'avais les yeux secs. Je me sentais ravagée comme une maison après un incendie. Les murs, seuls, restent debout, tout le reste, le cœur de la demeure, est carbonisé. J'étais cette demeure aux fenêtres béant sur le vide, sur le malheur, sur la désolation.

Pour un homme surpris dans le plus coupable adultère, le traitement que Pierre venait de subir aurait été une peine assez grande. Ce que les autres méritent pour leur forfaiture, il l'avait encouru par l'union où il avait voulu chercher réparation à ses torts. Ce que les femmes coupables attirent à leur complice, c'était son épouse qui le lui avait attiré ! Malheureuse, disais-je, d'être venue au monde pour être la cause d'un tel crime ! Les femmes seront donc toujours le fléau des hommes ?

Dans mon âme, c'était le chaos, dans mon cœur, la ruine. Vous savez, Seigneur, que, pendant des années, de longues années de fiel et de torture, j'ai continué, en secret, à me dresser contre Vos arrêts. Je ne pouvais me soumettre, je ne pouvais me résigner !

Depuis la mort de Pierre, depuis que je peux, quotidiennement, me recueillir sur sa tombe, un commencement d'acceptation s'est fait en moi. Aujourd'hui, il me faut renoncer à toute revendication, m'incliner devant Votre volonté, faire la paix avec Vous, enfin ! Par un chemin escarpé, semé de ronces et de silex tranchants, Vous m'y avez préparée. Suis-je parvenue au bout de la route ? Avant de disparaître, j'ai voulu faire revivre mes douces années ; maintenant, il me faut aborder les années de malheur. En suivant à nouveau ma trace, peut-être trouverai-je la voie du salut ?

Après le drame, Pierre et moi souffrîmes de façon identique. Toi, mon amour, dans ta chair et ta fierté. Moi, dans mon culte pour toi et dans mon âme déchirée. Je devinais quel martyre était le tien. On m'avait raconté que, dès le lendemain matin, la ville entière s'était trouvée rassemblée autour de ta maison. Stupeur, lamentations, cris, gémissements parvenaient jusqu'à toi. L'évêque de Paris, les chanoines les plus en vue, les femmes dont tu avais été l'idole et tous les habitants de la cité pleuraient sur ton désastre. Tes élèves, tout particulièrement tes disciples, t'importunaient de leurs doléances. « Je souffrais plus de leur compassion que de ma blessure ; je sentais ma honte plus que ma mutilation ; j'étais plus accablé par la confusion que par la douleur », as-tu écrit plus tard. Je le pressentais avant que tu ne l'aies reconnu. Je te connaissais si intimement, Pierre !

Je devinais quel sentiment de dégradation, de souillure, de déchéance devait te ronger. Ta gloire avilie, ridiculisée, perdue, te poursuivrait partout de ses vestiges. Où te cacher ? Comment paraître en public ? Tu allais être montré du doigt par tout le monde, honni comme une sorte de monstre. Toi, si fier, tu n'étais plus un homme ! Le récit d'un préjudice si singulier serait vite connu du pays tout entier. Je partageais presque physiquement ton anxiété, ton épouvante. Et je ne pouvais rien pour toi, rien ! Cette évidence m'était un fer rouge !

Deux jours d'agonie s'écoulèrent sans que je sorte de mon état de prostration. Je reçus alors un mot de toi. Tu me demandais de venir te trouver. Je partis aussitôt.

Sibyle, qui m'avait apporté ton message et conduit ma jument, m'apprit en chemin que deux de tes tortionnaires avaient été pris. On leur avait infligé le même traitement qu'ils t'avaient imposé. En outre, on leur avait crevé les yeux. Quant à Fulbert, condamné par l'évêque et les chanoines de Paris, dépossédé de tous ses biens, il demeurait, présentement, en prison.

Je ne m'attardai pas aux justes punitions de ces traîtres. Leur forfait ne pouvait être réparé.

Je gagnai directement ta maison.

Dans la chambre où l'on m'introduisit, il y avait un médecin et deux aides. En m'apercevant, ils se retirèrent, non sans avoir recommandé que notre entretien fût bref, à cause de ton extrême fatigue.

Quand je te vis, pâle et exsangue sur ta couche, je me sentis devenir glacée comme si j'allais mourir, là, près de ton lit, sans forces et sans secours. Tu me tendis la main. Dans ton geste, je dépistai une ombre d'appréhension. De moi aussi, tu pouvais donc douter ?

— Dieu m'a frappé dans mon corps, parce que c'était lui qui avait péché, dis-tu en fixant sur moi un regard sans lumière. Je méritais cette sanction.

— Non, m'écriai-je, non, Pierre, rien ne justifiait un sort si inhumain !

Tu me considéras attentivement, non sans une sorte de tendre réprobation.

— Je vois que tu n'as pas encore accepté le jugement du

Seigneur, constatas-tu comme si tu avais prévu ma réaction. Immédiatement après l'attentat dont je fus la victime, moi aussi, je pensai ainsi que toi. Je criai à l'injustice. Depuis lors, vois-tu, j'ai beaucoup réfléchi. J'en suis venu à une conclusion qui me semble évidente : mon comportement forcené devait, à un moment ou à un autre, m'attirer des représailles sévères. En y songeant, Dieu aurait pu se montrer beaucoup plus implacable. N'avais-je pas, en toute connaissance de cause, violé toutes ses lois ? Il eût pu me condamner à la damnation éternelle et me laisser mourir en état de péché mortel. Il ne l'a pas voulu.

— Nous nous aimions !

— L'amour charnel n'excuse pas tout. Nous sombrions dans la luxure. Rappelle-toi !

— Hélas !

— Ne regrette pas nos erreurs criminelles, examine, plutôt, les mystérieux desseins de la divine Providence : sa miséricorde fait tourner en régénération les arrêts de sa justice. La blessure infligée à ma chair va guérir nos deux âmes à la fois. Il nous faudra dorénavant, Héloïse, nous aimer autrement.

Ton expression changea encore. Tes yeux se firent plus doux.

— J'ai quelque chose de grave, mais d'exaltant à te proposer, repris-tu en serrant ma main dans la tienne.

As-tu jamais mesuré, Pierre, ce qu'était le sacrifice que tu réclamais de moi ? Je venais d'avoir dix-neuf ans, je t'aimais de tout mon être, j'étais ton épouse et je n'avais pas la vocation religieuse. Tu savais tout cela, et tu me demandais de renoncer à ma jeunesse, à ma passion, à la vie commune que nous pouvions mener en dépit de ta mutilation, pour m'inciter à prendre le voile, à enfouir mon existence dans un couvent !

— Je me ferai moine, tu te feras bénédictine, disais-tu cependant avec enthousiasme. Séparées par le fer, nos vies seront réunies par la prière.

Je voyais un abîme s'ouvrir sous mes pas.

— Si tu n'acceptes pas ma proposition, continuais-tu, je ne pourrai pas entrer dans les ordres.

Je connaissais, en effet, la règle qui veut que les personnes mariées ne puissent quitter le monde que du consentement de leur conjoint, et à condition qu'il fasse, lui aussi, profession monastique.

— Je n'ai plus d'autre espérance, dis-tu encore. Ma paix repose entre tes mains.

Une chape de plomb m'enserrait. Me faire religieuse ! Je frissonnai. Là n'était pas ma voie. J'étais faite pour les joies humaines et leurs accomplissements. Je te considérai alors d'un regard désespéré. Je te vis sans couleur, malade d'humiliation, attendant de moi ton salut. Je me rappelai l'engagement pris vis-à-vis de moi-même au début de notre amour : t'obéir en tout, à jamais ! En me renonçant, en m'ensevelissant dans un cloître, sur un simple signe de toi, n'avais-je pas une occasion sans seconde de te prouver ma fidélité, le don total que je t'avais fait ?

Une sorte d'ivresse expiatoire, de vertige sacrificateur s'empara de moi.

Afin de te montrer que tu étais le maître unique de mon cœur aussi bien que de mon corps, je prendrais, sur ton ordre, un autre habit et un autre cœur. Tandis que je goûtais avec toi les plaisirs des sens, on avait pu se demander si c'était la voie de l'amour que je suivais ou celle de la volupté. On verrait donc, maintenant, à quels sentiments j'avais, dès le principe, obéi. Ce que tu avais souffert physiquement, je l'éprouverais, moi, comme il est juste, par la contrition, durant toute ma vie. Ainsi, je t'offrirais, à toi, sinon à Dieu, une espèce de réparation. Ainsi seraient rachetées les fautes que j'avais commises en t'aimant, en acceptant de t'épouser, en t'asservissant, toi qui m'étais plus cher que tout.

Ne serait-ce pas aussi une nouvelle et ultime preuve de mon attachement que j'aurais de la sorte la possibilité de te fournir, puisque je n'en avais plus aucune autre à ma disposition ?

Jadis, sur un appel de toi, je m'étais jetée dans tes bras sans rien te refuser ; aujourd'hui, sur un autre appel, je me condamnerais aux austérités de la vie monastique. Ainsi donc, je me ferais religieuse pour la même raison et dans la même intention que j'étais devenue ta maîtresse et ta femme : par obéissance !

— Il en sera fait selon ton vœu, Pierre, dis-je en m'agenouillant à ton chevet.

Tu ébauchas un sourire et posas ta main sur ma tête, en un geste de possession, de bénédiction aussi.

Dieu ! Comme je souhaitais, en cet instant, mourir sur place, près de toi que j'allais, par soumission à ta volonté, quitter pour toujours ! Quoi qu'il te soit advenu, en effet, si tu ne l'avais pas exigé, je n'aurais jamais songé à me séparer de toi. Ne t'aimais-je pas tout autant dans l'adversité que dans le bonheur ? Qu'importaient, après tout, les voluptés perdues ? Ce n'était pas le plaisir que j'aimais en ta personne, c'était ton être seul que j'adorais dans nos plaisirs. Tu étais vivant. Tu me restais. Une longue vie de tendresse pouvait encore se concevoir. Nous aurions vieilli l'un près de l'autre, sans cesser de nous chérir.

Seigneur ! C'était possible, et j'entrais au couvent !

En me perdant, jadis, afin de te plaire, je n'avais pas de mérite puisque ton désir et le mien coïncidaient. En revanche, ma prise d'habit irait bien plus avant ! Ce n'était plus de l'amour, c'était de la folie. Dans l'excès même de mon idolâtrie, je te sacrifiais sans espoir de te recouvrer jamais, toi qui étais l'unique objet de mon adoration ! Ce fut donc par un mouvement passionné que je décidai de me vouer au cloître : n'était-ce pas le seul moyen dont je disposais encore pour achever de me donner à toi ?

— Il me reste un sacrifice à te demander, repris-tu au bout d'un temps de silence que j'avais passé à genoux, plongée dans une amère méditation. Un dernier geste d'abnégation, Héloïse !

— Je t'écoute.

— J'aimerais que tu embrasses la règle monastique, tout de suite, avant moi. Retenu au lit pour de longs jours, je me vois dans l'incapacité de m'enfermer sur l'heure dans un couvent. Il me serait doux que tu sois la première à tracer notre route.

Je ne croyais pourtant pas pouvoir supporter un accroissement d'affliction. Je me trompais. J'ai, pour souffrir, des réserves infinies. Une déception à goût de fiel venait s'ajouter à ma désolation. Ainsi, tu doutais bien de moi ! Cette méfiance, je l'avoue, me pénétra de douleur et de honte.

Moi, qui venais de me décider à entrer dans les ordres, sans vocation, parce que tu le désirais, tu pouvais me suspecter ? De quoi, mon Dieu ? Ne savais-tu pas qu'aucun autre homme n'existait, n'existerait jamais à mes yeux ?

Je me relevai, sans forces.

— Je te précéderai donc au couvent, dis-je avec docilité. Je vais m'en ouvrir, dès ce jour, à la mère abbesse.

Tu souris plus franchement, cette fois-ci, avant de me prendre les mains que tu tins un moment serrées entre les tiennes. Je me penchai vers toi, te baisai au front et m'en allai. Ton médecin avait des soins à te prodiguer.

Je ne sais plus comment je rejoignis Argenteuil. Sous l'effet du choc que je venais de subir, j'étais vide de pensée. Un brouillard gris s'étendait entre la nature et moi. Je ne conservais plus l'impression d'être vivante. Il me semblait flotter dans une ombre maléfique.

Dès mon arrivée, je parlai à l'abbesse, lui offris de faire partie de son troupeau. Elle ne me repoussa pas. Le lendemain, je mis le bandeau de lin et le voile noir des professes, brodé d'une croix blanche au sommet de la tête. J'étais, définitivement, marquée au front du signe de Dieu !

Seigneur, Seigneur, voici le moment le plus redouté ! Ce n'est pas pour Vous que je me suis faite religieuse, mais pour Pierre. Me le pardonnerez-Vous ? Je renonçais au monde, non pour Vous ou pour expier des fautes commises contre Vous, mais pour mon époux, pour partager sa peine, pour m'offrir en holocauste à la gloire souillée du génie dont j'avais causé la déchéance !

Je n'ai pas de récompense à attendre de Vous, Seigneur, je n'ai rien fait pour Vous. C'était à Pierre, bien plus qu'à Vous-même, que j'avais le désir de plaire.

Faites-moi grâce, mon Dieu ! Vous le savez, je n'avais pas la vocation. J'étais faite pour être l'épouse d'Abélard, non une de Vos servantes. J'étais sa femme devant Vous et devant les hommes, Vous l'aviez permis, nous avions un fils, je ne me sentais à ma place qu'auprès de lui... Il m'aura fallu plus de quarante ans de vie monacale pour devenir autre chose qu'une créature condamnée par un autre à Vous servir, ô mon Dieu ! Jusqu'à ma mort, je n'aurai jamais trouvé la force de Vous aimer plus que Pierre, par-dessus toute chose, ainsi que je le devais. Votre appel ne se faisait pas entendre. J'ai su très vite que Vous ne me demandiez pas ce don : un autre l'exigeait ! Ce fut là mon calvaire : trouver dans mon amour terrestre le courage de mener une vie d'abnégation qui n'avait de sens, qui n'était réalisable qu'en fonction de Votre amour !

Seigneur, au long de toutes ces années consacrées à Votre service, je ne me refusais pas à Vous. Vous le savez. C'est Vous qui Vous dérobiez à moi. Mes macérations, mes pénitences, mes privations ne parvenaient pas à arracher de moi le souvenir du passé. Il m'aurait fallu Votre aide. Vous ne me l'accordiez pas. Me sentant couler, je me raccrochais désespérément à la seule vénération qui m'était laissée. Non seulement je ne faisais rien pour Vous, mais je ne me sentais même plus capable de me racheter. Ce fut un désert que je traversai. Je me répétais que l'intention compte seule. Or pas un de mes renoncements ne Vous était offert : ils l'étaient tous à Pierre. J'avais conscience de me damner !

Voici que je suis inondée d'une sueur d'angoisse.

Au fond de mon âme, Seigneur, je me plaignais cependant, Vous ne l'ignorez pas, faisant pénitence pour mon époux, de ne pas faire aussi pénitence pour Vous ! Comment concilier Votre amour et son amour ? Toute ma vie je me suis heurtée à cette question.

C'était elle, déjà, qui sourdait en moi au moment de ma prise de voile.

Nous étions au début de septembre. Un an plus tôt, Pierre et moi partions pour la Bretagne. J'attendais notre enfant. La vie s'offrait à notre faim comme une table plantureuse. Je ne doutais pas de notre avenir. Et, soudain, tout était consommé.

Je me souviens qu'il tombait une averse légère, que les œillets disposés dans des vases, de chaque côté de l'autel, dégageaient l'odeur puissante des fleurs humides de pluie.

Quelques parents, quelques amis, venus pour assister à la cérémonie, tentèrent de me détourner d'une existence d'austérité dont ils savaient ma nature fort éloignée. Je ne les écoutais pas. On s'apitoyait sur mon sort, je demeurais inébranlable. Je ne pouvais, pour autant, retenir mes pleurs. En dépit de ma fermeté, qu'on qualifiait d'héroïque, de ma volonté tendue comme un arc, et du courage dont j'avais fait preuve jusque-là, les sanglots m'étouffaient.

Quand le moment de ma profession de foi fut venu, je parvins cependant à retenir mes larmes pour marcher d'un pas assuré vers l'autel. Un passage des plaintes de la Cornélie de Lucain m'obsédait. Ce fut donc en le récitant que j'avançai.

« O mon noble époux, toi qui ne méritais pas cette union avec moi, la fortune avait donc un tel pouvoir sur une tête aussi auguste ? Pourquoi ai-je eu l'audace de t'épouser si je devais faire ton malheur ? Reçois en expiation ce châtiment au-devant duquel je veux aller ! »

Je me voulais stoïque comme une héroïne antique, mais mon cœur était dévasté.

L'évêque me remit alors le voile bénit. Je m'en coiffai et prononçai publiquement le serment de profession monastique.

Quelques jours après, à peine rétabli, tu revêtais à ton tour, Pierre, l'habit religieux dans l'abbaye de Saint-Denis.

Notre long cheminement hors du monde commençait, Seigneur. Puis-je espérer qu'il me conduisait, à mon insu, vers Vous ?

16 mai 1164

La nuit devenait plus claire. Avec l'approche du jour, elle se décolorait vers l'est. Soudain, un chant d'oiseau rompit le silence nocturne, puis un autre. Ce fut bientôt une aubade. Pépiements, gazouillis, sifflements, roucoulades jaillissaient de partout.

La cloche de l'oratoire sonna matines presque aussitôt. La voix de bronze éparpilla, pour un instant, le concert des ramages.

Pour les moniales qui n'avaient pas cessé de prier depuis la veille, l'office de l'aube, qui était bref, s'enchaînait sans effort, s'insérait de lui-même dans la trame serrée des oraisons.

Le tintement de la cloche réservée aux exercices pénétra dans l'infirmerie avec une brise plus fraîche, tirant les assistants de leurs rêveries ou de leur ferveur. La tension qui les tenait éveillés, tels des guetteurs aux créneaux, relâcha un peu son emprise.

La prieure tourna les yeux vers la fenêtre afin de constater que la nuit s'achevait.

« Un autre jour commence, songea-t-elle. Notre mère le vivra-t-elle jusqu'au bout ? »

Sœur Margue jeta deux bûches de résineux dans la cheminée. Elle savait d'expérience que les moribonds craignent le froid, à cette heure indécise qui est leur mauvaise heure.

Mère Ermeline, la maîtresse des novices, mit son chapelet dans sa poche. Elle avait envie de prier comme on parle, non plus comme on récite.

Dame Adélaïde, sa sœur, se redressa avec peine. Ankylosée par sa longue station à genoux, elle souffrait des reins et eût souhaité s'asseoir. Mais il lui parut indécent de faire montre de lassitude au chevet d'une amie qui se mourait. Par solidarité, par affection, elle se refusait à prendre, seule, du repos. Avec un soupir, où le chagrin et la fatigue se mêlaient de façon indiscernable, elle continua ses litanies.

Dame Guenièvre, elle, ne s'embarrassa pas de semblable délicatesse. Non sans difficulté, elle se mit debout et fit quelques pas devant les lits vides afin de se dégourdir. Le bruit de son manteau de soie vineuse la suivait comme un murmure.

Pierre-Astralabe, indifférent à cette agitation, ne broncha pas. Son ardente imploration le rendait insensible à la marche du jour. Enveloppé de sa chape, agenouillé à même le sol, on l'eût dit sculpté dans quelque lave noire. Dame Guenièvre le considéra un moment avec intérêt. Voyant qu'il ne lui prêtait pas la moindre attention, elle alla vers la fenêtre pour respirer l'air frais. Au levant, le ciel était gris de perle. Les chants d'oiseaux, une fois la cloche muette, reprenaient, étourdissants.

« Nous voici au début d'un beau dimanche de mai, se dit la visiteuse. Héloïse le passera-t-elle ? C'est peu probable. Son visage cerné d'ombre indique assez qu'elle parvient au terme du voyage. J'imagine que la mort lui semble douce, qui va la réunir enfin à messire Abélard ! Si, toutefois, ils le sont... Leurs fautes passées ne méritent-elles pas la plus sévère des expiations ? Destin cruel ! Ne seront-ils pas, à la fois, privés de Dieu et d'eux-mêmes ? »

La femme de l'orfèvre se pencha pour suivre du regard deux prunelles phosphorescentes qui brillaient sous les feuilles au pied du mur du jardin.

« Une âme simple tremblerait à cette vue, pensa-t-elle. L'atmosphère de cette veillée porte au merveilleux ! L'approche de la fin réveille en nous des terreurs secrètes. En réalité, ce n'est qu'un chat qui se promène ! »

Elle s'accota plus commodément contre le rebord de la croisée.

« Notre Héloïse paraissait, tout à l'heure, en proie à une terrible contradiction, reprit-elle, plongée dans sa songerie. A qui s'adressaient ses dénégations ? Prend-elle enfin conscience de l'égoïsme sans excuse de celui qui la jeta par esprit de possession, alors qu'elle n'avait pas vingt ans, au fond d'un monastère ? Rien ne me permet de le supposer. Les fameuses lettres qu'elle écrivit, voici une trentaine d'années, à messire Abélard, n'étaient que de longs cris d'adoration. On en a beaucoup parlé. J'ai eu l'occasion de prendre connaissance d'une copie de cette correspondance. Jamais cœur de femme ne s'est livré comme celui-là. Elle a flambé comme une torche : ses lignes étaient de feu ! Je dois admettre que j'ai été jalouse, malgré les malheurs qui l'ont suivi, d'un amour de cette envergure. Beaucoup de mes amies m'ont avoué l'avoir été aussi... Maintenant, après tant de lustres, que reste-t-il de cette frénésie ? Les épreuves de tous ordres qu'Héloïse a dû traverser l'ont-elles assagie ? Comment le croire ? Un être de cette trempe, un caractère aussi indomptable que le sien, ne renie pas un passé qui l'a auréolé d'une telle gloire. Il est certainement plus logique de supposer qu'elle se soit, en quelque sorte, complu dans sa détresse, qu'elle en ait cultivé l'amertume, qu'elle s'y soit obstinée... Je serais portée à croire, en y réfléchissant, qu'elle s'est appliquée, tout au long des jours, à maintenir à tout prix une attitude héroïque qui fut certainement spontanée au commencement de son épreuve, mais que les ans raidirent peu à peu. Une chose est certaine, en tout cas : elle ne s'est jamais démentie... Qu'importe, au fond ? Même si elle a goûté une douloureuse satisfaction à entretenir ses maux en même temps que le culte de son amant, il n'en reste pas moins qu'elle a vécu une aventure exceptionnelle ! Sa sincérité initiale ne saurait être mise en doute. Personne, d'ailleurs, n'y a jamais songé. Cette créature brisée qui gît là, sur ce lit de moniale, est une des plus grandes amoureuses de tous les temps ! Peut-être la plus grande... Les autres amantes célèbres, les plus folles, n'ont donné qu'elles-mêmes, leur existence, leurs biens, leur destinée. Héloïse, elle, a engagé sa vie éternelle, en le sachant, son âme et son salut ! »

Dame Guenièvre frissonna. Était-ce la fraîcheur de l'aube qui la glaçait soudain ou le froid insinuant d'un regret ? Elle se tourna à demi pour considérer la mourante. Sur le visage aux yeux clos, sur ces traits où chacun était habitué à lire la force, le courage, l'équilibre, se dessinaient enfin, superposés au masque de vertu volontairement imposé, les stigmates de l'anxiété. D'une anxiété ravageante. Les défenses de l'abbesse cédaient une à une. Lambeaux par lambeaux, la révérendissime mère du Paraclet se défaisait de son personnage.

Les dix années que j'ai passées à Argenteuil furent les plus mornes, les plus désertiques de ma vie. En moi, Pierre, tout était dévastation. Je vivais dans un état de sécheresse spirituelle qu'aucun réconfort ne venait adoucir. Dieu s'était détourné de moi. Toi aussi.

Te rappelles-tu, mon amour, que je t'écrivis plus tard : « Dis-moi seulement, si tu le peux, pourquoi, après notre commune entrée en religion, que toi seul avais décidée, je suis tombée en un tel délaissement et en un tel oubli qu'il ne m'a été donné ni de t'entendre pour retremper mon courage, ni de te lire pour me consoler de ton absence... » Cette plainte ne cessait de retentir en moi.

Quand je songe à ce que fut, minute par minute, heure par heure, jour par jour, ce chemin de croix, je remercie la Providence d'être enfin parvenue au terme, tant souhaité, d'une si lamentable existence. Durant ces années veuves de toi, je pressentis ce que sont les affres des damnés : la privation sans fin, sans espérance, de l'Être aimé !

Ce fut mon plus dur passage. Je n'étais pas résignée (l'ai-je jamais été ?) et je ne savais plus rien de toi. Plus tard, au Paraclet, je te retrouvai comme conseiller, comme directeur. Je m'efforçai de suivre tes préceptes. Je n'étais plus aussi seule. A défaut de l'amant, de l'époux, l'ami me restait. A Argenteuil, rien ni personne ne me vint en aide. Le temps m'était de plomb. Pour fuir ma solitude, je travaillais comme une forcenée. Je ne voyais pas d'autre dérivatif pour un caractère comme le mien. Tu sais que je ne suis pas de ceux qui acceptent passivement les défaites.

Outre l'étude des Livres saints, je me consacrais à l'éducation des religieuses désireuses de s'instruire, à celle des novices et des enfants élevées au couvent comme je l'avais été autrefois. Je ne dédaignais pas, pour autant, les tâches manuelles : je filais la laine, je maniais la quenouille, je tissais, cousais, brodais...

Hélas ! ces occupations incessantes ne parvenaient pas à m'empêcher de songer. Ton silence me déchirait. Au début, le faible espoir de ton intervention imminente m'avait soutenue. Au fil du temps, je compris qu'il n'y avait rien à attendre de toi. Ma déception fut atroce. Je me dis que tu m'avais abandonnée pour toujours, que tu te désintéressais de mon sort, que tu ne pensais même plus à celle que tu avais si vite oubliée... Je suivis alors, étape par étape, un cheminement désespéré qui me conduisit au plus complet dénuement moral.

Cependant, je ne voulais pas t'accabler, Pierre ; je luttais contre la tentation de t'accuser de reniement et de parjure. Il me fallait trouver des explications à ta conduite. En dépit de mes résistances, le doute s'infiltra lentement en moi, je l'avoue. Il fit mon siège et me persuada que tu ne m'avais jamais aimée, que la concupiscence plutôt que la tendresse t'avait attaché à moi, l'ardeur des sens plus que l'amour. Tes désirs une fois éteints, les démonstrations qu'ils inspiraient s'étaient évanouies avec eux.

Cette opinion vénéneuse, je n'étais pas la seule à la concevoir. Par des allusions ou des sous-entendus, quelques-unes de mes compagnes, certains des parents qui venaient me visiter, me laissaient entendre que c'était là un sentiment fort répandu. Je protestais avec ce qui me restait de véhémence. Au fond de mon cœur, pourtant, le doute distillait ses poisons.

Pourquoi, Pierre, m'avoir laissée sans un simple mot d'encouragement, de consolation, ou même de direction ?

Bien des années plus tard, alors que j'étais au Paraclet, tu te justifias de cet abandon. Tu prétendis que ce n'était pas à la négligence qu'il fallait attribuer ce manque d'assistance, mais à ma propre sagesse dans laquelle tu avais toujours eu une confiance absolue. Se peut-il que tu m'aies si mal connue ?

Si je pouvais, en effet, donner à ceux qui me voyaient l'impression d'une vie édifiante, comment pouvais-tu, toi, t'y laisser prendre ? On vantait ma chasteté : c'est qu'on ignorait mon hypocrisie ! On portait au compte de la vertu la pureté de la chair, comme si la vertu était l'affaire du corps et non celle de l'âme !

Pendant que j'œuvrais pieusement à mes devoirs, les démons de l'enfer hurlaient en moi. Je te l'ai dit, Pierre, quand j'ai pu correspondre de nouveau avec toi. La vérité t'a effrayé. J'estime, moi, qu'il faut avoir le courage de la regarder en face !

Les voluptés que nous avions connues ensemble m'avaient été si douces que je ne pouvais ni m'empêcher d'en aimer le souvenir ni l'effacer de ma mémoire. Elles se présentaient toujours à moi, s'imposaient à mes regards avec les désirs qu'elles réveillaient. Il n'était pas jusqu'à la solennité de la messe, là où la prière doit être si limpide, pendant laquelle les images licencieuses de ces plaisirs ne s'emparaient si bien de ce misérable cœur que j'étais plus occupée de leurs turpitudes que d'oraison. J'aurais dû gémir des fautes que j'avais commises, et je soupirais après celles que je ne pouvais plus commettre !

J'en venais à penser que Dieu, en semblant te traiter avec rigueur, s'était montré, en réalité, secourable à ton égard : tel le médecin qui ne craint pas de faire souffrir son malade pour assurer sa guérison. Une seule blessure de ton corps, en apaisant en toi ces aiguillons du désir, avait guéri toutes les plaies de ton âme. Chez moi, au contraire, les feux d'une jeunesse ardente au plaisir et l'expérience des plus suaves satisfactions irritaient cette faim charnelle. Je redoutais l'approche de chaque nuit, tant les tentations qui m'assaillaient se faisaient alors précises. Les heures nocturnes du printemps et de l'été me mettaient particulièrement au supplice ! Tantôt sacrifiant à mes imaginations les plus audacieuses, tantôt luttant et priant dans les larmes, j'étais dévastée dans ma chair où tout me devenait appel et dégoût ! Quand, enfin, je parvenais à m'endormir, mon corps avide, mon corps frustré ne trouvait qu'un misérable repos.

En plus de tant de souillures, il me fallait encore offenser Dieu par mon insoumission. Je vivais en constant état de révolte. Je ne pouvais, Seigneur, me résoudre à Vous pardonner l'enchaînement implacable de nos offenses et de Votre justice ! Les pénitences que je m'imposais ne pouvaient, en aucune façon, Vous satisfaire, ni ma contrition être parfaite tant que je me refusais à accepter le bien-fondé de Votre sanction ! Quels qu'aient été les traitements que je m'infligeais pour dompter mon désir, mes macérations ne servaient de rien tant que je conservais au fond de moi le goût d'un péché que tout mon être réclamait ! Mes actions pouvaient bien paraître sans tache, mes instincts, mes songeries n'étaient qu'impureté !

On ne me jugeait donc que sur des apparences : on voyait mes œuvres, on ignorait mes sentiments.

Vous étiez seul, Seigneur, à savoir, à connaître, à mesurer. Cette existence de misère qui était mienne, Vous ne pouviez m'en tenir compte, puisque ce n'était pas pour Vous que je la menais. Ne faisant pas tout pour Vous, je ne faisais rien pour Vous ! Je me sentais condamnée dans mes pensées les plus secrètes et dans toutes mes intentions.

Ton silence, Pierre, alors que c'était pour toi que je vivais dans une si profonde débâcle morale, achevait de m'accabler. Je me demandais jusqu'à quand j'aurais l'énergie de sauver la face, lorsqu'une charge nouvelle, qu'on m'imposa, me vint soudain en aide.

Trois ans après mon entrée au couvent, je fus nommée prieure. L'application extérieure que j'avais apportée aux devoirs de mon état m'attira cet honneur. Tout en estimant que je ne le méritais pas, tant par mon âge que par mes dispositions intimes, je l'acceptai pourtant avec reconnaissance. Je pressentais que la très sérieuse responsabilité qui m'incombait de la sorte demeurait l'unique chance que j'avais de ne pas sombrer dans l'abomination. Avec ma persévérance coutumière, je me cramponnai donc à cette planche de salut.

En plus des fonctions pédagogiques que j'assumais déjà, j'eus aussi à m'occuper de l'économie et de l'organisation intérieure du couvent, de l'administration de ses biens, et des revenus qu'on pouvait en attendre. La reine Adélaïde, lors de la restauration du monastère, l'avait richement doté de terre et de propriétés. Beaucoup d'autres donations étaient venues, depuis plus de cent ans, grossir notre domaine. Nos possessions composaient donc un ensemble complexe dont la gestion me revenait. Ce n'était pas une mince entreprise ! Je me jetai aussitôt avec zèle dans mes nouvelles fonctions. Il me fallait user mes forces, rompre mon corps, occuper mon esprit à ces travaux dont je n'avais pas l'habitude. Peut-être, ainsi, parviendrais-je à museler mes démons ? Je ne me trouvais jamais assez d'ouvrage, et je réclamais sans cesse un surplus de besogne.

Mes moins mauvaises heures, celles où je parvenais presque à m'oublier, étaient celles que je passais dans la bibliothèque du couvent. Ayant à veiller à la copie et à l'enluminure des manuscrits, j'avais la faculté de me plonger tout à mon aise dans les écrits des Pères de l'Église ou dans ceux des philosophes grecs et latins que j'aimais tant. Pendant ces dix années de pénitence, je ne connus pas d'autres éclaircies que les moments que je passais penchée sur des parchemins.

De toi, je ne recevais aucun signe, Pierre ! Cependant, si je souffrais une véritable passion à me sentir ainsi rejetée de tes préoccupations, je suivais, grâce à la rumeur publique et par ouï-dire, tes nouvelles tribulations.

Les difficultés sans nombre qui ne cessaient de surgir sous chacun de tes pas, les périls que tu encourais, l'hostilité des uns, la faveur croissante des autres, m'étaient connus dans tous leurs détails et je ne me lassais pas de les entendre conter.

Bien vite, hélas ! il me fallut trembler pour toi. La fatalité de ton génie, en effet, te poussait de manière infaillible aux audaces les plus provocantes et tu ne tardas pas à réveiller les haines que tes malheurs avaient assoupies.

Dès que tu fus moine, tu le fus totalement. Ta nature généreuse abominait les compromissions, les réserves, les demi-mesures. Sûr de ton intelligence et de ta foi, tu entendais anéantir tes adversaires, et avoir raison d'eux, quoi qu'il pût t'en coûter ! Cette intrépidité même te condamnait. Ta pensée volait plus haut, allait plus loin que celle de tes rivaux. Ils ne te le pardonnèrent pas.

Il me semble néanmoins équitable de reconnaître, malgré la vénération que je te porte, que ton intransigeance te fit beaucoup de tort. Il me semble que tu aurais dû éviter de multiplier les provocations. Tout au contraire, tu paraissais éprouver une sorte de délectation à exciter les esprits contre toi. Ne pouvant supporter la contradiction, ta nature impatiente et combative tirait une âpre satisfaction des luttes quotidiennes qu'il te fallait livrer contre des rivaux et où tu gagnais presque à tous coups.

Pour commencer, tu voulus réformer les mœurs des moines du monastère où tu t'étais retiré. A Saint-Denis, tu ne manquas pas une occasion de reprocher, soit en public, soit en privé, ce que tu estimais être la mauvaise conduite de tes frères et même de l'abbé. Tes critiques les exaspérèrent. Comme tes clercs et tes anciens disciples te harcelaient de leurs supplications, depuis ta guérison, pour que tu reprisses tes cours dont ils gardaient la nostalgie, les moines virent là une possibilité de se débarrasser d'un censeur qui leur était à charge. Ils te conseillèrent de céder aux implorations de tes étudiants. Tu acceptas donc de reprendre tes conférences. Pour ce faire, tu t'installas dans un prieuré non loin de Provins et y ouvris une école où tu te mis, de nouveau, à enseigner la philosophie et la théologie.

Ton succès fut immense. Les échos en vinrent jusqu'à moi.

J'entendais chacun vanter tes dons, que je connaissais si bien, d'orateur, de philosophe, de pédagogue. Ainsi donc, ta mutilation n'avait pas détourné de toi ceux qui goûtaient ton enseignement ! Ton prestige conservait tout son éclat. Pourquoi, alors, t'être fait moine ? Pourquoi avoir renoncé à toute vie personnelle ? Pourquoi m'avoir sacrifiée ?

Dans la solitude de ma cellule, alors que mes compagnes dormaient, je passais des nuits entières à me poser des questions auxquelles nul ne répondait. Le visage encore raviné de larmes, je reprenais, avec le jour, mon rôle et mon fardeau.

Cependant, le bruit de tes querelles ne tarda pas à suivre celui de tes triomphes. Il en avait été de même avant nos amours, il en fut ainsi jusqu'à la fin de ta vie. Ton destin était de respirer au milieu des orages et d'être, plusieurs fois, foudroyé !

Tes cours jouirent, en effet, très vite d'une telle réputation que les élèves des autres écoles ne tardèrent pas à quitter leurs propres maîtres pour venir travailler sous ta direction. Bien entendu, ces abandons massifs excitèrent contre toi la jalousie et l'inimitié de ceux qu'on délaissait pour toi sans plus de façons. Parmi eux, se trouvaient justement deux de tes anciens condisciples et rivaux de toujours : Albéric de Reims et Lotulphe de Lombardie. Ils cherchèrent par tous les moyens à te faire interdire l'exercice d'une profession où tu brillais sans partage. Pour ce faire, ils dressaient contre toi les évêques, archevêques et abbés de leur connaissance.

Sur ces entrefaites, tes élèves te demandèrent d'écrire un traité sur *l'Unité et la Trinité divines*. Tu le fis avec le brillant, la clarté, la hardiesse qui t'ont toujours été propres. Hélas ! tes ennemis profitèrent de la réussite de ton livre pour tenter de t'infliger une mortification publique. Albéric et Lotulphe, qui tenaient tous deux école à Reims, déterminèrent leur archevêque à réclamer la réunion d'un concile restreint à Soissons, sous la présidence de Conan, légat du pape en France. Il ne s'agissait de rien de moins que d'accuser ton traité d'hérésie !

Ils t'invitèrent donc à leur apporter ton fameux ouvrage afin qu'il soit examiné par cette assemblée qualifiée. Une campagne de calomnies, adroitement montée par eux, avait prévenu en ta défaveur la ville et le clergé. A mon grand effroi, on me conta même que la foule faillit te lapider lors de ton arrivée dans les murs de Soissons.

Payant d'audace, tu allas sans plus attendre trouver le légat, tu lui remis ton livre et lui déclaras être prêt à corriger tout ce qu'il y trouverait de contraire aux dogmes. Malheureusement, ce prélat, qui était de nature pusillanime, t'enjoignit de porter l'ouvrage à l'archevêque que secondaient tes deux calomniateurs. Ils eurent beau chercher, ils ne découvrirent dans les lignes que tu avais écrites rien qui permît de te condamner. On imagine aisément leur dépit. Furieux de leur échec, ils ajournèrent alors l'affaire à la fin du concile.

Pendant ce temps, te dépensant sans compter, tu pris soin d'exposer à tout venant le sens de tes écrits. Ta conviction et ta bonne foi évidente dissipèrent sans mal les préventions qu'on avait contre toi. Tes auditeurs furent bientôt convaincus de la parfaite orthodoxie de l'œuvre incriminée. L'opinion changea de camp. Ton charme opérant, on commença de penser que tu pourrais bien avoir raison.

Je l'appris et m'en réjouis. Tes ennemis, hélas ! le surent également. Et leur exaspération ne fit que croître de plus belle. Poussé dans ses derniers retranchements, Albéric eut l'impudence de venir te trouver en personne. Il tenta de te faire tomber dans les pièges de la dialectique, échoua, et se retira au comble de la rage, la menace à la bouche.

Le dernier jour du concile, tu pus croire ta cause gagnée. Tes détracteurs ne trouvaient toujours rien de positif à te reprocher, et Geoffroy, le saint évêque de Chartres, parla en ta faveur. Il proposa qu'on te questionnât sur l'heure, publiquement. Tu pouvais, de cette manière, te défendre en toute liberté. Tes ennemis refusèrent l'offre de Geoffroy en prétextant ton habileté à discuter et ton adresse à retourner les esprits. L'évêque de Chartres déclara alors que la question réclamait un examen plus approfondi. Il lui semblait préférable que tu rentrasses à Saint-Denis, en attendant qu'on réunît des hommes plus compétents qui examineraient ton traité à loisir. Le légat donna son accord à cette seconde proposition et alla célébrer la messe.

Cet arrangement ne faisait nullement l'affaire d'Albéric et de Lotulphe. Ils comprirent aussitôt que leurs manœuvres risquaient d'avorter si la consultation se passait hors de leur diocèse. Pressés par le temps, ils allèrent donc trouver l'archevêque pour lui représenter que ce serait pour lui un affront de voir cette cause déférée devant un autre tribunal. Ils insinuèrent, en outre, qu'il y aurait danger à te laisser échapper. Dès qu'ils l'eurent convaincu, ils se rendirent auprès du légat et parvinrent sans peine à le faire changer d'avis. C'étaient deux rusés renards et leur interlocuteur l'était beaucoup moins qu'eux ! Il fut amené malgré lui à condamner ton livre sans examen, sous le prétexte indéfendable que tu avais osé le lire à la foule et le donner à copier sans la permission du pape ni celle de l'Église !

Le légat, qui n'en était pas à une capitulation près, promit également de faire brûler ton traité en public, le plus tôt possible. Il prononça contre toi une peine de réclusion perpétuelle dans un monastère inconnu.

Devant une telle mauvaise foi, il n'y avait qu'à s'incliner. C'est ce que te conseilla Geoffroy de Chartres : accepter la sentence sans récrimination et te soumettre. Que pouvais-tu faire d'autre ? On ne discute pas les décisions d'un si haut personnage. Le bon évêque, aussi désolé que toi, essaya de te réconforter, cependant, en t'assurant que l'injustice dont tu étais la victime t'attirerait la sympathie de beaucoup. Il pensait aussi que le légat, qui agissait par contrainte, s'empresserait de te remettre en liberté dès qu'il aurait quitté Soissons.

C'est ainsi, Pierre, que tu fus amené à subir une offense aussi injustifiée que pénible, alors que ta gloire recommençait de briller ! J'ai suivi, de loin, ton procès. De toute mon âme, je partageais tes souffrances. Je prévoyais quel tourment nouveau cette condamnation de tes pairs devait être pour ta fierté. De toutes mes forces, je souhaitais te venir en aide dans l'adversité. Hélas ! j'étais à jamais écartée de ton chemin !

Le récit qu'on me fit de l'ultime séance du concile me fit beaucoup de mal. En dépit de l'absence, mon cœur demeurait si proche du tien que chaque blessure qui t'atteignait m'était une blessure.

Je sus qu'appelé en salle d'audience tu te présentas sur-le-champ. Sans qu'on te laissât prononcer un mot de défense, sans autre vérification, on te donna l'ordre de jeter toi-même, de tes propres mains, ton manuscrit au feu. Un silence tragique planait sur l'assistance pendant que tu brûlais ton œuvre. Malgré l'intervention courageuse d'un de tes admirateurs, il n'y eut pas de merci..

Après l'autodafé, quand tu voulus exposer ta foi selon tes méthodes personnelles, tes adversaires s'écrièrent que c'était inutile et qu'il te suffirait de réciter le *Credo* de saint Athanase. Par dérision, ils te firent apporter un texte écrit, comme si tu ne le connaissais pas. Tant de raffinement dans la malveillance et l'iniquité vint à bout de ta résistance. Ce fut d'une voix coupée de sanglots que tu lus le *Credo*. Puis on te remit entre les mains de l'abbé de Saint-Médard, près de Soissons, comme un coupable à son geôlier. Aussitôt après, le concile fut dissous.

Quand on connut cet arrêt odieux, ce fut un tollé général. Je me souviens avec quelle véhémence mes visiteurs m'entretenaient de toute cette affaire. Certains te considéraient ainsi qu'un martyr, d'autres se contentaient de blâmer tes juges. Tous te plaignaient.

Et moi, dans le secret de ma tendresse, je savais que cette pitié te serait plus pénible à endurer que tout le reste. Je m'inquiétais. Comment supporterais-tu ce nouveau trait du sort ? La flétrissure dont on avait voulu entacher ton nom devait te brûler comme une marque d'infamie.

En plus de ton silence, j'avais, à présent, ta douleur à assumer !

Cependant, la sentence du concile continuait à faire du bruit. Les membres du synode s'en rejetaient mutuellement la responsabilité, tes accusateurs se défendaient de l'avoir provoquée, et le légat déplorait bien haut l'animosité de notre clergé à ton égard. Touché de repentir, il décida enfin de réparer l'iniquité dont il s'était rendu complice. Il te permit donc de quitter l'abbaye de Saint-Médard pour rejoindre Saint-Denis.

Pendant quelque temps, ta destinée parut s'améliorer. On parlait moins de ce que tu faisais. Le bruit du scandale allait s'atténuant.

De nouveau, je pouvais songer à toi sans éprouver d'autres alarmes que celles qui m'étaient propres.

Cette accalmie ne dura pas. Elle ne pouvait pas durer.

A la suite d'une découverte que tu fis au sujet du pays d'origine du saint patron de ton abbaye, Denys l'Aréopagite, une nouvelle controverse t'opposa à tes frères en religion. Tu les vis tous se dresser contre toi, t'accusant de compromettre la réputation du monastère et même de t'être rendu traître à la France entière, en dénigrant la mémoire d'un saint qui était si cher à tous ses habitants. L'abbé, que tu n'aimais pas et qui te le rendait bien, profita de ce début de conflit pour te menacer, devant tous les moines réunis en conseil de chapitre, de te déférer au roi pour atteinte à la renommée de son royaume.

Emporté par son animosité à ton égard, il alla jusqu'à te faire enfermer et garder à vue comme un dangereux malfaiteur en attendant de te livrer à la justice royale !

Il est certain que notre roi ne t'eût jamais châtié pour un délit de cette espèce, mais la haine de l'abbé ne connaissait plus de mesure.

Quand j'appris l'événement, je ne fus pas surprise. Seulement affligée. N'était-il pas prévisible que ta seule présence en un endroit quelconque amènerait toujours avec elle des scissions ? Tu étais, par destination, le levain dans la pâte, le ferment indispensable, mais sans cesse malmené.

Peu de temps après, le bruit courut que tu t'étais évadé, la nuit, de Saint-Denis, grâce à la complicité de quelques moines plus amicaux que les autres et avec l'aide de certains de tes disciples. Je compris que la malveillance qui te poursuivait avec tant d'acharnement t'avait poussé à cette solution de désespoir.

Tu cherchas alors refuge sur les terres du comte Thibaud de Champagne qui t'avait déjà témoigné de l'intérêt, lors de tes récentes infortunes. Ce fut donc au château de Provins que tu trouvas asile, dans une chartreuse de moines de Troyes dont le prieur était de tes amis. T'aimant et t'admirant, il te reçut avec joie.

Malheureusement, malgré ton départ, tu demeurais dépendant de Saint-Denis.

C'est ce que se chargea de répondre au comte Thibaud l'abbé de ce monastère, un jour qu'il était venu rendre visite au puissant seigneur qui prenait fait et cause pour toi. Tu avais, en effet, supplié le comte d'intercéder en ta faveur, et d'obtenir pour toi le pardon avec la permission de vivre monastiquement dans une retraite de ton choix. L'abbé refusa la proposition. Il estimait, de manière paradoxale, que ton prestige était un apport important pour le renom de son couvent, en dépit de l'aversion qu'il éprouvait envers ta personne. Il menaça même de t'excommunier si tu ne te hâtais pas de revenir à Saint-Denis et défendit au généreux prieur qui t'hébergeait de te garder davantage chez lui, sous peine d'être frappé de la même sanction.

Tu en étais là, et les échos de la colère de ton abbé me parvenaient tout juste, quand la nouvelle de sa mort se répandit dans la région. Tu étais enfin délivré de ce supérieur qui te voulait tant de mal ! J'en fus soulagée pour toi et vis là un adoucissement de la rigueur divine à notre égard.

Suger, le nouvel et illustre abbé de Saint-Denis, hésitant, lui aussi, à t'accorder la dispense que tu sollicitais, tu te servis de l'influence de certains de tes amis pour présenter ta demande au roi en personne, en son conseil. Louis VI, qui était au courant du relâchement des mœurs qui sévissait alors dans l'abbaye royale, jugea que ton genre de vie ne pouvait se concilier avec celui des autres moines, et tu obtins satisfaction. Toutefois, pour ne pas perdre d'honneur le monastère, il te fut défendu de te placer sous la dépendance d'aucune autre abbaye.

Je vois là le doigt de Dieu. En effet, le Paraclet est né de ces démêlés et de cet interdit.

Écœuré par tant de mésaventures, tu te retiras alors dans un lieu solitaire que tu connaissais, sur le territoire de Troyes. C'était un endroit écarté, loin de tout village, de toute demeure. Des bois, des prés, une petite rivière courant entre les joncs composaient un paysage agreste qui convenait à ton état d'esprit. Quelques personnes charitables te firent don d'un terrain. Avec le consentement de l'évêque du diocèse, tu y construisis de tes mains un oratoire de roseaux et de chaume que tu dédias à la Sainte-Trinité. Un seul de tes disciples t'avait suivi dans ton ermitage. L'un et l'autre, vous n'aspiriez qu'à la tranquillité, au recueillement.

Mais, ainsi qu'il en avait été décidé par la Providence, il n'était pas de paix pour toi en ce monde. Ici-bas, point de répit !

Dès que ta retraite fut connue du public, malgré le soin que tu apportais à ne pas attirer l'attention, une foule d'étudiants, quittant villes et châteaux, vinrent s'établir dans tes parages. Ils se construisirent d'humbles cabanes, se nourrirent frugalement de pain grossier et de plantes non cultivées, couchèrent sur la mousse, se privèrent de toute aise, dans l'unique espoir de te voir reprendre pour eux ton enseignement.

Des innombrables témoignages d'attachement et de zèle que tu reçus au long de ta vie tourmentée, ce consentement spontané de tant de jeunes gens à une existence de privation et d'austérité, dont ils n'avaient en aucune façon l'habitude, demeure l'un des plus émouvants.

Connaissant ton cœur, je devinai sans peine combien cet élan de la jeunesse vers toi te fut précieux, quel encouragement tu y puisas.

Depuis, tu as reconnu que la pauvreté où tu te trouvais à cette époque fut pour beaucoup dans la décision que tu pris d'ouvrir de nouveau une école, dans cet endroit perdu. N'ayant pas la force de labourer, et ne pouvant mendier, il ne te restait que l'enseignement, seul art que tu connusses parfaitement, pour gagner de quoi subsister.

Par déférence pour tes travaux intellectuels, par gratitude aussi, tes élèves acceptèrent d'accomplir pour toi toutes les tâches matérielles qui t'auraient empêché de te consacrer à l'étude. Ils se mirent donc, ces garçons nourris de philosophie, à cultiver la terre, à s'occuper de l'alimentation, des vêtements, des meubles indispensables qu'ils fabriquaient eux-mêmes ; poussant le dévouement jusqu'à construire en pierre et en bois un nouvel oratoire plus vaste, mieux adapté à leur nombre et à ta ferveur. Autour de ce bâtiment, d'autres constructions robustes vinrent bientôt s'agglomérer, formant une vraie communauté.

C'est alors que tu rebaptisas le nouveau sanctuaire Paraclet, ce qui veut dire le Consolateur, pour ce que tu y étais venu en proscrit, en fugitif, et que la grâce divine t'y avait ménagé un temps d'apaisement et de consolation. Temps fort court, une fois de plus !

Le nom même de Paraclet, que tu avais choisi en toute bonne foi, servit de prétexte à une autre offensive d'hostilité contre toi. On s'indigna de cette dénomination, arguant qu'il n'était pas permis de consacrer spécialement une église au Saint-Esprit, mais qu'on devait, suivant l'usage, la dédier soit au Christ, soit à la Trinité.

Cette critique mesquine cachait, en réalité, de furieuses jalousies. Tes rivaux de toujours ne pouvaient souffrir plus longtemps le succès éclatant de ta nouvelle école. Ils bouillaient de colère devant l'impulsion qui avait arraché leurs élèves à leurs cours et à une vie de facilité, pour les fixer, dans des conditions d'existence fort dures, autour de toi. L'attrait que ton esprit étincelant et fécond exerçait sur ces jeunes gens, l'empressement qu'ils apportaient à réclamer tes soins ne leur furent pas supportables.

Du Paraclet, tes idées sur l'esprit critique et l'usage de la raison fusaient vers le reste du monde. Ils s'en emparèrent dans la ferme intention de te perdre. L'excès même de leur exaspération les porta à la prudence et à l'habileté. Ils allèrent donc trouver deux hommes plus importants qu'eux-mêmes pour les prévenir contre toi et les utiliser dans leur entreprise de destruction. Il s'agissait de Norbert, réformateur des chanoines réguliers, et surtout de Bernard de Clairvaux dont le talent oratoire était redoutable. L'éloquence de ces deux illustres personnages, leurs dons d'intimidation et de persuasion se retournèrent contre toi. Estimant faussement que tu répandais des idées périlleuses, ils te prirent à partie dans leurs prêches afin de ruiner ton crédit.

J'eus l'occasion d'entendre un de ces sermons. Quel feu on déployait contre toi ! De quelles foudres n'étais-tu pas menacé ! J'en demeurais confondue. Tes concepts les plus chers avaient été dénaturés afin d'être présentés sous un jour démoniaque à ces hommes inspirés. J'en ressentis une peine immense et une violente indignation. Moi, qui étais ta plus attentive élève, je savais de façon certaine que ta foi ne le cédait en rien à la leur et que tu professais un respect absolu de la doctrine chrétienne. Tes hardiesses n'étaient pas hérétiques : elles étaient le produit d'un esprit désireux de soutenir la foi et de faire avancer la philosophie spirituelle.

Mais mon opinion était de peu de poids en regard des anathèmes dont tu étais poursuivi. Les paroles accusatrices des deux prédicateurs, en dénonçant tes blasphèmes et tes mœurs dissolues, soulevèrent contre toi tous leurs auditeurs. Que tout cela fût erroné n'y changeait rien. Il n'y eut pas jusqu'à certains de tes amis qui ne se laissassent convaincre de ton indignité !

Du fond de mon couvent, je plaidais ta cause à ceux qui venaient me voir, j'expliquais ta position, je tentais d'innocenter tes écrits. Mais la calomnie a des serres puissantes. Malgré mes assertions, elle fondit sur toi. On se mit à colporter sur ton compte, sur tes doctrines, sur tes débordements, des racontars monstrueux, des insinuations dégradantes. Notre passé fut dénudé, fouillé, raillé, mis en pièces. De chacune de mes fibres, je souffrais de cette curée. Pour toi, mon amour. De moi, qui se souciait ? C'était toi qu'on voulait abattre. Je ne recevais d'éclaboussures que par mégarde. La distance qui nous séparait ne m'empêchait pas cependant de partager ton tourment. Sous ce déferlement de boue, comme dans nos moments de félicité, je tenais à me trouver à tes côtés.

Tu as écrit ensuite que tu avais songé alors, dans ton désarroi, à quitter les pays chrétiens pour passer chez les Infidèles. Il te semblait plus aisé de vivre chrétiennement parmi les ennemis du Christ qu'au milieu de ceux qui t'insultaient. Je me félicite d'avoir, sur le moment, ignoré cette tentation. La perspective de te voir partir pour toujours loin de moi, au-delà des mers, m'eût anéantie.

Là, d'ailleurs, n'était pas ta voie. Ton destin, différent de ce que tu imaginais, te tendit de nouveau un piège imprévisible.

Il se trouvait alors en Bretagne, mais non dans la région de Clisson, que nous aimions, une abbaye de Saint-Gildas-de-Rhuys, dépendant de l'évêché de Vannes, dont le pasteur venait de mourir.

Les moines de ce couvent, d'accord avec le seigneur du lieu, te choisirent pour remplacer le disparu. Je me suis interrogée à l'infini pour comprendre ce qui avait pu pousser ces étrangers, si différents de nous, à te désigner de la sorte. Certainement ta réputation d'originalité y fut pour quelque chose. Ils en déduisirent bien à tort que tu n'interviendrais pas dans leurs agissements et que tu les laisserais libres d'agir à leur guise. Il se peut aussi que le fait de te voir si décrié les ait conduits à penser que tu devais, en partie du moins, mériter ces reproches et qu'étant de moralité douteuse tu t'entendrais avec eux.

Quoi qu'il en soit, tu vis dans cet éloignement qu'on te proposait si opportunément le moyen de rompre avec tes calomniateurs. Tu sollicitas donc l'approbation de l'abbé de Saint-Denis dont tu dépendais toujours, tu l'obtins sans mal, et tu partis.

Tu fuyais l'adversité, Pierre. Hélas ! elle t'attendait en Bretagne, plus cruelle encore et toujours déconcertante.

Dès ton arrivée, tu t'aperçus que les moines de cette terre encore barbare, loin de vivre en respectant les règles de leur ordre, se comportaient indignement. Sans vergogne, ils cohabitaient avec leurs maîtresses et leurs enfants. Dépourvus de tout sens moral, ils volaient et emportaient tout ce qu'ils pouvaient prendre, car leur misère était grande et ils étaient la proie de leurs instincts. Tu vis aussitôt que la responsabilité d'un si déplorable état de choses incombait au seigneur du pays. Véritable tyran, cet homme, que la puissance aveuglait, faisait peser un joug écrasant sur ses vassaux. Profitant du désordre qui régnait dans le couvent, il ne se gênait pas pour opprimer les moines et les pressurer à merci. Impudemment, il s'était approprié toutes les terres domaniales et extorquait aux religieux un tribut de vaincus. De sa part, comme de la leur, tu ne pouvais t'attendre qu'à la violence et aux persécutions.

Tout autour de toi, la région, encore à demi sauvage, n'était pas plus accueillante que ses habitants.

Depuis lors, tu m'as décrit l'abbaye, construite au bord de l'océan dans un site farouche où la mer et le roc s'affrontaient avec âpreté. Ceux qui peuplaient cette côte sans douceur avaient emprunté au paysage rude qui les environnait certains traits de caractère. Tannés, brûlés par le sel et les intempéries, ils t'opposaient des faces semblables à de vieux cuirs, où tu ne lisais que méfiance pour le citadin que tu étais à leurs yeux. Vivant hors des lois, dans une ignorance totale de nos usages et de nos pensées, ils s'écartèrent de toi et te considérèrent dès l'abord comme un étranger doublé d'un gêneur.

Nulle part, m'as-tu avoué par la suite, tu ne t'étais senti à ce point éloigné de ton prochain, aussi perdu qu'en cette terre du bout du monde dont la langue elle-même t'était incompréhensible. Tu mesurais avec effroi l'erreur que tu avais commise en quittant le

Paraclet, où tu n'étais en butte qu'à d'envieuses calomnies, pour venir t'enfouir dans une contrée inculte qui te rejetait impitoyablement !

L'angoisse t'investissait de jour en jour et tu ne goûtais plus aucun repos. Essayer de ramener la communauté à la discipline qui eût dû être la sienne était non seulement une fort périlleuse entreprise, mais une folie.

Les moines ne supportaient aucune remontrance. Tu les sentais, à chaque instant, plus montés contre ton autorité. Il devenait évident qu'ils n'hésiteraient pas, si tu t'acharnais dans ton effort de réforme, à tenter de se débarrasser de toi par n'importe quel moyen. Y compris la contrainte.

Tu le savais, mais tu savais aussi que ne rien faire pour refréner leurs mœurs dissolues, qu'accepter cette situation scandaleuse, était, pour l'abbé de ce monastère, jouer son âme éternelle !

Un tel débat te dévastait. Tu éprouvais jusqu'aux larmes le besoin d'une présence amicale à tes côtés. Bien que tu ne l'aies jamais reconnu, j'aime à penser que, dans ces moments de désarroi, c'est à moi que tu songeais, vers moi que se tournait ton cœur assoiffé de tendresse...

Nul ne vint. Population, moines, suzerain, tous te réprouvaient ! Avec le temps, ces dispositions ne firent que s'affirmer. Bientôt, on en vint à te contrecarrer ouvertement, et les attaques succédèrent aux menaces.

Cela, je ne l'ai appris que plus tard. A cette époque, le cœur écrasé, j'accomplissais mon devoir à Argenteuil, sans plus rien savoir de toi. La rumeur publique s'était tue. Les rares amis qui venaient me visiter ignoraient tes nouvelles vicissitudes. De Bretagne, aucune nouvelle ne parvenait jusqu'à nous. C'était le silence, l'absence, le vide absolu.

C'est à ce moment de ma vie, Pierre, que se place la plus complète disgrâce. Nulle lueur. J'agonisais dans un désert.

De ton côté, mon amour, tu ressentais la même horreur. Ton existence était menacée, ton avenir bouché, tes espérances détruites. Les années passaient sans apporter aucun adoucissement à ton sort. Tu songeais avec désolation à tout ce que tu aurais pu apprendre de nouveau à tes étudiants, à tes disciples. Au lieu de perdre sans bénéfice pour personne ton temps et tes précieuses connaissances, tu eusses pu modeler de jeunes esprits, former une élite. Le sentiment de ce gaspillage te torturait.

Ainsi donc, une fois de plus, nos destins étaient semblables. Comme nous avions été unis dans le bonheur, nous étions rapprochés, sans même le savoir, dans nos tourments.

Je mourais de notre séparation. Tu te sentais dépérir loin de ceux qui t'aimaient.

Ton regret le plus amer était l'abandon où se trouvait le Paraclet, laissé sans prêtre et sans office. La grande pauvreté de ta fondation ne lui permettait pas, en effet, d'entretenir plus d'un humble desservant. Tu te reprochais d'avoir tout délaissé à la fois : tes élèves et ton oratoire. Et cela pourquoi ? Pour fuir des diffamations sans effet et te précipiter dans de bien plus graves périls.

Tout comme la mienne, Pierre, ton âme était déchirement et désolation. C'est alors que Dieu eut pitié de nous. Après dix années de traverses et de malheur. Il suscita une nouvelle avanie qui nous achemina étrangement l'un vers l'autre.

Suger, le nouvel abbé de Saint-Denis, se trouva à l'origine de nos retrouvailles.

Ce n'était pas un mince personnage que Suger ! Tout le monde savait que le roi, qui avait été élevé avec lui au monastère royal, ne pouvait se passer de lui. Ministre, puis plénipotentiaire, ami de Louis VI et son confesseur, nous n'entendions parler que de sa pompe et de sa puissance.

Mais voilà que tout à coup, sous l'influence de Bernard de Clairvaux, il décida de transformer sa manière de vivre, de se détacher des préoccupations du siècle pour se consacrer à son couvent. Il s'interdit dorénavant tout luxe ostentatoire, se détourna du monde et choisit l'austérité, bien que le roi entendît le garder dans son conseil. Une fois délesté de ses autres soucis, il se proposa d'accroître autant qu'il le pourrait la renommée de son monastère.

Or il se trouvait que, jadis, Argenteuil avait appartenu à Saint-Denis. Suger retrouva les anciennes chartes datant de la fondation du couvent et les envoya au pape en lui demandant de rétablir l'antique dépendance. A peine l'eut-il obtenue, qu'il réclama notre expulsion pour loger ses fils à notre place.

Nous savions bien, nous, que la richesse de notre maison était l'unique cause de tant de procédures. Nous nous apprêtions donc à protester, quand Suger, qui dut avoir vent de notre projet, trouva le moyen de nous accuser d'immoralité.

Une de nos compagnes s'était, en effet, laissé séduire par un de nos visiteurs. Elle en avait eu un enfant et avait dû quitter l'abbaye à la suite de cette aventure. Cela s'était su. Mais l'inconduite d'une seule brebis doit-elle, pour autant, souiller tout le troupeau ?

Suger utilisa cette malheureuse histoire pour nous évincer d'Argenteuil. Cela prouve qu'il n'était pas sûr de la valeur de ses arguments juridiques ni de leur authenticité. Ce fut donc sous une inculpation infamante qu'on décida de nous expulser. Une assemblée de notables, présidée par le roi en personne, décréta notre indignité et nous intima l'ordre de quitter notre monastère le plus tôt possible. Suger entrait en possession de tous nos biens et devait, en compensation dérisoire, nous faire accueillir dans d'autres communautés. On ne nous accorda même pas la possibilité de nous disculper ni celle de faire valoir nos droits. C'était une spoliation pure et simple.

Si j'avais encore été l'Héloïse d'autrefois, toute de feu et d'ardeur, j'aurais protesté, j'aurais lutté pour nous laver d'une imputation aussi manifestement imaginaire. Je n'aurais pas supporté tant d'injustice. Il aurait fallu compter avec moi. Mais je n'étais plus que l'ombre de moi-même. Trop occupée à apprivoiser la souffrance qui, telle une bête fauve, vivait de mon cœur, je n'avais pas le loisir de m'intéresser à autre chose. Je n'étais plus une créature vivante, mais une ombre douloureuse, repliée sur le mal qui la consumait.

Suger triompha donc en toute tranquillité. Cet homme célèbre et vénéré par tant de gens ne dut jamais prendre conscience de ce que son acte avait d'hypocrite. Il était seulement trop sûr de sa puissance pour mettre en doute le bien-fondé de ses actions.

Quand on nous apprit la façon dont nous avions été dépouillées de notre propriété, tout le couvent s'indigna. Je me souviens de l'agitation de mes compagnes, de leurs conciliabules, de leur détresse. Je les considérais avec indifférence, comme si j'avais été l'habitante de quelque autre monde, déléguée sur celui-ci pour y regarder ce qui s'y passait. Je me sentais de glace pour une infortune qui ne touchait que des possessions matérielles. C'était de bien autre chose que j'avais été dessaisie !

A quoi bon gémir et fulminer ? Nous étions vaincues par un si haut personnage que l'idée d'une revendication n'était pas concevable. Le pape lui-même avait donné son accord dans une bulle adressée à Suger. Le roi, de son côté, avait accordé, par charte royale, son assentiment au nouvel état de choses. De quel poids pouvaient être dans ces conditions les protestations de femmes soupçonnées de conduite impure, et ne possédant plus rien ?

Je considérais mes compagnes en pleurs et, une fois de plus, je constatais que tout mal, comme tout bien, ne pouvait me venir que de toi !

En tant que prieure, Dieu merci, j'avais la possibilité d'exercer une influence modératrice sur les agissements des autres religieuses. Je m'employai donc à les raisonner puis à chercher avec elles la plus sage manière de nous adapter au changement de route qui nous était imposé.

Certaines optèrent pour l'abbaye de Sainte-Marie-de-Footel, située au bord de la Marne.

Quant à moi, je pensais me décider pour un autre monastère, lorsque, tout à coup, je reçus de tes nouvelles.

Mon émotion, Pierre, en reconnaissant ton écriture, fut indicible. Songe que, depuis dix ans, je n'avais pas lu une seule ligne de toi ! Ton intervention soudaine, ce qu'elle révélait d'attention, de sollicitude, à notre égard à toutes, à mon égard en particulier, me bouleversa. Alors que notre expulsion d'Argenteuil n'avait pas entamé mon sang-froid, la simple vue du message portant mon nom me mit en transe. Je pleurais, je riais, je défaillais en même temps.

Réfugiée dans la cellule que je devais bientôt quitter, je pris connaissance de ta lettre avec un tel trouble que je pouvais à peine déchiffrer les mots que tu y avais tracés. Mes yeux pleins de larmes, le tremblement de mes mains interrompaient ma lecture à chaque syllabe. Quand je fus enfin parvenue au bout du parchemin, une joie éclatante comme le soleil m'inonda. Non seulement tu ne m'avais pas oubliée comme je l'avais craint, mais voici que tu intervenais dans ma destinée à un moment capital, pour m'apporter une solution merveilleuse au problème que j'avais à résoudre.

Je ne sais comment tu avais pu savoir, dans ton lointain exil, ce qu'il nous advenait. Cela importe peu. L'admirable était que, le sachant, tu fus parti précipitamment de Bretagne pour le Paraclet d'où tu m'écrivais aussitôt. Tu me proposais de venir, sans plus tarder, m'y installer avec les religieuses que je choisirais afin d'y fonder un couvent à notre usage. Tu avais l'intention de nous faire don en toute propriété des terrains et des bâtiments qui seraient ceux de la future communauté. Nous serions chez nous. Tu nous y attendais !

Cette proposition si généreuse me transporta, bien que le ton de ta missive fût rigoureusement impersonnel, presque officiel même. C'était l'abbé de Saint-Gildas qui remettait entre les mains de la prieure d'Argenteuil la fondation qu'il avait créée. Je remarquai bien cette forme, mais ne m'y arrêtai pas. Qu'importait ? J'allais te revoir. Cette réunion comptait seule à mes yeux.

En me confiant, d'ailleurs, cet oratoire qui te tenait tant au cœur, en me le donnant, ne me témoignais-tu pas ton affection impérissable et le souci que tu avais toujours de me protéger des autres ?

Je te vouai sur l'heure une reconnaissance éperdue. Tout aussitôt, je rassemblai celles de mes compagnes qui demeuraient à Argenteuil dans l'attente de ma décision, et nous partîmes dès que nos bagages furent prêts.

De pesantes basternes nous emportèrent, nonnes, meubles, vêtements, vaisselle et livres sacrés, sur les routes de Champagne, vers notre nouveau bercail dont tu étais le berger.

16 mai 1164

L'aurore avait été sans nuages. Dans un ciel aussi pur, le soleil fut tout de suite éclatant. Des pans de brume s'attardèrent un moment au-dessus de la rivière et des prés, puis ils se dissipèrent dans la lumière dorée. Une fraîcheur, une allégresse à odeur d'herbe et de genêts en fleur se répandit sur la terre. Les oiseaux chantaient toujours.

La cloche de prime éparpilla ses tintements au-delà des toits nombreux du monastère. Dans l'oratoire, les moniales ne levèrent même pas le front. D'ordinaire, elles faisaient leur toilette au lever du soleil, afin d'être purifiées par leurs ablutions pour l'office qui allait suivre. Ce matin-là, aucune d'entre elles ne bougea. Tant que la mère abbesse respirerait, ses filles assisteraient son agonie en priant, sans perdre un instant à s'occuper d'elles-mêmes. Leurs oraisons étaient plus urgentes, plus importantes, que n'importe quel soin corporel.

Pendant ce temps, pourtant, comme chaque jour, certains devoirs s'imposaient. En effet, sur les sentiers menant au Paraclet, entre les haies d'aubépines fleuries de blanc, des miséreux, par petits groupes, s'acheminaient vers leur provende.

La sœur portière, aidée de deux converses, les attendait sur le seuil de la porterie. Près d'elles, sur une table, étaient posés de grands paniers d'osier.

La distribution ordinaire commença dès que les nécessiteux atteignirent le couvent. Quotidiennement, on faisait cuire pour les indigents douze tourtes de trois livres chacune. Aujourd'hui, parce qu'on était dimanche, on avait adjoint aux tourtes des galettes de froment, de la langue de bœuf séché, du fromage et du vin.

— Priez pour notre mère, demandait la sœur portière en tendant sa portion à chacun.

— Dieu la bénisse !

— Qu'Il la garde !

— Qu'Il nous la conserve !

Loqueteux, claudicants, estropiés, ils s'éloignaient ensuite par les chemins creux, emportant dans leur besace ou dans un sac la nourriture qu'on venait de leur donner. Des voix chevrotantes, d'autres aigrelettes récitaient des patenôtres pour la bonne abbesse que Notre-Seigneur allait peut-être rappeler à Lui.

Dame Guenièvre, qui était remuante de nature, n'avait pu résister à la douceur de la matinée qui s'annonçait. Elle était sortie de l'infirmerie pour marcher un peu à travers la rosée et pour respirer l'air rafraîchissant.

Le jardin potager, où elle se trouvait, était clos à mi-hauteur de murs que garnissaient des treilles et des poiriers en espalier. Il descendait en pente douce vers la rivière courant entre les berges tapissées d'herbe drue, de roseaux et de touffes d'iris violets. Des pommiers en fleur épanouissaient leur roseur au-dessus des platesbandes où se mêlaient des plants de jeunes fèves, des raves et des jacinthes, des laitues, des choux cabus et des giroflées, des pieds d'artichauts, de l'oseille et des rosiers sur tige.

Dame Guenièvre, qui avait l'odorat fin, sentit des arômes balsamiques charriés par la brise. Elle se dirigea vers le côté d'où venait cette odeur qu'elle aimait, et découvrit, dans un jardin d'herbes entouré de buis taillé, toute une foule de plantes condimentaires qu'on cultivait à l'écart des autres : romarin, sauge, persil, marjolaine, sarriette, fenouil, menthe, valériane se confondaient en un fouillis vert et parfumé.

A l'ombre d'un grand cognassier étoilé de fleurs, la promeneuse trouva un banc de bois où elle s'assit un moment. Les yeux clos, elle huma l'air léger qui circulait entre les branches des arbres fruitiers en effeuillant au passage des pétales qui tombaient comme neige sur l'herbe épaisse. Un bien-être animal l'envahit.

Se pouvait-il vraiment que, si près de ce verger printanier, Héloïse fût en train de mourir ? Comme elle avait dû aimer ce coin de terre, la grande abbesse, pour faire du sol inculte qu'Abélard lui avait donné un jardin si parfait !

Un frère lai, à longue barbe, apparut du côté de la rivière. Il sortait du moulin et portait sur les épaules un sac plein de farine dont des traînées poudreuses maculaient son froc. D'un pas alourdi, il se dirigea vers un bâtiment trapu dont la cheminée fumait. Ce devait être la boulangerie. Accotée au mur de la maison des novices, elle faisait partie des constructions plus récentes qu'Héloïse avait fait ajouter à celles déjà existantes lors de son arrivée. L'ensemble composait une cité close, se suffisant à elle-même et rigoureusement organisée. Il le fallait puisque aucune des moniales n'avait le droit de sortir de l'enceinte consacrée.

Quel ordre, quelle paix, dans cette communauté !

Dame Guenièvre soupira. Elle eût aimé finir ses jours, comme le faisaient beaucoup de dames de qualité, entre les murs d'un couvent comme celui-ci, mais son époux s'y opposait et entendait la garder à ses côtés tant qu'il vivrait. A cela, elle ne pouvait rien opposer.

Un autre frère lai surgit alors dans le jardin. Il venait de l'extérieur, sans doute du bâtiment situé hors l'enceinte où ils étaient logés, leur mission essentielle étant de cultiver la terre et d'exécuter les besognes trop dures pour des femmes. Celui-ci portait une pelle et une bêche à la main. Se dirigeant vers l'oratoire, il suivait les allées d'un air absorbé. Avec un frisson, dame Guenièvre pensa qu'il se rendait au tombeau d'Abélard pour y préparer la place d'Héloïse.

L'enchantement du matin de mai se voila alors soudain aux regards de la visiteuse. En un geste frileux, elle resserra autour d'elle les plis de son manteau.

Sous les branches des arbres fruitiers, Héloïse lui avait paru si présente qu'elle avait relégué la mourante dans un coin de son esprit. Hélas ! on ne joue pas longtemps à un tel jeu ! L'heure présente n'était pas dédiée à la vie, mais à la mort. C'était au chevet d'une agonisante qu'elle était venue, non en visite auprès de l'abbesse du Paraclet ! Avec un nouveau soupir, dame Guenièvre s'en alla vers l'infirmerie, derrière la porte de laquelle l'attendait un spectacle qu'elle n'entendait pas manquer.

Puisque Héloïse vivait présentement ses ultimes heures de bénédictine, il fallait demeurer auprès d'elle et ne plus songer au printemps !

Quand je te revis, Pierre, debout sur le seuil de l'oratoire où tu nous attendais, je sentis, comme les pèlerins d'Emmaüs après qu'ils eurent parlé au Seigneur ressuscité, mon cœur tout brûlant au-dedans de moi. Je crus qu'il allait s'arracher de ma poitrine pour s'élancer vers toi. Agitée de frissons, la gorge nouée, les genoux tremblants, je serrais l'une contre l'autre mes mains de glace sans pouvoir prononcer un mot.

Les autres religieuses descendaient de la basterne, s'ébrouaient, regardaient avec curiosité le paysage de marais et de bois qui cernait ton ermitage, et se félicitaient d'être parvenues à bon port.

— Bienvenue à vous, épouses du Christ !

Ta voix me tira de mon trouble. Je ne voulais pas te décevoir. Puisque ta générosité avait été assez grande pour te pousser à nous faire don de tout ce qui t'appartenait, en sacrifiant en toi le goût bien légitime de la propriété, il fallait que, de mon côté, je fusse capable de contenir mon émotion pour me présenter devant tes yeux telle que tu souhaitais me voir : occupant avec dignité la charge qui m'était dévolue.

D'un pas que j'affermis, je marchai vers toi. Du vertige qui me bouleversait, je m'appliquais, en rassemblant mon énergie, à ne rien laisser deviner. Je tenais à te présenter un front serein afin de ne pas alourdir ton fardeau du poids de mes propres tourments.

— Héloïse, vous êtes ici chez vous.

— Soyez-en remercié, mon maître.

Ainsi donc, nous ne nous tutoyions plus !

L'envie que j'éprouvais de me jeter contre ta poitrine s'évanouit d'elle-même devant l'attitude déférente mais réservée que tu avais adoptée dès l'abord.

Où étaient nos amours ? L'homme que j'avais en face de moi, s'il gardait le beau visage qui m'émouvait tant, portait sur ses traits les marques de ses épreuves. Amaigri, creusé, ton masque, Pierre, était celui d'un ascète, non plus celui du philosophe célèbre, du régent des Écoles de Paris.

Au long de ces dix mortelles années où je n'avais pas cessé de songer à toi, je m'étais préparée aux changements inévitables que le temps, la maladie, la souffrance et les persécutions t'auraient infligés. J'imaginais un vieillissement, une usure, mais pas une transformation de cet ordre, aussi essentielle. En l'espace de quelques secondes, je compris à quel point tu étais autre !

Ton corps décharné et affaibli importait peu. Ce n'était pas ce dessèchement qui modifiait ta personne de façon si radicale. Je décelais en toi l'apparition d'un élément nouveau. A ton regard, non plus ardent comme jadis, mais grave, reflétant une douceur attentive, une sorte de bienveillance empreinte de charité, je devinai que ta transfiguration était d'ordre spirituel. Sous le coup de ma découverte, je ne pus sur-le-champ mesurer la profondeur de cette modification.

Mille soins matériels, en effet, me réclamaient, auxquels je ne pouvais me dérober. Je m'y livrai donc immédiatement, tant pour aider mes compagnes que pour calmer les remous passionnés qui m'agitaient.

Éblouie de t'avoir retrouvé après une aussi longue et dure privation, j'étais, cependant, inquiète de la part inconnue que je sentais en toi. Dans un sens, il fut heureux que j'eusse tant à faire, à ce moment-là. Occupée de tracas, ma pensée dut, par force, se détourner de l'unique objet de son intérêt.

Te souviens-tu, Pierre, de ce que furent nos débuts au Paraclet ? Quand nous y arrivâmes, par un temps doux de septembre, nous étions fermement résolues à nous contenter de peu, à nous accommoder de tout. L'opulence d'Argenteuil nous avait mal préparées, il est vrai, aux exigences d'une vie de pauvreté. Nous avions conscience de ce manque et estimions même que la facilité d'antan était plus sournoisement dangereuse que l'austérité à laquelle nous nous préparions. Seulement, nos prévisions les plus pessimistes furent tout de suite dépassées. Nous nous trouvâmes alors aux prises avec un tel dénuement que le découragement aurait pu remplacer l'enthousiasme chez certaines d'entre nous, si je n'y avais pas veillé de très près.

Là où tu avais fondé le Paraclet, il n'y avait rien que de l'herbe et des roseaux quand tu étais venu t'y réfugier. Grâce à tes élèves, un oratoire solide et de bonne taille avait remplacé le frêle abri que tu avais élevé de tes mains. Des cellules rudimentaires, bâties autour du lieu consacré, avaient complété l'installation. Cet arrangement avait paru suffisant aux étudiants et au philosophe détachés des besoins du commun. Tu étais parti ensuite pour Saint-Gildas, et le temps avait entrepris son œuvre de dégradation.

En l'an de grâce 1129, quand, à notre tour, nous nous trouvâmes sur les lieux que tu nous donnais, l'oratoire, seul, était encore en bon état. Les cellules, où poussaient des ronces et des orties, semblaient tout juste utiles à protéger du vent et de la pluie. L'humidité qui montait de la rivière proche marbrait de moisissures les murs et les plafonds. Aucune installation n'était prévue pour faire cuire le pain, pour préparer les aliments, pour soigner les malades, pour conserver les provisions. Ni boulangerie, ni réfectoire, ni cave, ni cuisine, ni moulin, ni jardin. Tout était à créer, et l'hiver approchait !

Cette dure nécessité me fut salutaire. Je me livrai aux multiples travaux qu'il nous fallut entreprendre avec une ardeur dans laquelle entraient pour beaucoup le goût que j'ai toujours eu pour l'effort et le désir de faire fructifier les propriétés que tu nous avais confiées ; mais aussi le besoin de faire taire mon obsession, mon amertume et le conflit intime qui ne cessait de me déchirer, depuis mon entrée au couvent.

Les années vides d'Argenteuil m'avaient anéantie. Le combat qu'il me fallut livrer, dès notre prise de possession du Paraclet, contre la faim, le froid, la misère et l'inconfort me fortifia en m'endurcissant.

A cette époque, j'appris à m'oublier pour faire face à l'urgence des tâches indispensables. Dans le vent, la boue et les privations, j'édifiais, pierre par pierre, avec l'aide de quelques paysans de bonne volonté et celle de mes filles, l'embryon de ce que serait un jour notre communauté. Devenue abbesse de cet humble monastère, je décidai de le faire prospérer, à quelque prix que ce fût.

Il me fallait une œuvre à accomplir : la création puis l'épanouisse-ment de notre abbaye devint celle de ma maturité. N'ayant plus d'autre but que de développer cette fondation dont tu étais le promoteur, je m'attelai à la besogne avec une opiniâtreté, une endurance et une sévérité sans égales.

Toi-même, mon cher amour, tu étais reparti vers la Bretagne dès le début de notre installation. Tranquillisé sur le sort de ton oratoire, tu m'en avais confié la gestion avant de t'en aller. Pendant les quelques jours trop brefs où tu était demeuré parmi nous, je n'avais jamais pu te voir un instant en particulier. Malgré l'envie lancinante que j'en éprouvais, tu t'étais toujours arrangé pour que le desservant de la chapelle, ou une de mes moniales, se trouvât en tiers entre nous.

Ton comportement à mon égard, attentif, mais distant, était resté celui du jour de notre arrivée. Pendant les nuits que je passais à m'interroger à ton sujet, je m'épuisai en vain à imaginer un moyen de te faire sortir de cette retenue. Dans ton cœur, rien ne vibrait donc plus à mon approche ? Moi qui n'étais que transes en ta présence, je considérais ton calme et me sentais perdue.

Avant de me quitter, pourtant, tu me manifestas ta sollicitude en me faisant connaître le haut et puissant seigneur Thibaud de Champagne et sa femme, la comtesse Mathilde, qui étaient de tes amis et furent, par la suite, excellents pour moi. En me les assignant comme protecteurs, tu fis preuve de grand jugement et de prévoyance. J'en conclus que, si tu te refusais à me témoigner la tendresse que je souhaitais si impérieusement, tu tenais néanmoins à me témoigner ton attachement d'une façon détournée et presque paternelle.

Un autre de tes amis, Milo de Nogent, qui t'avait donné le terrain au bord de l'Arduzon, trois champs cultivés et les coupes d'une forêt proche, se montra également bon pour nous, grâce à ta recommandation. Peu de temps après notre arrivée, il nous accorda le droit exclusif de pêche dans la rivière entre le village de Saint-Aubin et celui de Quincey, notre paroisse.

Nous avions grand besoin de libéralités de ce genre ! Notre existence d'alors n'était que disette et restrictions. Sans autres ressources que celles que nous tirions de nos trois champs et de notre cours d'eau, il nous arrivait de jeûner plus souvent qu'aux jours prescrits ! Ne pouvant rien acheter des objets indispensables qui nous manquaient, nous en étions réduites à tout fabriquer nous-mêmes. Durant cette première période, je découvris les rigueurs et les bienfaits des travaux manuels. Pour l'érudite un peu trop cérébrale que j'étais, la dure école de la nécessité fut infiniment profitable et riche d'enseignements qu'on ne trouvait pas dans les livres. La truelle ou la pioche à la main, il me fallut reviser bien des concepts et accepter humblement les leçons que les éléments ne se privaient pas de m'infliger.

Il nous fallut, tour à tour, nous transformer en maçons pour remettre en état nos cellules et pour en réunir plusieurs entre elles afin de posséder quelques bâtiments de première nécessité ; en jardiniers pour défricher et ensemencer notre terrain ; en menuisiers pour fabriquer des tables, des bancs, des bois de lit ; en fermières pour élever des poules et des lapins ; en toutes sortes d'autres artisans encore pour confectionner des matelas et des couvertures, des vêtements, des ustensiles de poterie, des souliers et des chandelles.

Tout en soumettant nos corps à une discipline inflexible, nous prenions également soin de nos âmes et suivions chacun de nos devoirs religieux avec une scrupuleuse observance.

Harassée de fatigue, les reins et les bras brisés, j'éprouvais une sourde satisfaction à travailler du matin au soir sans concession ni relâchement. C'est de cette époque héroïque que me vient ma réputation d'organisatrice, endurante et sage. Qu'au fond de moi les démons aient hurlé sans trêve, c'était mon affaire. Nul ne le savait. Pour museler ces maudits, j'avais trouvé l'ivresse du labeur dont la fatigue agissait sur mes sens comme une drogue apaisante.

J'allais donc jusqu'à l'extrême limite de mes forces pour rencontrer, dans la torpeur qui m'alourdissait entre mes draps, un semblant de repos.

Avec l'hiver, nos difficultés s'accrurent. Le froid, dont nous nous défendions si mal, nous martyrisait. Mal nourries, écrasées d'ouvrage, les doigts et les pieds enflés, crevassés, nous vivions, au cœur de la campagne glacée, dans une sorte d'état d'hébétude d'où nous n'émergions que pour supplier Dieu de nous venir en aide.

Te doutant de nos malheurs, tu revins nous voir au mois de janvier. Il faisait un temps sec, coupant comme une lame. Le sol était si dur qu'on ne pouvait plus l'entamer à la pelle, et l'eau de la source était gelée. Je sortais de la porcherie où je venais d'aider deux de mes filles à distribuer aux porcs leur glandée journalière, quand tu m'apparus, à cheval, au milieu de la cour.

Un élan irrépressible me poussa vers toi.

— Pierre ! Tu es revenu !

En ta présence, j'oubliais nos conditions, nos responsabilités, tout ce qui nous séparait. Je n'étais plus que ta femme, heureuse, si heureuse de ton retour.

D'un geste machinal de bonne ménagère, avant de lever les yeux vers toi, j'essuyai d'abord mes mains sur le tablier de toile que je portais sous mon manteau noir. Puis je te regardai. Sur ton visage incliné vers moi, je lus de la tristesse, de la mélancolie et une sorte de tendre réprobation qui me fit mal.

— J'ai pensé que l'abbesse du Paraclet aurait sans doute besoin de secours pendant ce dur hiver, dis-tu d'un ton impersonnel. Vos religieuses et vous devez souffrir d'être installées de façon si précaire.

Remise à ma juste place, je baissai le front pour te dissimuler les larmes que le froid gelait sur mes joues. Ainsi donc, tu te refusais à toute familiarité, à tout rappel d'un passé qui me hantait, mais que tu avais rejeté. Comme toujours, je résolus de soumettre mon comportement à tes indications.

— Il est vrai que nous sommes plus démunies que les plus pauvres parmi les plus pauvres, reconnus-je en me redressant. Nous acceptons cet état de choses avec humilité et œuvrons sans désemparer dans l'espoir d'aboutir à une amélioration.

Je conduisis ensuite moi-même ton cheval dans une remise composée de trois cellules reliées ensemble, et je t'introduisis dans la salle commune où flambait un grand feu. Avec le four à pain, c'était le seul foyer du couvent. Partout ailleurs le froid régnait en maître et nous étions désarmées contre lui.

Sur ton ordre, je réunis autour de moi les plus actives de mes compagnes, après que nous eûmes terminé notre maigre repas. Tu tenais à nous donner des conseils, des réglementations, des directives, afin de nous venir en aide dans chaque occasion difficile. Ce chapitre conventuel se termina assez tardivement et nous allâmes nous coucher alors que le soleil, boule rougeoyante et sans chaleur, avait presque basculé derrière l'horizon.

Le lendemain, tu décidas de me présenter un ami, que je ne connaissais pas encore, ainsi que son épouse. Il s'agissait du noble Galo et de la chère Adélaïde. Tu m'en parlas comme de seigneurs généreux, capables de nous tirer d'affaire en cas de besoin.

Tu partis donc dès qu'il fit jour, à travers les champs et les bois blancs de givre où ne tranchaient que des bandes de corbeaux affamés.

Tu revins peu avant sexte, accompagné du couple amical. Ce fut ma première rencontre avec ces bénis de Dieu ! Par ton entremise, l'amitié, qui n'avait jusqu'alors tenu que bien peu de place dans ma vie, s'y installa enfin. Dès que je vis Adélaïde, je sus qu'une quantité de secrètes affinités existaient entre cette femme et moi. Je fus tout de suite conquise. Elle m'a confié depuis que cela avait été réciproque.

Avec elle, la douceur et la bonté devenaient de mes intimes. Je ne pourrai jamais m'acquitter envers elle. Notre pauvreté la toucha à tel point qu'elle résolut sur l'heure de tout faire pour nous soulager. Le jour suivant, elle alla trouver la comtesse Mathilde et, par un chaud plaidoyer, l'intéressa à notre cause. L'évêque du diocèse fut aussi alerté par ses soins.

A partir de ce moment-là, les offrandes commencèrent à affluer au Paraclet. Vivres, vêtements, couvertures, objets de toutes sortes nous étaient adressés avec empressement. Les plus riches propriétaires du voisinage nous octroyèrent des terres et des sommes d'argent. Les plus pauvres se privèrent pour nous faire don de pommes, de châtaignes, de cidre ou de gibier.

Il est certain que le Seigneur, ému de notre pénurie, toucha de pitié et de bienveillance, ainsi que tu le dis plus tard, les populations environnantes, mais ce fut grâce à toi que je rencontrai Adélaïde, et grâce à elle que notre situation si misérable fut connue de tous. C'est donc toi, une fois de plus, qui te trouvas à l'origine de ce bienheureux relèvement de notre condition.

Galo et Adélaïde furent les premiers, et demeurèrent, avec le comte Thibaud et la comtesse, les plus fidèles de nos donateurs. Nous leur devons le moulin et les vignes de Crèvecœur, des biens immobiliers à Provins et beaucoup d'autres libéralités.

De la sorte, notre état s'améliora assez vite. J'en fus satisfaite pour mes filles, non pour moi. Mon seul trésor était ta présence, le reste ne m'importait pas.

Pour te prouver ma reconnaissance, Pierre, et puisque tu te refusais avec douceur et fermeté à toute reprise d'intimité entre nous, je m'attachai à observer le plus strictement possible les règles de notre ordre. Je savais que tu en éprouverais du contentement. Bien que beaucoup de nos statuts me parussent trop pénibles pour de simples femmes, et en attendant d'obtenir de toi de nouvelles prescriptions, je tins à ne rien négliger des devoirs qu'ils nous imposaient. Mes filles me suivirent dans cette voie avec un zèle si admirable que la région tout entière s'intéressa à nous. On nous louait, on venait de fort loin pour nous voir et pour nous réclamer des enseignements spirituels.

Je priais et méditais aussi souvent que je le pouvais, consciente de la tromperie où je m'enfonçais et de la fausseté de ma position. En effet, en dépit de tous les travaux et des responsabilités que j'assumais, je continuais à subir les assauts de mes sens et ceux de mes souvenirs.

Ta présence parmi nous, pour rare qu'elle fût — tu ne vins nous voir que trois fois la première année —, m'apportait un tel trouble qu'aucune oraison, aucune mortification n'en venait à bout. Malgré la vigilance que tu mettais à nous tenir loin l'un de l'autre, le feu, qui me brûlait, se nourrissait de ton approche. Tous les prétextes m'étaient bons pour t'entretenir, et l'exaltation que je retirais de ces conversations m'enflammait tout entière et me livrait, désarmée, aux tentations de la chair. Je ne parvenais plus à soustraire mon âme aux attraits de la volupté. Mes nuits, de nouveau, ne furent plus que de longs combats.

Comme j'ai souffert, Pierre, de la soif et de la faim de toi, en ces années de la trentaine où la jeunesse arde en nous de si chaude façon !

Pendant ce temps, tout le monde me vénérait. On ne se lassait pas de vanter mes vertus ! Seigneur, s'il y a quelque mérite à ne point scandaliser Vos fidèles par de mauvais exemples, quelles que soient, d'ailleurs, nos intentions ; à ne point donner aux Infidèles les prétextes de blasphémer Votre nom, c'est bien là tout mon apport à Votre cause ! Il est écrit : « Éloigne-toi du mal et fais le bien. » C'est en vain qu'on pratique ces deux préceptes si ce n'est Votre amour qui nous conduit. Or, dans chaque état de ma vie, Vous le savez, Seigneur, c'est Pierre plutôt que Vous que j'ai redouté d'offenser. C'est à lui, bien plus qu'à Vous-même, que j'ai eu le désir de plaire !

Me voici, à présent, parvenue à la période de mon existence qui fut la plus critique. A celle où le combat changea d'aspect pour me cerner plus étroitement encore. Jusqu'à ce moment, Seigneur, je le croyais du moins, il y avait eu Pierre et moi qui Vous affrontions. A partir de notre installation au Paraclet, il y eut Pierre, ouvert à Votre amour, qui s'alliait à Vous pour tenter de me conduire vers l'acceptation et l'adoration de Votre volonté.

La lutte fut des plus âpres : je n'avais jamais accepté le coup qui nous avait frappés et je continuais à vivre dans la nostalgie de nos péchés. Je les aimais, ils me poursuivaient partout de leur douceur d'antan. Je me refusais donc à admettre ton évolution, Pierre, bien qu'elle fût évidente, et je me cramponnais à mes souvenirs. Tout m'était bon pour entretenir ma passion et jusqu'à ta bonté envers nous.

En effet, cédant aux conseils de certains de nos voisins qui te reprochaient de ne pas contribuer par ton talent oratoire à l'allégement de notre situation, tu acceptas de nous rendre de plus fréquentes visites. Tu pris alors l'habitude de prêcher à notre profit, dans notre église, et tu t'occupas plus activement de nos affaires. Tes prônes attiraient dans notre maison une foule d'auditeurs qui se montraient, ensuite, tout disposés à nous secourir.

La charité seule te poussait à agir de la sorte. Je n'eus pas honte, pourtant, de profiter de ta compassion pour me repaître de ta vue, pour m'enivrer de réminiscences !

Au début, tu ne m'opposas que douceur et distance. Me croyant aussi sage et résignée que j'en avais l'air, tu ne t'inquiétas pas de mes regards, de mes empressements, de mon obstination. Tu les mettais sur le compte de mon zèle pieux. Il fallut que je te dévoilasse mes pensées les plus secrètes pour que tu en vinsses à cesser de me faire aveuglément confiance.

Je me souviens avec précision du moment où je te révélai la vérité. C'était une nuit d'été où la chaleur, jointe à mes appétits insatisfaits, m'avait à tel point torturée dans mon lit qu'à bout de nerfs et de larmes je m'étais levée avant l'aube pour m'aller baigner dans la rivière. L'eau fraîche n'était pas parvenue à me calmer.

Je traversais, en maudissant mon sort, les nouvelles plantations d'arbres fruitiers récemment faites dans notre verger, quand je t'aperçus, debout sur le monticule qui s'élève entre l'Arduzon et l'extrémité du jardin. Tu semblais plongé dans une profonde méditation. A ta vue, ma raison acheva de s'égarer. Mon amour captif se rua hors des limites que je lui assignais. Sans savoir ce que j'allais te dire, je m'élançai vers toi.

Une buée chaude montait de la rivière, une odeur de menthe sauvage et de terre remuée s'affirmait avec la naissance du jour.

— Pierre, je n'en puis plus !

Haletante, je me tenais devant toi dans la lumière grise du matin. Je devais avoir l'air d'une démente sous mon voile noir, avec mes joues en feu, ma respiration saccadée. D'une main, je comprimais les pulsations de ma poitrine, de l'autre, j'agrippais ton bras.

— Pierre, je t'en prie, écoute-moi ! Laisse-moi te dire ma détresse, qui est infinie. Je suis à bout de résistance...

Des sanglots me déchiraient la gorge.

— Je t'aime aussi violemment qu'autrefois, Pierre ! Je n'oublie rien. Je ne m'habitue pas. Vois-tu, mon bien-aimé, je suis encore jeune et terriblement vivante. Je n'étais pas faite pour être nonne, je n'en ai pas la vocation. Tout ce que j'ai subi depuis ma prise d'habit, c'est pour t'obéir que je m'y suis pliée et je souffre atrocement de ce faux-semblant ! Mon cœur reste avec toi. Il lui est impossible d'être sans toi. Laisse-moi t'aimer, t'approcher, t'avouer ce qui m'étouffe, me comporter, enfin, comme une épouse que je n'ai jamais cessé d'être !

Les bras croisés sur la poitrine, tu me considérais intensément. En un geste que tu avais souvent pour m'écouter, au temps de notre bonheur, tu penchais un peu la tête sur l'épaule gauche. Tes yeux me scrutaient jusqu'à l'âme. Tu ne prononças pas un mot.

Durant un temps qui me parut éternel, nous demeurâmes liés l'un à l'autre par nos regards. Dans le tien, je lisais une tendresse alarmée, une prière émouvante, un appel à ce qu'il y avait de meilleur en moi. Tu faisais passer en ce message muet une charité si pressante, tant d'insistante exigence que, tout à coup, je rougis de mes transports et de mon exaltation.

Lâchant ton bras, je reculais de quelques pas. Tu restas immobile, sans cesser de m'observer.

La cloche de l'oratoire sonna pour l'office de prime. Son tintement me rappela à l'ordre. J'enfonçai mes mains tremblantes dans mes larges manches, je baissai la tête et fis demi-tour afin de me diriger vers la chapelle où l'on m'attendait.

C'était fini. Mon ultime et maladroite tentative de rapprochement avait échoué. Sous peine de me montrer odieuse, je ne pouvais plus risquer, dorénavant, le moindre geste étranger à mon état. Par ton silence, par ton attitude pleine de fermeté, tu m'avais mieux dicté ma conduite que par un long discours. Je me le tins pour dit et ne t'entretins plus que de questions ayant trait à notre abbaye. La pierre du tombeau s'était refermée sur moi !

Durant les visites que tu multipliais alors pour nous rendre service, je m'efforçais de te présenter un visage serein, un sourire sans ombre. Tu le voulais ainsi, je n'avais pas le choix. Afin de trouver la force qu'il me fallait pour jouer ce rôle, je me tournais, ainsi que j'avais récemment appris à le faire, vers l'œuvre à réaliser, vers le développement de cette maison qui était tienne par fondation. Plus je travaillais pour le Paraclet, plus je contribuais à l'agrandir, à l'améliorer, plus j'éprouvais la sensation réconfortante de suivre ton exemple. En me comportant de la sorte, ne te contentais-je pas absolument ? Je sais à présent que tu attendais de moi bien autre chose que des corvées soigneusement exécutées. Je le savais sans doute déjà. Mais je me persuadais du contraire.

C'est à cette époque que je pris l'habitude de faire ajouter à notre récitation quotidienne des heures plusieurs oraisons particulières dites à ton intention. Je ressentais une douloureuse joie à prier ainsi publiquement pour toi, à prolonger mes incessantes et secrètes intercessions en ta faveur par des dévotions où j'entraînais mes filles consentantes et approbatrices. Sur mon instigation, d'ailleurs, tout le couvent vouait un culte à son maître et fondateur. Tes séjours de plus en plus fréquents affermissaient non seulement mon âme, mais celles des autres moniales qui ressentaient une grande fierté à être conduites par un pasteur tel que toi.

Une fois de plus, hélas ! le scandale te guettait. Tes allées et venues au Paraclet firent bientôt jaser. Il y eut de bonnes langues pour insinuer que tes visites, malgré ta mutilation, étaient provoquées par le désir de retrouver, sous le voile de religieuse, la femme que tu avais tellement aimée autrefois.

Ces racontars me furent rapportés. Je les traitais par le mépris. Ils parvinrent aussi à tes oreilles. Avec ta sensibilité exacerbée, tu souffris de la malveillance qui te poursuivait en tout lieu. Peut-être, afin d'apaiser l'opinion, aurais-tu espacé tes passages parmi nous, si la vie qu'on te faisait mener à Saint-Gildas ne t'avait été si pesante. Entre nos murs, tu trouvais une paix dont tu éprouvais le plus pressant besoin. Aussi, décidant d'ignorer les calomnies et venant chercher dans notre havre le calme qui te faisait si cruellement défaut en Bretagne, tu continuas un certain temps à nous prodiguer tes conseils, tes exemples et tes dons.

Les mois qui s'écoulèrent alors me furent moins durs à vivre que les années précédentes. En dépit des tentations qui continuaient à m'assaillir, je puisais dans ta présence du réconfort et beaucoup de courage.

J'étais également soutenue par le rapide accroissement des richesses et de la renommée de notre monastère. On s'intéressait à nous un peu partout dans le pays. Cadeaux et aliénations de propriétés venaient agrandir notre domaine, embellir ton oratoire, remplir les caves et les celliers que j'avais fait construire.

Notre réputation de piété et de discipline s'était répandue dans tout le royaume. Nous recevions des marques de respect et d'admiration de provinces éloignées, et on nous écrivait de fort loin pour nous féliciter ou nous demander des prières.

Il se trouva alors, à l'automne de 1131, que le pape Innocent II, qui voyageait en France où il visitait églises et abbayes, vint à passer dans nos parages. Je profitais de son séjour à Auxerre pour obtenir de lui une bulle nous confirmant dans la possession perpétuelle des biens reçus ou à recevoir. Sa Sainteté se montra extrêmement bien disposée à notre égard et des plus bienveillantes. Elle alla jusqu'à bénir nos protecteurs, à menacer de malédiction nos persécuteurs éventuels. Le pape, enfin, nous fit le grand honneur de nous nommer « ses chères filles en Jésus-Christ ».

Dès lors, les progrès de notre communauté ne furent plus entravés par rien ni par personne. Je pus me consacrer sans risque à la direction de plus en plus absorbante du Paraclet, dont je m'attachais à faire rayonner le nom à travers le pays tout entier.

Je dus, sans doute, éprouver trop de satisfaction dans l'accomplissement de cette œuvre qui me rapprochait de toi plus que de Dieu, et une nouvelle période noire s'ouvrit alors pour moi qui me croyais sauvée, succédant à celle de relatif équilibre que je venais de goûter.

Tu étais reparti une fois de plus pour Saint-Gildas, ainsi que tu en avais l'habitude. Comme tu ne m'écrivais jamais, j'ignorais à chaque départ la durée de ton absence et la date de ton retour. J'attendais donc, ainsi que j'avais appris à le faire, le moment doux et amer où tu nous reviendrais.

Mais tu ne revins pas. Une saison passa, puis une autre, un hiver, un printemps, un été. Nous demeurions dans l'ignorance. Au bout d'un an de ce silence, je sentis mon âme chanceler. Que t'était-il arrivé ? Pourquoi nous abandonnais-tu ? Où te trouvais-tu ? Une inquiétude mortelle s'empara de moi. Je savais de quelles mauvaises intentions tes moines bretons étaient animés contre toi. T'avaient-ils maltraité, emprisonné, torturé ?

D'aussi sombres craintes me jetaient dans des accès d'abattement d'où me tiraient brutalement des sursauts de révolte. Comment pouvais-tu me délaisser ainsi ? Étais-je donc si peu pour toi que tu me laissasses sans nouvelles pendant tant de mois ? Dans notre passé, rien ne t'inspirait-il donc la pensée de me soutenir par ta venue, ou du moins de me consoler de loin par une lettre ? M'écrire t'aurait si peu coûté ! Tu ne pouvais oublier les nœuds étroits qui nous liaient l'un à l'autre. Les méprisais-tu ? Allais-je retomber, comme au temps d'Argenteuil, dans un marasme d'où tu ne viendrais plus jamais me tirer ?

J'étais au comble de l'angoisse et de la révolte quand, alors que je ne l'espérais plus, je reçus un message. Il ne m'était cependant pas adressé. Cette épître, fameuse, trop fameuse, retraçait pour un ami affligé l'histoire de tes propres tribulations. Rien n'y était dissimulé et notre histoire s'y étalait en toutes lettres. Un hasard l'avait fait parvenir jusqu'à moi. Je la dévorai. Chaque ligne me transperça.

J'y appris les raisons de ton silence. Persécuté, trahi, et même menacé de mort par tes propres moines qui avaient essayé à plusieurs reprises de t'empoisonner — allant jusqu'à verser de la ciguë dans ton vin de messe — puis, devant l'insuccès de leur traîtrise, payant des brigands pour te poignarder, tu t'étais vu obligé de consacrer ton temps et tes forces à lutter contre leur vilenie. Une chute de cheval, survenue alors que tu errais de refuge en refuge pour fuir tes fils indignes, mit le dernier point à tes épreuves, en te brisant les vertèbres du cou. Tu restas longtemps malade. Très affaibli, affreusement abattu, tu résolus de te désintéresser du monde pour ne plus consacrer ce qui te restait de vie qu'au service de Dieu. Tu terminais ton épître en citant la parole du sage : « Le juste ne sera pas attristé quoi qu'il arrive. »

Ainsi donc, la Providence ne désarmait pas et te maintenait dans les périls et les humiliations !

Tout le courroux, tout le ressentiment qui couvaient en moi depuis si longtemps éclatèrent enfin avec la véhémence d'une tempête.

Je ne pouvais plus me taire ! Le cri que n'avaient pu m'arracher ni nos bonheurs saccagés, ni mon entrée en religion, ni les années désertiques d'Argenteuil, ni ta froideur, ni mes déceptions, cette lettre où tu te confiais à un autre, cette lettre torturante le libéra enfin !

C'est alors que je t'écrivis la première de ces missives dont on a, hélas ! tant parlé ! Je te l'adressai sous la souscription suivante : « A son maître, ou plutôt son père ; à son époux, ou plutôt son frère ; sa servante, ou plutôt sa fille ; sa femme, ou plutôt sa sœur ; à Abélard, Héloïse. »

Toute la complexité de nos relations tenait en ces quelques mots. La suite n'était qu'une plainte passionnée, l'appel au secours d'une femme plongée dans la plus extrême misère affective et spirituelle. J'achevais en te réclamant, à défaut de ta présence, une lettre de consolation. « Si tu ne le fais à cause de moi, fais-le du moins pour que, puisant dans ton langage des forces nouvelles, je vaque avec plus de ferveur au service de Dieu », disais-je en terminant.

Je t'avais écrit sous le coup d'une émotion sans bornes. Aussi n'espérais-je point être exaucée ; que tu m'aies entendue m'importait seulement. Ce fut donc avec autant de surprise que de trouble que je reçus, peu de temps après, une réponse de ta main. Elle était adressée : « A Héloïse, sa bien-aimée sœur dans le Christ, Abélard, son frère en Lui. »

Le ton en était affectueux, raisonnable. Tu y parlais de ma sagesse et de mon zèle. Tu m'offrais tes conseils écrits aussi souvent que j'en aurais besoin et tu réclamais mes prières pour te soutenir dans les luttes qu'il te fallait livrer. Tu me demandais, en outre, si tes ennemis venaient à t'assassiner, d'enterrer ton corps dans notre cimetière du Paraclet. Enfin, tu m'adjurais de reporter sur le salut de ton âme la sollicitude trop vive où me jetaient tes périls corporels.

A ton envoi, tu avais joint un psautier que tu m'adressais afin qu'il me servît à offrir au Seigneur un perpétuel holocauste d'oraisons pour expier nos fautes communes, si nombreuses, et pour conjurer les dangers qui te menaçaient.

Je vis bien la voie que tu m'indiquais avec discrétion et fermeté dans ces lignes entre lesquelles il fallait savoir lire, mais, tel un volcan, mon cœur était en pleine éruption et je ne me sentais pas délivrée des laves brûlantes qui y étaient encore enfermées. Je repris une seconde fois ma plume, bien résolue à me décharger de tout ce qui m'étouffait encore.

Cette seconde lettre, plus longue, plus ardente que la précédente, contenait l'aveu de ma faiblesse, de mes tentations, de mon impuissance à aimer Dieu plus que toi. J'y mettais à nu le tréfonds de mon âme et les tourments de ma chair. J'y criais la vérité, afin que tu ne pusses plus prétendre l'ignorer. Je te conjurais de croire que je n'étais pas guérie de ma passion, que je ne pouvais me passer du secours de tes soins ; j'y repoussais l'affreuse perspective de ta perte et je me refusais à tes louanges, non par fausse modestie, mais par crainte de tomber dans un dangereux pharisaïsme. Je t'avouais, enfin, ne pas encore accepter les arrêts de la Providence à notre égard et ne jamais ressentir la grâce efficace de mon état religieux.

C'était un bilan. Il était inquiétant.

Ta réponse fut aussi rapide et exaltée que la mienne.

Après un préambule de ton modéré, tu te laissais emporter par ton désir de me convaincre, de me convertir, devrais-je dire, à la seule adoration qui fût permise, qui fût salutaire : celle de Dieu !

Par mes soins, tu venais enfin d'être mis en face d'une vérité que tu t'étais jusqu'alors refusé à considérer comme elle devait l'être : celle de ma constance et de mon obstination. L'abbesse du Paraclet, si louée pour ses mérites, demeurait indéfectiblement ton Héloïse et n'avait pas un instant cessé de t'idolâtrer. Cette découverte te bouleversa. Conscient, soudain, de la responsabilité qui t'incombait dans le drame de ma claustration et de mon renoncement au monde alors que je n'avais pas de vocation, tu sentis la nécessité d'intervenir, de m'aider à cheminer sans défaillance sur la voie douloureuse où, seul, tu m'avais engagée.

Ces lignes véhémentes, Pierre, je les sais presque toutes par cœur. Elles furent mon plus sûr viatique par la suite, tant je me les récitai de fois aux heures de fléchissement. Elles m'aidèrent souvent, mais, vois-tu, je ne crois les comprendre qu'aujourd'hui.

Retranchée derrière mes positions, je n'y vis longtemps que le témoignage de ta propre foi, joint à un espoir, allant parfois jusqu'à la rudesse, de me ramener à la source de toute vérité. Je ne pouvais accepter une telle évolution. Par orgueil sans doute, et par opiniâtreté. Je m'entêtais dans mes revendications, estimant avoir assez sacrifié de moi-même et de mon amour, sans avoir encore à me dépouiller de l'âcre satisfaction qui me restait : celle que je ressentais en secret à cultiver ma douleur, à m'emmurer dans mon refus.

Oui, ce texte admirable que tu m'écrivis de Saint-Gildas, Pierre, voici que j'en pénètre enfin le sens, que les écailles me tombent des yeux ! Tu m'y incitais à mieux examiner les raisons de notre double châtiment : « Vous reprochez à Dieu notre conversion quand vous devriez l'en remercier. J'avais pensé que la considération des desseins si manifestes de la miséricorde divine avait depuis longtemps effacé de votre âme ces sentiments d'amertume, sentiments dangereux pour vous, dont ils usent le corps et l'âme, et, par là même, d'autant plus pénibles et plus douloureux pour moi... Songez, en entrant dans la voie de la piété, que la béatitude est le but du voyage, et que les fruits de ce bonheur seront d'autant plus doux que nous les goûterons ensemble. »

Tu m'y démontrais ensuite que ce qui était arrivé se révélait, à la réflexion, aussi juste qu'utile. A l'appui de ton assertion, tu dressais le compte de nos fautes, tu insistais sur leur gravité, sur nos débordements, sur notre trahison à l'égard de mon oncle, sur ton penchant à la luxure : « Comparez le danger et la délivrance. Comparez la maladie et le remède. Examinez ce que méritaient nos péchés et admirez les indulgents effets de la bonté de Dieu. »

Tu t'accusais ensuite des pires turpitudes, dont, par délicatesse, tu m'excluais volontairement : « Vous savez à quelles impudicités les emportements de ma passion avaient voué nos corps... Je brûlais pour vous d'une telle ardeur que, pour ces voluptés infâmes dont le nom seul me fait rougir, j'oubliais tout, Dieu, moi-même : la clémence divine pouvait-elle me sauver autrement qu'en m'interdisant à jamais ces voluptés ? »

Puis tu m'adjurais de m'unir à ton action de grâces, comme j'avais été unie à ta forfaiture et à ton pardon. Tu m'expliquais que notre mariage, que je maudissais, avait été voulu par Dieu, puisque tu lui devais d'être débarrassé de la cause de tes souillures, et que, sans lui, j'aurais été retenue dans le siècle après ta mutilation et avilie par une existence médiocre. Les enfants que j'eusse enfantés dans le monde n'étaient que peu de chose en regard de la famille spirituelle que je formais chaque jour dans la paix du couvent : « Quelle déplorable perte si vous n'étiez qu'une épouse, vous qui, à présent, surpassez les hommes, vous qui avez transformé la malédiction d'Ève en la bénédiction de Marie ! Quelle profanation si ces mains sacrées, habituées maintenant à feuilleter les Livres saints, étaient vouées aux vulgaires besognes du commun des femmes ! »

Tu me parlais aussi de l'amour pur, de l'amour du Christ pour les humains, pour moi : "Il vous a payée, achetée, non au prix de Ses biens, mais au prix de Lui-même ; c'est de Son propre sang qu'Il vous a achetée, rachetée. Voyez quel droit Il a sur vous, et combien vous Lui êtes précieuse. Qu'a-t-Il cherché en vous, si ce n'est vous-même ? Celui-là est l'amant véritable qui ne désire que vous et non ce qui est à vous ; celui-là est l'amant véritable qui disait en mourant pour vous : "Il n'est point de plus grand témoignage d'amour que de mourir pour ceux qu'on aime." C'est Lui qui vous aimait véritablement et non pas moi. Mon amour à moi, qui nous enveloppait tous deux dans les liens du péché, n'était que concupiscence : il ne mérite pas ce nom d'amour. J'assouvissais sur vous ma misérable passion, voilà tout ce que j'aimais ! Pleurez votre Rédempteur et non votre corrupteur, Celui qui vous a sauvée, non celui qui vous a perdue ! »

Le souffle brûlant de ce passage me laissait mal à l'aise, mais ne me convainquait pas. O Pierre, il m'est de plus en plus évident, en évoquant ces phases de notre lutte, que je me cramponnais farouchement à mes rancœurs par amour-propre plus que par amour pur !

Tu me suppliais ensuite d'accepter le coup qui nous avait séparés et d'adorer la main qui nous l'avait infligé : « Le Père emploie le fer pour trancher le mal, il blesse le corps et guérit l'âme. Un seul a souffert de la blessure et deux ont été sauvés de la mort. »

Puis, te référant à mes aveux, tenant compte des transes que je t'avais décrites, tu m'exhortais à les considérer sous un jour nouveau. Ce n'étaient pas des manquements transformant ma vie monacale en une perpétuelle hypocrisie, mais des épreuves salvatrices : « A celui qui combat sans relâche appartient la couronne, et il n'y aura de couronné que celui qui aura combattu jusqu'au bout. »

Après cette réhabilitation de mes tourments, après l'espoir dont tu éclairais ma route, tu me demandais de souffrir en notre nom à tous deux : « Pour moi, je n'ai pas de couronne à attendre, puisque je n'ai plus de combat à soutenir. Je ne me plains pas, pourtant, de voir diminuer mes mérites tandis que je m'assure que les vôtres augmentent, car nous ne faisons qu'un en Jésus-Christ ; par la loi du mariage, nous ne faisons qu'une seule chair. Tout ce qui est à vous, je l'adopte comme mien. Or, Jésus-Christ est à vous, puisque vous êtes devenue son épouse... Aussi, est-ce en votre appui auprès du Christ que je mets mon espoir, pour obtenir par vos prières ce que je ne peux obtenir par les miennes. »

Quelle plus haute union, quel but plus élevé pouvais-tu me proposer, Pierre ?

La prière si belle que tu joignais à ta lettre afin que je la dise en ton nom au Seigneur, cette prière que, soir et matin, depuis lors, j'ai récité avec mon Pater, vais-je, enfin, aujourd'hui, la redire dans la sincérité de mon âme, sans restriction, dans l'éclatement de mon opposition, de mon orgueil, de mon entêtement ?

« Dieu, qui, dès le commencement de la création, avez, en tirant la femme d'une côte de l'homme, établi le grand sacrement du mariage, Vous qui l'avez honoré et élevé si haut, soit en Vous incarnant dans le sein d'une épouse, soit en commençant Vos miracles par celui des noces de Cana, Vous qui avez jadis accordé, de quelque manière qu'il Vous ait plu de le faire, ce remède à mon incontinente faiblesse, ne repoussez pas les prières de Votre servante ; je les verse humblement aux pieds de Votre divine majesté pour mes péchés et pour ceux de mon bien-aimé. Pardonnez, ô Dieu de bonté, que dis-je ? ô Dieu qui êtes la bonté même, pardonnez à nos crimes si grands, et que l'immensité de Votre ineffable miséricorde se mesure à la multitude de nos fautes. Je Vous en conjure, punissez les coupables en ce monde, épargnez-les dans l'autre. Punissez-les dans cette vie d'un jour, afin de ne les pas punir dans l'éternité. Armez-Vous contre Vos serviteurs de la verge de la correction, non du glaive de la colère. Frappez la chair pour conserver les âmes. Venez en pacificateur, non en vengeur, avec bonté plutôt qu'avec justice, en père miséricordieux, non en maître sévère.

« Éprouvez-nous, Seigneur, et tentez-nous, ainsi que le prophète le demande pour lui-même : "Éprouve-moi, Seigneur, sonde-moi, fais passer au creuset mes reins et mon cœur." Ce qui revient à dire : examinez d'abord mes forces et mesurez-leur le fardeau de mes tentations. C'est ce que saint Paul promet à Vos fidèles, lorsqu'il dit : "Le Dieu tout-puissant ne souffrira pas que vous soyez tentés au-dessus de vos forces, mais avec la tentation, Il ménagera aussi le secours pour que vous puissiez la supporter."

« Vous nous avez unis, Seigneur, et vous nous avez séparés quand il Vous a plu, comme il Vous a plu. Ce que Vous avez commencé dans la miséricorde, achevez-le dans un comble de miséricorde. Ceux que Vous avez, un jour, éloignés l'un de l'autre en ce monde, unissez-les à Vous pour toujours dans le ciel, ô notre espérance, notre partage, notre attente, notre consolation, Seigneur qui êtes béni dans les siècles. Ainsi soit-il. »

Ainsi donc, Seigneur, c'est à cet aboutissement que Vous me conduisiez : reconnaître que Pierre avait raison, que j'avais tort et que, depuis mon entrée en religion, je suivais la mauvaise route ! Mon amour humain, j'ose le proclamer, avait été sans reproche, je l'avais vécu pleinement, totalement assumé. En revanche, ma vie de religieuse se soldait par une suite de révoltes, de marchandages, de compromissions. Qu'avais-je fait d'autre que de mener une double existence ? A la fois supérieure d'une abbaye bénédictine et femme follement éprise ; abbesse exemplaire et créature insoumise au verdict de Dieu !

Dans cette lettre dont je reconnais enfin le message, ô Pierre !

tu m'incitais à transfigurer, à sublimer notre amour en le fondant dans celui du Christ. Le Seigneur a dit : « Je suis le chemin, la vérité et la vie. » Cette voie est la seule par laquelle les fidèles peuvent rentrer de l'exil dans la Patrie. Tu m'invitais de toutes tes forces à la suivre, à te suivre, Pierre. Vais-je enfin accepter de mettre mes pas dans tes pas ?

16 mai 1164

Sans effort apparent, l'abbesse se redressa sur sa couche. Elle ouvrit les yeux. Dans l'infirmerie où pénétrait la blonde lumière de mai, chacun priait autour du lit drapé de toile. Le regard de la mourante glissa d'un orant à l'autre avant de se fixer sur l'un d'eux. Elle se prit à rougir. Comme autrefois, son teint clair trahissait toutes ses émotions.

— Mon fils, dit-elle après un instant, mon fils, vous voici donc !

Au bruit de sa voix, les têtes s'étaient levées. Arraché à sa prière, Pierre-Astralabe considérait sa mère avec des yeux que voilait encore la contemplation intérieure d'où il émergeait.

— Approchez, je vous prie.

Il se leva et marcha vers celle qui l'appelait. Parvenu contre les draps, il s'immobilisa.

— Je vous remercie d'être venu pour m'assister, dit Héloïse d'un air grave. Votre présence me réconforte et m'allège. Puisque vous vous trouvez près de moi alors que je m'en vais, c'est que Dieu a eu pitié.

Elle parlait sans effort apparent, comme si la souffrance des heures précédentes l'avait quittée.

— Il fallait que je puisse vous revoir avant de mourir, mon fils, il le fallait absolument.

Le prêtre se pencha vers l'agonisante. Il était bouleversé.

— Ma mère, que puis-je pour vous ?

— Beaucoup. Beaucoup plus que vous ne le pensez.

Héloïse s'interrompit pour regarder celles qui se trouvaient rassemblées à son chevet.

— Devant ces témoins, reprit-elle avec décision, devant ces amies, devrais-je plutôt dire, qui me connaissent et connaissent mes faiblesses, je veux m'accuser d'une faute qui me pèse à présent, qui me pèse lourdement. Écoutez bien, vous toutes ! Une dernière fois, avant de vous quitter, je dis très humblement ma coulpe en public et ce n'est pas pour confesser une peccadille. C'est d'abandon et de détachement maternel qu'il s'agit ! Je n'ai pas su aimer cet enfant comme il le méritait, comme il y avait droit. Absorbée par un autre amour, je me suis détournée de lui et l'ai laissé sans tendresse.

Elle marqua un temps d'arrêt pour respirer avec difficulté, comme si, de nouveau, un poids pesait sur sa poitrine.

— Pierre-Astralabe, me pardonnerez-vous ? demanda-t-elle d'une voix plus cassée. Vous sentez-vous capable de me pardonner mon indifférence et mon manque d'affection ?

— Je vous en supplie, ma mère...

— Ce n'est pas une parole de complaisance, mon fils, que je vous demande, dites-vous-le bien. C'est d'une absolution pleine et entière dont j'ai besoin, d'une absolution qui me délivre de ce remords et du remords de ne pas l'avoir éprouvé plus tôt.

La mourante se tut. Un grand silence plana sur l'infirmerie.

Pierre-Astralabe, le front baissé, se recueillait. Enfin, il redressa la tête.

— De toute mon âme, et en toute connaissance de cause, ma mère, je vous pardonne, dit-il avec un respect infini. Dieu vous avait désignée pour une tâche autrement importante que celle qui consistait à m'élever : Il vous avait choisie pour incarner l'Amour et pour le porter à son plus haut sommet ! Qu'Il vous bénisse ainsi que je le fais.

D'un geste tendrement déférent, le fils d'Héloïse dessina le signe de la bénédiction sur la coiffe de lin, puis, dans un mouvement d'hommage filial, il prit la main de la mourante et la baisa.

— Allez en paix, conclut-il. Vous voici en ordre avec vous-même.

Héloïse se laissa retomber en arrière. Un moment, son fils tint ses doigts entre les siens, puis il les reposa sur le crucifix que l'abbesse portait sur la poitrine.

Alors seulement, il glissa à genoux contre le lit, pour unir ses prières à celles de sa mère.

Tu m'avais demandé, Pierre, de ne plus t'importuner de mes plaintes. Ainsi que je l'ai toujours fait, je me soumis à ta volonté en y pliant la mienne. Inconsolable mais muette, déchirée mais obéissante, je me conformai à tes désirs et ne te parlai plus de mes sentiments.

Pour autant, je n'étais pas guérie. Je ne le fus jamais. Pendant toute ma vie, j'accomplis mon devoir sans l'aimer et employai mon énergie bien plus à m'astreindre au silence qu'à tenter de transformer mon cœur !

Cependant, si je parvins à ne plus t'entretenir de mon adoration, il était au-dessus de mes forces de demeurer sans aucun échange avec toi. Je t'écrivis donc une autre lettre où, pour que tout soit net entre nous, je m'engageais à ne plus aborder le sujet qui te déplaisait et à ensevelir mon amour au plus secret de moi. Je ne te cachai pas le terrible effort qu'il me faudrait accomplir pour parvenir à un tel résultat. Afin que tu saches, malgré tout, à quoi t'en tenir, et en dernier rappel, je mis une suscription qui était, à elle seule, une déclaration dont le sens ne pouvait t'échapper : « Celle qui est à Dieu spécialement, mais à toi singulièrement. » Tels furent mes ultimes mots d'amoureuse. Depuis lors, pas une phrase, pas une allusion de moi n'a trahi le combat dont je n'ai, jusqu'à ce jour, pas cessé d'être le terrain.

Je continuais ensuite ma missive sur un tout autre ton. M'adressant alors à toi, non plus ainsi qu'à mon époux, mais comme au père de notre communauté, je te demandai des renseignements sur les origines de notre vie monastique et te réclamai un statut nouveau composé à notre usage, pour des femmes, et non pour des hommes. En effet, la règle de saint Benoît qu'observaient les religieuses comme les religieux ne me semblait pas nous convenir parfaitement. D'expérience, je savais qu'elle offrait bien des imperfections. Notre faiblesse physique ne pouvait s'accommoder sans dommage de la discipline trop rude que pratiquaient les moines.

Je t'exposai donc mes arguments et te proposai quelques accommodements. Pourquoi, par exemple, les moniales ne se verraient-elles pas autorisées à boire du vin avec modération et à manger un peu de viande ? Nous y gagnerions en vigueur, nos travaux en bénéficieraient, et le couvent ne s'en trouverait que mieux servi. Dans des corps mal nourris, l'âme manquait de vitalité et s'étiolait misérablement. En revanche, soutenus par de robustes santés, nos esprits ne seraient que plus à l'aise pour se consacrer à la prière et à l'adoration. De même, libérées des servitudes qui les surchargeaient, mes filles se livreraient avec une ardeur accrue au service de Dieu. Ces questions, qui, au premier abord, ne semblaient viser qu'à notre mieux-être, concernaient en réalité notre épanouissement spirituel et nous procuraient le moyen d'y parvenir.

Je m'attachai également à te réclamer un emploi du temps conçu de manière que les travaux manuels nous prissent moins de temps que le plus sacré de nos devoirs : l'office divin. Je proposai encore certaines autres modifications, qui pouvaient toutes se résumer par le sens inné que j'avais de la mesure. Vois-tu, Pierre, je tenais beaucoup à la suppression des corvées purement matérielles, ou, tout au moins, à leur atténuation, en faveur d'une recherche toujours plus poussée de la vie mystique. Je sentais si intimement la prépondérance de la foi sur les œuvres, moi qui, accomplissant sans défaillance celles-ci, me sentais avec horreur tellement dépourvue de celle-là !

Je dus, sur ce point, traduire ta propre conviction. Tu me répondis par l'envoi de deux traités qui exauçaient mes désirs. Tu m'y approuvais sans restriction et nous donnais les réglementations demandées. Elles englobaient toutes nos activités, tout notre temps : aussi bien le moindre détail de notre organisation pratique que celui de notre comportement religieux. Pas une seconde de nos jours ou de nos nuits n'y échappait. Suivant mes remarques, notre nourriture elle-même subissait des améliorations : deux repas par jour nous étaient permis, sauf pendant le temps de jeûne où nous nous contentions d'un seul dîner. Un peu de viande, un peu de vin, des légumes en abondance, parfois du poisson. De fruits qu'au souper. Si notre pain ne devait pas être blanc comme celui des opulents, mais contenir un tiers de grains non blutés, il était distribué avec largesse, ainsi que les autres aliments, et nulle limite quantitative n'était assignée à notre appétit.

Je t'avais écrit : « C'est à toi, ô mon maître, d'établir de ton vivant ce que, toujours, nous maintiendrons. »

Il m'était doux, vois-tu, de régler mes habitudes sur celles que tu avais jugé bon de nous dicter ; de songer que tu savais tout de notre existence, que rien ne t'en était étranger, que ta pensée pouvait me suivre sans erreur tout au long de mes jours.

Une fois en possession de ce nouveau programme, je n'eus plus qu'un but : l'appliquer à la lettre, et, par sa rigoureuse observance, faire du Paraclet un des plus importants couvents de femmes du pays.

Je crois pouvoir affirmer en toute vérité que j'y suis parvenue. Sur mes indications, des ouvriers maçons transformèrent les bâtiments déjà existants. Ils en construisirent d'autres de toutes pièces. Une enceinte de pierre nous isola du monde, tout en nous défendant de lui. Alentour, nos champs, nos vignes, nos bois furent cultivés, soignés, taillés par des paysans que je pouvais enfin rétribuer.

Suivant tes instructions, j'avais nommé parmi mes filles six intendantes chargées, chacune en particulier, d'une administration déterminée. La prieure, qui devait me seconder en toutes choses : éducation et instruction des moniales, surveillance de la librairie, des copies de manuscrits et de leurs enluminures, aide à la célébration des offices, distribution des travaux aux religieuses, élaboration des directives quotidiennes. La sacristine, ou trésorière, qui avait la charge de l'oratoire et de sa très sobre décoration. L'infirmière — pauvre sœur Margue que j'écoute si mal ! —, dont les compétences médicales devaient être exemplaires, se voyait confier le soin de veiller sur la santé morale et physique du monastère. La maîtresse des novices, ou robière, s'occupait de ce que les peaux, la laine et le lin de nos domaines fussent transformés en vêtements, linges et literie pour la communauté. Elle distribuait la couture et le tissage aux autres sœurs. La cellérière était préposée à tout ce qui touchait aux nourritures terrestres : cave, réfectoire, cuisine, moulin, boulangerie, jardin, verger, champs, ruches, volailles, bétail. La portière, elle, gardait l'entrée du monastère, recevait les visiteuses que je n'admettais à séjourner que sept jours sous notre toit. Passé ce délai, il leur fallait s'en aller ou prendre le voile.

Secondée de la sorte, je pouvais surveiller scrupuleusement mon troupeau, contrôler ses allées et venues, ses pratiques et jusqu'à ses pensées. Mon autorité était absolue, mais, pour me garder de l'orgueil du pouvoir, je devais me plier aux mêmes consignes que mes ouailles : pauvreté, chasteté, silence.

Afin de me conformer le plus étroitement possible aux actes du Seigneur, il me revenait de laver les pieds des pauvres que nous accueillions toujours, de me montrer envers eux douce et humble de cœur. Je devais aussi être sans cesse présente au milieu de mes filles, manger et dormir parmi elles, me vêtir comme elles, ne me singulariser en rien. En signe discriminatoire, je portais seulement l'anneau d'or et la croix pectorale. Aux fêtes carillonnées, je tenais la crosse abbatiale.

Ainsi donc, au Paraclet, une organisation rigoureuse distribuait les occupations, mais je veillais à ce qu'elles ne fussent jamais excessives. Débarrassées des grosses besognes, les moniales, selon mon vœu, s'adonnaient désormais sans souci à une existence qui, tout en affirmant la prépondérance du spirituel sur le temporel, leur permettait de ne pas mépriser leurs corps si elle exaltait leurs âmes. Aucune d'entre elles, par exemple, n'était autorisée — sauf maladie — à s'absenter de l'oratoire pendant la récitation des huit heures canoniques, ou durant la messe, mais, entre les offices, elles avaient des récréations où il leur était loisible de se détendre.

Les travaux intellectuels, eux aussi, avaient leur place dans notre emploi du temps. Nous devions nous livrer quotidiennement à la méditation et à la lecture des Livres sacrés. Par ce truchement, d'ailleurs, j'intervenais directement dans la formation des esprits. Aussi souvent que faire se pouvait, j'octroyais à celles qui le désiraient des leçons de latin, de grec ou même d'hébreu, sans omettre, naturellement, de diriger l'étude des Saintes Écritures.

Ainsi passèrent plusieurs années. Jamais je ne restais désœuvrée, jamais je ne m'accordais de repos. En permettant à ma pensée de s'arrêter dans sa course, en me réservant le temps de me reprendre, l'inaction eût été pour moi plus malfaisante qu'un surcroît de travail. Bien au contraire, l'acharnement que j'apportais à ma tâche me procurait, avec une armée de soucis, l'apaisement du devoir accompli.

Il serait vain de nier que ma nature entreprenante et industrieuse ait puisé une certaine satisfaction dans l'accomplissement d'une œuvre aussi grandiose, aussi lourde de responsabilités. Je me battais sur tous les fronts : vie spirituelle, recherche intellectuelle, réglementations matérielles et intérêts temporels du monastère, rien ne me paraissait impossible à entreprendre !

Je devais posséder en moi, à mon insu, une considérable réserve d'énergie. L'édification du Paraclet l'utilisa. Je dois reconnaître que, si je pus me sauver du naufrage où risquait de m'engloutir l'anéantissement de notre vie amoureuse, ce fut à cette entreprise que je le dus. Sa difficulté contribua à me doter d'une force neuve, d'une stabilité que je croyais impossible à recouvrer.

Pour parvenir à mes fins, je ne reculai devant aucune requête, devant aucune démarche : en 1135, j'obtins de Louis VII, notre nouveau souverain, une charte royale dispensant à perpétuité notre abbaye de payer des droits sur l'achat ou la vente des produits de première nécessité. Une bulle du pape Innocent II renouvela, sur ma demande, la confirmation de nos privilèges et droits de propriété. Il était, en effet, indispensable de nous faire réaffirmer par de si hautes autorités l'acquisition de nos nouvelles possessions : demeures, forêts, vignobles, rivières et moulins venus s'ajouter, au fil des jours, à la liste de ce que nous devions à la générosité de nos amis.

Vers cette époque, je constatai soudain en moi un côté « bonne ménagère » qui se complaisait dans l'énumération et la mise en valeur de ces biens matériels que j'avais si longtemps méprisés. Il me restait, Dieu merci, assez d'esprit critique pour m'en moquer moi-même. Ne savais-je point que ces richesses-là n'étaient que des prêts à nous consentis par le Seigneur ? Rien ne nous appartenait, tout était à Lui. Il me revint qu'un jour tu avais dit : « Tout ce que nous possédons au-delà du nécessaire est nôtre par rapine ! »

Encouragée par ton exemple et pour ne rien renier de ton enseignement, je me détournai donc volontairement de cette satisfaction assez basse, et me plongeai de nouveau dans l'étude de la théologie.

Pendant ces années d'élaboration et de construction, d'ailleurs, tu ne cessas pas de me fortifier, Pierre, par un échange épistolaire auquel j'attachais le plus grand prix.

La nécessité de demeurer en contact avec toi, mon cher amour, m'incitait à entretenir cette correspondance avec assiduité. Je pris donc l'habitude de t'écrire pour te demander des explications au sujet des difficultés théologiques que mes filles et moi rencontrions au cours de nos études. Si tu ne vis là qu'une curiosité de l'esprit doublée d'un louable besoin d'information, il me faut avouer que le secret désir d'occuper ta pensée et la préoccupation de te montrer combien je t'obéissais en toute chose l'emportaient de beaucoup dans mon âme.

Quoi qu'il en soit, j'atteignis mon but. Tu nous envoyas d'abord la réponse aux quarante questions qui nous avaient embarrassées et que j'avais groupées pour te les adresser. Puis, sur ma sollicitation, tu écrivis ton *Hexameron*, commentaire complet de la Genèse. Je te réclamai, peu de temps après, des hymnes pour agrémenter notre liturgie. Tu en composas cent trente-trois, dont certaines admirables, que je chantais avec ravissement et ferveur, plus en hommage, il faut bien l'avouer, à ton talent qu'à la gloire de Dieu !

Malgré le surcroît de travail que je t'imposais de la sorte, il m'était si précieux de communiquer ainsi avec toi que je te priai par la suite d'écrire des sermons à notre propre usage. Tu acceptas ce nouveau devoir avec ta bonne grâce accoutumée et tu me les envoyas avec une lettre presque tendre où tu me disais, entre autres : « Vous qui fûtes naguère mon épouse par la chair, et qui êtes maintenant ma sœur dans la vie religieuse... »

Fallait-il, Pierre, que tu sois sûr de moi pour te permettre, si tardivement, un rappel à notre passé !

Je sus ne pas abuser de ce mouvement d'un cœur qui, sans m'oublier, s'était donné à Dieu, et je conservai dans ma réponse le ton impersonnel que tu souhaitais y trouver. Ce ne fut point là sagesse de ma part, en ce qui te touchait je n'en avais aucune, mais prudence et prévoyance.

Comme ton existence agitée ne te permettait pas de venir me rendre visite, il m'importait plus que tout de maintenir nos relations épistolaires. Par ce moyen, je restais liée à ta destinée, je poursuivais près de toi ton pénible cheminement.

En effet, et bien que tu aies quitté Saint-Gildas de façon définitive, ton existence n'en demeurait pas moins menacée. Revenu à Paris, tu avais repris, en dépit de tes promesses antérieures et avec un mépris absolu du danger, tes cours sur la montagne Sainte-Gene-viève ainsi que la rédaction de plusieurs ouvrages. Tu en profitas également pour réviser certains de tes écrits et en composer de nouveaux.

Tout de suite intéressé, le public lettré te suivit comme il le faisait toujours. La séduction de ton génie était telle qu'il y avait immanquablement, au cours de tes réapparitions, une foule avide pour te lire ou t'écouter.

Hélas ! une fois de plus, ton succès te fut fatal ! Mais ce ne furent plus d'obscures jalousies qui précipitèrent ta chute. Une voix tonnante s'éleva contre toi, capable d'appeler à son aide les foudres divines ! Alerté par un sien ami que l'audace de tes livres avait effrayé au-delà de toute expression, Bernard de Clairvaux, après un temps de réflexion, s'ébranla. Il alla te trouver, par deux fois, pour te conseiller sur le mode amical de modifier tes opinions et de ne pas exciter tes élèves contre l'orthodoxie. C'était mal te connaître ! Il n'était pas dans tes possibilités de mettre un frein à ta fougue. Je t'ai toujours vu dévoré du besoin d'expliquer aux autres la marche de ta pensée. Cette fois-ci, pourtant, tu aurais dû sentir l'importance de la menace. Tu passas outre.

Or, en 1140, Bernard rencontra à Cîteaux un de tes disciples avec lequel il eut l'occasion de converser. Il s'inquiéta, en mesurant ton influence sur cet esprit délié et, par voie de conséquence, sur la jeunesse en général. En homme habitué à se faire écouter, il adressa aussitôt au pape et aux cardinaux romains des messages où, avec son éloquence enflammée, il parlait de ton action et de toi-même avec beaucoup de sévérité.

Cette intervention fit un bruit énorme. Tout le monde en discutait. C'est ainsi que j'en fus informée au Paraclet par notre évêque. L'angoisse familière des sombres jours d'Argenteuil m'investit une nouvelle fois. Avec un adversaire de la taille de Bernard de Clairvaux, qu'allait-il advenir de toi ?

J'avais raison de m'alarmer. Les événements se précipitèrent bientôt de la plus implacable façon. Notre roi, Louis VII, avait en effet choisi le dimanche après la Pentecôte pour se rendre à Sens visiter une exposition solennelle des reliques de la cathédrale. A cette occasion, une grande foule était venue pour saluer le jeune souverain. On décida donc de profiter de ce concours inhabituel de peuple pour réunir un concile restreint.

C'est alors, Pierre, que tu eus la mauvaise idée de demander à l'évêque de la ville qu'on organisât un débat public entre toi et Bernard. Tu estimais qu'une telle conjoncture te permettrait d'exposer tes opinions à la face du Ciel. C'était prendre trop de risques ! Mais tu conservais encore des restes de cette superbe confiance en toi qui t'avait toujours soutenu et dont tu ne parvins à te défaire qu'à l'heure dernière.

Bernard commença par refuser ce duel oral. Il n'aimait pas, disait-il, qu'on débattît sur le mode dialectique des choses de la foi.

Hélas ! tu t'étais échauffé à la perspective d'une joute aussi extraordinaire et tu avais averti tes amis de la date du débat. Ne pouvant plus se récuser, Bernard écrivit aux évêques de la province pour leur demander de venir assister au combat qu'il lui fallait bien accepter.

Tenue au courant de ce qui se préparait, je ne cessais de trembler pour toi, en priant Dieu de te venir en aide. Malheureusement, la volonté divine n'était pas avec nous. Il te fallait, sans doute, descendre encore de plusieurs degrés dans l'apprentissage de l'humilité, vertu si contraire à ta nature ! Tu n'étais pas arrivé au bout de tes peines, Pierre, et le Seigneur ne te tiendrait quitte que plus tard, lorsque, dépouillé de tout, tu accepterais de te soumettre sans revendication à Ses décrets.

Le 3 juin, donc, qui était, je m'en souviens, un lundi, le lendemain de l'octave de la Pentecôte, le concile s'ouvrit à Sens. Tous les hauts et puissants personnages du royaume, aussi bien laïques qu'ecclésiastiques, entouraient, à ce qu'on m'a dit, le roi et ses conseillers. En chaire, au milieu des prélats et des clercs, Bernard de Clairvaux t'attendait, auréolé de son prestige de sainteté.

Debout au centre de la salle, tu lui faisais face. Tout de suite, il passa à l'attaque. Cet homme de roc estimait qu'aucune de tes thèses n'était défendable. La témérité de tes assertions le courrouçait. Pour lui, la foi n'était pas un sujet de discussion. On la possédait ou on ne la possédait pas. La Vérité était un tout qu'on ne pouvait permettre à chacun de remettre en question.

Il fit lire par un clerc dix-sept propositions extraites de tes ouvrages, qu'il jugeait pernicieuses, et t'accabla aussitôt après sous un déluge de citations tirées de l'Écriture.

Quand on me raconta ce qui se produisit ensuite, je commençai par refuser de le croire. Comment, tu t'étais dérobé sans combattre, toi dont je connaissais le courage ! Tu t'étais enfui ! Interrompant ton adversaire, tu avais déclaré devant tout le monde que tu récusais le concile. Sans même tenter de justifier ton œuvre, de te justifier toi-même, tu avais ensuite quitté la salle en proclamant bien haut que le pape, seul, était habilité pour te juger !

L'impression produite n'était pas difficile à imaginer. Tu fis l'unanimité contre toi. Ce fut donc en ton absence que le synode condamna comme hérétiques quatorze des dix-sept propositions que tu n'avais pas défendues.

Dès le lendemain, deux lettres, relatant par le menu les événements qui venaient de se produire, furent envoyées au pape. Elles ne devaient pas être tendres à ton égard ! L'une était signée de l'archevêque de Sens et de ses évêques, l'autre de l'archevêque de Reims et de ses évêques. De son côté, Bernard de Clairvaux adressa au Saint-Père une missive personnelle dans laquelle il réclamait ton interdiction au titre d'ennemi de l'Église. Il y avait joint un traité fort documenté contre ta méthode critique et certains de tes concepts.

Le résultat de ces démarches ne se fit pas attendre ! Au début de juillet, Innocent II envoya un rescrit à Bernard de Clairvaux, ainsi qu'aux archevêques de Sens et de Reims, pour condamner ta doctrine tout entière et, bien entendu, les propositions incriminées. En outre, il excommuniait tes disciples et t'imposait un silence définitif au fond d'un cloître d'où tu ne sortirais plus. Chaque exemplaire de tes ouvrages devait également être détruit par le feu.

Tout était dit. C'en était fait de ton enseignement. L'esprit le plus brillant, le plus doué, le plus audacieux aussi de notre temps, était muselé, abattu, relégué dans l'ombre d'un monastère ! Tes ennemis triomphaient, tu étais écrasé !

Si le coup fut dur pour toi, Pierre, il le fut aussi pour moi. Je connaissais ta foi. Elle ne pouvait être mise en doute. Je l'avais même souvent trouvée trop intransigeante quand elle t'éloignait de moi. Mais elle avait aussi éclairé ma route. Tu m'en avais fourni mille preuves dans tes écrits et bien plus encore dans les exemples que ton existence vouée à Dieu n'avait pas cessé, depuis vingt ans, de me proposer. Et on t'accusait d'hérésie ! Ton seul but, pourtant, était d'expliquer la religion, de porter la lumière jusque dans ses obscurités. En souhaitant la rendre compréhensible à tous, tu ne pensais qu'à la rendre plus proche de tous ! Je savais ta ferveur et ta sincérité, ô toi, le plus passionné des chrétiens ! Ta maxime : *La foi à la recherche de l'intelligence, l'intelligence à la recherche de la foi*, ne saurait être suspectée. N'était-ce pas toi qui aimais à répéter cette vérité que « la raison venant de Dieu, Dieu et la raison ne pouvaient se contredire » ?

Je passais des heures crucifiantes, dans ma cellule, à retourner chaque aspect de ta dégradation. Je souffrais de ta souffrance, comme toutes les fois où tu t'étais trouvé en butte à la persécution, mais aussi, hélas ! de la mienne propre. Je dois avouer, Pierre, qu'à la pure douleur qui me transperça quand on m'apprit ta condamnation, vint bientôt s'ajouter un sentiment d'amertume que j'osais à peine accueillir au secret de mon cœur : m'étais-je donc vouée, sans vocation, sans appel, à une vie monacale semée de ronces et de fiel, afin de découvrir au bout de vingt ans que l'homme pour lequel j'avais sacrifié ma part de joies terrestres était rejeté de Dieu ?

Nous ne sommes pas responsables de nos pensées mauvaises lorsque nous nous refusons à nous y attarder et que nous les repoussons avec horreur. Je ne serai donc pas jugée sur une telle vilenie, car je ne m'y attardai pas. Néanmoins, il m'en demeura un malaise, une impression de faute, qui, joints à ma peine et à mon indignation, me portèrent à accabler de ma haine Bernard de Clairvaux.

Seigneur, pardonnez-moi maintenant cette hostilité tournée contre un de vos élus. Je m'en repens. Elle jaillissait à cette époque de mon cœur avec mes larmes, et je ne pouvais pas l'empêcher de se répandre.

Dans l'éclairage où je me trouve aujourd'hui, je vois mieux les raisons qu'avait Bernard de redouter les hardiesses doctrinales de mon maître. Pour ce cistercien, auquel on ne peut dénier le don d'intelligence et d'érudition, la foi vécue fut toujours supérieure aux démarches intellectuelles. Ce grand mystique pensait que l'amour d'une âme pleine d'humanité était supérieur aux recherches de l'esprit. Peut-on l'en blâmer ? Parvenue au bout de ma route, il me semble que Bernard de Clairvaux n'avait pas tort.

D'ailleurs, Pierre, ne fis-tu pas, toi aussi, amende honorable en te réconciliant avec lui ? Trop dissemblables pour avoir des chances de vous entendre, vous n'en finîtes pas moins par faire la paix. Un respect plus fort que vos dissentiments vous rapprocha après ces orages.

Cependant, quand je sus la sentence qui te brisait, Pierre, je ne fus que plaie vive et me sentis incapable de pardonner.

C'est alors que je reçus ta dernière lettre. C'était beaucoup plus qu'un message ordinaire : c'était un testament spirituel, le suprême témoignage de ton estime et de ton attachement à mon égard. Je fus remuée jusqu'aux entrailles de ce que, du fond bourbeux de ta défaite, et renonçant pour toujours aux luttes où tu excellais, tu aies songé à m'écrire, à moi seule, pour m'accorder la plus grande preuve de confiance qu'il te fût possible de me donner. Sans renier notre amour, tu t'adressais à moi comme à un arbitre essentiel pour confesser ta foi. Tu le faisais en termes si nobles, si élevés, que toutes les attaques qu'on avait dirigées contre ta pensée s'écroulaient d'elles-mêmes. Ton credo était une adhésion totale à la doctrine chrétienne, un acte d'abandon et d'amour sans réserve envers Dieu.

« Je ne veux pas être philosophe, s'il faut pour cela me révolter contre saint Paul. Je ne veux pas être Aristote, s'il faut pour cela me séparer du Christ, car il n'y a pas sous le ciel d'autre nom que le Sien en qui je doive trouver mon salut... », disais-tu avant de réciter avec une fidélité absolue le Symbole des Apôtres.

Ainsi qu'il convenait à l'épouse que je n'avais jamais cessé d'être, je devenais enfin la gardienne légitime de ta croyance, le témoin de ton ultime engagement.

Puisque, après m'avoir choisie au temps de ma jeunesse, tu m'élisais encore en mon âge mûr comme refuge de ce qu'il y avait de plus précieux en toi, tu pouvais bien, après cela, interrompre notre correspondance pour te murer dans le silence. J'étais pourvue contre le désespoir et l'isolement. Enclose dans mon cœur, en sûreté entre mes mains, ta profession de foi nous unissait plus sûrement que la présence charnelle à laquelle je n'avais plus droit. Devenue ta moitié par le mariage, j'étais aussi, à présent, de moitié dans ton accomplissement !

A mon tourment, succéda soudain, grâce à ce don que tu me fis, l'impérissable certitude de ne pas m'être sacrifiée en vain. A travers tant de vicissitudes, m'ayant conservé ton affection, tu me donnais, avec une telle preuve de constance à mon égard, un gage éternel de solidarité.

Il ne me restait plus qu'à me remettre à l'ouvrage, à continuer mon œuvre au Paraclet, conscience de l'importance du dépôt dont tu m'avais fait la détentrice, et bien décidée à passer ce qui me restait de vie à prier pour toi, à m'unir à toi dans l'oraison dont tu m'avais laissé le modèle.

Là encore, Seigneur, je m'accuse de m'être conformée en tout à l'attitude de Pierre, moins par souci de Vous que par besoin de l'accompagner jusqu'au bout du chemin. Son amour fut toujours mon guide, Vous le savez, mon Dieu. Je m'aperçois, d'ailleurs, qu'en le suivant c'est vers Vous que j'étais conduite. Longtemps, je préférai l'ignorer. En ces derniers moments, je ne puis plus me duper davantage.

Avant sa mort, Pierre me légua sa foi, cette foi qu'il avait pris le soin de transcrire à mon intention pour que je ne m'égare pas. Ce fut mon héritage !

Depuis vingt-deux ans que je prie nuit et jour pour lui, j'ai fini, sans le vouloir, par m'imprégner de sa ferveur, par admettre son acceptation. Il ne me manquait plus que d'en prendre conscience, que de me soumettre en connaissance de cause à Votre volonté.

Je vais bientôt te rejoindre, Pierre, toi qui mourus d'édifiante façon. Aide-moi, en cette heure difficile, à me dépouiller de ce qui me reste d'orgueil pour le déposer, avec mon pauvre corps, aux pieds du Seigneur. Je sens que mon temps est proche. Il ne me reste plus grand-chose à extraire de moi. Bientôt, j'aurai achevé mon long cheminement vers la lumière.

Après la notification de l'arrêt qui te rayait du nombre de ceux qui ont le droit de s'exprimer, après cette suprême épreuve, tu décidas, dans un désir bien compréhensible de justification, de partir pour Rome, afin de plaider en personne ta cause devant le pape. C'était le sursaut final de cet orgueil qu'on t'a si durement reproché.

En cela non plus, tu ne devais pas obtenir satisfaction. Tes forces déclinantes ne te permirent pas d'aller au bout de ton intention. De couvent en couvent, pauvre pèlerin honni des tiens, tu entrepris ce voyage que tu ne devais pas finir. La route était trop longue et toi trop affaibli. La sentence qui venait de te condamner t'avait frappé au cœur. Malade, épuisé par plus de soixante ans de traverses, tu te vis contraint de t'arrêter assez vite, bien avant l'Italie.

Ton dernier havre fut, Dieu merci, un havre de grâce. En signe de rémission, le Seigneur te permit enfin de rencontrer un homme de bien qui devint ton ami.

C'est en Bourgogne, non loin de Mâcon, que tu trouvas l'hospitalité. L'abbaye de Cluny, célèbre entre toutes, renommée dans l'Europe entière, mère d'innombrables filiales, rayonne sur tout l'Occident par sa magnificence et sa générosité. Sûr d'y être bien reçu, on vient des frontières les plus lointaines pour s'y recueillir et assister au déroulement des plus belles cérémonies liturgiques qui soient.

Ce ne fut cependant pas un tel prestige qui t'attira, Pierre, et te retint. Ce fut la personnalité exceptionnelle de son supérieur. Pierre le Vénérable fut un des abbés, un des hommes les meilleurs dont on ait jamais entendu parler. Sage, pieux, et parfaitement bon, il était la charité et la délicatesse mêmes. Au lieu de repousser le proscrit que tu étais, il tint à te recevoir comme l'envoyé du Seigneur. Fort lettré, il connaissait tes œuvres et salua en toi le philosophe et le théologien de génie qu'il n'avait jamais cessé d'admirer. Un des rares à savoir démêler dans tes écrits la part essentielle, celle qui demeurait d'une orthodoxie irréprochable, il te manifesta son approbation de la plus déférente façon. L'affection qu'il ne craignit point de te témoigner, de surcroît, dut te toucher infiniment.

J'ai souvent remercié la Providence d'avoir mis auprès de toi, alors que tous t'abandonnaient, cet être admirable qui protégea ta fin. Grâce à lui, il te fut permis d'achever tes jours dans la tranquillité et le recueillement.

A Cluny, on t'accueillit avec respect et admiration, comme le maître malheureux mais illustre que tu n'avais pas cessé d'être. On t'entoura de soins. Pierre le Vénérable aplanit toutes les difficultés devant toi. Il s'entremit afin que tu te réconciliasses avec Bernard de Clairvaux, car votre différend était un scandale pour les croyants. Tu te rendis donc auprès de lui, dans son propre monastère, et vous fîtes la paix.

Par ailleurs, Pierre le Vénérable écrivit au pape une lettre où il implorait pour toi le pardon de Sa Sainteté. Il y faisait mention de ton rapprochement avec Bernard de Clairvaux, assurait que tu étais prêt à rétracter les erreurs que tu avais pu commettre, et que tu lui avais dit être fermement décidé à t'abstenir désormais de toute interprétation arbitraire des textes. Il informait également Innocent II de ton désir de demeurer à jamais entre les murs de Cluny, à l'abri des tempêtes oratoires et des joutes doctrinales.

C'était là une façon fort adroite d'amener le pape à te consoler dans ta propre détermination. Ainsi que tu y avais été condamné, tu promettais de rester enfermé dans un cloître où tu te ferais oublier. En revanche, tu étais assuré de demeurer à Cluny où tu avais enfin trouvé l'harmonie et la sérénité dont tu éprouvais un si pressant besoin. Ton ami réclamait encore pour toi le droit de recommencer à enseigner dans l'enceinte de son monastère, uniquement.

Tout lui fut accordé. Dès lors, rétabli dans tes droits et privilèges de prêtre, tu pus, jusqu'au terme fixé, prier, professer, méditer et te préparer au départ.

Je fus informée de ces circonstances par Pierre le Vénérable luimême. En effet, dès que j'avais connu le lieu de ta retraite, j'avais envoyé à cet ami providentiel quelques cadeaux destinés à lui prouver ma gratitude pour ce qu'il faisait envers toi. Après ta mort, il m'envoya sans tarder une lettre où il me fournissait tous les éclaircissements que je pouvais souhaiter. A des remerciements et des éloges pleins de tact sur mes réalisations dans la vie religieuse,

il joignait beaucoup d'explications au sujet de tes derniers mois :
« Sur la vie exemplaire, remplie d'humilité et de dévotion qu'il a
menée parmi nous, il n'est à Cluny personne qui ne puisse rendre
témoignage... Dans ce grand troupeau de nos frères, où je l'invitais
à prendre la première place, il semblait toujours, par la pauvreté
de ses vêtements occuper la dernière... Ainsi faisait-il pour le
manger, pour le boire, pour tous les soins du corps. Tout ce qui
était superflu, ce qui n'était pas absolument indispensable, il le
condamnait par sa parole et par son exemple... Sa lecture était
incessante, sa prière assidue, son silence persistant... Il s'approchait
des sacrements, offrant au Seigneur le divin sacrifice aussi souvent
qu'il le pouvait... Son esprit, ses paroles, ses actes étaient voués sans
discontinuer à la méditation, à l'enseignement, à la manifestation des
choses divines, philosophiques et savantes. Ainsi vécut parmi nous
cet homme simple et droit, craignant Dieu et se détournant du mal. »

Je fus infiniment reconnaissante à celui qui devint mon ami après
avoir été le tien de m'avoir procuré un tel apaisement à propos de
ces mois durant lesquels le silence t'avait englouti. Ce me fut une
profonde consolation que d'apprendre combien tu avais trouvé à
Cluny de déférence, de calme pacificateur et d'efficace bonté.

Mais ta fin approchait. Après un séjour de près d'un an en ce
monastère, une maladie humiliante acheva de t'épuiser. Comme tu
avais besoin du repos le plus absolu, Pierre le Vénérable t'envoya
au prieuré de Saint-Marcel, à Chalon-sur-Saône, où l'air était réputé
pour sa salubrité. Tu y séjournas peu. La mort vint t'y surprendre
dans l'exercice de tes pieuses occupations. Quand tu te sentis perdu,
tu tins à faire une confession générale devant tes frères réunis. Tu
affirmas de nouveau ta foi et reçus enfin le viatique du suprême
voyage. En communiant, tu recommandas ton âme et ton corps au
Seigneur, en ce monde et dans l'éternité, puis, quittant cette terre
pour aller rejoindre le divin maître, tu t'endormis dans la paix.

C'était le 21 avril 1142. Dès le 25, je savais. Un messager que
m'avait envoyé l'abbé de Cluny m'apprit mon deuil. Des années
interminables de froid et de vide commençaient pour moi.

Mon être même se sentait mutilé. Je ne pense pas que mes filles
m'aient trouvée plus triste après ta disparition qu'avant, mon état
dépassait toute tristesse. Il se réduisait à l'absence, une absence qui
creusait en moi un vide que ni Dieu ni les hommes ne pouvaient
combler.

Toi perdu, que me restait-il, à moi ?

Je crus fort simplement que, telle une lampe privée d'huile, j'allais
m'éteindre à mon tour. J'attendais avec impatience le visiteur furtif
qui me délivrerait de ce corps de mort. Il ne vint pas. Ce fut la dernière
pénitence imposée pour mes fautes passées, l'ultime châtiment.

« Toute mauvaise fin est la conséquence d'un mauvais commencement », t'avais-je écrit un jour. Cette relégation de vingt ans fut une fin qui s'éternisait.

Comme toujours, mon seul refuge fut l'action. Je pouvais enfin m'occuper de toi. Après avoir reçu la très belle lettre de notre ami, je lui répondis pour lui demander assistance. Je ne sus que plus tard qu'on t'avait enterré là où tu étais mort, à Saint-Marcel. En revanche, je n'avais pas oublié que tu avais instamment exprimé le désir de reposer au Paraclet. Il fallait donc t'y faire venir. Je le dis à Pierre le Vénérable, et j'attendis.

Agissant alors en véritable frère, cet homme dévoué décida d'enlever ta dépouille mortelle, à l'insu des moines de Saint-Marcel qui, se félicitant de posséder les restes d'un homme aussi célèbre, n'auraient pas admis ce transfert.

Le seizième jour des calendes de décembre, il arriva au Paraclet, sous la neige, pour me rendre ce corps que j'avais tant aimé. Il dit une messe à ton intention, ô mon Pierre disparu ! et assista à mes côtés à l'inhumation qui eut lieu au pied du grand autel de ton oratoire.

Par une ironie où je vis aussi un peu de pitié, la mort exauçait enfin mon plus constant désir et te donnait à moi pour toujours.

J'avais perdu la moitié de mon âme, mais je possédais près de moi ce qui restait de mon amour.

Malgré mon déchirement, je tins à tout mettre en ordre. Comme j'éprouvais désormais envers Pierre le Vénérable une respectueuse amitié, je lui écrivis pour lui réclamer quelques derniers services : un sceau contenant en termes clairs ton absolution, mon bien-aimé, afin que je fusse à même de la suspendre à ton tombeau ; une lettre scellée confirmant le privilège d'un tricénaire à célébrer par Cluny après ma mort en vue du repos de mon âme ; et, enfin, par un souci maternel bien tardif, je lui demandais de se souvenir de notre fils, Pierre-Astralabe, dont je m'étais si peu occupée, et de lui obtenir quelque prébende de l'évêque de Paris ou d'ailleurs.

Tout fut fait selon mes vœux.

Il ne me restait plus qu'à te survivre. Nul ne sut ce qu'il m'en coûtait. Seuls, les murs de ma cellule pourraient dire combien de larmes cette prolongation d'une existence sans objet m'a fait verser. Me réfugiant dans l'oraison, je priais pour toi sans relâche. Matin et soir, je me recueillais longuement sur ta tombe, dont je changeais les fleurs chaque jour.

Dans le même esprit, je me consacrais au couvent que tu avais fondé. Tu m'avais tracé la voie. Enfoui au fond de moi, mon chagrin ne m'empêcha jamais d'accomplir ma tâche. Quand tu étais vivant, je m'y étais appliquée. Toi parti, rien n'était changé. Je savais que ton esprit approuvait mes actions et m'encourageait, de l'invisible.

Dans sa première missive, Pierre le Vénérable m'avait écrit :

« Vous ne devez pas seulement brûler comme un charbon, mais, comme une lampe, vous devez à la fois brûler et éclairer. »

En me dévouant totalement au Paraclet, je pouvais espérer servir de lumière à quelques-unes et réchauffer certains courages abattus.

Je me donnais donc tout entière à mon œuvre. Elle était lourde, complexe, souvent ingrate, mais une énergie indomptable me menait. Je voyais en elle la seule manifestation possible de mon amour posthume. Elle me portait.

Beaucoup de cœurs généreux m'aidèrent dans mon entreprise. La fille de Denise, notre Agnès, était venue me rejoindre avec sa sœur Agathe qui est morte depuis. C'est une religieuse ardente et fine. Je l'ai nommée prieure pour qu'elle me succède quand le moment en sera venu. Sa lucidité et sa fermeté me soutinrent souvent. Dame Adélaïde, ne sachant plus quel don me faire, me confia sa sœur Ermeline, et toutes deux demeurèrent mes meilleures amies.

Les biens de notre abbaye ne cessant de s'accroître, et mes filles se multipliant à mesure que s'étendait notre renommée, il me fallut un jour songer à fonder des dépendances et des filiales de notre maison. J'en créai six, au cours des ans. Leur ensemble forme un ordre, l'ordre du Paraclet, dont le prestige est immense.

Toutes observent fidèlement la règle que tu nous donnas, Pierre, et, pour être certaine que nulle n'y changerait jamais rien, je fis codifier ton règlement. Bien à contrecœur et parce que les circonstances l'exigeaient parfois, j'ai dû, sur quelques points de détail, apporter certaines modifications. Ce fut sans importance. Je ne cessai jamais d'agir selon tes vœux et de suivre en tout tes commandements.

A présent, mon ouvrage est achevé. Le Paraclet jouit d'une réputation sans seconde et ta fondation fait l'admiration de tous.

Je puis m'en aller. Mais où vais-je me rendre ? Me recevrez-Vous, Seigneur ? N'est-ce pas plutôt l'enfer qui m'attend ? Ne serai-je pas éternellement privée de Vous, privée de Pierre ?

Mon Dieu, ayez pitié !

Je m'accuse d'avoir commis le plus impardonnable des péchés : j'ai préféré la créature au Créateur ! Je le sais. Et, soudain, Dieu ! je m'en repens.

Seigneur, ayez pitié !

Pierre m'avait dit, un jour, que toute prière devait se ramener à « que Votre volonté soit faite ». Qu'Elle le soit donc, Seigneur, la Vôtre et non la mienne.

Mon cœur, ce cœur qui s'affaiblit de minute en minute, je Vous le remets, mon Dieu. S'il a, pendant si longtemps, battu pour un autre, ses derniers sursauts Vous seront dédiés. J'incline enfin mon front révolté, et je dépose ma soumission entre Vos mains.

Des portes de l'enfer, éloignez mon âme, Seigneur, Vous qui êtes la miséricorde.

Pierre, toi qui dois prier pour moi depuis que tu m'as quittée, joins, je t'en supplie, ta voix à la mienne ! Intercède pour moi auprès de Dieu. Il faut que nous soyons unis dans l'éternité comme nous l'avons été ici-bas. Il faut que nous nous retrouvions à jamais.

Notre ami, Pierre le Vénérable, ne m'avait-il pas écrit : « Sœur très chère dans le Seigneur, celui à qui tu fus d'abord unie dans la chair, puis liée par un nœud d'autant plus fort qu'il était plus parfait, le lien de la charité divine, celui avec et sous l'autorité de qui tu as servi Dieu, c'est le Christ qui l'abrite à présent dans son sein, à ta place et comme un autre toi-même ; Il te le garde, pour qu'à la venue du Seigneur descendant du ciel parmi la voix de l'archange et le son de la trompette, par sa grâce, il te soit rendu. »

Que tu me sois rendu, que je te sois donnée, et que Dieu nous pardonne !

16 mai 1164

Dans la lumière de miel, des abeilles, ivres de pollen, tourbillonnaient autour des massifs de seringas. La cloche de tierce ne dérangea pas plus leur bourdonnement qu'elle ne troubla les prières des moniales. Les unes et les autres, connaissant l'urgence et l'importance de leur mission, s'affairaient sans discontinuer.

Après tierce, ce serait la messe quotidienne. Chacune des religieuses communierait afin que la révérendissime mère fût, à l'heure fixée, reçue par Dieu en son paradis. Aussi imploraient-elles avec ferveur le Seigneur d'absoudre cette grande âme et d'en avoir merci.

Vénérée et admirée de tous, leur abbesse ne pouvait pas être écartée du bonheur céleste. Si elle l'était, qui d'entre elles y serait admise ?

Dans l'Apocalypse de saint Jean, il était dit : « Heureux les morts qui s'endorment dans le Seigneur. Ils peuvent se reposer de leurs travaux, car leurs actes les suivent. »

Héloïse n'avait-elle pas, à son actif, plus d'actes charitables que personne d'autre ? La Chrétienté tout entière la respectait. Sa mort causerait deuil et peine profonde. Religieux, laïques, pauvres et riches la pleureraient. De cette femme dont tous connaissaient l'érudition, la générosité, l'humanité et le courage, mais aussi les épreuves, les luttes et le triomphe, le pays entier se glorifiait.

Ses filles ne pouvaient pas concevoir pour elle autre chose qu'une apothéose. Personne ne le pouvait.

Toujours agenouillée au chevet de l'agonisante, mère Agnès,

voyant le masque pâle se crisper, se creuser sous ses yeux, songeait, elle aussi, à la béatitude qui attendait cette âme exceptionnelle.

Soudain, ouvrant de nouveau les paupières, mais sans bouger, cette fois, et d'une voix affaiblie bien que distincte, Héloïse parla :

— Mon fils, Agnès, mes amies, récitez avec moi, je vous prie, le *Miserere*, ordonna-t-elle avec douceur.

Sans la perdre du regard, chacun commença :

> *Pitié pour moi, Seigneur, en Ta bonté,*
> *en Ta tendresse efface mes péchés ;*
> *lave-moi de toute malice*
> *et de ma faute, Seigneur, purifie-moi.*
>
> *Car mon péché, moi, je le connais,*
> *ma faute est devant moi sans relâche ;*
> *contre Toi, Toi seul, j'ai péché,*
> *ce qui est mal à Tes yeux, je l'ai fait.*

Sans que personne s'en aperçût, Héloïse n'alla pas plus avant. Une douleur brutale lui traversait la poitrine.

« Seigneur, Seigneur, je m'en vais vers Vous qui êtes la Résurrection et la Vie, et qui avez dit : "Celui qui croit en moi, même s'il meurt, vivra."

« Je veux vivre en Vous, Seigneur ! Je Vous aime !

« Laissez-moi seulement, je Vous le demande, confesser mon erreur à ceux qui n'ont jamais cessé de me faire confiance. Il faut que je leur avoue ma rébellion intime et combien ils m'honoraient à tort. Il faut que je leur dise mon repentir d'à présent et ma soumission à Votre volonté. Ils ont le droit d'être informés. Je veux leur parler pour mourir sans ombre, avant de me retrouver dans Votre lumière... »

La mourante leva une main pour signifier qu'elle désirait s'exprimer. Se soulevant avec peine, elle fixa son regard sur la tête de son fils, toujours incliné près d'elle, et commença :

— Je suis heureuse de pouvoir vous...

Une nouvelle douleur, fulgurante comme l'épée de l'ange, la renversa sur son lit.

— Elle passe ! cria sœur Margue.

La prieure s'était redressée. Elle s'approcha de la gisante qui demeurait sans mouvement, les yeux ouverts, sans souffle et sans pouls. Une expression d'étonnement joyeux se reflétait dans ses prunelles.

L'infirmière approcha des lèvres entrouvertes un miroir d'étain poli. Aucune buée ne le ternit.

Mère Agnès se pencha, et, avec un respect infini, ferma du pouce les paupières d'Héloïse avant de la baiser au front. Puis, se laissant tomber à genoux, elle entama la prière pour les défunts.

LA CHAMBRE DES DAMES

A ma famille — bien vivante — du vingtième siècle, cette histoire de « ma » famille imaginée — ? — du treizième.

J. B.

PRINCIPAUX PERSONNAGES

I

L'AMOUR DE MAI

1246 - 1247

ÉTIENNE BRUNEL. 58 ans. Orfèvre.

MATHILDE BRUNEL. 34 ans. Sa femme.

ARNAULD BRUNEL. 18 ans. Leur fils aîné. Étudiant.

BERTRAND BRUNEL. 16 ans. Leur fils cadet. Apprenti.

FLORIE BRUNEL. 15 ans. Leur fille aînée. Trouvère.

CLARENCE BRUNEL. 14 ans. Seconde fille. Écolière.

JEANNE BRUNEL. 8 ans. Troisième fille.

MARIE BRUNEL. 7 ans. Quatrième fille.

PHILIPPE THOMASSIN. 17 ans. Trouvère. Mari de Florie.

GUILLAUME DUBOURG. 28 ans. Pelletier. Cousin de Philippe.

CHARLOTTE FROMENT. 42 ans. Sœur d'Étienne Brunel. Physicienne à l'Hôtel-Dieu.

BÉRAUDE THOMASSIN. 63 ans. Tante de Philippe. Écrivain public.

MARGUE TAILLEFER. 81 ans. Grand-mère de Mathilde.

PIERRE CLUTIN. 54 ans. Chanoine à Notre-Dame. Oncle de Mathilde.

NICOLAS RIPAULT. 47 ans. Drapier. Ami intime d'Étienne.

YOLANDE RIPAULT. 39 ans. Sa femme.

MARC RIPAULT. 16 ans. Leur fils infirme.

ALIX RIPAULT. 15 ans. Leur fille aînée.

LAUDINE RIPAULT. 14 ans. Leur seconde fille.

RUTEBEUF. 16 ans. Poète. Étudiant.

ARTUS LE NOIR. 29 ans. Goliard.

GUNVALD OLOFSSON. 21 ans. Norvégien. Étudiant.

RÉMY DONCEL. 22 ans. Étudiant en médecine. Protégé de Charlotte.

YEHEL BEN JOSEPH. Directeur de l'École talmudique de Paris. Guillaume loge chez lui.

AUBRI LOUVET. 49 ans. Apothicaire.

YSABEAU LOUVET. 41 ans. Sa femme.

GERTRUDE. 25 ans. Fille de Yolande et d'un inconnu. Maîtresse d'école.

PERRINE. Nourrice de Florie et de Clarence.

ROBERT LE BIGRE. Son frère. Récolte du miel.

TIBERGE LA BÉGUINE. Intendante de la maison Brunel.

MAROIE. La chambrière.

YVON. Valet de Guillaume.

SUZANNE. Servante de Florie.

II

LA CHAMBRE DES DAMES

1253 - 1255

LOUIS HERNAUT. 48 ans. Orfèvre à Tours.

BÉRENGÈRE HERNAUT. 42 ans. Son épouse.

BERNARD FORTIER. 20 ans. Frère de Bérengère.

GIRARD FROMENT. Mari de Charlotte.

DJOUNIA. Jeune Égyptienne. Épouse d'Arnauld.

BLANCHE BRUNEL, THOMAS BRUNEL, CLÉMENCE BRUNEL, RENAUD BRUNEL, enfants de Bertrand et Laudine.

AGNÈS. 4 ans. Petite fille orpheline adoptée par Florie.

DENIS. Garçon de 8 ans. Messager de Guillaume.

DOCTEUR LAUDEREAU. Médecin de Montlouis.

THIBAUD. Fils d'Arnauld et de Djounia.

GERVAISOT, BRAS-DE-FER, NICOLAS, AMELINE-LA-BIEN-PEIGNÉE, compagnons de Rutebeuf.

CHARLES. Portier et jardinier de Florie.

MARCELINE. Servante tourangelle.

MARGUERITE MENARDIER. Amie de Jeanne.

I

L'AMOUR DE MAI

Avril 1246 - Février 1247

> *De cette journée, nous reparlerons
> plus tard dans la chambre des dames...*
>
> JOINVILLE

PREMIÈRE PARTIE

1

Déchirant la nuit qui déclinait, le cor, soudain, sonnait le jour. Les éclats rauques du cuivre retentissaient du haut des principales tours de la ville pour avertir les bourgeois du guet qu'avec l'aube leur service se terminait, qu'on pouvait relever les postes.

Par-delà les toits de tuiles, les clochers foisonnants, les tourelles, les flèches de pierre, le palais du roi et la cathédrale dédiée à Notre-Dame, par-delà les deux ponts qui enjambaient la Seine sous le faix des maisons qu'ils portaient, les jardins, les vignobles, les vergers enclos entre les murailles, par-delà les remparts trapus, leurs cinq douzaines de tours crénelées et leurs portes fortifiées qui protégeaient Paris, l'appel de la trompe se propageait dans l'opulente vallée, sur les collines, les champs, les abbayes, les villages et les forêts sous les branches desquelles allaient se briser ses échos.

La nuit se diluait, les coqs chantaient, la capitale commençait à bruire. La vie s'éveillait.

C'est alors que les étuviers faisaient crier à travers la cité que leurs établissements de bains, abondamment fournis en eau chaude, étaient ouverts et qu'il fallait en profiter.

Maître Étienne Brunel, orfèvre en la place, se levait aussitôt, s'habillait, sortait de chez lui, accompagné d'un valet, pour se rendre aux plus proches étuves où il avait coutume, chaque jour, de prendre, suivant sa convenance, un bain de vapeur ou simplement d'eau tiède, avant de se faire raser.

Sa femme, Mathilde, le rejoindrait un peu plus tard à Saint-Germain-de-l'Auxerrois, afin d'entendre la messe quotidienne en sa compagnie et avec ceux de leurs enfants demeurés au logis.

A cette heure matinale, encore enfouie sous les couvertures de fourrure et la courtepointe matelassée, enfoncée dans la chaleur de sa couette de plumes, Mathilde attendait que son intendante, Tiberge la Béguine, ait présidé aux préparatifs de son bain. En hiver, un bon feu de fournilles flambait déjà dans la cheminée. Comme on était à la fin d'un mois d'avril fort doux, les chambrières avaient ouvert toutes grandes les deux fenêtres donnant sur le jardin.

La baignoire en bois de châtaignier poli, toujours garnie en son fond et sur ses bords du drap de molleton épais qu'on y mettait pour éviter les échardes, était apportée, trois fois par semaine, du cabinet attenant à la chambre, afin d'être placée au pied du lit carré, fermé de tous côtés par des courtines de tapisserie.

Les servantes vidaient dans la baignoire, avec précaution, pour ne pas éclabousser le plancher jonché d'herbe fraîche, l'eau, chauffée au préalable dans la cuisine et transportée dans des seaux qu'un valet venait de déposer sur le palier.

Lourde et large comme un vaisselier, Tiberge la Béguine, dont la coiffe de batiste empesée faisait saillir les pommettes marquées de couperose, ne laissait à personne le soin de tâter et de humer l'eau du bain afin de s'assurer qu'elle était à la bonne température et convenablement parfumée au romarin ou à la marjolaine, suivant les indications données la veille par la maîtresse de maison.

Alors, seulement, Mathilde s'asseyait d'un coup de reins parmi ses draps et ses oreillers de toile fine, rejetait d'un geste familier, afin de faire avec gravité les trois signes de croix du réveil, les tresses, épaisses comme le poignet, qui s'échappaient de son bonnet de lingerie, et sortait, nue, de son lit pour se plonger dans la baignoire.

La journée commençait.

Les servantes quittèrent la pièce sur les pas de l'intendante. Elles allaient vaquer aux soins du ménage, particulièrement nombreux en ce lendemain de fête. Seule, Maroie, la chambrière qui aidait à la toilette, demeura près de Mathilde au service de laquelle elle était attachée.

Un bien-être fait de tiédeur, du parfum des aromates, de sensualité aussi, glissa sur le corps dru, fermement bâti et charpenté, dont les seins s'étaient alourdis au fur et à mesure des maternités qui avaient aussi élargi les hanches porteuses d'enfants. A peine meurtrie, en revanche, autour des yeux d'un bleu cru, la peau claire du visage contrastait avec sa chevelure d'un noir de suie où nul fil blanc ne se montrait encore.

Avec ses trente-quatre ans, ses six enfants, les trois autres qui étaient morts en bas âge, Mathilde demeurait, en apparence du moins, une femme presque intacte. Pour combien de temps ?

« Si j'étais seulement moitié aussi sage dans mes pensées que je le suis dans mes actes, je me dirais qu'il ne me reste plus qu'à vieillir... mais, Dieu me pardonne, il n'en est rien ! Beaucoup s'y trompent. Sauf Étienne, bien sûr, qui a cependant décidé, par amour, en dépit de la connaissance qu'il a de mon caractère imaginatif, de son expérience de nos échecs, et malgré le tourment qui ne le quitte guère, de me faire confiance. Sauf Arnauld, peut-être, dont la perspicacité est rarement en défaut. Personne n'irait s'aviser d'aller chercher des orages derrière mon front paisible. Pourquoi, d'ailleurs, parler d'orages ? Il ne s'agit que d'un sourd et long combat entre moi et moi-même. Il n'y aura pas d'éclat. Je suis, j'entends demeurer une chrétienne soumise à sa foi, soutenue par sa foi. Une épouse fidèle — à quelque prix que ce soit — une mère attentive. Le reste ne mérite pas, ne devrait pas mériter qu'on s'y attardât. »

— Maroie, prends bien garde à ne pas me mouiller les cheveux. Passe-moi d'abord la décoction de mauves et de violettes qui est sur ce coffre, puis l'huile de noyaux de pêches pour m'aviver le teint.

Ronde, avec de grosses joues, un nez en l'air, la chambrière avait, sous la coiffe de lin, une mine pleine de santé. Son sourire se creusait de fossettes. C'était une fille rieuse, qui s'effrayait d'un rien. Cette poltronnerie, jointe à un penchant naturel pour la futilité, en faisait une aide plaisante, mais point une confidente possible.

Elle tendit à la femme de l'orfèvre un premier flacon et un linge de linon. Mathilde humecta le tissu léger et se tamponna avec précaution les joues, le menton, le front. Puis elle se massa délicatement la face avec l'huile que contenait une seconde fiole. Elle était parfaitement consciente de la vanité qu'il y avait à apporter tant de soins à l'entretien de son visage, tant d'attention à la conservation de sa beauté. Tout en s'en blâmant, elle continuait à employer crèmes, parfums, onguents, partagée qu'elle était, en cela comme en tout le reste, entre une complaisante indulgence envers ses propres faiblesses et son attente de Dieu. Son existence avait-elle jamais cessé d'être autre chose que ce maladroit combat ?

Elle soupira, prit des mains de Maroie un miroir d'étain poli où elle observa un moment ses traits, avant d'y poser, du bout des doigts, une touche de fard blanc, fait de froment broyé, délayé dans de l'eau de rose, qu'elle étala de façon uniforme avec l'habileté que donne l'habitude. Si elle ne portait pas de cicatrices sur sa peau, de façon visible, c'était au fond d'elle-même, en son âme, à des profondeurs où l'œil humain ne pouvait les déceler, qu'il s'en trouvait.

Au demeurant, avec cette tendresse dénuée de fermeté qu'elle vouait au Seigneur, son plus sûr appui demeurait le vaste, l'immense amour qu'elle éprouvait pour ses enfants. Ses autres sentiments ne lui étaient pas d'un grand secours, tant s'en fallait !

« Ils prennent à présent leur vol. Il me faut apprendre à cesser de les couver. C'est amer mais sain. Le départ de Florie vers sa condition d'épouse est chose normale, je n'ai pas à m'en affliger. Et pourtant... en franchissant, hier, le seuil de notre maison pour s'aller marier, notre fille n'a-t-elle pas, malgré mes résolutions, emporté avec elle un morceau de mon cœur ? Le nier serait vain. J'en souffre. Voir s'éloigner, rieuse, en dépit de l'affection qu'elle me voue, mon enfant de quinze ans au bras de son jeune mari, m'a fait mal. Sa joie m'était, en même temps, douceur pour elle, déchirement pour moi. Il faudra s'habituer. Ce n'est encore qu'un début... Après tout, Florie n'habite pas bien loin d'ici, juste sur l'autre rive de la Seine. Ce soir même, elle reviendra, avec Philippe, souper parmi nous. »

Mathilde s'essuya le visage. Elle se sentait plus vaillante. Le bain, qui purifiait son corps, redonnait aussi à son esprit une nouvelle vigueur. Résolue à surmonter un attendrissement dont elle n'acceptait pas la pente molle, elle se refusa à s'apitoyer sur des regrets qu'il fallait surmonter. Ses autres enfants, le travail qu'elle partageait avec son mari, le goût commun qu'ils avaient de leur métier, devaient suffire à la consoler, à l'occuper.

« Un autre danger est de me croire vieillie par l'accession à l'état de belle-mère. C'est là sottise ! Je me sens encore si pleine de forces, avide de tant de choses, douée de tels appétits ! Hélas ! Seigneur, Vous ne le savez que trop, Vous que je ne cesse de supplier afin que Vous m'aidiez à y trouver remède ! »

Elle se dressa dans la baignoire de bois, en sortit, toute fumante. De son corps ruisselant, l'eau s'égouttait sur l'herbe fraîche qui jonchait le sol. Maroie l'enveloppa dans un drap molletonné.

— Frictionne-moi plus fort, ma mie, plus fort ! Il convient de m'étriller comme une de nos juments !

Douée d'une imagination du cœur et du corps qui lui échappait pour s'emballer au gré des événements, Mathilde était femme à se méfier de ses propres écarts.

Durant les fêtes données en l'honneur du mariage de Florie, alors qu'elle n'aurait dû se soucier que de sa fille, de leurs destinées désormais disjointes, ce qu'elle redoutait depuis longtemps sans vouloir l'admettre s'était produit : elle s'était soudain trouvée confrontée à la tentation ! Sous le choc, s'étaient éveillés des élans, des désirs, tout un mouvement de sensations, d'images insolites.

Pendant que les invités de la noce festoyaient, dansaient, écoutaient des ménestrels, jouaient à toutes sortes de jeux, un cousin de son gendre, jamais encore rencontré, avait, à l'improviste, surgi dans son existence. Le nouveau venu, jeune pelletier nommé Guillaume Dubourg, arrivait tout juste à Paris. Uniquement préoccupé de son amour pour Florie, Philippe n'avait évoqué qu'en passant ce parent qui habitait Angers d'où il devait venir pour assister à la cérémonie. Dès qu'elle l'avait vu s'avancer vers elle afin de la saluer, dès qu'elle avait entendu sa voix, croisé son regard, Mathilde s'était sentie intéressée, troublée, comme elle ne l'avait plus été depuis ses accordailles avec Étienne. Son attention, plus vive que ses défenses, s'était fixée sur l'arrivant. Pourquoi, en un pareil moment, cet homme-là et pas un autre ?

« Il y a en lui je ne sais quelle présence charnelle, quelle puissance, quel attrait un peu animal, qui se trouvent être, hélas ! les ingrédients de séduction les mieux faits pour me toucher. On dirait que sa profession l'a influencé, que le maniement, tout au long du jour, des dépouilles de bêtes sauvages, lui a communiqué quelque chose de farouche, de violent et de libre à la fois, qui est l'apanage des fauves... Quel âge peut-il avoir ? Vingt-huit, vingt-neuf ans ? Je ne dois pas lui paraître bien jeune. Dérision ! Les années pèsent lourd dans ce sens, alors que je n'en ai pas senti le poids quand j'ai voulu, par choix, devenir la femme d'Étienne, ami de mon père et presque son contemporain puisqu'il a vingt-quatre ans de plus que moi ! Tout est confusion. »

Le plus cruel, d'ailleurs, dans cette aventure, n'avait pas été cette constatation, mais une autre découverte. Pendant que Mathilde s'arrangeait, au milieu de la fête, pour se rapprocher le plus souvent possible et sans rien en laisser paraître du jeune Angevin, lui, de son côté, n'avait de regard que pour Florie. Avec une habileté qu'elle n'avait pu s'empêcher d'admirer, bien qu'elle la condamnât, de façon si discrète que ce ne fut perceptible à nul autre qu'à elle-même, qu'il fascinait, il n'avait cessé d'envelopper la nouvelle épousée du réseau de ses allées et venues, croisant et recroisant ses traces, tournant autour d'elle, blonde, éclatante, dans sa robe en toile d'argent, comme un milan autour d'une colombe.

Sur la peau lavée, frottée, séchée, parfumée à la poudre de racine d'iris, la chambrière, après avoir aidé sa maîtresse à maintenir haut, par une bande de toile, sa poitrine un peu forte, et à enfiler des chausses montantes, passait une longue chemise safranée, finement brodée et retenue par un double laçage sur les flancs, puis une cotte de soie épaisse, aux manches collantes, ajustée à hauteur du buste, mais lâche à partir de la taille. Le surcot sans manches, en

drap de la même couleur hyacinthe que la cotte sur laquelle il était
enfilé, tombait en plis souples jusqu'au sol. Largement ouvert sur
la poitrine, il était fermé au col par un fermail d'or. Une ceinture
brodée, où pendait une aumônière, soulignait le déhanchement qui
était à la mode depuis quelque temps.

— Par pitié, Maroie, ne me tire pas ainsi les cheveux quand tu
les brosses ! Aie la main plus douce, plus douce encore !

« Il n'avait d'yeux que pour Florie ! Le jour de ses noces !
Heureusement qu'étant le centre de toutes les attentions, l'objet de
tant de soins, elle ne s'est pas doutée un instant qu'elle venait
d'allumer un tel feu par sa seule présence, sa seule beauté. Le
bonheur lui donnait encore plus d'éclat que de coutume : elle était
dorée comme une pièce d'orfèvrerie de son père, blanche et rose
comme nos pommiers, joyeuse comme une alouette, si gaie, si
vivante, la grâce même ! »

La chevelure brossée, nouée en chignon sur la nuque, enfermée
dans une résille de soie, fut enfin protégée par un couvre-chef de
lingerie tuyautée s'attachant sous le menton et enserrée, autour du
front, par un cercle d'or ciselé.

« Le jeune mari que notre fille vient d'épouser dans la joie, aura-
t-il assez de solidité pour devenir le compagnon dont elle a besoin ?
Avec ses dix-sept ans, il est encore si neuf qu'on ne peut savoir
ce qu'il en adviendra. Le temps, seul, nous fera juges. Ces enfants
partagent les mêmes goûts, exercent tous deux le beau métier de
trouvère, déchiffrent la vie dans les prunelles l'un de l'autre. Dieu
les garde ! Pour moi, je suis une pauvre femme dont les idées
courent dans tous les sens, comme souris au grenier ! Assez rêvé.
Il me faut, à présent, aller prier à l'église. J'en ai bien besoin ! »

Des souliers de cuir de Cordoue, dorés et décorés au fer, achevèrent la toilette. Posant sur les épaules de Mathilde un manteau de
drap hyacinthe, attaché au ras du cou par une cordelière, Maroie
s'inclina devant sa maîtresse qui se trouvait prête à sortir.

Au rez-de-chaussée, où serviteurs et servantes s'affairaient afin
d'effacer le désordre des précédents jours de fête et de réception,
les trois plus jeunes filles du couple attendaient. Les fils étaient
absents. Arnauld, l'aîné, étudiant, était déjà parti pour l'Université
où il assisterait à l'office du matin. Bertrand, le cadet, qui travaillait
avec son père comme apprenti, avait dû rejoindre celui-ci aux étuves.

— Bonjour, mes filles. Il est temps de nous rendre à la messe.

Clarence, Jeanne et Marie, sous le regard de Perrine, leur nourrice,
embrassaient leur mère.

Si Florie, la fille de l'orfèvre qui venait de se marier, était coiffée
d'or, sa sœur l'était d'un autre métal. L'argent de ses cheveux
blonds évoquait le nord et ses pâleurs. A quatorze ans, Clarence
posait sur le monde des prunelles attentives, transparentes comme

l'eau, claires et froides comme elle, qui ne trahissaient pas grand-chose de ses pensées ni de ses sentiments. Son corps, en revanche, était plus indiscret : taille déliée, gorge ronde, hanches balancées, provoquaient l'intérêt. Il se dégageait de sa personne une séduction ambiguë et il n'y avait pas jusqu'à sa façon de marcher en souplesse qui ne fît songer à l'amour, à ses balancements.

Jeanne et Marie, tresses de bure, tresses de lin, n'avaient que huit et sept ans. A l'âge des jeux, des fous rires, des menus secrets, elles vivaient dans le monde clos de l'enfance et s'amusaient comme d'ordinaire, à l'écart des aînés, avec deux beaux lévriers de Hongrie que leur père leur avait offerts.

Étienne Brunel et sa famille habitaient rue des Bourdonnais, une maison dont la façade haute et sévère n'avait que peu d'ouvertures sur l'extérieur. Toutes ses grâces étaient tournées vers le jardin clos de murs, débordant de feuillages. Un puits, des treilles, des pelouses, des bosquets, une volière, des plates-bandes où fleurs et légumes voisinaient, un carré bordé de buis pour cultiver les simples, et, enfin, un verger qui, en ce mois d'avril, se parait de la blancheur des cerisiers, des poiriers, des amandiers, des pruniers, et de la roseur des pommiers en boutons.

Franchissant le large portail de bois clouté, bardé de fer, les cinq femmes sortirent, escortées par deux valets.

L'air était allègre, le matin plein de soleil. La rue, déjà animée, était, cependant, moins agitée que beaucoup d'autres. Elle abritait peu de commerces, surtout de belles demeures paisibles, entourées de jardins.

Par les rues du Fossé, de la Charpenterie où on voyait façonner et vendre à fenêtres ouvertes des pièces de bois de toutes tailles, puis par celle de l'Arbre-sec, fourmillante d'activité, pleine de bruit, d'agitation, de cris, encombrée d'une foule de piétons, de cavaliers, de chariots, le petit groupe gagna Saint-Germain-de-l'Auxerrois dont les cloches appelaient à toute volée les fidèles à venir faire oraison.

2

Pour la première fois de sa vie, Florie ne s'était pas rendue à la messe du matin en compagnie de ses parents. Elle irait, un peu plus tard, avec Philippe, prier pour recommander leur union à Dieu.

Elle en était encore à s'éveiller dans une chambre qui ne lui était pas familière, dans un lit aux draps en désordre, à s'étonner du poids d'un corps sur le sien : « Me voici donc mariée ! »

A demi protégé par la couverture en peaux d'agneaux noirs qui avait été malmenée, couché sur le côté, un bras et une jambe demeurés étendus sur la gorge et les cuisses nues de sa femme, Philippe dormait. Avec régularité, sa respiration frôlait la joue droite de Florie. C'était ce souffle inhabituel qui l'avait réveillée. Tournant la tête, elle contempla avec tendresse la poitrine à la chair blanche, le ventre plat, les jambes longues et osseuses de son jeune mari. Bien que cerné de poils blonds, le visage gardait quelque chose d'inachevé, de gracile, qui aurait pu le faire paraître mièvre, si un nez mince, aquilin, ne l'avait accentué. Un sang vif affleurait aux lèvres gonflées. Florie songea aux baisers reçus, donnés, et sourit d'aise. La veille, en se couchant, l'idée d'émerger du sommeil auprès de Philippe l'avait, à l'avance, satisfaite.

Elle se souvenait d'être allée, parfois, embrasser son père et sa mère, dans leur chambre, au réveil. De ces visites, une certitude lui était venue : un couple, c'était, d'abord, un homme et une femme qui ouvraient ensemble les yeux sur le jour naissant, qui, avant toute chose, se contemplaient, en manière de salutation ; pour chacun desquels le visage de l'autre était celui du matin, de la journée, de la vie.

Et voici que ce corps chaud, noué au sien, était celui de son époux ! Une émotion où joie et incrédulité se mêlaient encore, l'envahit. Sa nuit de noces avait eu lieu... Depuis le cri de Philippe : « Mon Dieu, qu'elle est belle ! » quand il avait ouvert les draps pour découvrir celle qui s'offrait à lui, jusqu'au moment où la fatigue les avait assoupis aux bras l'un de l'autre, il n'y avait eu qu'une mutuelle initiation à des plaisirs qu'elle devinait capables d'une intensité dont le pressentiment, à peine suggéré, la bouleversait déjà. Elle était ainsi devenue, dans sa chair, la compagne de ce poète, de cet être délicat, sensible, aimant, dont le talent de trouvère lui semblait devoir être la promesse, l'écho, de dons amoureux qu'elle espérait fort grands.

C'était au Palais, dans le cercle de troubadours que la reine Marguerite, en fine Provençale, réunissait autour d'elle par goût de la poésie et de la musique, qu'ils avaient appris à se connaître. Florie y venait souvent présenter à cette assemblée de virtuoses certaines de ses œuvres. Un jour, elle y avait écouté Philippe quand, à la requête de la souveraine, il avait improvisé un motet en s'accompagnant à la viole, et s'en était délectée. L'art du jeune homme n'était, cependant, pas seul en cause. Élégant, blond, des yeux qui souriaient, un charme sans tapage, de l'esprit accompagné d'une fort jolie tournure, tel était ce jouvenceau qui incarnait si parfaitement l'amour courtois et ses raffinements. Il semblait fait tout exprès pour séduire Florie dont le cœur et les pensées, pleins de romans de chevalerie, de rêves, de désirs informulés, étaient, par avance, acquis à la première apparition masculine tant soit peu conforme à leurs aspirations.

« Mes parents, la tante de Philippe, tout le monde en somme, s'est félicité de ce projet, nous a jugés bien assortis, a été consentant. Nous en étions fort aises et en avions grande grâce à Notre Seigneur Dieu. Si certains amants, comme Tristan et Yseult la Blonde, ont eu tant de difficulté à s'aimer, en ont si cruellement souffert, pour nous il n'en fut rien. Ce fut une simple histoire, naturelle, sans traverse. C'est avec la bénédiction de nos familles, de nos amis, que nous nous sommes avancés vers l'autel, c'est avec l'assentiment général que nous nous sommes choisis et donnés l'un à l'autre. »

Philippe remuait, s'éveillait à moitié, serrait Florie contre lui, contre sa peau qui sentait la sueur amoureuse et le vétiver, la caressait, la pénétrait, gémissait.

— Douce amie, je vous aime.

L'étreinte, trop rapide, n'avait guère eu le temps d'émouvoir la jeune femme qui souriait dans le vague, en serrant son mari sur son ventre blanc, sur ses seins ronds et fermes dont les pointes roses se dressaient.

Dehors, la rue s'ébrouait.

Philippe occupait un logement sur deux étages, vaste et propre, dans la maison de son unique parente, sa tante, Béraude Thomassin, veuve d'un écrivain public et copiste, dont elle exerçait seule, à présent, le métier. Cette demeure, qui s'élevait rue aux Écrivains, entre la Seine et la montagne Sainte-Geneviève, se composait, au rez-de-chaussée, d'une boutique, d'un atelier, d'une chambre minuscule, réservés à la vieille femme. Le jeune couple s'était installé au premier et au second.

Ce côté sud de la ville apparaissait bien différent de celui d'Outre-Grand-Pont. Florie trouvait que les rumeurs, les bruits, le mouvement, différaient de ceux, plus familiers à ses oreilles, de la rue des Bourdonnais, et que les cloches de Saint-Séverin n'avaient pas le même son que celles de Saint-Germain-de-l'Auxerrois.

Le Paris des écoliers, de l'Université, des clercs, des maîtres réputés pour leur science dans toute la chrétienté, était cher à Philippe qui en avait exploré chaque détour. Depuis son enfance, il hantait les rives verdoyantes de la Seine où on se baignait si joyeusement l'été, les rues d'Outre-Petit-Pont, qui avaient noms de la Parcheminerie, de la Foulerie, de la Huchette, du Bon-Puits, Érembourg-de-Brie, et, surtout, la fameuse rue Saint-Jacques, la plus importante, la plus ancienne artère de la capitale. Toutes abritaient des corps de métier ayant trait aux livres : relieurs, enlumineurs, brocheurs, écrivains, rubricateurs, libraires, copistes, parchemineurs, bons compagnons pour la plupart et amis de toujours du jeune trouvère. Ceux qui, comme lui, aimaient les arts, respiraient

sur cette rive un air chargé d'effluves intellectuels qui les enchantaient.

Orphelin, élevé par les pères bénédictins, Philippe avait eu également la possibilité de pénétrer dans les autres couvents de la
« Montagne » où carmes, jacobins, cordeliers, bernardins, matelins,
génovéfains, augustins, travaillaient, priaient, œuvraient, afin de
sauvegarder, pour la plus grande gloire de Dieu, l'ensemble des
acquisitions de l'esprit humain.

Quand ils s'étaient promis l'un à l'autre, Philippe avait emmené
Florie se promener autour des riches hôtels de certains grands
seigneurs qui préféraient loger rive gauche pour ses vastes clos,
ses cabarets, ses vignobles, et aussi la plus libre allure de ses
occupants. Mais Florie connaissait déjà les vignes où mûrissait le
raisin qui donnerait un vin gris qu'on buvait avec tant de plaisir
dans toute la région parisienne. Son père, comme beaucoup de
bourgeois aisés, en possédait plusieurs, vers Nicolas-du-Chardonnet,
et les enfants de l'orfèvre étaient souvent venus participer aux
vendanges dont les fêtes duraient plusieurs jours en octobre.

Désormais, le jeune couple habiterait donc de ce côté de la Seine.
Il convenait de s'habituer à un changement qui n'était pas, tant
s'en fallait, dépourvu de charmes. La tante Béraude, qui vivait à
longueur de jour dans sa boutique, proche de ses chers livres, avait
déclaré à sa future nièce, au moment des accordailles, qu'elle lui
abandonnerait sans regret tout le reste du logis.

— Vous ferez, ma mie, à votre guise. Depuis la mort de mon
Thomassin — que le Seigneur le prenne en son paradis ! — je ne
suis pas souvent montée aux étages. Je me trouve bien plus à ma
place dans la petite chambre près de l'atelier qu'au premier ou au
second. Choisissez donc les pièces qui vous conviennent, aménagez-
les, transformez, arrangez tout comme vous l'entendez, Philippe et
vous. Loin de m'en formaliser, j'en serai ravie. Telle que vous
me voyez, je ne suis point femme d'intérieur et l'entretien d'une
maison m'assomme !

Menue, avec des os qui saillaient sous un surcot rarement renouvelé, Béraude Thomassin ne se préoccupait que de sa profession.
En dehors de la tendresse qu'elle nourrissait pour son neveu dont
le talent lui était une fierté, rien ne l'intéressait. Elle demeurait des
jours entiers assise devant sa table, aidée dans son labeur par
deux compagnons que son défunt mari avait formés, copiant des
manuscrits d'une plume que bien des moines auraient pu lui envier,
ou interprétant à sa façon les pensées de ceux qui, ne sachant pas
écrire, venaient lui demander de rédiger à leur place lettres d'amour
ou bien d'affaires.

Sur ses mains sans chair, des veines bleues, des tendons, saillaient.
Ainsi que la poussière qui se déposait sur les rayons où on plaçait

les livres terminés, son visage était gris, hachuré de rides, signes tracés sur sa peau par la plume grinçante du temps, et tout ratatiné. Entre les pans de sa guimpe de veuve, sa face maigre et sans couleur vivait, cependant, s'animait, grâce aux yeux fatigués par tant de lectures, dont les pupilles commençaient à se décolorer, et au sourire qui la plissait, tout soudain, en approfondissant chaque sillon autour de la bouche où il manquait pas mal de dents.

— Ma fille, vous êtes ici chez vous !

Florie descendait du second étage où Philippe et elle avaient fait installer leur chambre les semaines précédentes. Le premier avait été réservé à la grande salle et à la cuisine. Ses cheveux, libres la veille encore sur ses épaules, mais qu'elle ne pouvait plus porter épandus après ses noces, étaient, pour la première fois, noués en un lourd chignon qu'enveloppait une résille de soie. Un bandeau d'orfèvrerie ornait son front. Vêtue de brocatelle verte brodée de blanc, elle était l'image même de cet avril qui rajeunissait le monde. Ses prunelles couleur de feuilles avaient la fraîcheur du cresson sous l'eau du ruisseau. Une croix d'émeraude brillait entre ses seins.

— Ma femme n'est-elle pas la plus jolie du royaume ?

Philippe pénétrait dans la pièce à son tour, prenait Florie par la taille, riait, baisait la joue aux douces pommettes rondes.

— Certes, mon beau neveu. Elle ressemble à sainte Ursule, la plus avenante des onze mille vierges !

Un apprenti entra, alla ouvrir les fenêtres donnant sur la rue dont les auvents, une fois rabattus, formaient abri contre le vent, le soleil ou la pluie, pour celui du haut, et table d'étalage pour celui du bas. Il commença à y disposer des livres.

Béraude Thomassin s'assit devant son pupitre où une feuille de parchemin à demi remplie l'attendait, tailla une plume d'oie.

— Il faut que je me mette à travailler, à présent, mes enfants.

— Que saint Jérôme en personne vous assiste, ma tante ! A tantôt, nous partons pour Saint-Séverin.

Se tenant serrés l'un contre l'autre, ils sortirent. L'église était à quelques pas. A chacun d'eux, cependant, il fallait s'arrêter, saluer un ami, une connaissance, tous gens des métiers du livre dont les boutiques, les ateliers, les échoppes, se touchaient au long du parcours. L'air sentait le parchemin neuf, l'encre, le cuir. Des paysans, venus des faubourgs, criaient légumes, volailles, fromages à vendre. Un clerc passait, agitant frénétiquement une sonnette, demandant aux passants de prier pour l'âme d'un défunt. A toute force, un colporteur voulut vendre des peignes, des lacets, des épingles ou des rubans aux nouveaux mariés. Philippe l'écarta.

Debout au pied d'une montjoie où une Vierge jeune et blonde comme Florie souriait à son enfant, un jongleur déroulait, en s'accompagnant d'une vielle, une longue épopée à la gloire de sire Roland.

Au-dessus des toits aigus, dans le ciel où des nuages sans malice demeuraient suspendus, les cloches de Saint-Séverin sonnaient, couvrant les autres bruits.

En l'église ombreuse, où l'odeur de l'encens se mêlait à celle, puissante, de la sueur, à celle, champêtre, de l'herbe piétinée dont on avait jonché le sol, les rayons du soleil, à travers les vitraux, coloraient de teintes vives comme celles des enluminures les piliers du chœur, les statues des saints. Les sièges en bois répartis autour de l'église étaient tous occupés. Au milieu de la nef, les assistants, à genoux, debout, ou bien assis par terre, attendaient le début de l'office.

Florie et Philippe, se tenant par la main, priaient l'un à côté de l'autre.

« Puisque Vous nous avez unis pour toujours, Seigneur Dieu, ne permettez pas que nous soyons jamais séparés, ni que le Mal se glisse entre nous ! »

Ainsi que leurs corps, pendant cette nuit de noces, leurs âmes s'enlaçaient dans la même oraison.

Quand ils sortirent de l'église, la lumière du matin les éblouit. Un moment, ils restèrent immobiles sur les degrés, étourdis de soleil. C'est alors qu'une voix dont on ne pouvait ignorer le timbre grave, chaleureux, les interpella.

— Bonjour, cousins. Que Dieu vous garde !

— Guillaume ! Que fais-tu sur ces marches ?

— Je renoue connaissance avec le Paris où j'ai si souvent bague-naudé du temps que j'étais étudiant.

— N'as-tu pas envie, délaissant les charmes de l'Anjou, de devenir « bourgeois du roi » ?

— Si fait, cousin. Ce n'est pas le désir qui m'en manque, c'est la raison qui m'en écarte. Il vaut mieux que je me tienne éloigné des attraits de cette cité.

Florie, qui écoutait distraitement, surprit, durant l'espace fugace d'un instant, un regard qui se posait sur elle, l'enveloppait d'une attention particulière, violente, comme s'il voulait ne s'adresser qu'à elle, ne se faire comprendre que d'elle, avant de se détourner vers la rue et son agitation. Lorsque Guillaume Dubourg les avait abordés, salués, un moment plus tôt, elle avait déjà remarqué la façon insistante dont il la considérait.

L'observant avec plus d'intérêt, elle remarqua le large front encadré de cheveux sombres, fort épais, les sourcils très noirs, plantés net, droits, soulignant comme un trait l'architecture ordonnée du visage, le nez fait pour humer voluptueusement ce qui passait à sa portée, la mâchoire aux contours presque trop accusés, les dents saines entre des lèvres sensuelles, les prunelles si foncées qu'un reflet bleuté y luisait comme dans les yeux de certains cerfs qu'elle avait vu chasser en forêt de Rouveray. Elle pensa que c'était là un bel homme, certes, mais qu'il devait manquer de douceur envers les autres et de maîtrise envers lui-même. Étrangement, et en dépit de sa haute taille, de sa force physique évidente, il lui sembla tout à la fois puissant et vulnérable.

— La pelleterie est florissante à Paris, cousin, disait Philippe. Rien que pour les fêtes du mariage de ton duc, monseigneur Charles d'Anjou, frère de notre sire le roi, en janvier dernier avec dame Béatrice de Provence, sœur de la reine, il a été commandé je ne sais combien de milliers de peaux de martre, d'hermine, de loutre et de renard. Si tu t'étais trouvé alors sur place, tu aurais doublé tes bénéfices !

Guillaume eut un geste qui balayait ces arguments.

— Comme premier pelletier d'Angers, je fournis la cour des ducs tout au long de l'année, et Dieu sait que cette cour est fastueuse, dit-il. Je n'ai nul besoin, vois-tu, d'étendre ma fortune.

Ses mains, qu'il avait grandes, tourmentaient la cordelière de son manteau de drap gris.

— Non, je ne saurais demeurer. Il me faut, hélas ! partir. C'est une question de devoir.

— Si tu l'affirmes... J'imagine, cependant, que tu ne veux pas t'en aller, comme cela, tout à trac ? Viens donc souper avec nous ce soir, dans notre nouveau logis.

— Vous oubliez, mon ami, dit Florie, que nous soupons ce jourd'hui chez mes parents.

— Qu'à cela ne tienne ! Guillaume peut fort bien se joindre à nous, n'est-il pas vrai, ma mie ?

— Il le peut en effet. Nous en serons fort honorés !

Une moue, une révérence à peine esquissée, soulignèrent l'accent taquin avec lequel Florie avait parlé. Ces simples mots lui valurent un autre regard où il lui sembla lire autant de reproche, et presque de douleur, que d'intérêt. Elle en ressentit une impression de malaise.

— Je ne sais si je pourrai me libérer...

— Par saint Denis, il n'est pas question de refuser, cousin ! Ce serait une injure. Nous t'attendons ce soir rue des Bourdonnais.

Le pelletier s'inclina sans plus rien dire.

— Je suppose que, selon ton habitude, tu es descendu chez ton ami juif, sire Vives ?

— Chez Yehel ben Joseph, oui. Je préfère, vois-tu, lui donner son nom hébreu. C'est un homme pour lequel j'éprouve la plus grande admiration, du respect, et beaucoup d'affection.

— Je sais. Tu n'es pas le seul, d'ailleurs, puisque notre sire Louis IX également, malgré la répugnance qu'il ressent envers ceux qui ont crucifié Notre Seigneur, et en dépit du poste de maître de l'École talmudique, qui pourrait l'indisposer, l'honore de son estime. On raconte que le roi se rend parfois chez ton ami, ou bien qu'il le mande au Palais, afin de discuter avec lui certains points de théologie biblique.

— Il est vrai. Souvent, même, notre souverain n'a pas hésité à se déplacer en personne pour venir s'entretenir avec Yehel et il l'a comblé d'honneurs.

Dans la cohue qui remplissait la ruelle devant Saint-Séverin, Florie reconnut tout à coup son frère aîné qui déambulait, flanqué du trio dont il était devenu inséparable depuis quelque temps.

— Arnauld !

L'étudiant se retourna. De bonne taille, souple, sans un pouce de graisse, grâce à une musculature sèche que lui avaient procurée les exercices du corps qu'il pratiquait autant que ceux de l'esprit, il ressemblait à leur mère. Des prunelles moins claires que celles de Mathilde, et comme teintées de gris, transformaient cependant l'expression du visage, plus osseux, le nuançaient de réflexion, de réserve.

— Comment se portent nos tourtereaux ?

Écartant les passants, il s'avançait jusqu'aux marches de l'église. Les trois compagnons qui le suivaient émergèrent avec lui du flot que roulait la rue étroite.

Le plus âgé d'entre eux, sorte de géant vêtu de bure, aux traits taillés à la serpe, avait des bras de lutteur, des mains velues, la démarche prudente et alentie des hommes possédant une force hors du commun qui leur ferait tout briser alentour s'ils n'y veillaient et qui ont besoin d'espace pour se mouvoir. On le nommait Artus le Noir. Étudiant prolongé, un peu clerc, un peu truand, il faisait partie de ces goliards, poètes louches, moines vagants, toujours sur les routes, qui passaient d'école en école, de pays en pays, mobiles comme des colporteurs, aussi peu honnêtes qu'eux, chantant de manière fort païenne amours passagères, beuveries, ripailles, rixes, jeux de hasard. On en rencontrait maints spécimens sur la montagne Sainte-Geneviève. Arnauld le considérait avec amusement, aimait à discuter avec lui, respectait sa force et ne détestait pas s'encanailler un peu en sa compagnie.

Le second des compères, de taille médiocre, avait des épaules de portefaix que contredisait un visage mobile, au nez long, à la bouche sensible, aux yeux sans joie. Franc mais secret, rêveur avec des accès de pétulance, idéaliste et malchanceux, ce garçon de seize ans se nommait Rutebeuf. Il portait à la poésie une passion exigeante qui ravissait le frère de Florie.

Le troisième, enfin, maigre, souple comme une couleuvre, riant de tout, étonné par rien, arborait des cheveux roux et la peau de jambon cuit des gens du Nord. Il s'appelait Gunvald Olofsson, était norvégien et avait quitté son pays de sapins et de fjords pour venir étudier à Paris. Il suivait, comme Arnauld, et avec le même enthousiasme, les cours de théologie qu'Albert le Grand, illustre professeur et savant, idole des quatre amis et de toute la jeunesse estudiantine, donnait à l'Université.

— Les tourtereaux se portent à merveille, mon cher frère, répondit avec vivacité Florie à la question mi-moqueuse, mi-complice d'Arnauld. Ils trouvent la vie magnifique, ce matin !

— C'est bien le moins !

Artus le Noir la considérait avec tant de paillardise dans l'œil qu'à sa honte, et non sans dépit, elle se sentit s'empourprer jusqu'aux épaules. Cherchant, d'instinct, un appui auprès de Philippe, elle se tourna vers lui. Dans ce geste, elle croisa une nouvelle fois le regard de Guillaume où se lisait un tel trouble qu'elle en ressentit une gêne accrue, comme d'une intrusion dans un univers interdit. Un instant, elle pensa qu'elle se trouvait en face d'un homme déchiré, le plaignit fugitivement, mais sourit en même temps à Philippe et n'y songea plus.

— Par Dieu, mon beau-frère, disait au même moment celui-ci en serrant le bras de sa femme contre lui, vous devriez vous marier. C'est le meilleur usage qu'on puisse faire de la vie !

— Qui sait ? Permettez-moi d'attendre avant de me prononcer. En spectateur prudent, je tiens à voir la suite des événements pour me faire une opinion, répondit Arnauld. Par mon saint patron, vous n'en êtes encore qu'aux prémices ! Nous en reparlerons dans quelques années.

— Nous ne changerons point. Sur mon âme, j'en jurerais ! N'est-ce point, ma mie ?

— Que Dieu vous entende, mon cœur, et qu'Il vous exauce ! Pour moi, j'ai faim. Si nous rentrions déjeuner ?

— Volontiers. Adieu, amis. Guillaume, nous comptons sur toi, après vêpres, pour souper chez maître Brunel.

Sans écouter la réponse, après un signe de la main, Philippe, un bras passé autour de la taille de Florie, s'éloigna vers la rue aux Écrivains. Les étudiants se fondirent dans la foule.

Guillaume demeura immobile sur les degrés de Saint-Séverin. Il suivait des yeux une chevelure blonde que la clarté du matin faisait briller comme un chapeau de lumière sur la jeune tête qu'elle couronnait. Un tournant la lui déroba.

Dès qu'il avait pénétré dans la grande salle où la famille, réunie autour de la mariée, attendait le moment de gagner l'église, dès qu'il avait vu la jeune fille parée pour ses noces, il avait été fasciné. Avec un geste plein de grâce, de gaieté, de vie surabondante, elle s'était alors tournée vers lui qui s'était senti foudroyé.

« Je ne pensais pas que la souffrance d'amour fût si cruellement physique, blessant le corps autant que l'âme. A quoi vais-je me décider ? L'éviter ? La poursuivre ? Me rendre à ce souper ? Ne pas m'y rendre ? »

Sans y songer, il descendait les marches de l'église, se mêlait à la foule, se dirigeait vers la rue de la Harpe où habitait Yehel ben Joseph, dit sire Vives, un des hommes les plus savants, les plus estimés du siècle.

Depuis que les Juifs avaient été chassés de Paris par le feu roi Philippe Auguste, puis rappelés par lui un peu plus tard, pour des raisons de finances, leur communauté s'était éparpillée. Groupés autrefois au cœur de la Cité, dans le quartier de la Vieille Juiverie, les membres du peuple élu logeaient à présent non loin des nouvelles Halles, sur la rive droite, ou bien, en plus grand nombre encore, sur la montagne Sainte-Geneviève où on leur avait concédé des terrains autour de la rue de la Harpe. Ils y avaient construit une synagogue, des écoles talmudiques et leur nouveau cimetière.

Originaire de Meaux, Yehel ben Joseph dirigeait l'école rabbinique la plus renommée de Paris. Le père de Guillaume, qui l'avait connu jadis, du temps où ils menaient ensemble dans la capitale une vie studieuse d'étudiants de province, avait gardé pour lui beaucoup d'amitié. C'était donc tout naturellement que son fils était venu loger rue de la Harpe pendant la durée de ses propres études. Guillaume continuait, quand il venait à Paris depuis la mort de son père, à descendre chez cet homme cultivé, érudit, dont l'esprit curieux, tourné vers les quêtes essentielles, se consacrait aux sciences les plus ardues avec une austère ferveur. Plus qu'un correspondant, sire Vives était devenu l'ami et le conseiller du jeune homme.

« Vais-je lui parler de ce qui m'arrive ? Je ne le pense pas. Si son jugement, en matière d'érudition, de spéculation intellectuelle, de connaissance, est des plus sûrs, il doit être totalement étranger à tout ce qui a trait à l'amour profane. Peut-être lui arrive-t-il, parfois, de s'occuper des rites de Courtoisie, mais cette faim furieuse, ce besoin, qui me tiennent, qui me dévastent, il ne les comprendrait pas.

« J'irai, ce soir, au souper de la rue des Bourdonnais. Pour m'entraîner, d'abord, au rôle qui sera le mien désormais, ensuite, je dois me l'avouer si je ne veux pas devenir ma propre dupe, pour me trouver une nouvelle fois près d'elle. Il me faut la voir, l'approcher. Absolument. »

3

Une fois Jeanne et Marie conduites à la petite école où deux maîtresses leur enseignaient, avec des résultats divers, grammaire et littérature, calcul et musique ; une fois Clarence retournée au couvent de dominicaines où elle parachevait ses connaissances en latin, théologie, langues vivantes, astronomie, et un peu de médecine, Mathilde, au retour de la messe matinale, après avoir déjeuné sobrement dans leur chambre en compagnie de son époux, s'apprêtait à sortir avec lui.

Elle avait donné à Tiberge la Béguine les ordres de la journée, vérifié les provisions de viandes, poissons, épices, achetées de bon matin aux Halles par l'intendante en vue des menus du dîner et du souper, puis, tranquillisée, elle avait pris le bras de maître Brunel pour se rendre rue Quincampoix.

C'était dans cette voie, réservée aux merciers et aux orfèvres, que le grand-père d'Étienne avait fondé, au siècle précédent, puis fait prospérer, sa boutique ainsi que son atelier d'orfèvrerie. Une seconde échoppe, presque exclusivement réservée à la vente, plus élégante aussi que la première, et située sur le Grand-Pont, était ensuite venue la compléter.

Fille de joaillier elle-même, Mathilde travaillait avec son mari quand il se trouvait à Paris, seule, pendant les déplacements qu'il effectuait, au moment des grandes foires, en Flandres, en Champagne, à Lyon, ou dans le midi de la France. Elle aimait ce labeur, elle aimait dessiner des modèles de croix, d'ostensoirs, de bijoux, de plats, de surtouts, de hanaps, choisir les pierres qui les orneraient, surveiller les apprentis, dont son second fils, Bertrand, qui avait seize ans, faisait encore partie, conseiller les compagnons ou les clients, s'associer, enfin, en toute chose au labeur de l'orfèvre. Ce goût, cet effort commun, demeurait, certainement, un des liens les plus solides existant entre les deux époux.

Il arrivait parfois à Mathilde, dans ses mauvaises heures, de regretter l'union contractée, alors qu'elle avait quatorze ans, dans un élan du cœur qui n'était peut-être pas le puissant amour espéré, mais, plutôt, entraînement admiratif voué par une adolescente à un homme d'expérience, ami de son père. Elle n'avait, en revanche, jamais mésestimé les longues heures passées aux côtés d'Étienne dans le travail de l'or.

Par la rue de la Ferronnerie, qui longeait le cimetière des Innocents sur tout un côté, et où s'étaient installés, de l'autre, depuis un certain temps, avec la permission du roi, tous ceux qui travaillaient le fer, Mathilde et Étienne cheminaient.

C'était une artère étroite, encombrée, bruyante, retentissant des coups de marteaux qui frappaient les enclumes, et du grincement des scies à métaux.

Un peu plus grand que sa femme, alourdi par la soixantaine proche, donnant une impression de robustesse lassée, l'orfèvre, dont la démarche était devenue pesante, gardait encore sur ses traits au nez charnu, au menton que l'âge amollissait, à la bouche dont la forme avait perdu de sa fermeté et qu'encadraient deux lourdes rides, le souvenir de ce qui avait été le masque plein de caractère d'un homme aimant la vie, aussi bien dans ses luttes que dans ses plaisirs. A présent, au fond des prunelles grises, montaient parfois une inquiétude, une crainte, que peu de gens avaient le temps ou la curiosité de remarquer, tant la volonté, sans cesse appliquée à ne jamais les trahir, restait vigilante.

Toujours vêtu avec soin, mais discrétion, de velours ou de drap aux teintes assourdies, Étienne Brunel souffrait trop du nombre d'années qui le séparait de sa femme pour chercher frivolement à se rajeunir.

Ils débouchèrent enfin rue Quincampoix, une des plus élégantes du quartier. Entre ses maisons à colombages, hautes et étroites, dont les rez-de-chaussée, aux fenêtres ouvertes sur l'extérieur, débordaient de marchandises, des gens de toutes conditions s'affairaient. Rue luxueuse, où les merciers, seuls marchands de la ville à avoir le droit de vendre un peu de tout, offraient à la convoitise de leurs éventuels acheteurs mille articles de la parure et de la mode qui séduisaient toujours autant Mathilde. Elle jetait en passant un coup d'œil intéressé aux aumônières brodées, aux tissus en provenance de l'Orient, aux chapeaux de fleurs ou de plumes de paon, aux ceintures rehaussées de soie, aux bourses en cuir de Cordoue, aux guimpes empesées, aux dentelles et gants de peau, et, aussi, aux instruments de musique, fards, poudres et parfums, à l'or en paillettes, aux peignes en écaille, aux tablettes de cire, aux stylets à écrire, aux miroirs d'étain poli, et à des quantités d'autres colifichets amusants à voir et à désirer.

Les orfèvres, de leur côté, offraient à l'admiration des foules et à l'investigation d'Étienne qui n'entendait pas se laisser distancer par ses concurrents, tout ce que l'or et l'argent, les pierres fines et les perles, l'ambre, l'étain, le cuivre, et le corail, venu du fond des mers, tout ce que les métaux et les gemmes, enfin, fournissaient en moyens de se manifester à l'ingéniosité et l'habileté de ces artisans qui étaient les meilleurs de la capitale. Le soleil allumait des reflets, des éclats, des étincelles, des luisances parmi toutes ces merveilles ainsi que dans les regards d'envie qui ne se détachaient qu'à regret de tant de sollicitations.

La boutique de maître Brunel était une des plus importantes de la rue. Plusieurs apprentis et compagnons y travaillaient. Parmi eux, Bertrand, fils cadet du couple, apportait à l'affaire de son père un goût ancestral de l'ouvrage bien fait, de l'activité, une gaieté aimable qui faisait de lui un garçon plein d'entregent, dont les clients de la maison appréciaient les offices. Il vint saluer Mathilde qu'il n'avait fait qu'apercevoir à la messe.

— Dieu vous garde, ma mère !

Seul des enfants à avoir hérité de l'orfèvre un sens du négoce très sûr, il était également celui qui lui ressemblait le plus. C'était une nature gaie mais coléreuse, tendre et inquiète à la fois. Il était capable de la plus réelle gentillesse, mais aussi d'accès de mauvaise humeur et de coups de tête. En dépit de son jeune âge, il aimait déjà les belles filles, le plaisir, la table. Amoureux de la vie, sensuel, et impatient de tout étreindre, il promettait de devenir sans tarder un commerçant exercé, un homme qui saurait plaire aux femmes.

Étienne Brunel laissa bientôt son épouse et son fils penchés sur des croquis de croix ouvragées qu'il leur fallait choisir, et s'en alla vers le Grand-Pont où il avait rendez-vous avec un marchand de Bruges.

Mathilde aimait, d'ordinaire, la compagnie de Bertrand, mais elle lui fut spécialement reconnaissante, ce matin-là, de l'entrain qu'il manifestait en travaillant avec elle. Grâce à lui, à sa bonne humeur, elle n'eut pas trop de difficulté à repousser les pensées caracolantes qui l'agitaient depuis son réveil. Tout en admettant la fragilité d'un secours venu de l'extérieur, alors qu'il lui aurait fallu trouver en elle-même la fermeté nécessaire à sa propre défense, il lui était précieux de se sentir réconfortée, aidée, par la seule présence de son second fils.

Ils repartirent ensuite tous deux, un peu avant onze heures, vers la rue des Bourdonnais où la famille se regroupait toujours pour dîner.

Après le repas, durant l'heure de la sieste, alors qu'elle était étendue dans sa chambre, auprès d'Étienne qui, selon son habitude, s'était endormi sitôt couché, Mathilde s'aperçut qu'elle pleurait.

Depuis quelques années, elle en était arrivée à appréhender les moments où elle se retrouvait ainsi allongée près de son mari et, certains soirs, avant de se mettre au lit, elle était prise de panique.

En silence, pour ne pas réveiller l'homme vieillissant qui sommeillait près d'elle, pour ne pas tirer de ses rêves un époux qui, au début de leur union, avait su se montrer un amant attentif, elle se glissa hors de la couche conjugale. Elle se refusait à accabler à présent celui-là que ses forces trahissaient. Elle savait combien, de son côté, il partageait de façon poignante le tourment qui la faisait souffrir. Écartant les courtines du lit, elle gagna le cabinet attenant où elle prit un manteau pour sortir.

Étienne ne s'étonnerait pas de son absence. Tous les jeudis, elle se rendait à l'Hôtel-Dieu vers une heure de relevée pour visiter et secourir les pauvres malades. En s'acquittant de la sorte d'un devoir de charité, d'entraide, elle avait loisir de rencontrer, tout à son aise, la femme qu'elle estimait le plus au monde, Charlotte Froment, la propre sœur de son mari. Plus jeune que lui de quelque seize ans, celle-ci était devenue la meilleure amie de Mathilde. Douée d'une ferme bonté, sachant faire preuve de caractère sans ostentation ni tyrannie, elle demeurait toujours disponible, attentive aux autres. Indifférente au jugement de ceux que sa vie privée pouvait choquer, elle avait montré ce dont elle était capable au moment le plus critique de son existence : d'une façon aussi incompréhensible que subite, l'homme qu'elle avait épousé, un médecin, avait disparu. Parti pour Saint-Jacques-de-Compostelle à la suite d'un vœu demeuré secret, il n'en était jamais revenu. Ses compagnons de route, interrogés à leur retour, avaient raconté qu'à l'heure du rassemblement des pèlerins, sur la place devant la basilique, on avait, en vain, cherché Girard Froment.

La sœur d'Étienne avait, alors, fait preuve d'un courage tranquille, plein de dignité, impressionnant par sa simplicité même. Après avoir dû abandonner les recherches entreprises tant en France qu'en Espagne, elle s'était décidée à travailler dans la discipline qui avait été celle du disparu. Elle aimait la médecine qu'elle avait étudiée avant son mariage, puis pratiquée en compagnie de son époux. Elle était donc entrée à l'Hôtel-Dieu, afin d'y soigner les femmes qu'on tenait soigneusement séparées des hommes malades. Elle consacrait depuis lors sa vie à leurs maux, avec un dévouement que Mathilde estimait et révérait à sa juste valeur. Près de sa belle-sœur, elle trouvait affection, compréhension, réconfort, et ce rien de complicité sans lequel il n'y a pas d'amitié efficace.

On entrait à l'Hôtel-Dieu par la place du marché Palu où herboristes et apothicaires voisinaient. Des relents de plantes médicinales, d'herbes séchées, de camphre, de fleur de moutarde, d'onguents indéfinissables, flottaient aux alentours.

En passant devant la boutique d'Aubri Louvet, cousin germain d'Étienne, qui était apothicaire, Mathilde jeta un coup d'œil à l'intérieur pour voir si la femme d'Aubri ne s'y trouvait pas à cette heure. Ne les apercevant ni l'un ni l'autre, elle continua son chemin.

On achevait la construction de l'Hôtel-Dieu, commencée presque un siècle plus tôt, sous le règne de Louis VII le Jeune, et les maçons étaient en train de terminer la nouvelle infirmerie qui allait remplacer la précédente, devenue trop petite.

Mathilde dirigea ses pas vers la salle des femmes où elle pensait trouver Charlotte, mais une fille blanche lui apprit que celle-ci était partie vers la salle des accouchées. La sage-femme de service lui avait fait demander d'y venir.

Dans cette pièce, située au sous-sol, rigoureusement propre, comme tout le reste du bâtiment, où, détail qui avait toujours amusé Mathilde, on usait jusqu'à mille trois cents balais par an, les lits, encadrés de rideaux de toile aux plis cassants, s'alignaient le long des murs. Le pavé, brossé chaque matin, était jonché d'herbe fraîche.

Des visiteurs se penchaient sur les couches aux montants de bois où les jeunes mères et leurs enfantelets, étendus côte à côte entre les draps bien tirés, reposaient sous des couvertures de couleur, doublées de fourrure. Posées sur les taies blanches de leurs gros oreillers de plumes, les têtes des accouchées, enveloppées de bandes de toile, s'alignaient bien sagement entre les courtines ouvertes, de part et d'autre de la longue salle. On avait fait les toilettes avant les visites. L'impression d'ordre, de salubrité, était évidente.

Mathilde chercha des yeux Charlotte parmi les novices en surplis blanc, tablier blanc, voile et guimpe blancs, parmi les sœurs en cotte de serge noire, surplis blanc, couvre-chef blanc et voile noir qui surveillaient les futures ou les nouvelles mères, les nourrissons, mais, aussi, les parents et amis dont les démonstrations, les bavardages, auraient pu déranger la tranquillité nécessaire au repos de tous. Elle vit sa belle-sœur penchée sur un lit où gisait une femme dont la grossesse semblait présenter d'inquiétants symptômes. Près d'elle, une des sages-femmes de la salle la regardait d'un œil soucieux palper le ventre distendu.

Mathilde, qui connaissait plusieurs accouchées, préféra attendre la fin de la consultation en se rendant au chevet de certaines d'entre elles. De lit en lit, elle distribua des dragées, des fruits confits, des noisettes, qu'elle avait apportés avec elle, mais aussi son attention amicale, son sourire, sa sympathie. Aidant l'une à boire sa potion, une autre à consoler un nouveau-né en pleurs, une future mère à supporter les premières douleurs qui s'annonçaient en lui expliquant ce qu'il convenait de faire pour faciliter la naissance, elle oublia le temps.

— Bonjour, ma mie. Venez avec moi. J'ai plusieurs cas intéressants dans la salle des malades. Si vous le voulez bien, nous les verrons ensemble.

Charlotte embrassait Mathilde, l'entraînait hors de la salle des accouchées, dans sa tournée quotidienne. De haute taille, bâtie en force, la sœur d'Étienne avait le visage charnu de son frère, la même bouche aux lèvres épaisses, mais un front plus étroit, un nez plus fin. Son regard brun ne recelait aucune angoisse. Son expression, comme sa démarche, était remplie de fermeté, de décision, donnait une grande sensation d'assurance, de tranquillité. Elle alliait l'ironie à la compétence, la lucidité à la bonté.

Mathilde aimait à partager ses préoccupations, ses joies, ses colères, plus généreuses que destructrices, ses émotions, tout au long des minutieuses visites qu'elle faisait de lit en lit. Dans cette salle où on accueillait toutes les malades qui se présentaient, quels que fussent leur âge, leur nationalité, leur état, leur religion, et aussi la nature de leur maladie, sauf la lèpre, qu'on soignait à Saint-Lazare, on comptait une soixantaine de lits rangés en bon ordre contre les murs. Beaucoup d'entre eux étaient à trois places, car ils étaient fort vastes. Quelques-uns, seulement, à une place, pour les cas les plus graves.

Charlotte prenait le pouls, examinait avec un soin scrupuleux les urines que des sœurs lui présentaient dans de petites fioles, faisait parler les malades, vérifiait l'état des pansements, sondait les plaies, prescrivait des onguents, des emplâtres, des bains, des électuaires, des cataplasmes. Mathilde l'aidait autant qu'elle le pouvait, ce qui soulageait toujours un peu les religieuses soignantes dont le labeur était incessant. Charlotte lui avait expliqué qu'elles étaient, sous la haute direction d'une prieure, entre soixante-dix et quatre-vingts, tant novices que sœurs, dont le dévouement ne faisait jamais défaut. Aidées d'une vingtaine de valets, d'une dizaine de frères, de cinq chapelains, elles œuvraient à tour de rôle, du matin au soir pour les unes, du soir au matin pour les autres.

— C'est une véritable petite cité, disait encore Charlotte, qui en parlait avec fierté. Pensez, ma mie, qu'il y a, bon an, mal an, près d'un millier de malades défilant entre ces murs ! Le grand maître, élu par le chapitre des chanoines de la cathédrale, est, avec notre prieure, le chef suprême du plus important établissement hospitalier de tout Paris ! C'est pourquoi méthode et discipline y sont indispensables.

Si elle était désireuse d'un ordre, elle avait, par ailleurs, bien trop de sollicitude envers la nature humaine pour ne pas, également, saluer avec reconnaissance le courage, l'abnégation, des religieuses. Une fois encore, après avoir terminé sa tournée de malades, et tout en conduisant Mathilde vers la petite pièce qui lui était réservée, non loin de la chambre de la prieure, elle lui parlait avec fougue du labeur des sœurs et de leur dévouement.

— Faut-il aimer les créatures de Dieu pour s'occuper d'elles de la sorte ! s'écriait-elle. Nettoyer des malades souvent répugnants, les lever, les coucher, les baigner, les essuyer, les nourrir, les abreuver, les porter d'une couche sur une autre, voir s'ils ne se découvrent pas, faire, refaire les lits, chauffer des linges pour leur mettre aux pieds, les asseoir sur des seaux ; en hiver, mettre du bois dans les grandes cheminées qui se trouvent dans chaque salle, y promener les quatre chariots de fer remplis de charbons incandescents pour les mieux tenir au chaud, entretenir d'huile et surveiller les mèches des lampes de verre qui brûlent auprès de chaque lit, sur les autels, dans les dortoirs, devant les troncs de Notre-Dame ; faire, chaque semaine, des lessives de près d'un millier de draps, de centaines de vêtements, d'une quantité incroyable de toiles à pansements, les rincer en eau claire de Seine, les étendre sur les galeries en été, les sécher à grand feu dès la froidure, les plier, ensevelir les morts, faire, défaire les pansements, tondre les poils, vider les pots ! Personne ne peut savoir ce qu'est l'existence de ces filles de Dieu qui, le plus souvent, ne reçoivent en remerciement que rebuffades, doléances, jérémiades !

Dans la pièce où Charlotte venait, tout en plaidant avec l'élan qui était un des attraits de son caractère, de conduire Mathilde, régnait un silence studieux. Meublée sommairement d'un coffre, d'une table couverte de livres, de trois chaises, d'une petite bibliothèque près de la fenêtre, on aurait plutôt cru s'y trouver dans une cellule que dans le bureau d'une physicienne.

— Je suis heureuse de vous voir si ponctuelle dans vos visites, ma mie, reprit Charlotte. J'aime ces occasions qui nous sont données de nous retrouver ainsi, toutes deux.

Bien plus que des liens familiaux, c'était une confiance, une tendresse mutuelle qui unissaient les deux belles-sœurs. A cette confidente absolument sûre, Mathilde pouvait parler en tout abandon des troubles, des secrets déchirements de son existence. De son côté, Charlotte se laissait aller à évoquer en toute franchise les complications, les étapes, d'une vie privée qui, depuis la disparition de Girard, avait connu quelques traverses. Éprise, en ce moment, d'un étudiant en médecine de vingt ans son cadet, elle menait de front l'éducation amoureuse et la formation médicale du jeune homme.

— Que voulez-vous, disait-elle, je suis libre, seule, sans personne à qui rendre des comptes sur cette terre. Quant au jugement de Dieu, pourquoi m'en inquiéterais-je ? N'est-ce pas envers la Madeleine, la Samaritaine, la femme adultère, que Notre Seigneur s'est montré le plus indulgent ? Il n'est de péché inexpiable qu'envers l'Esprit. Je ne crois pas, honnêtement, devoir être rangée parmi ceux qui commettent ce genre de faute. Je demeure donc persuadée qu'il est plus important pour moi de soigner mes éclopés avec toute l'attention possible, que de cesser mes relations avec Rémy. Ce garçon me plaît. Il ne semble pas se déplaire avec moi. Que demander de plus ?

Comme chaque fois qu'elle parlait d'un sujet qui la concernait de près, elle lissait du doigt un grain de beauté assez proéminent qu'elle avait au coin des lèvres. C'était, chez elle, geste habituel.

— Que celle qui n'a jamais songé à aimer un bel étudiant vous jette la première pierre, ma mie ! Soyez assurée que ce ne sera pas moi !

Assises face à face sur deux chaises, les plis de leurs robes tombant jusqu'au sol, les mains de Mathilde croisées au creux du tissu, celles de Charlotte toujours en mouvement, elles se livraient ensemble au besoin, si fort dans le cœur des femmes, de se confier l'une à l'autre.

— Où en êtes-vous avec mon frère, ma mie, ces temps-ci ?

— Hélas ! Au même point ! A la fois victimes et bourreaux, nous sommes tous deux nos propres tortionnaires !

— Si Dieu vous inflige une semblable épreuve, ma mie, c'est qu'il n'en est sans doute pas de plus efficace pour vous sauver.

— J'en conviens, mais, voyez-vous, Charlotte, cette sensualité qui me domine, qui me tient, qui a été mon plus chaud espoir, mes plus violentes délices, je ne puis m'habituer à l'idée d'y renoncer pour toujours.

— Je ne sais si vous trouverez une consolation dans ce que je vais vous dire, Mathilde, mais je connais un certain nombre de cas semblables.

— Quelle sinistre farce ! C'est dans la mesure où il avait peur de ne plus pouvoir me prouver son amour que les possibilités de mon pauvre époux se sont amenuisées jusqu'à l'anéantissement !

— Il en est souvent ainsi quand l'homme tient à la femme plus qu'à sa propre jouissance et redoute avant tout de la décevoir.

— Ah ! Charlotte, c'est affreux ! Je vais me consumant auprès de cet homme qui éprouve pour moi le plus sincère, le plus ardent amour, et ne peut plus me le témoigner, ce qui le rend tout aussi malheureux que moi !

Depuis plusieurs années, les manquements d'Étienne avaient amené le couple à des scènes, des rancunes, des explications demeu-rées soigneusement enfouies au fond de la couche conjugale, des réconciliations, des recherches, des ruses, des soins inutiles, des tourments sans fin. Charlotte ne l'ignorait pas. Au point où ils étaient parvenus, tout avait été dit, tenté, expérimenté, compris, entre eux.

— C'est par la tendresse, par elle seule, que vous pourrez sauver votre union, Mathilde. Vous le savez bien, vous qui apportez tant de détermination à préserver ce qui peut encore l'être, envers et contre vos propres penchants.

— La tendresse... oui, bien sûr. Je n'en manque pas à l'égard d'Étienne, mais elle ne résout pas tout. Combien de fois me suis-je dit que je ne pouvais plus supporter cette abominable continence ? Combien de fois ai-je supplié Dieu de me donner la paix du corps, ou de me faire mourir ? Je ne sais plus. J'ai tant pleuré, je me suis tellement débattue !

Charlotte prit entre les siennes une des mains de sa belle-sœur, la serra fortement. Mathilde soupira, secoua le front.

— Il n'est pas bon de s'apitoyer sur soi-même, ma mie. J'ai tort de céder à ce besoin où entre un peu de lâcheté. Comprenez-moi, cependant : je me sens si mal à l'aise entre les aspirations de ma chair et celles de mon âme !

Elle se tut un instant. Ses lèvres tremblaient.

— Parfois, reprit-elle, il me semble trouver le repos, accepter cette amputation de ce qu'il y a de plus spontané, de plus vivant en moi, mis à part l'amour maternel qui, Dieu merci, ne m'a jamais déçue !

— C'est déjà là une grande grâce, savez-vous bien, ma sœur ? Ne pas avoir d'enfant, se sentir stérile, définitivement, est pour une femme une sorte de condamnation très dure à supporter. Croyez-moi, je ne parle pas au hasard.

Songeant aux mêmes choses et sachant que leurs pensées, fait assez rare pour qu'il fût goûté, suivaient des chemins semblables, elles se turent un moment.

— Je vous ai conté, reprit enfin Mathilde, quelle enfance j'ai eue entre un père et une mère que liait une profonde entente charnelle. Sans que nous y ayons le moins du monde songé, ni eux, ni moi, cet air saturé d'amour qui circulait dans la maison m'imprégnait, me façonnait, orientait mes choix les plus intimes. Si je me suis mariée si tôt, c'était pour connaître plus vite des voluptés dont je rêvais comme du seul bien désirable. Après avoir épousé Étienne, j'ai cru que ce besoin était à jamais satisfait. Hélas ! La chasteté, mon ennemie, me guettait un peu plus loin !

Des larmes cassaient sa voix.

— J'ai prié. Dieu ! que j'ai prié, pour être délivrée de cette idée fixe !

— Nous ne sommes pas toujours exaucés de façon prévisible.

— Écoutez-moi bien, ma mie : pour la première fois depuis que je suis mariée, la tentation vient de prendre à mes yeux visage et allure d'homme. J'ai rencontré voici deux jours celui que j'espérais ne jamais trouver sur mon chemin, tant sa séduction est dangereuse pour moi. Je ne vous cacherai pas qu'il m'a impressionnée.

— Vous ! Ce n'est pas possible !

— Écoutez plutôt.

Mathilde évoqua Guillaume Dubourg, son arrivée au matin des noces, le charme qu'elle lui trouvait, l'émoi ressenti.

Une fois de plus, sa belle-sœur vérifiait combien les amitiés, les amours des autres, y compris de ceux qui nous sont les plus chers, demeurent, presque toujours, incompréhensibles pour nous.

— Soyez sans crainte, Charlotte. Quelqu'un veille sur moi. Je me verrai de nouveau sauvée par force. Le bel Angevin ne m'a pas regardée, pas même vue. De toutes les femmes présentes à ces fêtes, il n'en a remarqué, distingué qu'une, une seule. Savez-vous laquelle ? Florie !

— Florie ! C'est de la démence !

— Peut-être bien. Que voulez-vous, l'amour court sur les chemins les plus inattendus ! Ce qui s'est passé à ce moment-là est folie, incohérence, sottise, délire, de la part de ce garçon comme de la mienne. Cela est, pourtant. L'unique certitude que j'ai à retirer de cette aventure sans lendemain est qu'en aucun cas Guillaume Dubourg ne s'intéressera à moi. En dépit de mon imagination qui s'égare si vite, je suis toujours ramenée à cette vertu dont je ne dois pas me départir. Épouse irréprochable je suis, épouse irréprochable je dois rester. Tel est mon destin. Je ne puis l'ignorer depuis le temps que j'explore chaque recoin de la cage invisible mais hermétique où je me trouve prise. Comme un rat dans un piège.

— C'est un piège divin, mon amie. Faites confiance à Celui qui attend que vous acceptiez de calquer votre volonté sur la Sienne.

— Qu'Il m'aide donc, j'en ai le plus grand besoin !

Les deux femmes s'embrassèrent.

Mathilde quitta l'Hôtel-Dieu un peu rassérénée.

4

En se retrouvant rue des Bourdonnais, Florie se sentait plus désorientée qu'elle ne l'aurait cru. Partie de l'avant-veille seulement, elle éprouvait cependant cette courte séparation comme une coupure. Les transformations qu'elle avait subies en si peu de temps l'incitaient à songer que, d'une certaine vierge, rendue femme au cours de la nuit par l'amour de Philippe, une créature nouvelle était née, assez différente de celle qui l'avait précédée.

D'un œil neuf, elle considérait la grande salle où des tables étaient dressées et parées pour le souper. C'était de cette même pièce, décorée de tapisseries à mille fleurs, meublée de bahuts, de coffres, de vaisseliers où se trouvaient exposées les plus belles pièces d'argenterie façonnées par son père, les plus précieuses faïences de la famille ; de cette salle garnie d'une vaste huche à pain sous le couvercle de laquelle elle pouvait se cacher quand elle était petite, de cathèdres où, seuls, les adultes avaient droit de prendre place, de tabourets, de bancs, tous meubles bien cirés, bien lustrés, oui, c'était de là qu'elle s'en était allée vers sa nouvelle vie !

Sur les longues tables étroites, simples planches supportées par des tréteaux pour la durée du repas, disposées en U et recouvertes de nappes blanches, Florie reconnaissait l'orfèvrerie qui étincelait. A chaque occasion tant soit peu importante, et c'était là, ce soir, une délicate attention de la part de ses parents envers eux deux, on sortait la nef personnelle du maître de maison, en argenterie, ainsi que la crédence, les couteaux à manches d'ivoire, les cuillers et les écuelles en argent, les hanaps de cristal cerclés d'or. Tous ces objets ciselés dans les ateliers paternels lui rappelaient des réceptions situées dans un passé qui se détachait déjà d'elle et dont elle découvrait que son mariage, comme une barrière, la séparait.

— Mon Philippe, il va vous falloir remplacer par votre unique présence, par votre seul amour, les absences creusées dans mon cœur par mon départ de cette maison.

— Je m'y emploierai jour et nuit, affirma le jeune trouvère avec un sourire où amour, confiance, chauds souvenirs, se mêlaient. N'en ayez point souci.

Bien qu'il ne fût pas encore six heures de relevée, le soir s'annonçait par une certaine qualité de la lumière qui s'adoucissait, perdait de son éclat blanc, un peu acide, printanier, pour s'estomper. Par les fenêtres et la porte ouvertes sur le jardin, des senteurs de vergers en fleurs, de giroflées, de muguet, de jeune verdure, entraient par vagues, se mélangeant sans se perdre aux fumets qui s'échappaient de la cuisine proche où on s'affairait.

— J'avais bien recommandé : la famille, la famille seule, disait maître Brunel à Bertrand, son fils cadet. Il me semble que c'était clair ! Personne d'autre. J'ai déjà eu assez de peine à évincer, ce matin, Nicolas Ripault que j'ai rencontré sur le Grand-Pont. Il comptait se faire inviter avec sa femme pour ce souper. Vous savez combien il peut se montrer insistant dans des cas comme celui-là ! Je l'ai donc écarté, et voici que votre frère est venu, tout à l'heure, me demander s'il lui était possible d'amener avec lui ce soir un jeune Norvégien, étudiant comme lui, dont j'oublie toujours le nom...

— Gunvald Olofsson, je pense.

— C'est cela même, plus un certain poète de ses amis dont il nous rebat les oreilles depuis quelque temps.

— Rutebeuf ?

— Tout juste. Je n'ai rien contre le jeune étranger, qui est de bonne famille, et point sot, ni contre le rimeur, dont Arnauld vante le talent, le manque de chance et le bel avenir, mais, enfin, ils ne sont pas des nôtres, que je sache !

— Ils sont, l'un et l'autre, si seuls à Paris !

Maître Brunel souffla plusieurs fois, avec bruit, droit devant lui, comme font les chevaux énervés. Toutes les fois qu'il était contrarié, il se laissait aller à ce genre de démonstration.

— En outre, reprit-il, Philippe vient de m'apprendre que son cousin d'Angers, vous savez, le jeune pelletier venu spécialement pour les noces, se trouvera aussi parmi nous ce soir. Il l'a invité. Passe encore pour celui-là : c'est un parent. Bon. Mais voici que votre mère, inspirée à son tour par je ne sais quel démon, s'est rendue chez mon cousin Aubri, en revenant de l'Hôtel-Dieu, afin de le convier à ce souper avec sa bonne femme et sa garce de belle-fille...

— Par ma foi, mon père, vous vous emportez !

— Il y a de quoi ! Tout le monde sait, ici, combien ces deux femelles me déplaisent. Aussi, je ne comprends pas qu'on ait seulement pu songer à les aller chercher !

— Ma parole, Étienne, vous manquez de charité. Cela m'étonne de vous, mon petit-gendre !

Margue Taillefer, grand-mère de Mathilde, vieille femme qui avait survécu à sa fille et à l'époux de celle-ci, noyés tous deux au cours d'une promenade en barque sur la Seine, se retrouvait, aux approches de quatre-vingts ans, avec deux autres filles au couvent et son fils unique tué à Bouvines, sans autre famille que celle de l'orfèvre. Une humeur vindicative, qui ne craignait pas la violence et ses éclats, un besoin tyrannique de possession, un entêtement sans bornes, un furieux désir d'indépendance, faisaient d'elle, en dépit d'un cœur plein d'élans insoumis, une solitaire ne se décidant pas à venir vivre chez Mathilde qui lui avait cent fois offert de la loger. Elle préférait à l'hôtel des Brunel une maison mal entretenue, vétuste, située dans la rue Saint-Denis, non loin du Grand-Châtelet, maison où elle était née et qu'elle se refusait de quitter malgré le fracas et le passage incessant qu'il lui fallait supporter en bordure d'une artère de cette importance. Vivant avec deux serviteurs habitués aux aspérités de son caractère, elle voyait, non sans une sorte de satisfaction personnelle, disparaître les uns après les autres tous ceux qui avaient été ses contemporains, et assistait avec agressivité à la montée des jeunes générations. Elle entendait critiquer tout le monde avec une verdeur de ton que l'âge n'affadissait pas. Dans son visage point trop ridé, son regard bleu de glace, son nez et son menton aigus témoignaient de son peu d'indulgence.

— Vous en jugez à votre aise ! Je n'aime pas, ma mère, me sentir contraint à agir par force.

— Allons bon, qu'ai-je encore fait de mal ?

Mathilde entrait. Clarence, tout en blanc, l'accompagnait.

Si l'épouse de l'orfèvre simulait avec tant de naturel une inquiétude qu'elle ne ressentait pas, ce n'était là qu'une coquetterie sans conséquence. Elle connaissait l'indestructible constance des sentiments d'Étienne à son égard et qu'il aimait à lui donner raison parfois même contre lui.

— Vous ne faites jamais rien de mal à mes yeux, ma mie, dit-il comme elle s'y attendait. Je dois, cependant, avouer que je me serais volontiers passé des Louvet, mari, femme et fille !

Des coups frappés au portail de la cour interrompirent la conversation. Quelques instants plus tard, Guillaume Dubourg entrait. Il alla saluer Mathilde, plus troublée qu'elle ne l'aurait cru, Margue Taillefer, qui le toisa, Florie et Philippe, trop occupés l'un de l'autre pour lui prêter longtemps attention, maître Brunel, Bertrand, et, enfin, Clarence qui le dévisagea avec curiosité et un brin d'impertinence. Fidèle à ce qu'il s'était promis, il parvint à cacher les mouvements qui l'agitaient.

L'arrivée de Charlotte, qui s'installa en compagnie de Mathilde sur les coussins d'un banc à haut dossier pour converser plus tranquillement, l'apparition d'Arnauld entre ses deux amis, l'entrée, en dernier, d'Aubri Louvet encadré par sa femme et par Gertrude, la fille de celle-ci, née avant un mariage contesté par la famille, mirent assez de remue-ménage dans l'assemblée pour que Guillaume pût se retirer à l'écart sans être remarqué.

On entourait le jeune couple. Des remarques fusaient.

— Par ma foi, vous n'avez pas changé, ma belle ! s'exclamait Ysabeau de sa voix fortement nasale. Du moins en apparence...

Quarante ans marqués par un passé agité qui avait amolli les chairs, avili le regard, une chevelure teinte avec soin, une certaine prestance, des fards à la dernière mode, un goût sûr pour s'habiller, mais on ne savait quoi de vulgaire dans la démarche, dans la prononciation, faisaient de cette femme d'apothicaire une créature dont les défauts étaient plus voyants que les qualités.

— En dépit de tout, vous conservez votre air angélique, reprit-elle avec délectation.

Assez comparable au hennissement d'une jument, son rire s'élevait.

— Puisque nous voici au complet, nous allons pouvoir nous mettre à table sans plus tarder, dit maître Brunel, qui cachait mal son irritation. Allons, qu'on passe les lave-mains !

L'intendante entra aussitôt, suivie de deux valets porteurs de bassins en argent ouvragé, de serviettes blanches pliées. Sur les mains tendues des convives, ils versèrent à tour de rôle une eau parfumée à la sauge que contenaient de belles aiguières ciselées. Ce ne fut qu'après les ablutions qu'on prit place d'un seul côté des longues tables.

— Comme notre oncle Pierre Clutin, le chanoine, n'a pu venir souper avec nous, retenu qu'il est à Notre-Dame par les préparatifs de la fête donnée demain, vingt-cinq avril, jour de la Saint-Marc, en l'honneur de l'anniversaire de notre sire le roi — que Dieu lui prête longue vie ! — et que nos deux plus jeunes filles n'ont point encore permission de se mêler à si nombreuse compagnie, expliqua l'orfèvre, ce sera Clarence qui récitera le bénédicité.

Avec docilité, l'adolescente se leva pour dire d'une voix égale la prière à laquelle les convives répondirent.

Placé entre Mathilde et Charlotte, Guillaume ne pouvait voir Florie, soigneusement éloignée, par un esprit prévoyant, à l'autre bout de la table. Aux côtés de Philippe, elle ne se souciait d'ailleurs en rien du jeune Angevin qui, loin d'elle, du fait de cette séparation, et sans même qu'elle s'en doutât, se sentait plus seul à ce repas que dans une forêt sans chemin.

Au-dessus de la tête de Clarence, transformée en témoin amusé d'une joute poétique fort gaie, Arnauld et son ami Rutebeuf ne s'exprimaient qu'en vers.

Grand-mère Margue accaparait Aubri, dont le sort semblait d'être ainsi annexé par les femmes autoritaires du groupe où il se trouvait, afin de lui conter, une fois de plus, et en les enjolivant d'appréciable façon, les épisodes marquants de sa jeunesse, au temps du feu roi Philippe Auguste.

Les valets apportaient les premiers plats couverts pour les conserver chauds. D'épaisses tranches de pain, les tailloirs, étaient distribuées en même temps aux convives qui y déposeraient à leur gré les morceaux de viande qu'ils s'apprêtaient à découper avec leurs couteaux.

Chez maître Brunel, la chère était bonne, la table réputée. Ce fut avec satisfaction que chacun vit arriver les différents mets préparés dans une cuisine dont on connaissait les traditions : langues de bœuf à la sauce verte, perdreaux au sucre, brochets au poivre, quartiers de chevreuil piqués de clous de girofle et cuits dans un bouillon de vin épicé, tartes au fromage, pâtés de pigeons, flans, crèmes, cresson pour se rafraîchir la bouche, blancs-mangers, amandes, noix, fruits confits se succédèrent. Du vin vermeil de Cahors, du vin gris des vignes du Chardonnet, de l'hydromel, de la cervoise pour ceux qui en buvaient, circulaient en pots, pichets, cruches et cruchons.

Le ton des conversations montait. Mathilde — était-ce le vin ? — se laissait aller à parler à Guillaume avec plus d'abandon qu'il n'eût fallu pour son repos. En premier lieu, elle l'avait interrogé sur Angers, sur la vie qu'on menait aux bords de la Loire. Faisant effort sur lui-même, désireux qu'il était de se faire une alliée de la mère de Florie, le jeune homme parlait de la cour angevine, de ses fastes, de ses plaisirs, évoquait la douceur du climat, les charmes de l'Anjou.

— Sont-ils plus grands que ceux de notre Ile-de-France ?

— Autres, à ce qu'il me semble. Ni plus ni moins grands, différents.

— Que pensez-vous de la capitale ?

— Qu'elle est, sans doute, unique au monde. Il n'y a certainement pas d'autres villes qu'on puisse lui comparer.

Tant d'ardeur dans la louange ne surprit pas Mathilde. Elle savait quel visage était pour lui celui de Paris.

— Ne songez-vous donc point à venir vous y fixer ?

— Par Dieu ! Dame, ne me tentez pas ! Hélas ! je ne le puis !

— Pourquoi donc ?

Penchée vers lui, Mathilde subissait, consentante, cette présence à ses côtés. Ne frôlait-il pas son bras en lui parlant ? Elle avait, à en crier, envie d'un homme et de celui-ci, précisément.

En écho à sa pensée, la voix qui résonnait en elle comme un appel sauvage répondait à ses questions.

— Pourquoi ? Mais parce qu'à Paris, tout est tentation ! Il se trouve que j'ai encore assez de lucidité, Dieu merci, pour fuir si je n'ai pas d'autre recours.

Il avait raison. Face au Mal, l'unique riposte, quand nos résistances faiblissent, est de couper court, de quitter la place. Mathilde ne l'ignorait pas, mais, plus sensible au demi-aveu que contenait une telle réponse qu'à la sagesse sans pitié qui s'en dégageait, elle ne parvenait pas, ce soir, à suivre Guillaume sur un pareil terrain. Elle ne désirait plus que se perdre avec lui. Poussée par un ennemi qui savait utiliser sa vulnérabilité, elle se risqua un peu plus loin.

— Il est des tentations auxquelles on peut se laisser aller, dit-elle, tout en se reprochant aussitôt cette affirmation. Vous voilà jeune, libre (elle faillit ajouter, beau) quelles convoitises redoutez-vous donc de subir que vous ne puissiez contenter ?

Il se tourna vers elle pour la regarder en face.

Je vous assure qu'il est des circonstances où un homme d'honneur qui se veut adepte de Courtoisie, qui tient à demeurer fidèle à sa foi, n'a pas le choix. Ne m'en veuillez pas si je ne vous en dis pas davantage. Faites-moi seulement la grâce de me croire : ou je quitte cette ville sans attendre, ou je suis perdu !

La gravité du ton, qui tranchait de façon si insolite sur le fond de propos frivoles s'échangeant autour d'eux, l'accent à la fois fataliste et passionné avec lequel il avait parlé, renseignèrent mieux encore Mathilde sur l'acuité, l'étendue, l'emprise, d'un amour dont elle connaissait l'objet et dont, de façon insensée, elle partageait les effets.

— Bien qu'il soit difficile d'y croire, j'admets votre explication, dit-elle en faisant un grand effort pour contenir les tremblements de sa voix. Cependant, il doit bien y avoir une solution à vos maux ? Ne puis-je vous aider ?

Cette bonne volonté venant au secours d'un penchant sans espoir lui fit horreur au moment même où elle l'exprima. C'était là, pourtant, l'unique moyen, le seul subterfuge, que son instinct avait trouvé pour conserver une raison de s'occuper de lui.

— Hélas ! dit-il en secouant la tête, personne n'y peut rien. Soyez remerciée pour votre intention, mais il est des situations sans issue. La mienne est de celles-là.

Il se tut. Autour d'eux, on continuait à parler, à rire, à se nourrir avec entrain.

— Ne nous entretenons plus de moi, reprit Guillaume au bout d'un moment. C'est un sujet dénué d'intérêt. Vous m'avez fait l'amitié de me convier à une réunion de famille où chacun doit être joyeux. Il ne convient pas que je trouble, par mes confidences, votre légitime plaisir.

Mathilde leva sur lui des prunelles remplies d'orages.

— Ne parlons pas, non plus, de mon plaisir, dit-elle avec plus de rancœur qu'elle ne l'aurait voulu. Je vous en prie, n'en parlons pas ! Il n'y a pas que vous pour éprouver les difficultés, les fondrières du chemin ! Pensez-y : d'autres sont éprouvés, fustigés, blessés en route par des buissons de ronces dont vous ignorez jusqu'à l'existence et où ils laissent une part d'eux-mêmes, la part vive, la part de chair ! Par Notre-Dame, que savez-vous de moi ? Rien, n'est-ce pas ? Comme tout le monde. Que connaît-on jamais de son prochain ? Les apparences, seulement les apparences !

Guillaume considérait avec étonnement, un peu de gêne aussi, la femme qui s'adressait à lui avec une si amère véhémence. Une compassion, où entrait, peut-être, une once de complicité, glissa dans son regard, mais il le détourna aussitôt et ne répondit pas. Que pouvaient-ils se dire encore ?

— Eh bien, ma mie, vous voici bien songeuse. Vous n'êtes pas triste, au moins ?

Étienne considérait Mathilde avec sollicitude, attention, et ce tendre attachement qu'il ne cessait de lui témoigner. La voyant soudain distraite, après la vivacité témoignée au début du souper, il s'inquiétait. Elle savait combien il était vite en état d'alerte. Non qu'il ait douté d'elle ; il la tenait pour digne de confiance, mais il connaissait aussi la nature humaine, ses incertitudes, ses sautes d'humeur, ses fluctuations. L'amour douloureux qu'il portait à sa femme s'aiguisait à chaque nouvelle tentation subie par elle. Dans les propos échangés entre Guillaume et elle, il pressentait, avec l'instinct très sûr de ce qu'il devait redouter, une tension anormale.

— Non, pas triste, mon ami, répondit Mathilde avec le plus de douceur possible. Nostalgique. Je songeais à Florie.

Depuis des années, elle s'ingéniait à trouver des faux-fuyants, pour apaiser les angoisses de cet homme dont elle respectait la sensibilité.

A ce moment, des jongleurs entrèrent pour animer la fin du repas. Ils se mirent à exécuter des tours d'adresse, chantèrent en s'accompagnant de la harpe ou du pipeau, racontèrent des histoires drôles, lancèrent des couteaux, dansèrent, cabriolèrent, sautèrent à travers des cerceaux.

Assis entre Ysabeau et sa fille, Bertrand écoutait non sans un amusement qu'il jugeait en même temps de mauvaise qualité, les plaisanteries distillées par Gertrude. Née d'un amant de passage qui, plus avisé qu'Aubri, était parti avant sa naissance, douée d'un esprit sarcastique armé de bec et de griffes, elle éprouvait une délectation qu'elle ne cherchait pas à dissimuler chaque fois que les circonstances lui donnaient l'occasion de maltraiter ceux dont elle parlait.

Ne s'étant pas mariée, elle menait ouvertement une existence partagée entre sa charge de maîtresse d'école et une vie d'aventures dispersées.

« Peut-on l'en blâmer ? » se disait Bertrand lorsque celle qui lui suggérait cette réflexion éleva soudain la voix. Un silence relatif succédant au départ des jongleurs qui venaient d'achever leurs tours, elle en profitait.

— Les fêtes de l'Amour de Mai commencent dans deux jours, dit-elle. Avez-vous choisi, chères dames, vos fiancés de libre courtisement ?

Elle avait des prunelles rondes et noires comme des pastilles de réglisse, qui semblaient toujours se moquer, et une bouche à la lèvre inférieure luisante, gonflée ainsi qu'une cerise, qui donnait à son visage étroit une touche de sensualité déconcertante.

— Qu'est-ce que l'Amour de Mai ? s'enquit Gunvald Olofsson en interrompant un instant sa mastication forcenée.

— Ce sont des fêtes qui commencent vers la fin d'avril pour se prolonger tout un mois, répondit Arnauld. Les demoiselles se rendent alors dans les bois proches pour y chercher des rameaux verts, des brassées de fleurs. Elles plantent des arbres symboliques que nous appelons des « Mais », prennent part à des processions pleines de joyeusetés, et ont droit, chose délectable, de se choisir pour trente jours un fiancé fictif qui peut les courtiser en toute liberté. C'est une coutume fort gaie, amusante, et qui plaît à tous les célibataires !

— C'est la raison, voyez-vous, pour laquelle il n'y a pas de noce en mai, confirma maître Brunel.

— Pendant que les jeunes filles se divertissent si aimablement, que font donc les femmes mariées ? demanda encore Gunvald Olofsson.

— Elles ont droit, elles aussi, à de petits avantages, lança

Bertrand en se mettant à rire. C'est toujours l'une d'entre elles qui est choisie comme reine afin de présider les fêtes. Durant ce joli mois de mai, les épouses ont également le droit de prendre, pour danser, et pas toujours à cette fin innocente, disent les mauvais esprits, un partenaire autre que leur mari !

— Par saint Olaf ! Si, comme je le crois, les femmes sont les mêmes partout, plus d'une doit profiter de la permission ! Pauvres maris !

— Je dois reconnaître qu'ils critiquent souvent cette coutume !

On riait.

— Nous n'avons plus qu'une fille, maintenant, à se trouver en âge de fêter le Mai, remarqua Mathilde qui avait eu le temps de se ressaisir, c'est Clarence. Je ne pense pas que notre Florie se préoccupe cette année de chercher un ami qui ne soit pas Philippe.

Une exclamation d'assentiment jaillit à l'autre bout de la table. Sans même vouloir le constater, l'épouse de l'orfèvre sut que Guillaume était touché. Consciente de la cruauté de sa remarque, elle s'en excusa en se disant qu'en le blessant elle ne s'épargnait pas non plus. Tous deux vidaient, de façons différentes, mais cependant jumelles, le fond plein d'âcreté de la coupe aux déceptions.

— Vous-même, Gertrude, avez-vous déjà choisi celui qui aura le privilège de vous courtiser pendant les semaines à venir ?

Arnauld s'adressait à la fille d'Ysabeau sur un ton narquois, dénué de tendresse. Poursuivi pendant des mois par les avances, les lettres, les assauts aussi variés qu'ingénieux de cette fille, qui, un temps, s'était éprise de lui, il restait sur la défensive. C'était elle qui, lassée de se heurter en vain à l'indifférence, à l'ironie du garçon, avait fini par admettre sa défaite. Un autre étudiant l'en avait consolée. Depuis lors, entre eux, croiser le fer était devenu de rigueur. Les escarmouches verbales se multipliaient.

— J'attendais que vous avanciez un nom.

— Par saint Denis ! vous n'avez nul besoin d'aide, et surtout pas de la mienne, pour dénicher un galant !

— Votre ami Rutebeuf ne pourrait-il y prétendre ?

— Vous n'y songez pas ! Avec ses seize ans, il n'est, pour vous, qu'un enfant !

Gertrude venait de coiffer Sainte-Catherine. Elle accusa le coup et haussa les épaules. Elle ne fut pas la seule à mal prendre le propos, cependant, et maître Brunel fronça les sourcils.

— Puisque les femmes mariées peuvent, de leur côté, changer d'écurie pour un mois, disait pendant ce temps Aubri d'un air finaud, dites-nous, belles dames, quels sont vos élus.

— Ainsi que ma mère l'a prévu, pour moi, ce sera Philippe, assura Florie avec élan, je ne veux pas d'autre soupirant.

— Grand merci, ma douce, c'est là une faveur dont je tâcherai de me montrer digne, dit le trouvère en soulevant la main de sa femme jusqu'à ses lèvres et en baisant dévotement les doigts qui s'abandonnaient.

Mathilde, qui ressentait le tourment infligé à Guillaume autant que lui-même, car il était sien, faillit leur crier de se taire. Pouvait-on être, avec plus d'innocence, bourreaux ?

— Je me réserve le droit de dévoiler plus tard mes intentions, annonça Ysabeau d'un air badin. Il sera toujours temps de faire savoir notre choix après l'élection de la Reine de Mai.

— Sait-on qui a des chances, cette année, de se voir élue ?

— Des bruits courent. On parle de l'épouse du prévôt des drapiers.

— Dame Ameline est fort belle, mais un peu sotte, remarqua Gertrude.

Dans un flamboiement, le désir prit Mathilde de crier à Guillaume le choix qu'elle aurait voulu être libre de faire. L'inutilité, l'inconvenance, aussi, d'une telle déclaration, la présence de son mari, ce qui lui restait de raison, enfin, la retinrent au bord des mots indicibles. Épouse choyée, respectée, mère d'enfants en âge, eux-mêmes, d'aimer, comment pouvait-elle seulement concevoir de telles pensées ?

C'est alors que Clarence, à qui son arrière-grand-mère, en manière de taquinerie, avait demandé de donner le nom de celui qu'elle avait distingué, reprit de sa voix limpide :

— Si Dieu le veut, si lui-même y consent, je demanderais volontiers à sire Guillaume Dubourg d'être, pour ce mois, mon ami de cœur.

— Pourquoi pas ? dit alors la voix dont Mathilde attendait un refus. Je comptais repartir demain pour l'Anjou, mais, par saint Denis ! puisque tout le monde m'y pousse, je ne résisterai pas davantage à l'envie que j'ai de demeurer. Je reste !

Il y avait du défi, de la douleur, de la rage aussi dans le ton de Guillaume. Une seconde, ses yeux croisèrent ceux de sa voisine. Ce qu'elle y lut de détermination et d'amertume la confondit.

Se détournant, se penchant sur la table pour mieux observer, au-delà de Charlotte qui considérait sa belle-sœur d'un air soucieux, de Rutebeuf, peut-être déçu, celle dont un caprice venait de le décider, en dépit de ses précédentes dénégations, à séjourner dans la capitale et, qui plus est, à garder des relations étroites avec la famille Brunel, Guillaume s'écria :

— Je vous sais gré, demoiselle, de votre choix. Soyez-en remerciée. J'espère ne pas vous le faire regretter.

La nuit tombait. Les cloches de Paris sonnaient l'angélus. Le jour d'avril finissait avec charme, comme il avait commencé. En même temps que la fraîcheur du soir, l'obscurité gagnait la salle.

Des valets fermaient les portes, les fenêtres. D'autres apportaient des candélabres où brûlaient de hautes chandelles parfumées, allumaient un feu de bûches dans la cheminée de pierre autour de laquelle, le repas terminé, les grâces dites, les convives venaient s'installer. On s'asseyait devant de petites tables pour jouer aux échecs, aux dés, au trictrac. Des servantes déposaient sur les coffres, les bahuts, de larges plats d'argent remplis d'épices de chambre : anis, réglisse, genièvre, coriandre, gingembre, figues sèches et noisettes. Chacun y puisait tout en buvant du vin pimenté, aromatisé à la cannelle et au girofle.

— Voilà qui est bel et bon, dit au bout d'un moment la grand-mère de Mathilde, mais je me fais vieille et il est temps, pour moi, d'aller au lit. Bonsoir la compagnie, je vais rentrer chez moi !

Charlotte, qui s'était entretenue assez longtemps à mi-voix avec Mathilde, proposa d'accompagner chez elle la septuagénaire dont les serviteurs étaient trop peu solides pour lui être d'un quelconque secours en cas de besoin. Elle préférait, elle aussi, être rentrée à l'Hôtel-Dieu avant le couvre-feu.

Autour de Florie et de Philippe, Bertrand, Gertrude, Clarence, Guillaume, formaient cercle. On parlait de la future croisade que préparait le roi, des dangers que les Tartares, en Hongrie, faisaient peser sur la chrétienté, des démêlés du pape et de l'empereur Frédéric II, mais aussi des potins qui couraient la ville. Guillaume, au détour d'une phrase, surprit entre les jeunes époux un échange de regards, lourd de complicité, d'attente, qui le transperça. Cette nuit qui s'annonçait allait les unir de nouveau, dans un même lit, pour quelles étreintes ? Une lame tranchante le fouailla. Sans se soucier davantage de Clarence, de l'engagement qu'il venait de contracter à son égard, il prit congé, s'enfuit.

Rutebeuf, Gunvald Olofsson, après avoir joué aux échecs un certain temps sous l'œil critique d'Arnauld, s'en allèrent à leur tour. Ils regagnaient la montagne Sainte-Geneviève où ils logeaient tous deux.

Aubri Louvet termina la partie de trictrac qu'il avait entreprise avec Étienne et se plaignit de la fatigue.

— Allons nous coucher ! s'écria Ysabeau avec entrain. Les amoureux doivent encore en avoir plus envie que nous ! Bonne nuit à tous.

Par les rues qui s'assombrissaient, l'apothicaire, une lanterne à la main, s'éloigna avec sa femme, pendant que Gertrude, qui tournait autour du jeune couple, proposa de faire route à trois.

— Nous pourrions deviser de compagnie, tout au long du chemin...

— Grand merci, mais une autre fois, si vous le voulez bien. Non, vraiment, pas ce soir, lança Philippe qui n'était pas d'humeur à accepter une tierce personne entre Florie et lui.

— Comme vous voudrez, murmura Gertrude avec un sourire de commande. A votre guise.

Elle savait attendre. C'est un des tours que la vie lui avait appris.

Florie embrassait ses parents, se retournait encore une fois, s'éloignait enfin au bras de son mari. Des valets porteurs de torches les escortaient.

Dans la demeure de l'orfèvre, on gagnait les lits que des chambrières, sous les ordres de Tiberge la Béguine, venaient de bassiner avec des braises mêlées à la résine de benjoin. Chaque pièce se trouvait imprégnée de l'odeur de toiles chauffées et du parfum balsamique cher à Mathilde.

En dehors des trois éclairages qui brillaient sous la voûte du Grand-Châtelet, au sommet de la tour de Nesle, au cimetière des Innocents, il ne restait allumés dans les rues de Paris que les lumignons brûlant devant les montjoies, les croix des carrefours, les statues de la Vierge et des saints protecteurs de la cité.

La nuit, en silence, enveloppait la ville aux portes closes, ses projets, ses joies, ses souffrances, tandis que les veilleurs du guet s'apprêtaient, une fois encore, à surveiller son repos.

DEUXIÈME PARTIE

1

Après avoir franchi la porte Saint-Honoré, qui verrouillait à l'ouest les remparts de la ville, le groupe de jeunes filles suivait à travers la campagne une route qui menait à la forêt de Rouveray.

Ce premier jour de mai tenait les promesses d'avril : il faisait beau. Dans les champs, le blé, l'avoine, le seigle, verdoyaient. Mêlée aux tendres pousses, la blancheur des aubépines festonnait les haies, les taillis. Le moindre buisson se parait de pétales. Les pommiers en fleur rosissaient les prés de leur gaieté éclatante, de leur profusion en forme de bouquets. Sous la garde de bergers, moutons et vaches paissaient l'herbe neuve. Partout, avec enivrement, des oiseaux chantaient, sifflaient, roucoulaient, gazouillaient, jasaient.

— C'est un vrai temps de demoiselle ! avait constaté ce matin-là Perrine en réveillant Clarence. Vous aurez de la chance, cette année, pour aller quérir le Mai !

L'adolescente avait embrassé joyeusement les joues de la grosse

femme dont le nez, la face, le giron, étaient si ronds, si opulents
que toute sa personne faisait songer à une brioche. La comparaison
s'imposait d'autant plus qu'elle en avait aussi le moelleux et l'odeur
de beurre frais.

Puis, la messe entendue, Clarence s'en était allée chercher Florie
qui avait accepté, en dépit de son départ et de son changement
d'état encore si récents, de se joindre au cortège.

Les deux sœurs étaient ensuite passées prendre Alix et Laudine
Ripault, filles du meilleur ami de leur père.

En ce matin de mai, se tenant par le bras, elles cheminaient en
compagnie d'autres personnes du quartier. Tout le monde se connaissait dans cette petite troupe de voisins et de voisines où on parlait
entre soi avec cette confiance qui vient d'une longue pratique les
uns des autres.

En ce jour de fête, il y avait plus de monde qu'à l'ordinaire sur
la route de Saint-Germain-en-Laye qui traversait le village de Ville-
l'Évêque pour aller sinuer sous les arbres de la forêt proche. Des
paysans à pied, à dos d'âne, ou conduisant des charrettes, quelques
étudiants traînant leurs chausses et baguenaudant, des abbés montés
sur des mules, des frères prêcheurs portant robe blanche et chape
noire, des frères mineurs à la robe grise ceinturée de la corde à
trois nœuds, tous affairés ; des seigneurs qui chevauchaient fort
souvent avec une dame en croupe, d'autres groupes de pucelles
parties, elles aussi, au bois afin d'y quérir rameaux, branches
fleuries, feuillages de mai ; sans parler de ceux qui ne faisaient que
se promener sans but précis, formaient une foule animée, babillarde,
vêtue de couleurs crues, voyantes, bigarrées, qui coudoyait, frôlait,
croisait, dépassait, les jeunes filles de la rue des Bourdonnais.

Des propos gaillards saluaient leur passage. Parfois, un geste trop
hardi suivait ces apostrophes. Des protestations, des rires énervés,
des injures, servaient de réponses, à la grande joie des assistants
qui se savaient en compagnie assez bon enfant pour que rien de
fâcheux ne vînt gâcher leur plaisir.

On atteignit l'orée de la forêt. Sous les rameaux encore tout
neufs dont les feuilles avaient la fragilité, la transparence, d'une
soie fraîchement dépliée, circulait, sensible comme une présence,
une odeur d'humus et de mousse. Les groupes se dispersèrent.

Florie et ses compagnes savaient où se rendre pour trouver des
genêts en fleur, des branches d'aubépine, des iris sauvages à foison.
Le frère de Perrine, la nourrice, habitait non loin de là. Il élevait
des abeilles pour le compte de la reine Blanche de Castille, mère
du roi. C'était un brave homme qui connaissait tous les recoins de
cette partie des bois. Chaque année, les filles de maître Brunel
avaient recours à lui.

Près d'une source qu'ombrageait un tilleul, la chaumière de

Robert le Bigre était entourée d'un jardinet plein de giroflées, d'herbes potagères, de salades et de plantes aromatiques. Une treille courait sur la façade étroite, des graminées en coiffaient le faîte. Une truie et ses porcelets, quelques chèvres, un âne, cherchaient pâture dans un clos ceint d'une haie d'épines noires. Des poules y picoraient. Plus loin, à l'appui des premiers hêtres de la forêt, des ruches alignaient leurs capuchons de paille. Une buée dorée d'abeilles voletait alentour.

Comme les jeunes filles s'approchaient de la barrière qui donnait accès au jardin, un chien gris se mit à aboyer en tirant sur la corde qui le tenait attaché au tronc d'un cerisier. Un homme trapu sortit de la chaumière. Des épaules musculeuses, énormes, qui le faisaient paraître presque aussi large que haut, des cheveux de la couleur du gros sel, plantés bas sur le front, une face colorée, des yeux à demi enfouis sous des sourcils en touffes, une bouche aux mauvaises dents, qui s'élargit en un sourire de bienvenue quand il eut reconnu les visiteuses, tel était le frère de Perrine. Il portait des braies de toile rentrant dans des brodequins, une cotte courte s'arrêtant aux genoux, une chape brune munie d'un capuchon qui lui couvrait la tête.

— Dieu vous garde, dames et demoiselles !

— Qu'Il vous conserve en bonne santé, Robert.

— Je gagerais mon âme que vous êtes venues jusqu'ici dans l'intention d'aller au bois quérir le Mai !

Satisfait de sa plaisanterie, renouvelée tous les ans, il souriait d'un air finaud. Comme sa sœur, il avait un cœur et un esprit aussi simples l'un que l'autre.

— Vous gagneriez, Robert, reconnut Florie. Vous savez bien que nous ne pouvons pas nous passer de vous !

— Je vous attendais. Suivez-moi.

Par des sentiers serpentant sous les arbres, il conduisit pour commencer la petite troupe vers un espace déboisé où on avait abattu chênes et hêtres. Sur cette lande, des touffes de genêts avaient pris racine un peu partout.

— Ne vous gâtez pas les mains, demoiselles, avec ces tiges coupantes. Laissez-moi faire.

Dans la ceinture de cuir qui lui serrait les reins, il avait glissé une serpette avec laquelle il se mit à trancher les rameaux en fleur.

— Prenez garde aux abeilles ! Secouez les genêts avant de les serrer contre vous.

Une odeur de pollen, de miel, flottait dans l'air.

— Nos maisons vont se ressembler, ma mie, puisqu'elles auront les mêmes décorations.

Laudine s'adressait à Clarence. Si leurs aînés se complétaient l'une l'autre, les cadettes, elles, se ressemblaient.

Laudine paraissait, cependant, plus fragile que Clarence. Des tresses de cuivre, des yeux de la couleur des châtaignes, des cils roux, un nez de levrette, des fossettes, une nuée de taches de rousseur, composaient un visage où des restes d'enfance se confondaient encore avec les signes prometteurs d'une sensibilité en éveil.

Clarence tendait des branches de genêt à son amie.

— S'il n'y avait pas tant de choses à y redouter, j'aimerais vivre dans 'es bois.

— Oui... au fond d'une grotte où on aurait peur la nuit...

Robert le Bigre se redressait, se frictionnait le dos.

— La vieillesse me prend aux reins. Je ne serai bientôt plus bon à rien. En attendant, allons quérir des iris sauvages.

Il fallut de nouveau le suivre sous les branches. Il conduisit le petit groupe vers le ruisseau qui, né de la source près de laquelle il avait bâti sa maison, coulait ensuite à travers prés et clairières. Au creux de l'une d'entre elles, fleurissaient des iris bleus et jaunes.

— Pendant que je vais les mettre en bottes, profitez-en, demoiselles, pour vous tresser des couronnes.

— Faisons-nous des chapeaux de fleurs que nous mettrons ce soir pour danser ! s'écria Alix.

Elles étaient tout occupées à se confectionner des coiffures quand des cris, des rires épais, les alertèrent. Surgis du sous-bois, quelques étudiants débraillés, bruyants, puant l'ail et le vin, assez bien excités, semblait-il, interpellaient les jeunes filles.

— Par Dieu ! Les jolies nymphes !

A la tête de cette troupe, Artus le Noir s'avançait de sa démarche de géant.

— Chères belles, nous déposons nos hommages à vos pieds.

Sa bouche aux lèvres grasses semblait celle d'un ogre mis en appétit. On se demandait qui il allait dévorer.

— Que faites-vous dans ces parages, sire Artus ?

— Bonne question, par ma foi, bonne question !

Il saluait Florie.

— Sachant que les jeunes beautés de Paris allaient, ce jourd'hui, quérir le Mai, nous avons pensé, mes amis et moi, que les bois seraient plus plaisants à hanter, à cette heure, que la rue Saint-Jacques. Là gît le secret de notre présence loin des cabarets de la Montagne !

Il riait si fort que Robert le Bigre, inquiet, s'avança de quelques pas, sa serpette à la main.

— Nous venons surtout chercher sous ces ombrages que vous peuplez si agréablement, des sujets de poèmes pour les longues nuitées d'hiver !

Du groupe d'où partaient facéties et gaudrioles, Rutebeuf se détachait à son tour. Il s'inclinait devant Florie, se tournait vers Clarence.

— Avec ce chapeau de fleurs, demoiselle, vous ressemblez plus à la fée Mélusine qu'à une simple mortelle !

— Prenez garde que ce ne soit plutôt à Circé !

Le poète rougit, mais Artus claqua avec bruit sa langue contre son palais.

— Aussi instruite que jolie ! s'écria-t-il. Par saint Séverin, voilà qui est bien dit ! Je vous crois, toutes autant que vous êtes, fort capables de nous transformer en pourceaux, mes belles ! Il faut avouer que nous serions vite consentants !

— Dis même que nous le leur demanderions !

Les yeux brillaient, le ton montait.

— Allons, il nous faut continuer nos cueillettes. Adieu, messires.

— Nous quitter de la sorte ! Nous qui avons laissé nos illustres maîtres et nos grandes lampées de vin gris pour venir vous admirer dans le sein de dame Nature ! Quelle ingratitude ! Il ne peut en être question. Nous vous ferons conduite, là où vous vous rendrez.

— A votre aise, mais, alors, il faut nous aider à porter toutes ces fleurs.

Alix, dont l'esprit de décision venait de se manifester, tendait sa brassée de genêts au goliard.

— Ne laissez pas passer une telle occasion de vous rendre utiles !

— Ce serait volontiers, mais ne craignez-vous pas de nous voir froisser et abîmer ces délicates corolles, demoiselle ?

Artus le Noir riait toujours. Florie haussa les épaules.

— Si vous êtes tellement maladroits, nous n'avons que faire de vous. Robert nous rendra plus de service.

— J'ose dire que tout dépend du genre de service, gente dame.

— On n'est pas plus modeste !

Clarence, avec tranquillité, fixait le géant. Tant d'assurance chez une fille aussi jeune le surprit. Cessant ses pitreries, il considéra l'adolescente.

— Frêle, mais intrépide, grogna-t-il. Vous êtes une lame de dague, demoiselle !

— Si vous entendez par là que je ne romps pas aisément, vous avez raison, messire, mais je ne plie pas non plus.

Artus eut l'air d'apprécier la réponse.

— Vraiment ? dit-il avec un mauvais sourire. Par le chef de saint Denis, voilà une personne digne d'attention. N'est-il pas vrai, mes amis ? Si ses compagnes sont comme elle, nous sommes admirablement tombés !

— Assez de temps perdu ! s'écria Florie qui ressentait plus d'alarmes que les autres en constatant le tour que prenait la conversation. Nous avons encore beaucoup à faire. Laissez-nous aller.

— Vous n'y songez pas ! Vous quitter, alors que nous ne sommes venus jusqu'ici que pour vous tenir compagnie ! Allez, puisque vous le souhaitez, nous allons vous aider à couper des branchages. Pour ce faire, je propose que nous allions, deux par deux, dans les taillis à la recherche des rameaux les plus feuillus.

— Vous vous moquez, messire ! Nous ne nous séparerons les unes des autres sous aucun prétexte. Vous le savez bien. Ne faites pas l'innocent.

— Pourquoi le ferais-je ?

— Pour nous amadouer, mais vous perdez votre temps. Vous voyez que nous ne sommes pas seules, que nous avons avec nous un garde du corps. Robert saura nous défendre, si besoin en est.

Le frère de Perrine se rapprochait des goliards en roulant des épaules de lutteur. Sa serpe bien affermie dans une main, il attendait visiblement le moment d'intervenir.

— Tout beau, chère dame, ne vous fâchez pas ! Notre proposition n'a rien de déshonnête.

— Prouvez-le en retournant d'où vous venez, sire Artus, et ne nous importunez plus.

— Il serait, en effet, plus courtois, Artus, de saluer ces dames avant de nous retirer, proposa Rutebeuf qui semblait moins pris de boisson que ses compagnons. Il est malséant de s'imposer aux belles.

— Le diable soit de ta courtoisie ! Nous sommes jeunes, ces filles sont avenantes et le printemps fleurit. Qu'aller chercher de plus ?

— Une bonne leçon, sans doute ?

Une voix au timbre aisément identifiable s'élevait soudain d'entre les arbres. Un homme surgissait de la forêt.

— Messire Guillaume ! s'écria Florie avec soulagement en reconnaissant le jeune pelletier. Dieu soit loué ! Philippe est-il avec vous ?

— Non point, je suis seul.

La déception que trahit le clair visage, après l'expression joyeuse qui s'y était inscrite à son arrivée, atteignit Guillaume au cœur. Son ressentiment contre les goliards s'en trouva décuplé.

— Il semble que votre présence ne soit pas souhaitée par ces demoiselles, dit-il en s'adressant de nouveau à leur chef. Qu'attendez-vous pour vous en aller ?

— Que l'envie nous en prenne.

— On pourrait l'aider à se manifester.

— Vraiment ?

— Vraiment.

Les deux hommes se défièrent un instant. Artus le Noir rompit le premier. Se détournant sans hâte, il se remit à rire.

— On se retrouvera, dit-il sans s'adresser à personne en particulier. Paris n'est pas assez grand pour qu'on puisse s'y perdre longtemps de vue. Au revoir, vous toutes ! A bientôt !

Il salua avec affectation Florie et ses compagnes, amorça une retraite qu'imitèrent les autres étudiants, mais, en passant près de Clarence, il se pencha brusquement, empoigna la tête blonde, l'embrassa sur la bouche avec une violence si prompte que personne n'eut le temps d'intervenir, et s'élança enfin vers la forêt où son rire énorme se perdit.

— Quelle brute ! cria Florie.

— Laisse, laisse donc, murmura Clarence en s'essuyant les lèvres avec un pan de son voile. C'est là geste sans importance.

S'adressant ensuite à Guillaume, elle reprit :

— Il est galant à vous, messire, d'être venu jusqu'ici pour me rejoindre. Je commençais à me demander si vous vous souveniez du choix que j'avais fait de vous pour ami de cœur.

— Dieu sait que je n'ai rien oublié, demoiselle, mais j'ai eu plusieurs affaires à régler pour mon installation à Paris, ce qui m'a empêché de me libérer comme je l'aurais voulu.

— Vous vous installez à Paris ?

Florie s'étonnait. Elle se rappelait avec précision les raisons données au refus que le jeune homme avait opposé quelque huit jours auparavant, aux propositions que Philippe lui avait faites en ce sens, le matin qui avait suivi leurs noces, sur le parvis de Saint-Séverin.

— J'ai fini par m'y décider, avoua Guillaume. Tout m'y poussait, voyez-vous : le désir que j'en avais, d'abord, les avis de tous mes amis, ensuite, et jusqu'aux événements. Un de mes créanciers ne peut régler ce qu'il me doit. Je me vois donc contraint de reprendre le local que je lui avais loué. Je profiterai de cette circonstance pour le remettre en état et en faire une boutique élégante afin d'y vendre mes plus belles fourrures. J'ai déjà retenu deux compagnons pour me seconder dans ce commerce que j'entends bien développer dans de grandes proportions. En effet, j'ai appris, voici trois jours, que monseigneur le duc d'Anjou avait choisi de se fixer en Provence. De ce fait, il y aura moins d'affaires à traiter pour moi à Angers. Paris devient donc, à tous points de vue, l'unique centre de mes occupations et de mon intérêt.

— Philippe en sera ravi. Il ne l'espérait plus.

Guillaume fixa sur elle un regard dont elle se refusa, sans même vouloir s'y attarder, à traduire le message.

— Pour moi, je n'en suis point surprise, assura Clarence qui semblait prendre un étrange plaisir à insister sur le lien qui attachait Guillaume à ses pas. N'êtes-vous pas mon fiancé de libre courtisement, et, en tant que tel, obligé de demeurer non loin de moi durant plusieurs semaines ?

— Certes, je le suis et ne m'en dédis pas.

— Tout est donc pour le mieux, conclut l'adolescente. Restant dans la capitale, vous serez à même de me faire votre cour tout autant que vous le voudrez.

Elle souriait sans le regarder, le visage incliné vers les fleurs qu'elle tenait dans ses bras.

Guillaume, que la seule présence de Florie attirait, qui ne s'était déplacé que pour elle, se vit dans l'obligation de cheminer près de Clarence. Devant lui, le surcot de drap incarnat de Florie frôlait des herbes qu'il eût voulu se baisser pour ramasser avec dévotion.

La jeune femme se retournait. Par politesse, elle parlait de la fête à venir, du temps. Il n'écoutait qu'à peine les mots, se repaissant de la rondeur d'une joue que rosissait l'air forestier, du fin duvet qu'y blondissait la lumière, de l'éclat d'une prunelle, de la courbe d'un sourcil, de la grâce du col où frisonnaient quelques petites mèches échappées à la torsade de cheveux, d'une gorge hardie dont le seul profil faisait trembler ses mains, de la souplesse d'une taille faite pour ployer entre des bras d'homme...

— Il est vrai que ce printemps a des charmes que je n'ai jamais vus ailleurs.

Il ne savait plus au juste ce qu'il disait.

Pourquoi n'était-ce pas Florie qui marchait auprès de lui, Clarence que Philippe avait épousée ? Tout serait alors si bon, si simple...

— Voici les aubépines.

Des haies vives, éclatantes de blancheur, apparaissaient au détour du sentier.

— Je vais vous aider à trancher les rameaux les plus fleuris.

Robert, rassuré, lui souriait, tandis qu'il tirait de sa ceinture un poignard à manche d'argent. A eux deux, ils eurent bientôt coupé une quantité de branches.

A Clarence en premier, comme, hélas ! il devait le faire, à Florie ensuite, il tendait les plus belles. Les autres jeunes filles n'existaient pas pour lui. Il n'y prêtait aucune attention. Florie lui adressa un sourire de remerciement, puis, se retournant, tendit à Alix la brassée qu'il venait de lui offrir. Une envie sauvage de la saisir, de la forcer à lui prêter attention, de l'arracher à ses compagnes, à son mari, à cette existence trop simple dont il était banni, le submergea.

D'un geste furieux, il brisa la dernière branche d'aubépine qui lui restait entre les mains. Allons, il n'était pas meilleur que les goliards auxquels il venait de s'opposer puisqu'il éprouvait aussi brutalement les mêmes impulsions qu'eux !

— Pauvres fleurs, dit Clarence en se baissant pour ramasser le rameau malmené.

Florie prenait congé du frère de Perrine.

— Grand merci, Robert. Notre cueillette est encore plus belle qu'à l'ordinaire. C'est grâce à vous. A présent, il va nous falloir rentrer. N'oubliez pas, à l'automne, de nous apporter du miel sitôt que l'intendant de la reine Blanche aura fait ses provisions.

— Je n'y manquerai pas, dame, soyez-en assurée.

Le groupe des jeunes filles s'éloignait.

— Venez-vous avec nous, sire Guillaume ?

En dépit de ce qu'elle lui faisait endurer sans le savoir, si Florie le lui avait demandé elle-même, il aurait accepté de la suivre. Mais c'était Clarence qui l'interrogeait.

— Il ne me paraît pas convenable de me trouver le seul homme parmi vous, dit-il en manière d'excuse. Souffrez que je continue une promenade commencée en solitaire.

— A votre guise. Viendrez-vous ce soir danser place de la Grève ?

Sachant à l'avance ce que serait pour lui cette fête, ce qu'il y endurerait, Guillaume, néanmoins, ne se sentait pas le courage de refuser. Comment ne pas y être puisque Florie s'y trouverait ?

— J'y serai.

— Venez donc me chercher à la maison pour voir nos décorations.

Il s'inclina.

— Merci de votre aide... et de votre intervention, messire, dit Florie. Nous sommes, en tout, vos débitrices.

Elle souriait, mais, au fond de ses yeux, il crut lire plus de gravité que d'insouciance. Ce que l'attitude du cousin de son mari avait d'inhabituel venait enfin, sans doute, de la frapper.

2

Le soir était venu. Avec lui, la fête battait les murs de Paris. Au milieu des chaussées, aux carrefours, sur les places, on dansait, on chantait, on applaudissait, on buvait, on riait. Le long des rues tendues d'étoffes aux couleurs vibrantes, courtines et tapisseries ornaient les fenêtres. Des guirlandes de fleurs, de feuillages, décoraient les façades de chaque maison.

Ménestrels, musiciens, jongleurs, conteurs, s'étaient établis un peu partout, jouaient de tous les instruments, apostrophaient les passants, débitaient mille farces, étourdissaient les Parisiens dont les vêtements, tant ils étaient colorés, semblaient tout flambant neufs.

Autour des arbres de Mai, enrubannés, plantés en des endroits choisis, filles et garçons faisaient des rondes. Sur les plus grandes places, on se livrait aux joies de la danse robardoise, à celles de la Belle Aélis, et, bien entendu, à la ballerie de la Reine de Printemps.

Sans hâte, en cadence, une chaîne de jeunes femmes et filles oscillait, place de la Grève, au rythme de la carole.

— Trois pas à gauche, balancement sur place, trois pas à gauche...

Florie, qui conduisait le branle, chantait, tout en marquant les pas, des vers galants composés par elle tout exprès.

Alix, Clarence, Laudine, couronnées de fleurs, vêtues de couleurs tendres, la suivaient avec certaines de leurs amies et reprenaient le refrain pendant le mouvement balancé.

Dans la foule qui les regardait, les hommes s'attardaient, plus émus que leurs compagnes par un tel spectacle.

— Pardonnez-moi, messire, j'ai failli tomber.

Artus le Noir abaissa son regard vers la femme qui venait de le bousculer.

— Tudieu ! vous avez bien fait, ma chère. Il ne sera pas dit qu'une personne du beau sexe aura en vain cherché aide et protection auprès de moi.

Rassurée, la femme se mit à rire.

— Grand merci, messire.

Plutôt maigre, elle avait des traits qui n'auraient pas attiré l'attention s'il n'y avait eu quelque chose d'intéressant dans l'expression des prunelles sombres qui observaient choses et gens avec un curieux mélange d'aplomb et de moquerie. Elle semblait à la fois quémander on ne savait trop quelle aide tout en demeurant, pourtant, sur la défensive.

— Il semble que vous vous préoccupiez assez bien, en effet, des filles qui passent à votre portée, reprit-elle en désignant du menton celles qui dansaient sur la place. Je vous ai observé tout à l'heure, durant cette carole : vous sembliez fasciné !

— Par tous les saints, vous dites vrai ! Ces jeunes créatures sont superbes ! Je les étendrais volontiers entre mes draps !

— Toutes ! Vous vous vantez, messire !

— Peut-être pas toutes, hélas ! s'il faut être sincère, mais au moins les deux sœurs qui mènent la danse.

Il eut, tout d'un coup, un sourire vorace.

— Que voulez-vous, elles sont blondes ! Sans doute parce que j'ai le poil noir comme l'enfer, je n'aime que les blondes, moi !

— Celles-ci, cependant, ne sont point pour vous, messire, je le crains fort.

Le goliard se pencha vers sa voisine. Elle lui tenait encore le bras et continuait à se serrer contre lui.

— Les connaîtriez-vous ?

— Il se peut.

Elle riait franchement, paraissant apprécier le renversement de situation qui faisait d'elle, à présent, la meneuse de jeu.

— Vous avez des relations des plus estimables, ma chère, à ce que je vois, reprit Artus, et il doit être plaisant de se compter au nombre de vos amis.

Il passa une main d'ogre sur son menton qu'une barbe mal rasée noircissait.

— Pourquoi ne ferions-nous pas plus ample connaissance ? Après ce que je viens de vous avouer, il ne peut y avoir entre nous de faux-semblant : vous n'êtes pas mon genre de conquête mais vous me plaisez comme compagnon. Eh bien, n'en restons pas là ! revoyons-nous !

— Allons, il faudra donc nous revoir, dit la femme brune dont la lèvre inférieure était curieusement gonflée comme une cerise. Je loge au-dessus de la boutique d'apothicaire de mon beau-père, sur la place du marché Palu. Passez m'y voir quand vous voudrez.

— Entendu. Qui demanderai-je ?

— Je m'appelle Gertrude et suis maîtresse d'école. C'est pourquoi j'aime la poésie et les belles lettres, expliqua la jeune femme dont les yeux brillaient maintenant d'excitation. Nous parlerons de nos goûts communs, messire. Il y a longtemps que j'ai envie d'entrer en relation avec le plus célèbre des goliards !

— Comment me connaissez-vous, mâtine ?

— Qui ne connaît Artus le Noir ?

Elle riait à nouveau, d'un rire qui grelottait parmi les bruits de la fête.

— Allons, au revoir, mon nouvel ami. Amusez-vous bien ce soir mais ne m'oubliez pas !

Elle s'écarta, fit un geste de la main et se faufila dans la foule qui se referma sur elle, la dérobant aux yeux intrigués du géant.

— Eh bien, disait au même moment Arnauld Brunel en surgissant de l'autre côté d'Artus, eh bien, que fais-tu là ? Je te cherche partout. Rutebeuf et Gunvald, que j'ai laissés sur le Grand-Pont en admiration devant un montreur d'ours, nous attendent.

— Allons les rejoindre et emmenons-les au cabaret. Il fait soif à cette heure !

— Quelle est l'heure où tu es sans soif ?

Le rire des deux compères se fondit dans la foule.

La carole était terminée. Florie et ses compagnes dénouaient leurs mains.

— La danse vous a mis le feu aux joues, ma douce.

— En suis-je plus laide ?

— Folle ! Rien ne peut vous enlaidir. Durant que vous dansiez, j'avoue avoir été traversé de jalousie à la pensée de tous ces indifférents qui pouvaient vous détailler à leur aise. On ne devrait pas avoir le droit d'être aussi jolie que vous !

— J'aime bien votre jalousie, Philippe.

Le trouvère, qui tenait le bras de sa femme fermement serré contre lui, se pencha pour embrasser la nuque blonde.

— Je suis fou de vous, ma mie !

Il retrouvait sur la peau lumineuse l'odeur qu'avaient leurs nuits.

— Si nous rentrions ?

— Vous n'y pensez pas ! La fête ne fait que commencer !

Elle usait du pouvoir qu'elle découvrait avoir sur ce cœur avec une coquetterie qui la grisait un peu. Une telle emprise sur un homme la surprenait encore, la ravissait déjà. Elle s'en divertissait comme d'un jouet neuf.

— Allons danser.

Se retournant pour demander à Alix de venir avec eux, elle ne vit plus son amie qui s'était éloignée. En revanche, un peu plus loin, arrêtée parmi les badauds devant un équilibriste qui jonglait avec des torches enflammées, elle aperçut Clarence, près de laquelle se tenait Guillaume Dubourg. A demi détourné, le jeune homme ne semblait prêter qu'une attention distraite au spectacle que regardait sa compagne. Une nouvelle fois, Florie fut frappée par l'impression de force élégante que donnaient son corps vigoureux, son visage aux traits si nettement dessinés. De manière fugace, elle se demanda si Philippe pouvait soutenir la comparaison, reconnut que non, se le reprocha aussitôt.

— Au fond, remarqua-t-elle sentencieusement, nous ne connaissons pas grand-chose des sentiments d'autrui. N'est-il pas étrange, mon ami, d'être aussi peu curieux des gens qui nous entourent, aussi mal renseignés à leur sujet ?

— Seigneur ! s'écria Philippe en simulant la frayeur, que vous arrive-t-il, ma chère âme ? Jusqu'à présent, je vous avais crue poète et non pas philosophe !

Le soleil se couchait derrière la forteresse du Louvre. Des traînées où le soufre tournait à l'orangé puis à la pourpre illuminaient son déclin. Les reflets chaleureux du crépuscule teignaient l'eau du fleuve, les pans des toits, les façades, les visages. Une roseur fardait Paris.

— Attendons le défilé aux flambeaux de la Reine de Mai et rentrons ensuite à la maison, disait Mathilde à Étienne qui lui tenait le coude en un geste qu'il affectionnait. Je n'aimerai jamais la foule.

Ils se trouvaient alors au bord de la Seine, face à l'île de la Cité.

— Moi non plus, vous le savez bien, ma mie. Mais, pourtant, cette fête du printemps est si charmante qu'on a envie de s'y attarder.

— Certes. Il y a là tout l'espoir du monde. A chaque mai nouveau, on se laisse prendre à l'allégresse générale. Parce que la nature s'est renouvelée, nos vies, par voie de conséquence, nous paraissent rajeunies !

— Si seulement elles pouvaient l'être !

L'accent était d'une grande amertume.

— Mon ami, ne nous chagrinons pas ce soir, je vous en prie !

Un instant plus tôt, Mathilde s'était exprimée dans un élan dont elle ne pouvait pas ignorer qu'il risquait de heurter son mari. Elle le savait, mais elle passait outre. Son appétit de vivre, d'aimer, était parfois si entraînant, si puissant, que la véhémence qui la tenait l'emportait alors sur le soin qu'elle prenait d'ordinaire de ne pas blesser Étienne.

Autour d'eux on s'interpellait, on plaisantait. Des adolescents faisaient des rondes qui, se rompant, s'achevaient en farandoles échevelées. Des garçons et des filles se lutinaient.

— Tant de désirs dans l'air, reprenait sombrement l'orfèvre, et moi qui vous en prive si complètement !

— Ne parlons point de nos ennuis, ce soir. Promenons-nous tranquillement, comme les amis que nous sommes.

C'était bien là une forme d'amour : en dépit de tout ce qu'il lui fallait réprimer en elle, l'idée de la souffrance qu'Étienne éprouvait à cause de lui, d'elle, de tous deux, la tourmentait autant que la sienne propre.

Au bout de quel vieillissement obscur faudrait-il aller pour trouver, enfin, la paix ?

— Vous n'avez pas vu Florie ?

Alix surgissait près d'eux, animée, tenant un garçon par la main.

— Elle menait tout à l'heure une carole, là, au milieu de la place.

— Je sais. J'en étais aussi. Mais je l'ai perdue et je la cherche.

Mathilde regarda avec plus d'attention le compagnon d'Alix. Point de doute. C'était là Rémy, l'étudiant en médecine dont Charlotte parachevait l'éducation. Pourquoi n'était-il pas avec elle en ce jour de fête ? Que faisait-il loin d'elle, de son amour généreux, auprès de cette petite Alix dont le charme acide semblait lui plaire ?

« La trentaine passée, il ne nous reste décidément plus que des maris sans force, des amants inconstants ou des séducteurs que nous n'intéressons plus, songea Mathilde. Nous perdons sur tous les plans ! »

— Bonsoir, belle amie !

« J'oubliais les adorateurs fidèles et platoniques ! C'est sans doute notre ultime recours ! »

— Bonsoir, Nicolas, bonsoir, Yolande.

L'ami de toujours, tel était, pour Étienne et sa famille, Nicolas Ripault. Un peu plus jeune que l'orfèvre, mais le connaissant tout de même depuis trente ans, le drapier promenait, avec un certain talent à se moquer de soi, son corps replet, sa calvitie, ses dents de lapin, ses prunelles qui roulaient dans toutes les directions.

Mathilde se demandait parfois si Nicolas n'avait pas été réellement amoureux d'elle au début de son mariage, quand elle était une fraîche jeune femme, alors qu'il n'avait pas encore épousé Yolande. Qu'importait, d'ailleurs ?

Au bras du gros homme, s'appuyait sa femme. Rousse comme l'était leur plus jeune fille, Laudine, pâle, pleine de froideur en apparence, visiblement déçue dans son cœur, dans sa chair, elle possédait, néanmoins, un sens du devoir assez strict pour accepter avec fermeté ce mari qu'elle n'aimait pas, qu'elle n'avait, sans doute, jamais aimé. Mathilde savait que, derrière le masque roide, se cachait une sensibilité d'écorchée.

— Nous venons du Palais, où le roi et la reine recevaient fort courtoisement la délégation des Belles de Mai. N'y êtes-vous point passés ?

— Ma foi non. Chacun sait que tu te trouves toujours là où on peut croiser les grands de ce monde, Nicolas ! Il est vrai qu'aujourd'hui, ta corporation était à l'honneur. En la personne de dame Ameline, épouse de votre prévôt, les drapiers étaient distingués du commun des mortels. Mettons que ce te soit une excuse... Pour nous, tu sais bien que nous ne sommes pas autant que toi friands d'apparat.

— Notre sire le roi est la simplicité même !

— Dieu en soit loué ! Mais c'est tout de même le roi. Il lui faut maintenir autour de lui un certain faste, quand ça ne serait que par respect pour sa propre dignité. Bien que certains affirment qu'il n'est pas éloigné de préférer l'humilité monacale à toute gloire terrestre.

— Ces bruits ne me paraissent pas fondés. C'est, bien sûr, un parfait chrétien, mais c'est aussi un souverain conscient de la grandeur, de l'autorité, de la puissance sacrée qu'il incarne. Nous avons, crois-moi, un bon roi qui est aussi un vrai roi.

Mathilde avait pris le bras de Yolande. Elle éprouvait pour l'épouse réservée, presque austère, de Nicolas, une sorte d'amitié sans démonstration ni excès qui trouvait son aliment dans une ferveur qu'elles avaient en commun : l'amour maternel. Avivé par la douleur, ce sentiment était, chez Yolande, d'une intensité poignante : son fils aîné, âgé de seize ans, restait paralysé depuis une chute qui lui avait brisé le dos quand il était enfant. Mathilde était la marraine de ce Marc, frêle et blond, aussi peu démonstratif que sa mère, qui jouait du luth comme un ange et passait son temps à égrener des notes sur le fond immobile de ses journées d'infirme.

Alix et Laudine n'étaient pas moins aimées que leur frère, seulement, comme elles se portaient bien, il ne semblait pas nécessaire de s'occuper d'elles avec autant de soin.

— L'exubérance de mes filles en ces jours de fête m'est en même temps douceur et tristesse, disait Yolande. Je suis heureuse de les voir si gaies, mais la pensée de Marc m'obsède.

Elle contemplait les garçons et leurs compagnes qui passaient en riant, en se bousculant. Manifestement, leur santé lui faisait mal.

— Il semble se désintéresser de telles réjouissances.

— A seize ans ! Ce n'est pas possible, Mathilde.

— Il me le disait cependant la dernière fois que je suis allée le voir.

— Sans doute. Il veut s'en persuader. Combien de temps y parviendra-t-il ? La jeunesse est si forte, si bien enracinée en chacun de nous !

— Il y a, pourtant, des artistes, des sages, des saints, qui réussissent à maîtriser la part incontrôlée de leur être pour la surmonter. Pourquoi votre fils ne serait-il pas de ceux-là ?

— Pourquoi en serait-il ?

— Parce que l'espérance est la plus essentielle des vertus, Yolande, et que vous n'avez pas le droit d'en douter.

— Ne vous arrive-t-il pas, vous-même, à certaines heures, de vous demander où elle s'est enfuie en vous laissant si seule ?

— Cela m'arrive, en effet, mais je sais que j'ai tort, dans ces moments de découragement, de me laisser aveugler par ce qui est visible.

Yolande, elle aussi, était dans l'impasse. Elle aussi ne pouvait se sauver que par en haut !

— Voici le défilé ! s'écria Nicolas. Ne le manquons pas !

Souffrait-il autant que sa femme du malheur de leur fils ? Il n'en parlait que rarement. Ce qui ne prouvait pas son indifférence, mais, plutôt, le contrôle qu'il exerçait sur son apparente spontanéité.

Venant du Palais, précédé de porteurs de flambeaux, de musiciens, de danseurs, le cortège de la Reine de Mai traversait la place. Sur les berges du fleuve on venait d'allumer des feux dont la clarté, mêlée à celle, rougeoyante, du soleil qui déclinait, et aux mille lueurs des torches, avivait de reflets le cuivre des instruments de musique, les vêtements de soie ou de velours, les cheveux épandus, les chapeaux de fleurs, le caparaçon de toile d'or dont était recouverte la haquenée gris pommelé que montait dame Ameline. Parée de pourpre, couronnée de violettes blanches, les bras chargés de fleurs en gerbe, l'élue avançait lentement, souriant, saluant, image idéalisée de la Femme au sommet de son pouvoir. C'était la « Dame » des récits courtois sortant tout droit du *Roman de la Rose* !

— Notre prévôt peut être fier de son épouse. Il en est peu de si belles !

Nicolas aimait bien se donner le genre galant. Il ne manquait jamais une occasion d'encenser une jolie personne. Ce qui lui valait alors, de la part de Yolande, un coup d'œil où indulgence et pitié se confondaient inexorablement.

— J'en connais d'autres tout aussi séduisantes, murmura en sourdine Étienne à l'oreille de Mathilde qui lui sourit.

Comment ne pas reconnaître la profondeur, la constance, d'un si délicat, si tenace, si malheureux amour ?

— Voici nos filles !

Dans le sillage de la Reine de Mai, apparaissaient, mêlées aux demoiselles d'honneur, Alix, Clarence, Laudine, radieuses. Des jeunes gens les suivaient de près, riant, chantant, contant fleurette.

— Cette fête est vraiment celle de la jeunesse, constata Mathilde en soupirant.

— Pourquoi ce ton de mélancolie, ma mère ?

Surgie de la foule en compagnie de Philippe, Florie s'emparait du bras maternel, souriait avec tendresse.

— Je veux que vous soyez aussi joyeuse que nous !

— Je n'ai peut-être pas les mêmes raisons de l'être. Ma jeunesse s'en est allée...

— Que dites-vous là ! Vous savez bien qu'on vous nomme « la belle orfévresse » dans tout notre quartier !

La jeune femme se pencha vers le groupe formé par Étienne, Nicolas, Yolande.

— Demandez plutôt à ceux-ci ce qu'ils en pensent.

— Chacun sait que Mathilde a été le grand amour de ma vie et que sa beauté ne cessera jamais de me charmer, proclama Nicolas avec l'emphase railleuse qu'il adoptait sans y manquer chaque fois qu'il se croyait tenu de faire une déclaration de ce genre.

Tout en parlant, il jetait à droite et à gauche des regards rapides, pleins de curiosité et de malice, comme pour s'assurer de l'effet produit.

— Votre mère se croit vieille ! Que dirait-elle à ma place ?

Étienne secouait la tête avec réprobation.

— Vieille, non pas... mais moins jeune que ces enfants, voilà tout. C'est indéniable.

— Certaines sont plus éclatantes vers la trentaine que d'autres à quinze ans. Vous le savez bien, belle amie !

Le ton démentait les mots sans qu'on pût jamais savoir de qui Nicolas se moquait. De lui ?

— Peu importe, dit Mathilde que ce persiflage agaçait aisément, peu importe. Que faites-vous à présent, vous autres ?

— Danser, danser, encore danser !

Florie quittait le bras de sa mère pour se suspendre de nouveau à celui de son mari.

— Nous voulons, ce soir, nous en donner à cœur joie !

— Nous aussi !

Alix et Rémy, Clarence et Guillaume, Laudine et Bertrand, qui s'étaient retrouvés dans la foule, venaient se joindre au premier groupe.

Vêtu de velours safran, la taille serrée dans une large ceinture de cuir clouté d'argent, la matité de son teint rehaussée par la blancheur de la toile plissée qui apparaissait par l'ouverture de son surcot, Guillaume parut à Mathilde séduisant comme doit l'être le Tentateur quand il veut perdre une créature de Dieu.

— Allez danser, allez, c'est de votre âge ! lança-t-elle plus nerveusement qu'elle ne l'eût souhaité.

— Voulez-vous danser avec nous, ma mère ? Nous en aurions un tel plaisir.

Que Florie pouvait-elle deviner des remous qui agitaient Mathilde ? Certes pas leur cause véritable, mais, sans doute, plus de choses qu'on n'aurait pu le croire.

— Allez-y, ma mie ! Notre fille a raison : il faut vous distraire.

Étienne, vers lequel, d'instinct, elle s'était retournée, la poussait à acquiescer. Meilleur qu'elle, ou plus aimant, lui qui souffrait de la même manière, il s'oubliait pour tenter d'arracher cette femme qu'il vénérait aux maléfices d'une situation dont il se savait responsable.

— Pourquoi pas ?

La carole s'ébranlait. La main gauche de Mathilde serrait celle de Philippe, la droite, celle de Guillaume.

Après les affres qu'elle venait d'éprouver avec tant d'acuité, une sorte de vertige s'emparait d'elle. Pouvoir oublier, tout oublier, pour ne plus connaître que cette présence à ses côtés ! Il n'avait pas dix-sept ans, lui ! Par l'âge, en somme, il se trouvait plus proche d'elle que de ses filles ! En les unissant tous, la carole créait l'illusion d'une complicité sans discordance. Il suffisait de s'y abandonner. De ces doigts qu'elle serrait un peu plus qu'il n'était nécessaire, une chaleur vivante gagnait sa paume, montait le long de son bras...

La danse, trois pas à gauche, balancement sur place, trois pas à gauche, déroulait ses oscillations. On marquait un temps d'arrêt, on chantait.

Guillaume avait senti la pression de la main qui tenait la sienne. Sortant un moment de ses pensées, il avait considéré avec plus d'attention le profil au nez droit, au front haut sous les bandeaux sombres qu'encadrait la coiffure de lingerie tenue par un cercle d'orfèvrerie, les yeux que faisait briller l'éclat des torches.

Il hésita à serrer les doigts qu'il tenait, à se manifester pour affirmer sa sympathie, puis il y renonça. A quoi bon un semblable témoignage ? Que pouvait-il pour elle ? Rien. Elle lui avait dit que personne ne savait rien de personne. Elle avait eu raison. En voulant lui porter secours, il risquait d'être maladroit, de la blesser davantage, sans profit aucun. Quels qu'ils fussent, les ennuis qui la meurtrissaient ne le regardaient pas.

Après cet effort pour sortir de lui-même, sans savoir qu'il venait de frôler des possibilités inimaginables, il retomba dans le cercle de ses songeries.

Devant lui, Florie dansait, riait, s'amusait avec le naturel de ceux qui sont faits pour la joie. Son corps souple, qu'il devinait sans peine sous la soie diaprée qui le revêtait, se pliait avec une élégance parfaite au rythme de la carole. Philippe la tenait par la main. Ils semblaient, tous deux, heureux avec tant de simplicité ! Près de ce bonheur, lui, Guillaume, n'était que convoitise, jalousie, misère ! A sa passion, venait s'ajouter un sentiment insupportable de honte, de mépris de soi.

Jamais, il n'aurait dû demeurer à Paris. S'y attarder, sous le prétexte de céder aux sollicitations qui l'avaient assailli de divers côtés, avait été d'une grande lâcheté. Comment, par exemple, avait-il pu en venir à envisager la possibilité d'une dégradation dans les relations d'un couple qui aurait dû lui être cher ? Avait-il donc oublié que Philippe était de son sang ? Dans cette aventure désastreuse, il risquait de détruire, sans parler de ses chances de bonheur, jusqu'à son honneur même.

« Honneur d'homme, honneur de chrétien ! Voilà que je suis sur le point de trahir, au nom d'un sentiment qui n'a aucun avenir, ce qu'il y a de plus sacré dans ma vie ! Par Dieu, je suis en train de perdre la raison ! »

A sa droite, Clarence dansait, sans gestes inutiles, avec l'économie de moyens qui lui était propre.

Pourquoi ne pas transformer les fiançailles de fantaisie qui le rapprochaient d'elle en d'autres, véritables ? Dans le sourire de la cadette, il retrouvait celui de l'aînée. Comme un reflet. Ne pourrait-il transférer sur cette tête un peu de l'amour forcené qu'il portait à une autre ?

La danse s'achevait. Les mains se déprenaient.

C'est alors qu'une bande d'étudiants éméchés, braillards, surgit sur la place. Ils avaient dû vider tous les tonnelets, cruchons, pichets de la montagne Sainte-Geneviève en l'honneur du Mai et, pour se distraire un peu, s'étaient transportés, à travers la Cité, vers l'autre rive. En un rien de temps, et malgré leur allure titubante, ils eurent encerclé les danseurs.

— Puisqu'on est libre d'aimer à sa guise en ce doux mois de mai, s'écria un grand échalas à la silhouette dégingandée qui n'était autre que Gunvald Olofsson, ne nous en privons pas, amis, fonçons !

Donnant l'exemple, il s'élança vers Alix qui se trouvait être la plus proche. La horde le suivit. Commencé dans les gros rires, l'assaut tourna vite à la mêlée, les danseurs ne trouvant pas à leur gré cette manifestation d'ardeur amoureuse. On commença par crier, puis, très vite, on en vint aux coups.

Une sorte de noir géant s'en était pris à Florie. Philippe se rua sur lui. Ce fut très bref. Quelques instants plus tard, le trouvère gisait par terre, au milieu des piétinements.

— Eh bien, la belle, voilà ce qui arrive aux freluquets qui se mêlent d'intervenir entre moi et une femme qui me plaît. A bon entendeur, salut ! Dans mes bras, ma poulette !

— C'est mon mari, cria Florie en reculant. Vous êtes fou, messire Artus !

— Je le sais par Dieu bien que c'est votre mari, mais ça ne change rien à rien ! Pas tant de façons, mignonne ! Aujourd'hui est jour de fête : il faut bien s'amuser !

— Vous vous amuserez avec d'autres !

Guillaume, qui, de loin, avait vu la scène, venait de s'élancer. D'un bond, il s'était placé devant Florie, face au goliard. S'il n'était pas aussi grand qu'Artus, il était, cependant, de haute taille, bien découplé, entraîné à tous les exercices du corps et large d'épaules. Ce ne fut pourtant pas son aspect qui impressionna le géant, mais la détermination, l'exaltation, qui animait ses traits. On le sentait capable de toutes les violences, de tous les assauts.

— Quelle fureur, messire ! s'écria Artus en rompant devant un adversaire si déterminé. Rassurez-vous, je ne vais pas forcer cette gente personne sans son consentement. Il s'agit d'un jeu, non d'un attentat ! Un baiser, que je sache, n'est pas chose défendue en un jour comme celui-ci !

— Il peut l'être, répondit Guillaume sans désarmer. Non pour vos ribaudes, sans doute, mais la dame à qui vous vous adressez comme un goujat est tout autre. Chacun lui doit respect et courtoisie.

Le ton était rauque. Un emportement, sans mesure avec la circonstance, entraînait le jeune homme.

— Tout doux, messire, tout doux ! Vous prenez fort mal la plaisanterie, à ce que je vois... et pour la seconde fois de la journée. Faut-il que le sort de cette belle fille que vous protégez toujours si opportunément vous préoccupe !

— Elle est de ma famille !

— Oui-da !

Le goliard haussait les épaules.

— Il me semble bien me souvenir que ce tantôt, dans la forêt de Rouveray, quand j'ai embrassé la petite sœur, vous n'avez pas fait tant d'histoires. A en juger d'après les apparences, vos sentiments familiaux ne paraissent pas de même qualité envers tout un chacun !

Il tourna les talons pour se porter à la rescousse de ses camarades. La mêlée entre danseurs et étudiants s'achevait par la déroute de ceux-ci. Quelques baisers volés, quelques filles effarouchées, avaient suffi à satisfaire l'humeur grivoise des assaillants que le vin assagissait. Attaqués de tous côtés, ils s'enfuyaient non sans brocarder, pour sauver la face, les moins virulents de leurs adversaires.

Après avoir giflé avec vigueur un Gunvald trop ivre pour lui opposer la moindre parade, Alix avait rejoint Laudine et Clarence que leurs parents respectifs s'étaient empressés de prendre sous leur garde dès l'arrivée des énergumènes.

Florie, aidée par Guillaume qu'elle avait remercié d'un mot et d'un sourire, s'occupait à présent de Philippe, toujours étendu sans connaissance sur le sol. Le coup qu'Artus le Noir lui avait asséné en pleine mâchoire l'avait proprement assommé. Peu habitué à se battre et de complexion délicate, il n'était pas fait pour ce genre de confrontation. Penchée sur son époux, Florie lui frictionnait les tempes avec une eau de senteur dont elle avait toujours un flacon dans son aumônière. Guillaume, qui soutenait son cousin, sentait le souffle de la jeune femme sur son front. Plus rien d'autre ne comptait pour lui. La bagarre, la foule, les chants qui continuaient, les illuminations, les cris, les rires, ne l'atteignaient plus. Seuls existaient une haleine fraîche, le parfum, mêlé à celui des fleurs qui la couronnaient, d'un corps proche du sien, l'effleurement d'un bras contre son épaule.

« Que le monde s'engloutisse ! Florie est là, contre moi, elle m'a souri, remercié, le temps est suspendu ! »

— Il ne revient pas vite à lui. Croyez-vous qu'il puisse être sérieusement blessé ?

Tant de sollicitude pour un autre dans la voix dont la moindre inflexion le bouleversait lui fit du mal et du bien à la fois : elle parlait de Philippe, sans doute, mais c'était vers lui qu'elle se tournait pour être réconfortée.

— Tranquillisez-vous, ma cousine, ce ne peut être grave. Son souffle est régulier.

Dans la nuit trouée de lueurs foisonnantes, elle lui adressa un nouveau sourire, embué de crainte, mais qui comportait, pourtant, sans doute par habitude de jolie fille, un brin de coquetterie.

— Quelle brute ! dit-elle avec précipitation, comme pour effacer l'effet produit, quel sauvage ! Je me demande comment Arnauld peut fréquenter de semblables truands.

— Il n'était point avec eux.

— Dieu merci !

— Je n'ai pas vu non plus son ami Rutebeuf.

— Ils avaient dû rejoindre tous deux, selon leur habitude, quelque assemblée de poètes. C'est bien dommage pour moi. Les autres forcenés n'auraient pas osé m'attaquer en présence de mon frère.

— Je pense qu'ils ne s'y risqueront pas, non plus, maintenant, quand je me trouverai là.

Florie releva la tête, dévisagea un court moment le cousin de son mari. Une hésitation passa dans son regard. Sans doute se rappelait-elle de précédentes observations ainsi que le dernier propos d'Artus le Noir dont le sens ne l'avait pas frappée au milieu de l'effervescence générale. Mais un mouvement de Philippe ramena son attention vers lui. Après quelques soupirs, quelques frissons incontrôlés, il relevait les paupières, reprenait conscience. Le sang remontait à ses joues.

— N'ayez crainte, mon cœur, ces vauriens s'en sont allés.

Guillaume aidait l'époux de Florie à se redresser, à se mettre debout.

— Comment te sens-tu à présent ?

— Un peu endommagé.

Il souriait, passait des doigts précautionneux sur son menton, tâtait sa mâchoire.

— Il faudra que je félicite mon beau-frère au sujet de ses fréquentations !

— Souffrez-vous, mon ami ?

— Presque plus. J'ai encore les jambes en laine, mais ça ne saurait durer. Rien que de vous voir, je me sens mieux.

Tournant la tête, il chercha du regard les étudiants envolés, fit une grimace douloureuse.

— Comment vous êtes-vous débarrassée, ma douce, de ces gibiers de potence ?

— Je ne m'en serais pas délivrée facilement si votre cousin n'était venu à mon secours.

— Dieu te le rendra, Guillaume !

La dérision d'un tel remerciement, frappant Guillaume comme un soufflet, le rétablit dans son tourment.

Se détournant du couple, de nouveau enlacé, il rejoignit maître Brunel et les siens. Mathilde parlait à Clarence. En voyant s'approcher le pelletier, les deux femmes se tournèrent vers lui.

— Grâce à Dieu, Philippe semble remis, constata la première. Il aurait pu être grièvement blessé.

« Si seulement il l'avait été ! » songea Guillaume en un élan qu'il se maudit aussitôt d'avoir eu.

— J'ai admiré la promptitude avec laquelle vous vous êtes porté au secours de Florie, assura Clarence. Elle a trouvé en vous un défenseur plein de zèle.

Lissant de la paume la soie de son vêtement blanc brodé de fleurs, les yeux baissés, l'adolescente souriait.

— A présent que nous voilà toutes saines et sauves, reprit-elle de son ton uni, si nous retournions danser ?

Bertrand, qui semblait attendri par Laudine, entraînait déjà celle-ci. Alix et Rémy avaient rejoint Florie et son mari.

— Allons, dit Guillaume, allons danser, puisque nous ne sommes pas ici pour autre chose !

Une rancune toute neuve sourdait en lui contre Clarence. Comment avait-il pu songer à épouser cette fille étrange, si différente de sa sœur ? C'eût été se mettre une pierre au cou ! Depuis l'évanouissement de son cousin, un espoir qu'il ne consentait ni à admettre, ni à nommer, s'était levé en lui.

Il lui fallait rester libre pour le cas où Florie le redeviendrait un jour. S'enchaîner serait une erreur peut-être fatale.

Il suivit Clarence vers un coin de la place où commençait une danse de la Belle Aélis, mais son esprit courait sur d'autres voies.

Mathilde prit le bras d'Étienne.

— Rentrons, dit-elle en adressant un sourire d'excuse à Nicolas Ripault et à Yolande. Je me sens lasse.

3

Le jardin de Béraude Thomassin n'était pas dessiné comme celui de Mathilde. C'était plutôt un désordre, un fouillis végétal. Des sureaux, des buis, des lilas dont les fleurs se balançaient au vent du mois de mai, des néfliers, des poiriers aux troncs penchés, dépassaient des buissons d'églantiers, de framboisiers sauvages, des touffes d'ancolies, de sauges, d'oseilles, de camomilles, de chicorées, et même d'orties qui poussaient au hasard sans que personne songeât à s'en occuper.

Sur un banc de pierre en mauvais état, adossé à un noyer aussi vieux que lui, Florie composait une chanson de toile. Assis dans l'herbe, à ses pieds, Philippe cherchait sur les cordes d'un luth la mélodie qui accompagnerait le poème. Les trilles des oiseaux se mêlaient aux notes égrenées et aux rires des jeunes gens.

L'inspiration venait mal. Florie se répétait depuis un moment les premiers vers qu'elle avait trouvés :

« En un verger, près d'une petite fontaine

Dont l'eau est claire et le gravier blanc... »

En vain. Elle ne parvenait pas à fixer son attention sur le thème qui lui avait été proposé, non sans ironie, à la cour de la reine Marguerite : « La mal mariée. » Ce sont là jeux de l'esprit qui demandent une disponibilité totale de la pensée. Or, Florie était préoccupée.

— Ma mère n'est point heureuse, dit-elle tout à coup, en relevant la tête, comme frappée par l'évidence d'une constatation.

— Que dites-vous là, ma mie !

— La vérité. Je le sais, je le sens. Depuis longtemps, je le pressentais. Vivant près d'elle, j'étais trop liée à sa vie pour en distinguer clairement les aspects. A présent que j'ai pris du champ, je distingue enfin ce qui m'avait échappé jusqu'ici. Elle cache tant bien que mal ses soucis, mais, hier soir, sa peine était évidente. Ne l'avez-vous pas remarqué, mon cœur ?

— J'avoue que non.

— C'est sans doute que vous la connaissez moins bien que moi.

Avec un geste de tendresse amoureuse qui était témoignage de confiance, d'abandon, la jeune femme posa les doigts sur les cheveux de son mari, les caressa un moment.

— Ce n'est pourtant pas parce que je vais à tâtons que je renoncerai à trouver la cause d'un chagrin que je puis, peut-être, adoucir. Il ne sera pas dit que je me désintéresserai, sous prétexte que je suis heureuse, du sort de ma mère. Je l'aime trop pour agir si égoïstement. J'en parlerai à ma tante Charlotte qui est de bon conseil et de grande expérience.

Philippe sourit.

— Je commence à vous connaître assez bien, ma mie, pour deviner que vous n'abandonnerez pas si facilement votre idée.

— C'est un reproche ?

Ils se regardaient d'un air malin et complice, comme deux enfants qui partagent le même secret.

— Vous savez bien que non, coquette que vous êtes !

Florie se pencha, posa ses lèvres sur la bouche de son compagnon.

— Vous sentez le printemps !

Elle frottait son nez contre la joue qui piquait un peu.

— Je vous y prends !

Arnauld, qui sortait de la maison, s'avançait sous les branches. Il portait, pendue à sa ceinture de cuir, son écritoire d'étudiant et tenait à la main un cahier de parchemin roulé. Son sourire ironique contrastait avec l'ordonnance rigoureuse, presque ascétique, de ses traits. Florie ainsi que Mathilde regrettaient qu'il ne fût pas entré dans les ordres. Sa finesse, sa bonté, encore que soigneusement tenue secrète, sa culture, en eussent fait un excellent témoin de Dieu, un utile serviteur de la foi. L'heure n'en paraissait pas encore venue. Passionné de rhétorique, de logique, de scolastique, il préférait Aristote à la charité et l'étude des Humanités à celle des misères humaines. Sa mère et sa sœur se demandaient si, un jour, lassé de la dialectique, il ne se tournerait pas vers le cloître. Il n'était que d'attendre.

— Ah ! Voici messire mon beau-frère !

Philippe se redressait, se tournait vers l'arrivant.

— Par ma foi, savez-vous que votre ami Artus le Noir a failli m'assommer, hier au soir ?

— J'en ai ouï parler.

— Vous n'en paraissez pas autrement affecté.

— Affecté, peut-être pas, mais, pourtant, furieux contre Artus qui devait être plus soûl que d'habitude, j'imagine, pour se livrer sur vous à de semblables turpitudes ! Dieu sait qu'à l'égard du vin, cependant, il ne manque pas d'entraînement ! Je l'avais quitté un moment plus tôt, point trop ivre. Il est vrai que la soirée ne faisait que de commencer.

— Si vous étiez resté avec lui, dit Florie, il n'aurait sans doute pas osé nous attaquer.

— Sait-on ? Je le tiens pour doué d'un esprit inventif et original, mais ses mœurs sont dissolues. Rien ne semble pouvoir le discipliner.

— Comment pouvez-vous vous complaire en sa compagnie !

— Holà ! Ho ! beau-frère ! Je ne me mêle en rien de ses orgies ou truanderies diverses, vous savez ! Nous goûtons notre mutuelle conversation et trouvons l'un en l'autre un interlocuteur qui nous convient. C'est tout. Je ne suis pas chargé de veiller sur lui ni de garder sa vertu, ce qui serait hasardé d'après ce que je sais. Tel Ponce Pilate, je m'en lave les mains.

— Par Dieu ! Ce n'est pas là un rôle bien actif !

— J'ai pour habitude de prendre en chacun, selon ma convenance, ce qu'il peut me donner. Pas autre chose. Artus est loin d'être sot. Il se montre imbattable en dialectique, comme dans les exercices du corps. Nous discourons, nous nageons, nous luttons ensemble. Là s'arrête notre amitié. Sa vie intime ne me regarde pas.

— Est-il vrai qu'il loge route de Vanves, dans le vieux château Vauvert, de sinistre réputation ?

— C'est exact. Pour le moment, du moins. Comme tout bon goliard, il ne se fixe nulle part. Sa conception de la vie est tout itinérante.

— D'après ce qu'on dit, cette bâtisse est un repaire de vauriens, de truands, de gens de sac et de corde !

— Comme toujours, il y a un fond de vérité dans ces racontars, mais très exagéré. En réalité, Vauvert est surtout un asile pour ceux qui préfèrent, au guet de Paris, un prudent isolement.

— Donc, pour ceux qui ont quelque chose à se reprocher !

— Ou quelqu'un à fuir.

Tout en mordillant des tiges d'herbe qu'il venait de cueillir, Arnauld s'était appuyé au tronc du noyer.

— Après ce qui s'est passé place de la Grève, continuerez-vous à fréquenter ce goliard ?

— Il était ivre !

Florie réfléchissait.

— Mon frère, vous ignorez sans doute qu'hier après-midi, en forêt de Rouveray, il nous a suivies avec quelques compagnons de son espèce, pendant que nous cueillions le Mai, qu'il a cherché à nous entraîner sous les branches, et qu'il a fini par embrasser Clarence de force.

— Par Dieu ! C'est une manie !

Mécontent, Arnauld arrachait une touffe d'herbe près de lui.

— Personne ne m'avait parlé de ce haut fait, reprit-il au bout d'un instant. Contez-moi cela.

Pendant qu'elle parlait, Philippe écoutait Florie avec autant d'attention qu'Arnauld.

— Par mon âme, remarqua-t-il quand elle eut terminé, nous devons une fière chandelle à Guillaume ! S'il ne s'était trouvé là par deux fois, Dieu seul sait ce qui serait advenu de vous.

— Il est vrai, reconnut la jeune femme qui détourna les yeux pendant que ses doigts tournaient et retournaient le stylet dont elle s'était servie un moment plus tôt. Il est vrai que sa présence nous a été secourable.

— Jugez-vous toujours, beau-frère, votre Artus comme un brave garçon tout juste un peu éméché ?

La véhémence de Philippe se heurta au calme de l'étudiant.

— Le Mai lui était monté à la cervelle, dit celui-ci avec un haussement d'épaules. C'est une grande gueule, je vous l'accorde, mais il n'est pas dénué de courtoisie. Pour s'en être pris de la sorte, avec une telle obstination, à des femmes sans défenseur, et, qui plus est, de la propre famille d'un de ses amis, il fallait qu'il fût hors de son bon sens. Je ne veux pas le condamner sans l'avoir entendu. Nous avons leçons extraordinaires à l'Université, vers deux heures de relevée. Il y sera. Je lui parlerai. Selon ses dires, j'aviserai.

— Que ferez-vous s'il reconnaît avoir agi en toute connaissance de cause ?

— Je lui flanquerai une bonne raclée.

— Il est plus fort qu'un bûcheron ! s'écria Florie. Il va vous tuer ! Je vous en supplie, Arnauld, pour l'amour de votre sœur, ne vous battez pas avec lui !

Arnauld se prit à rire.

— Ce ne serait pas la première fois que cela se produirait. S'il est bâti comme un chêne, je suis souple comme une liane et vous le savez bien : la liane étouffe le chêne.

— Par la Sainte Mère de Dieu, Philippe, pourquoi avez-vous poussé mon frère à une semblable folie ! Il peut bien avoir les amis qu'il veut. Pourquoi nous en mêler ?

— Tout bonnement parce que ce goliard vous a manqué de respect, ma mie !

— Ce n'est pas une raison suffisante.

— Il me semble que si !

— Allons, allons, dit Arnauld en se levant, je ne tiens pas, que diable ! à devenir la cause de votre première querelle de ménage ! Quand je suis arrivé, vous vous embrassiez. Reprenez cet aimable passe-temps et oubliez-moi. Je m'esquive.

— Je vous en supplie... commença Florie, mais son frère ne l'écoutait plus.

Il se dirigeait vers la maison où il allait retrouver, penchée sur un manuscrit, Béraude Thomassin, avec laquelle il aimait à s'entretenir. Il goûtait l'esprit de la vieille femme. Depuis qu'il la connaissait, c'est-à-dire depuis les fiançailles de sa sœur et de Philippe, des relations intellectuelles, comme il aurait pu en nouer avec n'importe lequel de ses camarades de l'Université, s'étaient établies entre elle et lui. En dépit de leur différence d'âge, ils s'estimaient assez pour préférer leur mutuelle présence à beaucoup d'autres et puisaient dans leur commun attrait pour les livres matière à des conversations qui les enchantaient.

— Très chère dame, je vous salue !

Béraude sourit de ses mille rides, considéra d'un œil vif et curieux l'étudiant, lui rendit sa salutation.

— En songeant à la licence que vous préparez, cher Arnauld, dit-elle, j'ai mis de côté pour vous un cahier découpé d'un exemplaire de l'*Organon* d'Aristote qui ne manquera pas de vous intéresser.

Sa guimpe n'était pas nette, son surcot avait bien dix années d'usage, mais il émanait de son visage à la peau de parchemin tant d'intelligence qu'Arnauld se sentit, comme toujours, charmé par cette femme hors du temps qui avait l'air d'être formée de la même substance que les feuillets qu'elle maniait tout le jour.

— Je vous sais un gré infini de votre obligeance, dit-il en tirant un escabeau jusqu'à la table où travaillait la tante de Philippe. Tous les exemplaires des œuvres illustres qui sont copiées chez vous sont des modèles de fidélité.

— Que voulez-vous, j'aime ce métier !

Contre deux sous d'or, Arnauld lui louait certaines copies vérifiées et approuvées par une commission déléguée de l'Université et faites d'après les exemplaires officiels par des étudiants impécunieux qui payaient ainsi leurs études.

Il y avait bien, chez maître Brunel, un assez joli choix d'ouvrages, dont certains enluminés, mais le jeune homme avait besoin de textes qui ne se trouvaient pas dans la bibliothèque de son père.

— Le voici. Rien ne pouvait mieux me convenir, s'écria-t-il avec enthousiasme.

Une ombre, qui vint s'interposer entre le jour et lui, le força à lever les yeux. Il reconnut Guillaume Dubourg, penché au-dessus de l'étal, qui feuilletait un manuscrit. En quoi ces livres destinés aux étudiants et à leurs maîtres pouvaient-ils intéresser un pelletier, même doué d'un esprit curieux ?

Arnauld se rappela alors le récit que lui avait fait sa sœur un moment plus tôt. Cet Angevin semblait tourner avec une constance qui pouvait donner à réfléchir autour des endroits où se trouvait la jeune femme. Coïncidence ? Arnauld n'y croyait guère. Il remarqua que le nouveau venu cherchait à voir qui se tenait dans la boutique. Il se leva et se dirigea vers lui.

— Dieu vous garde, messire !

Guillaume salua à son tour en souriant, mais la déception qui avait assombri fugitivement son visage parut révélatrice au frère de Florie.

— J'ignorais qu'on goûtât à Angers la philosophie grecque.

— Il y a en Anjou comme partout des personnes qui aiment s'instruire, répondit Guillaume avec aisance. De plus, j'ai fait mes études à Paris, ne l'oubliez pas, et j'en ai conservé un fort penchant pour les Belles Lettres.

— Je vous en félicite. Ce n'est pas chose si courante. Parvenus à l'âge d'homme, bien d'anciens écoliers oublient allégrement les connaissances qu'ils ont pu acquérir autrefois.

— Mettons que je ne suis point de ceux-là.

Il y eut un silence. Dans la rue, l'habituelle bousculade des étudiants qui interpellaient les passants et, surtout, les passantes, des maîtres en bonnets de docteur, des prêcheurs et des mineurs, se mêlait aux allées et venues des parcheminiers, des relieurs, des enlumineurs, des libraires. Des porteurs d'eau, des paysans qui criaient leurs fruits, leurs légumes, ou qui guidaient leurs troupeaux, des cavaliers, dont certains entourés d'une escorte de gens d'armes, y apportaient encore plus de bruit et de mouvement.

Arnauld considérait avec intérêt son interlocuteur qui ne se décidait pas à s'éloigner.

« Par mon âme, songeait-il, ce beau sire attend quelqu'un. Pourquoi ne serait-ce pas Florie ? »

Laissant avec nonchalance tomber la conversation, il attendit de voir les réactions du jeune pelletier.

— Mon cousin se trouve-t-il céans ? demanda enfin Guillaume.

— Il s'y trouve. Je viens de le quitter.

— Je suis venu surtout pour prendre de ses nouvelles. S'est-il bien remis de l'algarade d'hier soir ?

— Il n'y paraît plus. Entrez donc, si, toutefois, vous ne craignez point de troubler l'inspiration poétique qui le tient en ce moment.

— Il compose donc ?

— Ma sœur et lui cherchent de compagnie les rimes et la mélodie d'une chanson de toile commandée, à ce qu'il me semble, par notre dame la reine en personne.

— Ce n'est sans doute pas le moment de les déranger...

« Cet homme est l'image même de la tentation, se dit Arnauld qui continuait à l'observer comme il eût fait d'une mouche prise dans un pot de miel. Il est visible qu'il se débat dans un monde de contradictions où honneur et amour doivent se livrer de rudes joutes ! S'il ne s'agissait pas de Florie et, peut-être, du sort de son union avec Philippe, je serais tenté de l'aider, car il inspire estime et compassion. Malheureusement pour lui, je ne peux que m'opposer à ses desseins. Il faudra, au besoin, entrer en lutte avec eux s'ils se précisent. »

— Je ne crois pas, messire Dubourg, que le moment soit bien choisi pour leur faire visite, reprit-il. Vous savez combien dame Poésie est capricieuse. Une fois effarouchée, elle ne revient pas toujours. Les trouvères abandonnés par elle en veulent alors férocement à celui qui est cause d'une telle éclipse.

— Vous devez avoir raison.

— Par ma foi, voici Guillaume ! Que fais-tu là, cousin ?

Confiant, rieur, Philippe entrait dans la boutique.

— Je songeais à te voir pour prendre de tes nouvelles, mais ton beau-frère, qui estime que je risque de mettre en fuite l'inspiration, me conseillait de remettre ma visite à une autre fois.

— Je ne vous savais pas si soucieux de notre tranquillité, Arnauld, s'écria le jeune homme avec bonne humeur. Grand merci de ce soin. Mais vous vous inquiétiez sans raison : il se trouve que l'inspiration s'est envolée d'elle-même, sans que personne ait eu à l'y aider ! Je ne sais pourquoi, Florie et moi n'avons pas la tête à rimer, ce matin !

— Malheureux au jeu poétique, heureux en amour, remarqua l'étudiant d'un air entendu, sans cesser d'examiner Guillaume dont l'expression, comme sous l'effet d'un mécontentement subit, se rembrunit à ces mots.

« Allons, je ne m'étais pas trompé ! Par Dieu, ce garçon est épris de ma sœur, constata Arnauld. Bien entendu, Philippe, loin de se douter de quoi que ce soit, se fie absolument à lui. »

— Je vais profiter de ce que vous avez à vous entretenir tous deux pour emmener Florie faire un tour, dit-il. Je vous laisse.

Quelques minutes plus tard, sans que personne ait pu s'opposer à une telle décision, Florie sortait au bras de son frère. Comme il l'avait fait passer par la porte du jardin, elle ne rencontra pas Guillaume et continua d'ignorer sa venue.

Elle aimait à se promener avec Arnauld dont l'esprit l'enchantait. Il savait écouter, compatir, deviner, comprendre, dénouer, d'un mot, un état d'âme, mais, aussi, il respectait les replis, les silences des autres et pouvait se retrancher, quand il le fallait, derrière un égoïsme aimable qui pouvait être pris pour de l'oubli... Elle éprouvait pour lui une tendresse de qualité particulière.

Par la rue de la Harpe, le frère et la sœur gagnèrent les rives de la Seine qu'ils longèrent en direction de l'hôtel de Nesle, afin de s'éloigner des nageurs bruyants de la baignade de Paris, proche du Petit-Pont. Le mouvement de la batellerie était intense sur le fleuve. Des bateaux chargés de blé se dirigeaient vers les moulins à roues situés sous les arches des deux ponts de la ville : des barques plates, bâchées, dont certaines étaient tirées à l'aide d'une corde par un remorqueur, d'autres halées du rivage, ou bien dirigées à la perche, transportaient les chargements les plus divers : poteries, céréales, charbon, vin, bois, métaux, cuirs, légumes et du bétail en grand nombre ; les bateaux-viviers des poissonniers d'eau douce apportaient à la capitale sa ration quotidienne de poissons : perches, truites, brochets ; des promeneurs en canots ramaient allégrement au plus près des rives où des pêcheurs à la ligne, les pieds dans l'herbe épaisse, parmi les saules, faisaient concurrence à ceux qui tendaient des filets entre leurs barques. On remarquait le garde du fleuve qui évoluait d'un bord à l'autre en compagnie de quelque passeur. L'eau, qui reflétait le ciel, coulait librement entre les berges basses, plantées d'aulnes, d'osiers, de peupliers. Des grèves, quelques plages, trouaient cette verdure de leurs sables, de leurs cailloux, sur lesquels venaient friser des vaguelettes paisibles.

En bons Parisiens, Florie et Arnauld aimaient leur fleuve, sa lumière grise et bleue, son libre cours, sa force tranquille, la beauté de sa vallée, ses îles nombreuses et, surtout, le cœur de la ville, cette île de la Cité où siégeaient les deux seuls pouvoirs qu'ils reconnussent : celui de Dieu, celui du roi. De la rive qu'ils longeaient, ils voyaient, juste en face, au-delà de ses murailles, de ses jardins, le palais du souverain, tout proche, avec ses tours, ses hauts toits, ses clochetons d'où jaillissait, encore inachevée, en pleine construction, fine, blanche, précieuse, la Sainte-Chapelle.

Plus loin, vers l'est, les tours de Notre-Dame, toutes neuves elles aussi, s'élevaient dans la clarté du matin, bien au-dessus des tuiles carminées des maisons, des clochers d'ardoise, des toits aigus, des grosses tours, comme les témoins de pierre d'une Présence infinie, puissante et radieuse comme elles. La Cité était belle, harmonieuse et gaie.

— Si je vous ai entraînée jusqu'ici, loin de votre mari, dit soudain Arnauld à sa sœur, c'est que je voudrais vous entretenir d'une découverte assez surprenante que je viens de faire.

— Je croyais que c'était pour le simple plaisir de vous trouver en ma compagnie.

Tout en souriant avec une sorte d'amusement nuancé de reproche, Arnauld secoua la tête. La féminité rieuse de Florie le déconcertait parfois en dépit des rapports fraternels qui les avaient toujours étroitement unis. Dans la famille Brunel, comme partout ailleurs, les enfants s'étaient groupés par affinité. Arnauld et Florie, proches par l'âge, par les goûts, par une certaine conception de la vie, avaient aimé jouer ensemble avant de se passionner ensemble pour l'étude des lettres, de la musique, de tous les arts. Il leur en restait une complicité, une entente, instinctives.

— C'est, peut-être, plus grave que vous ne le pensez, Florie.

— Dites vite, je suis tout ouïe !

Arnauld cassa une branche de saule dont il fouetta l'herbe qu'ils foulaient à présent. Des prairies avaient succédé au chemin qu'ils avaient d'abord suivi. L'air sentait la verdure, l'eau, et, par bouffées, des senteurs de fleurs sauvages qui croissaient librement.

— Ai-je raison de vous confier ce que je crois avoir deviné ? reprit l'étudiant. J'ai hésité, j'hésite encore, à dire vrai, avant de me décider. Il serait, peut-être, plus sage de me taire.

— Par grâce, ne me faites pas languir de la sorte !

Portant de lourds baquets de bois où s'entassait le linge propre qu'elles allaient étendre sur le pré où le soleil chauffait le plus fort, riant et plaisantant, des lavandières aux pieds nus, aux surcots maintenus dans la ceinture et relevés par-devant sur des cottes claires, croisèrent le frère et la sœur.

— Voici. Je crois pouvoir affirmer que Guillaume Dubourg est épris de vous.

— Ah ! dit la jeune femme dont un sang indiscret enflamma les joues, ah ! c'était donc cela !

Sans s'expliquer davantage, elle s'arrêta pour dégager avec des gestes qui se voulaient tranquilles sa jupe dont l'étoffe en toile de laine se trouvait agrippée par une ronce qui poussait sournoisement au bord d'un mince ruisseau.

— Vous le saviez.

— Sans le savoir.

— Par ma foi, vous ne semblez pas surprise !

— Je ne le suis pas vraiment.

Elle se tourna vers son frère.

— On peut avoir connaissance de certains faits, Arnauld, sans, pour autant, se l'être clairement avoué. On conserve une pareille supposition dans un repli de son esprit. On ne souhaite pas l'amener au grand jour, ni la considérer en face. On ruse avec soi-même, en quelque sorte, on se leurre, sans que rien de déloyal entre pourtant dans cette manière d'être, mais pour ne pas avoir à juger, à trancher, en trop grande hâte.

— Je ne comprends pas.

— Écoutez-moi. Vous avez cru deviner, j'ai cru pressentir, chez le cousin de Philippe, un sentiment qu'il éprouverait à mon endroit. Nous pouvons nous tromper. Que savons-nous de cet homme, de ce qui compte ou ne compte pas pour lui ? Presque rien. Voici quelques semaines, nous ne le connaissions même pas ! Peut-être sommes-nous, vous et moi, dans l'erreur.

— Par tous les saints, vous parlez comme s'il avait déjà commencé à vous plaire ! remarqua Arnauld avec une sorte de gravité alarmée. Que vous arrive-t-il, Florie ? Auriez-vous oublié qu'en amour l'indulgence mène à la faiblesse ?

— Que voulez-vous que je fasse ? Tant qu'il ne m'a pas confié les sentiments que nous lui attribuons, c'est comme s'ils n'existaient pas. Je ne peux tout de même pas lui tenir rigueur de sa courtoisie, de sa parfaite urbanité, de la façon désintéressée dont il est venu à mon secours, par deux fois, dans la seule journée d'hier !

— Justement ! Par deux fois, il a volé à votre aide, alors que c'est Clarence, et non vous, qui se trouve être sa fiancée de libre courtisement !

— C'est moi qui étais menacée, non point elle.

— Ne m'avez-vous pas raconté, vous-même, qu'Artus avait jugé bon d'embrasser Clarence, hier, dans la forêt de Rouveray ?

— Si fait.

— Que faisait le cousin de votre mari pendant ce temps-là ?

— Rien.

— Il a laissé un goliard embrasser sa fiancée de Mai sans broncher !

— Ne mélangeons pas tout. Ces fiançailles, d'abord, ne sont que plaisanteries, chacun le sait. Ensuite, il n'a pas eu le temps d'intervenir, tant votre ami a agi promptement.

— Je continue à penser que, si c'était vous qui aviez été assaillie, il aurait trouvé le temps de s'interposer entre Artus et vous.

— Ne discutons pas sur des hypothèses. Vous savez, Arnauld, que j'attache beaucoup d'importance à votre jugement. Que me conseillez-vous donc en cette circonstance ?

— De vous méfier, de le surveiller, de vous garder.

— Soyez sans crainte, nous sommes deux à me garder.

L'étudiant secoua la tête.

— En êtes-vous sûre ? dit-il avec incrédulité. En êtes-vous si sûre ? Il me semble, à moi, que vos défenseurs se nomment ignorance et faiblesse. Faut-il qu'il soit habile, cet homme insinuant, ou armé d'une séduction active, pour être parvenu à vous intéresser à lui aussi vite !

— Mais je ne m'intéresse pas à lui !

Pour la première fois depuis d'anciennes querelles d'enfants, le frère et la sœur s'opposaient avec vivacité. Florie soupira, promena son regard sur le paysage verdoyant et paisible qui les entourait, se força à sourire.

— Allons, dit-elle, faites-moi confiance, Arnauld, je vous en prie. Ne doutez plus de moi. Dans toute cette histoire, il n'y a que rêveries. Seules, nos imaginations trop fécondes sont coupables. Cependant, je vous promets de veiller. A la première alerte, je m'expliquerai, s'il le faut, avec Guillaume Dubourg. Je demeure, néanmoins, persuadée que ce ne sera pas nécessaire.

— Dieu vous entende ! dit Arnauld qui n'était pas convaincu.

Florie prit son bras.

— Quel paladin ma vertu n'a-t-elle pas trouvé en mon frère !

— Après notre père, quel meilleur défenseur que moi pouvez-vous avoir ?

— Vous oubliez Philippe !

Arnauld plissa le front.

— Est-ce moi qui l'oublie ? demanda-t-il. Je veux croire que ce n'est que moi !

4

Mathilde attendait son oncle, Pierre Clutin, prêtre et chanoine du chapitre de Notre-Dame.

Poussée par l'inquiétude, elle était venue le trouver, comme chaque fois qu'elle éprouvait le besoin d'un secours spirituel, délaissant son travail et la rue Quincampoix, suivie de la seule Maroie, dans un élan qui ne souffrait pas d'être remis à plus tard.

Elle aimait et révérait ce frère cadet de son père, dont la nature fragile mais ardente lui apportait l'appui et la rigueur dont elle ressentait en même temps la nécessité.

Comme elle n'avait pas annoncé sa visite, il lui fallait attendre que son oncle se fût libéré d'une charge qui le retenait pour un moment encore à la cathédrale. Elle en profitait pour essayer de clarifier ses pensées, de mettre un peu d'ordre dans le chaos de ses sentiments.

Le vrombissement d'une mouche qui voletait à travers la pièce la fit sortir de ses réflexions. D'un geste brusque, elle voulut la chasser, mais l'insecte bourdonnait de plus belle entre les murs nus, simplement passés à la chaux.

Comme chaque fois que Mathilde entendait ce bruit, en quelque lieu qu'elle se tînt, à condition que ce fût dans un endroit clos, des souvenirs troubles se levaient en elle. Elle se retrouvait, une fois encore, avec une impression de réalité gênante, physique, dans sa chambre d'enfant unique, contiguë à celle de ses parents. L'odeur des roses qui se fanaient dans un pot d'étain, la pénombre derrière les volets tirés sur la chaleur du dehors, redevenaient présentes. Ainsi que, venant de la pièce voisine, des murmures, des soupirs, une plainte heureuse, qui montait peu à peu, s'amplifiait, éclatait enfin en un râle de plaisir déchirant. Debout contre la porte, la petite fille était partagée entre un malaise qui allait jusqu'à l'angoisse et une sorte de jouissance alors incompréhensible. Son cœur s'affolait, son sang battait avec violence dans ses artères, une chaleur intime l'enflammait tandis qu'elle se mettait à trembler sans comprendre pourquoi ce qui se passait de l'autre côté de la cloison avait sur elle un si puissant pouvoir.

Tout ce qui avait fait de son enfance, de son adolescence, la préparation sensuelle la plus constamment poursuivie qu'on pût concevoir, cet enseignement secret que l'amour de ses parents l'un pour l'autre n'avait cessé, à leur insu, de lui distiller, tout cet apprentissage inconscient de la volupté, restait lié dans son souvenir à la touffeur de l'été, au vrombissement d'une mouche.

Elle ouvrit la fenêtre, chassa l'insecte, se pencha pour, d'un coup d'œil, examiner les lieux. La maison de Pierre Clutin incitait à la sérénité. Blanche, à pignons et colombages, cette demeure de paix, de méditation, située dans le cloître Notre-Dame, enclos réservé par l'Évêché aux chanoines et à leurs familles, jouissait du calme de la petite cité retranchée du mouvement, du bruit de Paris, par des murs d'enceinte percés de quatre portes. Comme chaque habitation de cet endroit tranquille, elle possédait un jardin.

Tout en contemplant les poiriers, les planches de salades, les rosiers, les carrés d'herbes médicinales, les plants de sauge et de basilic qui descendaient en pente douce vers la Seine, Mathilde songeait à Héloïse et Abélard dont les amours fulgurantes s'étaient déroulées non loin de là, sous un toit voisin où logeait le chanoine Fulbert, quelque cent trente ans plus tôt... Comme de leur temps, au pied du clos, coulait le fleuve, animé autant qu'une rue d'un trafic incessant. L'eau glisse, le temps fuit, les passions meurent avec ceux qui les ont vécues...

Sur l'autre rive, la femme de l'orfèvre voyait le port de Grève, suite de bassins particuliers alignés le long de la berge, depuis la rue des Barres jusqu'à celle des Lavandières : port au Foin, au Vin, au Blé, aux Grains, au Bois, au Charbon, au Sel. Des moulins à eau les séparaient. A l'arrière-plan, s'élevait insensiblement, bordée de maisons à piliers, grouillante de monde, la place de la Grève que dominait la haute croix de pierre, surmontée de fer forgé, qu'on avait dressée au sommet de huit marches afin qu'elle fût visible de loin.

Mathilde baissa la tête. C'était de cette place, justement, qu'elle

voulait entretenir son oncle, ou, plutôt, de ce qui s'y était passé la
semaine précédente, de l'accès de faiblesse qui l'y avait submergée,
l'entraînant malgré elle sur des chemins tortueux qu'elle ne voulait
pas suivre en dépit des tentations obsédantes qui ne cessaient de
l'assaillir depuis lors.

— Dieu vous garde, ma nièce !

Pierre Clutin entrait. Grand, maigre et pâle, il faisait penser à
une lampe d'albâtre dans laquelle aurait brûlé une flamme, dont
on aurait vu la lumière seulement en transparence. Son visage
émacié, aux tempes dégarnies, au large front osseux que surmon-
taient des cheveux blanchissants, ne vivait que par le regard qui
se posait sur chacun avec une attention, un respect, une joie grave,
une bonté inlassables. Parmi les chanoines de Notre-Dame, on disait
de lui qu'il était trop détaché des choses de ce monde, trop mystique,
ce qui lui nuisait auprès de certains.

— Voici un certain temps que nous ne nous sommes point vus.

Ce n'était pas un reproche, tout en lui était bienveillance.

— Pas depuis le mariage de Florie.

Il y eut un silence. Des oiseaux chantaient dans le jardin. Au
loin, on percevait des rumeurs citadines.

— C'est justement à cause d'un événement qui s'est produit ce
jour-là que je viens vous voir, mon oncle, pour vous demander
assistance. Ce n'est point de notre fille, ni de son époux, qu'il s'agit,
mais d'un cousin de Philippe, un jeune pelletier venu d'Angers...

Il fallait tout dire, ne rien omettre, porter la lumière dans les
coins les plus ténébreux, jusqu'au tréfonds.

Accoudé à la table, le menton appuyé sur les deux pouces de
ses mains accolées devant son visage, le chanoine écoutait. Quand
Mathilde se tut, il demeura un moment sans bouger, sans lever les
yeux, puis il croisa les bras et fixa son interlocutrice.

— Depuis longtemps, ma nièce, je craignais pour vous une
rencontre de ce genre, dit-il enfin. Un jour ou l'autre, elle devait
se produire. Vous ne pouvez pas ne pas sentir qu'une semblable
épreuve est dans la ligne de celle qui vous est imposée depuis des
années. Ce n'en est qu'une manifestation secondaire, un obstacle
supplémentaire, en quelque sorte.

Il avait une voix basse mais douce qui rappelait à Mathilde celle
de son père, comme, parfois, le discret sourire évoquait celui du
disparu qui, pourtant, ne lui ressemblait qu'assez peu.

— Si Dieu vous tente ainsi, Mathilde, c'est qu'Il veut S'assurer
de vos forces. Comment vous connaître sans vous éprouver ? Mais
vous savez tout cela. Ce n'est pas une justification de vos déchirements que vous venez chercher, aujourd'hui, auprès de moi,
j'imagine, mais une aide contre une tentation qui, cette fois, se
montre très pressante... bien qu'elle soit sans espoir.

— Oui. Avant cette rencontre, il me semblait déjà, à certains moments, que je craquais de toutes parts, que je n'aurais jamais le courage de continuer à lutter sans fin contre moi-même. Maintenant, je sais qu'à la moindre tentative de séduction, je capitulerai, je sombrerai. L'autre soir, sur la place de la Grève, j'étais à la merci d'un geste, d'un appel. Rien n'aurait pu me retenir.

— Mais personne ne vous a appelée, Mathilde ! Celui qui vous charme n'est pas épris de vous. Ainsi que vous l'avez compris là est votre salut. Contrairement à ce que vous croyez, personne, si ce n'est lui, n'a le pouvoir de vous faire tomber, et lui, bien sûr, ne s'en servira pas. Dieu, qui sait votre faiblesse, ne vous exposera pas au-delà des limites acceptables. Il a voulu vous mettre face au péril, afin que vous le mesuriez, non pour vous y laisser choir.

— Ma route, à moi, sera donc, jusqu'au bout, celle de la chasteté !

— Sans doute. Dieu seul sait. Cependant, il nous est octroyé une sorte de sens mystérieux qui nous permet de deviner ce qui est attendu de chacun de nous. En bien comme en mal. Le péché, c'est de franchir un certain seuil, au-delà duquel nous abordons des régions qui ne nous étaient pas destinées et où, alors, nous nous perdons.

— Je suis si peu faite, mon oncle, pour le renoncement aux choses de la chair !

— Qu'en savez-vous ? Cette ardeur à vivre de la vie des sens ne peut-elle être transmuée en élan vers le Seul Amour ? Si Dieu vous demande de demeurer dans la continence auprès d'Étienne, n'est-ce point parce qu'Il veut vous utiliser à d'autres fins que charnelles ? Il est toute pureté. S'Il a choisi pour vous ce retour à l'innocence, c'est à la fois pour vous rapprocher de Lui et parce que la partie animale de notre être est celle qu'il faut discipliner, soumettre, dépasser.

— Je le sais bien, hélas !

— Pourquoi le regretter ? Il est des joies plus hautes que celles auxquelles vous aspirez. Comment pouvez-vous déplorer que ce soit vers elles que vous vous trouviez dirigée ?

— Parce que je suis encore tout enveloppée de mon vêtement de chair, de chair animale, et que je ne suis pas digne des projets que Dieu semble avoir pour moi.

— S'Il vous a choisie pour un tel accomplissement, c'est que vous pouvez y atteindre.

Le prêtre se pencha un peu plus vers sa nièce.

— L'amour que Notre Seigneur Jésus-Christ a prêché durant sa vie terrestre est bien autre chose que l'accouplement, même décoré de mille fleurs comme il l'est à présent dans nos romans de chevalerie et dans les règles de la Courtoisie. Il s'agit d'amour absolu, d'une communion d'âme et d'esprit, d'une tendresse universelle, qui nous rapprocherait de celle du Père, qui nous fondrait en une seule adoration, faite de toutes les affections épurées au feu du Seul Amour. Il faut dépasser la chair pour atteindre à une vie plus haute. Voyez, Mathilde, la Quête du Graal telle qu'elle nous est présentée dans le roman de *La Table ronde*. Qu'est-ce d'autre que la recherche de l'absolu divin par le moyen de la pureté absolue ? Tous les héros, par la faute de la chair, trébuchent sur la route qui leur est proposée. Tous. Sauf un. Galaad parvient seul au but, Galaad, le champion célestiel, le chevalier immaculé. N'est-ce pas un merveilleux symbole ? Ne devriez-vous pas vous sentir exaltée à l'idée du chemin qui vous est désigné ? Celui de Galaad. Rappelez-vous qu'à la fin du roman il est dit : « En échange de la vie du corps et de la joie qui passe, tu recevras la vie de l'âme et la joie éternelle. » Y a-t-il plus admirable message ?

Devant cet homme qui brûlait et éclairait à la fois, comme la lampe dont l'Écriture dit qu'elle n'est pas allumée pour être mise sous le boisseau, Mathilde se sentait alourdie de honte.

— En moi tout est confusion, dit-elle. Comme saint Paul, je fais le mal que je ne veux pas faire et pas le bien que je veux faire.

— Nous en sommes tous là, ma fille, tous. Tiraillés, divisés, partagés, hésitants, aussi maladroits devant l'exigeant amour de Dieu que désarmés face aux sollicitations du prince de ce monde ! Notre Seigneur n'a-t-il pas proclamé, lui-même : « Je suis signe de contradiction ? » Pour le suivre, il faut renoncer à ce qu'il y a de plus évident en nous : nos instincts. Ce n'est simple pour personne. Vous savez combien de gens, y compris parmi les chrétiens sincères, n'y songent même pas, d'autres se récusent. Si vous pressentez que telle est, pour vous, la volonté de Dieu, vous devez trouver la force nécessaire. Ce n'est pas un passant, si séduisant qu'il soit, qui vous fera échouer.

Il se tut. Une grande tendresse atténuait le dépouillement de ses traits.

— Vous n'êtes pas seule, Mathilde, reprit-il, pour livrer le bon combat. Vous avez près de vous un compagnon aimant et sûr, une famille dont vous êtes la poutre maîtresse, des amis. Chacun d'eux, à sa manière, peut vous aider. L'immense affection que vous portez à vos enfants ne vous est-elle pas d'un grand secours ?

— A certains moments, elle me suffit entièrement.

— Vous voyez que c'est donc possible.

Il passa sur son visage une main où les veines saillaient comme des cordelettes bleuâtres.

— Bâtissez autour de votre faiblesse un donjon dont chaque pierre aura nom : Étienne, Arnauld, Bertrand, Florie, Clarence, Jeanne, Marie, Charlotte, Yolande, Perrine, Tiberge, et beaucoup d'autres, sans oublier Pierre Clutin.

Nouveau sourire, si semblable à celui de son frère.

— Vous avez, ma fille, de quoi élever contre la tentation une solide citadelle. Quand les attaques de l'ennemi seront trop impétueuses, retranchez-vous entre ses murs maçonnés d'amour. Ils résisteront à l'assaut. J'en suis certain.

Mathilde approuva.

— Près de vous, mon oncle, je retrouve la sagesse et la sérénité.

— Que Dieu vous maintienne en de telles dispositions, mon enfant, et qu'Il vous soutienne dans vos efforts.

Sur le front de sa nièce, agenouillée devant lui, Pierre Clutin fit le signe de la croix.

— Allez, Mathilde, et restez en paix.

Dehors, bien que le temps fût gris, l'épouse de l'orfèvre se sentit joyeuse, réconfortée. En elle, la lumière avait été avivée, les tentations repoussées, le courage affermi.

Au sortir des calmes rues du cloître Notre-Dame, elle plongea, avec la fidèle Maroie qu'elle avait reprise au passage dans la cuisine du chanoine, au milieu de la foule et du bruit de la Cité. La pluie menaçait, le vent soulevait les voiles des femmes, les manteaux, les surcots, faisait voleter des brins de paille, des feuilles, et obligeait les boutiquiers à rentrer précipitamment leurs marchandises à l'intérieur. Peu importait à Mathilde qui était remplie d'allégresse.

— Vous allez à cette heure d'un pas de jeune fille, dame, remarqua Maroie.

— C'est que je suis débarrassée d'un lourd fardeau, ma mie, grâce à Dieu !

Comme il fallait passer devant le parvis de Notre-Dame pour se rendre place du marché Palu où elle avait à faire, Mathilde entra dans la belle cathédrale neuve où il y avait toujours beaucoup de monde, pour remercier le Seigneur de l'allégement qu'elle ressentait si vivement.

Quand elle en ressortit, quelques gouttes de pluie se mirent à tomber.

— Allons vite chez Aubri Louvet, dit-elle, nous y serons au sec.

Dans la boutique de l'apothicaire, une vieille femme achetait des boîtes d'électuaires, un jeune couple choisissait des sachets de cendal remplis d'aromates, et un enfant demandait des prunes de Damas. Une odeur de plantes séchées, de gingembre, de cannelle, de menthe, d'eucalyptus, épaississait l'air en évoquant la préparation d'onguents et de potions, de sirops ou de cataplasmes.

Ysabeau s'affairait. Un pilon à la main, son mari se penchait sur le contenu de deux grands mortiers de marbre.

— Je venais vous acheter quelques pots de cette confiture de roses blanches cuites dans du sucre blanc de Caïffa dont vous avez la spécialité, dit Mathilde. J'aurais également souhaité voir Gertrude.

— A cette heure, elle doit être chez elle, remarqua Ysabeau tout en prenant sur une étagère deux récipients en grès qui contenaient bien chacun deux livres de confitures, puis en les enveloppant d'un linge. Elle en a sûrement fini avec ses leçons.

Quelques instants plus tard, Gertrude descendait, un sourire de commande aux lèvres, mais avec on ne savait quelle vigilance, quelle défiance, au fond des yeux.

— Vous avez invité Clarence, et aussi Florie, à ce que je crois, dit Mathilde, à venir passer l'après-dîner de dimanche prochain dans votre petite maison des champs, non loin de Saint-Germain-des-Prés. Je tenais à vous en remercier, pour Clarence, du moins, qui s'y rendra assez tôt afin de ne pas rentrer après vêpres. Pour ce qui est de Florie, je ne sais si elle se décidera à y aller sans son mari. Tâchez donc de l'y inciter, dit-elle sans insister. Je venais seulement, en passant, vous assurer que Clarence ne vous fera pas défaut.

— Grand merci, chère dame.

Avoir invité Florie et sa sœur chez elle pour collationner était, de la part de Gertrude, signe d'un désir évident de rapprochement. On se voyait peu, on se recevait rarement entre les familles Louvet et Brunel, mais la fille d'Ysabeau tenait, c'était certain, à rendre la politesse après le dîner où elle avait été conviée rue des Bourdonnais. Rien de plus naturel. Tout en réglant ses achats, Mathilde se reprochait son manque de bienveillance à l'égard d'une parente dont la vie n'était guère drôle.

Maroie prit les pots enveloppés avec soin par Ysabeau et les deux femmes quittèrent la boutique.

Dehors, tombait une pluie légère qui mouillait assez peu. Par l'étroite rue de la Calandre, réservée aux piétons et aux cavaliers, puis par celle, plus large, de la Baillerie où circulaient charrettes et chariots à quatre roues, Mathilde et sa servante traversèrent l'île de la Cité. Les chaussées étaient bordées de hautes maisons à trois ou quatre étages, sur soubassement de pierre. Leurs façades de bois et de torchis étaient enduites de plâtre. Les passants s'y trouvaient à l'abri de l'averse grâce aux encorbellements et aux pignons coiffant les immeubles. Le mauvais temps, d'ailleurs, n'effarouchait pas la foule, toujours aussi dense, qui profitait de l'occasion pour s'attarder sous les auvents des boutiques où on lustrait et pressait le drap, aussi bien que devant celles où on vendait des tonneaux.

Sous les arches du Grand-Pont, chargé de maisons, tournaient, sans qu'on les vît, les roues des moulins dont le bruit se mêlait à celui de tous les badauds qui circulaient entre les échoppes élégantes et les ateliers ouverts aux chalands. Mathilde jeta en passant un regard à la boutique d'orfèvrerie qu'Étienne avait dû quitter depuis peu, mais ne s'y attarda pas.

A travers la cohue où piétons, cavaliers, ânes et mulets bâtés, troupeaux de moutons conduits aux nouvelles Halles, marchands ambulants, religieux, mendiants, baladins, se coudoyaient, s'interpellaient, s'arrêtaient pour bavarder, parmi les cris des jongleurs, les appels à la charité, les ordres lancés par les mariniers qui halaient le long de la Seine leurs barques chargées de vivres, à travers la presse de ces Parisiens agités et moqueurs dont elle acceptait les défauts parce qu'elle se trouvait chez elle au milieu d'eux, Mathilde gagna la rive droite.

Elle déboucha place du Grand-Châtelet. La forteresse construite une centaine d'années auparavant dominait la berge de sa masse imposante. Sa façade étroite, à deux étages surmontés d'un cadran et d'un clocheton, était ouverte au rez-de-chaussée sur une ruelle voûtée, dite rue Saint-Leufroy, qui conduisait à la rue de la Vannerie. Deux tours rondes la flanquaient. L'une d'elles avait un balcon circulaire d'où un veilleur de nuit surveillait, après le couvre-feu, l'entrée du Grand-Pont, les quais, la vaste place. Un mur épais, bordant la cour des prisons, conduisait au donjon encadré de trois tourelles et d'une grosse tour. Mathilde n'aimait guère ce bâtiment où se trouvaient les geôles des prévenus en instance de jugement. Sans s'attarder dans ces parages, elle tourna à gauche, longeant les bords de Seine vers le Port-Pépin, dans l'intention de retrouver un peu plus loin sa tranquille rue des Bourdonnais.

Elle se ravisa soudain.

— Il n'est pas encore bien tard, Maroie, dit-elle, j'ai le temps de passer voir grand-mère Margue avant le souper. Il y a longtemps que je ne suis allée la voir chez elle.

Entre elle et cette vieille femme au caractère difficile, subsistaient des relations équivoques. L'affection malmenée qu'elle continuait à lui porter se trouvait le plus souvent confrontée à des causes sans cesse renouvelées d'exaspération. A l'égard de son aïeule, Mathilde se trouvait partagée entre un très puissant sentiment de devoir, des instants de pitié, des retours de colère, des bouffées d'attendrissement, qui, tous, se juxtaposaient dans la confusion. Leurs deux natures se trouvaient à l'opposé l'une de l'autre, mais Margue Taillefer, qui se considérait, avec une naïveté désarmante, comme le modèle humain le plus réussi de son entourage, l'ignorait.

Faisant un crochet par la rue Pierre-à-Poisson, Mathilde traversa la petite place de l'Apport-Paris où se tenait, malgré la pluie, un modeste marché en plein vent, et prit la rue Saint-Denis.

Elle n'aimait guère cette artère commerçante, fourmillante d'animation, où le bruit et l'agitation étaient à leur comble, mais n'ignorait pas que sa grand-mère, qui y avait passé toute son existence, n'en partirait jamais. Enfant, d'abord, chez ses parents qui étaient joailliers, femme, ensuite, avec son époux, associé de son père. Homme doux et tranquille, Louis Taillefer avait su conserver auprès de son envahissante moitié, une indépendance d'esprit qui lui permettait de subir avec la même gentillesse souriante les assauts amoureux comme les fréquents emportements de Margue. On disait dans la famille qu'il s'était laissé aimer aussi bien qu'il s'était laissé dominer, sans jamais se livrer, en se prêtant seulement à toutes les sollicitations de celle dont il partageait la vie, avec une indifférence essentielle que sa femme n'avait en rien soupçonnée.

A présent, la maison n'était plus entretenue. Les gouttières fuyaient, l'escalier à vis qui menait au premier manquait de propreté.

La salle, de bonne taille, où flottait une odeur de corps mal lavé et de vieux vêtements, était encombrée de bahuts, de coffres, de vaisseliers, de sièges en trop grand nombre, et décorée de tapisseries usagées. Auprès d'une fenêtre ouverte sur la rue, grand-mère Margue se tenait dans un fauteuil à haut dossier, au milieu d'un véritable nid de coussins défoncés. Sa vue étant encore bonne, elle brodait une étole avec des fils d'or.

— Soyez la bienvenue, ma fille, dit-elle en tendant à Mathilde des joues demeurées roses et point trop ridées. Comment se porte votre mari ? Vos enfants ?

— Bien, Dieu merci. Vous-même, grand-mère, vous me semblez fort vaillante.

— Si ce n'était mes jambes qui me soutiennent difficilement, je n'aurais pas à me plaindre de l'âge. Mais cet inconvénient ne m'empêche pas, pour autant, de marcher : vous connaissez mon énergie !

Ses yeux brillaient de satisfaction. Chacun était informé autour d'elle du besoin qu'elle avait de se décerner sans cesse des louanges. Ayant sans doute, au fond de sa conscience, le sentiment qu'on ne l'estimait pas autant qu'elle l'aurait désiré, elle ne cessait de se donner ainsi en exemple à tout-venant.

— Hier encore, mon herboriste, qui est venu m'apporter des simples pour mes tisanes, me disait : « Par ma foi, dame Margue, vous êtes extraordinaire ! Il n'y en a pas deux, à votre âge, pour montrer tant de volonté et de caractère ! »

Ce n'était pas un des moindres malaises de Mathilde en face de son aïeule que de constater combien elle aimait à prêter aux autres les appréciations flatteuses que lui inspirait sa propre personne. Son imagination, fort active quand il s'agissait d'elle, avait façonné au fil des ans un personnage valeureux, débordant de courage, presque héroïque, avec lequel elle s'identifiait, qu'elle admirait et défendait avec passion.

— Vous êtes certainement un beau modèle de vaillance, grand-mère, dit-elle, vaincue une fois encore par le besoin férocement enfantin que la vieille femme avait de se faire encenser.

D'expérience, elle savait qu'il était inutile, qu'il serait même cruel, si tant était qu'on pût jamais y parvenir, d'essayer d'amener Margue à des sentiments d'humilité. Cette difficile vertu lui était, de toute évidence, étrangère. Contre le mur de satisfaction et de suffisance élevé par son aïeule entre elle et le reste du monde, Mathilde s'était si souvent heurtée qu'elle avait renoncé, depuis un certain temps déjà, à l'espoir d'y ouvrir une brèche.

— Ma fille, dit alors Margue Taillefer, que pensez-vous de ce jeune pelletier d'Angers qui fait la cour à Clarence ?

Avec un manque de clairvoyance qui ne l'empêchait pas de se targuer de la plus fine pénétration, la vieille femme avait coutume d'émettre ainsi des jugements presque toujours aussi définitifs qu'erronés. Une fois de plus, sa maladresse atteignait sa petite-fille de plein fouet. Se sentant rougir, Mathilde changea de place afin de se trouver à contre-jour.

— Je ne peux pas en dire grand-chose, déclara-t-elle sans trop mentir. Nous ne le voyons guère.

— Vous déplairait-il comme gendre ?

— Il a vingt-huit ans, notre fille quatorze. Je préférerais un prétendant qui n'ait pas le double de son âge.

— En tout cas, il m'agrée davantage que cette mauviette de Philippe qui n'est bon qu'à chanter et à rimer ! Ce ne sont pas là occupations sérieuses !

— C'est un garçon sensible, intelligent, qui adore Florie.

— Je ne comprends pas votre fille. A sa place, j'aurais dédaigné un si frêle damoiseau.

— Ils semblent pourtant fort bien s'entendre et se rendre mutuellement heureux.

— De mon temps, on préférait les hommes plus virils. Votre grand-père était aussi fort que beau.

— Vous avez eu de la chance, ma mère, voilà tout.

— Je dois reconnaître que peu de femmes peuvent se vanter d'avoir été aimées comme je le fus. Louis m'adorait. Voilà un homme que mon Louis ! reprit la vieille dame avec une gaillarde satisfaction. Nous ne chômions pas au lit, je vous prie de le croire !

— Tant mieux pour vous, ma mère, tant mieux pour vous.

Mathilde baissait les yeux. Elle ne parvenait pas à écouter ce genre de confidence sans un tressaillement intérieur de bête blessée qu'on frappe à l'endroit même d'une plaie toujours prête à saigner. Elle se retourna vers la fenêtre pour contempler la rue d'où des cris et des bruits fracassants jaillissaient de toutes parts.

— Les cloches ne vont pas tarder à sonner vêpres, dit-elle enfin. Il me faut rentrer à la maison pour le souper.

— Quand viendrez-vous dîner en ma compagnie ?

— Je ne sais pas, grand-mère. Je vais en parler à Étienne qui

a, comme vous le savez, beaucoup de travail ces temps-ci. La saison
des grandes foires arrive. Il part demain matin pour la Champagne.
Bertrand l'accompagne à Provins. Ensuite ce sera, dès son retour,
la foire du Lendit. Pendant toutes ces semaines, je vais me trouver
seule pour m'occuper des deux boutiques et des ateliers. Je n'aurai
pas une minute à moi. C'est tous les ans la même chose.

— Vous trouverez bien un dimanche...

Soudain, dans le regard qui changeait, il y avait de la détresse.
Mathilde sentit en elle la pitié prendre la relève de la gêne. Il en
était toujours ainsi.

— Nous arrangerons cela, grand-mère. Je vais vous laisser maintenant. Il me faut rentrer.

— A bientôt, ma fille.

En quittant la maison de son aïeule, Mathilde sentait lui peser
aux épaules une partie du fardeau qu'imposait à Margue la vieillesse.

La pluie avait cessé, mais des nuages gorgés d'eau stagnaient
encore au-dessus de Paris.

— Rentrons vite, Maroie. L'averse ne va pas tarder à reprendre.

Les deux femmes regagnèrent en se hâtant la demeure des Brunel.
Comme toutes les fois où le portail clouté se refermait derrière elle,
Mathilde, en se retrouvant chez elle, était frappée par l'impression de
calme, d'équilibre, qui se dégageait de cet ensemble de bâtiments,
de hauts toits, de pelouses, de fleurs. Après la traversée des rues,
des ruelles, bruyantes, privées de verdure, son jardin si vert, si
éclatant, lui semblait un havre de grâce. Dans sa fraîcheur originelle,
la senteur de la terre mouillée, succédant aux relents de la ville,
s'imposait avec plus d'intensité.

Le repas du soir était un moment important dans la vie de la
famille Brunel. Installés dans la salle où flottait une odeur de viande
rôtie et épicée, de pain grillé, de sauces aux herbes, Mathilde et
Étienne aimaient à discuter avec leurs enfants. Florie partie, Jeanne
et Marie couchées, ils restaient cinq de chaque côté de la table
rectangulaire, à parler librement, à s'expliquer. C'était l'heure des
conversations, des échanges d'idées, des discussions parfois
animées, rarement emportées, entre gens liés par le sang, mais de
génération différente. Jugeant essentiels ces moments d'échanges
familiaux, chacun y apportait sa bonne foi, en dépit des divergences
inéluctables d'opinion, de conception ou de goût. Les uns et les
autres défendaient leur point de vue avec véhémence, mais sans
hostilité.

En hiver, on se resserrait autour des flambeaux dont la lumière
éclairait les visages de façon plus confidentielle, puis, le repas
achevé, on se groupait autour du feu. Aux beaux jours, on soupait
portes et fenêtres ouvertes afin de laisser pénétrer le plus de clarté

possible, puis on achevait la soirée dans le jardin, assis dans l'herbe ou sur des bancs.

Ce soir-là, comme il pleuvait à nouveau, on ne sortit pas, on préféra demeurer dans la salle.

Ce fut au moment où l'on dégustait les fruits, pommes de l'automne précédent, conservées dans le fruitier, prunes séchées au soleil, noix, noisettes, figues et dattes, qu'Arnauld aborda un sujet qui devait le tracasser. Selon son habitude, il avait laissé les autres évoquer leur journée, décrire leurs préoccupations, leurs projets, avant d'élever la voix pour aborder ses propres soucis. Comme il détestait toute ostentation, c'était toujours d'un air paisible, comme sans y attacher d'importance, qu'il traitait les sujets les plus inattendus ou les plus déroutants.

— Je ne sais ce qu'est devenu Artus, dit-il en cassant une noix entre ses paumes. Il a disparu depuis une bonne semaine.

— Comment cela, disparu ?

— Il ne suit donc plus les cours de maître Albert ?

— Non seulement il ne les suit plus, en effet, mais il ne fréquente plus l'Université et ne semble plus loger au château Vauvert.

— Votre ami Gunvald Olofsson doit bien savoir ce qu'il en est.

— Pas du tout. Il m'en parlait ce matin même pour s'étonner de cette absence.

— On ne s'envole pas sans laisser de trace, voyons ! surtout avant la fin des cours.

— Il est peut-être malade ?

— Nous le saurions. Les nouvelles circulent vite par les ruelles de la montagne Sainte-Geneviève.

— N'a-t-il averti personne ?

— Pas que je sache.

Étienne Brunel eut un geste de soulagement.

— J'appellerais plutôt cet escamotage une bonne nouvelle ! dit-il en redressant le buste qu'il tenait assez souvent penché, comme sous le poids des jours. Ouf ! Vous m'en voyez tout consolé ! Je suis fâché de vous le dire, mon fils, mais cet Artus ne me plaît pas le moins du monde. La manière inqualifiable dont il a agressé, chacune à leur tour, vos sœurs cadettes n'a, certes, pas aidé à me le rendre plus sympathique ! Son éloignement me rassure plus qu'il ne m'afflige !

— Je sais, mon père, ce que vous en pensez, mais, si je comprends vos raisons, souffrez que je ne les partage pas.

L'étudiant but un verre de vin avec lenteur, en réfléchissant.

— Ce qui me surprend, ce n'est pas qu'il ait fait une fugue. Il n'en est plus à une près ! Les clercs vagants de son espèce sont gens de passage qui ne suivent que leur fantaisie, s'éloignant quelque temps pour revenir à l'improviste. Non, ce n'est pas qu'il s'en soit allé, c'est qu'il ait choisi pour le faire un moment où nous avions, lui et moi, pas mal de choses à régler ensemble.

— Je ne suis pas certain, mon fils, dit maître Brunel, qu'il puisse jamais fournir à ses actes, même s'il réapparaît sans tarder, des excuses qui vous satisfassent. Je ne vois pas quelle cause, autre que l'ivrognerie et la lubricité, il pourrait avancer.

— C'est, justement, pour en être informé que je tiens à lui en parler, mon père !

Le repas était achevé. On récita les grâces.

Étienne alla sur le pas de la porte regarder tomber la pluie sur son jardin.

— C'est un bon temps pour les pelouses et les légumes, constata-t-il. Les printemps pluvieux sont bénis des jardiniers.

— Faisons-nous une partie de trictrac, mon ami ? demanda Mathilde.

— Si vous y tenez, mon cœur, faisons-en une, mais qu'elle soit courte. Je me lève demain à l'aube pour prendre la route de Provins en compagnie de Bertrand. Il nous faut à tous deux, avant de partir, une bonne nuit de repos.

— Espérons qu'en votre absence tout se passera bien céans.

— Êtes-vous donc inquiète, ma mie ?

— Pas vraiment.

— Arnauld demeure près de vous.

— Heureusement ! dit Mathilde en adressant un chaud sourire à son fils aîné, heureusement qu'il ne s'en va pas, lui ! La maison resterait sans homme.

— Vous avez nos gens.

— Bien sûr. Mais il leur faut un maître.

— Que voulez-vous donc qu'il advienne ?

— Je ne sais.

Mathilde haussa les épaules.

— Ce doit être ce temps orageux, admit-elle avec un soupir. Voyez-vous, mon ami, je ne suis pas comme votre jardinier : en dépit de mon intérêt pour nos plantations, la pluie m'attriste toujours un peu. Ce soir, le mauvais temps me donne de sombres pensées. Ce n'est rien, elles se dissiperont quand le soleil reviendra.

Pour éviter de donner à son mari de nouvelles causes de tourment la veille de son départ, Mathilde, qui avait l'habitude à présent de ces feintes, se força à sourire, à paraître gaie le reste de la soirée. Mais l'allégresse qu'elle avait ressentie après sa conversation avec le chanoine s'était envolée. Il ne lui en restait que le souvenir et la volonté d'en prolonger les effets.

5

Traversant la cour pavée qui précédait sa maison, rue de la Harpe, Yehel ben Joseph raccompagnait Guillaume, venu prendre congé de lui. Les deux hommes marchaient lentement.

— Il me faut six jours pour me rendre à Angers, disait le jeune pelletier, une quinzaine pour régler mes affaires, mettre au courant l'homme de confiance qui va les gérer désormais, louer la propriété de mon père, prendre congé de mes amis, puis, de nouveau, six jours encore pour regagner Paris.

— Au total, un bon mois.

— Certainement. Je ne serai pas de retour avant la fin de juin.

— Je vous souhaite une route sans encombre, mon ami, et que tout s'arrange en Anjou selon vos désirs. Permettez-moi, en plus, au nom d'une amitié vigilante, d'ajouter que j'aimerais vous voir revenir avec une humeur plus souriante, moins morose, telle qu'elle était avant ce séjour actuel. Vous avez changé, ces derniers temps, Guillaume ; aussi ne soyez pas surpris, ni choqué, que l'ami de votre père s'en soucie à la place de celui qui n'est plus.

Le maître de l'École talmudique de Paris avait près de cinquante ans. Parvenu à cet âge de la maturité où, après avoir agi, pensé, aimé, vécu, travaillé un peu au jugé, comme on le fait pendant la jeunesse, on parvient enfin au moment où il devient possible de dégager le sens des événements, d'en soupeser les fruits, d'en méditer les enseignements, il ajoutait encore à cet héritage de la vie le poids d'une culture considérable, de ses recherches de savant, de philosophe, de penseur, de croyant. Auprès de tous les clercs, de tous les érudits de la chrétienté, sa renommée était fort grande. Guillaume ne demeurait pas insensible à un tel prestige. Il vénérait celui qui avait assumé à son égard, depuis qu'il était devenu orphelin, le rôle de conseiller, de soutien, avec la plus subtile finesse, l'affection la plus avisée.

— Je me doute bien que la tristesse qui m'habite, les tourments dont je suis la proie, ne vous ont point échappé, sire Vives, dit-il sans chercher à nier l'évidence. Je sais aussi que vous ne me poserez pas de question. Soyez remercié de votre pénétration comme de votre discrétion. La cause du changement qui vous a frappé doit demeurer inconnue de tous, même de vous. Sachez seulement que, s'il est une personne à laquelle j'ai été tenté de parler, c'est bien à vous, à vous seul. Hélas ! je ne le puis. Il y a là une question d'honneur impossible à transgresser.

Yehel ben Joseph approuva de la tête, qu'il avait puissamment modelée, pareille à celle d'un sage de l'Ancien Testament.

— Les raisons de votre transformation, bien qu'aisées à deviner, ne me regardent en rien, Guillaume, reprit-il. En revanche, leurs effets me préoccupent. Croyant bien vous connaître, estimant vos qualités, qui sont solides, à leur juste prix, je n'en mesure pas moins vos faiblesses. Vous êtes orgueilleux, Guillaume, possessif, capable de violence pour assouvir vos désirs, mais également sensible à l'excès, démuni devant vos penchants, mené par eux. Pardonnez-moi une telle franchise, mais elle est justifiée par l'attention que je vous porte, par les craintes que vous m'inspirez, mon ami. Je vous juge donc vulnérable. Ces constatations m'amènent à vous dire ceci : que puis-je pour vous ?

— Rien, hélas ! sire Vives, absolument rien.

Yehel ben Joseph avait croisé les bras, enfouissant ses mains dans les larges manches de sa robe de velours noir sur laquelle se détachait le dessin de la roue jaune, marque distinctive de sa race, comme aurait pu l'être, sous un autre signe désignant certaines catégories sociales, celle d'une corporation ou bien d'une confrérie. Sa barbe, à peine filetée de blanc, s'étalait sur sa poitrine. Il considérait son jeune compagnon avec une attention nuancée de la compréhension intuitive, comme blessée, de ceux qui n'ont jamais totalement fini de souffrir.

— La tendresse que je ressens pour vous est trop réelle pour accepter de demeurer inactive, dit-il avec une sympathie dans le ton qui accentuait encore celle de l'expression. Je continue à vous offrir comme vôtres mon toit, ma protection. Dans un avenir proche ou lointain, il se peut que vous ayez besoin de l'un ou de l'autre, peut-être des deux. Disposez-en en toute liberté. Voici ce que je tenais à vous dire.

— Je sais que je puis compter sur vous sans aucune restriction, sire Vives, répondit Guillaume, touché par la qualité d'une telle amitié. Soyez-en mille fois remercié. Je vous promets de m'en souvenir et de vous alerter si j'ai besoin d'aide au sujet de ce qui m'occupe à présent, ou de toute autre chose.

Les deux hommes se donnèrent l'accolade.

— En selle, Yvon, en selle !

Sous la garde du valet qui allait accompagner Guillaume en Anjou, deux chevaux, attachés à un anneau scellé dans le mur, attendaient le bon vouloir de leur maître.

— Avant de nous engager sur la route d'Angers, nous allons passer chez mon cousin, afin de prendre congé de lui et de son épouse, annonça le jeune homme.

Sans prendre garde à la foule des étudiants qui circulaient autour d'eux, les deux cavaliers descendirent la rue de la Harpe. Comme ils parvenaient rue aux Écrivains, non loin de la maison où ils se rendaient, Guillaume s'entendit appeler. Se retournant sur sa selle, il vit, au milieu des passants, une servante de la famille Brunel qu'il connaissait pour être la nourrice de Florie. Rouge, essoufflée, sa coiffe en bataille, la grosse femme tentait de parvenir jusqu'à lui.

— Par tous les saints ! il se passe quelque chose d'insolite, Yvon. Va me quérir cette matrone, aide-la à approcher.

Grâce à l'entremise du valet qui lui fraya un passage dans la cohue, Perrine fut bientôt à côté de Guillaume.

— Messire, messire, dit-elle tandis que des sanglots agitaient sa lourde poitrine, venez au secours de mes petites demoiselles ! Je vous en supplie ! Venez, vous, puisque messire Philippe est absent !

Sa détresse était si visible que Guillaume comprit aussitôt que Florie devait être en danger.

— Par Notre-Dame ! qu'y a-t-il ? demanda-t-il en se penchant vers la femme dont la face ronde et rougie de sueur grimaçait de chagrin.

— Elles sont perdues, gémit-elle, perdues ! Des goliards se sont emparés d'elles... Ils les emmènent au château Vauvert !

Les pleurs de la nourrice redoublaient, sa voix s'étranglait.

— Pour l'amour de Dieu, cessez de pleurer ! Expliquez-vous. Où sont ces ravisseurs ?

Tout en hoquetant, elle expliqua :

— Sur le Grand-Chemin-Herbu, qui va à Vaugirard, entre le bourg de Saint-Germain et le château Vauvert. C'est, du moins, là que je les ai laissés quand je me suis ensauvée !

Guillaume connaissait la petite vallée boisée, verdoyante, que traversait un chemin au-delà de la porte Saint-Michel. Peu de monde y passait. Il n'ignorait pas non plus la réputation du vieux castel.

— Que diable faisaient-elles là ?

— Elles revenaient de chez la fille de maîtresse Louvet qui les avait invitées à une collation dans sa petite maison des champs. Comme il se faisait tard, elles marchaient devant moi d'un pas vif. Je m'étais laissé distancer à cause de mes mauvaises jambes... et je me trouvais assez loin derrière elles quand une troupe d'hommes éméchés a surgi d'on ne sait où, interpellant mes jeunes maîtresses et leur faisant des propositions déshonnêtes. Comme ils ne m'avaient pas remarquée, cachée que j'étais par un tournant du chemin, j'ai pu les écouter, comprendre leurs intentions et m'échapper pour venir ici chercher de l'aide.

— Et mon cousin n'est pas chez lui ?

— Sûrement pas ! S'il avait été libre de quitter le Palais où notre dame la reine l'a convoqué ce tantôt, il serait venu au-devant de nous, pour que nous ne rentrions pas seules.

— Par saint Jean, galopons ! Il n'y a pas de temps à perdre !

Malgré les coups de sifflets, les claquements de doigts, les interjections d'Yvon, qui avait vingt ans, une voix de stentor, un certain goût pour la bagarre et une force de jeune paysan, les chevaux n'avançaient que péniblement le long de la grand-rue Saint-Jacques, encombrée, en dépit de sa largeur d'ancienne voie romaine, par une multitude de voitures, de cavaliers et de promeneurs. Parvenus à la porte Saint-Michel par la rue du Palais-des-Thermes, les deux hommes s'y engouffrèrent et franchirent le fossé au galop. Ils obliquèrent alors vers le sud-ouest, par le chemin de Vanves, pour gagner les abords du château Vauvert.

Guillaume, qui n'était plus qu'angoisse, avait pensé que les goliards devaient déjà se trouver tout près de leur repaire. Penché sur l'encolure de son cheval, il scrutait les bouquets d'arbres, les taillis, les buissons où l'on pouvait se dissimuler. La nature exubérante de la petite vallée lui paraissait soudain hostile. Elle méritait bien son nom de « val vert ». Tout y était touffu, feuillu, impénétrable.

Venu d'ouest, un vent froid soufflait sur les bois. Des nuages assombrissaient le ciel de mai, attristant la grâce fragile du printemps. Peu de monde passait sur la route. Les rares promeneurs de ce dimanche maussade s'étaient portés vers les rives de la Seine où étaient organisées des joutes nautiques. Quand les deux hommes quittèrent la chaussée pour prendre le chemin de Vauvert, ils se retrouvèrent seuls. Personne n'osait plus s'y risquer.

Tout d'un coup, ils entendirent des cris, des appels, le bruit d'un engagement proche. Poussant leurs chevaux, ils parvinrent sans tarder sous les murailles, percées en cet endroit d'une porte fortifiée, qui défendaient l'accès de l'antique domaine.

Devant ce portail, en une mêlée hurlante, un groupe d'étudiants affrontaient des goliards. Il était difficile de discerner les raisons d'un combat aussi rude entre des confrères en science aussi bien qu'en débauche, tant qu'on n'avait pas repéré, au centre de ce tourbillon, une sorte de bastion constitué par un colosse se battant d'un seul bras contre des assaillants qui tentaient de lui arracher le fardeau qu'il portait de l'autre : une jeune fille inanimée dont les cheveux pâles pendaient jusqu'au sol. Une dizaine de goliards l'entouraient, qui gardaient de leur côté une autre jeune femme qui se débattait avec vigueur.

Florie ! Guillaume ne vit qu'elle. Sans plus chercher à comprendre, il sauta de cheval, s'élança, suivi d'Yvon, au secours de ceux qui assaillaient les ravisseurs. Alors seulement, il distingua, non loin de lui, un garçon maigre et roux, qui n'était autre que Gunvald. Un peu plus loin, menant l'assaut, se démenant comme un enragé, il reconnut Rutebeuf.

L'arrivée de ce renfort inespéré, salué par des hurlements de joie, décida de la victoire. Aux cris de « Mort aux félons ! » la troupe de Rutebeuf, se voyant accrue, se rua avec une vigueur renouvelée contre les hommes d'Artus. A coups de poing, de bâton, la dague ou le poignard à la main, chacun s'évertuait.

Guillaume, rendu furieux, les forces décuplées par la rage qui s'était emparée de lui en apercevant Florie, les vêtements déchirés, les cheveux épars, tenue avec rudesse par un goliard contre lequel elle luttait en vain, Guillaume, dont l'amour refoulé trouvait enfin le moyen de se manifester, Guillaume qui se sentait soudain en droit de se battre pour sa dame, était plus redoutable à lui tout seul que tous les autres, moins directement concernés. Frappant de tous côtés avec son poignard, se protégeant du bras gauche autour duquel il avait enroulé son manteau, se frayant un chemin, tel un sanglier, droit devant lui, ignorant le danger, mené par une pensée unique, il avançait sans que personne pût entraver sa marche.

L'homme qui tenait Florie tenta de s'opposer à cette force déchaînée : il se retrouva par terre, transpercé d'un coup droit, du sang plein la bouche.

— Venez, Florie, venez !

Saisie, soulevée, serrée par des bras puissants, la jeune femme fut, en peu de temps, arrachée à la mêlée.

Reculant jusqu'à l'abri d'un coudrier sous les branches duquel il s'immobilisa, pressant toujours contre lui ce corps dont une telle faim le possédait, Guillaume tremblait autant de fièvre amoureuse que d'excitation combative. Il tenait à sa merci, livrée, sauvée par lui, celle dont l'amour le hantait. En dépit de ce qu'il s'était juré, en dépit de la loi de silence que l'honneur lui imposait, en dépit de sa parenté avec Philippe, des liens de famille qu'il allait lui falloir transgresser, il sut qu'il n'était plus en mesure de se maîtriser.

Entre ses bras, Florie, qui sentait, tout proche, battre à coups violents le cœur de son sauveur, lui offrait bien malgré elle le désordre de sa tenue, ses seins visibles à travers les déchirures de son surcot, l'odeur de sa peau mise à nu, la profusion de ses cheveux dénoués, un visage en feu, des yeux où peur, colère, reconnaissance, faiblesse, mettaient des étincelles.

— Belle amie, dit-il en lui donnant enfin tout haut le nom dont il la nommait tout bas, belle amie, sachez-le : je vous aime !

Florie vit la tête de Guillaume s'incliner vers elle, sentit les lèvres du jeune homme toucher les siennes, les entrouvrir, les incendier d'un baiser comme elle n'en avait jamais reçu.

Ce fut comme si un brasier, allumé par Guillaume, se propageait à travers tout son corps.

Un peu plus tôt, elle avait résisté avec énergie aux avances des goliards, elle avait combattu autant qu'il était en son pouvoir ceux qui, plus forts qu'elle, étaient parvenus à l'entraîner sans en obtenir le moindre avantage, mais, à présent, l'intensité d'une sensation où sauvagerie et caresse fusionnaient si intimement, l'éprouvant plus que la peur, l'anéantit. Elle était à bout de forces et s'évanouit sous la bouche qui la dévorait.

Guillaume releva un visage de somnambule, considérant sans la voir la lutte qui se terminait à quelques toises de l'endroit où il se trouvait avec Florie.

Artus le Noir avait disparu, entraînant dans sa retraite Clarence qu'il n'avait pas lâchée. A l'abri de ses compagnons qui lui avaient fait un rempart de leur complicité, il avait pu franchir la porte fortifiée. Seuls devant elle, quelques-uns d'entre eux se battaient encore contre Rutebeuf, Gunvald et leurs amis. Yvon, qui avait continué, après la retraite de son maître, à distribuer de solides horions, voyant que les derniers compères d'Artus s'engouffraient à leur tour derrière lui sous le portail qu'ils cherchaient à clore sur eux malgré les efforts que faisaient leurs adversaires pour les en empêcher, abandonna le combat. Il s'en vint vers Guillaume.

Rutebeuf, qui avait vu le lourd vantail de fer se refermer devant lui sans pouvoir s'y opposer, s'approchait à son tour. Il était suivi de quelques étudiants plus ou moins meurtris par la lutte. Un certain nombre de blessés, dont quelques-uns gémissaient, demeuraient étendus sur le terrain. Une odeur de sang, de terre piétinée, montait du sol.

— Vous avez réussi à sauver une des victimes de ces forcenés, dit-il à Guillaume qui venait d'étendre Florie sur l'herbe du talus et qui demeurait penché sur elle, c'est déjà un résultat, mais sa sœur demeure prisonnière d'Artus. Il faut, de toute urgence, intervenir pendant qu'il en est encore temps.

— Nous sommes en trop petit nombre pour avoir la moindre chance de prendre d'assaut cette forteresse, dit le jeune pelletier avec lassitude. Nous devons aller à Paris demander du renfort.

Florie ouvrit alors les yeux. Elle regarda autour d'elle non sans inquiétude, se redressa, vit Guillaume, rougit violemment, baissa la tête. Ses cheveux, qui n'étaient plus retenus, glissèrent comme un voile blond le long de ses joues.

— Il n'y a plus à avoir peur, dame, vous êtes sauvée, dit Rutebeuf qui se méprenait sur les causes de son émotion, tout en s'inclinant devant elle. Vos tourmenteurs s'en sont allés au diable ! Qu'ils y restent !

— Sans vous, messire, nous étions perdues, dit la jeune femme. Soyez béni.

— Comment vous êtes-vous trouvé mêlé à tout ceci ? demanda Guillaume. Je ne m'attendais pas à vous trouver sur place.

— Nous avions reconduit jusqu'à Vauvert, où il loge, un clerc vagant de nos amis, brave garçon toujours entre deux vins, mais point méchant, qui était venu rimer avec nous au cabaret du Cochon de Lait, rue des Noyers, expliqua le poète. Nous venions de le laisser allongé sur son lit, dormant et ronflant à plaisir, et nous franchissions cette damnée porte, quand nous avons vu arriver une troupe commandée par Artus. Au milieu des goliards une femme se débattait. Une autre, privée de connaissance, était portée par leur chef. Nous les avons interpellés. Ils nous ont envoyés paître ! La dispute s'est envenimée quand nous avons voulu délivrer les captives que j'avais reconnues et nommées. Il a fallu en venir aux mains. Sans votre intervention, je ne sais qui l'aurait emporté.

— Où est Clarence ? dit Florie qui croyait sa sœur délivrée comme elle.

— Hélas ! elle est demeurée au pouvoir d'Artus et nous sommes trop peu pour investir le château Vauvert.

— Vous voulez dire qu'elle se trouve à présent entre ces murs ? Livrée à ces criminels ?

Indignée, la jeune femme se relevait, mettait avec nervosité de l'ordre dans ses vêtements, relevait ses cheveux d'une main tâtonnante.

— Comment pouvez-vous l'y laisser, cria-t-elle, l'abandonner à ces vauriens ! Vous devez tout faire pour la délivrer au plus vite !

— Le domaine de Vauvert est protégé par des défenses aussi importantes que celles d'une citadelle, dit Guillaume. Il ne peut être question d'y pénétrer comme dans un moulin. Si nous voulons avoir quelques chances de succès, nous sommes dans l'obligation de retourner à Paris chercher des hommes d'armes pour revenir avec eux prendre d'assaut le château.

— Ce sera beaucoup trop long, s'écria Florie avec agitation, beaucoup trop !

— Il n'y a pas d'autre possibilité, répéta Guillaume avec fermeté. Voyez vous-même : nous sommes six, à présent, et dans quel état !

Il désignait les compagnons de Rutebeuf, regroupés autour du poète. Pauvre troupe estropiée, meurtrie, aux vêtements déchirés, tachés de sang.

— Deux de mes amis sont assez sérieusement touchés et ont besoin de pansements, ajouta l'ami d'Arnauld. Ils sont allongés là-bas, dans l'herbe, sous la surveillance de Gunvald qui semble avoir quelques lumières en médecine. Les autres sont tous plus ou moins abîmés, ainsi que vous pouvez le constater, dame, et hors d'état de reprendre le combat. Je suis également en piteux état !

Blessé à l'épaule et à la cuisse, il avait déchiré un pan de son manteau pour se confectionner des bandages qui empêchaient son sang de couler.

— Si nous voulons agir aussi vite que possible, voici, à mon avis, ce qu'il nous faut faire, affirma Guillaume avec d'autant plus d'assurance que Florie semblait s'en remettre à lui du soin de décider. Seuls à avoir des chevaux, Yvon et moi allons regagner Paris. Comme vous ne pouvez demeurer ici, nous vous emmènerons avec nous, ma cousine. Sitôt arrivés, nous alerterons les sergents du guet et reviendrons avec eux sans tarder. Pendant ce temps, vous soignerez vos blessés, Rutebeuf, et nous attendrez en vous assurant que personne ne sort d'ici. Nous serons vite de retour.

Yvon s'approchait avec les chevaux. Guillaume sauta en selle, se pencha pour aider Florie, qui détourna la tête, à monter en croupe derrière lui. Ils s'éloignèrent tout de suite.

— Tenez-moi bien, belle amie, ne craignez point de me serrer fort, nous allons galoper bon train, dit le jeune pelletier à sa compagne sans élever la voix afin de n'être entendu que d'elle seule. Que ne puis-je vous emporter ainsi au plus profond des bois où Tristan se réfugia avec Yseult !

Il éperonna son cheval qui prit le galop.

Les bras passés autour de la taille de cet homme qui venait de rompre si délibérément pour elle les liens d'honneur et de parenté qui auraient dû, parce qu'ils étaient sacrés, faire à jamais obstacle entre eux, Florie était en proie à l'affolement. Tout en elle se révoltait. Son époux, sa sœur, seraient-ils donc les victimes de sa faiblesse ? Allaient-ils se voir déshonorés par elle en qui ils avaient la plus tendre confiance ? Quelle démence la tenait ?

Elle ne remarqua rien du trajet parcouru par le cheval qui les emportait, Guillaume et elle, vers un destin qu'elle se refusait à imaginer tant il lui faisait horreur. Cependant, en dépit de sa volonté, elle respirait, senteur forte de cuir, de sueur, mêlée à celle d'un parfum qu'elle ne connaissait pas, l'odeur même de celui qui s'était tout d'un coup imposé à ses sens avec tant de fougue, l'odeur qui l'avait enveloppée quand il la tenait contre lui, dans l'échauffement du combat, dans l'enlacement qui avait suivi. Perçus en de telles circonstances, les effluves de ce corps lui demeureraient à jamais identifiables.

Sur ses joues, coulaient des larmes qu'elle versait en songeant au sort de Clarence, à celui de Philippe, au sien propre, tandis que son sang battait au rythme du galop qui les emportait tous deux, étroitement serrés, unis, quoiqu'elle en eût, par le même désir forcené, mais séparés, pour un temps, par un commun sentiment du bien et du mal, de l'honneur, des devoirs sacrés, par le respect révérenciel qu'ils vouaient l'un comme l'autre au sacrement du mariage.

Ils franchirent à vive allure la porte Saint-Michel. Le soir s'annonçait. A cause de l'heure et du mauvais temps, il y avait moins de monde dans les rues.

Guillaume se retourna sur sa selle.

— Je vous conduis d'abord chez vous, ma douce amour, dit-il, et sa joue où la barbe commençait à repousser avec la vigueur des pigmentations brunes, râpa le front de Florie qui frissonna, puis je vais alerter les sergents du guet. Quoi qu'il arrive, à présent, plus rien ne sera jamais comme avant. Vous le savez comme moi. Les instants que nous venons de vivre ont transformé nos relations, renversé les barrières, révélé nos natures véritables. Nous avons plus appris l'un sur l'autre en quelques minutes qu'en un mois.

— Taisez-vous, taisez-vous ! Pour l'amour de Dieu !

Les tours de Saint-Séverin étaient en vue. Guillaume immobilisa son cheval. Il prit dans une des siennes les mains de Florie, qui tremblaient, cramponnées à sa ceinture, et les serra contre sa poitrine.

— Que vous le vouliez ou non, belle amie, nous voici liés, à partir de ce jour, par une puissance plus forte que tout ce qui nous sépare et que je n'ignore pas, mais dont je sais aussi que nous serons obligés de passer outre. Il y a en vous, il y a en moi, un besoin dévorant, une attirance passionnée, qui nous emporteront, fatalement, dans le même tourbillon !

Florie dégagea ses doigts, se raidit, tenta de regrouper ses défenses.

— Je suis l'épouse de Philippe, votre parent, répéta-t-elle avec désespoir. Malgré ce que vous pouvez croire, j'aime mon mari et suis décidée à lui demeurer fidèle. Tout le reste est mensonge. Je ne veux plus jamais en entendre parler.

— Soyez rassurée, ma Florie, je n'aurai plus à vous en entretenir : le feu est en vous. De mon cœur, où il flambait depuis que je vous avais vue, le jour de vos noces, il est passé dans le vôtre. Il ne s'éteindra qu'avec nos deux vies.

Une sorte de joie sauvage vibrait dans ses paroles. Il fit repartir sa monture.

Quelques minutes après, ils parvenaient rue aux Écrivains. Devant la demeure de Béraude Thomassin, le cheval s'arrêta. Florie se laissa glisser jusqu'au sol sans que Guillaume fasse un geste pour la retenir. Elle s'engouffra dans la maison. Il repartit aussitôt.

Ensuite, ce ne fut plus qu'angoisse et agitation.

6

Pendant les beaux jours de l'été, après qu'il avait entendu la première messe, Louis IX aimait à rendre la justice en plein air, dans le jardin de son palais de la Cité. Ce matin-là, le soleil luisant de nouveau sur Paris après plusieurs jours de grisaille, le roi avait décidé, selon la coutume qui lui était chère, de juger simplement ceux de ses sujets qui souhaitaient son arbitrage.

On avait étendu sur le sol un tapis pour lui et ses conseillers. Entouré des pairs du royaume, de légistes en renom, le roi, accoté au tronc d'un arbre, écoutait tous ceux qui, accourus pour lui soumettre leurs requêtes, se tenaient debout autour de lui.

On lui parlait librement, sans empêchement, sans intermédiaire. Il avait demandé à haute et claire voix s'il y avait des assistants qui avaient à se plaindre de quelqu'un. On lui avait répondu. Puis il avait écouté chacun avec attention et respect.

Vêtu d'une cotte de camelot, d'un surcot de tiretaine sans manches, un manteau de cendal noir sur les épaules, ses cheveux mi-longs soigneusement peignés et coiffés d'un chapeau de paon blanc, le roi, dont la renommée d'équité, d'impartialité, de loyauté, de discernement, était déjà fort grande en dépit de ses trente-deux ans, montrait sur un visage aux traits harmonieux, une gravité attentive, réfléchie. On le savait ferme sans dureté, bon sans faiblesse, juste sans parti pris, mais conscient de la majesté royale et du rôle que Dieu lui avait réservé : celui d'oint du Seigneur. Beaucoup l'aimaient, tous le respectaient.

Messires Pierre de Fontaines et Geoffroy de Villette l'assistaient de leur compétence de juristes qualifiés.

Le roi venait de juger le cas d'un petit chevalier de l'Ile-de-France qui, de son propre chef, avait retenu en otages les fils d'un de ses créanciers — ce qui lui avait valu d'être condamné à aller lui-même en prison méditer sur l'égalité des droits de tous à la justice — quand il se fit du bruit du côté d'une des portes du jardin.

Foulant à pas rapides l'herbe de la pelouse, une femme encore jeune, au visage animé de douleur, d'indignation, s'avançait vers le cercle entourant le souverain. Un homme corpulent la suivait de près. Il s'approcha sans hésiter de messire Geoffroy de Villette, qu'il semblait connaître, pour lui parler à mi-voix. L'entretien fut bref. L'éminent légiste eut un geste de compassion envers la femme qu'il salua, puis, se tournant vers le roi, il s'inclina avant de prendre la parole.

— Sire, dit-il mon ami, messire Nicolas Ripault, maître drapier en votre ville, vous conjure d'entendre la plainte de dame Mathilde Brunel, épouse d'Étienne Brunel, maître orfèvre sur la place et qui, en ce moment, est absent de Paris. Elle vient vous demander justice.

On s'était tu devant les marques de chagrin que donnait la nouvelle venue.

— Dame, je vous écoute, dit le roi.

Mathilde s'avança de quelques pas, fit la révérence. Sous la coiffure de lingerie, ses yeux cernés, creusés, rougis, contenaient à présent plus d'indignation que de larmes.

— Sire, dit-elle d'une voix enrouée, je viens vous requérir de châtier des goliards du château Vauvert qui ont, hier au soir, attaqué, malmené, enlevé, puis outragé mes deux filles aînées !

Louis IX fronça les sourcils. Son entourage s'émut.

— Comment ! s'exclama le roi, comment ! Ce sont donc elles les malheureuses victimes que les gardes du guet sont allés rechercher au Vauvert, au prix d'un véritable combat ? Dès mon réveil, on m'a informé de cet engagement, mais alors, personne ne paraissait connaître l'identité de la femme agressée. Il semblait qu'il n'y en eût qu'une.

— Il est vrai, sire. La plus âgée, que vous connaissez sans doute, car elle fait partie des trouvères de notre dame la reine...

— Ne serait-ce pas cette Florie qui s'est mariée voici peu ?

— C'est elle-même, sire. Eh bien, Florie, donc, a pu échapper à la troupe des vauriens qui l'avaient capturée avec sa sœur cadette au sortir d'une maison amie, située près du bourg de Saint-Germain, où elles s'étaient rendues toutes deux pour collationner. Mon autre fille, en revanche, n'a pu en faire autant. Enlevée de force, en dépit d'une lutte menée pour les délivrer par des étudiants qui les connaissaient comme d'honnêtes demoiselles, elle a été séquestrée, blessée, violentée, cette nuit, au château Vauvert. Vos sergents, alertés, se sont rendus sur place aussi vite qu'ils ont pu... Il leur a fallu mener un véritable assaut contre les anciennes fortifications qui ceignent encore le domaine occupé par les goliards et que ceux-ci défendaient comme des forcenés. Après une action qui fut longue, on put enfin pénétrer à l'intérieur. Ce fut, sire, pour y trouver ma fille cadette abandonnée sur une couche de paille, et dans quel état ! Rompue, ensanglantée, forcée, elle était sans connaissance. On me l'a ramenée à l'aube, à demi morte !

Un sanglot sec déchira la poitrine de Mathilde. Autour d'elle, le silence pesait. Le roi considérait avec compassion cette mère douloureuse.

— A-t-on capturé les malfaiteurs qui sont responsables d'un pareil crime ? demanda-t-il.

— Quelques-uns d'entre eux, simplement, sire, répondit Nicolas Ripault. S'il a été possible, en effet, d'arrêter ceux qui se trouvaient coincés par les sergents, les blessés, et ceux qui se rendaient d'eux-mêmes, pour les conduire au Grand-Châtelet, leur chef, en revanche, un certain Artus le Noir, profitant de la confusion, de l'obscurité, s'est échappé avec les plus décidés et a réussi à disparaître avec eux. Personne n'est parvenu, hélas ! à les rejoindre.

— Qu'on lance des hommes à cheval sur leurs traces, qu'on les rattrape, qu'on me les amène, ordonna le roi en se tournant vers le capitaine de la place. Il faut juger ces bandits. Sans faiblesse. Leur cas est grave. Depuis trop longtemps, ces goliards déshonorent leur état, mais ils viennent de dépasser la mesure. Je patientais, jusqu'ici, espérant les voir s'amender un jour, je ne puis plus, à présent, attendre davantage : ils devront s'éloigner des portes de ma capitale.

Il s'adressa de nouveau à Mathilde :

— Voulez-vous, dame, que je vous envoie messire Jean Pitard, mon médecin, pour s'occuper de votre fille ?

— Sire, grand merci. Ma belle-sœur, qui est également physicienne, soigne tout le jour les malades de votre Hôtel-Dieu. Je l'ai fait prévenir dès que Clarence m'a été ramenée. Elle est auprès de ma pauvre enfant, en ce moment même.

— Florie n'est-elle point blessée aussi ?

— Non, sire. Grâce à l'intervention d'un cousin de son époux, qui a été prévenu par une servante, elle a réussi à leur échapper à temps.

— La reine va être fort triste en apprenant une si affreuse nouvelle, dit encore le roi.

— Bien que rien ne puisse tirer réparation d'un tel outrage, sire, je vous supplie de juger ces malfaiteurs comme ils ont, eux-mêmes, traité ma fille : sans pitié.

— Soyez en paix de ce côté, dame. Aussi bien que clément, je sais me montrer rigoureux quand il est nécessaire de l'être. Les scélérats dont vous avez à vous plaindre sont, eux, au service du Mal. Nous sommes, nous, roi de France, au service du Bien, au service de Dieu. Nous ne l'oublions jamais. Justice sera faite.

Mathilde remercia, salua le roi, s'éloigna du cercle silencieux qui, impressionné par sa peine autant que par sa dignité, la regarda partir sans oser lui témoigner sa sympathie.

Accompagnée de Nicolas Ripault qui, dans cette épreuve, s'était institué son mentor, Mathilde quitta le Palais. En l'absence d'Étienne, parti plusieurs jours auparavant à la grande foire de Provins, elle avait ressenti le besoin d'un conseil, d'une protection. Aussi, tout naturellement, avait-elle, dès le petit matin, fait prévenir leur ami de ce qui venait d'arriver à Clarence.

Sans mot dire, ils traversèrent le chantier de construction de la Sainte-Chapelle où s'affairaient depuis deux ans, dans le bruit et la poussière, les ateliers de taille, de sculpture des pierres, les charpentiers, les maçons, les menuisiers, les couvreurs, appelés par Louis IX à bâtir cette châsse monumentale dont l'architecture de lumière abriterait les plus précieuses reliques de la Passion.

Une fois franchie la porte fortifiée qui gardait l'entrée de la demeure royale, ils prirent la rue de la Barillerie qui les mena au Grand-Pont.

Toujours accompagnée de Nicolas Ripault, Mathilde franchit la place du Grand-Châtelet, dans les geôles duquel certains des assaillants de Clarence se trouvaient déjà emprisonnés, gagna le Port-Pépin, la rue des Bourdonnais, et s'immobilisa devant le lourd portail de sa maison dont elle poussa le vantail avec un tremblement intérieur qui la faisait frissonner comme dans un accès de fièvre. En quel état allait-elle revoir sa fille ?

Elle pénétrait dans la salle du rez-de-chaussée, lorsqu'elle croisa Arnauld qui sortait. L'étudiant avait le visage durci, un air farouche.

— Vous sortez, mon fils ?

L'appel contenu dans cette question fut sensible au jeune homme.

— Oui, ma mère, répondit-il néanmoins avec détermination. Il me faut aller débusquer la bête malfaisante qui vient de trahir en même temps amitié et honneur.

— Le roi, notre sire, m'a promis qu'il le ferait prendre et punir. Ne vous en occupez point, Arnauld, je vous en conjure. C'est bien assez que deux de mes enfants soient mêlés à de telles infamies !

— Que penseriez-vous d'un frère qui ne vengerait pas ses sœurs mises à mal ?

— Qu'il obéit à sa mère et craint d'augmenter son chagrin.

Nicolas Ripault intervint.

— Puisqu'un messager est parti pour Provins afin d'alerter votre père, il me semble, Arnauld, qu'il serait plus sage, avant de prendre une décision, d'attendre son retour qui ne saurait tarder. Quand il sera revenu, vous verrez avec lui ce qu'il convient de faire, vous suivrez ses conseils.

— Il ne sera pas ici avant deux ou trois jours, messire. Par Dieu ! je ne vais pas laisser passer tout ce temps sans agir !

— J'ai besoin de vous savoir près de moi jusqu'au retour de votre père. Au nom de Dieu, mon fils, demeurez avec moi !

— Au nom de Dieu, ma mère, laissez-moi faire ce que j'ai à faire !

Obligée de s'incliner devant une volonté si obstinément affirmée, Mathilde traça un signe de croix sur le front de son aîné.

— Dieu vous garde, Arnauld, et qu'Il vous protège ! Avez-vous, au moins, pensé à prendre quelques valets avec vous ? Vous en aurez besoin.

— J'y ai songé. Trois parmi les plus robustes m'accompagneront, car je sais qu'Artus ne sera pas seul, mais, au contraire, bien secondé. Je pars donc à sa rencontre. Adieu, ma mère !

Il s'élança dehors.

— Ma pauvre amie, dit Nicolas Ripault, je ne puis rien pour l'empêcher de courir à sa vengeance. Il me semble, d'ailleurs, que le retenir serait maladroit.

— Sans doute, Nicolas, sans doute. Je ne sais que faire. Connaissant sa nature, j'en viens à me dire que ma tendresse, trop craintive, lui retire peut-être l'unique chance qu'il ait encore de se décharger à ses propres yeux d'une responsabilité qui lui pèse si lourdement.

Elle retira son manteau, le tendit à Maroie qui venait d'entrer.

— Comment se porte ma fille depuis mon départ ?

— Elle grelotte de fièvre, dame, et semble ne voir personne.

— Elle a repris connaissance, au début de la matinée, mais n'en paraît pas moins absente, gardant les yeux clos, se refusant à parler, expliqua Mathilde à Nicolas. On dirait qu'elle n'a pas retrouvé ses esprits.

— Dame Charlotte Froment est toujours avec elle, ajouta la servante dont le visage fait pour le rire était gonflé de larmes.

— Je vais les rejoindre.

Nicolas s'inclina.

— Je vous laisse, Mathilde, navré de ne pouvoir vous aider davantage. Yolande viendra d'ici peu vous offrir ses services.

— Son amitié me réconfortera.

Elle s'arrêta devant la porte de la chambre de ses filles, se força à respirer profondément. Mais ses doigts étaient agités d'un tremblement incoercible quand elle poussa le battant.

Dans la pièce dont on tenait les fenêtres fermées, on avait allumé un feu de romarin qui chauffait, éclairait, purifiait l'air tout à la fois.

Penchée au-dessus du lit dont les courtines étaient relevées, Charlotte posait sur le front de Clarence une compresse imbibée d'une décoction qu'elle venait de préparer avec des simples. Agenouillée de l'autre côté de la couche, Florie, le visage dans les mains, priait.

Entre les murs recouverts de tapisseries et le sol jonché d'herbe fraîche, tout était silence.

Mathilde s'approcha jusqu'au pied du lit. Creusant l'oreiller, la tête de Clarence s'agitait de droite à gauche, de gauche à droite, en un mouvement spasmodique de négation, de refus. Sous le linge blanc enroulé autour de ses cheveux, les dissimulant, sa face, aux pommettes enfiévrées, aux yeux cernés de bistre, était décomposée, sans âge. Le drap, tiré jusqu'au menton, ne laissait rien voir du corps outragé qu'une couverture en peau de mouton enveloppait de sa tiédeur.

Une envie de hurler, de clamer sa douleur, sa révolte, assaillit Mathilde.

« Ma fille, ma petite enfant, partie hier intacte, préservée, te voici donc revenue chez toi, souillée par des individus de sac et de corde ; te voici, là, gisante, à jamais dépouillée de cette grâce limpide qui te faisait ressembler à l'eau d'une fontaine ! Ils se sont servis de toi comme d'une chose ! Ah ! Seigneur ! s'il faut pardonner les offenses qui nous sont faites à nous-mêmes, comment voulez-vous que je puisse pardonner à ceux qui ont martyrisé mon enfant ?

Ils sont le Mal, ainsi que l'a dit notre sire le roi, je ne saurais pardonner au Mal, aux bourreaux de Satan ! Je sais que nous ne pouvons pas discuter du pourquoi ni du comment, que nous ne savons rien des chemins que suit Votre volonté, que les protestations de Job étaient inutiles, que Vous le lui avez montré. Je sais tout cela. Aussi, mon Dieu, je ne proteste pas : je souffre. Je ne cherche pas à percer les raisons d'un mystère qui nous dépasse infiniment, car il est certain que Vous êtes toujours du côté des victimes, que Vous êtes la Victime par excellence, mais je maudis ceux qui se sont faits l'instrument du Maudit ! Je voudrais les torturer de mes propres mains, les pousser moi-même au feu éternel ! »

Charlotte changeait la compresse, essuyait le front moite. Elle avait des gestes précis, mesurés. Sur un trépied, à côté d'elle, près d'un bougeoir où brûlait une bougie de cire odorante, étaient posés des fioles, des onguents, des herbes médicinales, des pansements.

— Pour faire baisser la fièvre, dit-elle à mi-voix, en s'adressant à Mathilde, je lui ai fait boire du vin de reine-des-prés que j'avais apporté avec moi, je lui ai entouré les pieds d'oignons écrasés, serrés par une bande de toile. Ce sont là deux remèdes efficaces en temps ordinaire. Par ailleurs, j'ai pansé ses plaies, qui sont superficielles sur les bras, les jambes, tout le corps, et les ai enduites d'un baume à l'huile de millepertuis qui est excellent.

Elle se tut. Son visage était à peine plus grave qu'à l'accoutumée. Mathilde devinait, cependant, une tension accrue dans son regard. Elle gratta de l'ongle le grain de beauté qui marquait le coin de ses lèvres, considéra sa belle-sœur avec préoccupation.

— Pour l'autre blessure, reprit-elle, j'ai fait ce qu'il y avait à faire. Je ne pense pas qu'on puisse trouver meilleur traitement que la thériaque de Venise.

Soudain, Clarence ouvrit des yeux fixes qui ne reconnaissaient rien, voulut se redresser, retomba sur l'oreiller. Elle suffoquait, tentait de rejeter ses couvertures avec des mouvements maladroits de ses bras enveloppés de bandages. Une expression de souffrance, d'horreur, marquait ses traits. Des larmes se mirent à couler sur ses joues, mais elle ne prononça pas un mot, n'émit pas un gémissement.

— Ma petite fille, ma toute petite, n'aie plus peur, calme-toi. Tout est fini. Tu es chez toi, avec nous, dans notre maison.

Mathilde avait pris les mains crispées, toutes boursouflées d'égratignures, les pressait contre ses lèvres, parlait avec douceur, précaution, à l'enfant blessée qui la repoussait sans la voir, hypnotisée par la scène intolérable que le délire lui faisait revivre une seconde fois.

— Je vais lui donner à boire un calmant de ma façon, dit Charlotte. Il faut absolument qu'elle repose.

Les deux femmes eurent du mal à faire avaler à Clarence, pendant que sa mère cherchait à l'empêcher de s'agiter, le contenu d'un gobelet tenu par sa tante. Y étant enfin parvenues, elles recouchèrent l'adolescente entre ses draps, demeurèrent debout, de chaque côté du lit, à surveiller ses mouvements, tels deux anges tutélaires de part et d'autre d'un gisant.

Le silence retomba sur la chambre. Seuls, les craquements du feu y mettaient une vie élémentaire.

Toujours à genoux, Florie méditait, évoquait les événements qui venaient de rompre sa paix, réfléchissait...

Des abîmes lui apparaissaient.

« Nous sommes des aveugles, franchissant sur un pont sans garde-fou le lit tumultueux d'un torrent, se dit-elle. Le danger est toujours plus proche qu'on ne le croit ! »

Elle se mit à prier avec une sorte de frénésie désespérée, comme on crie : « Au secours ! »

Quand elle eut retrouvé un peu de calme, elle se signa, se releva, s'approcha du lit de sa sœur.

Mathilde ne la vit pas venir. Elle était tout entière plongée dans sa souffrance.

La main de Florie, qui se posait sur une de ses épaules, interrompit ses réflexions. Se retournant, elle lut tant de sollicitude, une affection si vivante, dans l'expression de sa fille, qu'elle y décela une réponse, un encouragement, et se sentit un peu plus forte, parce que soutenue.

Elle entendit alors Maroie qui l'appelait. Dans l'entrebâillement de la porte, la servante passait un visage craintif, comme apeuré par le voisinage soudain du mauvais sort.

— Maîtresse Louvet et sa fille demandent à être reçues. Elles viennent prendre des nouvelles de notre pauvre demoiselle...

Laissant Clarence aux bons soins de Charlotte, Mathilde et Florie descendirent côte à côte, en se tenant par la main, dans un geste qui témoignait de la confiance, de l'intimité, qui les rapprochait toutes deux.

Dans la grande salle où le soleil revenu entrait par toutes les fenêtres ouvertes, Ysabeau et Gertrude les attendaient. Elles leur exprimèrent, chacune à sa façon, façons bien différentes, une compassion, bruyante pour l'une, attentive pour l'autre.

Il fallut, comme à la suite d'un deuil, raconter ce qui était advenu, les circonstances, le moment, le pourquoi. En ville, où, à en juger par les racontars d'Ysabeau, les langues allaient leur train, s'étaient déjà répandus les bruits les plus faux qu'il était nécessaire de ramener à l'exacte vérité. Ainsi qu'on pouvait le redouter, la femme de l'apothicaire se montra avide de détails.

— Ces goliards sont des monstres ! proclama-t-elle quand Mathilde eut terminé son récit. Je n'aurais jamais pensé que des clercs, même vagants, eussent pu se conduire de la sorte !

Elle avait trop le goût des catastrophes survenues à autrui pour ne pas être suspecte de ressentir une sorte de délectation horrifiée à l'écoute de faits aussi cruels que ceux dont la mère de Clarence venait, le plus succinctement possible, cependant, de lui faire part.

En remarquant les joues enflammées sous la couperose et le fard, les prunelles allumées, la véhémence d'une déploration qui était trop excessive pour ne pas la choquer au vif de sa douleur, Mathilde se sentit envahie d'une rancœur qu'elle dut se retenir d'exprimer. Ce qui lui parut intolérable était que la consternation affichée par Ysabeau ressemblait à la caricature de sa propre peine. Florie cachait, sous un masque de politesse courtoise auquel sa mère ne pouvait se tromper, une répugnance toute semblable devant la mauvaise qualité des protestations prodiguées avec une si douteuse complaisance.

Elles avaient pris place, toutes quatre, dans un coin de la salle, autour d'un trépied supportant le jeu d'échecs d'Étienne. Garnies de coussins de velours, des chaises à hauts dossiers l'entouraient. Dans une coupe d'argent posée à côté des pièces en ivoire, on avait mis des dragées. D'un geste, Mathilde en offrit à ses visiteuses qui se servirent prestement, comme pour meubler du craquement des amandes le silence qui s'était soudain établi entre elles.

— Quand je pense, dit alors Gertrude, demeurée assez peu loquace jusque-là, oui, quand je pense que, sans la collation où je vous ai conviées, vous n'auriez pas quitté, hier, Paris, je me sens en partie responsable de ce qui vous est arrivé au sortir de chez moi, et j'en suis toute navrée.

Cette remarque surprit Florie qui, pour sa part, y avait déjà songé vingt fois, mais qui n'aurait pas imaginé un aveu de culpabilité aussi spontané venant de Gertrude. Il fallait donc mettre sur le compte du remords, ce qui était tout à son honneur, la gêne, l'espèce d'anxiété, qu'avait manifestée depuis le début de l'entretien la fille d'Ysabeau.

— Vous n'y êtes pour rien, assura la jeune femme dans le but d'apaiser des regrets qui lui paraissaient sincères, pour rien du tout. Nous aurions aussi bien pu aller voir les régates qui avaient lieu sur la Seine et rencontrer, à notre retour, les goliards. La fatalité est seule en cause.

— La fatalité jointe à l'acharnement d'Artus, reprit Mathilde. Il ne faut pas oublier que, depuis un certain temps, sa bande de mauvais clercs et lui-même vous poursuivaient de leurs avances. Je pense que ce que vous représentiez de pureté, de décence, devait leur paraître d'autant plus attirant qu'ils ne fréquentent d'ordinaire que des ribaudes ! Les victimes du Mal doivent, hélas ! être innocentes pour lui convenir. Il les préfère toujours à celles qui sont déjà gagnées à sa cause.

— Vous avez raison, ma chère, il faut insister sur la responsabilité de ces maudits goliards qu'on a beaucoup trop tendance à excuser aujourd'hui ! s'écria Ysabeau. S'en prendre à deux demoiselles comme les vôtres, dont ils connaissaient, en plus, la famille, est la chose la plus inqualifiable qui soit !

Elle agitait sa tête coiffée de mousseline empesée comme elle eût fait d'un panache guerrier.

— Vous voyez, ma fille, que j'avais raison de vous mettre en garde contre l'amitié nouvelle que vous prétendiez entretenir avec ce vaurien, ajouta-t-elle d'un air entendu. Si vous aviez continué à le fréquenter, qui sait ce qui vous serait arrivé ?

En dépit de sa maîtrise habituelle, Gertrude rougit jusqu'à la gorge. Une contrariété, trop vive pour qu'elle pût la dissimuler, fit luire son regard.

— Je ne risque plus de le rencontrer, puisqu'il a disparu, dit-elle d'un ton mécontent. Nul ne sait où il peut bien se trouver à présent !

Elle avait lancé ces mots comme pour se protéger derrière eux.

— Arnauld, qui le considérait, lui aussi, comme un ami, souffre d'une trahison que rien ne peut justifier, soupira Mathilde.

— J'imagine qu'il va chercher à venger sa sœur, suggéra Ysabeau dont on sentait la curiosité en éveil.

— J'ai, tantôt, voulu l'en dissuader, mais en vain, reconnut Mathilde. Il est parti, la menace à la bouche, sur les traces d'Artus et je dois vous avouer que je redoute plus que tout qu'il ait fini par le retrouver.

— Il n'y a que fort peu de chances pour qu'une telle rencontre se soit produite, dit Gertrude qui semblait éprouver tout d'un coup, à l'exemple de sa mère, on ne savait quel échauffement dont elle n'avait pas fait montre au début de la conversation.

— L'arrêtera-t-on jamais ? demanda Florie avec rancune. Ces individus sans honneur peuvent compter la plupart du temps sur des complicités que n'ont pas les honnêtes gens.

— Notre sire le roi m'a promis que ses sergents mettraient tout en œuvre pour débusquer les coupables, reprit Mathilde. J'ai confiance en sa parole.

— Je doute que les gens d'armes soient près de dénicher ces vilains oiseaux qui doivent connaître des repaires ignorés de tout le monde, remarqua Ysabeau.

— En l'absence du chef de famille et de Bertrand, reprit Gertrude, en dehors d'Arnauld qui est en chasse, savez-vous ce que compte faire Philippe ?

— Il lui a fallu, ce matin, se rendre de nouveau au Palais, expliqua Florie, aussi, n'a-t-il pas eu le temps de m'informer de ses intentions, mais j'espère bien parvenir à le retenir ici. A quoi servirait qu'il se mesurât à des hommes beaucoup plus forts que lui et capables, nous ne le savons que trop, de toutes les brutalités ? Le pauvret serait battu à l'avance !

Cette exclamation parut surprendre Gertrude, l'amuser, la choquer peut-être, l'intéresser de toute façon.

— Votre époux a dû, en effet, se montrer épouvanté par ce qui est advenu à Clarence et qui aurait, tout autant, pu vous arriver à vous-même, disait pendant ce temps Ysabeau qui n'en finissait pas d'explorer avec une sorte d'avidité insatiable les possibilités infinies du malheur.

— Il est certain que si Artus était parvenu à vous entraîner ainsi que votre sœur à Vauvert, Philippe se trouverait à l'heure actuelle dans une situation qu'on n'ose pas concevoir, remarquait Gertrude, tout en considérant Florie avec une commisération rêveuse.

— Il aurait partagé ma souffrance, dit fermement l'interpellée. Je suis certaine de ne pas me tromper en affirmant qu'il aurait pensé, d'abord, à m'aider de son amour et de sa sollicitude. Il aurait réservé à mes bourreaux horreur et aversion.

— Vous devez être dans le vrai, ma chère, ne le connaissez-vous pas beaucoup mieux que moi, après tout ?

7

Mai s'achevait dans une flambée solaire. La chaleur, excessive pour la saison, pesait sur la vallée de la Seine, écrasait Paris.

Alors qu'elle rentrait de la rue Quincampoix où elle avait travaillé tout le jour, Mathilde sut, dès le seuil, qu'Étienne était de retour : deux de ses valets sortaient des écuries, transportant un coffre qu'elle connaissait bien. Elle aurait préféré s'être trouvée chez elle pour y accueillir son mari, pour lui parler la première des événements survenus depuis son départ. Elle le rencontra, en compagnie de Tiberge la Béguine, devant la chambre des filles.

— Voici donc le sort que la destinée nous réservait ! s'écria Étienne en s'adressant à sa femme avant qu'elle fût parvenue à sa hauteur, avant qu'elle ait eu le temps de l'embrasser ainsi qu'elle n'y manquait jamais après une séparation. Par Dieu ! vous n'aviez pas tort, la veille de mon départ, de redouter l'avenir ! Il était menaçant ! La fatalité, décidément, nous poursuit sans pitié !

Sur son visage, déjà gravé de rides amères, une expression de ressentiment, de révolte, posait un masque agressif que Mathilde lui avait souvent vu et qu'elle n'aimait pas. Elle savait qu'Étienne, frappé au plus intime de son orgueil, au plus vif de son amour, n'acceptait pas cette épreuve avec la soumission d'un bon chrétien et conservait au fond de lui une rancune, une acrimonie, qui le rongeaient. Le moindre souci venant s'ajouter à ce crève-cœur lui était intolérable, le faisait douter de tout, douter de Dieu !

— Hélas ! mon ami, dit-elle, il nous arrive en effet quelque chose d'affreux, mais ne sommes-nous pas deux pour y faire face ? Nous nous encouragerons mutuellement, n'est-il pas vrai ? Nous aurons d'ailleurs davantage à nous soucier de Clarence que de nous.

— Retrouvera-t-elle jamais la raison ? Rien dans son état présent ne permet de le supposer. Je viens de la voir. Elle ne semble pas m'avoir reconnu. Que dis-je, reconnu ? M'a-t-elle seulement vu ? Je n'en suis pas sûr !

— Je sais combien cette... absence est pénible, mon ami. Elle m'éprouve autant que vous, mais il doit toujours rester place en nous pour l'espérance, qui est la plus salvatrice des vertus. Si nous voulons que Clarence émerge un jour du puits où le terrible choc qu'elle a subi l'a précipitée, il est indispensable de croire, nous-mêmes, la chose possible. C'est à ce prix que nous l'en tirerons. Ainsi, par notre fermeté, notre confiance, nous contribuerons à son rétablissement.

Étienne eut un geste d'exaspération.

— Votre éternelle bonne volonté devant les cruautés de la vie n'est donc pas découragée par un tel désaveu ? s'écria-t-il avec emportement. Alors, que vous faudrait-il ? Un pareil aveuglement, à la fin, devient de la provocation ! Ne savez-vous pas, tout aussi bien que moi, que Clarence, même si elle reprend jamais conscience, est désormais condamnée, perdue !

— Pourquoi le serait-elle ? Quand nous l'aurons guérie, car nous y parviendrons, je veux le croire, quand elle sera redevenue elle-même, qui l'empêchera de mener parmi nous une existence paisible ?

En attendant son retour, Mathilde avait imaginé qu'elle trouverait en son époux un solide appui, que, cette fois, ils feraient front ensemble contre l'adversité. Sa déception en était d'autant plus cuisante. Des larmes lui montèrent aux yeux.

— Vous ne devriez pas parler si haut près de la chambre de notre demoiselle, dit alors Tiberge la Béguine qui flairait l'orage. Repos et silence lui sont nécessaires.

— Tu as raison. Comment s'est comportée notre fille, ce tantôt ?

— Elle a dormi tout le jour sans trop d'agitation.

— Alors, de quoi nous plaignons-nous ? s'écria Étienne sur un ton de dérision. Clarence a été violentée, torturée, elle gît à demi morte derrière cette porte, mais elle ne s'agite pas, que demander de plus ?

— Taisez-vous, oh ! taisez-vous ! Ne voyez-vous pas le mal que vous me faites, que vous nous faites ? cria Mathilde, à bout de nerfs.

Incapable de demeurer davantage auprès de celui qui incarnait en cet instant tout ce qui était si lamentablement manqué dans sa vie, tous ses échecs, elle lui tourna le dos et s'élança vers le rez-de-chaussée. Au lieu de les rapprocher comme elle l'avait un moment espéré, le destin navrant de Clarence creusait encore un peu plus le fossé qui la séparait d'un homme dont la sensibilité trop éprouvée faisait un écorché vif. Un accablement si lourd s'abattit sur elle qu'elle se laissa aller aux sanglots qui la déchiraient.

C'est ainsi qu'elle se retrouva, pleurant, au pied de l'escalier quand Guillaume Dubourg pénétra dans la salle.

— Vous ! s'écria-t-elle en le voyant. Vous ! Pourquoi faut-il... ?

Il se méprit sur cette exclamation remplie de douleur.

— Dieu m'est témoin, hélas ! que je ne pouvais sauver votre seconde fille, dame ! dit-il avec une véhémence qui le trahissait autant qu'un aveu de culpabilité.

Mathilde, qui éprouvait encore, à demi étouffée, l'envie déraisonnable d'appuyer son front contre la poitrine de cet homme, d'apaiser son chagrin entre des bras qui ne lui seraient, pourtant, jamais ouverts, Mathilde désireuse à en crier de protection, d'amour, ne put, recrue d'amertume, que secouer la tête.

— Je ne mets pas en doute votre loyauté à l'égard de Clarence, dit-elle d'une voix sans timbre. Je n'y songe en aucune façon. Personne ne devait pouvoir, sans doute, l'arracher aux mains des goliards, à moins d'être secondé par une troupe nombreuse, ce qui n'était pas votre cas.

— Elle a disparu, enlevée par Artus le Noir, pendant que je déposais Florie en lieu sûr, assez loin des combattants pour qu'elle n'ait rien à en craindre. Après, il était trop tard.

Pour arrêter ses larmes, maîtriser son bouleversement, Mathilde s'efforçait de respirer lentement. Que disait donc Guillaume ? Elle reporta sur lui l'attention qu'un moment plus tôt elle tournait vers elle-même.

— Je savais que vous aviez participé à la lutte qui avait opposé étudiants et goliards, dit-elle, mais j'ignorais que vous eussiez en personne arraché Florie à ses agresseurs.

— C'est elle que j'ai aperçue en premier. Tout naturellement, je me suis élancé, d'abord, à son secours.

— Tout naturellement... bien sûr, bien sûr... J'imagine fort bien, reprit-elle avec douceur, comme si elle s'adressait à un grand blessé, j'imagine parfaitement ce que vous avez dû éprouver en découvrant que Florie était enlevée de force par ces brutes, qu'elle se trouvait à leur merci. Je comprends également votre manière d'agir à ce moment-là. Seulement, pensez-y, pendant que vous vous occupiez de la sauver, que vous l'arrachiez à ses ravisseurs, ma seconde fille, elle, était emportée à l'intérieur de la forteresse où l'attendait le sort que vous savez !

— Par saint Jean, dame, je vous jure que je n'avais aucune chance de réussir un second sauvetage. Rutebeuf, qui s'y employait de toutes ses forces, et Gunvald de tous ses poings, n'ont pu, ni l'un ni l'autre, y parvenir.

— Je ne vous reproche rien, messire, absolument rien. Le Mal était à l'œuvre. Il est bien plus fort que nous.

Elle se rapprocha de lui, posa un instant sur son bras une main sans force qui retomba aussitôt entre les plis de son surcot.

— J'ai beaucoup songé, bien entendu, à tout ce qui s'est passé durant cette nuit de violence, dit-elle, et j'en suis venue à la conclusion que nous ne pouvions ni prévoir, ni éviter cette infortune. Du moins, pas en luttant avec nos seules armes. C'était en nous, dans le secret de nos consciences, qu'il fallait opposer à ce qui se préparait la seule défense sûre dont nous disposions : notre foi. Mais une foi sans défaillance, sans souillure. Apparemment, nous n'en étions pas capables. Aussi, le Mal, profitant de notre incapacité, n'a eu qu'à choisir ses victimes. Au demeurant, vous n'avez aucune responsabilité dans cette lamentable affaire. Aucune. Loin de vous condamner, je vous suis reconnaissante d'avoir si vaillamment repris Florie à ceux qui l'avaient enlevée. Je vous en remercie du plus profond de mon amour pour elle.

Que pouvait-elle dire de plus sans se trahir ?

— J'imagine, reprit-elle, j'imagine que vous aviez, en venant ici, l'intention de voir Clarence ?

— Sans doute, admit Guillaume, dérouté par une proposition qui était si loin de ses préoccupations, sans doute...

— C'est, hélas ! impossible. Je ne sais si Florie vous a mis au courant de l'état dans lequel se trouve sa sœur ?

— Je ne l'ai pas revue depuis le moment où je l'ai reconduite chez elle, après l'agression dont elle venait d'être victime.

— Apprenez donc que notre fille, privée de conscience, ne pouvant s'exprimer, gît, comme emmurée dans sa peur, sur la couche où nous l'avons déposée après qu'on nous l'eut ramenée. Elle ne reconnaît personne, brûle de fièvre, s'agite, lutte contre des fantômes, mais n'a pas prononcé un mot en quatre jours.

— Les médecins ne peuvent donc rien ? Son cas est-il impossible à guérir ?

— Je ne sais. Ma belle-sœur et le médecin du roi, qui est venu la voir sur l'ordre exprès de notre sire, épuisent leur science sans résultat.

— Qu'en pensent-ils ?

— Ils disent qu'ils ont déjà vu des malades qui sont restés ainsi des semaines sans reprendre connaissance. Certains, cependant, ont pu être sauvés.

— Il me vient à l'esprit que je connais un homme dont le savoir, l'expérience, sont immenses. Voulez-vous que je lui demande de venir au chevet de votre fille, bien qu'il ne soit pas, à vrai dire, médecin ?

— Pourquoi pas ? Tout doit être tenté pour la guérir, tout. Si vous croyez que celui dont vous parlez peut quoi que ce soit pour elle, demandez-lui son aide. S'il parvient seulement à atténuer son mal, nous vous en aurons une profonde gratitude.

— Fort bien. Je vais donc le quérir sans plus tarder.

Mathilde regarda Guillaume s'éloigner. Pourquoi était-il venu ? Par intérêt pour le sort de Clarence ? Certes pas. Pour rencontrer Florie, plutôt. Florie qui n'avait pas jugé utile de parler à sa mère de l'intervention du jeune homme dans un combat dont elle était l'enjeu... Intervention, qui, cependant, semblait avoir été déterminante pour sa délivrance.

Que faire ? Que penser ?

La femme de l'orfèvre sortit de la salle, traversa la cour pavée, gagna le jardin qu'elle aimait, sous les ombrages duquel elle trouvait, au contact de la nature, un apaisement, un réconfort, qui ne lui avaient jamais manqué.

Les bruits de la maison dont on distinguait la façade au-delà des massifs de lauriers, de buis, d'aubépines, de fougères, disposés de façon à composer un rideau de verdure isolant le jardin des mouvements de la demeure, les échos du souper qu'on préparait à la cuisine, les voix de Jeanne et de Marie jouant auprès de leur nourrice, dans le verger voisin où elles passaient le plus clair de leur temps, les aboiements des lévriers, les cliquetis, les hennissements dont retentissaient les écuries, tissaient autour de Mathilde une rumeur éparse, familière, qui l'enveloppait d'une présence rassurante.

C'était en cet endroit, et en nul autre, que se situait sa raison d'être, ici et maintenant, dans une réalité vivante bien que douloureuse, parce que douloureuse !

Les mains croisées sur l'étoffe de toile légère qui la vêtait, l'épouse de l'orfèvre s'obligea à une réflexion dénuée de complaisance. Les cheminements en furent difficiles.

Peu à peu, cependant, une certitude plus forte que la souffrance, que le regret, que l'angoisse, que le découragement, la certitude de pouvoir, quelles que soient les circonstances, compter sur elle-même, sur sa propre fermeté, sur une sorte de solidité, de robustesse, qu'elle connaissait de longue date comme étant une des forces de sa nature profonde, s'imposa à son esprit. La déraison ne l'emportait jamais longtemps chez elle sur la maîtrise de soi. Au cours des déceptions, des douleurs, qui avaient jalonné sa vie, elle était parvenue, jusqu'à présent du moins, à préserver assez de vigueur morale pour combattre l'adversité, assez d'élan pour dépasser les risques de démission. En dépit des trous d'ombre qu'il lui avait fallu franchir, comme toute créature, sa foi, fortifiée d'espérance, était toujours parvenue à soutenir ses efforts, à éclairer sa route. Quand elle s'abandonnait à Lui, Dieu l'aidait.

Émergeant de sa méditation, elle constata, une fois encore, que ce secours ne lui avait pas fait défaut. Qu'était donc sa prétendue force d'âme, si ce n'était une grâce, une présence qu'elle adorait ?

Elle ferma les yeux pour mieux remercier.

Quand elle les ouvrit, on introduisait deux visiteurs dans la cour. Le plus jeune était Guillaume, l'autre, un homme à la barbe de prophète qui portait une roue jaune brodée sur le devant de sa robe noire.

— J'ai eu la bonne fortune, dame, de trouver chez lui mon ami Yehel ben Joseph dont je vous ai parlé tantôt. Il a accepté de venir sur-le-champ voir votre malade.

Sire Vives salua Mathilde. La façon dont il abordait ceux qu'il rencontrait était empreinte d'une si parfaite urbanité qu'ils en oubliaient l'attention avec laquelle il observait êtres et choses, l'acuité de son regard, pour ne garder souvenir que de sa bienveillance. Une impression de sécurité, de paix, émanait de sa personne. Près de lui, on respirait un air chargé de sérénité.

— Grand merci, messire, de votre promptitude, dit Mathilde, tout de suite sensible à la personnalité du nouveau venu. Nous avons bien besoin de vos offices !

Le maître de l'École talmudique inclina sa tête de patriarche.

— Je ne suis point médecin, dit-il avec le souci d'honnêteté qui ne le quittait jamais. Cependant, je pratique assez de sciences diverses pour avoir quelques notions médicales. En plus, j'ai beaucoup étudié le comportement de l'âme humaine et je crois être parvenu à identifier un certain nombre de ses tours et détours. D'après ce que m'en a dit Guillaume, il semble que le cas de votre fille relève plus de cette recherche que de simples remèdes.

— Il se peut, messire. Je pense, en effet, qu'il y a chez cette enfant blessure morale tout autant que corporelle.

— Voulez-vous, je vous prie, avant de me conduire près d'elle, me décrire, de façon précise, ce qui s'est passé dimanche, afin que je connaisse les circonstances exactes de l'agression qu'il lui a fallu subir.

— Si vous le jugez nécessaire, messire, je suis prête à tout vous relater. Mais pas dans ce jardin où le soir tombe. Veuillez m'accompagner au logis, je vous y parlerai plus à l'aise.

Mathilde et sire Vives se dirigèrent vers la maison. Par discrétion,

Guillaume demeura près de la fontaine. Il attendait. Il souhaitait comme un forcené revoir Florie.

Il ne fut pas surpris quand, entendant un pas qui se rapprochait et levant les yeux, il la vit se diriger vers lui à travers une allée du jardin.

— Vous ! dit-il avec un dévotieux accent de ferveur en lui tendant les mains.

Elle serra les lèvres et s'arrêta à quelques pas.

— Guillaume, dit-elle, et son nom prononcé par cette bouche le remua tout entier, Guillaume, j'ignorais votre présence chez mon père. Je ne me trouve ici que pour visiter Clarence. A la voir si dolente, je ne suis que tristesse...

Elle se remit à marcher. Près d'elle, Guillaume avançait sous les branches. Une odeur de terre assoiffée, de thym, de fraises sauvages, montait des parterres.

— Je veux, en premier, vous demander de vous comporter comme si vous aviez oublié les moments de désordre, de déraison, qui ont suivi, dimanche, le combat durant lequel vous m'avez délivrée.

Elle évitait toujours de tourner la tête vers lui, regardait les plants d'oseille et d'œillets rouges qu'ils longeaient.

Guillaume, lui, ne voyait qu'elle.

— Aucune force au monde ne peut m'astreindre à chasser de ma mémoire les seuls instants de ma vie où j'ai pu approcher de si près l'unique bonheur qui m'importe désormais, dit-il avec une fougue retenue qui était puissamment émouvante. J'ai dit que je ne vous en parlerai plus le premier. C'est déjà beaucoup. Vous ne pouvez m'empêcher d'y songer à chaque seconde de ma vie, à chaque battement de mon sang !

— Il ne le faut pas !

— Qu'y puis-je ?

— Faire appel à votre loyauté, à votre sens du devoir familial, à votre honneur de chrétien !

— Autant demander à un homme mourant de faim de ne pas imaginer de festins en vertu d'un idéal ascétique ! L'amour que je vous porte, Florie, parle plus fort, beaucoup plus fort, que tout autre sentiment. Son cri couvre toutes les autres voix !

— Vous savez bien, pourtant, que je ne suis libre ni de moi, ni de mon existence. J'appartiens tout entière à Philippe.

— Par le Christ ! Taisez-vous !

Aucune déclaration ne pouvait contenir plus d'intensité que cette supplique. Florie en frémit. Un flot de sang lui brûla la peau.

— Non, reprit-elle en cherchant à assurer son ton, non, je ne me tairai pas ! Vous devez m'entendre. Je vous ai dit que j'avais beaucoup réfléchi. C'est vrai. De cette réflexion est sortie l'évidence de notre culpabilité.

Guillaume voulut protester, elle l'arrêta d'un geste.

— De notre culpabilité, répéta-t-elle avec plus de force. Dès que je fus mise à l'abri, loin de mes agresseurs, vous auriez dû retourner vers Clarence pour seconder et, au besoin, entraîner ceux qui cherchaient encore à la délivrer. Votre retour eût renforcé leur courage.

— En admettant que je me sois joint à eux, nous n'aurions pas été assez nombreux pour venir à bout de ces goliards !

— Vous m'aviez bien arrachée à eux, un moment plus tôt.

— Il s'agissait de vous ! Pour une autre, je n'aurais pas éprouvé la moitié de cette hardiesse dont vous étiez, seule, cause.

— Je ne puis vous croire ! Nous devions tout essayer, tout, avant de renoncer. La vie, l'honneur de ma sœur étaient en jeu ! C'était à moi de vous pousser à reprendre le combat. Cette passivité fait toute ma faute ! Je le sais. Affolée par ce qui m'arrivait, par le danger dont vous veniez, à peine, de me sauver, par vous, aussi...

Elle se tourna enfin vers lui, s'obligea à soutenir un regard qu'elle redoutait en lui offrant des yeux clairs où la volonté de bien faire l'emportait sur l'émotion, et répéta :

— Oui, Guillaume, par vous également. Il serait vain de le nier, aussi je ne le nie pas. Soyez certain, en revanche, que je veillerai désormais à ce qu'une semblable occasion ne se renouvelle jamais.

Tant de détermination, une pareille honnêteté, un aveu si direct, un courage qu'il ne pouvait pas mésestimer, parurent émouvants, séduisants à tel point au jeune homme, qu'il saisit au vol une des mains de Florie pour y appuyer ses lèvres d'un geste passionné. Comme si elle avait craint quelque contagion, elle retira vivement ses doigts de l'étreinte qui les tenait.

— Ne me touchez pas ! s'écria-t-elle avec un accent de détresse qui la trahissait davantage qu'un consentement. Ne me touchez pas !

— Pourquoi ? Pourquoi cette peur, douce amie ? Ne savez-vous pas, au fond de vous, que, quoi que vous puissiez dire ou faire, vous m'êtes destinée ? Cette frayeur que vous témoignez à mon contact n'est pas répulsion, mais désir, désir essentiel, comme celui que je ressens pour vous.

— Ce n'est pas vrai !

Il était à présent si proche d'elle qu'il pouvait parler bas. Son souffle frôlait le visage enflammé par cette proximité plus que par les rayons encore chauds du soleil couchant.

— Vous ne redouteriez pas tant que je vous touche si vous ne partagiez ma folie, mon besoin, dit-il avec un accent assourdi qui l'atteignit au cœur, au ventre. Ah ! croyez-moi, nous nous aimerons !

Florie se détourna, fit quelques pas au hasard, droit devant elle. Une agitation qu'elle ne parvenait pas à maîtriser la submergeait. Serrant ses paumes l'une contre l'autre de toutes ses forces, elle tentait de calmer les frémissements qui la parcouraient par tout le corps. Il lui fallut plusieurs minutes et un violent effort sur elle-même pour retrouver un semblant de calme. Elle n'en estima que plus urgent de s'exprimer.

— J'affirme, reprit-elle avec l'obstination qui était une de ses forces, oui, j'affirme que nous portons tous deux une part de responsabilité dans le malheur de Clarence. C'est donc à nous, si nous le pouvons, de le réparer. Pour y parvenir, continua-t-elle avec une sorte d'intrépidité qui la lui fit encore plus chérir, nous devons rechercher ce qui pourra lui apporter un peu de réconfort, un peu d'aide.

Guillaume avait fermé les yeux. Il n'entendait plus ce que disait Florie. Il lui fallait calmer la tempête qu'avait déchaînée en lui le simple attouchement d'une chair dont le désir ne lui laissait plus de répit. Son sang battait, cognait comme un oiseau fou à ses tempes, dans ses veines, dans sa poitrine. Il lui fallait lutter contre la tentation démentielle de la saisir, de la coucher, là, dans l'herbe, sous lui.

Quand il rouvrit les paupières, il rencontra le regard vert qui le fixait. Une appréhension évidente s'y lisait. Sans qu'il eût à prononcer un mot, tout ce qu'il ressentait s'exprima dans cet échange silencieux. Jamais il n'avait éprouvé un tel désir ; jamais, non plus, une telle certitude que ce désir était partagé. Le temps, le lieu où ils se trouvaient, les interdits, les obstacles, n'existaient plus. Pétrifiés à quelques pas l'un de l'autre, ils savaient tous deux, d'instinct, qu'au moindre geste, à la moindre sollicitation, ils s'uniraient sur-le-champ, n'importe où, dans une frénésie sans pareille.

— Non, murmura Florie d'une voix blanche, non !

Guillaume n'avait rien dit.

C'est alors qu'ils entendirent le bruit d'une conversation qui se rapprochait d'eux. La jeune femme prit une aspiration comme si elle avait été sur le point de se noyer.

— Je tiens encore, s'écria-t-elle avec une sorte de volonté désespérée qui parut à Guillaume plus flagrante qu'un aveu, je tiens à vous dire ceci : il me semble que Clarence commençait à vous aimer avant son malheur. Puisqu'elle est, maintenant, déshonorée, que nous ne l'avons pas sauvée quand nous le pouvions, qu'entre vous et moi il ne doit rien se passer, rien, jamais, il ne vous reste qu'une chose à faire afin qu'on puisse vous pardonner, si, toutefois, elle guérit jamais : renoncer à la folie qui vous occupe et la demander en mariage !

Comme si elle ne voulait pas assister aux réactions que ne pouvait pas manquer de déclencher un tel conseil, elle s'élança aussitôt vers le verger, sans un regard pour celui qui, saisi, restait cloué sur place.

Quand Yehel ben Joseph, Mathilde et Étienne survinrent tout de

suite après, devisant tous trois comme des amis de longue date, ils
le trouvèrent fort pâle, l'air absent.

— Je vous sais gré, messire, de nous avoir amené sire Vives,
dit alors l'orfèvre au jeune homme en le saluant. Nul ne me semble
mieux informé des maux de l'âme humaine, ni plus savant que lui.

Maître Brunel paraissait avoir repris confiance en lui-même, et,
tout naturellement, il reportait ce crédit sur les autres.

— Si votre fille a été fort bien soignée dans son corps, dit Yehel
ben Joseph, il m'a toujours paru que dans certains cas, comme le
sien, il faut également se soucier de retrouver les clefs de l'intelligence égarée que l'on croit perdue. Savoir comment s'adresser à
de tels malades est plus efficace que toute une pharmacopée.

— Charlotte Froment, ma belle-sœur, qui est physicienne, partage
votre sentiment, assura Mathilde. Elle a souvent tenté, depuis qu'elle
soigne notre fille, de lui parler, d'entrer en communication avec
elle. Toujours en vain. Il faut croire qu'elle n'est pas aussi habile
que vous, messire, dans l'exercice de ce traitement.

— Tout aussi habile, au contraire, j'en suis convaincu, mais plus
jeune, moins préoccupée et depuis moins longtemps par cet aspect
de la thérapeutique, répondit le savant. Voyez-vous, Dieu a créé
l'homme âme et corps étroitement mêlés. Vouloir séparer l'un de
l'autre, est, à mon avis, maladroit. Mais ces réparations de l'esprit
sont assez longues. Il faudra du temps. Soyez donc tranquille, maître
Brunel, je reviendrai aussi souvent qu'il le faudra.

— Grand merci, sire Vives, s'écria Mathilde. Soyez béni pour
votre science comme pour votre bonté !

— J'imagine que vous avez beaucoup d'autres besognes à faire
que celle qui va consister à tenter de guérir Clarence, reprit Étienne,
aussi suis-je confus de vous accaparer de la sorte. Votre temps est
des plus précieux. De ce don sans prix soyez, aussi, remercié.

Guillaume, qui avait assisté à cet échange de propos sans intervenir, avait peu à peu recouvré son sang-froid. Il put, alors, se
mêler à la conversation, tout en regagnant la cour où son ami et
lui prirent congé de leurs hôtes. En sortant, ils croisèrent Charlotte
Froment qui pénétrait chez son frère.

Mathilde suivit sa belle-sœur. Dans la chambre close où brûlaient
nuit et jour des herbes odoriférantes, régnait un calme apaisant.
Une servante cousait auprès du lit, veillant Clarence.

Non sans surprise, Mathilde vit Florie, debout au chevet de la
malade. La jeune femme avait les yeux rouges et le visage marqué
de qui a pleuré. En voyant entrer sa mère et sa tante, elle alla
vers elles.

— Je vous en prie, ma fille chérie, cessez de vous faire du
souci en ressassant sans cesse notre malheur, dit affectueusement
Mathilde, désireuse de mettre Florie au courant de leur nouvel

espoir. Il n'est plus temps de s'affliger. Il y a du nouveau : sire Vives vient de nous assurer, à votre père et à moi, que le mal de Clarence n'est pas sans remède. Il va s'en occuper et affirme avoir déjà tiré d'affaire des personnes qui présentaient les mêmes troubles qu'elle. Sa première consultation, du moins, a porté ses fruits : voyez comme votre sœur est plus calme maintenant.

— Que Dieu vous entende, ma mère ! Je donnerais dix ans de mon existence pour la voir revivre !

Le ton avec lequel avaient été prononcés ces mots surprit Mathilde par une sourde violence qui ne lui parut pas en accord, ni avec la nature de sa fille, ni avec l'espérance qu'elle évoquait.

— En admettant, continuait Florie avec rancune, qu'on parvienne à guérir Clarence, il n'en reste pas moins que les responsables de son martyre courent toujours ! Que toutes nos recherches pour découvrir leur refuge se sont montrées vaines !

Arnauld, en effet, après une enquête aussi acharnée qu'inutile, était revenu sans avoir découvert la retraite d'Artus le Noir. Il s'en montrait affecté, mais ne se considérait pas, pour autant, comme battu.

— Nous avons, sans doute, mal orienté nos premières investigations, dit Mathilde d'un air entendu. Mais j'ai idée que tout ça pourrait changer sous peu.

— Tiens, tiens, vous paraissez en savoir plus long que nous, ma mie, remarqua Charlotte qui revenait vers les deux femmes après avoir été constater que sa nièce était moins agitée.

— Ce n'est pas impossible. Passons dans mon oratoire.

Afin de laisser Clarence en paix, elles gagnèrent une pièce exiguë, meublée de quatre escabeaux de bois rangés le long d'un mur, d'un lutrin sur lequel était ouvert un livre d'heures, d'un gros coussin à glands d'or posé aux pieds d'une statue de la Vierge en bois polychrome. Une seconde porte menait chez Mathilde.

— A force de retourner dans ma tête chaque aspect de ce qui nous est arrivé, reprit-elle après qu'elles se furent assises toutes trois, certains faits se sont décantés, ont pris, soudain, de l'importance. Voici : vous souvenez-vous, ma fille, que, lors de leur visite, Ysabeau a reproché à Gertrude l'amitié que celle-ci aurait nouée depuis peu avec Artus ?

— Bien sûr. Gertrude en a, même, paru assez gênée...

— Plus que gênée, furieuse !

— Peut-être, mais je ne vois pas...

— Moi non plus, sur le moment, je n'ai pas été frappée par les signes d'une contrariété qui, parce qu'elle était excessive, aurait pourtant dû m'alerter. C'est de façon insidieuse que cette remarque a fait son chemin dans mon esprit. Elle y a tellement progressé depuis que j'en suis arrivée à me dire que je tiens là un indice.

— Un indice de quoi donc, ma sœur ? demanda Charlotte.

— De l'endroit où je présume que s'est réfugié Artus !

— Vous croyez que Gertrude sait où il se cache ?

— J'en suis persuadée ! Je vais même plus loin : rappelez-vous comme elle a appuyé sur le fait que personne ne pouvait connaître son lieu d'asile à l'heure actuelle. L'insistance qu'elle a mise dans cette affirmation avait quelque chose de forcé qui m'a donné à penser. J'en suis venue à me dire qu'une seule raison pouvait expliquer son ton provocant : ou je me trompe fort, ou Artus, qui ne pouvait rêver meilleure cachette, a trouvé abri sous son toit !

— Avez-vous songé, ma sœur, aux risques qu'une semblable complicité impliquerait pour elle ?

— Oui, mais je ne suis pas certaine qu'ils suffisent à en détourner une femme imaginative et sensuelle comme Gertrude. Sa vie sans relief doit lui paraître fade et je la crois capable d'apprécier la saveur puissante d'un piment venu si à propos la relever.

— L'embarras, le trouble, qu'elle a manifestés durant sa visite, et que j'avais remarqués, sans plus, pourraient vous donner raison, ma mère ! Il est certain que son comportement, lundi, n'était pas normal.

— Soit. Avez-vous aussi mesuré combien une connivence de cet ordre la mettait en position de guerre ouverte contre nous tous ?

— Certainement, mais je doute que cette considération puisse, plus que le danger couru, l'arrêter. Elle n'est liée à notre famille que par raccroc et nos rapports sont de pure convention. Aucune affection, aucune affinité ne nous rapprochent.

— Aucune ! répéta Florie avec conviction. De plus, j'y pense, elle a fait, l'autre jour, étalage d'une contrition bien étrangère à sa manière habituelle, au sujet de la responsabilité qui lui incomberait dans notre malheur, à cause de son invitation à goûter.

— En admettant que vous avez raison l'une et l'autre, dit Charlotte, il reste à s'en assurer. Tant que nous ne serons pas certains de la présence d'Artus chez elle, nous ne pourrons rien faire. Comment y parvenir ? Un homme que les sergents du roi recherchent partout doit s'entourer de mille précautions.

— S'il s'est bien réfugié chez Gertrude, ce ne peut être à Paris, dans le petit logement situé juste au-dessus de celui des Louvet, fit remarquer Mathilde. Il y serait tout de suite repéré. C'est donc à la campagne, dans sa maison des champs, et nulle part ailleurs, qu'elle a loisir de le dissimuler.

— Vous devez être dans le vrai, mais il faut le prouver.

— Je vais m'y employer, dit Florie saisie d'une sorte de fièvre d'action. Je n'ai que trop de raisons, hélas ! de m'occuper d'Artus ! Je trouverai bien, par ma foi, un moyen de me renseigner...

8

Dans la nuit, un orage digne de l'Apocalypse avait foudroyé et inondé Paris, la vallée de la Seine, la forêt de Rouveray, les bourgs avoisinants. Ses derniers roulements ne s'éloignèrent qu'à l'aube.

Étendue dans son lit, près de Philippe qui ne s'était réveillé que le temps de caresser sa femme à la lueur des éclairs, Florie, incommodée par la chaleur poisseuse que les trombes d'eau n'avaient pas dissipée, ne parvenait pas à s'endormir. Au sortir d'une étreinte hâtive, elle ne pouvait s'empêcher de songer à ce qu'elle aurait pu connaître entre les bras de Guillaume. D'instinct, elle devinait qu'il y avait autant de façons de pratiquer l'amour que d'amants. Avec son mari, on demeurait dans la manière douce, teintée de délicatesse, allégée d'amusement. Avec l'homme dont un simple effleurement l'émouvait, ce ne pouvait être que paroxysme, déchaînements furieux comme ceux de l'ouragan, explosions de félicité... De cette pensée, qui était trahison, elle eut honte aussitôt.

Dans la nuit que l'aube teintait à peine de gris, Florie ouvrit des yeux pleins d'effroi. Voici donc à quels errements, à quels égarements, elle se laissait aller, alors qu'elle était mariée depuis un mois et demi ! Philippe, ce charmant mari qu'elle avait épousé dans la joie, Philippe, qu'elle aimait avec tendresse, dont elle souhaitait le bonheur, allait-il être chassé de son cœur par un sentiment déloyal, éhonté ? Une colère blanche, faite de dégoût de soi, de peur, d'impuissance navrée, de révolte, secoua la jeune femme. Allait-elle accepter d'être menée par sa peau, comme une chatte en chaleur ? N'était-elle rien d'autre qu'une femelle ?

Rageusement, elle se jeta hors du lit pour se mettre à prier à genoux sur le sol. Mais elle n'acheva pas son geste. Elle se sentit faiblir, défaillir, une nausée la tordit, et elle tomba inanimée sur l'herbe qui jonchait le parquet de la chambre.

... Quand, des brumes de l'évanouissement, elle revint à elle, ce fut pour se trouver de nouveau allongée entre ses draps. Deux visages s'inclinaient au-dessus du sien, celui de tante Béraude, dont les innombrables rides se fronçaient en un sourire ému et guilleret à la fois, et celui de Philippe.

— Vous pouvez vous vanter, ma petite âme, de m'avoir causé une fière peur !

— Je ne sais ce qui m'a pris...

— Je crois le savoir, moi, ma chère nièce !

Florie tourna la tête, sourit. Elle le découvrait aussi, tout à coup.

Un enfant ! Elle attendait un enfant ! Ainsi donc, elle allait être préservée ! Au plus noir de sa honte, un sauveur lui était envoyé. Entre lui et elle, personne, non, personne, ne pouvait s'interposer. Soutenue par celui-là même qu'elle portait, si faible fût-il, elle se sentait devenir forte, gardée. Cet être minuscule avait tous les droits, y compris celui de la contraindre à vivre sans souillure, à chasser loin d'elle les turpitudes de son imagination. Si chétif, mais, déjà, si puissant !

— Je vais aller chercher votre tante Charlotte, ma douce, dès que le jour sera un peu plus levé. Elle vous visitera et s'occupera de vous.

— Ce n'est pas nécessaire, mon ami. Je me sens tout à fait bien à présent. Ce qui m'arrive est la chose la plus naturelle du monde.

— Sans doute, mais il vous faut du repos.

— Eh bien, je vais me reposer. Pour commencer, je reste allongée un moment. J'irai plus tard à l'Hôtel-Dieu. Ce n'est pas le plus important... le plus important, c'est ce don du Seigneur, cette fusion de nos deux vies, Philippe, ce petit être qui naîtra de nous !

Avec un regain de fondante et contrite affection, elle contemplait le visage de son époux qu'éclairait une expression où amour, respect, gravité, émerveillement, se mêlaient si étroitement qu'ils produisaient une transformation saisissante : aux traits encore graciles de l'adolescent, ils substituaient un masque d'adulte, empreint du sentiment tout neuf de sa responsabilité.

Une joie fraîche comme une eau de source coula sur le cœur repentant de Florie. Prenant tendrement la tête de Philippe entre ses mains, elle le baisa aux lèvres avec une félicité presque humble, une allégresse qui était reconnaissance et soulagement.

Aussitôt après, elle décida que ce jour serait le premier d'une ère nouvelle dont tout miasme devait être banni.

Comme promis, elle se leva plus tard que de coutume, prit, selon son habitude, un bain dans le cuvier qui remplaçait ici la baignoire en bois de Mathilde, soigna sa toilette, sa parure, et partit à la messe au bras d'un époux débordant d'émotion. Elle pria de toute son âme sous les voûtes de Saint-Séverin, pour remercier Dieu de ce gage de paix qu'Il venait de leur envoyer, gagna ensuite le Palais où la reine Marguerite présidait une assemblée courtoise comme elle aimait à le faire, composa, comme en se jouant, des vers délicats et se rendit, enfin, rue des Bourdonnais, pour voir Clarence, sans avoir perdu un seul instant le sentiment merveilleux de se trouver en état de grâce.

Elle savait ne trouver chez eux ni son père ni sa mère, partis ensemble, ainsi qu'ils le faisaient chaque jour en ce début de juin, à la foire du Lendit, la plus célèbre de la région parisienne, qui se tenait tous les ans le long de la route menant à Saint-Denis.

Pour cette circonstance, et de la même manière que les autres marchands de la capitale, l'orfèvre y avait fait dresser une vaste tente, marquée de son enseigne, qui lui servait de boutique volante. Sa femme, son second fils, l'aidaient à s'en occuper, ainsi que ses apprentis. Pendant les deux semaines que durait la foire, il était en effet interdit, pour ceux qui y participaient, de vendre comme d'habitude à fenêtre ouverte dans les rues de Paris.

Florie et Philippe songèrent un moment à se rendre sans plus tarder auprès de leurs parents afin de leur annoncer la grande nouvelle mais la foule qu'ils savaient rencontrer en un pareil endroit, grouillante et affairée, circulant autour des innombrables étalages dans une presse dont ils connaissaient la densité, les remous, les agglutinations, les accès de fièvre, les en détourna. Il était préférable pour la future mère de ne point se hasarder dans une semblable cohue et de ne point se fatiguer non plus au début de sa grossesse.

— Je vais monter voir Clarence, dit Florie à son mari. Même si je ne puis rien lui dire, je serai contente de l'embrasser. Voulez-vous bien, mon cœur, demeurer un moment dans la salle à boire un verre de vin gris pour faire passer le temps durant mon absence ?

La chaleur du jour n'avait pas pénétré dans la demeure aux murs épais. La jeune femme retrouva avec plaisir, dans la pénombre des volets intérieurs tirés, en même temps qu'une fraîcheur bienfaisante, l'odeur de cire mêlée au parfum des bouquets de roses que sa mère déposait dans des pichets de grès ou d'étain sur les coffres et les bahuts.

La maison, vide du plus grand nombre de ses habitants, était tranquille. Dans la chambre des filles, leur nourrice cousait près de la fenêtre qu'on tenait ouverte sur le conseil de sire Vives. Il tenait en effet pour pernicieuse la coutume qui voulait qu'on tînt fermées les pièces où on soignait des malades.

Florie embrassa Perrine et s'approcha du lit. Sa sœur, soulevée par plusieurs oreillers, se tenait à demi assise. L'état de l'adolescente s'améliorait au fil des jours. Sur le visage d'où s'effaçaient les meurtrissures, on retrouvait les nuances naturelles de son teint. Autour des yeux, d'où angoisse et terreur s'en étaient allées, les cernes s'estompaient peu à peu. Les cheveux blonds aux reflets d'argent, nattés avec soin, s'échappaient en deux épaisses tresses du serre-tête en lingerie. Les bras et les mains ne portaient plus que de légères cicatrices.

Le corps se remettait. L'esprit, lui, demeurait atteint.

L'expression de Clarence ne traduisait ni peine, ni espérance. Une sorte d'immobilité minérale figeait les traits sans ride, lisses, donnant à sa face aux contours adoucis l'aspect d'un galet poli par les vagues. Si les visites de sire Vives lui avaient apporté un apaisement certain, elles n'étaient pas parvenues pour autant à réveiller l'intelligence que l'affreux attentat d'une nuit de mai semblait avoir anéantie.

Florie se pencha, baisa le front blanc, se redressa.

— Ma mie Clarence, appela-t-elle avec douceur, Clarence !

Aucun signe, aucun mouvement de reconnaissance ne lui répondit. Après avoir posé un instant sur elle, et comme par mégarde, un regard vide, sa sœur fixait à nouveau, droit devant elle, le mur qui bornait son horizon.

— Prend-elle bien les potions qu'on lui donne ? demanda Florie à Perrine qui s'était levée et approchée du lit.

— Dame oui. La pauvre, elle est douce comme un agneau, absorbe tour à tour nourriture et remèdes, sans même avoir l'air de faire la différence !

— A-t-elle, une seule fois depuis que je l'ai vue, prononcé une parole ?

— Hélas ! ma mignonne, pas la moindre !

Florie baissa la tête. Il lui était insupportable de voir sa cadette demeurer dans cet état de non-existence, de se dire qu'il avait, sans doute, dépendu d'elle, durant un moment, qu'une telle épreuve lui fût épargnée. Il était temps d'agir.

Depuis que Mathilde lui avait fait part des suppositions qu'elle nourrissait au sujet de la disparition d'Artus, Florie n'avait cessé de se demander comment réaliser sa promesse, comment parvenir à la certitude dont sa famille allait avoir besoin pour passer à l'action. Mais, à présent, elle ne pouvait plus se permettre de tergiverser. Tant pis s'il y avait des risques à prendre, on les prendrait ! Devant le lit où s'étiolait sa sœur, l'essentiel, seul, demeurait : châtier sans plus attendre l'auteur de ce saccage !

Après quelques mots échangés avec sa nourrice, elle quitta la chambre pour rejoindre Philippe qu'elle trouva, dans la grande salle, en conversation avec Arnauld, qui rentrait de l'Université.

— Je suis bien aise de vous voir tous deux ensemble, dit-elle en se forçant à prendre un ton résolu. J'ai à vous parler.

— A moi aussi ?

— A vous aussi, mon frère. Il s'agit de choses graves. Nous aurons, ensuite, des décisions à arrêter d'un commun accord.

Spontanément, elle leur sourit.

— J'ai souvenir que nous nous sommes trouvés ainsi réunis, il y a peu de temps, rue aux Écrivains, dit-elle pour reculer le moment où il lui faudrait lâcher les chiens de la haine. Comme tout, alors, était différent ! Nous ne songions qu'à rire, qu'à rimer. La vie nous semblait sans ombre, sans piège. Tout était tranquille... ou presque tout, corrigea-t-elle en croisant le regard de son frère, dont elle se souvint tout d'un coup qu'il l'avait, ce même jour, mise de façon très précise en garde contre Guillaume — déjà !

Elle baissa la tête, croisa les mains sur ses genoux. Un rai de soleil où s'agitaient des poussières passait à travers une fente des volets de bois pour venir se poser sur ses doigts, sur l'étoffe verte où ils reposaient.

— Ce que j'ai à vous révéler maintenant, dit-elle, sera, je le crains, lourd de conséquences, mais je n'ai pas le choix. Quand on revient de la chambre d'où je sors, quand on a constaté, une fois de plus, combien les goliards ont irrémédiablement profané notre sœur, saccagé son existence, ruiné son avenir, souillé son honneur, on en vient à penser que tout est préférable à laisser ses bourreaux impunis.

— Certes, ma mie, mais je ne vois pas ce que nous pouvons faire d'autre que ce que nous faisons. Arnauld était, au moment où vous êtes entrée, en train de me conter les fouilles que son ami Rutebeuf et lui-même effectuaient dans Paris et les environs pour retrouver Artus le Noir. Sans aucun résultat, hélas ! jusqu'ici.

— Nous ne cesserons de le traquer qu'après sa capture, affirma l'aîné des Brunel d'un air de menaçante détermination. Je vous jure bien, Florie, par tout ce qu'il y a de plus sacré, que Clarence ne demeurera pas dans l'affreuse condition où vous venez de la quitter sans que nous la vengions !

— Justement, dit la jeune femme, déchirée entre des mouvements contraires, justement, je pense détenir le secret de sa cachette.

— Par le Dieu Tout-Puissant !

— Attendez, mon frère, attendez, je vous en prie !

Elle prit une profonde aspiration. Ses doigts tremblaient sur le tissu de soie de son surcot.

— Voici : il y a quelques jours, notre mère a attiré notre attention, à tante Charlotte et à moi, sur des observations qu'elle avait été amenée à faire et qui peuvent nous conduire tout droit, si, toutefois, elle ne s'abuse pas, au repaire d'Artus.

— Parlez, parlez donc !

— Grâce à des indices qui restent à vérifier, nous pensons qu'il a trouvé refuge dans un endroit où personne n'a songé à l'aller chercher, beaucoup plus près de nous qu'on ne pourrait le croire : tout près, même, chez Gertrude !

— Ce n'est pas possible !

— Il semble bien que si. Écoutez plutôt.

En quelques mots, elle mit les deux garçons au courant du cheminement de la pensée maternelle. Arnauld était tendu comme un arc.

— Ce n'est là qu'une éventualité, remarqua Philippe, qui gardait son sang-froid. Rien ne prouve que votre mère ait vu juste. Elle a fort bien pu se tromper dans ses déductions.

— Elle peut, aussi, avoir raison ! s'écria l'étudiant avec feu. Il me revient à présent avoir vu, le soir de la fête du Mai, sur la place de la Grève, Artus en conversation avec Gertrude. J'étais arrivé comme elle le quittait, et, sur le moment, j'avoue n'avoir pas attaché d'importance à cette rencontre. Je me rappelle cependant qu'ils s'entretenaient tous deux comme de bons amis.

— Si je vous l'accorde, en posséderons-nous davantage des certitudes assez solides pour nous permettre de prévenir les juges seigneuriaux de Saint-Germain-des-Prés dont l'affaire dépendra, à partir du moment où l'accusé se trouvera sur un territoire ressortissant à leur juridiction ? Nous savons tous, ma mie, combien la justice d'Église veille à s'entourer de garanties, combien elle est exigeante quant aux preuves à fournir. Or, nous n'en avons guère ! Nos affirmations ne suffiront pas. On nous demandera d'apporter autre chose que des présomptions.

— Par ma foi, pour en avoir le cœur net, il n'y a qu'une façon de faire : c'est d'y aller voir !

Arnauld s'était levé. Une impatience piaffante, comme celle d'un cheval dont on retient la course, l'agitait tout entier.

— Avant de nous lancer ainsi, au jugé, dans une démarche qui aura des conséquences dont nous ne pouvons pas prévoir les prolongements, il faut réfléchir, dit Philippe, moins échauffé que son beau-frère. N'oublions pas qu'Artus est plein de ruse. Il a dû s'entourer de mille précautions afin de n'être ni vu ni remarqué en venant chez Gertrude, en laquelle il a trouvé, par-dessus le marché, une alliée de choix ! Depuis, il est certainement, jour et nuit, sur le qui-vive et je gage qu'il ne dort que d'un œil !

— Nous avons, c'est évident, affaire à forte partie, admit l'étudiant, et je vous concède qu'ils doivent, tous deux, se tenir diablement sur leurs gardes, mais, enfin, il n'est pas facile de cacher quelqu'un chez soi sans qu'on en soit très vite informé à l'entour. En allant rôder auprès du domicile de Gertrude, en enquêtant avec soin, je pense être assez rapidement renseigné. J'y vais de ce pas !

— Non, non, Arnauld ! Je vous en prie ! écoutez Philippe, ne vous emballez pas ! s'écria Florie. L'endroit est isolé, sans voisin, sans maison proche. Il n'y a là-bas ni rue, ni bâtiment où se dissimuler. Vous serez repéré dès votre arrivée sur les lieux, ce qui amènera Artus et son hôtesse à redoubler de vigilance !

— Que faire, alors, d'après vous ? Attendre, toujours attendre, perdre encore plus de temps ?

— Non, bien sûr... (Florie hésitait). J'ai, tout d'un coup, une idée, dit-elle en s'adressant à son mari, mais je ne sais pas si elle est bonne.

— Pourquoi ne le serait-elle pas, ma mie ?

— Parce qu'elle vous met en cause.

— Eh bien, ce n'est pas pour me déplaire, je vous assure ! De quoi est-il donc question ? Je suis prêt à tout braver, à tout risquer, pour diminuer, dans la mesure du possible, les regrets que je traîne après moi. Vous pensez qu'un trouvère n'est pas un bretteur et que je suis plus à ma place à la cour que sur le pré ! Ne le niez pas, je le sais... Pour un homme épris comme je le suis, et plus préoccupé de votre sauvegarde que de sa propre protection, c'est là une position humiliante et douloureuse à la fois. Si vous m'avez trouvé à accomplir une action qui me réhabilite à mes propres yeux, et aux vôtres par la même occasion, vous me rendrez le plus grand service !

— Hélas ! ce sera, sans doute, un service fort risqué...

— Qu'importe ? Dites, dites vite, Florie, je vous en conjure !

Tout en laissant sur le bras de Philippe la main qu'elle venait d'y poser, la jeune femme se tourna vers Arnauld pour le faire juge de son projet.

— Pendant la visite dont je viens de vous parler, Gertrude n'a pas manqué de m'interroger sur ce que vous comptiez faire tous deux afin de nous venger. Notre mère lui a dit combien vous étiez, mon frère, désireux de retrouver Artus parce que vous aviez été le premier à le mettre en relation avec nous. Elle lui a parlé du sentiment de responsabilité que vous éprouviez à cet égard, ne lui a rien celé de votre ressentiment envers celui que vous aviez longtemps considéré comme un ami. C'est pourquoi il me semble impossible que vous vous rendiez à présent là-bas impunément. Vos intentions y sont trop connues. Les deux complices seraient tout de suite alertés. En revanche, continua-t-elle en s'adressant de nouveau à Philippe, j'avais assuré à Gertrude que je vous supplierais, mon ami, de ne pas vous exposer en vain aux violences des goliards, et même que je vous demanderais de renoncer à les poursuivre. Non pas que j'aie jamais douté de votre courage, quoi que vous en pensiez, fou que vous êtes, mais bien par souci de votre vie que je ne voulais pas voir hasardée inutilement...

Elle s'interrompit. Un sourire d'une tendresse à faire fondre un cœur moins amoureux que celui de son mari passa ainsi qu'un rayon de soleil sur son visage.

— Et je vais vous prouver que je suspecte si peu votre courage que me voici en train de vous proposer de vous rendre chez Gertrude afin d'y prendre le vent ! Il me semble, en effet, après ce que je lui ai dit, qu'elle se méfiera moins de vous que de mon frère et ne verra pas d'objection à vous laisser entrer chez elle, non sans avoir, auparavant, caché Artus en quelque coin. Au nom de quoi pourrait-elle, d'ailleurs, vous fermer sa porte ? Ne sommes-nous pas parents ? Elle est bien trop avisée pour ne pas comprendre que ce serait la pire des maladresses ! Non, voyez-vous, ce n'est pas une mauvaise solution. Vous jouerez les innocents et Gertrude sera bien obligée de vous accueillir.

— Qu'aurai-je à faire, au juste ?

— Vous rendre à la petite maison des champs, sous couleur de porter à sa propriétaire un livre ou une chanson, et en inspecter les parages. N'oubliez pas qu'elle est à mille lieues d'imaginer que nous la soupçonnons d'héberger notre ennemi.

— Sans doute, mais pensez-vous vraiment que je découvrirai, comme cela, tout naturellement, des traces de la présence d'Artus sous son toit ?

— Je n'en serais pas étonnée. Un homme laisse toujours derrière lui des marques de son passage. Surtout chez une femme seule.

— Il se peut, aussi, que votre mari tombe, à l'improviste, sur celui-là même qu'il sera chargé de dépister ! dit alors Arnauld qui semblait avoir retrouvé son sang-froid en écoutant Philippe s'exalter. Avez-vous songé à ce qu'il adviendrait de lui en pareil cas ?

— Par ma foi, beau-frère, je ne serais pas mécontent de trouver enfin une occasion de montrer que je ne suis pas un couard !

— Surtout l'occasion de vous faire massacrer ! Êtes-vous privé de sens ?

En entendant son frère, Florie s'en voulut aussitôt. Comment n'avait-elle pas envisagé les suites d'un projet conçu bien trop à la légère, sous le coup de l'émotion ?

— Ignorez, mon ami, ce que je viens de vous proposer ! s'écriat-elle avec contrition. Je vous en supplie, oubliez-le ! C'était sottise de ma part ! Il ne saurait être question de vous exposer de la sorte et je ne sais pas où j'avais la tête !

Elle s'interrompit après avoir rencontré le regard d'Arnauld qui l'observait soudain avec tant d'attention, d'étonnement pensif, qu'elle sut aussitôt qu'il tirait de son comportement des conclusions déplaisantes. Une douleur semblable à celle d'un coup de fouet la cingla.

A la lumière de ce que son attitude, tout instinctive, venait de lui révéler, elle apprenait en un moment à mieux se connaître : il n'y avait pas de quoi être fière ! Heureusement que son époux n'était pas parvenu aux mêmes conclusions qu'Arnauld !

Relevant le front, elle constata que son frère n'avait pas cessé de l'examiner et que le temps employé à sonder ses propres abîmes avait dû être fort court. Non sans une certaine appréhension, mais dans l'espoir que leur entente, leur accord de toujours, interviendrait en dépit de tout, elle lui sourit. Il lui rendit son sourire. Elle ne s'était donc pas trompée !

— Il y aurait peut-être une autre possibilité, dit-il alors en continuant la conversation comme s'il ne s'était aperçu de rien, et c'était bien le meilleur témoignage qu'il pouvait fournir à Florie du pacte tacite conclu avec elle. Je viens d'y penser tout à coup, c'est une simple question de bon sens : je ne risque d'être reconnu en furetant autour de chez Gertrude que dans la mesure où se trouvera, sous son toit, quelqu'un pour me voir, c'est une évidence ! Si la place est vide, je n'ai plus rien à craindre. Eh bien, vidons-la !

— Comment ?

— Ainsi que de braves cousins que nous sommes, voyons ! En conviant Gertrude chez vous, à un dîner ou à un souper, afin de lui rendre son invitation de l'autre jour. Comme le fait ne s'est encore jamais produit, que je sache, depuis votre mariage, elle en sera flattée et y verra la preuve que vous ne lui gardez pas rancune de la triste coïncidence dans laquelle elle se trouve impliquée. Elle jugera donc impossible de refuser un tel geste sans imprudence, s'y rendra, même si elle n'en a guère envie, et me laissera le champ libre.

— Vous oubliez Artus.

— Non point ! Poursuivons notre raisonnement : Gertrude ne peut pas abandonner derrière elle, ouvertement, un homme traqué que n'importe quel visiteur de hasard découvrirait en surgissant à l'improviste. Durant ses absences, elle doit avoir prévu pour lui un lieu de repli où on ne parvienne pas à le dénicher, quelque chose comme une cave, un cellier...

— Fasse le Seigneur Dieu que vous ne vous trompiez pas !

— N'ayez crainte, Florie, tout se passera comme je vous le dis. Il ne peut pas en être autrement, c'est une question de logique. Donc, après avoir fait mon miel de tout ce qui me tombera sous la main, sous les yeux, et je suis déterminé à ne pas rentrer bredouille cette fois-ci, je n'aurai plus qu'à m'éclipser aussi vite que possible.

— Ensuite, nous le tiendrons ! s'écria Florie en se laissant emporter par une vindicte plus puissante que les alertes de sa tendresse fraternelle.

— Préviendrez-vous alors les autorités ou comptez-vous agir sans bruit avec quelques compagnons choisis ? demanda Philippe. Si vous vous arrêtez à la seconde solution, je tiens absolument à être des vôtres.

— Je ne sais pas encore...

— Je vous en supplie, Arnauld, évitez un affrontement qui ne saurait être qu'impitoyable ! Prévenez qui de droit afin qu'Artus soit appréhendé, emprisonné, jugé, condamné et pendu dans la légalité ! En nous comportant de façon régulière, nous mettrons le bon droit de notre côté, ce qui ne serait pas le cas si nous voulions nous faire justice nous-mêmes !

— Eh oui... Il n'en reste pas moins que je brûle de participer en personne au châtiment de ce traître ! De toute façon, nous n'en sommes pas encore là. Procédons par ordre. Il faut commencer par inviter Gertrude chez vous.

— A quelle occasion ?

— Les fêtes de Pentecôte, qui tombent dimanche prochain, ne pourraient-elles servir de prétexte à votre geste ? Ces deux jours chômés, avec les plaisirs et les réjouissances qu'ils entraînent, me semblent tout indiqués pour une telle opération. Votre intention paraîtra des plus naturelles.

— Disons samedi. Je préfère que ce ne soit pas le jour saint.

— Parfait. Vous prévenez Gertrude, elle vient, je vais chez elle et je veux bien être pendu à la place d'Artus si je ne déniche pas là-bas de quoi éclairer ma lanterne !

La perspective de l'action à entreprendre, le sentiment de venir en aide à Florie, la satisfaction, surtout, de pouvoir enfin sortir d'une passivité qui lui rongeait les sangs, redonnaient à l'étudiant du mordant et une vitalité nouvelle.

— Dieu vous bénisse, Arnauld, et qu'Il vous garde !

La jeune femme sentit à ce moment une nausée lui tordre l'estomac. Laissant à Philippe le soin d'expliquer à son beau-frère le motif de son départ précipité, elle s'élança dehors.

Dans la cour, où le soleil chauffait les pierres de la façade à tel point que la chaleur réverbérée était à peine supportable, Florie rencontra Tiberge la Béguine qui revenait du verger en compagnie d'une servante portant un panier plein de salades, d'épinards, de bettes, de poireaux.

— Que vous voilà pâle, chère dame, on dirait...

La future mère n'eut que le temps de se précipiter vers un baquet rempli de son, posé dans un coin par un garçon d'écurie.

Quand elle se redressa, Tiberge, qui avait envoyé la servante à la cuisine, se rapprochait d'elle, une lueur de connivence au fond des yeux.

— Par Notre-Dame, il n'y a pas à se tromper sur ce que je viens de voir ! Je ne crois pas m'avancer beaucoup en prédisant, pour l'an prochain, la naissance d'un beau petit.

— Il se pourrait bien que tu aies raison, Tiberge.

— Dieu soit loué ! Comme vos parents vont être heureux, et tout le monde, céans, avec eux, c'est moi qui vous le dis !

Sur la large face couperosée de l'intendante passait un attendrissement, une satisfaction, qui en adoucissaient l'ordonnance un peu rude. Tout en respirant son eau de senteur favorite, Florie lui sourit. Elle retrouvait ses couleurs, la sensation de nausée s'estompait.

— Je voudrais déjà avoir mon enfant entre les bras !

— Ce n'est pas à souhaiter, ma chère petite, croyez-moi, car ce serait preuve que vous avez fauté ! s'écria Tiberge d'un air réprobateur. Prenez patience, c'est la seule chose à faire. Par ma foi, je vais me mettre sans plus tarder à tailler et à coudre langes et petites chemises, afin d'avoir, ensuite, tout mon temps pour les broder. Il faut que votre fils soit mis comme celui d'un baron !

— Tout doux, Tiberge, tout doux ! N'en faisons pas un vaniteux, je te prie. J'aimerais qu'il soit, à l'image de notre sire le roi, plein d'humilité et de sagesse, vêtu simplement, et doux de cœur.

— Je prierai Notre-Dame afin qu'Elle vous exauce.

— Je t'en remercie, Tiberge, et je suis contente que tu partages mon secret. Cependant, n'en souffle mot à personne, s'il te plaît : je tiens beaucoup à annoncer moi-même l'événement à mes parents.

— Soyez en repos, je n'en parlerai à quiconque.

La même recommandation fut faite à Arnauld qui promit de se taire, lui aussi, et les jeunes époux rentrèrent chez eux pour dîner.

Après le repas, pendant que Philippe composait une ballade, Florie, incommodée par la chaleur, se reposa avant de se mettre, de son côté, à écrire un poème dont le thème lui avait été proposé auparavant à la cour de la reine Marguerite.

Ce ne fut qu'en fin de journée qu'elle se décida à se rendre chez Aubri Louvet afin d'inviter Gertrude pour le samedi suivant. Retenu par son travail, Philippe la laissa sortir en compagnie d'une simple servante.

La touffeur s'atténuait avec l'approche du soir. Les odeurs de la rue, plus insistantes qu'à l'ordinaire, se mêlaient à celles de la Seine dont l'eau, chauffée depuis plusieurs jours par un soleil trop lourd pour la saison, dégageait de fades relents de vase et de goudron.

Passé la masse du Petit-Châtelet où l'ombre restait fraîche, et une fois acquitté le droit de péage obligatoire, les deux femmes se trouvèrent sur le Petit-Pont.

Comme toujours, il était encombré par une foule pressée entre les maisons qui le bordaient de part et d'autre. Il fallut se frayer un passage dans la bousculade qui, tout au long du jour, tourbillonnait devant les éventaires de merciers, de pelletiers, de joailliers dont c'était le lieu d'élection.

En passant devant la boutique où, elle le savait, Guillaume s'installerait à son retour d'Angers, Florie ne put se retenir de jeter un coup d'œil vers l'étal que des fourrures de toutes provenances encombraient. Le sachant absent, elle osait enfin considérer l'endroit où il vivait, travaillait, dormait, songeait à elle... Dès que conçue, cette pensée parut dangereuse à la jeune femme qui décida aussitôt de la chasser loin d'elle et se força à s'intéresser exclusivement aux marchands de chandelles, d'œufs, de cresson, de charbon, de chapeaux de fleurs, aux jongleurs, baladins, montreurs de singes (eux seuls ne payaient rien aux receveurs du péage à condition de faire exécuter des tours de leur façon à leurs animaux savants), aux mendiants, religieux, Filles-Dieu, qui se croisaient, se coudoyaient, s'interpellaient en cet étroit espace.

Il fallut donc mettre un certain temps pour gagner la place du marché Palu, dans la Cité.

Il y avait du monde dans la boutique de l'apothicaire que l'odeur de plantes séchées et d'onguents emplissait. Cependant, dès qu'Ysabeau vit Florie, elle s'avança aussitôt vers elle.

— Comment se porte Clarence ? demanda-t-elle d'un air plein d'importance. Va-t-elle mieux qu'au moment où nous nous sommes rendues chez vous ?

Elle n'était pas retournée en personne rue des Bourdonnais de peur d'importuner, précisa-t-elle avec le luxe d'explications qui coulait toujours de ses lèvres dès qu'elle ouvrait la bouche, mais n'avait jamais manqué de faire prendre, chaque jour, des nouvelles de leur jeune cousine. Son mari, de son côté, était passé voir Étienne.

— Ma sœur se remet lentement dans son corps, répondit Florie, mais son esprit demeure absent. Elle reste comme hors d'elle-même.

— J'en suis encore toute retournée !

— Si je suis venue vous trouver à une pareille heure, au risque de vous déranger, enchaîna Florie avec une détermination accrue par le recul instinctif qu'elle manifestait devant toute jérémiade, c'est pour vous demander si Gertrude se trouve chez elle en ce moment.

— Je ne la crois pas encore revenue de la petite école où elle enseigne.

— Tant pis. Voulez-vous avoir l'amabilité de lui dire que nous serions heureux, Philippe et moi, qu'elle vînt dîner avec nous samedi prochain. Ce dimanche étant jour de Pentecôte, nous avons pensé qu'elle serait libre en cette veille de fête.

— Grand merci pour elle. Je lui ferai part de votre invitation et elle vous fera savoir, de son côté, si elle accepte. Je pense, pour ma part, qu'elle en sera ravie.

— Je l'espère également.

— Elle verra, j'en suis sûre, dans ce geste, un témoignage d'amitié et l'assurance que vous ne lui tenez pas rigueur de s'être, bien à son insu, trouvée mêlée à ce qui vous est si malencontreusement advenu en sortant de chez elle.

— Pourquoi lui en voudrions-nous ? Il n'y a là qu'une triste coïncidence et je lui ai déjà dit qu'elle n'y était pour rien.

Florie se sentait mal à l'aise. Elle n'aimait guère le rôle ambigu qu'il lui fallait jouer.

Comme elle sortait de chez l'apothicaire en compagnie de sa servante, des grondements encore lointains se firent entendre. Le ciel se couvrait à l'ouest d'une nuée aussi noire qu'une plaque de cheminée.

— Il va pleuvoir, dame, dit la servante, sauvons-nous !

— Nous avons encore un peu de temps, Suzanne. Avant de rentrer je voudrais passer chez demoiselle Alix que je n'ai point vue depuis plusieurs jours.

Ce n'était pas tant à cause du choc subi du fait des goliards que Florie avait espacé ses rencontres avec Alix, c'était pour ne pas avoir à lui parler de Guillaume, pour ne pas lui laisser entrevoir la place qu'il avait prise dans sa vie. A présent, tout était différent. Elle pouvait de nouveau se présenter devant son amie sans trop se sentir coupable. La nouvelle qu'elle avait à lui annoncer, les résolutions prises le matin, renouvelées à la suite de la conversation qui avait suivi, la soutiendraient assez pour écarter son trouble et le rendre insensible.

Maître Nicolas Ripault et les siens habitaient, près de la place du marché Palu, rue de la Vieille-Draperie, une maison que n'avait jamais cessé d'occuper depuis plus de deux siècles leur famille où on était drapier de père en fils.

A travers l'agitation de la rue de la Juiverie, Florie et Suzanne gagnèrent la respectable demeure. Haute de quatre étages, surmontée d'un pignon en surplomb, avec un rez-de-chaussée comportant la boutique et l'atelier dans lequel on pouvait regarder travailler les apprentis, elle élevait sur la rue sa façade à colombages où ne s'inscrivaient que d'étroites ouvertures alors que se cachait derrière un jardin feuillu. Une large fenêtre sans vitrage, précédée d'une margelle, s'ouvrait sur la rue où se pressaient les chalands. Des draps de toutes couleurs étaient étalés sur les volets de bois. Un vendeur les proposait avec empressement aux passants, tout en interrogeant du regard, avec appréhension, les nuages qui, par-delà les toits pointus, envahissaient le ciel.

Par une porte donnant sur le côté, et qu'on laissait ouverte tout le jour, Florie et sa servante, en habituées, pénétrèrent dans la boutique, saluèrent maître Ripault qui expliquait avec sa faconde coutumière une affaire à un client, et montèrent au premier étage.

Dans la grande salle, richement meublée, Yolande, qui servait de secrétaire à son mari, faisait des comptes. Alix et Laudine, rentrées de l'école du proche couvent de bénédictines où elles achevaient de s'instruire, se tenaient autour d'un lit à colonnes sur lequel était étendu leur frère infirme. Elles brodaient des ornements d'autel. Près d'elles, deux filles de service filaient et cousaient. Toutes quatre écoutaient avec recueillement la mélodie que Marc improvisait sur son luth, au gré d'un talent qui ne manquait pas d'attrait. Le chat allongé contre les jambes de l'adolescent, le lévrier étendu au pied du lit, semblaient également goûter la musique fluide qui égrenait ses notes autour d'eux.

— Par ma foi ! voici notre Florie qui se décide enfin à venir nous voir ! s'écria Alix avec la pétulance qu'elle tenait de son père. On se languissait de toi, ma mie !

La jeune femme salua la maîtresse du logis, embrassa les deux sœurs, sourit à Marc qui continuait à jouer en sourdine. Il avait un an de plus qu'elle, mais elle ne pouvait s'empêcher de le considérer comme un frère cadet, tant il paraissait frêle. Le manque d'exercice en avait fait un être pâle et gracieux, qui évoquait davantage quelque ange foudroyé plutôt qu'un garçon de seize ans. Ainsi qu'une marque mystérieuse, une cicatrice étoilait en son milieu le front haut et étroit comme un porche. Elle datait du jour de l'accident qui, en le précipitant sur les pierres du chemin, avait fait de Marc une pauvre chose brisée.

— J'avais, aussi, le désir de vous retrouver, dit Florie en prenant place auprès de son amie. Mais les semaines qui viennent de s'écouler ont été si lourdes à porter que je n'ai pas eu le temps de venir jusqu'ici. Nous ne savons plus comment nous vivons ces derniers temps !

Depuis l'affreux matin où Nicolas Ripault avait conduit Mathilde à la cour de justice royale, la famille du drapier s'était, pourtant, beaucoup manifestée.

— Bien sûr, tu as toutes les excuses possibles, aussi te pardonne-t-on, dit Alix d'un air tendre. Où en est ta sœur à présent ?

— Un peu mieux quant au corps, sans changement quant à l'esprit !

— Quel tourment pour votre mère, soupira Yolande. Je ne cesse de prier à son intention.

— Moi, je prie pour Clarence, assura Laudine dont les taches de rousseur s'enflammaient sous la poussée de l'émotion. Ne reconnaît-elle toujours personne ?

— Personne, hélas !

— Que fait-elle, maintenant qu'elle est en voie de rétablissement ? A quoi se passent ses heures ? Commence-t-elle à se lever ?

— On lui fait faire quelques pas dans sa chambre, sans qu'elle semble s'en rendre compte le moins du monde... pas plus que du reste, d'ailleurs... On dirait qu'elle a perdu son âme !

— Clarence n'a plus ses idées, moi, je n'ai plus mes jambes, remarqua le jeune infirme qui avait cessé depuis un petit moment de jouer du luth. Pour certains, la vie est toujours amputée de quelque chose !

— Nos destinées, mon fils, il est vrai, sont inintelligibles si on cherche à les appréhender avec le pauvre instrument qu'est notre raison, dit Yolande en s'adressant à Marc avec une ferme douceur. Les secrets de la Création sont trop difficiles pour nous. La sagesse, puisque nous ne pouvons comprendre, consiste à espérer, à nous en remettre à Celui qui est à l'origine de tout.

— Je sais, ma mère, je sais. Mais, parfois, je n'accepte plus ce que je sais.

Chacun demeura un instant silencieux. Des mouches bourdonnaient contre le plafond aux poutres épaisses. Le chat ronronnait, des murmures de conversations montaient du rez-de-chaussée.

Florie pensa que le moment était mal choisi pour annoncer une naissance, qu'il lui faudrait attendre une meilleure occasion.

— Voulez-vous venir toutes deux dîner avec nous samedi ? reprit-elle pour briser un silence qui lui parut cruel. Gertrude sera des nôtres. Bertrand devant se joindre à nous, nous nous retrouverons à cinq pour contrebalancer la présence d'un convive que, vous le savez, nous n'aimons pas à la folie !

— Pourquoi l'inviter, si elle ne vous plaît pas ?

— Par nécessité, ma mie, rien de plus. Je t'expliquerai un jour ce mystère. En attendant, ta présence et celle de Laudine nous aideront plus que vous ne sauriez le croire.

— Tu peux compter sur nous, n'est-ce pas, mère ?

— Bien sûr.

— Que ne ferions-nous pas pour te venir en aide ! Je n'éprouve pas, moi non plus, une passion sans bornes pour ton invitée, mais si cela peut t'être utile, je suis fort capable de me montrer charmante avec elle !

— Je ne t'en demande pas tant ! Il vous suffira de nous aider à entretenir la conversation !

9

— Ainsi donc, dans peu de mois, je serai une aïeule !

Depuis deux jours que Florie, au cours d'une visite, lui avait annoncé sa future maternité, Mathilde ne cessait de songer à tout ce que cette naissance allait apporter de changement à leur vie de famille. Une espérance, bien sûr, en premier, puisqu'un enfant est d'abord une promesse, mais une nouvelle étape, aussi, pour chacun d'entre eux. Un apprentissage de plus pour Étienne et pour elle. Également la fin de tout rêve amoureux ! Une fois devenue grand-mère, il n'était plus concevable de se laisser aller à imaginer de folles aventures : ce serait là un ridicule qu'elle n'accepterait pas de se donner.

« Adieu, Guillaume, adieu, mes errements ! Cet enfant, en me reléguant au rang d'ancêtre, me mettra définitivement hors jeu. Je ne me vois pas berçant des rêves sentimentaux en même temps que mon petit-fils dans sa nacelle ! »

Encore une fois, un signe lui était envoyé. Quelqu'un de nouveau allait l'aider à demeurer dans la voie de la sagesse. Comme tous ceux qui l'avaient précédé, ce témoignage d'une attention très précise la dirigeait avec fermeté vers le chemin sans complaisance du renoncement à soi.

« Eh bien, Seigneur, que Votre volonté soit faite ! Pas la mienne, qui s'égare si aisément, mais la Vôtre, la Vôtre seule ! »

Mathilde soupira. Ses doigts, qui tenaient une guimpe qu'elle était en train de broder de soieries aux teintes vives, continuèrent machinalement leur tâche tandis que sa pensée s'évadait.

Il faisait moins chaud. Les orages qui s'étaient succédé pendant plusieurs jours avaient enfin rafraîchi l'air. En même temps, la pluie avait libéré les odeurs puissantes de la terre mouillée, des roses de juin, de l'herbe reverdie, des plantes potagères, des simples du jardin. Odeurs sensuelles qui troublaient Mathilde, qui suscitaient en elle des faims dont elle se serait bien passée et qu'il devenait urgent de contrôler.

En ce samedi, veille de Pentecôte, rentrés vers quatre heures de relevée, plus tôt qu'à l'ordinaire, de la foire du Lendit où ils avaient laissé leurs apprentis sous la garde de Bertrand, Étienne et son épouse avaient d'abord éprouvé le besoin de se reposer un peu des fatigues du jour, de la poussière, du mouvement, du fracas de la foire. Assis l'un près de l'autre sur le banc de pierre proche du bassin, ils prenaient le frais sous les branches légères des noisetiers. Une sensation de répit, d'entente, les unissait au-delà de leurs difficultés coutumières. Ainsi que Mathilde l'avait espéré depuis le début, l'épreuve qu'ils traversaient ensemble les avait enfin rapprochés.

— Eh oui ! ma mie, nous allons devenir grands-parents !

Étienne posa sur le bras de sa femme une main tavelée.

— A mon âge, il n'est rien là que de normal. Au vôtre, c'est un peu tôt, sans doute, quoique assez répandu. Vous serez une jeune et belle aïeule, ma mie, que voulez-vous ! Je ne pense pas que vous aurez à le regretter. Vos petits-enfants seront amoureux de vous. Ce sera charmant !

D'un geste dont la spontanéité aurait aussi bien été celle d'un jouvenceau, l'orfèvre éleva jusqu'à ses lèvres les doigts qu'il tenait, les baisa avec dévotion.

Mathilde sourit avec un air d'indulgente complicité. Une expression où Étienne décela de l'amusement, un rien d'émoi teinté de mélancolie, une acceptation qui était sagesse et lucidité, mais nulle ironie, éclaira le visage qu'il aimait.

— Vous me verrez toujours avec les yeux de l'amour, mon ami ! Croyez bien que j'apprécie cette constance comme elle le mérite. Seulement, nos petits-enfants, eux, me considéreront tout autrement.

Que je le veuille ou non, j'aurai beau être une jeune grand-mère, selon vous, je personnifierai pour eux la plus âgée des femmes de la maison.

— Vous oubliez votre propre aïeule et ses quatre-vingts ans.

— Quand les enfants de Florie seront en âge de comprendre ce qu'est jeunesse ou vieillesse, il est probable qu'elle ne sera plus parmi nous. J'aurai, alors, le triste privilège de me trouver doyenne de la famille !

— Dieu merci, nous n'en sommes pas encore là ! Vous voici, ma mie, aussi fraîche qu'il y a dix ans.

— J'en ai trente-quatre bien sonnés, Étienne !

— Ce n'est point là nombre canonique, que je sache ! Vous ne pouvez d'ailleurs pas ignorer que vous demeurez toujours aussi belle.

« A quoi me sert de l'être ? songea Mathilde qu'un regain d'appétits charnels tourmentait soudain. A quoi donc, puisque les joies qui devraient en bonne logique en découler me sont refusées ? »

Depuis le départ de Guillaume, pourtant, elle connaissait un répit, se sentait plus calme, moins souvent sollicitée. Il fallait sans doute porter au compte des effluves d'un mois de mai chaud et alangui, au compte, aussi, des propos galants tenus par son mari, ce besoin d'amour renaissant. Il y avait, de nouveau, un combat à livrer, un de plus ! Il ne fallait pas qu'Étienne s'en doutât, il en aurait trop souffert. Pour une fois où il était détendu, elle s'en serait voulu de troubler sa paix.

— Je ferai de mon mieux pour demeurer avenante le plus longtemps possible, mon ami, afin de vous faire honneur, assura-t-elle en se contraignant à garder un ton badin. C'est une question de coquetterie.

— Quand je songe à vous, et j'y songe maintes fois, vous le savez, ma mie, reprit maître Brunel sur un mode confidentiel, je vous vois en bleu, comme à travers la pierre fine du nom d'aiguemarine qui a la limpidité même de l'eau, comme si toute votre personne se reflétait dans vos yeux, comme si vous étiez pétrie d'azur.

— Voilà une pensée ravissante, Étienne, et qui me plaît, venant de vous, évoquant votre goût des pierreries et la connaissance que vous en avez. Merci de l'avoir eue, de me l'avoir avouée. J'y songerai souvent.

Il était ainsi ! Capable de la plus attentive tendresse et des rebuffades les plus injustes, sensible ou bien tranchant, selon l'heure, délicat ou sarcastique, bon ou agressif, par à-coups. Mathilde était habituée à ces sautes d'humeur, à ce comportement changeant. Elle savait qu'en dépit de ces alternances, au fond de l'âme de son mari, veillait à son égard un attachement sans condition, total, qui ne passerait qu'avec lui.

— Nous marcherons vers la vieillesse en nous appuyant l'un sur l'autre, mon ami, dit-elle sans se permettre de soupirer. Si Clarence se rétablit, comme l'espère sire Vives, nous pourrons, peut-être, cueillir en route quelques joies imprévues. Pourquoi cet enfant à venir ne serait-il pas l'une d'entre elles ?

Le choc du lourd vantail de bois retombant, dans la cour, derrière un nouveau venu, les aboiements des chiens, des bruits de pas, interrompirent le dialogue des époux. Un valet apparut bientôt, précédant le chanoine Clutin. L'oncle de Mathilde avançait à grandes enjambées qui soulevaient sa chape noire comme si le vent s'y était engouffré. Sur ses traits d'ascète, sa bienveillance naturelle semblait assombrie par on ne savait quel souci.

— Dieu vous garde, mon oncle.

— Qu'Il vous assiste, ma nièce !

A eux seuls, ces quelques mots étaient un signal d'alarme. Une visite du chanoine, déjà rare en temps normal, était encore plus insolite en cette veille de Pentecôte, alors que le clergé s'affairait partout pour préparer les offices du lendemain. Que signifiait-elle ?

Mathilde sentit les pulsations de son cœur s'accélérer brutalement.

— Vous semblez préoccupé, mon oncle, remarqua-t-elle avec inquiétude. Pouvons-nous savoir pourquoi ?

— Je ne suis pas venu pour autre chose, ma fille, mais, hélas ! ma mission n'en est pas plus plaisante pour autant !

D'un geste instinctif, Étienne s'empara du bras de sa femme qu'il étreignit entre ses doigts, sans qu'elle pût savoir si c'était pour la soutenir ou, au contraire, pour se raccrocher à elle.

— De quoi s'agit-il ? demanda-t-il avec une crispation de la bouche qui était chez lui signe d'émotion et de malaise.

— D'une funeste mésaventure qui vient d'arriver à votre fils aîné.

— Arnauld !

Les traits du chanoine semblaient plus émaciés qu'à l'ordinaire, comme altérés de l'intérieur.

— Il s'est réfugié chez moi, dit-il avec gravité. Il est blessé. Je l'ai aussitôt soigné et puis vous assurer qu'il n'est aucunement en danger. Ce ne sera pas grave. Ce qui l'est bien davantage, c'est la raison même de cette blessure.

Il s'interrompit, serra les lèvres, jeta un coup d'œil autour de lui.

— Pour l'amour de Dieu, mon oncle, dites-nous ce qui s'est passé !

— Je préférerais vous faire part de ce qui lui est arrivé dans un autre endroit que celui-ci, loin des oreilles curieuses qui peuvent toujours se trouver à proximité, dans un jardin, reprit le chanoine. Si nous allions dans votre maison ?

— Montons dans notre chambre, proposa Mathilde. C'est là que nous serons le plus tranquilles pour parler.

Les fenêtres de la pièce, ouvertes sur l'extérieur, laissaient pénétrer les rumeurs du logis et des odeurs végétales qui se mêlaient au parfum de la menthe sauvage, fraîchement cueillie et dont on avait jonché le sol.

Mathilde indiqua au chanoine un siège libre. Étienne prit place sur la chaise à haut dossier qui lui était familière ; son épouse s'assit sur le lit à baldaquin, recouvert de la même tapisserie des Flandres que les courtines qui étaient relevées.

— Arnauld nous a quittés ce matin pour aller dîner chez sa sœur, sans rien nous dire de particulier, déclara maître Brunel. Il ne paraissait pas nourrir de projet inquiétant. Il m'a même paru plutôt joyeux. Quel fait nouveau est donc intervenu ?

— Hélas ! mon neveu, il ne peut jamais rien venir de bon de ce qui a commencé dans le mal et votre fils se voit atteint à son tour par un coup dont l'origine remonte au malheur dont sa sœur a eu tant à souffrir.

— Je ne comprends pas, dit Mathilde. En quoi les goliards...

— Ils ne sont pas directement fautifs, cette fois-ci, mais, cependant, ils restent la cause première de ce qui vient de se passer. Voici les faits. J'ai vu arriver tantôt chez moi Arnauld soutenu par un étudiant de ses amis, nommé Rutebeuf, qui l'aidait à marcher. Votre fils avait en effet reçu un coup de poignard et perdait beaucoup de sang. Heureusement, la lame avait glissé sur les côtes sans léser aucun organe. Je lui ai fait un pansement et puis vous assurer qu'il se remettra sans tarder de cette blessure.

— Dieu soit loué ! dit Étienne. Dans ces conditions, pourquoi parler à son propos d'un grave malheur ?

— Parce que le coup qu'il a reçu n'était que l'ultime parade d'un homme qui allait mourir... mourir de la main de votre fils !

— Lui ? Tuer quelqu'un ? C'est impossible !

Mathilde croyait avoir crié, mais sa voix sortit comme cassée de sa gorge. Pierre Clutin la considérait avec affliction.

— Le nom de sa victime vous éclairera mieux qu'une longue explication, ma nièce : il s'agit d'Artus Le Noir.

— Par Dieu ! Je le craignais ! gronda Étienne en se redressant sous l'effet d'une telle révélation.

Ses rides s'accentuèrent, creusant son front, encadrant sa bouche d'amertume.

— Mais, enfin, où, comment, avec qui, l'a-t-il rencontré ?

— Seul, dans une maison où il s'était rendu en formant le projet de relever des traces...

Mathilde laissait son mari s'étonner, poser des questions. Pour elle, tout était clair. Voilà donc où ses déductions imprudentes avaient entraîné son fils !

— Arnauld, Florie et Philippe étaient tous trois persuadés que Gertrude cachait chez elle le fugitif, disait le chanoine. Mais que, en son absence, il se mettait à l'abri des regards indiscrets. Nanti de cette assurance, votre aîné est parti en fin de matinée vers le vallon où niche la maison en question. Il avait calculé qu'il y parviendrait au moment précis où l'invitée de sa sœur arriverait, de son côté, rue aux Écrivains. Il y fut à l'heure. Tout paraissait désert. Il a sauté par-dessus la haie qui entoure le clos, s'est approché de la porte, a constaté qu'elle n'était pas verrouillée, ce qui n'a fait que le confirmer dans l'idée que le goliard se dissimulait dans un endroit éloigné, est entré... Je tiens chacun de ces détails de sa bouche... Vous savez que le rez-de-chaussée du logis se compose d'une grande salle et d'une cuisine. La pièce principale était vide, ou, du moins, paraissait l'être, mais des odeurs de nourriture, un relent de présence humaine, alertèrent cependant Arnauld. Il perçut alors une sorte de grognement qui venait du lit occupant le coin opposé à la porte par laquelle il s'était introduit dans la demeure. Les courtines en étaient fermées. Sans faire de bruit, il se dirigea vers la couche, souleva un des pans de l'étoffe et aperçut Artus le Noir qui ronflait et puait le vin.

— Par saint Jean ! Je n'arrive pas à comprendre comment Gertrude a pu accueillir ce goliard de malheur !

— C'était aussi ce qui me gênait, mon ami, et c'est pourquoi je n'ai pas jugé utile de vous informer sur-le-champ des doutes où m'avait plongée son comportement quand elle était venue voir Clarence, peu après les événements. J'en étais encore à me demander comment obtenir une confirmation de mes hypothèses ! Nos enfants, hélas ! ont été plus vite en besogne ! J'imagine le désarroi d'Arnauld devant son ancien condisciple endormi...

— Il m'a avoué être demeuré un moment indécis, à se demander, puisqu'il avait obtenu du premier coup le renseignement désiré, s'il devait s'en aller tout de suite, ou, au contraire, profiter de l'occasion sans doute fugitive. Que faire ? Comment ? Il ne s'était pas encore mis d'accord avec son beau-frère et sa sœur sur le sort à réserver au coupable : le livrer à la justice ou le châtier de sa propre main ? Un moment plus tard, il songea même, la colère montant, à frapper sur place, sans le réveiller, son adversaire désarmé ! Dieu merci, il est trop loyal pour agir de la sorte ! Il s'est donc, enfin, décidé à lancer sur le dormeur un coussin qui se trouvait là. Dès que l'autre a ouvert les yeux, il lui a crié son dégoût et s'est précipité sur lui.

— Seigneur ! Ils ont dû se battre comme des forcenés !

— Votre fils, fort de son droit, sentant en lui une énergie décuplée par l'indignation, par la longue attente, la difficile poursuite, qui se terminaient là, en outre à jeun et parfaitement éveillé, prit assez vite l'avantage sur l'ivrogne noyé dans les vapeurs du vin qui ne parvenait pas à reprendre ses esprits. En dépit de la taille et des moyens physiques d'Artus, que la solitude devait pousser à boire encore plus qu'à l'ordinaire, Arnauld eut vite le dessus. Il m'a dit ne pas avoir ressenti de façon nette la volonté de tuer, mais n'avoir rien fait, non plus, pour maîtriser sa violence. Ce n'est qu'en sentant le gros corps s'affaisser sous ses coups qu'il a compris ce qu'il venait de faire. La sensation de cauchemar était si puissante qu'elle allait jusqu'à l'empêcher de ressentir sa blessure. Mais en sortant de la maison un peu après, il a vu son propre sang couler, mêlé à celui dont il était éclaboussé. Il a été se laver au puits, a posé sur sa plaie un linge pris dans la salle où le silence, succédant à tant de furie, l'a impressionné, puis, craignant de ne pouvoir traverser Paris seul sans risquer de se trouver mal, s'est rendu chez son ami Rutebeuf pour lui demander de l'accompagner chez moi.

— Il devait, surtout, tenir à se confesser du péché qu'il venait de commettre, murmura Mathilde.

— Il m'est, en effet, arrivé révulsé par le côté sanglant de l'acte accompli et fort désireux d'aide et de conseil. Rien, dans son passé d'étudiant, ne l'a préparé à devenir un jour un justicier acculé au meurtre, à occire ainsi, de propos délibéré, un homme qui, de surcroît, avait été son ami.

— Quelle abominable fatalité ! dit Mathilde. Vous le voyez bien : le mal est sur nous !

— Cet Artus était une brute immonde ! s'écria alors Étienne qui avait écouté sans intervenir le récit de leur oncle. Il a fait subir à Clarence des outrages dont vous ne pouvez concevoir l'horreur ! Et il souhaitait en faire de même à Florie ! Je ne le plains pas ! Il a été justement châtié et par qui de droit. Je déplore seulement, qu'à ma place, ce soit Arnauld qui se trouve impliqué dans cette nouvelle affaire. Jeune comme il l'est, il peut beaucoup espérer de la vie, alors que je n'en attends plus grand-chose. Mon existence aurait dû, dans cette juste action, se terminer sans dommage pour personne. Ne protestez pas, Mathilde ! Je sais ce que je dis !

— Je vous en prie, mon ami...

— J'ai encore à vous apprendre la décision prise par votre fils, continua Pierre Clutin, dont la poitrine étroite semblait se creuser davantage sous le poids de la compassion ressentie, décision qu'il m'a également chargé de vous communiquer. Dès qu'il s'est senti en état de le faire, il a tenu à se rendre auprès du Père Abbé de Saint-Germain-des-Prés, qui a droit de haute justice sur toute la région où est située la maison de Gertrude, afin de s'en remettre à lui pour être jugé.

— Jugé ! Mais, de toute façon, Artus aurait été condamné !

Arnauld n'a pas commis de crime, il n'a fait que devancer la sentence !

— Sans aucun doute, ma nièce, seulement, la sentence n'avait encore été prononcée par aucun tribunal, et, vous le savez, personne n'a le droit de se faire justice soi-même.

— On ne peut pourtant pas accuser d'assassinat, ainsi qu'un vil meurtrier, le frère qui venge l'honneur perdu de sa sœur !

— Œil pour œil et dent pour dent, Mathilde ! Est-ce de cette façon que vous entendez l'enseignement du Christ ?

— Non, mon oncle, non ! Je voulais dire qu'il ne s'agissait pas là d'un cas ordinaire.

— Je le sais aussi bien que vous, et votre fils, d'ailleurs, ne se considère pas non plus comme un criminel courant, mais bien comme un justicier. En ce moment précis, il doit exposer son cas à l'Abbé avec les motifs de sa conduite.

— Il faut que j'aille le soutenir ! s'écria maître Brunel. Ma caution, le témoignage d'un homme respectable dont une des filles a été violentée, l'autre agressée, et dont le fils vient, justement, d'amener le coupable à payer le prix de son crime, peuvent, dans une affaire comme celle-ci, se révéler de grand poids.

— Je vais avec vous, mon ami !

Le chanoine regagna Notre-Dame, des ordres furent donnés pour qu'on sellât le meilleur cheval, qui franchit bientôt le porche, portant les deux époux sur son dos. Tenant Étienne par les épaules, selon l'habitude, Mathilde montait en croupe.

En cette veille de fête, il y avait beaucoup d'animation dans les rues dont on parait les maisons de feuillages, guirlandes fleuries, tapisseries suspendues aux fenêtres, pendant que, sur les places, on dressait des échafaudages où s'exhiberaient, le lendemain, bateleurs, jongleurs, montreurs d'animaux savants. On compterait sans doute moins de monde qu'à l'accoutumée dans la cité capitale en ce jour de Pentecôte 1246, car le roi avait choisi de donner à Melun, pour cette même date, une cérémonie grandiose en l'honneur de son jeune frère Charles, qui serait fait chevalier, et auquel on conférerait à cette occasion ses apanages du Maine et de l'Anjou. Néanmoins, la presse était encore suffisante pour ralentir la marche du cheval, et Étienne ne cessait de pester contre la foule qui lui faisait prendre du retard.

— Gardez votre calme, mon ami, disait Mathilde. Vous allez certainement en avoir besoin !

Après avoir traversé les deux ponts de l'île de la Cité et suivi la rue de la Vieille Bûcherie, puis la Grand-Rue-Saint-Germain, sur la rive gauche, le couple sortit de Paris par la porte de Buci.

Dans les prés qui, au-delà des remparts, s'étendaient jusqu'à la Seine, des meules de foin fraîchement coupé s'élevaient un peu partout comme des taupinières. Douce et insistante, la senteur de l'herbe séchée au soleil de juin emplissait les poitrines, se faisait présence, pour évoquer les plaisirs et les jeux amoureux.

Enclose en de hauts murs fortifiés, l'Abbaye de Saint-Germain était toute proche. Mathilde et son mari connaissaient bien, pour s'y être souvent rendus, le vaste ensemble dressant au-dessus des prairies voisines les tours de son église abbatiale, les toits aux larges pans de tuiles des bâtiments conventuels qui rassemblaient, autour de son beau cloître, des cuisines, des parloirs, une infirmerie, une maison d'hôtes, un réfectoire immense, ainsi que la salle du chapitre, une prison, des jardins et une chapelle de la Vierge qu'on achevait d'édifier. Toute une population vivait sous la protection d'un Père Abbé qui ne dépendait de nul autre que du pape et dont le pouvoir, de ce fait, était grand.

Comme le couple, après avoir dépassé le pilori de l'abbaye, qui se trouvait à l'extérieur des murs, parvenait à la hauteur du fossé de la première enceinte pour se présenter à une poterne, un groupe sortit par une des portes dont le pont-levis était abaissé.

— Par Dieu ! Voici Arnauld ! s'écria maître Brunel en mettant une main au-dessus de ses yeux pour les abriter des rayons du soleil qui commençait à descendre vers l'ouest.

— Seigneur ! Il est entouré de gens d'armes, murmura Mathilde qu'étreignait une appréhension douloureuse.

— Il était temps d'intervenir, à ce que je vois, remarqua Étienne d'un ton entendu.

En quelques pas, le cheval se porta à hauteur de la petite troupe.

— Eh bien, mon fils, où allez-vous en pareille escorte ? demanda l'orfèvre en arrêtant sa monture.

— Nous nous rendons, mon père, à la maison de Gertrude, répondit Arnauld qui, en dépit de ses vêtements déchirés et des taches de sang qui maculaient son surcot sur la poitrine, était juste un peu plus pâle que de coutume, mais qu'on devinait raidi en une attitude volontairement détachée.

— Pour quoi faire ?

— Pour constater le meurtre dont s'accuse ce garçon, répondit le sergent qui commandait les gens d'armes.

— Avez-vous bien signifié au Père Abbé que vous n'aviez fait que réparer l'outrage infligé à vos sœurs ?

— Je n'y ai pas manqué, mon père. Je dois, d'ailleurs, reconnaître que j'ai trouvé beaucoup de compréhension, tant auprès du Père Abbé que de son bailli. Ils ont décidé de me laisser en liberté jusqu'à mon jugement. Ce n'est que pour aller vérifier mes affirmations que vous me voyez accompagné de la sorte. Une fois le constat établi, je repartirai seul.

— Pouvons-nous accompagner notre fils, sergent ?

— Si bon vous semble : personne ne l'a interdit.

— Comment vous sentez-vous, Arnauld ? demanda Mathilde, inquiète.

— En paix avec moi-même : j'ai fait ce que j'avais à faire.

Il redressait la tête, mais, encore trop neuf pour pouvoir contrôler son visage, il laissait voir sur ses traits crispés par la volonté de ne pas faillir, ainsi que dans son regard où sa mère lut un trouble profond, quelque chose d'égaré, de douloureux, qui la frappa.

A travers le bourg de Saint-Germain, puis celui de Saint-Sulpice, dont les habitants préparaient aussi leurs logis, leurs rues, leur église neuve, pour la fête du lendemain, ils parvinrent aux champs entourant la maison de Gertrude. L'endroit était toujours tranquille. Des vignes, des pâturages, des cultures maraîchères, quelques bois, se partageaient la vallée bordée à l'est par les contreforts de la montagne Sainte-Geneviève.

La porte du clos s'ouvrit sans difficulté, celle de la demeure également. Un silence, que ne troublaient que les chants des oiseaux, enveloppait les lieux.

— Je croyais avoir laissé les courtines ouvertes, remarqua le jeune homme en pénétrant pour la seconde fois de la journée dans la salle où, de façon évidente, il ne rentrait qu'au prix d'un effort sur lui-même.

Le sergent s'approcha du lit, tira avec détermination les rideaux qui s'ouvrirent sur une couche vide.

— Où est donc votre homme ? demanda-t-il d'un air abasourdi.

Arnauld, saisi, contemplait les draps propres, la couverture de mouton sans tache. Ses lèvres tremblaient, une sueur visible embuait son visage.

— Je ne comprends pas, dit-il enfin d'une voix détimbrée, non, par Dieu, je ne comprends pas. Quand j'ai quitté la pièce, Artus gisait sans vie, au travers du matelas. De nombreuses traces de sang maculaient sa chemise blanche. Je suis certain qu'il était mort.

Un silence suivit cette déclaration. Pour rompre la sensation de gêne qui s'appesantissait sur le groupe, le sergent partit d'un rire brusque.

— Un mort ne s'en va pas tout seul après avoir nettoyé la place, dit-il en levant les épaules. Votre victime n'était point morte mais seulement blessée, voilà la vérité ! L'homme sera parti par ses propres moyens ou bien quelqu'un sera venu, l'aura aidé à s'en aller d'ici, pour l'emmener Dieu sait où !

— Vous ne devez pas avoir frappé ce bandit aussi gravement que vous le pensiez, mon fils, dit maître Brunel.

— Mais enfin, mon père, je n'ai pas rêvé cette lutte sans merci à laquelle nous nous sommes livrés. Ma blessure en porte témoignage.

— Sans doute, mon fils, mais vous n'avez tué personne ! s'écria

Mathilde, Dieu en soit remercié ! Quelles que soient les infamies commises par Artus, je préfère que vous n'ayez pas sa fin sur la conscience.

— Quel événement me vaut la surprise d'une pareille visite ?

La voix railleuse de Gertrude rompait soudain l'impression de malaise qui pesait sur chacun des assistants de cette scène : debout sur le seuil de la pièce, la fille d'Ysabeau considérait le groupe qui occupait la salle de son logis. On ne pouvait distinguer l'expression de son visage assombri par le contre-jour.

— Vous allez, peut-être, nous donner l'explication que nous cherchons, dit Étienne qui retrouvait, face à cette femme qu'il n'aimait pas, une agressivité dont le soutien ne lui manquait jamais en de semblables circonstances. Vous devez savoir où se trouve à l'heure présente le corps d'Artus le Noir qui ronflait si agréablement sur votre lit vers l'heure de sixte ?

— Je ne sais pas ce que vous voulez dire.

Elle avançait de quelques pas, se rapprochait des autres. Ses doigts jouaient avec l'aumônière pendue à sa ceinture.

— Vous êtes la propriétaire de cette maison ? demanda le sergent que la situation dépassait visiblement.

— Sans doute.

— C'est donc vous qui logiez céans ce goliard de malheur qui s'est échappé l'autre nuit du château Vauvert ?

— Moi ? En aucune façon.

— Mais, enfin, par tous les diables, il dormait, tantôt, sur ce lit !

— Vous l'y avez vu ?

— Je... non... non... enfin, je ne l'ai pas vu moi-même, mais il y a un témoin.

— Il était là, endormi, répéta Arnauld avec netteté. J'affirme, sur mon honneur, l'avoir trouvé couché sur ce lit, m'être battu avec lui et l'avoir blessé, sinon tué, avant de m'en aller.

Le rire de Gertrude grinça tout d'un coup.

— Voici une grande merveille ! dit-elle. Vous prétendez que je cachais chez moi un homme recherché par les sergents du roi et ceux de l'Abbé de Saint-Germain ? Savez-vous que c'est là m'accuser de complicité ?

— Il ne me serait pas venu à l'esprit d'inventer une telle histoire, dit Arnauld avec énergie. La blessure qu'il m'a faite prouve bien que nous avons rudement lutté tous deux.

— Pourquoi donc ? Cette blessure, vous avez aussi bien pu la récolter dans quelque rixe d'étudiants, bien loin d'ici. Permettez-moi, d'ailleurs, de vous demander ce que vous veniez faire chez moi sans que j'en eusse été avertie ? Ne saviez-vous point que j'étais, à la même heure, conviée chez votre sœur, pour dîner ?

— Je l'ignorais.

— A qui ferez-vous croire une pareille invraisemblance, Arnauld ?

Elle rit de nouveau, avec cette façon particulière de montrer les dents qu'elle avait en commun avec les chiens prêts à mordre.

— De toute manière, je devais le pressentir, voyez-vous, car, après avoir pris congé de mes hôtes, j'ai abrégé les courses qu'il me fallait faire, poussée par je ne sais quel instinct qui m'incitait à revenir ici plus tôt que prévu, sans doute pour voir ce qui se passait chez moi.

— Dites, plutôt, pour venir tenir compagnie à Artus qui devait s'ennuyer à crever, tout seul, en ce coin perdu !

Étienne s'énervait. Mathilde lui posa une main sur le bras.

— Artus n'a jamais mis les pieds dans cette maison ! affirma la fille d'Ysabeau. S'il y était venu, je n'aurais pas manqué d'en être informée, il me semble !

— Si ce que vous dites est vrai, qui a bien pu, alors, m'infliger la blessure dont je souffre ? répéta Arnauld.

— Je l'ignore ! N'importe qui ! Tout ce que je sais c'est que ce ne peut être Artus, sous ce toit, puisqu'il ne s'y est jamais trouvé !

En dépit de son teint mat, le visage d'Arnauld rougit de colère, son regard était rempli d'orages.

— Savez-vous, Gertrude, qu'il est aussi dangereux que discourtois de se moquer ainsi, ouvertement, de la justice ?

— Je ne me moque de personne, à Dieu ne plaise ! Je ne fais que dire et redire la vérité.

— En voilà assez ! cria le sergent. Plus vous discutez, plus tout s'embrouille ! On ne sait que penser de cette histoire !

— Mais, enfin, protesta l'orfèvre, mon fils est allé, de son plein gré, s'accuser de meurtre auprès du Père Abbé de Saint-Germain ! Vous pensez bien, qu'à moins d'être fou, il n'aurait pas entrepris une démarche comme celle-là sans de solides raisons !

— Ma foi, vous parlez avec bon sens, admit le sergent qui, en signe de perplexité, caressait de ses gros doigts le poil mal rasé de sa barbe.

— Voyez-vous la moindre trace de la présence d'un homme ici ? questionna à son tour Gertrude avec aplomb.

— Eh non !

— Très bien. Rien ne prouve donc qu'il en soit jamais venu un, si ce n'est les affirmations d'un étudiant qui pouvait fort bien être, ce tantôt, en état d'ivresse, quand il a cru voir là ce qui se trouvait ailleurs.

— Arnauld ne boit jamais, affirma d'une voix posée Mathilde qui s'était tue jusque-là.

— Vous savez comme moi qu'il n'y a point d'étudiant qui ne

se laisse aller à vider, de temps à autre, quelques pichets de trop.
Il ne serait pas le premier à qui le vin aurait donné des visions.

— Assez ! ordonna soudain le sergent, manifestement excédé.
Par tous les saints, vos discours ne sont que menteries ! Je ne
comprends rien à tout ce que vous racontez. Par acquit de
conscience, je vais faire fouiller cette maison par mes hommes,
mais je ne me fais aucune illusion sur les résultats qu'ils vont
obtenir ! Je gagerais qu'ils ne trouveront rien ni personne.

Pendant la perquisition qui suivit, nul ne parla dans la salle.
Chacun attendait. Assez vite, les gardes revinrent, bredouilles.

— J'en étais sûr, dit le sergent. Bien malin, à présent, qui pourrait
savoir où se trouve la vérité. Ce qui est certain, c'est qu'il n'y a
pas de cadavre, donc pas de criminel et qu'on m'a dérangé pour
rien. Je vais aller faire mon rapport à monsieur le bailli de l'abbaye.
Il saura mieux que moi que penser d'un cas comme celui-ci.

— Dois-je vous suivre ? s'enquit Arnauld.

— Non point. Si on a besoin de vous, on vous préviendra. Salut
à tous !

Précédant ses gens d'armes, il fit demi-tour et quitta la pièce.
Un silence hostile suivit son départ. Étienne, qui avait réfléchi en
silence, la tête inclinée sur la poitrine, redressa tout d'un coup les
épaules. C'était chez lui geste familier, comparable à celui d'un
homme qui assure une charge sur son dos.

— Avant de quitter cette maison, dit-il d'un air sévère, maintenant que le sergent est parti, parlons sans fard. Je tiens à vous
signifier deux choses, Gertrude : d'abord, qu'il est établi pour moi
que mon fils n'a pas eu de vision, qu'il a bien relaté ce qu'il avait
vu : à savoir Artus, ici même, vers l'heure du dîner ; ensuite, que
je vous trouve étrangement mêlée aux suites de la sinistre aventure
dont mes filles ont été les victimes. Il y a, dans le rapprochement
de ces deux faits, constitution de lourdes charges contre vous, on
ne saurait le nier. Si, comme je le crois, vous avez, froidement,
hébergé l'homme responsable de notre malheur, si vous l'avez,
ensuite, aidé à fuir, blessé, la justice qui le traque, si, après avoir
effacé ses traces, vous n'êtes revenue, le défi aux lèvres, que dans
l'intention de nous berner, de nous narguer, sachez que vous jouez
là un jeu dangereux où vous ne resterez pas longtemps la plus
forte ! Je vous démasquerai, je vous le dis, et, une fois confondue,
il vous faudra payer, payer très cher, vos connivences et vos reniements !

En dépit de sa hardiesse et bien qu'elle continuât à faire front,
Gertrude montrait par son maintien agressif qu'elle ne sous-estimait
pas la menace qui lui était faite.

— Vous ne m'effrayez pas ! assura-t-elle cependant en restant
fidèle à son système de défense. Sur quelles attestations fondez-

vous vos charges ? Nul n'a pu m'apercevoir en compagnie de celui dont vous parlez, pour la bonne raison qu'il n'est jamais venu chez moi. Quant à la prétendue découverte d'Arnauld céans, je n'y vois que pure calomnie ! Je ne sais si le vin ou l'inimitié est en cause, mais ce que je sais, c'est qu'il n'y a pas un mot de vrai là-dedans !

— Vous oubliez que chacun connaît ma sobriété, Gertrude, et vous devriez bien vous douter qu'entre vos affirmations et les miennes, ma famille, nos amis édifiés par ma blessure et ma confession au Père Abbé, n'hésiteront pas un instant.

Arnauld s'exprimait avec une sorte de feu sombre qui fonçait son teint et durcissait son regard.

— Pourquoi tous ces mensonges ? s'écria-t-il encore. Pourquoi vous comporter envers nous, qui sommes vos parents, ainsi qu'une ennemie ? Pourquoi ?

— Je n'ai pas d'explication à vous fournir, dit Gertrude qui avait pâli, en se dirigeant vers la porte qu'elle ouvrit d'un coup sec : nous n'avons, d'ailleurs, plus rien à nous dire.

— Si ! Ne manquez pas d'informer Artus quand vous le verrez que je reste décidé à le rencontrer où et quand il le voudra. Rien ne sera terminé entre nous tant qu'il respirera sous le même ciel que moi !

— Comment voulez-vous que je parle à un homme dont j'ignore tout ! lança Gertrude dont le visage était resserré par la hargne autour des os, comme si une main l'avait durement pressé entre ses doigts. Je ne sais pas où il se trouve, vous dis-je ! Ah ! et puis j'en ai assez. Allez-vous-en ! Allez-vous-en !

La porte claqua derrière les Brunel. Demeurée seule, Gertrude essuya du revers de la main les larmes qui, depuis qu'on ne pouvait plus la voir, coulaient sur ses joues. Mais son désarroi l'emporta, ses sanglots s'amplifièrent, elle se jeta sur le lit, enfouit la tête dans ses draps, et se laissa enfin dominer par une crise de nerfs qui l'agitait comme une branche dans le vent.

10

— Dans les Flandres, d'abord, en Champagne, ensuite, j'ai crevé de chaleur sur toutes les routes et dans chacune des foires où je me suis rendu, disait Guillaume. Crois-moi, cousin, cet été fut un des plus chauds dont on ait entendu parler !

Accentuée par la touffeur de la saison finissante, l'odeur fauve des peaux de bêtes stagnait dans la boutique du pelletier. En prévision de l'hiver qui allait venir et malgré l'été qui s'attardait, beaucoup de clients, en ce début de septembre, souhaitaient acquérir sans plus attendre fourrures et pelisses. Aussi y avait-il foule dehors, devant l'étalage, aussi bien qu'à l'intérieur, autour des comptoirs.

— J'ai vraiment mal choisi mon jour pour venir te voir, Guillaume, c'est bien certain, mais, vois-tu, j'avais envie de te retrouver. Il y a si longtemps que nous ne nous sommes vus !

— Il est vrai, Philippe, bientôt trois mois.

Durant cette séparation, les traits du pelletier s'étaient accusés. Il avait maigri. Sa mâchoire paraissait plus saillante, son regard plus creux. En dépit de la curiosité qu'un changement aussi rapide suscitait en lui, le trouvère sentit qu'il était préférable de ne pas poser de question. Il savait de longue date combien il était malaisé d'amener Guillaume à parler de lui-même, combien il demeurait discret quant à ses sentiments, plus secret encore quant à ses aventures. On ne connaissait que peu de chose d'une vie privée dont nulle confidence n'était jamais venue alimenter la chronique.

— A ton retour d'Anjou, nous étions déjà partis, Florie et moi, rejoindre la reine à Melun. De là, comme tu sais, la cour se déplaça à Vincennes, à Dourdan, à Saint-Germain-en-Laye, puis à Pontoise, enfin à Poissy que notre sire le roi affectionne tout particulièrement parce qu'il y est né. Tout comme toi, nous ne faisons que rentrer à Paris.

— Je sais. Avant de partir pour Ypres et Cambrai, j'ai eu de vos nouvelles par ta tante Béraude que je suis allé saluer, rue aux Écrivains.

— T'a-t-elle dit que la famille allait s'agrandir, que nous attendions un enfant ?

— Elle me l'a dit. Je pense que tu en es heureux.

Il était difficile de parler à l'aise parmi l'agitation et le brouhaha qui emplissaient la boutique.

— Viens donc souper avec nous, ce soir, tranquillement, reprit Philippe. Nous deviserons de mille choses. J'en ai beaucoup à te conter.

— Je ne sais si je pourrai me libérer...

— Ne prends pas l'habitude de te faire prier chaque fois qu'on te convie à notre table, cousin. C'est là coquetterie de femme !

— Tu vois toi-même ce que j'ai à faire céans.

— Tu en laisseras, mais tu viendras ! Je compte sur toi. Ton absence me désobligerait. En plus, j'ai un service à te demander. Comme tu vois, je ne suis pas entré chez toi dans l'unique but de t'inviter à souper, mais aussi par intérêt. Voici : j'ai envie d'offrir à Florie, pour l'hiver, une chaude et belle fourrure de ta façon. Que me conseilles-tu ?

Guillaume semblait mal à l'aise.

— Je ne sais, dit-il sans parvenir à cacher sa nervosité, je ne sais. Il faudrait connaître les préférences de ta femme.

— Elle porte déjà un mantel doublé de loutre et plusieurs pelissons d'écureuil du Nord.

— Je la verrais assez bien dans une longue pelisse fourrée de renard blanc de Caspienne...

— N'est-ce point là trop somptueuse parure pour une simple bourgeoise ?

— Pourquoi donc ? N'est-elle pas appelée à se rendre souvent à la cour ? N'y est-elle pas la plus jolie ?

— Si fait, mais nous ne possédons pas fortune de princes, cousin, si nous les fréquentons, et nos revenus ne sont pas les leurs.

Guillaume arrêta son regard, où luisait on ne savait quelle irritation, sur le mari de Florie qu'il avait évité de fixer jusque-là.

— Qu'importe ? dit-il avec un geste qui rejetait l'objection. Oui, qu'importe ? Tu dois bien penser que je n'ai nullement l'intention de tirer bénéfice de ton achat. Je te vendrai les peaux de renard au prix coûtant. Entre parents, c'est naturel.

— Si tu vas par là... dit le trouvère qui ne détestait rien tant que de parler finances, qui n'y entendait rien, et traitait avec une maladresse d'enfant les questions pécuniaires.

Il se serait, bien entendu, rebellé devant une proposition qui aurait ressemblé à une charité, mais s'il s'agissait, sans plus, d'arrangements familiaux, il ne voyait pas pourquoi s'y opposer.

— En venant chez toi, ce soir, je t'apporterai quelques belles fourrures, reprit Guillaume qu'une certaine agitation semblait gagner soudain. Nous les soumettrons au goût de ton épouse qui pourra juger sur pièces afin de se décider à loisir.

— Grand merci. Nous t'attendrons après vêpres. Au revoir, cousin.

Philippe quitta la boutique, son odeur de pelleterie, sa presse. Dehors, il faisait un temps lourd, éprouvant.

Le jeune trouvère fendit la foule qui se bousculait, comme d'habitude, sur le Petit-Pont, franchit les voûtes du Petit-Châtelet, et plongea dans la rue Saint-Jacques, avant de retrouver sa rue et sa demeure.

Comme il parvenait au premier étage, il croisa dans l'escalier Charlotte Froment qui descendait.

— Bonjour, beau neveu. Je viens de visiter Florie.

— Comment l'avez-vous trouvée ?

— Lasse. Vous avez bien fait de me demander de venir la voir dès votre retour de Poissy. Elle a besoin de repos. Les mois vécus à la cour, dans la suite de la reine Marguerite, ont été pour elle à la fois bons et mauvais. Bons pour son esprit, sa distraction et l'éloignement des tristes souvenirs dont le poids lui eût paru plus lourd à Paris qu'ailleurs, mais mauvais, en revanche, pour un état qui, la rendant plus fragile, nécessite précautions et quiétude.

— Les chaleurs de l'été ont dû aussi contribuer à la fatiguer, dit Philippe d'un air soucieux. Juillet et août ont été particulièrement pénibles, cette année.

— Il est vrai, mais ne prenez pas, mon neveu, cet air tourmenté. Je n'ai rien constaté de grave chez Florie. Un peu de surmenage, voilà tout. Elle est jeune, saine, robuste. Tout se passera bien si elle n'abuse pas de ses forces et prend régulièrement à son lever une boisson fortifiante dont je vous donne la composition, bien que je la lui aie indiquée à elle-même, pour que vous la reteniez et puissiez la confectionner au besoin : deux jaunes d'œufs battus dans du malvoisie avec quelques tranches de parricault et un peu d'ambre gris. C'est très efficace.

Comme chaque fois qu'il l'avait rencontrée, Philippe ressentait près de Charlotte une impression de paix et de solidité qui le réconfortait.

— Pardonnez-moi de me montrer anxieux, dit-il, mais, depuis le coup du sort de ce printemps, je flaire le malheur de loin et suis sans cesse en état d'alerte.

— Je sais, Philippe, je sais. Pourtant, il faut conserver confiance. Clarence se remettra un jour et sa guérison vous fera retrouver à tous l'harmonie perdue.

— En vérité, se rétablira-t-elle jamais ? Je sais combien Florie est frappée par l'inconscience où s'enlise sa sœur.

— Il y a beaucoup de choses que nous ignorons, Philippe, et l'univers est rempli de mystères. Notre pauvre science ne peut pas expliquer grand-chose. La médecine est impuissante en bien des cas, vous le savez tout autant que moi et nos remèdes sont sans effet quand il s'agit du domaine de l'âme. Dans un cas comme celui-ci, le savoir humain doit s'en remettre à une autre forme d'intervention, plus secrète, qui ne relève plus de la connaissance, mais de la foi. Il faut prier, Philippe, prier vraiment, pour être entendu. Savons-nous le faire ainsi que le Christ nous l'a enseigné ?

Le jeune homme réfléchissait.

— Pourquoi ne pas accomplir un pèlerinage ? dit-il. Tant de gens se mettent en route vers ce seul recours...

— Il en est des pèlerinages comme de toute chose, dit Charlotte. Ce qui importe, c'est la manière dont on les fait. Si on y apporte assez de ferveur, tout est possible. Par la qualité de notre foi, nous déterminons nous-mêmes l'aide de Dieu.

— J'en parlerai aux parents de Florie.

— Vous ferez bien. Je vais le leur conseiller également. Au revoir, Philippe. Mes malades doivent m'attendre à l'Hôtel-Dieu.

Dans la chambre conjugale, tendue de tapisseries aux mille fleurs, parée de tapis et de coussins répandus un peu partout, Florie, tout en caressant un petit chat blanc qu'elle portait sur un bras, se tenait devant la fenêtre. Elle regardait le jardin étroit dont les arbres poussiéreux semblaient exténués par les ardeurs qu'il leur avait fallu subir si longtemps. Malgré quelques orages d'été, la canicule avait amené avec elle une température de four qui s'était attardée plus de deux mois sans décroître. En ce début de septembre, il faisait encore chaud, le temps restait beau. Les vignerons annonçaient une année de bon vin.

— Par tous les saints ! que vous êtes donc jolie, ma mie, avec cet air alangui que vous donne votre future maternité !

Florie se retourna. Dans ce mouvement, son surcot, en adhérant de plus près à son corps, accusa un épaississement discret des hanches et de la taille. Enceinte de quatre mois maintenant, elle ne pouvait plus dissimuler sa grossesse.

— Votre tante, que je viens de rencontrer dans l'escalier, assure que vous êtes robuste et que ces fatigues qui m'inquiètent tant sont sans aucune gravité.

— Naturellement. Je vous l'ai toujours dit. Si vous m'aviez écoutée, vous n'auriez pas dérangé tante Charlotte pour si peu.

— Je suis cependant content qu'elle soit venue. Grâce à elle, je suis rassuré.

Florie sourit comme elle l'aurait fait à son enfant à venir.

— Plus inquiet, plus sensible que vous, je crois qu'il n'y en a pas !

— Dieu merci : vous ne trouverez jamais personne d'autre pour vous aimer autant que je le fais !

Elle se mit à rire.

— Sensible, mais pas modeste, dit-elle en rendant à son mari le baiser qu'il venait de lui donner. Quoi de neuf, mon ami ?

— Nous aurons ce soir un invité à souper.

— Bon. Qui cela ?

— Guillaume.

Le chaton, soudain déséquilibré, tomba, miaula, fila sous un meuble.

— Je ne sais pas ce que j'ai dans les doigts, ces temps-ci, remarqua Florie, mais je laisse tout choir.

— C'est un effet de votre lassitude. Il n'y a rien là d'étonnant dans votre état.

— Espérons-le. Je serais navrée de devenir maladroite.

Tout en parlant, elle s'était retournée vers la fenêtre, voulut s'appuyer au rebord de pierre que la chaleur du soleil rendait brûlant, s'en écarta aussitôt.

— Vous disiez que votre cousin allait venir souper avec nous ?

— Je l'ai convié tantôt à se joindre à nous car il y a longtemps que nous ne nous sommes vus. Ainsi que vous le savez, j'ai beaucoup d'affection pour lui. Nos mutuels déplacements de l'été nous ayant éloignés pour un temps, je suis à présent désireux d'y remédier.

— Fort bien. Je vais aller voir à la cuisine ce qu'on peut faire pour recevoir dignement votre parent.

— Vous ne semblez pas heureuse de sa venue.

— Moi ? Pourquoi ne le serais-je pas ?

— Je ne sais. C'est une impression.

— Eh bien, mon ami, votre impression est fausse, ce qui est grave pour un poète !

Elle se mit à rire de nouveau. Mais il y avait, cette fois, moins d'indulgence que de nervosité dans cette gaieté un peu forcée.

— Vous n'êtes point contrariée, ma mie ?

— Pas du tout. Je descends à la cuisine et n'en ai point pour longtemps.

— J'ai cru remarquer, et cela depuis le jour de nos noces où vous l'avez vu pour la première fois, que Guillaume ne vous plaisait pas. Je le regrette. Que lui reprochez-vous donc ?

— Rien. Je le connais si peu.

— Assez, cependant, pour ne l'aimer point.

— Je n'ai pas à l'aimer ou à ne pas l'aimer. Il est de votre parenté, donc de la mienne, et vous lui faites confiance. Je m'en tiens là.

Quand Florie remonta, un moment plus tard, de la cuisine où elle s'était entendue avec ses servantes pour le menu du souper, elle ne cherchait plus, étant seule dans sa chambre, à dissimuler son inquiétude. S'allongeant au milieu des coussins entassés sur les tapis qui recouvraient un coin de la pièce, elle prit une petite chemise de toile qu'elle était en train de broder et laissa faire ses doigts sans y prêter attention. Sa pensée était ailleurs. Guillaume ! Elle ne l'avait pas revu depuis l'explication qu'ils avaient eue dans le jardin de la rue des Bourdonnais. Il était parti aussitôt après pour l'Anjou. Avant qu'il n'en fût revenu, Philippe et elle s'en étaient allés à Melun. Pendant l'été, chacun avait parcouru les routes de son côté. Durant tout ce temps, elle s'était efforcée de ne plus songer à lui, de tourner ses facultés d'attention vers celui-là seul qui allait naître d'elle, d'elle et de son époux. Honnêtement, il lui avait fallu reconnaître que la chose n'était pas facile. Au début de sa grossesse, elle ne se préoccupait que de la naissance à venir. Cette espérance meublait ses heures. La vie de la cour, la poésie, les déplacements, les histoires qui couraient sur la rivalité des deux reines, Blanche, mère du roi, Marguerite, souveraine en titre, l'avaient, pour un temps, distraite, amusée, éloignée d'autres sujets d'intérêt.

En revenant à Paris, en retrouvant la vie de la capitale, elle avait vite compris que, dans un cadre qui lui rappelait Guillaume à chaque pas, il lui serait plus malaisé d'éviter de penser à lui. Bien décidée, pourtant, à venir à bout d'une obsession qu'elle s'en voulait tant de subir, elle avait pris une décision : chaque fois qu'en elle se lèverait le souvenir redouté, elle reporterait aussitôt son attention, par une sorte de démarche de son esprit, volontaire comme un exercice physique, vers le petit être auquel elle allait donner le jour. Elle interposerait cet enfant sans visage entre elle et celui dont elle se refusait à admettre l'emprise.

« Ce n'était déjà guère commode, alors même qu'il était au loin, que va-t-il advenir, maintenant, quand je vais me retrouver en face de lui ? Dès à présent, j'appréhende de le revoir, j'imagine la façon dont il va me regarder en entrant dans cette chambre... Me dire qu'à l'heure du souper, dans si peu de temps, il se tiendra ici, devant moi, suffit à me faire trembler ! C'est odieux ! Seigneur, Seigneur, aidez-moi, venez à mon secours ! Je ne l'aime pas ! Je ne peux pas l'aimer, puisque j'aime Philippe ! Quelle folie fait-il donc, rien qu'en me dévisageant, éclater en moi comme une tornade ? »

Interrompant son ouvrage, elle ferma les yeux, se força à imaginer son fils, près d'elle, parmi les coussins, se cramponnant à cette vision d'un enfant qui ne serait présent que plusieurs mois plus tard et dont elle se demandait tout à coup s'il parviendrait vraiment à l'exorciser. Elle n'en était plus aussi certaine. Il demeurerait, malgré tout, son plus solide recours, le bouclier qu'elle opposerait à l'ennemi... Elle haussa les épaules : « Il s'agit bien d'ennemi ! Ce n'est pas un adversaire qui me menace, mais un homme qui m'aime, qui me trouble, qui me crie sa passion ! C'est l'amour, non la haine, que j'ai à combattre. Dans la mesure où tant de choses, en moi, semblent prêtes à capituler devant Guillaume, ces engagements que je vais avoir à renouveler sans fin contre son désir, contre le mien, seront bien plus durs à livrer que si je n'avais à m'opposer qu'à un antagoniste ! »

Elle se leva, resta un moment debout à réfléchir, se dirigea enfin vers un crucifix d'argent posé sur un trépied au chevet de son lit, s'agenouilla devant lui, se mit à prier.

Il y avait un long moment qu'elle était ainsi, penchée vers la croix, les épaules fléchies, le front incliné, les genoux meurtris quand Suzanne gratta à la porte, entra.

— Vous plaît-il de recevoir messire Guillaume Dubourg, votre cousin, qui vient, avec un valet, vous apporter des fourrures ?

« Voici donc le moment venu ! Il aura trouvé un prétexte quelconque pour devancer l'heure, pour me voler un moment de tête-à-tête pour tenter de me décider à lui appartenir... Un peu plus tôt, un peu plus tard... Seigneur, c'est à Vous de me protéger ! »

Elle se redressa, marcha vers la porte.

— Dis-lui de monter.

Précédé par un serviteur qui portait une brassée de pelleteries, Guillaume entra. Avec lui, l'odeur animale des pelages, évocatrice d'existences sauvages, pénétra dans la pièce.

— Dieu vous garde, ma cousine.

— Soyez le bienvenu, mon cousin.

— Il était entendu que je ne devais venir qu'à l'heure du souper, après vêpres, pour passer la soirée avec vous, mais j'ai pensé qu'il vous serait sans doute agréable d'avoir la possibilité de vous décider sans hâte, à votre aise, pendant qu'il faisait encore jour, ce qui vous permettrait d'apprécier en parfaite connaissance de cause les qualités des fourrures que j'ai choisies à votre intention. J'espère ne point avoir mal fait.

— Pas le moins du monde. J'ignorais seulement, voyez-vous, que Philippe ait eu le souci de m'offrir un nouveau mantel fourré, mais j'en suis ravie, bien entendu. C'est une délicate attention.

— Il est vrai.

Le valet disposait son fardeau sur un grand coffre de chêne sculpté planté contre un des murs, saluait, se retirait.

Florie s'attarda à examiner l'amoncellement d'étoffes laineuses, de velours, de pelages lustrés qu'on venait lui soumettre. Elle profitait de ce répit pour regrouper ses forces et s'apprêtait au combat.

— Voulez-vous les essayer sans plus attendre ?

Ce timbre de voix ! Pourquoi fallait-il que la nature l'eût doué d'un accent si profond, où passait l'écho assourdi d'une harmonie cuivrée ? Pourquoi fallait-il que ses moindres paroles en fussent colorées d'une intonation plus chaleureuse, plus obsédante, aussi ?

— Puisque vous vous êtes donné la peine de les faire apporter dans ce but, autant commencer tout de suite.

Il prit une longue cape de velours vert forêt, doublée de peaux de renard blanc, s'avança vers Florie, déposa sur ses épaules, sans l'effleurer, le somptueux vêtement, recula d'un pas, la contempla. Ni l'un ni l'autre ne parla. La façon dont il considérait la femme et la fourrure, cette femme enveloppée de cette fourrure, suffisait. Il n'avait rien à ajouter. Tout était exprimé.

Une veine se mit à battre au cou de Florie, son souffle se précipita.

Un certain temps s'écoula. Pas un geste. Ils semblaient, tous deux, en état d'hypnose.

Comme si la tension était assez forte pour alerter, au fond des entrailles de Florie, le petit être qu'elle portait, elle sentit soudain un tressaillement dans son ventre, comme un sursaut encore faible de son enfant. Deux ou trois fois, déjà, cet éveil s'était produit, les jours précédents. Cette fois-ci, la future mère voulut y voir un signe. Elle ne s'était pas trompée ! C'était bien celui-là qui la défendrait contre la tentation, qui l'en délivrerait !

Elle poussa un long soupir. Il lui sembla que l'air qu'elle rejetait était chargé de tous les miasmes de passion et de folie qu'elle expulsait ainsi loin d'elle. Un courage tout neuf la souleva. Ce fut presque joyeusement qu'elle frappa ses mains l'une contre l'autre pour appeler.

— Suzanne, ma mie, apporte-moi le miroir d'étain poli que mon père m'a offert à mon retour. J'ai hâte de voir comment me va ce vêtement.

La servante disparut, revint, tendit à sa maîtresse le miroir demandé.

— Que vous êtes belle, dame, dans ces atours !

— C'est fort beau, en effet, mon cousin, mais, me semble-t-il, un peu trop riche pour une simple fille comme moi ! Ne trouvez-vous point qu'ainsi vêtue, je manque de modestie ?

Ne pouvant deviner les raisons du changement d'attitude de Florie, constatant seulement qu'une fois encore elle lui échappait, Guillaume sentit une telle détresse l'envahir qu'il fit quelques pas vers le coffre, maladroitement, comme sous l'effet d'un coup. S'emparant d'un mantel de drap violet, fourré de castor, il le tendit à Suzanne, sans trouver la force de répondre. Surprise, la servante le prit, le mit sur les épaules de la jeune femme qui avait retiré l'autre.

— Celui-là est moins joli, dame. Je le trouve un peu triste.

— Triste ? Peut-être. Je n'en veux donc point. Il me faut un vêtement joyeux pour tenir chaud à l'enfant que j'attends.

Guillaume accusa le coup. Ainsi donc, c'était cela !

Il la regarda s'approcher du coffre, plonger ses mains, ses bras dans les pelleteries devant lesquelles il avait évoqué chez lui, un moment auparavant, son corps blond, nu, offert, parmi les dépouilles farouches, son parfum au milieu de leurs odeurs de forêts, de steppes, de bauges, de tanières. Il la vit rire avec sa servante en essayant d'autres manteaux. Il était difficile d'être plus malheureux.

— J'hésite entre ce velours noir fourré de gris et ce drap olive doublé de renard noir. A votre avis, cousin, lequel me va le mieux ?

Elle devait se sentir bien affermie dans sa volonté de fidélité conjugale pour se permettre de nouveau envers lui ce ton de coquetterie, un peu familière et moqueuse.

— Les deux vous vont bien. Le velours sied sans doute davantage à votre blondeur...

Son désarroi, sa misère, étaient si visibles, que Florie eut pitié d'une souffrance dont elle était la cause. Parce qu'elle se jugeait plus forte, elle se permit un élan.

— Je n'ai plus besoin de toi, Suzanne, dit-elle à la servante. Je vais attendre le retour de mon mari pour me décider à prendre un de ces manteaux. Il me guidera dans mon choix.

Quand ils se retrouvèrent seuls, elle déposa le vêtement qu'elle portait encore parmi les autres, désigna de la main un siège à son interlocuteur, s'assit elle-même un peu plus loin.

— Causons, dit-elle.

Elle rassembla sur ses genoux les plis de son surcot de toile blanche, sourit.

— Avant que Philippe ne nous rejoigne, reprit-elle, je tiens à mettre au net certaines choses entre nous.

Un jour de septembre, déjà oblique malgré la lourdeur de l'été finissant, pénétrait par la fenêtre.

— Quand nous nous sommes quittés, en juin, rue des Bourdonnais, j'étais sous le coup d'une émotion que je n'ai jamais cherché à vous dissimuler, reprit Florie. Depuis, il m'est arrivé une chose toute simple mais, pourtant, extraordinaire : j'ai appris que j'attendais un enfant.

Elle sourit avec une douceur nouvelle, tendre et grave.

— Ma voie se trouve toute tracée : je passerai ma vie entre Philippe et nos enfants. Il n'y a pas de place pour vous, Guillaume, dans une telle existence.

Les mains passées dans la haute ceinture de cuir clouté qui lui serrait la taille, le buste rejeté en arrière, les épaules solidement appuyées au dossier de bois, celui auquel elle adressait ce discours dicté par un sentiment du devoir qui lui coûtait beaucoup, l'écoutait sans bouger. Elle remarqua son amaigrissement, le cerne de ses yeux, éprouva de la compassion mêlée à une joie violente qu'elle se blâma aussitôt d'éprouver.

— Quand vous avez surgi, tout à l'heure, continua-t-elle en s'accrochant à sa détermination de tout faire pour assainir la situation, oui, quand je vous ai vu entrer céans, le souvenir d'un passé dont je ne suis pas fière m'est remonté à la mémoire. Aussi, ai-je pu vous paraître émue, vulnérable. Il n'en était rien. Simple effet de surprise.

— C'était le premier mouvement, Florie, celui qui nous trahit toujours.

— Non, non. Ne vous bercez pas, je vous en prie, de semblables illusions. Vous n'avez pas à garder le moindre espoir. Pourquoi vous acharner ?

— Vous le savez fort bien : parce que je vous aime de si fort et puissant amour que rien, jamais, ne me détachera de vous.

— Il le faudra bien, cependant.

Guillaume se leva, vint se placer devant la jeune femme, se pencha, l'emprisonnant entre ses bras qui prenaient appui sur les accoudoirs du fauteuil. Ses épaules, dont on devinait les muscles solides sous le drap du vêtement, lui fermaient le monde. Sans s'approcher d'elle davantage, sans la toucher, il se contenta de la considérer avec une telle expression de passion, de désir, que, une nouvelle fois, elle se sentit chavirer.

— Si je vous embrassais là, maintenant, dit-il, prétendriez-vous encore que vous êtes faite pour une vie sage, consacrée à vos devoirs ? Vous ne le pourriez pas. Vous savez bien, malgré toutes vos dénégations, que mon approche fait retentir en vous une autre voix, un autre appel.

— Ce que vous faites là est déloyal, Guillaume !

— Bien sûr, c'est déloyal, mais point à votre égard, à celui de Philippe ! Si je suis, hélas ! forcé de me montrer félon envers lui, je ne l'ai jamais été envers vous. Je n'ai cessé de vous crier ma certitude : que nous devions, un jour, fatalement, nous aimer. Cela sera, douce amie, je le sais. Vous aussi. Si vous n'éprouviez à mon sujet qu'honnête et familiale amitié, en quoi mon contact vous produirait-il cet effet ?

Florie ferma les yeux. Était-ce pour ne plus le voir, si proche, était-ce, sans le savoir, en attendant son baiser ? Une odeur de cuir, de sueur, d'ambre gris, l'enveloppait. C'était aussi sa présence.

Il ne l'embrassa pas.

— Vous aurez cet enfant, dit-il encore, mais sa venue ne peut plus rien changer entre nous. Jusqu'à ce qu'il soit né, je saurai m'effacer, je respecterai votre attente. Ensuite, douce amie, ensuite, dites-vous-le bien, rien, ni lui ni personne, ne m'empêchera de venir vers vous, de vous prendre, et de vous emporter dans mon repaire, au milieu de mes fourrures, parmi ces pelages où je vous vois, déjà, nue, abandonnée, gémissant sous moi !

Florie n'en entendit pas davantage. Elle se sentait fondre au voisinage de ce brasier. Sans avoir la force d'ouvrir les paupières, elle défaillit et perdit connaissance.

Guillaume demeura un moment immobile, à la considérer ainsi, sans défense, renversée contre le haut dossier. Il hésita, se redressa, appela Suzanne.

— Ta maîtresse est souffrante, dit-il, soigne-la. Dis de ma part à ton maître que l'état de ma cousine me semble interdire que nous prenions ensemble le souper projeté. Je m'en vais donc.

D'un geste, il désigna les fourrures :

— Dis-lui également que sa femme n'aura qu'à choisir parmi ces vêtements. Elle me fera rapporter ensuite ceux dont elle n'aura pas voulu.

La porte s'ouvrit. Mathilde, son travail achevé rue Quincampoix, venait voir sa fille, rentrée de la veille, et dont elle avait su la fatigue.

En pénétrant dans la chambre, elle aperçut Guillaume qui s'apprêtait à sortir. En dépit de la conscience aiguë qu'elle avait de l'absurdité d'une attirance qui n'éveillait aucune réciprocité, son cœur fit un bond dans sa poitrine. Elle s'en voulut. N'en aurait-elle donc jamais fini avec ces égarements ?

D'un coup d'œil, elle fit le tour de la pièce, vit Florie inanimée, se dirigea vers elle. En quelques mots, le pelletier lui répéta ce qu'il venait de dire à la servante.

— Mes enfants vont regretter un départ qui les privera de votre présence.

— Je pense qu'il est préférable de remettre cette réunion à plus tard. La santé de votre fille semble nécessiter du repos. Nous prendrons date à nouveau quand elle sera remise.

Il salua et sortit.

Mathilde restait étourdie par la rencontre qu'elle venait de faire. Elle en était d'autant plus contrariée contre elle-même que, depuis un certain temps, elle croyait avoir maîtrisé ses révoltes, ses sursauts. Cette folie qui s'était emparée d'elle au dernier printemps était retombée. Elle le voulait ainsi. Pouvait-on être confiant en une si récente sagesse ? N'y aurait-il pas d'autres printemps ?

Sortie avec précipitation, Suzanne rentrait, portant un gobelet rempli d'un liquide foncé.

— C'est un cordial prescrit par dame Charlotte pour des cas comme celui-ci, expliqua-t-elle. Pourriez-vous m'aider à le lui faire boire ?

Mathilde soutint dans ses mains la tête de sa fille qu'elle considérait avec sollicitude pendant que Suzanne faisait couler entre les lèvres sans couleur quelques gorgées du remède. Assez vite, la jeune femme commença de s'agiter, puis elle ouvrit les yeux.

— Vous sentez-vous mieux, ma mie ?

— Oui... je crois...

Elle rougissait soudain, pressait ses joues entre ses paumes.

— A-t-on idée de se trouver mal ainsi, à tout bout de champ !

— Votre état est en cause, mon enfant. Durant une grossesse, il est fort courant de perdre connaissance.

Florie cherchait quelqu'un du regard.

— Votre cousin s'en est allé de crainte de vous fatiguer davantage en restant souper avec vous, dit Mathilde tout en observant la gêne dont témoignait l'attitude de la jeune femme. Il m'a priée de l'excuser auprès de Philippe et de vous.

— Suis-je demeurée longtemps évanouie ?

— Je ne le pense pas. Quand je suis entrée, Suzanne vous donnait des soins et messire Dubourg se retirait. Il m'a dit que vous veniez d'être prise d'un malaise.

Florie se leva avec lassitude, fit quelques pas en s'appuyant au bras de sa mère.

— Je me sens mieux à présent, ce n'était rien, dit-elle, les yeux baissés.

— Allongez-vous encore un moment, ma chère fille, et contez-moi votre séjour à Poissy dont je ne sais pas grand-chose.

Tout au long de l'été, Florie s'était arrangée pour faire parvenir de ses nouvelles à ses parents, sauf pendant les dernières semaines.

— Ce ne furent que joutes, cours d'amour, collations champêtres, promenades en barque sur la Seine, chasses, danses, jeux de toutes sortes. Vous connaissez les goûts de notre jeune reine et son penchant pour les divertissements.

— Notre sire le roi y participait-il, lui aussi ?

— Parfois, pas toujours. Il aime chasser, jouer à la paume, nager. En revanche, danser l'ennuie, ainsi que les amusements plus frivoles. Il leur préfère de longues promenades où il devise gaiement avec ses proches. Il lui arrive aussi de se retirer pour travailler, méditer, s'instruire de tout ce qu'un souverain doit savoir. Il s'occupe de chaque cas, de chaque détail avec une minutie, un sens de l'organisation qui impressionnent ceux qui l'approchent. De plus il est, ces temps-ci, fort accaparé par les préparatifs de la croisade qu'il a décidé, après sa guérison miraculeuse, d'entreprendre le plus tôt possible.

— En effet, ma fille. Votre frère Arnauld nous entretient souvent de ce grand projet qui intéresse tant de gens à présent. Depuis plusieurs semaines, beaucoup d'étudiants ont résolu de se joindre à l'expédition de notre souverain ; aussi en parle-t-on de toute part à l'Université.

Florie avait retrouvé ses couleurs et un naturel dont l'absence avait trop frappé sa mère au début de leur conversation pour qu'elle n'en fût pas soucieuse.

— Savez-vous, ma mie, que votre frère Bertrand semble de plus en plus séduit par Laudine ? dit-elle pour faire diversion.

— Durant l'été, où Alix est venue nous rejoindre quelque temps à Pontoise, elle m'a plusieurs fois entretenue des prémices de cet amour. J'avoue en avoir été surprise.

— Votre frère a toujours manifesté un penchant prononcé pour les femmes et filles qui passaient à sa portée.

— Sans doute, mais, justement, Laudine est encore si enfantine.

— Croyez-vous, ma mie ? Menue, gracile, tant que vous voudrez, mais ferme sous son apparente fragilité, douée d'une énergie tranquille qui parviendra toujours à bout des difficultés. Je crois qu'un caractère bien trempé se tient en réserve sous son air de petite fille sage et qu'elle deviendra une femme résolue, du moins pour les choses qui lui tiendront à cœur.

— Vous devez avoir raison, ma mère. Je la connais beaucoup

moins bien qu'Alix. Nous n'avons jamais parlé sérieusement toutes deux.

— L'an dernier, c'était encore une enfant. Elle a beaucoup changé depuis lors. Par l'attention qu'il lui porte, votre frère aide à cette transformation.

— Espérons, s'ils vont jusqu'au mariage, qu'ils seront heureux l'un par l'autre.

Il y avait tant de réserve dans le ton de la jeune femme, que Mathilde fut sur le point de prononcer le nom de Guillaume, mais elle remarqua au même moment que les yeux de Florie, tournés vers le tas de fourrures laissées sur le coffre, brillaient d'une fièvre qui l'alarma. Les choses devaient être plus avancées qu'elle ne le craignait. Où en étaient les deux jeunes gens ? L'union de sa fille se trouvait-elle, déjà, en danger ?

Mathilde se dit qu'il lui fallait agir pour aider Florie à se soustraire à une emprise dont elle mesurait, mieux qu'une autre sans doute, les périls. Elle allait parler, dire tout ce qu'elle pressentait, tout ce qu'elle comprenait...

— Je ne cesse, ma mère, de songer à Clarence, reprit la jeune femme en la devançant, et je voulais vous en entretenir. Va-t-elle jamais se remettre ? Elle est dans un si triste état ! Votre chagrin, celui de mon père, me peinent tant... sans parler d'Arnauld dont la blessure corporelle s'est plus vite cicatrisée, il me semble, que celle infligée par les goliards à l'honneur de notre famille ! J'imagine les griefs qui doivent, au fil des jours, s'accumuler dans le cœur de mon pauvre frère !

— Hélas ! Il devient plus nerveux, plus préoccupé, à mesure que les chances de retrouver Artus le Noir s'amenuisent. Votre père et lui se sont livrés, chacun de son côté, à une quête sans merci afin de découvrir le secret d'une retraite d'où notre adversaire a l'air de les narguer. Jusqu'ici, ils ne sont arrivés à rien.

— Les sergents du roi, ceux de Saint-Germain-des-Prés, n'ont donc pas, eux non plus, trouvé trace du goliard ?

— Aucune. Il s'est volatilisé, ainsi que, jadis, le mari de Charlotte, en Espagne. Seulement, cette fois-ci, il est plus facile de comprendre comment les choses se sont passées : certains de ses compagnons de débauche ont dû, après son évasion demeurée mysté-rieuse, reprendre contact avec lui, sans doute par l'intermédiaire de Gertrude, et se sont arrangés pour lui fournir un autre gîte.

— Il n'est pourtant pas commode de dissimuler un homme grave-ment blessé.

— On aura déniché quelque cache discrète où il aura eu tout loisir de se rétablir durant l'été. Le diable seul sait maintenant où il peut se trouver... le diable et, probablement, aussi, Gertrude !

— Celle-là...

— Son cas est étrange. Au fond, nous la connaissons très peu, très mal. Depuis la scène pénible qui s'est déroulée chez elle après la disparition d'Artus, j'y ai beaucoup songé. C'est une drôle de fille. Elle ne nous aime pas, c'est certain, mais dans la violence qui la dressait alors contre nous, je suis sûre qu'il y avait un autre sentiment qu'une simple hostilité de circonstance. Lequel ? Je l'ignore. Ce que j'ai ressenti, avec trop de force pour que ce fût imaginaire, c'est que son défi était doublé d'une sorte de désespoir farouche dont la cause profonde me demeure inconnue. Quand il s'agit de Gertrude, nous manquons tous, chez nous, de mansuétude, de bonne volonté. Moi comme les autres. Il fallait que sa détresse fût bien grande pour que je m'y sois montrée sensible, pour que j'en reste touchée. C'est ce qui me permet d'affirmer à présent qu'en hébergeant Artus, elle obéissait à un mobile puissant.

— Elle s'est peut-être éprise de lui ?

— Ce n'est pas impossible. J'ai, d'abord, envisagé moi aussi cette hypothèse, pour finir, ensuite, par l'abandonner. Je ne saurais trop dire pourquoi. Il me semble qu'elle ne parlait pas de lui comme l'aurait fait une femme amoureuse.

— De qui, de quoi, alors, serait-il question ?

— Je ne le sais pas encore, mais j'espère être à même de vous donner une réponse d'ici peu.

— Comment donc ?

— Votre tante Charlotte, que j'ai mise au courant, connaît un étudiant en médecine dont le meilleur ami poursuit, à l'heure actuelle, une aventure galante avec Gertrude. Par son intermédiaire, elle va tenter d'obtenir des renseignements de première main sur les préoccupations intimes de sa maîtresse.

— Et vous croyez apprendre par lui quelque chose d'intéressant ! Pardonnez-moi, ma mère, mais je ne partage pas du tout votre façon de voir ! Gertrude est bien trop avisée pour se confier ainsi, sur l'oreiller, à un amant de passage !

— Charlotte assure le contraire. Sa profession l'a amenée à sonder la nature humaine, ses étrangetés, ses faiblesses. Elle m'a affirmé que l'emprise des sens possède sur certaines natures un ascendant tel qu'elle les dépouille de leurs défenses pour les livrer, sans arme, à leurs vainqueurs, qui en font ce qu'ils veulent.

En dépit de leurs résolutions à toutes deux, Mathilde détourna les yeux en terminant sa phrase et Florie se prit à rougir en l'écoutant.

— Si nous obtenons, grâce à ce procédé dont vous doutez, ma mie, des informations suffisantes pour nous éclairer sur les véritables motifs qui ont incité Gertrude à se fourvoyer dans ce guêpier, reprit Mathilde en s'efforçant de surmonter un trouble qu'elle jugeait humiliant, nous aurons fait un grand pas en avant.

— Peut-être... mais nous serons toujours hors d'état de démontrer sa complicité avec Artus !

— Patience, ma fille ! Elle se trahira sans doute un jour. En attendant, elle ne doit pas, de son côté, elle non plus, se sentir fort à l'aise. Je gage que sa conscience, la peur de la justice...

— Croyez-vous ? D'après vos propres constatations, elle faisait montre de beaucoup de sang-froid quand elle vous a trouvés chez elle. Ni la contrition, ni l'inquiétude ne semblaient la tourmenter.

— Et pour cause : il s'agissait alors, pour elle, de sauver sa vie ! N'oubliez pas que si nous avions été en mesure, à ce moment-là, d'établir qu'elle avait soustrait à ses juges un malfaiteur que toutes les autorités recherchaient, elle risquait d'être pendue ! Elle le savait fort bien. C'est ce qui l'a certainement poussée à accentuer une agressivité sur laquelle elle devait compter pour se débarrasser de nous et de nos investigations !

— Malgré sa connivence certaine avec notre adversaire, vous ne semblez pas, ma mère, en vouloir autant que moi à Gertrude.

— Vous avez raison, Florie. C'est à Artus que j'en veux ! N'est-ce pas naturel ? Le roi lui-même, si préoccupé de vivre chrétiennement, a reconnu qu'on ne comptait plus les mauvaises actions de ces goliards, vrais dangers publics, que leur châtiment importait à tous. Pour Gertrude, c'est différent. Si elle nous a fait du tort, en cachant notre ennemi chez elle, puis en lui permettant de s'enfuir, elle n'est fautive, pourtant, que par défaut, non par action.

Il y eut un silence. On entendait, venant du rez-de-chaussée, la voix de Béraude Thomassin tançant un apprenti qui avait dû gâcher du parchemin.

— Pour savoir à quoi nous en tenir, il faut donc encore attendre ?

— Je ne vois pas d'autre solution.

— Toujours attendre, pour tout ! C'est épuisant !

Le ton était excédé. Cette impatience parut à Mathilde, dont l'attention demeurait en éveil, l'indice d'un état de nerfs alarmant et révélateur à la fois. Du plus profond de son amour maternel, elle aurait souhaité amener son enfant menacée à lui parler avec l'abandon, la confiance de toujours, à lui révéler ce qui l'agitait tant. Mais, si Florie avait abordé un peu plus tôt le sujet dont elles venaient de s'entretenir un moment, ce ne pouvait être que pour éviter d'en traiter un autre, plus personnel. Il fallait la comprendre et se taire, quoi qu'il en coûtât. Comme pour couper court à toute tentation de confidence, Florie se leva, prit le miroir d'étain poli qui était posé sur une chaise, s'y contempla.

— Allons, ma mine n'est pas trop mauvaise, dit-elle avec un pauvre sourire. Philippe, qui se tourmente pour un rien, n'aura pas de nouvelle raison de s'inquiéter, cette fois-ci !

Elle revint vers Mathilde, toujours assise, appuya ses mains sur les épaules aux courbes douces, se pencha vers le tendre visage.

— Je ne veux pas qu'il ait de nouveaux sujets de souci à cause de moi, ma mère, comprenez-vous ? Depuis notre mariage, il n'a déjà eu que trop de tracas ! Je tiens à lui en éviter tout autre !

Son expression changea, se fit plus solennelle :

— Sachez bien que, de mon fait, Philippe n'aura pas à souffrir. Je l'aime et le respecte assez pour me soucier, avant tout, de préserver son honneur et la paix de son âme !

Mathilde considérait sa fille avec gravité, sans mot dire. Il ne lui était pas nécessaire d'en entendre davantage. Les deux femmes restèrent ainsi, un moment, liées par un muet échange de pensées, par une solidarité plus explicite que des mots. Leur entente de toujours se reconstruisait en silence. Florie savait maintenant que Mathilde était informée de ses déchirements, qu'elle partageait son anxiété. Elle ne le niait pas, ne le dévoilait pas non plus, mais donnait pourtant à sa mère, de façon tacite, l'assurance qu'elle saurait se montrer vigilante, qu'elle défendrait ce qui restait à sauver. C'était tout ce que, honnêtement, elle pouvait faire.

Elle détourna la tête, se redressa, alla vers le coffre.

— Philippe m'aidera à choisir ces fourrures, dit-elle. C'est lui qui me les offre, il est naturel qu'elles lui plaisent. Je me conformerai à son goût.

11

En or massif, le ciboire semblait capter, pour les réfléchir ensuite, les derniers faisceaux du soleil déclinant. Sommé d'une croix sans ornement, ciselé avec sobriété, le vase sacré, posé sur un carré de velours noir, luisait dans la boutique de l'orfèvre, d'un éclat sourd et rayonnant à la fois.

Après l'avoir reçu des mains de Bertrand, Mathilde l'avait posé avec respect sur l'étoffe préparée à cet usage, puis s'était reculée de quelques pas. Parmi les aiguières, les drageoirs, les hanaps, les écuelles, les crédences d'argent et d'or, parmi les bijoux précieux qui scintillaient sur les tables ou les étagères, où ils étaient exposés, le saint récipient, qui abriterait l'humanité du Christ, était d'une pureté de forme, d'une beauté simple mais essentielle, qui s'imposaient à l'âme.

— C'est vous, ma mère, qui l'avez dessiné.

— C'est vous, mon fils, qui avez veillé à sa fabrication.

Mathilde détourna son attention du ciboire pour sourire d'un air complice à Bertrand. Entre eux, une entente toute simple avait toujours existé. Elle aimait l'activité, l'entrain, le goût de vivre qui caractérisait son fils cadet. Ses défauts ne la gênaient pas. Elle les connaissait, les dénombrait en toute lucidité, mais s'en accommodait, jugeant que certains travers, qui ne nous heurtent pas, sont, en fin de compte, préférables à des qualités dont on n'a que faire. Une confiance mutuelle les unissait, qui leur était aussi nécessaire à l'un qu'à l'autre.

Le matin de ce jour, Bertrand lui avait parlé, justement, de Laudine, du projet de mariage qu'il formait en secret depuis quelque temps. Avec abandon, avec confiance, elle lui avait dit ce qu'elle pensait d'une union qui lui semblait pouvoir être bonne à condition que l'attirance éprouvée pour l'adolescente soit autre chose qu'une amourette, que le caprice d'un moment.

— Tant de gens se trompent sur leurs véritables sentiments, lui avait-elle dit, qui en prennent trop tard conscience et le regrettent ensuite, amèrement, toute leur vie ! Assurez-vous de la réalité, de la profondeur, de votre penchant. Éprouvez-le un temps avant de vous engager davantage. C'est la précaution à laquelle il faut s'astreindre si on ne veut pas se marier à l'étourdie. Laudine a certainement des qualités de cœur et d'esprit, je la crois fine, sensible, peut-être un peu enfantine encore, mais capable, pourtant, de fermeté, et douée d'un jugement sain. Elle semble vous aimer, mon fils, et cela ne m'étonne point. Cependant, ce n'est pas une femme comme elle que j'imaginais pour vous. Je la voyais plus féminine, plus coquette, si vous voulez, plus épanouie, en un mot. Il se peut que je me sois trompée, mais il se peut aussi que ce soit vous. Pensez-y. Interrogez-vous. Prenez le temps de réfléchir, ne vous décidez pas à la hâte. Vous êtes si jeune...

Il avait accepté d'attendre, de prendre conseil de lui-même, de tenir compte de l'avis maternel. Leur entente s'en trouvait renforcée par un sentiment de complicité affectueuse que Mathilde éprouvait avec satisfaction.

C'était, à présent, dans l'admiration suscitée par la beauté d'une œuvre à laquelle ils avaient participé tous deux qu'ils se rencontraient.

— C'est bien là le plus beau ciboire qui soit jamais sorti de notre atelier, reprit Bertrand. L'abbé de Saint-Martin-de-Tours pourra être satisfait !

Des clients pénétraient dans la boutique. Le jeune homme sourit à sa mère et les rejoignit.

On était à la mi-octobre. Il avait beaucoup plu depuis une semaine, mais le soleil, dans la journée, s'était dégagé des nuées pour venir, tardivement, éclairer le ciel de Paris au-dessus des maisons qui bornaient l'horizon de l'autre côté du Grand-Pont où une foule colorée, ravie de pouvoir sortir à nouveau, se pressait devant les étalages.

Mathilde reporta son attention sur le ciboire d'or commandé, pour l'abbé de Saint-Martin, par un riche mercier dont l'épouse avait été guérie d'une pénible maladie de peau, à la suite d'un pèlerinage accompli dans la capitale de la Touraine au tombeau du saint thaumaturge.

Un pèlerinage... pourquoi n'en ferait-elle pas un, elle aussi, pour demander la guérison de Clarence ? Depuis un certain temps, elle y songeait confusément. Charlotte, puis Philippe, lui en avaient parlé. Voici que, soudain, devant le vase sacré, qui évoquait à ses yeux la quête célestielle du Graal, elle sentait s'affermir en elle une résolution qui s'imposait. Elle en discuterait avec son oncle, le chanoine. Il lui donnerait un avis judicieux, mais, déjà, elle se sentait résolue. Elle irait à Tours demander son aide à saint Martin qui soulageait tant de misères, physiques ou morales. Elle le prierait, bien dévotement, d'intervenir auprès du Seigneur pour que sa fille recommençât à parler, à vivre.

Depuis plusieurs semaines, Clarence se levait, se laissait habiller, mangeait sagement, écoutait, semblait-il, ce qu'on disait, s'intéressait un peu plus aux allées et venues de la maison, semblait comprendre, en partie du moins, ce qu'il lui fallait faire, mais demeurait murée dans une indifférence minérale et dans un silence qui semblait définitif. Quel mur infranchissable barrait la route à sa pensée, à sa parole ? Sire Vives disait que les progrès réalisés étaient encourageants, qu'il fallait attendre. Mathilde, de son côté, pensait que la science ne pouvait plus rien, qu'il fallait s'en remettre à Dieu.

Elle s'approcha du ciboire, suivit du doigt son évasement. Ce pèlerinage ne serait pas qu'appel, demande de grâce, mais aussi acte de soumission. La nuit précédente, auprès d'Étienne endormi, elle avait, de nouveau, vécu une de ces crises de désespoir où son corps se révoltait, lui imposait des images précises, lancinantes, qui la laissaient brisée. Elle pleurait en silence, droite comme un gisant, sans faire un mouvement, pour ne pas réveiller Étienne, et finissait par s'endormir au matin, avec la sensation de l'humidité froide que les larmes non essuyées laissaient en traînées sur ses joues, sur son oreiller. La navrante conscience que rien, jamais, ne pourrait porter remède à cette faillite d'une entente charnelle dont elle aurait été faite, elle le savait, pour longtemps encore goûter les délices, lui était insupportable. L'impuissance de son mari était un mal sournois qui ruinait leur union, en dépit des efforts qu'ils faisaient tous deux pour se persuader qu'il n'en était rien. Étienne souffrait, différemment, mais tout autant qu'elle, elle ne pouvait en douter, de cette rupture de leur intimité. Comme elle, il devait regretter la douce complicité des corps et les gratitudes qu'elle entraîne.

« Il faut me pardonner, Seigneur : je suis une âme de mince qualité, Vous le savez. J'irai à Tours pour demander son entremise à saint Martin, sans me targuer d'une acceptation où je n'ai pas grande part et aucun mérite, puisque, depuis des années, je lutte contre ce renoncement auquel Vous voulez m'amener. Voici que je l'admets, après être allée au bout de ma résistance, parce que je comprends enfin combien il est dérisoire, inutile, de m'opposer au choix qu'il me faut faire. La paix ? Je ne la trouverai qu'en m'oubliant, en m'expulsant de moi pour y faire entrer, à la place, l'amour d'autrui, en une sorte d'accouchement à rebours qui, à l'opposé de ce qui se produit pendant une naissance où on aide quelqu'un à sortir de soi pour se refermer sur soi, sera l'éviction de moi-même par moi-même, afin de laisser le champ libre à Votre présence. Notre couple trouvera alors un équilibre qui, je le sais, ne dépend que de ce choix. Étienne m'aime douloureusement, mais ne peut en rien m'aider à nous sauver. Son épreuve, à lui, semble être la passivité. Ce n'est pas la moindre pour un cœur comme le sien ! La mienne, en revanche, est faite de l'obligation de lutter, chaque jour, à chaque pas... »

— Dame, voudriez-vous venir voir les nouveaux modèles de couteaux que nous allons, cette saison, présenter à nos clients ? dit alors près de Mathilde, qui méditait toujours devant le ciboire d'or, une voix qui était celle du chef d'atelier. Il y a ceux à manches d'ivoire que nous venons de terminer pour les Pâques prochaines, ceux à manches d'ébène qui seront vendus, selon la coutume, durant le Carême, et, surtout, ceux à manches écartelés d'ivoire et d'ébène que vous avez dessinés vous-même pour le temps de Pentecôte.

— Je vous suis.

La femme de l'orfèvre, sans vouloir en tirer vanité, appréciait à son juste mérite le respect que chacun témoignait dans la boutique au goût dont elle faisait preuve dans le choix des formes et des dessins. Elle savait qu'il y faisait loi. Étienne étant retenu rue Quincampoix par l'arrivée inattendue d'un riche client florentin, c'était à elle de décider. Eût-il été présent, d'ailleurs, qu'il aurait, comme toujours, fait appel au jugement de son épouse.

Elle rejoignit dans le fond de la pièce le valet qui venait d'aligner sur des carrés de velours cramoisi plusieurs séries de couteaux nouvellement fabriqués, se pencha sur les manches travaillés avec art, loua, critiqua.

Bertrand la rejoignit. Il portait un précieux hanap, taillé dans un cristal limpide, enchâssé en une monture d'argent ciselé et rehaussé de pierres fines.

— Un de nos clients demande qu'on refasse pour lui ce modèle-

ci, ma mère. Est-ce possible ? Messire Jehan Palée qui nous l'a
commandé n'en serait-il pas mécontent ?

— Il ne peut être question de reproduire les mêmes ciselures,
dit Mathilde. Chaque pièce doit être unique. C'est une règle absolue.
Nous pouvons choisir des motifs voisins de ceux-ci, mais jamais
identiques.

Elle appuya une main ferme sur le bras de Bertrand.

— Soyez inébranlable, mon fils. Notre clientèle doit pouvoir
compter sur nous.

Les cloches de Notre-Dame, de Saint-Merri et de Sainte-Opportune, en sonnant l'angélus, interrompirent le travail et les
transactions en train de s'effectuer. C'était une coutume des statuts
corporatifs que personne n'aurait transgressée, de suspendre
l'ouvrage, suivant les saisons, au dernier coup de vêpres en hiver,
de l'angélus en automne et au printemps, du couvre-feu en été.
Comme il était défendu à la plupart des gens de métiers de travailler
à la lumière des bougies ou des chandelles, car leur façon n'aurait
pas été assez bonne, chacun se pliait de bon gré à cette habitude.

Mathilde et Bertrand veillèrent à ce que tout fût en ordre, puis
ils fermèrent eux-mêmes la boutique, vide à présent des acheteurs
et des apprentis qui l'emplissaient auparavant.

Le soleil, de nouveau, était masqué par des nuages qui s'étendaient en vapeurs menaçantes mêlées aux reflets fauves de l'astre.

— Il va encore pleuvoir cette nuit, dit Mathilde.

Elle prit le bras de son fils pour regagner la rue des Bourdonnais.

A l'approche du soir, chacun fermait ses auvents. La ville s'agitait,
s'ébrouait, se préparait en d'ultimes frémissements au long repos
de la nuit à venir.

A la sortie du Grand-Pont, Mathilde serra le bras de Bertrand.
Parmi les passants qui se hâtaient vers la chaleur d'un feu, l'odeur
d'une soupe, Gertrude marchait dans leur direction, pendue au bras
d'un garçon maigre. C'était peut-être l'étudiant dont avait parlé
Charlotte. Jusqu'à présent, hélas ! comme l'avait prévu Florie, il
n'avait su fournir aucune information digne d'intérêt sur les agissements, secrets ou non, de son amie.

Comme elles étaient parvenues à s'éviter pendant tout l'été,
c'était la première fois que les deux femmes se rencontraient depuis
l'affrontement de juin. Elles se saluèrent avec réserve. Mathilde
hésita un instant à s'arrêter, mais la mine fermée qu'on lui opposa
l'incita à continuer sa route.

— Si nous étions des chrétiens au vrai sens du terme, dit-elle
un peu plus loin avec tristesse, nous aurions depuis longtemps
pardonné sa trahison à Gertrude et nous ferions oraison pour son
salut. C'est à de semblables constatations qu'on s'aperçoit combien
peu on met en pratique les enseignements du Seigneur ! La foi

nécessite toutes sortes d'héroïsmes, mon fils, dont le moindre n'est certes pas le pardon des offenses, surtout lorsqu'elles ont été aussi cuisantes !

— Que voulez-vous, ma mère, nous ne sommes pas des saints et elle nous a joué un bien vilain tour !

En devisant, ils échangeaient des salutations avec des clients, des confrères, des relations, des voisins, mais ne s'attardaient pas.

— Arnauld, Philippe et moi, sans parler de notre père, qui est le plus atteint, sommes décidés à débusquer Artus, en dépit de tout. Nous y parviendrons un jour ou l'autre. On verra ensuite comment se comporter avec sa complice.

— Je redoute ce moment, mais je vous comprends. En présence de notre pauvre Clarence, il me prend parfois des envies de meurtre ! J'en veux avec sauvagerie à ses bourreaux ! N'oubliez pas, mon fils, dans votre besoin de revanche, que l'attitude la plus digne de louange reste cependant la clémence.

— L'état où est plongée notre sœur n'y incite guère !

— Si Clarence, pourtant, finissait par guérir ?

— Est-ce encore possible ?

Ils parvenaient devant le grand portail de leur demeure.

— Je vais vous faire une confidence, mon fils, dit Mathilde avant que Bertrand ne se soit saisi du marteau de fer forgé avec lequel on heurtait à la porte. Je viens de me décider, ce tantôt, à partir en pèlerinage au tombeau de saint Martin de Tours. Je m'y rendrai au moment de la fête de ce grand saint, en novembre, afin de le prier de nous obtenir la guérison à laquelle nous aspirons tous.

Bertrand se pencha vers sa mère, lui sourit avec la confiance juvénile de l'enfant qu'il n'avait cessé d'être que depuis peu.

— Si vous y allez et que vous le priez comme vous savez si bien le faire, je gage que vous parviendrez sans trop de mal à vous faire entendre du grand saint Martin !

— Ce n'est pas si simple, mon fils, murmura Mathilde tout en pénétrant chez elle.

L'automne roussissait le jardin des Brunel. Des feuilles mortes, que la pluie avait fait tomber en grand nombre, jaunissaient les pelouses. Il y avait encore des roses dans les massifs, mais elles semblaient plus frêles, déjà menacées. Auprès d'elles, des sauges flamboyaient encore.

Jeanne et Marie, qui jouaient dans la cour avec leurs lévriers, accoururent, se jetèrent dans les bras de leur mère, parlant, riant, se chamaillant. Sur les joues de ses filles, Mathilde respira une odeur de sueur enfantine qui fleurait le lait. Elle s'enquit de ce que les enfants avaient fait durant la journée, de leurs travaux, de leurs jeux, puis les quitta pour aller voir à la cuisine où en étaient les apprêts du souper.

Des effluves de nourriture, d'épices, de rôtis, de pâte en train de cuire, l'assaillirent quand elle ouvrit la porte de la large pièce dallée où s'affairaient servantes et cuisiniers. Il y faisait chaud et une buée grasse y flottait. Au milieu du mur d'en face, une vaste cheminée, au manteau profond comme une grotte, abritait un feu de bûches de forte taille dont les flammes léchaient les flancs de plusieurs coquemars et marmites. La plus grosse d'entre elles était suspendue à un des crans d'une crémaillère en fer noirci. Une broche sur laquelle étaient enfilés trois chapons tournait entre les doigts attentifs d'une aide de cuisine qui gardait à portée de la main pelle, pincettes et tisonnier. Tout autour des marmites, sur des trépieds, des pots de terre mijotaient doucement au-dessus des braises. Des plats couverts, prêts à être servis, étaient maintenus à bonne température grâce aux corbeilles de fer surmontant les landiers. Dans l'ombre, bien au-dessus du foyer, des quartiers de viande, des jambons, du lard, des filets de poissons, séchaient et se fumaient au fil des heures. De chaque côté de l'âtre, toujours sous le manteau protecteur, deux bancs servaient de sièges aux cuisiniers ou aux servantes qui désiraient, durant les jours d'hiver, se réchauffer.

Contre le mur, proche de la cheminée, on avait poussé une table sur laquelle un pâtissier roulait une pâte à tarte. Accrochés sur des planches de chêne ciré, au-dessus d'elle, hachoirs, râpes, grils, écumoires, poêles, cuillers à pot, moules à gaufre, fourchettes à deux doigts, tamis et passoires, s'alignaient dans un ordre qui témoignait des vertus ménagères des servantes. Non loin de là, une étagère supportait la boîte à épices, la boîte à sel, des mortiers de différentes tailles, une bonbonne de vinaigre, une jarre d'huile.

Dans un coin, un évier près duquel brocs, jattes, cruches et pichets attendaient.

Entre le pétrin et la huche où l'on conservait les miches, Tiberge la Béguine, l'œil aux aguets, veillait à tout. Elle tenait un couteau à longue lame et taillait elle-même les tranches de pain qui serviraient ensuite aux convives pour recevoir leurs morceaux de viande, leurs légumes, leurs fromages.

Mathilde tenait à venir de temps en temps examiner la cuisine. Elle aimait bien la chaleur un peu moite, l'air odorant, le mouvement de cette pièce où elle se rendait parfois, quand elle en avait le temps, pour confectionner de ses mains quelque dessert inhabituel, quelque plat dont elle gardait le secret.

— Je suis rentrée assez tard, ce jourd'hui, Tiberge, il y avait beaucoup à faire dans la boutique du Grand-Pont. Tout est-il prêt ?

— Vous pourrez souper quand vous le voudrez, dame.

— Que nous fais-tu servir comme potage ?

— La cretonnée au lard dont nous avions parlé ce matin.

— La purée de pois, les lardons, le pain, le gingembre et le safran ont-ils été convenablement écrasés puis éclaircis avec du lait bouilli ? demanda Mathilde qui avait à cœur de montrer à son intendante qu'elle s'intéressait de très près aux préparatifs des repas et qu'en dépit de son labeur d'orfévresse, elle restait soucieuse des moindres détails concernant la marche de la maison.

— Ils l'ont été, dame, et abondamment jaunis avec des œufs frais.

— Parfait. Nous allons souper sans plus attendre, Tiberge.

Dans la grande salle brûlait aussi un feu de bûches énormes, auquel se chauffait Étienne quand sa femme y fit son entrée. Le dos tourné aux flammes, son grand corps voûté, vêtu de velours brun, il lisait un parchemin où s'alignaient des chiffres. Mathilde alla embrasser son mari, dont le regard aimant, anxieux, se tourna vers elle avec cette muette interrogation qu'elle connaissait bien, qui l'émouvait toujours. Elle songea à lui parler de son projet de pèlerinage, mais décida que le moment en était mal choisi et remit cet aveu à plus tard.

Clarence entra à son tour, au bras de sa nourrice, promena sur les êtres et les choses qui l'entouraient des yeux inexpressifs, se laissa installer à sa place, attendit. Elle avait retrouvé son apparence soignée, son air tranquille, cet aspect lisse, un peu froid que ses prunelles trop claires accentuaient, mais rien ne subsistait de la réserve ambiguë, du mystère irritant et attirant à la fois qui émanait d'elle autrefois de si curieuse façon.

En venant rejoindre ses parents, Arnauld jeta à sa sœur un coup d'œil soucieux, puis se détourna d'elle.

Bertrand, bientôt suivi de Jeanne et de Marie, prirent les uns après les autres place à table. Ce fut Jeanne qui récita le bénédicité. Ensuite, on attaqua la cretonnée au lard.

Avec son mari et ses fils, Mathilde parlait de l'Université, sur laquelle régnait sans partage Albert le Grand qui, du haut de la chaire de théologie, occupée depuis six ans par lui à Paris, répandait parmi ses étudiants passionnés la pensée d'Aristote ; elle s'entretenait aussi des projets de l'orfèvre, des incidents commerciaux de la journée, de leurs soucis professionnels, de leurs principaux clients ; avec ses filles, elle abordait les sujets des classes, des jeux, des petites mésaventures de leurs existences enfantines.

Clarence mangeait en silence. Ses gestes n'avaient pas perdu leur sûreté, mais son esprit demeurait en veilleuse. En dépit des efforts fournis par chacun pour la mêler à la conversation, des tentatives faites pour l'amener à participer à la vie de la famille, au sein de laquelle sa présence muette pesait d'un poids de plomb, elle continuait à se taire comme si elle avait perdu l'usage de la parole. Avait-elle oublié comment on s'exprime ? Rien n'indiquait qu'elle pût un jour renouer le fil si abruptement rompu.

On terminait les chapons, dont l'odeur de peau rissolée se mêlait de façon appétissante à celle du feu de bûches, quand Tiberge la Béguine entra pour annoncer que, en dépit de l'heure avancée, Rutebeuf demandait à voir Arnauld sur-le-champ.

— Que me veut-il ?

— Il ne me l'a pas dit, mais semble tout agité.

— Bon, j'y vais. Terminez le souper sans moi.

Mathilde vit sortir son fils avec une vague appréhension. Elle connaissait assez la réserve, la nature scrupuleuse du jeune poète, pour être certaine qu'il ne serait pas venu sans raison sérieuse troubler leur repas du soir. Que pouvait-il vouloir à son ami ?

Elle n'eut pas à s'interroger longtemps. Rutebeuf sur les talons, Arnauld revint sans tarder dans la salle. Rien qu'à la coloration de son visage, à ses gestes devenus fébriles, elle sut aussitôt qu'un événement insolite, grave peut-être, était intervenu.

— Par tous les saints, mon père, nous avons à vous apprendre une étonnante nouvelle ! s'écria-t-il avec agitation.

— De quoi s'agit-il ? demanda Étienne, lui aussi alerté.

— Il serait préférable que Jeanne et Marie soient tenues à l'écart de tout ceci, reprit l'étudiant. Il me semble inutile de les mêler à cette histoire. Pas plus que Clarence, d'ailleurs.

— Tiberge, dit alors Mathilde que ce préambule achevait d'inquiéter, Tiberge, je te prie, fais terminer aux enfants ce souper dans leur chambre avant de les remettre entre les mains de leur nourrice pour le coucher. J'irai les embrasser plus tard.

— Que se passe-t-il donc ? s'enquit de nouveau maître Brunel dès que ses trois filles eurent quitté la salle sous la majestueuse protection de Tiberge.

Sentant, comme sa femme, qu'ils allaient apprendre un événement d'importance, il s'était levé de table sans se soucier de ce qui restait à servir, s'était rapproché de la cheminée, et se tenait devant le feu, bras croisés, mine attentive. Mathilde, Bertrand, Arnauld et Rutebeuf l'entouraient. Le reflet des bougies, celui des flammes qui s'élevaient haut dans l'âtre, allumaient les prunelles, l'émail des dents, l'or des bijoux, le métal des boucles de ceintures.

— Ce que j'ai à vous dire tient en peu de mots, messire, déclara le jeune poète : j'ai retrouvé Artus le Noir !

— C'est bien ce que j'espérais ! s'écria Étienne.

« C'est bien ce que je craignais ! » songea Mathilde.

— Où est-il ? reprenait la voix pressante du maître de maison.

— Où voulez-vous qu'il soit, mon père ? Chez Gertrude !

— Par Dieu, ce n'est pas vrai !

— Si fait, messire. Je l'y ai vu entrer, de ces yeux que voici !

— Comment ose-t-il retourner là-bas après ce qui s'y est passé, mon fils, entre vous deux, au mois de juin ?

— Comment ose-t-elle le recevoir de nouveau, malgré les avertissements que vous lui avez donnés ? demanda Mathilde.

— Tout ce que je sais, dit Rutebeuf, c'est que je suis sûr de ne pas m'être trompé. J'ai vu, tout à l'heure, Artus frapper à la porte d'une certaine maison des champs que j'ai appris à connaître durant nos recherches, à Arnauld et à moi, dans cette région. Je revenais de Vaugirard où j'avais passé la journée, quand j'ai aperçu, sortant d'un taillis, une silhouette sur laquelle je ne pouvais aucunement me méprendre. Je me trouvais assez éloigné, masqué, Dieu merci, par des arbres, mais j'ai une fort bonne vue et puis m'y fier. L'homme avançait avec prudence, inspectant les environs, se dissimulant autant qu'il le pouvait, ce qui aurait déjà suffi à attirer mon attention : de toute évidence ce n'était pas là un simple promeneur. Je l'ai donc suivi, en prenant bien soin, suivant son exemple, de ne pas me faire remarquer moi non plus. Parvenu devant la haie que vous connaissez, il a jeté un dernier regard autour de lui avant de franchir l'entrée du clos et de s'engouffrer dans le logis.

— Peut-être venait-il tenter sa chance près de Gertrude, au nom de leur brève amitié, sans qu'elle en fût, pour autant, avertie ?

— Je ne le pense pas. J'étais assez près pour apercevoir, tenant la porte entrebâillée, une silhouette féminine qui l'a aussitôt refermée derrière lui. Un feu brillait. Tout laissait entendre qu'il était attendu !

— Par ma foi ! l'occasion est trop belle ! Depuis le temps que nous souhaitons les surprendre tous deux ensemble, la main dans le sac, nous voici enfin exaucés ! Allons-y tout de suite !

— Je vous en prie, mon ami, dit Mathilde en intervenant avec fermeté, écoutez-moi un instant avant de vous lancer dans une aventure périlleuse. Je sais ce que vous éprouvez, je comprends votre impatience, mais je vous demande de prendre le temps de réfléchir. Que comptez-vous faire, au juste ? Participer à une entreprise violente, hasardeuse, et, de plus, illégale, ou bien mettre toutes les chances de votre côté ?

— C'est vrai, reconnut Bertrand, il faut prévenir les sergents du guet et nous en remettre à eux.

Étienne eut un geste qui rejetait toute idée d'atermoiement.

— Il fera bientôt nuit, fit-il remarquer avec impatience, croyez-vous donc que le Père Abbé de Saint-Germain-des-Prés acceptera de nous recevoir à pareille heure ? En admettant, même, que nous parvenions jusqu'à lui, il se souviendra de l'échec auquel ont abouti nos précédentes déclarations et se méfiera. Mettez-vous à sa place ! Il ne va pas risquer une seconde fois son autorité sur des informations que rien ne sera venu confirmer. Il nous parlera de prudence, d'enquête à mener, il évoquera le droit des gens, pour repousser, au mieux, à demain matin la moindre intervention de ses hommes d'armes. D'ici là, Artus sera loin !

Il y eut un flottement. Chacun réfléchissait. Les bûches crépitaient. En pluie de cuivre, des étincelles jaillissaient au-delà des landiers, sur le dallage de pierre.

— Je ne vois qu'une seule solution, reprit maître Brunel, c'est de nous rendre là-bas tous quatre ensemble, de nous saisir de cette brute, de le ligoter, puis, le tenant enfin à merci, de le confronter à Gertrude. Ils auront pas mal de choses à nous apprendre tous deux. Ensuite nous les garderons à vue jusqu'au matin avant d'aller avertir l'Abbé dont nous ne dérangerons pas, alors, les sergents en vain.

— Vous ne pensez pas qu'il va se laisser prendre sans lutte ! rétorqua Mathilde. Ce soir, il n'est ni en état d'ivresse, ni endormi, ni blessé, je vous le rappelle, mais, au contraire, sur ses gardes et parfaitement rétabli ! Vous aurez affaire à un adversaire redoutable. Aucun de vous, peut-être, ne sortira indemne de ce combat. Il y aura au moins des blessés, sinon des morts. Y songez-vous ?

Étienne entoura d'un bras les épaules de sa femme que l'angoisse faisait trembler.

— Rassurez-vous, ma mie ! Vos fils et leur ami sont jeunes et bien entraînés alors qu'Artus sort à peine d'une retraite où il a dû dépérir pendant des mois ! De mon côté, soulevé par l'exécration que je lui porte, je me sens capable de le combattre et ne le redoute pas. Croyez-moi, nous en viendrons à bout sans trop de mal.

— Partons, lança Arnauld qui rongeait son frein depuis le début de l'intervention maternelle, partons sans plus attendre ! Il ne faudrait pas, une fois encore, qu'il nous glisse entre les doigts !

— Prenons tout de même le temps de passer prévenir Philippe qui nous en voudrait beaucoup, si nous le tenions éloigné de notre règlement de compte, dit Bertrand, plus calme que son aîné. Il va certainement vouloir se joindre à nous, ce qui ne nous gênera en rien. Plus nous serons, mieux cela vaudra.

— Pensez-vous, mon fils, que le mari de Florie soit une recrue bien intéressante quand il s'agit, non plus de rimer, mais, plutôt, d'en découdre ?

— J'en suis persuadé, mon père. Il ne manque pas de courage et possède la force nerveuse des natures maigres. Dans une expédition comme la nôtre, il me semble préférable, en tout cas, de nous trouver cinq que quatre.

— Vous avez raison, mon fils, assura Mathilde, je suis, comme vous, convaincue que notre gendre participera de toute son énergie à votre action, et, en même temps, vous venez de me donner une idée : je vais vous accompagner rue aux Écrivains où je resterai, durant votre absence, en compagnie de Florie au lieu de me morfondre seule ici à vous attendre en imaginant le pire. Nous aurons bien besoin, l'une l'autre, de nous réconforter mutuellement !

— Comme vous voudrez, ma mie, mais allons-nous-en tout de suite. Chaque minute écoulée est, peut-être, une minute de perdue !

Ordres donnés, chevaux sellés, on se mit aussitôt en marche. Comme d'habitude, Mathilde montait en croupe derrière son mari.

Dans les rues, où il y avait déjà moins de passants, le crépuscule rougeoyait. Vers l'ouest, le ciel prenait un bain de feu. Des lueurs pourprées teintaient le pavé humide, les façades blanches à colombages, les toits pentus de tuiles ou d'ardoises, les parois noircies de la voûte du Grand-Châtelet, déjà éclairée, elle-même, par un fanal, les maisons de l'île, celles que portait le Petit-Pont, les murs épais du Petit-Châtelet.

Rue Saint-Jacques, des étudiants éméchés braillaient des chansons à boire devant un cabaret d'où ils sortaient par grappes.

Rue aux Écrivains, les jeunes époux, eux aussi, finissaient de souper. Dès qu'il eut entendu les explications données par son beau-père, Philippe se leva, prit sa dague, son manteau, alla embrasser Florie, devenue fort pâle. Surprise dans l'intimité de leur tête-à-tête, elle ne portait aucun voile sur ses cheveux dénoués, retenus sur le front par un simple galon de soie. Le surcot de drap incarnat laissait voir son ventre alourdi. Encore gracile, déjà féconde, elle incarnait à la fois la fragilité des femmes et leur souveraineté.

— Dieu vous garde, Philippe ! dit-elle après avoir rendu à son mari un baiser plein d'appréhension. N'oubliez pas que je vais me tourmenter pour vous !

— Il ne le faut pas, ma mie, nous serons de retour plus vite que vous ne le pensez.

Les hommes partis, la mère et la fille demeurèrent seules dans la salle soudain vidée du bruit qui y avait bouillonné un moment. En dépit de cette agitation si proche d'elle, tante Béraude, tôt couchée, dormait déjà dans le petit réduit du rez-de-chaussée qu'elle affectionnait.

— Montons dans ma chambre, ma mère, nous y serons mieux pour attendre, proposa la jeune femme, agitée par une émotion dont les causes étaient multiples.

Précédées par Suzanne, la chambrière de Florie, tenant haut un candélabre à trois branches qui étirait derrière elles de longues ombres noires, elles gravirent, appuyées au bras l'une de l'autre, les marches qui conduisaient au second. Une fois le feu ranimé, bourré de bûches, les bougies allumées, la servante referma la porte sur elle et son pas décrut dans l'escalier.

Assises de chaque côté de la cheminée, les deux femmes restèrent un moment silencieuses, fixant les flammes, la pensée ailleurs. Une même sensation de menace planait au-dessus d'elles.

— Il fallait sans doute que cette rencontre se produisît un jour ou l'autre, dit enfin Mathilde avec un soupir. Je savais depuis le début que nous aurions à y faire face.

— Je le redoutais aussi...

La voix de Florie s'enrouait. Un sanglot creva comme une bulle au bord de ses lèvres.

— S'il arrivait malheur à Philippe, chuchota-t-elle, malheur en de telles circonstances, je ne cesserais jamais de m'accuser...

— Et de quoi donc ? demanda Mathilde, qui devinait sans peine les motifs d'une contrition dont elle avait suivi la genèse.

Elle ne reçut pas de réponse, mais un regard plein de désolation et de reproche.

— Dans une situation comme celle-ci, vous n'êtes responsable en rien, ma fille chérie, en rien du tout ! continua-t-elle avec assurance. Persuadez-vous bien, je vous en conjure, de cette vérité ! Le seul coupable, l'unique artisan de ce que nous subissons est, du reste, Artus ! N'est-ce pas lui qui a déclenché les événements dont nous ne cessons de subir les détestables suites ? Ainsi que Clarence, au même titre qu'elle, vous êtes, ma Florie, une victime, seulement une victime, n'en doutez pas !

Elle s'était levée, tendait à sa fille des mains secourables.

— Venez. Nous allons, ensemble, prier le Seigneur de protéger ceux que nous n'avons pas su empêcher d'appliquer la loi du talion, ceux qui, de toute façon, ne nous auraient pas écoutées !

Dans la tiédeur de la pièce où l'odeur du feu de bois, jointe à celle des bougies parfumées, créait une impression d'intimité qui éveillait dans la mémoire de chacune d'elles les souvenirs d'une enfance et d'une maternité complices, souvenirs dispensés par un passé commun encore si proche, les deux femmes s'agenouillèrent afin d'abolir, par des oraisons accordées, l'angoisse et le temps.

Plus sereines, ensuite, elles se mirent à broder l'une près de l'autre, en s'entretenant des projets qu'elles caressaient pour l'enfant à naître.

Soudain, il y eut le galop d'un cheval dans la rue, un arrêt devant la maison, des bruits de portes, des pas grimpant l'escalier à toute volée, et Philippe qui apparut sur le seuil de la chambre pour recevoir Florie dans ses bras.

— Dieu soit loué ! dit Mathilde. Vous voici sain et sauf !

— Nous le sommes tous les cinq, ma mère, déclara le jeune homme, par-dessus la tête inclinée de sa femme qui pleurait doucement contre son épaule. Pas la moindre égratignure, pas d'altercation, pas de lutte. Nous revenons comme nous sommes partis !

— Est-ce possible ? Qu'avez-vous fait d'Artus le Noir ? Que se passait-il là-bas pendant que Florie et moi, entre les quatre murs de cette pièce, livrions combat contre la peur et nos imaginations ?

Il conduisit avec précaution la future mère jusqu'à l'une des chaises demeurées près de l'âtre, l'y fit asseoir, et se laissa glisser à ses pieds sur un coussin où il prit place. Mathilde s'installa en face d'eux.

— Vous allez entendre une drôle d'histoire ! dit-il enfin. J'en suis abasourdi ! Il s'est passé tant de choses, si surprenantes ! Rien de ce que nous avions prévu ne s'est réalisé, mais, à la fois, plus et moins !

Il s'interrompit, eut un sourire très jeune.

— Le piètre conteur que je fais, pour un trouvère ! s'exclamat-il, vous ne devez rien comprendre à ce que je vous raconte ! Voyons ! commençons par le commencement, c'est encore la meilleure manière de vous mettre au courant.

Il avait pris entre les siennes une des mains de Florie dont il se mit à caresser amoureusement les doigts.

— Après vous avoir quittées, nous nous sommes tout de suite heurtés à une première difficulté, dit-il en entamant son récit. Si maître Brunel, qui connaissait le sergent de garde à la porte Saint-Michel, n'avait pas assuré avec beaucoup de conviction qu'il répondait à un appel du Père Abbé de Saint-Germain-des-Prés, il ne nous aurait pas été facile de sortir de Paris si tard dans la soirée. Heureusement, cette explication a contenté notre homme et on nous a laissés passer. Nous avons parcouru ensuite aussi vite que possible le trajet que nous avions à franchir. Le soir tombait plus rapidement que nous ne l'aurions voulu, mais il y avait, cependant, encore assez de lumière pour nous diriger sans lanterne quand nous sommes parvenus non loin de la maison de Gertrude. Descendus de cheval à une certaine distance, après avoir attaché nos montures à des troncs d'arbres, nous nous sommes avancés en silence vers la haie. La porte du clos n'était pas verrouillée de l'intérieur et nous avons pu pénétrer aisément dans le jardin. Arrivés devant la façade, nous avons tendu l'oreille. En vain. Nulle rumeur. Les volets intérieurs de la fenêtre étant fermés, nous ne pouvions rien voir. Nous tâchions, sans résultat, de surprendre les échos d'une conversation qui auraient dû filtrer jusqu'à nous, et nous allions nous concerter à voix basse, lorsque votre père, ma mie, d'un geste, éprouva par routine la résistance de l'huis. A notre surprise, il n'en rencontra pas. Le battant de bois s'ouvrit...

Philippe s'interrompit. Il revoyait le feu mourant entre les chenets noircis, le plafond à grosses poutres mal équarries, le dallage de grès, et la pauvre lumière produite par deux chandelles presque consumées. Elles éclairaient assez cependant pour que, du seuil, on pût distinguer, étendu sur le sol, entre la cheminée et le lit, un grand corps renversé. En tombant, il avait dû vouloir se retenir à l'une des courtines qui protégeaient la couche. Elle s'était déchirée sous son poids et il en tenait encore un morceau à la main.

— Artus gisait par terre, reprit le narrateur, immobile. Sous le crâne, posé sur l'angle aigu de la pierre du foyer, une flaque rouge s'élargissait, cernant sa grosse tête chevelue d'une auréole de sang.

— Était-il mort ? demanda Mathilde d'une voix hésitante.

— Nous l'avons d'abord cru, mais nous avons constaté, en nous approchant, qu'il respirait toujours.

— Étrange recommencement... vous vous retrouviez, vous et lui, reportés plusieurs mois en arrière, à ce jour de juin où Arnauld l'avait laissé, à cette place, en guère meilleure condition !

— Nous y avons, bien sûr, tous pensé. Cette répétition avait un aspect hallucinant, il est vrai, mais comportait aussi deux différences essentielles : il n'était plus question, cette fois, de faire disparaître le blessé, et son agresseur n'était plus l'un des nôtres mais, de façon paradoxale, celle-là même qui, dans le passé, s'était, justement, interposée entre Artus et nous ! On ne pouvait s'y tromper. Debout à côté du corps écroulé, penchée sur lui comme pour mieux se convaincre de sa mise hors de combat, Gertrude, armée d'un long tisonnier de fer, contemplait, sans, toutefois, faire le moindre geste pour le secourir, celui qui avait été son ami se vider de sa vie contre le bas de sa cotte. Déchirés en plusieurs endroits et malmenés, ses vêtements témoignaient, par ailleurs, des violences qui avaient dû avoir lieu entre les deux anciens complices. Il s'est produit, alors, un fait bizarre, inexplicable, qui nous a tous mis encore un peu plus mal à l'aise. Après avoir laissé tomber le tisonnier à ses pieds, sans se soucier du bruit de métal qui, en de telles circonstances, prenait une résonance presque indécente, elle a tendu la main droite dans ma direction, me désignant d'un doigt qui m'a paru plus long et pointu que nature, et s'est mise à rire, à rire, mais à rire comme on pleure !

Florie frissonna. Il lui semblait sentir glisser le long de son dos une coulée d'air froid. Philippe baisa avec dévotion le poignet qu'il tenait serré et dont le frémissement lui avait été perceptible.

— Je vous accorde, ma mie, que la scène était aussi pénible que déconcertante. Ce qui a suivi ne l'était pas moins. Après sa crise d'hilarité, reprit Philippe, Gertrude s'est ressaisie. Autant qu'elle le pouvait, elle a remis de l'ordre dans ses vêtements, a redressé sa coiffure de lingerie, s'est, enfin, rapprochée de nous qui étions restés en arrêt à quelques pas d'Artus. Pâle encore, elle s'efforçait, visiblement, au prix d'un grand effort, de retrouver le contrôle de soi. Sans aucune agressivité, cette fois, sans chercher non plus à nier l'évidence, devançant même nos questions, elle nous a mis en quelques phrases au courant des événements qui venaient de se dérouler sous son toit. Artus, qu'elle avait invité pour une entrevue amicale, uniquement amicale, précisa-t-elle à plusieurs reprises, avait tenté d'abuser d'elle au cours de leur entretien. Privé de femmes dans le repaire où il vivait depuis les événements du printemps...

— Où était donc ce repaire ?

— Elle s'est refusée à nous renseigner sur ce point.

— Pourquoi ?

— Je l'ignore. Nous l'apprendrons sans doute plus tard. En tout cas, ce doit être un endroit fort isolé, puisque, à en croire Gertrude, Artus y était demeuré des mois sans aucun contact féminin, ce qui, compte tenu de son tempérament de satyre, l'avait rendu à demi enragé !

— Il sortait aujourd'hui pour la première fois ?

— Eh oui ! Il n'a pas eu de chance ! Quand Rutebeuf l'a aperçu, il se risquait enfin hors de son trou, parce qu'il se jugeait en mesure de se défendre après son rétablissement. Il misait aussi, je gage, sur l'oubli, le temps écoulé, la lassitude de ses poursuivants... erreur qui lui a été fatale ! Il avait donc accepté sans difficulté une invitation sur le motif de laquelle il s'était également mépris.

— Que lui voulait-elle, en réalité ?

— Je ne l'ai su que par la suite. Au début, elle s'est contentée de nous relater comment, après un échange de banalités, la conversation avait dévié, comment il lui avait fallu se défendre contre des entreprises de plus en plus pressantes, comment elle s'était regimbée et en était venue à lutter avec un homme déchaîné par une trop longue période de continence. De son côté, elle était bien déterminée, affirmait-elle, à ne jamais céder aux instances de quelqu'un qui ne la désirait en aucune façon par sentiment amoureux, mais, elle l'avait tout de suite compris, sous l'effet d'une privation dont elle trouvait injurieux d'avoir à payer le prix. Parvenue un instant à lui échapper, elle s'était emparée d'un tisonnier posé dans un coin et l'en avait frappé, ensuite, dans un accès de rage qui décuplait ses forces, avec tant de rapidité qu'il n'avait pu parer le coup. Il s'était effondré d'un seul bloc. Par malchance pour lui, son crâne, pendant sa chute, avait heurté avec violence la pierre du foyer où il s'était fendu. Les choses en étaient là quand nous avions surgi.

— Ainsi, après l'avoir soustrait avec un acharnement farouche à la justice et à nos propres recherches, remarqua Mathilde, après l'avoir abrité, nourri, secouru, à quels risques ! c'est donc Gertrude elle-même, qui, en fin de compte, aura livré celui qu'elle avait défendu contre tout le monde ! Curieux retournement de situation, curieuse femme...

— Elle n'avait pas le choix !

— Tel que je le connais, Étienne a dû déplorer une intervention qui le privait au dernier moment d'un rôle dont il espérait bien s'acquitter en personne.

— Il a, en effet, manifesté une grande irritation envers Gertrude, à laquelle il a reproché, en plus d'une trahison familiale qu'elle ne pouvait plus nier, de s'être, une nouvelle fois, mise dans une situation impossible tout en nous empêchant de châtier Artus comme nous entendions le faire. A mon avis, il lui en voudra longtemps, en plus du reste, d'être intervenue dans une histoire nous concernant au premier chef et d'avoir assumé à sa place l'emploi de justicier sur lequel il comptait.

— S'occupait-on du blessé durant tout ce temps ? s'enquit Florie. Que faisait-on de lui ?

— Rutebeuf, qui, décidément, possède des dons pour soigner, avait été prendre une cruche d'eau, de la toile, trouvée dans un coffre, et un peu de vin. Après avoir lavé la plaie qui déchirait le cuir chevelu au-dessus d'un trou d'assez vilaine apparence, il l'avait recouverte d'une compresse, puis avait enroulé avec dextérité un pansement autour de la grosse tête inanimée. De leur côté, vos frères s'employaient, avec des cordes apportées dans cette intention, à lier les jambes et les énormes poignets du goliard. Ils l'ont proprement ficelé comme un paquet. Pour plus de sûreté, ils l'ont ensuite attaché à l'un des montants du lit.

— L'avez-vous vu revenir à lui ?

— Non pas. Quand je suis parti il n'avait pas encore ouvert les yeux.

— Qu'avez-vous donc décidé de faire de lui ? Et de Gertrude ?

— Il nous avait joué trop de tours auparavant pour que nous ne prenions pas toutes sortes de précautions avec lui. Pendant que Rutebeuf, Arnauld et Bertrand surveillaient notre prisonnier, maître Brunel est allé, malgré l'heure avancée, prévenir l'Abbé qui, en raison de l'importance d'une telle capture, ne pouvait lui en vouloir du dérangement. Quant à moi, je me suis vu, sur la demande de Gertrude, chargé de la reconduire chez Ysabeau. Cette corvée ne m'enchantait guère, mais elle voulait quitter sans plus attendre une maison où elle ne se sentait plus en sécurité. Par ailleurs, elle nous avait donné l'assurance de se tenir à la disposition du bailli.

— Pensez-vous qu'elle sera poursuivie en justice ?

— Je ne sais. Elle s'est, de façon fort paradoxale, rachetée d'un délit de complicité, par une tentative de meurtre, commise, au surplus, en état de légitime défense, ce qui l'innocentera aux yeux de bien des gens, y compris ceux des juges !

— Pourquoi Gertrude vous avait-elle montré du doigt en éclatant de rire lorsque vous êtes entré chez elle ? demanda Florie à mi-voix. Le savez-vous à présent, mon ami ?

— Hélas !

Le moment qu'il redoutait depuis qu'il avait appris ce qui lui restait à dire était venu. Comment faire part à sa femme, et, en plus, devant Mathilde, des insanités entendues ? Il décida de parler sans tergiverser davantage.

— Hélas ! le secret de Gertrude tenait, en réalité, dans peu de mots. Elle m'a tout avoué, en vrac, au sortir de sa petite maison.

Il serra les lèvres pour rassembler son courage.

— Comme j'allais chercher mon cheval afin de la reconduire à Paris, dit-il, au lieu de m'attendre devant la porte de son jardin, elle m'a suivi et m'a bientôt rejoint. Elle devait se sentir plus à l'aise dans l'ombre de la nuit, venue pendant notre passage chez elle, que dans la lumière, même déclinante, de ses chandelles. Je l'ai vue arriver près de moi sans surprise. J'estimais l'affaire réglée pour elle comme pour nous.

Il soupira, considéra Florie avec une expression de gêne, de contrition, que la jeune femme ne sut pas interpréter.

— Meurtrie par son corps à corps avec Artus, elle se déplaçait avec quelques difficultés, et je tenais déjà les rênes de mon cheval, après l'avoir détaché, quand elle est parvenue à ma hauteur. De l'autre main, je tenais levée une lanterne allumée un moment plus tôt aux tisons de sa cheminée. Je la lui tendis afin qu'elle m'éclairât pendant que je me mettais en selle avant de la hisser jusqu'à moi à son tour. Contrairement à mon attente, elle la posa sur l'herbe et s'approcha à me toucher : « Ne savez-vous pas, n'avez-vous pas deviné, pourquoi, depuis des mois, je me conduis comme je le fais ? » me demanda-t-elle alors avec une sorte de rage contenue que je portais au compte du choc subi lorsque, tout à trac, elle se mit à parler. Dieu Saint ! Je ne suis pas près d'oublier l'intensité du ton, très différent de ce qu'il était d'habitude, avec lequel cette femme dont je distinguais à peine la silhouette dans la nuit, me lança à la face des aveux que j'étais à mille lieues d'imaginer ! Jugez-en plutôt : tout ce qu'elle avait inventé pour sauver Artus était bien le résultat d'un amour, mais non pas d'un amour pour lui, comme on aurait pu le croire, non, mais d'un amour pour moi !

— Seigneur ! Gertrude vous aimait ! s'écria Mathilde tandis que sa fille demeurait muette. C'est incroyable !

Elle s'interrompit, parut réfléchir.

— Voilà que je me souviens, à la lumière de cette révélation, de la façon dont elle tournait autour de votre couple durant le souper que nous avons donné à la maison après vos noces. Elle y mettait beaucoup d'insistance.

— Je n'en ai aucun souvenir. Je lui prêtais si peu attention !

— Amoureuse de vous, répétait enfin Florie d'un air songeur, elle était amoureuse de vous !

— Eh oui, ma mie ! J'en suis encore confondu.

— Je ne vois pas comment, vous aimant, elle a accepté de cacher Artus chez elle...

Elle s'informait, sans paraître émue, et Mathilde pensa que sa fille prenait avec beaucoup de modération une découverte qui aurait dû l'indigner. Ce calme traduisait un détachement dont aucun des deux époux ne semblait se rendre compte. Il était pourtant certain qu'une femme éprise aurait eu une réaction toute différente. A quelle distance cette mariée de fraîche date se tenait-elle donc déjà de celui qu'elle avait juré d'accompagner durant toute sa vie ?

— J'ai le cœur déchiré, ma douce, répondait pendant ce temps Philippe. En secourant Artus, en l'aidant à survivre, sous le respectable prétexte de l'amitié, elle lui donnait une chance de reprendre un jour le cours d'une existence vouée à la paillardise. Qui l'empêcherait par la suite, lui que vous aviez fasciné — il l'avait reconnu devant son hôtesse dont l'imagination s'était alors mise en marche — qui l'empêcherait de s'en prendre une autre fois à vous, de vous mettre à mal ainsi que Clarence ? Ce qui aurait eu pour effet, du moins le croyait-elle, elle a eu le front de me le dire, de me détacher de vous à jamais après une pareille souillure ! Elle pensait que, prostrée ou non, vous seriez ainsi mise hors d'état de me retenir ! Elle vous préparait en secret, mon cher amour, afin de me prendre dans ses filets, un sort identique à celui de votre cadette ! N'est-ce pas monstrueux ? Je lui ai crié mon horreur, ma répulsion, ma révolte, et l'inutilité de ses espérances comme celle de ses manœuvres ! J'ai cru devoir, malgré tout, puisque je l'avais promis, la reconduire chez Ysabeau, mais ce fut sans desserrer les dents, comme si j'avais transporté en croupe un paquet de linge sale.

Il en avait fini. Les échos de son indignation ne semblaient pas atteindre Florie qui fixait les flammes d'un regard perdu.

— La pauvre fille, dit-elle au bout d'un temps de silence. Elle est bien plus à plaindre qu'à blâmer. Voyez-vous, Philippe, je ne partage pas votre réprobation et ne lui en veux pas d'avoir souhaité ma perte. Si elle vous aime de passion, elle doit, à mon endroit, être déchirée de jalousie. Qui peut, dans ces conditions, lui reprocher son animosité, son désir de me voir déconsidérée à vos yeux ? L'amour est à la fois la cause et l'excuse de ses excès...

Mathilde contemplait ses mains ouvertes sur ses genoux. Elle se taisait. Si elle éprouvait un certain soulagement à savoir écarté le danger qu'Artus, dans l'ombre, avait représenté pour sa fille, elle n'en mesurait pas moins combien celle-ci était exposée à d'autres périls.

— Allons, mes enfants, dit-elle en se secouant, allons, cette journée a vu la fin d'un cauchemar et celle d'une énigme, espérons qu'en outre elle apportera celle de nos ennuis.

On entendit de nouveau du bruit dans la rue, des rumeurs dans la maison. Maître Brunel venait rechercher son épouse.

— Eh bien, dit-il en entrant, nous serons quand même parvenus à nos fins ! Je viens de voir arrêter le bourreau de Clarence ! Son sort est désormais réglé : il sera emprisonné en attendant d'être pendu !

— Avait-il repris connaissance au moment de sa capture ?

— Pleinement. Il écumait !

— Il devait pourtant bien s'attendre à payer un jour ses crimes.

— Je n'en suis pas sûr. Les mécréants de son espèce ne sont pas gens à éprouver des remords de conscience. Mais, plutôt que de lui dont nous voici à jamais débarrassés, j'ai à vous faire part d'un nouveau rebondissement de cette affaire : il s'agit d'Arnauld. Les événements de ces derniers temps l'ont atteint au vif. Après le départ de son ancien condisciple, il m'a déclaré avoir pris, durant qu'il gardait cet ami déchu, une décision fort importante : ayant découvert le noir visage du Mal, il veut désormais le combattre. Partout. En lui, pour commencer. Afin de se régénérer à ses propres yeux, il tient à s'engager à fond sur la route du salut. Pour ce faire, il a choisi un illustre exemple : il partira à la suite du roi pour la croisade.

Mathilde n'était pas surprise. Connaissant la sensibilité, l'âme exigeante que son fils dissimulait par pudeur sous sa désinvolture, elle avait toujours su qu'il ne saurait être attiré que par le pire ou le meilleur. Dieu merci, son choix était bon : il allait porter la croix ! Si elle ne se leurrait pas sur la souffrance qu'elle endurerait en le voyant s'éloigner, elle pensait néanmoins que l'épreuve assumée par un seul d'entre eux les rachèterait tous. Ils en avaient besoin. Arnauld deviendrait leur ambassadeur et leur intercesseur auprès du Christ dont il allait aider à délivrer le tombeau.

— Le Seigneur soit loué ! dit-elle. Tout ce gâchis n'aura pas été vain !

12

Le brouillard était tel qu'on voyait à peine les branches basses des arbres sous lesquels on cheminait.

Au sortir d'Orléans, les pèlerins avaient pénétré dans un monde de brume, d'humidité, de grisaille, de tristesse. En novembre, la forêt, dépouillée de ses frondaisons, ne manque pas d'être inquiétante, mais cette chape de vapeurs bruineuses qui la cernait ajoutait encore à sa profondeur devinée un aspect incertain qui oppressait les poitrines. On ne distinguait pas grand-chose au-delà des ornières creusant le chemin. Les buissons du bord de la route se devinaient seulement, tandis que les troncs les plus proches paraissaient se dissoudre à quelques toises au-dessus des têtes. Derrière leurs colonnes, ce n'étaient plus que formes sans couleur, sans réalité.

Mathilde, montée sur une mule blanche, s'était assurée que Clarence, qu'elle portait en croupe, se trouvait bien enveloppée dans sa pelisse. Elle avait ensuite resserré, autour de son propre corps, le mantel de drap fourré de castor qui lui tenait chaud. Il ne faisait pas un froid véritable, mais les traînées de vapeur étaient si denses sous la futaie que chacun se sentait frileux et frissonnant.

C'était donc autant pour vaincre une angoisse, née du sentiment de solitude, de distance, d'éloignement, d'inconnu, qui assaillait les pèlerins poursuivis par le croassement déplaisant de corbeaux invisibles, que pour aider la marche, la progression forcée, qu'on chantait en chœur les cantiques anciens dont le rythme lent s'accordait si parfaitement à l'allure des piétons de Dieu.

Ils étaient une centaine, partis quatre jours plus tôt de Paris, à pied, à cheval, à dos d'âne ou de mulet, qui cheminaient ainsi vers le tombeau de saint Martin pour implorer un miracle, accomplir un vœu, ou rendre grâce d'un bienfait. Ils avaient déjà vu se succéder le soleil, la pluie, les brumes du matin, les crépuscules fauves, la tiède chaleur des derniers jours d'automne précédée et suivie de l'aigre haleine des aubes et des soirs.

Mathilde s'était jointe à eux parce qu'ils étaient tous de sa paroisse et qu'elle en connaissait certains.

Quand elle avait pris la décision de partir pour Tours, décision qu'Étienne avait approuvée, elle n'avait pas envisagé d'emmener Clarence avec elle. C'était son oncle, Pierre Clutin, qui lui avait conseillé de le faire. Il pensait que le dépaysement, le voyage, l'approche personnelle du lieu saint, aideraient à la réalisation des prières adressées à saint Martin pour qu'il guérisse l'enfant murée dans son malheur. A présent, Mathilde s'en félicitait.

Elle sentait sa fille toute proche, bien que silencieuse, et, peut-être, plus attentive à ce qui lui advenait, aux événements du chemin, aux autres, qu'à l'ordinaire.

Avant qu'elle ne partît, le chanoine avait adressé sa nièce à un évêque de ses amis afin qu'il lui signât le sauf-conduit qui lui donnerait les garanties de secours, d'entraide et d'égards auxquelles avaient droit tous ceux qui partaient en pèlerinage.

Une fois ces choses réglées, Mathilde avait mis ses différentes occupations en ordre, confié la maison à Tiberge la Béguine et s'en était allée, le matin du quatre novembre, vers Tours où on fêterait le onze l'anniversaire de la mort de saint Martin. Il y avait six jours de voyage prévus, mais il était préférable d'arriver la veille de la cérémonie afin d'assister à celle-ci l'âme et le corps reposés.

Jusqu'à ce matin de brouillard, tout s'était bien passé.

Mathilde, qui avait déjà suivi des pèlerinages à Chartres et au Mont-Saint-Michel, qui avait, également, bien des fois, accompagné son mari aux grandes foires, qui connaissait Bruges, Lyon, Francfort et Beaucaire, avait retrouvé avec plaisir la sensation d'aventure, de découverte, qu'elle ressentait chaque fois qu'elle prenait la route. S'y ajoutait, cette fois-ci, un espoir qui la portait.

Les pèlerins dont Clarence et elle faisaient partie avaient quitté la capitale par la route d'Orléans, vieille voie romaine bien entretenue par le soin des congrégations qui ne cessaient de s'en occuper, car elle était très fréquentée et toujours utilisée par les Jacquots qui s'en allaient tout au long de l'année, en grand nombre, vers Saint-Jacques-de-Compostelle. Aussi y avait-il beaucoup de monde sur la chaussée ravinée, creusée d'ornières et assez boueuse, qui filait, toute droite, bien tracée, à travers champs, pâturages, vignes et forêts. Charrettes, cavaliers, piétons, troupeaux, s'y confondaient.

Les compagnons de Mathilde n'appréciaient guère tout ce mouvement et avaient préféré prendre assez rapidement des chemins de terre au tracé capricieux, à l'empierrage moins robuste, mais qui passaient plus librement de paroisses en paroisses, de bourgs en hameaux, de villages en monastères toujours accueillants. On n'allait pas vite, mais on se répétait : « Le chemin en est » tout au long d'un parcours où l'on prenait le temps de s'arrêter pour prier dans certains des chapelles ou des oratoires qu'on rencontrait à foison, le temps de saluer les croix dressées aux carrefours, d'admirer le paysage, de collationner, quand l'envie s'en faisait sentir.

Le soir venu, on ne faisait pas étape aux grands hospices routiers, aux maisons-Dieu, situées sur la voie romaine, mais dans d'humbles moustiers, des prieurés, des abbayes, où les voyageurs de la foi étaient assurés de trouver bon accueil, bon gîte et saine pitance.

A Orléans, on avait rejoint la foule pour aller s'incliner devant les reliques de saint Euverte, évêque et confesseur, et adorer la patène sacrée dont le Christ s'était servi durant la Cène. On y avait passé la nuit, puis, au matin, dans le petit jour plombé, on était reparti. Encore une fois, on avait quitté la voie antique qui longeait la Loire au nord de son cours, pour franchir le fleuve dont l'étalement majestueux, le large horizon, bien que voilé de brumes, avaient beaucoup frappé les pèlerins. Par une route plus étroite, on s'était alors dirigé vers la forêt que l'on traversait à présent.

On devait approcher de Cléry où on voulait prier la Vierge avant de gagner Blois. Y parviendrait-on sans encombre ? Ne se perdrait-on pas en chemin, à cause du brouillard ?

Soudain, la mule de Mathilde se mit à boiter.

— Par Dieu, dame, votre bête est blessée ! s'écria un maître chaudronnier qui marchait depuis un moment à côté des voyageuses.

Elles le connaissaient bien, étant, à Paris, de ses clientes.

— Comment pourrait-elle l'être ? La chaussée me paraît en bon état.

— Descendez, dame, que je puisse voir de quoi il retourne.

Mathilde mit pied à terre, tendit les bras pour y recevoir Clarence, vint se pencher auprès de l'homme qui inspectait l'une après l'autre les pattes de la mule.

— Le sabot arrière droit est déferré, dame, constata-t-il avec une grimace de réprobation. Vous ne pouvez continuer à monter cette bête. Elle souffrirait. Il vous faut, au plus vite, trouver un forgeron.

— Dans cet endroit perdu...

— Nous serons bientôt à Cléry. D'ici là, marchez à côté de votre mule en la tenant par la bride. Si vous voulez la ménager, c'est la seule chose à faire.

Il fallait s'incliner devant ce contretemps. Mathilde prit le bras de Clarence qu'elle serra fortement sous le sien, saisit de sa main libre les rênes de cuir, et força le pas pour rejoindre le groupe des pèlerins qui avaient pris un peu d'avance et dont les derniers, ceux qui fermaient la marche, ne se distinguaient déjà plus dans le brouillard qu'à la façon de vagues silhouettes.

C'est alors qu'elle s'aperçut que sa fille faisait, sans fin, glisser entre les doigts de sa main gauche, les grains d'un rosaire d'ivoire qu'Étienne avait accroché à la ceinture de l'adolescente au moment du départ. Priait-elle ? Sa pensée, confuse depuis des mois, autant que le sous-bois où elles cheminaient à présent, s'était-elle assez éclaircie pour que le sens, le besoin de l'oraison lui soient revenus ? Mathilde considéra, avec plus d'attention encore que de coutume, le visage sans expression qu'elle était lasse d'interroger en vain.

On arriva sans tarder à Cléry, bourg rassemblé autour de son église et voué depuis des temps immémoriaux à la vénération de la Sainte Mère de Dieu.

On s'y agenouilla bien respectueusement, on y pria Notre-Dame, on l'implora afin qu'elle vînt en aide aux pèlerins tout au long du trajet qu'il leur restait à accomplir et pour qu'elle éloignât d'eux le malheur, les accidents et les vauriens qui risqueraient de compromettre l'issue du voyage.

Dès que Clarence et elle se furent restaurées avec les provisions achetées à Orléans, Mathilde, laissant ses compagnons à leur sieste, prit sa fille par le bras, sa mule par la bride et se mit en quête d'un forgeron. Une femme, qui logeait près de l'église, lui expliqua qu'il n'y en avait qu'un, au sortir du pays, dans la direction opposée à celle vers laquelle on se dirigeait. Il fallait donc revenir sur ses pas.

Au bout d'un moment, le bruit du marteau sur l'enclume et des gerbes d'étincelles jaillissant à travers la brume, indiquèrent qu'on approchait de la forge.

Ceint d'un tablier de cuir, large et lourd comme un fourneau, boitant assez bas, un homme aux cheveux blancs, au visage recuit, redressait à grands coups de maillet une barre de fer rougie au feu. Mathilde lui expliqua que sa mule était déferrée.

— Par Dieu, dame, je vais vous rechausser cette bête-là mieux qu'elle ne l'a jamais été, promit l'homme. Mais il faut patienter un brin. Je dois terminer l'ouvrage que j'ai commencé.

— Bon, je vais attendre.

Plus très jeune, le forgeron était lent. Il mit beaucoup de temps à façonner la barre, davantage encore à adapter le fer aux mesures du sabot.

Le brouillard qui, à l'avis de tous, ne se dissiperait pas de la journée, s'était, cependant, un peu levé aux alentours de midi. Très vite, il s'épaissit de nouveau.

Une fois la mule referrée, l'homme payé et remercié, la mère et la fille reprirent leurs places respectives sur la selle et s'en retournèrent vers la place où elles avaient laissé leurs compagnons. Ce fut pour la trouver vide. La commère qui avait déjà renseigné Mathilde et qui guettait son passage lui expliqua que les autres avaient voulu profiter de l'éclaircie pour avancer un peu plus. Ils l'avaient chargée de dire à la retardataire de les rejoindre.

— Ils sont partis par là, vers Blois, dit la femme. C'est toujours tout droit. Vous ne pouvez pas vous tromper.

Que faire ? Si on voulait se trouver à Tours pour la Saint-Martin, il n'y avait pas un jour à perdre. Attendre quoi, d'ailleurs ? Personne ne se proposerait pour conduire les voyageuses. Hors les pèlerins, nul ne songeait, par ce temps, à quitter Cléry. Il n'y avait rien à espérer de ce côté. Le seul parti à prendre était donc de se hâter, de suivre le chemin indiqué, en priant Notre-Dame de la Route pour que les autres n'eussent point trop d'avance et que le brouillard cessât de croître.

Franchie la dernière maison du bourg, la mule se retrouva sur un sentier point trop large, bordé de haies où s'accrochaient d'humides traînées grises. Personne. Aucun mouvement. Tout semblait étrangement silencieux, enveloppé d'opacité. Les bruits se perdaient dans la profondeur mate des matelas de brume.

Frappant sa monture du talon, Mathilde la mit au trot. Assez vite, la forêt fut de nouveau là. On sentait sa présence plus qu'on ne la distinguait, à une qualité différente de l'air circulant moins librement, à une pesanteur qui oppressait la poitrine, au sentiment d'être pris sous les branches comme sous les voûtes d'une cathédrale vivante mais hostile, dont le toit invisible retenait les vapeurs comme un couvercle.

Au bout d'un moment, la mule, fatiguée, se remit au pas. Mathilde préféra la laisser aller à son gré plutôt que de l'obliger à forcer l'allure. N'était-elle pas leur unique ressource ? Clarence égrenait toujours son rosaire.

Bien qu'elle tendît désespérément l'oreille, la femme de l'orfèvre n'entendit rien qui pût lui faire penser qu'elle se rapprochait des autres pèlerins. Comme elle ne pouvait discerner quoi que ce fût devant elle à plus de quelques toises, la sensation de solitude, d'isolement absolu au sein de la futaie, devenait de plus en plus pénible.

Si l'on ne rejoignait pas les autres avant la nuit, que faire ? Où loger ?

Pour se réconforter, elle se mit à réciter tout haut l'oraison de la route, celle que tout pèlerin savait par cœur.

— O Dieu, qui avez fait partir Abraham de son pays et l'avez gardé sain et sauf à travers ses voyages, accordez à Vos enfants la même protection. Soutenez-nous dans les dangers et allégez nos marches. Soyez-nous une ombre contre le soleil, un manteau contre la pluie et le froid. Portez-nous dans nos fatigues et défendez-nous contre tout péril. Soyez le bâton qui évite les chutes et le port qui accueille les naufragés : afin que, guidés par Vous, nous atteignions avec certitude notre but et revenions sains et saufs à la maison.

Les heures passèrent. La mule avançait de plus en plus lentement. Parfois, elle butait sur une pierre, dans un trou. La sentant lasse, Mathilde descendit, prit la bride, caressa le chanfrein très doux, flatta l'encolure de l'animal qui la considérait de ses larges yeux où se reflétait une obscurité comparable à celle du sous-bois.

— Qu'allons-nous faire, ma belle ? Où pouvons-nous aller ?

Elle aida Clarence à prendre place sur le devant de la selle.

Elles repartirent. Les vapeurs d'eau collaient aux vêtements qu'elles alourdissaient, déposaient sur la peau du visage, des mains, une fine pellicule de moiteur froide, pénétraient dans les narines, dans les poumons. On respirait l'humidité comme une fumée visqueuse, sans chaleur.

A en juger par l'assombrissement, la nuit venait. On ne voyait rien du ciel, ni soir, ni crépuscule, mais il faisait plus terne qu'avant, le gris virait au noir. Tout espoir de retrouver les autres pèlerins était à présent condamné.

Mathilde s'aperçut que sa mâchoire tremblait, ainsi que ses mains. La froidure n'y était pour rien, mais, uniquement, la peur.

— Seigneur, Seigneur, ayez pitié de nous ! Protégez-nous durant que nous cheminons vers la châsse de messire saint Martin, non dans le seul but de lui demander intercession, mais également pour nous affermir dans un renoncement que Vous souhaitez, pour nous soumettre solennellement à Votre volonté !

Avec l'obscurité, il ne pouvait plus être question d'avancer. On était désorienté. La mule elle-même secouait la tête, comme pour déconseiller toute progression. Le brouillard, épais, ainsi que de la laine sale, élevait autour des égarées une molle muraille de cauchemar.

— Nous sommes perdues, ma fille, dit Mathilde à haute voix pour rompre le silence, pour entendre une parole humaine au sein des vapeurs hostiles. Bel et bien perdues ! Je crois qu'il nous faudra coucher sous les arbres !

Clarence pencha vers sa mère un visage noyé d'ombre, incliné vers ce bruit qui rompait soudain le silence brumeux, sans qu'on sût si c'était le sens des mots ou leur écho seulement qui attirait son attention, son regard qui ne s'étonnait pas.

Mathilde baissa la tête. Elle n'avait jamais craint la mort, dont elle se faisait l'image d'un passage, désagréable, mais bref, vers un embrasement de joie, un paroxysme de félicité, qui demeurait son plus brûlant espoir, son espérance constante. Cependant, si elle croyait de toute sa foi à cette fusion d'une âme dans la lumière divine, elle redoutait les trépas accidentels, sournois ou provoqués, ceux où l'existence nous abandonne sans qu'on ait eu le temps de se confesser, de communier, de recevoir l'extrême-onction, de se mettre en ordre, enfin, pour cet autre voyage qui était l'Unique.

Et voici que, de façon imprévisible, elle se voyait confrontée, dans les pires conditions, à une situation redoutable qui pouvait devenir mortelle !

Elle se signa.

La mule, qui s'était immobilisée, tressaillit soudain. Ses longues oreilles s'agitèrent, s'orientèrent dans une certaine direction, demeurèrent pointées. Frissonnante, Mathilde, elle aussi, écouta. Il lui semblait entendre, loin, très loin, un tintement, comme le son affaibli d'un carillon, d'une cloche.

Elle savait que certaines chapelles, certains oratoires disséminés dans les lieux éloignés de toute habitation, possédaient des cloches de brume qu'on faisait retentir à intervalles réguliers les soirs de mauvais temps. Peut-être se trouvait-elle à proximité d'un de ces asiles ? Dans ce cas, Clarence et elle étaient sauvées.

Raffermie par une pareille attente, Mathilde partit, au jugé, dans la direction d'où venait l'appel. Elle tirait la mule sans plus se soucier du chemin tracé, mais, uniquement, du guide sonore encore incertain, dont l'évidence se précisait à chaque enjambée.

En dépit de son immense désir de sécurité, d'abri, elle ne pouvait progresser que fort lentement, à la manière des aveugles, une main tendue devant elle pour tâter les obstacles. Des troncs, des buissons, des fourrés, qu'elle ne pouvait distinguer, surgissaient sous ses doigts sans qu'elle eût le moyen de les pressentir avant que de les toucher. Des fossés, des trous boueux, se creusaient sous ses pieds. Elle trébuchait, se relevait, repartait.

Les arbres s'espacèrent, le sol se nivela. L'air, toujours aussi opaque, sembla, soudain, moins étouffant, un peu plus fluide. Sur un terrain qu'elle sentait à chaque foulée s'affermir, Mathilde pouvait enfin se diriger sans trop grande difficulté. La cloche devait être toute voisine, à présent. Clair, pressé, son battement traversait le brouillard avec l'insistance d'une aide amicale.

Les derniers efforts conduisirent les deux femmes au pied de ce qui devait être un clocher. Les doigts de Mathilde rencontrèrent un mur de pierre.

— Seigneur, soyez-en remercié !

Elle avait parlé tout haut. Comme si Celui auquel elle s'adressait dans l'élan de gratitude qui la soulevait lui répondait directement, une voix aux inflexions patriarcales s'éleva non loin d'elle.

— Soyez vous-même la bienvenue.

— Où suis-je ? demanda Mathilde. Nous sommes, ma fille et moi, perdues dans la forêt depuis fort longtemps.

Une forme indécise, porteuse d'une lanterne dont la lueur jaune n'éclairait pas grand-chose mais trouait cependant la brume, surgit à côté d'elle. Elle distingua vaguement une robe de bure, un capuchon, une barbe fournie et blanche, sous laquelle brillait une croix. La cloche s'était tue.

— Vous êtes, mon enfant, chez un vieillard qui a fait vœu de retraite et de pauvreté, chez un solitaire qui vous recevra le mieux qu'il pourra... à condition que vous ne soyez pas trop exigeante.

— Que Dieu vous bénisse, mon père ! Nous n'avons besoin que de repos et d'un peu de nourriture. Grâce à vous, nous échappons aux dangers qui nous menaçaient. C'est là l'essentiel. Un toit pour nous protéger, un feu pour nous réchauffer, nous ne souhaitons rien de plus !

— Suivez-moi, mon enfant.

Contre le mur de ce qui était un petit oratoire, on avait construit un ermitage guère plus grand qu'une cellule. Une table rudimentaire, deux escabeaux, une couche de fougères sèches entassées sur le sol de terre battue, étaient tout le mobilier qu'un feu de branchages qui brûlait sous une hotte de pierre permettait de découvrir quand, la porte poussée, on surgissait du monde brumeux du dehors pour pénétrer dans l'univers rassurant de la pièce close.

— Votre mule ne peut demeurer dans le froid, dit l'ermite qui était resté sur le seuil. Je vais la conduire en une petite cabane qui se trouve à côté d'ici. J'y ai vécu avant d'avoir édifié ce logis et j'y abrite maintenant une chèvre qui me donne son lait.

Mathilde le remercia. Quand il fut parti, elle se tourna vers Clarence qui l'avait suivie avec docilité, sans manifester ni soulagement, ni satisfaction, ni rien de ce qui aurait dû, normalement, l'agiter.

— Venez, ma mie, près de ce feu.

Elle enlevait des épaules de l'adolescente la pelisse appesantie par l'humidité, la conduisait devant l'âtre.

— Chauffez-vous, ma fille.

Elle-même se défaisait, s'approchait du foyer, tendait ses mains engourdies aux flammes qui léchaient les flancs noircis d'une pauvre marmite où bouillait une soupe d'herbes.

— Je vous rapporte le sac de cuir que vous aviez laissé sur le dos de votre mule, dit en entrant le vieillard qui les accueillait. Vous serez sans doute heureuse d'en disposer. J'ai, de mon côté, si peu de choses à vous offrir !

A la lueur du feu et d'une chandelle de suif qu'il allumait en leur honneur, on voyait mieux ses traits maigres, à forte ossature et comme taillés dans un bois massif. La barbe dissimulait le bas du visage. Sous des sourcils buissonneux, il avait des yeux creux aux prunelles foncées. Son froc noir accentuait sa haute taille, sa carrure décharnée.

— Voici du lait, du pain, et cette soupe de carottes et de racines sauvages qui doit être cuite à présent. C'est tout ce que j'ai à vous donner pour souper !

— Je n'en espérais pas tant, mon père, quand j'errais, tantôt, dans la forêt !

L'ermite remplissait les écuelles de bois, les poussait devant les deux femmes. Comme Mathilde aidait Clarence à prendre place sur un des escabeaux, lui présentait la cuiller pleine, l'aidait à manger, elle vit que leur hôte observait la jeune fille avec attention.

— Nous nous rendons, ma fille et moi, en pèlerinage à Saint-Martin-de-Tours, dit-elle, sentant la nécessité d'une explication, afin de demander, par l'intermédiaire de ce grand saint, la guérison de cette enfant qui demeure dans l'état navrant où vous la voyez depuis un lourd malheur qui lui est advenu ce printemps.

— Ce qui compte, dans un pèlerinage, dit le solitaire, c'est moins la requête présentée que l'effort accompli sur nous-mêmes afin de nous rendre dignes de Celui auquel nous nous adressons. C'est en épurant nos cœurs, nos vies, que nous abordons les régions célestes où tout devient possible. Le sacrifice, seul, nous élève.

Mathilde soupira, acquiesça. La devinant lasse, le vieil homme se leva.

— Je vous laisse, dit-il. Considérez-vous céans comme chez vous. Cette couche de fougères est certainement moins confortable que le lit auquel vous êtes habituée, mais elle vous permettra de vous reposer durant la nuit. Demain matin, selon le temps, nous aviserons. Je trouverai toujours un berger ou un bûcheron pour vous servir de guide jusqu'à l'orée de la forêt.

— Vous-même, mon père, où coucherez-vous ?

— Dans l'oratoire. Au pied de l'autel. C'est là que j'ai l'habitude de m'allonger en temps normal entre complies, matines et laudes. Les jours de mauvais temps, comme celui-ci, il me faut, en outre, demeurer sans cesse sur le qui-vive. Ainsi que vous l'avez constaté, je dois sonner la cloche d'heure en heure, afin de porter secours à ceux qui peuvent se trouver égarés dans la brume, et, ce, jusqu'au moment où les nuées dangereuses se sont dissipées. C'est un devoir sacré auquel je ne saurais manquer. Depuis que je vis en cet endroit, il m'a déjà été donné de sauver plusieurs personnes à bout de forces. Vous-mêmes... Ainsi donc, je vous quitte, mes filles. Que Dieu veille sur votre sommeil !

L'ermite parti, Mathilde aida Clarence à s'étendre sur les fougères, la recouvrit, l'embrassa sur le front, regarda se clore au-dessus d'yeux sans clarté les paupières de sa fille, et retourna auprès du feu qu'elle tisonna en pensant à autre chose.

D'un mouvement naturel, sans l'avoir voulu, elle se retrouva à genoux sur le sol. Contre le mur, à droite de la cheminée, un crucifix fait de deux branches de chêne équarries avec soin était accroché. Ce fut vers lui qu'elle se tourna.

Elle pria longtemps. Le tintement de la cloche, qui résonnait avec régularité au-dessus de l'ermitage, rythmait son oraison, accompagnait une méditation dont l'intensité, la profondeur, dépassaient de beaucoup celles auxquelles elle s'était habituée. Comme dans un état second, elle faisait le bilan de son existence, jugeait son passé, les actes accomplis, les fautes commises, sa complaisance envers ses propres penchants, une absence de charité à l'égard des autres commodément camouflée sous des libéralités qui ne lui coûtaient guère, sa vanité, son égoïsme.

La nuit était avancée quand elle reprit conscience. Le feu s'éteignait. Les rougeoiements des braises teintaient de reflets mourants l'ombre qui avait tout envahi. Il faisait presque froid.

Mathilde se releva, jeta quelques branches sur les tisons, mit deux bûches dans l'âtre et vint s'étendre près de Clarence.

Le malheur de cette enfant, le piège tendu par la passion sous les pas de Florie, les soubresauts de sa vie conjugale, l'humeur d'Étienne, son propre renoncement, toutes ces difficultés, ces craintes, ces chagrins, qui lui avaient paru jusqu'alors si écrasants, perdaient soudain une partie de leur pesanteur. Une sérénité comme elle n'en avait jamais éprouvé s'était levée en elle. La certitude d'une aide, d'un appui, si forts, si précieux, que rien ne pouvait plus, grâce à eux, être redoutable, s'imposait à elle. Posant une main sur celle de Clarence, ouverte dans l'abandon du sommeil, elle s'endormit.

Quand le vieillard l'éveilla en pénétrant dans l'ermitage, il faisait jour.

— Le soleil, ce matin, est en train de dissiper le brouillard, dit-il en déposant sur la table un pot de grès rempli de lait. Dans peu de temps, il fera tout à fait clair. Vous pourrez, sans difficulté, et sous la conduite d'un bûcheron auquel j'ai parlé de vous, sortir de la forêt pour rejoindre la route de Blois.

— Dieu soit loué !

Mathilde n'était pas surprise.

— Il l'est dans chacune de ses créatures, ma fille. En vous, en moi, en cette enfant, affirma-t-il en désignant Clarence qui ouvrait les yeux. Oui, en elle aussi, en elle surtout, reprit-il avec force. Après avoir longuement prié pour vous deux, j'ai fait, cette nuit, un rêve à son sujet. Transformée en colombe, elle s'envolait dans un doux bruissement d'ailes, en compagnie de beaucoup d'autres, vers des cieux plus bleus que ciel de juillet... et elle chantait, ma fille, elle chantait !

— J'ai aussi rêvé d'elle, dit Mathilde, mais j'ai oublié ces visions. Il ne reste dans mon souvenir que l'écho d'une voix qui psalmodiait le confitéor. C'était la sienne.

— Vous voyez, dit l'ermite. Votre enfant sera sauvée.

— Soyez béni, mon père !

Mathilde s'était levée. Elle alla jusqu'à la porte, l'ouvrit. Un soleil assez pâle finissait de trouer la brume qui s'étirait encore en longues écharpes sous les branches dépouillées de la futaie, sur le cours d'un ruisseau qui traversait la clairière où s'élevait la chapelle, sur la source où il prenait naissance à flanc de talus, et qui s'écoulait, à quelques toises de l'ermitage, dans une auge de pierre.

— Avant de boire votre lait, nous allons faire un peu de toilette et nous laver à la fontaine, mon père, dit Mathilde. Nous avons besoin d'ablutions.

Elles avaient presque achevé de se préparer quand le vieillard, s'approchant d'elles, prit dans le creux de sa main un peu d'onde transparente et pure afin de tracer avec elle un signe de croix sur le front de Clarence.

— C'est le symbole de la renaissance par l'eau, ma fille, expliqua-t-il à Mathilde. En cette âme scellée, la lumière de la grâce peut être, de nouveau, introduite, par le renouvellement du geste baptismal. Ayez confiance.

Mathilde s'inclina sur la main de l'ermite qu'elle baisa avec dévotion.

Après avoir mangé du pain, bu du lait, les deux femmes, enveloppées de leurs pelisses à peine sèches, remontèrent sur la mule et s'éloignèrent de l'asile dont Mathilde avait remercié de tout son cœur l'occupant. Elle avait les larmes aux yeux en lui disant adieu.

Sur les traces du bûcheron qui leur servait de guide, il y eut, ensuite, la marche à travers la forêt où rôdaient encore des traînées de vapeur humide, le chemin retrouvé, puis suivi tout le long du jour, l'étape à Blois où les deux femmes rejoignirent enfin les autres pèlerins, fort inquiets de leur disparition, qui les accueillirent avec une cordialité mêlée de soulagement, et qui les congratulèrent, non sans force protestations d'amitié, pour la protection si manifeste que leur avait accordée le Seigneur.

Après une journée, une autre étape, après Amboise, ils furent, au détour d'un lacet, en vue des remparts de Tours. Quand, de la route longeant la Loire, ils aperçurent, entre les arbres, au-delà des murailles de la vieille cité épiscopale, les quatre tours de la fameuse basilique, célèbre dans toute la chrétienté, qui dominaient, un peu plus loin, la lourde masse du château, ils entonnèrent un cantique d'action de grâces. Mathilde chantait avec une immense ferveur.

On dépassa la ville pour gagner l'enceinte sacrée qui s'était construite autour du tombeau vénéré. Les voyageurs savaient être reçus, réconfortés, nourris, secourus dans l'hospice routier de Saint-Martin. Ces maisons-Dieu, établies sur le parcours des grands pèlerinages, étaient, par excellence, lieux d'asile. A la fois hôtelleries sans frais où les routiers de Dieu trouvaient repos, vivres, soins, accueil attentif dont ils ressentaient le besoin après les tribulations du trajet, ils étaient aussi hôpitaux gratuits. On y soignait les malades, les blessés, on y secourait les affligés. Centres de secours, également, on y distribuait chaque jour aux nécessiteux l'aumône ordinaire, faite de pain, de soupe, de fromage, et, en période de fête, de viande, galettes et fruits en plus. Les frères hospitaliers, aidés par un personnel bénévole tout dévoué, s'y consacraient en même temps au service des pauvres, des affamés, des infirmes, des égarés, et au service de Dieu. C'était le même.

Mathilde et Clarence y furent logées avec leurs compagnons dans une grande salle d'une propreté parfaite où de larges lits, disposés le long des murs et séparés les uns des autres par des courtines de toile rouge qui les isolaient, offraient aux corps fatigués du voyage, aux membres las, fraîcheur des draps et mollesse des couettes de plumes. La mère et la fille allèrent se restaurer dans la salle commune où on les servit à des tables d'hôte prises d'assaut.

Après le souper, les deux femmes gagnèrent le lit où elles se couchèrent côte à côte. Selon son habitude, Clarence ne cessa d'égrener son rosaire qu'à l'approche du sommeil.

Pas plus que les deux nuits précédentes, Mathilde ne dormit beaucoup la veille de la cérémonie. Une attente anxieuse, mêlée de confiance, un espoir, justifié par sa foi, la tenaient éveillée. Elle priait comme on s'adresse à un être présent, aussi bien par des mots que par des silences.

Le matin du jour attendu, elle se leva ainsi que sa fille avant l'aurore, se rendit avec elle aux étuves de l'hospice, où elles prirent toutes deux des bains tièdes et se firent laver les cheveux. Il s'agissait d'être aussi propres en leurs corps qu'en leurs âmes.

Les toilettes achevées, elles revêtirent le linge fin et les surcots de drap blanc qu'elles avaient apportés avec elles, puis Mathilde voulut se confesser. La file des pénitents était déjà longue dans la chapelle de la maison-Dieu, et il lui fallut attendre avant que vînt son tour. Près d'elle, Clarence, lointaine comme une statue, laissait glisser entre ses doigts les grains de son chapelet. En dépit de l'immense espoir qui portait sa mère, son esprit ni sa langue ne se déliaient. Comme une rivière souterraine, la vie de l'âme devait continuer son cours sous cette enveloppe muette qui ne s'animait pas.

Dans les rues décorées et pavoisées de branchages, de fleurs tardives et de tapisseries, que les deux femmes suivirent pour se rendre à la basilique, la foule des pèlerins était grande. Parties longtemps avant l'heure de l'office qui ouvrait les festivités, elles eurent cependant du mal à trouver place dans la nef immense. Le chœur et les cinq chapelles qui l'entouraient étaient déjà pleins. La taille, la splendeur, l'importance de la vénérable église impressionnèrent Mathilde qui suivit la messe dans un état de ferveur éblouie. Elle priait avec une telle intensité qu'il lui semblait qu'une lumière surnaturelle brillait sous ses paupières closes. Jamais, elle n'avait senti si proche la vérité divine qui était appel et réponse à la fois. En de brefs instants, elle sentait qu'elle atteignait une autre dimension, qu'elle était sur le point de passer de l'autre côté des barrières charnelles, de découvrir le cœur célestiel de la Création.

Après l'office, elle demeura un long moment à genoux, dans les exhalaisons des fumées d'encens qui se dispersaient. Elle était écrasée d'émotion. Des larmes coulaient sur ses joues sans même qu'elle en prît conscience. Elle acceptait d'être envahie par une présence ineffable qui, régnant à la fois au plus profond de son être et la cernant de toutes parts, l'occupait tout entière. En elle, autour d'elle, quelqu'un se tenait, rayonnait.

Quand elle se releva, quand elle prit la main de Clarence afin de la conduire près du tombeau de saint Martin, resplendissant, à la lueur des milliers de cierges, de tous ses ors, ses ornements d'argent, ses joyaux, ce fut d'un pas ferme, avec une certitude inébranlable qu'elle marcha.

Devant la châsse sacrée, les pèlerins se pressaient en foule pour palper, ne fût-ce que du bout des doigts, les métaux précieux ornant les pierres du sépulcre qui contenait les reliques. Avec la patience de ceux pour qui le temps n'existe plus, Mathilde attendit le moment où sa fille et elle pourraient approcher à leur tour. Quand elles purent passer, elle s'avança vers le tombeau, tenant Clarence par le bras. Elles s'agenouillèrent ensemble, tout contre le monument, pressées par la foule, indifférentes à cette bousculade.

Mathilde étendit les doigts pour atteindre les plaques d'argent les plus proches. Elle avait l'intention de prendre, ensuite, la main de sa fille pour la poser sur le mausolée. A sa grande surprise, l'adolescente, sans attendre le geste maternel, se pencha, inclinant de plus en plus bas son front qui vint toucher les pierres sacrées — jusqu'à s'y appuyer. Mathilde n'osait bouger.

Clarence resta un assez long temps ainsi, la tête posée contre le réceptacle des reliques saintes, à l'endroit même où l'ermite, avant leur départ, avait tracé un signe de croix avec l'eau de sa fontaine. Quand elle se redressa, elle souriait. Elle se releva, s'écarta de la place où elle venait de se prosterner. Mathilde la suivit.

Sans mot dire, elles se frayèrent un passage à travers la foule, quittèrent le chœur, gagnèrent une des chapelles. Près d'un pilier, Clarence, qui s'était instituée le guide de sa mère, s'immobilisa. Il émanait de cette enfant de quatorze ans qui, soudain, avait retrouvé son jugement, une autorité, une décision, toutes nouvelles. Mathilde contemplait avec un sentiment de reconnaissance éperdue le visage de sa fille, redevenu vivant, les yeux qu'éclairait maintenant une gravité joyeuse. Son cœur battait jusque dans sa gorge. Sur le front pur, elle découvrait, ainsi qu'une trace de brûlure, la marque d'un signe de croix qui rougissait la peau. Au contact du tombeau sanctifié, venait de s'accomplir une prise de possession mystérieuse qui était réponse et bénédiction. Émerveillée, elle comprenait tout à coup ce qu'impliquait ce miracle, et que son propre renoncement participait aussi, pour une part dont il ne lui était pas donné de mesurer l'étendue, à la guérison de sa fille.

— Ma mère, dit alors Clarence, qui retrouvait la parole avec la conscience, ma mère, je ne retournerai pas à Paris avec vous. Je vais rester ici dans le couvent de bénédictines devant lequel nous sommes passées toutes deux, tantôt, pour venir. J'y prendrai le voile dès que possible. Je pense que, ni vous, ni mon père, ne vous opposerez à ce que je me fasse la servante du Seigneur.

13

A la pointe du sein que venait de quitter la bouche du nourrisson, une goutte de lait affleura, se forma, s'alourdit, tomba sur le lange de toile matelassée.

— Vraiment, ma mie, votre fils vous ressemble chaque jour davantage, remarqua Alix, penchée sur le nouveau-né.

Florie sourit. Elle contemplait avec fierté, tendresse, attention admirative mais déjà familière, le petit être blond, délicat comme un pétale, qu'elle avait mis au monde un mois plus tôt. Il tenait tout entier dans le creux de son bras.

— Il a, cependant, les yeux de Philippe, remarqua-t-elle, du moins pour ce qui est de la forme. En ce qui concerne la couleur, il faut attendre encore quelque temps. Ils n'ont pas encore trouvé leur teinte définitive et le regard de mon fils, encore maintenant, me fait irrésistiblement penser au fond d'un puits...

Elle se pencha, baisa avec précaution les joues à la peau de soie. Satisfaite que l'enfant eût ses traits, elle n'en était pas moins soulagée de constater qu'il tenait aussi de son père. Puisqu'il était le fruit de leur union, le symbole de leur attachement, il était bon qu'il participât de l'un et de l'autre. Elle posa ses lèvres sur le fin duvet, couleur de paille fraîchement coupée, qui couvrait le petit crâne rond.

— Il est ma joie et mon espoir, dit-elle d'un ton léger pour atténuer ce que cette déclaration aurait pu avoir de trop grave, de révélateur aux yeux de son amie.

Alix n'en fronça pas moins les sourcils.

— Votre mari n'est-il donc point une joie suffisante pour vous ? demanda-t-elle avec un intérêt nuancé d'inquiétude.

— Si fait, mais autrement. Ce que je voulais dire, ma mie Alix, c'est que la présence de Gaultier emplit mon existence. Voyez : Philippe se trouve absent depuis hier, pour plusieurs semaines, peut-être un mois, peut-être davantage. Il s'est rendu à Pontoise avec la cour de notre reine. Eh bien, son absence m'est moins sensible parce que j'ai notre fils à aimer, qui m'occupe sans cesse.

Elle tapotait avec douceur le dos du nourrisson qui, l'air satisfait, digérait le lait absorbé un moment plus tôt. Il fit alors quelques menus rots, sourit d'aise, béat. Le portant avec précaution, Florie alla le recoucher dans le berceau de bois sculpté posé à côté de son propre lit, balança la nacelle, s'assura que le sommeil s'annonçait, revint près d'Alix.

— Voyez-vous, ma mie, je n'ai pas voulu pour lui de nourrice, du moins au début, dit-elle. Nous verrons plus tard. Je suis si contente d'être seule à l'allaiter, à le laver, à le dorloter, que je ne puis supporter l'idée de partager ces soins avec une autre.

— Par ma foi, ce ne sont plus des ballades, motets, ou rondeaux que vous allez nous composer à présent, ma mie, mais des berceuses, si je comprends bien !

— Eh oui ! J'en ai déjà écrit plusieurs, répondit avec élan la jeune femme qui contemplait son fils avec tant de tendresse qu'Alix l'envia tout d'un coup.

— Vous donneriez à un roc le désir d'être mère ! s'écria-t-elle. Il semble que ce soit un trésor que vous possédiez là !

— C'en est un !

L'enfant dormait. Florie s'approcha de la fenêtre, l'entrouvrit.

— Il neige toujours. Ce mois de février trop froid n'en finit plus ! Je suis lasse des frimas et aspire au retour du printemps.

— Dans un mois, ce sera chose faite. Prenez patience, ma mie... Pour moi, contrairement à vous, j'aime assez cette saison.

Elle désigna du menton le paysage saupoudré de flocons.

— Regardez : les toits de Paris sont beaux sous leurs capuchons blancs. Les arbres de votre jardin ont l'air voilés de dentelles... sans compter que, dans les maisons, au coin du feu, dans la bonne et douce chaleur de l'âtre, on se sent bien.

— Il est vrai, concéda Florie. L'hiver a quelques charmes, du moins, quand on a suffisamment de bois pour se chauffer, mais vos descriptions, si séduisantes qu'elles soient, ne suffiront jamais à m'empêcher de soupirer après les beaux jours !

La fin de sa grossesse lui avait semblé pénible. Les fêtes de Noël, des Étrennes, de l'Épiphanie, n'avaient apporté que de brèves éclaircies dans une suite de semaines au long desquelles ses malaises se multipliaient. Elle avait accouché le seize janvier, avec une dizaine de jours d'avance sur le terme prévu. Si sa joie avait été immense à la vue de son fils naissant, les heures qui avaient précédé l'événement lui avaient laissé un cruel souvenir. De la tombée du jour à l'aube, ce n'avait été que déchirements et tortures. Jamais elle n'aurait pensé qu'on pût tant souffrir pour transmettre la vie.

L'habileté de la sage-femme, qui lui avait inlassablement massé le ventre avec des onguents préparés par Charlotte qui présidait elle-même aux opérations, la tendresse, la présence de Mathilde, la gêne attendrissante d'un Philippe horrifié de se trouver à l'origine de ce martyre, ne l'avaient pas empêchée de subir pendant une éternité la montée terrifiante des vagues, toujours plus rapprochées, d'une douleur inhumaine. La fin de la nuit l'avait laissée à bout de forces, harassée.

Cependant, dès que son fils, frotté de sel, lavé de savon au miel, enveloppé de langes blancs, avait été posé entre ses bras, elle s'était sentie inondée d'un bonheur animal, essentiel, qui, justifiant la souffrance, en avait éloigné le souvenir.

Elle s'était vite remise. A présent, ne voulant plus songer au mal subi, elle constatait, non sans satisfaction, que sa taille retrouvait sa minceur, que ses seins s'étaient développés, épanouis.

Tout en se répétant qu'il ne s'agissait là que d'une apparence, Florie ressentait plaisir et fierté à vérifier une transformation qui la rendait encore plus désirable. Elle soupira. Pour qui ? Philippe avait dû, hélas, s'éloigner un temps, afin de suivre les déplacements de la cour que son épouse, confinée chez elle, ne pouvait rejoindre. Il lui avait fallu, en effet, commencer par attendre ses relevailles. La coutume était formelle. Même pour le baptême de Gaultier, qui avait eu lieu le quatrième jour après la naissance, la jeune mère n'avait pas obtenu le droit de se montrer. Il en était toujours ainsi. Avant la cérémonie de la purification, l'accouchée devait demeurer au logis. Après que Florie eut satisfait à cette exigence, la mauvaise saison, à son tour, avait dressé ses barrières de gel. Il s'était mis à faire trop froid pour sortir le nouveau-né dont elle n'acceptait pas de se séparer.

— Je vais m'en retourner, dit Alix. Les jours sont courts en février et on ne marche pas bien vite dans la neige.

Son amie partie, Florie retourna près de son fils endormi. Le menu visage, pas plus gros qu'une pomme, la fascinait. Elle passait des heures, penchée au-dessus de ce sommeil dont on ne pouvait pas imaginer les rêves, suivant de toute son attention les frémissements, les mouvements, les grimaces, les moues, les vagues sourires de son enfant. Elle s'était prise pour lui d'un amour violent, total, qui, la réveillant en pleine nuit, la faisait rire, toute seule, dans le noir, d'aise et d'adoration.

Elle appela Suzanne afin qu'on apportât de nouvelles bûches pour entretenir le feu qui, jour après jour, brûlait dans la cheminée de sa chambre. Puis elle resta un long moment à contempler les gerbes d'étincelles qui jaillissaient en crépitant, comme un essaim d'abeilles cuivrées, des troncs de châtaigniers. L'odeur de la mousse séchée qui s'enflammait sur les écorces, celle, plus âcre, du bois, qui se mêlait à la senteur musquée des bougies parfumées, emplissaient ses narines d'une présence qui était celle-là même des hivers de son enfance et dont elle se disait qu'elle se transformerait dans son souvenir en celle du premier mois de Gaultier.

Les doigts abandonnés sur sa viole, l'esprit engourdi, Florie suivait mollement le fil de sa rêverie, lorsque, soudain, la porte fut poussée comme par une rafale. Suzanne, qui cherchait à s'interposer, fut écartée. Guillaume entra.

— Bonsoir, ma cousine. Votre servante craint que je ne vous dérange. J'espère qu'il n'en est rien ?

Debout à quelques pas d'elle, il semblait emplir la pièce de sa carrure, accentuée par une épaisse pelisse de drap pourpre, fourrée de loup. Il ne souriait pas. Ses traits étaient tendus, son regard brillant.

Sans bouger, la face incendiée, et la chaleur des flammes n'était pour rien dans ce mouvement de son sang, Florie le considérait en silence. Elle dut faire un terrible effort pour s'exprimer.

— Je ne vous attendais pas, mon cousin.

Elle mentait. Philippe parti de la veille, un instinct, qu'elle écartait autant qu'elle le pouvait, lui laissait prévoir qu'un autre surgirait sans tarder sur ce seuil, comme le vent d'orage, prêt à tout emporter.

Que faire ? D'un geste, où il entrait beaucoup de fatalisme, elle renvoya la servante, puis elle fit front.

— Je ne sais si nous vous avons jamais convenablement remercié pour le mantel que, grâce à votre générosité, j'ai pu porter cet hiver. Il est fort beau.

— Vous avez bien fait de choisir le velours noir doublé de vair. Votre blondeur doit en tirer encore plus d'éclat.

Sa voix était assourdie, étranglée... Il se tut. Le silence les enveloppa. Conscients de ce que pouvaient déchaîner leurs paroles, ils se considéraient davantage comme des escrimeurs qu'autrement.

— Vous composiez ? demanda enfin Guillaume en passant à l'attaque.

— Oui, pour mon fils.

Comme vers un havre, elle se tourna du côté du berceau, marcha vers lui, se pencha sur l'enfant endormi qui reposait, un vague sourire aux lèvres. L'irruption, dans la chambre de sa mère, de l'homme qui la fascinait, ne le dérangeait en rien. Elle se redressa.

— Ainsi, vous vous êtes décidé à venir voir Gaultier !

— Vous savez aussi bien que moi que je ne suis pas ici pour lui. Il m'a causé assez de mal ! Sa présence, son existence même, sont, pour moi, autant de défis ! Me voici confronté au produit d'une union...

— Il est bien autre chose que ça !

— Oui, en effet ! Un nouvel obstacle entre vous et moi... en apparence, du moins.

— Non, Guillaume, en réalité.

Il se rapprochait d'elle.

— Voudriez-vous me faire croire que ce petit paquet de chair est plus important à vos yeux que le désir que vous avez de moi ?

Il était contre elle à présent. Elle respirait sur lui l'odeur fade de la neige qui collait à ses semelles, qui fondait sur ses épaules, celle, beaucoup plus insistante, tenace, des peaux de loup qui le protégeaient du froid, et la senteur retrouvée de cuir et d'ambre gris qu'elle n'avait jamais oubliée. Elle se sentit trembler, faiblir. Comme elle l'avait craint depuis que, dans la lutte soutenue sous les murs de Vauvert, il l'avait tenue dans ses bras, ces effluves suffisaient à faire naître en elle des vagues vertigineuses capables de fracasser en un instant les fragiles digues élevées avec tant de peine.

— Je vous avais dit que j'attendrais, que je saurais attendre votre délivrance avant de revenir, dit-il dans un souffle. Vous ne pourrez jamais savoir, mon amour, au prix de quelle contrainte je suis parvenu à me tenir à ma détermination. Non, ni vous ni personne ne pouvez l'imaginer ! Ce fut du domaine de l'enfer ! J'en suis sorti calciné jusqu'aux os, mais aussi trempé comme l'acier le plus pur. Rien ne pourra me briser, ni me faire renoncer à vous !

— Toute votre passion consiste-t-elle donc à m'entraîner avec vous vers le feu éternel ? soupira Florie qui ne parvenait pas à en vouloir ainsi qu'elle l'aurait dû à son tourmenteur et dont l'accent trahissait le manque de conviction.

Sans répondre, il l'enlaça. Serrée contre lui, la tête perdue, le corps parcouru d'ondes incandescentes, ébranlée tout entière par les battements conjugués de leurs deux cœurs affolés d'être si proches, elle fut prise d'un tel tremblement qu'elle ne pouvait plus s'exprimer.

Quand la bouche de Guillaume força la sienne, elle ne put s'empêcher de gémir comme s'il l'avait déjà prise. A ce gémissement répondit une plainte rauque, douloureuse. Les mains avides, les mains hardies, parcouraient sa chair, ouvraient le vêtement d'intérieur, écartaient la fourrure, la toile, la soie... chacun de leurs attouchements éveillait des sensations inconnues aux sens de Florie, trop sagement aimée jusque-là. Il n'était plus possible d'opposer un refus à l'appel tumultueux qui appelait l'assouvissement. Son surcot défait, sa cotte ouverte, libérèrent ses seins. Guillaume, fermant les yeux comme s'il ne pouvait soutenir leur vue, s'y plongea. Ses baisers, ses morsures, traçaient des chemins ardents sur la peau frissonnante. Renversée, offerte, Florie n'était plus qu'attente, abandon.

Guillaume la souleva, la porta sur le lit, écartant avec une violence qui la poignait les pans de tissus encombrants. Quand il mit à nu le ventre blanc, il s'agenouilla, et ce fut à son tour de gémir en y appuyant ses lèvres.

On entendit alors, distinctement, un pas dans l'escalier. On montait. On allait entrer ! D'un mouvement de reins, Florie se redressa. Elle s'enveloppa de ses vêtements dénoués, bondit hors de la couche, s'empara d'un surcot de rechange posé sur une perche placée au chevet afin de supporter les habits qu'on quittait pour la nuit, le passa en un tour de main.

Ses gestes, maintenant, témoignaient d'une sûreté, d'une rapidité confondantes. Elle pensa à tirer les courtines pour dissimuler la couche, et se retrouva, habillée, penchée sur le berceau de son enfant.

Comme égaré, Guillaume se relevait de sa position adorante. Il tremblait et dut s'appuyer au dossier d'un fauteuil.

On frappa.

— Entrez.

Tante Béraude glissa son visage ridé dans l'entrebâillement de la porte.

— Je venais voir mon petit-neveu.

La vieille femme, contre toute attente, témoignait une grande affection à celui qui était né sous son toit. Elle qui ne songeait jamais, avant la naissance de Gaultier, à délaisser ses chers livres pour monter rendre visite à sa nièce, éprouvait à présent chaque jour le besoin de venir admirer le nourrisson.

Florie parlait, répondait à sa tante. La politesse prenait maintenant le relais de l'improvisation, l'aidait à donner le change. Derrière le masque aimable, c'était pourtant une créature aux abois qui se débattait.

— Vous êtes bien rouge, ma mie, n'auriez-vous point la fièvre ?

— Je ne crois pas. C'est la chaleur du feu...

Il n'y avait pas que l'affolement, que l'émoi de son corps pour l'empourprer pareillement, mais aussi une honte affreuse qui montait en elle avec la retombée du désir. Quoi ? si la tante de Philippe n'était pas intervenue, elle serait, en cet instant même, en train de se donner de façon démentielle à Guillaume ! Auprès du berceau de son fils, sur le lit où son mari l'avait possédée le jour de leurs noces, où Gaultier était né ! Il lui fallait bien constater qu'aucune de ces considérations ne lui importait un moment plus tôt.

Elle souleva son fils et le prit entre ses bras. Serré contre elle, ce petit être inconscient devenait un bouclier.

— C'est vraiment tout votre portrait, ma nièce.

Chacun l'affirmait à l'envi.

— Sans doute, mais il a les yeux de Philippe.

En répétant, pour la dixième fois, cette phrase, elle se tourna vers Guillaume, trouva le courage de le dévisager.

— Voyez, mon cousin, comme notre enfant tient de nous deux. N'est-il pas le vivant symbole de notre union ?

— Il est vrai qu'il vous ressemble, admit-il à contrecœur, d'un air farouche. On ne saurait le nier.

Il la fixait avec tant de rancune, qu'elle frissonna sous son regard, comme sous des paroles d'injure, et se détourna de lui avec précipitation.

— Prenez place, ma tante, dit-elle en revenant sur ses pas, mettez-vous près du feu. Vous y serez bien au chaud.

Elle-même prenait une chaise basse, s'y installait en berçant l'enfant contre sa poitrine.

— Ma cousine, je me vois obligé de vous quitter afin de rentrer chez moi où j'ai quelques dispositions à prendre. A bientôt !

Il saluait, s'éloignait, franchissait le seuil, laissant derrière lui une femme éperdue à qui n'avait pas échappé l'intention menaçante de ces quelques mots. La porte retomba en claquant sur ses talons. Un courant d'air froid s'engouffra dans la chambre, passa sur les épaules de Florie, se réchauffa aux flammes.

— Ce garçon m'a toujours paru singulier, remarqua tante

Béraude. Il y a, dans sa façon d'être, je ne sais quelle tension qui rend son approche inconfortable. Je sais que Philippe a de l'amitié pour lui mais je vous avoue qu'il me glacerait plutôt. Qu'en pensez-vous ?

— Il y a en lui, c'est certain, un aspect un peu farouche qui déconcerte, mais il ne me glace pas.

Florie goûta sa réponse au plus secret d'elle-même, puis parla d'autre chose. Le temps coula. Gaultier se mit à pleurer. Il fallut le changer, le laver dans un baquet d'eau tiède apporté par Suzanne, l'allaiter, le recoucher. La vieille femme assista avec un intérêt qui ne se lassait pas à toutes ces opérations, tenta de faire rire l'enfant, finit par s'en aller.

Florie demeura seule. Elle alla tirer les courtines du lit, remit en état les draps froissés, les couvertures de fourrure qui avaient glissé. En s'affairant à cette besogne, elle ne savait pas au juste, de la honte ou du chagrin lequel l'emportait.

Debout devant son lit, les mains ouvertes le long de ses cuisses en un geste de démission qui était un aveu, elle pleura sur elle, sur ce gentil mari qu'elle finirait par trahir, sur leur amour saccagé, sur tout le désordre qui se préparait. Elle savait maintenant qu'elle ne ferait rien pour l'éviter. L'appel qu'un simple attouchement de Guillaume faisait lever au fond de sa chair était si impérieux qu'elle n'aurait jamais le courage de lui résister. En aurait-elle seulement l'envie ? Il s'agissait d'un ouragan, d'une tornade. S'oppose-t-on à la tempête ?

Elle essuya son visage, se recoiffa, appela Suzanne qui lui apporta son souper, mangea, fit sa toilette de nuit, de façon machinale, sans goût, comme absente de ses actes. Elle aurait souhaité avoir recours à la prière, mais constatait la sécheresse de son âme qui la séparait de la grâce, de ses sources rafraîchissantes. Vidée de larmes, d'énergie, elle se coucha.

Autour de la chambre où Florie, dans les pleurs, se retournait sur sa couche comme sur un gril, la maison était calme. La neige, à l'extérieur, étouffant les bruits, on se sentait environné par un silence d'une qualité particulière, d'une matité un peu oppressante. En son berceau, Gaultier, endormi, ne bougeait pas. Sa mère ne percevait même pas son souffle, trop ténu pour parvenir jusqu'à elle. Le seul murmure était celui du feu qui brûlait doucement, comme on parle à voix basse. Avant de s'en aller coucher, les servantes avaient bourré la cheminée de grosses bûches qui, une fois enflammées, avaient été recouvertes de cendres afin de ralentir leur combustion et de permettre au foyer de rester chaud jusqu'au lendemain matin où, dès l'aube, on le garnirait à neuf. De minces flammes bleues ou orangées couraient sur les troncs entassés, se livrant à des contorsions sans fin qui trouaient l'obscurité de la chambre et projetaient sur le plafond des reflets échevelés, semblables, songeait Florie qui ne dormait pas, à des ombres damnées.

La nuit fut longue et d'une déchirante amertume. Quand le jour se leva, la jeune femme était décidée à aller trouver Mathilde, à tout lui avouer, à lui demander conseil et réconfort. Elle ne se sentait plus apte à conduire seule son existence. Il lui fallait l'appui de celle qui représentait à ses yeux le refuge par excellence, le guide de toujours.

Lavée, baignée, parfumée, chaudement vêtue, après s'être occupée de son fils, confié ensuite à une servante, elle se rendit à la messe en l'église de Saint-Séverin. Suzanne l'accompagnait.

L'office terminé, qu'elle n'avait suivi que des lèvres, elle gagna l'autre rive.

Il ne neigeait plus, mais le ciel sombre demeurait lourd de flocons. Point de couleur. Tout était blanc ou noir. Si les toits, les clochers, les tours de Notre-Dame, celles des remparts, le haut des murs, les encorbellements des maisons, restaient porteurs de leur charge immaculée, qui les décorait de chapes et de bourrelets aussi somptueux que des parements d'hermine, la rue, déjà piétinée, n'était que boue et souillures. On enfonçait dans une couche fangeuse où le pied glissait. On manquait tomber à chaque pas.

L'air sentait la froidure, glaçait les poitrines. Les doigts s'engourdissaient malgré les gants doublés de soie, et les orteils se refroidissaient en dépit des patins à semelle de bois qui tentaient d'isoler de l'humidité le cuir des chaussures.

Il y avait moins de monde dehors qu'aux beaux jours, mais encore assez pour ralentir la progression et créer des encombrements.

Quand Florie et Suzanne parvinrent enfin rue des Bourdonnais, de menus flocons se remirent à tomber dans un crissement de taffetas. Poussés par le vent d'ouest, ils arrivaient de biais et piquaient le visage.

Derrière les hauts murs faîtés de neige, le jardin des Brunel, préservé, était d'une beauté de légende. Les blancs purs s'y ombraient seulement de gris du côté du nord. Sous le poids de l'irréel fardeau qui les recouvrait, des branches s'inclinaient vers le sol sans tache, comme pour saluer la froide splendeur de l'hiver, tandis que d'autres, plus souples, se courbaient jusqu'à terre, s'y éployaient, ainsi que des chevelures de songe poudrées à frimas. Les troncs, blanchis dans le sens du vent, ne se piquetaient que de mouchetures légères de l'autre côté. Les moindres buissons se voilaient de dentelles ou se transformaient en gerbes éclatantes. Les allées, vierges de traces, s'enfonçaient au loin, sous les berceaux, parmi les entrelacs de givre, à l'abri des arbres glacés, pour déboucher, semblait-il, sur quelque paradis du gel.

Florie s'immobilisa, fugitivement heureuse de retrouver le cadre enchanté de ses hivers d'enfant. Elle respira l'air pétrifié, reconnut le silence feutré, uniquement rompu par l'écroulement de certaines charges trop lourdes pour les rameaux qui les soutenaient.

Par un chemin tracé, dès le début de la matinée, à travers toute cette blancheur, par les valets dont la jeune femme se souvenait qu'ils maniaient, jadis, les pelles avec de grands rires, elles parvinrent jusqu'au seuil de la maison. Leurs capuchons parsemés de flocons, leurs jupes, et le bas de leurs manteaux qui avaient balayé la neige crissante, semblaient saupoudrés de sel indien.

Dans la haute cheminée de la salle, un feu ronflant consumait d'énormes troncs bruts. A l'autre bout de la pièce, un chariot de fer, rempli de charbons incandescents, attendait qu'on le promenât dans les couloirs, afin de les tiédir.

— Ma mère n'est point ici ?

Tiberge la Béguine, qui rangeait des serviettes dans un coffre, se redressa en soufflant.

— Elle est partie tout à l'heure chez dame Margue, votre aïeule, qui a glissé sur le pas de sa porte, en sortant de chez elle ce matin pour se rendre à la messe, et qui, à ce qu'on dit, en est tout endolorie.

— Elle ne s'est rien cassé ?

— Pas que je sache, Dieu merci.

— Ma mère comptait-elle repasser par ici après sa visite ?

— Je ne le pense pas. Elle a parlé de se rendre directement rue Quincampoix où elle est attendue.

— Tant pis pour moi, je rentre à la maison sans avoir vu ma mère.

De contrariété, d'énervement, les larmes lui montaient aux yeux. Fallait-il qu'elle soit à bout pour si mal se maîtriser, pour conserver si peu d'empire sur elle-même !

Elle repartit, inquiétant Suzanne par sa mine tourmentée.

Comme les deux femmes passaient sur le Grand-Pont, devant la boutique de maître Brunel, elles se trouvèrent face à Bertrand qui en sortait.

— Dieu vous garde, ma sœur. Où courez-vous ainsi, dans la gadoue, l'air soucieux ?

— Je rentre chez moi. Telle que vous me voyez, j'arrive de chez nos parents où Tiberge m'a appris que grand-mère Margue avait fait une chute ce matin.

— Je reviens de chez elle. J'y ai accompagné notre mère voici une heure. Ne vous tourmentez pas trop à son sujet : elle a déjà retrouvé son ton de commandement et a piqué devant moi une assez jolie colère contre un valet qui avait renversé un pot en la transportant dans sa chambre. J'en conclus qu'elle n'a rien perdu, dans le choc, de son agressivité, par conséquent, de sa santé !

Il se mit à rire. Dans ses moments de gaieté, qui étaient nombreux, il avait une façon bien particulière de rejeter la tête en arrière, qui faisait saillir sa pomme d'Adam. Cette simple constatation, par ce qu'elle avait de familier, réconforta pour un moment Florie qui ne put s'empêcher de songer en même temps que, pour eux tous, et en dépit de la manifestation divine dont ils avaient été favorisés en la personne de Clarence, les résolutions prises dans un élan d'émerveillement et de gratitude restaient bien précaires. Le caractère de son aïeule pas plus que sa propre faiblesse ne se trouvaient améliorés par un miracle qui aurait dû transformer, jusqu'au tréfonds, leurs façons d'être.

— Vous avez de la chance de rentrer chez vous, ma sœur ! Pour moi, il me faut courir rue Quincampoix. Encore un mot, cependant, mon neveu va-t-il bien ?

En dépit de sa jeunesse, il s'intéressait au nouveau-né presque autant que tante Béraude.

— Fort bien. Il pousse comme un petit champignon.

— Par ma foi, j'en suis ravi.

Il se pencha, baisa sous le capuchon doublé de fourrure une joue rougie par le froid, sourit encore, s'éloigna.

— Rentrons vite, Suzanne, j'ai les pieds gelés.

Dans la chambre, en même temps que son fils et la tiédeur du logis, elle retrouva son obsession, sa peur.

Elle prit son dîner au premier étage, en compagnie de sa tante qui entendait ne pas laisser seule sa nièce pour le repas du milieu du jour, et qui meublait leur tête-à-tête par un bavardage continuel, souvent drôle, qui faisait diversion. Puis elle remonta chez elle.

Dans la pièce obscurcie par le ciel blafard dont la maigre lumière éclairait si mal, en s'infiltrant à travers les feuilles de parchemin huilé posées aux fenêtres, qu'il avait fallu allumer déjà plusieurs chandelles pour remédier à sa pauvreté, Florie s'immobilisa, le cœur suspendu : le berceau de Gaultier était vide !

Avant que son esprit affolé ait trouvé une explication à cette disparition, la tapisserie qui fermait la porte de sa garde-robe se souleva. Guillaume apparut, le nourrisson entre les bras.

— Vous ! Ici !

— Moi.

Marqué par l'insomnie, son visage était celui d'un homme hors de lui. La fièvre qui l'agitait était encore plus inquiétante que sa seule présence en un tel endroit, en un tel moment.

— Comment vous êtes-vous introduit dans ma chambre ?

Il haussa les épaules.

— Qu'importe !

— Pourquoi avoir pris mon fils ?

— Pour vous forcer à m'écouter. Sans cette précaution, je savais que vous m'auriez fait reconduire aussitôt.

— Auriez-vous l'intention d'abuser d'une situation que vous avez si déloyalement provoquée ?

— Je n'en aurai pas besoin. Vous le savez, Florie, comme vous savez que je suis parvenu à un degré de passion qu'il vous est impossible d'ignorer... et que vous partagez. Aussi, n'aurai-je pas à vous contraindre : il suffit que je vous touche pour que vous vous donniez à moi.

— Je ne le veux pas !

— Puisque vous vous refusez à admettre l'évidence, il faut bien que je vous y astreigne ! Dieu sait, pourtant, que ce n'est pas ainsi que j'avais imaginé cet instant ! Tant pis pour vous, tant pis pour moi. Si je me vois dans l'obligation d'agir d'une manière qui me déplaît autant qu'à vous, croyez-le bien, c'est parce que vous ne voulez pas reconnaître que notre besoin, vous de moi, moi de vous, est mutuel. Nous nous aimons autant l'un que l'autre, Florie, quoi que vous disiez !

Tenant sans le lâcher l'enfant sur un bras, il se rapprocha de la jeune femme. La saisissant par la taille, il la plaqua contre lui.

— Pourquoi ce jeu qui me rend fou ? demanda-t-il à mi-voix. Pourquoi lutter sans espoir contre ce qu'il y a de plus vrai en vous, de plus sincère en moi ?

— Laissez mon fils, vous l'écrasez !

Serré entre eux, Gaultier commençait à pleurer. Son fragile petit visage s'empourprait, grimaçait.

— Écoutez-moi, alors, avant qu'il ne soit trop tard, reprit Guillaume, et, comme la veille, l'excès de son désir lui donnait un air menaçant. Écoutez-moi bien : je ne peux plus attendre, je deviens malade d'amour. Je vous veux. Aujourd'hui, ici, tout de suite.

Il respira profondément.

— Vous allez appeler votre chambrière, lui dire que vous êtes souffrante, que vous ne voulez être dérangée à aucun prix, que vous fermez votre porte jusqu'à demain, qu'elle peut disposer. Caché derrière cette tenture, je garderai votre enfant avec moi. Si vous vous refusez à faire ce que je viens de vous dire, et dont vous avez aussi envie que moi, je pars avec lui et vous ne le revoyez jamais, ou je l'étrangle sur place !

Il saisit de sa main libre la tête de Florie, la maintint penchée, s'inclina sur la bouche tremblante qu'il baisa avec furie. Quand il la relâcha, elle fit un pas en arrière.

— Je vais appeler Suzanne.

Il recula vers la garde-robe, s'y dissimula avec Gaultier. L'enfant avait cessé de pleurer. Indifférent à ce qui se jouait entre sa mère et l'homme qui la pressait si passionnément, il considérait son ravisseur d'un air sérieux, les sourcils froncés.

Suzanne reçut la consigne imposée, admit qu'elle avait remarqué l'état de fatigue de sa maîtresse, promit de veiller à ce que nul ne vînt la déranger, emplit la cheminée de bois, se retira.

La porte à peine fermée sur elle, Guillaume réapparut. Il alla donner deux tours de clef à la serrure, déposa à la hâte le nourrisson dans son berceau, puis il marcha vers Florie demeurée immobile au milieu de la pièce. Sans prononcer une parole, mais avec une sorte de ferveur douloureuse, il saisit de nouveau la tête blonde entre ses mains.

— Non, ce n'est pas ainsi, douce amie, que j'avais rêvé de vous posséder, dit-il tout bas. Ce n'est certes pas en vous y amenant par des menaces ! J'avais espéré, si souvent, tout autre chose : une lente progression, une douce fièvre partagée, beaucoup plus d'harmonie, beaucoup moins de violence...

— A qui la faute ?

— A vous, à vous seule, mon aimée. Pourquoi me repoussez-vous comme vous le faites ? Pourquoi vous dérober sans cesse, alors même que nous vous savons, tous deux, consentante ? Pourquoi m'avoir défié, hier, à peine sortie de mes bras ? Je ne suis pas, vous le sentez bien, de ceux dont on se joue. J'obtiens toujours ce que je désire, et je vous désire, Florie, comme je n'ai jamais désiré qui que ce soit !

Avec moins de brusquerie qu'auparavant, mais de façon irrésistible, il attira de nouveau le corps qu'il savait complice contre le sien. Ses mains le parcouraient, réveillant les appétits, les soifs. Ses lèvres, avides, caressaient le cou, les épaules, les seins dénudés avec la même fougue que la veille.

Quand il l'avait forcée à accepter son marché en utilisant l'enfant comme moyen de pression, elle avait cru que l'indignation ressentie devant un tel procédé lui donnerait l'énergie nécessaire au refus, une fois son fils à l'abri d'une colère dont elle mesurait les dangers. Il n'en était rien. A l'approche de cet homme, et quoi qu'il fît, elle n'était que capitulation.

Une seconde fois, il la portait sur le lit, la dépouillait de ses vêtements. Après avoir jeté le voile qui les recouvrait, il dénoua ses cheveux comme on délie une gerbe, les répandit autour d'elle. Ses mains, ses lèvres, se firent plus audacieuses. Il arracha ses propres habits, les lançant n'importe où. A la lumière des chandelles, se révéla un corps vigoureux, à la peau mate, aux justes proportions, bien charpenté, solidement musclé. Il se pencha. Sur la couverture d'agneau noir, la nudité de Florie, nuancée de reflets mordorés, d'ombres qui palpitaient au rythme de sa respiration, était si éclatante, qu'il s'attarda un instant à la contempler, comme on fait d'un chef-d'œuvre, avant de s'étendre contre elle. Bientôt, ils se touchèrent, se joignirent, se pénétrèrent, avec un tel emportement qu'une double plainte jaillit de leurs bouches, un instant disjointes, aussitôt accolées.

Ce ne fut, ensuite, que tourbillon, envahissement, frénésie, déferlement, jouissance, anéantissement.

Jamais Florie n'aurait cru possible de tels gouffres, de tels apogées. Guillaume régnait en elle, la révélant à elle-même, à tous deux, en même temps. Aussi patient qu'insatiable, il l'initiait, avec une science, une virtuosité d'homme rompu aux joutes de l'amour, à des plaisirs que Philippe ne lui avait que suggérés. Elle délirait.

A peine interrompus par quelques accalmies, les assauts reprenaient, les empoignant de nouveau, les faisant soupirer, crier, sur les lèvres l'un de l'autre. Le temps, l'heure, étaient abolis. Les instants coulaient...

Ce fut, dans un moment de repos, la conscience d'un silence trop étale, qui alerta soudain Florie. Au milieu de son extase, elle avait oublié l'univers, jusqu'à l'existence de son fils qui avait dû pleurer un moment, lui semblait-il, puis s'était tu sans qu'elle y prît garde.

Elle songea soudain qu'il était déjà tard, depuis longtemps Gaultier aurait dû se faire entendre pour réclamer sa nourriture.

Repoussant Guillaume, elle se redressa. Il faisait nuit dehors. Aucune lueur ne filtrait plus de la fenêtre. Le feu était assez bas et les deux chandelles posées à la tête du lit s'étaient éteintes. D'un bond, elle fut debout, saisit un candélabre sur la table, s'approcha du berceau. On ne voyait plus le crâne rond de l'enfant. La lourde pelisse pourpre de Guillaume, qu'il avait jetée derrière lui au hasard, en se déshabillant, dans la furie de son désir, était retombée sur la nacelle, recouvrant, étouffant le nouveau-né.

Traversée par une appréhension qui lui tordait le ventre, Florie écarta le lourd vêtement. Un petit visage grimaçant, bleui, lui apparut. Tendant la main, elle toucha le front sans vie qui n'avait plus de chaleur. Pétrifiée, terrorisée, elle défit les couvertures, prit l'enfant inerte entre ses bras, guetta désespérément un souffle dans l'étroite poitrine. En vain. C'était donc là la raison du silence qui l'avait alertée : le cœur de son fils avait cessé de battre !

Écrasée, elle demeura un moment comme une statue, serrant contre elle le cadavre de celui qui avait été son espérance. C'était fini. Tout était fini. Elle restait sur place, glacée, les yeux secs.

D'un geste, dont l'aspect familier soulignait le côté insoutenable, elle reposa l'enfant dans son berceau. Sans jeter un regard à Guillaume qui, conscient d'un écroulement, d'un désastre irréparable, se sentait rejeté bien loin de celle dont il n'avait su éveiller que le corps, alors que l'excès même de sa passion lui préparait un deuil l'atteignant en plein cœur, Florie ramassa quelques vêtements, les passa. Ses mouvements étaient saccadés, maladroits.

Une fois vêtue, elle retourna vers son enfant mort, le souleva de nouveau, le considéra avec une sorte d'étonnement éperdu, d'horreur qui montait en elle comme une marée, comme une puissance élémentaire, démentielle, le serra contre sa poitrine, ferma les yeux. Elle se tint un moment de la sorte, sans oser bouger de peur de ne plus pouvoir retenir le hurlement qui emplissait sa gorge, immobile, la tête inclinée parmi le glissement de ses cheveux dénoués qui recouvraient d'un voile tiède son déchirant fardeau.

Guillaume fit un mouvement dans sa direction. Elle redressa alors un visage défait, tourna vers l'homme qui, dans un même temps, lui avait révélé le plaisir et le désespoir, un regard où vacillait une lueur d'épouvante, tout en resserrant l'étreinte de ses bras autour du petit corps sans vie qu'elle semblait bercer.

— Il est mort, dit-elle. Mort. Allez-vous-en ! Partez ! Je ne veux plus vous voir ici. Allez-vous-en ! Allez-vous-en !

II

LA CHAMBRE DES DAMES

Septembre 1253-Août 1255

PREMIÈRE PARTIE

1

Une fois refermées les courtines du large lit à colonnes, si ce n'avait été les sujets et les coloris de la tapisserie, différents de ceux auxquels on était habitué, l'impression de paix, d'intimité, dont on se trouvait enveloppé était si profonde qu'on se serait cru chez soi.

— Par saint Martin ! je ne suis pas fâché de me coucher, ma mie. Les vins qu'on vient de nous servir au souper, après les fatigues du voyage, m'ont proprement assommé ! constata maître Brunel en se laissant aller avec un soulagement aggravé de lassitude contre les deux oreillers qui lui soutenaient les reins. Je tombe de sommeil. Il est vrai que l'air tourangeau passe pour émollient.

— Croyez-vous vraiment, mon ami, que ses effets puissent si

vite se faire sentir ? demanda Mathilde en s'allongeant à son tour entre les draps. Nous ne sommes à Tours que depuis quelques heures, après tout. Ne serait-il pas plus véridique de reconnaître que, où que vous soyez, vous avez coutume de vous endormir sitôt la tête posée sur la plume ?

Étienne, dont elle ne distinguait plus, au creux des toiles, qu'un profil épaissi, tout juste ourlé de lumière par la lueur de la bougie posée sur un escabeau à leur chevet, tourna vers sa femme une mine alarmée. L'ironie familière du ton ne se nuançait-elle pas d'un rien de reproche ? L'humeur de Mathilde demeurait son constant souci.

— Le regrettez-vous, ma mie ? Cette habitude vous ennuie-t-elle ?

— Nullement. Je suis aussi désireuse que vous de me reposer, Étienne, aussi lasse de notre randonnée. Ce que j'en disais n'était pas critique mais simple constatation.

Elle avait posé, dans un geste d'abandon, de confiance, qu'elle savait être précieux à son mari, sa main gauche sur la main droite qu'il tenait toujours ouverte le long de son corps avant de s'endormir. C'était là un gage de bonne entente et d'amitié dont il ressentait, en dépit de toutes leurs années de mariage, un constant besoin. Elle l'avait bien embrassé avant de s'étendre à ses côtés, mais ce baiser du soir aurait paru insuffisant, s'il n'avait été suivi et comme confirmé par la pression des doigts fidèles.

— Bonne nuit, ma mie, dormez bien.

— A demain matin, Étienne. Que Dieu vous garde !

Elle se tourna pour souffler la flamme qui les éclairait et la nuit de septembre, douce encore, envahit la chambre.

Tout était silencieux dans la maison de l'orfèvre qui les recevait avec beaucoup de courtoisie à chacun de leurs passages à Tours. Aucun bruit ne venait de la rue, vidée par l'heure tardive de son mouvement diurne.

Pour détacher sa main de celle de son époux, Mathilde attendit le moment où le souffle régulier d'Étienne vint lui prouver qu'il s'était endormi aussi rapidement qu'à l'ordinaire, puis elle s'installa, bien droite, les pieds croisés l'un sur l'autre, les bras à plat de chaque côté du buste, comme une gisante un peu amollie par la recherche de son confort.

Sa pensée suivit un moment la route parcourue depuis Paris, durant une semaine, en compagnie d'une caravane de marchands qui continueraient à descendre vers le Bordelais pendant que les Brunel séjourneraient ici. Il avait fait beau en ce début d'automne. Des odeurs de pommes surissaient l'air aux alentours des vergers, des colchiques parsemaient les prés qu'ils empoisonnaient en beauté.

Le raisin prenait couleur dans les vignes dont les feuilles commençaient à rougir.

Arrivés à Tours vers quatre heures de relevée, Étienne et Mathilde étaient aussitôt allés rendre visite à Clarence, dans son couvent. Comme à chacune de leurs entrevues, ils avaient trouvé la jeune bénédictine comblée de sérénité, de paix ardente. Un jour, au bout de l'épreuve, elle avait rencontré la voie montante qu'elle gravissait à présent sans se retourner.

Aussi, une fois terminé le repas offert par leurs hôtes, et après avoir pris congé pour la nuit, les époux avaient-ils, en plus de la prière quotidienne faite à genoux l'un près de l'autre, adressé une action de grâce toute particulière au Seigneur pour avoir sauvé de l'horreur leur seconde fille. Elle, du moins, n'errerait plus !

Mathilde changea de place avec une certaine nervosité. Elle savait bien que sa songerie finirait par la ramener vers l'autre enfant perdue, vers Florie, qui, depuis sept ans, leur était comme une épine enfoncée dans la poitrine... Le lendemain, elle irait, seule, selon l'habitude, visiter la pestiférée... Quel crève-cœur !

Avec l'entêtement, la rancune de son amour paternel déchiré, Étienne se refusait toujours à rencontrer celle qui les avait trahis. Aucune prière, aucune supplique, même venant de l'épouse à laquelle, d'ordinaire, il ne savait rien refuser, n'étaient parvenues à le fléchir, à le faire revenir sur sa décision.

Pour la centième, pour la millième fois, se succédaient maintenant sous les paupières closes les scènes sans rémission de ce mois de février, blanc de neige, noir de deuil, où ils avaient tous tant souffert.

Depuis le moment où une servante épouvantée était venue annoncer rue des Bourdonnais la mort du petit Gaultier, trouvé, au matin, étouffé dans son berceau, le défilé des souvenirs de désolation reprenait dans l'esprit de Mathilde son déroulement inexorable.

Des images se levaient, d'une netteté parfaite en dépit des années et de leur ressassement : tante Béraude, debout auprès du mince cadavre recouvert d'un drap qu'il ne soulevait qu'à peine, pleurant comme on saigne. Des larmes, coulant sans interruption de ses yeux gonflés, suivant le tracé profond de ses rides ainsi que des voies naturelles, s'écrasant, enfin, sur le haut de sa cotte qui en était détrempée...

Florie, ensuite, brûlée de fièvre, se débattant contre la mort, contre la vie, en une mêlée confuse, où la douleur, le remords, la honte, ne lui laissaient pas de repos... Pendant des jours, pendant des semaines... Florie gémissant, criant, pleurant, confessant ses fautes, dans un délire auquel Philippe, revenu en hâte de Pontoise, avait assisté, crispé d'horreur, ainsi qu'à son propre supplice.

Dieu ! le visage du jeune homme quand il avait compris après les premiers épanchements de son chagrin, ce qui s'était réellement passé sous son toit, chez lui, chez eux, dans cette même chambre où il apprenait à la fois, de la bouche de sa femme, l'impardonnable trahison et la façon dont avait succombé leur enfant !

Mathilde avait déjà entendu dire qu'au souffle trop cuisant de certaines douleurs, des malheureux blanchissaient en une nuit. Elle avait vu, sous ses yeux, son gendre vieillir de plusieurs années en quelques heures. Les traits ravagés, la bouche tirée, le regard tourné vers des images intérieures qui le révulsaient, les mains agitées d'un tremblement nerveux, Philippe était un autre quand il était sorti de la pièce où Florie hurlait d'une voix de folle : « Guillaume ! » avec des accents où terreur et ce qu'il fallait bien appeler passion se confondaient indissolublement. L'aimable trouvère qui avait épousé, dix mois plus tôt, dans l'innocence d'un amour frais éclos, une pure fiancée, venait de se muer en un homme écorché dont le masque portait désormais les stigmates du désespoir et du dégoût.

Pendant quelque temps, il s'était terré dans une chambre d'où il se refusait à sortir. Il ne parlait à personne, se nourrissait à peine, repoussait toute sympathie, toute aide familiale.

Quand il avait su, sans qu'on puisse le lui cacher, que Florie avait, de nouveau, failli mourir des suites d'une fausse couche survenue à la fin de sa maladie, quand il avait mesuré la signification d'un pareil accident, quand il avait compris qu'un autre enfant avait été conçu au moment même où son fils agonisait par la faute d'une mère oublieuse de son premier devoir, il s'était enfui d'une maison à tel point souillée.

... Mathilde remua, changea de position, se mit sur le côté. Que gagnait-elle à ressasser sans fin ces moments de malheur ? Ne pourrait-elle donc jamais s'en libérer ? Pourquoi y revenir comme un chien à ses vomissures ?

« Seigneur, ayez pitié de Philippe, ayez pitié de Florie, et, aussi, de nous ! »

Elle n'avait pas revu son gendre. Par Arnauld, elle avait appris son départ pour Rome où il avait en vain cherché à obtenir du Saint-Père l'annulation d'un mariage honni, son séjour, ensuite, en Italie à la poursuite d'une paix qu'il n'avait pas dû y trouver puisqu'il était revenu en France au début de 1248 afin de s'y croiser, comme tant d'autres, et de s'en aller avec le roi, en Terre sainte.

D'après les rares nouvelles, si longues à parvenir, qu'Arnauld, parti en même temps que lui, arrivait tant bien que mal à leur adresser, Philippe avait pris part à l'action militaire tout autrement qu'en spectateur. Avec une vaillance qu'on ne lui connaissait pas, il s'était battu à Damiette, puis à Mansourah, déployant dans ces combats l'énergie forcenée de celui qui, loin de craindre la mort, veut la forcer comme un fauve. Le moindre engagement lui était bon pourvu qu'on eût une chance de s'y faire tuer. Si Dieu n'avait pas voulu qu'il achevât si loin de son pays une existence qui lui pesait, le roi, en revanche, l'avait remarqué. Armé chevalier sur le champ de bataille, il avait suivi le souverain dans sa captivité, en était revenu avec lui, et demeurait, à Saint-Jean-d'Acre, le commensal de Louis IX dont il était resté, en même temps qu'un compagnon d'armes, un des poètes attitrés.

Arnauld ne parlait plus guère de son beau-frère dans les derniers messages envoyés à de longs intervalles vers Paris. Il n'y était question que d'un voyage qu'il devait faire en Égypte pour une mission diplomatique dont il taisait les mobiles. Il faudrait attendre leur retour à tous deux pour savoir à quoi s'en tenir à leur sujet. Le bruit courait que, depuis la mort, en novembre dernier, de la reine mère, Blanche de Castille, régente du royaume en l'absence de son fils, le roi songeait à regagner la France et que l'armée reviendrait avec lui au cours du printemps ou de l'été prochain.

Mathilde se retourna encore. Comme il lui fallait, maintenant, longtemps pour s'endormir ! Non pas qu'elle se sentît, ce soir, de nouveau tourmentée par un appétit charnel qui ne se manifestait plus à présent que par intermittence, mais les soucis causés depuis de nombreuses années par les destins hasardeux de ses enfants l'avaient trop souvent tenue éveillée pour ne pas lui avoir retiré l'usage spontané du sommeil.

Demain donc, elle irait voir Florie.

Après la maladie dont elle aurait fort bien pu mourir, après la fausse couche qui avait tout remis en question, la jeune femme, que les soins de sa tante avaient, seuls, arrachée à la mort, ne s'était pas senti le courage de rester à Paris. Son père, ses frères, l'avaient rejetée, son mari s'était enfui, tante Béraude, qui devait, d'ailleurs, mourir peu de temps après, lui montrait un visage si navré qu'il lui était un remords de plus. Les paroles prononcées pendant son délire, entendues, recueillies par des servantes, colportées par elles, avaient fait le tour de la ville où on la jugeait, où on la condamnait sans indulgence. Sa famille, ses amis, tout le monde, la reniait. Alix, elle-même, la fuyait.

De Guillaume, parti au loin après avoir, en une nuit, saccagé plusieurs existences, de Guillaume coupable au-delà de tout ce qu'on pouvait imaginer, elle n'avait rien à attendre, elle ne voulait plus rien savoir, elle se refusait à parler.

Autour de ses seize ans, vidés de leurs promesses, Paris n'était plus qu'une ville peuplée d'ombres où tout lui évoquait, en même temps qu'un bonheur détruit, un déshonneur sans fin, un avenir désertique.

A sa mère, qui ne lui avait pas caché son indignation, sa douleur, sa réprobation, sans toutefois l'abandonner comme les autres ; à sa mère qui l'avait suffisamment aimée pour demeurer seule près d'elle avec Charlotte au plus creux du malheur, elle avait confié, vers la fin de sa convalescence, qu'elle souhaitait aller se réfugier près de Clarence, à Poitiers, où la future religieuse, seul enfant des Brunel à ne pas accabler la coupable, effectuait son noviciat.

Après plusieurs mois passés à l'ombre du couvent poitevin où la prière et la compréhension mutuelle les avaient beaucoup rapprochées, les deux sœurs étaient revenues à Tours. Clarence y avait prononcé ses vœux. Afin de ne pas s'éloigner d'elle, Florie avait alors décidé d'acquérir, non loin de la ville, et en prélevant une part de l'argent de sa dot dont le reste lui procurait les rentes dont elle vivait, une maison proche d'un village nommé Vençay.

Adossée à la forêt de Bréchenay et ceinte d'un jardin pentu d'où on dominait la vallée du Cher, cette retraite était suffisamment isolée pour qu'on y pût vivre dans une solitude presque complète. Suzanne, qui n'avait pas quitté sa maîtresse, deux autres servantes trouvées sur place et un jardinier qui faisait office de portier, étaient ses uniques compagnons. Elle consacrait ses jours à s'occuper des enfants d'un asile pour orphelins, dépendance du prieuré de Grandmont dont le domaine considérable s'étendait dans son voisinage. N'entretenant aucune relation amicale ni mondaine avec qui que ce fût, ses seules visites étaient pour Clarence qu'elle allait voir chaque semaine à Tours. Elle ne recevait chez elle que sa mère, lorsque celle-ci venait dans la région. Il n'y avait pas jusqu'à sa chère poésie dont elle ne se privât dans un but de mortification.

Mathilde sortit hors du lit un bras en quête d'un peu de fraîcheur. Elle avait trop chaud. Ses fréquentes insomnies l'avaient habituée, selon les heures de la nuit, à passer ainsi d'une chaleur excessive à la poursuite frileuse de sa propre tiédeur. Il était vrai que le souper offert par leurs hôtes ce soir-là avait été fort lourd et faisait battre dans ses veines un sang trop riche. Elle attendit un moment, s'efforçant à l'oubli, mais son esprit, encore plus échauffé que son corps, continuait, en dépit de ses résolutions, à fonctionner.

S'il était vrai que l'existence de sa fille aînée paraissait uniquement tournée vers le rachat de ses fautes, le flair maternel avait cependant perçu depuis quelque temps chez la jeune femme une transformation qu'elle essayait en vain de dissimuler. En cinq années de visites renouvelées, Mathilde avait eu le temps de constater quel mode de vie on menait à Vençay. Elle retrouvait chaque fois, entre les plis empesés de la guimpe blanche, le même visage, affiné par l'ascèse, dépouillé de ses grâces duveteuses de fruit, mais encore lisse, pur, comme lavé par la peine qui sourdait au fond des yeux.

Oui, jusqu'à Noël de l'année précédente, Mathilde pouvait se dire que Florie se comportait comme il convenait à une créature consciente de ses forfaits. Mais, depuis, quelque chose avait dû se produire. Elle ignorait quoi, mais elle avait décelé, dans le regard plus tendu, dans une agitation mal maîtrisée, dans certaines réactions, un trouble qui ne laissait pas de l'inquiéter.

Épuisée, Mathilde finit par trouver le sommeil tout en continuant à se poser des questions...

Le lendemain matin, sous un ciel où le soleil s'élevait sans parvenir à dissiper les brumes bleutées qui nuancent de douceur, en toute saison, l'horizon tourangeau au-dessus de la vallée de la Loire, parmi les premiers blondissements de l'automne, Mathilde s'en allait sur la mule que lui avait prêtée Bérengère Hernaut, son hôtesse, le long de la route de Loches qu'il lui fallait emprunter pour se rendre à Vençay.

Suivie de Maroie, qui avait pris quelque embonpoint avec les ans, et dont le poids semblait paraître excessif au mulet qui la portait, la femme de maître Brunel quitta la cité de Tours enclose entre ses remparts. A l'ouest, non loin de la ville, la lumière matinale faisait briller les coupoles et les flèches de la basilique Saint-Martin, les toits des maisons avoisinantes, les clochers de plusieurs églises et abbayes comprises, elles aussi, dans l'enceinte fortifiée qui protégeait le tombeau du saint. Mathilde lui dédia une pieuse pensée ainsi qu'un remerciement fervent, en souvenir de la guérison miraculeuse de Clarence, et se promit d'aller le lendemain, ainsi qu'à chacune de ses visites, faire oraison dans le sanctuaire.

Elle remarqua qu'il y avait toutes les fois de nouvelles constructions neuves alentour, au bord des fossés, sur les chemins qui y conduisaient, tant le prestige du thaumaturge demeurait entier, tant les pèlerins, dont elle croisait sur son trajet des groupes éparpillés mêlés aux paysans et aux habitants du pays, affluaient de toute part pour venir lui demander assistance. On avait eu un si grand nombre de gens à loger que le terrain compris entre la cité de Tours et la basilique s'était parsemé, sur toute son étendue, de bâtiments religieux ou profanes qui reliaient presque les deux places.

Une population affairée circulait de l'une à l'autre, sur la longue butte dominant la Loire. Mais, de la chaussée plus basse suivie par les deux femmes, on ne pouvait apercevoir le fleuve. Ce qu'elles avaient, en revanche, sous les yeux, c'était, d'abord, les jardins et les clos des Tourangeaux, puis des varennes où paissaient quantité de moutons, des marais infestés de moustiques, des nappes d'eau stagnante où se reflétait le ciel et qu'on nommait dans le pays des « boires », quelques saulaies dont les feuillages apportaient leur frémissement argenté dans tout ce verdoiement. Peu de métairies, mais, cependant, des troupeaux assez nombreux qui se nourrissaient paisiblement au cœur de ce milieu humide, gras, herbu, formant la large plaine qui s'étendait de la Loire au Cher.

Au loin, surmontant les rives montueuses de la rivière, une

barrière de frondaisons encore vertes fermait l'horizon. C'était pour Mathilde le bout de la route. Le coteau au flanc duquel était bâtie la maison de Florie s'inscrivait dans une ligne de crête continue, dominée par les hautes futaies de la forêt de Bréchenay qui soulignaient d'un cerne plus accentué le décor d'herbages traversé par les voyageuses.

Après un coude du Cher et jusqu'au pied du coteau, la route s'engageait sur de longs ponts de bois qui enjambaient ruisseaux, pâtures, cressonnières. On surplombait de la sorte la rivière, ce qui permettait aux passants de mieux voir l'important mouvement de batellerie qui la sillonnait. Les deux cavalières pouvaient suivre du regard les bateaux qui transportaient vers Tours du blé, du seigle, des pierres, du bois, des légumes, et, à cause de la proximité des vendanges, énormément de fûts. Les vins de la région étaient aussi réputés que ceux de la Loire et on en buvait chez les Hernaut qu'Étienne prisait énormément.

Franchi le Cher à l'eau verte, on se dirigeait sur Vençay.

Chaque fois qu'elle avait traversé ce village situé à peine à une lieue de Tours, Mathilde avait été sensible à son aspect avenant et gai. Il étageait parmi les vignes et les vergers ensoleillés, autour de son église, au gré de ses rues en pente, des maisons à colombages dont certaines fleuries. Comme la route de Loches le longeait, on y trouvait toujours beaucoup de mouvement et les tavernes où on dégustait le vin du cru laissaient échapper, en même temps que des bouffées vineuses, tout un remue-ménage de buveurs.

— Ces pays de vignerons sont pays de bons vivants, dit-elle à Maroie qui se trouvait en butte à certaines interpellations gaillardes. Il ne faut pas s'en effaroucher outre mesure.

Les deux femmes quittèrent assez vite le centre du bourg pour prendre des ruelles plus tranquilles. Le cœur de Mathilde, comme à chacune de ses visites, se mit à cogner plus fort quand elle aperçut entre les cimes des arbres, à l'écart des autres, au bout de l'agglomération, le toit de tuiles qui abritait sa fille.

Il fallait prendre un chemin creux et longer un mur de pierre pour aboutir à un portail toujours fermé. Selon son habitude, la voyageuse se pencha sur sa selle afin de saisir le butoir dont elle frappa le vantail de bois. Il s'ouvrit assez vite.

— Ah ! c'est vous, dame ! Entrez donc.

Le jardinier-portier s'effaçait pour laisser pénétrer les arrivantes.

Entourée de quelques châtaigniers, la maison de pierre blanche s'élevait sans prétention. Mi-demeure paysanne, mi-manoir, avec ses poutres apparentes et ses fenêtres à meneaux, elle comportait un seul étage, un grenier, une cave, mais pas de tour. Derrière elle, un peu à l'écart, une grange, un pressoir couvert, un cellier, des écuries et quelques autres communs complétaient l'habitation.

Mathilde descendit de sa mule que le jardinier prit par la bride ainsi que le mulet de Maroie pour aller les attacher plus loin. Deux chiens, une fine levrette grise et un molosse hirsute, qui avaient commencé par aboyer contre les nouvelles venues, les suivaient à présent en reniflant leurs jupes.

— Je pensais bien avoir le bonheur de vous voir d'ici peu, ma mère, disait Florie, attirée sur le seuil par le bruit.

Elle achevait d'essuyer ses mains couvertes de farine à un torchon qu'elle agita pour éloigner les chiens.

— Soyez la bienvenue !

Elle s'approchait de Mathilde, lui tendait un front encadré de linon blanc, souriait un peu, des lèvres, tandis que son regard demeurait sans joie au fond des prunelles assombries.

Cette femme de vingt-deux ans qui accueillait sa mère dans un lieu d'exil ne ressemblait plus que de loin à l'adolescente dont la gaieté fusait, autrefois, avec tant de naturel, rue des Bourdonnais. Amaigris, sculptés par la tourmente, ses traits avaient perdu leur rondeur d'enfance au profit des pommettes, haut placées, dont le relief accusait les méplats accentués. Pas une ride encore, mais, pourtant, comme une usure de la peau, plus fine, plus proche des os qu'elle recouvrait en épousant leur dessin. La taille restait mince, la gorge ronde, mais les épaules se voûtaient un peu, comme sous le poids d'une charge. Florie était devenue l'image même d'une créature rescapée d'un désastre, mais conservant sur toute sa personne le reflet et comme le relent du malheur.

— Je vous dérange, ma mie ?

— Jamais ! Vous le savez bien ! J'étais en train de faire des galettes pour les enfants de l'asile. Elles sont prêtes. Il n'y a plus qu'à les mettre au four. Mariette s'en chargera.

Mathilde avait pris le bras de sa fille. La levrette revenait, se frottait contre leurs jambes, tandis que le molosse avait disparu du côté des écuries.

— Le temps est si doux qu'il serait dommage de nous enfermer tout de suite chez vous, Florie. Si nous allions faire un tour de jardin ?

— Venez plutôt voir ma vigne. Vous pourrez goûter au raisin qui est presque mûr et nous y serons tranquilles.

Au-delà des châtaigniers, on traversait un potager où poussaient ensemble fleurs et légumes, puis un verger, avant de parvenir à un clos séparé du jardin par une haie vive. On poussait une barrière pour pénétrer dans le vignoble qui alignait en bon ordre, sur la pente labourée du coteau, ses rangées de ceps dont les feuilles roussissaient, rougissaient, autour des grains cuivrés de soleil.

Florie en cueillait, en offrait à sa mère.

— Le vin ne sera pas mauvais cette année, malgré la pluie du mois d'août.

— Ce raisin est fort bon. Je vous en demanderai quelques grappes que je ferai goûter à votre père.

Mathilde estimait qu'il fallait continuer à parler d'Étienne à l'enfant qu'il ne voulait plus voir. C'était la façon, artificielle sans doute, mais seule praticable, de maintenir entre eux un semblant de liens. Il leur arrivait de s'entretenir toutes deux assez longuement de l'orfèvre, de sa santé, de ses affaires, de sa vie à Paris. Florie s'y intéressait, ne manquait jamais, au cours des visites de sa mère, de s'informer de l'absent, mais elles avaient renoncé à évoquer ensemble la possibilité d'un revirement sur lequel elles savaient l'une et l'autre qu'il ne fallait pas compter dans l'état actuel des choses.

— Je vous en ferai préparer un panier que vous emporterez avec vous quand vous repartirez.

Pour Florie, non plus, rien n'était comme avant. Devant Mathilde, elle ne pouvait se défendre d'éprouver, au lieu de la confiante harmonie de jadis, une tendresse inquiète, sans cesse en alerte, où subsistaient des traces de culpabilité. Quand elle considérait les rides encadrant la bouche maternelle, les cernes qui creusaient les orbites autour des yeux clairs, les cheveux blancs qui commençaient à apparaître dans la masse autrefois si noire que ne parvenaient pas à masquer complètement le voile et le touret, elle se disait qu'elle était à l'origine de cette dégradation, que la souffrance, plus que l'âge, était responsable d'un vieillissement que la quarantaine ne suffisait pas à justifier.

— On marche avec difficulté dans cette vigne, ma fille. Nous ferions mieux de regagner votre jardin.

Accompagnées par la levrette que des fumets de gibier attiraient derrière chaque motte de terre, appuyées au bras l'une de l'autre, elles s'arrêtaient devant la haie, cueillaient des mûres, allaient jusqu'aux pommiers, aux poiriers, goûtaient des fruits qu'il fallait disputer aux guêpes, examinaient avec compétence les plants de salades, de choux, de potirons, les dernières roses, froissaient entre leurs doigts, ainsi qu'elles aimaient à le faire, jadis, dans leur jardin parisien, des tiges de thym, de sarriette, pour en respirer l'odeur, s'entretenaient de choses qu'elles voulaient familières, afin de ranimer un passé dont la nostalgie les tourmentait également, mais ne parvenaient pas, cependant, et malgré tant d'efforts, à se rejoindre au-delà des apparences.

— Voyez comme les sauges sont encore belles, ma mère. Voulez-vous que je vous en cueille un bouquet ?

Le ton n'était pas forcé, les mots demeuraient ceux de tous les jours, mais où s'en était allé le naturel des années perdues ?

Au moment même où Mathilde s'interrogeait amèrement, elle vit le teint de sa fille s'empourprer, comme sous l'effet d'une émotion dont elle n'était pas maîtresse. En dépit des ans, des épreuves, Florie rougissait toujours jusqu'à la gorge sous le coup de fouet d'une surprise, d'une confusion, d'un bouleversement ou d'un souvenir.

Mathilde hésita à parler de Guillaume, mais, une fois encore, y renonça.

Comment avait-on su, si ce n'est par des racontars, le départ précipité du pelletier qui avait chargé son commis de gérer en son absence la boutique du Petit-Pont ? Il semblait que, par la suite, importun à lui-même comme à tous, il eût voyagé en Asie avant de revenir dans les Flandres où le bruit avait couru qu'il s'était établi.

C'était là tout ce qu'avaient appris les Brunel. Florie était-elle mieux renseignée ? Comment l'aurait-elle pu ? Était-il imaginable que l'homme qui avait tué son fils et saccagé son existence eût osé la relancer dans sa retraite ? En allant jusqu'à admettre que sa passion démente, ayant survécu à tout, l'y eût incité, quel accueil lui aurait réservé une femme déshonorée, ruinée, dépossédée par lui de ce qui avait été son bonheur et son avenir ? Il ne pouvait en être question.

D'un commun accord, elles s'étaient arrêtées sous un noyer dont les fruits jonchaient l'herbe. L'odeur puissante des feuilles épaisses et des coques vertes à demi écrasées à leurs pieds les enveloppait d'une fraîcheur âcre, roborative, qui les amenait à songer au temps où on allait gauler les noix, chaque automne, avec des amis, aux environs de Paris. Décidément, tout leur était réminiscence...

— Bien entendu, vous restez à dîner avec moi, ma mère. Je vous ai fait préparer un menu qui doit vous convenir.

— Très volontiers. Vous savez combien j'apprécie les moments passés avec vous en tête à tête.

Le cas s'était déjà plusieurs fois présenté et les deux convives de ces simples repas conservaient l'une comme l'autre un souvenir chaleureux des instants de détente où le partage du pain et de la nourriture réussissait presque à recréer l'entente des jours passés.

La salle où elles pénétrèrent était vaste et dallée. Des tentures vertes, couleur préférée de Florie, garnissaient les murs. On avait allumé une flambée qui crépitait sous le manteau de la grande cheminée qui occupait à elle seule tout le fond de la pièce. Une table, encadrée par deux chaises à hauts dossiers, avait été dressée devant le feu. Un bahut, deux coffres sculptés, une huche à pain, un vaisselier, des tabourets épars, composaient l'ameublement qu'égayaient des coussins éparpillés un peu partout et des bouquets de fleurs que Florie avait disposés, ainsi que le faisait sa mère, sur le sol et sur les meubles. Une odeur de propreté, de cire, de verdure, de bûches enflammées, une odeur qui était à la fois celle de la rue des Bourdonnais et celle de la rue aux Écrivains, s'imposait dès l'entrée, comme un hommage rendu à ce qui avait été et qu'on n'oubliait pas, mais, aussi, comme le témoignage de la continuité, à travers heurs et malheurs, de vertus ménagères capables de survivre aux catastrophes.

De la cuisine, on ne voyait luire que quelques cuivres au-delà d'une porte entrouverte. A droite, la troisième chambre était celle de Florie.

— Quand je pense à vous, ma mie, et c'est fort souvent, vous le savez bien, je vous imagine presque toujours, du moins pendant la mauvaise saison, près de cette cheminée, en train de coudre, de broder, ou bien de rimer. Je suppose qu'en le faisant, je ne me trompe guère.

— Pas beaucoup, en effet, bien que je me trouve moins fréquemment ici qu'à l'asile de Grandmont, où, vous ne l'ignorez pas, se passe le plus clair de mon temps.

— Parlez-moi donc de ces enfants qui vous sont si chers, ma fille. J'aimerais les connaître puisqu'ils vous intéressent tant.

— Si vous pouviez venir avec moi les visiter, ils vous attacheraient bien vite pour eux-mêmes et non pas pour l'affection que je leur porte, ma mère. Ce sont de petites créatures affamées d'amour.

Suzanne entra, suivie d'une autre servante.

— Le dîner est prêt, dames, si vous le voulez.

Elle salua Mathilde avec respect et lui souhaita la bienvenue. Elle aussi avait changé, paraissait plus réservée, moins naïve qu'autrefois. Sa fidélité avait été d'un grand secours pour Florie lorsque tous se détournaient d'elle. De solides liens, faits d'estime mais, sans doute également, d'une certaine connivence, s'étaient noués entre elles deux. A Vençay, elle était à la fois la femme de confiance et l'intendante de sa maîtresse.

— Dînons donc, ma mère.

En partageant les œufs frits aux champignons, puis le rôti de porc cuit avec des pruneaux, les fruits du jardin, les fromages d'une ferme proche, on parla des orphelins de Grandmont dont le sort préoccupait et absorbait beaucoup Florie, puis d'Arnauld, dont on avait si peu de nouvelles, de Bertrand et de Laudine, mariés, parents de quatre enfants vivants, un cinquième étant mort, et bien disposés à ne pas s'en tenir là.

— Leur petite Blanche sera, je crois, fort jolie. Elle est déjà très attachante.

— J'imagine mal Laudine en mère de famille. Je ne la connais dans cette fonction qu'à travers ce que vous m'en dites. Dans mon souvenir, elle demeure si jeune encore !

— Elle a changé. A chaque naissance, elle acquiert davantage d'assurance, s'installe un peu plus dans son rôle maternel, s'y épanouit.

Florie contemplait le feu. Ses mains, ouvertes sur la table, et comme lassées, ne s'employaient plus à la nourrir. Une tristesse qu'elle ne faisait rien pour dissimuler à Mathilde courbait ses épaules, infléchissait son cou. Parler ou entendre parler de maternité lui était un supplice, mais, cependant, elle y revenait toujours comme pour aviver une plaie, comme pour se punir sans fin, ne pas laisser s'engourdir ses remords.

— Votre sœur Jeanne vient d'avoir quinze ans, reprit la femme de l'orfèvre dans l'intention de faire diversion. Elle me ressemble. De vous tous, c'est elle qui me rappelle le plus ma propre jeunesse, à cela près qu'elle est moins pressée de se marier que je ne l'étais.

— Notre ami Rutebeuf continue-t-il à lui faire la cour ?

— Il n'y manquerait pour rien au monde ! Les vers, les attentions de son poète comblent votre sœur. Elle sait qu'il ne saurait être un mari pour elle, mais s'en moque ! Les délices de l'amour chevaleresque suffisent à Jeanne, du moins jusqu'à présent, pour qu'elle se croie éprise d'un homme, alors qu'elle est seulement amoureuse de l'amour !

— Peut-être ce penchant est-il plus profond que vous ne le pensez. Après tout, pourquoi ne finirait-elle pas par l'épouser ?

— Parce qu'il est pauvre comme Job ! Pas de famille, pas de métier... Votre père n'acceptera jamais pour gendre un gueux sans sou ni maille... fût-il poète !

— Il a sans doute raison, quoiqu'on ne sache jamais...

— Bien sûr, mais il est inutile d'y songer. Étienne est formel.

Le sort malheureux de ses filles aînées rendait maître Brunel à la fois beaucoup plus prudent et plus intransigeant à l'égard de ses cadettes. Bien décidé à ne pas les exposer aux mêmes dommages que leurs sœurs, il veillait sur elles avec une sollicitude qui allait jusqu'à la tyrannie. Mathilde tentait bien de le mettre en garde contre un excès de précautions qui pouvait donner des résultats contraires à ceux qu'il attendait, mais elle se heurtait à une amertume trop proche de la souffrance pour ne pas l'émouvoir et l'amener à capituler. Elle-même n'était pas loin, d'ailleurs, de juger qu'il était dans le vrai.

— Et Marie, toujours férue d'enluminure ?

— Elle y a sacrifié le reste de ses études et ne se consacre plus qu'à cet art. Nous lui avons trouvé un atelier tenu par des religieuses. En compagnie de quatre autres apprenties, elle s'y initie aux secrets des couleurs et de leur préparation.

— C'est un noble art qu'elle a choisi là. Presque aussi beau que celui de trouvère...

Décidément, pour Florie, tout était douleur, tout était regret.

Suzanne s'affairait autour des deux femmes, passait un bassin rempli d'eau tiède, parfumée à la sauge. Elles s'y trempèrent les doigts. Une autre servante apportait un plat de noix fraîches et de noisettes.

— Grand-mère Margue a-t-elle bien passé l'été ? Comment se porte-t-elle ? Elle est si âgée à présent...

— Elle va aussi bien que possible. Ses jambes la font souffrir depuis longtemps, mais elle s'en accommode en disant qu'elle préfère mal marcher et penser droit. Vous la connaissez. Quoi que je dise, elle s'entête à demeurer chez elle comme au temps de sa jeunesse et ne veut toujours pas venir s'installer à la maison.

— Vous me disiez pourtant, à votre dernière visite, que son caractère s'adoucissait.

— Il est vrai. Nous pouvons maintenant parler ensemble sans que j'aie à essuyer la moindre rebuffade. Elle se montre, avec les ans, bien plus affectueuse qu'elle ne l'a jamais été. Voyez-vous, il lui aura fallu devenir bientôt nonagénaire pour désarmer enfin ! C'est curieux : tout comme ces noix, seule, en elle, la coque était rude. En usant cette enveloppe, l'âge met au jour un cœur bien plus tendre qu'on ne l'aurait supposé.

Florie approuvait. De sa famille, dont elle était séparée sans doute à jamais, elle aimait à s'entretenir avec sa mère. Qui d'autre lui aurait donné des nouvelles d'elle ? Ses amies, aussi, étaient passées en revue.

— Alix m'écrit de temps en temps, dit-elle après le repas, comme Mathilde et elle se trouvaient de nouveau dans le jardin. Elle n'a pas l'air heureuse avec Rémy.

— Comment le serait-elle ? Il doit la tromper sans vergogne et affiche à son égard un cynisme dont je ne l'aurais pas cru capable du temps que Charlotte le protégeait.

Tout en marchant, elles avaient longé le mur qui fermait la propriété, du côté de la route, d'abord, puis vers la forêt de Bréchenay dont l'orée faisait suite au jardin de Florie. Une ancienne tour, au toit pointu comme celui d'une échauguette, avait été aménagée à cet endroit en un petit logis pour les hôtes de passage. La levrette flairait le bois de la porte, geignait doucement. Non sans nervosité, la jeune femme la rappela :

— Ici, Finette !

La chienne obéit. On changea de sentier.

Parvenues à l'endroit où le mur faisait place à la haie, la mère et la fille s'arrêtèrent un moment pour contempler le paysage qui se déployait devant elles : l'immense vallée sous son ciel léger, les pâturages, les bois, les vignes à flanc de coteau, et, au bord du fleuve, les remparts, les tourelles, les clochers de la cité et de la basilique.

— Je vous cherchais, dame.

Un jeune garçon de huit ans venait de surgir du chemin qui se trouvait de l'autre côté des taillis au milieu desquels il s'était faufilé avec l'assurance de l'habitude.

Le visage de Florie se figea.

— Que me veux-tu ?

— Je dois vous remettre ceci.

Il tendait, posé sur sa paume point très propre, un anneau d'or assez lourd à ce qu'il semblait.

— Merci. Repars d'où tu viens.

— Au revoir, dame.

— A bientôt, Denis.

Avec la prestesse et l'agilité d'un lézard, l'enfant disparut entre les branches. La levrette n'avait pas même aboyé.

— C'est un des petits de l'asile. Je m'en suis beaucoup occupée. Depuis quelque temps, il a été recueilli par des bienfaiteurs, mais ne m'en demeure pas moins fort attaché et fait assez souvent des courses pour moi.

Florie parlait avec volubilité, semblait en proie à une agitation aussi subite que difficile à contrôler.

Mathilde ne posa aucune question, fit mine de ne s'intéresser qu'à l'institution de Grandmont, s'ingénia à apaiser sa fille, mais la quitta sans y être parvenue, l'esprit rempli de craintes et de suppositions.

2

Bérengère Hernaut écoutait avec attention ce que lui disait le médecin.

— Maître Brunel est dans un état grave. Je peux bien vous le dire à présent que nous voici hors de sa chambre et que sa femme ne se trouve plus à portée de la voix, les douleurs abdominales qu'il endure me paraissent inquiétantes. La couleur de ses urines comme l'aspect du sédiment qui s'y trouve ne me plaisent pas.

— La fièvre pourrait peut-être les expliquer...

— Qu'expliquerait alors la fièvre ? Sans compter les vomissements qui l'épuisent.

— Voici trois jours maintenant qu'il demeure dans cet état.

— Justement ! Ce n'est pas là un simple dérangement de corps. Je ne vois qu'une infection bilieuse pour justifier un mal comme celui-là.

— Il est certain que le vin de reines-des-prés qu'on lui a fait prendre pour calmer son échauffement n'a guère donné de résultats, bien que d'habitude ce soit un bon remède.

— Pour réduire une fièvre tierce ou quarte, sans doute, pas dans le cas qui nous occupe. Nous devons nous trouver devant un débordement de bile noire assez fréquent en automne, mais toujours mauvais.

— Vous ne voulez tout de même pas dire qu'il y ait danger de mort ?

— Je ne peux pas me prononcer, mais ce n'est pas à traiter légèrement, croyez-moi !

Là-dessus, il prit congé, quitta son interlocutrice qui regarda la robe noire disparaître au coin de la rue.

Bérengère referma la porte, refit à pas lents, à travers la cour qui précédait son logis, le trajet qu'elle venait de parcourir, en sens inverse, avec le médecin.

La situation la préoccupait : quel manque de chance cette maladie qui s'abattait sur leur hôte peu de temps avant la date prévue pour son départ ! Être immobilisé chez soi n'est déjà pas plaisant, mais l'être en voyage, chez les autres, est aussi gênant pour l'invité que pour celui qui reçoit.

Pour comble de malheur, on était en pleine saison des vendanges ! Tours se voyait à demi désertée par les propriétaires vignerons partis surveiller leur récolte aussi bien que par les journaliers débordés de travail au-delà de ce qu'ils pouvaient faire. Par voie de conséquence, cette maladie intempestive privait dame Hernaut du déplacement à Montrichard où son mari était parti seul, cette année, contrairement à l'habitude. La maîtresse de maison se devait de rester afin de s'occuper des Brunel, mais le regrettait beaucoup. D'ordinaire, toute la maisonnée se rendait aux vignobles. Chacun participait alors à la cueillette du raisin dans une ambiance où le labeur et les chansons, la gaieté, les rires gras, les maux de reins et les gaillardises se mêlaient dans une sorte de fête qui durait quelques jours avant de se terminer par un banquet où les nourritures et les vins étaient si copieusement distribués que bien des convives roulaient sous les bancs avant la nuit tombée. On s'amusait énormément.

Hélas ! rien de pareil, cette fois-ci !

Bérengère se sentait envahie par un mécontentement teinté d'exaspération. Entre deux âges, mais bien conservée, encore blonde, aimable d'apparence, elle cachait sous des sourires de convenance un solide égoïsme. Une sensiblerie à fleur de peau, une amabilité de commerçante, le goût des fleurs et des animaux, laissaient intacte son âme sèche et positive. Elle préférait ses aises, ses satisfactions, ses plaisirs, au reste du monde. Les malheurs d'autrui ne lui paraissaient pesants à supporter que dans la mesure où elle se trouvait dans la nécessité d'en assumer une partie. Elle avait coutume de recevoir les Brunel avec des démonstrations de grande amitié, parce que le négoce de son mari se trouvait fort bien d'une coopération renouvelée à chaque occasion par les deux marchands. Il ne fallait rien lui demander de plus. Or, les événements l'amenaient pour une fois à sacrifier une agréable coutume à de fort désagréables obligations. Elle en était excédée.

Devant la chambre du malade, Mathilde attendait son hôtesse.

— Que vous a dit le médecin ? demanda-t-elle à voix étouffée, mais sans chercher, puisque Étienne ne pouvait l'entendre, à dissimuler son inquiétude.

— Il croit que c'est un excès de bile noire, ce qui arrive, paraît-il, assez souvent en cette saison. L'électuaire prescrit devrait soulager votre époux.

— Il m'a semblé très soucieux.

— Que voulez-vous, chère dame, maître Brunel n'est plus de la première jeunesse ! Il est certain qu'à son âge on est moins résistant qu'à vingt ans, ou même qu'à quarante. Mais, enfin, en étant bien soigné...

— Oui, oui, dit Mathilde en baissant la tête, je comprends.

Une angoisse affreuse lui serrait la gorge.

— Vous voudrez bien m'excuser, reprit-elle, mais je dois retourner près de lui.

Sous prétexte d'une tâche urgente, Bérengère se dispensa de tenir compagnie à son invitée.

Mathilde referma avec précaution la porte derrière elle, s'assura qu'Étienne somnolait, revint s'asseoir près du lit dont on avait relevé et noué les courtines. Bouffi de fièvre, les yeux cernés de bistre, l'orfèvre respirait avec peine, et, quand il n'était pas assailli par les douleurs qui lui lacéraient le ventre, il demeurait prostré pendant des heures. Que faire ? Le miel rosat qu'il avait pris, pas plus que les lavements composés avec une décoction d'écorce de chêne, ne lui avaient apporté de rémission.

Mathilde savait que l'état du malade était alarmant. Il n'était pas besoin d'être grand clerc pour deviner que le mal qui le tenaillait menaçait sa vie. Elle suivait lucidement, depuis trois jours, les assauts, les recrudescences d'une affection qui épuisait ses résistances.

Elle se leva, essuya avec un linge la transpiration qui mouillait le front, les joues à la peau épaisse, le menton alourdi d'Étienne.

« Seigneur, ne le laissez pas mourir ainsi, dans une maison étrangère, loin de sa famille, loin de chez lui ! Guérissez-le, Vous qui avez guéri, du temps que Vous étiez parmi nous, ceux qui Vous le demandaient avec assez de foi. »

La veille, elle était allée trouver Clarence dans son couvent pour lui recommander de prier, de faire prier, pour le rétablissement de son père. Puis elle s'était rendue à la basilique Saint-Martin supplier le thaumaturge d'intervenir pour eux. Elle était pénétrée de l'efficacité de l'oraison, quand elle est assez confiante, assez forte pour attirer à elle la grâce divine, et elle ne cessait pas d'en appeler à Dieu pour qu'Il vînt à leur secours.

Maroie entra avec un fagot de branches sentant la résine qu'elle jeta sur les grosses bûches qui se consumaient dans l'âtre. Des flammes vives l'embrasèrent aussitôt. Des effluves de forêt envahirent la chambre, avec leurs cortèges de souvenirs et d'évocations.

— Je vais lui monter de la tisane d'ortie blanche et de feuilles de ronce, avec beaucoup de miel, dit la servante avant de s'éloigner. La tasse qu'il en a prise ce matin a paru lui faire du bien.

— Si tu veux, Maroie. Il doit boire le plus possible, en effet, et ta tisane en vaut une autre.

— Qu'a ordonné le médecin ?

— Un nouvel électuaire qu'il va faire préparer et envoyer par l'apothicaire du carroi des Arcis.

Un gémissement du malade les interrompit. Une vague de douleur le soulevait à nouveau. Des nausées le rejetèrent vers la cuvette que Mathilde lui présentait. Les efforts qu'il faisait en vain, chaque fois que le mal se réveillait, pour extirper de ses entrailles les humeurs mauvaises dont il souffrait, le laissaient ensuite brisé, inondé de sueur, tremblant de lassitude.

— Je n'en puis plus, dit-il d'une voix qui haletait. Cette douleur est intolérable. N'y a-t-il donc rien à faire pour l'atténuer ?

Mathilde lui essuyait le front avec une toile très fine imbibée de vinaigre parfumé.

— Vous allez prendre tantôt un électuaire dans la composition duquel entre un peu de poudre de pavot, dit-elle tendrement. Vous devriez en ressentir un apaisement, mon ami.

— Dieu vous entende ! Je suis au bout de mes forces !

L'absorption du remède prescrit n'apporta que peu de répit à Étienne dont les crises reprirent leur rythme suppliciant dès le lendemain matin. Il était clair qu'aucun des soins donnés n'améliorait un état dont on ignorait les causes profondes.

— Rien ne me fait rien, constata le malade vers l'heure de midi. Regardons les choses en face : je suis perdu !

— Je vous en prie, mon ami, ne vous découragez pas. Gardez confiance.

L'orfèvre remua de droite à gauche, en un mouvement lassé de dénégation, sa tête fiévreuse sur l'oreiller.

— Il faut songer à faire venir un prêtre, ma mie, dit-il au bout d'un moment. Je veux recevoir l'extrême-onction, me confesser et communier.

Mathilde se pencha vers son mari, posa ses lèvres sur son front.

— Je ferai ce que vous voudrez, Étienne, dit-elle, surprise de la résignation toute simple dont faisait preuve en un tel moment cet homme qu'elle avait si souvent vu en proie à la révolte dans des situations qui étaient loin d'atteindre la gravité de celle-ci. Ne croyez-vous pas, cependant, qu'avant de vous confesser il serait bon d'aller quérir Florie afin qu'elle vienne près de vous le plus vite possible pour que vous lui accordiez merci ? Vous ne pouvez songer à recevoir un sacrement aussi solennel sans vous être montré miséricordieux envers votre fille.

— Je pensais bien que vous me le demanderiez, Mathilde, et vous devez avoir raison de le faire ; mais, voyez-vous, tout en moi proteste...

— Depuis que vous êtes alité, mon ami, j'ai beaucoup réfléchi à ce qui nous arrive. Ne croyez-vous pas que, si le Seigneur vous a fait tomber malade à Tours et non pas à Paris, c'est, justement, pour que vous vous trouviez proche de notre enfant en ces heures essentielles de votre vie ; que vous l'ayez à portée de vous, en quelque sorte ; qu'il vous soit enfin possible, grâce à cette proximité, de vous réconcilier avec elle ? Faites preuve de clémence, Étienne, je vous en supplie, ayez pitié d'une pécheresse qui vous est restée si chère, en dépit de tout ! Puisque vous avez l'intention de demander pardon au Seigneur pour vos fautes personnelles, commencez par les pardonner à celle qui vous a offensé ! Dieu vous en tiendra compte, soit qu'Il accepte ensuite de vous guérir, soit que vous ayez à Lui rendre raison de vos actes plus tôt que nous ne le pensions. N'oubliez pas, je vous en conjure, qu'il est écrit que vous serez jugé comme vous aurez jugé !

Étienne avait fermé les yeux pour écouter sa femme. Un silence assez long suivit ce qu'elle venait de lui dire. Vers quelle conclusion s'acheminait-on ? Le malade frissonna.

— Envoyez donc chercher Florie, dit enfin maître Brunel, mais faites aussi prévenir un prêtre qu'il ait à se tenir prêt.

— Soyez béni, Étienne ! Il en sera fait comme vous le souhaitez.

Les heures qui suivirent furent longues. La souffrance ne cédait pas. Des accès intermittents secouaient le pauvre corps, fouaillaient le ventre, retournaient l'estomac.

« Sueur, sanie et sang, se répétait Mathilde en soignant son mari avec le plus de précautions possible. Sang, sueur et sanie. Voici donc les termes de notre vie corporelle ! Voilà de quoi nous sommes faits ! Et c'est pour cette chair pitoyable, condamnée à la dégradation, que nous risquons de perdre nos âmes, que nous commettons mille folies, que nous renions notre destinée spirituelle ! Faut-il que nous soyons aveuglés par le mal, faut-il que nous soyons faibles devant nos instincts ! »

Elle s'emparait avec ménagement d'une des mains moites abandonnées sur le drap, la serrait dans la sienne.

« Faites, Seigneur, que ma vie passe dans ses veines, faites qu'il me soit possible de partager ma santé avec lui, faites qu'il reste avec moi pour que je puisse lui témoigner l'affection infinie que je ressens pour lui depuis que je le vois menacé ! »

Ce n'était pas frayeur de la mort. Mathilde, qui y pensait souvent et s'efforçait de s'y préparer, ne la redoutait pas pour elle-même.

Non, ce n'était pas la dernière heure qui était à redouter, mais uniquement la séparation ici-bas, l'absence, la rupture de tendres habitudes, de la mise en commun du passé aussi bien que du présent et de l'avenir. Sans Étienne, elle sentait qu'elle serait à jamais amputée d'une part d'elle-même.

Quand Florie pénétra dans la chambre, sa mère, perdue dans ses pensées, ne l'avait pas entendue venir. Tout d'un coup, elle fut là, au milieu de la pièce, coiffée de sa guimpe empesée, enveloppée dans un manteau noir, le visage fouetté par le vent d'automne, un espoir immense, mêlé de crainte et de chagrin, au fond des yeux.

Mathilde se leva vers elle :

— Ma fille !

Elles s'embrassèrent, s'étreignirent avec une intensité douloureuse et heureuse à la fois, se retrouvèrent côte à côte, penchées au chevet du malade.

— Étienne... notre enfant est venue...

Il ouvrit les paupières, considéra les deux visages inclinés vers le sien, détourna un instant la tête. Ses traits se crispèrent. Un tremblement subit l'agita tout entier. Souffrait-il trop pour parler ? Était-ce son corps qui le torturait ou bien la difficulté qu'éprouvaient ses sentiments paternels à se faire jour après tant d'années d'étouffement ?

Mathilde appuya ses doigts sur la main parcourue de tressaillements.

— Mon ami, mon ami...

Les prunelles fiévreuses se posèrent à nouveau sur Florie.

— Ma fille, dit enfin maître Brunel, je ne pouvais pas m'en aller sans vous avoir revue, sans avoir conclu ma paix avec vous. Que tout le mal que nous nous sommes fait mutuellement soit oublié, puisque, pour ce qui est de vos torts, vous vous employez à les racheter. Je vous en absous de tout cœur. Que Dieu veuille me pardonner mes fautes ainsi que je le fais pour les vôtres.

La jeune femme avait glissé à genoux le long du lit. La main du mourant se posa sur son front, y traça, du pouce, un signe de croix.

— Embrassez-moi, à présent, ma chère enfant.

A la racine, humide de sueur, des cheveux, sur les rides amères, Florie posa ses lèvres.

— Mon père...

Elle pleurait trop pour pouvoir parler.

— Votre mère m'a fait comprendre tantôt que Dieu avait bien fait les choses en permettant que je tombe malade tout près de votre logis. C'était pour que nous puissions nous retrouver avant ma fin. Ainsi vous...

Il ne put terminer sa phrase. La douleur s'irradiait encore une fois dans son ventre.

Impuissante, navrée, Florie assista à cette nouvelle crise. Quand Étienne retomba, vidé d'énergie, sur sa couche, Mathilde, qui l'avait soutenu, se retourna vers leur fille.

— Il faut le laisser reposer maintenant. Je crois qu'il est préférable que vous vous en retourniez chez vous pendant qu'il fait jour. Ici, vous souffririez inutilement de ses souffrances. Que peut-on pour lui ? Vous, mon enfant chérie, pas plus qu'une autre...

La voix se brisa.

— Vous reviendrez demain, acheva-t-elle tout bas.

Le regard qu'elle rencontra alors contenait une interrogation informulée : demain ?

— Je vous ferai tenir au courant de son état, parvint-elle pourtant à ajouter. Quoi qu'il puisse advenir, vous serez prévenue, je vous le promets.

— Avant de m'en aller, laissez-moi vous dire merci. Je n'osais plus compter sur une réconciliation qui me faisait si grand défaut et dont je ne suis sans doute pas digne, mais dont je ressentais un immense besoin. Je n'aurais pu supporter de le voir partir sans qu'il m'ait pardonnée et bénie une dernière fois !

Les deux femmes se quittèrent dans des sanglots.

Comme elle sortait, en compagnie de Suzanne, de la maison des Hernaut, Florie croisa, précédé d'un enfant de chœur faisant tinter une clochette, un prêtre qui apportait au mourant le sacrement d'extrême-onction. Elle s'effaça, se signa, se sentit frissonner de tout son corps.

— Allons, dit-elle à sa servante en montant dans la charrette qui les attendait à la porte, allons, prends les rênes et conduis toi-même. Je ne suis pas en état de le faire et le cheval s'en apercevrait.

Assise à côté de sa servante, elle se laissa ramener chez elle sans plus rien dire, sans voir le paysage familier.

Pourquoi fallait-il que le pardon de son père ne soit pas intervenu du temps où elle le méritait encore par la vie de sacrifices qu'elle s'imposait ? L'année précédente, elle aurait pu recevoir sans arrière-pensée sa bénédiction, dans le seul souci d'une guérison qui assurerait leurs retrouvailles. A présent, ce n'était plus possible ! Durant qu'elle se trouvait dans la chambre paternelle, elle s'était sans cesse interrogée sur le bien-fondé de sa présence auprès du malade. Aurait-il fait preuve de la même mansuétude s'il avait su qu'elle était retombée dans son péché ? Assurément non.

Portée par le choc éprouvé au reçu de l'appel paternel, appel depuis si longtemps attendu, espéré, mais, hélas ! pas en de semblables circonstances, elle était partie de chez elle comme une folle, sans prendre le temps de s'interroger, trop bouleversée pour avoir le courage de tout remettre en question.

Quand elle avait dit à Mathilde le besoin qu'elle éprouvait de pareils instants, elle avait été pleinement sincère. Là résidait son unique excuse : depuis sept ans, elle attendait cette heure. Seulement, comme il devait être dans son destin de devoir tout gâcher, cette heure tant souhaitée arrivait alors qu'elle ne pouvait plus la vivre innocemment.

Elle se reprochait maintenant de s'être rendue à Tours... Mais peut-on refuser à un père mourant de répondre à sa demande, quand cette demande lui a tant coûté, a mis si longtemps à venir, devient sa dernière volonté ? Pas davantage. Alors, qu'aurait-elle dû faire ?

Tomber à genoux en pénétrant dans la pièce où il s'éteignait, pour s'accuser de ses nouvelles fautes ? Frapper un peu plus un cœur auquel tant de coups avaient déjà été portés ? Le plonger une fois encore dans la désolation, alors même qu'il était sans doute sur le point de quitter la vie ? Risquer de compromettre les conditions de son passage dans l'au-delà ? Était-ce concevable ?

— Nous voici arrivées, dame.

Le portail s'ouvrait, la charrette pénétrait dans le domaine, les chiens surgissaient en aboyant. Ce qu'il y avait de quotidien dans cet accueil réconforta un peu Florie.

— J'ai fait la seule chose que je pouvais faire, se dit-elle alors, apporter la paix, même si c'était un leurre, à celui qui m'offrait son pardon.

Le soir d'octobre s'annonçait à la fin d'une journée qui avait été douce. Avec lui, la brume montait de la rivière, envahissait les pentes du coteau. Une odeur de fumée parvenait du côté des communs où on brûlait des feuilles mortes. La jeune femme respira l'automne et se sentit de nouveau au bord du désespoir. Le matin même, elle avait reçu la visite de Denis, porteur de l'anneau d'or. Allait-elle donc, cette nuit, trahir sans désemparer la confiance que son père mourant venait à peine de lui accorder ?

— Venez, dame, l'humidité n'est pas bonne à respirer quand arrive la brune. Rentrons vite à la maison.

Dans la salle, elle s'approcha du feu, tendit les mains vers lui, laissa emporter son manteau par Suzanne.

— Je n'ai pas envie de souper.

— Il faut vous forcer, dame. Ce n'est pas parce que maître Brunel est bien malade que vous devez vous laisser dépérir. A qui ça servirait-il ? Prenez au moins un peu de potage, un fruit cuit, du fromage.

— Comme tu voudras. De toute façon, je n'ai pas faim.

Elle se retrouvait dans le même état d'esprit que jadis, rue aux Écrivains, quand elle savait qu'elle allait à sa perte et ne faisait rien pour intervenir. Par la suite, elle avait pourtant su se montrer énergique quand il lui avait fallu s'imposer un mode de vie rigoureux, austère, sans complaisance, quand il s'était agi de se punir du crime d'infanticide que la loi n'avait pas sanctionné dans la mesure où on l'avait fait passer pour un accident, mais dont elle s'estimait coupable... la mort de son enfant, l'horreur qui avait suivi, sa honte, son accablement... Philippe ! L'expression de Philippe entr'aperçue dans son délire, jamais oubliée, cette figure d'homme exposé au pilori, décomposée... le mépris de tous, l'exil, les années de pénitence voulues, acceptées, tout ce passé si lourd n'avait donc aucun pouvoir sur elle, la laissait aussi démunie qu'à quinze ans devant celui qui annihilait ses défenses ?

— Je vais me coucher, Suzanne.

Elle se laissa déshabiller devant le feu, gagna sa chambre, entra dans le lit bassiné avec soin, dont les draps sentaient la braise chaude.

— Bonsoir, Suzanne.

— Bonne nuit, dame.

La porte se referma derrière la servante.

C'était par un soir comme celui-ci, un soir d'automne, que Guillaume était revenu.

Cette fois-là, après le souper, n'ayant pas les mêmes raisons qu'aujourd'hui pour se cacher sous ses couvertures, elle était sortie avec la levrette pour prendre un peu d'exercice avant la nuit. Il faisait encore clair, il ne faisait pas froid. Pas de brouillard, mais une lune dans son premier quartier qui se levait entre les branches du verger.

Elle se rappelait qu'en passant devant le cellier, elle avait respiré l'odeur du vin nouveau. Les vendanges étaient terminées.

Tout à coup, la chienne avait aboyé à sa manière peureuse. Le molosse étant resté dans la cuisine à laper sa soupe, il ne fallait pas compter sur Finette pour défendre qui que ce soit.

Les troncs d'arbres fruitiers noircissaient dans le crépuscule et, quand une ombre s'était détachée de l'un d'entre eux, on aurait pu croire qu'il se dédoublait.

Elle avait eu peur. Bien plus encore après l'avoir reconnu !

— Vous !

Qu'avait-il dit pour justifier sa présence ? Sa douleur, son errance, sa douleur, son repentir, sa douleur, son amour toujours vivant, sa décision de ne jamais la revoir, son insoutenable douleur, son dévorant amour, ses recherches d'elle, le temps passé, la douleur qui ne le lâchait plus, le besoin d'elle, incessant, qui le tenait...

Quand elle s'était décidée à parler pour lui signifier de s'en aller, de ne jamais revenir, elle ne croyait pas, elle-même, à ce qu'elle disait. Elle savait déjà que six ans de malheur ne l'avaient pas changée, qu'elle demeurait à la merci de cet homme, que le geste qu'il n'avait pas tenté, pas encore, pour la reprendre, il n'aurait qu'à l'esquisser pour qu'elle s'abandonne, que tout allait recommencer !

Elle avait, cependant, tenu quelques semaines. Parce qu'il l'avait bien voulu. S'étant établi pelletier à Loches, quand il avait fini par savoir où elle se trouvait, il avait acheté, comme maison des champs, une petite propriété située entre cette ville et Vençay. Après y avoir installé un couple de jardiniers, il y venait fort souvent. C'était de là qu'il menait la reconquête de Florie, qu'il la harcelait. A cheval, il lui fallait une heure pour se retrouver chez elle où il arrivait toujours à la nuit tombante, afin de ne pas être vu de ses gens. Dans une masure abandonnée située dans la forêt, à quelque distance de la demeure de sa maîtresse, il attachait sa monture, pour la protéger à la fois des intempéries, des bêtes sauvages et des regards indiscrets, franchissait le mur, et rejoignait Florie, d'abord dans le verger, puis, le froid venant, dans la tour au toit pointu comme celui d'une échauguette, qui se trouvait toute proche. Elle avait bien essayé, au début, de se claquemurer dans sa chambre, de n'en point sortir, mais il s'aventurait alors jusqu'aux bâtiments d'habitation, frappait doucement, patiemment, à la porte donnant du côté du jardin, et attendait aussi longtemps qu'elle ne se montrait pas, au risque d'être découvert.

C'était donc au bout du domaine qu'elle le recevait. Au commencement, ce n'était que des rendez-vous espacés, durant lesquels elle s'évertuait à lui prouver que rien ne pouvait renaître entre eux, que tout était fini. Elle n'avait pas dû apporter assez de conviction à une démonstration à laquelle elle n'ajoutait pas foi elle-même, puisqu'un soir, il l'avait attirée contre lui, sans un mot, mais avec une expression telle que tout avait basculé d'un coup...

Durant l'hiver, il n'était venu qu'assez peu, mais le printemps les avait jetés aux bras l'un de l'autre avec une frénésie où le reste du monde s'engloutissait. L'été n'avait pas apporté de répit.

La petite chambre aménagée dans leur retraite servait de cadre à un délire dont ils ne pouvaient plus se passer, qui les tenait à merci, enchaînés l'un à l'autre. Jamais rassasiés, ils se livraient à leur avidité amoureuse avec un mélange de fougue et d'alarme qui donnait un goût de poivre amer à leur jouissance.

— Depuis que j'ai posé les yeux sur vous, ma douce amour,

j'ai su que vous étiez la seule femme avec laquelle je pourrais connaître des plaisirs pareils, disait-il dans les moments d'accalmie.

— Et moi, Guillaume, j'ai vite compris que nous nous damnerions ensemble, répondait-elle avec un mélange de fatalisme et de défi.

L'automne était revenu sans apaiser ce besoin qu'ils avaient de leurs corps. Pourraient-ils jamais l'assouvir ?

A leur goût l'un de l'autre, s'ajoutait le sentiment de vivre au milieu des périls, qui exaltait encore leurs sensations. Risque d'être surpris, découverts, dénoncés, d'encourir la peine réservée aux adultères, Florie étant toujours mariée, et, qui plus est, à un croisé, au propre cousin de Guillaume ! Danger, aussi, peut-être, et pour elle c'eût été le pire, de concevoir un autre enfant...

Quand elle avait avoué à son amant la fausse couche consécutive à leur nuit criminelle, il avait regretté la disparition d'un petit être qui aurait été un lien de plus entre eux et elle savait qu'il ne lui aurait pas déplu, en dépit du scandale, qu'elle en attendît un autre. Preuve de plus de la folie qui les tenait... mais la sage-femme avait dit à sa patiente, après l'accident, qu'elle ne pourrait plus jamais enfanter. Était-ce vrai ? Qu'en savait-elle, au juste ? Florie doutait de cette affirmation, mais ne s'en livrait pas moins à son amour maléfique avec une audace si délirante qu'elle rejoignait parfois, dans sa démesure, les crises de désespoir autrefois traversées.

Certains jours, pourtant, elle connaissait des troubles de conscience terrifiants qui la laissaient sans force. Elle ne pouvait plus se confesser, n'avait pas communié depuis un an et n'osait plus prier. Qu'aurait-elle pu dire au Seigneur ? Elle avait rompu l'accord tacite qui lui promettait la mansuétude divine envers ses premières fautes, à condition de s'amender. Il ne fallait plus y songer ! Elle se voyait donc glisser, toujours plus vite, vers le gouffre noir de la mort éternelle et ne savait pas à quoi se raccrocher pour ralentir sa chute. D'où la frénésie avec laquelle elle consommait, la nuit, une perdition qui lui semblait inéluctable.

Un anneau d'or leur servait de signe de reconnaissance chaque fois qu'ils pouvaient se retrouver. Le petit Denis, adopté par le couple de jardiniers qui s'occupait de la propriété du pelletier, était le messager de leurs rendez-vous.

« Ce matin, j'ai reçu le signal, songeait Florie dans son lit, après être revenue de Tours. Guillaume va donc m'attendre bientôt, là-bas. Ce n'est pas possible ! Pas maintenant ! Pas cette nuit ! Pas après les moments passés au chevet de mon père ! »

« Comme d'habitude, et une fois la maisonnée endormie, je me rendrai à la tour, décida-t-elle, mais ce sera pour parler à Guillaume, pour le mettre au courant de ce qui se passe. Il faudra bien, alors, qu'il me comprenne ! Cette fois-ci, il ne s'agit plus simplement de

plaisir, il s'agit d'un engagement moral vis-à-vis d'un mourant...
et de quel mourant ! Un père qui ne m'a jamais témoigné, jusqu'à
notre crime, que la plus grande tendresse et dont j'ai obscurci les
dernières années. Le tromper une nouvelle fois, ce soir, en toute
connaissance de cause, serait la pire des vilenies. Je ne puis y
consentir. Si Guillaume n'admet pas mes scrupules, c'est que, décidément, il n'aime que mon corps, c'est que je me suis perdue pour
un homme qui ne méritait pas cet holocauste ! »

3

Les taches brunes qui parsemaient les mains de maître Brunel
lui paraissaient plus nombreuses, plus visibles, depuis sa maladie.

Installé après le repas de midi dans un fauteuil à haut dossier,
confortablement garni de coussins, qu'on plaçait à présent devant
la porte de la maison, il contemplait d'un œil critique ces marques
du temps que grand-mère Margue nommait sans ménagement
« fleurs de cimetière ». Le soleil, point encore trop bas dans le ciel
en cette fin d'octobre et à cette heure, permettait au convalescent
de profiter de la lumière adoucie qui contribuait à son rétablissement
et à son bien-être, mais révélait en plus les signes de vieillissement
dont il déplorait la présence.

— J'ai pris dix ans en quelques semaines, remarquait-il,
maussade.

— Je vous trouve bien peu raisonnable, mon ami, dit Mathilde
qui cousait près de lui. Vous sortez à peine d'une maladie qui vous
a mis au plus bas, et vous voudriez retrouver aussitôt votre allant !
Un peu de patience, voyons ! Vous devriez, plutôt que de vous
plaindre pour des choses sans importance, passer votre temps en
actions de grâces !

— Par ma foi, vous vous exprimez là comme votre oncle le
chanoine ! grommela Étienne qui tenait à sa mauvaise humeur. Il
est reconnu, cependant, que nous sommes de pauvres créatures
imparfaites. Qu'on ne vienne pas, dans ces conditions, nous
demander plus que nous ne pouvons donner !

Mathilde souleva les épaules avec indulgence et ne répliqua pas.
Elle goûtait encore trop vivement la douceur de la paix retrouvée
pour se sentir disposée à entamer une querelle.

— Je crois que nous aurons, au souper, des châtaignes servies
avec du cidre doux, dit-elle au bout d'un instant. J'ai demandé à
Suzanne qu'on vous fasse, en remplacement, un potage aux légumes.
Je crois que ce sera plus léger pour vous.

Les crises d'Étienne avaient d'abord diminué d'intensité, s'étaient espacées, puis avaient disparu, sans qu'on sût pourquoi. La fièvre les avait suivies. Le médecin avait proclamé les bienfaits de ses électuaires, Maroie ceux de sa tisane, et l'orfèvre s'était félicité de sa robuste constitution. Mathilde se contentait de remercier Dieu. Elle était d'autant plus reconnaissante au Seigneur que la maladie de son époux ne semblait pas avoir, quoi qu'il en dît, ni longtemps, ni profondément compromis sa santé. Il se remettait bien et vite. Sa femme portait en plus, au compte des bienfaits reçus, la réconciliation d'Étienne et de sa fille aînée.

— Vous allez encore trouver que je fais trop aisément crédit à la Providence, dit-elle, mais je ne puis m'empêcher de songer que, sans le mal dont vous avez souffert, vous refuseriez toujours d'accorder votre pardon à Florie et que nous ne coulerions pas ici, chez elle, ces jours d'entente familiale qui vous sont, au demeurant, aussi chers qu'à moi.

Étienne ne répondit pas tout de suite. Il regardait les servantes qui ramassaient, sous les châtaigniers entourant la maison, les marrons dont il venait d'être question pour le souper. Afin de ne pas se piquer les doigts aux bogues épineuses, elles les ouvraient dans l'herbe, avec des rires, à grands coups de talon, et ramassaient ensuite, non sans prudence, les fruits bruns et lisses qu'elles jetaient dans les paniers. Autour d'elles, les longues feuilles safranées que le soleil jaunissait encore tombaient en une sorte de carole hésitante.

Maître Brunel se dit qu'il était plaisant de contempler ces jeunesses environnées de tant de blondeur et que, pour être sincère, le séjour à Vençay se passait aussi bien que possible.

— Il est vrai, ma mie, que votre idée de venir chez notre fille pour ma convalescence est une bonne idée, admit-il en se radoucissant. Florie nous reçoit avec une attention qui me touche beaucoup.

Il n'avait pas toujours été de cet avis ! Il avait fallu que la jeune femme, qui venait fort souvent voir son père, insistât énormément pour parvenir à le décider. Le fait de se sentir chaque jour un peu plus à charge vis-à-vis de leurs hôtes tourangeaux avait également pesé dans la décision à laquelle ils avaient fini par s'arrêter.

Comme l'orfèvre n'avait jamais voulu, jusque-là, se rendre chez sa fille, Mathilde estimait que la curiosité, qui était une de ses faiblesses, avait joué, sans qu'Étienne voulût l'admettre, son rôle dans cette affaire.

Depuis cinq jours qu'ils étaient arrivés à Vençay, la concorde espérée ne s'était pas démentie. Florie recevait ses parents avec tendresse, respect, beaucoup de gratitude et les entourait de mille soins. Elle ne se rendait plus à l'asile de Grandmont que le matin, afin de consacrer tous ses après-midi à ceux dont l'installation sous son toit signifiait tant de choses.

Le molosse, qu'on tenait à présent la plupart du temps attaché dans sa niche, derrière la maison, se mit tout à coup à aboyer avec fureur. Rompant le calme de l'heure, le bruit qu'il fit empêcha qu'on entendît l'arrivée de plusieurs chevaux qui apparurent soudain entre les troncs des châtaigniers.

— Nos amis tourangeaux viennent nous visiter, annonça Mathilde.

Louis Hernaut, Bérengère et le frère de cette dernière descendaient de cheval, approchaient.

Tout le monde considérait la guérison d'Étienne comme admirable et on commença par l'en féliciter vivement avant de prendre place autour de lui, sur des sièges apportés par les servantes.

Mathilde envoya chercher Florie. La jeune femme s'était retirée après le repas, dans la tour située au bout du verger, qu'elle occupait depuis qu'elle avait cédé tout naturellement sa chambre à ses parents. Elle vint bientôt rejoindre la compagnie. On lui présenta Bernard Fortier qu'elle ne connaissait pas encore.

Que savait Bérengère des raisons ayant amené une femme de l'âge, de la condition et du charme de Florie à vivre sans époux, loin de ses parents, de toute vie de société, dans un isolement que rien ne semblait justifier ? Les Brunel l'ignoraient. Lors de leurs précédents passages à Tours, Mathilde s'était contentée de parler de Clarence, en ne faisant que de prudentes allusions à l'autre fille qu'elle avait dans la région. La maladie d'Étienne, la réconciliation qui s'en était suivie, les allées et venues de la jeune femme, avaient obligé sa mère à quelques explications assez vagues, qui n'étaient certainement pas suffisantes pour calmer la curiosité de Bérengère. Aucune question gênante, cependant, n'avait été posée.

On servit du cidre, du vin nouveau, des gaufres, des noix fraîches, de la pâte de coing.

Louis Hernaut, gros homme au teint de franc buveur, qui se voulait bon vivant, rond en affaires, et qui ne s'embarrassait pas de subtilités, ne tarda pas à donner à l'orfèvre parisien les raisons qui avaient incité le frère de son épouse à se rendre avec eux à Vençay.

— Bernard est drapier à Blois, dit-il. Son commerce, qui était celui de son père, marche bien, mais aurait besoin de prendre de l'extension. Or, je me suis souvenu d'un ami à vous dont vous m'aviez entretenu un jour et qui exerce le même métier à Paris.

— Voulez-vous parler de Nicolas Ripault ?

— Tout juste ! Ne pourriez-vous lui toucher deux mots de mon jeune beau-frère ? A l'âge de ce garçon, on a toujours besoin d'un coup de pouce et il lui serait fort utile d'entrer en contact avec un des membres parisiens les plus importants de sa corporation. Il est actif, ambitieux, ne craint pas sa peine, et sait plaire à la clientèle.

Je pense que vous jugerez comme moi qu'il mérite qu'on s'intéresse à lui.

— Je n'en doute pas et me ferai un plaisir d'intervenir en sa faveur auprès de mon ami Ripault.

Comme il venait de promettre de s'en occuper, Étienne considéra le frère de Bérengère avec plus d'attention.

Une vingtaine d'années, grand, un peu massif, peut-être, mais point lourd, le visage coloré sous des cheveux semblables, tant ils étaient frisés, à des copeaux de chêne foncé, l'œil de la couleur des châtaignes et brillant comme elles, un nez charnu, une grande bouche faite pour rire, pour mordre, aussi, à pleines dents les mets, les filles, les occasions, l'homme eût été l'image même de la cordialité, s'il n'y avait eu, derrière cette apparence de gaieté, de franchise, quelque chose d'un peu trop avide, peut-être, ou de trop empressé, qui pouvait donner à douter de sa sincérité, de son désintéressement.

« Bah ! se dit Étienne. Qui pourrait trouver à y redire ? Un peu d'ambition n'a jamais fait de mal, après tout, et c'est préférable à la paresse ! »

Bernard, qui conversait avec Mathilde, Florie et Bérengère, partit d'un rire sonore, plein d'appétit.

« Il ne me déplairait pas comme gendre, songea encore maître Brunel. N'oublions pas que j'ai, à Paris, deux filles qui restent à marier... Quand il passera par la capitale, pour quelque affaire, je ne manquerai pas de l'inviter à la maison afin de le présenter à Jeanne. Il est grand temps qu'elle se déprenne de son rimailleur, celle-là, pour penser sérieusement à s'établir ! »

— Vous ne vous ennuyez pas, toute seule, dans cette campagne ? demandait pendant ce temps Bérengère à Florie.

— Nullement. Je m'occupe du jardin, des fleurs, et, surtout, des enfants sans famille de Grandmont.

— Tout de même, mener une vie si austère, à votre âge !

— Je mène la vie qui me convient, chère dame, celle qu'il me faut.

Bérengère n'insista pas. On parla d'autre chose.

Quand les visiteurs furent partis, Étienne fit part à sa femme et à sa fille des projets matrimoniaux qui lui étaient venus à l'esprit durant la collation.

— Vous allez vite en besogne, mon ami ! remarqua Mathilde. A peine venez-vous de rencontrer, pour la première fois, le frère de Bérengère, que vous envisagez déjà de le donner pour mari à l'une de vos filles ! N'est-ce point un peu léger de votre part ?

— Un père de famille doit se montrer prévoyant, ma mie. Après tout, il n'y a pas tellement de bons partis de par le monde. Il me semble sage de ne pas laisser s'envoler ceux qui passent à notre portée. Ce Bernard n'est certainement pas sot, il a belle prestance, et exerce la meilleure des professions. Que demander de plus ?

— Qu'on le connaisse mieux et qu'il plaise à Jeanne, répliqua Mathilde. Mais l'air fraîchit maintenant et je crains que vous ne preniez froid. Rentrons, mon ami.

Florie, qui n'était pas intervenue durant cet échange de points de vue, suivit ses parents sans rien dire. Elle aida sa mère à installer le convalescent près du feu dont la présence, tout au long du jour, emplissait la salle d'une tiédeur qui sentait la forêt.

— Je vous laisse pour aller ramasser les dernières poires à cuire du verger.

Depuis que ses parents étaient venus s'installer chez elle pour que son père achevât de s'y remettre, elle ne cessait de trembler. En leur laissant sa chambre, en prenant prétexte des égards qu'elle leur devait, de leur bien-être, pour transporter ses propres affaires dans la tour où elle logeait à présent au vu et au su de tous, elle avait cru s'épargner bien des complications et simplifier son existence. Il n'en était rien. Entre les bras de Guillaume, qui la rejoignait aussi souvent qu'auparavant, elle connaissait à présent, en plus de ses remords de conscience, la peur incessante d'être découverte. Si sa mère venait une nuit la chercher pour quelque soin à donner ou quelque renseignement à fournir, qu'adviendrait-il d'eux quatre ?

Guillaume se plaignait de son air distrait, de ses inquiétudes, de ses tressaillements au moindre bruit inconnu et se refusait à admettre le bien-fondé d'une telle angoisse.

Elle remplit son panier de poires à la peau rugueuse, tout en se disant qu'elle allait cependant connaître un peu de répit. Guillaume devait être parti le matin même pour Blois où il avait des affaires à traiter. Il ne reviendrait pas avant trois ou quatre jours, ce qui lui garantissait quelques nuits tranquilles. Quel étrange attachement la liait donc à cet homme qui la fascinait, et dont, pourtant, le départ lui était soulagement, à condition qu'il fût bref ? De quelle nature était le sentiment qui la retenait à lui ? Elle ne le savait que trop ! et se taxa d'hypocrisie pour s'être posé de pareilles questions, mais décida d'oublier, pendant ces journées de trêve, le mal qui la tenait. Elle ne voulait plus être qu'une fille heureuse d'héberger ses parents enfin réconciliés avec elle !

Jusqu'à présent, s'il avait été relativement aisé de sauver les apparences, Florie ressentait cependant avec douleur la dissonance, la mince fêlure, qui accusait la fragilité des liens récemment renoués. Retrouverait-on jamais la qualité des rapports familiaux dont elle gardait la nostalgie ?

Ce soir-là, elle put le croire et se coucha un peu rassérénée.

Le lendemain, le surlendemain, le vent se leva, se déchaîna, courbant les arbres comme des herbes de juin, arrachant les feuilles par vagues fauves, faisant claquer ainsi que des bannières les draps de la lessive, s'en prenant aux ardoises, brisant deux jeunes pruniers nouvellement plantés auxquels on avait omis de mettre des tuteurs, sifflant à perdre haleine sous les portes.

Tout en pestant contre les bouffées de fumée que les rafales d'Ouest, qui s'engouffraient dans la cheminée, renvoyaient vers lui, Étienne demeura les deux jours près du feu, à jouer aux échecs avec sa femme.

— On dirait le bruit d'une cavalcade infernale, remarqua-t-il vers le soir de la seconde journée après le passage d'une bourrasque particulièrement violente. Une sorte de galop monstrueux venu du fond de l'espace.

— Je n'aime pas le vent, répéta Mathilde pour la dixième fois. Il y a je ne sais quoi d'inquiétant dans ce dérèglement de forces inconnues.

— Et vous craignez, ma mère, que le toit de la maison n'en pâtisse ! plaisanta Florie qui retrouvait avec délectation, après en avoir été si longuement privée, les traditions et même les tics de ses parents.

— Il est vrai, ma fille. Je n'oublierai de ma vie la tempête qui a dépouillé de ses tuiles la maison de ma nourrice, lorsque j'étais enfant. Dieu ! que nous avions donc été effrayés quand nous avions vu, à la place du plafond, le ciel noir à travers la charpente mise à nu !

— C'était une petite bicoque mal construite, affirma maître Brunel qui connaissait l'histoire par cœur et souriait avec indulgence chaque fois que Mathilde en refaisait le récit. Notre logis, rue des Bourdonnais, pas plus que celui-ci, ne risque pareille mésaventure, ma mie. Dites-vous bien que nous possédons maintenant de solides toitures au-dessus de nos têtes.

— Le Seigneur vous entende, Étienne ! mais il n'en reste pas moins vrai que je n'aime pas le vent !

Dans les heures qui suivirent, tout s'apaisa et, le matin suivant, le calme était revenu. Il ne restait plus qu'à ramasser les feuilles amoncelées, les branches brisées, les pots renversés, à réparer le désordre qui donnait au domaine l'aspect d'un lieu ayant été livré au pillage.

Le soleil brilla de nouveau dans un ciel du bleu pur des faïences fraîchement récurées.

— Si nous allions nous promener un peu au bord du Cher ? proposa Mathilde après le dîner. Il fait doux maintenant, nous jouissons des derniers beaux jours de la saison et vous devez avoir besoin, mon ami, de prendre l'air après toute la fumée que vous venez d'absorber ! Qu'en dites-vous ?

— Vous avez raison, ma mie. Marcher me fera du bien.

— Venez-vous avec nous, Florie ?

— Bien sûr !

Comme ils se trouvaient sur la route de Vençay, ils reconnurent, dans un cavalier qui venait au-devant d'eux, Bernard Fortier, le frère de Bérengère Hernaut. Un valet le suivait.

— Par tous les saints ! voilà notre jeune ami ! s'écria Étienne à qui le drapier plaisait décidément beaucoup. Que faites-vous donc dans nos parages ?

L'interpellé descendit de cheval pour saluer les promeneurs.

— Je me rendais chez vous, répondit-il avec bonne humeur, pensant vous y trouver tous trois, alors que sans cette bienheureuse rencontre, je vous aurais manqués et me serais lamentablement cassé le nez contre votre porte !

— Nous profitons du soleil pour aller faire un tour du côté de la rivière, expliqua l'orfèvre. Si, toutefois, vous n'êtes point pressé, peut-être pourriez-vous vous joindre à nous ?

— Pourquoi pas ?

On se retrouva bientôt sur les berges bordées de saules et d'aulnes. A travers les branches chevelues, on voyait passer des bateaux chargés des marchandises les plus diverses, des barques plates pour la pêche, d'autres pour le halage. On parla de la région, de ses attraits. L'heure était tranquille, les propos à son image. Chacun appréciait ces moments de paix insérés dans la douceur d'un après-midi d'automne.

— A quoi songez-vous, ma chère fille ?

Florie hésita un instant. A quelques pas devant elle, son père et Bernard Fortier s'entretenaient de leurs affaires. Ils ne pourraient entendre sa réponse.

— Je pensais que mon existence aurait dû suivre son chemin aussi paisiblement que cette eau, dit-elle. Au début de mon mariage, tout semblait le laisser prévoir.

— Qui vous prouve qu'au long de son parcours, le Cher n'est pas plus tumultueux qu'ici ? demanda Mathilde en prenant le bras de sa fille. Dans le trajet des rivières, comme dans celui de nos vies, on rencontre des rapides, des cascades et, parfois, même, des chutes. C'est ensuite, seulement, que le flux s'apaise.

— Vous avez sans doute raison, mais il y a toutefois des crues qui submergent et emportent tout sur leur passage.

— Jusqu'au retrait des eaux.

Devant elles, les deux hommes venaient de s'arrêter.

— Il paraît qu'on sert la collation dans le moulin que vous voyez là-bas, dit Étienne. Que diriez-vous d'aller y boire du lait en mangeant quelques galettes ?

A la fin du léger repas servi sous une tonnelle, Bernard Fortier appela le valet qui gardait les deux chevaux afin qu'il apportât les échantillons de drap que le jeune homme souhaitait montrer à maître Brunel. C'était en effet dans l'intention de les lui présenter qu'il s'était rendu à Vençay.

— Je serais heureux de vous offrir à chacune une pièce d'étoffe à votre convenance, dit-il ensuite aux deux femmes qui admiraient la beauté des tissus. Vous n'avez qu'à choisir. Je me ferai un plaisir de vous porter ensuite chez vous celles que vous préférez.

— Eh bien, remarqua Étienne, la promenade terminée, eh bien, je ne m'étais pas trompé en jugeant ce garçon charmant. Il vient de nous prouver à la fois son savoir-vivre et la qualité de ses draps. Il réussira certainement à s'imposer dans sa profession.

Florie approuva et prétexta les préparatifs du souper pour s'éloigner. Un nouveau souci l'occupait. Alors que ses parents et elle-même, accompagnés jusqu'à leur logis par leur nouvel ami, avaient, sur le chemin du retour, traversé pour la seconde fois Vençay, il lui avait semblé, à un moment donné, reconnaître dans une rue, parmi les passants, la silhouette familière d'un cavalier. Il avait presque aussitôt disparu à un carrefour, mais l'idée que ses parents eussent pu se trouver soudain devant Guillaume, ou seulement deviner sa présence dans les environs de l'endroit où elle habitait, l'avait bouleversée.

Aussi ne fut-elle pas surprise, mais seulement un peu plus tourmentée, après le passage de Denis, porteur comme à son habitude, de l'anneau de reconnaissance.

Le souper lui fut une nouvelle épreuve et aussi la veillée.

Guillaume était de retour ! Il n'y avait rien d'inattendu dans cette nouvelle, mais les jours qu'elle venait de vivre dans la simplicité des coutumes familiales retrouvées transformaient sa vision des choses, la rendaient plus sensible à l'aspect choquant d'une liaison qu'elle n'avait jamais menée qu'en dehors de la présence des siens.

Assise sous la hotte de la cheminée, près du feu qu'elle tisonnait sans y penser, elle offrait le spectacle d'une créature partie si loin dans ses songeries que Mathilde, réinstallée en face d'Étienne pour continuer la partie d'échecs commencée, ne manqua pas de s'en apercevoir. Quelle ombre s'appesantissait à nouveau sur le front clair de sa fille ?

Mathilde décida qu'elle ne quitterait pas la Touraine sans être parvenue à percer un mystère qui l'inquiétait à cause du danger qu'il représentait pour Florie. La nervosité manifestée ce soir en particulier témoignait de la gravité et de l'imminence du péril. On la sentait beaucoup plus angoissée que les jours précédents.

— Je me sens lasse, dit alors la jeune femme en se levant du banc qu'elle occupait. Si vous le permettez, je ne vais pas attendre davantage pour me retirer.

Son attitude était gênée, manquait de naturel.

— Cette première promenade m'a, je dois l'avouer, un peu fatigué, reconnut Étienne à son tour. Je me mettrais de bon cœur au lit sans plus attendre.

— Fort bien, mon ami, allons.

Mathilde savait ce qu'elle avait à faire.

Une fois leur fille partie, son mari couché, elle prétexta un subit désir de relire les Litanies des Saints avant de se déshabiller et renvoya Maroie en lui disant qu'elle se préparerait seule pour la nuit quand elle le jugerait utile. Elle souhaita à Étienne un bon repos et regagna la salle où elle prit la place délaissée par Florie, sous le manteau de la cheminée, sur un des bancs de pierre latéraux recouverts d'un coussin de velours. Son livre sur les genoux, elle se força à lire longtemps.

Le bruit que les servantes avaient fait en s'allant coucher cessa bientôt. Seul, le chuintement du bois qui se consumait lentement sous les cendres dont on l'avait recouvert jusqu'au lendemain matin, et le frémissement de la bougie dans le chandelier posé à côté de Mathilde, rompaient le silence nocturne.

Quand elle jugea que tout dormait, elle se leva, passa dans la chambre où son époux ronflait ainsi qu'il le faisait souvent en son premier sommeil, et prit son manteau avant d'ouvrir avec précaution la porte donnant sur le jardin.

La nuit n'était point froide, point noire non plus. La lune, à son dernier quartier, éclairait assez le chemin pour que la femme de l'orfèvre se retrouvât sans difficulté parmi les arbres du verger qu'elle traversa en n'éveillant aucun écho. D'instinct, elle se dirigeait vers la tour où logeait à présent sa fille, certaine d'y découvrir d'un coup le qui et le pourquoi. A peu près sûre de ne point trouver la jeune femme seule, elle se disait, partagée qu'elle était entre une appréhension grandissante et sa volonté de savoir, qu'elle serait enfin fixée.

Dieu merci, la levrette qui logeait avec sa maîtresse ne pouvait flairer son approche et le molosse dormait dans sa niche de l'autre côté de la maison, où Florie exigeait qu'on le tînt attaché à partir du coucher du soleil. Cette innovation récente fournissait à elle seule un indice qui ne faisait que renforcer la certitude qui s'imposait à la mère inquiète : on n'enchaîne un chien de garde que dans la mesure où on tient à protéger de son zèle quelqu'un dont il pourrait signaler la présence de façon intempestive. Donc, un visiteur inavouable devait se rendre dans la propriété. A la petite tour, naturellement. Quel emplacement plus discret, plus éloigné des lieux d'habitation, plus proche de la forêt, pouvait-on rêver ?

Mathilde allait d'un pas rapide. Elle était trop tendue, trop agitée pour redouter autre chose que les conclusions auxquelles il lui faudrait parvenir. L'envol d'un oiseau nocturne ne l'inquiéta même pas. Qu'importaient les hiboux ! Seul, le salut de son enfant comptait, avait jamais compté pour elle.

Quand elle parvint en vue de la tour, elle s'arrêta pourtant. Une lueur filtrait à travers les volets fermés. Des volets qui avaient été posés à l'extérieur, contrairement à l'habitude, parce qu'on les avait ajoutés bien après la construction de l'édifice. Il devait être possible, en collant un œil à leur jointure, de voir ce qui se passait dans la pièce, si, toutefois, la fenêtre était entrebâillée.

Le cœur de Mathilde cognait dans sa poitrine au point de lui faire mal. Elle n'hésita pourtant pas et s'avança vers la mince source lumineuse. Ce qu'elle vit, quand elle eut appuyé son front contre le bois d'un des vantaux, ne la surprit pas vraiment. En elle quelque chose savait. En dépit de ses dénégations, des raisons invoquées pour anéantir cette possibilité, elle connaissait le nom de celui qui, une seconde fois, perdait Florie.

Ainsi donc, il était parvenu à la retrouver ! Changé, mûri, il n'avait pourtant en rien perdu l'attrait redoutable qui émanait de lui. Dans l'éclairage fauve que le feu dispensait au couple, Mathilde jugea qu'il avait même gagné en séduction ce qu'il avait en moins de jeunesse. Pour excuser Florie, elle se dit qu'il aurait fallu être une sainte pour repousser un homme comme celui-là !

A travers les volets, un cri jaillit. Un prénom :

— Guillaume !

Mathilde y retrouva l'accent qui nuançait de transes et de reconnaissance la voix de sa fille quand elle hurlait ce nom dans son délire. Une marée de sang lui brûla le visage. Elle recula, s'éloigna de la fenêtre.

Que faire ? Elle était venue dans l'intention de s'informer, bien sûr, mais surtout afin de sauver son enfant du danger qu'elle pressentait. Contre n'importe qui, elle aurait lutté, elle se serait battue, elle aurait tout tenté pour arracher Florie à son suborneur. Pas contre Guillaume. Contre lui, elle savait qu'elle ne pouvait rien. Personne ne pouvait rien. La mort, seule...

— Seigneur, pardonnez-moi ! Pardonnez-leur !

Elle se détourna, reprit le chemin entre les arbres, se dirigea vers la maison endormie. Une sensation d'angoisse l'oppressait. Elle respirait avec difficulté...

— Guillaume !

Encore secouée de tressaillements, Florie reprenait conscience au milieu des fourrures éparses. Leur senteur sauvage se mêlait à l'odeur de l'amour qui l'imprégnait, à celle des parfums dont sa peau était saturée, aux relents de sueur et d'ambre gris qu'elle respirait sur la poitrine de son amant. La lueur des flammes qui éclairait seule la chambre révélait leur nudité à tous deux, le corps plus dense, plus mat, de Guillaume, le visage basané, tanné par les courses au grand air, les cheveux qui s'argentaient aux tempes, l'éclat des prunelles noires... et ses formes, à elle, rondes, souples, moirées de reflets blonds, chauds, qui devenaient lumière dans sa chevelure épandue.

— Je ne me rassasierai jamais de vous, belle amie...

Les doigts forts et doux suivaient les contours de ses joues, de ses lèvres, de ses seins, comme pour les redessiner, les fixer sur une toile imaginaire.

— Ces jours, ces nuits, loin de vous, loin de toi, m'ont paru sans fin ! Je ne saurais plus vivre hors de ta présence !

— C'est folie, Guillaume !

— C'est folie amoureuse...

Il baisait avec dévotion, avec adoration, les épaules aux attaches fines, les veines bleues de la gorge où le sang battait contre sa bouche, la nuque mince où la moiteur du lit faisait friser des mèches folles, les lèvres, avivées par les siennes.

— Vous avoir pour moi seul, ainsi, dans une solitude admirable que je n'aurais pas même osé espérer durant les années d'enfer où j'étais séparé de vous, savoir que vous m'attendez, que tu m'attends chaque nuit, dans cette chambre de délices, c'est pour moi le paradis.

Elle écoutait la voix grave qui l'émouvait, voyait de tout près les rides nées des tourments subis, des souffrances endurées. Guillaume avait trente-cinq ans. La jeunesse triomphante de jadis s'était muée en une maturité porteuse des stigmates qu'y avaient tracés le temps et les traverses. Ces atteintes, ces griffures, ces ombres, paraissaient plus éloquentes pour celle qui les dénombrait que l'intégrité d'autrefois. Ce n'était plus un jeune homme, mais un homme encore jeune, marqué par les rigueurs d'un passé d'errances et de peines, par les tortures d'un amour rejeté, qui lui avouait sa ferveur. C'était son sceau à elle qui se trouvait apposé de la sorte, en témoignage de vassalité passionnée sur les traits de celui qui lui avait donné sa foi.

— Vous me plaisez, dit-elle doucement.

— Ah ! Florie, ma douce, tu ne m'aimes pas comme je t'aime ! Voilà bien mon plus grand tourment !

— Ne pas vous aimer ? Comment appelez-vous, alors, les moments que nous venons de vivre, si vous ne les nommez pas amour ?

— Quand je te prends, oui, une certaine reconnaissance t'incite à la tendresse, mais c'est là gratitude charnelle, rien de plus. Votre âme, ma mie, n'est point à moi !

— Et à qui donc ?

— Si je croyais qu'elle pût appartenir à un autre, je vous tuerais tous deux.

Aucune forfanterie dans le ton de Guillaume. Mais une décision sans appel. Florie savait qu'il disait vrai.

— Ce n'est pas vous qui devriez vous montrer jaloux, reprit-elle en contemplant le feu, mais plutôt ce pauvre mari que j'ai désespéré à cause de vous.

— Ne me parlez pas de lui ! Il est parti depuis si longtemps, et si loin... Reviendra-t-il jamais ? Même s'il lui arrive de revenir, n'a-t-il pas, définitivement, renoncé à vous ?

— Il se peut.

— Vous paraissez le regretter ?

— J'aimais peut-être Philippe...

— Taisez-vous, par le Ciel ! Tais-toi !

Il l'avait saisie contre lui, écrasait sa bouche sous la sienne, parcourait de ses mains ardentes, de ses mains habiles, le corps sur la complicité duquel il savait pouvoir compter.

— Il a tenu si peu de place dans votre vie, si mal joué son rôle, ce mari qui n'a pas su vous révéler le plaisir ! C'est moi, souviens-t'en, belle aimée, c'est moi qui t'ai tout appris !

Ses caresses ensorcelaient Florie, l'amenaient à toutes les capitulations. Sous les assauts dont il la comblait, elle oubliait ses interrogations, ses marchandages de conscience, pour en venir, tout simplement, à aimer le dispensateur de tant de sensations enivrantes. Les veines qui se gonflaient sur ses tempes, les dents qu'elle voyait luire entre les lèvres charnues, les prunelles si foncées qu'elle se rappelait les avoir comparées, la première fois qu'elle avait arrêté son attention sur lui, un matin d'avril, devant Saint-Séverin, à celles de certains cerfs de la forêt de Rouveray dont les yeux ont des reflets bleutés à force d'être noirs, lui masquaient le monde.

— Je te posséderai si souvent, si complètement, que tu perdras jusqu'au souvenir de l'époux sans consistance que tu as pu avoir jadis ! Tu es, tu n'as été, tu ne seras jamais qu'à moi, Florie, ne le sais-tu pas ?

Elle n'était plus en état de répondre. Son souffle se précipitait, seuls lui importaient, désormais, l'approche, la montée, l'éclatement éperdu de sa jouissance.

4

— Je me nourrissais d'histoires de fées et dévorais les récits de chevalerie, dit Jeanne. Mais je vous ai déjà conté mon enfance !

— Je ne m'en lasse pas, avoua Rutebeuf : elle fut si différente de la mienne.

— Pauvre petit Champenois !

— Riez toujours, demoiselle ! J'ai eu plus souvent froid et faim que confort et réjouissance.

— Je compatis, et ne veux pas que vous puissiez encore vous plaindre d'avoir l'estomac vide, gentil poète. Venez goûter à mes châtaignes.

De ses mains longues, mais point minces, où les doigts et la paume s'équilibraient en signe d'égalité d'humeur, de jugement, l'adolescente saisit quelques-uns des marrons qu'elle avait mis un peu plus tôt à griller. Assise auprès de Rutebeuf, au milieu d'un éparpillement de coussins, dans la grande salle de la rue des Bourdonnais, Jeanne se sentait bien. Faire de la musique, dire des vers, causer sans fin, dans la tiédeur du grand feu qui était, à la fois, chaleur, sécurité, présence, amitié, lui plaisait, lui suffisait.

Elle avait mis à cuire dans les cendres chaudes et les braises, sur la pierre de la cheminée, deux ou trois poignées de châtaignes dont l'écorce se fendait en éclatant avec bruit. Quand elle en eut pris et épluché plusieurs pour les offrir à Rutebeuf, ses doigts, tachés de suie, sentaient le charbon de bois.

Dehors, il pleuvait. Ce début de novembre était fidèle à l'humidité, à la grisaille, à la maussaderie de la saison qui débutait. On n'avait plus envie de s'attarder dans le jardin où les dernières roses pourrissaient sur leurs tiges trop longues, privées de feuilles, mais, au contraire, de retrouver, derrière les portes closes, le bien-être du logis, les odeurs de soupes ou de tartes aux pommes, le goût du vin chaud et des épices de chambre.

L'ami d'Arnauld avait changé. Il s'était alourdi. On aurait pu se tromper sur son compte : celui qui aurait omis de remarquer l'acuité du regard, la mobilité des traits, la qualité de l'esprit, des reparties, de l'attention, l'aurait plus vite rangé, à cause de son corps sans grâce, de sa nuque épaisse, de ses poignes de vigneron, parmi les ouvriers cherchant un emploi place de la Grève que parmi les jongleurs chers aux Parisiens. Sans beauté, sans élégance, sans finesse apparente, il était cependant intéressant. Son long nez avait toujours l'air de flairer le vent, comme pour y déceler des ondes sensibles à lui seul, et sa bouche aux lèvres bien dessinées promettait plus de subtilité que le reste de sa personne. Jeanne se disait que l'âme de son soupirant était noble, si son corps était grossier. Aussi, s'enchantait-elle de l'une, sans s'attarder à l'autre.

— Dame Marguerite, notre reine, sera bientôt revenue de Terre sainte, dit-elle. Avec elle l'éclat et la vie des cours d'amour ne sauraient manquer de reprendre. Les joutes poétiques, qui ne sont plus ce qu'elles étaient, paraît-il, avant son départ, vont connaître un renouveau. Ce sera le moment pour vous de faire briller, dans ces assemblées de connaisseurs, vos mérites, qui ne pourront les laisser indifférents.

— Je voudrais en être aussi sûr que vous, demoiselle ! Hélas ! il semble que je sois né sous un signe ténébreux qui assombrit mon horizon. Je crains bien d'être mal aimé de la chance.

— Vous êtes encore beaucoup trop jeune, à vingt-trois ans, pour parler de votre destinée comme si vous aviez toute une vie derrière vous !

— Certes, je ne suis pas encore vieux, mais j'ai déjà suffisamment fréquenté mes ennemis, tant intérieurs qu'extérieurs, pour les dénombrer sans erreur possible. Tout enfant, j'ai commencé à me colleter avec misère, malchance et faiblesse intime. Pour les avoir fréquentées de trop près, je ne puis ignorer leurs faces ingrates, leur dureté, leurs grimaces. Ne me demandez donc pas, demoiselle, d'avancer dans la vie d'un pas dansant, le sourire facile, l'espoir en éveil. Je suis de la race de ceux pour lesquels tout est difficile à conquérir. La célébrité n'y fera pas exception, croyez-moi, ou, alors, il faudrait que le vent tourne en ma faveur dans une saute totalement inhabituelle !

Jeanne se répétait que sans elle, sans son appui, cet homme aurait sombré dans la plus noire amertume. Elle en tirait la satisfaction de quelqu'un qui se juge utile à celui-là même qu'il admire le plus.

Bien trop sensible pour ignorer cet aspect d'une amitié qu'il ressentait comme un don de Dieu, une des rares douceurs de son existence, le jongleur affermissait l'adolescente dans une croyance où il entrait, d'ailleurs, une part de vrai, et qui leur était bénéfique à tous deux.

— Arnauld reviendra à Paris avec le gros de l'armée, disait Jeanne. Dès qu'il vous aura revu, il ne manquera pas, j'en suis certaine, de parler de vous aux souverains dont il est devenu l'un des familiers. Ils lui ont confié plusieurs missions en Égypte dont il semble s'être acquitté à son avantage, ce qui a dû renforcer son crédit à la cour. L'estime qu'il vous a toujours portée, stimulée par moi s'il en est besoin, sa recommandation, vous permettront d'accéder au rang qui vous revient de droit.

— J'aime vous entendre parler de mon talent avec cette belle ardeur, demoiselle ! Vous êtes bien la seule qui ayez foi en moi, la seule qui souteniez mon courage. Et, croyez-moi, j'en ai besoin ! Heureusement, si je ne suis pas chanceux, je suis obstiné. Vous le savez, quelles que puissent être les difficultés à affronter, je suis bel et bien décidé à faire une œuvre, comme on construit une cathédrale, sans épargner ma peine ni mon temps. J'y consacrerai ma vie. On verra toujours si je parviens à mener mon projet à terme, s'il m'est permis de l'achever, mais je sens en moi le besoin de m'y atteler, la nécessité de créer. J'ai tant de choses à dire, à exprimer ! Le métier de jongleur ne me suffit plus. Il n'est que mon gagne-pain, mais je veux écrire des miracles, des dits, des fabliaux, des poèmes lyriques, des complaintes, des satires, des chants pieux à Notre-Dame...

Il avait pris la vielle qui ne le quittait jamais, l'accordait, commençait à jouer en fredonnant, puis, prenant appui sur la musique, improvisait à voix basse.

Accoudée aux coussins, Jeanne l'écoutait, tout en nouant et dénouant, d'un geste qui lui restait de l'enfance, les deux nattes brunes qui encadraient un visage très comparable à celui de sa mère. Plus grande que Mathilde, mais aussi noire de cheveux, claire de peau, avec des yeux bien fendus, plus doux parce que d'un bleu moins intense, comparable au ciel d'Ile-de-France par un matin de demi-saison, belle plus que jolie, elle conservait, jusque dans l'attitude alanguie qui était la sienne en ce moment, une retenue dont elle ne devait jamais pouvoir se départir. En dépit de son caractère enthousiaste, de son goût pour les idées, pour certaines causes, du feu qu'elle apportait dans les discussions, son aspect se nuançait d'une imperceptible froideur qui retenait souvent les mots trop lestes sur les lèvres des garçons qu'elle croisait dans la rue.

— Vous me faites songer à une rose saupoudrée de givre, lui disait parfois le jongleur. On n'ose vous toucher, de peur de faire choir votre capuche de gelée blanche.

— Je ne suis pourtant pas de glace, ami, croyez-le bien ! C'est un cœur fort chaud qui bat dans ma poitrine !

— Je parlais, aussi, d'une rose vermeille, demoiselle, non point d'une blanche !

Ils en riaient tous deux, mais Jeanne se préoccupait secrètement de son allure trop sage.

— Je pourrais bien me promener toute nue sur le Petit-Pont sans que personne s'avisât jamais de me manquer de respect, confiait-elle parfois à sa nourrice avec une once de regret. J'ai une tête de sainte en son vitrail !

— Ne vous y fiez point trop, ma fille, répondait Perrine. J'en sais plus d'un à qui cet air-là fait mieux perdre la raison que les allures provocantes. Certains hommes vendraient leurs âmes pour une vierge qui les approche les yeux baissés.

— Je n'en connais pas de cette espèce que tu dis, répondait l'adolescente avec impatience. Il ne doit pas y en avoir beaucoup dans nos parages...

La musique de Rutebeuf l'occupait seule en ce moment et elle ne songeait plus à se plaindre de son apparence. Elle s'enchantait d'un rythme, de mots égrenés, d'une rime...

— A vous entendre, dit-elle après que les derniers accords se furent perdus entre les murs de la salle, on se sent tellement ravi qu'on n'a plus qu'un désir : vous imiter.

— Qui vous en empêche ? Il semble qu'on est doué pour les vers dans votre famille. N'avez-vous pas une sœur qui, autrefois, s'adonnait à la poésie ?

— Si fait, mais c'est, justement, à cause d'elle que je me refuse à rimer. Je ne tiens pas à laisser penser que j'imite Florie en quoi que ce soit. Je ne désire d'ailleurs ressembler à personne, je veux posséder une identité propre qui ne soit qu'à moi seule.

La porte s'ouvrit. Le vent poussa Marie dans la pièce, claqua le battant derrière elle.

— Quel temps ! Je suis trempée !

Elle retirait son manteau à capuche, le secouait, éparpillant autour d'elle une nuée de gouttes d'eau, s'approchait du feu pour s'y réchauffer. Le grand lévrier, couché aux pieds de Jeanne, se leva, se dirigea vers la nouvelle venue, renifla avec soin le bas de son surcot, puis, en signe de reconnaissance, se dressa ensuite sur ses pattes de derrière afin de poser celles de devant sur les épaules sans rondeur de l'adolescente. Puis il se mit à lécher à grands coups de langue le visage à la peau fragile, rosie par le froid, qu'enca-draient des cheveux de cendres blondes. En dépit de sa taille, la cadette des Brunel n'était encore qu'une ébauche de femme ou, plutôt, une enfant trop grande, trop maigre, gauche et mal à l'aise dans tout ce qu'elle faisait. Timide, elle se raidissait à la moindre tentative d'approche, baissait ses paupières sur ses prunelles grises, et s'enfermait dans un silence dont il n'était pas aisé de la déloger.

Les jeunes années partagées, le sentiment de se trouver, par leur âge, isolées toutes deux à l'arrière-garde de la famille, unissaient Jeanne et Marie d'un lien solide, renforcé de complicité. Pourtant, sans le vouloir, la plus âgée des deux écrasait un peu de sa vitalité sa sœur qui en ressentait une sourde gêne.

— J'ai fait griller des châtaignes. En voulez-vous ?

— Non, merci.

Elle reprenait son vêtement mouillé, assurait sous son bras la boîte où elle rangeait ses couleurs, ses pinceaux, des ébauches d'enluminures, se dirigeait vers l'escalier.

— Nos parents ne sont pas encore de retour ?

— Pas encore, mais ils ne sauraient tarder, si toutefois, leur voyage s'est déroulé comme il était prévu.

Marie s'éloigna.

— Puisque votre père et votre mère doivent rentrer sous peu de Touraine, il est préférable que je ne m'attarde pas ici outre mesure, remarqua Rutebeuf. Ma présence gâcherait leur arrivée.

— Pourquoi donc ? Ma mère estime votre talent.

— Je la divertis, sans plus.

— Ne soyez pas si ombrageux, ami ! Ne jugez pas sans savoir. Elle apprécie vos vers ainsi que votre musique, je puis vous l'assurer, et ne blâme pas notre amitié.

— Soit. Il ne saurait en être de même pour maître Brunel.

— Il se méfie des faiseurs de rimes, c'est certain, mais peut-être a-t-il ses raisons pour agir de la sorte. Il ne faut pas oublier qu'il est, avant tout, un marchand obligé de se montrer plus soucieux des réalités matérielles que de poésie. Il est normal, compte tenu de son état, qu'il redoute pour ses filles des entraînements où il ne voit que séductions et dangers. J'en ai souvent parlé avec ma mère qui m'a éclairée sur ce point. Par ailleurs, j'aime bien mon père... assez, en tout cas, pour accepter nos divergences.

— Tant mieux pour vous, demoiselle ! Souffrez, pourtant, que je demeure sur mes gardes... Comment, par ailleurs, avec de telles préventions, maître Brunel considérait-il la vocation de votre sœur aînée ?

— Je ne sais. Quand elle s'en est allée, je n'étais qu'une enfant qui ne s'intéressait pas à ces sortes de choses.

Rutebeuf fixait la vielle posée sur ses genoux comme si elle contenait la réponse à ses questions. Il se souvenait parfaitement, lui, du mariage de Florie auquel il avait assisté avec un trio d'amis éparpillés à présent aux quatre vents. Arnauld, en Terre sainte, Gunvald Olofsson retourné dans sa Norvège natale, Artus pendu. Qu'étaient-ils devenus, hélas ! ses compagnons d'antan ? L'un mort, les deux autres disparus... Et l'éclatante épousée à laquelle l'existence semblait tout offrir ? A elle non plus, l'avenir n'avait pas tenu ce qui était promis. Après le malheur qui s'était abattu comme une tornade sur la brève floraison de sa jeunesse, dans quelle solitude sans espoir égrenait-elle ses jours ?

— Allons, je deviens morose, dit-il en se secouant, et ne suis plus un hôte plaisant. Il est temps que j'aille traîner mes chausses, avec mes tristes pensées, hors de cette maison.

Il s'enveloppa dans sa guenille, cala sa vielle sous son aisselle, salua Jeanne qui l'observait sans plus rien ajouter, quitta enfin la pièce et sa tiédeur pour s'enfoncer dans la pluie noire de novembre.

Comme il franchissait le portail, il croisa un homme de son âge qui, se hâtant, répondit rapidement à son bonsoir avant de s'engouffrer dans la cour. Sous le chaperon à bords roulés, il reconnut Bertrand Brunel.

— En voilà un qui marche sur les traces de son père, pensa-t-il. Il engrange une belle fortune, fait du commerce et des enfants, assure l'avenir. Que je me sens gueux, libre et plein de tous les possibles à côté de lui !

Bertrand pénétrait dans la salle où Jeanne était restée assise devant le feu.

— Dieu vous garde ! J'étais venu pour embrasser nos parents, dit-il, en s'adossant à la cheminée, jambes écartées, solidement planté comme à son habitude. Je constate qu'ils ne sont point encore là.

— Nous les attendons. Leur dernier message parlait d'aujourd'hui ou de demain. Voulez-vous finir ces châtaignes avec moi ?

— Pourquoi pas ?

Il avait des doigts longs, adroits, qui avaient appris dans le métier d'orfèvre à se montrer habiles dans toutes sortes de manipulations.

— Que deviennent les enfants ?

— Ils vont bien, mais Laudine a du fil à retordre avec Thomas qui sera, si je ne me trompe pas, la forte tête de la famille !

— Pourvu qu'il n'ait pas le caractère de notre grand-mère Margue !

Ils rirent ensemble : c'était la crainte toujours renouvelée à chaque nouvelle naissance.

— On peut avoir du caractère sans qu'il soit tyrannique pour autant, assura Bertrand.

Quand il riait, il renversait loin en arrière la tête, ce qui faisait ressortir sa pomme d'Adam. Resté maigre, il donnait cependant, grâce à une forte charpente osseuse, une impression de robustesse, d'assurance, qui faisait beaucoup pour sa réputation de sérieux. Dégagé des hésitations, des recherches de l'adolescence, moins étourdiment jouisseur qu'autrefois, devenu adulte, il se comportait à présent en chef de famille, en bon commerçant, avec compétence et autorité.

Avec la tranchante certitude de son âge, Jeanne, qui avait le goût de l'absolu, n'était pas toujours tendre. Elle jugeait ses aînés, les classait, ne leur passait rien. Si Arnauld et Clarence, nimbés d'une sorte de Légende dorée, trouvaient non seulement grâce devant elle, mais bénéficiaient d'une admiration due à leur renoncement et au choix qu'ils avaient su faire, si elle aimait bien Bertrand, Florie, en revanche, était condamnée sans appel.

— J'espère que nos parents vont nous revenir en bon état, dit-elle en poursuivant tout haut le fil de sa réflexion. La maladie de notre père a dû les ébranler tous deux.

— A en croire les nouvelles reçues, il semble parfaitement rétabli.

— Je l'espère bien ! mais, en Touraine, ils ont beaucoup d'autres sujets de préoccupation et maintes occasions de se faire du mauvais sang ! Vous savez comme moi ce qu'il en est. Les soucis ne sont pas bons après des troubles de santé graves et je ne serai satisfaite que lorsque j'aurai constaté qu'ils n'ont pas, afin de nous tranquilliser, embelli la réalité.

Il se tut, rêva à cet autrefois, confus pour Jeanne, si présent pour lui. Contrairement à sa jeune sœur, il ne pouvait évoquer Florie sans regret et affliction. Il la revoyait, la veille du soir fatal, traversant comme une hermine dont elle avait la grâce, sans presque se salir, le Grand-Pont boueux, couvert de neige fondue, où tout le monde pataugeait. Sous le capuchon doublé de fourrure grise son visage blond, avivé de rose aux pommettes, levé vers le sien, ses yeux troublés dans lesquels il n'avait pas su déceler l'angoisse des moments à venir, sa silhouette élégante, enveloppée de velours, qui s'éloignait d'un pas souple vers le malheur... Pourquoi, le lendemain, les jours suivants, plongé qu'il était dans l'horreur, la consternation, la honte, le reniement, n'avait-il pas eu le courage de s'opposer à l'opprobre général, de défendre celle que tous accablaient ? Il se l'était souvent reproché par la suite, sans, néanmoins, rien faire pour tenter un geste dont il ne savait pas comment il aurait été accueilli. Ayant cédé une première fois au respect humain, il ne lui avait pas paru possible plus tard, alors qu'il n'y apportait pourtant qu'une conviction relative, de revenir sur une sanction qui semblait justifiée. Il avait manqué de vaillance, manqué de tendresse ! N'était-il pas écrit : « Vous serez jugé sur l'amour » ?

Jeanne, qui, de son côté, suivait son idée, interrompit les réflexions de son frère.

— Il n'empêche que les mécomptes qu'ils ont eu à essuyer naguère rendent nos parents beaucoup plus méfiants à l'égard de Marie et de moi qu'ils ne l'étaient pour vous, dit-elle en hochant la tête. Père, surtout, nous surveille avec une sévérité qui est, bel et bien, le résultat de ses anciennes déconvenues.

— Pauvres martyres ! Vous faites vraiment pitié, toutes les deux !

— Riez toujours ! Vous n'habitez plus ici et ne vous rendez pas compte de la façon dont on nous tient en lisière. Tenez, il n'y a pas jusqu'à mon pauvre Rutebeuf qui, chaque fois qu'il s'y hasarde, est de plus en plus mal accueilli dans cette maison.

— Je viens tout juste de l'en voir sortir ! Il est vrai qu'avec ses habits déguenillés, on a plus envie de lui faire l'aumône que de le traiter en hôte de marque !

— Voilà que vous raisonnez comme notre père ! Vous me décevez, Bertrand ! Je vous croyais plus curieux d'un talent comme le sien qu'aveuglé par de simples apparences !

— Je reconnais bien volontiers que c'est un bon jongleur.

— Un bon jongleur ! Mais c'est un trouvère inspiré, je vous prie de le croire !

— Allons, allons, Jeannette, ne vous fâchez pas ! Je consens à ce que votre soupirant ait un glorieux avenir, mais, avouez, pour être honnête à votre tour, que, présentement, son aspect loqueteux ne parle pas en sa faveur.

— Pour qui juge sur la mine, il n'est guère reluisant, en effet, mais qu'importe ! Seule compte l'opinion de ceux capables de faire passer les richesses de l'esprit avant celles de la bourse !

— Et, bien entendu, vous êtes des leurs !

Tout en riant, Bertrand s'empara des nattes de sa sœur, les éleva au-dessus de la tête brune parée d'un simple galon de soie blanche sur le front, où il les disposa en couronne.

— Voici donc la muse du futur grand poète, dit-il avec pompe. Il n'y a plus, désormais, qu'à attendre l'œuvre promise !

— Laissez-moi, vous ne comprenez rien à rien !

Marie apparut soudain en haut de l'escalier qu'elle se mit à descendre en trombe. Derrière elle, moins rapide, mais tout aussi agitée, le ventre en avant, Tiberge la Béguine se précipitait.

— Vous n'avez pas entendu ? s'écria l'adolescente. On vient de heurter au portail. Il y a du monde plein la rue. Ce ne peut être que nos parents !

C'étaient eux. Ils descendirent d'une litière attelée de solides chevaux. Par souci de prudence, Mathilde avait insisté pour qu'on voyageât de la sorte, plutôt qu'à franc étrier. On allait, certes, plus lentement, mais elle avait craint qu'une longue chevauchée ne compromît le rétablissement encore récent d'Étienne.

— Par Dieu, il était temps de regagner Paris ! remarqua ce dernier après avoir embrassé ses enfants. La pluie rend les routes difficiles et la nuit tombe trop vite en cette saison pour qu'on puisse faire de bonnes étapes. Ce retour m'a paru éternel !

— Pour être tout à fait sincère, je ne suis pas mécontente non plus de me retrouver chez nous, avoua Mathilde à ses filles. J'avais hâte que tout cela finît.

— Heureusement que j'ai fait préparer un bon souper pour vous tenir chaud à l'estomac, dit Tiberge d'un air satisfait. Vous devez être gelés après tant de jours passés sur les grands chemins !

— Nous n'avons pas souffert du froid grâce aux couvertures de fourrure, aux nombreux coussins, et aux briques que nous avions soin de faire réchauffer à chaque relais, grâce, également, au vin épicé que nous buvions brûlant toutes les fois que l'occasion s'en présentait, expliqua Étienne. Il faut convenir que chaque détail du parcours avait été minutieusement préparé.

Pendant que les serviteurs s'affairaient au-dehors, toute la famille réintégrait la salle, se groupait autour de la cheminée.

— En dépit des précautions prises, ce long trajet ne vous a-t-il point trop fatigué ? demanda avec sollicitude Bertrand à son père. Je vous trouve amaigri. Savez-vous que votre santé nous a donné beaucoup de souci ?

— Je n'en suis pas surpris, mon fils : je vous connais ! Il est vrai que je suis passé, cette fois-ci, assez près de ma fin, reconnut l'orfèvre. Dieu merci, je suis de forte constitution. Votre mère, qui a remué ciel et terre pour me garder en vie, a réussi à trouver un médecin qui l'a aidée à me disputer à la mort.

Il jeta à sa femme un de ces regards chargés de reconnaissance et d'attachement que les enfants Brunel lui avaient toujours vu adresser à leur mère.

— Saint Martin, lui aussi, est intervenu, précisa Mathilde. On l'a sollicité de plusieurs côtés.

— C'est bien ce que je dis, ma mie : ciel et terre ! Qui pourra jamais savoir la part qui revient à chacun d'eux ?

— Ici aussi, on a multiplié les oraisons en votre faveur, confia Jeanne à maître Brunel. On a récité plusieurs neuvaines.

— Je n'en attendais pas moins de vous, mes filles ! Grand merci. Je vais, d'ailleurs, faire célébrer sans tarder une messe d'actions de grâces en notre paroisse. Pour ma guérison et pour tout le voyage.

Il y eut un silence durant lequel Tiberge houspilla les servantes qui apportaient aux arrivants du vin chaud, des gobelets, des gaufres.

Personne n'osait encore parler de Florie, de sa réconciliation avec maître Brunel, du séjour à Vençay, de ces retrouvailles qui avaient des chances de transformer la vie de la famille. Mais tout le monde y pensait.

— Venez donc dîner, demain, avec Laudine et les enfants, dit Mathilde à Bertrand qui s'apprêtait à regagner, toute proche, la rue des Lavandières où il demeurait à présent. Nous serons très heureux, votre père et moi, de vous avoir, de nouveau, réunis autour de nous.

La fin du séjour en Touraine s'était déroulée sans heurt. Elle l'avait voulu ainsi. Il fallait, avant tout, qu'Étienne achevât de se remettre. Elle s'était donc imposé de taire à Florie ce qu'elle avait découvert, à travers deux volets mal joints, une nuit dont le souvenir n'était, pourtant, pas près de la quitter. Elle n'en avait parlé ni à sa fille, ni à personne. Durant ce temps du silence, son secret lui avait paru aussi lourd à porter qu'un enfant au terme d'une grossesse. Il l'étouffait. Cependant, sachant combien il était essentiel de tenir son mari, si sensible à la présence, autour de lui, d'une harmonie entre les êtres, entre les choses, à l'écart d'une explication qui aurait compromis ses chances de plein rétablissement, elle était parvenue à ne pas se trahir.

Se retrouver enfin chez elle, loin de celle qui lui était redevenue sujet de souci, lui fut, ce soir-là, un allégement. La présence de ses enfants, l'odeur de son logis, l'accueil familier de ses serviteurs, lui firent du bien.

Après s'être changée, avoir repris possession de ses affaires, avoir considéré d'un œil déshabitué ses meubles, ses tapisseries, ses objets usuels, elle entama son potage avec une reposante sensation de paix. Assise en face de son époux, près de ses filles, elle sentit une chaleur, qui ne devait rien au feu ni à la soupe fumante, se répandre à travers son corps, ranimer son courage, son cœur transi.

— Je suis soulagée, mes enfants, que toutes ces semaines que nous venons de vivre soient maintenant derrière nous, dit-elle à ses filles après le bénédicité. Votre père et moi aspirions plus que nous ne saurions le dire à vous revoir, à reprendre, en votre compagnie, notre existence coutumière.

— Il ne faudra plus nous laisser si longtemps privées de vous, soupira Marie qui ne se sentait à l'abri des autres et de sa propre timidité qu'à l'ombre de ses parents. En votre absence, la maison n'est pas gaie !

— Ou, alors, il faudra vous décider à nous emmener dans vos pérégrinations, dit Jeanne. Il paraît qu'en Touraine le climat est plus doux, les mœurs plus aimables qu'à Paris.

— Il y fait un peu moins froid, sans doute, mais je préfère habiter aux bords de la Seine qu'à ceux de la Loire, dit maître Brunel, c'est plus animé.

— Je ne suis pas de votre avis, mon ami ! protesta Mathilde. On doit pouvoir couler des jours fort plaisants à Tours. Seulement, il s'agit d'y être bien installé. Nous nous sentions, là-bas, surtout cette fois-ci, à cause des circonstances, comme oiseaux sur la branche !

— Je m'y ennuierais vite.

— Pourquoi donc ? Serait-ce parce qu'on y traite des affaires moins importantes que dans la capitale ? insinua malicieusement Mathilde. A ce que je vois, l'intérêt d'une ville dépend pour vous du commerce qu'on y peut faire !

— Nullement ! Vous me prêtez là des motifs bien sordides, ma mie ! A votre place, j'en aurais honte !

Depuis combien de temps n'avaient-ils pas éprouvé, l'un et l'autre, une telle sensation de détente, de bonne humeur, de satisfaction ? Les nuages, pour un temps, étaient écartés.

— Qu'il est donc bon de se sentir chez soi, dit Étienne. C'est une découverte qu'on ne peut faire de façon positive qu'après s'être vu privé, pendant un temps, de son toit. Peu importe, au fond, l'endroit où l'on habite. L'essentiel, je le sais à présent, est de posséder, quelque part au monde, un lieu béni comme celui-ci, où on se sait son propre maître, au sein de sa propre famille, entre ses propres murs ! Tout le reste est vagabondage !

Jeanne se prit à penser que leur père était un vieil homme fatigué, prosaïque, qui se contentait de peu, avait oublié sa jeunesse et la saveur du vent qui passe devant une porte ouverte...

— Et Florie ? avait soufflé Bertrand à l'oreille de sa mère au moment de retourner chez lui.

— Elle va bien et nous a parfaitement reçus. Votre père et elle ont, enfin, fait la paix. Ce n'est là qu'un début. J'espère que nous allons pouvoir reprendre maintenant des relations familiales plus saines.

Le lendemain lui donna raison. Autour de la table où tous les Brunel présents à Paris se trouvaient réunis, on parla de l'absente avec un naturel qui prouvait à quel point les choses avaient évolué en sa faveur.

Transformée par son mariage, l'amour conjugal et les maternités en une petite femme rousse dont l'activité et l'assurance n'avaient plus grand point commun avec la réserve de l'enfant inquiète qu'elle avait été, Laudine restait cependant, de toute évidence, fascinée par les destins heurtés de Clarence et de Florie. Dès qu'elle se fut assurée des bonnes dispositions de son beau-père à l'égard de cette dernière, elle se mit à poser quantité de questions au sujet de l'exilée. Maître Brunel y répondait avec complaisance. Mathilde se sentait moins à l'aise. Elle parla de la maison, du jardin, des orphelins de Grandmont, mais évita de célébrer trop outrageusement des vertus dont elle était la seule à savoir réellement ce que valait l'aune.

Jeanne écoutait ses parents, remarquait certaines différences dans le ton des récits, se taisait.

Ce fut, ensuite, de Clarence qu'on s'entretint. Si Laudine conservait de son amitié passée un souvenir précieux et ne parlait de la jeune bénédictine qu'avec déférence et attachement, ce ne fut pas, néanmoins, avec une avidité égale à celle témoignée envers l'existence de Florie, qu'elle interrogea ses interlocuteurs sur les activités de son ancienne amie. Mathilde le remarqua en silence.

— Je donnerais beaucoup pour la revoir, dit alors la jeune femme, comme si elle avait deviné les pensées de sa belle-mère, et tout en surveillant d'un œil attentif la façon dont Blanche, sa fille aînée, se comportait envers le blanc-manger dont il lui était donné pour la première fois de goûter à la table des grandes personnes. Nous étions si proches l'une de l'autre...

— Clarence nous parle de vous chaque fois que nous la voyons, dit Mathilde. Elle prie pour vous, pour nous tous. Elle vous aime toujours autant, c'est certain, mais à travers le Seigneur et en Lui.

— Je sais, ma mère. Elle m'envoie de temps en temps des lettres aussi belles que les épîtres de saint Paul !

— Heureusement qu'elle ne peut vous entendre, ma mie ! s'écria Bertrand. Sa modestie ne souffrirait pas un pareil éloge !

Il s'empara de la main de sa femme, placée à sa gauche, et lui baisa les doigts. Entre eux, régnait une entente qui n'allait pas de soi et connaissait quelques perturbations. Le caractère dominateur, mais cependant inquiet de l'un, celui, têtu, bien qu'assoiffé d'amour, de l'autre, les opposaient assez souvent. Aucun dégât grave ne résultait de ces escarmouches, de ces moqueries. Ils s'aimaient sans doute suffisamment pour passer outre et respectaient trop leur union pour songer à la mettre en péril.

— Ainsi, Florie est admise à réintégrer le cercle familial, constata Bertrand. Nous en sommes heureux. Son exclusion nous était douloureuse et ne pouvait durer toujours.

— Si je n'avais pas été aux portes de la mort, pourtant... je ne crois pas que je serais, de sitôt, revenu sur ce qui s'était imposé à nous, voici sept ans, comme la seule attitude concevable. J'aurais probablement eu tort, admit maître Brunel. J'en arrive, avec un peu de retard sur votre mère, qui, elle, l'a tout de suite senti, à considérer comme un bien une maladie qui m'a permis de me réconcilier avec notre fille.

— A-t-elle beaucoup changé ?

— Pas vraiment. Elle s'est un peu émaciée... mais ce n'est pas ce qui frappe le plus. Non. C'est autre chose : elle est différente...

Jeanne et Marie faisaient leur miel de ce qui se disait devant elles. Ainsi donc, la brebis galeuse avait permission de rejoindre le troupeau ! Les deux adolescentes en concluaient que les liens familiaux triomphaient des pires obstacles et qu'il n'y avait pas de si grand péché qui ne finît par être pardonné. Pour des raisons diverses, elles en éprouvaient une obscure satisfaction. Jeanne en déduisait que si elle partait un jour avec Rutebeuf, ses parents ne pourraient pas moins faire pour elle que pour Florie. Marie était un peu choquée dans l'idée qu'elle se faisait de la pureté exigible des femmes qui l'entouraient, mais n'en ressentait pas moins une grande admiration pour un père et une mère capables d'une semblable magnanimité.

On servit des perdreaux au sucre avec des choux. Maître Brunel ouvrit alors le coffre à épices posé devant lui dont il conservait toujours les clefs dans sa poche. Il aimait en être le détenteur et distribuer, comme il se doit, de ses propres mains, le poivre, la noix muscade râpée, ou des graines de cumin.

— Mange-t-on aussi bien en Touraine qu'ici ? demanda Bertrand.

— Assurément, mon fils. C'est un pays de bons vivants. On y prépare, entre autres, des brochets au beurre blanc avec du verjus, qui sont de pures merveilles.

— Par Dieu ! vous me donnez envie d'y aller !

— Pourquoi pas ? Vous pourriez venir avec moi à l'occasion d'un de mes déplacements, au moment des foires, par exemple. Vous m'avez souvent accompagné en Champagne ou dans les Flandres, il est temps de changer de direction. Après tout, vous avez deux sœurs aux bords de la Loire, où nous nous sommes fait, par ailleurs, quelques relations.

— J'aimerais bien m'y rendre aussi, glissa Laudine.

— Je n'y verrais aucun inconvénient, dit maître Brunel en levant son verre pour lorgner la lumière des bougies à travers le vin gris qui provenait de sa vigne parisienne. Changer d'horizon est toujours une bonne chose.

On en était aux beignets de pommes quand on entendit frapper au portail. Des pas claquèrent sur les pavés de la cour, la porte s'ouvrit. Charlotte entra.

— Dieu vous garde, mes bons amis ! Je pensais bien vous trouver chez vous et enfin de retour.

Elle était fort pâle sous sa guimpe plissée, ses lèvres tremblaient, elle paraissait au comble de l'agitation.

Mathilde alla vers elle.

— Que se passe-t-il ? demanda-t-elle en l'embrassant.

La sœur d'Étienne, d'ordinaire si pondérée, si maîtresse de ses nerfs, émit une sorte de plainte sifflante.

— Hélas ! il m'arrive quelque chose d'inouï, gémit-elle.

Elle considéra la famille de son frère, prit son élan :

— Girard est revenu, annonça-t-elle tout d'un trait. Oui, revenu d'Espagne, après une absence de vingt ans !

— Votre mari est donc vivant ?

— Maigre à faire peur, mais tout ce qu'il y a de plus vivant, je vous prie de le croire !

— Depuis combien de temps est-il ici ?

— Il m'est tombé du ciel, tout à l'heure, juste avant le dîner.

— Pourquoi ce retour, après si longtemps ?

— Pourquoi avait-il disparu ?

— Pourquoi vous avoir laissée dans l'ignorance de son sort durant toutes ces années ?

— Que compte-t-il faire à présent ?

— Et vous, ma mie Charlotte, qu'allez-vous devenir ?

La belle-sœur de Mathilde défit la chaînette d'argent qui fermait son manteau au col, le rejeta en arrière.

— Donnez-moi donc un gobelet de ce vin que vous êtes en train de boire, dit-elle. J'en ai besoin pour me remonter, croyez-moi ! Après, seulement, je serai en état de répondre à toutes vos questions.

5

Il gelait depuis trois jours. Ce premier décembre était froid, sec, éventé d'une bise glaciale qui rougissait les visages, piquait les yeux, faisait couler les nez et fumer les haleines.

Au sortir de la chapelle Saint-Éloi où venait d'être dite, en grande pompe, la messe annuelle de la confrérie des orfèvres, Mathilde, en dépit de son manteau d'épais drap fourré de loutre, se sentit frissonner.

— Il fait trop mauvais pour que vous suiviez la procession avec moi, dit-elle à ses deux plus jeunes filles. Regagnez la maison avec Tiberge et Perrine. J'expliquerai à votre père que, par souci de vos santés, je vous ai dispensées de nous suivre.

— C'est dommage, dit Jeanne. J'ai reconnu, durant l'office, parmi tout ce monde, plusieurs de mes compagnes de couvent.

— Vous les retrouverez, après le banquet, au bal où il est entendu que vous assisterez, ma chère fille. Pour le moment, vous ne pourriez guère vous entretenir commodément dans cette presse, en admettant, toutefois, que, grelottante comme vous voilà, vous puissiez faire autre chose que de claquer des dents en leur compagnie !

La petite ruelle Saint-Éloi était comble. Les remous de la foule poussaient les assistants jusque dans les rues de la Barillerie et aux Fèves.

La procession, cependant, s'organisa rapidement. En vertu du droit de marcher les premiers, qui leur avait été accordé et dont ils n'étaient pas peu fiers, les membres de la confrérie prirent la tête du cortège, autour de la statue de saint Éloi, leur patron, porté à bras d'hommes sur un brancard décoré avec profusion. Les huit représentants les plus en vue du métier avaient été choisis pour assurer ce transport. Étienne était l'un d'eux.

Les bannières peintes ou brodées à l'effigie, aux armes parlantes, au monogramme du saint, ondoyaient au rythme de la marche et, à chaque aigre rafale de vent, se gonflaient, claquaient au-dessus des capuches et des chaperons. Chantant des litanies, le clergé suivait, portant les pieuses reliques dans une châsse d'or fin merveilleusement ciselée. Le reste de l'assistance, composée des familles, des amis, d'un bon nombre de curieux, de mendiants attirés par toute cérémonie, emboîtait le pas, tant bien que mal, en se bousculant, en jouant des coudes, et en bavardant.

La fumée odorante qui s'élevait des encensoirs balancés devant la statue, les chants liturgiques, la richesse des costumes portés par les orfèvres vêtus de leurs plus somptueux atours, agrémentaient de parfum, de musique, de couleur, la lente progression des processionnaires.

Jeanne et Marie, qui aimaient les fêtes et, en dépit de leur quantité, ne s'en montraient jamais lasses, tentèrent en vain de fléchir leur mère afin qu'elle leur permît de rester auprès d'elle. Il leur fallut obéir et retourner, sans enthousiasme, rue des Bourdonnais, sous la garde de l'intendante et de leur nourrice.

Le cortège se dirigeait vers le Grand-Pont et ses boutiques d'orfèvrerie, garnies, pour la circonstance, avec le plus beau soin ; le franchissait et s'engageait dans la rue Trop-va-qui-dure, devant le Grand-Châtelet.

On emprunta ensuite le passage voûté qui permettait d'éviter les défenses de la forteresse et de les traverser de part en part sans perte de temps, afin de déboucher sur la petite place de l'Apport-Paris où s'élevait le bâtiment du Parloir-aux-Bourgeois, maison municipale de la ville. C'était là, en effet, que le banquet offert par la confrérie devait avoir lieu.

Mathilde se trouvait encore dans le passage du Châtelet, qui était assez étroit, quand une main saisit son bras.

— Dieu vous garde, Mathilde !

Elle se retourna pour apercevoir, dans la pénombre, le visage maigre, à l'ossature apparente, de Girard Froment. Depuis qu'il était revenu d'Espagne, elle l'avait rencontré en plusieurs circonstances, mais toujours en compagnie de Charlotte. Pour la première fois, elle voyait son étrange beau-frère sans sa femme.

— Bonjour, Girard. Je ne savais pas que vous vous étiez joint à la procession.

De tout temps, cet homme lui avait produit une curieuse impression. Avant sa disparition, déjà, elle ne se sentait guère à l'aise en sa compagnie. Moins encore maintenant. Dans la manière qu'il avait de dévisager ses interlocuteurs, de les fixer avec une sorte de gravité fiévreuse, presque pathétique, à tout propos et hors de propos, on décelait un élément déroutant qui s'était accentué avec l'âge. En sa présence, Mathilde éprouvait, sans se l'expliquer, une gêne, sans doute produite par le décalage existant entre la forte charpente, os et tendons, de ce corps taillé comme celui d'un bûcheron, le nez saillant ainsi qu'un bec, le front dont la peau tannée collait étroitement au squelette, les cheveux de mérinos grisonnants, la bouche aux lèvres avalées, et la clarté des yeux dilatés, transparents, qui captaient la lumière comme deux globes azurés.

Des prunelles d'innocence dans un masque de justicier !

— Je voudrais vous parler, dit Girard, comme on sortait du passage.

— Au milieu de tout ce monde !

— On n'est jamais plus isolé que parmi une foule épaisse.

— Bon. Soyez bref, je vous en prie : je gèle sur pied !

Girard se pencha vers la femme de l'orfèvre qu'il dominait de plusieurs pouces.

— Charlotte a dû vous raconter que, si j'avais faussé compagnie, voici vingt ans, aux pèlerins de Saint-Jacques, à Compostelle, c'était à la suite d'un vœu prononcé avant mon départ. Vœu rigoureux s'il en fut, puisqu'il m'a contraint à vivre en ermite, loin du monde, pendant tout ce temps !

— En effet.

— Ce qu'elle n'a pas pu vous dire, car elle ne le sait pas, et je ne le lui révélerai jamais, c'est la raison d'une détermination aussi sévère.

Autour d'eux, les gens s'aggloméraient. Une pause avait été prévue sur la petite place, avant l'entrée des convives dans la salle du banquet.

Haussée au-dessus des assistants par ses porteurs, la statue de saint Éloi, qui assisterait ensuite, familièrement, aux réjouissances prévues, bénissait de sa main de bois tous ceux qui se trouvaient réunis en son honneur. Les encensoirs s'agitaient frénétiquement.

L'hymne de la confrérie prenait le relais des litanies.

— Je voulais me persuader qu'une expiation, si pénible, si longue, me laverait de cette faute commise, il est vrai, en intention seulement, mais avec une intensité qui en aggravait beaucoup la portée, et me délivrerait aussi, à jamais, de la trop violente tentation dont je n'étais pas certain de demeurer longtemps encore le maître.

L'abbé de Saint-Éloi prononçait, à la place du saint, les paroles de bénédiction. Les têtes s'inclinaient. Chacun se taisait. Mathilde gardait les yeux baissés. Girard aurait aussi bien pu s'en aller. Il n'avait plus rien à lui dévoiler.

— Vous savez, à présent, à quoi vous en tenir sur ma disparition, reprenait à voix basse l'ancien médecin, après un instant de silence, quand chacun eut relevé le front. Vous venez, également, de saisir de qui il s'agissait. En réalité, ce n'était pas tant à cette découverte que je voulais vous amener qu'à une autre, bien plus lourde de conséquences encore : ces années de souffrance, de solitude indicible, ces années retranchées au monde, à ma vie passée, ces années loin de vous, où j'ai cru, souventes fois, devenir fou, ces années ont été sacrifiées en vain ! Je n'ai pas trouvé le repos de l'âme, même si j'ai fini par vouloir m'en persuader... Il a suffi que je revienne, que je vous revoie, pour que mon amour se mette à flamber de nouveau, à jeter en moi de hautes et cruelles flammes qui me brûlent tout autant qu'avant !

— Dieu merci, se dit Mathilde, chacun est trop occupé par la fête pour prêter l'oreille à ce qui se dit alentour. L'agitation et le bruit auront couvert les mots de cette confession insensée. Personne ne l'aura entendue !

— C'est tant pis pour mon salut, c'est tant pis pour moi, continuait le mari de Charlotte. Néanmoins, comme je suis promis à la damnation, aussi bien aller jusqu'au bout de la faute. Vous m'avez entendu, Mathilde. Que me répondrez-vous ?

— Rien.

Levant enfin son regard vers celui qui la dévisageait avec une anxiété qui accentua son malaise, elle posa une main, crispée par le froid plus que par l'émotion, sur le bras de son beau-frère.

— Rien, Girard, répéta-t-elle avec fermeté. Vous êtes l'époux de ma presque sœur, de la femme que j'aime le mieux au monde après mes filles. Vous avez plus de cinquante ans, moi, quarante passés. Il me semble que ces deux évidences suffisent. Restons-en là.

— Mathilde !

— Non. Tout est dit. Quittons-nous.

Fendant la cohue qui commençait à se disperser, elle marcha sans hésiter vers le rassemblement qui se formait à la porte du Parloir-aux-Bourgeois après qu'on y eut fait entrer la statue du saint. Son mari et son fils s'y trouvaient. Elle les rejoignit.

— Par notre saint patron, qu'il fait froid ! J'ai l'épaule gauche, celle qui soutenait le brancard, complètement engourdie, s'exclama Étienne. Et vous, ma mie, n'êtes-vous point gelée ?

— Pas tout à fait autant qu'on aurait pu le craindre.

— Entrons pourtant sans plus tarder, ma mère, dit Bertrand. Nous serons mieux à l'intérieur que dans ce vent.

La fort belle salle où l'on avait dressé les tables en forme d'U, nappées de toile fine, était décorée, sous son haut plafond aux poutres peintes en bleu et rouge, couleurs de Paris, de riches tentures magnifiquement brodées et historiées. A chacune de ses extrémités, deux cheminées de pierre, grandes comme des porches, étaient remplies de troncs d'arbres entiers qui flambaient.

A peine les invités furent-ils introduits que des serviteurs annoncèrent, à son de trompe, qu'on allait donner l'eau pour les ablutions. Des bassins d'argent ouvragé furent apportés par des valets qui les présentèrent aux convives avant de leur verser sur les doigts, avec des aiguières aux formes hardies, une eau tiède, parfumée aux aromates, et de leur tendre ensuite, pour s'essuyer les mains, des serviettes blanches qu'ils tenaient pliées sur le bras.

On prit alors place derrière les tables. Une fois qu'on eut répondu au bénédicité récité par le curé de la paroisse, on s'assit.

Durant le banquet, dont l'abondance traditionnelle dépassa les espérances des plus gros mangeurs, toutes sortes de divertissements offerts par des ménestrels, des acrobates, des conteurs, des montreurs d'animaux savants, aidèrent les moins affamés à passer le temps.

Ainsi qu'elle avait la réputation de toujours l'être, Mathilde se montra aimable envers ses voisins qu'elle connaissait tous deux de longue date. Elle savait qu'ils étaient à mille lieues de se douter, ces braves marchands uniquement préoccupés de leurs affaires, des pensées qui l'agitaient. N'était-elle pas entraînée, depuis longtemps, à vivre sur deux niveaux qui se superposaient sans se nuire ?

Son voisin de droite devait l'entretenir depuis un bon moment de ceux qui s'en étaient allés, cinq ans auparavant, pour la Terre sainte.

— C'est au cri de : « Dieu le veut ! » qu'ils sont partis, terminait-il, qu'ils se sont battus, qu'ils ont lutté contre les Turcs, les Égyptiens et les épidémies. C'est avec le même cri qu'ils vont nous revenir !

— Il est vrai, approuva Mathilde. N'est-ce pas le plus beau, le plus vrai, le plus saint de tous ceux qu'un être humain peut prononcer ? « Dieu le veut ! » Eh oui ! Nos douloureux destins ont un sens. Comment puis-je me permettre de récriminer contre l'ordre qu'Il nous propose, sous le prétexte dérisoire que je ne le comprends pas ?

D'un geste sec, elle vida le hanap plein de vin paillé qui était devant elle.

— Je ne suis pas mécontent du faste déployé par notre confrérie en ce dîner, remarqua d'un air satisfait le voisin de gauche, qui était, lui aussi, installé rue Quincampoix. Les pièces d'orfèvrerie que nous avons sous les yeux sont des plus belles. Elles sortent de nos meilleurs ateliers.

— J'en reconnais quelques-unes comme nôtres, dit Mathilde. J'imagine qu'il en va de même pour vous et pour chacun d'entre nous.

Dès son entrée dans la salle, elle avait remarqué et admiré la profusion de plats couverts, d'écuelles, de brocs, de cuillers en métaux précieux et, surtout, la nef, posée comme une châsse, au centre de la plus haute table, qui étincelait. Ce chef-d'œuvre d'or ciselé, rehaussé de pierres précieuses, sorti d'un des plus prestigieux ouvroirs de Paris, présidait chaque année, aussi bien que la statue du saint patron, aux agapes de la confrérie. C'était le symbole même d'une profession qui se voulait la plus raffinée, la plus somptueuse, la plus opulente de toutes.

Autour de la nef, à la lumière des bougies disposées à foison, le cristal, l'or, l'argent, le vermeil, étincelaient.

— Votre mari est-il content de son année ? s'enquit l'orfèvre qui, décidément, ne semblait pas pouvoir s'intéresser à autre chose qu'à son métier.

— La maladie qui l'a immobilisé cet automne, en Touraine, ne lui a pas permis de se rendre aux foires de Champagne, comme d'habitude. C'est une perte pour nous. A Provins comme à Troyes, nous avons de fort bons clients.

— C'est comme moi, assura le marchand. Je souffre d'un mal des articulations qui m'empêche de me déplacer à ma convenance...

Bien que, par son attitude, elle semblât continuer à y participer, Mathilde n'écoutait plus ce qu'on lui racontait.

La Touraine... Évoquer Florie lui était redevenu douleur et incertitude. Savoir sa fille tant aimée, livrée, par choix, et, une fois encore, en cachette, au délire qui l'avait déjà perdue, sept ans plus tôt, lui paraissait intolérable. D'instinct, quand elle sentait monter en elle l'évidence de la souillure qui maculait de nouveau son enfant, elle s'obligeait à détacher ses pensées de cette blessure, pour les fixer sur n'importe quel autre sujet. Elle y parvenait souvent. Pas toujours. Dans ce dernier cas, elle était alors envahie d'amertume, de fiel et d'un ressentiment qui parvenait parfois à déborder sa tendresse. Au terme de ces débats, elle ne savait plus si c'était à sa fille ou à elle-même qu'elle en voulait le plus. Elle avait beaucoup de mal, ensuite, à retrouver son courage. A quoi bon, d'ailleurs, tous ces tourments ? Pourquoi se faire souffrir, puisque, avec ou sans accord, Florie s'enfonçait, les yeux bien ouverts, dans le noir marais du péché ?

Mathilde fut arrachée à sa songerie par un événement imprévu : les jongleurs choisis pour entamer l'éloge de la confrérie, morceau de bravoure du spectacle, faisaient à cet instant leur entrée dans la salle. L'un d'eux était Rutebeuf ! Ses filles ne cesseraient donc jamais de lui fournir d'incessants sujets de souci !

Étienne, comme elle, avait reconnu le trouvère. Se penchant vers elle, de sa place assez éloignée, il lui fit signe.

« Il arrive bien, celui-là ! se dit-elle avec humeur. Pourvu qu'il ne se trouve pas encore ici à l'heure du bal ! »

Il s'y trouva. Le banquet, aux trop nombreux services, avait duré plus tard que prévu. On eut juste le temps de passer dans la pièce voisine où les musiciens accordaient déjà leurs instruments, afin d'y accueillir les invités arrivant de l'extérieur.

La première personne que Mathilde aperçut en pénétrant dans la salle décorée elle aussi de courtines multicolores, de tapis et de guirlandes en feuillage, fut Charlotte, portée par un flot de nouveaux venus. Elle alla l'embrasser.

— Vous avez donc trouvé le moyen de passer nous voir, en dépit de vos malades, mon amie, lui dit-elle. Je vous reconnais bien là !

— Je ne fais qu'entrer et sortir avant de retourner à l'Hôtel-Dieu, dit la physicienne. Avec un frère et un neveu parmi les notables de la confrérie, je ne pouvais m'en dispenser.

Mathilde se dit que sa belle-sœur était, en définitive, plus à plaindre qu'elle. Après l'indécente déclaration de Girard, comment avait-elle pu se montrer assez égoïste pour ne pas même songer à déplorer le sort d'une créature qui lui était, pourtant, très chère ? Si elle s'estimait sevrée des joies d'amour auxquelles, en dépit de ses promesses à Dieu, il lui arrivait encore d'aspirer, qu'aurait pu dire Charlotte ?

Mathilde aurait voulu serrer, là, tout de suite, sa belle-sœur entre ses bras, l'assurer de sa compréhension, de sa complicité, de son appui. La salle de bal ne se prêtait pas à de semblables démonstrations. Il faudrait attendre, pour s'y livrer, de se trouver dans un endroit plus intime...

— Voici nos filles, dit Étienne, qui venait de rejoindre sa sœur et sa femme.

Jeanne, vêtue de drap de laine blanc broché de fils d'or, les cheveux retenus par une résille de soie, venait en premier, d'un pas assuré. Derrière elle, en surcot bleu tendre brodé de fleurs, les yeux baissés et la démarche maladroite, Marie.

« Plus elles vont, plus elles sont différentes, remarqua Charlotte après que ses nièces l'eurent embrassée. Elles ne peuvent avoir que des destins dissemblables ! »

Pour ouvrir le bal, les musiciens attaquaient avec vigueur une danse robardoise pleine d'entrain. Les deux adolescentes, priées d'y participer, s'éloignèrent aussitôt.

— Savez-vous où se trouve Bertrand ? demanda Étienne à sa femme. Il a quitté la table avant la fin du dernier service.

— Il a dû aller chercher Laudine qui craignait trop le froid pour suivre la procession mais comptait venir nous rejoindre plus tard.

— Avez-vous aperçu Girard ? s'enquit à son tour Charlotte.

— Il a assisté à l'office, et je crois bien l'avoir vu, de loin, dans la foule qui suivait le cortège, répondit Étienne. Savez-vous s'il a l'intention de faire une nouvelle apparition tantôt ?

— Je l'ignore. Depuis son retour, il est d'une humeur fantasque et me confie peu de chose. C'est à se demander si la longue pénitence qu'il s'est imposée loin des siens a porté ses fruits.

— Pourquoi, dans ces conditions, être revenu ? interrogea Étienne.

— Il m'a confié avoir redouté de mourir en exil, loin de sa famille, loin de sa terre. C'est, d'après lui, la raison de son retour.

— Vous-même, Charlotte, vous habituez-vous à la reprise de la vie conjugale ? dit Mathilde qui se voyait contrainte à participer à une conversation qui l'embarrassait beaucoup.

— Assez mal, je dois l'avouer, ma mie. On n'est pas impunément séparés pendant des lustres ! Nous nous sommes désaccoutumés l'un de l'autre, nous avons pris, chacun de notre côté, de nouvelles habitudes. Ce qui était facile autrefois ne l'est plus à présent.

— Pour avoir une chance de le comprendre, il faudrait, d'abord, savoir ce qui l'a conduit à prononcer un vœu aussi exigeant, reprit Étienne.

— Bien sûr. Là-dessus, il est muet autant qu'on peut l'être. Je crains de ne jamais être mise au courant du fin mot d'une histoire qui, cependant, me touche de près !

— Et dont vous restez la principale victime !

Au grand soulagement de Mathilde, des arrivants les abordèrent, interrompant cet échange de propos. Après ceux-là, d'autres les rejoignirent. On passa de groupe en groupe, de relation en relation. Bertrand et Laudine firent, un peu plus tard, leur apparition.

— Vous ne dansez pas, ma mère ?

— Votre père n'a point encore jugé bon de m'en prier !

— Il est vrai que je manque à tous mes devoirs !

Autour d'eux, la salle bruissait de rires, de bavardages, de cadences...

— Allons, je vais saluer quelques douairières avant de repartir, dit Charlotte.

— Accepterez-vous de faire un pas de danse avec moi, ma tante ?

— Grand merci, mon neveu. Mes malades m'attendent. De toute façon je gage qu'il vous sera plus agréable d'attaquer cette carole avec votre jeune épouse qu'avec votre vieille parente !

Bertrand protesta, avant d'entraîner Laudine, de vert vêtue, vers le centre de la salle où se nouaient et se dénouaient les figures imposées.

Étienne et Mathilde les y suivaient, après s'être assurés que leurs deux plus jeunes filles ne restaient pas pour compte.

Jeanne, qui avait très vite aperçu Rutebeuf dans un coin de la salle, manœuvra pour se trouver le plus naturellement du monde près de lui. Lâchant alors les mains de ses partenaires, elle se dégagea sans se faire remarquer et rejoignit le jongleur qui se tenait appuyé, sa vielle sous le bras, contre le mur du fond.

— Enfin, je vous revois ! s'écria-t-elle en l'abordant. Pourquoi ce long silence et cette disparition ?

— Je vous avais dit, me semble-t-il, demoiselle, que le retour de vos parents me tiendrait éloigné de vous.

— Je ne vois pas pourquoi ! Ma mère s'est étonnée, l'autre jour, de votre absence, qui, plus que votre présence, croyez-moi, lui paraît inexplicable. Ce surcot vous plaît-il ? Comment me trouvez-vous, aujourd'hui ?

— Adorable !

Récompensée de sa coquetterie, l'adolescente prit une des mains du poète.

— Venez danser avec moi.

— Je préfère vous regarder.

— Pendant que je m'amuse avec d'autres ?

Rutebeuf fit une grimace qui sembla allonger un peu plus son grand nez.

— Ne devenez pas provocante, demoiselle. Ce n'est pas dans vos façons.

— Quelles sont donc, d'après vous, mes façons ?

— Beaucoup de grâce dans une certaine réserve.

— Merci pour la grâce, mais la réserve est de trop ! Je suis assez agacée par le respect qu'elle suscite à mon approche !

— Vous préféreriez qu'on vous en manquât ?

La lueur de moquerie, nuancée de paillardise, qui passa dans le coup d'œil du jongleur déplut à Jeanne.

— Fi donc ! Avez-vous oublié les devoirs de Courtoisie ? Vous ne vous adressez pas à une de vos ribaudes ! dit-elle avec une soudaine raideur.

Maître Brunel, qui avait fini de danser avec sa femme, venait vers eux.

— Par saint Éloi, il y a fort longtemps que je ne vous ai vu, Rutebeuf ! Où en sont vos œuvres ?

Sans laisser au jongleur le temps de répondre, il s'adressa à sa fille.

— Venez, Jeanne. J'aimerais que nous dansions ensemble.

— Mais, mon père...

— N'êtes-vous point libre ?

— C'est-à-dire...

— C'est-à-dire que vous préférez rester avec un garçon qui vous compromet en vous tenant, seul à seule, des discours mystérieux, loin des jeunes gens de votre âge, reprit l'orfèvre qu'on sentait bien décidé à se faire écouter. Ce ne sont point là des manières convenables pour vous, ma fille, et j'entends que vous en changiez !

— Nous n'avons rien à nous reprocher, maître Brunel ! Je puis vous l'assurer !

— Je l'espère bien ! Il n'en reste pas moins que, de votre fait, cette enfant s'est fait remarquer par son départ d'une compagnie qu'elle n'aurait jamais dû quitter ainsi. Je suis responsable d'elle, moi, savez-vous, alors que vous ne l'êtes pas et ne le serez jamais ! Tenez-vous-le pour dit ! Allons, Jeanne, suivez-moi !

Le ton ne souffrait pas la discussion. Une main tremblante se posa sur le bras de l'orfèvre. Le père et la fille s'éloignèrent.

— Vous m'en voulez pour le moment, ma fille, dit Étienne, et j'en suis malheureux, mais, plus tard, vous me donnerez raison. Sachez que je vous porte une tendresse bien trop grande pour vous laisser gâcher votre jeunesse comme je l'ai, hélas, vu faire à une de vos sœurs. Mon unique souci est de vous protéger contre vous-même. Ce n'est agréable ni pour vous, ni pour moi, mais c'est mon devoir et je n'y faillirai pas !

Ils se trouvaient au bord du cercle des danseurs.

— Donnez-moi la main, petite fille, et prenons rang.

C'était une invitation, mais aussi un ordre. Jeanne ne s'y trompa nullement.

Les musiciens interprétaient une nouvelle carole. Quand elle s'acheva, l'adolescente tenta de voir, à travers les allées et venues de ses voisins, ce qu'il était advenu de Rutebeuf. Il avait quitté sa place. Rien n'indiquait où il avait pu se rendre.

— Vous amusez-vous bien ?

Marie surgissait de la foule. Elle paraissait aussi agitée que sa timidité pouvait le lui permettre.

— Et vous ?

— J'ai fait rencontrer tantôt à votre sœur le fils d'un de mes plus vieux amis flamands, orfèvre à Bruges, expliqua maître Brunel qui, de toute évidence, s'était donné pour tâche de veiller sur ses filles durant la fête. C'est un garçon plein d'avenir, dont je connais la famille et dans lequel je puis avoir entière confiance, termina-t-il un peu lourdement.

— Il ne m'a pas quittée depuis lors, assura Marie d'un air ravi.

— Avez-vous, également, mon père, un prétendant à me faire connaître ? s'enquit Jeanne d'une voix qu'elle souhaitait incisive, mais qui n'était que troublée.

— Il se pourrait, il se pourrait... mais le moment n'en est pas encore venu.

Sur cette réponse qui réservait l'avenir, l'orfèvre quitta le cercle qui se formait pour une ronde dont les accents lui semblaient trop vifs pour son âge.

— Ne croyez-vous pas qu'en vous montrant aussi autoritaire avec Jeanne, vous la rejetez vers son trouvère ? demanda Mathilde à son mari, après qu'il l'eut rejointe.

Elle avait été saluer certaines épouses d'anciens membres de la confrérie, qu'elle connaissait mais voyait assez rarement.

— Il faut intervenir quand il en est encore temps, ma mie, croyez-moi ! Je n'ai pas l'intention de renouveler avec elle les erreurs commises autrefois envers Florie. Nous les avons payées trop cher !

Rutebeuf avait quitté la salle bruyante, animée, où des odeurs de corps échauffés commençaient à l'emporter sur le parfum de cire aromatisée des bougies, sur ceux de musc, de jasmin, ou de bergamote dont étaient oints les danseurs.

Enveloppé dans son manteau sans gloire, sa vielle sous le bras, il fuyait.

Dehors, l'air glacé l'accueillit ainsi qu'une gifle, mais l'humiliation lui était plus cruelle que le froid. Une honte, d'autant plus pesante qu'elle lui avait été infligée en public, lui glaçait le sang plus profondément que l'hiver. L'affront reçu, dernier soufflet d'une liste déjà longue, lui en paraissait le couronnement.

Fallait-il que ce marchand le méprisât, pour lui avoir parlé comme il l'avait fait ! Jamais, bien sûr, jamais, il n'accepterait que sa fille fréquentât un traîne-musette de son espèce !

De rage, le trouvère envoya, d'un coup de pied, rouler au loin un chien perdu qui lui collait aux talons. Un mendiant qui se trouvait là l'injuria. Des pêcheurs, qui remontaient de la Seine des paniers remplis de poissons aux écailles encore vives, l'imitèrent.

Il s'en moquait. Ses sentiments bafoués, ses intentions méconnues, son orgueil malmené, lui étaient, seuls, sensibles. Il en aurait hurlé ! Du respect, souvent méritoire, dont il n'avait jamais cessé d'entourer Jeanne, de la pureté d'une amitié irréprochable, il ne subsistait rien. En quelques mots, tout avait été piétiné, saccagé !

Il traversa la cohue des deux ponts, celle de la Cité, avec une mentalité de proscrit. Les objets eux-mêmes semblaient vouloir l'écraser de leur éclat, tant les boutiques des orfèvres, le long de sa route, et en dépit du ciel gris, irradiaient. En l'honneur de la fête de la confrérie, on avait, en effet, astiqué l'or et l'argent avec un soin où Rutebeuf voyait une intention. Les bijoux, les croix, les ciboires, les plats en métal précieux, lui semblaient, du haut de leur opulence, railler et mépriser sa misère.

— Je deviendrai célèbre, se promit-il, soudain aiguillonné par tant de provocation. J'aurai, moi aussi, le pas sur tous ces ventres dorés ! Viendra un jour où maître Brunel regrettera de m'avoir nui auprès de sa fille ! Viendra un jour où mes complaintes, mes satires, mes fabliaux, ma musique, auront plus de valeur que tous leurs joyaux !

Ce ne fut qu'en se retrouvant rue de la Huchette qu'il se demanda où aller. Il ne s'interrogea pas longtemps. Non loin de là, au-dessus des têtes d'étudiants venus de tous les coins de la chrétienté, se balançait, parmi beaucoup d'autres, dans un concert de grincements soutenus par le vent d'hiver, une enseigne représentant un grand cheval noir cabré.

Rutebeuf passa la porte de la taverne. Sous les poutres enfumées, autour des tables, il y avait presque autant de monde que dans la rue. Seulement, dans un lieu comme celui-ci, on n'avait pas besoin de parler le même langage pour se comprendre. Le goût du vin, le goût du jeu, suffisaient. Il n'y avait pas jusqu'à la forte odeur stagnant dans la salle, remugle de bauge accentué de relents vineux, qui ne contribuât, en imprégnant uniformément, fraternellement, la peau, les cheveux, les vêtements, en emplissant les poitrines des mêmes miasmes, à donner aux convives venus quérir là chaleur et connivence, l'impression d'avoir trouvé ce qu'ils cherchaient. Une forte majorité d'hommes, quelques ribaudes, des cris, des rires, des imprécations...

— Holà, Rutebeuf ! lança une voix. Viens par ici ! On n'attendait que toi !

Dans un coin de la pièce encombrée, non loin de la cheminée au manteau noirci sous lequel la tavernière surveillait une marmite au contenu fumant, un homme appelait le trouvère. Il était attablé en compagnie d'une fille et de deux acolytes.

Des gobelets, un pichet, les restes d'un pâté, avaient été repoussés au bout de la table où trônaient à leur place des cornets à dés.

— Où étais-tu passé ? Je te cherche depuis ce matin !

— Je perdais mon temps, vois-tu, Gervaisot...

Il prenait place entre la forte fille brune, aux tresses nattées avec soin et entremêlées de rubans rouges, aux gros seins débordants, au rire pointu, et le garçon à la face longue, creusée comme une galoche, qui l'avait interpellé.

— Veux-tu du vin ? demanda le troisième joueur, dont l'apparence soignée et même recherchée, détonnait d'autant plus dans cet endroit que le quatrième compère, au teint bleu à force d'être congestionné, à la tignasse en nid de pie, à la carrure de portefaix, paraissait sortir tout droit de la rue de la Grande-Truanderie.

— Si je veux boire ? (Rutebeuf partit d'un rire qui grinçait presque autant que l'enseigne.) Je suis venu pour ça, l'ami, et pas pour autre chose !

— Pas pour autre chose, vraiment ? reprit sa voisine, la lèvre moqueuse et gourmande à la fois.

— Pour ce qui est du reste, on verra plus tard, fillette ! Buvons d'abord.

La tavernière, qui ne devait pas être aussi attentive à ce qui mijotait sur le feu qu'on aurait pu le croire, venait vers eux, un autre pichet à la main.

— Quelles sont les nouvelles ?

Le trouvère vidait coup sur coup deux gobelets.

— Bras-de-fer vient de regagner son titre de champion du bâton, annonça Gervaisot. Il s'est battu en combat judiciaire pour le compte d'un pauvre petit clerc maigrelet qu'un vieux notaire accusait et voulait massacrer.

— Mille diables ! Pourquoi donc ?

— Pour une histoire de créance non payée qui, d'après le notaire, traînait depuis des mois. Ce que, bien entendu, niait l'étudiant.

— Tu as bien fait de défendre le plus maigre, approuva Rutebeuf. Il est vrai que c'était, aussi, le plus lettré !

Il s'adressait au truand à la trogne violette qui souriait avec la modestie de la fleur dont il portait les couleurs.

— Je suis surtout content d'avoir reconquis mon titre de champion, avoua Bras-de-fer. Je l'avais perdu voici trois mois, en me battant contre Jean-Peur-de-rien, et en étais tout marri. A présent, on me sert de nouveau à boire gratis dans bien des endroits !

La fille partit de son rire aigu.

— Si tu te soûles trop, tu perdras ta force, assura-t-elle. Je sais de quoi je parle. N'oublie pas que tu n'as que tes muscles pour te faire vivre.

— Vivre ne vaut la peine que si on peut boire jusqu'à plus soif, affirma le champion du bâton. Tout le reste est sottises !

— Le beau sermon que voilà ! dit le convive à la mine élégante. Au lieu de vider pichet sur pichet de ce vin de plaine, mange donc un morceau, pour le faire passer. Tiens, je vais commander quelques bons harengs fumés afin de nous remplir la panse d'autre chose que de ton damné liquide !

Il frappa dans ses mains.

— Je me suis toujours demandé ce qu'un fils d'avocat comme toi venait faire dans des coins pareils à celui-ci, remarqua pensivement Gervaisot. Tu détonnes parmi nous, Nicolas !

— Tu sais bien que je suis le mauvais sujet de ma famille, répondit l'interpellé, dont le visage maigre et distingué évoquait le tranchant d'une lame. Rejeté par les miens, il a bien fallu que je me reconstitue une parenté avec ceux qui partagent mes deux raisons de vivre : à savoir, les femmes et le jeu !

D'un mouvement nonchalant, il frôla, sans insister, la poitrine surabondante de la fille aux tresses, puis, se tournant vers les cornets de buis poli, en prit un qu'il fit tourner amoureusement, un instant, entre ses doigts couverts de bagues.

— Je propose que nous expédiions sans trop lambiner notre souper, reprit-il en s'emparant du plat de harengs qu'on venait de leur servir. Dès que nous en aurons fini avec ces honorables poissons et leur suite, nous pourrons passer aux choses sérieuses, c'est-à-dire aux dés !

— Vous feriez mieux de vous occuper de moi, soupira la fille.

— Allons, allons, Ameline-la-bien-peignée, dit Rutebeuf, cesse donc de te plaindre. Tu sais aussi bien que moi qu'à nous trois, nous ne te laissons guère chômer ! Un peu de patience, que diable ! Après le vin, le jeu ! Après le jeu, le lit !

Il riait, mais il y avait une sorte de défi fiévreux dans son accent qui n'échappa pas à ses compagnons. Toutefois, connaissant sa susceptibilité, ils n'en manifestèrent rien.

On parla des dernières échauffourées entre étudiants qui alimentaient, selon la coutume, toutes les conversations de la montagne Sainte-Geneviève ; on mangea, après les harengs, des gaufres, du fromage, des amandes pelées, des épices. On but ferme.

La nuit était venue. Les cloches de Saint-Séverin avaient sonné l'angélus. Autour de chaque table où brûlait une chandelle, les clients de la taverne s'étaient rapprochés, coude à coude, haleines mêlées, comme pour opposer, à l'obscurité et au froid du dehors, leurs petites communautés complices, vivantes ; minuscules îlots éclairés d'une amicale lueur jaune, où ils puisaient fraternité et chaleur.

Une fois la table débarrassée, on se mit à jouer.

— Les dés nous font bien du tort, soupira Ameline-la-bien-peignée. Par leur faute, vous courtisez plus souvent dame Fortune que nous !

— Tais-toi donc, s'écria Bras-de-fer. Tu ne perds rien pour

attendre, crois-moi ! Que je gagne seulement mon loyer, fillette. Ensuite, je te dirai deux mots !

Rutebeuf jouait comme on se détruit. Depuis de longues années, il avait pris le goût, puis le besoin, de ces cures d'espérance d'autant plus alléchantes qu'on y repousse jusqu'à l'aube les limites du possible. Pourquoi n'aurait-il pas fini, un jour, par gagner ? Il lui fallait de l'argent. Pour s'habiller, se mieux loger, tenir le rang que les gens en place lui déniaient, avoir le temps, surtout, de cesser les viles besognes de jonglerie qui l'abaissaient au rang de faiseur de tours, alors qu'il sentait vivre en lui un monde poétique ne demandant qu'à éclore...

Les quelques sous gagnés y passaient, puis il s'endettait, pariant sur l'avenir jusqu'à hypothéquer les prochaines semaines, les paiements futurs que lui procureraient, justement, les emplois d'amuseur public qui lui répugnaient tant.

C'était une sorte de cercle infernal, de damnation.

Cette nuit-là, il le ressentit particulièrement comme tel. Mortifié, assombri, furieux contre lui et contre les autres, il sentait d'heure en heure, de perte en perte, monter en lui la vague noire du désespoir et du dégoût de soi. Il joua avec frénésie, il but comme s'il avait voulu noyer son génie dédaigné dans le vin.

Ruiné, ivre de rancœur autant que de boisson, oublieux de ses compagnons qui dormaient sur la table ou ronflaient dessous, il s'éloigna en chancelant, avant l'aube, au mépris des patrouilles du guet, dans la froidure mordante des mauvaises heures de la nuit.

Il vomissait, pleurait, bégayait des injures.

On le retrouva, le lendemain matin, rue Saint-Jacques, gisant dans la boue d'un chantier de construction.

A demi nu sous son manteau, après avoir joué et perdu sa robe rouge à capuche jaune de jongleur, il n'avait plus que ses chausses et, serrée contre sa poitrine, la vielle dont, malgré la furie de sa passion hasardeuse, il n'avait pas consenti à se départir.

6

Pour s'assurer que le lait de chèvre coulait bien à travers la toile qui encapuchonnait la bouteille de grès, Florie retira avec précaution le biberon de la bouche de l'enfant qu'elle était en train de nourrir. Quelques gouttes blanches tombèrent sur le menton du petit. Elle les essuya avec un linge propre avant d'introduire de nouveau, afin qu'il suçât le liquide qui coulait à travers, le morceau de tissu entre les gencives dépourvues de dents.

— Il est beau, le vôtre, dit une jeune femme qui donnait, non loin de là, le sein à un autre nourrisson de l'hospice. Celui dont je m'occupe est plus chétif.

— C'est pourquoi on a voulu qu'il prenne du lait de femme, précisa la religieuse qui surveillait le repas. Rien ne vaut celui de la mère, bien entendu, mais quand on ne peut pas le donner, nous préférons toujours une nourrice à un biberon !

Dans la grande chambre où s'alignaient les berceaux, il faisait chaud. En plus de la haute cheminée où brûlaient nuit et jour des piles de bûches, on promenait à travers la pièce un chariot de fer rempli de charbons incandescents.

— Je préfère avoir affaire aux petits plutôt qu'à ceux de quatre ou cinq ans, dit une autre femme qui langeait sur la grande table centrale un enfant qui avait fini de boire. Ils sont plus faciles et plus mignons !

Florie se taisait. Elle songeait que son fils aurait eu bientôt sept ans, que, derrière lui, se seraient profilés toute une théorie de frères et sœurs. A combien d'enfants aurait-elle donné le jour, si les choses s'étaient déroulées comme il l'aurait fallu, si elle était demeurée l'épouse fidèle de Philippe ?

Elle serra doucement contre sa poitrine le corps replet qu'elle abreuvait. S'employer à élever ceux des autres ne lui apportait pas toujours la paix souhaitée. Au contraire, ce travail lui donnait souvent un regain de nostalgie et, bien sûr, ne lui suffisait pas. Elle savait que toutes ces vies fragiles qu'elle aidait à consolider s'éloigneraient à jamais dès que les orphelins seraient adoptés par des personnes qui les emmèneraient chez elles.

Depuis qu'elle se consacrait à cette tâche, Florie avait déjà vu croître, s'épanouir, disparaître vers d'autres cieux, tous les petits dont elle avait assuré les premiers repas, surveillé les fièvres, nettoyé les couches, admiré la précocité ou déploré le retard.

A chacun d'eux, elle s'était attachée, elle avait cherché une ressemblance avec celui qu'elle avait perdu, puis, un jour, quand on le lui avait retiré afin de le confier à d'autres, elle avait ressenti le même déchirement qui, sans fin, lacérait son âme assoiffée d'une maternité inlassablement poursuivie, toujours remise en question, puisqu'elle n'était que leurre.

Le biberon se terminait. Elle posa la bouteille, éleva en l'air, à bout de bras, l'enfantelet qui avait l'air content. C'était un garçon au teint clair, aux yeux gris. On l'avait trouvé à Tours, au coin d'un porche. On ne savait rien de lui. On ne savait jamais rien de ceux qu'on prenait en charge. Pour la millième fois, Florie se demanda comment une mère pouvait abandonner celui qu'elle venait de mettre au monde, pour la millième fois, elle se répéta qu'il y avait sans doute à plaindre plutôt qu'à critiquer.

Elle attendit le rot, puis changea l'enfant avant de le remettre dans son berceau.

Protégées par de longs rideaux de toile blanche, les minuscules nacelles d'osier s'alignaient en bon ordre autour de la pièce.

Trônant du côté opposé à la cheminée, le lit de la nourrice attachée à l'établissement semblait les surveiller comme le ferait une poule au milieu de ses poussins.

— Marguerite est parfaite, disait sœur Cécile, qui s'occupait de la chambre des nouveau-nés, mais elle a un peu trop tendance à régenter les femmes qui viennent de l'extérieur nourrir nos enfançons ! On dirait la reine des abeilles au centre de sa ruche !

Sans se cabrer, Florie acceptait conseils et directives. Elle ne participait pas, non plus, à la rivalité, plus ou moins avouée, qui existait entre celles qui allaitaient au sein et celles qui donnaient le biberon. Jugeant normale la différence établie entre nourrices véritables et nourrices sèches comme elle, la suprématie des premières sur les secondes ne lui paraissait pas usurpée.

— Je crois avoir terminé ce que j'avais à faire ici, dit-elle à sœur Cécile. Avant de partir, je vais passer à la salle neuve où je sais quelqu'un qui m'attend !

— Si vous en avez le temps, dame, faites-le ! On a certainement besoin de vous là-bas, sans compter qu'en effet, vous ferez, en plus, une heureuse !

Florie quitta la pièce tiède, qui fleurait bon la poudre de racine d'iris et le lait frais, pour suivre le long couloir menant à la salle des malades.

L'hospice était d'une propreté parfaite. Chaque année, aux approches de Pâques, on faisait reblanchir à la chaux murs et cloisons. Trois fois l'an, on renouvelait entièrement les literies.

La jeune femme savait que tous les frais de l'établissement étaient assurés par les offrandes considérables que des Tourangeaux charitables faisaient à la fondation. Elle-même donnait, en plus de sa présence, tout ce qu'elle pouvait pour l'œuvre.

Elle parvint dans une salle qui venait d'être ajoutée depuis peu au reste des bâtiments, en remplacement de l'ancienne infirmerie, trop petite. Spacieuse, la pièce contenait une dizaine de lits qui, heureusement, n'étaient pas tous occupés. Comme on ne gardait pas à Grandmont les enfants au-dessus de sept ans, date limite fixée à leur adoption, c'était, ici également, de petites couches de bois qui étaient alignées le long des murs. Des courtines de lin blanc les entouraient, les isolaient.

Des religieuses en longs surplis de toile immaculée, enfilés sur des surcots de serge brune fourrée d'agneau, la tête protégée par un couvre-chef blanc recouvert d'un voile brun, s'affairaient. Quelques novices les aidaient.

Après avoir salué certaines des religieuses présentes, Florie se dirigea vers un des lits occupés. Sous la couverture rouge, doublée de peau de mouton, entre les draps nets, toute menue, une forme gisait. Ses cheveux blonds entourés d'un linge soigneusement disposé et enroulé, une petite fille de quatre ans environ, visiblement en proie à une fièvre trop forte pour elle, demeurait prostrée. Boursouflé, congestionné, le visage puéril ne conservait rien de la fraîcheur de son âge, si ce n'est la lumière bleue du regard.

— Agnès, Agnès... appela doucement Florie.

L'enfant ouvrit les yeux pour les refermer aussitôt. Sur ses traits, d'habitude souriants, se lisait le mélange de détachement, de soumission, d'abattement, propre aux êtres simples touchés par la maladie. Elle tenta de parler, mais se mit à tousser.

— Ce coup de froid m'inquiète, dit la jeune femme à une des novices qui s'approchait.

— La fièvre la fatigue beaucoup, reconnut la future religieuse. Elle a du mal à respirer et se plaint de souffrir de la poitrine.

— Hier, je lui avais posé dans le dos, sur les conseils de maître Aveline, votre médecin, un cataplasme à la farine de moutarde qui semblait l'avoir soulagée.

— Je sais. On lui en a mis un autre ce matin. Malheureusement, le mieux ressenti ne persiste pas.

Sous la couverture, Florie prit un poignet fluet pour en tâter le pouls. Une nouvelle quinte secoua l'enfant.

— Je lui fais boire une tisane de notre fabrication qui donne, d'ordinaire, de bons résultats, dit encore la novice. Nous la préparons avec des plantes de notre jardin à herbes : fleurs d'absinthe, racines de benoîte, feuilles et fleurs d'aigremoine, infusées dans l'eau bouillante et édulcorées au miel. C'est excellent pour la toux.

— Le médecin avait également prescrit un sirop de coquelicot et de guimauve...

— Nous lui en avons donné, mais à faibles doses, car elle est encore bien jeune.

Les deux femmes se sentaient, l'une et l'autre, angoissées devant la responsabilité qui leur incombait au sujet du petit être confiant dont elles seules se souciaient vraiment.

— Nous avons songé à la plonger dans un bain chaud, reprit la novice en montrant d'un mouvement de menton la grande baignoire de métal à roulettes de cuivre qu'on transportait de salle en salle, selon les besoins. Dans certains cas cela aide beaucoup à faire baisser la température. Seulement, maître Aveline le déconseille. Il craint que, au moment où nous la sortirons de l'eau pour l'envelopper dans le sac d'étuve, malgré le feu de reculée que nous entretenons ici, elle prenne froid de nouveau.

— Il doit avoir raison. Que faire de plus que ce que nous faisons ?

Une des religieuses, chargées de préparer avec des simples les remèdes ordonnés, s'approcha à son tour.

— J'ai retrouvé la recette d'un onguent à appliquer en cas de refroidissement, matin et soir, sur le buste du patient, dit-elle. Je suis en train de le confectionner. Dès qu'il sera achevé, j'en oindrai cette pauvre petite.

— Dieu fasse que vous ayez découvert ce qui convient ! murmura Florie en se tournant d'instinct vers l'autel qui s'élevait au haut bout de la salle.

Une lampe à huile, au verre rouge, signe de la Présence, brûlait devant le tabernacle. Elle ne s'éteignait jamais.

Après une prière silencieuse, la jeune femme demeura un moment au chevet d'Agnès. La fièvre, la douleur dont souffrait l'enfant lui causaient peine et tourment.

Au bout d'un moment, comme la petite malade restait les yeux clos, Florie alla se pencher sur chacun des lits où on soignait, en ce mauvais mois de décembre, plus de rhumes et de maux de gorge que les habituelles coliques de l'été. Les connaissant tous par leur nom, elle jouait avec les enfants, leur racontait d'anciennes légendes, leur distribuait du sucre à la violette dont elle avait toujours des morceaux dans sa poche.

Elle quitta ensuite la salle des malades. Avant de repartir chez elle, elle passa au réfectoire où soupaient les plus grands. Ils mangeaient avant les religieuses et étaient servis par des filles blanches que surveillait la sous-prieure.

— Le potage au lait d'amandes a l'air de leur plaire, remarqua Florie.

— C'est un de leurs plats préférés, assura la sœur. C'est pourquoi nous en faisons souvent.

La jeune femme ne s'attarda pas dans un lieu où, ce jour-là, on n'avait pas besoin d'elle. Elle traversa la chambre aux parements où le linge était rangé en piles rigoureuses à l'intérieur de meubles massifs qui, en dépit de leur taille, ne pouvaient tout le contenir. Aussi, en avait-on mis également dans des armoires et des coffres, le long des corridors, dans le vaste ouvroir et jusqu'aux greniers.

Dans la petite pièce où se tenait la sœur portière, Florie prit son manteau fourré.

— Il ne fait pas froid, aujourd'hui, remarqua la religieuse, mais il y a dans l'air une humidité qui n'est pas fameuse pour la santé.

Dehors, une bruine triste tombait du ciel. Le gel qui avait sévi de façon inhabituelle pour la région, au début du mois, n'avait pas duré, mais la pluie s'éternisait à présent. Elle ne cessait plus. Les rivières débordaient. A Vençay, le Cher était sorti de son lit pour inonder les prés à l'entour. La Loire menaçait elle aussi, depuis quelques jours, de submerger ses rives.

Aux beaux jours, Florie regagnait sa maison à dos de mule. En hiver, c'était Charles, portier et homme de confiance, qui venait la chercher avec la charrette bâchée. A l'heure fixée, il l'attendait devant l'hospice.

La route se fit sans encombre. Le soir tombait quand la jeune femme se retrouva chez elle.

Une odeur de soupe au potiron et de poule bouillie l'accueillit. La levrette vint, en bondissant au-devant d'elle. Le molosse tira davantage sur sa chaîne.

— Le drapier de Blois est passé pour vous rendre visite, annonça Suzanne à sa maîtresse pendant que celle-ci avant de s'approcher du feu retirait son manteau dans les plis duquel traînaient des effluves de campagne brumeuse. Il a dit qu'il ne pouvait pas vous attendre mais qu'il reviendrait sans tarder.

— J'espère qu'il me laissera tranquille demain, dit Florie. J'aime bien être en paix le dimanche. D'ailleurs, il vient trop souvent me voir, depuis quelque temps, celui-là !

La servante se mit à rire.

— C'est, sans doute, que vous ne lui déplaisez pas !

— Tais-toi donc ! Tu ne sais pas ce que tu dis !

Elle se demandait depuis des mois ce que ses serviteurs savaient au juste de sa vie intime. Les imprudences commises, au début de leur liaison, par Guillaume, les nuits de la tour, les séparations matinales, avaient-elles pu leur échapper ? Était-il possible de cacher à qui vit si près de vous, ses émotions, ses craintes, les traces que le plaisir laisse sur un visage ou celles des larmes que suscite une conscience troublée ? Malgré l'étroite entente qui régnait entre Suzanne et elle, Florie savait que le respect aurait suffi à fermer les lèvres de sa servante. Celle-ci, en effet, n'avait témoigné aucune surprise, en dépit de l'étrangeté apparente d'une telle décision, quand sa maîtresse avait déclaré, après le départ de ses parents, qu'elle allait continuer à coucher dans la tour. Si peu de curiosité paraissait révélatrice à la jeune femme. Quand on ne s'étonne pas, c'est qu'on sait déjà à quoi s'en tenir.

Avec Guillaume, ce n'était pas le bonheur qu'elle connaissait, mais une exaltation sensuelle d'où elle n'émergeait que pour retomber au plus creux de ses regrets. Dans son existence, cet homme était, à la fois, l'incarnation du bien et du mal. Entre ses bras, elle délirait, loin de lui, elle se sentait délivrée. Quelle était la vérité de son cœur ? Elle évitait de se poser une question dont l'obsession ne l'aidait en rien à résoudre ses angoisses.

Après le départ de ses parents, elle avait pensé qu'elle se sentirait moins harcelée par l'inquiétude. Il n'en était rien. Certes, elle ne tremblait plus à l'idée de les voir découvrir ce qui se passait sous son toit, mais elle conservait, à leur égard, mauvaise conscience.

Si elle était parvenue à leur dissimuler sa double vie, elle savait ne pas leur avoir témoigné la chaleur à laquelle ils étaient en droit de s'attendre. Vers la fin de leur séjour, sa mère lui avait paru soucieuse, assombrie. Pourquoi ? Se serait-elle doutée de quelque chose ? Impossible ! Pourtant, dans son comportement, s'était produit comme une fêlure...

Florie dormit d'un sommeil traversé de songes amers. Elle se réveilla en sursaut, le lendemain matin, dans la chambre de la tour où se sentir seule n'était guère rassurant. L'emprise d'un rêve affreux durant lequel Agnès lui était apparue, pesait sur son esprit affolé. Elle avait vu, dans le berceau où avait dormi, autrefois, rue aux Écrivains, le petit Gaultier, l'enfant malade qui l'appelait en lui tendant les bras. Se penchant sur elle, elle s'était aperçue que le visage puéril qui la fixait d'un regard vitreux était devenu violet comme celui de son fils mort... L'horreur l'avait tirée du lit, jetée, grelottante, sur son prie-Dieu, où elle avait pleuré, longuement, la tête entre les mains.

Serait-elle sans fin poursuivie par le souvenir de l'acte criminel dont elle avait partagé avec Guillaume la responsabilité ? N'y avait-il pas moyen d'effacer de sa mémoire ces heures d'épouvante, ces heures monstrueuses ?

Quand Suzanne vint ranimer le feu et lui apporter l'eau chaude nécessaire à sa toilette, elle trouva la jeune femme toujours à genoux.

— J'ai fait un cauchemar, expliqua celle-ci pour justifier ses yeux tuméfiés, son air misérable. Une fois de plus, j'ai revu le cadavre de Gaultier...

— Allons, allons, dame, chassez loin de vous ce pauvre petit ange ! Évitez d'y penser, conseilla la servante, tout en remplissant d'eau fumante la cuve de bois doublée d'un molleton où Florie allait se plonger. Pourquoi y revenir sans cesse ? Pourquoi vous mettre dans des états pareils ? Vous ne le ressusciterez pas pour autant, mais votre teint en sera gâté pendant des heures, sans aucun bénéfice pour personne !

Florie savait que ce n'était pas là manque de sensibilité, mais désir pressant de la voir échapper à ses fantômes.

— Tu dois avoir raison, concéda-t-elle, pour ne pas affliger davantage sa servante, mais je ne suis pas, vois-tu, en état de maîtriser mes songes. Ton bon sens, pas plus que mes résolutions, n'y changent rien.

Il fallait vider plusieurs grands brocs de cuivre afin de remplir la cuve. Charles les apportait de la cuisine pour les déposer à la porte de la chambre. Suzanne allait et venait, du seuil au foyer devant lequel Florie prenait son bain.

Elle se laissa laver, frictionner, parfumer, habiller, coiffer, sans presque y prendre garde, tant elle était occupée d'elle-même.

Quand elle fut prête, elle déjeuna, puis, comme il ne pleuvait plus, elle partit sur sa mule pour Vençay où elle assistait à la messe matinale quand elle n'était pas à Grandmont.

Elle revenait de l'office qu'elle avait suivi d'une âme frileuse, quand elle fut rejointe sur la route par un cavalier.

— Chère dame, bonjour !

Depuis qu'ils avaient fait connaissance, Bernard Fortier entourait Florie de soins qu'elle jugeait excessifs.

— Je venais vous proposer, sur la demande de ma sœur, de vous joindre à nous, ce dimanche, pour dîner.

— Vous remercierez beaucoup dame Hernaut de son invitation, à laquelle je suis fort sensible, mais je ne puis, hélas ! me rendre à Tours aujourd'hui.

— J'avais bien dit à Bérengère qu'il fallait vous convier plus à l'avance !

— Ne la blâmez pas. De toute manière, et même si j'avais déjà accepté votre aimable proposition, j'aurais été dans l'obligation de me décommander.

— Seriez-vous souffrante ?

— Nullement. Je vais fort bien. En revanche, une des enfants dont je m'occupe à Grandmont est dans un état alarmant. Aussi, ai-je décidé, contrairement à mes habitudes, de retourner à l'hospice sans tarder afin d'y passer la journée auprès d'elle.

Un instant auparavant, Florie ne savait pas elle-même qu'une semblable détermination mûrissait dans son esprit. Sans la menace d'une réunion à laquelle elle ne souhaitait pas se rendre, aurait-elle formulé si fermement un projet venu d'ailleurs ?

— Combien je regrette que vous ne puissiez accepter mon offre !

Afin de causer plus tranquillement, ils avaient, d'un commun accord, arrêté leurs montures côte à côte.

Bernard Fortier descendit soudain de cheval.

— Puisque hélas ! je ne vous verrai pas comme je l'escomptais aujourd'hui, chère dame, puis-je vous demander, en compensation, de faire quelques pas, avec moi, sur ce chemin ?

Comme elle ne pouvait, sans incivilité, refuser l'offre du jeune drapier, Florie se laissa à son tour glisser de sa selle. Avant qu'elle ait achevé son mouvement, deux bras forts l'avaient saisie pour l'aider à mettre pied à terre. Une seconde, elle se trouva serrée contre la poitrine de Bernard Fortier, dont elle sentit battre le cœur. Sans affectation, elle se dégagea d'une étreinte qu'on pouvait interpréter comme une aide toute simple, et s'éloigna, tirant, par la bride, sa mule derrière elle.

— Il ne fait guère chaud, ce matin, dit-elle. Nous ne pourrons longtemps nous attarder dans ces parages sans risquer de prendre froid.

— Soyez sans crainte, je serai bref.

Ils marchaient à présent l'un près de l'autre, suivis de leurs montures.

— Voici, reprit Bernard, je voudrais vous poser une question. Une seule.

Il prit une inspiration, rassembla son courage :

— Comment votre mari, si peu de temps après vos épousailles, a-t-il pu quitter une femme comme vous pour suivre le roi en Terre sainte ? Comment peut-on vous laisser derrière soi, quand on a la chance d'être aimé de vous ?

— Ne trouvez-vous pas que vous êtes un peu trop curieux ?

— Si je vous ai contrariée, je vous en demande pardon.

— Vous êtes tout pardonné. Renoncez seulement à chercher des réponses qui ne vous concernent pas. Pourquoi vous soucier de deux vies qui n'ont pas grand-chose de commun avec la vôtre ?

— Parce que rien de ce qui vous touche ne me laisse indifférent !

Florie recula, baissa le front, reprit sa marche.

— Voilà un mot de trop, dit-elle. C'est donc là que vous vouliez en venir !

— En quoi l'est-il ? Vous êtes jeune, belle, délaissée. Vous m'avez plu dès que je vous ai vue. Ne serait-il pas souhaitable, pour vous comme pour moi, d'unir nos solitudes, puisque nous sommes libres de nous ?

La jeune femme s'arrêta de nouveau.

— D'abord, je ne suis pas libre, protesta-t-elle. J'ai un mari. Ensuite, vous rendez-vous compte de ce que vous venez de me proposer ? Vous rendez-vous compte que vous me traitez comme une fille follieuse ?

— Florie !

— Je vous défends de m'appeler par mon prénom ! Je vous défends aussi de me parler, désormais, de vos injurieuses espérances ! Vous n'aurez, d'ailleurs, plus l'occasion de recommencer de sitôt à m'importuner : je vous défends également de revenir me voir tant que vous ne serez pas assagi !

— Je vous en supplie !

— Non. J'appartiens à un homme, sachez-le, même s'il est loin, et je ne suis pas de celles qui cherchent fortune en son absence ! Regagnez Tours, c'est ce que vous pouvez faire de mieux. Demeurez-y ! Vous venez de m'offenser suffisamment pour que je n'aie plus envie de vous rencontrer d'ici longtemps !

Elle le vit hésiter entre le désir de plaider encore sa cause, et la crainte de lui déplaire. Le second sentiment l'emporta sur le premier. Il s'inclina.

— Adieu !

Florie rentra chez elle.

« Le beau sursaut de vertu ! songeait-elle. La belle indignation venant d'une femme qui trompe son mari sans vergogne avec celui-là même qui est cause du malheur ayant séparé l'époux de l'épouse ! Il me va bien de jouer les effarouchées ! Je viens de proclamer que j'appartiens à un seul homme : encore faudrait-il savoir son nom ! Philippe ou Guillaume ? Le sais-je moi-même ? Si le pauvre garçon que je viens de remettre à sa place se doutait de la manière dont se passent la plupart de mes nuits, ce n'est pas une aventure qu'il m'aurait proposée, il m'aurait, bel et bien, renversée, sans plus de façon, derrière une haie ! »

Une telle constatation n'est pas aisée à accepter, fût-ce de soi-même. Elle se réfugia auprès de son âtre, pleurant.

— Qu'avez-vous, dame ? Que puis-je faire pour vous ?

Suzanne s'alarmait.

— Ce n'est rien. C'est cette petite Agnès, qui est malade, si malade que je ne puis accepter l'idée de la laisser seule là-bas, en perdition, pendant que je suis ici. Je vais repartir vers elle pour essayer de l'aider à survivre...

Sans vouloir prendre autre chose qu'un peu de soupe et du fromage elle reprit la route de Grandmont.

Il bruinait de nouveau. En dépit de la bâche qui recouvrait la charrette, Florie se sentait transie quand elle pénétra dans la chambre des enfants malades. La chaleur qu'y entretenaient cheminée et chariot de fer plein de charbons ardents lui parut étouffante. Elle se défit de son épais manteau imprégné d'humidité et interrogea la novice :

— Agnès ?

— Son état est toujours le même. On ne peut rien dire. Elle somnole, tousse, s'agite un peu, se rendort et ne va, en définitive, ni mieux ni plus mal qu'hier.

— Je vais rester auprès d'elle.

— Aujourd'hui, c'est dimanche...

— Je ne travaillerai pas. Je me contenterai de prier pour elle, d'être là, de lui parler, de veiller à ce qu'elle soit bien soignée.

— Comme vous voudrez. De toute façon, le Seigneur n'a-t-il pas dit : « Le sabbat est fait pour l'homme et non l'homme pour le sabbat » ?

Florie s'assit au chevet de la petite fille. Elle était décidée à s'occuper d'elle avec toute l'attention, toute la tendresse, qu'aurait pu y apporter la mère qui aurait dû se trouver à sa place.

Sans plus vouloir connaître les raisons qui la menaient, Florie se mit à l'œuvre. De moment en moment, elle donnait à boire à l'enfant le sirop adoucissant de mauves et de coquelicots, frottait la poitrine et le dos fragile avec l'onguent préparé par la sœur apothicaire, apportait la tisane de simples vantée par la novice, tout en entrecoupant ces soins de chansons douces, d'oraisons silencieuses, d'une présence, enfin, si sensible, que, du fond de sa fièvre, l'enfant malade en sentait le rayonnement.

Autour d'elles, la vie de l'hospice suivait son cours sans troubler l'entente essentielle qui passait de l'une à l'autre. Les cinq petits malades de l'infirmerie qui nécessitaient, eux aussi, un traitement, jouaient, se plaignaient, réclamaient, riaient, pleuraient, jasaient, à tour de rôle. Des religieuses entraient, s'enquéraient de l'état de celui-ci, de celle-là, repartaient. La novice s'affairait, allait de lit en lit, donnait des soins, offrait à boire... Des servantes apportaient des quartiers d'arbres pour alimenter la cheminée, du charbon de bois pour le réchaud. Florie aidait si c'était nécessaire, pour revenir bien vite, ensuite, au chevet d'Agnès.

La journée passa, le soir vint.

— Je vais souper et dormir ici, auprès d'elle. Voulez-vous bien envoyer prévenir chez moi que je resterai à Grandmont tant qu'il le faudra.

Elle savait que, cette nuit-là, il y avait beaucoup de chances pour que Guillaume, rentré de son voyage, se rendît à la tour. Tant pis. Elle lui expliquerait plus tard, après qu'Agnès aurait été tirée d'affaire, pourquoi elle avait, pour la première fois, manqué leur rendez-vous.

Après s'être évertuée à faire absorber un peu de lait battu avec un jaune d'œuf, un doigt de malvoisie et du miel, à la petite fille qui le refusa d'abord, puis finit par l'accepter, elle prit elle-même, sur place, un peu de nourriture, avant de s'étendre sur le matelas qu'une servante avait déposé et garni de draps, de couvertures, et d'un couvre-pied de fourrure, contre le lit d'Agnès.

Pensant à l'homme qui devait se morfondre à Vençay, à celui qu'elle avait renvoyé à Tours, à son fils mort, à sa petite malade, Florie vécut d'étranges heures où elle dormit peu. Obligée de se relever souvent pour surveiller le repos d'Agnès et lui faire prendre ses remèdes, elle ne sombrait, par brefs pans de fatigue, dans le sommeil, que pour en être bientôt tirée par les allées et venues de la religieuse de garde, par les froissements de draps, les toux, les chuchotements, l'agitation contenue, tous les bruits d'une salle commune.

En dépit de quintes qui la secouaient sans toujours la réveiller, l'enfant qu'elle veillait dormit mieux qu'elle. A l'aube, Florie qui avait cru être appelée, se pencha une fois de plus sur le mince corps endormi. Il lui parut que les traits étaient moins gonflés, le souffle plus régulier.

L'amélioration se manifesta nettement dans les heures qui suivirent. Durant la tournée qu'il accomplissait chaque jour à travers l'hospice, le médecin attaché au service des malades le constata lui-même.

— La fièvre a baissé, elle tousse moins, c'est bon signe, dit-il. Allons, cette petite est en bonne voie !

Une action de grâces monta aux lèvres de Florie. Elle fit ensuite la toilette de l'enfant, à la place de la sœur, qui, un bassin dans une main, une serviette dans l'autre, lavait tour à tour les corps dolents.

Après la matinée, le repas, la sieste, les soins fidèlement donnés, les contes recommencés, le jour s'étiola.

— Agnès va beaucoup mieux, remarqua la novice. Vous pouvez, sans crainte, retourner chez vous, dame, afin de vous reposer à votre tour. Vous l'avez bien mérité.

— Il ne semble plus y avoir, en effet, de danger...

— Plus aucun. Soyez tranquille. Dans deux ou trois jours votre protégée pourra de nouveau jouer aux palets ou à cligne-musette avec ses jeunes amis.

— Dieu soit loué ! J'ai eu peur que ce ne soit plus grave !

— Nous aussi. Soyez remerciée de tout ce que vous avez fait pour elle.

Comme elle n'avait pas demandé qu'on vînt la chercher, ce fut dans le chariot de l'hospice que Florie regagna sa maison.

En chemin, l'expression employée par la novice s'imposa à elle : « Votre protégée. » Elle y réfléchit longuement.

— Je crois bien que, durant cette nuit de veille, j'ai pris une décision, dit-elle à Suzanne, au cours du souper.

— Méfiez-vous, dame ! Le mauvais sommeil donne de mauvaises idées !

— Celle-là est bonne, j'en suis certaine. Juge plutôt : je pense sérieusement à retirer Agnès de Grandmont pour l'installer chez moi. J'élèverai cette enfant comme si elle était mienne. J'y suis très attachée et crois qu'elle m'aime bien. Plus tard, je l'adopterai. J'aurai, de la sorte, quelqu'un à aimer toute ma vie. Agnès est fort attachante, tu verras. Je suis sûre qu'elle te plaira, à toi aussi.

Ce ne fut qu'en pénétrant dans sa chambre de la tour qu'elle se dit que Guillaume, lui, ne considérerait probablement pas d'un bon œil l'installation d'une tierce personne sous le toit de son amie. Cette certitude ne changea rien à sa résolution : elle le convaincrait, voilà tout !

Suzanne l'aida à se préparer, emplit de bois la cheminée, se retira.

Fatiguée, ne sachant si elle passerait la nuit seule ou non, Florie se coucha et s'endormit.

Elle se réveilla avec la sensation qu'on l'observait.

— Est-il tard ? demanda-t-elle sans trop savoir ce qu'elle disait.

Guillaume, debout auprès du lit, ne répondit pas à sa question, mais en posa une autre :

— Savez-vous que je vous ai attendue ici, pendant de mortelles heures, hier au soir ?

Elle se souleva sur un coude. Il ne devait pas y avoir bien longtemps qu'elle dormait. Les bougies n'étaient qu'à moitié consumées.

— Je suis navrée pour vous, mon ami, mais, en l'absence de Denis que je ne savais comment joindre, je n'ai pas pu vous faire prévenir.

— Je m'en doute !

Elle prit enfin conscience du ton dur, amer, des paroles prononcées.

— Guillaume, je vous le demande, ne m'en veuillez pas, je vais vous expliquer...

— Croyez-vous que ce soit nécessaire ?

C'était plus que du mécontentement. Une sorte de rancune menaçante, assortie d'une violence mal contenue, qui semblait près d'éclater.

— Pardonnez-moi cette nuit manquée, en faveur de la nouvelle que je vais vous apprendre, reprit-elle précipitamment, pour conjurer la tempête. J'ai aidé à sauver, peut-être de la mort, en tout cas d'une maladie fort grave, une enfant de l'hospice. C'est à son chevet que je suis restée sans désemparer.

— Comment voulez-vous que j'ajoute foi à cette fable ? Je vous ai vue, dimanche matin, sur la route de Vençay, en compagnie d'un homme qui vous a tenue dans ses bras, serrée contre lui, quand vous êtes descendue de votre mule. Vous ne pouvez pas le nier : je vous ai vue, vous dis-je, du bois où je me trouvais ! Ensuite, vous lui avez assez longuement parlé. Bien entendu, dans un lieu public, il ne pouvait être question de vous donner en spectacle, aussi, vous êtes-vous quittés, une fois rendez-vous pris !

— Vous êtes fou !

— Peut-être, en effet, me rendrez-vous fou ! J'ai bien failli, hier, pendant votre conversation, m'élancer sur vous deux pour tuer sur place votre nouvel amant !

— Guillaume !

— Les moments que j'ai vécus ensuite dans cette chambre en vous attendant, ces moments qui s'égrenaient, sans rémission, l'un après l'autre, sont tombés sur mon âme comme autant de gouttes de plomb fondu... C'est vous que j'aurais tuée, Florie, si vous étiez revenue à l'aube !

Rejetant les draps, la jeune femme se leva. Ses cheveux couvraient seuls, jusqu'aux reins, son corps blond. Debout devant Guillaume, et bien qu'elle en fût proche à le frôler, elle ne fit pas un geste pour le toucher.

— Si une seule des suppositions qui vous occupent depuis hier est juste, dit-elle sans baisser les yeux, s'offrant tout entière à l'homme qui l'accusait comme à un juge, dans la vérité de son expression ainsi que dans celle de sa nudité, alors, tuez-moi ! Vous avez raison de le vouloir !

— Comment expliquez-vous ce rendez-vous sur la route ?

— Ce n'était pas un rendez-vous ! Cet homme qui vous fait divaguer, je vais, pour commencer, vous dire son nom, ce qui serait la dernière chose que je vous proposerais si j'étais coupable, reconnaissez-le.

Avec l'assurance de qui dit la vérité, Florie se mit alors à parler de Bernard Fortier. Elle dit comment elle l'avait connu, cita le nombre de leurs rencontres, reconnut qu'il lui faisait la cour, répéta mot pour mot la conversation de la veille.

— Et cette nuit où vous avez découché ?

— Je vous l'ai déjà dit : j'étais au chevet d'une enfant qui m'est chère et qui risquait de mourir.

— Comment vous croire ?

— Je vais vous en fournir le moyen.

Elle alla jusqu'au foyer, s'adossa à l'un des montants de la cheminée.

— Cette petite fille dont je vous parle, s'appelle Agnès et a quatre ans. Elle est sans famille. Personne. Elle a été abandonnée, comme beaucoup d'autres, sur les marches d'une chapelle. Eh bien, Guillaume, j'ai justement décidé, pendant cette nuit où vous me croyiez livrée à je ne sais quel démon luxurieux, oui, j'ai décidé de la prendre chez moi et de l'élever comme si elle était mienne. Elle a besoin de tendresse. Moi aussi. Elle sera donc bientôt dans cette maison où vous pourrez vous assurer de sa présence et vérifier par la même occasion, puisqu'il vous faut des preuves, que je ne vous ai pas menti en vous parlant des liens qui se sont noués entre elle, qui n'a plus de mère, et moi qui n'ai plus d'enfant !

Elle pleurait. Guillaume essuya d'une main qui tremblait les joues humides.

— Pardonnez-moi, dit-il, pardonnez-moi, mon amour... J'ai souffert à en crever ! Vous ne savez pas ce que vous êtes pour moi, vous ne le mesurez pas ! Hier, en vous attendant, je me disais que, sans vous, rien n'existait plus dans l'univers, rien n'y avait plus de sens... Ma mort aurait suivi la vôtre de tout près !

Il la souleva entre ses bras, la porta sur le lit, souffla les bougies.

Seule la lueur de l'âtre éclairerait leurs retrouvailles.

7

— Il a épousé une Égyptienne ! Oui, mon oncle, une Égyptienne !
Mathilde était déconcertée. Le chanoine Clutin écarta les mains.

— Si cette jeune étrangère s'est convertie de bonne foi, ma fille,
pourquoi ne ferions-nous pas crédit à votre fils ? Arnauld a vingt-
cinq ans, n'est-ce pas ? C'est un homme. L'étudiant un peu chimé-
rique qui s'en est allé en Terre sainte a dû beaucoup apprendre au
long des ans passés là-bas, beaucoup changer. S'il a estimé qu'une
épouse égyptienne lui convenait, il peut fort bien avoir raison.

— Nous acceptons de nous en remettre à son jugement, mon
oncle, mais avouez, néanmoins, qu'il y a de quoi être abasourdis !

— Que dit au juste la lettre que vous venez de recevoir ?

— Arnauld nous parle, pour commencer, de son voyage en
Égypte, où notre sire le roi l'avait envoyé en vue d'une négociation,
et où il a été admirablement reçu. Si bien, même, que beaucoup
de personnes de la société l'ont invité chez elles. Un riche marchand,
avec lequel il s'était lié d'amitié, lui a confié avoir vu notre souverain durant sa captivité à Mansourah, l'avoir souvent approché,
s'être senti impressionné par sa dignité, son courage, sa loyauté.

— Il m'est revenu, de mon côté, que la conduite parfaitement
chrétienne de notre sire a, en effet, produit une impression profonde
sur certains des musulmans qui se trouvaient dans cette ville pendant
qu'il y était retenu.

— Celui dont je vous parle en était parvenu au point de vouloir
se convertir. Arnauld, bien sûr, l'y a encouragé. Il a, par la suite,
dispensé avec ardeur à son nouvel ami les connaissances théologiques indispensables. Le message des Évangiles a touché cet homme
de bien au point de le décider à le répandre parmi les différents
membres de sa famille. Entre eux, se trouvait une adolescente d'une
quinzaine d'années, qui, au dire de notre fils, s'est montrée fort
sensible à l'enseignement reçu. Comme elle était voilée, il ne
pouvait admirer que ses yeux, magnifiques, d'après lui, et imaginer
seulement le reste du visage et du corps qui lui paraissaient l'un
et l'autre parfaits. Après la conversion de tous, et leur baptême,
les femmes se sont dévoilées afin d'adopter les coutumes chré-
tiennes. Ce qui lui a été alors découvert, loin de le décevoir, n'a
fait que l'enflammer davantage.

— La beauté qui a inspiré jadis, au psalmiste, les comparaisons
féminines du *Cantique des Cantiques*, venait, elle aussi, de ces

contrées lointaines, remarqua le chanoine. C'est une référence qui a sa valeur.

Il souriait. Désorientée autant qu'on peut l'être depuis la lecture du message parvenu d'outre-mer après un très long silence, Mathilde se sentait enfin un peu rassurée.

— Vous estimez donc, mon oncle, qu'un tel mariage peut avoir des chances de réussir ?

— Pourquoi pas ? Ce qui compte infiniment plus que la couleur de la peau, que les usages différents, c'est de posséder en commun des goûts, des sentiments, et, surtout, un même idéal, une foi identique. Il semble que ce soit le cas de ces enfants.

— Arnauld le dit.

— Faisons-lui donc confiance. Ce couple est composé de deux chrétiens, ma fille, c'est l'essentiel ! Si, par ailleurs, ils s'aiment tous deux autant que votre fils l'affirme, que craignez-vous ? Je ne vois rien dans tout cela de si alarmant.

— Dieu vous entende, mon oncle ! Je dois reconnaître, qu'à la description enthousiaste qu'il nous fait de son épouse, notre fils joint l'assurance d'un tendre amour. Il paraît heureux. Son seul regret avoué étant que nous n'ayons pu assister à la somptueuse cérémonie d'un mariage qu'il a dû contracter avant le voyage de retour, afin que les parents de Djounia la voient partir sous la protection d'un mari, plus sûre que celle d'un fiancé.

— Eh bien, Mathilde, ne pensez-vous pas que ces précautions sont témoignages de gens sérieux ? De quoi vous plaignez-vous ?

— De rien, mon oncle, si ce n'est qu'on découvre en soi, à la lumière de circonstances comme celle-ci, à quel point on est régi par des habitudes, des façons de juger, dépendant de notre éducation, de notre lieu d'origine, de nos coutumes. L'idée que la femme d'Arnauld parle notre langue avec difficulté, qu'elle a, tout naturellement, des manières d'être différentes des nôtres, m'effarouche en dépit des beaux raisonnements que je ne cesse de me tenir.

— Née dans une famille honorable où on lui a certainement inculqué de bonne heure les mille raffinements des mœurs orientales, elle doit avoir, sous des apparences sans doute un peu déroutantes, beaucoup d'aspects communs avec vous. Son père est marchand, me dites-vous ?

— Je crois qu'il vend des tissus de coton, de soie, de gaze, de crêpe...

— Vous voyez bien ! Pour peu qu'il s'intéresse aux étoffes tissées d'or et d'argent, ce qui est tout à fait vraisemblable, Étienne et lui sont faits pour s'entendre.

La gaieté légèrement moqueuse du chanoine faisait merveille.

— Vous me connaissez, mon oncle. Je me sens toute prête à aimer l'épouse d'Arnauld, si, toutefois, elle y consent.

— Elle y consentira certainement. N'oubliez pas qu'elle va se trouver déracinée, loin des siens, en pays inconnu où tout lui sera nouveau. Plus qu'une autre, elle ressentira le besoin de votre appui, de votre sollicitude.

— Elle peut y compter, si Dieu veut !

— Il vous entendra, ma fille, croyez-moi, vous qui êtes une mère bienveillante.

— Pas toujours, mon oncle !

— J'espère bien que si !

Mathilde soupira. Elle n'avait encore jamais parlé au chanoine de ce qu'elle avait appris en Touraine au sujet de Florie. Le moment lui en parut venu.

— Depuis quelque temps déjà, je voulais vous entretenir d'une chose qui me préoccupe, reprit-elle. Je n'ai pas trouvé le moment nécessaire, ni le courage, de venir vous consulter avant aujourd'hui. Le bien que vous venez de me faire en aplanissant pour moi les obstacles que je croyais discerner dans le mariage d'Arnauld, en m'amenant à considérer sans anxiété les suites qu'il comportera dans notre vie de famille, m'incite à vous confier un secret qui, pour n'être pas mien, ne m'en touche pas moins au cœur. Il s'agit de Florie.

— Ne vit-elle pas près de Tours, dans la contrition et le renoncement ? Étienne m'a dit avoir fait sa paix avec elle, ce qui était souhaitable et me semble bien. Il m'en a fait part sans manifester de souci excessif.

— Il n'est pas au courant de ce que je sais. Au début, je n'ai pas cru bon de troubler sa convalescence. A présent, je ne pense pas avoir le droit de le plonger à nouveau dans la déception et la douleur.

Elle raconta ses doutes, sa découverte, son accablement.

Pierre Clutin avait écouté sa nièce sans rien dire. Le menton posé sur ses mains croisées, accoudé à sa table de travail, il réfléchissait. Quand elle se tut, il ne parla pas tout de suite.

— Pensez-vous que Florie est durablement éprise ? demanda-t-il enfin avec sobriété.

— Je ne sais... Je ne le crois pas. Son attitude est davantage celle d'une femme qui subit les assauts d'un amour fou que celle d'une femme qui connaît ces mêmes égarements. Il y a je ne sais quoi de soumis dans sa façon de se comporter qui me paraît assez révélateur.

— Alors, tout n'est peut-être pas perdu. Sait-on si, un jour, elle n'aura pas l'énergie de se soustraire à une emprise qui doit, parfois, lui être à charge ?

Il émanait de la pâle et maigre figure du chanoine une connaissance si éclairée, si partagée, de ce qu'il était en train d'entendre, que Mathilde ne fut pas surprise de sa réaction.

— Je vais tenter de provoquer chez Florie la prise de conscience indispensable, dit-il d'un air déterminé. Je suis le seul à pouvoir le tenter.

— Comment vous y prendrez-vous, mon oncle ?

— Je dois me rendre à Poitiers prochainement pour un colloque de théologie où je suis invité. Je vais partir un peu plus tôt que je ne le prévoyais, afin de passer par Tours. J'irai voir votre fille chez elle. Je lui parlerai.

— Fasse Notre Seigneur Dieu que vous soyez porteur des mots qui convertissent !

— Dieu peut tout, ma fille, à condition que nous y mettions de la bonne volonté. Si Florie reconnaît s'enliser dans un marécage où le péché l'enfonce chaque jour un peu plus, si elle souhaite vraiment s'y arracher, elle sera secourue. En dernier ressort, comme toujours, sa sauvegarde ne dépendra que d'elle.

— C'est bien ce qui m'inquiète, mon oncle !

— Ayez confiance, Mathilde. C'est la condition essentielle de l'aide que nous recevons, alors même que tout semble perdu !

Une fois de plus, en quittant le cloître Notre-Dame, la femme de l'orfèvre se sentait fortifiée.

Elle se rendit directement rue Quincampoix où elle savait que du travail l'attendait.

Il faisait un froid maussade. Le ciel, comme le couvercle d'une marmite, fermait de partout l'horizon. C'était un mois de janvier humide et gris d'Ile-de-France. Peu de gens s'attardaient dans les rues.

Mathilde pénétra avec soulagement dans la boutique où elle trouva Étienne qui donnait à un de ses apprentis une leçon de ciselure sur or. Elle admirait, chaque fois qu'elle en avait l'occasion, la maîtrise dont son mari faisait preuve dans l'exercice de son métier. Depuis que Bertrand avait pris en main les ventes et les relations avec les marchands étrangers, maître Brunel se consacrait davantage à la fabrication, à la création des belles pièces qui étaient sa fierté. Sa femme savait combien sa réputation d'intégrité, de compétence, était solide. Elle appréciait cet aspect d'une personnalité qui l'attachait autant par son talent que par ses faiblesses.

— Je reviens de chez mon oncle, lui dit-elle quand il en eut terminé avec l'apprenti.

— Lui avez-vous parlé du mariage d'Arnauld ?

— J'y étais surtout allée dans cette intention.

— Qu'en dit-il ?

— Qu'il en sera de cette union comme de toutes les autres : qu'elle évoluera en fonction de la qualité des personnes. Il estime que Djounia, malgré les différences inévitables à deux éducations aussi lointaines, peut fort bien posséder les dons nécessaires à une bonne épouse. Enfin, il m'a répété qu'il dépendra en grande partie de notre accueil qu'elle s'acclimate en France, s'y plaise et nous adopte.

— Il doit avoir raison. Nous verrons. De toute façon, je préfère savoir mon fils aîné marié à la fille d'un honnête marchand égyptien, que de voir sa sœur s'amouracher d'un débauché comme Rutebeuf !

— Quand je pense, dit Mathilde avec une sorte d'amère férocité tournée contre elle-même, oui, quand je pense avoir proclamé, durant des lustres, que les joies de la maternité l'emportaient de beaucoup sur ses tourments, j'ai l'impression d'être passée, comme une aveugle, à côté des réalités les plus évidentes !

Tout en parlant, les époux s'étaient penchés sur des croquis de bijoux dont ils avaient déjà discuté ensemble.

— Cette fois, il va falloir choisir les modèles qui vous paraîtront les plus aptes à tenter les gens de la cour qui vont nous revenir sous peu de Terre sainte, dit l'orfèvre. On annonce le départ du roi et de la flotte pour le mois d'avril prochain. Si nous voulons être prêts pour leur retour, il faut nous mettre à l'ouvrage sans tarder.

Ils avaient beaucoup vendu pour les fêtes de Noël, des Étrennes, de l'Épiphanie. La Chandeleur et le Carnaval, tout proches, finiraient de vider les boutiques de ce qu'elles contenaient encore de présentable. Il paraissait urgent de renouveler les approvisionnements, de prévoir d'importantes réserves, afin de pouvoir faire face aux demandes qui seraient nombreuses l'été venu.

— Nous aurons également à lutter contre la concurrence des produits orientaux, affirma Mathilde. Il en est de même à chaque rentrée des croisés. C'est à la fois stimulant et dangereux pour nous.

— Plus stimulant que dangereux, ma mie. Voyez combien de denrées venues d'outre-mer nous sont devenues à présent familières, indispensables, alors que nos ancêtres en ignoraient l'existence.

— En étaient-ils plus malheureux pour autant ? Je n'en suis pas certaine. Peu importe, d'ailleurs. On ne revient pas en arrière. Les tapis, les soies de Damas, les oranges, les abricots, font maintenant partie de notre existence. Vous avez raison, mon ami. Ce que je voulais dire est qu'il ne faut pas nous laisser distancer par les modes sarrasines.

— J'aime en vous, Mathilde, parmi beaucoup d'autres traits, ce sens du réel qui voisine si naturellement avec une belle imagination. Choisissez d'après votre goût. En le suivant, vous ne pouvez pas vous tromper.

Mathilde se mit en devoir de dessiner des projets de bijoux. Douée pour le graphisme, elle savait, d'un trait ferme, projeter sur le parchemin les inventions de son esprit. Travailler de la sorte lui plaisait. Près d'Étienne, dont la confiance lui était un don constant, elle se sentait bien. Les manquements charnels qui l'avaient tant fait souffrir jadis, qui perturbaient encore de temps en temps leur entente, s'oubliaient sans difficulté dans des moments comme celui-ci.

Depuis le départ, les erreurs, les désastres de leurs enfants, il lui arrivait, plus souvent qu'autrefois, de souhaiter se retrouver seule avec Étienne. Ainsi qu'aux heures amoureuses du début de leur mariage, ils ressentaient profondément la joie d'être deux et de se compléter. Une paix, une sécurité tendre, qu'elle appréciait de plus en plus, régnait dans leur couple. Si elle levait les yeux de son ouvrage, elle rencontrait, presque à coup sûr, le regard attentif, toujours en alerte, aimant autant qu'on peut l'être, de son mari.

Ils œuvrèrent l'un près de l'autre jusqu'à la tombée du jour. Les cloches des églises parisiennes se mirent à sonner l'interruption du travail. Les apprentis s'en allèrent. On ferma la boutique.

Dans les rues, soudain tirées de la froide somnolence de l'hiver par l'afflux de ceux qui quittaient échoppes, ateliers, ouvroirs, pour rentrer chez eux, les époux Brunel regagnèrent leur logis.

— Savez-vous, mon ami, à quelle date le jeune drapier de Blois doit venir à Paris ? demanda Mathilde, tout en prenant grand soin de ne pas laisser traîner son manteau de velours fourré sur les pavés fangeux.

— Je crois qu'il sera ici pour le Carnaval. Louis Hernaut, lors de son passage dans la capitale pour les fêtes des Innocents, m'en avait touché deux mots. Il m'avait, d'ailleurs, assuré que son jeune beau-frère nous préciserait le jour de son arrivée dès qu'il le connaîtrait lui-même.

— J'ai hâte de le présenter à Jeanne. Puisque, parmi les fils de nos amis, elle ne trouve personne à sa convenance, et, en dépit de ses frasques, continue à ne jurer que par Rutebeuf, il nous faut lui fournir une diversion. Ce garçon fera l'affaire. Il devrait lui plaire. Je compte sur lui, je vous l'avoue, pour éloigner le dangereux mirage dont elle se nourrit encore.

Depuis le scandale qui avait suivi la nuit où il avait joué jusqu'à sa robe de jongleur avant qu'on ne le ramassât ivre mort dans la boue, Rutebeuf avait paru se complaire à multiplier les esclandres. On parlait beaucoup trop de lui, de ses beuveries, de sa passion du jeu, des fréquentations louches qu'il affichait avec ostentation. Les divertissements triviaux de la mauvaise saison, fête de l'Ane, fête des Fous, lui avaient permis de donner libre cours à son penchant pour la dépravation.

A la suite de ces éclats, maître Brunel avait interdit à Jeanne de revoir le trouvère. L'adolescente ayant fort mal pris cette défense, une scène pénible avait eu lieu entre le père et la fille, la veille de la Noël, alors qu'on venait de placer dans la plus grande cheminée de la maison, l'énorme bûche, préparée à cette fin, dont on comptait, selon la coutume, conserver les débris charbonneux afin de les rallumer en été, les jours d'orage, dans l'espoir d'éloigner la foudre.

— J'espère, avait lancé Jeanne d'une voix blanche, que cette précaution restera sans effet. Le feu du ciel est bien le seul à pouvoir attendrir les cœurs endurcis de ceux qui logent sous ce toit !

Étienne s'était retourné comme si une flèche venait de le frapper.

— Qu'est-ce à dire ? avait-il demandé sans vouloir tenir compte des gestes d'apaisement de sa femme.

L'accrochage avait été sévère. Réduite assez vite au silence, l'adolescente était remontée en sanglotant vers sa chambre.

La messe de minuit en avait été gâchée pour chacun des membres de la famille. Durant l'office célébré en grande pompe, accompagné des chants du clergé et des fidèles, pendant qu'on représentait, à l'heure sacrée, la gésine de Notre Dame à l'endroit où on chantait la Généalogie, l'attention des Brunel avait été détournée du saint mystère par les traces visibles de la guerre clandestine qui se livrait parmi eux. Les yeux rougis de l'une, le visage fermé de l'autre, consternaient tout le monde. Les trois jours de fête chômés en avaient été assombris.

Il y avait pourtant eu une éclaircie au moment de la fête des Étrennes. Cet allégement des humeurs s'était maintenu jusqu'à l'Épiphanie où on avait tiré les Rois au milieu des rires habituels, sans autre complication.

Jeanne paraissait admettre le bien-fondé des raisons que son père, revenu sur sa froideur, lui avait exposées avec beaucoup de bonté et de patience.

L'euphorie des festivités dissipée, la jeune fille avait de nouveau parlé du jongleur. Elle désirait reprendre avec lui des relations qu'elle estimait innocentes et bénéfiques à la fois.

— Je reconnais que Rutebeuf s'est conduit en dépit du bon sens, avait-elle confié à sa mère, mais il y était poussé par le désespoir. Au fond, c'est mon père qui est la cause de ses extravagances. Si, le jour du bal de la confrérie, il ne l'avait pas chassé comme un gueux, rien n'aurait été pareil. Il faut comprendre la susceptibilité d'un poète et l'aider à se retrouver. Si on ne lui tend pas la main, à quoi va-t-il pouvoir se raccrocher ?

— Je ne pense pas que ce soit à vous de le faire, avait répondu Mathilde. Je vois bien ce qui vous attire dans le rôle, toujours séduisant, d'intermédiaire salvatrice entre le Mal et ses victimes, mais c'est trop dangereux pour une jeune fille comme vous !

— Vous n'avez aucune confiance en moi !

— Je n'ai plus confiance, il est vrai, en ce qu'affirment les innocentes de votre sorte. Non pas que je doute de votre sincérité. Seulement, voyez-vous, la sincérité ne suffit pas. Elle couvre souvent bien des erreurs, bien des méfaits. De toute mon affection pour vous, ma petite fille, je veux vous éviter les conséquences désastreuses qui finissent, parfois, par en découler.

C'était là un dialogue sans issue. Mathilde en avait conscience. Elle se répétait qu'elle ne parviendrait pas à convaincre Jeanne, et en souffrait.

— C'est pourquoi, mon ami, conclut-elle comme Étienne et elle arrivaient rue des Bourdonnais, c'est pourquoi je souhaite la venue de Bernard Fortier dans nos murs.

Il lui fallut attendre jusqu'au moment du Carnaval pour se voir exaucée.

Un drapier de Paris apporta un matin une lettre du jeune homme annonçant son arrivée quelques jours avant le Mardi gras. Devant loger chez des amis, il se présenterait le dimanche suivant chez les Brunel, afin de les saluer.

— Faut-il préparer Jeanne à cette entrevue ? demanda Étienne à sa femme, après avoir lu la missive.

— Je ne le pense pas, mon ami. Notre fille a une nature indépendante, orgueilleuse, qui la pousse à se vouloir, seule, organisatrice de ses heurs et malheurs. Laissons-lui l'illusion de découvrir par elle-même l'objet d'une rencontre qu'elle ne saura pas être organisée. Je crois que c'est préférable.

Ce fut donc sans avoir été avertie que l'adolescente pénétra ce dimanche, en fin de journée, dans la grande salle où ses parents s'entretenaient avec un inconnu.

— Venez ici, ma fille, que je vous présente le frère de dame Bérengère Hernaut qui nous reçoit toujours si amicalement en Touraine, à chacun de nos passages dans sa ville, dit Étienne avec naturel. Il est drapier de son état.

Jeanne salua, sourit, s'enquit de la façon dont s'était passé le voyage.

Des servantes apportèrent de l'hydromel, du vin aux épices, des brioches, des pâtes de fruits.

Marie revint de son cours d'enluminure, rougit, balbutia, se fit oublier le plus vite possible.

La conversation roulait sur Paris, sur les fêtes qui se préparaient.

— La coutume veut que le bal du Mardi gras se donne dans la grande galerie du Palais royal, transformée pour une nuit en salle de danse, dit Étienne. L'absence du roi et de la reine n'y change rien. Pour un garçon de votre âge, ce n'est certes pas un divertissement à dédaigner, aussi vais-je m'employer à vous y faire inviter.

— Grand merci, maître Brunel. J'ai fort envie d'y aller !

— Aimez-vous danser ? s'enquit Jeanne.

— Beaucoup. J'y vais chaque fois que je le peux. N'est-ce pas la meilleure manière d'approcher de près des jeunes filles, par ailleurs trop bien gardées ?

Il riait, avec ce mélange de cynisme juvénile et de bonne humeur qui lui donnait un charme un peu facile, mais assez engageant.

— Alors, il faudra venir mardi, dit Mathilde, sans oublier de vous costumer.

— En quoi serez-vous ? demanda Jeanne.

— Je n'y ai pas encore songé... Vous-même, demoiselle, sous quelle forme vous verrons-nous ?

— Comme mon frère aîné vient d'épouser une Égyptienne, ce que vous ne savez sans doute pas, j'ai songé à m'inspirer de cet événement familial pour choisir un déguisement : je serai en sultane !

— C'est une merveilleuse idée ! s'écria Bernard Fortier.

Il partit de son grand rire.

— Vous m'en donnez une autre, reprit-il. Si vous le permettez et pour n'être pas trop dépaysé, je me costumerai moi-même en sultan !

« Allons, se dit Mathilde, en les voyant s'esclaffer de compagnie, allons, la rencontre se passe fort bien. Espérons que la suite des événements ne nous décevra pas. »

Le lundi et le mardi furent consacrés aux préparatifs indispensables. Le jeune drapier trouva pourtant le moyen de venir rue des Bourdonnais. Une première fois, pour y prendre Étienne qui lui avait promis de le mener chez Nicolas Ripault afin de le présenter à son ami. Celui-ci pouvait se montrer des plus utiles à un débutant ambitieux comme l'était Bernard, dans une profession où il y avait beaucoup de rivalités. Une seconde fois, pour apporter à Mathilde un drap broché de soie dont elle avait regretté devant lui de n'avoir pas pu se procurer une coupe.

Le sort voulut qu'à chacun de ses passages il rencontrât Jeanne.

En l'honneur du Mardi gras, et la fête devant durer toute la nuit, il y avait suspension traditionnelle du couvre-feu. Malgré la grisaille et un ciel toujours quinteux, une animation, un grouillement de fourmilière en folie, remplissaient les rues décorées de courtines et de draperies, éclairées de lanternes multicolores, de torches fichées sur des piquets, tout au long des principales voies. C'était dans toute la chrétienté, avant l'austérité du carême, le gai remue-ménage du plaisir et des jeux.

Quand Jeanne, sous son déguisement, entra dans la chambre de ses parents, Étienne en reçut un choc. Fardée pour la première fois, vêtue de soie couleur d'azur, enveloppée d'un manteau neigeux, voilée de gaze brodée, chaussée de brodequins dorés à la manière des musulmanes, elle était à la fois apparition d'Orient et fantôme de Mathilde dans sa verte jouvence.

— Dieu ! que vous êtes belle, ma fille !

— Je vous plais ?

Plus fort que sa bouderie, son besoin de séduire la conduisait à jouer les coquettes auprès d'un père auquel, durant les dernières semaines, elle avait pourtant battu froid.

— Je suis fier de vous ! Vous ressemblez tellement à votre mère quand elle avait quinze ans !

Selon la coutume, l'orfèvre et sa femme accompagnaient leurs filles au bal. Marie avait choisi un costume de Mélusine qui lui permettait de déployer sur ses épaules ses abondants cheveux blonds.

Des valets escortaient le groupe.

On dansait sur les places, aux carrefours, jusque dans les cours. Des bateleurs, des dresseurs d'animaux savants, des musiciens ambulants criaient, racontaient des facéties, chantaient. Un sautillement coloré, un trémoussement de masques, de faces enluminées, de perruques grotesques, de bouches ouvertes sur d'énormes rires, emplissaient la nuit de fête.

Dans l'île de la Cité, la galerie marchande du Palais était le centre de tous les mouvements de foule. On n'y pénétrait que sur invitation, mais, à en juger par la presse, beaucoup de gens étaient parvenus à s'en procurer ! Il fallait attendre un moment dehors avant de pouvoir entrer dans l'immense local.

D'ordinaire, la galerie, lieu de rendez-vous des élégants, était vouée au commerce de luxe. Les merciers y vendaient les articles de la parure, les fards, les parfums, les soieries du Levant, l'hermine, le vair, l'or en paillettes, l'argent ciselé, les joyaux, les aumônières, les couvre-chefs, les gants, les bas, les bourses de cuir, les instruments de musique, les plumes de paon, les guimpes et jusqu'aux fausses tresses que certaines femmes ajoutaient à leur chevelure.

Pour l'occasion, on avait clos les volets des boutiques, décoré les murs de draperies, de tapisseries, de guirlandes de houx, de gui, de feuillage piqué de roses de Noël et de flots de rubans. Une multitude y tourbillonnait. Somptuosité des étoffes, richesse des broderies, profusion d'ornements en or et en argent, les vêtements rivalisaient d'éclat, de faste, d'imagination.

Si un grand nombre d'invités étaient masqués et costumés, ils ne l'étaient cependant pas tous.

— Comment discerner quelqu'un dans cette cohue ? soupira Mathilde qui ne voyait pas de quelle façon Bernard Fortier pourrait rejoindre Jeanne.

— Ne vous faites aucun souci, ma mie. Qui veut, peut. Croyez-moi.

Des amis, des relations, passaient, bavardaient, s'éloignaient. On se déplaçait lentement, en contournant des groupes, en s'arrêtant, en repartant. On riait des masques, on cherchait à reconnaître des visages, des silhouettes, on s'extasiait sur l'invention, l'élégance, la drôlerie des costumes.

Nicolas Ripault et sa femme émergèrent soudain de la foule. Le frère de Bérengère Hernaut était avec eux.

— Vous voyez bien ! souffla Étienne. N'avais-je pas raison ?

— J'ai tenu à accompagner jusqu'à vous votre jeune ami blésois que tout ce monde inquiétait, dit le drapier en glissant un œil malin en direction des adolescentes. Il se sentait un peu perdu au milieu de la bousculade et craignait de ne pas avoir la possibilité de vous rejoindre avant la fin de la soirée !

Alix et son mari, ce Rémy qui avait, autrefois, su plaire à Charlotte, suivaient leurs parents. L'amie de Florie n'avait plus la vivacité ni la spontanéité rieuse des années d'antan. Il y avait quelque chose de crispé dans son sourire, une ombre, celle des illusions envolées, au fond de ses prunelles.

— Allez danser, mes enfants, conseilla Mathilde.

Des rondes, des farandoles, ondoyaient au milieu de la masse mouvante. On se bousculait, on se coudoyait, on chantait, on se contait fleurette, on profitait des ondulations de la foule pour se serrer plus qu'il n'était nécessaire les uns contre les autres.

Sous couleur de la conduire vers les anneaux perpétuellement formés puis déformés d'une ronde, Bernard, à qui le turban, la robe et le burnous de laine blanche allaient bien, s'était emparé d'une main de Jeanne. Il lui parlait de près, l'œil brillant.

— Plutôt que pour une sultane, on pourrait vous prendre pour une houri, disait-il à la jeune fille.

— Et pourquoi donc ?

— Parce que les houris sont des beautés parfaites que le Coran promet aux musulmans quand ils seront au paradis d'Allah !

Il élevait le ton afin qu'elle pût l'entendre au milieu du fracas que la musique, les conversations, les refrains repris en chœur, les frappements de pieds, multipliaient autour d'eux.

— Je croyais que c'étaient des sortes de fées orientales...

— Beaucoup mieux que des fées, demoiselle ! Des créatures divines dont le charme est sans pareil... Je ne pensais pas en rencontrer jamais, et voici que vous êtes devant moi, si belle, pour donner raison au Coran et pour me donner tort !

Ce compliment direct ne déplut pas à la jeune fille, s'il la décontenança un peu.

La danse changea de rythme. On repartit d'un pied léger. Comme elle passait devant une des estrades où étaient installés les musiciens, Jeanne, levant les yeux, aperçut Rutebeuf. Il jouait de la vielle comme à l'accoutumée, mais avait, lui aussi, remarqué la jeune fille. Tout en interprétant sa partie, il la suivait du regard. Elle se

sentit rougir, s'en voulut, dédia un sourire et un signe de tête au
jongleur qui ne lui rendit ni l'un ni l'autre.

— Quel mauvais caractère ! se dit-elle. Il m'en veut parce que
je m'amuse avec un autre. Est-ce ma faute si son métier le tient à
distance de moi ?

Les doigts de Bernard serraient les siens. Elle songea furtivement
qu'il était bien plus agréable d'être courtisée par un garçon comme
le jeune drapier que par un baladin, importun à ses parents. Sitôt
formulée, cette distinction lui fit honte. Elle se la reprocha, se sentit
mal à l'aise, mit cette gêne au compte de Rutebeuf, et, enfin, perdue
parmi des remous de conscience inextricables, se décida à ne plus
songer qu'à son divertissement.

Nicolas ramenait à sa place Marie, qu'il couvrait à son habitude
de louanges excessives, puis, sans désemparer, invitait aussitôt
Mathilde.

Yolande s'adressa à l'adolescente :

— Ce n'est pas mon époux qui aurait dû vous faire danser, Marie,
mais mon fils, s'il n'était cloué pour toujours sur son lit d'infirme !

En elle, la souffrance maternelle demeurait plaie vive.

— La dernière fois que je l'ai vu, dit la jeune fille, il composait
une aubade, en fredonnant la mélodie, et paraissait content.

— Il fait de nécessité satisfaction, soupira Yolande. Certains
jours, pourtant, s'il m'arrive de pénétrer à l'improviste dans la pièce
où il compose, je lui trouve les yeux rouges et l'air chagrin.

— Je vais aller plus souvent lui rendre visite, proposa Marie
dans un élan de compassion. Nous parlerons musique ensemble.

— Ce ne sera pas bien gai pour votre jeunesse, mais, pour Marc,
un tel témoignage d'amitié n'aura pas de prix !

Mathilde et Nicolas achevaient une carole. Comme ils s'acheminaient, en fendant la presse, vers leur groupe, un grand diable au
masque cornu, vêtu de rouge, mit une main sur le bras de la
femme d'Étienne.

— Accepteriez-vous de danser avec moi ?

Voyant qu'elle hésitait, Nicolas intervint :

— Satan n'est à craindre que lorsqu'il cherche à nous persuader
qu'il n'existe pas, belle amie ! Quand il se promène ainsi, ouvertement, en s'exposant sous son aspect le moins discret à tous les
regards, il n'est plus à redouter, croyez-moi !

— Allons donc, dit Mathilde, intriguée.

Son compagnon l'entraîna vers une farandole qui passait. Ils ne
s'y attardèrent pas. Au premier prétexte, l'inconnu, entraînant sa
cavalière avec lui, quitta les autres. Il la conduisit près d'une
échoppe dont l'auvent clos était dissimulé par une draperie.

— Il fallait que je vous parle, dit-il en se démasquant.

— Girard !

— Qui vouliez-vous que soit ce démon ?

— Vous tenez absolument à vous faire plus mauvais que vous n'êtes, mon pauvre ami ! Repartons, s'il vous plaît.

— Non pas. Vous m'entendrez !

— Avez-vous donc l'intention de m'annoncer que vous acceptez de renoncer à votre folie ?

— Comment le pourrais-je ?

— Alors, vous n'avez rien à m'apprendre de nouveau. Je suis au fait de vos chimères et vous ai déjà dit ce que j'en pensais. Adieu !

— Vous ne me quitterez pas ainsi !

Il voulut la saisir dans ses bras.

— Non !

La gifle claqua. Girard recula. Mathilde s'échappa. Elle revint vers les siens. Une saine colère l'habitait.

— Décidément, il n'est pas recommandé de frayer avec Satan, dit-elle à Nicolas qui la considérait d'un air interrogateur, même un soir de Carnaval !

— Que s'est-il passé ?

— Rien. Mais ce diable est un fou !

Étienne s'approchait.

— Si nous allions boire quelque chose ?

A l'un des bouts de la galerie marchande, on avait dressé des tables chargées de mets et de boissons.

Comme ils y parvenaient, Mathilde aperçut Jeanne qui dansait un touret avec Bernard. Ils avaient l'air de fort bien s'entendre.

8

— Il faut rompre, Florie, il n'y a pas d'autre solution.

Depuis plus de deux heures que durait leur conversation, les arguments du chanoine convergeaient tous vers cette alternative : ou continuer la vie de péché qui perdait l'âme en souillant le corps, et en compromettant l'avenir, ou se décider à une séparation qui sauverait aussi bien les chances de vie éternelle que celles d'ici-bas.

— Je ne nie pas, mon père, que vous ayez raison, répéta Florie qui avait, plusieurs fois déjà, acquiescé aux dires de son interlocuteur. Je suis arrivée, moi aussi, à cette conclusion. Mais, hélas ! c'est une chose d'admettre la nécessité d'une rupture, c'en est une autre de la réaliser ! J'ai peur, je le reconnais devant vous, oui, j'ai peur de la violence d'un homme dont toute la vie s'est nouée et comme ramassée autour de notre liaison.

— Ce que vous me dites prouve, cependant, que vous ne l'aimez plus, ma fille. En admettant qu'on ait jamais pu nommer amour l'état de soumission sensuelle auquel il vous avait réduite.

— Puisque je vous parle en confession, mon père, je vous avouerai que je n'ai jamais su si je l'aimais ou non. Dès le début de nos relations, je me suis sentie subjuguée par lui, mais, en dépit de l'ascendant qu'il exerçait sur moi, je n'ai jamais été sûre de partager sa passion. Il y a en lui je ne sais quel trop avide appétit de jouissance qui le rend redoutable autant que séduisant.

— Il m'est parfois arrivé, au cours de mon ministère, de rencontrer de ces natures serves de leur instinct et de lui seul, qui feraient douter des fins dernières de l'espèce humaine, si, grâce à Dieu, nous n'en avions pas, par ailleurs, tant de preuves ! Je sais combien ces gens-là sont difficiles à convaincre.

Il passa une main aux articulations saillantes sur son visage, se redressa. La volonté qui l'animait n'était pas de celles auxquelles on se heurte, mais de celles qui, parce qu'elles sont désintéressées, mues par le seul souci de servir, ont le pouvoir d'entraîner à leur suite celui auquel elles s'adressent.

— Tant pis pour vous, ma fille ! reprit-il. Ne m'en veuillez pas de vous parler avec cette rudesse apparente, mais je vois, dans la dureté même de l'effort demandé, la condition mise au rachat d'une faute dont nous ne pouvons pas nous dissimuler qu'elle est grave.

— Je ne le conteste pas.

— Allez donc jusqu'au bout de votre raisonnement, Florie, efforcez-vous d'être lucide si vous ne voulez pas rester sans défense au moment critique : vous aurez à livrer combat à un homme dont la force réside, non dans la hardiesse, la fougue ou l'autorité dont il peut faire preuve, mais, plus dangereusement, dans la sincérité des sentiments qu'il vous porte.

— Je n'y parviendrai jamais. Ce n'est pas de lucidité que j'ai besoin, mais de bravoure. J'en suis lamentablement dépourvue !

— Même pour vous libérer de liens qui vous pèsent, qui vous condamnent à mener sans fin une existence flétrie ?

— Je le crains.

— Même s'il s'agit de retrouver un honneur qui, seul, peut vous permettre d'envisager sainement l'éducation d'une enfant comme Agnès ?

— Là, mon père, vous me touchez au vif !

— Vous voyez bien que tout n'est pas perdu ! Cette petite fille que Dieu a placée sur votre route va vous obliger à vous montrer digne de la confiance qu'elle a mise en vous. Vous ne pouvez pas la décevoir.

Florie se taisait. Autour de son visiteur et d'elle, s'écoulaient les heures d'un jour de février. La saison était prématurément douce. Les oiseaux se reprenaient à chanter, les violettes à fleurir sur les talus, la lumière à égayer les coteaux. Une saison ambiguë, qui n'était plus l'hiver mais pas encore le printemps, déconcertait les Tourangeaux. On faisait toujours du feu dans la salle de la maison, alors que, dans la journée, du moins, ce n'était plus vraiment nécessaire.

Sous la surveillance de Suzanne, Agnès jouait au soleil, dans le jardin. C'était d'elle que le chanoine, dès son arrivée, s'était d'abord entretenu avec Florie. Pour la féliciter de son entreprise. Autant à cause du bien procuré que du tendre bénéfice à en retirer. Ce n'avait été que par la suite, et ainsi que d'une conséquence naturelle de l'adoption, qu'il avait abordé la rupture.

— Je redoute la façon dont Guillaume va se comporter après m'avoir entendue, soupira la jeune femme.

— Ce sera un moment difficile, ma fille, je vous le concède. Mais c'est justement en cette appréhension à vaincre, en cette lutte à soutenir, que résidera l'essentiel de l'épreuve.

Les coudes posés sur ses genoux, les mains soutenant sa face d'ascète, le chanoine offrait à Florie une qualité d'attention exceptionnelle.

— Vous m'avez dit ne pas avoir communié depuis plus d'un an, ne pas avoir fait vos Pâques l'année dernière. Envisagez-vous de continuer à vous tenir loin des sacrements ? Pourrez-vous, longtemps encore, vivre comme une païenne ?

— Vous ne me donnerez pas l'absolution ?

— Le puis-je ? Vous savez aussi bien que moi ce qu'il en est.

Les flammes dévoraient les troncs d'arbres, la désolation l'âme de Florie.

Le chanoine et sa petite-nièce demeurèrent un moment silencieux, l'une à se débattre, l'autre à prier.

— Tout est à craindre de Guillaume, reprit la jeune femme, tout ! Vous ne le connaissez pas, mon père ! Il se montre déjà rempli de jalousie à l'égard de la tendresse que je porte à cette enfant dont il n'admet que par force la présence près de moi... Il est jaloux de n'importe qui, de tout le monde, de son ombre même !

— Vous n'êtes donc pas heureuse ! Par le Dieu vivant, reprenez-vous ! Ne vous laissez pas enliser dans toute cette boue !

Le ton avait changé. Le confident plein de compréhension et de bonté s'effaçait devant le serviteur frémissant de la justice divine. Florie avait en face d'elle un homme inspiré.

— Je vous donne un mois, ma fille, un mois, pas plus, pour sortir de ce bourbier ! Relevez-vous ! Redressez-vous ! Avez-vous oublié que vous êtes une libre créature du Seigneur ?

Debout devant la jeune femme, silhouette à la fois frêle et indestructible, masque émacié brûlant d'amour spirituel, il se dressait comme une torche.

— Je reviendrai à Vençay dans un mois, reprit-il. Je veux pouvoir, à cette date, vous donner l'absolution !

— Alors, mon père, priez pour moi, priez sans cesse, puisque vous tenez à me retrouver affranchie, délivrée, à votre retour : sans aide, je ne parviendrai à rien !

Longtemps après le départ du chanoine, Florie resta prostrée. Si sa liaison lui paraissait chaque jour plus lourde, la décision à prendre lui semblait encore plus écrasante !

Depuis qu'elle avait ramené Agnès chez elle, depuis qu'elle avait cette enfant à aimer, à soigner, à surveiller, depuis qu'elle s'était sentie responsable de cette vie légère, ses sentiments envers Guillaume avaient beaucoup évolué.

Aimant cet homme autrement qu'avec son corps, peut-être chez elle la tendresse aurait-elle, sans difficulté, pris le relais de la passion. Mais il n'en était rien.

Aussi, la venue du chanoine, ses conseils, ses exigences spirituelles, ne l'auraient pas révoltée, mais plutôt confortée dans une décision qu'elle n'attendait qu'une occasion pour prendre, si la frayeur ne l'avait pas habitée.

Un mois ! Il lui faudrait, dans un tel laps de temps, découvrir la vaillance nécessaire à l'initiative, à l'exécution, à l'accomplissement d'une manœuvre dont les difficultés lui paraissaient, à l'avance, insurmontables ! Comment s'y prendre ?

— Florie, Florie, regardez, regardez !

Agnès entrait dans la pièce, se précipitait vers la jeune femme, posait sur ses genoux deux crocus jaunes, maladroitement cueillis, un peu écrasés.

— Grand merci, ma mie. Ils sont fort beaux. Je vais les mettre dans une timbale en argent, avec de l'eau, pour les conserver le plus longtemps possible.

Elle se penchait, embrassait les joues rondes, fermes et douces, à la transparence délicate de pétale. L'odeur duveteuse, tiède, printanière, de la peau enfantine était celle-là même de l'innocence, de la verdure, de toute la fraîcheur du monde.

— Vous sentez le grand air et le soleil, Agnès, comme une fleur que vous êtes !

Suzanne paraissait à son tour.

— Le temps se refroidit. Je crois que c'est le moment de rentrer.

— La petite s'est-elle bien amusée ?

— Beaucoup ! Nous avons couru dans le verger, ramassé de petits cailloux dans la vigne, tout en racontant des histoires, et enfin, fabriqué des pâtés avec le sable de Loire que vous avez fait déverser au pied des châtaigniers.

— Et cueilli des crocus ! compléta Agnès.

— Elle les a vus avant moi et a tenu à vous les apporter.

Grimpée sur les genoux de la jeune femme, l'enfant jouait avec la croix d'or que celle-ci portait autour du cou.

— N'avez-vous pas faim, ma mie ?

— Si. Je veux un gâteau.

— On ne dit pas je veux, demoiselle, mais je voudrais.

— Je voudrais des gâteaux !

Florie acquiesçait, serrait l'enfant contre elle. Bien que son fils fût mort, en partie par sa faute, il lui était donné de pouvoir, à nouveau, goûter les joies si tendres de la maternité. Elle mesurait l'importance d'une telle grâce, tenait à la conserver. Même si, pour ce faire, il lui fallait sacrifier une liaison dont elle commençait à se sentir lasse, ce qui était peu, mais, en plus, affronter le désespoir d'un homme dont elle connaissait la déraison, ce qui était terrifiant. Courage ! Agnès l'aiderait.

Tout en embrassant, sur la nuque mince, des frisons qui bouclaient, elle se répétait que la rencontre qu'elle avait faite à Grandmont avait été voulue par Dieu, qu'Agnès était l'intermédiaire choisie pour ramener le respect du Seigneur sous un toit où, cependant, il avait été bafoué...

— Suzanne, va me chercher les biscuits qui sont dans le grand pot de grès, sur le bahut de la cuisine. Ce sont ceux qu'Agnès préfère. N'oublie pas d'apporter en même temps un gobelet de lait d'amandes.

S'occuper de sa protégée lui était douceur, réconciliation avec elle-même. Comment aurait-elle pu, désormais, s'en passer ?

Si elle continuait, le matin, à donner ses soins aux orphelins de l'hospice, elle réservait ses après-midi à celle qu'elle considérait comme sa fille, sur la tête de laquelle s'était reportée la somme des attentes, des regrets, des espérances, des besoins, dont elle n'avait jamais cessé d'être assaillie depuis sept ans. Au centre de sa vie, elle aspirait davantage à cette présence qu'à celle de Guillaume. Personne ne pouvait rien contre une telle certitude. Il restait à la faire admettre à l'amant qu'elle souhaitait éconduire.

Elle y songea toute la soirée, puis la nuit, entre les bras de celui dont, justement, elle méditait la perte. Cette idée ne la quitta plus. Elle se mit à la couver comme une maladie.

Avec le flair de ceux qui aiment, Guillaume s'aperçut vite d'un changement dont on ne lui parlait pas.

— Qu'avez-vous, ma belle ? lui demanda-t-il un soir. Depuis quelque temps, vous me semblez lointaine.

— Lointaine ?

Elle prit la main posée sur sa gorge.

— Je vous trouve tout proche, au contraire !

— Ne jouez pas avec les mots. Vous savez fort bien ce que je veux dire.

— Non, mon ami, je ne sais pas.

Dès qu'elle le contredisait, il s'assombrissait, son humeur changeait. Blessé dans son amour aussi facilement que dans son amour-propre, il ripostait avec dureté. Elle s'en plaignait. La scène s'aggravait jusqu'aux larmes de l'une, aux repentirs de l'autre, à l'étreinte inévitable qui terminait chacune de leurs altercations.

Une fois de plus, tout se déroula comme à l'ordinaire. Après la réconciliation, alors que son amant s'était endormi contre elle, Florie, cette nuit-là, demeura éveillée, les yeux ouverts dans la demi-obscurité que le feu couvant sous les cendres entretenait dans la chambre. Elle n'en pouvait plus.

Le château de sable s'écroulait sur le cœur de Florie. Les amours mortes l'étouffaient. Elle pleura sans fin, s'endormit en sachant que rien ne viendrait la consoler.

Février passa, mars vint. Le temps gris, le carême, l'incertitude pesaient.

La jeune femme avait déclaré à Guillaume que, par mesure de mortification, elle entendait vivre chastement durant les quarante journées de pénitence que le Seigneur s'était imposées. Après avoir admis la nécessité d'une continence qu'elle sollicitait avec de tels arguments, après s'être éloigné d'elle pour aller s'occuper de ses affaires en Champagne, il était revenu, une nuit, à l'improviste, oublieux de ses promesses. Furieux de la résistance qu'elle lui avait opposée au nom de leur accord précédent, il l'avait prise de force sur le lit saccagé.

Après l'affrontement, après les cris qui avaient fini par se muer en gémissements, ce que Guillaume avait lu dans le regard de sa maîtresse, bien loin de l'apaiser, n'avait fait qu'aggraver les tourments dont il était dévoré.

— Florie, Florie, vous ne m'aimez plus ! Mon amour, vous vous éloignez de moi !

Elle n'avait pas répondu, gardant un visage clos, autant par crainte d'un regain de fureur, que par dépit d'avoir cédé une nouvelle fois.

Il l'avait reprise contre lui, l'étreignant, la couvrant de baisers, tentant de rallumer l'incendie, de faire renaître le sortilège. En vain. Ce n'avait plus été qu'une femme indifférente, froide comme la cendre d'un foyer éteint, qu'il avait tenue dans ses bras. Après la violence, après le plaisir, il avait essayé l'émotion, lui avait parlé bas, l'avait suppliée, priée... Elle était demeurée silencieuse, en allée...

C'était cette nuit-là qu'elle avait découvert la pitié en même temps que l'incompatibilité qui existe entre ce sentiment et l'amour.

A la mi-mars, excédée de ses propres tergiversations, elle décida, faute de mieux, de se rendre à Paris. Elle avait écrit à ses parents afin de leur parler de son projet d'adoption, et jugea, tout à coup, qu'il était indispensable d'aller leur présenter l'enfant dont elle comptait faire sa fille.

Guillaume ne put l'en dissuader. Ils se quittèrent à l'aube d'un jour nouveau, après la querelle et le raccommodement de rigueur entre eux. Florie vit, sans regret, son amant s'éloigner dans le petit matin. Elle se sentait vidée de tout élan, asséchée.

Il était entendu qu'elle resterait à Paris, avec Agnès, pendant les fêtes de Pâques, pour ne revenir à Vençay qu'après le dimanche de Quasimodo. Le mois imposé par le chanoine à sa pénitente comme terme à ses errements serait donc largement écoulé. Il se verrait même prolongé par un stratagème dont la jeune femme ne se cachait pas le peu d'honnêteté.

Agnès, qui ne comprenait pas bien pourquoi il fallait partir, accepta pourtant le voyage avec amusement. Elle avait quatre ans et le monde à découvrir.

Par Blois, Orléans, Montlhéry, à travers les blés qui verdissaient, les pruniers en fleur, les buissons frais éclos de prunelles sauvages, les bois bourgeonnants, en dépit du vent, des giboulées, des alternatives de froid et de soleil, le groupe de voyageurs auxquels s'étaient jointes Florie, Agnès et Suzanne, parvint à Paris.

Combien de fois, depuis son exil, Florie avait-elle imaginé, désiré, espéré ce retour ? Si longtemps cru impossible, le voilà qui s'effectuait ! En soulevant le heurtoir de la porte paternelle, la main de l'enfant prodigue tremblait d'émerveillement autant que de respect.

Un flux de réminiscences, de tristesses et de joies, de honte et d'espérance, se nouait, se dénouait, montait, s'éloignait, revenait, marée d'angoisse, du plus lointain au plus immédiat d'elle-même...

— Ma fille, vous voici donc !

Si elle avait pu redouter la moindre réserve dans l'accueil que lui destinaient ses parents, elle fut tout de suite rassurée.

Cependant, en dépit de ces précautions, quand elle se revit dans la salle où son père et sa mère l'avaient attendue selon leur habitude, de chaque côté de la vaste cheminée, ainsi qu'ils l'avaient toujours fait, qu'ils continuaient à le faire dans son souvenir, elle ne fut pas loin de s'effondrer.

Mathilde s'était levée, avait tenu un moment sa fille contre elle, avant de s'en écarter pour se pencher vers la silhouette menue qui se blottissait dans son ombre.

— Soyez la bienvenue, petite Agnès !

L'enfant rougissait, baissait la tête, se réfugiait plus étroitement encore entre les plis du surcot de Florie.

— Elle est assez timide.

— Elle est si jeune encore !

Redevenues complices par la grâce d'une présence enfantine, elles se prenaient l'une et l'autre à sourire.

Mathilde alla chercher sur la crédence une boîte en argent travaillé qu'elle ouvrit.

— Ce sont des dragées que j'ai achetées à son intention.

Étienne qui avait embrassé l'arrivante avec émotion, considérait Agnès d'un œil critique.

— Votre protégée est jolie, remarqua-t-il d'un air approbatif. Je redoutais que vous n'ayez cédé, en vous occupant d'elle, en décidant de l'élever, à un mouvement de pitié plutôt qu'à celui du cœur. Il semble qu'il n'en soit rien.

— Vous le voyez par vous-même, mon père, elle charme sans effort ceux qui l'approchent. J'ai été conquise comme les autres, me suis attachée à cette enfant et l'aime à présent de toute ma tendresse !

— J'en suis heureux. Donnez-moi la main, Agnès, j'ai un présent à vous faire.

Il prit d'autorité les doigts qui desserraient peu à peu leur étreinte de l'étoffe à laquelle ils s'étaient d'abord agrippés, afin de conduire la petite fille vers un panier d'osier posé entre son fauteuil et la cheminée. Une levrette grise, fine comme celles peintes sur les livres d'heures, pointait son délicat museau vers ceux qui l'approchaient.

— Elle est pour vous. Je vous la donne.

— Elle est à moi ! Elle est à moi !

L'enfant se précipitait vers l'animal qui la regardait venir de ses doux yeux bombés.

— Doucement, ma mie, doucement ! Touchez-y avec ménagement ! Ce n'est pas un jouet, mais un être vivant. Ne lui faites pas de mal !

Agnès s'accroupissait près de la corbeille, tendait une main devenue hésitante vers la tête soyeuse.

Maître Brunel montra par l'exemple comment caresser le pelage de velours gris, comment s'y prendre pour ne pas inquiéter la bête de race.

— Elle s'appelle Cendrine, à cause de sa couleur. Comme elle est de nature tranquille vous pourrez la faire coucher au pied de votre lit, dit-il. Nous avons pensé que ce cadeau aiderait votre protégée, Florie, en lui rappelant Finette, à s'acclimater chez nous.

— C'est une merveilleuse idée, mon père ! Soyez-en remercié.

Le séjour à Paris commençait bien. Tout ce qui aurait pu évoquer un passé aux cicatrices encore sensibles avait été évité avec soin.

La pièce qu'on mit à la disposition de Florie et d'Agnès se trouvait être l'ancienne chambre des fils, transformée et décorée à neuf. Aucun mauvais souvenir ne traînait entre ses murs. Les sœurs d'Arnauld et de Bertrand y venaient peu, jadis, et la vue qu'on y avait du jardin était assez différente de celle des autres fenêtres.

En rangeant, avec l'aide de Suzanne, visiblement contente de se retrouver rue des Bourdonnais, ses affaires, ses vêtements, ceux d'Agnès, dans des coffres mis à leur disposition, Florie se sentait plus légère.

Prévenus de son arrivée, Bertrand, Laudine, et leur progéniture, ne tardèrent pas à s'annoncer. Avec eux aussi, les effusions furent discrètes. On sut éviter les pièges des excès de langage pour n'échanger que des nouvelles feutrées, dépourvues de résonances trop vives.

— Il faudra aller embrasser grand-mère Margue sans tarder, dit Mathilde au bout d'un moment. Que diriez-vous de demain matin ?

— Comme vous voudrez, ma mère. Je m'en remets à vous.

Elles se méfiaient l'une et l'autre des déclarations intempestives de l'aïeule, mais on ne pouvait repousser cette visite. Ce serait un pas malaisé à franchir.

Ce que Florie, en revanche, n'avait pas prévu, fut la façon dont Jeanne et Marie se comportèrent à son égard. Ses deux plus jeunes sœurs demeuraient pour elle des enfants. Elle resta plus surprise qu'il n'était sensé en les voyant pénétrer, peu avant le souper, dans la salle où on se tenait en attendant de passer à table.

Si elle avait embrassé sans arrière-pensée, dans les moments qui avaient suivi son installation, Tiberge la Béguine, Perrine sa nourrice, et jusqu'à Maroie, qui s'étaient, toutes trois, montrées, d'instinct, pleines de tact, elle ne sut quel maintien adopter devant les deux adolescentes, plus grandes qu'elle, et bien différentes des petites filles laissées sur place lors de son départ. Pour la première fois depuis son retour au bercail, elle sentit peser sa faute.

Marie, dont la gêne était sans doute réprobation autant que timidité, ne savait où poser son regard. Jeanne, quant à elle, fixait avec assurance, curiosité et sans aucune chaleur celle dont la chronique familiale lui avait permis de se faire une représentation qu'elle comparait à la réalité.

Troublée par la gaucherie de l'une, par l'examen auquel la soumettait l'autre, Florie chercha quoi leur dire. Elle ne trouva que banalités.

Heureusement, Agnès, qui avait tout de suite fait amitié avec les enfants de Bertrand, fit innocemment diversion en se mettant à jouer avec eux à cache-tampon au milieu de la pièce. Il fallut intervenir, faire comprendre que ce n'était ni le lieu, ni le moment de se livrer à un amusement comme celui-là, confier, enfin, la petite bande aux nourrices.

Mathilde, qui avait remarqué la contrainte existant entre ses filles, s'arrangea, pendant le souper, pour les placer loin les unes des autres. La conversation roula sur le mariage d'Arnauld, grande nouvelle pour tous, qui occupa les esprits pendant une partie du repas. Florie s'étonna un peu, sans insister, du choix de son frère, reconnut que personne ne pouvait juger sans plus ample informé une union aussi inhabituelle, et convint qu'il fallait attendre d'avoir rencontré la jeune étrangère pour se faire une opinion à son sujet.

Tout alla bien jusqu'à ce qu'on évoquât les fastes du dernier Carnaval. On y vint par le biais du costume porté par Jeanne.

— Qui n'a pas vu notre fille en sultane n'a rien vu ! proclama avec complaisance Étienne qui éprouvait la bonne humeur des consciences pacifiées. Elle était magnifique !

— Vous n'étiez pas seul, mon père, à le penser, assura Bertrand. Certain sultan de ma connaissance partageait votre admiration !

— Quel était donc ce sultan enthousiaste ? demanda Florie tout en se félicitant de tenir enfin un sujet susceptible de la rapprocher de sa sœur.

— Un jeune homme qui...

— Vous le connaissez, ma fille ! intervint Mathilde. Il s'agit de Bernard Fortier, le frère de notre Bérengère tourangelle !

— Comment ? Il est venu ici ?

Son étonnement comportait un relent de suspicion qui n'échappa à personne.

Mathilde intervint :

— Je me souviens que vous le jugiez un peu trop ambitieux pour votre goût, dit-elle, conciliante. Ce trait de caractère, voyez-vous, était beaucoup moins apparent durant son séjour à Paris.

— Je ne trouve pas que l'ambition, à condition, toutefois, qu'elle reste mesurée, soit un mal pour un homme qui débute dans un métier, remarqua maître Brunel. J'ai même poussé notre jeune ami à solliciter de Nicolas Ripault des introductions chez plusieurs drapiers de sa connaissance. Ce sont gens d'importance qui pourront l'aider. Je crois qu'avant de repartir pour Blois, il en a déjà retiré quelque profit.

— Tant mieux pour lui, murmura Florie.

La soirée se termina sans incident. Florie s'entretint longuement de Clarence avec Laudine, puis la conversation devint générale. On parla du retour de l'armée partie avec le roi en Terre sainte, d'Arnauld qui était attaché au service de Louis IX, des affaires qui seraient plus actives dans les mois à venir.

On se sépara.

— Je suis content de vous voir de nouveau parmi nous, glissa Bertrand à l'oreille de sa sœur.

Quand elle referma derrière elle la porte de sa nouvelle chambre, elle alla vers le petit lit installé au pied du sien, où dormait Agnès, et se mit à pleurer. Sur son passé, sur sa jeunesse détruite, sur ce retour qui soulevait tant d'ombres et ne se passait pas aussi simplement qu'elle avait voulu le croire, sur la douceur, aussi, de se savoir aimée malgré tout, sur l'étonnement, enfin, de sentir la solidarité familiale se reformer autour d'elle. Elle s'endormit bien plus tard, sans savoir si la tristesse l'emportait dans son cœur sur la satisfaction, l'encouragement sur l'amertume.

Le lendemain, elle se rendit avec sa mère rue Saint-Denis, où logeait toujours Margue Taillefer.

Paris, sa lumière grise et rose, ses hautes maisons aux toits pentus, ses bruits, l'agitation de ses artères commerçantes, de ses ponts, de ses places grouillantes de monde, l'émurent et l'étourdirent à la fois.

— Je ne suis plus habituée à tant de mouvement, reconnut-elle. Comme le serait n'importe quelle femme de nos campagnes, je me sens effarouchée par tous ces gens !

— Vous êtes née sur les rives de la Seine, ma fille ! Je ne vous donne pas deux jours pour avoir repris vos habitudes et ne plus vous plaindre de rien !

En dépit du désir qu'elle avait de mettre Mathilde au courant des avances que Bernard Fortier lui avait faites, elle dut y renoncer. La traversée de la ville ne s'y prêtait pas.

Vivant immuablement dans sa maison mal entretenue, parmi ses meubles abîmés et ses tristes coussins en désordre, grand-mère Margue lui sembla avoir rétréci plutôt que changé. Recroquevillée autour d'un squelette dont on devinait, sous la peau amincie, le dessin des os frileux, la vieille femme offrait une impression de vétusté extrême. Si elle n'était pas trop ridée et demeurait, grâce à son ancienne carnation de blonde, encore fraîche en dépit de sa décrépitude, ses cheveux, en revanche, se faisaient rares et les hideuses croûtes brunâtres qui avaient commencé, bien des années auparavant, à envahir sa face ainsi que ses mains, s'y étaient élargies et la défiguraient. Seules, ses prunelles bleues gardaient leur clarté familière.

— Ma petite fille, dit-elle, je ne pensais plus vous revoir jamais en ce monde.

Des larmes coulaient sur ses joues. Quelle part en revenait à l'affection, quelle part à la sénilité ?

— Je me demande bien pourquoi je suis encore sur terre, mon enfant ! On devrait pouvoir mourir avant d'en être réduit à un état aussi misérable... Pensez donc : j'aurai quatre-vingt-huit ans l'automne prochain ! A ce que je crois, le Seigneur notre Dieu m'a oubliée ici-bas !

Elle prenait les mains de Florie, les embrassait.

— Merci, merci, d'être venue !

Les deux femmes la quittèrent sans avoir eu à parer le moindre coup, mais impressionnées par le délabrement de celle qu'elles avaient connue si intrépide, si brutalement forte. N'en restaient que vestiges perclus autour d'un esprit vacillant comme la flamme d'une bougie presque consumée, un pauvre esprit las de vivre, avide d'amitié.

Florie fut sur le point de parler de la visite de Pierre Clutin à Vençay, visite dont elle ignorait que sa mère avait été l'instigatrice, mais elle y renonça, sans se douter qu'elle la laissait ainsi sur une douloureuse faim.

Elles rentrèrent donc rue des Bourdonnais sans avoir, ni l'une ni l'autre, abordé aucun des sujets qui leur importaient le plus.

Après le repas, alors que ses parents étaient retournés à leur travail, elle décida de se rendre rue aux Écrivains. Acre pèlerinage auquel, cependant, elle se sentait contrainte.

Depuis la mort de tante Béraude, la maison où elle avait commencé sa vie d'épouse et de mère passait de locataire en locataire. Elle appartenait par héritage à Philippe qui, du fait des circonstances, était empêché de s'en occuper, et devait, d'ailleurs, avoir bien d'autres soucis en tête !

Suivie de Suzanne, tenant par la main Agnès qu'elle emmenait avec elle comme écran entre son passé et un avenir qui demeurait incertain, la jeune femme traversa le Grand-Pont, la Cité, le Petit-Pont, sans jeter un regard à la boutique de pelleterie devant laquelle il lui fallut bien passer, parvint rive gauche, s'engagea enfin dans son ancienne rue. Les odeurs de parchemin neuf, d'encre, de librairie, s'imposèrent tout de suite à elle, raréfièrent l'air dans sa poitrine.

— Par Dieu, dame, ne me reconnaissez-vous pas ?

Rutebeuf la saluait.

— Je ne vous savais pas à Paris.

— Je n'y suis que depuis peu.

Ce témoin de sa jeunesse lui parut, lui aussi, malmené par les ans. Alourdi, mal vêtu, serrant sous son bras une vielle qui devait être son gagne-pain, il avait perdu la saine apparence que lui conférait autrefois l'adolescence. Une mine plombée, des cernes sous les yeux, avaient remplacé la santé dont elle se souvenait. Pas encore vieux, déjà marqué !

— La vie est dure, vous savez, dame ! N'empêche que vous revoir me fait du bien.

Agnès tirait sur la main qu'elle tenait. Cette rencontre ne lui plaisait pas. Les gens qui passaient autour du petit groupe ne lui prêtaient pas attention, sauf quelques-uns, qui détournaient la tête. Si Florie était devenue étrangère au quartier, Rutebeuf devait y être un peu trop familier...

— Moi aussi, je suis heureuse de vous revoir, assura la jeune femme. Il m'est revenu que vous aviez composé, durant mon absence, de fort jolies chansons.

Il eut un geste de mépris.

— Ce ne sont que broutilles !

Il fit la grimace.

— J'ai de plus vastes projets, dame, reprit-il. Oui, en vérité, beaucoup plus vastes !... Du moins, j'en avais.

Son accent se fit plus âpre.

— Je ne sais pas si je pourrai jamais les réaliser... Je suis tombé si bas...

— Vous allez retrouver vos amis, reprit Florie. Mon frère sera bientôt de retour. Vous pouvez compter sur lui. Il connaît vos travers, mais aussi votre talent, et vous aime tel que vous êtes. Il vous apportera cette compréhension dont vous ressentez le besoin. Dont nous avons, tous, besoin pour travailler.

Le trouvère sembla sortir d'un songe.

— Vous-même ?

— Oh ! moi, je n'écris plus que des chansons pour enfants, et, tout spécialement, pour celle-ci.

Elle avait posé une main sur la tête blonde d'Agnès.

— Elle est à vous ?

— Par le choix, non par le sang !

Le poète approuva :

— Bon choix, dame, oui, par le Ciel, vous avez fait ce qu'il fallait faire !

— Je le pense également. Que Dieu vous garde, Rutebeuf !

— Qu'avait-il sous le bras ? demanda la petite fille après le départ du jongleur.

— Un instrument de musique, ma mie. Pour faire danser, mais, aussi, pour faire rêver certaines filles !

Le trouble causé par cette rencontre aida Florie à contempler sans trop de bouleversement les murs de son ancienne demeure. Un nouvel écrivain public y occupait l'atelier de tante Béraude. La jeune femme ne s'attarda pas devant la boutique. Elle était plus préoccupée de l'avenir de sa sœur que de son propre passé.

Le soir même, avant le souper, elle alla rejoindre sa mère qui rentrait de la rue Quincampoix. Elle la trouva en train de se recoiffer, près de la fenêtre ouverte de sa chambre.

Le mois de mars se terminait avec grâce. Le jardin reprenait vite, les merles sifflaient, les arbres fruitiers paraient le verger de blancheur.

— Le printemps est là, dit Mathilde. C'est la douce saison qui vient à nous.

— La saison des amours, murmura Florie.

Elle s'assit près de sa mère.

— Êtes-vous sûre que Bernard Fortier soit le mari qui convienne à Jeanne ? demanda-t-elle avec un intérêt qui justifiait la brusquerie de son attaque.

— Pourquoi ne le serait-il pas, ma fille ?

La jeune femme s'expliqua. Elle conta la façon dont le drapier s'était comporté envers elle, l'obligation où il l'avait mise de l'éconduire.

— C'est tout ? Ce n'est pas bien grave, ma mie. Ce garçon est jeune, plein d'ardeur. Son attention se porte tour à tour sur les femmes qui passent à sa portée. Je ne vois là rien que de fort banal.

— Ne vous paraît-il pas léger ?

— Un peu... si peu ! Il n'a pas beaucoup plus de vingt ans, vous savez. Il va de fleurette en fleurette. C'est sans conséquence. Quand il aura fixé son choix, il s'y tiendra. Du moins, je l'espère !

— Vous voyez bien que vous n'en êtes pas certaine !

— L'est-on jamais en pareille matière ?

— Plaît-il vraiment à Jeanne ?

— Je le crois.

— Vous le croyez ou vous voulez le croire ?

— Je me suis posé cette question, Florie, avant que vous ne la souleviez. Votre père et moi souhaitons, il est vrai, voir s'établir une enfant romanesque, qui pourrait s'engager, si nous n'étions pas là pour l'en garder, sur de mauvais sentiers. De là à la jeter dans les bras du premier venu, il y a un immense pas à franchir. Pour vous prouver que nous ne l'avons pas franchi, sachez que nous avions songé, auparavant, à d'autres jeunes gens, fils d'amis ou de relations, qui nous semblaient pouvoir se montrer, un jour, bons époux et bons compagnons. Elle les a tous écartés. Nous n'avons pas insisté. Bernard Fortier, lui, ne paraît pas lui déplaire. C'est tout ce que je puis en dire.

Il y eut un silence. On entendait en bas les cris des valets qui soignaient les chevaux dans l'écurie et une voix de femme fredonnant une comptine.

— L'enfance, seule, est innocente, dit Mathilde. Ensuite, il faut bien jouer avec le jeu qu'on a !

Florie regardait par la fenêtre.

— Tantôt, j'ai rencontré Rutebeuf, déclara-t-elle au bout d'un moment. Il était de triste humeur et en triste état.

— Il vous a parlé ?

— Oui. Il semblait désemparé. Pourquoi l'avoir chassé d'ici ?

— Votre père redoute si fort un malheureux destin pour Jeanne qu'il n'accepte pour elle aucune compromission.

La jeune femme s'assombrit.

— Il a eu tant de déboires avec ses filles aînées, qu'il est excusable de se montrer intransigeant, reconnut-elle, non sans mélancolie. Nous devons lui servir d'épouvantails...

— Clarence mène une vie de sainteté, ma fille ! Vous, de votre côté...

— Oh ! ma mère ! Moi, je suis retombée dans mon péché !

Elle sanglotait. Ses résolutions cédaient au dévorant besoin de confidence qui la rongeait.

Elle dit tout. Guillaume, la passion revenue, la passion déchaînée, la passion déclinante, les remords, les rechutes, l'arrivée du chanoine, les promesses faites, combien il était difficile de les tenir... Mathilde avait pris entre les siennes une des mains de sa fille, la retenait, la serrait contre ses paumes moites.

— Je savais, en partie du moins, ce que vous venez de me confier, mon enfant chérie, dit-elle enfin. Je vous raconterai une autre fois comment je l'ai appris. L'important n'est pas là. L'important, c'est votre confiance retrouvée ! J'ai tant souffert en croyant l'avoir perdue !

— Nous souffrions donc chacune de notre côté, ma mère !

— N'y revenons pas. Maintenant, tout va changer : nous allons œuvrer ensemble, Florie. Vous ne serez plus seule pour vous colleter avec vos faiblesses, pour vous débattre contre celui dont la folie risque de vous perdre ! Croyez-moi, mon enfant chérie, mon oncle est dans le vrai : il faut rompre !

DEUXIÈME PARTIE

1

Le roi et son armée avaient débarqué à Hyères en juillet.

Les galères, les nefs, les galions, avaient déversé sur la côte de Provence, fief de Charles d'Anjou, frère du souverain, une foule bigarrée, agitée, bruyante, où turbans, burnous, haubersts, cottes d'armes, surcots et chaperons se mêlaient le plus naturellement du monde.

Débordant des caisses innombrables, des bagages de toutes tailles, de tous formats, qui encombraient le port, l'Orient se répandait sur le littoral qu'il submergeait, qu'il envahissait : drap d'or d'Égypte, soie grège de Chypre, taffetas de Tyr, brocarts d'Antioche, coton tissé sur les métiers de Damiette, sucre fin de canne, gingembre, poivre, muscade, cannelle, clous de girofle, produits de la pharmacopée arabe dont les médecins des pays francs faisaient grand cas : laudanum, aloès, camphre ; teintures renommées comme le vermillon, la pourpre, l'indigo ; encens, pierres précieuses, perles, or, argent, ivoire, bois de santal, ambre gris, tapis sarrasinois, vins de Chypre, de Lattaquié, de Tortose, de Jéricho, faïences syriennes, verreries de Damas, cuivre du Soudan, jusqu'à des plants d'essences exotiques : grenadiers, orangers, citronniers, pêchers, figuiers, ainsi que des légumes : melons verts de Saphet, asperges, échalotes, aubergines...

Une puissante odeur d'épices, de suint, de relents musqués, flottait au-dessus de la rade.

Installés au château d'Hyères, le roi et sa maison attendirent quelque temps l'arrivée des chevaux qu'on devait leur envoyer de France et qui tardaient.

Chacun en profita pour refaire connaissance avec un sol quitté plus d'un lustre auparavant, pour se réacclimater. Après toutes ces années d'absence, il y avait beaucoup à réapprendre, beaucoup aussi à oublier.

Puis commença la lente remontée à travers le royaume en paix, le royaume sans chef depuis deux ans qu'était morte la reine Blanche de Castille, mère du roi et régente, le royaume qui avait, sagement, attendu le retour de son suzerain.

Arnauld Brunel et sa jeune épouse faisaient partie de la suite royale. Djounia découvrait une terre, des coutumes, un ciel nouveaux. Par les routes où sinuait la longue file de l'escorte, de l'armée, des serviteurs, des bagages, dans la chaleur d'un été de France, elle apprenait ce qu'était cette contrée inconnue où l'amour l'avait conduite. Elle observait, méditait, parlait peu en public, mais posait mille questions en privé à son mari. Deux servantes égyptiennes, qui ne savaient pas un mot de la langue qu'on employait dans l'étrange pays où il leur faudrait vivre désormais, l'entouraient, dans sa litière ainsi qu'aux étapes, de leurs soins familiers. Elles lui permettaient de préserver, grâce à leurs présences, avec le parler de sa race, des pans entiers d'habitudes laissées derrière elle. Quelques autres jeunes femmes turques, arabes ou noires, épousées et ramenées chez eux par des croisés, lui tenaient également compagnie.

Promenade triomphale à travers les provinces de la couronne, le voyage avait beaucoup d'agréments. Les cités, villages, bourgades, châteaux, manoirs, abbayes, monastères, se disputaient l'honneur d'héberger Louis IX et les siens. Ce n'étaient qu'entrées solennelles dans les bonnes villes, fêtes, défilés, danses (Djounia aimait infiniment danser), discours et festins. Aucun témoignage plus éclatant de fidélité ne pouvait être donné au souverain. Une part en revenait à ceux de sa suite, et ce premier contact avec un État dont Djounia était devenue sujette par son mariage était bien le plus souhaitable pour la jeune Orientale qui s'appuyait au bras d'Arnauld.

Le samedi 5 septembre, on arriva à Vincennes. Le 6, le roi se rendit à Saint-Denis où il procéda à des prières d'actions de grâces et aux très libérales offrandes apportées avec lui.

Le lundi 7, eut lieu l'entrée à Paris. Le roi, la reine enceinte, et les trois enfants qu'ils ramenaient de Palestine où ils étaient venus au monde, franchirent en grande pompe les fortifications de la capitale.

Le clergé, en procession d'apparat, et toute la population vêtue de ses plus riches atours, chantant, criant « Noël ! », « Saint-Denis ! », « Vive notre sire ! », accueillirent le cortège. Parce qu'il retrouvait son roi, le peuple exultait.

La nuit qui suivit, on rit, on but, on dansa, dans les rues, sur les places, décorées à profusion de fleurs, de tentures, de guirlandes, à la lueur des torches et des feux de joie allumés un peu partout.

C'est au milieu de ces transports que la famille Brunel fit la connaissance de Djounia.

A l'approche d'une entrevue qu'elle appréhendait, la jeune femme n'avait cessé, avec l'accent qu'Arnauld trouvait charmant, de répéter à son mari : « Je ne vais pas plaire à vos parents... Je sais que je ne vais pas leur plaire ! »

Aussi, quand elle franchit le portail de la demeure où on les attendait avec une émotion qui, sans qu'elle s'en doutât, était égale à la sienne, tremblait-elle comme l'agnelle promise au sacrifice.

La porte du logis ouverte, ils entrèrent. Mathilde s'avança aussitôt. Elle adressa un regard chargé de tendresse à son fils, mais se dirigea en premier, sans hésiter, vers sa nouvelle belle-fille, restée paralysée par l'angoisse à quelques pas du seuil.

— Soyez la bienvenue dans cette maison qui est aussi la vôtre, dit-elle en entourant d'un geste maternel les épaules agitées de tressaillements comme il en court sur les robes moirées des chevaux de sang.

Elle reçut contre sa poitrine une créature en larmes dont les longs yeux dignes de la Sulamite, la beauté, la grâce et le parfum de fleur, la séduisirent sur-le-champ.

Après un échange confus de propos, d'exclamations, d'embrassades, entre le couple de jeunes mariés, leurs parents, les frères et sœurs venus les accueillir, les serviteurs curieux, on se retrouva tous ensemble dans la grande salle.

Djounia fit déballer aussitôt les somptueux présents qu'elle apportait, de la part de son père, à chacun des membres de la famille. Ce n'étaient que bijoux d'or fin ou d'argent ciselé, soies brochées, flacons d'arômes inconnus, coffrets de jade, d'ivoire... On se confondait en remerciements, en émerveillements, en ravissements...

Plus encore que par la générosité de la jeune Égyptienne, Mathilde restait éblouie par la perfection de chacune de ses attitudes. Les comparaisons du psalmiste prenaient vie devant elle : une taille souple comme le tronc du palmier, une gorge épanouie de colombe, une chevelure épaisse et drue comme une forêt nocturne, un visage d'ambre, des yeux de gazelle... Racée jusqu'au bout de ses doigts

si fins qu'ils semblaient ceux d'une enfant, Djounia, sous son voile
de gaze bordé d'une large bande d'or, sa longue robe de mousseline
à manches évasées, le collier d'or à triple rang, les longues perles
baroques qui pendaient à ses oreilles, les multiples bracelets
composés de réseaux de perles, d'or cloisonné, de pierres fines,
qui tintaient à ses bras, Djounia était la séduction, la parure, la
féminité mêmes.

— Mon fils, dit Mathilde à Arnauld, dès qu'on voit votre femme,
on comprend votre choix.

— Je suis heureux qu'elle ait su vous plaire, ma mère.

— Je ne suis pas la seule à être charmée : voyez comme votre
père se met en frais pour elle !

En quelques instants, par l'unique grâce de sa personne, l'épouse
venue de si loin conquérait les parents, la famille, jusqu'aux enfants
qu'elle comblait de cadeaux et prenait dans ses bras avec respect
et tendresse.

— Vous devez être fatigués par un aussi long voyage, dit Étienne.
On va vous conduire dans votre appartement afin que vous puissiez
prendre un peu de repos.

Depuis le printemps, on avait transformé et refait plusieurs pièces
de la maison pour y loger convenablement Arnauld et Djounia. Ils
habiteraient sous le toit paternel en attendant d'avoir choisi et
aménagé le futur domicile qu'ils pourraient louer ou acheter, selon
leur convenance.

Après le départ des jeunes époux, on approuva le choix d'Arnauld,
on se félicita d'une union qui avait déjà fait parler d'elle, mais
dont le sujet se trouvait à présent renouvelé.

L'impression laissée par la jeune femme était si favorable, même
sur des esprits critiques comme ceux de Jeanne et de Marie, elles
aussi charmées, que Bertrand s'interrogea en riant sur les défauts que
pouvait avoir cette enfant des hommes, nécessairement imparfaite de
par sa condition humaine, mais qui semblait avoir miraculeusement
échappé à l'antique malédiction.

— L'avenir se chargera bien de nous l'apprendre, remarqua
Laudine, avec le réalisme qui était devenu sien depuis qu'elle s'était
éloignée de son enfance. Elle n'est pas faite autrement que nous.

On en convint presque à regret. Mathilde se demandait ce que
Florie, si elle avait encore séjourné rue des Bourdonnais, aurait
pensé de la jeune épouse d'Arnauld. Elle aurait sans doute apprécié
la finesse, l'élégance, la sensibilité certaine de la nouvelle venue.
Une fois de plus, la femme de l'orfèvre regretta le départ de sa
fille aînée...

Après les aveux que celle-ci lui avait faits au mois de mars,
elles avaient envisagé ensemble les possibilités de séparation qui
pouvaient être retenues. Elles étaient limitées. Aussi, la mère avait-

elle conseillé, compte tenu du caractère de Guillaume, de lui faire parvenir une lettre où seraient exposées les raisons d'une rupture que Florie n'aurait jamais de meilleure occasion de consommer. L'amant éconduit serait empêché, par la distance, de se laisser aller aux extrémités qu'on pouvait craindre de lui.

La proposition était sage, mais impitoyable. La jeune femme, qui était pourtant venue quérir une solution de ce genre auprès de ses parents, lutta pied à pied avant de s'y résoudre. Certains vestiges des ardeurs d'antan devaient couver sous les cendres qui recouvraient son cœur.

La missive partit enfin. Pour s'assurer que la décision si difficilement acquise demeurerait sans appel, Mathilde proposa à Florie de demeurer à Paris plus longtemps qu'elle ne l'avait primitivement escompté.

Tentée, encouragée dans ce sens par tout le monde, elle accepta de prolonger son séjour rue des Bourdonnais. Pour la distraire d'une obsession qui n'était que trop aisée à concevoir, pour qu'elle n'ait pas loisir de se reprendre, Mathilde entoura sa fille retrouvée de toutes les attentions possibles. On revit les amis de jadis.

Alix vint presque tous les jours. Charlotte se multiplia. Si elles ignoraient toutes deux la reprise puis l'achèvement d'une liaison qu'elles supposaient terminée depuis belle lurette, elles n'en apportaient pas moins dans les plis de leurs voiles, avec les relents d'expériences conjugales manquées, une solidarité que la jeune femme ressentait comme un compagnonnage.

On renoua également avec des condisciples de classe perdues de vue. Jeanne et Marie s'amadouèrent, participèrent, sans le savoir, à l'opération de sauvetage entreprise par leur mère.

Le chanoine, revenu de Poitiers, avait approuvé la façon dont ses consignes avaient été suivies. Par de longs entretiens avec sa pénitente, il l'avait encouragée et soutenue dans sa résolution. Le mélange de prestance et de fragilité qui se dégageait de ce serviteur de Dieu, brûlé par l'amour, exerçait une influence considérable sur l'âme troublée de Florie. Elle s'en était remise à lui.

Les mois passèrent. Au début de l'été, la jeune femme s'avisa qu'Agnès, fort bien acceptée, cependant, et reçue partout, était fatiguée, qu'un changement d'air lui ferait du bien. En vérité, l'emprise familiale commençait à lui peser. Après les années d'indépendance qu'elle venait de vivre, même marquées par une austérité ou des remords qui lui avaient souvent paru intolérables, elle ressentait un très vif besoin de liberté.

La voyageuse s'en était donc retournée, vers la fin du mois de juin, en Touraine.

Depuis, des nouvelles étaient parvenues, où il était dit que tout allait bien à Vençay. Agnès se portait de nouveau à merveille. On évoquait fort souvent, avec Suzanne et l'enfant, les joies et les plaisirs du séjour parisien. De Guillaume, rien, pas un mot. Au détour d'une phrase, simplement, il avait été question du calme qui régnait aux alentours comme à l'intérieur de la maison.

De façon plus espacée, mais avec une constance qui touchait beaucoup sa mère, Arnauld avait repris l'habitude de venir, parfois, en fin de journée, avant le souper, quand elle rentrait de la rue Quincampoix, causer avec elle dans sa chambre. Il s'asseyait sur le lit pendant qu'elle se préparait pour le repas, et l'entretenait de mille choses. Au fil de ces causeries, elle s'apercevait qu'il était plus transformé en apparence qu'en réalité. Si son mariage l'avait épanoui, si, moralement et physiquement, il avait mûri, si l'amour qu'il portait à sa belle épouse lui était bénéfique, il n'en demeurait pas moins en proie au goût, au besoin, des discussions intellectuelles, à la merci des idées qui peuplaient son esprit.

— J'ai découvert là-bas que nous avions plus de ressemblance avec les infidèles qu'on ne le pense communément en France, disait-il. Il y a, parmi eux, des sages et des lettrés qui s'entendaient fort bien avec certains d'entre nous. Leur civilisation est des plus raffinées. Nous avons à apprendre d'eux tout un art de vivre. Leur influence sur nos mœurs est déjà considérable depuis la première expédition de Godefroi de Bouillon, au siècle dernier. Entre eux et nous, il est souhaitable que les échanges se multiplient. Tout le monde y gagnerait !

— Vous oubliez, mon fils, que ce sont des mécréants !

— Chez eux, comme chez nous, ceux dont la foi est vraiment pure sont rares. La plupart de ceux que j'ai rencontrés admettent que nous n'ayons pas la même religion qu'eux. Quelques-uns, en petit nombre, il est vrai, se sont convertis, comme le père de Djounia. On peut imaginer, sans déraison, une tolérance mutuelle de nos deux fois sur une terre où tout parle de Dieu !

— Il m'est pourtant revenu que le Prophète recommandait à ses fidèles d'occire les chrétiens.

— Nous nous sommes déjà tellement combattus, eux et nous ! Il me semble que, des deux côtés, on est las de ces carnages. Puisqu'il n'y a qu'un Dieu, ma mère, pourquoi tous les croyants du monde ne parviendraient-ils pas, un jour, à se rejoindre pour l'adorer ?

— Nous n'en sommes pas encore là !

— Sans doute, mais ne nous faut-il pas œuvrer afin que ce moment vienne le plus vite possible ?

— C'est ce que vous avez fait, mon fils, en convertissant, puis en épousant Djounia !

Plus elle connaissait sa belle-fille égyptienne, plus elle s'y attachait.

Éloignée de sa terre natale, de sa famille, de ses amis, de ce qui avait peuplé son univers si longtemps, la jeune épouse d'Arnauld faisait preuve d'une grande bonne volonté vis-à-vis des habitudes et des façons de vivre françaises. Il était néanmoins naturel que, par moments, une certaine nostalgie l'emportât sur les raisons qu'elle avait de se plaire dans son nouveau pays. L'amour fort vif, évident, que son mari et elle éprouvaient l'un pour l'autre, pouvait combler bien des manques, mais pas tous. Jamais, devant sa belle-mère, elle n'avait fait la moindre allusion à ses regrets, mais Mathilde en avait deviné quelques-uns.

Aussi, s'employait-elle de son mieux à distraire l'enfant exilée. Elle n'y serait qu'imparfaitement parvenue sans l'aide de Jeanne qui ressentait une attirance très profonde pour Djounia. Avec l'enthousiasme dû à sa jeunesse autant qu'à son tempérament, l'adolescente s'était prise d'affection pour cette belle-sœur ensorcelante qui avait son âge.

L'entêtement de Rutebeuf qui se refusait encore à la revoir, en dépit de ses retrouvailles avec Arnauld dont l'amitié, demeurée fidèle par-delà le temps et l'espace, ne s'était pas désavouée, le départ pour le Piémont de Bernard Fortier, occupé à consolider en Italie ses connaissances professionnelles ainsi que ses affaires, la laissaient libre d'elle-même et de ses sentiments. Elle en profitait pour se consacrer à Djounia. Elle s'était instituée la conseillère, l'amie, le cicérone et le mentor de la jeune femme qui s'en montrait heureuse.

Depuis qu'elles avaient découvert leur commun penchant pour les choses de l'esprit, Jeanne emmenait, suivant les occasions, l'épouse de son frère visiter des ateliers d'enlumineurs, de peintres, assister à des concerts ou à des cours d'amour.

Ce fut ainsi, qu'un jour où elles avaient été conviées par une amie de Jeanne, fille d'un maître orfèvre bien connu des Brunel, chez sa mère qui, se piquant de poésie, organisait des joutes courtoises, on leur annonça la participation d'un ménestrel devenu célèbre en Palestine grâce à l'attention que le roi et la reine lui avaient portée. Anobli à la suite d'actes renouvelés de bravoure, il était attaché à la cour des souverains.

— Il se nomme Philippe Thomassin. C'est à la fois un trouvère et un chevalier, avait dit l'hôtesse. Je crois que vous jugerez l'homme aussi intéressant que le poète : il est beau et solitaire comme un des compagnons du roi Arthur !

Jeanne se souvenait assez bien du mari de Florie. Leurs noces avaient été une des fêtes de son enfance.

Celui qu'elle vit entrer lui sembla bien différent de l'image qu'elle en avait gardée : de plus haute taille, mieux découplé, il n'avait pas grand-chose de commun avec le pauvre adolescent qui s'en était allé. Bien qu'il ne dût pas avoir beaucoup plus de vingt-cinq ans, il en paraissait davantage. Sa peau tannée, ses yeux clairs, ses cheveux décolorés par le soleil d'outre-mer, lui donnaient l'aspect d'un barde celtique qui aurait quitté ses forêts natales pour aller chercher une autre lumière. Ses traits, dépouillés de toute mollesse, amaigris, s'étaient épurés, durcis, comme si le vent du désert les avait polis par de dures frictions de sable. Son attitude, ses gestes, sa façon de s'exprimer, donnaient une impression de calme, de réflexion, aussi éloignée que possible de la tendre insouciance perdue.

— On dit qu'il s'adonne à l'étude de l'astronomie, chuchota la fille de la maison, Marguerite, l'amie de Jeanne, qui se montrait très excitée. Il paraît qu'il a rencontré en Terre sainte des savants musulmans qui l'ont initié à d'étranges secrets se rapportant aux astres !

On se pressait autour de Philippe. Il répondait avec bonne grâce, se prêtait au jeu des questions et des réponses, mais conservait une réserve à l'abri de laquelle il ne livrait rien de lui-même. Il décrivait Saint-Jean-d'Acre, Césarée, Tortose, Jaffa, évoquait les paysages qu'il avait connus : terres de l'intérieur, sèches, parsemées quelquefois d'oliviers chétifs, le plus souvent de gros quartiers de roches, de sable, de dunes, de monts pelés ; côtes lumineuses, luxuriantes, bordées de plages infinies, de villes opulentes, de riches cultures où poussaient la canne à sucre, les bananiers, les orangers, les figuiers, les vignes gorgées de suc, des fruits admirables, du blé, du colza... Il parlait du Krak des Chevaliers, la plus puissante des forteresses bâties par les croisés, qui avait été agrandie, embellie sur ordre du roi. Il dépeignait le château de mer, à Saïda, dont l'épaisse silhouette franque baignait si étrangement dans l'eau de la Méditerranée, les murailles, flanquées de vingt-quatre tours, qui ceignaient le bourg de Jaffa et aboutissaient des deux côtés à la mer, les églises de Chypre aux silhouettes familières qui se paraient, là-bas, d'on ne savait quel charme inhabituel dû au ciel d'Orient, aux chaudes pierres ocrées, aux eucalyptus, aux palmiers dont les rameaux mouvants se balançaient à l'entour ainsi que d'immenses éventails, la cathédrale de Nicosie, édifiée sur le plan de Notre-Dame de Paris, l'abbaye de Lapsaïs, avec ses vastes bâtiments semblables à ceux qui s'élevaient en Provence...

Parmi ceux qui en étaient revenus, beaucoup avaient déjà tenté de faire revivre pour leur plaisir et celui de leurs auditeurs les sortilèges de la Terre sainte. Ils y parvenaient plus ou moins. Philippe, lui, s'exprimait en poète. Il avait regardé, rêvé, compris, aimé, métamorphosé, à travers son art, cette région originelle où l'ombre de la Croix et celle du Croissant s'étendaient sur un sol fécond en miracles.

Djounia écoutait avec passion, ses lèvres tremblaient... Elle seule voyait ce que les autres ne pouvaient qu'imaginer, les beautés et les pièges, les douceurs et les cruautés de cette chrétienté d'Orient, si chère au roi, si chère aux cœurs de tous ceux qui s'y étaient rendus, où des gens venus des rives de Seine ou bien de Loire avaient laissé tant de compagnons, de témoignages, d'œuvres...

Philippe chanta ensuite, en s'accompagnant du luth, des poèmes inspirés par la Palestine : mirages du désert, rives du Jourdain, senteurs des pins d'Alep, roses nées du sang répandu d'Adonis, myrtes et cèdres du Liban...

Jeanne n'avait confié à personne quels liens de parenté l'attachaient à l'homme dont le talent ravissait l'assemblée. Elle le regardait, l'écoutait, songeait à Florie, cherchait à comprendre. Trahir un être comme celui-là lui semblait inconcevable. Son opinion à l'égard de sa sœur avait pourtant subi de grandes modifications depuis qu'elles avaient vécu toutes deux côte à côte.

En écoutant Philippe, elle songeait que ce mari charmant avait dû réfléchir la face claire d'une femme dont un autre homme, sans doute, reflétait la face d'ombre. Pour trancher, il aurait fallu connaître ce Guillaume dont on ne parlait jamais chez les Brunel. Qui était-ce ? Une seule fois, Mathilde avait laissé échapper une remarque à son propos : « Votre sœur avait des excuses, ma fille. Il ne faut pas la condamner sans savoir. Celui qui est responsable de tant de malheurs détenait un dangereux pouvoir de séduction. »

Mûrie par la découverte du penchant qui la faisait rêver à Bernard Fortier comme à un mari possible, alors que, si peu de temps auparavant, elle ne jurait que par Rutebeuf, Jeanne se disait que l'amour est mouvant, que le cœur n'est pas sûr, qu'il faut être bien naïve pour croire que les créatures de Dieu sont blanches ou noires, alors que tout le monde est gris !

Avant de partir pour la Lombardie, le jeune drapier lui avait envoyé une lettre jointe à celle qu'il adressait, par ailleurs, à maître Brunel et à sa femme. Elle avait vu là une délicatesse qui avait beaucoup avancé les affaires de Bernard. Il lui expliquait qu'il devait s'absenter pour de longs mois afin de parfaire sa formation professionnelle et d'affermir son entreprise. L'avenir dépendrait en grande partie du résultat obtenu. Alors, seulement, il serait à même de savoir quelles responsabilités il pourrait, plus tard, assumer...

Cette pause ne déplaisait pas à la jeune fille. Elle lui permettrait de mettre à l'épreuve du temps une inclination trop subite pour ne pas être suspecte. Ce qui survivrait, dans quelques mois, de cette flambée, déterminerait sa réponse. Ou Bernard lui serait devenu indifférent, et il faudrait chercher ailleurs le compagnon de sa vie, ou la flamme se ranimerait et son avenir changerait de visage.

Philippe terminait son dernier chant. Pendant qu'il officiait, son regard s'était plusieurs fois posé sur son auditrice.

— Il semble que vous ayez été remarquée par notre poète, souffla Marguerite en se penchant vers son amie. Quelle chance vous avez !

— Détrompez-vous, ma mie, dit Jeanne. Il se trouve que Philippe Thomassin est le mari d'une de mes sœurs dont il vit séparé.

— Seigneur ! Se sépare-t-on d'un homme comme celui-là ?

— Il faut croire.

— S'agirait-il de Florie ?

— Eh oui ! Vous avez dû en entendre parler.

Marguerite était une fille saine, bien plantée, au jugement droit, qui éprouvait une amitié véritable pour Jeanne.

— N'en soyez pas gênée, je vous prie ! Tout le monde autour de moi a été charmé de revoir Florie. Cette vieille histoire est maintenant sans importance. Comptez-vous aller trouver tout à l'heure votre beau-frère ?

— Je ne sais.

— Ses yeux sont sans joie, dit Djounia qui avait écouté les propos des deux amies. Il ne doit pas être heureux.

La femme d'Arnauld avait été mise par son mari au courant des traverses subies jadis par la famille Brunel. Avec le tact qui la caractérisait, elle n'en parlait que si quelqu'un d'autre y faisait allusion devant elle. Jamais elle ne se mêlait de rien à moins qu'on ne l'en priât.

— Dois-je y aller ?

— Allez-y ! s'écria Marguerite.

— N'y allez pas, protesta Djounia. Pourquoi raviver les vieilles blessures ?

Se dégageant du cercle de ses admiratrices, Philippe apporta sa réponse à la question posée. Il s'approcha du trio.

— Ne seriez-vous pas Jeanne Brunel ? demanda-t-il.

Il s'efforçait à l'amabilité, mais une certaine tension était perceptible dans son maintien.

— Si fait. Je suis étonnée que vous m'ayez si facilement reconnue. Je croyais avoir beaucoup changé !

— Vous ne vous trompiez pas : je vous trouve fort différente de la petite fille que j'ai quittée. Certains traits, pourtant, demeurent qui permettent de se repérer... et puis, vous ressemblez beaucoup à votre mère !

— Il paraît. C'est une des joies de mon père !

La conversation se nouait. Jeanne présenta Philippe à Djounia.

Le trouvère avait fui de façon très déterminée, semblait-il, quand il était en Terre sainte, son beau-frère, comme tout ce qui pouvait lui rappeler un malheur honni. Par la suite, les circonstances l'avaient d'elles-mêmes éloigné de lui. Il ne connaissait donc pas la jeune épouse d'Arnauld, mais avait été mis au courant d'un mariage au sujet duquel on avait beaucoup jasé.

Il félicita la belle Égyptienne, évoqua en quelques mots son lointain pays, salua ses interlocutrices, et s'éloigna sans avoir fait la moindre allusion à une visite possible rue des Bourdonnais.

Par ouï-dire, on apprit quelques jours plus tard qu'il avait reçu du roi, en récompense des services rendus à Mansourah, et sur la manifestation de son désir de s'éloigner de Paris, le don d'un important domaine en province. Il s'y était rendu, sans attendre davantage, tant était grande, sans doute, sa répulsion pour une ville entre les murs de laquelle il rencontrait de trop amers souvenirs pour avoir quelque chance de s'y plaire.

2

— Des bruits courent, reconnut Clarence.

La jeune moniale avait croisé les mains sur ses genoux. La robe noire des bénédictines n'était éclairée que par la guimpe et le voile blancs.

Florie se pencha vers sa sœur :

— Je ne connaîtrai donc jamais la paix ! soupira-t-elle. Quand il occupe ma vie, Guillaume la bouleverse, quand il s'éloigne de moi, je ne cesse de me tourmenter pour ce qu'il peut entreprendre !

— Cette fois, les choses se compliquent du fait de ses imprudences, dit Clarence. Il semble avoir perdu la raison. Toutefois, n'oubliez pas que c'est vous qui avez rompu ce cœur en même temps que votre liaison. Non pas que je vous blâme de cette décision ! Vous ne pouviez agir autrement. Mais il fallait s'attendre à des suites.

Clarence était la seule personne à laquelle Florie s'était toujours confiée. Depuis leurs années de vie commune à Poitiers, durant le noviciat de sa cadette, elle avait pris l'habitude de lui parler en toute liberté. La lucidité et la fermeté de la plus jeune aidaient l'aînée à suivre la route sans merci qu'il lui avait fallu prendre.

— J'avais pensé qu'il partirait au loin, comme il l'avait fait voici sept ans.

— C'était une possibilité. Il a sans doute préféré rester sur place afin de se sentir plus proche de vous, à la fois pour vous surveiller et dans l'attente d'un revirement.

— Je lui avais écrit qu'il ne devait conserver aucun espoir.

— Le moyen de s'empêcher d'espérer !

— J'aurais mieux compris, voyez-vous, qu'il se précipitât chez moi dès mon retour, certain de me plier à son désir... pour être sincère, je m'y attendais. Mais ce silence, cette présence sans cesse devinée, jamais affirmée, autour de Vençay, deviennent obsédantes. Les hennissements de son cheval, la nuit, dans la forêt, derrière nos murs, la silhouette de cavalier que j'aperçois à l'improviste quand je sors de chez moi, cette espèce de surveillance, muette mais sans défaillance, exercée jour et nuit à mes dépens, ce n'est plus supportable. On croirait les cercles, de plus en plus étroits, du gerfaut au-dessus de sa proie, juste avant qu'il ne se laisse tomber !

Clarence faisait à présent glisser entre ses doigts les grains de buis du chapelet qui pendait à sa ceinture. Autour des deux sœurs, le parloir du couvent n'était que recueillement et grisaille. Octobre finissait dans la pluie.

— Que dois-je faire ? Par Notre-Dame, conseillez-moi ! Je ne sais plus où j'en suis et j'ai peur !

— Peur... (Clarence réfléchit un instant.) Je ne pense pas me tromper, ma mie, pardonnez-moi, en estimant que c'est autant de vous que de Guillaume que vous vous défiez.

— Je ne sais...

La jeune bénédictine posa sur sa sœur un regard d'eau, transparent et pur.

— Mais si, vous le savez, Florie ! Ne vous leurrez pas ! Songez comme, à chaque occasion, votre volonté s'est montrée défaillante devant la sienne ! Ce que vous redoutez, au fond, c'est de capituler, une fois encore, entre des bras qui n'auraient qu'à se rouvrir pour que vous vous y jetiez !

— Plus maintenant, ma sœur, non, plus maintenant, les choses ont changé entre nous... Mais, même en admettant que vous ayez raison, ce n'est pas d'une rechute de cette espèce que je me méfie le plus, mais plutôt d'une vengeance dont je ne vois pas au juste qui elle pourrait frapper. Je me souviens avec horreur des menaces proférées, naguère, à l'encontre de mon pauvre petit Gaultier, dont il s'était, si déloyalement, servi pour m'amener à lui céder.

— Vous craignez qu'il ne s'en prenne, maintenant, à Agnès ?

— Pourquoi pas ?

— Parce qu'elle n'est votre fille que par le choix, non par la chair !

— La surveillance inlassable qu'il resserre autour de moi, autour de nous, devra bien, pourtant, aboutir !

— Peut-être s'en lassera-t-il le premier ?

— Dieu vous entende !

— Pour qu'Il m'entende, Florie, il faut Le prier mieux que vous ne le faites ! De l'intensité de la prière dépend sa réussite. Non seulement nous devons apprendre à prier, mais nous devons nous réunir pour le faire. Notre Seigneur n'a-t-il pas dit : « Si deux d'entre vous demandent ensemble quelque chose à mon père, ils seront exaucés » ?

— Je sais, Clarence, je sais... Mais quand je me fourvoie sur les mauvais chemins, mes oraisons s'en ressentent ! Je sens alors ma foi se dessécher comme les fleurs par les étés torrides. Je me transforme en un sépulcre blanchi et les mots que je peux adresser à Dieu retombent comme de la poussière dans le vide de mon âme !

— Il faut donc Lui demander en premier de rafraîchir votre pauvre âme, de lui rendre vigueur. Quand vous vous sentirez affermie de ce côté, le reste vous sera donné par surcroît. Venez avec moi à la chapelle. Nous allons tenter de parler au Seigneur d'une seule voix.

Elles restèrent un long moment agenouillées côte à côte sous les voûtes où flottait, parmi les exhalaisons d'encens, une paix presque palpable. Des silhouettes noires glissaient sur les dalles, dans un bruissement de robes et de patenôtres. Devant les statues de la Vierge et des saints, les lumières des cierges tressaillaient à chaque passage, à chaque battement de porte. Le rideau d'or du tabernacle luisait sur l'autel...

Florie songeait tout en priant, priait au sein de ses réflexions. Elle constatait combien la certitude d'un soutien spirituel se dégage de l'oraison de manière sensible à la conscience, mais inintelligible à la raison.

— Ne craignez rien pour votre Agnès ni pour vous, dit Clarence, un peu plus tard, en accompagnant sa sœur jusqu'au parloir. Guillaume ne vous fera jamais de mal. Il vous aime bien trop pour en arriver là !

— Vous devez être dans le vrai, ma mie. Pendant que je joignais ma méditation à la vôtre, il m'a semblé sentir venir à moi une assurance semblable. Une fois de plus, soyez remerciée pour votre aide !

Elle avait quelques achats à faire à Tours. Elle les expédia le plus vite possible, afin d'être rentrée chez elle avant la nuit.

Du ciel gris, des rives du fleuve gorgées d'eau, montait une tristesse humide contre laquelle il lui fallut lutter en se remémorant les paroles de Clarence, les instants bénis de la chapelle.

Comme elle longeait, montée sur sa mule, les murailles du château, elle fut dépassée par un cavalier suivi de deux valets. Tournant à gauche, ils prirent au trot la route de Saint-Pierre-des-Corps. Elle n'eut pas le temps de distinguer le visage de l'homme, mais, sans qu'elle comprît pourquoi, quelque chose en elle fut alerté. L'inconnu ne pouvait pas être Guillaume : ni la tournure, ni les serviteurs n'étaient siens. Puisqu'elle n'avait reconnu personne, pourquoi s'en soucier ? Peut-être parce qu'il lui avait semblé percevoir un rappel familier dans la manière de monter qu'avait le gentilhomme. C'en était un. Elle avait rapidement aperçu, comme il passait à sa hauteur, sur le tapis de selle, sur les livrées, un blason rouge et noir où flambait un peu d'or. Ces armes ne lui disaient cependant rien, ne lui rappelaient rien. Elle était certaine de ne les avoir jamais vues auparavant. Allons, tout cela n'était qu'imagination !

Elle se jugea trop émotive, trop nerveuse. Il lui faudrait demander à l'apothicaire de Grandmont quelque poudre calmante pour apaiser ses nerfs.

Chez elle, tout était tranquille. Agnès accourut pour lui annoncer que Cendrine, sa levrette parisienne, avait été mordue par le molosse qui ne l'aimait pas et lui faisait la guerre depuis son arrivée chez Florie.

— L'avez-vous soignée ?

— Suzanne lui a fait un pansement avec des feuilles de lis confites dans de l'eau-de-vie.

— C'est très bien. On ne pouvait pas faire mieux. Vous verrez, ma chérie, que votre petite chienne sera vite guérie. Mais le molosse devient dangereux pour elle. Il faudra, désormais, veiller à les tenir éloignés l'un de l'autre sous peine d'accident. Heureusement pour tout le monde que Finette s'est montrée plus accueillante que son compère !

Elle embrassait la petite fille, riait avec elle, relevait les mèches blondes qui auréolaient le visage rougi par l'émotion. Ici était la douceur de sa vie...

Elle se le répétait un moment après en changeant son surcot de drap violet dont le bas était alourdi par la boue des chemins.

Réinstallée dans sa chambre initiale, qu'elle avait retrouvée avec satisfaction, elle ne retournait plus dans celle de la tour. Elle l'évitait même avec soin.

Depuis son retour de Paris, à mesure que coulaient les jours, elle se sentait de plus en plus mal à l'aise vis-à-vis d'un passé qu'elle avait cru possible de rayer d'un trait de plume, mais qui n'acceptait pas de se laisser si aisément anéantir.

Revenue à Vençay en juin, elle avait d'abord imaginé que Guillaume s'en était allé en Flandres ou ailleurs, pour chercher l'oubli, ou, tout au moins, pour endormir sa peine en se livrant avec la ténacité dont elle le savait capable à ses affaires de pelleterie. Elle avait vite été détrompée. La surveillance à laquelle elle s'était aussitôt sentie soumise, dissimulée, mais constante, lui avait semblé, au début, une délicatesse de la part de son amant. Là encore, il lui avait fallu renoncer à ses illusions. Ce n'était pas par souci de discrétion que Guillaume ne s'approchait jamais trop près de la maison, ni d'elle-même, sinon de loin, mais, au contraire, dans l'intention de peser sur sa destinée, de la harceler. Il y était, hélas, parvenu ! Durant l'été, elle avait constaté le lent effritement de l'équilibre retrouvé à Paris, auprès des siens. La sensation éprouvante d'être sans cesse épiée, l'insécurité qui en résultait, minaient son humeur et ses forces nerveuses. Elle ne pouvait plus sortir sans se retourner dix fois, à la recherche d'une ombre. Dans son propre jardin, dans sa vigne, alors qu'elle jouait avec Agnès ou qu'elle cueillait les premières grappes mûres de son raisin, elle sursautait au moindre bruit inhabituel. Il lui semblait qu'un regard la suivait partout, observait chacun de ses gestes. Elle ne parvenait plus à se défaire d'une crainte qui tournait à l'obsession.

Pour comble de souci, elle avait su qu'on parlait à Vençay et dans les environs du manège de Guillaume qui n'était pas passé inaperçu.

Autant Guillaume avait pris de précautions, du temps de leurs amours, afin qu'on ne le remarquât pas, autant il apportait, depuis leur rupture, de négligence dans l'exercice de ses errances solitaires. Négligence ou provocation ?

Les restes d'attachement qu'elle ressentait pour celui qui avait si totalement modifié son existence, achevaient de se dissoudre au milieu d'alertes trop souvent répétées. Elle n'en pouvait plus.

Ce soir-là, après avoir baigné et couché Agnès, elle se dit qu'il fallait qu'un changement se produisît, qu'une solution intervînt, qu'elle ne se sentait plus capable de vivre davantage dans les transes.

Il fallait trouver un moyen de le forcer à s'incliner et l'amener à quitter la Touraine sans esprit de retour.

Comment ? Une autre missive ne servirait à rien. Une explication de vive voix, peut-être...

Il était souvent arrivé à Florie de comparer Guillaume à un ouragan... et voici qu'elle s'apprêtait à se rendre, benoîtement, auprès de lui, afin de lui demander d'acquiescer à un renoncement dont la seule idée le rendait furieux ! Si elle connaissait son influence sur cet homme, elle n'en ignorait pas les limites. Elle pouvait, sans doute, attendre encore beaucoup de lui. Obtiendrait-elle jamais qu'il consentît à trancher des liens auxquels il tenait de tout son être ? Cette démarche hors du sens commun, il la lui fallait entreprendre !

Si elle n'avait pas eu le courage de lui annoncer son désir de rompre quand elle le voyait chaque nuit, quand ils goûtaient ensemble aux mêmes joies, où puiser, après des mois d'une séparation voulue par elle, imposée à distance, alors qu'il ne pouvait s'y opposer, où puiser l'audace de l'affronter ? Elle imaginait les abîmes de désespoir, de fureur, de malédictions, où avait dû se débattre Guillaume, elle se disait que la passion bafouée avait fort bien pu se muer en une sorte de haine amoureuse, et elle songeait que tout était à craindre...

Les jours passèrent. Florie, ne parvenant pas à se fixer une ligne de conduite, continuait à se déchirer aux aspérités qui jalonnaient le chemin à prendre, et serait sans doute demeurée encore longtemps dans l'indécision, si un événement n'était intervenu pour lui forcer la main.

Depuis un mois, Agnès se rendait chaque jour, sous la conduite de Suzanne, à la petite école de Vençay où elle apprenait à lire, à écrire, à compter. Elle y travaillait bien et manifestait une intelligence qui promettait beaucoup.

Un matin, Suzanne ayant pris froid et s'étant alitée, ce fut Charles, l'homme de confiance du domaine, qui conduisit l'enfant en classe et alla l'y rechercher.

Peu après leur retour, comme la petite fille jouait avec Cendrine et Finette dans la salle où Florie préparait sa collation, elle dit incidemment :

— Regardez ce qu'on m'a donné, ma petite mère. N'est-ce pas joli ?

Elle tendait son poignet autour duquel, sous l'étoffe de la manche, s'enroulait un mince bracelet d'argent.

— Qu'est-ce que c'est que ce bijou ? Qui vous l'a donné ?

— Un cavalier qui a parlé, sur la route, avec Charles.

— Vous le connaissiez ?

— Non... je ne crois pas. Il avait un beau cheval qu'il tenait par la bride.

Florie tendit à Agnès la tartine de rillettes qu'elle venait de lui préparer et sortit à la recherche de son jardinier. Elle le trouva dans le potager, en train de charger sur une charrette des potirons d'un jaune orangé éclatant.

— La petite me dit qu'un homme lui a donné un bracelet après avoir causé avec vous à la sortie de Vençay. Qu'est-ce que c'est que cette histoire ?

— Par saint Martin, dame, j'osais pas vous le dire ! avoua Charles. Un cavalier fort bien mis nous a abordés à la Croix verte. Il m'a demandé le chemin de Grandmont. Ensuite, il est resté un moment à me parler du temps et des vignes. Ce qui ne m'a pas plu c'est la manière qu'il avait de regarder Agnès. Il lui faisait la conversation comme à une demoiselle avant de finir par lui offrir ce bracelet.

— Vous n'avez pas empêché la petite de le prendre ?

— J'savais pas comment faire.

— Il fallait dire à l'enfant de refuser. On n'accepte pas un cadeau d'un inconnu.

— J' voulais pas le contrarier. Il avait pas l'air commode, dame, vous savez !

— Bon, dit Florie. Passe pour cette fois. Si jamais cet homme revenait, envoyez-le promener, Charles ! Vous n'êtes pas une femmelette, voyons, et je compte sur vous pour protéger Agnès, ne l'oubliez pas !

Ainsi, Guillaume précisait sa menace ! Il n'avait jamais abordé Suzanne qui l'aurait reconnu, mais il avait profité de l'absence de la servante pour passer à l'attaque. Quelle science de ce qui se déroulait chez la jeune femme cette tentative ne révélait-elle pas, au surplus !

Parce qu'elle tremblait à présent pour la petite fille, Florie se décida tout d'un coup à surmonter sa terreur et à provoquer l'explication devenue indispensable.

Après une nuit d'insomnie où elle ne cessa de lutter contre sa propre faiblesse, elle n'hésita plus et établit son plan.

Rencontrer Guillaume, il le fallait, mais où ? Elle exclut toute possibilité de rendez-vous dans la chambre de la tour où l'entretien se serait terminé, qu'elle le voulût ou non, de la façon dont chacune de leurs querelles s'achevait invariablement. Dans la campagne, ils risquaient d'être surpris par le premier passant venu. Il était souhaitable de trouver un endroit discret et protégé. Elle connaissait, sur le domaine du prieuré de Grandmont, un vieux lavoir abandonné depuis qu'on en avait construit un plus vaste sur le petit Cher qui coulait au pied du coteau. Entouré de bois, ceint d'un mur, ouvert sur une mare où on ne rencontrait d'ordinaire que des sauvagines, le bâtiment à demi ruiné offrait un abri contre les curiosités intempestives, alors que les orties et les ronces qui l'avaient envahi depuis des années écarteraient toute velléité d'accommodement voluptueux.

Elle ferait parvenir à Guillaume, par Denis, leur messager habituel, une lettre où elle lui dirait qu'elle se voyait dans la nécessité de le rencontrer, qu'il leur fallait avoir un entretien rendu indispensable par des faits nouveaux. Il ne refuserait pas de venir. Elle exécuta sans plus attendre ce qu'elle avait résolu et fit partir le message.

Comme elle l'avait pressenti, Denis lui apporta le lendemain, en signe d'assentiment, l'anneau d'or des retrouvailles secrètes. En le serrant entre ses doigts, elle tremblait de nouveau, mais autrement.

Pour leur rencontre, elle avait fixé, dans un besoin dérisoire de reculer un peu l'échéance, le matin du troisième jour suivant l'envoi de la missive. C'était un jeudi. Il faisait beau. L'automne flamboyait dans la forêt, le long des coteaux vineux, sur toute l'immense vallée de la Loire où la blondeur cendreuse des saules adoucissait la rousseur des chênaies, la rougeur des arbres fruitiers, réfléchissait la tendresse du ciel.

Des odeurs de glaise humide, de feuilles tombées, de fumées aussi traînaient dans l'air. Comme s'il voulait dissimuler l'hiver qui le talonnait, l'automne se montrait charmeur, en dépit d'une fraîcheur révélatrice qui montait du sol et le trahissait.

En parvenant devant le mur du lavoir, Florie n'était qu'angoisse, palpitations, effroi. Elle se sentait aussi misérable qu'on peut l'être et aurait beaucoup donné pour pouvoir faire demi-tour et s'enfuir, mais elle poussa la porte...

Dans le petit enclos qui précédait la vieille bâtisse, un cheval sellé était attaché au tronc d'un sureau.

La jeune femme pénétra dans le lavoir.

Des exhalaisons de vase, des relents encore perceptibles de lessive, de charbons de bois éteints, stagnaient sous l'auvent de tuiles fortement incliné qui protégeait le local des intempéries.

Florie referma la porte derrière elle. S'y appuya. Des clapotis, des éclaboussures, révélaient l'eau noire présente sous les planches disjointes qui formaient le plancher mouvant du lavoir relié à un treuil par de grosses chaînes rouillées. Une avancée pavée le surplombait de quelques pouces. C'était sur ce rebord, assis à même une botte de paille abandonnée là par quelque lavandière, que Guillaume attendait. Tournant le dos à l'entrée, il contemplait la surface ensoleillée de la mare que cernaient des bois.

Au cours des événements qui avaient façonné la trame noueuse de leur double existence, il avait été donné à Florie, chaque fois qu'elle revoyait cet homme, de constater les ravages causés par le temps et les traverses sur un visage qu'elle avait connu si beau. Non pas qu'il devînt laid. Seulement, l'âge sculptait ses traits comme pour mettre en relief le caractère qu'ils exprimaient plus que leur propre architecture. Pour souligner la sensualité des lèvres, la dureté du menton, la saillie des mâchoires, la barre des sourcils, les ans avaient creusé les rides, les avaient accentuées.

Guillaume s'était retourné, la considérait sans complaisance.

— Faut-il que ma présence sous le même ciel que le vôtre vous soit à charge, Florie, pour que vous vous soyez décidée à me faire venir ici ! remarqua-t-il sombrement. Je suppose que vous allez me demander de quitter la région. J'ai eu beau chercher un motif moins sordide à ce rendez-vous, je n'ai pu, après votre précédente lettre, en trouver d'autre.

— Je vous en prie, Guillaume, ne commençons pas ainsi !

Appuyée au bois vermoulu, pâle, ses deux mains accrochées, comme si elle manquait d'air, à la chaînette d'argent qui fermait au col son manteau, la jeune femme avait fermé les yeux. Par lassitude ou pour ne plus être blessée par l'expression de l'autre visage ?

— Comment souhaitez-vous donc entamer notre dernière conversation ? Car il s'agit bien de la dernière, n'est-il pas vrai ? Je ne pense pas m'être abusé sur le sens de votre message. Il n'y avait pas à s'y tromper !

Elle secoua la tête d'un mouvement navré.

— Ne pouvons-nous tenter, pour une fois, de nous comporter en amis ?

— Vous ai-je jamais traitée comme une amie ? Avez-vous oublié notre passé ? Ce que vous êtes, ce que vous avez sans cesse été pour moi, dès la première seconde, l'avez-vous oublié ? Paradis et damnation ! Est-ce de ce bois brûlant qu'on construit les calmes séjours de l'amitié ?

— Mais enfin, Guillaume, pourquoi me persécutez-vous ? Je vous ai écrit que j'avais été, dans l'aventure sans nom que nous avons connue, jusqu'au bout de moi-même. J'ai atteint mes propres bornes. Mon cœur est un désert. J'ai perdu le goût d'aimer...

— Vous voulez dire que vous ne m'aimez plus !

— Ni vous, ni un autre.

— Mensonge ! Vous êtes encore jeune, toujours belle... si, à mon égard, vous n'éprouvez plus que désintérêt, un autre viendra qui saura réveiller les battements endormis dans votre poitrine. Je le sais et suis en train d'en devenir fou !

— Vous me connaissez bien mal, mon ami ! Aura-t-il donc fallu que vous vous soyez toujours méfié de moi ?

— M'avez-vous jamais rendu un amour comparable à celui que je vous portais ?... Que, pour ma perte, je continue à vous porter !

Il détourna la tête, considéra d'un air absent la surface de la mare qui réfléchissait le soleil dont les moirures dansaient sur le velours gris de son surcot, sur ses mains passées dans la haute ceinture de cuir qui lui serrait la taille, sur le plancher et les pavés du lavoir.

— A Paris, où je me suis rendu, reprit-il enfin, j'ai pu me renseigner sans me faire connaître. J'ai vite acquis la certitude que vous viviez sagement.

— Vous êtes allé m'espionner jusque là-bas ! Comment avez-vous pu vous résoudre à une action aussi déraisonnable ?

— La raison n'a rien à voir avec ce que j'éprouve pour vous !

Il eut un geste las.

— Jusqu'au bout, vous aurez minimisé mes élans... Qu'importe ? Un peu plus, un peu moins de gâchis... Je suis donc revenu ici. J'ai cherché à comprendre. Je n'y suis pas parvenu.

Il la saisit par les épaules, se pencha sur le visage sans couleur.

— Comment pouvez-vous rester insensible à tant d'amour ? Ne savez-vous pas que je vous aime comme très peu d'êtres sont capables de le faire ? Que mon existence ne tourne plus qu'autour de vous, n'est plus que l'ombre de la vôtre ? Que, pour vous, je tuerais, que je renierais Dieu ?

— Guillaume !

— Je vous fais peur ! Au lieu de la partager, ma frénésie vous fait peur ! C'est à pleurer ! Je vous parle avec ce qu'il y a de plus fort, de plus vrai en moi, et je ne provoque que votre réprobation horrifiée !

Elle s'écarta un peu de lui, assura sa détermination, fixa toute son attention sur ce qu'elle avait à dire.

— Je vous en prie, mon ami, tâchez de m'écouter sans vous emporter. Notre aventure à goût de péché m'a entraînée bien plus loin que je ne l'aurais voulu, Guillaume ! Je m'aperçois à présent que je n'étais pas capable de soutenir longtemps l'épreuve sulfureuse, l'épreuve flamboyante, à laquelle vous m'avez soumise.

Elle s'interrompit. Les larmes qu'elle refoulait enrouaient sa voix.

— Ne croyez surtout pas que je sois parvenue de gaieté de cœur à une pareille constatation ! C'est au prix de bien des luttes, de beaucoup de peines, que je me suis vue forcée d'admettre l'évidence. Je sais qu'en vous parlant comme je le fais, je vous déçois atrocement, mon ami, mais je dois à l'authenticité de votre foi de me montrer loyale envers vous. Nous avons été trop longuement, trop intimement, mêlés l'un à l'autre, pour qu'il soit possible de nous mentir là où nous voici rendus : au bout de notre route...

Aurait-elle la force de terminer sa confession ? La haute silhouette de son amant se découpait devant elle à contre-jour sur le décor d'automne dont les rousseurs teintaient l'eau. Redoutant de lire, sur les traits qu'elle connaissait trop bien, une condamnation sans appel, elle évitait de le dévisager.

— Vous n'avez pas tort de parler de gâchis, continua-t-elle pourtant. Qu'ai-je jamais fait d'autre, au reste, depuis des années, que de détruire les chances de bonheur ou de réussite qui m'étaient proposées ? Je n'ai dû être créée que pour dispenser autour de moi regrets, déceptions, catastrophes... Ceux qui m'aiment ne manquent jamais de souffrir, et moi avec. Tout se passe en dehors de ma volonté, ou, tout au moins, sans que je sache comment la manifester... Voyez-vous, Guillaume, je ne suis pas assez forte, assez combative, pour partager plus longtemps les affres d'une liaison comme celle-ci. Je ne saurai plus où trouver l'audace de prolonger un si dangereux amour. Il me brise, me torture, et a fini par user la trame des sentiments qui me portaient vers vous... Voilà, j'en ai terminé. Honnêtement, je ne puis rien ajouter. L'échec est aussi cruel pour moi que pour vous, je vous prie de le croire !

— Il ne broie pas votre unique espérance, à vous, puisque vous en avez de rechange !

— Il m'a meurtrie jusqu'au fond de l'âme !

— Ce qui ne vous empêche pourtant pas d'envisager pour avenir une suite de jours sereins, d'où ma présence destructrice sera enfin écartée !

— Je vous supplie, mon ami, de ne pas détruire par vos

sarcasmes, non plus que par votre incompréhension, l'expérience hors du commun qui fut la nôtre !

— Il s'agissait bien d'expérience ! C'était ma vie que je vous donnais ! L'avez-vous jamais su ?

— Quel que soit le nom mis sur ce que nous avons partagé, Guillaume, c'est un bien que nous nous devons de sauver du désastre.

— Partir loin de vous, Florie, c'est la mort lente, la folie ou la déchéance !

— Ne pas vous en aller serait pire. Je ne peux pas, je ne veux pas, reprendre nos relations de l'an dernier. Je ne m'en sens plus le goût, ni la force. Pour l'amour de Dieu, regardez la vérité en face : renouer serait l'enfer !

— Je vous verrai, je vous posséderai peut-être encore...

— Vous n'auriez plus dans vos bras qu'un corps privé d'âme, qu'une créature douloureuse, qui vous deviendrait sans doute hostile. Est-ce donc là que vous voulez en venir ?

— J'ai besoin de vous !

— Vous vous trompez. Je n'ai plus rien à vous offrir !

— Je ne puis me convaincre de votre indifférence à mon approche !

Il la saisit à pleins bras, chercha sa bouche.

— Non !

Plus qu'un refus, c'était un cri de révolte. Guillaume le comprit bien ainsi. Il se demanda s'il allait la violer, là, sur les pavés du lavoir, ou la tuer pour mettre un terme à ce qu'il endurait. Sans se débattre, mais le visage froid comme une lame, elle le repoussait. Il porta les mains autour de la gorge si souvent caressée, où battait, sous la peau tendre, le sang qui était sa vie, ferma les yeux, commença à serrer... s'immobilisa bientôt, pénétré d'un respect révérenciel, relâcha son étreinte, laissa retomber ses mains.

— Pardonnez-moi, ma mie, je deviens fou, dit-il dans un souffle.

Puis, ensuite :

— Tout est donc accompli !

Florie rajustait avec des gestes maladroits les plis de son voile. Un tremblement nerveux l'agitait, mais elle n'avait pas faibli, pas demandé grâce à l'instant du danger, ce qui lui permit de trouver, avec une certaine confiance revenue, le moyen d'imposer sa volonté.

— Vous venez de me donner raison, Guillaume, dit-elle, avec l'implacabilité des faibles poussés dans leur dernier retranchement, je ne vois pas, après ce qui vient de se passer, ce que nous pourrions faire d'autre que de nous séparer.

Pour se défendre, elle avait frappé au point sensible, en ignorant une souffrance dont la vision, soudain révélée, lui tordit le cœur. Dans un mouvement inverse à celui qui l'avait poussée un instant plus tôt à trancher dans le vif, elle sentit une compassion irrépressible s'insinuer à la source même de sa décision, la dépasser.

— Accepteriez-vous, Guillaume, de tenter une expérience nouvelle ? proposa-t-elle sans l'avoir prémédité, dans le seul but de reculer elle ne savait quelle affreuse échéance. Je regrette de vous avoir parlé comme je viens de le faire. Entre vous et moi, ce n'est pas si simple ! Donnons-nous plus de temps : celui de la réflexion. Par votre insistance à rester dans les parages, par votre implacable surveillance, vous m'avez forcée à agir sans ménagement. Si vous consentez à vous éloigner pendant les mois nécessaires à la pause à laquelle j'aspire, rien n'est peut-être irrémédiable. Laissons nos dissentiments s'apaiser, se décanter, se clarifier. Ensuite, nous verrons que décider.

Guillaume avait l'air de revenir de très loin. Il reprenait pied. Tout était préférable à ce qu'il venait de frôler. Il s'inclina.

— Je me soumets, dit-il, et partirai dès demain matin pour me rendre loin d'ici, aussi loin que vous le désirez. J'attendrai autant qu'il faudra. Quoique, pour ma part, il n'y ait aucune chance que je change d'attitude à votre égard... Enfin, je ferai comme il vous plaira. Le voyage, les affaires, les soucis étrangers à nous deux, ne combleront que très imparfaitement la plaie que creuse en moi, à chaque séparation, votre absence. Ce ne sont pas là des remèdes, Florie, tout au plus des palliatifs... cependant, je m'efforcerai de patienter, puisque vous me laissez un espoir...

Il se pencha, prit une des mains de la jeune femme, qu'il porta à ses lèvres, avec une dévotion, une ferveur d'orant, les y appuya longuement, puis, d'un seul arrachement, s'éloigna, franchit l'espace qui le séparait de la porte, disparut.

Presque aussitôt, Florie entendit le galop du cheval.

Des larmes mouillaient ses joues. Elle avait obtenu ce qu'elle voulait, mais au prix d'une découverte terrible : elle tenait encore à cet homme, le voir partir la déchirait !

Elle se laissa tomber sur la paille où il l'avait attendue un peu plus tôt. Le sursis qu'elle lui avait accordé quand elle avait mesuré le désarroi qui le ravageait, n'était-ce pas autant à elle qu'à lui, en définitive, qu'elle avait senti le besoin d'en faire don ?

De sa victoire, elle ne retirait que sensation d'abandon, de faillite... Elle allait jusqu'à se dire qu'elle attendrait, elle aussi avec impatience, le moment des retrouvailles...

Elle rentra chez elle épuisée, vidée de sentiment, sans communier à la douceur de l'automne, sans rien voir, perdue dans la contemplation hébétée de l'horizon gris qui serait, jusqu'au bout, le sien.

Les jours qui suivirent furent affreux. Elle savait Guillaume au loin. Soulagée de son joug, elle ne s'en consolait pas, et allait, se répétant que, s'il revenait, elle se retrouverait éternellement en face de la même alternative : la reprise d'une vie de contradictions, de remords, de sursauts, ou la continuation d'une existence solitaire, sans autre terme que celui de sa propre fin.

Pour essayer de reconquérir, néanmoins, un semblant de calme, elle se livra, selon son habitude, à la prière et aux tâches quotidiennes : présence plus fréquente à Grandmont où elle ne cessait de s'affairer, soins plus méticuleux encore envers Agnès, achats pour l'hiver, visites à Clarence, aux rares personnes avec lesquelles, depuis son retour à Paris, elle avait lié des relations. Tout lui était bon pour remplir ses journées, pour s'interdire de songer.

Au cours d'un de ses passages à Tours, elle rencontra chez une vieille amie dont une des filles était bénédictine au couvent de Clarence, quelqu'un de bien délaissé durant les derniers mois : Bérengère Hernaut. La femme de l'orfèvre lui fit toutes sortes de compliments, mais aussi de reproches amicaux. Elle se plaignait de l'avoir si peu vue, elle espérait que la jeune femme se montrerait plus sociable durant la saison qui s'annonçait.

— Notre sire le roi et sa cour étant de nouveau en France, dit Bérengère, la vie de société va refleurir de plus belle. Parmi les absents se trouvaient des personnages d'importance ou de talent qui vont de nouveau nous inciter à mener bonne vie !

— Il paraît que le roi et la reine songent à venir célébrer Noël ici, en hommage à saint Martin, assura dame Cartereau qui, malgré des douleurs qui l'empêchaient de se déplacer aisément, se tenait au courant des moindres nouvelles. Ils séjourneront au château, ce qui nous vaudra toutes sortes de réjouissances et de festivités.

— Voilà qui promet ! s'écria Bérengère avec entrain. Par ma foi, nous nous encroûtons dans cette province et avons grand besoin d'être un peu secoués !

— Le séjour du roi à Tours regroupera autour de lui beaucoup de ses compagnons, reprit dame Cartereau. Il a distribué aux meilleurs, aux plus valeureux d'entre eux, nombre de fiefs dans notre région. Nos terres, si fertiles, si belles, ont été jugées comme particulièrement dignes de récompenser les prouesses accomplies en Terre sainte, ce qui, en définitive, est un honneur pour tout le monde.

— Dieu garde le roi ! Voilà une excellente idée, qui va nous valoir bien du plaisir ! Notre notaire avait déjà laissé entendre à mon mari que plusieurs domaines d'importance s'étaient vus impartis de la sorte.

Florie acquiesçait, tout en restant étrangère à tant d'agitation.

3

L'office terminé, le roi et la reine, à travers l'épaisse foule des assistants qui s'écartaient sur leur passage, allèrent s'agenouiller devant le tombeau de saint Martin. Proches à la toucher de la châsse resplendissante d'une profusion d'or, d'argent, de pierres fines, où reposaient les précieuses reliques, les souverains prièrent longtemps côte à côte.

L'immense nef, les chapelles rayonnantes, le chœur magnifique et son déambulatoire, étaient combles. On s'écrasait, on s'étouffait, mais on voyait le roi, on invoquait saint Martin : on était content !

Certains avaient dormi dans la basilique, d'autres y étaient arrivés dès l'aube, beaucoup y avaient pris un premier repas. C'était là chose courante en temps de pèlerinage ou de grande fête, et, ce matin-là, c'était Noël.

Célébrer en même temps la naissance du Sauveur et la présence du roi en Touraine était si remarquable que la population de la cité, celle des bourgs et des villages, fort loin à la ronde, celle des campagnes avoisinantes, s'y étaient toutes rendues.

— On ne trouve plus la moindre chambre, pièce, soupente, à louer, avait dit, la veille au soir, Bérengère Hernaut à Florie qu'elle hébergeait pour cette nuit mémorable. Le moindre recoin est pris d'assaut. Tous les lits sont occupés. La ville est pleine à craquer !

« Comme Tours, la basilique n'aurait pu contenir un œuf de plus, songeait Florie tout en considérant Louis IX et Marguerite de Provence qui faisaient oraison. Je n'ai pourtant pas à m'étonner de cette ruée : comme les autres, j'avais grande envie de voir le roi ! »

En l'honneur de cette cérémonie exceptionnelle, elle avait laissé Agnès à Vençay, sous la garde de Suzanne, tout en promettant de revenir dès que possible auprès de l'enfant. Ne pas commencer la journée de Noël avec la petite fille lui avait coûté, mais sa protégée était encore trop jeune pour supporter un aussi long office et Florie éprouvait un impérieux désir d'approcher les souverains.

Elle contemplait enfin, avec avidité, ce prince qu'elle n'avait pas revu depuis huit ans. Du temps qu'elle fréquentait sa cour, elle l'avait toujours admiré. Plus encore pour son caractère de ferme bonté et de sagesse que pour sa prestance, cependant indéniable. De haute taille, élancé, peut-être un peu frêle, il n'avait guère changé en apparence, mais, dans son visage aux traits réguliers, le pur regard avait acquis une qualité d'attention encore plus intense. Le triomphe de Damiette, les combats contre les infidèles, l'effondrement de Mansourah, la captivité, la mort de tant de ses preux, la maladie, les dures épreuves subies en Terre sainte, avaient, de façon visible, accentué sa propension naturelle au souci des autres, au don de soi. Il était aisé de constater qu'il ne tirait nulle vanité de se voir le maître d'un des plus beaux royaumes du monde, qu'il n'en prenait en considération que les devoirs, non les droits.

Tout comme autrefois, Florie le devinait plus féru des choses de l'âme que de celles du corps, plus préoccupé d'assurer le rayonnement de sa foi que celui de sa puissance. On savait qu'il ne dédaignait pas, pour autant, les soins du pouvoir et qu'il s'y consacrait dans le respect de sa charge autant que dans celui de ses sujets. Dieu l'avait placé sur le trône de France, il y œuvrait pour Lui, c'est-à-dire pour le bien de tous.

Florie en était là de ses réflexions lorsque Louis, relevant la tête, se tourna vers la reine, lui sourit. La jeune femme se souvint alors de la simple gaieté du roi, de son goût pour les conversations amicales, les discussions libres et franches, les repas pris en commun et les rires des convives. Elle se rappela aussi qu'il détestait le péché de tristesse, dont il soutenait qu'il était incompatible avec la joyeuse confiance qui doit émaner d'un chrétien.

Elle fut interrompue dans le déroulement de ses pensées par des signes qu'on lui adressait de loin. Elle reconnut Rutebeuf, lui répondit d'un geste de la main, mais ne put, tant la presse était grande, se rapprocher du trouvère dont des dizaines de personnes la séparaient. Après s'être étonnée de la présence du poète à Tours, elle songea qu'Arnauld avait dû parler à Marguerite de Provence du talent de son ami qui s'était sans doute vu, par la suite, intégré au petit cénacle dont elle-même, jadis, avait fait partie. L'ancien jongleur semblait en effet appartenir maintenant à la suite royale : son costume aux couleurs de la souveraine en témoignait, aussi bien que son entourage, composé de compagnons que Florie avait fréquentés auparavant à Paris.

Peu soucieuse d'être reconnue par eux, elle se félicita de ne pouvoir aller auprès de Rutebeuf, comme elle en avait tout d'abord eu l'intention et chercha, au contraire, à passer inaperçue. Dans ce but, elle se mit en devoir de se glisser derrière un des piliers qui soutenaient l'énorme voûte de la nef.

Séparée, dès le début de la cérémonie, de Bérengère venue avec elle à l'office, mais que des amis avaient appelée et retenue parmi eux, Florie se sentait libre de ses mouvements, dans la mesure où ses voisins se prêteraient à son changement de place. Au prix de beaucoup d'efforts, elle venait d'accomplir le déplacement souhaité, quand elle s'immobilisa, pétrifiée.

A quelques pas de l'endroit où elle était parvenue, de profil, se tenait Philippe !

A une sensation d'effroi, qui lui sembla familière, elle comprit que c'était lui qui l'avait dépassée, un jour de l'automne précédent, non loin des murailles du château de Tours. Sans qu'elle l'ait reconnu alors, le même frisson l'avait secouée. Elle ne pouvait s'y tromper.

Elle n'avait pas revu son mari depuis qu'il s'en était allé, insouciant, un matin de février, pour Pontoise où son service auprès de la reine le requérait, laissant derrière lui sa jeune épouse et leur enfant... Quand il s'était tenu, par la suite, à son chevet, elle n'avait fait que l'apercevoir du fond de son délire...

Prête à défaillir, elle s'appuya à la pierre du pilier. Dieu ! Elle allait perdre connaissance ! Elle tomberait, on s'occuperait d'elle, et sa présence serait révélée à celui qui ne devait même pas la soupçonner !

Il ne la voyait pas. Tourné vers le tombeau du saint, il semblait absorbé dans une méditation pleine de gravité. Pour qui, pour quoi, intercédait-il ? Se souvenait-il du miracle qui, à cette même place, avait rendu esprit et langage à Clarence ? Évoquait-il un passé dont chaque événement, en lui rappelant l'anéantissement de ses espérances les plus légitimes, ne pouvait lui être que blessure ?

Florie n'osait pas faire le moindre geste. Elle se contentait d'observer avec détresse l'homme qu'elle avait, d'un seul coup, dépouillé de tout ce qu'il possédait : femme, enfant, foyer... Jamais elle ne s'était pareillement rendu compte de sa propre responsabilité, de son écrasante culpabilité. La transformation de Philippe, qui avait frappé Jeanne à Paris, l'atteignait de plein fouet. Qu'était devenu le charmant trouvère qui lui dédiait ses meilleures rimes, qui comparait ses prunelles à la feuille du cresson, qui l'entourait de joie, de tendresse, de rires amoureux ? Qu'avait-elle fait de lui qui s'était abandonné à elle avec la plus absolue, la plus heureuse confiance ?

Elle aurait voulu que la terre se fendît pour l'engloutir.

La cérémonie se terminait.

Le roi et la reine se relevaient de leur agenouillement. Ils se dirigeaient ensuite, au milieu des chants, de l'encens, de l'affection que tous leur témoignaient, vers le grand porche de la basilique. On les approchait librement. Les plus avertis les saluaient, les plus simples s'efforçaient de toucher le manteau de velours fleurdelisé que portait Louis sur un surcot fourré sans aucun ornement.

Florie demeurait sur place.

Une seule chose lui importait désormais : ne pas se faire voir, disparaître avant que Philippe n'ait pu la remarquer.

C'était compter sans Bérengère ! Gênée d'avoir abandonné la jeune femme à elle-même, dame Hernaut entendait bien la rejoindre le plus vite possible après la cérémonie. La cohue lui faisant obstacle, elle se mit à faire de grands signes pour attirer l'attention de Florie. Son manège fut remarqué par quelques personnes qu'il intrigua. Philippe tourna la tête...

Florie sentit une brûlante ondée de sang envahir, inonder, son corps, puis se retirer, refluer au cœur. Elle glissa sur le sol.

Quand elle revint à elle, ce fut pour voir Bérengère qui l'éventait avec un pan de son voile.

— Ah ! la voilà qui reprend vie ! Chère dame, vous pouvez vous vanter de m'avoir fait une fière peur !

Couchée sur la paille qui jonchait le dallage de la basilique, la jeune femme était entourée de gens qui parlaient tous à la fois.

Où était Philippe ? Elle n'osa pas, d'abord, regarder autour d'elle. Quand elle s'y décida, ce fut pour constater que son mari n'était pas de ceux qui s'intéressaient à son sort. Il était parti.

Avec l'aide de dame Hernaut, elle se remit debout, rajusta le touret de lingerie qui couvrait ses cheveux, épousseta son manteau fourré de loutre.

— Je vous prie d'excuser cette faiblesse, dit-elle, je ne sais ce qui m'a pris...

— Sortons, proposa la femme de l'orfèvre. L'air vous fera du bien.

La foule s'écoulait par plusieurs portails. On se mouvait plus à l'aise.

Dehors, il faisait un temps piquant d'hiver. La nuit, il gelait un peu, pas trop. Dans la journée, le soleil faisait fondre le givre.

Florie frissonna.

— Venez chez moi prendre du vin chaud avec des épices. Vous en avez besoin.

Florie accepta. Que faire d'autre ? Elle se sentait perdue : Philippe l'avait vue, l'avait reconnue !

Chez l'orfèvre, elle but le breuvage réconfortant sans savoir ce qu'elle faisait, échangea avec maître Hernaut et son épouse des propos quelconques sur les festivités prévues pour la journée qui commençait, déclara enfin qu'il lui fallait regagner Vençay.

Avant de rejoindre la chaussée qui reliait la Loire au Cher, il y avait à traverser des rues, des places en fête, où tout était prétexte à rires, à danses, à réjouissances. Au long de ce parcours, Florie ne cessa de trembler dans la crainte de voir soudain surgir Philippe. Il n'en fut rien.

Hors les portes, on retrouvait le calme. Peu de monde cheminait sur la route, mais, de la ville, portée par le vent, montait une rumeur joyeuse. En se retournant pour s'assurer qu'elle n'était pas suivie, la cavalière ne put se retenir d'admirer, sous la blanche lumière de décembre, la cité pavoisée, les remparts décorés, les tours de la basilique et celles du château sommées d'étendards, de banderoles, d'oriflammes, qui claquaient dans le vent.

— J'ai jamais rien vu d'aussi joli ! affirma la servante qui suivait sa maîtresse au petit trot de son âne.

— Tu as raison, Marceline, après Pâques, le jour de Noël est le plus beau de l'année et, aujourd'hui, grâce à la présence du roi, il est encore plus splendide qu'à l'ordinaire.

Noël ! La fête de l'espérance pouvait-elle coïncider, dans son existence malmenée, avec la tristesse, la confusion, l'opprobre ? Pourquoi avait-il fallu que le mari bafoué et l'épouse infidèle fussent mis en présence, sous l'égide de saint Martin, le jour qui, par excellence, commémorait la Nouvelle Alliance ? Y avait-il là un signe ? Lequel ?

Elle fut à Vençay sans avoir rien vu du chemin. Heureusement, chez elle, quelqu'un l'attendait qui allait l'aider à se reprendre en forçant son attention. Comme elle l'avait prévu, Agnès vivait dans la fièvre. Suivie des levrettes qui gambadaient, l'enfant se précipita en courant au-devant de l'arrivante.

— Bonjour, bonjour, ma mère !

Des petits doigts impatients s'accrochaient à son manteau, des bras dansants se nouaient à son cou...

— La messe était belle ?

— Fort belle, ma chérie.

— Avez-vous vu notre sire et la reine ?

— Comme je vous vois.

— Vous avez de la chance !

La petite fille ne s'attardait pas à des politesses qu'on lui avait recommandées, mais qu'elle jugeait sans intérêt. Elle leva vers Florie un visage dévoré de curiosité :

— Voulez-vous bien que j'aille, maintenant, voir la crèche ?

— Bien sûr, Agnès, venez.

Suzanne, qui cousait auprès du feu sans cesser de surveiller l'enfant, intervint :

— Je peux y aller aussi ?

— Viens donc.

Florie prit dans son aumônière la clef de sa chambre dont elle ouvrit la porte avec solennité.

— Attendez un instant.

Elle alla chercher le chandelier posé près de son lit, vint l'allumer aux braises de l'âtre, retourna dans la pièce. Sur une table adossée au mur, elle avait, selon l'exemple donné par François d'Assise et suivi par toute la chrétienté, installé une crèche recouverte d'un toit de chaume. Une étoile dorée la surmontait. De petites statuettes peintes y représentaient la nativité. Des bergers, des agneaux, des chiens, l'entouraient.

Florie alluma, de part et d'autre, les cierges de cire parfumée qui ornaient deux lourds candélabres d'argent. Au pied de la table, enveloppé dans un tissu blanc, était posé un gros paquet.

La petite fille, en entrant, jeta un regard brillant d'excitation vers le cadeau inconnu, mais, obéissante, s'approcha d'abord de la crèche.

— Elle est bien plus belle que celle de Grandmont ! affirma-t-elle tout en examinant chaque personnage de bois sculpté avec l'attention intense mais vite lassée des petits. Jésus est très mignon et la Sainte Vierge vous ressemble, conclut-elle ingénument.

Florie, transpercée, garda le silence. Suzanne jugea utile de faire diversion en s'extasiant sur les agneaux.

Le moment était venu de satisfaire la curiosité d'Agnès qui avait su ne rien réclamer jusque-là.

— Ceci est pour vous, ma chérie, dit enfin la jeune femme en désignant le paquet blanc. Vous pouvez le prendre.

Avec précaution, comme pour faire durer l'attente, l'enfant écarta l'étoffe protectrice. Depuis qu'elle s'en occupait, Florie avait remarqué que sa protégée témoignait d'une science innée du plaisir en savourant chaque détail des moments heureux qui s'offraient à elle. Contrairement à beaucoup d'autres de son âge, elle ne se précipitait jamais sur une surprise pour lui arracher d'un coup son secret, mais prenait le temps de goûter la joie à venir en repoussant tant qu'elle le pouvait l'instant de la découverte. N'était-ce pas, chez un être si neuf, un trait de caractère curieux, révélateur d'un tempérament plein de raffinement ?

En dépit de sa lenteur voulue, la petite fille avait défait le paquet. Elle retira de l'enveloppe un berceau en osier, garni de draps minuscules dans lesquels reposait une poupée de bois, peinte et habillée avec soin.

Rendue muette par l'émotion, Agnès joignit les mains, comme pour une prière. Rouge jusqu'à la racine des cheveux, elle restait immobile.

— Contente ? demanda Florie avec douceur.

— Oh ! oui ! oh ! oui !

Bavarde à l'ordinaire, l'enfant ne trouvait, dans l'excès de sa joie, rien à dire. C'était son premier Noël de petite fille choyée.

A Grandmont, bien sûr, à l'occasion de la naissance du Seigneur, on distribuait des jouets, des menus présents. Mais il n'y avait là rien de personnel. Chaque orphelin recevait un cadeau, mais aucun d'entre eux ne pouvait avoir le sentiment d'un privilège singulier. Comment se sentir soustrait au sort commun quand on n'est pas l'objet d'une attention particulière, attentive, aimante ?

Pour la première fois, Agnès découvrait la différence essentielle

qu'il y a entre l'anonymat de la bienfaisance, et la tendresse maternelle, soucieuse de nos désirs secrets.

— J'en avais tellement envie, avoua-t-elle enfin, tout bas, comme
pour ne pas rompre un état de grâce que son instinct d'enfant
abandonnée pressentait fragile.

— Je pensais bien qu'une fille de ce genre vous plairait, ma
chérie. C'est une grande chance que je ne me sois pas trompée !

Dans un élan où entrait une sorte de voracité, l'enfant se saisit
de la poupée qu'elle serra contre elle avec frénésie. Quand elle
releva son visage empourpré de plaisir, ce fut pour aller se jeter
en riant dans les bras de Florie. Pendant un instant, celle-ci retrouva
le goût du bonheur. Poupée, petite fille, mère adoptive, demeurèrent
nouées dans une étreinte où tout se confondait : les affres de la
solitude, celles de l'abandon, le regret du passé, la peur de l'avenir,
et, triomphantes, les simples joies d'un matin extasié.

Un peu plus tard, comme Agnès berçait avec enivrement le
poupon de bois coloré, on sonna au portail.

Suzanne vint prévenir que Rutebeuf demandait à être reçu.

— Lui ? Ici ?

Florie s'étonnait.

— A l'en croire, il apporte avec lui, sur son cheval, un coffre
qu'on lui a remis à Paris pour vous.

— Fais-le entrer.

Ainsi qu'elle l'avait remarqué pendant la cérémonie du matin,
le trouvère avait changé de mine. D'impécunieux, son aspect était
devenu sinon prospère, du moins plus satisfaisant. Aussi neufs l'un
que l'autre, son costume et son assurance témoignaient tous deux
de la place qu'on avait enfin reconnue à son talent.

— Je suis heureuse de vous voir, Rutebeuf, d'autant plus que
j'ignorais que vous étiez en mesure de me dénicher dans mon
repaire !

— Arnauld, qui est à l'origine de ma nouvelle fortune, m'a,
également, renseigné sur votre résidence ! reconnut le poète avec
bonne humeur.

Il portait un coffre assez volumineux qu'il déposa aux pieds
de Florie.

— Arnauld, toujours lui, m'a demandé de vous apporter de sa
part cet objet, chère dame. Je crois qu'il contient des cadeaux de
Noël à votre intention et à celle de l'enfant dont vous vous occupez.

— Grand merci. Nous verrons plus tard. Venez d'abord près de
ce feu. Chauffez-vous, je vous prie, en attendant de boire à notre
réunion sous mon toit.

Suzanne apporta de la cervoise, de l'hydromel, des fouaces et
des craquelins.

— Je vous ai cherchée partout à la sortie de la messe, reprit le trouvère après s'être désaltéré. En vain. Vous aviez disparu.

— J'ai été prise d'un malaise vers la fin de l'office et me suis évanouie.

— Ce n'est pas étonnant : j'ai rarement vu tant de monde pareillement compressé !

— Il est vrai que nous étions nombreux autour du tombeau de notre saint Martin !

Rutebeuf mangeait avec application une part de fouace.

— Vous devez être surprise de ma transformation, dit-il quand il en fut venu à bout.

Il avait un sourire désarmant, qui creusait mille petites rides au coin de ses yeux. Sous le velours, il restait aussi lourdaud que sous la laine, mais, si la chance ne l'avait pas rendu élégant, elle ne semblait pas, non plus, avoir gâché son esprit. Au coin de l'œil, il conservait un éclat singulier et on le sentait bouillonnant de projets.

— Savez-vous que je suis devenu à la fois vertueux et raisonnable ? dit-il en riant. J'ai renoncé, du moins pour un moment, aux dés, à mes peu recommandables fréquentations, et, de façon définitive, à votre jeune sœur.

— Elle doit le regretter, car elle vous tenait en grande estime.

— Peut-être, mais, par Dieu, elle n'était pas pour moi ! Je m'en suis enfin convaincu et le lui ai dit.

— Vous vous êtes revus ?

— Nous avons eu une longue conversation chez Arnauld.

— Je croyais qu'il vivait toujours, avec Djounia qui est enceinte, rue des Bourdonnais.

— Ils y sont, en effet. De façon définitive. Dès qu'on a appris la prochaine naissance, votre père a fait installer, tapisser, meubler, un appartement de bonne taille dans la partie de sa maison qui est orientée au couchant. Arnauld peut s'en satisfaire, je vous prie de le croire ! Plus tard, sa femme et lui succéderont à vos parents dans leur demeure, alors que Bertrand assurera, de son côté, la continuité de la profession.

— Oui, admit Florie, non sans nostalgie, oui, les choses semblent bien s'arranger à Paris...

— Vous ne pouvez savoir la joie de maître Brunel et de votre mère à l'annonce de cette future maternité ! Ils espèrent un garçon comme héritier de leur fils aîné.

— Bien sûr. Ce n'est pourtant pas la première fois qu'ils sont informés d'un événement de ce genre... Les enfants de Bertrand assurent déjà la relève...

— Vous vous êtes donc mis d'accord, Jeanne et vous, pour cesser vos relations, reprit-elle sur un mode amical.

— C'est mieux ainsi. J'étais en passe de devenir amoureux de votre sœur qui n'éprouve pour moi que de la sympathie. Après m'être débattu comme un poisson hors de l'eau, j'ai fini par me rendre à l'évidence : elle aimait mes vers, non ma personne. Elle a accepté de l'admettre.

— Comme notre mère, Jeanne est une femme de devoir, sensible aux raisonnements, remarqua Florie. Elle n'est pas fille à s'engager à l'aveuglette sur des chemins peu sûrs...

Un temps. Le feu brûlait mal. Le soleil devait encore donner sur la cheminée ou bien le bois n'était pas assez sec.

— Ce matin, à la messe, j'ai revu mon mari, dit soudain, comme dans un rêve, la jeune femme.

— Je l'y avais également aperçu, reconnut Rutebeuf. J'avais, toutefois, espéré que vous ne le sauriez pas.

— C'est à cause de lui, non de la presse, que je me suis trouvée mal.

— Qu'allez-vous faire ?

— Rien. Peut-être ne restera-t-il que peu de jours en Touraine.

— Détrompez-vous : je me suis renseigné. Il s'est fait octroyer par le roi, en récompense de ses hauts faits outre-mer, le fief de Thuisseau qui n'est pas bien loin de Tours, sur la route d'Amboise. Se refusant à résider à Paris, il s'y est installé à demeure.

— Seigneur ! Voilà bien ce qui pouvait m'arriver de pire !

Rutebeuf s'en voulait de ce qu'il venait de révéler.

— Votre mari ne doit pas savoir où vous logez.

— Il lui sera facile de s'en informer.

— Peut-être ne le souhaite-t-il pas ?

Le trouvère s'était levé. Mal à l'aise, il faisait mine d'être frileux, se chauffait avec ostentation. Florie secoua le front.

— Par Notre-Dame ! ne me dites pas que vous croyez aux coïncidences ! s'écria-t-elle, véhémente. Vous comprenez bien que, s'il a choisi ce fief et pas un autre, c'est qu'il était au courant du lieu de ma retraite. Sans aucune difficulté, il aura pu se renseigner à Paris auprès de quantité de gens. Je suis sotte de ne pas y avoir songé plus tôt !

— Mais, enfin, dans quel but serait-il venu se fixer dans votre voisinage ?

— Le sais-je ? Pour se venger ?

— J'ai peu fréquenté Philippe avant son départ pour la Palestine, assez, cependant, pour estimer qu'il n'appartenait pas à l'espèce vindicative des justiciers.

— Sa transformation physique s'est peut-être doublée d'un changement de caractère.

— Les dispositions naturelles des êtres n'évoluent pas à ce point. Les apparences peuvent se modifier, pas les âmes.

— Croyez-vous ?

Elle se reprocha de se raccrocher à la moindre lueur d'espoir, comme quelqu'un qui se noie à la plus mince branche. C'était déraison.

— Le pardon des offenses, reprit-elle comme si elle se parlait à elle-même, est un des premiers devoirs du chrétien. Mais mon cas est si grave, mon crime tel, que je ne vois pas comment celui qui en a été victime pourrait se montrer clément envers moi.

— Huit ans ont passé depuis l'événement dont vous parlez. Les croisés ont connu mort et passion en Terre sainte. N'oubliez pas que le fleuve Nil charriait tant de cadavres qu'ils ne pouvaient passer sous les arches de certains ponts, que les feux grégeois et les hommes du Soudan ont décimé l'armée, que la famine et la maladie se sont abattues sur les survivants, qu'on a cru tout perdre quand notre sire le roi a été fait prisonnier, qu'il n'y a pas un des nôtres qui n'ait estimé sa dernière heure venue... Des épreuves comme celles-là effacent bien des griefs. En admettant qu'on ne parvienne pas à les oublier complètement, on en arrive, par la force des choses, à les considérer sous un tout autre angle. Croyez-moi, on change de point de vue en changeant de paysage et, du pays, chère dame, votre époux en a parcouru !

Florie ne jugea pas utile de répliquer. Elle conserva par-devers elle sa conviction et se mit en devoir d'ouvrir le coffre apporté par le trouvère.

Son père y avait déposé un fermail d'or pour elle et une bague pour Agnès, sa mère y avait mis deux surcots de soie verte brodés de fleurs vermeilles, Marie et Jeanne, un exemplaire de ses premiers poèmes, copiés par l'une, enluminés par l'autre, Bertrand et Laudine, des cuillères en argent, Arnauld et Djounia, enfin, des parures de boucles d'oreilles en perles, l'une grande, l'autre petite, toutes deux d'un bel orient.

La poupée serrée sur son cœur, Agnès, non sans un émerveillement nuancé de surprise, était venue assister au déballage des cadeaux. Comment était-il possible qu'à Paris on se souvînt encore d'elle ? Qu'on ne l'ait pas oubliée, elle, si menue, si insignifiante ? Constater que toute une famille s'occupait d'elle, lui envoyait des présents, procurait à l'enfant sans parent une satisfaction indicible. Elle ne s'en rendait pas clairement compte, mais elle vivait là sa première revanche sur un destin qui avait fait d'elle, à l'aube de sa vie, une créature dont on n'avait pas voulu.

Florie vit luire dans le regard bleu une espérance si neuve, si fraîche, qu'elle saisit la petite fille dans ses bras, la serra contre sa poitrine.

— Dieu soit béni, dit-elle à Rutebeuf qui les regardait en plissant les yeux, comme il aurait fait d'un tableau, la vie recèle de simples joies qui n'ont pas de prix ! Vous avez sans doute raison, mon ami, rien n'est jamais aussi bon ni aussi mauvais qu'on l'imagine. Je me suis peut-être tourmentée à tort... Nous verrons bien !

Quand le trouvère fut reparti pour Tours où l'appelait sa charge, la jeune femme s'efforça de préserver la confiance qu'elle avait manifestée devant lui. Ce n'était pas si facile !

La réapparition de Philippe l'avait ébranlée beaucoup plus intensément qu'elle ne l'aurait cru. Si, depuis huit ans, il lui était souvent arrivé de songer à lui, c'était davantage pour le plaindre que pour le redouter.

Il s'était toujours montré si charmant, si gaiement amoureux, le jeune époux de ses quinze ans, qu'elle ne pouvait concevoir, à partir de cet aimable passé, l'homme au visage de pierre qui avait soudain surgi, en ce matin de Noël, près du tombeau de saint Martin.

« Je vais devenir folle, se disait-elle, la nuit, dans son lit où elle dormait de moins en moins bien. A peine ai-je obtenu le départ de Guillaume dont la présence m'était devenue à charge, que Philippe, à son tour, s'avance, menaçant, à l'horizon ! Je serai donc sans fin partagée entre ces deux hommes ? »

Elle en venait à se dire qu'au fond, son amant était moins redoutable que son mari. C'était pour lui qu'elle avait trahi, renié, avili, l'amour de Philippe. Elle en tirait avantage auprès de celui qui se sentirait jusqu'au bout son débiteur. Vis-à-vis de celui qu'elle avait dépouillé de tout, quel argument invoquer pour sa justification ? Aucun. Sous le regard de l'époux trompé, du père dépossédé, elle se présentait comme parjure, déloyale, criminelle, sans qu'on pût lui reconnaître la moindre excuse. Avec l'un, elle se savait en position de force (ne lui avait-elle pas, en définitive, imposé sa volonté ?), avec l'autre, en position de coupable. Son pouvoir sur Guillaume était grand, sur Philippe, nul. C'était lui, à présent, qui détenait la possibilité d'imposer sa loi, de la soumettre, sans condition, aux représailles, aux châtiments, qui bons lui sembleraient...

Il y avait de quoi passer des nuits blanches !

Rien, pourtant, ne se produisit. Décembre s'acheva. Janvier parut.

Pour l'Épiphanie, comme il faisait moins froid qu'on aurait pu le craindre et qu'elle avait promis à Agnès de l'emmener à Tours où étaient venus se faire admirer, en l'honneur du roi et de la reine, les meilleurs montreurs d'animaux savants du royaume, Florie se décida à retourner en ville. Ce n'était jamais de bon cœur qu'elle se résignait à décevoir l'enfant et le calme des jours écoulés depuis Noël l'avait un peu rassurée.

Il faisait gris, mais doux. Dès la première heure, on monta dans la charrette bâchée conduite par Charles. Florie, Agnès, Suzanne, s'y serrèrent en prenant soin de ne pas froisser leurs beaux atours. La petite fille tenait dans ses bras la poupée dont elle n'acceptait pas de se séparer. Comme elle n'était allée qu'une fois ou deux en ville, tout l'y enchantait.

Le spectacle des animaux savants était donné, deux fois par jour, sur la place des Arcis, au pied du château. Drapée de courtines, décorée de houx et de banderoles, une estrade avait été dressée contre la muraille sud de la forteresse.

Beaucoup de badauds s'étaient rassemblés devant elle. On se bousculait pour être bien placé. Grâce à l'aplomb, à la hardiesse de Suzanne, elles parvinrent toutes trois à gagner le premier rang. Florie fit passer Agnès devant elle.

Des chiens, drapés de robes longues, coiffés de chaperons, exécutèrent des tours. On en força d'autres à sauter à travers des cerceaux enflammés. On aurait pu croire que certains savaient compter : sans se tromper, ils s'asseyaient devant des chiffres dessinés sur le sol. Un troupeau d'oies à la démarche alourdie leur succéda. Elles défilaient gravement, tirant derrière elles une légère charrette où l'une d'entre elles, couchée dans un petit cercueil, faisait la morte. Un ours brun fut amené par la suite. Il jongla avec des boules, des anneaux, des bougies allumées. Sur un air de flûte, son maître le fit danser un bon moment. Ses dandinements déchaînèrent les rires et les quolibets de l'assistance parmi laquelle on voyait beaucoup d'enfants aux joues aussi rouges de plaisir que celles d'Agnès.

Pour terminer, un baladin fit son entrée sur l'estrade, conduisant par une grosse chaîne un gorille d'Afrique, noir comme la nuit et farouche comme elle. Il mesurait bien six pieds et devait peser entre quatre cent cinquante et cinq cents livres ! Ce monstre produisit une forte impression sur les spectateurs. Des murmures le saluèrent. Florie fut frappée par la tristesse de son regard. Pendant quelques minutes, il considéra d'une mine méprisante ceux qui l'observaient, puis avec détermination, il leur tourna le dos. On le siffla. Brutalement, le dresseur tira sur la chaîne pour forcer le grand singe à faire face. Il s'y refusa. Des huées s'élevèrent de tous côtés. L'homme se buta, s'énerva, tira plus fort sur les liens de l'animal, fit claquer un fouet qu'il tenait à la main. Des grognements de mécontentement lui répondirent. Il s'acharna. Une lutte confuse s'ensuivit entre eux. On sentit monter la colère de la bête asservie.

— Il va casser ses fers ! cria-t-on.

Il les cassa. D'un mouvement d'une violence inouïe, il écarta les bras au maximum. Les anneaux se tendirent, mais ne purent résister à la fureur du singe, et se rompirent avec un bruit d'éclatement.

— Attention, attention ! Sauvez-vous ! Il est dangereux !

Avec une sûreté de geste où la souplesse et la force déchaînée se donnaient libre cours, le gorille, d'un bond, s'élança vers la foule. Il avait dû préméditer son acte. Sans la moindre hésitation, il se précipita sur Agnès, l'arracha aux bras qui cherchaient à la retenir, la souleva, recula jusqu'à l'estrade contre laquelle il s'accota. Entre ses deux énormes mains levées au-dessus de sa tête, ainsi qu'un projectile prêt à être lancé, il tenait la petite fille. Ceux qui s'apprêtaient à intervenir se figèrent sur place.

Dans le silence qui succéda aux cris, une voix retentit :

— Il va la jeter comme une pierre ! hurlait Suzanne.

— Seigneur, épargnez-la ! suppliait Florie, priant comme on appelle au secours. Notre Dame, secourez-la ! Ne laissez pas s'accomplir une pareille abomination !

Couronnant la masse noire qui défiait tout le monde, le corps frêle, noyé de cheveux blonds, demeurait suspendu. L'enfant ne pleurait pas, ne se débattait pas, se taisait. Blanche comme si elle s'était déjà vidée de son sang, elle semblait à demi morte.

Glacée, Florie, que son entourage, en reculant, avait laissée seule en première ligne, s'adressait à Dieu. Derrière elle, un murmure horrifié renaissait, s'amplifiait, mais personne ne bougeait.

Hors de portée, le dresseur s'époumonait, gesticulait, faisait claquer son fouet, menaçait, sans résultat.

Combien de temps cette scène de cauchemar allait-elle durer ?

Soudain, un objet métallique trancha l'air de son sifflement, de son reflet luisant. Lancée d'une poigne exercée, une dague alla se planter, avec un bruit mat, au cœur même de la statue de chair sauvage. L'animal oscilla, chancela, poussa une sorte de plainte rauque, fléchit les genoux...

Devançant la chute, un homme bondit, passa près de Florie, parvint auprès de la bête agonisante juste à temps pour recevoir le corps de l'enfant qui échappait aux doigts que la mort desserrait.

— Tenez, voici votre fille. Elle est saine et sauve, dit Philippe à Florie.

Dans une sorte d'inconscience, elle avait tendu les bras pour reprendre l'enfant, s'en emparer, la serrer contre elle.

Philippe s'éloigna aussitôt.

La foule refluait, entourait les deux héroïnes de l'affaire, se répandait en commentaires, se portait ensuite vers l'énorme cadavre qui gisait à présent sur le sol. Au milieu du bruit, de l'agitation, la silhouette vêtue de velours noir s'était fondue sans difficulté.

Agitée de sanglots ainsi que l'enfant qu'elle berçait d'un mouvement machinal, Florie demeurait paralysée.

Pendant les courts instants où son mari et elle s'étaient trouvés face à face, elle avait eu le temps de faire une constatation qui la laissait confondue : dans l'expression qu'avait le regard de Philippe alors qu'il lui rendait Agnès, elle avait retrouvé la même tristesse, mais aussi le même mépris, perçus un moment auparavant au fond des orbites du grand singe captif.

4

« Je vais mourir à la fin de l'été ! » se dit Mathilde.

Elle venait de se réveiller en pleurant. Pourquoi ces larmes, puisqu'elle ne craignait pas la mort ? Elle s'en voulut, s'essuya les yeux sans faire de bruit, pour ne pas troubler le sommeil de son mari.

Dans le silence de la nuit, tout était tranquille. Pas un murmure ne montait de la maison endormie. A son côté, Étienne reposait.

Elle se força au calme, s'imposa un rythme de respiration plus régulier, se prit à réfléchir. Le rêve dont elle sortait était le second du même genre, comme le rappel d'un premier avertissement. Vers la fin du mois de novembre, elle avait, en effet, eu un songe où tante Béraude, le feu aux joues, comme du temps de son vivant quand elle était en proie à une vive émotion, s'était adressée à elle : « Ce sera pour la fin de l'été, avait annoncé la vieille femme. Votre mort pour la fin de l'été ! »

Mathilde avait retenu la date, sans savoir si cette alerte était prémonitoire ou imaginaire. Cette fois-ci, le sens du message s'était précisé. Elle s'était vue courant vers une demeure inconnue, pénétrant sous un grand porche. Comme elle parvenait au milieu du vestibule, une femme vêtue du deuil le plus rigoureux s'était avancée vers elle. Sous son voile noir, l'apparition avait un visage décoloré, verdâtre, creusé de cernes profonds. D'instinct, Mathilde avait su que c'était la mort qui marchait à sa rencontre, qui lui ouvrait les bras, qui l'attirait contre elle, la serrait sur ses os, dans un froissement de linceul et une odeur de glaise.

Parce que les pleurs versés alors qu'elle n'était pas encore revenue à la conscience l'humiliaient, elle songea que le Christ lui-même, au jardin des Oliviers, avait répandu des larmes humaines sur l'agonie qui l'attendait. N'y avait-il pas, dans cette détresse sacrée, avec la prise en compte de toute faiblesse charnelle, une excuse, donnée par avance et par amour aux défaillances qui ne cesseraient pas d'assaillir les hommes à l'instant de vérité ? La part terrestre qui s'était alors manifestée dans le Verbe incarné disculpait une fois pour toutes les créatures de leur dernier tremblement.

Mathilde fit le signe de la croix, sourit dans l'obscurité.

Les éblouissements de la vie éternelle, bien qu'indescriptibles, n'étaient pas, pour elle, tout à fait inconcevables. Si l'amour humain incite les amants à vouloir la présence constante de l'autre, à ne pas s'en lasser, quel besoin ne doit-on pas ressentir du Seul Amour quand on est parvenu près de Lui ? Nos sentiments, qui semblent parfois si forts, ne sont que d'infimes reflets de l'embrasement qui nous attend ailleurs. Mathilde se disait encore qu'elle ne doutait pas de la félicité suprême qui serait sienne le moment venu. Elle se savait indigne d'une pareille béatitude, mais elle savait aussi qu'il ne s'agit pas de notre indignité, irrémédiable face à Dieu, mais de Sa miséricorde, à Lui, qui est infinie...

Elle se rendormit en priant.

Le lendemain matin, il neigeait. L'hiver, qui avait tardé à se manifester, s'imposait tout d'un coup.

En se rendant à la messe quotidienne, puis en repartant, un peu plus tard, pour la rue Quincampoix où elle alla, selon son habitude, travailler toute la matinée, Mathilde eut à lutter contre la chute des flocons pressés, piquants, crissants, qui aveuglaient Paris.

Djounia, qui n'avait jamais rien vu de pareil, s'en montra troublée.

Mathilde le constata quand, de retour sous son toit encapuchonné de blanc, elle alla rendre visite à sa belle-fille. Chaque jour, un peu avant l'heure du dîner, elle avait ainsi coutume d'aller voir la future mère, afin de s'informer de son état. Bien que devenue normale après des débuts difficiles, la grossesse de la jeune femme n'en continuait pas moins à susciter la plus vive sollicitude parmi tous les membres de la famille.

En entrant dans la chambre du nouvel appartement, Mathilde vit une forme imposante qui regardait par la fenêtre. En dépit du froid qu'elle appréhendait, Djounia, enveloppée dans un manteau fourré, s'était accoudée à l'appui. Comme fascinée, elle contemplait la chute dansante du blanc rideau qui voilait le décor habituel de la cour et du jardin.

— Eh bien, ma fille, voilà une merveille qui vous restait à découvrir !

Entre les deux femmes, qui s'embrassaient à chacune de leurs rencontres, des rapports spontanés, affectueux, empreints d'une tendre gaieté qui leur convenait à l'une et à l'autre, s'étaient instaurés le plus naturellement du monde.

— On m'en avait beaucoup parlé, ma mère, mais je n'imaginais tout de même pas pareille blancheur et pareille abondance !

— Il faut avouer que, pour une première fois, vous avez de la chance. La neige ne tombe pas toujours aussi drue dans nos régions ! Je vois là un cadeau du ciel qui a voulu vous montrer que, si nous n'avons pas ici les triomphants couchers de soleil sur le Nil dont vous nous avez parlé, nous ne sommes pas, pour autant, dépourvus de phénomènes remarquables !

Elles rirent, mais Djounia fit la moue.

— Ne trouvez-vous pas qu'il y a, pourtant, un peu de tristesse dans ce silence, cette humidité et la façon dont cette couche immaculée recouvre tout, ainsi que pourrait le faire un immense linceul ?

Mathilde se sentit touchée par cette phrase innocente.

Elle avait décidé de ne parler à âme qui vive de ses rêves, de leurs messages.

L'éventualité d'une fin prochaine, de sa fin, devait rester enfouie au plus profond de son âme. C'était un secret entre Dieu et elle, un secret qu'il ne convenait pas de divulguer. Si elle s'était trompée, si elle survivait à l'été, il serait toujours temps de s'en ouvrir à quelqu'un de confiance. Par exemple, Charlotte.

La remarque de Djounia l'impressionna pourtant.

— Il est vrai que la neige peut incliner les pensées vers des images funèbres, concéda-t-elle. Ma grand-mère déteste en voir tomber et prétend se sentir glacée jusqu'aux os les jours où il y en a.

La jeune femme frissonna.

— Il fait très froid, dit-elle avec un sourire qui voulait excuser sa constatation. Voyez-vous, ma mère, en réalité, j'aimerais mieux que ces flocons soient plus chauds !

Elle ferma la fenêtre, se dirigea vers le feu qui flambait dans la cheminée.

— Je suis bien trop frileuse, dit-elle encore, vous m'en voyez navrée !

— Vous êtes une fleur de soleil, Djounia ! Il n'est pas surprenant que nos frimas vous soient difficiles à supporter.

La jeune Égyptienne retirait son manteau. Vêtue de soie écarlate, avec son teint ambré, ses cheveux et ses yeux de nuit, elle ressemblait à quelque sultane égarée loin de son sérail natal.

— Je préférerai toujours l'été à l'hiver, reconnut-elle en se penchant vers les flammes auxquelles elle tendit ses mains précieuses, couvertes de bagues.

— L'été... oui, c'est une heureuse saison, murmura Mathilde.

De combien de temps disposerait-elle pour connaître l'enfant que portait sa belle-fille ? On l'attendait en avril. Elle compta. Elle aurait quatre ou cinq mois pour... allons, il ne fallait pas se laisser entraîner sur une telle pente, tomber dans la sensiblerie !

Elle verrait le fils d'Arnauld. N'était-ce pas l'essentiel ? Elle assisterait à la naissance, aurait cette ultime joie...

Elle se secoua.

— Vous avez raison, ma mie. La neige porte à la mélancolie. Peut-être, dans notre cas, est-ce à cause des souvenirs qui restent, dans nos mémoires, liés à sa présence ?

Djounia était au courant de la mort du petit Gaultier. En une pression affectueuse, elle posa ses doigts sur le bras de Mathilde.

— Ne pensez plus à celui qui est parti, ma mère, mais espérez en celui qui va venir.

Entre ses cils épais comme ceux des faons, ses prunelles, si foncées que le blanc de l'œil en était teinté de bistre, contenaient une telle attention, tant de sollicitude, que Mathilde en fut réconfortée.

— Vous êtes dans le vrai, ma fille. Seul compte l'avenir et l'enfant que vous nous donnerez.

— Il bouge de plus en plus souvent, dit la future mère en appliquant sur son ventre distendu ses paumes bien à plat. J'en reçois sans cesse de petits coups qui sont, entre lui et moi, comme autant de signaux. C'est déjà un compagnon.

— Vous le portez haut, ma mie. Certains voient là l'annonce que vous aurez un garçon.

— Je le souhaite.

— Moi aussi. Bien qu'à vrai dire, son sexe me soit assez indifférent. J'attends, voyez-vous, tout simplement un petit être de plus à aimer. Je ne demande rien d'autre.

— Arnauld tient à un fils !

— Étienne aussi. Ces hommes sont incorrigibles !

Elles riaient encore quand Charlotte entra. Elle venait une fois par semaine afin de suivre l'évolution d'une grossesse dont elle faisait une affaire personnelle.

— Je vois qu'on s'amuse ici, dit-elle en embrassant tour à tour les deux femmes. Ce n'est pas comme chez moi !

— Girard se montre toujours aussi désagréable ?

— J'ai perdu tout espoir de le voir un jour redevenir prévenant à mon égard, ma mie. Non, il ne s'agit pas de son comportement, mais d'une décision dont il m'a fait part hier au soir : il entend repartir pour l'Espagne dans un but de mortification, et n'en plus revenir !

En parlant, elle s'était défaite de son manteau et s'emparait des petites fioles que Djounia, sur sa prescription, tenait à sa disposition dans une boîte fermée. Elle en mirait les urines à la lumière des bougies allumées sur la table.

Mathilde se félicita de ce que la perspicacité de sa belle-sœur fût ainsi détournée sur un autre objet et maudit une fois de plus en silence la folie de Girard. Elle s'était arrangée pour ne pas le revoir seule à seul depuis le bal du carnaval précédent, mais n'avait pu éviter de le rencontrer lors des réunions de famille auxquelles il ne manquait jamais de participer. En plus, elle avait reçu des lettres délirantes qui la laissaient fort mal à l'aise. Dans l'esprit du pauvre homme, qui se cramponnait à sa chimère avec un entêtement de forcené, il y avait quelque chose de rompu, de dérangé... Le savoir en Espagne serait pour elle un soulagement appréciable.

Charlotte prenait à présent le pouls de Djounia.

— Tout va bien, constata-t-elle au bout d'un moment avec un air satisfait. Vous nous donnerez un beau petit.

Elle fit encore étendre la jeune femme sur le lit à colonnes qui occupait un angle de la pièce, lui tâta le ventre d'une main experte, en une sorte de massage lent et circulaire.

— Allons, il est toujours bien placé et remue comme il convient, ajouta-t-elle en hochant la tête. Les choses ont repris leur déroulement normal.

— Resterez-vous à dîner avec nous, ma sœur ? Nous allons nous mettre à table sans tarder.

— Vous savez combien j'aime me retrouver parmi vous, ma mie. Par ailleurs, je n'ai pas à me rendre à l'Hôtel-Dieu avant none.

Depuis qu'elle visitait Djounia avec régularité, l'habitude s'était instaurée de ces repas pris en commun où la physicienne était heureuse de se retremper chez son frère dans une ambiance confiante dont elle était privée chez elle. En son honneur, Arnauld et sa femme se joignaient à leurs parents afin de meubler davantage ces instants consacrés au partage de l'ordinaire familial.

On en était au pâté de pigeons quand maître Brunel parla de Bernard Fortier.

— J'ai reçu ce matin une lettre d'Italie m'informant du prochain retour de ce garçon, dit-il, tout en rajoutant du poivre sur la viande à laquelle il venait de goûter. Il semble avoir pris de l'importance là-bas et m'entretient de ses affaires sur un ton qui laisse à penser qu'elles le satisfont.

— Précise-t-il la date de son arrivée à Paris ?

— Non point. Il est question du mois de février, sans plus.

— Nous y voilà depuis déjà deux jours, remarqua Marie.

— Peut-être ne viendra-t-il pas ici en premier, dit Mathilde. Après tout, c'est à Blois qu'il habite.

— Je présume qu'il s'agit du jeune drapier dont j'ai entendu prononcer plusieurs fois le nom depuis mon retour ?

Une fois de plus, Arnauld constatait combien l'absence vous coupe de tout un ensemble de faits, de relations, de références, devenus familiers aux autres pendant qu'on se trouvait ailleurs.

— C'est un garçon fort plaisant, dit Charlotte en reprenant du pâté. Il a plu à tout le monde ici.

Jeanne rougit et s'en voulut beaucoup. Elle n'avait reçu que peu de nouvelles de Bernard depuis un an et se répétait que les Piémontaises passent pour de très jolies femmes...

— Si j'ai bien compris ce qu'il m'a écrit, c'est à Paris qu'il compte venir directement, reprit Étienne. Il ne fait aucune mention d'un séjour préalable à Blois.

— C'est sans doute qu'il a des choses d'importance à vous dire, avança Marie d'un air innocent, tout en jetant à sa sœur un regard qui l'était beaucoup moins.

— Il se peut. Nous verrons bien.

Étienne, lui non plus, ne se sentait pas aussi sûr des intentions du jeune homme qu'il l'avait été un an plus tôt. Dans les quelques missives expédiées depuis lors, le drapier parlait beaucoup de son métier, de ce qu'il avait appris à Turin, mais aucun indice, aucune allusion, ne permettait de supposer que le voyageur ait gardé un souvenir particulier de Jeanne, ni qu'il s'y intéressât encore.

— Savez-vous qui j'ai rencontré ce matin rue Saint-Jacques ? demanda Arnauld tout d'un coup.

Il se pencha vers Djounia, qui mangeait délicatement du poulet au safran spécialement cuisiné pour elle. Elle ne parvenait pas à s'habituer aux viandes porcines et aurait préféré jeûner plutôt que de se nourrir de cet animal impur.

— Encore une personne de la famille que vous ne connaissez pas, ma mie ! On n'en finit jamais, voyez-vous, avec notre parenté !

Il enlaçait la taille déformée de sa femme, posait un baiser sur la tempe brune. Les satisfactions de l'amour rendaient gai et taquin l'étudiant tourmenté qu'Arnauld avait été autrefois.

— De qui s'agit-il ? s'enquit Mathilde.

— De Gertrude, ma mère, ni plus ni moins !

— Je la croyais en allée loin de Paris en compagnie d'Aubri et d'Ysabeau.

— Ils sont partis tous trois après le procès. J'en suis certain. J'y avais personnellement veillé, dit maître Brunel.

On ne parlait jamais, rue des Bourdonnais, du trio mêlé de si malencontreuse façon au malheur de Clarence. Après la pendaison d'Artus le Noir, Gertrude n'avait été condamnée qu'à une peine légère : six mois de prison. Devant le tribunal qui avait eu à la juger, elle avait à merveille joué les victimes. Adroitement utilisée, la menace de viol qu'elle avait subie lui avait permis de proclamer bien haut son innocence. Le délit de complicité qui pesait sur elle s'était alors vu atténué en raison de la part qui lui revenait dans l'arrestation d'un malfaiteur recherché pour crimes. Présentée, en outre, comme une fille innocente abusée par un vaurien, elle avait fait intervenir la notion de légitime défense pour justifier une tentative de meurtre, qu'au demeurant on ne lui reprochait guère. C'était donc sans grand dommage qu'elle s'était sortie de cette affaire. Tout au moins devant la loi. L'opinion publique avait réagi autrement et les apothicaires s'étaient vus obligés de fermer boutique, de quitter la capitale, afin d'apaiser d'assez violents remous.

Ils étaient donc partis, avec Gertrude, s'installer dans un petit village des bords de l'Oise où on les croyait fixés à demeure.

— Que peut-elle bien faire ici ? soupira Charlotte. Elle n'a plus le droit d'enseigner après l'interdiction qui lui en a été officiellement signifiée. Je pensais qu'elle aidait son beau-père à préparer les potions et autres préparations dont les braves gens du coin peuvent avoir besoin pour se soigner.

— Elle n'est peut-être à Paris que de passage.

— Je supposerais plutôt le contraire, dit Arnauld. Elle déambulait en compagnie de quelques individus louches que fréquentait Rutebeuf avant mon retour. Elle m'a paru fort à son aise parmi eux et je ne serais pas étonné qu'elle caressât l'intention de tenter une seconde fois sa chance en notre ville.

— Les mauvais garçons ne lui ont jamais fait peur : son histoire avec Artus le Noir l'a amplement prouvé, remarqua Étienne. Si je ne me trompe, l'existence campagnarde à laquelle on l'avait obligée a dû assez vite lui peser. Dès qu'elle a jugé calmés les échos de ses aventures, elle n'aura eu qu'un but : renouer avec ses anciennes fréquentations.

— N'oublions pas qu'elle se piquait de dons poétiques et composait des vers qu'elle était bien la seule à estimer de qualité.

— Je me demande ce que sont devenus Ysabeau et Aubri...

— Heureusement qu'il y a parmi nous des éléments nouveaux, affirma Arnauld en se penchant derechef vers Djounia dont il baisa la joue.

— Et que, bientôt, il y en aura un autre ! renchérit maître Brunel en adressant à sa belle-fille un sourire complice.

Comme tout le monde, il subissait le charme de la jeune femme. Entre eux, s'était instauré un ton d'affectueuse estime qui se nuançait, parfois, d'un soupçon de coquetterie. Étienne aimait à faire rire Djounia, ce qui contribuait à mettre en relief le côté plaisant de son caractère, dont l'autre versant, pensait Mathilde, était toujours assez visible !

« J'ai épousé Janus, se répétait-elle pour la centième fois. Il peut être, dans la même journée et sans qu'aucun événement à prendre en considération ne soit intervenu, enjoué pendant un moment, amer tout de suite après... Une face claire, une face d'ombre... je ne me ferai jamais à ces sautes d'humeur incompréhensibles ! »

On avait fini de dîner. On se levait, Mathilde s'approcha de son mari, lui prit le bras, s'y appuya.

— Venez-vous avec moi rue Quincampoix ? s'enquit-elle d'un air léger, en prenant bien garde de ne rien modifier à son comportement habituel.

S'il avait décelé la moindre anomalie dans l'attitude de sa femme, Étienne se serait aussitôt inquiété et c'en aurait été fini de sa bonne humeur... de beaucoup plus que sa bonne humeur !

Allons ! Il était urgent de chasser au loin ce genre de réflexion ! Leur reflet sur son visage alerterait ses proches. Si son sort était bien de s'éteindre vers la fin de l'été, époque des cueillettes et des engrangements, époque où il lui convenait de rejoindre les vergers du Père, elle avait encore du temps devant elle pour envisager et préparer son départ.

— Hélas ! ma mie, vous m'en voyez navré, mais je ne puis vous accompagner tantôt, répondit maître Brunel. Je ne sais si vous vous souvenez que je dois me rendre aujourd'hui à une assemblée de notre confrérie.

— Il est vrai ! Je l'avais oublié. Pardonnez-moi, je deviens de plus en plus distraite !

Elle se montrait naturelle, tranquille, et s'étonnait de l'aisance avec laquelle elle donnait le change. Savoir qu'on va, peut-être, mourir bientôt, à condition de l'avoir accepté d'une âme confiante, n'apporte donc pas de transformation sensible à l'écoulement des jours, des moments ?

Dehors, il ne neigeait plus. Ainsi qu'elle le fait toujours dans les villes, la boue remplaçait la blancheur initiale. On marchait malaisément sur les pavés devenus glissants.

Charlotte quitta sa belle-sœur sur le seuil de la maison. Elle prenait à droite, vers l'île de la Cité, alors que Mathilde tournait à gauche. A peine celle-ci s'était-elle engagée dans la rue de la Ferronnerie, qu'une haute silhouette sortit de sous un porche.

— Je vous attendais.

Les yeux globuleux de Girard avaient un regard fiévreux, rien moins que rassurant.

— Charlotte a dû vous parler de mon prochain départ ?

— En effet.

Ils marchaient l'un près de l'autre, longeant, dans le bruit du fer battu et la froide tristesse qui suintait du ciel blafard, le long mur du cimetière des Innocents.

— Je n'aime guère être vue en compagnie d'un autre homme que mon mari, remarqua Mathilde. Pourquoi venir me parler ici de vos projets de voyage ?

— Parce que je ne suis jamais parvenu à vous rencontrer seule depuis près d'un an et que je ne puis plus attendre ! Il ne s'agit pas d'ailleurs, comme vous le dites par dérision, de voyage, mais, hélas ! de vous quitter sans esprit de retour !

— Ce n'est pas moi que vous laisserez derrière vous, Girard, c'est votre pauvre femme à laquelle vous n'aurez, en définitive, apporté pour tout potage que chagrin et déception.

— Vous savez bien qu'elle ne compte plus à mes yeux !

— Par Notre-Dame, je vous en prie, réveillez-vous ! Votre prétendu amour pour moi ne tient pas debout ! Un peu de bon sens, voyons !

— Vivre rejeté par vous m'est odieux !

— Mais enfin, Girard, je ne vous ai jamais rien promis ! Loin de vous encourager dans votre folie, je n'ai cessé de repousser vos avances, de vous dire, clairement, mon mécontentement, ma réprobation. Vous ne pouvez en rien prétendre que je me sois, même un moment, complu au jeu déloyal que vous entendez me faire jouer.

— Je ne le prétends pas non plus. C'est pourquoi je pars.

— Au bout de votre route vous ne rencontrerez que vous-même, mon pauvre ami ! Vous et votre hantise. Ce ne sont pas les lieux qui nous entourent que nous devons changer, mais notre cœur. Le vôtre s'est fourvoyé sur des voies de traverse. Ramenez-le sur le bon chemin, qui, pour une fois, n'est pas celui de Saint-Jacques, mais celui, beaucoup moins lointain, de votre foyer !

— Vous ne comprenez rien, rien, à ce que j'endure !

Il avait haussé le ton. Son exaltation devenait inquiétante.

Les passants se retournaient, les ferronniers interrompaient leur travail, pour dévisager l'homme hors de lui qui gesticulait et parlait trop fort. Mathilde était au supplice.

— C'est bien, reprit Girard. Je vous quitte, mais, croyez-moi, vous n'emporterez pas votre dureté de cœur au paradis !

Il eut une sorte de ricanement plein de sous-entendus et s'éloigna à grands pas d'échassier.

— Ne vous sentez-vous pas bien, dame ? demanda l'artisan devant l'échoppe duquel venait de se terminer cette scène.

Attiré dans la rue par les éclats de voix, il tenait encore à la main une tige de fer qu'il avait commencé à marteler.

— Grand merci de votre obligeance. Ce n'est rien. Je vais continuer mon chemin.

Mathilde se sentait furieuse et navrée à la fois. Fort sensible au ridicule de la situation, elle n'en était pas moins désolée de se sentir responsable, même en toute innocence, de l'égarement dans lequel sombrait son beau-frère. Se voir impuissante à chasser loin de lui les démons de l'extravagance l'affligeait.

Elle parvint rue Quincampoix dans un état de profonde agitation. Elle n'eut, cependant, guère le temps de s'appesantir sur ce qui venait de lui arriver. Bertrand, dont les apparitions à l'atelier se faisaient rares, s'y trouvait ce jour-là.

— Une grande nouvelle, ma mère ! La reine, qui est de retour à Paris, nous a envoyé son chambellan afin de nous commander une chaîne en or ciselé pour la petite princesse Marguerite, sa dernière née. Elle la désire sans tarder et la souhaite parfaite.

— Avez-vous confié au chambellan des modèles de ce que nous pouvions exécuter ?

— J'ai préféré lui proposer tous nos croquis. Sa Majesté choisira parmi eux.

— Aurons-nous bientôt la réponse ? Pour quand la chaîne doit-elle se trouver prête ?

Reprise par son métier, elle oubliait la lourde journée, si étrangement commencée, si désagréablement continuée, pour ne plus se préoccuper que de la commande royale qui rajouterait encore du lustre au renom de leur maison.

Auprès de Bertrand d'abord, dont elle partageait l'excitation, seule après son départ, elle travailla jusqu'à ce que les cloches de Saint-Magloire se missent à sonner l'arrêt du labeur.

L'approche de la nuit assombrissait déjà le ciel lourd de neige. Des flocons se remirent à tomber pendant que Mathilde se hâtait de rentrer chez elle. Elle tenait serrés autour d'elle les plis de son manteau et prenait bien soin de ne pas glisser sur les patins à semelles de bois qui protégeaient ses chaussures.

L'odeur du feu de bûches qui l'accueillit chez elle lui fut d'un grand réconfort.

— Eh bien, ma mie, s'écria Étienne en la voyant entrer, vous pouvez vous vanter d'avoir bel et bien rendu un homme fou !

Assis auprès du foyer, il devisait avec Arnauld au moment où sa femme pénétrait dans la salle.

— Que voulez-vous dire ?

— Ce que je dis, ma mie : de votre fait, Girard, notre beau-frère, vient de sombrer dans la folie.

— Totalement ?

— Je vois que vous étiez déjà au courant de son état et que, seul, le degré où il est parvenu vous intéresse !

— Hélas ! mon ami, comment aurais-je pu l'ignorer ? Pas plus tard que cet après-midi, il m'a tenu, dans la rue, des propos absurdes qui ont failli ameuter les populations !

— C'est bien ce que j'avais cru comprendre.

— Vous l'avez vu ?

— Je l'ai vu, en effet : un couteau à la main !

— Que dites-vous ?

— La vérité. Rendu furieux pour la fin de non-recevoir que vous veniez de lui signifier, votre amoureux avait résolu de supprimer l'obstacle que je constituais entre lui et vous.

— Seigneur !

— Eh oui ! Embusqué dans l'ombre de notre porche, il attendait, les pieds dans la neige, que je rentre chez moi à seule fin de m'immoler à sa folle passion.

— Étienne ! Vous plaisantez !

— Pas le moins du monde, ma mère ! Notre oncle a bien essayé, ce tantôt, de poignarder mon père !

— C'est impossible !

Sans prendre le temps de se défaire de son manteau, Mathilde, qui se sentait confondue, se laissa tomber sur un coffre, près de la porte. Pendant qu'elle brodait de complaisants motifs sur le thème sans doute imaginaire de sa propre mort, son mari se voyait, lui, menacé par Girard, et à cause d'elle, d'un danger véritable.

— Mon Dieu, mon Dieu, si j'avais pu me douter...

— Qu'auriez-vous donc fait, ma mie, si vous aviez su que l'époux de Charlotte comptait me sacrifier à vos charmes ?

Il souriait. Prenant entre ses mains le visage défait de sa femme, il l'embrassa sur le front, au coin des lèvres, sur la joue.

— Allons, remettez-vous, ma douce, mon heure ne devait pas être venue. Vous n'avez pas à regretter votre mouvement de vertu.

Mathilde interrogea :

— Que s'est-il passé au juste ?

— Girard avait négligé mon valet qui s'est précipité sur lui avant qu'il ait eu le temps de frapper. J'ignore, d'ailleurs, s'il aurait été jusqu'au bout de son geste. Sa main tremblait autant que tout le reste de son corps pendant qu'il me criait qu'il allait en finir avec moi.

— Hélas ! Charlotte est-elle au courant ?

— Il a bien fallu l'y mettre.

— Une fois Girard hors d'état de nuire et gardé à vue ici même, reprit Étienne, j'ai envoyé notre fils trouver ma sœur à l'Hôtel-Dieu pour lui demander de venir, toutes affaires cessantes. Le plus délicatement possible, il s'est chargé, en route, de lui expliquer de quoi il retournait. Elle n'a pas manifesté, à ce qu'il semble, une surprise démesurée.

— Dix fois, j'ai eu l'intention de lui en parler... C'était si difficile...

— Vous savez, ma mie, il aurait fallu être aveugle, ces derniers mois, pour ne pas se douter de quelque chose lors de nos réunions de famille.

— Vous-même, Étienne... ?

— Bien sûr. Néanmoins, je comprenais parfaitement votre discrétion et votre répugnance à m'informer de divagations dont, pas plus que vous, je n'imaginais les suites. Ma pauvre sœur devait juger comme moi.

— Quelle lamentable histoire... Qu'avez-vous décidé de faire, Charlotte et vous ?

— L'état de prostration qui a succédé, chez Girard, à sa crise de démence, nous a simplifié la tâche. Elle lui a administré une potion calmante à base de suc de pavot, puis elle l'a fait monter, encadré par deux valets, dans notre litière. On l'a ensuite conduit avec elle à l'Hôtel-Dieu où elle veillera sur lui et sur le traitement à suivre.

— N'est-elle pas trop malheureuse ?

— Vous la connaissez : ce n'est pas une personne à se laisser aller. Elle est décidée à lutter. Il paraît que certains fous guérissent. Elle a l'intention de consulter à cet égard sire Vives qui a fait des études approfondies sur les cas de ce genre. Vous savez combien il nous a été utile pour soigner Clarence, après ce qui lui est arrivé.

— Sire Vives... décidément, remarqua Mathilde, les uns après les autres, les témoins de notre passé se regroupent autour de nous, comme pour une parade...

Le lendemain, une lettre de Florie, délivrée en mains propres, parvenait à Mathilde. La jeune femme s'y livrait sans détour. Elle racontait le départ de Guillaume, obtenu de haute lutte, l'installation de Philippe non loin de Tours, leur rencontre dans la basilique, son intervention le jour de l'Épiphanie, son silence depuis lors. Partagée entre l'espoir et la crainte d'une autre manifestation de son mari, de cet homme devenu pour elle un inconnu, Florie avait en vain attendu, depuis près d'un mois, de le rencontrer sur sa route. Les nerfs à vif, elle appelait au secours, demandait à sa mère de venir, en dépit de la saison, des obstacles, des difficultés de tous ordres qu'elle imaginait fort bien.

« Je vous attends. Ne m'abandonnez pas en une telle conjoncture, je vous en supplie, écrivait-elle en terminant. J'ai besoin de vous, de votre présence. Ne me laissez pas seule en face de périls dont je ne puis même pas soupçonner la nature. Il faut m'aider. Trop éprouvée depuis des mois, je suis à bout de forces. Vous seule pouvez me secourir, me redonner courage. Votre affection reste mon ultime recours. »

5

— Pour personne d'autre au monde, ma fille, je n'aurais accompli un pareil voyage ! reconnut Mathilde en descendant de litière. Vingt fois, j'ai cru mourir en route ! Jamais encore, il ne m'avait été donné de mesurer à quel point l'hiver rend inconfortables les moyens de transport.

Elle se mit à tousser. Ses yeux étaient rougis, brillants.

— Mais vous êtes malade !

— Un rhume. En dépit des chaufferettes renouvelées à chaque étape, de la boule remplie de braises que je tenais à longueur de journée entre mes mains, des accumulations de coussins et de couvertures fourrées, je n'ai pu éviter les courants d'air glacés qui se faufilaient entre les rideaux de cuir. J'espère que ce ne sera pas grave. Il faut, par ailleurs, admettre que je n'ai pas eu de chance : depuis longtemps, nous n'avons pas connu un temps comme celui-ci. C'est bien le mois de février le plus rigoureux dont je me souvienne.

On traversa le plus vite possible le jardin pelé, dénudé, sans joie sous le ciel de fer. La terre était gelée en profondeur. Toute végétation paraissait morte, hormis quelques choux haillonneux qui s'entêtaient seuls à survivre.

— Installez-vous près de ce feu, ma mère. Je vais vous faire préparer une boisson réconfortante, dont je détiens la recette : vin rouge chaud, hysope, bourrache, tilleul et miel. Vous m'en direz des nouvelles. Elle fait merveille auprès des enfants de Grandmont.

Avec la curiosité timide de son âge, Agnès s'approchait de la voyageuse, l'embrassait.

— Bonjour, mignonne. Vous rappelez-vous de moi ?

— Oh ! oui ! Vous venez de Paris !

— Vous n'avez pas oublié non plus Paris ?

— Je m'y suis trop bien amusée avec Blanche, Thomas et Clémence.

Visiblement, elle était fière de dévider ce chapelet de prénoms.

— Cette petite possède une excellente mémoire : elle se souvient des noms des enfants de Bertrand !

— Elle m'en parle très souvent. Vous savez, ma mère, notre séjour chez vous fut, pour elle comme pour moi, un havre de joie !

Un soupir.

— Vous n'avez guère bonne mine, ma fille chérie.

— Ce doit être le froid.

C'était autre chose. Elle avait de nouveau maigri. Ses traits reflétaient une détresse profonde et beaucoup de désarroi.

— Voici la boisson chaude.

Suzanne entrait, offrait à Mathilde, qui le but aussitôt à petites gorgées, le breuvage fumant. La réaction ne se fit pas attendre : des frissons irrépressibles l'assaillirent.

— Il faut vous coucher, ma mère. Je suis navrée de me savoir cause du mal que vous avez contracté en venant jusqu'ici à travers la mauvaise saison. Pardonnez-moi d'avoir insisté pour que vous preniez la route en de semblables conditions. C'est pur égoïsme de ma part ! Laissez-moi, à présent, vous soigner comme vous vous entendiez si bien à le faire quand j'étais une petite fille...

— Je crois, en effet, que je n'ai rien d'autre à tenter qu'à me mettre au lit. Une bonne nuit au creux de vos couettes me fera le plus grand bien.

Dans la chambre de Florie, on avait dressé un second lit à colonnes pour Mathilde.

Une fois étendue entre les draps bassinés avec soin, une bouteille de grès remplie d'eau chaude sous les pieds, enfouie sous les couvertures de fourrure, la femme de l'orfèvre, qui aurait dû se sentir mieux, continua à grelotter.

Elle ferma les yeux, s'abandonnant à la montée de la fièvre qui l'agitait d'ondes frissonnantes. Tout semblait tourner, chavirer, ondoyer, autour d'elle. Elle était rompue, avait mal aux os, souffrait de tout son corps malmené pendant des jours sur les routes enneigées, creusées d'ornières profondes, rendues parfois impraticables par les congères qu'il fallait déblayer avant de passer. Dieu ! que le trajet de Paris à Tours lui avait semblé long ! N'ayant pas voulu que Maroie l'accompagnât à cause des conditions pénibles du trajet, elle s'était contentée du cocher et d'un valet dont les courageux coups de pelle avaient beaucoup aidé à la progression de la lourde voiture.

En dépit des chemins verglacés, des bas-côtés remplis de neige durcie, du vent du Nord qui pénétrait à travers les meilleurs vêtements, du givre qui recouvrait chaque matin, de sa carapace translucide et craquante, toitures, arbres, buissons et jusqu'à la moindre touffe d'herbe, en dépit des difficultés de tous ordres qui semblaient devoir paralyser la circulation, la litière avait rencontré, croisé, dépassé, pas mal de voyageurs, tout au long de son parcours. Des gens à cheval, à mule, à dos d'âne, en charrette, des gens à pied.

Étienne, qui se déplaçait par tous les temps pour ses affaires, répétait à satiété n'avoir jamais vu déserte une seule route de sa connaissance.

Dans le cerveau embrumé de Mathilde, défilaient des visages entraperçus, des phrases échangées, des incidents sans lendemain. Elle revoyait, proche d'Orléans, la maison-Dieu où elle s'était arrêtée dans l'intention d'y passer une nuit paisible. Hélas ! aucune des femmes étendues dans les vastes lits aux draps blancs de la chambre commune n'avait pu trouver le repos à cause d'une d'entre elles qui avait été prise, au début de la soirée, des douleurs de l'enfantement ! La salle réservée aux accouchées étant remplie, il avait fallu la laisser sur place jusqu'aux premières lueurs de l'aube où elle avait enfin mis au monde son enfant, entre les mains d'une sage-femme secondée par toutes celles qui avaient renoncé à fermer l'œil pour venir prodiguer conseils et réconfort à la jeune mère.

Une autre fois, on avait failli heurter, au beau milieu de la chaussée, un ivrogne couché dans la neige, ronflant comme une forge, la tête posée sur le balluchon qui lui servait de bagage. Il avait été nécessaire de le secouer pendant un bon moment avant de le tirer de son sommeil à relents de vin, et on avait dû, ensuite, essuyer sa colère et ses injures avant de pouvoir poursuivre.

Passait aussi, sous les paupières fermées, la vision inexplicable d'une femme, vêtue de bure, marchant comme une somnambule sur le bord de la route, en sens opposé à la litière, les yeux fixes, le visage vide, le port rigide, sans paraître rien voir, rien sentir, en dépit de la bise glaciale et de la boue gelée qu'elle foulait de ses pieds nus...

Mathilde brûlait de fièvre. Après la montée en rafale des frissons, elle était à présent la proie d'un incendie ! Une migraine, rythmée comme une danse, tambourinait contre ses tempes, son cœur battait avec violence, ses yeux cuisaient, sa gorge était sèche...

— J'ai soif, dit-elle sans élever la voix, désespérant d'être entendue.

La porte s'ouvrit presque aussitôt. Florie entra, portant avec précaution un grand gobelet rempli jusqu'au bord.

— Buvez, ma mère. C'est une décoction de simples qui avait beaucoup soulagé Agnès, quand elle était si malade, l'hiver dernier.

Une odeur de plantes se répandait dans la pièce avec la buée dégagée par le liquide bouillant. Fortement édulcorée au miel, la tisane n'était pas désagréable à prendre. Mathilde vida le récipient. Une main fraîche se posa sur son front.

— Vous êtes en nage, maintenant.

— Une bonne suée est excellente pour guérir un rhume !

Elle tentait de sourire, mais les muscles de sa face bouffie et rougie ne répondaient plus comme elle l'aurait voulu à ses intentions.

Elle se mit à tousser.

— Je vais vous frictionner la poitrine avec un onguent aux aromates que j'ai également utilisé profitablement pour Agnès, l'an dernier.

— Je n'étais pas venue à Vençay pour vous donner un regain de soucis, Dieu sait ! mais, tout au contraire, pour vous aider à porter ceux qui vous pèsent aux épaules !

La jeune femme pencha vers celui de sa mère, confus et contrarié, un visage débordant de douceur.

— Votre présence, seule, m'est déjà un bien, assura-t-elle avec une ferme persuasion. M'occuper de vous, vous soigner, vous guérir, me détournera de mes ressassements, et m'aidera, plus que vous ne pouvez le croire, à retrouver mon équilibre.

Mathilde voulut poser une question, mais, la devançant, Florie mit un doigt sur ses lèvres.

— Cessez de vous agiter, ma mère. Ce n'est pas bon pour votre état. Nous sommes bien d'accord toutes deux sur la nécessité de vous guérir d'abord. Nous avons à y travailler chacune à notre manière. Vous, en vous laissant dorloter, moi en vous cajolant comme un petit enfant. Plus tard, quand vous serez gaillarde, nous parlerons de ce qui m'a poussée à vous envoyer cette folle lettre responsable de vos maux !

Mathilde ne se sentait plus la force de protester. Elle eut encore un pauvre sourire, ferma les yeux, s'abandonna.

Trois jours s'écoulèrent parmi les odeurs de sueur, de tisanes, de révulsifs et de sirops. Chaque soir, la fièvre montait de nouveau, embrumant l'esprit de la malade, affolant le cœur qui tressautait

douloureusement entre les côtes, provoquant des sudations épuisantes.

— Mes soins sont inopérants, dit Florie à Suzanne, le matin du
troisième jour. Je ne puis songer à requérir l'aide de notre sœur
infirmière de Grandmont. Elle doit être débordée avec cette température glaciale. Il faut donc aller chercher le médecin de Tours qui
a soigné mon père quand il était si mal en point chez les Hernaut.
Envoie-moi Charles. Je vais lui expliquer ce qu'il aura à faire.

Le messager parti, il n'y eut plus qu'à attendre. Le temps passait.
Mathilde toussait. Plongée dans un état apathique, sa conscience
se diluait dans le vague.

En fin de matinée, Charles n'était pas revenu. Comme il était
monté sur un cheval récemment acheté, Florie se demanda si la
nouvelle monture avait le pied sûr. Par ces temps de gel, la chaussée
menant vers Tours devait être glissante et un accident pouvait
s'être produit.

L'homme de confiance ne revint que longtemps après le dîner.
Le médecin indiqué avait fait une chute dans sa cour verglacée et
gisait chez lui avec une jambe cassée. Il n'était pas question de le
déplacer. Se souvenant sans peine de maître Brunel, il avait néanmoins consenti à indiquer le nom d'un de ses confrères habitant
Montlouis, dont il vantait l'habileté.

En dépit du temps, Charles avait alors décidé de franchir les
trois lieues qui le séparaient de Montlouis. Bien lui en avait pris.
Il avait trouvé celui qu'il cherchait chez lui, en train de soigner
plusieurs malades à domicile. Il avait accepté de venir à Vençay
dès qu'il en aurait fini avec ses consultations.

— Comme mon cheval était fatigué après toutes ces allées et
venues, il n'avançait plus guère et j'ai mis pas mal de temps à
rentrer, conclut Charles. Notre homme ne saurait tarder à présent.

Il arriva en effet peu après. Âgé d'une quarantaine d'années, il
conservait, malgré sa brillante robe et son bonnet de docteur, un
aspect modeste, rempli de bonté, qui fit bonne impression à Florie.
Portant avec une certaine gaucherie l'étroite et longue trousse où
il avait mis ses remèdes, il n'avait pas l'air de songer à son
apparence plus qu'aux symptômes dont on l'entretenait. Il écouta
attentivement ce que la jeune femme avait à lui dire avant de
s'informer s'il pouvait voir la malade.

Quand il fut près d'elle, il lui tâta le pouls avec méthode, lui
regarda la langue, mira les urines mises de côté, et posa quelques
questions sur la fréquence de la toux et les douleurs qu'elle éprouvait.

— J'ai beaucoup de patients qui présentent les mêmes troubles,
dit-il à Florie. Cette congestion des humeurs pectorales est due,
bien entendu, aux températures exceptionnellement basses que nous

avons cet hiver. Je ne pense pas que le cas de votre mère soit plus alarmant que bien d'autres. Il faut, néanmoins, le prendre au sérieux. Faites-lui des cataplasmes tièdes à la farine de lin que vous renouvellerez deux fois par jour. Donnez-lui à boire une décoction de guimauve dans laquelle vous ajouterez une once du sirop de coquelicot que je vais vous laisser. N'en abusez pas, car, s'il est salutaire, il peut également, à trop haute dose, occasionner certains ennuis. Enfin, au moment des quintes, qu'elle absorbe quelques gorgées de vin d'aunée. Le soulagement sera immédiat.

On le sentait attentif et soucieux de bien se faire entendre.

— Je reviendrai demain.

Il revint plusieurs jours de suite, sans paraître se préoccuper de la neige qui s'était remise à tomber.

Il entrait, secouait son large manteau couvert de flocons, sortait de sa trousse un nouvel élixir préparé la veille, des pastilles adoucissantes, ou un onguent dont il avait trouvé la composition dans un recueil de médecine arabe.

L'état de Mathilde n'empirait pas, mais ne s'améliorait guère.

— Avant de venir, je suis passé ce matin à la basilique Saint-Martin, dit-il à Florie lors de sa quatrième visite, afin de prier notre thaumaturge de m'apporter son aide dans la guérison d'un de mes malades qui ne va pas fort. J'en ai profité pour ajouter une oraison à l'intention de votre mère.

— Grand merci, messire Laudereau. J'ai aussi fait prévenir ma sœur, qui est bénédictine à Tours, afin qu'elle demande à ses compagnes de joindre leurs supplications aux nôtres.

L'attention du médecin la touchait beaucoup. Sa sollicitude confirmait pleinement le jugement que, dès l'abord, elle avait porté sur lui. Contrairement à beaucoup de ses confrères, la science qu'on lui avait enseignée n'avait pas tué en lui les sentiments humains.

Quand il eut achevé de visiter Mathilde, la jeune femme lui offrit selon un rituel qui s'était imposé de lui-même, du vin chaud à la cannelle.

— Nous vous savons gré, messire, de venir jusqu'ici par cet affreux temps, dit-elle tandis qu'il buvait. C'est un long trajet et qui n'est pas sans risque.

— Bah ! Ce genre d'embarras fait partie de ma profession, assura-t-il en souriant. J'en ai vu d'autres !

Il avait des yeux gris, à fleur de tête, un grand nez gourmand et bienveillant à la fois, des rides profondes sur un front dégarni.

— J'ai pour le moment plusieurs malades hors la ville, reprit-il en vidant son gobelet. Ils sont éparpillés un peu partout aux alentours et je passe plus de temps à courir de l'un à l'autre qu'à demeurer auprès de chacun d'eux.

Il se leva.

— Tel que vous me voyez, je vais à Saint-Pierre-des-Corps voir un homme qui s'est cassé le coude en tombant de charrette. Ensuite, avant de rentrer à Montlouis, je passerai à Thuisseau, qui est heureusement tout près.

Florie, qui se dirigeait vers la porte afin d'accompagner le médecin, se retourna vivement.

— Y aurait-il quelqu'un de souffrant là-bas ? questionna-t-elle avant d'avoir pris le temps de réfléchir.

— Oui et non. Le nouveau seigneur du lieu, qui est revenu de Palestine avec notre sire le roi, ne semble pas se plaire dans notre région. Son humeur s'en ressent. Il se plaint de terribles maux de tête et d'insomnies. Mes remèdes, hélas ! ne lui procurent pas le soulagement désiré, aussi me mande-t-il souvent auprès de lui pour savoir ce que je pourrais lui proposer d'autre.

Il leva les épaules en s'enveloppant de son lourd manteau.

— Nous parlons beaucoup ensemble. Parfois, il me garde à souper. C'est un homme de grand savoir et de talent. Il lui arrive de composer des poèmes admirables, mais il n'est pas heureux.

— Pourquoi reste-t-il en Touraine s'il n'aime pas ce pays ?

— Je l'ignore. A vrai dire, je ne sais pas grand-chose de lui. Il me décrit avec précision les mœurs des infidèles, leurs cultes, les immenses difficultés que doit surmonter le royaume franc de Jérusalem pour durer, mais il ne fait jamais la moindre allusion à ses propres soucis. Par ailleurs, il s'intéresse également, à un point qui m'étonne, aux gens de par ici, à leurs façons d'être... j'avoue ne pas bien comprendre pourquoi.

— Vit-il seul ?

Le ton se voulait neutre. Il ne dut pas l'être, cependant, car messire Laudereau considéra un instant son interlocutrice du même regard observateur qu'il avait pour interroger Mathilde sur sa santé à chacune de ses visites.

— Il mène assez grand train et a nombre de serviteurs, mais ne semble avoir auprès de lui aucun être cher.

Florie n'osa plus poser de questions. Elle prit congé du médecin et retourna dans sa chambre.

Les flocons ne tombaient plus le lendemain matin, mais le froid, en revanche, s'était intensifié. On se tenait malaisément debout sur la neige gelée. Des larmes de glace pendaient des toits, un vent acéré coupait le souffle, transperçait la vallée de la Loire. Au loin, en provenance des profondeurs de la forêt qui cernait le domaine, on entendait les hurlements des loups.

— C'est un temps à ne pas mettre un chien dehors, remarqua Suzanne, tout en empilant des bûches sur les tisons et les cendres de la veille qui rougeoyaient encore. Les chemins doivent être aussi glissants que la surface de votre miroir d'étain poli. Le médecin ne viendra pas, ce jourd'hui.

— Nous verrons bien.

Florie préparait le lait chaud au miel qu'elle destinait à sa mère.

— Moi aussi, je voudrais en boire, dit Agnès, qui jouait à courir tout autour de la salle avec les deux levrettes.

— Pourquoi pas ? Il n'y a rien de plus sain.

La journée passa en besognes. Mathilde semblait aller un petit peu mieux. Elle avait moins de fièvre. En l'aidant à faire sa toilette, puis en l'assistant pour ses repas, sa fille put échanger quelques phrases avec elle.

Messire Laudereau ne vint pas. Nul ne passa sur la route dont on ne distinguait plus le tracé sous la chape blafarde qui recouvrait le sol. La campagne, les coteaux, la vallée majestueuse, les bois, tout était noir et blanc, blanc et noir, à l'infini. Le ciel inhospitalier ne laissait filtrer que fort peu de clarté. Bas et gris, il dégageait une telle sensation d'austérité qu'il semblait impossible que le soleil existât encore.

Pendant son léger souper, Mathilde s'enquit du temps qu'il faisait. Florie vit là un signe prometteur. Si sa mère recommençait à s'intéresser à ce qui se passait hors des courtines de son lit, on pouvait espérer.

Les jours suivants apportèrent des preuves qu'elle ne s'était pas trompée. L'amélioration se confirmait. Moins fiévreuse, moins prostrée, Mathilde, bien que très faible encore, n'était plus la proie des suées qui lui avaient été si pénibles. Elle toussait moins et recommençait à se nourrir sans répugnance.

— Quand votre médecin reviendra, il vous trouvera debout, si vous continuez comme vous voilà partie !

— J'ai une bonne nature, ma fille, et ce n'était pas mon heure !

Florie crut que le sourire grave de sa mère avait trait au passé tout proche, alors que c'était à l'avenir qu'elle faisait référence.

Vint le moment où la convalescente put poser les pieds par terre, se lever, vacillante, faire quelques pas au bras de sa fille. Elle demanda qu'on lui apportât une eau de senteur, qu'on la recoiffât autrement qu'avec le linge blanc qui entourait sa tête, enfin qu'on lui permît de recevoir Agnès, dont, depuis si longtemps, elle n'avait entendu la voix qu'au travers de sa porte.

Florie éprouvait un immense soulagement à constater le mieux-être qui se confirmait, mais ne jugeait pas encore venu le moment d'aborder avec Mathilde certains sujets qui la taraudaient cependant nuit et jour sans lui laisser de répit.

De la peur à la honte, de la confusion à la peine, à l'angoisse, puis de l'incertitude à une tremblante espérance, elle avait observé en elle la renaissance d'un attachement qui paraissait avoir survécu à ses crimes, à l'effondrement de son existence d'épouse, aux bourrasques d'une passion qui, en vérité, n'avait jamais entamé la part scellée de son cœur. Ce qu'elle avait vécu comme une plénitude n'était que la surface agitée d'une eau dormante dont les profondeurs n'étaient point troublées. Enfouie sans qu'elle l'ait pressentie, au plus secret, subsistait une mince source qui avait suffi à assurer la survie d'une préférence qu'elle ne s'avouait pas.

Non sans trouble, elle découvrait que cette silencieuse fidélité à son premier amour avait franchi les bouleversements du second, comme certains fleuves, à ce qu'on lui avait conté, traversaient d'immenses lacs sans s'y perdre, pour en ressortir indemnes.

Bien que le temps restât glacial, messire Laudereau revint un matin visiter sa malade.

— Je me faisais du souci pour votre mère...

— Elle va mieux, Dieu merci ! et va être fort heureuse de vous l'entendre confirmer.

Le médecin s'acquitta en conscience de ce qu'il avait à faire, mais Florie le jugea plus distant, moins affable qu'à l'ordinaire. Il reconnut que l'état de Mathilde ne présentait plus rien d'inquiétant et ne nécessitait, désormais, que des soins de routine. Après avoir prescrit la continuation des potions indiquées, puis leur arrêt progressif, il ne s'attarda pas, selon son habitude, à boire un peu de vin en bavardant, mais argua de ses nombreux patients, pour se préparer aussitôt à repartir.

— Puisque vous avez eu l'amabilité de vous déranger, messire, en venant jusqu'ici, puis-je vous demander un court instant de vous occuper de ma petite Agnès ? Elle souffre de la gorge depuis quelques jours.

Il parut hésiter une seconde avant d'accepter et ne témoigna pas, durant l'examen qu'il fit subir à l'enfant, de sa bonne grâce coutumière.

— C'est une banale inflammation, dit-il ensuite. Sans gravité. Avez-vous des figues en réserve ?

— Bien sûr. Parmi toutes les provisions que nous emmagasinons dans le cellier pour l'hiver, j'ai toujours beaucoup de fruits séchés.

— Bon. Ce n'est pas tout à fait aussi efficace que des figues fraîches, mais, cependant, faites-en bouillir assez longtemps une poignée dans du lait au miel. Quand elles seront ramollies, que votre fille les mâche lentement avant de les avaler. Elle cessera de se plaindre de la gorge.

— Jusqu'à présent, je lui ai administré des gargarismes à la guimauve qui ne semblent pas avoir été suffisants.

— Vous pouvez toujours les continuer en plus des figues, si vous le désirez.

Il observait Agnès avec une sorte de curiosité gênée qui intrigua

Florie tout autant que son comportement précédent. Elle envoya l'enfant rejoindre Mathilde et se tourna vers le médecin.

— Vous vous êtes montré si dévoué à l'égard de ma mère, dit-elle alors, que je m'autorise de la bonne intelligence existant entre nous pour vous demander, messire, en quoi nous vous avons déplu ?

— En rien, dame, en rien du tout.

Il était visible que, partagé entre des pensées contradictoires, son malaise s'amplifiait.

— Cette petite, reprit-il au bout d'un moment où il était demeuré debout devant le foyer à contempler les flammes, cette petite... quel âge a-t-elle donc exactement ?

— Je serais bien incapable de vous citer le jour précis de sa naissance, messire. Nous supposons qu'elle a, maintenant, dans les cinq ans.

— Comment cela ?

— C'est une enfant trouvée. Ne le saviez-vous pas ?

— Nullement... mais alors, tout est changé !

Le médecin paraissait prodigieusement soulagé. Une satisfaction soudaine déplissait son front, faisait renaître son bon sourire.

— Vous aviez raison, dame, de parler tout à l'heure de sympathie entre nous, reprit-il avec vivacité. C'est donc au nom de cette amitié récente, mais solide, que je vais vous donner les explications auxquelles vous avez droit.

Il retira une seconde fois son manteau, prit le siège que Florie approchait de l'âtre à son intention, s'y carra.

— Le gel n'est pas la seule cause de l'interruption de mes visites chez vous, commença-t-il. Je n'ai pas coutume de faire passer mon devoir après mon confort. Mon embarras à me retrouver devant vous ne venait pas tant du mauvais temps que de ce que je croyais savoir.

La jeune femme se contenta de lever les sourcils. Elle attendait.

— En vous quittant, l'autre jour, après un arrêt à Saint-Pierre-des-Corps, je me suis rendu à Thuisseau ainsi que je vous l'avais dit.

Quelque chose se recroquevilla dans la poitrine de Florie, s'y noua.

— Je fus reçu là-bas avec la bienveillance habituelle, et, au cours de la conversation, parlant des malades que j'avais visités dans la journée, j'en vins à citer votre mère.

— Mon Dieu !

— Oui. Je ne pensais pas, en nommant la famille Brunel, produire chez mon hôte un pareil effet. Il en fut bouleversé.

— Qu'a-t-il dit ?

— Il m'a tout raconté. Son besoin de communication était irrépressible et il avait confiance en moi.

Un silence. On entendait, par-delà la cloison, une voix claire, celle d'Agnès, qui parlait à Mathilde dont les réponses n'étaient pas audibles, et, venus d'ailleurs, des bruits de vaisselle.

Sur les joues de Florie, coulaient à présent des larmes qu'elle ne cherchait pas à dissimuler.

— Vous savez donc pourquoi je vis seule ici et pourquoi celui qui reste toujours mon mari ne vous semblait pas heureux.

— Il a terriblement souffert.

— Où en est-il maintenant ?

— Quand il est revenu en France, il a d'abord songé à s'installer à Paris, pour attendre, il ne savait quoi. Les souvenirs qu'il y a rencontrés à chaque pas l'en ont vite chassé. Entre-temps, s'étant renseigné sur votre compte, il avait appris que vous habitiez la Touraine. C'est alors qu'il a décidé d'y venir, lui aussi.

— Pourquoi, Seigneur, pourquoi ?

— Parce que ce chevalier valeureux, cet homme couvert de gloire, ce combattant réputé pour son audace, est, au fond, un cœur fidèle, une âme sensible, qui n'a jamais pu se défaire des tendres sentiments qu'il éprouvait à votre endroit !

— Je n'osais pas l'espérer...

— Lui-même n'en était pas sûr. Il m'a dit avoir tout compris au moment où ses yeux se sont posés sur vous, à la basilique.

— Pourquoi, dans ces conditions, ce silence, ce vide ?

— Parce qu'il croyait, qu'il croit encore, que la petite fille qui vit à vos côtés est votre enfant. Votre fille, à vous et à l'autre !

— C'est de la folie ! Il aurait dû s'informer...

— Il n'a pas jugé utile de rien demander à personne après l'avoir vue en votre compagnie, le jour de l'Épiphanie, alors qu'il avait projeté de vous aborder en cette place, à cette heure, où il avait bien pensé que vous viendriez à Tours pour les festivités. Il trouve qu'Agnès vous ressemble, et m'a avoué avoir été au désespoir de lui sauver la vie !

— Comment peut-on s'abuser pareillement ?

— Il avait consenti une première fois à vous pardonner un passé de douleur auquel il se sentait enfin assez armé pour faire face, cette nouvelle découverte ne le lui permettait plus. Vous savoir mère de cette façon-là le révulsait par ce que cet état impliquait par ailleurs d'opiniâtreté dans l'esprit de trahison.

Florie se répéta cette dernière phrase et se sentit écrasée.

— Qu'allez-vous faire, à présent ?

— Retourner à Thuisseau, détromper celui qui s'y morfond, lui apporter les éclaircissements dont il a tant besoin et qu'il désespérait de recevoir un jour.

Florie esquissa un geste de protestation. Y renonça.

« On verra plus tard. Si je commence à élever de nouveaux obstacles dès l'amorce de nos retrouvailles, nous ne nous rejoindrons jamais. J'avouerai tout à Philippe, mais pas maintenant. Quand l'occasion s'en présentera. »

— Partez, partez vite, dit-elle pour s'interdire de donner corps à ses scrupules, pour se mettre devant le fait accompli, pour ne pas admettre sa lâcheté. Dites-lui bien que, moi aussi, en dépit de mes torts, je n'ai jamais cessé de considérer notre union comme indestructible, ni de songer affectueusement à lui !

Dès que messire Laudereau s'en fut allé, Florie se rendit dans sa chambre, appela Suzanne afin qu'elle s'occupât d'Agnès, et se mit en devoir, une fois seule avec sa mère, de tout lui rapporter.

Elle parvenait à la fin de son récit, quand une rumeur, des bruits de pas, de voix, d'agitation, se firent entendre du côté du portail. Une petite troupe pénétrait chez la jeune femme qui s'en étonnait quand on frappa à sa porte.

— Que se passe-t-il ?

— C'est le médecin qui revient, dame. Il vous demande.

Messire Laudereau attendait en effet dans la salle.

— Je me suis permis de prendre, chère dame, une initiative dont j'espère que vous ne me blâmerez pas, dit-il dès qu'il vit Florie.

— De quoi s'agit-il ?

— Après vous avoir quittée, j'ai pris la route, bien décidé à me hâter le plus possible, lorsque j'ai vu sortir du chemin forestier situé derrière le mur qui clôt votre propriété un triste convoi. Sur un brancard improvisé de branchages, des paysans portaient un corps. Je me suis approché. Un homme y gisait. Mort.

— Mort ?

— Les paysans m'ont dit être sortis à plusieurs dans l'intention de faire une battue pour tenter de tuer quelques-uns des loups qui viennent, par ces temps de froidure, décimer leurs troupeaux de moutons et de chèvres. Ils en ont abattu un et s'en revenaient à travers bois, le portant sur une civière qu'ils avaient confectionnée avec des branches, quand leurs chiens ont découvert, non loin d'ici, un cavalier et son cheval étendus dans la neige, déjà raides et à demi dévorés par les loups.

Florie ne prononça pas une parole. Une évidence la transperça.

— Mon Dieu ! Il est donc revenu ! Non, non, il ne faut pas que ce soit lui ! Je ne veux pas que ce soit lui ! »

— Où est-il ?

— J'ai cru bien faire en offrant aux paysans de le déposer dans votre grange qui était le bâtiment le plus proche.

— Vous avez bien fait.

Elle prenait le manteau que lui tendait Suzanne.

Dans la grange mal éclairée par la grisaille du dehors, des hommes faisaient cercle autour d'un corps recouvert d'une courtine. On l'avait posé à même le sol jonché de paille, sur le brancard où il avait d'abord été étendu à la place du loup, mais on avait ressenti le besoin de dissimuler l'état dans lequel les fauves l'avaient mis. Le bras gauche, raidi par la mort autant que par le froid, dépassait cependant de l'étoffe rouge. A l'annulaire de la main crispée comme dans une dernière lutte, un anneau d'or brillait.

« Je le savais ! Je le savais ! »

— Il s'est battu autant qu'il l'a pu contre la meute, dit un paysan. Il tenait encore un poignard taché de sang gelé et, un peu à l'écart, on a trouvé un gros mâle et une femelle percés de coups. Il a succombé sous le nombre... Faut dire que le froid et la faim les rendent mauvais à c'te heure !

Guillaume !

Florie se pencha, voulut soulever le tissu couleur de sang.

— Non, dame ! Il vaut mieux pas !

Charles, qui se tenait, sans qu'elle l'ait remarqué, auprès du cadavre, intervenait soudain. Elle comprit, rien qu'à ce cri, qu'il savait, qu'il était au fait, peut-être depuis longtemps... Qu'importerait maintenant ?

« Pourquoi es-tu revenu ? Pourquoi ? Voulais-tu te faire tuer devant ma porte ? Quel instinct te guidait ?

« Que m'avais-tu dit, ce jour d'automne où nous nous sommes séparés ? C'était ma vie que je vous donnais ! L'avez-vous jamais su ? »

Une marée suffocante de souvenirs la submergeait.

— On ne sait pas qui c'est, dit quelqu'un.

— Arrangé comme le voilà, il n'est plus reconnaissable !

— Que venait-il faire dans la forêt par un temps pareil ?

— On l'saura jamais.

Florie voulut s'arracher à la spirale de souffrance qui l'aspirait, la broyait. Levant les yeux, elle rencontra une seconde fois le regard de Charles.

— Occupe-toi de tout, lui dit-elle d'une voix qu'il ne reconnut pas. Préviens d'abord le curé de Vençay. Demande-lui...

Elle s'interrompit.

— Je sais quoi faire, dame. Laissez-nous. Retournez au chaud. Votre place n'est pas ici.

— Venez, répéta le médecin. Vous êtes sous le coup d'une émotion tout à fait naturelle en pareille circonstance, mais qui peut vous faire du mal. Venez.

Il lui prit le bras, l'entraîna.

Elle ne sentit rien du froid, se retrouva devant la haute cheminée de la salle.

— J'ai préparé un remontant pour vous, dame.

Suzanne lui tendait un gobelet. Elle aussi était donc au courant !

Pas un de ses domestiques ne devait ignorer ce qui s'était passé dans la tour du verger... Rien de tout cela n'avait plus d'importance...

Elle but le liquide épicé, frissonna, se retourna vers messire Laudereau.

— Si vous n'avez pas de malade urgent, demeurez, je vous en prie. Vous n'êtes plus pressé, car vous n'avez plus rien à faire à Thuisseau...

Par un étrange concours de circonstances, ce praticien qu'elle n'avait jamais vu quelques jours plus tôt devenait pour elle une sorte de confesseur, à tout le moins un confident.

— Suivez-moi dans ma chambre, s'il vous plaît. Ma mère connaît tout de moi, c'est en sa présence que je veux vous entretenir.

... Longtemps plus tard, quand il sortit de la pièce, le médecin semblait accablé. Florie l'accompagnait.

— Vous direz à Philippe tout ce que vous venez d'apprendre, répéta-t-elle une dernière fois. Les événements me forcent à lui avouer ma rechute avant même qu'il ait connu la vérité sur l'adoption d'Agnès. C'est mieux ainsi. Entre nous, il n'y aura pas de nouveaux mensonges. Il jugera, il me condamnera, en toute connaissance de cause. Rien ne restera dans l'ombre.

C'était avec un étrange mélange de désespoir et d'exaltation qu'elle prenait la mesure de son malheur maintenant qu'elle avait tout perdu.

Elle referma la porte, demeura un moment immobile, glacée par la sensation vertigineuse de se tenir debout entre deux fantômes.

Un léger coup frappé à la porte la ramena à la réalité.

— Dame, dit Charles en entrant, il n'est plus dans la grange. On l'a transporté à la sacristie de l'église où il passera la nuit. Notre curé m'a chargé de vous informer qu'on l'enterrera demain, tôt le matin.

— Je te remercie.

— J'ai aussi pensé...

Ne sachant comment continuer, il tendit sa main ouverte. Sur la paume rugueuse brillait l'anneau d'or qu'il avait dû avoir beaucoup de mal à retirer des doigts raidis...

En fin de journée, le vent du Nord, qui soufflait sans trêve depuis des semaines, vira soudain à l'ouest. Le temps se radoucit un peu, le dégel s'amorça.

Ce fut donc dans un bruit liquide d'égouttement, d'écoulement, de ruissellement, qu'eut lieu, le lendemain matin, la brève cérémonie d'inhumation.

Personne ne sachant qui était ce mort et les paysans qui l'avaient trouvé étant retournés à la chasse aux loups, Florie, Charles et Suzanne furent seuls à assister à la messe. C'était mieux ainsi. Si on avait découvert l'identité de Guillaume, on se serait souvenu de certaines étrangetés remarquées l'année précédente, on aurait établi des rapprochements, le scandale n'aurait pas été loin. Plus tard, on pourrait faire graver des initiales sur la pierre...

Dans l'humidité froide de l'église, Florie tremblait d'horreur, de peine, de désolation.

On prétend que notre fin nous ressemble, celle de Guillaume était sauvage et violente comme lui !

Tué en état de péché mortel !

La messe terminée, on se rendit au cimetière qui entourait l'église. L'air était saturé d'humidité. Le dégel s'accentuait.

Quand la terre retomba en pelletées boueuses sur ce corps qu'elle avait connu si ardent, Florie sut que la part de folies, d'excès, d'iniquités, qui nous est concédée à l'aube de nos vies était, en sa totalité, épuisée pour son compte personnel. Si elle voulait être sauvée, il ne lui était plus possible d'envisager autre chose qu'une existence sage, tournée vers la quête du bien. Lui était-il même encore permis d'aspirer à un regain de tendresse ?

6

Le 6 avril de cette année 1255, le roi de France maria sa fille aînée, Isabelle, à Thibaud V, comte de Champagne et roi de Navarre.

Comme Louis IX aimait tendrement la princesse, il voulut que les fêtes fussent somptueuses, bien que, depuis son retour de Terre sainte, une piété encore accrue le poussât à la plus extrême simplicité. Supprimant tout superflu, il avait considérablement réduit le train de son hôtel, les dépenses de sa maison, et jusqu'à sa propre garde-robe.

Ce furent, cependant, de belles noces.

Le cortège traversa une ville en liesse, parée de fleurs, de tapisseries, de draperies, de banderoles et d'oriflammes, où chacun participait à la joie de la famille royale.

La jeune épousée de quatorze ans, vêtue de drap d'or, couronnée de perles, était l'image même de la verte espérance.

Le peuple chantait, dansait, courait aux spectacles offerts sur les places, riait, buvait, s'amusait ferme.

Paris, vibrant de couleurs, de vivats, frémissait de plaisir sous un ciel printanier. Il ne faisait pas encore très chaud, mais on s'était bien couvert, et le vin distribué gratuitement et à profusion partout où l'on pouvait mettre en perce un tonneau, contribuait gaiement à réchauffer la foule.

Ce fut ce jour entre tous les jours que Djounia choisit pour accoucher.

Alors que Mathilde se préparait afin de se rendre à la cathédrale où maître Brunel avait obtenu de haute lutte deux bonnes places parmi celles qu'avait retenues la confrérie des orfèvres, Arnauld fit irruption dans la chambre de ses parents en annonçant que les douleurs de l'accouchement venaient de commencer.

Il n'était plus question de quitter la maison et il ne restait qu'à changer de tenue. Étienne, maugréant, dut renoncer à emmener son épouse avec lui et ce fut Jeanne qui bénéficia de l'événement en se substituant à sa mère.

Dans l'aile du logis réservée au jeune couple, toutes les femmes présentes furent bientôt à pied d'œuvre et l'agitation à son comble. Un valet courut prévenir Charlotte. En attendant, on procéda aux dispositions habituelles. Tiberge la Béguine mit à chauffer des marmites d'eau, fit apporter par des servantes des bassines de cuivre, un baquet de bois, du linge en piles. Perrine, malgré les infirmités de l'âge, apparut, tenant avec dévotion les deux statues jumelles de sainte Britte et sainte Maure dont elle assurait qu'elles aidaient aux heureuses délivrances et préservaient des couches laborieuses. Djounia réclama le scapulaire, spécialement brodé à son intention en Égypte par sa mère, qui le lui avait envoyé quelque temps auparavant, et voulut qu'on le lui passât autour du cou. Mathilde fit brûler, près de la couche, une poudre composée de simples, de racine d'armoise et de fleurs séchées d'herbe de la Saint-Jean. C'était une coutume familiale à laquelle on ne manquait jamais pour conjurer le sort. Dans le même but, Maroie glissa dans la main de la future mère une tige de basilic.

Devant la cheminée, dont on avait avivé le feu, des chambrières dressèrent un étroit lit de toile sur lequel on transporta Djounia. Elle avait demandé à sa belle-mère que, contrairement à ce qui se faisait de façon courante, les voisines fussent tenues à l'écart. En revanche, elle désirait que ses servantes égyptiennes eussent toute latitude pour l'assister à leur manière. Bien entendu, ses souhaits avaient été exaucés, mais Arnauld avait néanmoins tenu à leur adjoindre sa tante, qui arriva comme on achevait les préparatifs.

Tout s'annonçait sous le meilleur jour. Les belles hanches rondes de la jeune femme laissaient espérer une délivrance sans complication. Ointe par des mains expertes de baumes mystérieux venus de son pays, massée par elles, Djounia ne paraissait pas souffrir trop durement.

— Poussez, ma mie, poussez ! répétait Charlotte. Il convient d'aider l'enfant qui est engagé. Si cela peut vous aider, criez, je vous en prie, criez, ne vous gênez en rien !

Que ce fût courage ou souci de sa dignité, l'épouse d'Arnauld serrait les dents sous les assauts de la douleur, mais se refusait à proférer la moindre plainte. On ne pouvait suivre la progression du travail qu'aux contractions de son visage qui reflétaient celles de sa chair.

— Il est temps de vous asseoir, ma mie, dit soudain Charlotte. Le moment approche.

Les deux servantes prirent chacune leur maîtresse sous un bras, la soulevèrent avec précaution, la mirent en position assise, tout en continuant à la soutenir. Mathilde, qui n'avait pas quitté le chevet de sa belle-fille pour lui lotionner les tempes avec une eau de senteur de sa composition, glissa sous les reins douloureux des oreillers de duvet, contre lesquels on appuya le dos mouillé de sueur.

En dépit de la volonté de silence qu'elle avait manifestée jusquelà, l'excès de souffrance arracha un gémissement irrépressible à Djounia. Une plainte rythmée lui succéda, qui se mua d'un coup en un hurlement de bête forcée.

Ce fut au moment même où les cloches de la capitale sonnaient à toute volée pour annoncer la fin de la cérémonie religieuse et la sortie des mariés royaux sur le parvis de Notre-Dame que l'enfant attendu fit son apparition.

— C'est un garçon !

Mathilde se signa, se pencha, le cœur serré, sur le petit être qui émergeait, gluant de sang, des entrailles de sa mère pour entrer dans ce monde. Quand elle se redressa, ses yeux brillaient de larmes.

— C'est un beau petit, ma fille. Vous pouvez en être fière !

Le fils désiré était là, bien vivant, bien membré, piaillant avec une vigueur que toutes les assistantes saluèrent comme un signe certain de santé. Ses cheveux noirs lui venaient de sa mère. Les larges yeux qu'il tenait ouverts en naissant étaient bleus comme une nuit d'été.

Redressée contre ses oreillers, Djounia, épuisée mais heureuse, contemplait son fils avec vénération.

Le cordon coupé, noué, Charlotte tendit à Mathilde le petit corps nu afin qu'elle le baignât avec l'aide des Égyptiennes qui n'en finissaient plus de s'exclamer dans leur langue. Après avoir longuement lavé avec un savon pétri de miel le nouveau-né, lui avoir mis dans chaque œil deux gouttes de vinaigre rosat, on le sécha, on le frotta d'une poudre parfumée à la guimauve, et sa grand-mère lui passa au cou un collier de grains d'ambre afin de le préserver des convulsions et des maux de ventre. Il ne restait plus qu'à l'emmailloter serré pour permettre aux petites jambes de demeurer droites et éviter que l'enfant ne se fît mal en s'agitant.

— Il pèse bien sept livres ! estima Tiberge d'un air entendu.

— Les garçons de la famille ont toujours été robustes ! confirma Perrine avec une componction remplie de vanité.

Tiberge approuva du chef.

Ce fut ainsi que le fils d'Arnauld reçut, au matin de sa vie, des deux plus anciennes et plus fidèles aides de la maison, l'indispensable investiture qui faisait de lui le plus jeune membre admis de sa lignée.

Charlotte, qui avait, pendant ce temps-là, procédé à la toilette intime de l'accouchée, préparait près du feu une infusion d'alchémille ayant la propriété d'éviter les inflammations. Les deux Égyptiennes achevaient de rafraîchir, de recoiffer, de parfumer Djounia avant de la reporter entre les draps de toile fine, brodés pour la circonstance, qui paraient le grand lit conjugal.

— Buvez, mon enfant. Le goût en est agréable et l'effet excellent.

Après avoir vidé le gobelet où fumait le breuvage, la jeune femme s'adressa à Mathilde avec vivacité :

— Ne serait-il pas temps de prévenir Arnauld ?

— Si fait, j'y vais. Vous ne voulez toujours pas, ma fille, qu'on s'occupe de vous trouver une nourrice pour votre petit ?

— Non, non, ce n'est pas la peine ! Je m'en tiens à ce que j'ai dit : j'allaiterai moi-même mon enfant. Ce n'est sans doute la coutume ni en France ni dans mon pays, mais j'y suis absolument décidée.

Mathilde avait compris depuis longtemps que l'exquise urbanité de sa belle-fille pouvait, à l'occasion, masquer une fermeté passionnée. Elle n'insista donc pas.

— Comme vous voudrez, ma mie, je vais vous chercher tout de suite Arnauld, assura-t-elle avec entrain.

Elle n'eut pas à aller bien loin.

— Alors ?

— Vous voici pourvu d'un solide garçon, mon fils ! Votre femme et lui sont en parfait état.

Dans un élan de bonheur un peu gauche qui la ravit, Arnauld prit sa mère dans ses bras pour l'embrasser avec la même fougue que du temps où il était en bas âge et venait trouver refuge auprès d'elle.

— Je suis si content !

— Nous le sommes tous ! Étienne va pavoiser ! C'est un beau cadeau que vous nous faites là, savez-vous ? C'est également un riche présent de noces que vous offrez de la sorte à notre sire le roi pour le mariage de la princesse Isabelle : un sujet tout neuf !

— Cette coïncidence me paraît de bon augure.

— J'en suis persuadée.

— Puis-je pénétrer dans la chambre maintenant ?

— Bien sûr !

Dans la pièce où l'on brûlait des rameaux de sauge et de romarin pour chasser l'odeur de sang, assainir et parfumer l'air, Arnauld, un peu gêné par l'assemblée de femmes qui se tenait là, s'approcha du lit où trônait son épouse. Djounia tenait contre sa poitrine leur fils qui s'était endormi.

— Il est superbe, ma mie ! Soyez-en remerciée.

On aurait été en droit d'attendre d'un brillant esprit comme le sien une expression plus originale de satisfaction, mais la radieuse maladresse de tous les jeunes pères paralysait sa verve habituelle. Attendri, il se pencha au-dessus du tout-petit, le dévisagea un instant, tendit un doigt pour effleurer le menu crâne soyeux et doux, sourit, finit par embrasser la mère plutôt que l'enfant.

— Ce gros garçon ne vous a-t-il pas trop fait souffrir, ma sultane ? Quand j'ai entendu votre grand cri, j'en ai été tout retourné !

— C'est fini maintenant, Arnauld, c'est fini, n'en parlons plus.

Le mélange de grâce et de mystérieuse expérience qui émanait de l'accouchée impressionna Arnauld plus qu'il ne l'aurait imaginé.

— Comment allons-nous l'appeler ? dit-il pour résister à l'envie qui le tenait de la prendre dans ses bras.

Avant la naissance, ils en avaient beaucoup discuté, sans parvenir pour autant à se mettre d'accord. Djounia regrettait qu'on ne pût donner à son enfant un nom égyptien, mais admettait les nécessités du calendrier chrétien.

— Tandis que je me morfondais en attendant la venue de ce petit bonhomme, dit Arnauld, je crois avoir eu une idée. Puisqu'il est né le jour du mariage de demoiselle Isabelle avec le roi de Navarre, pourquoi ne pas lui faire porter le prénom de cet illustre seigneur ? Ce serait un assez bon parrainage, me semble-t-il.

— Thibaud ?

— Qu'en pensez-vous ?

— Ce n'est pas laid. Mais votre père ne sera-t-il pas déçu que son petit-fils ne se nomme pas Étienne ?

Mathilde, touchée de cette délicatesse, intervint.

— Non, non, ma fille, dit-elle. Nous n'avons pas coutume d'agir de la sorte. Beaucoup de gens le font, il est vrai, mais pas chez nous. Ce n'est pas commode. Personne ne trouvera à redire si vous appelez votre fils Thibaud, je puis vous l'assurer.

Venus de la rue, les chants et les rires de ceux qui avaient assisté aux noces royales franchissaient les murs, parvenaient jusqu'au chevet de la jeune accouchée. Le spectacle terminé à la cathédrale, la foule se répandait dans Paris pour continuer à se divertir.

Maître Brunel et Jeanne revinrent sur ces entrefaites. Étienne se montra enchanté. La future marraine s'émerveilla.

— Quelle journée ! dit-elle à Bertrand qui arrivait avec Laudine. Les noces de la princesse Isabelle auxquelles j'ai eu la chance de me rendre, la naissance d'un filleul tout neuf, et une lettre d'Italie reçue ce matin m'annonçant le retour de Bernard Fortier !

— Je croyais qu'il était rentré depuis des semaines !

— Il a été retardé, vers la fin de l'hiver, par l'état des routes de montagne et compte se trouver à Paris ces jours-ci, d'après ce qu'il me dit.

— Des trois événements en question, lequel vous semble le plus important, ma sœur ?

La jeune fille esquissa une révérence pleine d'impertinence.

— Devinez !

— Ce n'est guère difficile !

— Taisez-vous donc ! Vous ne savez rien !

En les voyant rire ensemble, Mathilde songea que ce jour marquait peut-être le début d'une période faste. Allait-on, enfin, chez elle, retrouver les simples joies d'une existence sans heurt excessif ? Un fils chez Arnauld, quatre enfants et une entente qui paraissait solide chez Bertrand, Clarence au port, Jeanne brillante d'espoir, Marie en paix avec elle-même, restait Florie...

Après l'affreux mois de février, Mathilde était demeurée jusqu'à la mi-mars à Vençay, autant pour achever de se rétablir que pour prodiguer sollicitude et compréhension à sa fille, qui en avait bien besoin. Écrasée par la fin cruelle de l'homme qui aurait tenu, jusqu'au bout, une place si singulière dans sa destinée, mais peut-être plus encore par la perte d'un espoir fort cher, la jeune femme, battue des vents comme un arbuste dans la tourmente, n'aurait sans doute pas résisté à l'acharnement du sort si sa mère ne l'avait pas soutenue. En la quittant, elle s'était inquiétée de savoir quand elles se reverraient.

— J'irai vous faire visite à Paris, après les couches de Djounia, afin d'admirer mon neveu ou ma nièce, avait dit Florie avec un pauvre sourire. Prévenez-moi de sa naissance, je partirai avec Agnès dès que je le pourrai.

Elles estimaient toutes deux, sans se l'avouer, qu'il était préférable de ne pas ranimer de trop amères réminiscences en conviant la jeune femme au baptême de l'enfant attendu.

— Je lui écrirai dans quelques jours, songea Mathilde. Il faudrait, en plus de la venue au monde de Thibaud, qu'une occasion s'offrît à nous de lui faire signe, de façon à ce qu'elle ait un autre sujet d'intérêt que ce petit qui va, douloureusement, lui en rappeler un autre !

Les événements se chargèrent d'exaucer ce souhait.

Une semaine ne s'était pas écoulée depuis le 6 avril, que maître Brunel reçut une lettre lui demandant s'il était d'humeur à recevoir un ami qui revenait de loin. C'était Bernard Fortier qui s'annonçait ainsi. Il fut invité à venir rendre visite à l'orfèvre le lendemain pour le souper.

Jeanne avait pris la nouvelle avec un calme apparent. Devinant l'inquiétude de ses parents, elle était bien décidée à ne pas leur laisser pressentir ce qu'elle attendait. Depuis qu'elle avait eu en main la missive où Bernard lui annonçait avec un mélange de solennité et de sous-entendus l'imminence de son retour, ses pensées n'avaient pas cessé de tourner autour d'une éventualité qui laissait le champ libre à toutes les suppositions, des plus aimables aux plus décevantes.

Quand on fit appeler les deux sœurs pour qu'elles viennent rejoindre les convives du souper, elles étaient prêtes.

Sur une cotte de fine soie blanche, Jeanne avait revêtu un surcot de samit turquoise apporté d'Égypte par Djounia. D'une grande souplesse, le tissu épousait les formes du jeune corps qui s'en parait. Une couronne de violettes blanches retenait sur son front sans ride sa chevelure nattée avec soin. Des bracelets d'argent, une chaîne d'un beau travail, supportant une croix, une bague de lapis-lazuli et une aumônière sarrasinoise brodée de perles, parachevaient une tenue dont le raffinement demeurait sans tapage. Par une habileté qui amusa Mathilde, Marie s'était également habillée avec recherche, en toile de soie lilas.

— Nous avons regretté que vous n'ayez pas pu assister au dîner de gésine offert en l'honneur des heureuses couches de notre belle-sœur, dit Jeanne en saluant l'invité de son père. Il faut espérer que le repas de ce soir compensera cette perte.

Le regard qui l'enveloppa était une réponse. Bernard avait subi une transformation qui tenait moins à un changement de ses traits ou de sa personne qu'à une assurance accrue dans son comporte-ment. S'il n'avait jamais paru timide, on le sentait à présent sûr de lui.

Très brillant, le voyageur ne cessa de conter des anecdotes dont les habitants de Turin faisaient les frais. Amusant, spirituel, il sut éviter vulgarité et complaisance et mit tout le monde de son côté. Sollicités avec adresse, tous parlèrent ensuite de ce qu'ils avaient fait durant l'absence de leur hôte. Jeanne décrivit ses études, Marie expliqua comment procéder pour enluminer un manuscrit, Laudine donna des détails, que ses beaux-parents ne furent pas fâchés d'entendre, sur l'éducation qu'elle envisageait pour ses enfants. Maître Brunel et Bertrand s'intéressèrent à ce qu'on leur dévoila sur les modalités du commerce italien, et Mathilde fut ravie du présent que le jeune homme lui fit apporter à la fin du souper : une tapisserie représentant une scène de la Nativité.

« Il nous met tous dans son jeu, songea Étienne. Voyons la suite. »

Personne ne fut surpris quand Bernard demanda à l'orfèvre, juste avant de se retirer, s'il accepterait d'avoir avec lui un entretien le lendemain. Il était évident que l'attitude du drapier pendant cette soirée traduisait des visées très claires. On se quitta en se donnant rendez-vous dans la matinée.

— Eh bien, ma fille, dit Étienne à Jeanne après le départ de leur convive, il me semble que voilà un garçon qui s'apprête à faire sans tarder figure ici de soupirant !

Bernard Fortier fut exact au rendez-vous. Arrivé rue des Bourdonnais au milieu de la matinée, il y trouva maître Brunel qui avait renoncé pour lui à son emploi du temps habituel, et l'attendait.

Après quelques phrases banales de politesse, le jeune homme entra dans le vif du sujet.

— Je suis parti pour l'Italie dans l'intention de mettre à l'épreuve un penchant qui, pour être fort, ne se différenciait pas encore, à mon avis, avec assez d'éclat, de ceux que j'avais éprouvés depuis que j'étais en âge de tomber amoureux... et Dieu sait que je n'y avais pas manqué !

Il parlait d'abondance, donnait des détails, décrivait ses états d'âme avec un rien de satisfaction. Assis en face de lui, Étienne, tout en l'écoutant, cherchait à se faire une opinion aussi lucide que possible sur l'homme qui aspirait à la main de Jeanne.

— Pendant les mois de séparation que je m'étais imposés, je m'efforçai de bien cerner les limites d'un amour qui n'avait d'abord été qu'une attirance, continuait Bernard. C'est pourquoi j'ai cru bon de m'en tenir à un silence absolu. Je pensais qu'une correspondance échangée avec votre trop séduisante fille m'eût entraîné plus vite que je ne le voulais sur les chemins de l'hyménée.

« Il parle comme un livre, songeait Étienne. Je n'arrive pas à définir la petite gêne que le déroulement de ses périodes sans surprise me procure. Pourvu qu'il ne soit pas dépourvu d'une certaine disposition naturelle à la sensibilité... »

— Je crois avoir bien fait de m'astreindre à ce temps probatoire, poursuivait Bernard. Il en est ressorti que je tenais beaucoup plus à votre Jeanne qu'à toutes les filles dont j'avais pu m'amouracher avant elle. Je ne pouvais plus douter de l'envie que j'avais de vivre à ses côtés.

Étienne écoutait distraitement les phrases balancées dont son interlocuteur devait se sentir assez fier. Au-delà d'un tel déluge verbal, que contenaient le cœur et l'esprit de ce garçon ? D'un autre, on eût pu penser que son discours n'était que draperies pour dissimuler une sournoise timidité. Pas de lui. Alors ? Tant de paroles ne pouvaient-elles, tout de même, masquer une anxiété véritable ? Une sorte de fuite oratoire ? Jeanne, certes, était bien jeune, mais, pour des témoins attentifs, il était aisé d'entrevoir chez elle les promesses d'une personnalité déjà riche, d'un caractère exigeant, avide d'absolu. L'homme qui se tenait là, à l'abri de sa barrière de mots, répondrait-il comme il conviendrait à l'attente d'une femme qui ne se contenterait pas d'apparences, si séduisantes fussent-elles ?

Intelligent, sachant susciter, puis retenir l'attention de ceux qui l'approchaient, ambitieux, actif, ce drapier devait posséder les talents requis pour s'assurer une bonne position, un avenir opulent, mais possédait-il les qualités essentielles capables de faire de lui un compagnon sûr, un mari fidèle, l'ami de toute une vie ?

En vérité, maître Brunel n'en savait rien.

— J'ai donc l'honneur de vous demander votre fille pour épouse, terminait le jeune homme.

Pour atténuer l'aspect officiel de sa formule, dont il eut soudain l'air de s'apercevoir, il partit de son grand rire joyeux.

— Par ma foi, je m'exprime comme un notaire ! s'exclama-t-il avec une bonne grâce qui réconforta maître Brunel. Ne m'en veuillez pas, je vous prie, de vous avoir assommé de mes discours, mais c'est de cette manière que je cache le mieux mon émotion !

C'était presque une réponse aux interrogations d'Étienne, ou, tout au moins, un commencement d'apaisement.

« J'aime mieux ce ton-là ! soupira celui-ci. S'il est capable de spontanéité, rien n'est perdu ! »

— Je me doutais bien un peu de ce que vous aviez à me confier, reconnut-il sans ambages. Votre demande m'honore, nous honore tous. Ma femme et moi éprouvons de la sympathie pour vous, vous n'êtes pas surpris, je pense, de me l'entendre dire. Par ailleurs, votre excellente réputation de drapier est venue jusqu'à moi. Notre fille ne semble pas vous considérer d'un trop mauvais œil, ce qui est important. Je suis donc dans les meilleures dispositions pour vous répondre dans un sens qui vous satisfasse. Mais le mariage est une grave affaire, un sacrement irrévocable. Il est donc prudent de s'entourer de toutes les précautions, de toutes les assurances possibles avant de s'y décider. Voici ce que je vous propose afin que Jeanne et vous appreniez à vous mieux connaître : faites à ma fille une cour discrète, rencontrez-la le plus souvent que vous le pourrez sans la compromettre, parlez ensemble, voyez si vos goûts, vos opinions, vos idées concordent. Ensuite, seulement, nous parlerons fiançailles.

Le jeune homme parut déçu.

— Je comprends vos scrupules, dit-il cependant. Ils nous assurent contre un entraînement qui ne serait fondé que sur une attirance passagère, mais pour bénéfiques qu'ils puissent être, je ne vous cache pas que je suis impatient de devenir l'époux de votre fille dont l'image me tourmente jusque dans mon sommeil ! Néanmoins, je m'incline devant votre souhait.

Mathilde et l'heureuse élue se virent conviées à venir rejoindre les deux hommes dans la salle où on les avait laissés en tête à tête. Maître Brunel résuma la situation en peu de mots.

— Bernard est donc autorisé par moi à vous faire sa cour, ma fille. Entretenez-vous beaucoup ensemble, abordez tous les sujets qui vous semblent importants, ne laissez rien dans l'ombre. Inventoriez vos cœurs et vos pensées pendant que vous en avez le loisir. C'est à présent qu'il faut le faire. Une fois mariés, il n'en sera plus temps !

Jeanne témoigna alors de cette personnalité que son père décelait en elle :

— Je suis doublement heureuse de ce que je viens d'apprendre, dit-elle. En premier, parce que je l'espérais, ensuite, parce que, moi aussi, j'estime préférable que nous apprenions à mieux nous familiariser l'un avec l'autre. Je ne suis pas bien sûre de mes aspirations qui ne sont, peut-être, que rêveries. Si j'ai pensé à vous, messire, pendant que vous vous trouviez en Italie, ce dont je ne me cache pas, était-ce parce que vous êtes établi dans mon cœur, ou à cause des romans que j'ai lus ? Ni vous ni moi ne pouvons donner à l'heure actuelle une réponse satisfaisante à cette question. Les semaines à venir vont mieux nous renseigner là-dessus que toutes les lettres que nous aurions pu échanger. N'êtes-vous point de cet avis ?

— Il ne me semble pas, pour mon propre compte, que l'expérience proposée par votre père puisse ajouter ou retrancher quoi que ce soit à des sentiments si vifs que leur intensité même ne me permet pas de les mettre en doute, répondit Bernard.

Sa déclaration, appuyée par un regard de feu, avait de quoi faire monter le sang aux joues d'une adolescente, fût-elle avertie.

— Néanmoins, continua-t-il, si, à l'exemple de maître Brunel, vous jugez souhaitable que nous nous y soumettions, je m'inclinerais, bien entendu, devant vos désirs. Je vais m'installer à Paris pour quelque temps et vous pouvez être assurée de me voir aussi souvent que vous le trouverez convenable.

Étienne frappa dans ses mains pour qu'on apportât la cervoise.

— Voilà une sage résolution, dit Arnauld à Mathilde qui s'était rendue chez son fils aîné afin de lui annoncer, ainsi qu'à Djounia, la nouvelle. Grâce à ce délai, nos tourtereaux auront le temps de voir plus clair en eux-mêmes, et nous pourrons, nous aussi, prendre les mesures du prétendant !

Mathilde se sentait soulagée, joyeuse.

— Vous ne devinerez jamais l'étonnante nouvelle que j'ai apprise hier, reprenait-il d'un air amusé. Par tous les saints, une nouvelle presque aussi admirable que la vôtre !

— S'agirait-il d'autres épousailles ?

— Ma foi, peu s'en faut ! Figurez-vous que j'ai rencontré Rutebeuf qui m'a annoncé comme un heureux événement qu'il venait de se mettre en ménage avec Gertrude !

— Le pauvre garçon !

— Il s'est laissé prendre dans les filets de cette pêcheuse d'hommes !

— Il est fou !

— C'est ce que je n'ai pas manqué de lui dire, mais ma remarque n'a pas été de son goût. Il m'a assuré le plus sérieusement du monde que son amie était femme d'esprit, qu'elle aimait la poésie, qu'elle le ferait travailler et lui serait de bon conseil.

— Elle lui fournira, c'est probable, assez de sujets de doléances pour lui inspirer des vers vengeurs contre les compagnes plus âgées que leurs conjoints.

— Allons, assez parlé de Gertrude, occupons-nous plutôt de Thibaud qui est tellement plus intéressant qu'elle !

Le dimanche suivant, le baptême de l'enfant eut lieu. Jeanne et Bertrand le portèrent sur les fonts baptismaux. Il y eut grande débauche de dragées et de menus cadeaux. Selon la coutume, Djounia n'assista pas à la cérémonie, mais attendit dans sa chambre, parée à ravir, les visites féminines qui ne se firent pas faute de défiler. On rit, but et mangea tout autant en compagnie de la jeune mère que dans la grande salle où un repas de fête réunit le reste de la famille.

Placée auprès de Bernard, Jeanne ne cessa de rire que pour rougir, d'échanger des remarques avec son voisin que pour lui décocher des flèches dont ils s'esclaffaient tous deux.

Décidément, ce mois d'avril en rappelait un autre. Comme lui, il paraissait rempli de promesses auxquelles on ne demandait qu'à ajouter foi, comme lui, il se parait des grâces ambiguës du printemps.

Florie avait accepté de venir à Paris avec Agnès aux alentours de la Saint-Marc, vers la fin de ce même mois d'avril. On l'attendait.

Elle arriva par un jour de giboulées, fit la connaissance de Djounia, de Thibaud, et revit Arnauld pour la première fois depuis neuf ans. A cette époque, il l'avait reniée, rejetée vers les ténèbres extérieures. Se remémorant un passé si lourd, tous deux appréhendaient l'inévitable rencontre. Elle fut toute simple. Ils se dirigèrent l'un vers l'autre, s'embrassèrent, dirent en même temps : « Je suis fort aise de vous retrouver » et se prirent à rire. Ce rire effaça la faute de l'une, le souvenir de l'ostracisme de l'autre, et rétablit des relations qui, jadis, avaient été confiantes.

— Votre sœur est malheureuse, dit plus tard la jeune Égyptienne à son mari. Ses yeux m'ont fait peine.

Arnauld, finalement mis par Mathilde au courant de ce qui était advenu à Florie, n'avait pu le celer à Djounia.

— Philippe est revenu de la cour d'Angleterre où le roi l'avait envoyé en mission, remarqua-t-il d'un air songeur. Ne serait-ce pas le moment, pour moi, de me faire pardonner ma dureté en intervenant avant qu'il ne reparte ailleurs ? Il demeurera quelques jours à

Paris, je le sais. Pourquoi n'irais-je pas lui rendre visite ? Nous nous entendions bien, naguère. Je suis sans doute le seul à pouvoir lui parler comme il convient... nous avons eu beaucoup d'expériences communes en Palestine... je crois savoir quoi lui dire.

Les fêtes du Mai commencèrent peu après.

Avec plusieurs de leurs amies, Jeanne et Marie partirent en forêt de Rouveray cueillir fleurs sauvages et rameaux verts. Robert le Bigre étant mort, ce furent deux valets qui furent chargés de les accompagner à travers bois. Ils les aidèrent également à rapporter les traditionnelles brassées de genêts, d'iris, de boutons d'or.

Occupée à broder dans le verger débordant de corolles, afin de profiter des douceurs d'un soleil printanier et de surveiller Agnès qui jouait dans l'herbe avec la fille aînée de Bertrand, Florie avait assisté au départ de ses sœurs. Rieuses et décoiffées, elle les vit revenir.

Neuf années plus tôt, elle faisait partie de ces filles de l'aube qui préparaient le Mai dans l'insouciance et le plaisir. La fête des temps clairs s'annonçait, alors, innocente et joyeuse pour la jeune épousée, encore mêlée aux vierges qui l'avaient acceptée dans leur bande candide... Les goliards, Artus le Noir, Guillaume, enfin avaient fait irruption dans ce monde où l'enfance se prolongeait. Ils l'avaient détruite, à tout jamais... Comment ne s'était-elle pas doutée, dès ce jour-là, des intentions de son sauveur d'un moment ? Il s'était trouvé là tellement à propos, juste pour prendre leur défense, sa défense, sans qu'elle ait songé, dans sa naïveté, à s'étonner de cette coïncidence. Depuis lors, Clarence lui avait dit que, tout de suite, elle avait deviné le secret qui brûlait le cœur et les sens du jeune pelletier.

Seigneur ! De la forêt de Rouveray à celle de Bréchenay, quel noir chemin parcouru !

— Quand nous serons grandes, nous aussi, irons-nous cueillir le Mai comme vos sœurs ?

Agnès, qui tenait par la main la jeune Blanche avec laquelle elle s'entendait fort bien, interrogeait sa mère adoptive, le regard brillant.

— Bien sûr... à condition que cela vous amuse, ma petite biche...

Les yeux rivés à son ouvrage, elle évoquait les étranges méandres qu'avait empruntés son destin, quand un pas entendu derrière elle la fit se retourner. Arnauld venait la rejoindre, comme jadis, quand ils s'entendaient si bien et se confiaient l'un à l'autre avec abandon...

— A vous voir, assise sagement sous ces cerisiers en fleur, on dirait une enluminure de quelque récit ancien, remarqua le nouveau venu. Telle Pénélope, vous vous penchez avec application sur un de ces éternels travaux féminins qui vous servent si bien d'échappatoires !

Se trompait-elle ? N'y avait-il pas une allusion transparente dans ce rappel mythologique ? Elle joua le jeu :

— Je brode, en effet, mon frère, mais la comparaison s'arrête là. N'espérant aucun retour de voyageur, je n'ai pas à défaire la nuit ce que j'ai confectionné le jour.

Il prit place sur le banc, auprès d'elle.

— Êtes-vous bien sûre de n'avoir plus personne à attendre ?

Avant même que Florie ait pris pleinement conscience de ce que pouvait signifier une telle interrogation, son cœur se déchaîna.

— Vous avez vu Philippe ?

— Oui. Il est rentré d'Angleterre et se trouve à Paris.

— Puisque vous m'en parlez, c'est que vous l'avez interrogé. Que vous a-t-il répondu ?

— Que l'éloignement ne lui avait rien appris qu'il ne sût déjà.

— C'est-à-dire ?

— Qu'il vous faut être patiente et ne pas désespérer.

— Consent-il à me pardonner ?

— A la suite de ses dures expériences palestiniennes, il en est venu à vous absoudre, à ne plus vous garder rancune du mal infligé autrefois. Les anciennes blessures sont refermées. Hélas ! le récit que le médecin de Montlouis lui a fait, de votre part, en a ouvert de nouvelles qui sont toujours à vif.

— Que compte-t-il faire ?

— S'éloigner de nouveau. Voyager. Essayer de discerner s'il peut vivre sans vous qui lui avez causé tant de souffrances, ou si, au contraire, et en dépit de ces souffrances, vous lui êtes encore indispensable.

Florie fixait ses mains ouvertes sur la broderie délaissée. Soudain, elle ne les distingua plus : ses yeux ruisselaient.

— Croyez-vous qu'il me reste quelques chances de le voir me revenir ?

— Je l'ignore. J'imagine qu'il vous aime en dépit de tout, mais que les déceptions, les outrages, la détresse, ont fait leur œuvre de sape dans un cœur qui, par nature, semble doué d'une indestructible faculté de constance. Votre époux doit faire partie de ceux, très rares, qui ne parviennent pas à se détacher de leur premier amour... Sur le blason rouge et noir qui est sien désormais, il devrait faire graver sa devise : Fidélité et Tendresse !

— Je ne suis digne ni de l'une, ni de l'autre !

— Il est vrai, Florie, que vous avez beaucoup erré, mais, à présent, votre mauvais génie n'est plus. Priez Dieu pour que le bon génie, que vos fautes n'ont peut-être pas complètement éloigné de vous, revienne pendant qu'il en est encore temps !

— Vous me laissez donc un mince espoir ?

— Vous-même, ma sœur, l'aimez-vous malgré ce qui s'est passé ?

— En toute honnêteté, Arnauld, je puis vous répondre que oui. J'ai retrouvé, dans un repli longtemps fermé de mon âme, des sentiments que je croyais perdus. Par-delà le fol entraînement qui m'a jetée dans les traverses que vous savez, une amitié méconnue avait survécu, en secret. Elle a resurgi, bien réelle.

Comme du temps qu'il était étudiant, Arnauld mordillait des brins d'herbe arrachés à une touffe qui poussait contre le banc. C'était, chez lui, signe de méditation.

— Ainsi donc, de façon assez étrange, votre mutuelle foi se sera montrée plus vivace que ce qui aurait dû, en bonne logique, la détruire... Si Philippe consent, un jour, à reprendre l'existence en commun avec vous, ce sera le triomphe de la tendresse sur la passion.

— Sans doute. Mais le voudra-t-il ?

7

— Bernard, vous engagez-vous à prendre Jeanne pour épouse si l'Église y consent ?

— Je m'y engage.

— Jeanne, vous engagez-vous à prendre Bernard pour époux si l'Église y consent ?

— Je m'y engage.

— Vous voici donc tous deux fiancés devant Dieu.

Le chanoine Clutin bénit les jeunes gens agenouillés devant lui au pied de l'autel portatif, dressé rue des Bourdonnais, dans la cour de la maison, les releva, leur donna affectueusement l'accolade.

La foule des parents et amis rassemblés autour des fiancés quitta la chapelle provisoire en forme de tente, pour gagner le jardin. Les enfants, auxquels la cérémonie avait paru longue, s'égaillèrent sous les branches.

Il faisait chaud. En dépit du vélum tendu au-dessus de la pelouse principale, le soleil de ce début de juillet entretenait sous la toile une touffeur qui exacerbait les parfums des bouquets qui décoraient les tables, ceux dont les invités s'étaient aspergés, les fumets de la nourriture exposée, et aussi les odeurs corporelles.

— Vous avez bien fait, ma mie, de fixer le mariage à l'automne. Il fera plus frais.

Yolande Ripault s'adressait à Mathilde avec la réserve nuancée de bonne volonté dont elle ne se départait jamais, même aux heures de fête.

— J'aurais cependant préféré que ces enfants fussent mariés

avant la fin de l'été, mais Étienne doit s'absenter en août pour
assister à la foire de Troyes, en Champagne. Bien que Bertrand se
soit consacré à ce genre de manifestations, son père tient à se
montrer aux plus importantes d'entre elles. Il ne nous est revenu
de Provins qu'avant-hier !

— Tous ces voyages ne le fatiguent pas trop ?

— Il serait plus malade d'avoir à y renoncer que de s'y être
rendu !

— Votre fille est bien belle, chère Mathilde. En tous points digne
de vous !

Découvrant sans vergogne ses dents de lapin, et sans que son
regard cessât de fureter à l'entour, Nicolas Ripault se livrait à son
habituelle manie élogieuse.

— Ce Bernard sera un heureux homme !

Autour des futurs époux, on riait, on s'embrassait, on se congratu-
lait.

— Voici donc les fiançailles que j'aurais eues si j'avais été en
France, disait Djounia à Arnauld.

— Eh oui ! ma mie ! Nous n'avons cependant rien à regretter :
les nôtres furent superbes !

Florie, qui avait décidé de rester à Paris jusqu'au mariage de sa
sœur, parlait avec Charlotte.

— Puisque nous sommes les deux esseulées de la famille,
unissons nos solitudes, ma tante !

— Unissons-les, ma nièce ! Je ne sais si vous êtes comme moi,
mais je ne puis plus assister à des réunions comme celle-ci, sans
me sentir fort éloignée de l'euphorie que chacun affiche en de telles
circonstances. L'état de mon pauvre Girard fait pitié. Il sombre sans
rémission dans un mutisme dont aucun de nos remèdes ne semble
pouvoir venir à bout.

On n'ignorait pas que le mari de Charlotte ne sortirait jamais
plus de l'Hôtel-Dieu où il végétait depuis des mois, muré dans une
prostration dont rien ni personne ne parvenait à l'extraire.

— Est-ce que je peux manger des gaufres ?

Agnès, interrompant ses jeux avec les autres enfants de la famille,
se plantait devant sa mère adoptive, lui dédiait un sourire câlin.

— Demandez à Perrine de vous en donner une ou deux, mais
pas davantage. Il y a quantité d'autres bonnes choses à se mettre
sous la dent.

— Vos parents, il est vrai, n'ont pas lésiné sur les victuailles !
s'écria Bérengère Hernaut, venue de Tours avec son mari en l'honneur des fiançailles de son frère. Il y a de quoi nourrir toute
une paroisse !

— La devise de notre mère a toujours été qu'il valait mieux en
avoir trop que pas assez !

Recouvertes de nappes blanches, ornées de pièces d'orfèvrerie et de gerbes de fleurs, les tables disposées le long des trois côtés de la pelouse croulaient sous les plats : brochets en galantine, gelée d'esturgeon, truites en croûte, pâtés d'anguilles, de perdreaux, de pigeons, de saumons, carpes grillées, avoisinaient avec des nourritures plus substantielles : canards en dodine, lièvres en civet, cochons de lait farcis, cygnes et paons rôtis puis reconstitués, quartiers de cerfs ou de sangliers à la sauce d'enfer, poulets froids au verjus, blanc-manger de chapons. Pour se rafraîchir la bouche, on avait prévu des salades parfumées au cerfeuil, au persil, à la marjolaine et aromatisées de vinaigres aux herbes diverses. Des fromages s'empilaient à un bout de table. En face d'eux, brioches, fouaces, tartes aux fruits, beignets, flans, échaudés, darioles, s'offraient aux amateurs de douceurs. Des corbeilles de cerises, de prunes, ou des coupes remplies d'amandes, de noisettes, de coriandre, de gingembre, de genièvre, de pâtes d'abricot et de coing, complétaient agréablement les mets offerts à l'appétit des hôtes fort nombreux qu'on avait conviés à venir se réjouir et se nourrir en compagnie des fiancés. Des drageoirs de cristal à monture d'argent ponctuaient l'ensemble.

Afin d'apaiser les soifs causées par tant d'épices et de condiments, des brocs, des pichets, des cruchons, contenaient les vins clairets, vermeils, gris ou paillets, qui provenaient des meilleurs crus de la région parisienne, de la cervoise, de l'hydromel.

Servantes et valets de la maison s'occupaient de servir les invités ou de leur présenter les plats.

— C'est une belle réception, admit maître Hernaut.

Il était à la fois impressionné par le foisonnement de tous ces aliments, un peu jaloux de l'aisance que tant de nourritures représentaient, et fier de voir la famille de sa femme s'allier à une telle opulence.

— Votre sœur ne sera pas malheureuse non plus à Blois, ne put-il s'empêcher d'affirmer en poussant son ventre en avant.

— Je n'en doute pas, messire. Il n'est que de la contempler pour être certain qu'elle se prépare au bonheur.

— Elle est radieuse ! reconnut Charlotte, qui se souvenait d'une mariée également épanouie qui s'en était allée, neuf ans plus tôt, vers un destin dont elle attendait merveille...

— Votre fille est venue me voir assez souvent depuis trois mois, disait pendant ce temps le chanoine à Mathilde. Elle a fait preuve de beaucoup de sérieux durant cette incertaine période de réflexion. Il semble maintenant qu'elle soit sûre de son fait.

— Je l'espère, mon oncle.

Elle sourit de loin à Étienne qui passait au bras de grand-mère Margue, exceptionnellement sortie de la vieille maison où les infirmités de l'âge la claquemuraient. Elle se déplaçait avec de plus en plus de peine. « Je fais trois pas dans un pot ! » gémissait-elle avec, cependant, un rien de moquerie à sa propre adresse.

— Mon oncle, reprit la femme de l'orfèvre un peu plus bas, je voudrais vous exposer en privé un cas de conscience qui se pose à moi. Pourrais-je aller vous voir sans tarder ?

— Quand vous voudrez, ma fille. Je suis à votre disposition.

— Je tâcherai de passer chez vous un jeudi, en sortant de l'Hôtel-Dieu où je vais, comme vous le savez, ce jour-là.

En quête de fraîcheur, les convives se répandaient dans le jardin. On transportait des écuelles et des gobelets pleins à ras bord, on s'installait à l'ombre, dans l'herbe, au pied des arbres, sur les bancs. On formait des groupes bavards d'où fusaient des rires, des exclamations provocantes, des appels, des refrains.

Groupés autour du petit bassin, des musiciens jouaient de la flûte, de la harpe, de la viole ou du luth, tour à tour.

Jeanne, plus accaparée jusque-là par ses parents, ses amis, qu'elle ne l'aurait souhaité, prit le bras de son fiancé, se dirigea avec lui vers les arbres.

— Nous voici donc engagés l'un à l'autre, doux ami, dit-elle, mi-sérieuse, mi-riante. Dans peu de temps plus rien ne nous séparera.

— Que ne sommes-nous déjà au jour des noces ! soupira le jeune homme en passant un bras autour des belles épaules voilées de soie. Vous ne pouvez savoir, ma mie, combien j'ai hâte d'être libre de vous aimer !

Il entraînait sa future femme à l'écart, dans l'ombre des bosquets.

— Il n'y a plus bien longtemps à attendre, Bernard !

Le visage qui se pencha sur le sien, pour l'embrasser avec une avidité qui ne lui déplaisait pas, ne lui était pas inconnu. Durant les semaines assez libres du Mai, puis pendant celles de juin, elle avait appris à déchiffrer sur les traits sensuels de son prétendant l'émoi que le désir y posait comme un masque d'affamé. Au contact de cette ardeur, sa réserve de fille plus sollicitée jusque-là par les joies de l'esprit que par celles de la chair, ce qu'on avait coutume de nommer, par ignorance, sa froideur, avait fondu comme neige au soleil.

A elle aussi, les semaines d'attente fixées par ses parents à une si désirable union semblaient difficiles à supporter.

— Septembre est le mois des fruits, murmurait la voix amoureuse à son oreille. Combien je me languis de cueillir ceux que vous me destinez !

— Bernard !

— Allons, allons, mes enfants, dit tout à coup auprès d'eux maître Brunel qui avait remarqué l'isolement du couple sous les branches complices. Par saint Jean ! vous n'êtes point encore mariés, que je sache, pour négliger vos parents afin de mieux roucouler ! Venez donc avec nous goûter d'un certain filet de chevreuil mariné dans du vin vieux dont on se pourlèche si bien qu'il ne vous en restera pas le plus petit morceau si vous tardez davantage !

L'orfèvre ramena avec lui vers les groupes qui se restauraient, et se tenant par la main comme il se devait, des fiancés penauds dont la fièvre ne lui avait pas échappé.

Il avait trop aimé, au début de leur mariage, la fougue voluptueuse de Mathilde, il avait trop souffert, par la suite, de ne plus pouvoir y répondre, pour ne pas deviner les besoins de ses filles. Surtout de Jeanne qui ressemblait tant à sa mère. L'adolescente n'était pas, elle non plus, de celles dont les sens demeurent en paix aux approches de la tentation. Il fallait donc aviser.

La fête suivait son cours. Durant que les plus âgés s'attardaient à manger, les plus jeunes s'étaient mis à danser dans le verger, sous les ramures chargées de fruits encore verts. Les musiciens les y avaient précédés. Au cœur de l'après-midi d'été, farandoles, rondes, caroles, branles, se nouaient et se dénouaient au gré des rencontres. Les notes égrenées allaient se perdre au-delà des murs, dans les rues avoisinantes.

Grand-mère Margue, qu'on avait installée au pied d'un pommier sur un fauteuil bardé de coussins, contemplait cette agitation, avec, au fond de ses prunelles délavées, plus d'amusement que de regret.

Mathilde s'approchait en compagnie de plusieurs invitées qui s'installèrent à son exemple autour de la vieille femme.

— Je ne vous trouve pas bonne mine, ma fille, dit l'aïeule. Vous vous êtes trop fatiguée pour organiser ces fiançailles.

— C'est l'ombre qui me verdit le teint.

— Non pas. Vous êtes toute pâle.

— Ce n'est rien, ma mère. Je me reposerai cet automne, après le mariage de Jeanne, quand je n'aurai plus qu'une fille à la maison.

Combien étrange était le plaisir qu'elle éprouvait à bâtir ainsi des projets quand elle s'adressait aux autres, alors qu'elle demeurait persuadée de n'avoir plus que quelques semaines à vivre ! C'était comme une complicité mystique entre elle et la mort, entre Dieu et elle...

Arnauld et sa femme, Bertrand et la sienne, approchaient. Djounia portait Thibaud dans ses bras. Il émanait d'elle une ferveur joyeuse, un tendre rayonnement, qui la faisait ressembler à une brune madone.

— Voici votre arrière-arrière-petit-fils, dit Mathilde en les apercevant. Voyez comme il est beau.

Ainsi que des abeilles sur un pot de miel, les femmes présentes s'agglutinèrent autour de l'enfant. L'aïeule s'émouvait à nouveau.

De loin, Florie contemplait la scène. Ainsi qu'une lame, une tristesse aiguë la transperça. Au milieu de cette fête, elle ressentait, avec un atroce sentiment d'évidence, l'étendue de ce qu'elle avait perdu : son fils mort par sa faute, son amant tué par sa faute, son mari reparti par sa faute ! Quel bilan ! Que lui restait-il ? Sa famille, bien sûr, mais elle en était la brebis noire... Agnès, sans doute, son enfant de remplacement... de remplacement !

Un sanglot sec lui déchira la gorge. Elle s'enfuit vers la maison.

La cherchant un peu plus tard, afin de lui confier ses déboires conjugaux, Alix, qui supportait mal, elle aussi, depuis que Rémy la délaissait, la joie des autres, découvrit son amie dans la chambre qu'elle occupait avec Agnès. Recroquevillée sur son lit, elle n'était plus qu'une loque gémissante.

— Florie ! Pour l'amour de Dieu, répondez-moi ! Que vous arrive-t-il ?

Bâillonnée par ses spasmes nerveux, la jeune femme ne put d'abord lui répondre. Ce ne fut qu'après s'être calmée qu'elle se mit à parler, à tout dire.

Elles s'entretinrent longtemps.

Quand elles s'entendirent appeler de tous côtés, ce fut en se tenant par la taille qu'elles sortirent de leur repaire.

— Philippe vous reviendra, avait dit Alix.

— Rémy se lassera des filles de rencontre et vous le retrouverez, avait assuré Florie.

Ce n'étaient que des mots. Elles en étaient conscientes, mais elles l'étaient également du bien-être qu'ils leur avaient procuré.

La fête se prolongea plus tard que prévu.

Après avoir reconduit jusqu'au portail famille et amis, s'être occupés de la remise en ordre du jardin par leurs gens, Étienne et Mathilde, en se retrouvant dans leur chambre, échangèrent leurs opinions sur le déroulement de la journée.

— Si nous ne voulons pas avoir, l'an prochain, un nourrisson venu un peu hâtivement au monde, il nous faudra marier Jeanne et Bernard sans tarder, répéta maître Brunel à sa femme.

— J'y avais songé. Pourquoi ne pas avancer la date prévue pour leurs noces au jour de la Saint-Gilles, premier de septembre, qui tombe, cette année, un mardi ?

— La foire de Troyes ne prend fin que le huit, pour la nativité de la Sainte Vierge.

— Je le sais bien, mon ami, mais ne pouvez-vous, par exception, laisser Bertrand s'occuper de la fin des opérations d'achat et de vente ?

— Je le pourrais, bien sûr...

— Faites-le donc, je vous le demande. Tout comme vous, j'ai hâte de savoir notre fille en puissance de mari !

— Très bien. Vous savez, ma mie, que je suis incapable de rien vous refuser. Je m'arrangerai donc selon votre convenance.

— Grand merci, Étienne ! Je serai plus tranquille après ce mariage...

Elle s'interrompit, serra les lèvres sur son secret, posa une main sur le bras de son époux.

— Il faudra respecter cette date, quoi qu'il puisse advenir d'ici là, termina-t-elle.

Le lendemain, Mathilde se mit à l'œuvre. Avec Jeanne, ravie de voir avancé un événement qui lui était si cher, elle discuta tissu, broderies, parure. Elles décidèrent que la cotte de la mariée serait de soie cramoisie, le surcot de toile d'or brochée de fleurs. Sur son voile de gaze dorée, un cercle de métal précieux, ouvragé dans les ateliers paternels, couronnerait sa chevelure relevée en chignon sur la nuque.

— Je veux que vous soyez la plus belle, ma fille, et, pour y contribuer, je vais vous donner sans plus attendre certains de mes bijoux.

— Rien ne presse, ma mère !

— Oh ! que si ! Nous n'avons plus beaucoup de temps.

Jeanne prit Mathilde dans ses bras et l'embrassa avec fougue. La façon qu'elle avait à présent de rire aux éclats ressemblait à celle de Bernard. Depuis qu'elle était amoureuse, la jeune fille avait gagné en spontanéité.

S'il n'y avait eu à s'occuper d'expédier meubles et vaisselle à Blois où le futur couple logerait dans la maison tout installée que Bernard tenait de ses parents, entrés quelques années plus tôt et d'un commun accord, chacun de leur côté, au couvent, il fallait, en revanche, y envoyer le linge spécialement brodé pour le trousseau de la mariée, ses affaires personnelles, ses livres, sa garde-robe. Plusieurs coffres en tout. Après les noces, une fois les cadeaux offerts, selon la coutume, le jour suivant la fête, on verrait à faire parvenir chez eux ce que les jeunes époux auraient retenu.

Comme les Brunel connaissaient le ban et l'arrière-ban des orfèvres, drapiers et merciers de la capitale, sans parler de ceux qui viendraient de Touraine sur l'invitation de Bernard, il y avait une nombreuse assistance à prévoir.

On engagea des valets habitués à servir beaucoup de convives, on loua des tréteaux afin de dresser d'immenses tables en plein air pour le dîner de cérémonie et on espéra que le Seigneur permettrait qu'il fît beau temps le jour choisi.

Arnauld s'occupa, pour sa part, de dénicher les meilleurs jongleurs, les musiciens les plus réputés de Paris.

Sous prétexte de s'entendre avec le chanoine Clutin au sujet de la messe qui serait dite en grande pompe à Saint-Germain-de-l'Auxerrois, Mathilde trouva le temps, au milieu de l'effervescence de sa maisonnée, et non sans avoir secondé, comme elle avait coutume de le faire chaque jeudi, les sœurs de l'Hôtel-Dieu, de se rendre au cloître Notre-Dame.

Elle raconta les deux rêves qui l'avaient visitée l'hiver précédent, l'incitant à envisager sa fin comme prochaine.

— Vous savez que je ne redoute pas l'échéance, termina-t-elle, mais je tiens, avant tout, à me mettre en ordre vis-à-vis du Seigneur ! Comment dois-je procéder ?

Le chanoine l'avait écoutée sans l'interrompre.

— Il a été dit que nous ne saurions le jour ni l'heure, remarqua-t-il avec calme quand elle se fut tue. Ne croyez-vous pas, ma nièce, qu'il est présomptueux de votre part d'imaginer, à votre seul profit, une dérogation aux principes divins ?

— Dans chacun de ces songes, tout paraissait si précis, mon oncle, que je ne puis croire...

— Les prophètes, certains grands mystiques, ont été, parfois, il est vrai, favorisés de révélations particulières concernant leur avenir. En conscience, avez-vous le sentiment d'appartenir à leur sainte cohorte ?

Il souriait.

— Vous ne me prenez pas au sérieux, mon oncle !

— Pas en cette circonstance, Mathilde. Non, en vérité, je ne crois pas avoir à vous enfoncer dans une estimation qui me semble teintée d'un peu de crédulité.

— Je suis une si pauvre chrétienne, je me débats au milieu de tant d'imperfections et de faiblesses...

— Je ne suis pas si exigeant que vous à votre propre égard, ma fille. Il me semble que vous avez su accomplir votre devoir d'état, là où Dieu vous avait placée.

— J'ai tellement renâclé, si souvent protesté, apporté tant de mollesse et d'hésitation à me soumettre à Sa volonté ! Je voudrais aussi me préparer à une bonne mort.

— Une bonne mort n'est que l'aboutissement et comme le couronnement d'une bonne vie. C'est tout au long de nos jours que nous nous acheminons, chacun à notre manière, vers l'heure de vérité. Cessez de vous tourmenter, ma fille. Continuez, simplement, à faire votre tâche habituelle. Rien ne vous empêche, cependant, de venir me faire une confession plus approfondie avant la fête de l'Assomption de Notre-Dame-Marie. Vous communierez ensuite, comme chaque année, à la messe du lendemain matin. Pour le reste, croyez-moi, comportez-vous, ainsi que vous n'avez jamais manqué de le faire, dans le respect des autres et l'amour du Seigneur. Je ne pense pas qu'il vous soit demandé autre chose. C'est suffisance de notre part que de nous vouloir sans reproche. Nous ne le sommes jamais !

Au moment de quitter sa nièce, le chanoine s'inquiéta de Florie.

Au cours des entretiens qu'elle avait eus avec lui depuis son retour à Paris, la jeune femme lui avait narré la mort de Guillaume et ce qui s'en était suivi. Mathilde ne l'ignorait pas.

— Elle attend la décision de son mari, dit-elle, et se tourmente beaucoup. S'il refuse de se réconcilier avec elle, je ne sais ce qu'elle deviendra.

— Il faut prier pour qu'il lui pardonne. Je souhaite de toute mon âme que leur attachement mutuel surmonte ce dernier obstacle. Il en a déjà franchi bien d'autres !

Juillet écoulé, le mois d'août se mit à égrener, parmi les orages et les sautes brutales de température, ses jours contrastés.

Pour que le jardin fût à son avantage au moment de la cérémonie, le jardinier et ses aides avaient à s'employer : ils arrosaient, taillaient, arrachaient les mauvaises herbes, soignaient les fleurs, avec cette patience que la nature enseigne si parfaitement à ses servants.

Également talonnées par la minutie de leur ouvrage et la brièveté du temps imparti, les brodeuses qui confectionnaient, en y apportant le plus grand soin, le surcot de la mariée, ne chômaient pas non plus.

La coutume voulant que la maisonnée au complet fût vêtue de neuf en pareille circonstance, toutes les femmes de la famille se préoccupaient de leurs atours, de ceux de leurs enfants, des costumes de leurs serviteurs.

Une vieille dont c'était le métier avait été chargée d'aller, de porte en porte, faire les invitations à travers la ville.

A l'intérieur de la demeure, on récurait, fourbissait, astiquait.

Il n'y avait de pause que le soir, quand on profitait de la fraîcheur pour aller s'asseoir sous les tilleuls, afin de bavarder ou de s'adonner à des jeux de société.

Au centre de ce remue-ménage, Mathilde cherchait refuge auprès de Djounia et de Thibaud. Ils formaient tous deux un îlot de paix, de bonheur clos, dont ils étaient à la fois créateurs et bénéficiaires. A leur contact, on savourait une sérénité presque parfaite.

L'enfant, qui avait un peu plus de quatre mois, était délicieux. Dans un visage à la peau mate, il ouvrait sur le monde de larges yeux bleu foncé. Le ciel d'été, à l'heure émouvante où la nuit mêle son velours à la soie de l'azur, semblait s'y refléter. Vigoureux, observateur, gai, il avait toute la famille à ses pieds.

Djounia s'en occupait avec passion. S'étant refusée à attacher une nourrice au service de son fils, elle se consacrait à lui sans partage. Le nourrir, le laver, le parfumer, le bercer, jouer, rire, dormir avec lui, était son unique passe-temps. Elle apportait aux soins maternels les plus ordinaires une ferveur qui ravissait Arnauld.

Mathilde partageait cet émerveillement. Chaque soir, elle s'arrangeait pour passer un moment auprès de son petit-fils. Sa belle-fille l'accueillait d'un chaud sourire qui la ragaillardissait après les journées épuisantes où elle se partageait entre son labeur de la rue Quincampoix, les soins aux malades, aux pauvres, aux esseulés, qu'elle multipliait volontairement, et les soucis inhérents à la bonne organisation des noces.

Les jours coulaient. Août était déjà à demi passé quand, la veille de l'Assomption, elle retourna au cloître Notre-Dame pour se confesser à son oncle, ainsi qu'il le lui avait conseillé. Le lendemain, selon la coutume, elle communia avec les siens à Saint-Germain-de-l'Auxerrois. Toute sa famille, sauf Étienne et Bertrand, retenus à la foire de Troyes, assista ensuite aux manifestations religieuses de la journée et pria avec dévotion la sainte mère du Sauveur.

Le lendemain de cette fête chômée, Mathilde reprit son travail, et monta chez Djounia un peu plus tard que de coutume. Préoccupée par un surcroît de commandes à l'atelier, elle se sentait également oppressée par la touffeur ambiante. Il faisait fort lourd. Un nouvel orage se préparait. Des nuages de soufre et de plomb s'amoncelaient au-dessus des toits pointus de la ville qui suffoquait. L'air était chargé de sable qu'un vent torride soulevait en tourbillons. Il semblait à la femme de l'orfèvre que son surcot de soie hyacinthe lui collait à la peau. A l'avance, elle soupirait après le bain frais et parfumé qu'elle comptait prendre un peu plus avant dans la soirée.

— Par saint Jean, comme dirait Étienne, quelle chaleur ! Je suis positivement en eau !

— Asseyez-vous, reposez-vous, ma mère. Je vais vous faire apporter à boire.

Vêtue d'un ample caftan blanc qu'elle portait avec une aisance familière, la jeune Égyptienne, par sa grâce et l'aspect parfaitement soigné de toute sa personne, était, à elle seule, un rafraîchissement.

Mathilde crut, cependant, remarquer une certaine excitation, tout à fait inhabituelle, dans l'expression de sa bru.

Une servante apporta un broc de grès rempli d'une eau fraîchement tirée du puits, une cruche de lait d'amandes, et un gobelet d'argent.

— Pendant que vous vous désaltérerez, je vais vous apprendre une grande nouvelle.

— Vous m'intriguez.

— Florie est venue ici ce tantôt. Je ne l'ai jamais vue dans un état pareil ! Elle tenait à la main une lettre... une lettre de Philippe !

— Enfin !

— Comme si elle ne se fiait pas à ses yeux, comme si elle n'arrivait pas à y croire, elle m'a demandé de lui relire le message.

Il lui dit qu'en dépit du temps et de ses efforts, il ne parvient pas à l'oublier, qu'il n'aurait jamais imaginé qu'un amour pût survivre à tant de secousses... qu'il se voit obligé de le constater, d'admettre qu'il n'a pas cessé de l'aimer.

— Dieu soit béni !

— Philippe lui fait également part de sa présence à Paris où il est revenu dans l'intention de la rencontrer le plus vite possible. Il assistera au mariage de Jeanne, afin que famille et amis soient informés de leur réconciliation.

— Je n'osais pas en espérer autant.

— Ils repartiront ensuite pour Thuisseau avec Agnès que Philippe accepte également de prendre chez lui.

La porte s'ouvrit comme si le vent d'orage la poussait. Florie, rayonnante, pénétra dans la pièce au moment où un long roulement de tonnerre éclatait à l'ouest.

— Ma mère ! Je suis si heureuse !

Une fois encore, elle avait pleuré, mais ne se souciait pas d'essuyer les traces de son émotion.

Elle haletait comme si elle venait de loin... N'avait-elle pas, en vérité, parcouru, depuis neuf ans, un long chemin ?

— Philippe consent à m'accorder merci ! Peut-on être plus magnanime ? En toute connaissance de cause, malgré ce que je lui ai fait endurer, il veut bien oublier les années mauvaises pour ne plus se souvenir que de ce qui nous lie !

Là-bas, sous les branches de la forêt mortelle, l'ombre de Guillaume pouvait errer, se plaindre... à Paris, il était oublié...

— Vous voyez, mon enfant chérie, qu'il ne fallait pas perdre confiance.

Mathilde serrait contre elle une créature éperdue, qui tremblait, pleurait, souriait, tout à la fois.

— Ce jour de la Saint-Gilles sera doublement faste, dit-elle à mi-voix. Nos deux filles s'y retrouveront chacune au bras d'un époux.

Le tonnerre se déchaînait. Ses grondements se rapprochaient. A la suite d'un éclair plus violent, un craquement sec, fracassant, éclata. La foudre venait de tomber, toute proche.

Thibaud, réveillé, se mit à hurler. Djounia se précipita, prit son fils, le berça avec tendresse entre ses bras, tout en lui fredonnant à l'oreille, à bouche close, une complainte aux résonances inconnues, mystérieuses et sereines.

Mathilde et Florie songeaient ensemble à des projets inavoués... Charlotte avait averti sa nièce qu'elle ne pourrait plus, désormais, enfanter. Était-ce sûr ? L'avenir le dirait. La jeune femme se refusait à accueillir en ces heures de miséricorde la moindre ombre à la félicité bondissante qui l'habitait. Plus tard, on verrait, plus tard...

La pluie se calmait. Le feu du ciel s'éloignait. Les sursauts de l'orage s'estompaient dans le murmure liquide de l'averse qui lavait à grande eau la poussière et la sueur de la ville.

— Thibaud se rendort. Voulez-vous, ma mère, le tenir un peu avant qu'on ne le recouche ?

Mathilde prit avec précaution son petit-fils assoupi, serra contre elle le corps menu et tiède qui fleurait bon l'eau de senteur.

Dans un rayon du soleil déclinant, qui se faufila soudain entre les nuées en débandade, les trois femmes demeurèrent penchées sur le sommeil innocent.

Par la fenêtre ouverte on apercevait à présent des pans entiers de ciel bleu. Les oiseaux s'ébrouaient, se baignaient dans les flaques, se remettaient à chanter. L'ondée s'égouttait aux pentes des toits, aux branches des arbres. Le beau temps revenait sur un paysage propre, luisant, vernissé. Des odeurs de terre et de gazon mouillés, de feuillages, de plantes potagères, montaient du jardin.

— Comme l'embellie après le gros temps, la joie est revenue parmi nous, mes filles, constata Mathilde. J'en suis profondément heureuse !

Thibaud dormait en paix dans ses bras. Elle sourit d'aise, avant de se diriger, à pas attentifs, vers le berceau où elle déposa l'enfant, le borda, se redressa.

— Qu'il est beau ! dit-elle en se retournant vers Florie et Djounia. Beau comme...

Une douleur poignante lui coupa le souffle, lui lacéra la poitrine. Un étau d'angoisse lui écrasait le buste, lui enserrait les mâchoires. Elle vacilla, pensa : « Est-ce la fin ? Seigneur, je suis votre servante, mais n'ai pas terminé ma tâche... », perdit connaissance et serait tombée tout de son long, dans une coulée de soleil, si Florie ne s'était élancée pour la soutenir. Djounia aida sa belle-sœur à maintenir le corps à demi renversé contre le berceau, tête abandonnée, yeux clos, cernés de gris, narines pincées...

La syncope fut brève.

— Au nom du Ciel, ma mère, que vous est-il arrivé ? Vous êtes blanche comme un linge !

— Ce n'est rien. Un vertige...

« Se taire. Ne pas faire mention de cette abominable déchirure au cœur, si soudaine. Éviter de les inquiéter, tous... et, surtout, surtout, Étienne ! »

— Il faut vous reposer, dit Djounia.

La souffrance se diluait, laissant derrière elle une immense fatigue, une impression de profonde meurtrissure.

— Promettez-moi de ne pas bouger, disait Florie après l'avoir aidée à s'allonger. Je vais vous envoyer Maroie et dire qu'on vous monte votre souper.

— Je serai très sage, ma chère fille, car je tiens à guérir rapidement. Il faut que je sois d'attaque pour le mariage de votre sœur.

Elle le fut. Au prix de ménagements qui coûtaient à sa nature active, elle se rétablit assez vite et put achever sans autre à-coup de s'occuper des derniers préparatifs indispensables.

Les deux semaines qui la séparaient encore des noces de Jeanne, coupées par la Saint-Louis, que tout le pays fêta avec son roi, passèrent sans qu'elle sût comment.

Le trente et un août, au soir, tout était prêt.

Après avoir pris un bain vespéral, autant pour se délasser que pour s'avancer en prévision de la presse du lendemain, Mathilde, accoudée à la fenêtre de sa chambre, observait, pendant que Maroie brossait et nattait ses cheveux pour la nuit, les allées et venues de sa maisonnée à travers la cour qu'éclairait le soleil couchant.

Il faisait presque frais. Les lourdes chaleurs de la canicule s'étaient éloignées. On respirait un air plus léger, à goût de miel. L'été mûrissait. Quelques nuages inoffensifs passaient dans le ciel dont la luminosité avait déjà on ne savait quoi d'automnal. Il ferait beau, le lendemain, pour les noces...

Rentré depuis la veille de Troyes, Étienne inspectait l'ordonnance des écuries qui devaient être irréprochables. Marie, au retour d'une visite rendue à Marc, le fils infirme des Ripault, qui oubliait son mal en composant une musique céleste, rencontrait son père, l'embrassait, se sauvait.

Philippe et Florie, la main dans la main, apparaissaient à leur tour, se retournaient, saluaient d'un geste Mathilde à sa croisée, s'en allaient. Ils regagnaient le logis provisoire loué par Philippe en attendant le départ pour Thuisseau. Encore secrètes, leurs retrouvailles seraient officielles dans quelques heures. Chacun saurait que l'époux trahi avait pardonné, que la vie reprenait racine dans leur foyer.

Bernard Fortier passait le portail de son pas vif. Un inconnu l'accompagnait.

— Tiens ! Voilà l'ami de Turin qui a été invité au mariage. On l'attendait, dit Maroie qui lorgnait, elle aussi, ce qui se passait en contrebas, sans cesser pour autant de manier avec dextérité le peigne et la brosse.

— Je l'avais oublié, celui-là !

— Il est plutôt bien de sa personne.

— Ces Italiens sont des pièges à filles !

Jeanne sortait de la salle, se dirigeait vers son fiancé. Le nouveau venu se tournait vers elle. Éclairés par la lumière rasante du couchant, ses traits étaient parfaitement distincts.

— Il a l'air de trouver not' demoiselle à son goût, ce joli museau !

Était-ce parce que le jeune Piémontais était brun de peau, noir de cheveux, et beau ? Ou parce qu'il dévisageait Jeanne avec insistance ? Mathilde ne put se défendre d'évoquer une autre rencontre inattendue, un matin de noces... mais Bernard n'était pas Philippe, et, surtout, l'étranger n'était pas Guillaume... Rien, jamais, ne recommençait de la même manière, et il fallait se garder des assimilations faciles... L'attention, pourtant, avec laquelle l'arrivant considérait la future épouse de son ami français pouvait donner à penser...

Mathilde se détourna. Une douleur venait de lui traverser la poitrine. Son pauvre cœur ! Tremblait-il à l'approche d'une nouvelle crise ou s'agitait-il à cause d'une réminiscence ? Elle se contraignit à respirer lentement, avec calme, s'assit au bout de son lit, rassura Maroie d'un geste, attendit un peu. L'étau se desserrait.

Allons, ce ne serait pas encore pour cette fois ! L'été, d'ailleurs, n'était pas fini et elle avait un rôle important à assumer jusqu'au lendemain soir. Il s'agissait de ne pas faiblir, de se tenir en main. Ensuite... ensuite, elle s'en remettait à la grâce de Dieu !

Le Mesnil-le-Roi, le 31 août 1977.

LE JEU DE LA TENTATION

A Régine PERNOUD,
marraine des Brunel.

PRINCIPAUX PERSONNAGES

MARIE LECLERC. 27 ans. Veuve de Robert Leclerc. Enlumineresse. Deux enfants. Fille d'Étienne et de Mathilde Brunel.

VIVIEN LECLERC. 10 ans. Son fils.

AUDE LECLERC. Bientôt 9 ans. Sa fille.

MATHIEU LECLERC. 60 ans. Beau-père de Marie. Maître enlumineur.

BERTRAND BRUNEL. 36 ans. Orfèvre. Frère de Marie.

LAUDINE BRUNEL. 34 ans. Femme de Bertrand.

BLANCHE BRUNEL. 18 ans. Leur fille. Nièce de Marie.

THOMAS BRUNEL. 17 ans. Apprenti orfèvre. Leur fils. Neveu de Marie.

RENAUD BRUNEL. 14 ans. Second fils de Bertrand et de Laudine.

ÉTIENNE BRUNEL. 78 ans. Orfèvre. Veuf.

CHARLOTTE FROMENT. 62 ans. Physicienne. Sœur d'Étienne. Tante de Marie.

TIBERGE-LA-BÉGUINE. Intendante d'Étienne Brunel.

AGNÈS THOMASSIN. 15 ans. Fille adoptive de Florie.

FLORIE THOMASSIN. 35 ans. Héroïne de *La Chambre des dames*.

PHILIPPE THOMASSIN. Trouvère. Son mari.

CÔME PERRIN. 36 ans. Maître mercier. Ami de Marie.

HERSENDE BEAUNEVEU. 47 ans. Sœur de Côme.

HENRI BEAUNEVEU. 48 ans. Mari d'Hersende.

KATELINE-LA-BABILLARDE. 32 ans. Ouvrière enlumineresse.

DENYSE-LA-POITEVINE. 53 ans. Ouvrière enlumineresse.

JEAN-BON-VALET. 20 ans. Ouvrier enlumineur.

DJAMAL. 18 ans. Étudiant égyptien. Frère de Djounia. Ami de Thomas.

GILDAS REGNAULT. 17 ans. Brodeur. Ami de Thomas.

URSINE REGNAULT. 17 ans. Brodeuse. Sœur de Gildas.

ARNAULD BRUNEL. 38 ans. Diplomate auprès du roi de Sicile.

DJOUNIA BRUNEL. 28 ans. Sa femme. Égyptienne.

THIBAUD BRUNEL. 11 ans. Leur fils.

GARIN-LE-MIRE. Chirurgien.

ADÉLAÏDE BONNECOSTE. Venderesse dans la boutique de mercerie des Perrin.

FOULQUES-LE-LOMBARD. 50 ans. Changeur et truand.

AMAURY. 30 ans. Truand. Neveu de Foulques.

JOCERAN. 25 ans. Truand. Neveu de Foulques et frère d'Amaury.

MABILE. 77 ans. Vieille fermière.

LÉONARD. 45 ans. Son fils. Fermier de la Borde-aux-Moines.

CATHEAU. 40 ans. Fermière. Femme de Léonard.

PERROT, dit BRISE-FAUCILLE. 22 ans. Leur fils aîné.

COLIN. 18 ans. Leur deuxième fils.

POL-LE-BOITEUX. 12 ans. Leur troisième fils.

ALMODIE. 15 ans. Leur fille. Aide de cuisine chez Mathieu Leclerc.

TYBERT-LE-BORGNE. 56 ans. Fermier-propriétaire de la ferme de Pince-Alouette.

BERTRADE. 24 ans. Sa fille. Mère de cinq enfants.

GUILLEMINE. 20 ans. Seconde fille de Tybert. Chambrière de Marie.

AMBROISE LIBERGIER. 58 ans. Bourrelier à Gentilly.

EUDELINE-LA-MORÈLE. 40 ans. Intendante de Mathieu Leclerc.

JANNEQUIN. 28 ans. Palefrenier chez Mathieu Leclerc.

RICHILDE-LA-FLEURIÈRE. Chapelière de fleurs à Gentilly.

MARTIN-PEAU-D'OIE. Son mari.

LAMBERT. 30 ans. Leur fils. Jardinier de Mathieu Leclerc.

RADULF. 32 ans. Cousin de Lambert, devenu truand.

GERBERGE. 45 ans. Cuisinière de Mathieu Leclerc.

ENID-LA-LINGIÈRE. Recluse aux Saints-Innocents.

GUIRANDE-LA-CIRIÈRE. Marchande de cire aux Saints-Innocents.

I

L'ÉTÉ AVENTUREUX

Juin - Septembre 1266

1

Le matin d'été foisonnait de promesses.

« Seront-elles tenues ? » se demandait Marie avec entrain.

Tout en suivant d'un pas allègre le chemin qui menait de la maison des champs où demeurait son beau-père au village voisin de Gentilly, la jeune femme détaillait avec complaisance les raisons qu'elle avait de faire sienne la gaieté de la nature. Elles étaient triples : le triomphe de la belle saison, les préparatifs d'une fête dont elle partageait les joies avec ses enfants et, plus intimement, les bienfaits de l'amour...

Qu'avait donc dit, un moment plus tôt, au cours de la messe quotidienne, le curé du bourg ?

« Le péché de chair est peu de chose, en somme, mes frères, encore qu'il ne soit pas recommandé, bien sûr, de tomber dans la licence. Mais seul compte vraiment, seul est grave pour notre salut, seul est mortel, le péché contre l'Esprit ! »

Dieu devait avoir inspiré son prêtre. En dépit de la nuit qu'elle venait de vivre dans les bras de Côme, Marie se sentait justifiée. Un corps en paix, une âme légère ne pouvaient en rien participer du Mal.

Entre les plis réguliers de la guimpe blanche des veuves, le visage où courait, sous la peau blonde, un sang vif, s'épanouissait. La mousseline empesée, cependant fort stricte, et qui ne parvenait pas à figer des traits sans cesse animés d'ondes émotives, de mouvements d'humeur, de bouffées d'enthousiasme ou d'indignation, la lingerie de deuil encadrait, en cette éclatante matinée, une expression amusée, sans ombre, une mine de gourmandise satisfaite.

Une villageoise croisa la jeune femme, lui sourit largement. Elle portait, pressée contre sa poitrine, une brassée de cresson frais cueilli à la fontaine voisine. Sa chemise de lin en était détrempée et lui collait à la peau. Dans un tourbillon de poussière, une bande d'enfants excités, qui menaçaient de bâtons un chien pelé, passa ensuite en braillant.

Marie s'intéressait à tout. Le sentiment d'être porteuse de joie l'inondait de bienveillance et elle déclina avec amabilité les offres que lui fit un colporteur arrêté au bord du chemin. Dans une autre circonstance, poussée par la méfiance, elle l'aurait éconduit brièvement. En ce jour de grâce ce n'était pas possible. Elle découvrait, elle goûtait, elle savourait une toute nouvelle douceur de vivre.

« Je lui ai donc cédé ! »

Aucun élément passionnel dans cette constatation. Une tranquille assurance. Elle avait pourtant su demeurer sage depuis la mort de son mari, deux ans auparavant, et pensait le demeurer longtemps encore. Les souvenirs qu'elle conservait de son union avec Robert Leclerc n'étaient pas assez bons pour l'inciter à accepter un nouvel engagement, et elle appréciait pleinement la liberté que lui conférait son état de veuve.

L'achat d'une aumônière sarrasinoise avait modifié ces belles résolutions. Un jour, dans la Galerie marchande du Palais, il lui avait pris fantaisie d'entrer dans la boutique de Côme Perrin, une des plus élégantes de la Salle aux Merciers, pour s'enquérir du prix d'une aumônière brodée. Il l'avait renseignée lui-même... Ils s'étaient revus...

La cour discrète, la cour adroite qu'il lui avait faite par la suite, tout au long de l'hiver et du printemps, ne l'avait pas laissée indifférente. Elle avait bien vite prisé à sa juste valeur l'aisance que cet homme à la trentaine bien sonnée manifestait naturellement en présence des femmes, la générosité d'un cœur plein de délicatesse, la manière subtile dont il l'entourait d'attentions auxquelles Robert ne l'avait pas habituée. Physiquement, il ne lui déplaisait pas non plus...

Après avoir franchi la Bièvre et longé le pré communal où paissaient quelques vaches, la première maison de Gentilly qu'on rencontrait était celle de Richilde-la-Fleurière. Sur la porte du logis où vivait et travaillait la chapelière de fleurs, un long clou demeurait planté tout au long de l'année. Suivant les saisons, il était décoré, ainsi que de fragiles enseignes, par des guirlandes de fleurs ou de feuillages verts.

Quand elle parvint devant le domicile de la marchande, Marie découvrit, accrochée au clou, une couronne d'églantines et d'ancolies bleues. Elle prit le temps d'admirer l'adresse et le goût dont témoignait la frêle œuvre d'art, puis poussa le battant.

Au sortir de l'éblouissante lumière de juin, ses yeux déshabitués ne distinguèrent d'abord rien dans la pénombre régnante. Seule, une senteur traîtreusement suave d'arômes confondus, d'eau et d'argile, saturant l'air qu'elle respirait, pouvait la renseigner sur l'endroit où elle se trouvait.

— Entrez, entrez donc, dame. Je savais que vous viendriez.

Rien de moins en rapport avec la délicatesse de son métier que la grosse femme au corps sans formes empaqueté dans une cotte délavée et constellée de taches humides, qui accueillait Marie.

— Dieu vous garde, Richilde.

— Qu'Il nous donne une belle fête et un beau temps ! lança la chapelière de fleurs, dont le visage congestionné luisait de graisse comme la peau d'un chapon rôti. Vous savez ce qu'on prétend : « La lune de la Saint-Jean, jusqu'à Noël gouverne le temps ! »

— La journée s'annonce le mieux du monde, assura Marie. Il fait déjà fort chaud.

La jeune femme voyait à présent sans effort l'intérieur de la longue pièce qui servait d'atelier et de remise à la fleurière. Dans des pots de grès ou des cuviers de bois posés un peu partout à même le sol de terre battue, des bouquets, des bottes, des brassées de plantes fleuries attendaient d'être utilisés. Le long du mur du fond, des planches mises sur des tréteaux servaient de tables. D'un côté, les couronnes et les couvre-chefs déjà façonnés, et de l'autre, les roses, les reines-des-prés, les genêts, les branches de chèvre-feuille, les ancolies, les marguerites, les fleurs sauvages et les frais feuillages, coupés, qui attendaient d'être tressés.

Une petite apprentie s'affairait à mettre en bottes des glaïeuls violets qu'elle liait ensuite avec des cordelettes de chanvre.

Deux fenêtres donnaient sur l'extérieur. L'une sur le clos cultivé avec ferveur par Martin-Peau-d'Oie, l'époux de Richilde, l'autre sur le chemin conduisant au village, elles étaient bien ouvertes en ce matin lumineux, mais leur étroitesse ne permettait au soleil que de pénétrer chichement dans la remise. Pour conserver leur fraîcheur, les fleurs coupées ont besoin d'ombre.

— Nous avons beaucoup de travail, ce jourd'hui, reprit la grosse femme. Martin est parti fort tôt pour Paris, avec une charrette pleine de couvre-chefs qu'il a fallu confectionner avant l'aube pour que les bourgeois du roi puissent les acquérir dès leur lever. En plus des couronnes de nos bonnes gens du bourg, il y a encore à prévoir la jonchée de ce soir ! Elle ne sera disposée qu'en fin de journée sur le passage de la procession, mais j'ai dû aller chercher les glaïeuls au petit matin. Sans cette précaution, la chaleur les aurait fanés avant même que je les aie cueillis !

— Votre métier n'est certes pas de tout repos, reconnut Marie. Pour nous, je compte huit couronnes, ajouta-t-elle. Deux pour mes enfants et six autres pour mes neveux et leurs amis, qui sont arrivés tous ensemble hier de la ville. Ils demeureront avec nous pendant ces jours de fête. Vous savez que c'est une coutume dans ma belle-famille de recevoir parents et hôtes en l'honneur de la Saint-Jean d'été.

— Du vivant de feu votre belle-mère (que le Seigneur Dieu la reçoive en son paradis !), on n'y manquait jamais. J'ai l'habitude. Aussi ai-je mis de côté, à votre intention, ce qui m'a paru devoir vous convenir. Vous pouvez me faire confiance !

Il était vrai que, de ses doigts difformes tant ils étaient gras, sortaient des parures ravissantes, et que chacun ne cessait de s'en émerveiller.

— Voyons votre choix.

Pendant un moment, les deux femmes trièrent les plus beaux boutons, comparèrent les couleurs, se mirent d'accord sur les harmonies à réaliser.

— Lambert viendra les chercher en fin de journée.

Le fils de la fleurière était jardinier chez Mathieu Leclerc, le beau-père de Marie.

— Tout sera prêt.

La jeune femme sortit de la remise, se retrouva dans la lumière crue du dehors. Elle reprit le chemin par lequel elle était venue, croisa quelques villageois de sa connaissance, eut à se ranger pour laisser passer une gardeuse d'oies, qui marchait derrière son troupeau, tout en filant sa quenouille, évita des porcs qui erraient en grognant, à la recherche de détritus à dévorer, traversa de nouveau la Bièvre, et s'apprêtait à retourner agréablement à ses pensées quand un crépitement l'alerta.

Débouchant d'un sentier qui conduisait à une tour ronde, vestige d'un ancien manoir royal en ruine, un homme avançait vers elle. Vêtu d'une robe noire marquée de deux mains blanches cousues sur la poitrine, coiffé d'un chapeau à large bord et à rubans blancs posé sur une coiffe de toile nouée sous le menton, il marchait avec difficulté, en s'aidant d'un long bâton. De sa main libre, il faisait tournoyer une crécelle afin de signaler sa venue aux passants.

Le chemin qu'il suivait coupait un peu plus loin celui de Marie. La jeune femme s'immobilisa. L'homme tourna la tête vers elle. Une face au nez rongé et aux paupières suintantes lui apparut.

Un lépreux ! Non loin d'Arcueil, bourg proche de Gentilly, il y avait une maladrerie d'où, parfois, de pauvres malades s'écartaient pour de courtes sorties dans des endroits déserts. Ils prenaient grand soin de ne pas s'approcher des lieux habités, où ils n'avaient plus droit de séjour, et se tenaient à distance des bien-portants. Cependant, on les injuriait si, par malheur, on les rencontrait, et les enfants leur jetaient des pierres.

Quand il eut vu la promeneuse, et après une courte hésitation,

l'homme fit demi-tour, s'éloigna. Marie demeurait sur place. Le
bruit de la crécelle s'estompa, alla décroissant...

« Seigneur, j'aurais dû lui parler, lui faire l'aumône d'un salut
et d'une pièce d'argent. Pardonnez-moi, je n'en ai pas eu le courage.
Comme tout le monde, j'ai eu peur... Seigneur, cette rencontre
est-elle chargée de sens ? Dois-je y voir un signe ? Vouliez-Vous
m'amener à réfléchir sur la précarité du corps humain ? Il est vrai
que nous ne sommes que de pauvres chairs menacées dont les joies
sont passagères... Je ne pense pas que Vous vouliez nous en
détourner pour autant. Si nous conservons présente à l'esprit notre
fragilité, n'est-il pas, aussi, légitime de goûter aux joies de l'amour ?
Vous nous les avez accordées. Vous Vous êtes montré sans sévérité
aucune envers la Samaritaine, qui avait pourtant plusieurs hommes
dans sa vie, envers Marie-Madeleine, envers la femme adultère elle-
même... Je ne crois pas que Vous en userez autrement avec moi...
moi qui ne trompe personne, moi qui compte bien ne pas m'attarder
dans une situation pécheresse ! »

Elle quitta le chemin qu'elle suivait pour prendre un sentier
longeant les murs du domaine champêtre où son beau-père, après
la mort de son épouse, cinq ans plus tôt, s'était retiré loin de la
capitale, laissant à son fils unique, qui travaillait avec lui, et à sa
bru, l'atelier de maître enlumineur qu'il avait créé et fait prospérer.
C'était elle, à présent, qui en assumait la responsabilité, gérant le
fonds et occupant le logement parisien depuis la disparition tragique
de Robert... Elle serra les lèvres. Il ne fallait pas se laisser aller à
gâcher la douceur du moment par des réminiscences inutiles.

Le soleil incendiait la vallée ; la chaleur, qui devenait pesante,
exacerbait les senteurs de foin, de miel, de sève. En dispensant
l'euphorie joyeuse d'un si glorieux jour, l'été se faisait pourvoyeur
de bonheurs simples, instinctifs. Pourquoi bouder ce présent ? Ne
possédait-elle pas le plus précieux des biens ? Deux beaux enfants
qu'elle aimait, qui l'aimaient ? Il ne lui restait plus qu'à ajouter à
cette richesse essentielle la présence toute neuve d'un tendre amant...

Elle ouvrit une porte donnant sur le jardin de la maison des
champs, traversa un petit bois, parvint dans un verger qui donnait
lui-même sur des plates-bandes de fleurs et de légumes.

— Dieu vous garde, ma nièce !

Un panier de concombres au bras, tante Charlotte tournait le coin
d'une allée.

— Comment vous portez-vous, ma tante, ce matin ?

— Aussi bien qu'on peut aller quand la jeunesse vous a
quitté, Marie !

— Vous n'avez pas à vous plaindre des ans, que je sache. Ils
vous ont conservé toute votre énergie.

— Peut-être, mais si mon activité demeure assez satisfaisante, les apparences, en revanche, me trahissent de plus en plus. C'est pourquoi vous me voyez avec ces plantes potagères. Je vais en extraire un jus frais pour confectionner, avec de la cire vierge, du blanc de baleine et de l'huile d'amande douce, une crème dont les vertus remarquables ont, du moins je veux l'espérer, quelque chance de m'aider à lutter contre les mauvaises rides et la peau qui se fane.

Marie se mit à rire.

— Si, dans la vie, il y a ceux qui partent vaincus et ceux qui conservent courage et espoir face à l'adversité, vous faites bien certainement partie des seconds !

Charlotte Froment goûta le compliment. Elle était fort attachée à sa plus jeune nièce. Depuis la mort de Mathilde Brunel, la mère de Marie, elle s'était efforcée de combler auprès de l'adolescente, puis de la jeune femme, le vide laissé par la disparue. Mathilde était sa belle-sœur et elles avaient eu beaucoup d'amitié l'une pour l'autre...

— Où sont donc Aude et Vivien ? demanda-t-elle pour éviter de s'attendrir.

— Ils doivent jouer dans le bois ou dans le pré, avec nos invités. N'ayez crainte, ma tante. Ils ne sont jamais bien loin.

On la sentait tranquille, assurée.

— Ils se sont réveillés fort tôt. Les préparatifs de la fête de ce soir les excitent tous deux, mais pas de la même manière. Aude se replie sur son attente, et Vivien, lui, se montre agité comme un boisseau de puces !

Après avoir passé la nuit avec Côme, dans la chambre du rez-de-chaussée qu'on réservait aux visiteurs, elle avait tout juste eu le temps, au petit matin, de regagner celle qu'elle partageait avec ses enfants. La fraîcheur de l'aube avait lavé sa peau de la touffeur nocturne et des sueurs de l'amour... La vieille maison de son beau-père craquait de partout...

Heureusement, elle avait pu se glisser entre les courtines du grand lit sans avoir rencontré personne et, surtout, sans avoir réveillé les petits. Peu de temps après, des oiseaux triomphants s'en étaient chargés.

— La Saint-Jean est une fête fort étrange, continuait tante Charlotte. Je comprends qu'elle occupe l'esprit. Il ne faut pas oublier que le solstice rend la terre miraculeuse. C'est un temps sacré, propice aux manifestations surnaturelles. Comme tout un chacun, Vivien et Aude en subissent l'envoûtement. On s'y livre à tant de pratiques inhabituelles, chargées de mystère... Tenez, moi-même, quand la cloche de l'église sonnera midi, je compte bien aller cueillir le millepertuis, la verveine et certaines mousses de ma connaissance, afin de les fumer ce soir aux feux qui brûleront dans l'obscurité. Ces herbes qui guérissent y gagneront en pouvoir.

— Chez vous, ma tante, la physicienne montre toujours, peu ou prou, le bout de l'oreille !

— Que voulez-vous, ma mie, j'aime soigner ! Ce n'est pas à mon âge que je me déferai d'une habitude devenue seconde nature.

Charlotte Froment hocha la tête. Sous le couvre-chef de lingerie et la mentonnière de lin immaculé, son gros chignon de nattes croisées sur la nuque était presque entièrement blanc.

— Je mourrai, à ce qu'il me semble, en tâchant de soulager mon prochain de ses maux, et c'est bien ainsi. Sans postérité, sans mari... ou presque, à soixante ans passés, vous ne voudriez pas que je me replie sur moi-même ? Ce serait d'une tristesse !

— Je ne pense pas que ce danger soit près de vous menacer.

De très fines gouttes de sueur sourdaient entre les sourcils couleur de paille et au-dessus de la lèvre supérieure de Marie, dont la tendre carnation supportait mal les fortes chaleurs.

— Par ma foi, ma tante, nous sommes en train de cuire, dans ce jardin ! Rentrons donc à la maison.

En pénétrant dans la salle du rez-de-chaussée, les deux femmes découvrirent Eudeline-la-Morèle, l'intendante de Mathieu Leclerc, qui surveillait d'un œil critique Lambert le jardinier. Il étendait sur le dallage l'herbe verte qui joncherait le sol et maintiendrait un peu de fraîcheur dans la pièce tout au long de la journée.

Par sa petite taille, son corps mince, une tête noire aux gros yeux saillants et un air sans cesse affairé, l'intendante faisait penser à une fourmi. Sa prestesse, son ardeur au travail, sa ténacité et jusqu'à son sens très poussé de l'économie parachevaient la ressemblance. Marie savait qu'en dépit d'une apparence fort sèche, Eudeline-la-Morèle, qui se considérait chez son maître comme chez elle, veillait à tout avec une méticulosité et une exigence qui témoignaient d'une sorte de passion du ménage. Elle la salua amicalement, sourit à Lambert, qui tenait de sa mère, la chapelière de fleurs, un gros corps lent mais puissant, et pria sa tante d'agir à sa guise, sans se soucier d'elle.

Puis la jeune veuve gagna sa chambre. Elle aimait cette pièce simple mais accueillante. Toute la maison, blanche, à colombages, et assez basse, lui plaisait en dépit d'une certaine austérité qui la caractérisait comme il arrive souvent aux logis des hommes seuls, et elle y revenait toujours avec satisfaction. Devant sa fenêtre grande ouverte, le jardin de fleurs et de légumes, le verger, puis le petit bois, s'étageaient jusqu'au pré dont les pentes herbues descendaient avec mollesse vers le cours de la rivière. Verdie par les plantes qui tapissaient son lit, la Bièvre coulait en contrebas, parmi les saules...

Dissimulée au cœur d'un bosquet avancé comme une barbacane à l'orée du bois, Aude s'était installée sous les branches ainsi qu'elle avait coutume de le faire. L'enfant respirait avec une joie intime, vaguement sensuelle, l'odeur d'humus mêlée à celle des feuillages chauffés par le soleil qui formaient un berceau au-dessus de sa tête. Assise sur un trépied de bois pris dans l'étable de la ferme, Aude avait déposé autour d'elle les pots de grès où elle fabriquait des mixtures à base de graines, de pétales, de pousses tendres, de racines et de feuilles qu'elle avait récoltés à des heures choisies selon les prescriptions de la vieille Mabile, la mère du fermier voisin.

Immergées dans un mélange d'eau et de vin, ces préparations, assez peu ragoûtantes, composaient des liquides troubles dont les diverses fermentations intéressaient et intriguaient la petite fille.

D'ordinaire, elle passait dans sa cachette des heures de jubilation silencieuse à composer ses étranges élixirs, tout en se racontant sans fin des histoires de chevalerie... mais, ainsi que l'avait dit sa mère, ce jour-là différait des autres.

De son poste de guet insoupçonné, elle observait les jeux d'un groupe de jouvenceaux et de jouvencelles qui s'ébattaient dans le pré. Ils étaient six qui allaient et venaient en se poursuivant entre la rivière et les deux tentes dressées dans les hauts du terrain. Tendues par des cordes et des pieux, surmontées de pommes dorées, les toiles safranées et pourpres du campement où s'étaient installés les garçons que la demeure ne pouvait contenir, se détachaient violemment sur l'herbe de juin. Vêtus, eux aussi, de couleurs vives, les jeunes gens se pourchassaient entre les tas de foin avec de grands éclats de rire. Quand ils se trouvaient au bord de la rivière, leurs appels, leurs cris parvenaient à l'enfant aux écoutes avec des résonances vibrantes, amplifiées par l'eau, qui réveillaient dans sa mémoire l'écho des autres étés passés chez son grand-père, ici, à Gentilly.

Non sans soulagement, elle constata que son frère ne se trouvait pas avec les adolescents. Ils ne l'acceptaient parmi eux, quand il se mêlait à leurs jeux, qu'avec une indulgence protectrice et impatiente qu'elle jugeait blessante et dont elle souffrait dans son amour-propre fraternel. A ses yeux, Vivien manquait de dignité. Agé de bientôt onze ans, il était son aîné. Elle n'en pensait pas moins percevoir plus de choses que lui et faire montre, en l'occurrence, de plus de respect de soi. Si elle était tout autant fascinée par le prestige des « grands », elle avait cependant à cœur de ne pas le leur laisser voir et elle se cantonnait dans une réserve destinée à leur dissimuler ses véritables sentiments. Son goût pour le secret, la solitude, le mystère, la conduisait d'instinct à observer de loin des amusements dont elle soupçonnait qu'ils n'étaient pas aussi innocents qu'on désirait leur en donner l'air.

Ce qu'elle devinait des rapports inavoués de ces garçons et de ces filles ne faisait que stimuler davantage sa curiosité, mais elle entendait garder pour elle le trouble qu'ils lui inspiraient.

Le spectacle de la nature — et tout spécialement celui des deux fermes proches où elle allait souvent — lui avait, depuis un certain temps, enseigné bien des vérités, fait faire bien des découvertes. Elle les conservait jalousement par-devers elle.

Au matin d'une journée aussi peu ordinaire que celle qui se préparait, Aude songeait que la nuit de fête serait riche en révélations nouvelles et remplie d'enseignements.

Un frémissement des branches au-dessus de sa tête interrompit ses réflexions. Levant les yeux, elle vit un écureuil, en équilibre sur une branche de coudrier, qui la lorgnait tout en grignotant quelque chose. Sans bouger, elle observa un moment le farfadet roux et songea que son pelage était exactement de la couleur des cheveux de son cousin Thomas, le chef incontesté de la bande rieuse qui s'ébattait autour des tas de foin.

Alerté avant elle, l'animal fit un bond, disparut dans le feuillage avec un ondoyant mouvement de queue. Aude reporta son attention vers le pré. Elle vit alors, entre les ramures, venir dans sa direction un couple qui, cherchant l'ombre ou l'isolement, s'était éloigné des autres joueurs.

« Tiens, tiens, se dit l'enfant, Agnès et Djamal ensemble, une fois encore ! »

Le jeune Égyptien entraînait vers l'orée du bois sa compagne dont il tenait la main.

— Venez. Allons nous reposer un moment sous ces arbres.

— Vous craignez le soleil ?

— Ne vous moquez pas de ma peau basanée, Agnès ! C'est trop facile à vous qui avez... comment dites-vous ? Un teint de lait.

— Il ne s'agit pas de votre couleur, Djamal, croyez-le bien, mais de votre penchant pour les endroits discrets et les coins ombreux... du moins quand il s'agit de m'y attirer !

— Je n'ai jamais vu de fille aussi jolie que vous !

— Ce que vous dites là n'est guère aimable pour les beautés de votre pays !

— Je n'aime plus que les blondes depuis que je suis en France.

— Que seriez-vous devenu si vous n'aviez jamais quitté les rives du Nil ?

— Je ne sais... Ah ! je voudrais vous dire en égyptien ce que je ne parviens pas à exprimer en langage de France !

— Vous parlez fort bien notre langue, Djamal. Si ce n'était votre accent, on ne vous croirait jamais venu de si loin !

— Depuis que ma famille s'est convertie au christianisme, depuis que ma sœur, Djounia, a épousé votre oncle Arnauld Brunel, je suis déjà venu à Paris, vous savez.

— Justement. Vos voyages vous ont permis de voir quantité de femmes bien plus belles que moi !

— Aucune ne vous vaut. Nulle ne vous est comparable.

— Allons donc ! Vous ne me ferez jamais croire une chose pareille ! N'oubliez pas que j'ai été élevée par un des compagnons de notre sire le roi en Terre sainte. Mon enfance fut bercée de récits qui se déroulaient là-bas.

— Puisque vous le voulez, je reconnais qu'il y a de charmantes filles en Égypte, mais je vous préfère à elles. Je suis prêt à le jurer sur les Saintes Reliques.

— N'en faites rien, je vous prie ! C'est défendu.

— Par Dieu ! Cessez ce jeu, écoutez-moi !

Quand Agnès souriait, deux fossettes creusaient ses joues.

— Vous damneriez un saint !

— Allons, allons, un peu d'humilité, Djamal ! Vous n'avez rien d'un saint, que je sache !

— Si ! La possibilité d'être damné à cause de vous !

Ils s'observaient en riant. Aude se dit qu'ils lui rappelaient le comportement des chats qui se courtisaient sous ses fenêtres, à Paris, quand le mois de mars était de retour.

— Par tous les diables, que faites-vous là, tous deux, dans ce coin ?

Solaire, Thomas surgissait. Fils de Bertrand Brunel, petit-fils d'Étienne Brunel, maîtres orfèvres, il travaillait avec eux en tant que compagnon et semblait avoir été désigné, dès sa naissance, pour ce métier de l'or dont ses cheveux reflétaient la couleur et l'éclat. Debout dans la lumière crue, les poings aux hanches, il interpellait le couple réfugié à l'ombre.

— J'avais trop chaud, c'est tout.

Agnès paraissait singulièrement menue près de l'athlète roux auquel elle s'adressait.

— Il fallait le dire ! Nous nous serions tous mis à l'abri.

— Eh bien, venez-y maintenant ! Pour tout vous avouer, je crains que le soleil ne me gâte le teint.

Comme un voile tissé de fibres lumineuses, elle ramenait contre son visage une mèche déployée de ses cheveux que ne recouvrait qu'une légère mousseline, s'assurait que la tresse de soie piquée de roses qui la maintenait sur son front n'avait pas glissé, souriait. Les deux jeunes gens la contemplaient.

— Que se passe-t-il ? demanda Blanche qui, à son tour, après son frère, se rapprochait du bois. Vous nous fuyez ?

Calme, sereine, la sœur aînée de Thomas était bien la seule personne de la famille capable d'exercer une influence apaisante sur le tempérament tumultueux de son cadet.

— On me cherche querelle, ma mie, parce que je me protège

des ardeurs de l'astre du jour ! s'écria Agnès avec une emphase rieuse. Plaignez-moi !

— Je vous donne raison : la lumière est sans merci à présent, admit Blanche. Il est plus sage de s'en préserver.

— Rendons-nous sous ma tente, proposa Thomas.

— Vous n'y songez pas, mon frère ! Il y fait aussi étouffant que dehors.

— A quoi jouez-vous ?

Gildas et Ursine s'approchaient en dernier. Jumeaux, ils se ressemblaient, mais, plus grand que la fille, le garçon paraissait cependant plus vulnérable. Thomas, qui proclamait que Gildas était son meilleur ami, lui reprochait pourtant un manque de détermination et trop de sensibilité. Il avait, néanmoins, invité le frère et la sœur à Gentilly pour la Saint-Jean.

— Nous n'avons plus envie de jouer, mais, plutôt, de nous rafraîchir, dit Blanche. Si nous allions dans la salle verte, au bord de l'eau ?

Le groupe s'éloigna en direction des charmes taillés dont on avait guidé et entrelacé les rameaux de manière à en faire une tonnelle de verdure, carrée, garnie de bancs où se reposer.

Aude se redressa, remua sur son siège. Les cottes claires des jeunes gens fleurissaient le pré fauché de frais ainsi que d'énormes pétales.

La petite fille tira d'un air perplexe sur ses nattes brunes, se pencha pour tourner une cuillère de bois dans un de ses pots, le flaira, et ne sembla pas y avoir trouvé de réponse aux questions qu'elle se posait.

Un frôlement contre le bas de sa cotte cramoisie détourna son attention.

— C'est toi, Plaisance ?

Une genette au pelage clair taché de noir se frottait contre les jambes de l'enfant, qui la prit et la déposa sur ses genoux pour la caresser plus à son aise.

— Toi qui as oublié d'être sotte, dis, ma petite, que penses-tu de tout ceci ?

Aude réfléchissait.

— Puisque tu refuses de me répondre, je vais aller voir grand-père. J'aime bien parler avec lui.

Elle se levait, déposait le petit carnassier apprivoisé sur le tapis de feuilles sèches qui recouvrait le sol, sortait de sa cachette.

Tant qu'elle demeura dans le bois, la chaleur, pas encore installée sous les feuillages, lui parut supportable. Des taches de soleil tavelaient la terre qui se fendillait comme la figure toute craquelée de rides de la vieille Mabile. Mais quand elle parvint dans le verger, une chape brûlante tomba sur elle. Sous l'effet de la sécheresse, l'herbe commençait à se décolorer, ce qui donnait au vert profond des arbres fruitiers d'autant plus d'opulence et de vigueur. Les premières cerises rutilaient aux branches. L'enfant en cueillit une poignée au passage, poissant ses doigts de leur jus sanglant. Tout en continuant son chemin, elle s'amusa à en recracher au loin les noyaux légers. Des merles, des geais, des sansonnets, des moineaux pillaient la récolte vermeille en dépit des épouvantails juchés au sommet des cerisiers. Un loriot, jaune comme les genêts en fleur, traversa l'espace, changea de provende.

Aude savait où trouver son grand-père. L'ancien maître enlumineur conservait de son métier le goût des livres et passait le plus clair de son temps à lire dans sa chambre.

Afin de gagner l'ombre, l'enfant quitta le sentier qui montait tout droit vers la demeure et s'engagea sous les frondaisons d'une allée de tilleuls en pleine floraison, qui bordait la propriété vers l'ouest. Au-dessus d'elle, au milieu d'un vrombissement obsédant de ruche en folie, des centaines d'abeilles butinaient le nectar dont le parfum miellé était presque écœurant à force de douceur.

Soudain, elle s'immobilisa. Dans la pâture, entre la maison des champs et la ferme, elle venait d'apercevoir Colin, le deuxième fils des fermiers. Il longeait la haie séparant le pâturage des carrés de blé grimpant vers le haut de la colline. Quand il parvint à un emplacement où l'on avait empilé les ramilles provenant des dernières tailles de l'hiver, Aude comprit ce qu'il était venu faire. Elle savait en effet que chaque domaine devait fournir, pour les feux de la Saint-Jean, un ou plusieurs fagots prélevés sur ses propres coupes afin, disait-on, d'assurer la fertilité du sol sur lequel les arbustes avaient poussé.

Sans un geste, figée comme un chien de chasse à l'arrêt, la petite fille considérait ce garçon d'une vingtaine d'années qui, sans se douter de sa présence, travaillait non loin d'elle à rassembler et à lier les branches coupées.

Sous son large chapeau de paille, sa nuque épaisse, hâlée, luisait de sueur. Les pans de sa cotte de grosse toile, tachée de cernes sombres sous les bras, retroussés et passés dans une large ceinture de cuir qui lui serrait la taille, découvraient des cuisses brunes et musculeuses.

Aude remarqua les chausses d'épaisse laine marron, roulées sous les genoux, qui le protégeaient des ronces, des épines, des broussailles, et en fut satisfaite. Les avant-bras dénudés étaient aussi tannés que ce qu'on pouvait voir du reste de sa peau. Cette teinte, qui évoquait un cuir bien lustré, dégageait une impression de force et de santé. L'enfant savait qu'on ne prisait, dans sa famille et autour d'elle, que les carnations claires, délicates, préservées avec le plus grand soin du soleil et des intempéries. Ses cousines en avaient encore parlé un peu plus tôt. Tous considéraient comme sans attrait les épidermes rustiques. Elle ne partageait pas cette opinion. Longtemps, elle resta immobile à suivre des yeux les mouvements de Colin. Quand il eut rassemblé et lié deux fagots, il les chargea d'un coup de reins sur son dos et s'éloigna vers le village.

Aude le suivit du regard, tout en inclinant un peu la tête sur le côté, afin de mordiller plus à son aise le bout d'une de ses nattes, respira à petits coups le parfum des tilleuls en fleur et reprit son chemin en courant.

Selon une habitude qu'elle lui connaissait depuis toujours, son grand-père se tenait dans la chambre d'angle où il aimait à passer les heures chaudes de la journée. Elle le trouva debout, le dos un peu voûté à cause de sa grande taille, ses épaules maigres pointant sous son surcot, en train de lire un gros livre ouvert devant lui sur un lutrin. A cause du profil aquilin surmonté de cheveux gris frisés, Aude pensait que l'ancien maître enlumineur ressemblait à un griffon qui aurait été facile à vivre et indulgent.

— Je suis heureux de vous voir, ma petite fille.

Orpheline depuis deux ans, l'enfant, qui ne gardait qu'un souvenir confus de son père disparu, avait instinctivement reporté sur son aïeul l'affection filiale inemployée.

— Je viens vous faire visite.

Elle s'installait aux pieds de Mathieu Leclerc, sur un coussin à gros glands de laine.

— Vous avez bien raison de rester ici où il fait bon, remarqua-t-elle. Dehors, c'est une fournaise !

— Nous ne sommes cependant qu'à la fin de la matinée, ma petite Aude ; ce sera sans doute bien pis au mitan du jour.

— Lisez-moi une histoire, mon père, je vous prie.

— Pourquoi n'en lisez-vous pas une vous-même, puisque vous en êtes capable ?

— Parce que j'aime vous écouter...

Le vieil homme se mit à rire. Depuis la mort de son fils, seuls ses petits-enfants parvenaient encore à le distraire d'un chagrin mêlé d'angoisse et alourdi de beaucoup d'interrogations.

— Toute la femme est déjà présente en vous, Aude, et vous n'avez pas neuf ans !

On frappait à la porte. Vivien entrait. Même quand il marchait, on avait l'impression qu'il courait, tant ses mouvements étaient prestes.

— Mon père, je vous apporte une baguette de frêne et une cordelette de chanvre pour que vous me fassiez un arc. J'ai là une provision de flèches que j'ai confectionnées comme vous m'avez appris à le faire.

En parlant, il désignait de la main un carquois de cuir pendu à sa ceinture. Une poignée de traits en dépassait.

— Par mon saint patron ! je vous ai aussi montré la manière de fabriquer un arc !

— Sans doute, mais les miens tirent moins loin que les vôtres.

Aude serra les lèvres. Son frère, toujours pressé, l'agaçait. Elle l'aurait volontiers envoyé promener. Mais, déjà, de ses grandes mains patientes aux veines saillantes et aux doigts précautionneux, l'ancien enlumineur s'emparait de la baguette entaillée d'une encoche à chaque bout.

— Je vois que vous m'avez préparé le travail.

Il était heureux et Aude tut son désappointement.

Une fois la cordelette liée à l'une des encoches, Mathieu courba avec précaution le scion de frêne jusqu'à ce qu'il formât un arc parfait et se mit alors en devoir d'en faire passer l'extrémité dans le coulant prévu à cet effet. Ensuite, il n'eut plus qu'à s'assurer de la solidité de ses nœuds.

— Vous voici armé, Vivien, du moins si vos flèches sont convenablement affûtées.

— N'ayez crainte, mon père, je les ai taillées comme il faut.

De Marie, il tenait la blondeur et quelque chose de vibrant, de pétulant, qu'il ne savait pas encore discipliner et qui le faisait ressembler à un poulain échappé du pré.

— Pol-le-Boiteux organise avec moi et des garçons du village un concours de tir à l'arc, dit-il d'un air important.

— Ils ne sont donc pas tous occupés à préparer les fagots pour le feu de ce soir ?

— Les grands y sont allés sans nous. Ils ont dit que nous étions trop petits pour nous en occuper.

On sentait qu'il avait envie de partir, d'essayer son arc.

— Par Dieu ! mon enfant, je ne vous retiens pas ! Soyez prudent. N'oubliez pas que le fils de Léonard est plus âgé et plus fort que vous.

— Je sais aussi bien que lui me servir de mes bras !

Il redressait le menton, souriait, s'élançait dehors.

Pol, le plus jeune fils du fermier, l'attendait dans le verger. D'une mauvaise chute faite quand il était nourrisson, il conservait une claudication qui ne l'empêchait pas d'être le chef d'une bande de garçons assez mal vus à Gentilly, mais que Vivien, leur cadet de deux ou trois ans, admirait pour leur adresse à la chasse et leurs audaces de langage.

— Les amis sont de l'autre côté de la rivière. Allons-y.

Les deux compères s'éloignèrent en courant, traversèrent le bois, le pré, où ils ne s'arrêtèrent même pas pour se rouler sur les tas de foin et arrivèrent, non loin de la salle de verdure, au petit pont qui franchissait la Bièvre. Un couple y était accoudé. En le dépassant, les garçons se poussèrent du coude et reprirent leur course.

Blanche suivit des yeux la tête blonde de son cousin qui s'éloignait vers un bouquet de peupliers formant rideau entre la rivière et les premières maisons du village.

— Bien avant la mort affreuse et inexpliquée de mon pauvre oncle Robert, ma tante Marie n'avait déjà d'autre joie que son fils et sa fille, dit-elle. Je ne crois pas qu'elle ait jamais été bien heureuse avec son époux.

— Ne s'entendaient-ils pas ? demanda Gildas, qui regardait d'un air préoccupé couler sous le pont l'eau verte sur laquelle se déplaçaient par brusques saccades des araignées d'eau.

— Je ne sais. D'après mes parents, ma tante n'a pu supporter le vide laissé par la mort de sa mère. Elle l'adorait. Il faut dire que Mathilde Brunel, ma grand-mère, était la clef de voûte de toute la famille. Après sa disparition, à laquelle personne ne s'attendait, son mari s'est replié sur ses souvenirs. Ses enfants se sont sentis misérables, dépouillés. Mon père l'évoque très souvent. Il ne cesse de la regretter, car il l'aimait de grande tendresse.

— L'avez-vous connue ?

— Peu de temps. Je n'avais guère que sept ans quand elle est morte. Je la revois assise à la table des repas qu'elle présidait toujours, rue des Bourdonnais, quand nous étions tous réunis. J'ai conservé dans l'oreille le son de sa voix. Un timbre un peu bas, un débit rapide. Je me souviens aussi de ses prunelles qui ressemblaient à deux morceaux de ciel sous ses sourcils. Non point gris-bleu, comme les vôtres, mais de la nuance que nous voyons là, entre les branches. C'est une couleur qu'on ne rencontre pas souvent. Aude lui ressemble, c'est certain. Elle a le même regard.

Une clameur s'éleva derrière les peupliers ; des cris, des rires la suivirent.

— Nous habitions Paris depuis peu, Ursine et moi, dit Gildas, quand votre oncle a été trouvé mort. Je ne connaissais pas encore Thomas, pourtant je me souviens de ce meurtre dont on a beaucoup parlé. Le pauvre homme était encore jeune, il me semble.

— Il devait avoir vingt-huit ou vingt-neuf ans. C'était un être peu communicatif et dont je ne sais pas grand-chose.

— Votre tante et lui s'étaient donc mariés sans s'aimer ?

Blanche croisa ses mains aux ongles bombés sur la barre de bois servant de garde-fou au pont. Une impression de netteté, d'équilibre, de douceur aussi se dégageait de sa personne un peu ronde, mais solide. Ses yeux, veinés de vert et de brun, comme des agates, pouvaient être aisément rieurs, ou, soudain, devenir graves, comme c'était alors le cas.

— J'ignore ce qu'ils éprouvaient l'un pour l'autre à cette époque, mais je peux imaginer les sentiments de la toute jeune fille qu'était Marie. Sa sœur Jeanne, qui venait d'épouser un drapier de Blois, s'en était allée dans cette ville peu de temps avant la mort de leur mère. La grande maison s'était vidée d'un coup de toute sa chaleur et le chagrin de son père ne lui était plus supportable. Pensez donc : il y a onze ans, à présent, que mon grand-père Brunel est veuf et il n'accepte toujours pas son veuvage ! La chambre où s'est éteinte Mathilde est restée telle qu'elle l'a laissée. Il l'a exigé. Lui, il couche ailleurs, mais chaque soir, après le souper, il y pénètre comme dans un sanctuaire et y séjourne un long moment. Seul. On l'entend parler. Il tient la morte au courant de ce qui s'est passé tout au long du jour chez lui et au-dehors. Personne n'ose intervenir.

Blanche se tut.

— Belle preuve de fidélité à l'être aimé, dit Gildas d'un ton qui se voulait neutre.

— Sans doute... mais le mariage de ma tante Marie a d'abord été pour elle un refuge contre l'insoutenable. Elle venait d'avoir seize ans. Quand elle a annoncé, trois mois après la mort de sa mère, qu'elle avait décidé d'épouser Robert Leclerc, un enlumineur comme elle, rencontré dans un atelier qu'ils fréquentaient tous deux, la famille a compris et approuvé.

— Peut-être, au fond, s'aimaient-ils ?

Blanche se mit à rire.

— Vous y tenez !

— Je conçois si mal qu'on lie sa vie à une autre sans un minimum d'attirance réciproque...

— La mode est à l'amour, il est vrai, et de préférence conjugal. Mais, il y a encore peu de temps, mariage et inclination étaient bien distincts.

— C'est nous qui avons raison.

— Peut-être...

Blanche se redressait.

— Vous le savez, mon ami, l'amour ne m'intéresse pas... Pas encore, du moins, en dépit de mes dix-huit ans. Je ne suis aucunement pressée d'unir mon destin à celui d'un autre.

— Je sais, Blanche, je sais.

— Acceptez-le sans rechigner, Gildas. L'amitié a bien des avantages, croyez-moi. Elle est beaucoup plus sûre, plus durable que l'amour. Ne sommes-nous pas bien, ainsi, tous deux, comme de bons compagnons ?

— Vous m'avez fait promettre de garder le silence sur des sentiments que vous préférez ignorer. Soit. Mais ne me demandez pas, en outre, de proclamer à votre suite les mérites d'une forme d'attachement qui n'est, pour moi, que le pâle reflet de bien autre chose !

— Bon, laissons cela. Une conversation comme celle-ci ne peut rien nous apporter, ni à vous, ni à moi. Je n'ai pas le goût des grandes explications. Les excès de langage finissent immanquablement par nous faire dire le contraire de ce que nous souhaitions.

Elle scanda ses paroles d'un mouvement de tête plein de décision qui mit des reflets de cuivre dans ses lourds cheveux châtains ceints par un simple cordon de soie violette.

— Si nous rejoignions les autres ? J'entends d'ici le grand rire de Thomas.

Ils longèrent la rivière. Une odeur d'eau chauffée par le soleil affadissait la senteur sensuelle des foins.

Devant la salle de verdure, Thomas, un bâton à la main, faisait sauter le chien noir de Mathieu Leclerc à grand renfort d'encouragements et de cris. Il avait une voix tonnante et s'en amusait.

Une fois de plus, Blanche songea que son frère était une sorte de taureau aisément furieux. Il en possédait la carrure et le caractère. Éclatant de santé et d'entrain, il se montrait infatigable et faisait preuve d'un appétit prodigieux pour tout ce qui passait à sa portée, mais elle le savait incapable de discipline personnelle, toujours prêt à suivre une nature impétueuse comme un torrent. Ses colères, célèbres dans la famille, faisaient déjà trembler pas mal de gens. Que serait-ce quand il serait son maître ?

— Vous voilà enfin ! Nous avons décidé de dîner dans la salle verte. Il fait trop chaud dehors. On va nous apporter des paniers de victuailles.

C'était bien lui ! Il avait résolu, tranché, sans se soucier de l'avis des absents !

A l'ombre des charmes, Agnès et Ursine, installées sur un des bancs de bois qui occupaient trois des côtés de la maison de verdure, écoutaient Djamal. Assis à leurs pieds, il chantait une complainte de son pays, rauque et langoureuse à la fois.

Après l'éblouissement du soleil, le demi-jour troué de rayons semblait apaisant et enveloppant comme une eau fraîche.

— On peut entrer ?

Suivie d'un valet et d'une servante qui portaient de grands paniers recouverts de linges blancs, Marie pénétrait dans la charmille. Elle tenait entre ses mains, avec précaution, un plat d'étain sur lequel était posé un gros gâteau aux amandes.

— J'ai pensé qu'il vous fallait un repas copieux.

Elle riait.

— Je connais l'appétit de Thomas !

On étendait une nappe au centre de la salle, on déposait les paniers.

— Dans celui-ci, il y a un beau pâté d'anguilles, deux chapons rôtis, des croquettes de bœuf au cumin. Dans cet autre, du fromage de la ferme avec de la crème, des salades aux herbes et du pain saupoudré d'anis, comme vous l'aimez, Blanche. Le troisième est rempli de cerises, vous les mangerez avec mon gâteau. Le dernier contient des pichets de vin frais et d'eau claire. Voici enfin des serviettes que j'ai bien failli oublier.

— Dieu soit loué, ma tante, il ne manque rien et nous ne mourrons pas encore de faim ce jourd'hui ! dit Thomas.

— Je vous laisse. On m'attend à la maison pour dîner et vous savez qu'Eudeline-la-Morèle ne badine pas avec les heures des repas ! Pourvu, mon Dieu, que les enfants ne soient pas en retard !

Elle sortait, retrouvait l'haleine de four du dehors.

— Rentrez vite, dit-elle aux serviteurs. Je vais passer par le verger pour le cas où Vivien serait en train de prendre un acompte sur les cerisiers...

Comme elle pénétrait dans le bois, elle fut saisie, attirée, enveloppée, par deux grands bras qui l'enlacèrent. Dissimulé derrière un tronc d'arbre, Côme, qui devait guetter son passage, la serrait contre lui.

— Amie, je suis heureux ! Si heureux !

Ses cheveux blonds, où couraient déjà quelques fils blancs, retombaient de part et d'autre d'un visage intelligent, au long nez d'épicurien, à la bouche ferme, dont la lèvre supérieure, signe de générosité mais aussi d'entreprise, de détermination, débordait l'inférieure. Les yeux gris reflétaient plus souvent une bienveillance amusée ou une curiosité attentive que de fortes passions. Tout, en lui, d'ordinaire, était mesure et maîtrise de soi.

Présentement, une joie neuve éclairait, dérangeait cette tranquille ordonnance.

— C'est notre premier jour, Marie ! En avez-vous jamais vécu de plus beau ?

Il tirait de son aumônière une ceinture de fins anneaux d'or mince et souple comme une lanière, la lui passait autour de la taille où il l'attachait.

— Au lendemain des noces, jadis, nos ancêtres avaient coutume d'offrir à la nouvelle épousée un présent de valeur, symbole du prix auquel ils l'estimaient. Laissez-moi, ce jourd'hui, en témoignage du lien qui nous unit dorénavant, et en souvenir de notre nuit, vous offrir cette chaîne d'or comme don du matin !

2

— Les bûchers de la Saint-Jean servent à brûler toutes les mauvaisetés qui menacent nos champs et nos villages, expliqua la mère Mabile. Ils ont aussi bien d'autres pouvoirs !

Comme elle n'avait plus de dents, elle parlait en chuintant, et Aude devait faire très attention pour ne rien perdre des précieux enseignements de la vieille fermière.

La femme hors d'âge et l'enfant suivaient le chemin qui conduisait à l'étang du Sanglier Blanc.

— Je me suis dépêchée de dîner et me suis sauvée pendant que les autres se disposaient à aller faire la sieste, dit Aude. Je ne voulais pas manquer la cueillette de l'armoise.

— Vous êtes encore bien jeune, demoiselle, pour vous occuper de ces choses-là, remarqua la septuagénaire.

— Il n'est jamais trop tôt pour savoir ce que l'avenir vous réserve, répliqua la petite fille d'un air sentencieux.

— Eh bien, on peut dire que vous n'êtes pas en retard, au moins, vous, demoiselle !

Tout en parlant, Mabile inspectait les talus où l'herbe poussait avec la folle prodigalité de juin.

— Tenez, voici l'armoise !

Elle s'arrêtait devant des touffes de hautes tiges cannelées aux feuilles d'un vert sombre découpées comme de la dentelle.

— J'étais certaine d'en trouver. Depuis des lustres, je viens chaque année ici pour en cueillir. Je n'en ai jamais manqué.

— Ce n'est tout de même pas pour savoir à qui ressemblera votre futur mari ! dit Aude, qui ne put s'empêcher de rire en dépit du respect qu'elle portait aux connaissances des simples dont faisait preuve la mère du fermier.

— Eh ! non, demoiselle. Il y a longtemps que cette curiosité-là m'est passée ! Mais, dans mes relations, j'ai toujours de jeunes poulettes anxieuses de savoir quel sera leur coq !

— Je croyais qu'il fallait cueillir l'armoise soi-même.

— C'est préférable, bien sûr, mais on peut s'en remettre à une personne de confiance, à condition que le nom de l'intéressé soit prononcé au bon moment.

Le premier coup de midi tinta dans l'air surchauffé.

— Ne perdons pas de temps, marmonna la vieille. C'est l'heure.

Penchée vers le sol, avec une dextérité qu'une fort longue habitude pouvait seule expliquer, elle se mit à cueillir les feuilles soyeuses. Elle les détachait en glissant d'un geste appuyé la main le long des tiges dressées. Tout en s'activant, elle marmonnait une sorte d'incantation inaudible.

Au dernier coup de midi, cueillette faite, elle redressa avec une grimace de souffrance son échine roide. Ses doigts, déformés par les douleurs, enfouirent ensuite, non sans une certaine maladresse due à l'âge, le butin à odeur douceâtre dans une vaste poche qu'elle portait sous sa cotte, attachée à un lien qui lui serrait le ventre par-dessus une chemise point trop propre.

— Si on veut se servir de cette plante pour soigner, il faut aussi la ramasser à cette époque-ci, après la floraison, dit Mabile d'un air docte à sa petite compagne.

De son côté, Aude avait arraché quelques feuilles durant que midi sonnait. Elle les tenait serrées dans sa main.

— Si on en met ce soir sous son oreiller, est-on vraiment certain de voir en rêve, pendant la nuit, le visage de celui qu'on épousera plus tard ? demanda l'enfant dont le cœur battait délicieusement. C'est bien vrai ? Vous en êtes tout à fait sûre ?

— Que le diable me prenne si je mens ! jura la vieille femme, dont les yeux clairs brillaient de satisfaction malicieuse entre les plis de sa face ravinée. Jamais le charme n'a failli. Jamais !

Aude déposa la précieuse poignée de feuilles froissées au fond de son aumônière.

— Grand merci, mère Mabile. Grâce à vous, je serai bientôt renseignée !

Elle aurait volontiers embrassé la fermière pour la remercier de son obligeance, si la vieille n'avait pas été aussi sale. Manifestement ennemie de la propreté, elle ne devait pas souvent faire toilette.

« Elle se lave quand elle tombe à l'eau ! » avait coutume de dire d'elle son fils qui, chaque matin, qu'il vente ou qu'il gèle, se nettoyait, torse nu, au puits, en compagnie des autres hommes de la ferme. Ce jugement était le fruit d'une longue expérience filiale. Des sillons de poussière encrassaient chacune des rides de Mabile et des points noirs fort gras étoilaient son nez, son menton et le haut de ses joues.

— Savez-vous que ma grand-tante Charlotte cueille d'autres herbes à la même heure que vous, dans notre bois et notre pré, pendant que nous sommes ici ? reprit l'enfant désireuse de ne pas laisser tomber la conversation après avoir obtenu ce qu'elle désirait.

— Bien entendu. C'est un jour-fée !

— Avec elle, c'est moins amusant qu'avec vous ; elle ne s'intéresse qu'aux plantes qui guérissent, pas à celles qui aident à connaître l'avenir.

— Tenez, en voilà une qui le connaît, son avenir, et sans avoir besoin d'armoise ! bougonna Mabile d'un air empli de sous-entendus. Il a nom N'importe qui !

Une fille blonde, charnue, dont tout le maintien n'était que défi rieur, s'approchait de l'endroit où la vieille fermière et la petite fille se tenaient. Vêtue d'une cotte verte usagée, déformée, elle allait, pieds nus, ventre en avant, sans chercher le moins du monde à dissimuler une grossesse avancée. Ses cheveux blonds, épais, étaient retenus par un linge blanc noué à la diable sur la nuque pour la protéger du soleil.

— Bonjour, Bertrade, dit Aude, quand la jeune femme parvint à leur hauteur.

— Dieu vous garde, demoiselle. Vous vous intéressez déjà à l'armoise, à ce que je vois ?

— Tu y trouves à redire ?

— Pas le moins du monde, la mère, mais je la crois encore un peu jeunette, la petite-fille de maître Leclerc, pour s'occuper de savoir à qui ou à quoi ressemblera son futur mari.

Elle riait. Aude savait qu'entre le riche fermier de son grand-père et le pauvre laboureur, libre mais gueux, qu'était Tybert-le-Borgne, père de Bertrade, une rivalité de toujours existait.

Séparées par l'étang, les deux fermes étaient l'une et l'autre à l'image de leurs occupants. La Borde-aux-Moines, qui appartenait à Mathieu Leclerc et dont Léonard et Catheau Brichard étaient fermiers, se montrait fière de sa solide maison en pierres, couverte de tuiles, avec une grande cour ornée d'un puits en son centre. De vastes écuries pour les chevaux, des étables à bœufs et à vaches, une porcherie, des appentis pour les moutons et les chèvres, un poulailler de bonne taille, une laiterie fleurant la crème fraîche, un cellier, une grange imposante voisinaient avec un jardin où poussaient fruits et légumes en abondance. Les bâtiments et leurs dépendances étaient ceints de pieux solides protégés eux-mêmes des bêtes nuisibles par un fossé rempli d'eau où Aude allait parfois pêcher les grenouilles avec Vivien et Pol-le-Boiteux.

La chaumière de Pince-Alouette, en revanche, où vivait la maigre famille de Tybert-le-Borgne, reflétait parfaitement l'état de pauvreté de ceux qui l'habitaient. Basse, avec des murs de torchis renforcés de colombages grossiers, elle ne comprenait qu'une seule pièce d'habitation, mal éclairée, jouxtant l'étable à l'envahissante odeur de fumier. Une cour étroite et boueuse, une mare verte de lentilles d'eau où barbotaient des canards, et un maigre jardin potager étaient ses uniques dépendances. Quelques poules, des chèvres agressivement quémandeuses et des cochons à demi sauvages à cause de leur habitude d'aller à la glandée dans les bois du couvent voisin constituaient tout l'avoir de Tybert-le-Borgne. Veuf, estropié, il vivotait misérablement avec sa mère et ses enfants sur le petit domaine dont il tirait pourtant grande fierté : celle d'en être propriétaire.

Sa plus jeune fille, Guillemine, chambrière de Marie et cadette de Bertrade, tenait sa maîtresse au courant des difficultés du laboureur. Aude savait par elle que sa mère était souvent intervenue pour aider Tybert à rembourser certains habitants aisés du village dont il était le débiteur. Mais, bientôt, le besoin d'outils, d'ustensiles de ménage, d'un second âne, ou bien de grains, nécessitait d'autres emprunts qui le replongeaient dans le souci.

La vie agitée de Bertrade, dont chacun s'entretenait aux alentours sur un mode gaillard, ses nombreuses maternités, son goût pour les hommes, quels qu'ils fussent, venaient encore accabler davantage le pauvre père de famille.

— Il vaut sûrement mieux se renseigner un peu tôt sur le mari qu'on aura un jour que de traîner après soi cinq marmots dont pas un n'a le même père ! lança Mabile entre ses gencives édentées.

Prise à partie, la fille aînée de Tybert-le-Borgne conserva sa belle humeur.

— Vous pourrez sous peu en compter jusqu'à six, la mère, dit-elle d'un air moqueur, en caressant avec ostentation son ventre gonflé. Il faudra vous y faire ! Vous et les autres !

— Moi, ça ne me gêne guère !

— Moi non plus. Je les aime bien, mes petits bâtards !

La vieille fermière leva les épaules.

— Encore heureux, grogna-t-elle. Ils t'ont certainement donné assez de plaisir quand tu les as faits pour que tu leur en tiennes compte !

Aude s'interposa :

— On ne se dispute pas le jour de la Saint-Jean. Ce n'est pas bien. Quittez-vous bonnes amies au lieu de vous chamailler.

— Mais je suis l'amie de tout le monde, assura Bertrade, dont rien ne semblait pouvoir troubler la sérénité. Sans rancune, la mère. Que Dieu vous garde !

— Et que Satan souffle sous ta cotte ! marmonna Mabile, qui ne désarmait pas.

Ignorant la phrase bredouillée par l'aïeule, Bertrade s'éloigna de la démarche alourdie des femmes enceintes.

— Pourquoi n'êtes-vous pas plus gentille avec elle ? demanda Aude d'un air mécontent. Entre chrétiens, il faut s'entendre !

— C'est une effrontée.

— Ma mère dit toujours que ce n'est pas à nous de juger, mais au Seigneur.

— Le Seigneur Dieu a bien autre chose à faire qu'à s'occuper de créatures comme celle-là !

— Pourquoi donc ? Elle est bonne fille... et puis on m'a appris qu'il ne faut mépriser personne parce que nous devons tous nous aimer les uns les autres.

Aude ne détestait pas faire étalage de son savoir, ce qui agaçait parfois la vieille fermière. Le sachant, l'enfant quitta sa compagne de cueillette sur un dernier mot de remerciement. Tandis que l'une retournait à la ferme, l'autre décida de regagner sa cachette du petit bois.

Tracé à mi-pente, le chemin qu'Aude suivait pour revenir chez elle doublait la route de Paris à Orléans, qui passait au sommet de la colline devant les bâtiments d'un couvent que le roi avait donné une dizaine d'années auparavant aux Chartreux. Laissés vides par le départ des moines, qui les avaient quittés assez vite pour aller s'installer plus près de la capitale, les tours, les nombreux clochers, les murailles, le pont-levis fermé impressionnaient l'enfant. On savait que le vaste domaine avait été racheté par l'évêque de Winchester, ambassadeur du roi d'Angleterre à Paris, mais il n'était pas encore venu s'y installer. Seuls, deux gardiens y logeaient pour le moment.

De l'endroit où elle se trouvait, Aude voyait, à travers les branches d'arbres, les hauts murs silencieux à sa droite et, à sa gauche, au creux du vallon boisé, dans la gaieté verte et chaude de ce début d'été, le village de Gentilly au bord de la Bièvre. Entre les deux, des vignes, des prés, des champs cultivés, des demeures accueillantes comme celle de son grand-père.

« J'aime bien ce pays », se dit l'enfant.

Bien sûr, elle se plaisait aussi dans la maison de sa mère, à Paris, rue du Coquillier, là où se trouvait l'atelier d'enluminure, mais l'espace et la liberté y étaient mesurés. Pas à Gentilly.

Les arbres bordant le chemin suivi par Aude s'interrompaient brusquement. Hors de leur protection, le flamboiement du ciel écrasait la poussière de la chaussée, les pierres qui la bordaient, l'herbe desséchée des talus où des grillons fous stridulaient jusqu'à l'assourdissement. Pas un souffle. Droit au-dessus des têtes, le soleil, à son zénith, supprimait les ombres, les buvait. L'air brûlant et immobile semblait agiter entre la terre et l'azur un invisible rideau d'ondes vibrantes, lumineuses, argentées. Les oiseaux, suffoqués, se taisaient.

« J'aurais dû prendre mon voile pour me protéger, pensa la petite fille qui ne portait, pour retenir ses cheveux nattés, qu'un cordon de soie bleue autour du front. Je vais me faire gronder ! »

Comme pour répondre à son souhait implicite, elle aperçut alors un colporteur, caisse sur le dos, tablette suspendue au cou, qui, en dépit de la température, venait à sa rencontre. Aude connaissait la mauvaise réputation de ces petits marchands ambulants qu'on rencontrait un peu partout. On lui avait toujours conseillé de se méfier d'eux.

— Dieu vous garde, demoiselle !

— Qu'il vous protège aussi.

— Tenez, arrêtez-vous donc un instant pour voir ce que j'ai de beau à vous fournir.

— Je ne peux pas rester tête nue au soleil. Ma mère me le défend.

L'homme partit d'un rire complice.

— Vous ne lui obéissez guère, à ce qu'il paraît !

— J'ai oublié de mettre un voile.

— Qu'à cela ne tienne ! J'en ai de très jolis à vendre.

— Je m'en doute, mais n'ai pas de quoi vous payer.

— Pas la moindre piécette ?

— Une ou deux, peut-être, dans mon aumônière.

— Je m'en contenterai.

Il faisait glisser par-dessus son épaule la boîte retenue sur son dos par deux courroies de cuir, la posait sur le talus, l'ouvrait. De menus trésors s'y entassaient.

— Voilà des voiles. Ne sont-ils pas beaux ?

— Si fait. Je prendrais bien celui-là.

— Le bleu ?

— C'est ma couleur.

— A cause de vos yeux ?

L'homme se penchait vers elle avec un sourire dont Aude, d'instinct, se méfia. Elle remarqua qu'il portait une boucle d'oreille en argent à l'oreille gauche, rien à l'autre. Une cicatrice assez profonde lui entaillait la peau, du nez au menton.

— Voilà mes deux pièces. Je n'en ai pas davantage.

En s'emparant de la monnaie, le colporteur saisit la main enfantine, la retint dans la sienne.

— Quel âge as-tu ?

— Que vous importe ?

— Tu es mignonne, tu sais...

— Laissez-moi partir !

— Tu as peur ?

Aude eut un regard farouche.

— Je n'ai peur de personne.

Le trot d'un cheval retentit au loin sur le chemin. L'homme lâcha les doigts minces qu'il tenait serrés, referma sa boîte, la remit en place d'un mouvement d'épaule.

— A te revoir !

Il la dévisageait d'un air si goguenard que l'enfant recula avec précipitation, posa le voile sur sa tête où résonnaient les marteaux du soleil, et se prit à courir, sans se retourner, vers le logis de son grand-père.

Les poings aux hanches, le colporteur la regardait, gibier qui a flairé le chasseur, se sauver loin de lui.

Dès qu'elle se fut réfugiée à l'ombre de la haie bordant la pâture, Aude s'arrêta. La sueur coulait le long de son dos, sur son front, piquait ses yeux. Un goût de sang dans la bouche, la poitrine devenue soudain trop étroite, elle suffoquait.

Sans trop savoir pourquoi, elle se mit à pleurer et le sel de ses larmes se mélangea sur ses joues qu'il cuisait à la morsure de la sueur.

Le temps qu'elle reprenne son souffle et le trot qu'elle avait entendu un moment auparavant se rapprocha. Levant la tête avec appréhension, elle aperçut Colin qui venait dans sa direction. Monté à cru sur un des chevaux de la ferme, il conduisait une charrette remplie de fagots.

« Seigneur, soyez béni de m'avoir sauvée du colporteur et de ses manigances, et soyez remercié de faire passer Colin justement par ici !... »

Le fils du fermier salua la petite fille en souriant et continua son chemin.

Sous les rebords de son grand chapeau de paille, les yeux et les dents du garçon ressortaient avec éclat dans sa peau couleur de pain bien cuit. Aude trouva qu'il était beau. Il avait un nez court, une forte mâchoire qui le faisaient ressembler à un bon chien de garde. Il était son gardien ! Une excitation dont elle ne savait pas quoi penser la soulevait à présent. Mêlée à la peur qui venait de la secouer, cette nouvelle émotion lui mit derechef les larmes aux yeux. Elle se redressa. Moitié pleurant, moitié rêvant, elle se dirigea vers la petite porte qui ouvrait, de ce côté-là, sur le bois où se trouvait sa cachette.

Comme elle en poussait le battant, elle vit sa mère, assise à l'ombre, sur un banc de pierre, en compagnie de Côme Perrin, cet ami venu passer avec eux les jours de fête.

— Eh bien, ma fille, vous voilà donc ! Je me demandais ce que vous étiez devenue !

L'enfant s'approcha.

— Mais vous pleurez !

Marie attirait Aude contre elle, prenait entre ses mains le mince visage embué.

— Qu'y a-t-il, ma douce ?

De nouvelles larmes débordèrent, mais la bouche tremblante ne laissa passer aucun son. Enlaçant le corps dont la frêle ossature, visible sous la peau, lui paraissait émouvante à force de fragilité, la jeune mère berça sans s'y attarder une peine qu'elle ne prenait pas au sérieux.

Écartant d'une main les frisons bruns que la sueur collait sur les tempes de sa fille, elle dégagea le haut front bombé, tout moite, et y posa ses lèvres.

— Ma petite plume, chuchota-t-elle, ma petite perle, ma petite fleur, ma petite mésange...

Ces litanies tendres qu'elle égrenait au chevet de ses enfants sur le point de s'endormir ou dans des moments d'abandon comme celui-ci, étaient un jeu qui les ravissait chaque fois qu'elle s'y livrait. La magie de cette incantation familière consola Aude, qui se reprit à sourire.

Dérangé au milieu d'une conversation dont dépendait son

bonheur, Côme, d'abord impatienté, considérait à présent avec émoi le groupe que Marie et sa fille formaient aux bras l'une de l'autre.

— Quelle adorable mère vous faites ! ne put-il s'empêcher de remarquer.

Le charme s'en trouva rompu. Aude rouvrit les yeux, se redressa, jeta un regard réprobateur à celui qui intervenait à contretemps dans une scène d'intimité qu'elles auraient dû être seules à partager toutes deux. Elle se dégagea d'une étreinte qu'elle eût souhaitée sans témoin.

— Mes enfants sont ma vie, déclara Marie avec élan.

Pour adoucir une affirmation qui pouvait paraître exclure Côme de ses préoccupations essentielles, elle s'était aussitôt retournée vers lui avec un sourire dont la petite fille intercepta le message.

— Dites-moi à présent pourquoi vous pleuriez, ma mie, ajouta-t-elle en embrassant de nouveau sa fille, afin de rétablir un équilibre délicat.

La question vint un instant trop tard. Aude eut un mouvement de repli, glissa hors des bras qui la tenaient encore.

— Pour rien, dit-elle. Pour rien du tout. J'ai déjà oublié.

Preste comme une des musaraignes qui se faufilaient entre les racines des arbres, elle pirouetta et s'éloigna en courant.

— Les chagrins d'enfants sont presque toujours insignifiants, assura Côme, pressé de revenir au sujet dont ils s'entretenaient avant une interruption dont il avait épuisé les charmes.

— N'en croyez rien, mon ami, ne croyez pas cela ! Les peines de ces petits cœurs sont à leur mesure et tout aussi cruelles que les nôtres. Les adultes ont beau jeu de soutenir le contraire quand ils ne veulent pas en être importunés !

Il saisit au vol la main levée dans un geste de protestation, la porta à ses lèvres.

— Je suis prêt, en cela comme en toute chose, à vous croire, ma belle. Vous m'apprendrez vos enfants.

Elle dégagea ses doigts de la grande main chaude qui les tenait.

— Restons attentifs à ne pas nous trahir, Côme, dit-elle. J'y tiens. Dans ma situation, je ne puis me permettre de donner prise aux médisances.

— Les veuves n'ont de compte à rendre à personne, ma mie !

— Quand elles n'ont pas d'exemple à donner, elles peuvent, en effet, se conduire à leur fantaisie. Ce n'est pas mon cas.

— Marions-nous donc sans tarder !

Ramené au point où ils se trouvaient au moment de l'irruption d'Aude dans leur tête-à-tête, Côme revenait à la charge.

— Non, mon ami, non. Je me méfie trop des unions conclues à la légère. J'ai besoin de réfléchir. Si je vous épouse un jour, ce ne sera certes pas à la hâte, sur un coup de cœur !

— Mais je vous fais la cour depuis des mois !

— La cour, oui. C'est un temps de séduction où chacun se montre sous son meilleur jour. Si nous voulons unir nos vies par un lien sacré, c'est de bien autre chose que d'apparences que nous devons nous assurer. Ce n'est pas la surface de votre âme, Côme, pardonnez-moi de vous le redire, que je tiens à connaître, mais ses tréfonds. La vie, voyez-vous, m'a rendue prudente. Or, jusqu'à cette nuit, je n'ai approché qu'un amoureux soucieux de plaire... à présent, c'est à l'homme que j'ai affaire. C'est bien différent ! Laissez-moi prendre mes distances vis-à-vis de notre nouvelle intimité... D'ailleurs le plaisir fausse le jugement ! Tout est encore trop neuf entre nous, trop chargé d'émoi, pour que je puisse me sentir pleinement lucide... L'amour, voyez-vous, me fait un peu tourner la tête !

Dans les prunelles grises, changeantes, une étincelle rieuse, provocante, s'alluma, brilla un instant.

— Ne me regardez pas de cet œil-là, ma chère belle ! Vous me rendriez fou !

— Gardez-vous-en bien, Côme, vous allez, au contraire, avoir besoin de tout votre sang-froid ! Nous aurons à nous comporter comme de bons amis, ni plus, ni moins.

— C'est une épreuve inhumaine, Marie, que vous m'imposez là !

— Point du tout. Connu de nous seuls, notre secret n'en sera que plus piquant !

Elle se levait, défroissait les plis de sa cotte blanche, écartait un instant de ses joues échauffées la guimpe de lingerie qui les enserrait, la remettait en place.

— Rejoignons tante Charlotte et mon beau-père. Leur sieste terminée, ils doivent s'être attelés à une nouvelle partie d'échecs. J'en profiterai pour vous soumettre des esquisses que je viens d'exécuter sur le dernier cahier volant que m'a confié un de mes clients, qui est excellent copiste. Il s'agit d'illustrer un récit que j'aime beaucoup : *Flamenca*. L'avez-vous lu ?

— Pas encore.

Côme se leva à son tour, s'approcha de Marie, la saisit brusquement par la taille, la plaqua un instant contre lui. Une sorte de voracité joyeuse l'animait.

— Sachez, ma mie, que c'est bien à regret que j'accepte de vous laisser jouer jusqu'à ce soir le rôle de mère très sage auquel vous tenez tellement, dit-il avec cet air de ne jamais se prendre au sérieux qu'elle aimait en lui. Mais ensuite, ensuite, madame, la folle nuit sera à nous !

Entre ses bras, elle retrouvait, avec le sentiment d'une immense sécurité, l'odeur nocturne de son grand corps solide, le goût savoureux de sa bouche. Un acquiescement heureux l'envahit.

« L'amour peut donc être si rassurant, si gai, songea-t-elle. Je l'avais pressenti, jadis, mais je l'avais ensuite oublié ! »

Des comparaisons qu'elle établissait sans cesse depuis la veille entre ce qu'elle découvrait et ce qu'elle avait connu autrefois avec son mari, il ressortait que son mariage, maternité mise à part, avait été une bien plus triste faillite qu'elle ne l'avait pensé jusque-là. Si elle avait épousé Robert parce qu'il ne lui déplaisait pas, jamais elle n'avait éprouvé en sa compagnie cette effervescence amoureuse qui agitait son cœur et son sang auprès de Côme. Un morne compagnonnage, voilà ce qu'elle avait vécu avec le père de ses enfants ou, plutôt, une accalmie, un répit après la tourmente, l'ombre d'une félicité, un leurre qui s'était achevé tragiquement. Elle comprenait à présent qu'elle s'était toujours trompée sur l'essentiel. Parce que la mort de sa mère et le désespoir de son père l'avaient laissée éperdue, elle avait quêté dans la présence du premier passant venu un refuge contre sa déroute, une réminiscence du bonheur en allé... Ces dix années d'union faussement paisibles avaient été dix ans de malentendus ! Seuls, Aude et Vivien lui avaient dispensé chaleur et tendresse.

« Robert était un animal à sang froid, se dit-elle encore, tout en marchant sous les branches au côté de Côme. Soyez béni, Seigneur, voici enfin pour moi le temps du réchauffement ! »

Dans le verger, le couple découvrit, en train de piller un cerisier, les six garçons et filles venus passer la Saint-Jean à Gentilly. Leur repas champêtre terminé, ils avaient sans doute souhaité le compléter en s'amusant. Grimpé dans l'arbre, Thomas jetait des poignées de fruits aux autres, qui, le nez en l'air, entouraient le tronc à l'écorce lisse et satinée.

— Ne cassez pas trop de petites branches, mon neveu, je vous en prie, dit Marie. La cueillette de l'an prochain en serait appauvrie d'autant.

Agnès s'approchait, tendait ses mains jointes en coupe, remplies de cerises.

— En voulez-vous manger quelques-unes ?

Ses cheveux de soie moussaient autour d'un visage qui n'était qu'offrande ensorceleuse et coquetterie.

— Cette petite diablesse possède un charme dont elle use et abuse, remarqua Marie après s'être éloignée avec Côme. C'est une véritable Mélusine !

— Votre sœur n'a que cette fille unique ?

— Florie a eu, auparavant, un fils qui est mort en de tragiques circonstances. Depuis, elle n'a pu avoir d'autre enfant et a adopté Agnès, qui avait été abandonnée très peu de temps après sa naissance.

— Elle ressemble à un elfe.

— Si on voulait croire aux récits légendaires, on pourrait en effet imaginer qu'une fée s'est arrangée pour placer ce petit être à la portée de ma sœur afin de la forcer à s'y intéresser. Était-ce une bonne ou une mauvaise fée ? Tout est là.

— Vous ne semblez pas l'aimer beaucoup.

— Je ne la connais pas suffisamment. Elle vit en Touraine entre Florie et le mari de celle-ci, un homme assez taciturne qui s'occupe d'astronomie. Les rares moments que j'ai passés près d'elle, soit chez ma sœur, soit à Paris, quand elles y sont venues toutes deux, n'ont jamais été assez longs pour me permettre de la juger sur autre chose que des apparences.

Dans le jardin, le parfum des lis s'exhalait au soleil comme un encens enivrant. Mêlées aux carottes, fèves, choux et passeroses, leurs hautes touffes à la chair de neige maculée d'or dominaient royalement les plates-bandes.

— J'en avais mis une brassée dans ma chambre, mais j'ai dû les retirer. Leur senteur trop forte incommodait les enfants.

— Toujours, partout, vous couchez avec eux ?

Marie inclina la tête :

— Comme la poule avec ses poussins... Nous y tenons beaucoup tous trois.

— Tant pis pour moi ! Ne croyez pas pour autant que cette fâcheuse coutume changera quoi que ce soit à mes intentions... Nous nous retrouverons ailleurs, voilà tout !

A son air amusé se mêlait, depuis la nuit précédente, une nuance de tendre victoire qui lui allait bien. Sans être vraiment beau, il exerçait pourtant sur la jeune femme un puissant attrait, fait d'équilibre, de bonne humeur et d'esprit.

— Ma mère, ma mère, vous venez de faire envoler le geai que je voulais tuer !

Du bûcher où l'on remisait le bois pour l'hiver, Vivien surgissait, l'air dépité. Il tenait encore à la main l'arc où une flèche inemployée demeurait engagée.

— Vous m'en voyez navrée, mon fils !

Marie attirait dans ses bras l'enfant, d'abord boudeur, mais qui cessait très vite de se faire prier, pour se jeter contre elle avec une sorte d'emportement, familier à sa nature spontanée. Il ressemblait à un chevreau joueur et affamé.

— Il y a certainement d'autres oiseaux que vous pourrez abattre, mon petit cœur.

— J'y renonce ! Je préfère à présent aller voir Ambroise.

Il embrassait Marie en malmenant sa guimpe, se sauvait avec sa vivacité coutumière.

— Qui est Ambroise ?

— Le bourrelier du village. Très habile, il fascine Vivien, qui passe des heures à le regarder travailler. Je n'ai jamais très bien compris les raisons de cet engouement. Ils sont si différents ! Mon petit bonhomme, nerveux, agité, moqueur et ce vieux garçon paisible, rempli d'humilité, parlant peu, timide au-delà de ce qui est concevable. On raconte qu'il a été fiancé et que sa promise s'en est allée avec un autre parce qu'il n'avait pas osé l'embrasser !

— C'est un doux... Heureux les doux...

— Voulez-vous bien vous taire !

Ils riaient de bonheur, avec une sorte d'innocence recouvrée.

— Pour être tout à fait sincère, je dois avouer que je suis un peu jalouse de ce bourrelier qui occupe une telle place dans les préoccupations de mon Vivien.

— Que vous êtes possessive, ma mie ! Tant mieux ! J'espère que vous le serez autant à mon égard qu'à celui de vos enfants.

3

« Que m'est-il advenu, Seigneur ? Vais-je mourir ? Que m'arrive-t-il donc ? Rien n'est plus pareil... Je suis comme un enfant qui vient de naître... comme Yseult-la-Blonde après qu'elle a bu le philtre... Différente, si différente ! Transformée... transformée à jamais. Je le sais. Je le sens. Je suis une autre ! »

Encore à demi inconsciente, Agnès ne souhaitait pas rouvrir les yeux tout de suite. Des bruits, des odeurs lui parvenaient. Elle n'était plus dans la forêt. Au lieu de la senteur sauvage des mousses, des champignons, des fougères, elle reconnaissait des relents de nourriture, de laitage, de feu de bois, de chandelles. Où l'avait-on transportée ? A la ferme de la Borde-aux-Moines ? Elle s'en désintéressait...

Au poignet, une douleur irradiante. Une sensation de soif. La mâchoire crispée... elle avait mal dans tout le corps. Une crampe atroce l'avait tirée de la léthargie nauséeuse où elle avait sombré... depuis combien de temps ? Elle avait froid, et, pourtant, comme son cœur battait ! Était-ce à cause de la vipère ou à cause de Thomas ? Thomas ! Il avait bu plusieurs fois son sang mélangé au venin de la bête immonde après avoir débridé la plaie... plusieurs fois, il avait aspiré ce suc qui pouvait être mortel, mais qui était, aussi, surtout, une communion à la source de sa propre vie, à elle !

Elle souffrait, sentait revenir les crampes...

Tout se brouillait pour un temps dans son esprit où, cependant, en dépit du flou, une évidence continuait à s'imposer : en buvant son sang, un moment plus tôt, Thomas avait scellé pour toujours leur double destinée...

Elle savait que le rituel chevaleresque de l'Amitié indéfectible passait par l'épreuve du sang. Soit en l'absorbant avec quelque breuvage, soit en mettant en contact des entailles ouvertes sur leurs bras ou sur leurs jambes, les chevaliers devenaient frères par mélange du liquide essentiel. Liés ensuite jusqu'à la mort, ils ne disposaient plus que d'une même âme commune. Dépassant ainsi les limites du corps pour aborder à une union spirituelle parfaite, ils expérimentaient par cette mystique fraternelle une existence où l'on devient un tout en étant deux.

Agnès se rappelait avoir entendu évoquer ces rites de l'affrèrement par le sang, qu'on pratiquait encore dans certaines cellules secrètes des grandes Confréries. Les membres y vivaient dans des conditions de partage absolu en une perpétuelle communion d'âmes. Bien des poèmes qu'elle aimait chantaient la transformation de ces pratiques, passées depuis quelque temps de l'univers chevaleresque à celui des rapports entre hommes et femmes. Ils exaltaient tous le nouveau visage de l'Amour. Échange des sangs, échange des cœurs, échange magique... Chacun aspirait à vivre l'Amour partagé ! Bien peu d'amants y parvenaient, semblait-il... Cette fusion de deux âmes, de deux existences, de deux destins, Thomas et elle, à partir de cette journée, allaient être admis à en connaître les heurs et les malheurs, à faire la divine expérience du don absolu !

Sa gorge se contractait. Elle avait en même temps froid et chaud.

Auprès d'elle, on s'entretenait à voix basse, mais elle souhaitait continuer d'ignorer ce qu'on pouvait dire. Seuls, parvenaient à ses sens embrumés le bourdonnement obsédant des mouches, les caquets plus lointains des poules, jars, oisons ou canards de la ferme, le braiment d'un âne...

Était-elle demeurée longtemps sans connaissance ?

Dans sa mémoire ébranlée, tout se confondait. Les préparatifs du grand souper prévu pour le soir de fête, l'agitation de tous dans la cuisine de Mathieu Leclerc... Marie avait demandé aux six jeunes invités, s'ils souhaitaient se rendre utiles à leur tour, d'aller ramasser dans les bois du couvent les fraises et les framboises sauvages qui y abondaient... D'ailleurs, les paniers pleins, qu'on n'avait certainement pas abandonnés en dépit de son accident, ne devaient pas se trouver posés bien loin de l'endroit où on l'avait étendue, puisque, au gré de souffles insensibles, leur senteur fruitée parvenait par bouffées jusqu'à ses narines...

Ils étaient donc partis tous les six en devisant. Elle se souvenait avoir badiné avec Djamal tout en traversant les pâtures et en longeant les champs cultivés, les vignes. On était passé devant la ferme de

Léonard, on était arrivé à l'étang du Sanglier Blanc qu'il fallait contourner pour parvenir aux bois des Chartreux.

Comment avait-elle accepté, si longtemps, de jouer ce rôle de fille coquette s'amusant à capter l'attention des garçons ? Peut-on, à ce point, se tromper sur soi-même ?

Elle souffrait de partout... Pendant un moment, elle cessa de songer, sombra dans une sorte d'état cotonneux.

... Qu'avait-elle dit à Blanche en pénétrant sous les arbres ? Il avait été décidé que ce serait elles deux qui cueilleraient les framboises pendant que les autres rempliraient leurs paniers de fraises des bois. Ce n'était pas par hasard qu'elles se trouvaient ensemble. Elle s'était arrangée pour s'isoler avec sa cousine, car elle désirait lui parler, lui confier ses préoccupations : « J'ai seize ans passés, et je dois penser à m'établir. Il me faut trouver un mari. » Le rire de Blanche ! Cette gaieté saine, un peu moqueuse : « J'ai deux ans de plus que vous, ma mie, et ne suis nullement inquiète de mon avenir. Dieu y pourvoira ! »

Elle se rappelait lui avoir répondu que leur sort était bien différent : « Vous avez une famille unie, aimante, des parents qui n'ont jamais cessé de vous couver, de se soucier de vous... Pas moi. Quoi qu'on en dise, je ne suis qu'une orpheline adoptée par désespoir et deuil d'un autre ! — Ma tante Florie vous aime bien. — Je le crois, mais elle a de graves soucis qui l'occupent, minent sa santé et assombrissent la tendresse qu'elle me porte. Croyez-moi, Blanche, je n'ai pas eu la même enfance que la vôtre ! »

Elle était là, à se plaindre, à s'attendrir sur son sort, alors que sa vie allait, presque aussitôt après, basculer tout d'un coup !

En causant, elles cueillaient les fruits rouges qui parfumaient leurs doigts et les teintaient de pourpre. Autour d'elles le bois n'était que fuites invisibles, frôlements, départs, envols. Grouillant de gibier, de menus rongeurs, de couvées, de portées, de drames silencieux, de noces frénétiques, la sylve participait à sa manière animale, furtive, dans sa sauvagerie si riche de mystères, à l'accomplissement de la Création...

Derrière ses paupières closes, l'adolescente revoyait la harde de cerfs et de biches qui, en quelques bonds, avait franchi l'étroit sentier où elle se trouvait avec Blanche, l'inquiétude des bêtes superbes qui les avaient flairées, leur fuite, l'éclat lustré de leur pelage sous les basses branches...

C'est alors qu'en voulant atteindre des rameaux de framboisiers épandus sur le sol pierreux d'un ancien ru asséché par la chaleur, elle avait soudain aperçu, derrière les fruits mûrs, une vipère dressée. Sa main était tendue, offerte... Aussi rapide que l'éclair dont il avait pris la forme, l'aspic l'avait frappée. Morsure aiguë comme celle d'une aiguille double et acérée, glissement entre les pierres du reptile brun taché de noir dont la forme sinueuse disparut bientôt on ne savait dans quel trou...

Elle avait crié. Blanche s'était retournée.

— Qu'y a-t-il ?

— Un serpent, là... qui vient de me mordre...

Elle sentait ses jambes trembler, tout son corps se révulser de dégoût. Sur le poignet, proches de l'ourlet de sa manche, deux minuscules gouttes de sang...

— Mon Dieu ! Mon Dieu !

En dépit de son sang-froid habituel, Blanche s'affolait. Que faire, dans ces bois, loin de tout secours, pour lutter avec quelque chance de réussite contre le venin qui entreprenait sournoisement, dans les veines d'Agnès, son sinistre travail d'empoisonnement ?

Il fallait réfléchir très vite. Aviser... s'adresser à l'unique recours. « Sainte Vierge, aidez-nous ! »

Les doigts tremblants, Blanche prenait dans son aumônière le chapelet aux grains d'ivoire qu'on lui voyait parfois égrener, l'attachait autour du bras dolent, le serrait pour qu'il ne glissât pas, prenait bien soin de poser la croix qui le terminait à l'emplacement même de la morsure.

— Je crains de m'évanouir...

La blessée se laissait aller contre un tronc, se sentait défaillir...

— Il faut alerter les autres, dit Blanche.

Sa voix vibrante, angoissée, s'éleva, déchirant la paix sylvestre. Plusieurs fois elle appela, recommença, renouvela ses appels.

— Que se passe-t-il ?

Ils avaient entendu... ils arrivaient enfin !

— Agnès vient de se faire mordre par une vipère.

— Oh ! Dieu !

De quelle voix Thomas avait-il lancé ce cri, cette plainte, cette prière ! Tout à coup, il avait été là, près d'elle, à genoux, grave, tendu, si différent de ce qu'il était d'ordinaire ! Sans plus rien dire, il avait saisi le poignet qui commençait à enfler autour des deux points rouges, l'avait considéré avec angoisse... D'un geste décidé, il avait alors déroulé le chapelet, retroussé sa manche.

— Je vais vous faire mal, Agnès, mais il le faut.

Il tirait de son étui la dague acérée qu'il portait toujours à la ceinture, en éprouvait le fil sur son pouce.

— Ne bougez pas.

Il s'était incliné encore davantage vers elle. La masse de ses cheveux roux cachait à la blessée les autres, la forêt, le reste du monde... D'un geste bref, il avait alors incisé la chair tendre du poignet, réunissant les deux piqûres par une coupure nette, béante, avait pressé la plaie pour en faire jaillir le plus de sang possible, et, dans un élan qui avait décidé de tout, dans un geste passionné, qui avait bouleversé Agnès jusqu'au cœur, il avait posé sa bouche chaude sur les lèvres saignantes de la blessure, avait aspiré le sang et le venin mêlés, recraché, sucé de nouveau, jusqu'à ce qu'elle se trouvât mal...

Thomas ! L'aimait-elle, auparavant, sans le savoir ?

Elle se revoyait, enfant, venue à Paris avec Florie, lors d'un voyage qui avait précédé le retour des Croisés. Reçue par la famille Brunel, elle se rappelait avoir été fascinée par l'impression qu'ils donnaient tous de solidarité, d'entente, de cohésion, de complicité affectueuse, d'aisance... Si elle les avait admirés indistinctement, en bloc, pour ce qu'ils représentaient et dont elle était si lamentablement dépourvue, n'avait-elle pas ressenti une attirance particulière pour ce garçon roux, rieur, débordant de vie ? Elle s'en persuadait à présent. Il était impossible qu'un instinct, en elle, ne se soit pas éveillé, jadis, à son approche, dans une sorte de choix prémonitoire...

Une main se posa sur son front.

— Agnès ?

Elle consentit enfin à ouvrir les yeux, découvrit Thomas à genoux, encore, toujours près d'elle, ne s'en étonna pas.

— Comment vous sentez-vous ?

Elle eut envie de répondre : « Enivrée ! » sourit, referma les paupières.

— Ne craignez plus rien, ma mie, disait d'un peu plus loin la voix apaisante de Blanche. Vous êtes sauvée ! Il y avait des genêts fleuris tout à côté de l'endroit où nous nous trouvions.

« Pourquoi en suis-je guérie pour autant ? » se demanda vaguement l'adolescente avant de se souvenir des véritables cours de médecine que Charlotte Froment ne manquait jamais de leur donner quand elle se trouvait avec eux à la campagne. Ne leur avait-elle pas assuré plusieurs fois que le meilleur remède aux morsures de serpents restaient les compresses de fleurs de genêts réduites en bouillie ?

Ouvrant de nouveau les yeux, elle vit son poignet, dépouillé du chapelet qui l'avait enserré un peu plus tôt et bandé avec son voile de mousseline transformé en pansement. Une épaisse purée jaune faite de pétales broyés sans doute entre deux pierres en débordait. La manche de sa cotte était roulée sous le coude.

— Je vous ai portée jusqu'à la ferme de Léonard, expliquait Thomas, pour que vous puissiez vous reposer au calme. Mabile vous prépare en outre un breuvage de sa façon qui doit achever de vous remettre. Avez-vous assez chaud ?

Bienheureuse morsure ! Sans la vipère lovée sous les framboisiers, auraient-ils jamais découvert l'un et l'autre l'attirance qui les habitait ?

« Pas un instant, je n'ai douté de la réciprocité d'un sentiment dont je me sens baignée comme par l'eau d'un torrent ! Ainsi qu'une convertie de fraîche date, je sais, maintenant, que je participe à la Vérité. L'amour est Vérité. L'amour est Évidence. On ne met pas en doute l'Évidence ! »

— Tenez, demoiselle, il vous faut boire cette tisane. Elle aidera à vous remettre sur pied. Je l'ai faite avec de l'origan des marais... C'est souverain contre les morsures d'aspic !

La vieille Mabile se penchait dans un remugle de corps malpropre et d'urine. Du gobelet de bois qu'elle tenait montait une odeur fade, tenace, peu appétissante.

— Buvez. Vous le devez !

Agnès avala d'un trait le breuvage. Qu'importait ? Elle vivrait, elle aimerait... le reste ne comptait pas.

Une sensation de bien-être l'envahissait. Elle avait assez de force, à présent, pour regarder ce qui l'entourait. Elle était étendue sur le grand lit des fermiers où Léonard et Catheau dormaient avec leurs plus jeunes enfants. Les courtines en étaient relevées. Thomas, demeuré à genoux contre le bois de la couche, Blanche debout à ses côtés, Mabile qui se redressait, le gobelet vide à la main, un chien qui grattait ses puces devant le feu, indifférent à ce qui était en train de se passer, il ne faudrait rien oublier...

— J'étais seule ici, disait la vieille femme, quand on vous a apportée. Les autres sont aux champs. Heureusement que vous êtes tombée sur moi ! Je connais le secret des plantes.

Sur la table de chêne sombre, les paniers de fruits rouges embaumaient. Leur parfum musqué se mêlait étrangement à ceux de la cuisine. Dans la vaste cheminée sous le manteau de laquelle on pouvait s'asseoir en hiver pour se chauffer, plusieurs jambons, andouilles et chapelets de saucisses se fumaient lentement au fil des jours. Accrochée à la crémaillère, au-dessus du foyer où des bûches se consumaient sans flammes, une grosse marmite laissait échapper de sous son couvercle, dans un frémissement familier, des odeurs de viandes, de vin cuit, d'épices.

— Ma bru a mis à cuire une galimafrée [1] pour le souper de ce soir, dit encore Mabile. Une fois éteints les feux de la Saint-Jean, nous reviendrons tous ici, jeunes et vieux, nous remplir la panse !

Le chien se levait, s'approchait pour flairer les occupants de la pièce comme s'il s'avisait seulement de leur présence. Venant de la cour, on entendait la voix de Gildas, qui devait s'entretenir avec Djamal.

— Les autres sont restés dehors, expliqua Blanche. Nous avons craint que trop de monde ici ne soit pas bon pour vous.

---

1. Plat de fête des paysans.

Agnès remerciait d'un sourire. Elle souffrait moins mais demeurait lasse et meurtrie.

— Puisque vous allez mieux, nous allons pouvoir repartir sans tarder, reprenait Blanche. Cependant, il ne faut pas vous fatiguer. Peut-être pourrait-on vous transporter à dos d'âne ?

— Par Dieu ! Il n'en est pas question !

Thomas se penchait :

— Accepteriez-vous que je vous porte jusqu'à la maison, ma mie ?

Comme il lui parlait avec précaution, ménagement, lui qui, d'ordinaire, tranchait de tout !

— Je préfère ne pas être mise sur l'âne...

— Ma bru l'a pris. Elle est allée porter du cresson, de la laitue et du pourpier à la cuisinière de maître Leclerc. Mais il reste l'ânesse.

— Merci, la mère. Je remplacerai avantageusement, du moins j'ose le croire, votre ânesse...

Thomas riait de nouveau. Agnès sut qu'elle était sauvée.

— Tenez-moi par le cou.

Le bon, l'heureux prétexte !

Un bras sous ses épaules, l'autre sous ses genoux, il la soulevait avec une douceur dont il aurait été bien incapable un peu plus tôt. Se redressant, il la calait contre sa poitrine.

— Êtes-vous bien ?

— On ne peut mieux.

Abandonnée, elle refermait les yeux sur une félicité qui lui faisait oublier douleur et malaise.

Blanche les suivant, ils traversèrent la pièce, se retrouvèrent dehors dans la touffeur qui sentait l'étable, le purin, la paille chaude piétinée.

— Est-elle tirée d'affaire ? demanda Ursine.

— Elle est moins pâle, constatait Gildas.

— Dieu soit loué ! murmurait Djamal.

L'éblouissement lumineux était sensible à travers les paupières closes et la chaleur toujours aussi cuisante.

— Allons, dit Thomas, ne nous attardons pas.

Qui donc avait prétendu, avant, jadis, dans la nuit des temps (il y aurait désormais dans sa vie un « avant » et un « après » séparés à jamais par la fureur d'un aspic), qui avait affirmé que l'odeur des roux était nauséabonde ?

Elle en aurait ri. Plus que la senteur forestière, que l'arôme des lis, que la présence des foins, elle aimait à présent les effluves fauves de ce corps qui était celui même de l'amour !

Ils se taisaient. Ensemble. Du garçon flamboyant et dominateur qui était entré, vers l'heure de none, précédé de son rire sonore, de son assurance juvénile dans les bois des Chartreux, la foudre amoureuse avait fait un homme silencieux, attentif, à l'écoute d'un autre souffle, d'une autre vie.

Autour d'eux, on parlait de l'accident.

— Heureusement que tante Charlotte est portée à donner spontanément ses formules de soins, disait Blanche à Gildas. Il aurait été bien long d'attendre notre retour pour appliquer la compresse de genêts sur la morsure.

— Si c'était vous, Blanche, qui aviez été mordue par cette vipère, je ne sais comment j'aurais pu conserver mon sang-froid. Il me semble que j'aurais perdu tous mes moyens.

— Vous ne connaissiez d'ailleurs pas les propriétés médicinales des genêts, remarqua Ursine, qui marchait auprès de son frère.

— Je serais donc morte ! remarqua Blanche sans émoi.

— Par Notre-Dame, n'en riez pas ! protesta Gildas.

— Pourquoi donc ? La vie éternelle n'est-elle pas infiniment préférable à celle-ci ?

— Sans doute, mais il nous faut, d'abord, faire notre temps sur la terre. Vous êtes trop jeune pour vous en aller !

— Croyez-vous qu'il y ait un âge plus convenable qu'un autre pour paraître devant le Seigneur Dieu ?

— Vous n'avez pas encore goûté aux joies qui nous sont offertes ici-bas !

— Je ne suis pas sûre que nous attarder à les expérimenter soit autre chose que du temps perdu.

— Du temps perdu, l'amour !

— Ah ! Vous pensiez à l'amour ?

— De quoi voulez-vous que je parle ?

— Je ne sais... Il y a bien d'autres joies en ce bas monde que celle-là, me semble-t-il.

— Nous ne cesserons donc jamais de buter sur cet obstacle ?

— C'est votre faute, mon frère ! Pourquoi vous obstinez-vous à revenir sans cesse sur un sujet qui, de toute évidence, n'intéresse pas Blanche ?

— Parce que...

Gildas s'interrompit, jeta un regard plein de reproches à sa sœur, dont le profil, identique au sien, se découpait sur le ciel chauffé à blanc.

Jumeaux, ayant quitté ensemble Dijon où leurs parents étaient entrés d'un commun accord dans les ordres, une fois leurs enfants élevés, Gildas et Ursine ne se quittaient guère. Ils avaient vendu le fonds de broderie familiale pour en acheter un autre à Paris, où ils possédaient en commun un atelier de brodeurs-chasubliers.

Plus menue que son frère, Ursine en était cependant la réplique parfaite. Même visage étroit et tourmenté, même chevelure châtaine, même regard. Mais ce qu'il y avait de confiant, de sensible et d'un peu fragile chez le garçon prenait un aspect plus dur, mieux armé chez la fille. On la sentait combative et sans illusions.

— Parce que vous refusez de voir les réalités, mon frère, et que vous vous bercez de fausses espérances, acheva-t-elle de sa manière directe et dépouillée.

— Je crois ce que je veux croire, Ursine ! Ce n'est certes pas vous qui m'en ferez démordre.

— Ne voyez-vous pas que Blanche n'éprouvera jamais pour vous qu'une bonne amitié ?

— On a déjà vu des amitiés se transformer en d'autres sentiments.

La jeune brodeuse leva les épaules avec agacement.

— Vous rêvez, vous rêvez toujours !

— Je ne voudrais pas devenir sujet de discorde entre vous, protesta Blanche. Chacun sait que les liens unissant des jumeaux ne peuvent être rompus sans grand dommage.

— N'ayez crainte, ma mie. Personne ne détiendra jamais le pouvoir de rompre ceux qui nous attachent l'un à l'autre, Gildas et moi !

Aucune forfanterie dans cette assertion, mais une certitude absolue.

Djamal, qui suivait, se rapprocha de Blanche.

— Êtes-vous tout à fait certaine qu'elle est sauvée ?

— Je le crois. Il ne faut plus vous tourmenter.

Le jeune Égyptien baissa la tête, murmura quelque chose dans sa langue, se tut.

A quelques pas devant eux, athlétique, portant sans effort apparent le corps léger qui se confiait à lui, Thomas marchait dans la dure réverbération du soleil d'été, les pieds foulant une épaisse poussière, les oreilles assourdies par le délire crissant des insectes, sans remarquer ni entendre quoi que ce fût d'autre que la palpitation contre sa poitrine de la tendre gorge blanche où le cœur cognait au même rythme que le sien. La sueur coulait de son front sur ses joues, glissait le long de son cou pour se perdre dans l'encolure de sa cotte de toile sans qu'il s'en souciât. Il avançait, absorbé, déférent, comme s'il avait tenu les Saintes Reliques.

Retranchée dans un bien-être qui lui faisait oublier ses malaises dans un bonheur nouveau-né où elle était déjà enclose comme dans un cocon de soie, Agnès se décida pourtant à ouvrir les yeux. Le souffle de Thomas caressait son visage, ses cheveux dénoués, qu'il faisait frissonner.

— Ne suis-je pas trop lourde ?

— A la fois beaucoup plus lourde et bien plus légère qu'il n'y paraît.

« Songe-t-il, lui aussi, à ces noces de sang qui viennent de nous unir ? »

Elle découvrait de plus près qu'il ne lui avait jamais été donné de le faire, par en dessous et comme en raccourci, le nez aux narines rondes, la bouche épaisse, le menton de lutteur.

« Mon Dieu, Vous nous avez voulus l'un à l'autre, l'un pour l'autre, et que cet amour soit révélé en même temps que scellé. Veillez sur lui. Gardez-le intact, gardez-le sans faille jusqu'à notre fin ! »

On parvenait à la petite porte donnant sur le jardin de la maison. Gildas l'ouvrit. Thomas la franchit comme un somnambule sans qu'il vînt à personne l'idée de lui demander s'il souhaitait qu'on le relayât.

— Il faut la déposer dans notre chambre, dit Blanche.

Les trois adolescentes s'étaient vu attribuer une grande pièce du premier étage où elles couchaient ensemble dans le même vaste lit.

Avec des attentions et une économie de gestes fort étrangères à sa fougue habituelle, Thomas déposa Agnès sur la couverture de toile qui recouvrait la couche.

— Le trajet ne vous a-t-il point trop fatiguée ?

— Nullement.

Éblouis, ils se contemplaient en silence.

— Bon. Eh bien, je vais aller chercher tante Charlotte, dit Blanche sans éveiller d'écho.

La maison bourdonnait de toutes parts.

Dans la cuisine du rez-de-chaussée, Marie et Eudeline-la-Morèle prêtaient main-forte à Gerberge, la cuisinière de Mathieu Leclerc, grosse femme aux joues violacées, dont toute la personne dégageait une forte senteur d'ail. Sa petite aide de quinze ans, Almodie, seule fille des fermiers de la Borde-aux-Moines, se voyait exceptionnellement secondée par Guillemine, chambrière de Marie qui, d'ordinaire, préférait la couture aux rôtis.

Depuis des heures, parmi les lourdes odeurs de nourritures, on épluchait, plumait, vidait, écaillait, roulait des pâtes, égouttait du lait caillé, tournait des sauces, embrochait des volailles, usait de verjus, préparait le pain grillé, les oignons frits, les amandes pilées, garnissait des tourtières, dressait des piles de fromages, composait des corbeilles de fruits...

— Par une chaleur semblable, ce n'est pas chrétien de s'activer pareillement auprès de ce feu, disait Marie, dont le visage était enflammé et qui sentait la sueur lui couler le long du dos.

— Tante Charlotte n'est pas ici ?

Blanche passait la tête.

— Elle déteste tellement s'occuper de cuisine ! Elle doit tenir compagnie à mon beau-père et à Côme, dans la salle.

Dès qu'elle fut mise au courant, Charlotte Froment suivit Blanche, non sans se faire expliquer ce qui avait été tenté afin de soigner Agnès.

— Les fleurs de genêts étaient ce que vous pouviez trouver de mieux pour combattre l'effet du venin, dit-elle avec soulagement. Dieu soit béni de m'en avoir fait parler devant vous !

Elle voulut passer par sa chambre pour s'y munir d'un coffre dans lequel elle transportait partout un certain nombre de potions, baumes, électuaires, dont elle trouvait toujours l'utilisation.

Menue au point de paraître presque enfantine sur le grand lit où elle était étendue, Agnès, la main dans celle de Thomas, rêvait les yeux ouverts.

— Eh bien, ma mie, c'est ainsi qu'on joue les filles d'Ève en se faisant attaquer par un serpent !

Après avoir défait le pansement de fortune noué autour du poignet blessé, la physicienne lava la plaie avec du vin d'aigremoine contenu dans une de ses petites fioles, refit avec les fleurs broyées un cataplasme propre qu'elle posa sur une bande de toile très fine avant de l'appliquer de nouveau à l'endroit de la morsure.

— Maintenant, il faut vous reposer, mon enfant, et surtout ne pas vous agiter. Afin de vous faire dormir, je vais vous donner dans un peu d'eau quelques gouttes de ce narcotique ; il y entre du pavot.

Agnès but docilement.

— Puis-je rester auprès d'elle, ma tante ? demanda Thomas sans la moindre gêne.

Charlotte considéra les deux jeunes gens. Elle avait toujours fait montre de beaucoup de perspicacité dans l'estimation des effets et des causes.

— Il me semble préférable de laisser Agnès en paix, dit-elle avec fermeté. Si vous tenez, mon petit-neveu, à ce que votre cousine puisse vous accompagner ce soir aux feux de la Saint-Jean, il est indispensable de la laisser se remettre du choc qu'elle vient de subir. Sa guérison nécessite silence et tranquillité. Je ne pense pas que votre présence auprès de sa couche en soit dispensatrice... C'est donc moi, si vous le voulez bien, qui resterai, seule, à son chevet jusqu'à son réveil.

La blessée avait fermé les yeux. Thomas hésita, finit par se soumettre.

— Soit. Je vais aller me baigner dans la rivière, dit-il à regret. Nager me fera du bien.

— Excellente idée ! Allez vous rafraîchir, mon beau neveu, vous en avez certainement besoin !

Charlotte referma la porte sur lui, revint vers le lit, considéra l'adolescente qui reposait devant elle.

« Les voici donc, à leur tour, pris au piège du cœur ! se dit-elle.

Pauvres fous ! Ne savent-ils donc pas que c'est une chausse-trappe ! »

Elle leva des épaules lasses.

« Ce doit être chez moi signe de vieillissement, mais l'amour des autres m'indispose de plus en plus. Cette fois-ci tout particulièrement. Perdus qu'ils sont dans leur rêve, n'ont-ils pas songé aux difficultés qui ne vont pas tarder à se dresser devant eux ? Aux obstacles qu'on va leur opposer ? »

Elle s'assit. Son dos lui faisait mal. Elle prit un coussin qu'elle tassa entre le dossier de la cathèdre et ses os douloureux.

« Ils vont vouloir se marier ! Seigneur ! Je vois d'ici la tête de Bertrand quand son fils va lui faire part de ses intentions ! Ont-ils oublié que, du fait de l'adoption d'Agnès par Florie, ils sont cousins germains ? La vénération dont on entoure l'amour en ce siècle fait plus de mal que de bien. Du moins, je le crois. Il n'y a qu'à voir les ravages qu'il a provoqués dans notre famille... Moi-même, qu'en ai-je recueilli ? Quelques joies, beaucoup de déceptions. Ne ferait-on pas mieux de fonder ses espoirs sur une entente raisonnable plutôt que sur tous ces débordements de sentiments excessifs ? La poésie des trouvères et les récits venus de Bretagne ont tourné bien des cervelles... »

Elle soupira, gratta du doigt une grosse verrue qu'elle avait au menton.

« Suis-je de bonne foi quand je grogne comme je viens de le faire ? On devrait s'améliorer en vieillissant, tendre vers la sagesse, et c'est le contraire qui m'arrive. Au fond, j'ai beau le nier, je ne me console pas d'être passée à côté du bonheur... Mais sommes-nous bien ici-bas pour le connaître de façon durable ? Toute la question est là. Je le vois comme un hôte fugitif qui ne s'attarde jamais... L'expérience de chacun prouve à l'évidence que la vie est une épreuve, la grande épreuve que nous devons endurer pour nous régénérer. C'est là son unique explication. Nous devons traverser ce temps de probation en nous gardant d'y perdre notre âme et en nous efforçant de nous améliorer... J'ai encore beaucoup à faire dans cette voie difficile ! »

Elle se leva, alla jusqu'à la fenêtre ouverte sur l'été. Au bord de la rivière, tout en contrebas de la prairie, elle distingua deux corps nus (Thomas et Gildas certainement) qui pénétraient dans l'eau. La chevelure rousse du premier brilla bientôt dans le courant comme une grosse pépite d'or.

« Il est heureux. L'univers est trop petit pour contenir son exaltation. Il est ivre de joie, ivre... parce que cette frêle enfant qui dort sous ma garde l'a laissé boire, avec le venin, son sang précieux... Il en a perdu l'esprit et le jugement, sans discerner l'ambiguïté d'un tel symbole ! Dérision, dérision ! Moi aussi, jadis, j'ai cru

toucher l'infini. J'ai senti mon cœur battre au rythme du monde...
Qu'en est-il advenu ? Un ou deux ans pendant lesquels, chaque
jour, l'illusion se dissipait un peu davantage, alors que la lucidité,
comme une eau froide, montait lentement pour noyer le pauvre feu
qui vacillait... Mon mari en a aimé une autre, s'en est allé, a
fini par sombrer dans la folie... Durant quoi, je cherchais ailleurs,
désespérément, tentant d'arracher quelques miettes au festin où je
n'avais plus de part... Me voici à présent au terme de ma vie, ou
presque, à remuer des cendres éteintes depuis longtemps et à m'apitoyer sur mon propre sort ! Il est grand temps que je me secoue... »

Elle retourna vers le lit, considéra Agnès endormie, demeura un
moment à songer, puis vint s'agenouiller sur un coussin devant une
petite statue en bois peint de la Vierge Marie qu'on avait posée
sur un coffre.

« Notre-Dame, veuillez me pardonner ces moments de découragement. Ils ne sont pas dignes d'une chrétienne. En définitive, la vie
est le plus beau cadeau que le Seigneur pouvait nous faire. J'ai
tort d'en avoir médit. Simplement, voyez-vous, je suis bien plus
souvent lasse qu'autrefois et mes opinions s'en ressentent. Vieillir
n'est pas aisé... Au fond, je suis beaucoup moins vaillante que je
n'en ai l'air. Vous le savez. Aidez-moi, je vous en prie, à ne jamais
m'éloigner réellement de la Vérité, et faites que je ne perde pas
confiance en votre secours et en la miséricorde du Seigneur Dieu ! »

La porte s'ouvrit. Marie entra. Elle avait encore de la farine sur
les doigts.

— Blanche vient de m'apprendre ce qui est arrivé à Agnès...
N'y a-t-il vraiment plus rien à redouter ?

Charlotte s'était relevée, époussetait machinalement le bas de
sa cotte.

— Pour ce qui est des suites de la morsure, tranquillisez-vous,
ma nièce. Il n'y a point à se tourmenter. En revanche, j'ai à vous
parler d'une affaire bien différente qui ne laisse pas de m'inquiéter...

4

— Saint Jean-le-Baptiste est le patron de tous ceux qui travaillent
le cuir, dit Ambroise.

Noircis par la poix dont il enduisait son fil, ses doigts s'affairaient
à recoudre une pièce sur un collier de poitrail, usé par le frottement.

— Il est donc mien, continua-t-il. C'est pourquoi je me dois
d'aller avec vous à la fête de ce soir, bien que j'aie fort peu de
goût pour la cohue.

Autour du bourrelier flottait une odeur de cuir, de cheval, de colle chaude, de graisse de mouton.

Assis sur un billot de bois, Vivien regardait, écoutait, demeurait enfin en repos. Il portait une cotte vermeille et une couronne de bleuets sur la tête.

Longue et étroite, l'échoppe avait des murs tapissés de colliers d'épaule, de dossiers de selle, de rênes, de harnachements complets pour bêtes de trait et de somme. Les planches alignées tout autour supportaient une profusion de clous, de pelotes de fil, de cordes, de peaux de bœufs tannées, teintes, assouplies, roulées, qui s'empilaient, comme des rouleaux de parchemin, en tas que la plus légère secousse pouvait faire crouler. Seul Ambroise se retrouvait dans ce fouillis.

— Le cuir est une matière noble, vivante, avait-il coutume de dire à son jeune auditeur. Il convient de le traiter avec respect.

Tout aussi bien que son vieil ami, Vivien aurait été capable de réciter les différentes étapes que les tanneurs avaient fait subir aux dépouilles des animaux avant leur arrivée chez lui.

Cependant, par déférence, il s'en gardait bien et écoutait toujours avec le même intérêt la description minutieuse qui débutait par un préambule inquiétant :

— Tout cuir mal corroyé est brûlé devant la demeure du coupable ! Ainsi en a décidé l'assemblée des maîtres du métier, qui est souveraine !

Un silence auquel se mesurait l'art du conteur.

— Dans la tannerie comme dans la bourrellerie la patience est de règle, reprenait-il en hochant la tête. Vous savez, petit, c'est une œuvre longue et minutieuse que le tannage.

Vivien calait son dos contre le montant de bois qui passait derrière lui. L'enfant agité et moqueur qui irritait Aude si souvent prouvait, chez Ambroise, qu'il savait aussi être attentif.

— Au commencement, disait l'artisan comme s'il était question de la Genèse, au commencement, on doit saler les peaux et les faire sécher pour leur éviter de se détériorer pendant qu'on les transporte...

L'homme timide, effacé, sans rien de remarquable, qu'était le bourrelier, devenait prolixe, volontiers doctoral, quand il décrivait les cuves énormes où on laissait macérer les peaux, où on les foulait pour les rendre imputrescibles. Il parlait aussi avec minutie de la fabrication des tanins à partir de certaines écorces, ou d'huiles de poisson. Il comparait les mérites de l'huile de pied de bœuf avec ceux de l'huile de pied de mouton pour assouplir le cuir... Il aimait communiquer son expérience d'ancien apprenti, de compagnon, puis de maître.

— Tout ce qui se rapporte aux chevaux est d'importance, finissait-il par dire en matière de conclusion.

Mais, ce soir-là, il ne désirait pas s'attarder outre mesure et abrégea son exposé.

— Vous savez d'ailleurs tout cela, admit-il dans un mouvement de bonne foi fort éloigné de son habituelle loquacité.

Il posa près de lui le collier de poitrail réparé.

— Voilà, j'en ai fini pour ce jourd'hui. Je vais aller me laver les mains et passer un surcot propre. Attendez-moi. Je n'en ai pas pour longtemps.

Sur sa cotte de toile, il portait un large tablier de cuir qui enveloppait son corps chétif.

— Dépêchez-vous, dit Vivien. Je ne voudrais pas manquer l'arrivée du cortège.

L'enfant se leva, marcha jusqu'à la porte de l'échoppe ouverte sur la rue.

Au-dessus de Gentilly, le crépuscule déployait ses fastes. Comme s'il avait tenu à s'associer à la fête qui se préparait, le soleil se vêtait de pourpre.

Il faisait moins chaud. Vivien respira l'air attiédi du soir. Des groupes animés passaient devant la maison du bourrelier. Bras dessus, bras dessous, couronnés de fleurs, de paille tressée ou de verdure, les habitants du village, ceux du vallon et des coteaux, des paysans venus de leur ferme, des écoliers de l'Université et des Parisiens arrivés du matin ou de la veille chez des parents, des amis, afin de passer les jours de fête en joyeuse compagnie, se dirigeaient en devisant vers le pré communal, situé au bout de la rue. Tous arboraient des vêtements de fête où dominaient le cramoisi, le bleu, le vert, le safran, des couleurs franches et gaies, ainsi qu'il se devait pour honorer la Saint-Jean.

— Me voici devenu présentable, assura le bourrelier en surgissant de l'arrière-boutique où il logeait. Je ferme les volets et nous partons.

Il avait enfilé un surcot jaune clair qui lui allait moins bien, trouva Vivien, que le tablier de cuir de son état.

— Dépêchons-nous ! dépêchons-nous ! se contenta cependant de dire l'enfant, sans faire part à Ambroise de sa remarque.

— Du calme, petit, du calme ! protesta le vieil homme. Ce n'est vraiment pas pour rien qu'on vous a nommé Vivien : vous êtes vif comme un furet !

Il se prit à rire discrètement de sa plaisanterie, ce qui eut pour effet d'aplatir un peu plus son large nez camus qui semblait avoir été oint des mêmes graisses que ses cuirs, et de découvrir des mâchoires où ne demeuraient que quelques chicots. Cet homme fluet, disgracié de la nature, au dos courbé, au crâne parsemé de rares cheveux gris et de taches de son, soigneusement dissimulé, il est vrai, sous un chaperon de feutre, aux sourcils hérissés et aux yeux vairons, n'avait rien d'attirant. Il trouvait pourtant le moyen de susciter la sympathie et l'amitié de beaucoup. La vénération qu'il portait à son métier, la qualité de son travail, la connaissance parfaite qu'il avait de son art et de ses secrets, jointes à une honnêteté sans faille, à une gentillesse, à une urbanité peu courantes et à une réserve sur laquelle on savait pouvoir compter, faisaient du bourrelier de Gentilly un homme qu'on aimait bien. Il y avait, naturellement, quelques esprits fielleux pour prétendre qu'il était en réalité un fieffé égoïste, plus préoccupé de sa tranquillité que de tout autre chose, que son amabilité était une façon de se mettre à l'abri du jugement d'autrui, et que ce n'était pas tant par timidité qu'il ne s'était pas marié que pour sauvegarder une paix à laquelle il avait allégrement sacrifié sa promise, mais on ne les écoutait guère.

Les volets posés, Vivien prit Ambroise par la main, l'entraîna.

Comme ils parvenaient aux abords du pré communal envahi par la foule, ils aperçurent la famille et les amis de Mathieu Leclerc qui leur faisaient signe. Non sans mal, ils se dirigèrent vers le groupe qui s'était rassemblé près du bûcher qu'on n'allait pas tarder à allumer.

Un jeune aulne coupé aux bords de la Bièvre avait été dressé au milieu des fagots par les garçons du village. Un bouquet de branches et de feuilles le couronnait.

— Pourquoi une si grande pile de bois ? demandait Djamal au moment où Vivien et Ambroise arrivaient.

— Parce qu'il faut que les feux de ce soir flambent haut et clair et qu'on les voie de partout, répondit Marie. Ils sont, à travers tout le pays, comme des signaux de joie qu'on se fait de loin en loin.

— Chaque maison de la commune doit fournir un fagot provenant de la taille de ses propres haies, ajouta Mathieu Leclerc.

— En réalité, beaucoup donnent plus d'un fagot, par goût de l'ostentation ou pour faire bonne mesure, dit Charlotte Froment.

— Il est vrai, admit Blanche. Même pour cette fête religieuse et campagnarde, on cherche à éblouir le voisin !

Toute la maisonnée de maître Leclerc se trouvait réunie autour de lui. Depuis les invités, mêlés à la famille, jusqu'à Lambert, le jardinier, et Jannequin, le palefrenier. Mince, insolent, moqueur, coureur de filles, ce dernier serrait de près la petite Almodie, l'aide de cuisine, dont l'innocence semblait l'exciter. Aude tenait la main de Marie, et Agnès, plus pâle qu'à l'ordinaire, s'appuyait au bras de Thomas. Des cottes, des surcots, de teintes vives, des couronnes de fleurs, paraient chacun des couleurs et des trophées de l'été. Seul, Mathieu Leclerc était en noir. Marie s'était vêtue de blanc et Côme portait un surcot de soie violette.

On salua Ambroise et la conversation reprit.

— On fête le solstice dans beaucoup de religions, reprit Djamal. Je sais que les juifs ont aussi coutume d'allumer des feux et des brandons le jour de la clôture d'une de leurs fêtes. Celle des Tabernacles, à ce que je crois.

— Cette offrande du feu me gêne un peu, dit Blanche. Elle reste bien païenne ! Même si on en profite pour demander à saint Jean-le-Baptiste de protéger nos terres avec l'aide je ne sais de quelle puissance végétale !

— Ne boudez pas, pour autant, votre plaisir, conseilla Côme en souriant. La fête est là. C'est le principal. Par saint Jean, vive donc la fête ! Profitons sans arrière-pensée de ce qu'elle nous offre.

Le soleil, qui baissait de plus en plus, s'arrêta un moment au sommet de la colline couronnée par le couvent des Chartreux, comme une hostie incandescente au-dessus d'un ciboire obscur.

De la rivière proche, montait, avec l'ombre, une fraîcheur qui libérait les exhalaisons des plantes aquatiques, de la terre asséchée, des reines-des-prés, des foins. Ces parfums agrestes se mélangeaient étrangement aux émanations tenaces des corps échauffés, des haleines chargées de vin, des relents d'oignon et d'ail.

Léonard et Catheau, les fermiers de la Borde-aux-Moines, leurs trois fils et la grand-mère sortirent soudain de la presse. Ils se mêlèrent à la famille Leclerc, où se trouvait leur fille Almodie, parlèrent de la chaleur qui amènerait la sécheresse si elle continuait comme elle avait commencé, s'éloignèrent.

Les mouvements de la foule faisaient surgir des connaissances, bientôt remplacées par d'autres avec lesquelles on reprenait les mêmes phrases.

— Voilà la procession ! cria une voix.

Les bannières brodées de la paroisse et une grande croix d'argent tenue par des enfants de chœur apparurent en premier. Ce fut ensuite le tour du bedeau, portant la longue robe rouge de sa charge, ornée, sur la manche de gauche, d'une plaque en argent gravée à l'effigie de saint Saturnin, patron de l'église, puis les diacres et les sous-diacres ; enfin, fermant la marche, le curé Piochon, vêtu d'une chasuble verte, brodée d'une large croix d'or.

On s'agenouillait sur le passage du cortège.

Parvenu devant le bûcher, le curé prit des mains d'un garçon du village une torche allumée et la glissa sous les fagots de petit bois disposés à la base de l'édifice. De hautes flammes crépitantes s'élevèrent au moment où le soleil disparaissait derrière la colline. Des acclamations, des cris de joie les accompagnèrent. Un des clergeons tendit au curé un vase d'argent contenant de l'eau bénite. D'un geste ample, le prêtre aspergea le feu qui dansait, ronflait, lançait des flèches d'or vers les traînées roses qui s'attardaient au ciel, puis entonna un Te Deum vigoureux, repris ensuite par l'assistance.

Fervents, éclairés par les flammes qui coloraient et accentuaient leurs traits en les cernant d'ombre et de lumière mouvantes, tous ceux qui étaient venus d'un peu partout, et qui se trouvaient réunis là, chantaient, clamant en chœur leur foi, leur espérance en Dieu.

— Après les noces de sang, les noces de feu, murmura Thomas à l'oreille d'Agnès.

— C'est un double signe... un double sceau...

— Il y en aura bientôt un troisième !

Ils ne se lassaient pas de se contempler, de découvrir à chaque instant un nouvel aspect, inconnu un instant plus tôt, de leurs visages. Dans leurs yeux, l'ardeur allumée par le reflet des flammes ne faisait qu'en intensifier une autre, plus intime.

Après le Te Deum, la procession s'éloigna, remonta vers l'église. Aussitôt, garçons et filles formèrent, autour du brasier, une ronde désordonnée qui se mit à tournoyer parmi les rires et les chansons. On plaisantait, on se bousculait, on se poussait.

Profitant de l'agitation, Aude s'empara d'autorité d'une des mains de Colin afin de danser le plus près de lui possible.

Blanche, Gildas, Ursine, Djamal, Vivien, le palefrenier, le jardinier, les petites servantes, les paysans, les habitants du bourg, les écoliers et les bourgeois venus de Paris, le seigneur de Gentilly lui-même, tous, entraînés par le rythme de plus en plus rapide, tourbillonnaient jusqu'à la suffocation.

Thomas qui, les années précédentes, était toujours le premier à s'élancer pour former la ronde et demeurait jusqu'au bout son plus actif meneur, s'était écarté des danseurs dès le début de leurs ébats et s'était éloigné en compagnie d'Agnès. Il fit asseoir sa compagne sur l'herbe.

— Il ne faut pas vous fatiguer ce soir, mon amour, dit-il. Il est déjà bien beau que vous ayez pu venir jusqu'ici, en dépit de ce que vous avez souffert ce tantôt.

D'un geste tendre, il s'inclinait vers le poignet blessé qui ne portait plus qu'un léger pansement, y posait ses lèvres.

— Nous sommes ensemble, Thomas !

La fille coquette qui s'amusait des hommages reçus et savait si bien les susciter s'était éloignée sans esprit de retour. Celle qui levait vers Thomas un visage nu comme la vérité ne savait plus jouer avec les cœurs : elle venait, pour toujours, d'échanger le sien contre un autre...

Le feu baissait. La ronde continuait cependant à dérouler ses méandres.

Côme se pencha au-dessus de l'épaule de Marie, qui se tenait sagement, en raison de son veuvage, près de son beau-père, parmi les spectateurs de la scène.

— J'ai grande envie de mener avec vous une autre danse, ma mie, souffla-t-il tout bas.

La jeune femme ne répondit pas, mais sourit discrètement, tandis qu'une bouffée de sang enflammait son visage. Les lueurs vacillantes du bûcher permirent à son amant de s'en apercevoir. Encouragé, il frôla d'une main enveloppante la hanche ronde que moulait la cotte de toile légère. Marie tourna la tête, lui fit un signe de connivence amusée, suivi aussitôt d'un recul prudent.

Charlotte, qui s'était approchée des flammes dès qu'elles avaient jailli, afin d'y fumer les herbes de la Saint-Jean cueillies alors que midi sonnait, se retourna juste à ce moment pour parler à sa nièce. Elle surprit le manège du couple.

« Ceux-là aussi ! se dit-elle. Décidément, c'est une épidémie amoureuse qui sévit ici ! Contre elle, pas plus que contre la lèpre, mes remèdes ne peuvent rien... »

Elle se sentait soudain plus âgée, plus lasse qu'auparavant, exclue à jamais de la fête incertaine mais si précieuse des cœurs et des corps, rejetée vers les rives grises de la vieillesse. Mathieu Leclerc l'interpella juste à ce moment.

— Après le fumage que vous venez de leur faire subir, Charlotte, j'espère que vos simples nous débarrasseront cet hiver de tous nos maux !

Bien que plus chargé d'ans qu'elle-même, il ne paraissait pas ressentir d'amertume devant les manifestations d'une gaieté juvénile qu'il contemplait avec sérénité.

— Hélas ! mon pauvre ami, il est des maladies qu'aucune médecine ne peut guérir, dit-elle en détournant les yeux.

Les fagots achevaient de se consumer. Des écroulements de brindilles calcinées se produisaient en libérant des gerbes d'étincelles.

— A présent, on peut sauter ! s'écria Perrot, dit Brise-Faucille, le frère aîné de Colin.

C'était un colosse rieur et borné, aimant mieux s'amuser que labourer, au dire de son père. Le fermier de la Borde-aux-Moines le faisait, cependant, filer doux et trimer dur.

La ronde se disloqua. Perrot prit son élan, bondit, franchit le tas de braises où couraient encore quelques traînées de feu. D'autres garçons l'imitèrent, parmi lesquels se trouvait son frère.

Aude, revenue auprès de Marie, regardait, comparait, se disait que Colin était beau et qu'elle l'aimait.

Des femmes, des enfants, des gens de tous les âges se précipitaient enfin vers ce qui restait du bûcher mourant pour y prendre, dans une poignée d'herbe ou de feuilles, des braises et des charbons encore fumants : les tisons du feu de la Saint-Jean, rapportés à la maison, garantissaient de la foudre et des incendies.

— J'en ai pris un gros, annonça avec satisfaction Eudeline-la-Morèle à son maître en lui montrant un brandon qu'elle venait d'aller éteindre, en compagnie d'autres commères, dans l'eau de la rivière. Je le déposerai dans la cuisine, au-dessus de la huche à pain, et nous serons préservés jusqu'à l'an prochain des méfaits de l'orage !

— Rentrons souper, dit Mathieu Leclerc. Il fait faim.

Du foyer piétiné, pillé, dispersé, il ne restait plus que cendres éteintes.

Bien que le ciel demeurât plus clair vers l'ouest, l'obscurité envahissait doucement la vallée. On s'égaillait, on traînait un peu sur les sentiers, mais point trop, car on était pressé, en dépit des charmes de l'heure, de rentrer chez soi, de se mettre à table, de prolonger la fête du feu par celle des ventres.

La nuit gagnait les retardataires, les enveloppait de la tiédeur énervante des soirées trop belles. Au long des rues, des chemins creux, des venelles, le long des haies, des clos, on entendait des rires, des chuchotements, des appels.

Une fois franchie la Bièvre, qui luisait entre les branches des saules, la maisonnée de Mathieu Leclerc traversa le pré. La clarté nocturne fardait de bleu les toiles des tentes où couchaient les garçons. On pénétra dans le petit bois. La touffeur du jour s'y attardait encore.

Jannequin, le palefrenier, Lambert, le jardinier, se firent rabrouer par Guillemine et Almodie parce qu'ils entendaient profiter à leurs dépens de l'heure équivoque. Pendant ce temps, Thomas enlaçait Agnès sans qu'elle songeât à s'en plaindre, et Côme, à la faveur de l'ombre, trouvait le moyen d'étreindre entre ses mains la taille de Marie qui marchait devant lui, entre ses enfants.

En arrivant dans le jardin, ils furent tous assaillis par les violents parfums des parterres et des plates-bandes.

Sur le terre-plein, devant la maison, on avait dressé une longue table faite de planches posées sur des tréteaux. Une nappe blanche la recouvrait.

Gerberge, la cuisinière, qui était demeurée au logis pour surveiller les derniers préparatifs du souper et garder la maison en compagnie du chien noir, cria que tout était prêt et qu'on vînt l'aider.

On se lava les mains et on s'installa.

Au bout de la table, Mathieu Leclerc prit place sur sa cathèdre à haut dossier, puis tout le monde, amis, famille, domestiques, s'assit sur les bancs disposés de chaque côté.

On avait mis sur la nappe quelques lourds chandeliers à plusieurs branches, et posé à même le sol, derrière les convives, des lanternes qui éclairaient les abords de la place. Leurs lumières conjuguées, tremblantes, bien qu'il n'y eût pas un souffle de vent, éclairaient de reflets fauves les écuelles, les brocs, les gobelets d'étain, tout en faisant briller les lames des couteaux, les prunelles, l'émail des dents.

On apporta pour commencer trois vastes récipients. L'un contenait des cerises, le second des écrevisses en buisson, le troisième, des légumes verts au jus.

Marie, qui se trouvait à la gauche de son beau-père, fit asseoir Côme auprès d'elle. Charlotte, placée à la droite du maître de maison, entreprit de distraire Djamal. Elle lui conta comment des bergers, voyant que leurs moutons ne redoutaient plus les morsures de vipères après avoir mangé des genêts en fleur, avaient contribué à faire découvrir les propriétés curatives de ces plantes.

Les autres s'installèrent à leur gré, parmi les rires et les plaisanteries.

Il y eut pourtant un moment de silence, réclamé par Mathieu Leclerc, afin que la petite Aude récitât le bénédicité. Tout de suite après, l'animation reprit de plus belle.

Le vin clairet, la grenache, la cervoise et l'hydromel coulaient généreusement. L'eau restait dans les pichets où on l'avait prudemment versée.

On dévora pour commencer les cerises avec du pain frais.

Comme on attaquait ensuite la charbonnée de mouton, les lapereaux au saupiquet, les écrevisses, Ursine se leva pour faire une proposition :

— Gildas et moi pourrions jouer alternativement de la viole et du chalumeau durant le repas, dit-elle. Chacun de nous deux mangera pendant que l'autre s'exécutera.

On accepta avec enthousiasme.

Aude, qui s'était d'abord placée entre Vivien et Blanche, quitta soudain sa place pour venir rejoindre sa mère.

— Je voudrais m'asseoir près de vous.

— N'étiez-vous pas mieux du côté des plus jeunes, ma petite fille ?

— Non. Je préfère être avec vous.

— Mettez-vous donc entre votre grand-père et moi.

Marie se rapprocha un peu plus de Côme, dont la jambe se collait déjà étroitement à la sienne. Assise entre son amant et sa fille, elle mesurait mieux les difficultés qu'elle allait avoir à affronter sans cesse. Entre ces deux êtres possessifs, et ne voulant à aucun prix inquiéter l'enfant dont elle connaissait l'ombrageux attachement, la jeune veuve songeait qu'elle aurait, désormais, à maintenir un équilibre bien délicat entre sa vie de femme et sa vie de mère.

Toute sa tendresse, toute son attention ne serait pas de trop si elle ne voulait meurtrir ni Côme ni Aude...

— Goûterez-vous de ce brochet en galantine ? demandait pendant ce temps Thomas à Agnès.

Ils ne cherchaient pas à dissimuler leur amour. Autour d'eux, personne ne paraissait surpris de l'événement. Sans doute, faute de le prendre au sérieux. Après les révélations de Charlotte Froment, Marie avait décidé d'attendre, pour parler à son neveu, que la fête fût terminée, que l'effervescence produite par l'accident de l'après-midi se fût dissipée. Seul, Djamal, douloureusement lucide, parce que la jalousie le torturait, tournait de temps en temps vers le couple un regard lourd de regrets.

— Je n'ai guère faim, Thomas, je me sens lasse...

— Ce n'est pas étonnant après la journée que vous venez de connaître, ma mie. Voulez-vous vous retirer ?

— Plus tard. Je suis si bien près de vous...

Vivien fit tomber sa cuillère et se baissa aussitôt pour que le chien noir, qui flairait tout ce qui était à terre, ne vînt pas la lécher. A la lueur des lanternes posées sur le sol, il s'aperçut qu'Almodie, sans doute incommodée par la chaleur, avait, sous la table, remonté sa cotte assez haut sur ses cuisses. A même la peau blanche ainsi découverte, il vit très nettement la main brune de Jannequin qui progressait. Dans l'émoi de sa découverte, il se redressa brusquement. Son front heurta alors avec violence le rebord mal équarri des planches que recouvrait la nappe. Un gobelet se renversa. Le vin clairet se mit à couler entre les morceaux de pain tranchoir.

— Vous êtes-vous fait mal ? demanda Blanche, placée à la gauche de l'enfant.

— Non point. Ce n'est rien !

— Mais vous vous êtes écorché le front ! Regardez-moi.

La jeune fille voulut attirer Vivien vers elle. Vexé, il se dégagea d'un geste brusque, se leva, et s'éloigna en courant.

— Où allez-vous ? cria Blanche.

— Laissez-le, dit Ambroise. Il est gentil, mais impulsif et coléreux. Le mieux est de le laisser se débrouiller tout seul.

— Sans doute, mais il s'est blessé...

Placé à côté du bourrelier, Lambert, le jardinier, intervint.

— Ne vous inquiétez pas, demoiselle. Je vais le chercher.

Sans hâte, avec le mélange de force et de mollesse qui le caractérisait, il se leva à son tour et prit une lanterne par terre afin d'éclairer le chemin.

Vivien s'était dirigé vers le jardin. Bien que la nuit fût tombée depuis longtemps, il ne faisait guère sombre parmi les plates-bandes. En son premier quartier, la lune mêlait sa clarté à celle des étoiles dont le ciel était parsemé. On distinguait les formes des feuilles, des tiges, des branches, mais tout était décoloré par la pâleur blafarde qui coulait comme une eau paisible sur la campagne. Les lis paraissaient bleus, les roses grises, les choux, formés en carré, semblaient cendreux.

Les bruits du souper ne parvenaient plus aux oreilles que sous la forme d'une rumeur futile, un peu inconvenante, qui rompait le silence de la nature et forçait les oiseaux nocturnes à se taire.

Le jardinier rejoignit Vivien, immobile au milieu d'une allée.

— Qu'avez-vous, petit ? demanda-t-il d'un air bonhomme.

Il éleva sa lanterne pour mieux voir l'enfant.

— Voilà une belle écorchure, constata-t-il avec sa placidité coutumière. Pour arrêter le sang, il n'y a rien de meilleur qu'un morceau de feuille de chou. Le saviez-vous ?

Il n'eut qu'à se baisser pour en cueillir une, large et frisée, en déchira un lambeau, se mit en devoir de le froisser avec application entre ses doigts, essuya l'écorchure d'où le sang coulait encore.

— Je vais vous en mettre une autre, toute fraîche, sur la plaie, dit-il. Mais il va falloir bien l'appuyer contre votre peau si vous voulez qu'elle puisse faire de l'effet.

— Je ne peux pas la tenir tout le temps avec la main !

— Sans doute. J'ai de minces cordelettes dans ma remise. Allons en chercher. Je vous attacherai la feuille autour du front avec l'une d'elles.

La petite bâtisse carrée au toit pentu qui servait à abriter les outils de jardinage était fermée par une porte de bois fendillée. Au moment où Lambert la poussa, une forme sombre se dressa dans l'encadrement qu'éclairait la lune.

Le jardinier leva de nouveau sa lanterne.

— Par tous les saints ! C'est toi !

Vivien distingua un visage étroit, des cheveux clairs, des yeux dont il ne put reconnaître la couleur mais qui semblaient deux trous où aurait lui une flaque d'eau. L'enfant n'aima pas l'expression railleuse de la bouche mince aux lèvres presque inexistantes. L'homme lui parut plus jeune que le jardinier. Il était aussi grand que lui et vêtu d'une cotte rouge.

— J'ai à te parler.

— Aujourd'hui ! A cette heure !

— Il le faut.

Lambert grogna.

— Qui est-ce ? demanda Vivien, un peu rassuré par la présence de son mentor.

— Un vieil ami de la famille, lança l'inconnu avec on ne savait quel ricanement dans le ton.

— Venez, je vais vous attacher la feuille de chou sur le front, reprit le jardinier qui semblait fort mal à l'aise. Toi, pousse-toi !

A l'intérieur de la resserre, il faisait chaud. Une odeur de chanvre et d'oignons mis en réserve flottait sous les tuiles.

— Voilà. Votre pansement va tenir. Vous pouvez repartir. Tenez, prenez la lanterne.

— Mais vous ?

— La clarté de la lune me suffira. Je connais le chemin.

L'enfant jeta un dernier regard au visiteur mystérieux qui demeurait muet à présent et s'éloigna en sifflotant. Seul, son amour-propre l'empêchait de courir.

Qui était cet homme ? Que faisait-il, là, ce soir, caché dans la remise du jardinier ?

De loin, la table environnée d'un halo de lumière, de rires, de musique, de toute une animation joyeuse, lui parut un havre. Il avait l'impression d'avoir échappé à un danger, comme si la présence de l'inconnu dégageait une émanation maléfique.

Il se glissa à sa place.

— Tout va bien, maintenant ? s'enquit Blanche.

— Beaucoup mieux. J'ai encore un peu mal, mais le sang ne coule plus, dit l'enfant en montrant le lambeau de verdure attaché à son front.

On apportait des salades, des tartes au fromage, des pâtés de pigeons et d'anguilles. Le ton montait. Gildas, las de chanter au milieu de tant de bruit, se rassit.

— Abandonnons un moment la musique et mangeons, lui dit sa sœur.

Vivien se pencha vers Ambroise.

— Dans la petite remise de Lambert, il y avait un homme que je ne connaissais pas, souffla-t-il.

— Un homme ? Quel homme ?

— Je ne sais. Je ne dois pas l'avoir jamais rencontré par ici.

— Qu'a-t-il fait ?

— Il a dit à Lambert qu'il avait à lui parler.

— Rien de plus ?

— Non. Ils ont attendu que je sois parti pour s'expliquer... mais j'ai remarqué qu'ils semblaient bien se connaître et qu'ils étaient aussi inquiets l'un que l'autre.

— Tiens, tiens...

— Vous voyez qui ce peut être ?

— J'ai bien une idée, mais je préfère la garder pour moi.

Vivien se pencha davantage, jusqu'à frôler le menton mal rasé du bourrelier dont la discrétion l'agaçait soudain.

— Même à moi, Ambroise, vous ne voulez rien dire ?

— A vous ni à personne... je dois me tromper... de toute façon, si celui que vous avez vu est celui que j'imagine, ce n'est pas quelqu'un d'intéressant, croyez-moi, ni de fréquentable. Il est préférable de l'oublier.

Almodie, que Jannequin caressait un moment plus tôt sous la table, aidait à présent à enlever les plats vides, en apportait d'autres avec Guillemine : les fraises, les framboises cueillies dans l'après-midi, des flans, des galettes sucrées, du jambon salé, des gaufres, du fromage rôti.

Vivien, qui suivait la fille de cuisine des yeux, la vit qui lançait une œillade au palefrenier.

— Ces repas de fête sont bien longs, remarqua Côme en se tournant vers Marie.

Il venait de sacrifier aux convenances en entretenant avec Ursine une conversation sur les mérites respectifs de la flûte et du pipeau.

— Après le souper, on ira danser au village, lui fut-il répondu d'un air moqueur.

— Pourquoi pas ? La danse permet maints rapprochements...

— Il ne faut jamais témoigner de préférence à une danseuse plus qu'à une autre, Côme, vous le savez bien !

Leurs jambes accolées depuis le début du repas leur tenaient lieu de confidences.

Côme laissa choir le morceau de galette qu'il tenait à la main, se baissa afin de le ramasser, posa un instant ses lèvres sur les genoux de son amie, se redressa.

— Vous êtes tout décoiffé !

Aude s'exprimait sans aménité. Tout en écoutant son grand-père qui lui contait le lai de Guingamor, elle jetait de fréquents coups d'œil en direction de sa mère.

— Pourquoi n'êtes-vous pas marié ? demanda-t-elle ensuite à Côme, sans souci de logique.

— Parce que je n'ai sans doute pas rencontré plus tôt la femme qu'il me fallait, petite Aude.

— Il serait grand temps ! Vous n'êtes plus très jeune.

— Eh non ! Que voulez-vous, le temps a passé pendant que je cherchais.

— Voyons, ma fille, que racontez-vous là ? Est-ce des questions à poser à un invité ?

Marie réprimandait Aude, mais ses yeux riaient.

L'enfant fit la moue.

— Je vous demande pardon, ma mère, mais il y a déjà longtemps que j'avais envie de me renseigner auprès de votre ami.

— Vous êtes bien curieuse !

— Ne l'êtes-vous donc pas ?

Une complicité évidente les liait l'une à l'autre.

— Ma bru, je vous trouve trop coulante avec cette petite, remarqua Mathieu Leclerc, qui terminait son fromage rôti.

Tout le monde savait que le vieil homme se souciait de l'avenir de ses petits-enfants. En l'absence de leur père, il se voulait le gardien des traditions de fermeté qui lui semblaient nécessaires aux adultes qu'ils deviendraient plus tard.

« Marie les traite toujours comme les nourrissons qu'ils ne sont plus, disait-il souvent à Charlotte. Elle oublie que l'enfance est brève, qu'il faut élever Aude et Vivien en songeant à l'homme, à la femme qu'ils seront dans quelques années. Elle ne devrait pas hésiter à les contraindre, au besoin, plutôt que de céder devant eux, toujours !

— Bah ! la vie les formera, répondait la physicienne.

— Ce sera, hélas ! à leurs dépens. »

Très jalouse de ses droits maternels, très assurée du bien-fondé de sa façon d'agir, Marie n'acceptait pas sans broncher les rappels à l'ordre de son beau-père. Ce soir-là, elle entoura de son bras les épaules fragiles de sa fille.

— Allons, mon père, n'assombrissons pas la joie de nos enfants en ce jour de fête, dit-elle d'un ton faussement léger. Ne songeons qu'à nous divertir.

Son regard s'était durci.

Le souper se terminait. On apportait des coupes de dragées et de fruits confits.

— Je vais rentrer, dit Ambroise à Vivien. Vous me voyez bien content d'avoir passé cette soirée en votre compagnie à tous, mais je n'ai pas l'habitude de veiller et mes yeux se ferment.

— J'irai vous voir bientôt à la bourrellerie, promit l'enfant, qui préférait de beaucoup rencontrer son ami chez lui que dans des endroits où la timidité le privait de ses moyens.

Lambert revenait juste à ce moment de son étrange conciliabule nocturne. Il paraissait soucieux et marchait encore un peu plus pesamment qu'à l'ordinaire.

— On doit danser depuis un bon moment déjà sur la place de Gentilly, dit Jannequin. Si on allait rejoindre les autres ?

Debout, il cambrait la taille et frappait le sol du pied ainsi que le faisaient, dans leur écurie, derrière la maison, les chevaux dont il s'occupait tout au long du jour.

— Vous piaffez comme un étalon ! remarqua Eudeline-la-Morèle que le côté fringant du palefrenier agaçait visiblement. Par ma sainte patronne, calmez-vous un peu, mon garçon !

— Et pourquoi donc, Morèle ? Je suis jeune, moi, et ce n'est pas toujours fête !

Ses dents aiguës, ses yeux noirs luisaient d'appétit.

— Venez donc, les pucelles, venez vous amuser !

On débarrassait la table. Pour que ce fût plus vite fait, tout le monde y prêtait la main et une agitation intense refluait du terre-plein vers la maison.

— Qui va danser ? demanda Côme.

Il remportait des pichets vides à la cuisine. Marie, qui le précédait en tenant deux coupes de dragées sérieusement entamées, lança par-dessus son épaule :

— Vous, moi, tous ceux qui souhaitent se divertir !

Depuis deux ans qu'elle était veuve, elle s'était scrupuleusement abstenue de toute manifestation tant soit peu voyante de gaieté. Ce soir, elle décidait de rompre avec cette réserve : son deuil était bien fini... Au risque de heurter les coupes et de répandre leur contenu, elle se retourna vers son amant, l'œil rieur.

— Nous serons sur pied toute la nuit, assura-t-elle avec provocation.

Côme ne répondit pas, mais sourit à son tour.

« Quand il prend cette expression, il ressemble à un chat lorgnant quelque nouvelle couvée », se dit Marie avec amusement.

La table desservie, démontée, rangée, Blanche, Gildas, Ursine et Djamal se retrouvèrent dans le jardin.

La nuit chaude, laiteuse, trouée des lumières dispersées des lanternes ou des torches, retentissait de cadences musicales.

— Écoutez ! On entend d'ici les tambours, les cymbales, les flûtes qui s'en donnent à cœur joie au village, dit Ursine.

— Elles nous appellent à leur façon, dit Gildas. Ne les faisons pas languir... Venez, Blanche...

— Toute cette jeunesse est étourdie comme le premier coup de matines, soupira Charlotte. Elle court après le plaisir sans se soucier de ses suites !

Appuyé au mur de sa maison, contre le chèvrefeuille dont le parfum l'environnait, Mathieu Leclerc caressait son chien noir. Il tourna la tête vers la physicienne.

— C'est le temps des apprentissages, Charlotte. Je vois là une manifestation toute naturelle de l'ordre de l'univers... cet ordre que Dieu a voulu, mis en place, pour soutenir les êtres humains dans leur périlleuse traversée vers un autre monde. Il en a fait bénéficier toutes ses créatures, qu'elles le sachent ou non. La succession des générations n'a pas d'autre signification à mes yeux. Chaque âge apporte sa moisson à engranger. Le nôtre, expérience faite, est celui des réflexions, des leçons à tirer, de la méditation fructueuse...

Il s'interrompit, prit la tête du chien entre ses mains, fixa un moment, sans plus rien dire, les yeux brillants de l'animal.

Le silence de la campagne, revenu après le départ des jeunes gens, n'était plus troublé que par de lointaines cadences et par les bruits familiers provenant de la cuisine.

— Pardonnez-moi une gravité qui peut paraître déplacée en un pareil moment, reprit l'ancien enlumineur, mais, voyez-vous, j'ai eu la chance de pouvoir assister à certains cours du maître Thomas d'Aquin, en 1258, si j'ai bonne mémoire, quand il enseignait à l'Université de Paris. J'ai consigné par écrit l'essentiel de sa doctrine que je suis en train de relire, une fois encore, pour ma propre édification. Je puise dans ses Sentences une grande sérénité.

— Je vous envie, Mathieu. Pour ma part, je ne suis pas arrivée à trouver un équilibre satisfaisant entre un passé plein de manques et un avenir, sans doute bref, où il me reste tant à faire pour être prête, le moment venu, à paraître devant mon Créateur.

— Il me semble que vous donnez, au contraire, l'image parfaite d'une femme raisonnable et remplie de sagesse.

— Dieu vous entende ! Seul Il sonde les reins et les cœurs... J'espère que le désir de m'améliorer, qui m'obsède, me sera compté, car, pour ce qui est des résultats obtenus, ils sont plutôt maigres !

Aude avait rejoint son frère à la limite du terrain éclairé par les lanternes, là où l'obscurité et la nature reprenaient leurs droits.

— Notre mère s'en va danser, dit-elle. Qu'allons-nous faire ?

— La suivre. Regarder le bal.

— Je n'en ai pas envie. Je vais rester avec grand-père.

— Il va vous dire d'aller vous coucher.

— Eh bien, il le dira, et je ferai ce que je voudrai !

Vivien leva les épaules.

— A votre guise. Moi, je descends avec les autres au village.

Le regard dont Aude suivit son frère était rempli de commisération. Puisque leur mère, ce soir, ne paraissait pas se préoccuper d'eux, elle en profiterait à sa manière...

La voix de Marie s'éleva :

— Où sont les enfants ?

Elle était donc encore là ! Aude sentit monter en elle une onde de joie.

— Je vous croyais déjà partie...

— Auparavant, ma fille, je me soucie de vous !

L'enfant se coulait entre les bras maternels, jetait un coup d'œil à Côme, qui se tenait à quelques pas.

— Ne vous attardez pas trop, dit-elle. Je vous attendrai ici en compagnie de grand-père et de tante Charlotte.

— Vous ne voulez pas venir un moment avec moi assister aux danses du village ?

— Je préfère demeurer à la maison.

Le baiser de Marie se posa sur la joue lisse.

— Je remonterai bientôt.

— Je l'espère bien ! dit la petite fille.

Tout en regardant s'éloigner sa mère en compagnie de Côme, Aude tirait sur ses nattes d'un geste machinal.

— Que faisons-nous ? demandait au même moment Agnès à Thomas.

Pendant toutes ces allées et venues, ils étaient demeurés tous deux au pied du grand if qui ombrageait le terre-plein à l'ouest de la demeure. Allongée sur une couverture de laine, la tête posée sur un coussin, l'adolescente n'avait pas pris garde à l'agitation qui les entourait. Sa main dans celle de Thomas, assis auprès d'elle, elle flottait, loin du reste du monde, dans une brume d'extase.

Le garçon se pencha vers la tache claire que faisait le visage de son amie parmi l'ombre épaisse.

— J'ai envie de vous conduire sous ma tente, d'y passer la nuit avec vous, murmura-t-il.

— Comme il vous plaira...

— Ne vous méprenez pas sur mes intentions, ma mie ! Nous resterons ensemble, mais je ne vous toucherai pas. Ainsi que Tristan et Yseult-la-Blonde dans la forêt du Morois, nous dormirons côte à côte, ma fine dague entre nous deux !

— Il en sera fait selon votre guise.

— Demain, après la messe, je partirai pour Paris voir mon père, qui, Dieu merci, ne court pas les routes. Il est retenu par la foire du Lendit. Je lui ferai part de notre projet de mariage. Je tiens à pouvoir lui parler de vous comme de ma fiancée très pure. Intacte. Dès que j'aurai son assentiment et celui de ma mère, je me rendrai en Touraine demander leur consentement à vos parents adoptifs. Ensuite, nous nous marierons très vite. Alors, alors seulement, vous deviendrez ma femme et la présence de la dague ne sera plus nécessaire entre nous !

Il s'inclina, hésita un instant, posa enfin ses lèvres sur la tendre bouche dont le goût de fleur participait à celui du jardin épanoui. C'était la première fois qu'ils s'embrassaient ainsi, qu'ils mêlaient leurs haleines, leurs salives, les pulsations de leur sang. Les ébranlements de leurs cœurs accolés les secouaient sourdement tous les deux, au même rythme.

Au-dessus de leurs têtes, le ciel d'été, la coulée de lune entre les branches de l'arbre protecteur, l'odeur puissante de la terre fécondée, les rumeurs de la fête lointaine tournoyaient ainsi que les danseurs, un moment plus tôt, autour du foyer embrasé...

— Garde ton corps, pense à ton âme ! chuchota non loin d'eux, avec un insupportable accent de connivence, une voix railleuse, venue on ne savait d'où.

Thomas se leva d'un bond, s'élança derrière le tronc d'où semblait provenir l'apostrophe. Rien. Personne.

Dans l'allée assombrie qui descendait vers le bois, il était difficile de distinguer ce qui se passait à plus de quelques toises. Seules, de minces traînées de clarté parvenaient à se faufiler, par d'étroites trouées, entre les feuillages de juin. Pourtant, une ombre preste sembla, un peu plus loin, se glisser entre les arbres pour disparaître en direction des champs.

— Thomas ! cria la voix angoissée d'Agnès.

Il hésita, fit demi-tour, revint vers celle qui l'appelait.

— J'ai peur, mon amour. Restez auprès de moi. Ces mots m'ont glacé le sang.

— Par la coiffe Dieu ! Je donnerais cher pour tenir entre mes mains le démon qui vient de se manifester si insolemment ! Qui ce peut-il être ?

— Oublions-le, Thomas. Allons sous votre tente.

5

— Non, Gildas, non ! dit Blanche. Je ne suis pas de celles à qui cette nuit tourne la tête. Si vous voulez vous amuser d'une fille, cherchez-en une autre !

— Mais, enfin, par le sang du Christ, je vous aime !

— Vous m'aviez promis de ne plus jamais me parler de votre... attachement pour moi.

— C'est au-dessus de mes forces ! Comment pouvez-vous demeurer insensible aux charmes d'une heure comme celle-ci ?

— Qui vous dit que j'y suis insensible ? Je peux fort bien en goûter les séductions, sans, pour autant, tomber dans vos filets.

— Par Dieu ! Je n'ai vraiment pas de chance ! A je ne sais combien de lieues à la ronde, vous êtes, c'est certain, la seule femme qui ne se laisse pas aller aux bras de son amoureux ! Tout le monde doit être en train de s'aimer, autour de nous !

Revenus du bal vers la mi-nuit, ils s'étaient vus assez vite laissés à leur dialogue de sourds par leurs compagnons de fête. Il n'y avait pas jusqu'à Ursine, lassée, semblait-il, de chaperonner son frère malgré lui, qui ne se fût résignée à regagner la chambre des filles.

Seuls sur le terre-plein, les deux jeunes gens se retrouvaient face à face, en un tête-à-tête qui ne satisfaisait ni l'un ni l'autre.

— Jamais pareille occasion ne se représentera à nous, reprit Gildas, qui s'obstinait. Même si vous ne croyez pas m'aimer, je vous en prie, Blanche, accordez-moi un geste d'amitié... Pour que les amants aient la possibilité de se mieux connaître, le Fin'Amor n'admet-il pas des privautés qui peuvent aller fort loin ? Les dames les plus renommées pour leur délicatesse acceptent parfois de convier les adorateurs qu'elles se sont choisis à passer des heures auprès d'elles, dans leur propre couche. Ils les serrent entre leurs bras, échangent baisers et caresses, mais se comportent en tout point avec courtoisie, et ne vont jamais au-delà des limites permises. C'est là une preuve de confiance que je brûle de vous voir m'accorder, mon amie !

— Vous êtes fou ! Par Notre-Dame, il ne sera jamais question de rien de pareil entre nous !

— Pourquoi ? Pourquoi, au nom de Dieu ?

— Parce qu'aucun homme, et vous pas plus qu'un autre, Gildas, ne m'a, jusqu'à présent, suffisamment émue pour qu'il me vînt à l'esprit de le soumettre à l'essai amoureux dont vous parlez. Cet assag ou ce jazer dont notre littérature courtoise nous rebat les oreilles et dont je juge, pour ma part, les jeux inconvenants et malsains, ne me tentent en rien. Si, un jour, j'aime quelqu'un, je ne ferai pas tant de façons pour me donner à lui. Voyez-vous, l'idée de l'amour sans acte me paraît tout aussi absurde que celle de l'acte sans amour !

— C'est à moi que vous parlez ainsi ! Par Dieu, savez-vous bien que je ne puis supporter de vous imaginer éprise d'un autre.

— Soyez donc satisfait : personne n'est encore parvenu à me plaire et notre conversation n'a pas de sens. Quittons-nous, je vous prie. J'ai sommeil. Bonne nuit.

— Ah ! non. Vous n'allez pas m'abandonner ainsi !

Avec l'emportement des timides poussés hors de leurs gonds, Gildas saisit l'adolescente par les épaules, l'attira contre lui et, avec une fougue qui ne laissa pas à sa victime le temps de parer l'assaut, l'embrassa sur la bouche.

Une gifle claqua dans le silence de la nuit.

— Je vous disais bien que vous étiez fou !

Courant, Blanche s'éloignait, disparaissait dans la maison.

Le bruit de l'altercation, suivi de celui d'un claquement sonore, avait réveillé Aude, qui dormait au premier étage, fenêtres ouvertes, dans la chambre de sa mère. A sa gauche, Vivien, tout en sueur, continuait son somme à sa manière agitée, que le repos lui-même n'apaisait pas.

La petite fille s'assit sur le large lit à colonnes dont les courtines étaient relevées pour laisser circuler la fraîcheur nocturne. Sans perdre de temps, elle glissa la main sous son oreiller afin de s'assurer que les feuilles d'armoise, déposées à son coucher, y étaient toujours. Elles s'y trouvaient bien, mais n'avaient pas encore produit leur effet : Aude ne se rappelait rien des rêves qu'elle avait pu faire. Aucun visage masculin ne s'en détachait. L'apparition espérée viendrait sûrement plus tard, quand le sommeil la prendrait de nouveau... D'un geste machinal, elle tâta la place qui, à sa droite, était celle de Marie. Personne !

Était-il tard ? Était-il tôt ? D'où venaient les éclats de voix qui l'avaient tirée de ses songes ?

Elle se leva, passa sur son corps mince la chemise qu'elle avait déposée, selon la coutume, sur la perche de bois fixée au mur afin qu'on y mît les vêtements du jour lorsqu'on les quittait, et se retrouva, les pieds nus dans l'herbe odorante qui jonchait le parquet, devant la fenêtre ouverte.

Il n'y avait plus personne sur le terre-plein que pâlissait la lumière de la lune. La nuit paraissait tranquille. Le coassement caverneux, monotone, des grenouilles, la note flûtée des crapauds troublaient seuls le calme campagnard.

Où pouvait être Marie ?

Couchée, comme son frère, après le retour des danseurs, Aude n'avait rien décelé d'anormal dans le comportement maternel. Elle avait même été heureuse de voir la jeune femme revenir du village plus tôt que prévu. Après avoir souhaité le bonsoir à son ami Côme Perrin, Marie était montée, selon son habitude, avec ses enfants, et s'était mise au lit en même temps qu'eux.

La petite fille, n'ayant rien trouvé de bien intéressant à faire durant le temps où elle était demeurée en compagnie de son grand-père et de tante Charlotte, qui jouaient aux échecs, en avait conclu que la nuit de la Saint-Jean n'était pas aussi chargée de mystère qu'on voulait bien le dire.

Était-ce la sensation du vide à ses côtés ou le bruit retentissant d'une gifle qui l'avait éveillée subitement, à une heure qui ne lui était pas coutumière ? Elle l'ignorait. La lune, encore haute dans le ciel, lui prouvait que la nuit n'était pas achevée... mais où pouvait bien être sa mère ? Que faisait-elle ? Malade, serait-elle sortie pour prendre le frais ? L'air restait lourd dans la pièce, en dépit des fenêtres ouvertes...

Aude n'hésita plus. Elle enfila ses fines chaussures de cuir de Cordoue et sortit sans bruit.

La maison était silencieuse. Légère, la petite fille glissa comme une ombre le long de l'escalier en colimaçon qui conduisait au rez-de-chaussée.

Le chien noir, qui dormait sur le seuil de la salle, dressa la tête, remua la queue, n'aboya pas, quand Aude, relevant sa chemise, l'enjamba pour passer.

Si Marie s'était sentie souffrante, peut-être s'était-elle rendue dans la cuisine pour s'y confectionner une boisson chaude avec des simples ?

La grande pièce était vide. Seul y flottait le relent des nourritures qu'on y avait préparées dans la journée.

La genette sauta du banc où elle léchait avec minutie son pelage, pour venir se frotter aux jambes de l'enfant, qui la caressa distraitement.

Une porte, coupée, à deux vantaux, donnait sur la cour intérieure de la maison, que bordaient les remises, les resserres diverses, le fruitier et l'écurie. Trois chevaux, un mulet et une mule y logeaient.

Poussée par l'inquiétude, Aude sortit. Dehors, il faisait étrangement doux. Une odeur de crottin et de foin stagnait entre les murs encore tièdes qui conservaient un peu de la chaleur emmaganisée tout au long du jour.

Il sembla à l'enfant entendre des rires dans l'écurie.

Il était peu vraisemblable que Marie s'y trouvât, mais sait-on jamais ?

La porte, entrebâillée, permit à la petite fille de se faufiler à l'intérieur du bâtiment sans attirer l'attention de personne.

Une lanterne, accrochée par un clou à un pilier central de soutènement, éclairait les croupes luisantes, les litières piétinées et souillées, les mangeoires vides, les bat-flanc de bois qui séparaient les bêtes les unes des autres. L'enfant remarqua que le cheval gris pommelé de Côme s'agitait plus que ses compagnons et semblait nerveux.

C'est alors qu'elle aperçut, non loin du pur-sang, couchées sur la paille amoncelée dans un coin qui servait à changer les litières, deux formes emmêlées. Elle ne distingua d'abord, de dos, qu'un corps musclé, nu, un corps viril, qui se démenait au-dessus d'un froissement d'étoffe claire et de cheveux blonds répandus. Deux jambes à la peau très blanche l'enserraient à la hauteur des hanches. Des mouvements spasmodiques agitaient au même rythme l'homme et la femme confondus.

Figée près de la porte, la petite fille voyait mal la scène qui se déroulait assez loin de l'endroit où elle se trouvait.

Deux respirations saccadées, bruyantes, puis de petits cris, qui ne semblaient pas traduire une douleur mais une sorte de plaisir aigu et, enfin, confus et mêlés, des râles qui culminaient en une sorte de complainte bestiale s'élevèrent du tas de paille vers les grosses poutres du toit.

Ensuite, ce fut le silence, puis, un moment après, des mots proférés à mi-voix, des mots incertains, incompréhensibles, coupés de rires gras, couverts par le bruissement de la paille remuée. L'enfant reconnut cependant la voix d'Almodie, essoufflée, et celle de Jannequin, le palefrenier, plus basse que d'ordinaire.

Souplement, évitant de faire le moindre bruit, mesurant chacun de ses gestes, Aude se faufila dehors par l'entrebâillement de la porte.

Une fois dans la cour, elle s'appuya un moment, le dos au mur, sans se soucier de la clarté blafarde qui l'éclairait. Son cœur battait, ses jambes tremblaient, une petite sueur coulait le long de son échine. Elle essuya ses mains moites sur la fine toile de sa chemise. Le trouble se doublait en elle de dégoût.

C'était donc ainsi ? Elle avait souvent pu voir à la ferme de la Borde-aux-Moines ou à Pince-Alouette le taureau couvrir la vache, l'étalon saillir la poulinière. Dans la campagne ou même dans la rue, à Paris, il lui avait été donné d'assister à des accouplements d'animaux ou d'insectes, mais un homme et une femme, en un tel

moment, en pareille posture, jamais encore... jamais... Voilà donc
ce qu'on appelait l'amour ? Ces gesticulations, ces cris, ces râles ?
Les bêtes, elles, au moins, se taisaient. Il semblait à l'enfant que,
pour de telles pratiques, le silence était plus digne...

Pendant un laps de temps qu'elle n'aurait su estimer, Aude
demeura ainsi, comme médusée par la découverte qu'elle venait de
faire, puis elle se détacha du mur. La nuit de la Saint-Jean lui avait
réservé un genre de surprise auquel elle ne s'attendait guère, voilà
tout ! Il ne convenait pas pour le moment de s'y attarder davantage.
Plus tard, il faudrait y réfléchir. Ce qui était urgent, à présent,
n'avait pas changé : il fallait retrouver Marie. Pourquoi être venue
la chercher du côté des écuries ? Pouvait-elle se trouver de nuit en
un pareil endroit ? Non, bien sûr... Malade, elle devait plutôt s'être
dirigée vers le jardin ou le verger.

Quittant la cour, Aude contourna la maison, atteignit le terre-
plein. Le jardin ombreux était désert. En revanche, dans le pré, une
des tentes occupées par les garçons paraissait éclairée. Derrière la
toile tendue, une lumière tremblait. Peut-être Marie s'y trouvait-
elle ?

A travers les plates-bandes odorantes et le verger, la petite fille
courut vers la lueur qui apportait, au cœur de la campagne livrée
aux sortilèges nocturnes, une sorte de douceur familière.

Le pan de tissu fermant d'habitude la tente était relevé. A l'intérieur, environnés de toile pourpre, couchés l'un près de l'autre sur
le matelas de fougères recouvert d'une couverture de coton blanc,
Thomas et Agnès dormaient. Placés chacun à un bord de la couche,
tout habillés, ils avaient mis entre eux, fichée droit dans le lit, une
dague qui dressait, pour séparer leurs corps, son manche en forme
de croix. A leur chevet, posée sur le sol, une lampe à huile ajoutait
sa clarté à celle de la lune qui, pénétrant par l'ouverture qui tenait
lieu de porte, projetait sa lumière laiteuse sur le couple endormi.

Émerveillée, Aude demeura longtemps immobile à contempler
les amoureux assoupis, à les admirer. Comme ils étaient beaux et
calmes, tous deux, dans l'abandon de leur pur sommeil ! Tels des
gisants sur une dalle, droits, les mains ouvertes le long de leurs
corps, ils reposaient sans même qu'on entendît leur souffle.

L'ombre de l'enfant, noire, plate, se découpait entre Thomas et
Agnès ainsi qu'une troisième présence silencieuse.

« Ceux-là, au moins, sont respectables, pensa Aude. Ils s'aiment,
c'est sûr, mais ne se comportent pas comme le feraient des
animaux ! »

Depuis l'arrivée des six jeunes gens, elle avait pourtant cru
observer qu'Agnès se souciait davantage de Djamal que de son
cousin, mais le spectacle qu'elle avait sous les yeux lui prouvait le

contraire. Ou elle s'était trompée, ou les sentiments de l'adolescente avaient brusquement changé... qu'importait...

Doucement, à reculons, afin de les voir le plus longtemps possible, l'enfant s'éloigna de la tente pourpre. Celle que partageaient Gildas et le jeune Égyptien, toute proche, demeurait close et muette. Ses occupants, après avoir beaucoup dansé, devaient maintenant dormir, assommés de fatigue, sans ressentir le besoin de conserver de la lumière auprès d'eux. Si Agnès et Thomas avaient ainsi éclairé et ouvert leur abri, c'était, sans doute, pour que les passants éventuels eussent la possibilité de constater sans ambiguïté la sagesse dont ils faisaient preuve.

« Décidément, la nuit de la Saint-Jean se révèle aussi surprenante que je l'espérais, se dit la petite fille. Et je ne suis peut-être pas au bout de mes découvertes ! »

Comme elle ne savait plus où chercher sa mère, elle remonta vers la maison. Durant son absence, Marie était certainement retournée dans leur chambre. Il suffisait de s'y rendre pour retrouver sa présence chaleureuse, sa tendresse...

L'enfant pénétra dans la demeure par la porte qui donnait sur le jardin. Le chien noir n'avait pas bougé. Il ne broncha pas quand il fut une seconde fois enjambé et se contenta de grogner en signe de reconnaissance.

Au moment où la promeneuse nocturne parvenait au bas de l'escalier à vis qu'elle avait déjà emprunté pour descendre, elle entendit des chuchotements qui provenaient de la chambre attribuée à Côme lors de son arrivée. Située dans un renfoncement, à droite des premières marches, la porte s'entrouvrait avec lenteur. Reculant sans bruit jusqu'à la courtine qui fermait le passage qu'elle venait de franchir, Aude se dissimula derrière la lourde tapisserie, tout en prenant soin d'en tenir un pan écarté du mur, afin de découvrir qui allait sortir de la pièce. Le battant de bois sculpté s'ouvrit enfin et Marie, en simple chemise de toile safranée, nu-tête, ses lourdes nattes blondes sur le dos, apparut. Nul autre que ses enfants ne la voyait d'ordinaire dans cette simple tenue, sans rien pour dissimuler ses cheveux, avec cette coiffure du coucher qui la rajeunissait tellement !

La jeune femme jeta un rapide coup d'œil aux alentours, afin de s'assurer que le passage demeurait libre, puis se retourna vers celui qu'elle quittait.

Debout dans l'encadrement de la porte, Côme, aussi peu vêtu que son amie, l'attira contre lui d'un geste possessif. Prenant entre ses mains, comme il l'aurait fait d'un fruit, la tête rieuse, il se pencha vers les lèvres offertes, les baisa longuement.

— Je ne puis me décider à vous laisser me quitter de la sorte, ma mie, dit-il à mi-voix en redressant un visage enflammé pendant que ses doigts, glissant le long du cou, des épaules, des seins, effectuaient un parcours familier. Après les moments que nous venons de vivre, me séparer de vous m'est déchirement.

— Soyez raisonnable, Côme, je vous en conjure ! Vous savez combien je dois me montrer prudente.

— J'ai besoin de vous...

Posant une main sur la poitrine de son amant, Marie le repoussa avec douceur vers la chambre dont on apercevait, par l'ouverture de la porte, le large lit défait, aux draps malmenés.

— Rester ici, ensemble, en cet endroit est trop dangereux. Au revoir, Côme... à bientôt !

Elle se dégagea de l'étreinte qui voulait la retenir et s'élança vers l'escalier où elle disparut.

Le mercier demeura un instant immobile sur le seuil de sa chambre à écouter les pas rapides qui s'éloignaient, puis referma sa porte avec précaution.

Aude se cramponnait à la courtine, qui sentait la poussière et l'humidité. Les lèvres serrées, les yeux durs, elle avait suivi les gestes et l'entretien final du couple, tout entendu, beaucoup deviné.

Ainsi donc, alors qu'elle la recherchait, la croyant malade, seule, sa mère, cette mère qu'elle vénérait, se comportait avec un homme de la même façon qu'Almodie avec le palefrenier, comme la jument avec l'étalon !

L'enfant fut arrachée à la souffrance qui montait en elle par un bruit de pas qui, de nouveau, retentissait dans l'escalier, mais, cette fois-ci, pour le descendre. Sans aucun doute possible, elle reconnut la façon, agile, qu'avait Marie de sauter les marches en courant. La jeune femme, à son tour, devait partir en quête de l'absente, après avoir constaté que le large lit familial ne comportait plus qu'un occupant.

Se trouver face à elle, après ce qu'elle venait de découvrir, parut intolérable à Aude.

La petite fille recula, se coula, ainsi qu'une couleuvre, vers la cuisine, y entra sans bruit, la traversa, sortit une seconde fois dans la cour et, rasant les murs, tourna au plus court, vers l'allée de tilleuls qui conduisait au verger, au bois...

— Aude !

Entre les carrés de fleurs et de légumes, Marie allait et venait, sans savoir où porter ses pas. Qu'était-il arrivé à sa fille ? Pourquoi avait-elle quitté la chambre où elle dormait si profondément auprès de Vivien au moment où elle-même s'était levée pour rejoindre Côme ? L'enfant aurait-elle entendu sa mère s'éloigner ? Certainement pas. A son âge, le premier sommeil, surtout tardif, est inébranlable !

Que penser ? Elle frissonna. Ce n'était pas de froid. Elle avait passé une cotte, jeté un voile sur ses cheveux, et la nuit, qui déclinait à présent, demeurait tiède. L'aube ne serait point aigre comme c'était si souvent le cas, mais douce comme une caresse... Dieu ! Si jamais Aude découvrait les relations que sa mère entretenait avec Côme, de quoi ne serait-elle pas capable ?

— Aude !

Au début de ses recherches, Marie avait craint d'élever la voix, d'appeler tout haut, afin de ne pas réveiller la maisonnée endormie, afin, surtout, d'éviter d'avoir à fournir des explications sur sa propre absence... Bah ! Elle pourrait toujours affirmer que la petite fille avait quitté la chambre en profitant du sommeil de tous. Ce n'était pas là ce qui importait.

Une angoisse de plus en plus vive serrait la poitrine, le ventre, de Marie... Réveillée, et pour quelque raison que ce fût, Aude n'avait pu que constater le vide laissé à ses côtés par le départ de sa mère. Qu'en avait-elle pensé ? S'était-elle levée pour partir à sa recherche ? Dans quelle direction ? Pourquoi n'était-elle pas revenue ensuite au logis ?

Soudain, un coq chanta non loin de là. Un autre répondit. Comme à un signal, quelques trilles, des pépiements, puis des roulades fusèrent. De chaque arbre, de chaque buisson, de chaque recoin, des chants d'oiseaux éclataient, se répondaient, se multipliaient.

Vers l'est, une pâleur incertaine diluait l'obscurité.

Quelqu'un sortit de la maison.

— Que se passe-t-il, Marie ? s'enquit Mathieu Leclerc. Vous appelez Aude ?

— Mon père, elle a disparu !

— Comment, disparu ?

— J'imagine qu'elle a quitté notre chambre pendant mon sommeil. Du moins, lorsque je me suis réveillée, je ne l'ai plus trouvée près de moi.

— Par tous les saints, où voulez-vous que cette enfant soit allée en pleine nuit ?

— C'est bien ce que je me demande.

Des bruits de pas se faisaient entendre dans la salle dont on passait la porte. Charlotte Froment et Eudeline-la-Morèle, hâtivement habillées, achevant de fixer coiffe ou bandeau de mousseline, sortaient presque ensemble de la salle. Il fallut les mettre à leur tour au courant de la disparition d'Aude.

— Voyons, voyons, dit tante Charlotte en grattant de l'ongle son grain de beauté, où peut bien s'être rendue une jeune créature sensible et imaginative comme votre fille en cette nuit de mystère ?

— Mabile va partout racontant que, durant ce temps béni, il convient de se purifier par l'eau. Pas plus tard qu'hier, je l'ai entendue affirmer que la rosée de la Saint-Jean était si bienfaisante qu'on devait, avant l'aube de ce jour-fée, aller s'y rouler entièrement nu !

— Vous croyez vraiment, Eudeline, que ma fille ?...

— Pourquoi pas ? J'ai souventes fois remarqué qu'elle prenait pour paroles d'Évangile tout ce qui tombait de la bouche puante de cette vieille folle, affirma la Morèle. De là à mettre ses racontars en pratique, il n'y a pas loin !

— Qu'en pensez-vous, mon père ?

— Ma foi, je pense que cette petite est habituée à en faire un peu trop à sa tête et qu'à force de lui laisser la bride sur le cou, il n'y a pas à s'étonner si elle prend le large quand elle en a envie... Ne vous formalisez pas de ma remarque, Marie, mais reconnaissez que vous suivez plus que vous ne guidez les tempéraments de vos enfants. D'autre part, j'ai, moi aussi, observé qu'Aude subissait l'ascendant de Mabile et de ses contes à dormir debout... Il ne me paraît donc pas impossible que nous ayons quelque chance de retrouver notre petite fille en train de se rouler dans la rosée... Nous voici, justement, à l'heure prescrite. L'aube point.

L'espoir revenait. Qu'importaient les critiques ? Comment avoir pu oublier la confiance qu'Aude faisait à cette vieille ? se disait Marie. Fallait-il qu'elle-même eût mauvaise conscience pour avoir tout de suite redouté le pire et s'être pareillement affolée pour une sottise sans conséquence ?

— Certains prétendent qu'il est également bon de se baigner, au petit matin, dans la rivière, ou de boire de l'eau à la source la plus proche, afin de se protéger des maladies possibles ou de s'assurer un an de bonheur, reprit Charlotte Froment. Ces superstitions courent les campagnes depuis toujours et conservent des partisans même parmi les grandes personnes. A plus forte raison chez une enfant.

— Dans ces conditions, que faire ? demanda Marie, impatiente.

— Nous disperser et chercher chacun à un endroit différent, conseilla maître Leclerc. J'irai à la fontaine. Vous, Eudeline, courez à la rivière. Il reste les prés. Le nôtre et celui de Léonard. Préférez-vous, Marie et Charlotte, les explorer ensemble ou séparément ?

— Perdons le moins de temps possible, trancha Marie. Voulez-vous, ma tante, vous rendre à notre pré ? J'irai dans celui du fermier.

Ils s'éloignèrent tous quatre.

Le jour se levait. Un air frais, encore vif, déjà doux, circulait à travers le vallon, éveillant un frémissement de vie à la place du calme mystère de la nuit. Les oiseaux s'égosillaient, le ciel devenait rose et or. Provenant du village, on entendait des bruits de portes et de fenêtres ouvertes, des grincements de poulies, des tintements de seaux.

En ce jour férié, personne ne travaillait, mais l'habitude de se lever avec le soleil demeurait et beaucoup devaient s'affairer à se laver de la tête aux pieds avant de partir pour la messe. Il s'agissait d'être propre, corps et âme, en cette grande occasion.

A la Fontaine-aux-Cailles, quelques villageois, hommes et femmes mêlés, achevaient de boire de l'eau.

— Vous n'avez pas vu ma petite-fille ?

— Non point, maître Leclerc. Elle n'est pas venue par ici. On l'aurait remarquée.

Eudeline-la-Morèle eut beau, elle aussi, de son pas sec comme celui d'une mule, longer les bords de la Bièvre, elle ne rencontra que trois ou quatre gamins qui nageaient en s'éclaboussant, et des quantités de grenouilles qui, à son approche, sautaient parmi les joncs.

De son côté, Charlotte découvrit dans le pré, couchés l'un à côté de l'autre, mais toujours séparés par la dague, Thomas et Agnès, dormant sous la toile de tente à travers laquelle l'aurore se teintait de pourpre.

« Ces deux-là sont en train de commettre la plus grande sottise de leur vie, songea-t-elle avec irritation. Ils n'ont même pas l'air de songer aux foudres qu'ils vont déchaîner dès que leurs intentions seront connues ! Quels étourneaux ! »

Elle fut bien obligée d'admettre, d'autre part, que personne ne se roulait dans l'herbe couverte de rosée scintillante. Des milliers de gouttelettes s'irisaient des premiers reflets de la lumière matinale. Le soleil illuminait l'horizon. Mais, seule, Charlotte était à même de profiter du spectacle...

Un vent joueur, porteur de tous les arômes, si puissamment voluptueux, de la terre luxuriante de juin, enveloppa la femme vieillissante qui parcourait le pré à grandes enjambées, en prenant soin, toutefois, de retrousser le bas de sa cotte pour la préserver de l'humidité. En dépit de son âge et de sa préoccupation présente, Charlotte en fut remuée.

« Avoir seize ans en un pareil matin ! Savoir qu'un garçon vous attend, le faire languir, et songer qu'on a toute la vie, tant d'autres nuits, tant d'autres aubes, devant soi ! »

Elle serra les lèvres, se tança.

Allons, Aude n'était évidemment pas dans le pré. Il fallait revenir à la maison. Devant la tente pourpre, elle s'arrêta un instant. Proches et toujours séparés, les amants poursuivaient côte à côte des songes où ils devaient s'unir.

« J'ai eu tort, en passant, tout à l'heure, de les blâmer. S'ils entendent mordre à belles dents ce gâteau ruisselant de lait et de miel, est-ce à moi de le leur reprocher ? Moi qui ne souhaiterais qu'une chose : me trouver à leur place ! Quand l'occasion de connaître cet accord parfait, intime, entre notre propre corps, notre propre cœur et la nature nous est octroyée, il ne convient pas de la dédaigner. Elle ne se renouvelle pas souvent. Il est un temps pour tout, comme me le disait hier au soir maître Leclerc. Un temps pour aimer, et ceux-là ont la chance de s'y trouver, un temps pour méditer... il paraît que j'y suis arrivée. Fasse le Seigneur Dieu que je ne le laisse pas, celui-là aussi, passer sans savoir davantage en profiter que du précédent ! »

Marie, qui revenait du pré de la Borde-aux-Moines, aperçut, de loin, sa tante.

— L'avez-vous vue ? cria-t-elle.

— Hélas ! pas plus que vous, à ce que je constate !

La maison s'ébrouait. Almodie, les cheveux tirés, l'air sage avec sa coiffe de toile nouée sous le menton, descendait d'un pas guilleret au village quérir du lait et des fromages pour le déjeuner qu'on prendrait après la messe.

Gerberge, suant et soufflant déjà, passait, du menu bois plein les bras. Elle allait allumer le feu dans la vaste cheminée de la cuisine pour y faire rôtir du pain.

Derrière la demeure, on entendait Jannequin, le palefrenier, qui sifflait en commençant à étriller les chevaux.

— Aude n'était pas à la fontaine...

— Ni à la rivière...

— Où peut-elle bien se trouver ?

Après avoir parcouru en vain la pâture du fermier, tout en répétant sans cesse : « Seigneur, gardez-la ! Notre-Dame, protégez-la ! » Marie avait fini par s'agenouiller dans l'herbe brillante de rosée. Une oraison pressante lui était montée aux lèvres : « Mon doux Seigneur, je vous en prie, rendez-moi ma fille saine et sauve ! J'ignore pourquoi elle nous laisse ainsi dans l'angoisse, mais Vous le savez. C'est peut-être une vengeance d'enfant blessée. Dans ce cas, ne lui permettez pas d'aller au bout de sa rancune... Quant à moi, je prends devant Vous l'engagement solennel de cesser sans tarder de mener une vie si peu conforme au respect que chacune de vos créatures se doit à elle-même... Mais il me faut un peu de temps pour mesurer à leur juste valeur les sentiments que j'éprouve envers Côme. Accordez-moi quelques semaines de réflexion. Si, d'ici la fin de l'été, je pense pouvoir lier sans trop de risques ma vie à la sienne, nous nous marierons aussitôt. Dans le cas contraire, je mettrai fin immédiatement à une liaison que rien ne justifierait plus... Je jure solennellement, sur les Saintes Reliques révérées par notre gentil roi, de m'en tenir à ce que je viens de Vous promettre. Sire Dieu, écoutez ma prière ! Doux Seigneur, exaucez-moi ! »

Repartie, elle était passée par le petit bois où elle savait que sa fille possédait des caches secrètes. Sous les branches, au creux des taillis, elle avait débusqué un renard, des écureuils, quelques hérissons. Une fouine avait traversé en souplesse le sentier qu'elle suivait.

D'une touffe de fougères, un faisan s'était levé un peu plus loin, dans un grand mouvement d'ailes agitées, et plusieurs lapins avaient bondi à son approche, mais Aude était demeurée introuvable.

— Mon père, j'ai peur !

D'instinct, Marie se tournait vers le patriarche, celui qui se devait de protéger sa maisonnée.

— Calmez-vous, ma fille. En aucun cas, il ne faut perdre l'espoir. Notre enfant ne peut pas être bien loin. Hier soir, elle s'est montrée gaie et tranquille. Avant de monter se coucher avec vous, elle est venue m'embrasser de la façon la plus naturelle du monde. On ne voit pas ce qui aurait pu, durant la nuit, l'inciter à disparaître ainsi en nous plongeant dans l'inquiétude. Elle nous est trop attachée pour accepter de nous faire de la peine... Non, non, je continue à penser qu'elle doit se livrer, non loin d'ici, à quelque mystérieuse pratique, sous la directive de la vieille Mabile... Il serait peut-être avisé de se rendre à la ferme...

— Puis-je savoir ce qui est cause de tant d'agitation ?

L'air heureux, vêtu d'un surcot tout neuf de fine toile verte, coiffé avec soin, rasé de près, Côme sortait de la maison. Il respirait le bonheur.

— Ma fille s'en est allée en pleine nuit, on ne sait où ! lui lança Marie, non sans reproche.

Brièvement, Charlotte mit leur hôte au courant des recherches effectuées.

— On ne disparaît pas de la sorte, à huit ans, sans raison, remarqua le mercier. Si cette petite est partie, c'est, sans doute, pour rejoindre quelqu'un.

— Qui voulez-vous qu'une enfant de cet âge aille rejoindre ainsi, sans m'avertir, au cœur de l'obscurité ?

L'agressivité de la jeune femme était si évidente que Côme n'insista pas. Déconcerté, il se tut.

Vivien apparut au même moment, bientôt suivi de Blanche et d'Ursine.

On tint alors conseil. Interrogé, Vivien avoua tout ignorer de ce qu'avait pu faire sa sœur. A peine couché, il s'était endormi et n'avait plus ouvert l'œil jusqu'au matin.

— Vous parliez, tout à l'heure, mon père, de vous rendre à la ferme interroger Mabile...

— Il est vrai. La mère de Léonard reste notre seule chance. J'y vais de ce pas.

— Puis-je aller avec vous, grand-père ? supplia Vivien.

— Bien sûr, mon garçon, partons. Nous avons juste le temps avant la messe.

Marie les suivit des yeux.

— Durant leur absence, je vais aller me préparer, dit-elle à sa tante. Je ne pourrais attendre leur retour sans m'occuper. Je suis bien trop inquiète !

Elle évitait avec soin de s'adresser à Côme, l'ignorait, se retirait.

Dans sa chambre, elle trouva Guillemine, sa chambrière, qui avait sorti le baquet de bois cerclé de fer qu'on utilisait pour le bain. Un molleton en doublait le fond. De l'eau chaude sur laquelle flottaient des pétales de roses fumait dans la lumière allègre du matin.

— Il fera très beau, aujourd'hui encore, remarqua la servante.

— Eh oui ! Quelle belle journée nous aurions eue, cette année, si ma petite Aude ne s'était pas sauvée ! soupira Marie.

Elle se déshabilla, entra dans le liquide chauffé à point où trempait un sac de toile très fine rempli de son, afin de rendre sa peau plus douce, et se laissa savonner avec une pierre de savon pétri de miel. D'ordinaire, elle prenait plaisir à soigner son corps. Aujourd'hui, elle s'en désintéressait et agissait de façon machinale. Un tourment, que chaque instant écoulé renforçait, l'obsédait. A force de songer aux événements de la nuit, une conclusion s'était imposée à elle : si sa fille s'était sauvée de manière tellement insolite, c'était qu'un événement nouveau était intervenu dans sa jeune existence, et un événement assez douloureux pour lui faire négliger le chagrin, la détresse aisément prévisibles d'une mère qu'elle adorait.

Il ne s'agissait plus de s'illusionner en invoquant la possibilité d'une intervention malencontreuse de Mabile. La réalité, hélas, devait être plus cruelle ! D'une façon ou d'une autre, l'enfant avait surpris le secret des amours maternelles. Blessée, indignée, elle s'était éloignée avec répulsion de celle dont elle ne pouvait supporter de découvrir l'indignité. Compte tenu de son âge et de sa nature passionnée, elle jugeait nécessairement sans indulgence une faiblesse qu'elle ne comprenait pas, qu'elle considérait seulement comme souillure et abominable trahison... Dans ce cas, tout était à redouter !

— Dame, vous pleurez !

— Ne fais pas attention, Guillemine. Je suis inquiète...

— Je comprends, dame, je comprends...

Qu'avait-il pu se passer dans l'esprit d'un petit être aussi pur, aussi intransigeant qu'Aude, si elle avait eu la malchance de découvrir la liaison de sa mère ? Quelle révolte ? Quel mépris ? Quel acte désespéré ?

Avec de l'huile d'amande douce, la servante massait à présent les beaux seins fermes de Marie. Côme prétendait qu'il n'avait jamais rien vu de plus parfait au monde ! Il exagérait, comme tous les hommes épris... Il fallait éviter de songer à celui qui se trouvait être, en partie, par son goût du plaisir, le responsable de la fuite de l'enfant perdue...

Guillemine appliquait ensuite sur la gorge blonde un linge épais, trempé dans un seau d'eau froide, l'essuyait, la lotionnait enfin avec une toile très douce imbibée d'essence de serpolet.

— Dépêche-toi ! Je veux être prête le plus vite possible !

Séchée, poudrée, peignée, nattée, coiffée, Marie enfilait sa chemise, passait une cotte blanche à manches violettes, un léger surcot de soie immaculée, sa guimpe de veuve, des chaussures de peau souple.

Contrairement à son habitude, elle descendit l'escalier avec lenteur. Quelle nouvelle allait-on lui apprendre ? Son beau-père aurait-il, en dépit de ce qu'elle imaginait, pu tirer quelque renseignement utile de la vieille fermière ?

Au bas des marches, elle rencontra Gildas et Djamal, les cheveux encore mouillés, le visage assombri, qui revenaient de la rivière où ils étaient allés se baigner comme ils le faisaient chaque matin.

Les cloches se mirent à sonner pour prévenir les paroissiens que la messe ne tarderait pas.

Réunie dans la salle, une partie de la maisonnée attendait le retour de Mathieu Leclerc avant de gagner l'église.

Thomas et Agnès n'avaient pas encore donné signe de vie, mais on ne s'en inquiétait pas. On savait que, de ce côté-là, il n'y avait pas de mystère. Une gêne pesait. On parlait à peine. Chaque moment écoulé appesantissait un peu plus l'angoisse...

C'est alors que la porte s'ouvrit sans bruit. Blanche entra, tenant Aude par la main. Vêtue de sa seule chemise froissée et salie, décoiffée, les yeux baissés, l'enfant demeura près de la jeune fille dont elle semblait souhaiter la protection.

— Ma fille ! Ma petite fille !

Marie s'élançait, prenait Aude dans ses bras, serrait contre elle avec emportement un mince corps passif, sans réaction, passait outre et embrassait avec transport le petit visage où des traces de larmes restaient marquées dans la poussière qui le barbouillait.

— Seigneur ! Que j'ai eu peur !

— Il ne le fallait pas, dit Blanche avec une calme autorité. Vous n'aviez rien à craindre : votre fille était sous bonne garde !

— Où se trouvait-elle donc ?

— Dans la petite chapelle dédiée à Notre-Dame, à la sortie du village. Elle dormait contre l'autel, aux pieds de la statue de la Vierge Mère.

— Comment avez-vous eu l'idée de la chercher là-bas ?

Afin de dissimuler la gratitude empreinte d'émerveillement qui faisait briller ses yeux, Blanche détourna la tête.

— On m'a mise sur le chemin, voilà tout ! dit-elle avec un accent plein de tendresse. Ne m'en demandez pas davantage.

Marie n'insista pas. Elle serrait contre elle sa fille retrouvée.

— Aude, ma douce, ma petite perle, pourquoi vous être sauvée ainsi, sans rien dire ? Pourquoi nous avoir laissés si longtemps dans l'inquiétude ?

— Cette nuit n'était pas comme les autres... J'ai voulu me mettre à l'abri du Mauvais, loin de lui, près de sainte Marie, parce qu'elle est toute pure et que vous portez, vous et elle, le même nom... dit l'enfant.

6

Le tintement des cloches réveilla Thomas.

Touchée par le flamboiement du soleil, la toile pourpre de la tente s'éclairait, se nuançait en transparence, de rouge vif, vermeil comme le sang. La chaleur commençait à se faire sentir.

« Comment avons-nous pu nous endormir l'un près de l'autre comme deux enfants, malgré l'émerveillement ? En dépit du désir ? songea le jeune orfèvre. C'est en contemplant Agnès que j'ai été saisi par le sommeil, c'est en la regardant que je veux saluer le jour ! »

Il se redressa sur un coude, considéra avec enivrement l'adolescente endormie près de lui, si proche et, cependant, intouchable... A demi enfantin dans son repos, noyé dans la blondeur mousseuse des cheveux qu'elle avait consenti, pour lui seul, à dénouer avant de se coucher, le clair visage de la dormeuse bouleversa Thomas. Elle respirait calmement, mais ses lèvres remuaient comme si elle récitait en rêve quelque litanie... Son teint, rosi aux pommettes, conservait la blancheur des pétales de l'hellébore. Des veines à peine visibles couraient sous la peau fragile des tempes, du cou... Le surcot de fine toile brodée moulait un corps menu, aux attaches délicates, bien qu'aux formes prometteuses...

— Ma mie, il vous faut réveiller ! La messe sonne et nous devons partir sans plus tarder si nous ne voulons pas en manquer le début.

Il se pencha, retira la dague du matelas où il l'avait enfoncée la veille avant de s'étendre, baisa d'un effleurement les lèvres dont la chaleur l'incendia et se leva d'un bond.

— N'y a-t-il pas moyen de descendre à la rivière pour nos ablutions ? s'enquit Agnès d'une voix encore molle de sommeil.

— Par Dieu non, ma mie ! Nous avons tout juste le temps de gagner l'église si nous voulons demander les grâces et les bénédictions qui nous sont nécessaires.

L'adolescente se redressa, se mit debout, s'approcha de son ami, posa bien à plat une de ses mains sur la poitrine d'athlète où le cœur bondissait.

— Savez-vous que je vous aime ? murmura-t-elle doucement. Toute la nuit, j'ai rêvé de vous et n'ai pas cessé de vous le dire et redire.

— Nous nous aimons, Agnès, nous nous aimons et l'avenir est à nous !

Les yeux clos de félicité, il la souleva entre ses bras, la pressa contre lui.

— Après la messe et afin de gagner du temps, je me rendrai à cheval chez mon père, à Paris, pour lui faire part de notre décision de nous marier et pour le prier de nous bénir, reprit-il avec passion. Il me tarde tellement que vous soyez mienne !

— Je suis vôtre, et si vous le souhaitez...

— Ne me tentez pas. Venez, partons.

Dehors, il ne faisait pas encore vraiment chaud. Le soleil montait à l'horizon, mais l'air conservait une certaine alacrité matinale. Le pré embaumait.

— Nos voisins sont déjà sur le chemin de la messe, remarqua Thomas. Leur tente est vide. Rejoignons-les.

Dans l'église remplie de monde jusque sur le parvis, parmi les senteurs de l'encens et des roses qui fleurissaient l'autel, l'office se déroula avec solennité.

Comme un autre encens, comme un autre arôme, les prières qui s'élevaient de chaque âme cherchaient à rejoindre, sur le rythme des chants liturgiques, le cœur du monde, le cœur de Dieu.

Éperdus d'amour, Agnès et Thomas faisaient avec ardeur oraison l'un pour l'autre, pour leur union, pour leur avenir.

Ils ne remarquèrent pas la mine défaite de la petite Aude debout près de sa mère. Marie suppliait la douce et sainte Vierge de venir en aide à l'enfant qui, au cours de son mystérieux périple nocturne, avait cherché refuge dans la chapelle mariale. Que savait au juste la petite fille ? Avant de monter se laver et se changer, si rapidement qu'elle n'avait eu le temps de rien expliquer, pourquoi Aude avait-elle parlé du Malin et de la pureté de Notre-Dame, de la pureté de Marie ?

Placé entre Vivien et Charlotte Froment, Côme, assombri, se répétait qu'il était urgent d'obtenir un moment d'entretien pour avoir une explication avec son amie.

Mêlé aux fidèles qui se tenaient bien droits, les pieds au frais parmi l'herbe et les fleurs qui jonchaient le carrelage, dans une odeur de verdure piétinée et de corps récemment nettoyés, le reste de la famille offrait des actions de grâces pour le retour de la brebis perdue et retrouvée.

L'abbé Piochon fit un sermon sur saint Jean-le-Baptiste, dernier prophète avant le Messie.

Le curé de Gentilly s'exprimait avec force et conviction. Robuste, presque aussi large que haut, avec une tête carrée, des épaules de paysan, un regard sans détour, il avait la réputation d'allier un rude bon sens à une foi pleine de santé.

— Je me nomme Piochon, avait-il l'habitude de dire en riant, pour ce qu'il m'est échu d'être, ici-bas, le pic de Dieu ! Toujours à creuser, à piocher, à fouiller, à défoncer vos épaisses cervelles, vos consciences endormies, vos âmes de mécréants !

Bon vivant, il proclamait sa confiance dans le Seigneur avec vigueur, nettement, sans ambiguïté, ce qui était bien vu de la plupart de ses ouailles.

Certains lui reprochaient d'être trop porté sur les plaisirs de la table, de manger et de boire avec excès, mais, dans l'ensemble, on le lui pardonnait volontiers. Ce n'était pas là ce qui comptait.

La messe chantée, on sortit de l'église dans un caquetage de volière. La jeunesse du village gagna derechef le pré de la butte qui descendait vers la rivière. Un grand concours de tir à l'arc y avait été organisé.

Sur le chemin du retour, en passant devant une maison dont la propriétaire vendait à sa fenêtre des aulx et des oignons, ainsi que des chapeaux de jonc tressé, Thomas s'arrêta pour acheter un brin de jonc.

— Conformons-nous à la coutume, ma mie, proposa-t-il, et apprêtons-nous à tirer chacun de notre côté sur ce scion afin de savoir celui de nous deux qui est le plus épris.

— En Touraine, on ne connaît pas cet usage, dit Agnès. Que faut-il faire ?

Le reste de la famille s'éloignait, les laissant seuls devant la maison de la marchande. La femme se mit à rire.

— En ce jour de la Saint-Jean, vous devez tirer sur ce brin de toutes vos forces et en même temps, demoiselle, vous et votre amoureux. Si le jonc se rompt exactement par le milieu, c'est que votre amitié est exactement partagée. S'il se casse en deux parts inégales, c'est celui qui détient le morceau le plus long qui est réputé le plus aimant !

— Mais, Thomas, je suis beaucoup moins forte que vous !

— Peu importe, ma mie. Ce n'est pas une question de vigueur, mais de sentiment ! Essayons toujours.

Le rameau se rompit par la moitié.

— C'est un bon présage, estima la marchande. Il est rare que, dans un couple, il n'y en ait pas un des deux plus épris que l'autre ! Vous avez de la chance.

— Dieu vous entende, commère ! Qui n'en a besoin ?

Ils ne s'attardèrent pas davantage en route et gagnèrent la maison des champs où chacun se préparait à attaquer le déjeuner du matin. Restés à jeun pour communier, les commensaux de maître Leclerc n'en étaient que plus affamés.

— Je vais faire seller un des chevaux de notre hôte et partir sur-le-champ sans perdre du temps à manger, dit Thomas. J'ai hâte que notre mariage soit réglé.

— Je vous attendrai en me morfondant, mon amour, mais vous avez raison, il convient d'avertir vos parents immédiatement, puis les miens, tout de suite après.

Pour le premier repas de la journée, pris en commun dans la salle, on servit du fromage, du lait caillé, de la soupe au vin, du jambon, du miel, des crêpes et des tranches de pain rôties.

Au sortir de la table, où maîtres, amis et serviteurs s'étaient restaurés dans la bonne humeur, et pendant qu'on démontait la table pour nettoyer la salle, changer la jonchée d'herbe et essuyer les meubles, Côme parvint à retenir un bref moment Marie. Il l'entraîna derrière la courtine qui fermait le passage vers l'escalier.

— Il faut que je vous parle.

— Je n'en ai pas le loisir !

— Vous me boudez !

— Non point. J'étais tourmentée, voilà tout.

— Je vous vois, à présent, si différente de cette nuit !

— Les circonstances ne sont pas les mêmes non plus ! Vous semblez oublier combien je me suis fait du souci.

— Par Dieu ! Je ne l'oublie pas ! Mais pourquoi, je vous prie, m'en tenir rigueur à moi ? A moi qui ne désire que votre bien !

— Je ne vous en veux pas, mon ami... du moins, je ne vous en veux plus... Séparons-nous, maintenant que je vous ai tranquillisé. Nous ne pouvons pas demeurer plus longtemps dans ce coin sans éveiller l'attention.

— Toujours votre prudence !

— Hélas ! J'ai bien peur de ne pas en avoir suffisamment fait preuve cette nuit !

— Que voulez-vous dire ?

— Rien... Rien... Quittons-nous !

Elle relevait la courtine, rejoignait les autres.

— Venez-vous avec nous, Marie ?

— Où donc ?

— Nous allons nous promener au bord de l'étang du Sanglier Blanc.

— C'est trop loin et il fait trop chaud ! Je reste ici.

Sollicitée à son tour, Agnès prétexta la fatigue pour ne pas s'éloigner de la maison. Afin de tuer le temps qui lui durait, elle monta filer sa quenouille dans la chambre des filles.

« J'aime ! J'aime ! se disait-elle avec ferveur. Il me faut conserver précieusement en mon souvenir chaque détail de ces premiers moments de notre amour, les y graver à jamais ! »

Elle se penchait sur son miroir d'étain poli, s'y contemplait avec respect : « Voici donc le visage d'une fille amoureuse ! », allait à la fenêtre, observait avec application la vallée, les toits du village derrière les peupliers, le bois, le jardin... « Il ne faudra rien oublier, fixer pour toujours ces heures qui sont le plus beau présent que Dieu ait pu nous faire ! »

A l'ivresse, succédait bientôt l'angoisse : pourquoi Thomas restait-il si longtemps absent ? Paris n'était éloigné de Gentilly que d'un peu plus d'une lieue... il aurait déjà dû être de retour...

On approchait de onze heures, du repas pris en fin de matinée, quand le bruit d'un trot précipita la fileuse à sa croisée. Ce ne fut pas Thomas qu'elle vit apparaître, mais Bertrand Brunel, le père de son ami. Il avait l'air mécontent.

« Doux sire Dieu, protégez-nous ! Je vous en supplie, ne nous abandonnez pas en chemin ! Qu'a-t-il bien pu se passer à Paris pour que Thomas ne revienne pas ? »

L'orfèvre l'avait remarquée à sa fenêtre.

— Pourriez-vous descendre un moment, Agnès ? cria-t-il de loin. J'ai à vous entretenir.

— Me voici.

Le visiteur sautait du cheval qu'il confiait à Jannequin, aussitôt accouru. Agnès le rejoignit sur le terre-plein.

— Dieu vous garde, mon oncle. Désirez-vous entrer dans la salle ?

— Non point. Les préparatifs du dîner nous gêneraient pour parler. Rendons-nous plutôt dans le verger.

Sous un pommier, un banc accueillit Agnès, dont le corps défaillait. Bertrand Brunel préféra rester debout devant elle. A travers les branches chargées de petites pommes vertes, le soleil, de nouveau redoutable, glissait en taches de lumière qui tremblaient sur le visage aux mâchoires accusées et le surcot bleu du père de Thomas. Grand, musclé, mais sans un pouce de graisse, l'orfèvre était un bel homme. D'ordinaire empreints de courtoisie, ses traits indiquaient en cet instant une grande contrariété. Agnès le savait autoritaire déjà en temps normal et appréhendait un caractère dont la réputation d'exigence n'était plus à faire. Au cours des ans, le jeune homme remuant et gai de jadis s'était durci. Il se voulait maintenant totalement responsable et armé de fermeté face aux assauts de l'existence. S'il savait encore se montrer bon compagnon quand les circonstances le permettaient, il n'en demeurait pas moins vrai que la nécessité de prendre en main les affaires familiales, les complications inhérentes à la vie de père de famille et la quarantaine proche, avaient trempé l'homme au maintien courroucé qui dévisageait sans indulgence l'adolescente assise devant lui.

— Une scène très pénible nous a opposés, Thomas et moi, commença-t-il sans ménagement. Je ne l'aurais jamais cru capable de tant de violence à mon égard, surtout en présence de sa mère... Je me suis vu contraint de le faire enfermer et garder dans une pièce de notre maison. Il s'agissait de l'empêcher à tout prix de venir vous rejoindre ici.

Il se tut. Agnès se mordait les lèvres pour ne pas pleurer.

— Bien entendu, vous êtes au fait du fol entêtement qui pousse Thomas à vouloir vous épouser.

Ce n'était pas une question, mais une affirmation et un reproche.

Un merle, qui se régalait de cerises un peu plus loin, lança quelques roulades moqueuses qui avaient l'air de se rire des démêlés humains.

— Nous nous aimons, dit Agnès en manière de justification. Vous ne pouvez pas savoir combien nous nous aimons.

— Par tous les diables, comment pourrais-je l'ignorer ? Thomas n'a pas cessé, durant notre altercation, de clamer ses sentiments pour vous et de se porter garant de ceux que vous lui vouez !

— Il avait raison.

— Il a tort !

Bertrand Brunel croisa les bras.

— Comment en êtes-vous venus à oublier l'un et l'autre que vous êtes cousins germains ?

— Non par le sang !

— Qu'importe ? En vous adoptant, ma sœur Florie vous a introduite dans notre famille de façon définitive. Cette parenté-là est tout aussi inviolable que l'autre. Jamais l'Église ne donnera son consentement à votre mariage !

— Nous ne pouvons plus vivre l'un sans l'autre !

— Il faudra pourtant bien vous y accoutumer, ma nièce !

Le regard clair se fit plus dur, réprobateur.

— Ce n'est pas uniquement pour vous faire part d'un refus, qui n'aurait jamais dû, si vous aviez tant soit peu de jugement, faire le moindre doute dans votre esprit, que je suis venu vous trouver, mais pour vous demander de préparer vos affaires sans plus attendre. Je vous emmène avec moi sur-le-champ.

Agnès se leva. Sa petite taille la désavantageait face à un interlocuteur de la stature de Bertrand, mais elle puisait dans son amour le courage de défier celui qui s'interposait entre elle et son bonheur.

— Je ne vous suivrai pas.

— Il ferait beau voir...

— C'est tout vu ! A moins que vous ne me conduisiez auprès de Thomas.

— Pour vous donner ma bénédiction, sans doute ?

— Nous aurions aimé la recevoir, mon oncle, soyez-en certain. Mais, puisque vous nous la refusez, nous serons bien obligés de nous en passer. Vous savez que l'accord des parents n'est pas indispensable à un mariage.

— Par Dieu ! Vous ne manquez pas d'audace, Agnès ! et je constate que vous voilà aussi enragée que mon étourneau de fils ! Je me vois donc forcé de vous redire ce que je n'ai cessé de lui répéter : ce n'est pas de notre propre chef que sa mère et moi-même nous opposons à votre projet. C'est la loi qui interdit toute union entre cousins germains !

— Je ne suis pas vraiment la cousine de Thomas !

— Vous l'êtes ! N'en doutez pas !

La force nerveuse de l'adolescente l'abandonna soudain. Sa jeunesse n'était pas habituée à de semblables affrontements et le désespoir l'emporta dans son cœur. Elle poussa un gémissement et tomba sur l'herbe, pâmée.

Bertrand Brunel se pencha vers elle. La pitié prenait à présent en lui le relais de la colère. Il souleva le corps fragile entre ses bras et se dirigea vers la maison.

Comme il parvenait au terre-plein, Marie sortait de la salle. Elle paraissait agitée.

— Qu'est-il encore arrivé à Agnès ? demanda-t-elle en s'immobilisant dans la brutale lumière de cette fin de matinée, qui lui faisait plisser les paupières.

— Elle souffre du cœur ! lança Bertrand à sa sœur.

— Du cœur ? Mais il faut la soigner au plus vite !

— N'ayez crainte, Marie, ce n'est pas d'un mal corporel que je faisais état, mais d'une peine sentimentale ! Ni vous ni moi ne sommes en mesure d'y porter remède.

La jeune veuve n'eut pas besoin d'autres explications. Ce que tout le monde avait pu observer depuis la veille et ce que sa tante lui avait confié au sujet des deux jeunes gens lui revinrent à l'esprit. Ses propres préoccupations l'en avaient distraite.

— Je vois de quoi il s'agit, dit-elle. Que comptez-vous faire ?

— Les séparer. C'est l'unique solution. J'ai déjà été forcé d'enfermer Thomas chez moi, mais je crains sa violence et son opiniâtreté. Pour revenir ici chercher sa belle, il est bien capable de se sauver par quelque tour de sa façon. C'est ce que je veux éviter. Aussi vais-je conduire cette enfant en lieu sûr. Sa pâmoison me facilite la tâche.

— Il est triste d'avoir à étouffer dans l'œuf un premier amour, soupira Marie. Mais il est également certain qu'aucun prêtre ne consentira à unir des cousins germains...

— C'est ce que je m'évertue à leur faire admettre à tous deux ! Mais ils sont butés l'un et l'autre comme des mules !

— Pauvres mules qui ne pourront pas tirer de compagnie la charrette de leurs espoirs, dit Marie avec mélancolie. La vie est bien étrange, Bertrand, qui sépare certains et en unit d'autres sans beaucoup de discernement.

— Il ne s'agit jamais que des apparences, ma sœur. De rien de plus, de rien de moins... Savons-nous ce qui se dissimule derrière elles ? N'oublions pas que ce qui nous paraît noir est presque toujours blanc, alors que ce qui nous semble blanc est noir !

— Il est tellement aisé de se laisser abuser...

— Bien sûr. La difficulté est d'accepter que les opinions le plus généralement admises sont fausses, et que nous sommes de pauvres créatures enfoncées dans l'erreur. Il est dur, mais nécessaire de reconnaître que la facilité nous perd alors que les épreuves nous font le plus grand bien.

— Vous êtes dans le vrai, reconnut Marie, mais, Dieu ! que nous sommes donc faibles et mal armés pour un tel combat !

— Sans doute... mais nous ne sommes ni seuls ni totalement démunis. Il ne faut pas que ce soit en vain que la foi nous ait été donnée !

Une porte claqua. Vivien apparut.

— Allons-nous bientôt dîner ? demanda l'enfant, sans se soucier de troubler l'entretien de sa mère et de son oncle.

— Je pense que oui...

— Je m'en vais donc, dit Bertrand. J'emmène avec moi cette écervelée. Elle n'a pas fini de se débattre dans les mailles du filet où la voilà prise !

— Elle est arrivée ici avec un coffre rempli d'effets...

— Croyez bien, Marie, que je regrette d'interrompre si abruptement le séjour que vous offrez avec tant de générosité à ces enfants. Mais, vous le constatez, je ne pouvais faire autrement. Pour le coffre, soyez tranquille ! je vais l'envoyer prendre !

Il gagna l'écurie, réclama son cheval, déposa son fardeau entre les bras du palefrenier, se mit en selle, et hissa enfin à sa hauteur Agnès toujours évanouie. D'un bras ferme, il la maintint contre sa poitrine afin de l'empêcher de glisser.

Jusqu'à Paris, le trajet ne fut guère long. Pourtant, il y avait pas mal de monde sur la route qui longeait le cours verdoyant de la Bièvre, et davantage encore dans les prairies avoisinantes où la rivière se divisait en deux bras très proches. Beaucoup de Parisiens et d'écoliers avaient coutume de venir se promener dans les parages, les jours de fête, afin de se délasser des contraintes de la cité. Certains pêchaient poissons ou écrevisses, d'autres jouaient aux quilles, aux boules, aux palets. Femmes et filles cueillaient des brassées de fleurs des champs et de feuillages.

Au moment où passait Bertrand Brunel, des groupes s'étaient installés un peu partout à l'ombre des saules ou des aulnes, autour de nappes étalées sur l'herbe, et déballaient des victuailles apportées dans de grands paniers d'osier.

Quelques regards curieux se tournèrent vers le cavalier et son étrange fardeau, mais personne ne jugea bon d'intervenir.

Passé la porte Saint-Victor, la traversée des rues, de la Cité, des ponts, vidés par l'heure du repas autant que par la chaleur, se fit sans encombre.

Au lieu de se rendre à son domicile, rue des Lavandières, Bertrand se dirigea sans hésiter vers la rue des Bourdonnais.

— Où me menez-vous donc ? balbutia Agnès, qui avait repris connaissance.

L'orfèvre l'aida à se redresser et la dévisagea avec sévérité.

— Chez mon père, où vous serez en sûreté, protégée de vous-même et de ce fou de Thomas, répondit-il sans ambages. Vous connaissez le logis et Tiberge-la-Béguine vous y accueillera bien volontiers. Je l'ai fait prévenir de votre venue et de ses raisons.

Depuis la mort de Mathilde, la belle demeure de maître Brunel avait perdu beaucoup de son animation. Une fois veuf, Étienne s'était entièrement tourné vers ses souvenirs et entretenait sous son toit le culte de la disparue. Il vivait seul avec sa vieille intendante et quelques serviteurs.

Son isolement s'était encore accru après le départ de son fils aîné, Arnauld, qui avait depuis peu quitté l'aile du domicile où il s'était installé au moment de son mariage, pour gagner l'Italie en compagnie de son épouse égyptienne, Djounia, et de leurs deux enfants. C'était Louis IX en personne qui avait dépêché, à titre d'ambassadeur, son trouvère préféré, son ancien compagnon de Saint-Jean-d'Acre, auprès de son propre frère Charles d'Anjou. Devenu roi de Naples et de Sicile depuis la victoire de Bénévent, remportée au mois de janvier précédent sur son rival Manfred Hohenstaufen, ce prince fastueux tenait sur ses terres une véritable cour. Arnauld et les siens ne semblaient pas s'y déplaire.

Aussi la grande demeure était-elle devenue fort silencieuse.

Bertrand y fut accueilli par Tiberge-la-Béguine, toujours aussi imposante par son maintien et par sa corpulence.

— Je ne veux pas déranger mon père, dit l'orfèvre. Vous le préviendrez quand vous en jugerez le moment venu. Pour l'instant il ne s'agit que de ne pas laisser cette enfant quitter le logis. J'en suis navré pour elle, pour vous, pour nous, mais il est indispensable de la tenir enfermée en attendant que nous ayons décidé de la marche à suivre pour le bien de chacun. Je compte sur vous, Tiberge. Veillez sur elle. Je vous la confie.

La vieille femme considérait avec commisération l'adolescente que Bertrand venait de déposer à terre.

— Je l'ai connue toute petiote, dit-elle en avançant la lèvre inférieure en une sorte de moue édentée qui lui était familière. C'est une vraie pitié d'avoir à la tenir prisonnière à présent !

— Dieu me garde, Tiberge ! Ce n'est pas non plus de bon cœur que je me suis résolu à cette extrémité, mais je ne vois pas le moyen de procéder autrement. Veillez, si c'est possible, à ce que le temps ne lui pèse pas trop, mais songez que son honneur et la paix de toute notre famille sont sous votre responsabilité !

— Je vais la conduire dans l'ancienne chambre des filles et l'y enfermer à double tour, assura l'intendante. N'ayez crainte, je ne la laisserai pas s'échapper !

Bertrand se pencha sur sa selle.

— Voyez, Agnès, ce que votre inconséquence, à Thomas et à vous, nous conduit à faire ! Je veux espérer que la sagesse vous viendra assez vite pour qu'on puisse sans tarder vous rendre à la liberté. Maintenant, il me faut m'en retourner vers mon forcené de fils !

Il salua, passa le portail, disparut.

— Venez, petiote, dit Tiberge-la-Béguine. Vous coucherez ce soir dans le lit où notre Florie a dormi jusqu'à son mariage. Espérons que vous vous y trouverez bien.

Quand la porte de la chambre se fut refermée sur elle, Agnès se laissa tomber sur la couche et se mit à pleurer. Que faire ? Comment prévenir Thomas du lieu où elle se trouvait ? Comment le rejoindre ?

Un désespoir où demeuraient des restes d'enfance la secouait de sanglots. Passer sans transition de l'exaltation amoureuse la plus intense à l'abattement qui l'accablait n'était pas supportable. A peine éclos, son bel amour était donc condamné ! Qu'allait-elle devenir si son ami ne trouvait pas le moyen de venir la délivrer ? Resterait-elle longtemps enfermée dans cette maison ? Cette maison qu'elle avait jadis connue toute bruissante de vie et qui s'était tristement refermée depuis lors sur la mémoire d'une absente ?

A la rigueur, elle pouvait envisager de s'enfuir durant la nuit par la fenêtre, à l'aide de draps noués, mais le mur abrupt qui, de l'autre côté de la cour, la séparait de la liberté, était beaucoup plus difficile à franchir. En plus, l'idée de se retrouver, après une éventuelle évasion, seule, perdue dans la grande ville qu'elle connaissait à peine, l'épouvantait.

Quand Tiberge lui apporta, un peu plus tard, sur un plateau de vannerie, un repas froid, l'adolescente avait cessé de pleurer. Étendue sur le lit, les sourcils froncés, elle nattait ses cheveux.

— Je n'ai pas faim.

— Il faut vous nourrir. Vous prendrez bien une aile de ce chapon rôti, ou une tranche de ce pâté de chevreau, à moins que vous ne préfériez deux ou trois beignets de fleurs ou un peu de ce bon fromage à la crème que voilà !

— Non. Je ne veux rien. Si on me tient séparée de Thomas, la vie ne m'intéresse plus. Je n'ai plus qu'à me laisser mourir... de faim ou autrement, peu importe !

— Vous l'aimez donc si fort, ce rouquin !

— Plus que vous ne sauriez l'imaginer. Pour toute la vie. Jusqu'à la mort.

— Racontez-moi comment vous est venu ce beau feu.

— Vous faites bien de parler de feu : nous avons été foudroyés tous deux, au même moment, voilà tout. Notre histoire est brève, Tiberge, mais elle durera jusqu'à notre dernier souffle.

— Comment pouvez-vous en être tellement certaine ?

— Parce que nos êtres sont à jamais unis par l'échange de nos sangs, de nos cœurs, de nos âmes ! J'ai été touchée par la grâce de l'amour comme d'autres le sont par la foi !

— Ce sont là serments de jeunesse. Nous en reparlerons dans dix ans !

— Vous ne comprenez rien à ce qui nous est arrivé, Tiberge ! Nous sommes liés l'un à l'autre éternellement, comme Tristan et Yseult-la-Blonde l'étaient par le philtre qu'ils avaient bu.

— Ils sont morts cruellement.

— Ils sont partis ensemble ! Tout est là. Je veux bien mourir demain, si c'est entre les bras de Thomas !

L'intendante soupira, posa son plateau sur un escabeau, et s'en fut, les épaules courbées par l'accablement, trouver son maître afin de le tenir au courant de ce qui se passait sous son toit.

Assis dans un fauteuil à haut dossier, entouré de coussins, Étienne Brunel lisait un évangéliaire. La mort de sa femme l'avait éloigné de tout ce qui n'était pas un passé dont il remuait sans fin les cendres refroidies. Quand il partirait à son tour rejoindre Mathilde, il n'aurait pas grand-chose à quitter en un monde dont il se sentait totalement détaché. L'amertume que son épouse lui reprochait autrefois s'était, après son veuvage, muée en un dégoût de l'existence, en une lassitude, une répugnance à participer à l'agitation humaine, qui l'avaient vite conduit à se désintéresser de sa profession comme de tout le reste. Après avoir confié la marche de son orfèvrerie à Bertrand, il s'était retiré dans sa maison et n'en sortait plus que pour aller prier en l'église des Saints-Innocents où était ensevelie Mathilde. Sa famille elle-même lui était à charge. Âgé de soixante-dix-huit ans, il attendait la mort et la jugeait bien lente à venir.

Le dos voûté, les gestes appesantis, le teint gris, il était devenu l'image même du chagrin, du renoncement. Ses traits ravagés, ses yeux aux pupilles décolorées gardaient une expression absente, vide de lumière.

Tiberge le mit au courant de l'arrivée chez lui d'Agnès, des motifs qui avaient amené Bertrand à prendre la décision d'enfermer l'adolescente.

— Si Thomas aime vraiment cette jeune fille, il trouvera bien le moyen de venir la reprendre, et tous les murs du monde n'y changeront rien ! remarqua le vieillard.

— Votre fils m'a bien recommandé de veiller, justement, à ce que ça ne se produise pas !

— C'est qu'il méconnaît les ressources du cœur, Tiberge ! En agissant comme un homme raisonnable, il oublie que l'amour, justement, n'est pas raisonnable, point du tout...

Sa personne n'était-elle pas la preuve vivante de ce qu'il affirmait ? Depuis onze ans que Mathilde était morte, n'aurait-il pas dû, raisonnablement, se résigner à sa perte ?

— J'ignore ce que vaut l'attachement de ces enfants, reprit maître Brunel ; mais, s'il est de qualité, je ne donnerais pas cher des précautions prises par mon fils !

Il en avait presque l'air satisfait, comme si, dans sa détresse, l'évocation de l'amour, même chez autrui, était seule encore capable de le conforter.

Ce témoignage d'intérêt, cependant, fut de courte durée. Il rouvrit le livre qu'il avait posé sur ses genoux pendant les explications de sa gouvernante. Ses mains amaigries, aux veines noirâtres et gonflées, maniaient avec précaution le manuscrit enluminé dont Marie avait elle-même orné les feuillets avant de lui en faire présent.

— Bien que je comprenne les motifs qui poussent Bertrand à agir comme il le fait, reprit le vieil homme au bout d'un moment, je regrette son intervention. La tendresse humaine doit être sacrée, partout, toujours. Elle reste le seul sentiment capable de nous sortir de notre égoïsme... et puis, ne l'oublions pas, à la fin des temps, nous serons jugés sur l'amour !

— Pas sur l'amour illégitime, tout de même !

— Dieu seul sait... La vie est si difficile, dit Étienne Brunel en appuyant son pouce et son index sur ses yeux fatigués, le temps d'aimer si bref...

— Votre fils, pas davantage que Florie, ne peut accepter une union qui serait interdite par la loi, par l'Église !

— Sans doute, sans doute...

Il reprenait sa lecture, inclinait vers le gros livre un front barré de rides.

Tiberge-la-Béguine considéra un instant son maître avec perplexité, puis, le voyant reparti vers son monde intérieur, elle tourna les talons et quitta pesamment la pièce. Partagée entre son sens du devoir et la commisération qu'elle ne pouvait s'empêcher de ressentir envers les amoureux dont elle devait combattre les projets, elle se sentait déchirée. Comme certaines femmes d'âge, elle se montrait bien plus sensible, vers la fin de sa vie, au pouvoir des passions qu'elle ne l'avait jamais été durant sa maturité. Mais que faire contre la loi ?

La journée s'écoula dans une torpeur étouffante que troublait uniquement le bourdonnement des mouches.

Quand le soir s'annonça, l'intendante d'Étienne Brunel n'avait toujours pas trouvé de réponse à sa question.

Ce fut seulement après le souper, refusé par Agnès avec le même dédain que le dîner, que l'idée vint à Tiberge de se rendre à la chapelle la plus proche afin de confier au prêtre qui la desservait ses scrupules de conscience.

Pourvu qu'elle prît certaines précautions, s'absenter pour si peu de temps ne lui parut pas incompatible avec la mission reçue.

Comme chaque soir, après son repas, Étienne Brunel s'était retiré dans la chambre qu'il occupait autrefois avec Mathilde. Selon son habitude, il devait mettre la disparue au courant des événements de la journée. Bien souvent, à travers le bois de la porte où elle collait son oreille, Tiberge avait entendu le veuf parler à mi-voix à celle qui, pour lui, demeurait présente dans la pièce où elle avait rendu le dernier soupir.

Au début, ce discours qui n'obtiendrait jamais de réponse ici-bas, cet entretien avec une morte avait épouvanté l'intendante. A présent, elle s'y était accoutumée et ne s'en étonnait plus.

Afin de s'éloigner du logis, même pour peu de temps, l'esprit en repos, la vieille femme alla s'assurer que son maître procédait bien, une fois de plus, au récit des faits et gestes de la maisonnée dont il avait pu avoir connaissance au cours des heures précédentes. Quand elle eut reconnu le ton confiant et familier avec lequel Étienne contait ses impressions et ses remarques à l'auditrice invisible dont l'attention bienveillante ne faisait aucun doute pour lui, Tiberge se retira sans bruit. Après avoir posté une des petites servantes dans le couloir, devant la porte de la chambre fermée, et lui avoir enjoint de ne laisser entrer personne, elle quitta la demeure de maître Brunel.

Elle s'attarda néanmoins plus longtemps qu'elle ne l'avait prévu à la chapelle, où le prêtre qu'elle avait l'habitude de consulter, retenu lui-même au chevet d'un mourant, arriva avec du retard.

Aussi le soir commençait-il à descendre d'un ciel toujours aussi serein quand elle se retrouva dans la rue, l'âme affermie et assurée de son devoir.

Mais à peine eut-elle refermé derrière elle la porte de la maison de son maître, que toutes ces certitudes s'écroulèrent.

Debout sur le seuil de la salle, appuyé au bras de Thomas, et ayant retrouvé, semblait-il, un certain intérêt pour les événements qui se passaient hors de son monde clos, Étienne Brunel conversait avec le rebelle. En bonne intelligence, cela sautait aux yeux !

— Ne prenez pas cet air courroucé, Tiberge, dit-il en remarquant la mine chargée de reproches de son intendante. Ce que j'avais prévu est simplement arrivé, voilà tout. Ce garçon a trouvé le moyen de s'échapper de l'endroit où on le tenait enfermé et, dans un mouvement de confiance spontanée qui me touche beaucoup, il est aussitôt venu me trouver. Il voulait me demander aide et conseil... sans se douter un instant que je détenais la réponse à toutes ses questions en la personne de celle qu'il ne savait où aller chercher.

— Votre fils avait, pourtant, bien recommandé...

— Je suis encore maître chez moi, que je sache ! C'est donc moi qui décide de ce qui est bon, céans, ou de ce qui ne l'est pas. Je réglerai cette question avec Bertrand quand je le reverrai... Il ne m'avait, d'ailleurs, mis en aucune façon au courant de tout cela et je ne me suis jamais engagé à quoi que ce soit envers lui.

— Dans ces conditions, je n'ai plus qu'à me taire, bougonna la Béguine.

— Absolument, opina maître Brunel. Mais ce n'est pas suffisant. Il vous reste, aussi, à nous prêter main-forte.

— Par tous les saints ! Vous voulez donc, messire, me pousser à renier ma parole !

— Vous ne ferez qu'obéir à un ordre, rien de plus. C'est là un des avantages certains de votre charge. Vous ne pouvez en aucun cas être tenue pour responsable de l'exécution d'un commandement qui vous est imposé.

— Ma bonne Tiberge, dit Thomas avec un sourire enjôleur, ne vous tourmentez point. Si vous y tenez, je m'engage à témoigner devant mon père de votre parfaite loyauté envers lui, et de la réprobation que vous avez témoignée à l'égard de nos projets.

— Puis-je, au moins, les connaître ? s'enquit l'intendante avec majesté. Puisqu'il semble qu'on ait, tout de même, besoin de mes services.

— C'est fort simple, reprit maître Brunel. Je ne puis garder chez moi ces enfants sans l'accord de leurs familles respectives. On aurait vite fait de les y reprendre et de les séparer. Or, je sais que vous vous êtes liée d'amitié avec la marchande de cire à laquelle nous avons coutume d'acheter cierges et chandelles quand nous nous rendons sur la tombe de ma chère femme, au charnier des Saints-Innocents.

Il soupira.

— Eh bien, cette fréquentation va nous être fort utile, reprit-il en se forçant à continuer. Il vous faut aller de ce pas la trouver pour lui demander si elle consentirait à abriter pour quelque temps, dans son échoppe, sous la galerie voûtée où elle loge, mon petit-fils et la jeune Agnès.

— Seigneur ! Que dites-vous là ?

— L'espace béni où reposent les trépassés, tout en étant public, n'est-il pas sacré ?

— Si. Bien sûr.

— A ce titre, ne jouit-il pas, comme les églises, du droit d'asile ?

— Sans doute.

— Il m'apparaît donc comme le lieu de refuge idéal pour qui tient à se soustraire à des poursuites, de quelque ordre que ce soit. Je ne vois pas de meilleur abri pour nos amoureux !

— Dieu Tout-Puissant ! Vous voulez les faire loger ensemble chez la venderesse de cire !

— Thomas m'a donné sa parole qu'ils sauraient demeurer chastes tant que nous n'aurons pas trouvé le moyen de les unir en mariage légitime.

— Vous l'avez cru ?

Le vieillard se redressa.

— Tiberge, vous n'êtes qu'une femme indigne de mon estime si vous ne vous montrez pas capable de discerner la pureté d'un amour comme celui dont je vous parle ! Il ne s'agit en rien ici d'un simple entraînement. Thomas a eu, pour m'en entretenir, des accents auxquels je ne pouvais me tromper : j'en reconnaissais l'écho.

7

— Le temps qu'il fait durant les cinq jours qui séparent le Saint-Jean de la Saint-Pierre annonce sans erreur ce que seront les six mois à venir, dit Thomas à Agnès. Du moins la coutume l'affirme. Après l'orage que nous avons eu hier, voici le soleil revenu. C'est bon signe : nous aurons un bel été, ma mie ! Un bel été d'amoureux !

Assis l'un près de l'autre sur le dernier degré d'une des hautes croix hosannières [1] qui parsemaient le cimetière des Saints-Innocents, ils observaient, dans la fraîche lumière que la pluie de la veille semblait avoir lavée, la foule des visiteurs qui, du matin au soir, envahissaient le vaste terrain séparé de la ville par une enceinte de dix pieds. Au-dessus de celle-ci se découpaient les toits pentus des maisons avoisinantes.

---

1. Calvaires où l'on se rendait en pèlerinage au chant de l'Hosanna.

— Quel curieux endroit ! dit Agnès, appuyée à l'épaule de son ami. Il ne m'a jamais été donné, nulle part, d'en voir de plus animé ni de plus bruyant. Il sert vraiment à tout !

Thomas se mit à rire.

— N'oubliez pas que c'est là le plus grand champ clos de Paris, ma douce ! Comme on y dispose de beaucoup de place, on en profite de toutes les façons : on y traite davantage d'affaires que sur un foirail, la justice y rend ses sentences publiques, les orateurs les plus réputés viennent s'y faire entendre, on y célèbre toutes sortes de cérémonies officielles, et, d'autre part, on y boit et on y mange autant que dans les auberges les mieux achalandées, on s'y promène plus à l'aise que dans les rues, et bien des amants s'y retrouvent pour s'entretenir de leurs amours !

— Je n'y étais jamais venue et n'en soupçonnais rien.

— C'est, pourtant, un lieu célèbre ! Comme on y jouit des franchises de l'immunité, beaucoup de marchands préfèrent venir y vendre leurs produits plutôt qu'ailleurs.

Des enfants, qui jouaient à cligne-musette, passèrent en piaillant.

— Malgré tout ce que vous m'en dites, je ne m'y sens guère bien, reprit Agnès. Les autres réfugiés qui sont venus s'y soustraire à la loi ne me paraissent pas le moins du monde rassurants. Certains d'entre eux me jettent des regards qui me mettent au supplice !

— C'est parce que vous êtes trop jolie, mon cœur ! Les ribaudes dont ils font leur ordinaire ne vous sont en rien comparables.

Il prit une des mains abandonnées sur le surcot de toile fine et en baisa dévotement chaque doigt.

En ce matin de la Saint-Pierre, ils habitaient depuis cinq jours chez la marchande de cire et commençaient à s'interroger sur la durée d'une hospitalité qui ne pouvait se prolonger encore bien longtemps. Guirande-la-Cirière était une brave femme à la vertu peu farouche, qui avait jugé divertissant de protéger les amours de deux adolescents en difficulté. Mais elle n'avait pas l'intention de leur laisser indéfiniment l'usage du réduit servant de chambre que comportait, en plus de son échoppe, son étroit logement adossé au mur du cimetière. Coincé entre les arcades et les niches funéraires qui encerclaient l'espace consacré, ce gîte minuscule n'avait, de toute évidence, pas été conçu pour qu'on y vécût durablement à plusieurs.

A certains signes, Thomas et Agnès avaient compris que les jours de répit dont ils profitaient leur étaient comptés. Ils n'en parlaient encore entre eux qu'avec prudence, mais un même souci les taraudait. Que deviendraient-ils quand il leur faudrait quitter un asile peu commode, certes, mais sûr ? Où aller ensuite ?

Le lendemain même de leur installation chez la cirière, Laudine, la mère de Thomas, avertie par son beau-père, Étienne Brunel, avait rendu visite aux deux jeunes gens. Laissant pour un moment les cinq enfants qui lui restaient à la maison, elle était venue se rendre compte de la situation de son fils et lui apprendre le départ de Bertrand vers la Touraine. Furieux et blessé d'avoir été trahi, l'orfèvre avait décidé d'aller trouver sa sœur et son beau-frère, afin de s'entretenir avec eux des suites à donner à la fugue des amoureux. Comment les parents adoptifs d'Agnès prendraient-ils les événements survenus depuis la Saint-Jean dans l'existence, jusque-là si sage, de leur fille ? Comment envisageraient-ils ses projets matrimoniaux ? Laudine n'avait pas dissimulé au couple qu'elle partageait à son égard la réprobation de son époux. Il paraissait certain que les membres raisonnables de la famille réagiraient de même.

Autour des fugitifs, se dressaient condamnations et interdits... L'amour éclairait cependant le moindre instant d'une intimité si neuve qu'elle les grisait comme un vin de fête. Ils ne se lassaient pas de se mirer dans les prunelles l'un de l'autre et repoussaient d'instinct, dans un avenir sans visage, les menaces qui pesaient sur leur félicité présente. Vivre ensemble suffisait pour un temps, bien qu'il leur fût de plus en plus difficile, le soir venu, de trouver le sommeil, séparés comme ils l'étaient par la dague plantée entre eux. Le désir les tourmentait et ils ne savaient plus si c'était respect de leur propre engagement, ou de la promesse faite à Étienne Brunel, ou bien répulsion pour le lieu indigne où il leur aurait fallu s'aimer, qui leur permettait de tenir parole.

— Doux ami, je donnerais dix ans de ma vie pour ne pas être considérée comme votre cousine, murmura Agnès en caressant la tête rousse inclinée sur ses mains. Nous serions si heureux sans cette adoption !

— Sans elle, nous ne nous serions jamais connus, ma mie ! Ce qui aurait été pire que tout !

Un moine se mit à prêcher non loin d'eux, du haut d'une chaire de pierre prise dans la façade de l'église, qui était tournée vers le cimetière. Sa voix grave, nasillarde, passait au-dessus des auditeurs qui se pressaient devant lui et parvenait jusqu'au couple assis au pied de la haute croix.

— Éloignons-nous, proposa Thomas. Je connais le frère Ernoul et n'ai pas envie de l'écouter. Il est un peu trop verbeux pour mon goût !

— J'aimerais aller saluer notre amie la recluse, dit Agnès. C'est une femme remplie de sagesse.

Parmi les herbes folles et la terre caillouteuse qui affleurait partout, quelques tombeaux, d'autres croix hosannières en pierre ou en bois, une lanterne des morts, d'humbles tombes bosselant le sol ici où là composaient un décor mi-champêtre mi-macabre, familier à tous. Les Parisiens, en effet, aimaient à se promener dans cet espace public et préservé, à y faire collation, et même à y venir danser, en dépit des interdictions renouvelées par plusieurs conciles qui avaient tenté en vain de prohiber, dans ces lieux consacrés, les danses, les jeux de hasard, les exhibitions des jongleurs, des mimes, des musiciens ambulants, aussi bien que la vente du vin, des gaufres, du pain ou de toutes autres marchandises profanes.

— Je suis frappée de voir tant de petites sépultures enfantines en dehors de l'église, constata Agnès. Au fond, seuls les pauvres et les nourrissons sont enterrés ici.

— Chacun tient à se trouver le plus près possible du Saint-Sacrement, expliqua Thomas. C'est pourquoi les seigneurs, les membres du clergé, les riches marchands, les artisans bien établis, mais aussi pas mal de petites gens du menu peuple se font ensevelir au pied des autels, sous les dalles du chœur, dans les chapelles attenantes, sous le parvis, les auvents, les galeries adossées au mur de l'église ou dans les enfeus creusés dans ces mêmes murs que vous voyez là-bas. C'est uniquement faute de place qu'on en est venu à enfouir les défunts impécunieux et les tout-petits dans ce terrain à ciel ouvert. C'est également pour cette raison qu'on les y met gratuitement, alors que les tombes de l'intérieur, si recherchées, coûtent fort cher.

— Morts ou vifs, nous restons donc toujours soumis au pouvoir de l'or ! soupira Agnès. Heureusement que certains savent encore s'en passer !

Ils arrivaient devant un reclusoir. La cellule, fort exiguë, où s'était fait murer, afin de se consacrer à la prière et à la pénitence, celle qu'ils venaient visiter, donnait à la fois dans l'église et dans le cimetière.

Devant l'étroite fenêtre grillagée qui ouvrait de leur côté, une femme vêtue comme une humble veuve, un panier au bras, terminait une conversation avec la recluse. Dès qu'elle aperçut les jeunes gens, cette dernière les salua.

— Dieu vous bénisse, gentils amoureux ! J'ai prié pour vous cette nuit, dit-elle en souriant.

Enfermée dans son étroite demeure depuis plus de dix ans, Enid-la-Lingière offrait l'image d'une gaieté sereine qui lui valait, de la part de ceux qui ne cessaient de venir lui demander conseil ou réconfort, une véritable vénération.

Ancienne ouvrière du linge, sa piété, au dire de ceux qui la connaissaient alors, avait toujours été exemplaire. Autour de la trentaine, elle avait décidé de renoncer aux biens de ce monde et de se faire emmurer par son évêque, au cours d'une cérémonie solennelle. Elle voulait se vouer à l'oraison. Le champ des morts qu'elle avait choisi pour unique et définitif horizon inspirait ses méditations mais ne semblait en rien les assombrir.

— Regardez comme on me gâte, dit-elle à ses visiteurs.

A travers le grillage, elle leur montrait un pain rond et un fromage de chèvre à la croûte bleutée que la veuve venait de déposer sur le tour fixé dans l'épaisseur du mur afin que la recluse, en le faisant pivoter, pût s'en emparer.

— Si j'acceptais de manger tout ce qu'on me donne, reprit-elle avec un rire, je serais si grasse que je ne tiendrais plus dans ma cellule. Il faudrait l'agrandir !

On savait qu'elle distribuait la majeure partie des offrandes qu'elle recevait aux nécessiteux et aux habitants plus ou moins recommandables qui fréquentaient le charnier où elle s'était établie.

— Bonne dame, nous souhaiterions, nous aussi, vous faire don de nourriture, mais, vous le savez, nous sommes à présent sans ressources, avoua Thomas d'un air gêné. Ne nous en veuillez pas !

Quand il s'était enfui, après avoir, dans sa fureur, brisé la porte de la pièce où son père l'avait enfermé, l'adolescent avait dû verser entre les mains du valet chargé de le garder tout le contenu de sa bourse. Il fallait bien dédommager ce serviteur complaisant de la perte certaine de sa place. Thomas se serait donc retrouvé sans un sou si son aïeul ne s'en était avisé. C'était Étienne qui avait fourni à son petit-fils ce dont il avait besoin pour payer le loyer, les repas et les scrupules de Guirande-la-Cirière. A présent, il ne restait plus rien de ces subsides.

Depuis que Bertrand Brunel l'avait enlevée de force, Agnès, de son côté, n'avait pu recouvrer ce qui lui appartenait et qui était demeuré chez Mathieu Leclerc.

— Ce n'est certes pas à des jouvenceaux comme vous de m'entretenir, moi qui pourrais être votre mère ! s'écria Enid-la-Lingière avec vivacité. Il y a bien assez de gens charitables pour subvenir à mes besoins !

La femme au panier s'éloigna.

— Dame, dit Agnès en appuyant son front au treillage, dame, nous vous remercions de faire oraison à notre intention. Nous sommes si démunis que, seul, le Seigneur peut nous tirer d'affaire.

— On ne Le prie jamais assez, demoiselle ! Quand on les Lui demande, on acquiert tant de grâces qu'on en est comblé, mais, voyez-vous, tout le monde méconnaît la puissance infinie de la prière.

— Heureusement qu'il se trouve des personnes comme vous pour y consacrer leur vie, dit Thomas. Il faut être aveugle et sourd pour ne pas admettre l'immense utilité des contemplatifs. Ils sont nos avocats auprès du Très-Haut !

— Qui parle d'avocats ? Voilà une engeance détestable !

Deux hommes jeunes, qui flânaient autour de l'église, venaient d'interrompre leur déambulation pour se mêler à la conversation.

Vêtus de surcots sales et rapiécés, la tête couverte d'une coiffe attachée sous le menton et aussi malpropre que les cheveux gras qui en dépassaient, ils avaient assez mauvaise allure.

— Vous avez eu à vous en plaindre ? s'enquit la recluse avec intérêt.

— Certes oui ! Par les cornes du diable ! Nous comptions sur certains d'entre eux pour nous tirer d'un mauvais pas où la perfidie d'un ami nous avait mis, répondit le plus âgé, qui ne devait guère avoir plus de vingt-cinq ans et dont l'œil droit était voilé d'une taie blanchâtre, mais, après nous avoir, par de belles promesses, extorqué nos espèces sonnantes et trébuchantes, ils n'ont rien fait pour notre cause ! Charognards et compagnie, voilà ce qu'il en est, des avocats ! Croyez-moi sur parole !

Personne ne jugea utile de lui demander des explications sur l'affaire à laquelle il faisait allusion. Entre les résidents temporaires des Saints-Innocents, la discrétion était de mise.

« Bien peu de ces individus le sont, innocents, songea Thomas. A les entendre, ce sont toujours les autres qui les ont plongés dans l'embarras, mais chacun sait que les réfugiés contraints à chercher protection dans cet enclos ont, fort souvent, la conscience des plus alourdies ! »

Les autres habitants du lieu, dont certains étaient installés en la place depuis assez longtemps pour y avoir élevé un petit logement, semblaient s'accommoder sans trop de difficulté d'un voisinage plus que douteux.

Pendue au bras de son ami, Agnès gardait obstinément les yeux baissés tandis que les deux truands détaillaient avec une tranquille impudence son corps avenant dont une simple cotte moulait le buste.

— Merci pour vos oraisons, chère dame, et à bientôt, trancha Thomas, qui ne pouvait se permettre de faire un esclandre dans le seul endroit où il leur avait été donné de trouver refuge. Nous reviendrons vous voir sans tarder.

Il entraîna Agnès vers l'église.

— Quelle pitié, ma mie, de vous voir forcée de cohabiter avec de semblables vauriens ! gronda-t-il dès qu'ils furent hors d'écoute. Par Dieu ! Mes poings me démangeaient de belle façon durant que ces deux-là vous lorgnaient comme chair de bœuf à l'étal d'un boucher !

— Oublions-les, mon cher amour. Votre force est ma meilleure protection. Vous n'avez même pas besoin de vous en servir. Il suffit que ces ribauds mesurent votre carrure pour leur ôter toute envie d'insister.

Sous le porche de l'église, des marchands de petits pains, de saucisses cuites et de cervoise offraient leurs denrées aux passants.

A l'intérieur de la nef, où ils avaient suivi, un peu plus tôt, la messe matinale, Agnès et Thomas prièrent un moment, la main dans la main. Autour d'eux, des gens allaient et venaient. Certains conversaient à mi-voix, d'autres traitaient des affaires, concluaient des marchés, se fixaient rendez-vous pour la fin de la journée, ou se retrouvaient pour s'en aller, enlacés, vers des coins d'ombre. Des mères de famille, assises dans l'herbe répandue sur le dallage, allaitaient leurs petits tout en surveillant les plus grands qui, en courant, sortaient de la maison de Dieu ou y entraient.

Une femme agenouillée dans le chœur, à quelque distance du couple, se leva au bout d'un moment, secoua le bas de sa cotte où des brins de verdure demeuraient suspendus, et se dirigea vers les jeunes gens. C'était Blanche.

— Vous, ma sœur ! Soyez la bienvenue !

— J'ai précédé d'une journée le reste de la famille qui rentrera demain seulement de Gentilly, où ne resteront que les enfants sous la garde de maître Leclerc et de tante Charlotte, expliqua la nouvelle venue. Je tenais à vous voir sans tarder.

— Vous ne pouvez savoir quelle joie c'est de vous retrouver, dit Agnès. Nous nous sentons si perdus en cette étrange retraite.

— Venez. Il y a trop de monde dans la nef.

En se frayant un passage à travers la foule et sans se consulter, ils gagnèrent une chapelle latérale pour laquelle ils avaient une prédilection. C'était là en effet, sous la dalle se trouvant au bas des marches de l'autel dédié à la Sainte-Famille, que reposait Mathilde Brunel, la grand-mère de Blanche et de Thomas. Près de la pierre gravée d'une simple croix, que diaprait de reflets violemment colorés la lumière du jour filtrant à travers un vitrail, ils se sentaient soutenus, protégés par celle qui s'en était allée rejoindre le Seigneur.

La chapelle était presque vide. Une vieille femme, à genoux, priait près de l'entrée et, dans un coin, deux mendiants se frictionnaient les jambes, les bras et les joues avec des tiges et des feuilles écrasées. Ce devaient être des pieds de renoncule scélérate dont on savait qu'ils usaient pour se provoquer des ulcères de la peau afin d'apitoyer plus aisément les passants.

— Depuis votre départ, on ne parle que de vous deux à Gentilly, dit Blanche à mi-voix quand ils eurent pris place tous trois sur les degrés de pierre de l'autel. Vous devez vous en douter.

— Que dit-on ?

— C'est selon. Certains vous blâment, d'autres vous plaignent. Je suis persuadée que beaucoup vous envient.

Elle considérait le couple avec bienveillance. Il était clair qu'elle ne se rangeait parmi aucun de ceux dont il venait d'être question, mais que sa sympathie n'en était pas moins assurée aux deux réprouvés.

— Qu'avez-vous au juste à nous dire ? s'enquit Thomas, qui n'aimait pas attendre. Parlez, je vous en conjure !

— Je suis venue me renseigner auprès de vous, mon frère. Trop de bruits courent sur votre compte pour que j'aie voulu me faire une opinion avant de m'en être expliquée avec vous. Ce que je sais tient en peu de mots : fous l'un de l'autre, vous vous êtes enfuis pour vous réfugier en ce charnier qui est lieu d'asile comme l'église qu'il entoure. Très bien, mais il me semble que cet abri est précaire et que vous ne pouvez songer à y demeurer fort longtemps.

— Nous ne souhaitons qu'une chose, assura Agnès, sortir d'ici le plus vite possible.

— Pour aller où ?

— Par tous les saints ! dit Thomas, nous n'en savons rien ! Toute la question est là ! En attendant, nous voici enfermés dans cet enclos comme rats en souricière !

D'un geste qui rappela à sa sœur des chagrins enfantins qui n'étaient guère lointains, il fourrageait des deux mains dans sa chevelure de cuivre, comme s'il avait espoir d'en faire jaillir la lumière.

— Comment envisagez-vous l'avenir ? reprit Blanche. Vous n'ignorez pas plus que moi à quel point la loi ecclésiale se montre sévère en matière de parenté prohibée.

— Aucun lien de sang n'existe entre Agnès et moi !

— Ne jouons pas sur les mots, Thomas ! La parenté spirituelle est jugée tout aussi réelle que l'autre. Aux yeux de l'Église, vous êtes cousins germains. Chacun sait qu'en droit canon un motif de cet ordre est, presque toujours, décisif. Il n'y a pas à sortir de là : ou bien vous l'admettez, et il ne vous reste plus qu'à vous quitter à jamais, ou bien vous récusez l'ordre chrétien et, en même temps, vous vous condamnez tous deux à un destin de bannis.

— Rien ne peut nous séparer !

— Je pensais bien que vous réagiriez ainsi, dit Blanche. C'est pourquoi je suis venue.

— Vous accepteriez de nous venir en aide en dépit de la forfaiture dont on va nous accuser ?

Thomas se penchait avec incrédulité vers sa sœur, dont le visage, dans la pénombre chaude et parfumée d'encens, reflétait une détermination tranquille.

— Entendons-nous bien, dit-elle. Il ne s'agit pas pour moi de pactiser avec des révoltés, mais de porter assistance à des êtres que j'aime tendrement et auxquels m'attache le degré de parenté le plus proche qui soit. Je vous vois acculés à prendre une décision dont dépendra tout le reste de votre existence. C'est un choix d'une extrême gravité pour vous et pour ceux qui éprouvent de l'affection pour vous. Il ne me semble pas possible de vous abandonner en une telle situation !

Dans un élan de gratitude, Agnès embrassa Blanche avec fougue.

— Soyez bénie, dit-elle, pour votre amitié et pour votre courage !

— J'espère bien être bénie ! s'écria la jeune fille avec vivacité. C'est là mon plus cher désir !

Thomas secoua la tête avec amertume.

— Vous allez vous mettre toute la famille à dos pour pas grand-chose, ma pauvre sœur, dit-il. Il ne faut pas nous leurrer. En dépit de vos intentions, si bonnes soient-elles, que pouvez-vous faire pour nous ?

— Vous éviter le pire !

— Comment ? Réfléchissez : qui prête main-forte à des criminels devient leur complice...

— Je n'ai pas l'intention de vous aider à braver les lois, mon frère, mais, tout au contraire, à trouver une solution qui vous permette de les avoir avec vous.

— Vous avez une idée ?

— Peut-être...

Elle s'interrompit parce qu'une femme entre deux âges, et richement vêtue, hésitait à pénétrer jusqu'à eux. Visiblement à la recherche d'un coin tranquille où s'entretenir avec le jeune écrivain public qui se tenait d'ordinaire dans un des bas-côtés de l'église, elle pinçait les lèvres de mécontentement en trouvant la chapelle occupée. Cette découverte avait interrompu une conversation animée qu'elle entretenait avec le clerc. Il semblait qu'elle voulût entraîner le pauvre garçon dans une machination contre laquelle il se rebellait. Quand elle vit la place prise, elle s'en détourna avec un geste de dépit et s'éloigna, entraînant sa victime dans son sillage.

Le trio la suivit des yeux, attendant qu'elle fût hors de portée pour reprendre l'échange interrompu. Dans leur coin, les mendiants continuaient leur triste besogne.

— Vous disiez ? reprit Thomas en s'appliquant à mettre une sourdine à ses habituels éclats de voix.

— Il y a une solution, dit Blanche. Une seule.

Sous le léger couvre-chef de lingerie qui dissimulait en partie ses cheveux, son visage reflétait une énergie qui la vieillissait un peu et laissait pressentir ce que la maturité ferait d'elle.

— Depuis que j'ai appris votre fuite, continua-t-elle, ce que tout le monde appelle votre folle équipée, j'ai beaucoup réfléchi à votre situation et me suis mis la cervelle à l'envers pour y trouver un remède. Il ne convient pas, dans un cas comme celui-là, d'agir à l'étourdie. Surtout pas ! Bien que notre père n'ait point encore porté plainte contre vous, il ne saurait manquer de le faire en rentrant. Vous savez qu'il s'est rendu en Touraine, à Thuisseau, afin d'avertir les parents adoptifs d'Agnès de ce qui vous arrive et pour aviser avec eux. Vous disposez donc de quelques jours pour adopter une ligne de conduite, après, il sera trop tard.

— Hors du fait que nous n'accepterons jamais de renoncer à notre amour, nous ne savons que décider, avoua Thomas.

— Pour sauver cet amour, il va vous falloir consentir à un sacrifice momentané, dit Blanche. Voici ce que je vous propose : grâce à une ruse que je vous exposerai en détail une autre fois, je crois pouvoir vous faire sortir d'ici sans encombre, en déjouant l'attention des gardiens qui veillent toujours aux portes. Une fois dehors, je conduirai Agnès soit chez grand-père Brunel, qui a pour vous une indulgence certaine, soit chez une amie, ou bien dans un couvent. Ce sera à elle de choisir. Pendant ce temps, mon frère, vous partirez pour Rome, à bride abattue. Une fois là-bas, vous vous démènerez tant et si bien que vous obtiendrez du pape, il faut l'espérer, une dispense de mariage sans laquelle vous ne pouvez songer à vivre en paix. Le plus souvent on n'en accorde qu'aux grands de ce monde, mais je connais sur place quelqu'un qui pourra, peut-être, vous aider...

La mine réservée des amoureux la fit sourire.

— On peut faire confiance à Thomas pour ne pas perdre de temps en route, dit-elle avec enjouement. Dès son retour, vous serez libres de vous marier. Un tel résultat ne mérite-t-il pas quelques renoncements ?

Il y eut un silence, meublé par le bruit de jupes de la vieille femme, qui devait avoir fini ses prières, et s'en allait.

— Avez-vous jamais été amoureuse, Blanche ? demanda Agnès.

— Ma foi, non !

— Si vous l'aviez été, vous comprendriez mieux ce que votre proposition a d'inacceptable, ma mie. Nous séparer, fût-ce pour une heure, est un supplice. Que serait-ce durant des mois ? Nous n'y survivrions pas !

Blanche inclina la tête, comme pour écouter un écho au fond de son cœur.

— L'amour humain comporte donc de telles exigences ? demanda-t-elle.

— Plus encore que vous ne pouvez l'imaginer !

— Tant pis ! Réfléchissez tout de même, je vous en prie, à l'offre que je viens de vous faire. Votre bonheur futur n'est possible qu'au prix d'un peu de temps perdu. N'en vaut-il pas la peine ?

— Si je quitte Agnès, on parviendra, d'une façon ou d'une autre, à s'emparer d'elle. Je ne la retrouverai jamais !

Thomas parlait avec conviction. Le front baissé, les yeux durcis, il ressemblait plus que jamais à un taureau prêt à charger.

— Je la garderai à l'abri des intrigues.

— C'est ce que vous croyez, ma sœur ! N'oubliez pas que vous serez seules, toutes deux, contre une famille nombreuse et déterminée.

Il s'interrompit. Les deux mendiants, qui en avaient terminé avec leur répugnante opération, s'agitaient dans l'angle de la chapelle. Ils ne se décidèrent toutefois pas à quitter les lieux et s'étendirent l'un près de l'autre, fraternellement, dans des remugles nauséabonds de loques crasseuses, avec l'évidente intention de faire un somme.

— Dieu me pardonne, reprit Thomas en s'efforçant de nouveau de parler bas, mais il n'est nullement certain que j'obtienne jamais cette maudite dispense ! Si je reviens sans elle de mon voyage à Rome, que deviendrons-nous alors ?

— Nous en serons ramenés à l'état présent des choses, mon frère.

— Justement ! Pourquoi, je vous le demande, tant de peines, de pleurs, de temps envolé, si c'est pour nous retrouver là où nous en sommes aujourd'hui !

Un homme et une femme tendrement enlacés vinrent s'incliner devant l'autel de la Sainte-Famille et y firent une courte oraison avant de gagner la chapelle voisine.

— Vous n'acceptez donc pas ma proposition ? reprit Blanche avec regret quand ils eurent disparu.

— Hélas ! Nous ne le pouvons, ma mie ! Soyez-en pourtant remerciée de tout cœur. Nous n'oublierons pas votre bonté pour nous. Seulement, voyez-vous, vivre l'un sans l'autre ne nous est plus possible.

Agnès parlait d'une voix calme, mesurée, mais il n'y avait pas à se méprendre sur son intonation. Elle était capable de mourir s'il le fallait plutôt que de se séparer de Thomas. Blanche songea que rien ni personne ne parviendrait jamais à contraindre cette âme-là.

— Votre projet était généreux, ma sœur, dit Thomas à son tour, mais impraticable. Il n'y faut plus songer.

— Alors, que faire ?

— Je ne sais. Dieu nous aidera.

— Eh bien, puisque vous êtes inébranlables, dit Blanche en se levant comme sous le coup d'une inspiration, c'est moi qui partirai pour Rome à votre place !

— Vous !

— Pourquoi pas ? Il ne manque pas de pèlerins désireux de partir pour la Ville Éternelle. Je me joindrai à eux.

— La route n'est pas sans danger.

— Rien n'est sans danger, Thomas ! Des centaines, des milliers de gens partent chaque année en pèlerinage. Je ne ferai pas autre chose que ce qu'ils font tous.

— Risquer une pareille aventure sans personne de la famille pour vous tenir compagnie serait fort imprudent, ma mie. N'oubliez pas que vous êtes fille et, à ce titre, plus vulnérable que beaucoup.

— Nous verrons bien !

— Nos parents trouveront dans votre départ une raison de plus de nous en vouloir, renchérit Thomas. Ils vont nous accuser de vous avoir précipitée dans les plus affreux périls !

Blanche haussa les épaules.

— Il m'importe peu, dit-elle avec obstination. Vous connaissez le respect que je porte à nos parents, mais, au-dessus d'eux il y a notre Père du ciel. En vous aidant, je suis certaine de ne pas contrevenir à sa loi d'amour. Le reste...

« Qu'aurait pensé Mathilde Brunel, qui gît là, sous cette dalle, du nouveau scandale qui va éclabousser les siens ? » se demanda fugitivement Agnès en se rappelant un autre événement douloureux dont son enfance avait subi le contrecoup.

Avant de quitter la chapelle, ils s'inclinèrent tous trois devant l'autel et devant la tombe de pierre polie, puis gagnèrent la nef où la foule circulait de plus belle.

— Par Notre-Dame ! s'écria Blanche tout à coup. Je sais ce que je dois faire ! Je vais aller trouver notre grand-mère Ripault. Elle n'hésite jamais à partir en pèlerinage pour demander aux saints thaumaturges la guérison de notre pauvre oncle Marc. Elle ne refusera certainement pas de venir avec moi.

Tout le monde s'apitoyait sur l'acharnement de cette mère qui ne se lassait pas d'aller implorer un miracle en faveur du fils infirme qu'elle adorait. Depuis des années, Yolande Ripault parcourait tous les lieux sanctifiés dont elle entendait parler.

— Il est vrai qu'elle ne s'est pas encore rendue à Rome, admit Thomas en enjambant une jeune fille qui, les bras en croix, semblait en extase au milieu de la presse environnante.

— Vous voyez ! Tout va s'arranger. Ne désespérez pas. Je reviendrai bientôt vous tenir au courant de mes préparatifs de voyage. En attendant, prenez patience. Une fois au but, je ferai tout au monde pour obtenir la dispense nécessaire à votre mariage !

On sentait que la décision qu'elle venait de prendre comblait d'aise cette âme de bonne volonté. Après son départ, Agnès entraîna Thomas dans la chapelle de la Vierge. Ils s'y attardèrent pour prier la Mère du Verbe Incarné de leur venir en aide...

Un long moment après, ils se retrouvèrent sur le parvis, éblouis par la lumière ardente qui inondait le champ clos. On les bousculait. Des enfants, qui jouaient au cheval, se jetèrent dans leurs jambes...

Ils demeurèrent silencieux en haut des marches à contempler l'agitation qui ne cessait jamais de se manifester entre les murs du cimetière.

— Qu'allons-nous devenir ? soupira Thomas en écartant d'un geste excédé la main d'un aveugle qui tendait aux passants une sébile de bois où tintaient quelques pièces.

— J'ai bien peur que nous ne soyons forcés de demeurer chez

la cirière plus longtemps que nous ne le voudrions, admit Agnès à contrecœur.

— Sait-on ? Sait-on ? lança derrière eux une voix à la prononciation affectée. La vie est pleine de surprises, mes agneaux !

Ils se retournèrent.

Le sourire aux lèvres, qu'il avait fardées avec soin, un personnage extravagant les contemplait, non sans ironie.

Parmi la foule colorée, variée, composée pourtant d'éléments inattendus, qui hantait l'enclos des Saints-Innocents, il tranchait comme un perroquet au milieu d'une basse-cour.

Grand, mince, blond, l'homme, qui devait avoir un peu plus de vingt-cinq ans, portait, sous une couronne de roses, des cheveux roulés au fer qui glissaient le long de joues rasées au plus près, poudrées, rosies, lisses comme celles d'une femme. Sous ses sourcils épilés, des yeux d'un bleu de pierre fine distribuaient des œillades frôleuses tout autour de lui. Ses mains, qu'il devait poncer et soigner à l'aide d'huile d'amande douce et de lait d'ânesse, étaient d'une finesse que bien des dames auraient pu lui envier. Les bagues dont chacun de ses doigts était couvert n'en tiraient que plus d'éclat. Une cotte, beaucoup plus courte que ce n'était ordinairement l'usage, et ceinturée d'un galon d'orfroi, moulait son torse élégant d'une étoffe de soie vert émeraude brodée de fils d'or. Il arborait par-dessus, avec une fierté évidente, un mantel flottant, de samit blanc dont les manches étroites étaient lacées jusqu'aux poignets, eux-mêmes ornés de lourds bracelets d'argent. Une aumônière de soie brodée à ravir pendait à sa ceinture. Des chausses violettes, d'une finesse extrême, gainaient ses mollets de cavalier, et ses chaussures, en cuir de Cordoue blanc, dorées au fer, emprisonnaient des pieds dont la minceur et la cambrure auraient fait pâlir de jalousie bien des demoiselles.

— Que nous voulez-vous ? demanda d'un air mécontent Thomas au dameret.

— Beaucoup de bien, mes tourtereaux, rien que du bien, soyez-en sûrs ! Par le Corps-Notre-Dame ! nous n'avons que d'excellentes intentions à votre égard !

Il zézayait et se refusait manifestement à prononcer comme le reste des mortels les sons durs qui devaient le blesser.

— De quoi vous mêlez-vous ?

Le sourire complice s'accentua. L'homme se pencha vers le couple avec un mouvement plein de grâce, et le parfum dont il devait s'inonder enveloppa les deux jeunes gens.

— De vous faire sortir de ce lieu de délices, si, toutefois, vous le souhaitez comme je le soupçonne, dit-il en leur envoyant au visage une haleine parfumée à la violette. Je croyais que c'était là votre plus cher désir.

Thomas eut un haut-le-corps.

— Comment savez-vous ?...

— Nous savons beaucoup de choses, mes colombes, beaucoup plus que vous ne pouvez l'imaginer... Voulez-vous me suivre afin que nous ayons le loisir de parler en paix, loin de cette vile tourbe ?

Il pivota sur ses talons et, sans se soucier de vérifier s'il était suivi, s'éloigna en direction d'un des étroits logis coincés entre les arcades du charnier. Sa démarche, glissante, balancée, avait on ne savait quoi de languide qui évoquait certaines danses orientales...

8

Si, de l'extérieur, le logement où leur étrange mentor conduisit les deux jeunes gens ressemblait à celui de la cirière, il en était tout autrement à l'intérieur. Ici, ni pauvreté ni fade odeur de cire, mais un luxe insolite et, flottant en fumée bleutée à travers la pièce, un arôme inconnu, lourd, tenace, qui s'échappait des flancs de cuivre d'un volumineux brûle-parfum, où étaient gravés des dragons tortueux...

Des tapis d'Orient aux reflets de soie décoraient les murs de la salle et certains d'entre eux, sans doute pour étouffer tout bruit, en couvraient même le sol. Un coffre d'ébène, un autre de cèdre occupaient, avec une crédence et un cabinet mauresque incrusté de nacre, l'espace disponible contre les parois. Des plats d'argent ciselé étaient disposés un peu partout sur les meubles.

Il y avait quelque chose d'étouffant dans cette accumulation d'objets somptueux en un si petit espace.

Des lampes à huile, suspendues au plafond par des chaînettes de métal, entretenaient en permanence dans le local dont les deux étroites fenêtres étaient soigneusement closes, une douce lumière que complétaient les bougies rouges d'un lourd candélabre d'étain à cinq branches. Posé sur une table à laquelle s'accoudait un gros homme d'une cinquantaine d'années, il éclairait de ses lueurs mouvantes un masque épais de César, envahi par la graisse. Vêtu avec sobriété, mais assis sur une cathèdre à haut dossier, celui qui était manifestement le maître du lieu paraissait un personnage d'importance. Sa façon de se carrer sur le coussin de velours hyacinthe de son siège, aussi bien que l'éclat du gros rubis qui scintillait, seul, au pouce de sa main gauche, en témoignaient.

Derrière lui, debout et immobiles, les bras croisés sur la poitrine, deux hommes de main aux faciès de molosses lui servaient de gardes du corps. A en juger par la musculature de leurs bras et l'épaisseur de leurs torses que moulaient des broignes de peau recouvertes d'annelets de fer, il ne devait pas faire bon se frotter à eux de trop près !

— Soyez les bienvenus, jouvenceaux ! lança une voix aux intonations narquoises, tandis que, soulevant une portière de tapisserie, et précédé d'un grand lévrier gris, un autre occupant du logis apparaissait à son tour.

Âgé d'une trentaine d'années, le nouveau venu devait être le frère aîné du dameret qui avait introduit le couple dans la maison des arcades. Il en avait la haute taille, l'aisance et la beauté. Si, chez lui, ces dons de nature n'avaient rien d'équivoque, ils n'en étaient pas moins inquiétants. Vêtu sans aucune afféterie bien qu'avec raffinement, son corps, qu'on devinait entraîné avec assiduité à la pratique des exercices physiques, offrait, sous la cotte de soie turquoise, une apparence de souplesse, de force maîtrisée, assez impressionnante. Des traits dignes de Lancelot, nez droit, yeux clairs, front élevé, que couronnait une épaisse chevelure brune, en auraient fait un parfait modèle de preux, si un sourire railleur, où désinvolture et cruauté se mêlaient subtilement, n'en avait compromis l'harmonie en entrouvrant ses belles lèvres sur des dents de loup.

— Prenez donc place, dit-il aux jeunes gens médusés qui restaient debout au milieu de la pièce.

D'un geste nonchalant, il désignait deux cathèdres ornées de coussins volumineux qu'on avait disposées devant l'unique table de la pièce.

— Vous boirez bien quelque chose, mes agneaux, proposa à son tour, sans rien perdre de son zézaiement, et en leur coulant une œillade complice, le dameret à la couronne de roses. Il fait si chaud dehors !

Sur un plateau, devant l'homme au visage de chef vieillissant, un broc et des coupes d'argent étaient disposés.

— Approchez-vous, n'ayez crainte, reprenait l'homme au lévrier gris. Nous ne vous voulons que du bien.

— Par le Corps-Notre-Dame ! je n'ai cessé de le leur répéter ! s'exclama le dameret en se baissant pour caresser le chien. Vous ne pouvez pas savoir, Amaury, comme ces tourtereaux sont méfiants !

— Paix ! dit le maître du logis en ouvrant la bouche pour la première fois. Paix ! Taisez-vous tous deux !

Il avait une voix nasillarde mais impérieuse qui était, de toute évidence, habituée à donner des ordres.

— Asseyez-vous, reprit-il en s'adressant à ses hôtes. Nous avons beaucoup de choses à nous dire.

— Vous, peut-être ! lança Thomas, qui retrouvait enfin ses esprits, mais nous, messire, nous ne vous connaissons pas !

— Je vous ai pourtant expliqué... commença le dameret.

— Je croyais vous avoir dit de vous taire, Joceran, maudit neveu ! dit sèchement l'homme au rubis. Je ne veux plus vous entendre !

L'interpellé poussa quelques soupirs mélodieux et s'installa sur une pile de coussins, à côté du brûle-parfum, en ayant soin toutefois de prendre une pose mettant ses jambes en valeur.

Son frère s'était assis sur le coffre de cèdre, le chien couché à ses pieds.

— Peut-on savoir ce qui nous vaut une telle attention de votre part à tous trois ? s'enquit Thomas, dont la patience s'épuisait.

— Goûtez à ce vin de malvoisie et écoutez-moi, dit le maître du logis avec autorité. Il s'agit de rien de moins que de vous faire sortir de cet endroit où vous ne pouvez demeurer plus longtemps.

— Par tous les saints ! Pourquoi vous intéressez-vous tant à nous ? reprit Thomas, qui ne désarmait pas.

— Parce qu'il se trouve que nous avons été fort liés, jadis, avec feu votre oncle Robert, répondit tranquillement celui auquel il s'adressait. Vous savez sans doute que le cher homme ne dédaignait pas de fréquenter un monde qui n'était pas précisément le sien ?

— Je l'ignorais, avoua Thomas avec rogne.

— Il est vrai que vous étiez bien jeune quand le pauvre garçon fut occis, admit avec bonhomie son interlocuteur. Vous ignorez sans doute également qu'il était possédé du démon du jeu et aurait gagé jusqu'à ses chausses ?

— C'est bien la première fois...

— Je n'en suis pas surpris. Voyez-vous, Robert était adroit et tout à fait capable de s'adonner à son penchant secret sans éveiller l'attention de personne.

— En admettant que vous disiez vrai, en quoi le passé d'un parent défunt depuis deux ans peut-il nous concerner ?

— Vous êtes jeune, messire Thomas Brunel, vous trouvez donc que deux années, c'est beaucoup. Quand vous aurez mon âge, vous aurez appris que ce n'est rien.

— Si vous connaissez mon nom, nous ignorons, en revanche, tout du vôtre ! remarqua Thomas avec agressivité. Auriez-vous la bonté de nous en faire part ?

L'homme eut une sorte de rictus à bouche fermée, qui pouvait passer pour un sourire.

— Bien sûr, mon jeune ami, bien sûr. On me nomme Foulques-le-Lombard, et je suis changeur de mon état. Ces deux garçons que voilà sont mes propres neveux et travaillent avec moi.

— En quoi votre profession vous a-t-elle amené à connaître un enlumineur comme Robert Leclerc ? Partagiez-vous son goût pour le jeu ? demanda Thomas, non sans quelque naïveté.

— Il ne serait pas faux de prétendre que les dés nous ont, en effet, rapprochés.

Foulques-le-Lombard se tut, enfouissant son mauvais sourire dans la coupe de malvoisie qu'il vida à petites gorgées.

— En admettant que votre... amitié pour mon oncle justifie l'intérêt que vous semblez nous porter, continua Thomas avec opiniâtreté, je serais curieux de savoir ce que vous nous voulez au juste...

Le changeur reposa sa coupe, mit ses coudes sur la table, et appuya sa lourde mâchoire sur ses poings fermés. Derrière lui, les deux gardes du corps ne bronchaient toujours pas.

— Voici les faits, dit-il enfin. Nous avons appris, mes neveux et moi, que vous souhaitiez quitter sans tarder l'enclos des Saints-Innocents où des démêlés d'ordre familial vous ont contraints à vous réfugier.

— Comment diable...

— Tout se sait ici, jouvenceau, absolument tout, remarqua Amaury, l'aîné des neveux, de son air narquois.

— Les mendiants..., murmura Agnès qui n'avait encore rien dit.

— Tout juste ! Les pauvres hères ulcéreux qui se tenaient tantôt non loin de vous, dans la chapelle, étaient des nôtres ! Ni plus ni moins que tout un chacun en ce lieu de délices, mes agneaux ! s'écria Joceran, le dameret, avec un rire de gorge qui fit tinter les chaînes d'or qu'il portait sur la poitrine.

— Paix ! grogna de nouveau le Lombard. Vous tairez-vous ? Vous pensez bien, continua-t-il en s'adressant à Thomas, que si je consens, chaque jour, à m'éloigner de mon hôtel de la rue de la Buffeterie pour venir ici, dans cet endroit sordide, ce n'est pas sans raison.

— En quoi tout cela nous regarde-t-il ? murmura l'adolescent.

— En ceci, mon jeune ami : connaissant les empêchements qui retardent votre mariage, nous avons décidé de vous venir en aide. Nous organiserons votre fuite et nous vous procurerons le refuge où vous pourrez vivre sans souci dans l'attente de jours meilleurs.

Il y eut un silence. Le lévrier grogna doucement.

— Un refuge ? interrogea Agnès à son tour. Quel refuge, messire ?

— Nous possédons, demoiselle, une maison forte non loin de Paris. Elle est discrète, isolée, entourée de solides murailles et bien gardée. Que diriez-vous d'y aller avec votre ami passer le temps jusqu'à ce que votre union soit reconnue ?

— Je n'ai ni sou ni maille pour vous défrayer des frais que nous vous occasionnerions si cela se faisait, objecta Thomas.

— Qu'à cela ne tienne ! Nous ne sommes pas à court de ce

côté-là, assura le changeur avec cynisme. Ne vous souciez de rien. Nous y pourvoirons !

Sur ses coussins, le dameret partit d'un rire roucoulant et son frère sourit, lui aussi, d'un air énigmatique.

— Voilà donc la proposition que j'avais à vous faire, conclut Foulques-le-Lombard. Qu'en pensez-vous ? Est-elle à votre convenance ?

— Ma foi ! Que répondre ? dit Thomas. Il y a dans toute cette affaire je ne sais quoi d'incompréhensible.

— Vous oubliez la sympathie, mon jeune ami ! La sympathie est seule en cause, croyez-moi. Avec, en plus, le rappel d'un ami cher trop tôt enlevé.

Le dameret émit un nouveau gloussement.

— Joceran ! cria le Lombard d'un air menaçant.

— Rien de tout cela n'est aisé à croire, souffla Agnès.

— Pour vous en convaincre, demoiselle, il n'est que d'accepter notre offre et de vous conformer à nos conseils amicaux, affirma le changeur.

— Comment comptez-vous donc procéder ? interrogea Thomas d'un air soupçonneux.

— Nous avons dressé un plan qui devrait assurer votre fuite. Vous partirez à l'aube, le jour choisi, à l'heure où on ouvre les portes de la ville. Une charrette bâchée vous attendra devant une des sorties du charnier. Vous serez habillés en mendiants, avec un capuchon rabattu sur le visage. Vous monterez à l'arrière de la voiture afin que le dos du conducteur et des valets qui vous feront escorte vous dissimule aux yeux indiscrets. Vous serez ensuite conduits sans encombre, du moins je veux le croire, jusqu'à la maison forte dont je viens de vous entretenir. Une fois là-bas, vous n'aurez plus à vous soucier de rien.

— Vous semblez avoir tout prévu ! lança Thomas, non sans une hostilité impuissante qui le rendait hargneux.

— Si une entreprise de ce genre n'est pas préparée avec un soin rigoureux, il ne faut pas en escompter de résultats satisfaisants, expliqua le changeur avec placidité. J'ai une grande habitude de ces sortes d'affaires.

Comme s'il avait entendu un trait d'esprit de la plus grande drôlerie, le dameret émit un rire perlé en cascade.

— Encore un peu de malvoisie ? proposa le Lombard sans paraître remarquer l'intervention de son neveu.

Thomas secoua la tête.

— Qui nous assure que vous nous conduirez bien là où vous le dites ?

— Où que nous vous conduisions, l'essentiel n'est-il pas, pour vous, de partir d'ici et de vous retrouver à l'abri ? Pourquoi, d'ailleurs, vous mentir au sujet d'une demeure dont vous ne savez rien ? Vous êtes bien forcés de nous croire sur parole. Comment pourriez-vous vérifier nos dires ?

L'adolescent se mordit les lèvres d'énervement.

— Ne nous décidons pas tout de suite, mon ami, suggéra Agnès, qui ne se laissait pas, elle, entraîner par l'animosité de Thomas. Prenons le temps de peser le pour et le contre. Je suis persuadée que nos hôtes n'exigeront point de nous une décision immédiate. Ils comprendront certainement que nous ressentions le besoin de nous consulter avant d'accepter une proposition qui nous livre pieds et poings liés à leur merci.

Amaury lui jeta un regard rapide, aigu, un regard de chasseur habitué à jauger le gibier sur les moindres indices. Son oncle s'inclina.

— Voici une jeune personne qui a de la tête au bout du cou ! dit-il d'un air de connaisseur. Il va de soi que nous vous laisserons le temps nécessaire à une juste estimation de notre offre. Après tout, vous êtes concernés au premier chef et je trouve naturel que vous réclamiez un délai de réflexion avant de faire confiance à des inconnus.

Quand la porte du singulier logis se fut refermée derrière eux, Thomas et Agnès se prirent par la main et s'éloignèrent aussi vite qu'ils le purent de l'endroit étouffant qu'ils venaient de quitter.

Retrouver le ciel d'été, libre, au-dessus de leurs têtes, la foule affairée qui déambulait dans l'enclos, l'agitation colorée et bon enfant de tout ce monde, leur procura un immense soulagement.

— Je me suis retenu à quatre pour ne pas les envoyer promener ! s'écria Thomas quand ils se furent suffisamment éloignés. Quelle portée de goupils !

— Ce sont de drôles de gens, admit Agnès. On ne sait qu'en penser.

— Les neveux pas plus que l'oncle ne me disent rien qui vaille ! Comment faire confiance à des quidams aussi louches ?

— Il est vrai qu'ils sont bien étranges... A quelles fins veulent-ils se servir de nous ? Pourquoi ? Qui sont-ils ?

— Par Dieu ! Je n'en sais rien ! Des filous, sûrement, que la fortune des Brunel doit diablement intéresser ! Mais je ne suis pas de ceux qu'on roule aussi facilement !

Il enlaça la taille de son amie.

— Nous en remettre, vous remettre, vous, entre les mains de semblables individus serait de la folie !

Agnès soupira.

— Nous ne pouvons pourtant pas demeurer durant des mois aux Saints-Innocents. On y est entouré de figures tout aussi suspectes que celles que nous venons de voir et rien moins qu'honorables !

Thomas jeta un coup d'œil circonspect autour de lui. Qui, dans la foule qui les environnait, pouvait être considéré comme sûr ? A qui se fier dans l'univers où le sort les avait précipités ?

— Gagnons notre chambre, souffla-t-il à l'oreille de son amie. Il nous faut réfléchir au calme et parler sans craindre d'être entendus.

Bâtie sous une arcade, la boutique de la cirière donnait sur l'extérieur par une ouverture que divisaient deux montants de bois. La porte d'entrée se trouvait à gauche de la façade, le reste de la fenêtre étant réservé à l'étalage. Les volets qui la fermaient la nuit s'ouvraient le jour par le milieu, horizontalement. Celui d'en bas s'abaissait vers le mur d'appui afin de recevoir les cierges, les chandelles, les arbres de cire, les torches offerts à la convoitise des clients éventuels. Le volet d'en haut se relevait. Maintenu en l'air par des crochets, il mettait à l'abri des intempéries les œuvres fragiles dont les abeilles avaient fourni la matière première.

Guirande-la-Cirière jeta un regard complice à ses locataires quand ils passèrent devant son éventaire.

— Alors, les amoureux, on rentre se mettre à l'abri des ardeurs du soleil ? lança-t-elle avec un rire gras.

Elle avait un large visage couperosé, des seins énormes qui tendaient ainsi que deux collines jumelles la toile de sa cotte vernissée par les manipulations constantes des chandelles, et des hanches si volumineuses qu'on se demandait comment elle ne les heurtait pas contre les montants des portes chaque fois qu'elle les franchissait.

A l'intérieur de la boutique, ils retrouvèrent l'écœurante odeur de cire et de suif qui stagnait en permanence entre les murs du local encombré de tonneaux où on entreposait la marchandise avant de l'exposer sur le volet rabattu. Dans le fond de la pièce, un jeune apprenti, qui partageait le travail et la couche de la marchande, confectionnait des cierges pour l'église voisine en coulant la pure cire vierge fondue au creux des moules appropriés.

Leur petite chambre, située juste au-dessus de l'ouvroir, était imprégnée des mêmes fades relents, en dépit des efforts que faisait Agnès pour les dissiper en tenant la fenêtre ouverte tout le jour et en brûlant, le soir, des herbes odoriférantes dans l'âtre.

— Venez çà, ma mie.

Le lit prenait une grande partie de la place disponible. Un coffre, des chaises grossières et un baquet de bois où se laver complétaient l'ameublement. Thomas et Agnès évitaient toujours de s'asseoir sur la couette de plume, trop accueillante, et s'installaient, stoïquement, sur les sièges dont les coussins de crin n'offraient guère de possibilités d'abandon.

Ils s'y assirent, une fois de plus, l'un près de l'autre. La mine sombre, Thomas s'empara d'une des mains de sa compagne, et l'appuya sur sa joue.

— Ou nous acceptons la proposition de ces changeurs en nous en remettant à eux, ou nous demeurons ici pour je ne sais combien de temps, dit-il avec une rage sourde. Agir seuls serait folie. Je vous ai déjà fait courir assez de dangers comme ça ! De toute manière, nous dépendons du bon vouloir d'autrui !

— Que de complications ! soupira Agnès. J'espérais, je croyais, jadis, qu'aimer n'apportait qu'aise et plaisir, je m'aperçois à présent qu'il n'en est rien !

— Regrettez-vous... ?

— Non ! Non, mon Thomas, rassurez-vous ! Je ne regretterai jamais nos amours ! Elles sont devenues toute ma vie.

Elle inclina sa tête blonde sur l'épaule de son ami.

— Dans les romans courtois que j'ai eu l'occasion de lire chez mes parents, dit-elle, les héros sont toujours soumis à de dures épreuves avant de pouvoir goûter les joies promises aux parfaits amants. Nous sommes comme eux.

Thomas se pencha vers la bouche tendre comme un fruit, y posa ses lèvres, s'en détacha à grand-peine.

— J'ai tellement envie de vous, ma douce, dit-il d'une voix assourdie, tellement envie que j'accepterais n'importe quelle avanie pour pouvoir, enfin, vous posséder !

— Moi aussi, vous le savez, je désire être à vous...

Leur sang battait au même rythme dans leurs veines et la jeunesse y brûlait si intensément que des larmes leur en vinrent aux yeux.

— Que Dieu me pardonne ! Seule, l'offre des Lombards apporte une solution à nos tourments, dit Thomas en se levant brusquement pour chasser, une fois encore, la trop forte tentation qui le poignait. J'enrage, mais ne vois pas comment éviter leur intervention !

Il vint, derrière son amie, s'appuyer au dossier de la chaise où elle était assise.

— Je n'en puis plus, confessa-t-il tout bas, la bouche sur les cheveux mousseux dont les tresses, nouées sur la nuque et retenues par une résille de soie, laissaient échapper des frissons où s'accrochait la lumière. Je ne suis pas capable de résister davantage au désir que vous m'inspirez, ma dame, mon amour, mon cœur, mon espérance, vous qui êtes tout ce que j'aime, ma fée !

Posées sur les épaules rondes, ses mains tremblaient de fièvre.

— Vous le savez, je dors de plus en plus difficilement à vos côtés et je pense devenir fou si je dois, encore longtemps, me priver de vous !

— Mon ami, dit avec douceur Agnès en levant la tête vers lui et en le fixant de ses yeux très purs où se reflétait une détresse toute nouvelle, mon ami, que ce soit ici ou n'importe où, en cessant de lutter, en cédant à la chair sans avoir reçu le sacrement de mariage, nous commettrons un péché. Péché d'autant plus grave qu'il nous conduira à rompre un double engagement. Envers votre grand-père et envers nous-mêmes.

— Par tous les saints ! je le sais bien, gémit Thomas, mais le moyen de faire autrement ?

Ils se turent. Par la fenêtre ouverte, montait la voix éraillée de leur logeuse qui devait discuter avec un client. Plus loin, plus confuse, la rumeur de l'enclos, faite de rires, de jurons, d'appels de marchands ambulants.

— Si nous demandions aux changeurs, quand nous serons chez eux, de faire venir un de ces ermites qui vivent seuls dans les bois, loin du bruit du monde et des discussions théologiques, proposa soudain Agnès, saisie d'une inspiration. Il doit bien y en avoir qui accepteraient de nous bénir, même si nous ne sommes pas tout à fait en règle...

— N'est-ce pas, justement, l'impossibilité où nous nous trouvons d'y prétendre, qui est à l'origine de tous nos maux ? demanda Thomas d'un air découragé.

— Ce n'est pas la même chose ! Il ne s'agirait en rien d'un mariage solennel, mon cher amour, puisque, hélas ! c'est infaisable ! Mais d'une simple bénédiction donnée et reçue dans le plus grand secret !

— Dans ce cas, tout le monde l'ignorerait...

— Bien sûr ! Que voulez-vous, ce serait mieux que de nous passer de prêtre, et nous serions bénis ! Ce sera ensuite à nous de nous comporter en véritables époux, en attendant que Blanche ou quelqu'un d'autre découvre un moyen d'obtenir la dispense qui nous est nécessaire.

Thomas frappa dans ses mains.

— Comment n'y avons-nous pas songé plus tôt ? s'écria-t-il. Voilà la solution ! Notre grand-oncle, le chanoine Pierre Clutin, du temps où il vivait encore, déplorait souvent qu'il existât dans le royaume beaucoup de mariages clandestins. Je m'en souviens maintenant... Le nôtre n'en fera jamais qu'un de plus !... Il nous soulagera la conscience en attendant la consécration que j'espère bien nous voir obtenir un jour !

Pour se délivrer de ses futurs remords, pour forcer la porte d'un bonheur auquel tout son être aspirait, Thomas était disposé à accepter n'importe quel compromis, à admettre n'importe quel subterfuge.

Il saisit Agnès par la taille, la souleva en l'air avec fougue, renversa en arrière sa tête rousse, tout en clignant des yeux dans la brutale lumière de midi, afin de mieux dévisager son amie.

— Alléluia, ma dame ! Nous serons bientôt mari et femme par-devant Dieu et par-devant nous-mêmes ! Le reste nous sera accordé de surcroît !

Agnès attendit d'être reposée à terre.

— Vous comptez donc donner votre accord à ces changeurs dont pourtant vous vous méfiez ?

— Eh oui ! Que voulez-vous, ma douce, la violence d'une passion se mesure aux risques qu'elle fait prendre ! Je vous aime comme un fou. Il est normal, dans ces conditions, que j'accepte de sauter le pas pour vous avoir à moi ! Si les Lombards tentent de nous escroquer, nous leur fausserons compagnie. Une fois sur place, nous pourrons toujours aviser.

— Faute de pouvoir demeurer ici, nous voici donc acculés à en passer par eux !

— Le sort en est jeté ! A présent, sortons, proposa Thomas. Rester ainsi seul avec vous, sans pouvoir vous toucher, m'est trop insupportable !

— L'heure du dîner est largement dépassée, ajouta Agnès, et je dois vous avouer que j'ai grand-faim.

Le temps changeait. La chaleur se faisait plus lourde. Un nouvel orage se préparait. Son souffle brûlant pesait sur la foule, énervait chalands et badauds. Les mouches se manifestaient avec plus d'insistance, les enfants criaient et pleuraient davantage, le ton des voix montait.

A côté de la boutique de la cirière, un marchand de crêpes et de gaufres vendit aux jouvenceaux des gâteaux qu'ils consommèrent sur place. Il les connaissait bien pour leur en avoir souvent fourni. Ensuite, Thomas et Agnès allèrent boire de l'eau à la fontaine la plus proche.

— Marchons, dit Thomas. Le manque d'exercice, joint à la continence où je suis réduit, me met au supplice.

Au bras l'un de l'autre, ainsi qu'ils en avaient pris l'habitude depuis leur arrivée, ils flânèrent devant les échoppes de dentelles, de patenôtres [1], de volailles cuites, de vin. Ils s'arrêtèrent un moment pour écouter un bateleur qui vendait potions et remèdes à tous les maux, avec un bagou qui les divertissait toujours. Ils passèrent à côté du four banal où on faisait cuire le pain pour les habitants du cimetière, et s'attardèrent auprès des tréteaux du montreur de masques et de ceux du joueur de harpe.

De loin, ils assistèrent à l'enfouissement d'un cercueil d'enfant dans un coin réservé de l'enclos. Peu de personnes y participaient. On ne se dérangeait guère pour la mort d'un nourrisson et les quelques parents qui se trouvaient là étaient entourés, cernés, frôlés

---

1. C'est ainsi qu'on appelait les chapelets au XIIIe siècle.

par les allées et venues de toutes sortes de gens indifférents, uniquement préoccupés de leurs propres affaires.

A l'est du terrain, du côté le plus proche des nouvelles halles construites sur l'ordre du feu roi Philippe Auguste, un tout autre commerce s'exerçait quotidiennement. Échappées des rues chaudes où, sur l'ordre de Louis IX, on les avait regroupées, pour en débarrasser le reste de la ville, certaines filles follieuses y trafiquaient de leurs charmes, les proposant à haute voix aux passants.

— N'allons pas plus outre, ma mie. Retournons plutôt voir notre amie Enid-la-Lingière, suggéra Thomas.

La recluse était en grande conversation avec un vieil homme qui n'était autre qu'Étienne Brunel.

— Tenez, le voilà, votre petit-fils ! Vous ne l'aurez pas attendu trop longtemps !

Le vieillard se retourna.

— Je me suis rendu en premier lieu chez la cirière, qui m'a dit que vous veniez de sortir et je ne savais où vous chercher, mon cher enfant, dit-il comme pour se justifier de son arrêt au reclusoir. Ce temps lourd me fatigue beaucoup.

Décolorés par l'âge, cernés de poches profondes, ses yeux, d'ordinaire si éteints, avaient retrouvé un semblant d'éclat. Il fallait que son attachement à l'aîné de ses petits-enfants fût bien fort pour l'avoir arraché à son rêve intérieur.

— Transportons-nous à présent chez Mathilde, proposa-t-il le plus naturellement du monde. Nous y serons à l'aise pour causer.

Il parlait de sa femme défunte comme si elle était encore vivante. De leur maison, où il continuait à la tenir au courant de ses moindres faits et gestes, il s'en allait ainsi plusieurs fois par semaine sur sa tombe, pour lui rendre un culte familier.

Thomas et Agnès l'y suivirent. D'un regard, ils s'étaient mis d'accord. Ne rien dire à l'aïeul de leurs projets, trop hasardeux pour obtenir son assentiment.

Dans la chapelle où ils avaient conversé le matin même avec Blanche, il faisait plus frais. Aussi pas mal de gens y étaient-ils venus, ainsi que dans toute l'église, chercher un abri contre la chaleur. Parmi ceux qu'ils coudoyaient, lesquels se livraient à la dénonciation pour le compte de Foulques-le-Lombard ?

Étienne se mit d'abord à genoux devant la dalle sous laquelle reposaient les restes de la femme qu'il avait aimée d'un si total et douloureux amour. Oublieux de tout ce qui n'était pas celle qui avait tenu entre ses mains les joies et les peines de son existence meurtrie, il s'abîma dans une oraison au cours de laquelle il devait égrener ses souvenirs comme on fait des grains d'un chapelet...

Quand il se releva, non sans difficulté, Thomas, qui l'avait soutenu, vit des larmes qui coulaient sur le visage ridé de son grand-père sans que celui-ci tentât un geste pour les dissimuler. Un sentiment, qui n'avait rien de commun avec la pitié, submergea l'adolescent. C'était un mélange d'admiration remplie de respect et du désir éperdu que son propre destin amoureux fût de la même qualité que celui qui bouleversait encore ce vieil homme, onze ans après la mort d'une épouse qu'il n'avait cessé d'adorer pendant les vingt-neuf années de leur vie commune ! Serait-il capable d'une fidélité pareille ? D'une si indestructible tendresse ? Parce qu'il commençait à entrevoir, lui aussi, ce que pouvaient être la violence, les exigences, la nécessaire perfection du don fait par un être à un autre être dans l'échange des cœurs, il mesurait mieux qu'auparavant ce que cette constance représentait de précieux, mais aussi d'exceptionnel.

Se tournant vers Agnès, il rencontra son regard fixé sur lui. Il y lut des pensées identiques aux siennes. Une joie brutale l'inonda. Leur attachement, bien que récent, était bien enraciné dans la chair vive de leurs cœurs. Il y avait déjà poussé de longues racines qui les unissaient l'un à l'autre pour jamais !

— Mes enfants, dit Étienne Brunel quand ils eurent repris les places occupées le matin, je me soucie beaucoup de vous.

— Nous sommes heureux, grand-père, puisque nous sommes ensemble !

— J'entends bien, mais votre situation n'en demeure pas moins affreusement précaire. Je me reproche à présent, voyez-vous, d'avoir prêté la main à une aventure à laquelle je ne vois pas d'issue.

Thomas passa un bras autour des épaules alourdies par le poids des ans et des chagrins.

— Ne vous tourmentez donc pas pour nous, grand-père, et, surtout, ne vous reprochez rien, dit-il avec affection. Grâce à vous, nous pouvons demeurer en paix dans cet asile. Nous y vivons au jour le jour, tout en espérant que nos prières seront entendues et qu'une solution surgira à travers les complications qui sont pour le moment notre lot.

— Blanche songe à partir pour Rome afin d'y demander au Saint-Père la dispense qu'il nous faut à tout prix obtenir, dit Agnès. Si elle y réussit, nous serons sauvés !

— Je n'étais pas au courant de ce projet, remarqua le vieillard. Elle vient pourtant souvent me rendre visite mais ne m'a encore entretenu de rien de semblable.

— Sa décision est toute récente. L'idée de ce voyage lui est venue aujourd'hui même.

— Rome est loin, les démarches à entreprendre fort longues, soupira Étienne Brunel avec appréhension. Comment vivrez-vous durant tout ce temps-là ?

Il s'adressa à son petit-fils :

— N'avez-vous point transgressé la promesse que vous m'avez faite, Thomas ?

— Pas encore... mais je dois confesser...

— Je comprends, mon enfant, je comprends...

Ils se turent. Des gens passaient. Une mère gifla son fils qui voulait à toute force grimper sur l'autel. Un mendiant s'approcha, son chapeau crasseux tendu à l'envers. De nombreuses piécettes luisaient tout au fond. Étienne Brunel joignit son obole aux autres, et le gueux alla quêter plus loin.

— Je ne vous vois pas demeurer des semaines, peut-être des mois, dans ce charnier, poursuivit le vieil homme, et je redoute pour vous l'état de péché.

— Dieu nous viendra en aide ! dit Thomas avec conviction. Notre mutuel amour est trop sincère pour ne pas le toucher.

— Espérons-le ! Mais la vie, ici-bas, n'est rien d'autre qu'un combat sans fin contre l'Adversaire avec lequel nous sommes en exil sur cette terre, mon pauvre enfant. Dieu Lui-même ne peut pas toujours nous préserver des incitations au mal de l'Autre... et nous sommes si faibles !

— Cessez donc de vous faire du souci, grand-père ! A quoi cela sert-il ? Promettez-moi de ne pas vous tourmenter à notre propos, quoi qu'il puisse advenir. Par mon saint Patron, nous disposons encore d'une bonne tranche de vie devant nous. Cette histoire s'arrangera. Il le faudra bien !

Tout en parlant pour apaiser son aïeul, Thomas ressentait l'impression gênante d'être observé. Tournant les yeux vers le coin opposé de la chapelle, il découvrit, négligemment appuyé au mur du fond, Amaury, l'aîné des neveux de Foulques-le-Lombard. Les bras croisés sur la poitrine, le jeune homme observait le trio assis sur les marches de l'autel. Son expression, où se lisait une constante ironie et comme un rappel à l'ordre, déplut à Thomas.

— Allons, dit Étienne Brunel, en soupirant derechef, allons, je vais vous quitter. Il me faut regagner la rue des Bourdonnais. A bientôt, mes enfants.

Les deux jeunes gens aidèrent l'aïeul à se redresser, à se lever, s'inclinèrent à sa suite devant la pierre tombale de Mathilde, et gagnèrent la sortie.

Pour y parvenir, ils durent passer tout près d'Amaury. Thomas croisa le regard clair, mais impénétrable, de l'homme qui représentait pour Agnès et pour lui un mystère qu'il aurait été urgent de pouvoir percer à jour...

« Peut-on se fier à de pareilles gens ? se demanda l'adolescent, l'estomac noué. Le peut-on sans déraison ? Et pourquoi cette sollicitude ? »

9

Tenant d'une main sûre la mine de plomb gainée d'un cuir dont la teinte naturelle était devenue, par endroits, beaucoup plus foncée, tant elle s'en était souvent servie, Marie dessinait un cygne.

Penchée sur sa table, elle commençait à travailler à l'illustration d'un manuscrit que le copiste lui avait livré tout composé, sous forme de cahiers volants. Dans la marge, en face des espaces qu'il avait laissés en blanc, quelques indications, très succinctes, en caractères minuscules, donnaient le sens des scènes à représenter.

Trop indépendante pour accepter de se plier, ainsi que le faisaient certains de ses confrères, et selon l'usage couramment admis, à la simple imitation d'anciens modèles qu'on se contentait de recopier, la jeune enlumineresse préférait suivre son inspiration. Quelques mots lui suffisaient pour imaginer le sujet proposé et pour voir comment elle allait le traiter.

Ce matin-là, elle consultait du coin de l'œil un carnet de croquis posé à côté d'elle et sur lequel elle avait noté, au cours de ses promenades à Gentilly ou de ses déplacements parisiens, des idées de composition aussi bien que des dessins de fleurs, de feuilles, d'animaux qui avaient attiré son attention.

Chef d'atelier depuis la mort de son mari, elle n'ignorait pas que la renommée de sa maison dépendait en grande partie de sa faculté de créer, de son goût, de son savoir-faire, et qu'il ne lui était pas permis, au nom des préoccupations de sa vie personnelle, de négliger son métier.

Autour de la jeune veuve, la grande pièce bourdonnait comme à l'accoutumée. Éclairée par quatre fenêtres, dont deux donnaient, au nord, sur l'animation de la rue du Coquillier, alors que les autres ouvraient, au sud, sur le petit jardin vert et dru où poussaient ensemble fleurs et légumes, l'atelier s'affairait.

Dieu seul savait combien, en cette pluvieuse matinée de juillet, Marie était tentée de se soucier d'autre chose que de la *Chanson du Chevalier au cygne*, texte sur lequel elle œuvrait sans relâche. Mais la conscience de ses responsabilités pesait comme une main de fer sur sa nuque et la maintenait à l'ouvrage.

Les trois ouvriers enlumineurs, les quatre apprentis, les deux aides qui composaient le personnel de l'entreprise et qui travaillaient sous sa direction, comptaient sur elle et lui faisaient confiance pour assurer la bonne marche de l'affaire. Elle se devait à eux autant qu'à ses clients, et l'accumulation de tous ces devoirs lui interdisait de laisser sa pensée errer autour des obstacles et des interrogations qui, depuis la veille, revenaient à tout propos l'assaillir...

— Je ne suis pas certaine d'avoir bien saisi l'expression du petit signe que vous avez esquissé à cet endroit-ci, remarqua soudain une des ouvrières qui peignaient à la table voisine. Pourriez-vous venir un instant, dame, voir ce qu'il en est ?

Marie posa sa mine de plomb et se dirigea vers la femme encore jeune qui venait de s'adresser à elle. Vive, rieuse, bien en chair, la peau criblée de taches de rousseur, Kateline-la-Babillarde était, de loin, l'élément le plus chaleureux de son atelier.

Après la disparition de son époux, l'enlumineresse avait procédé à quelques remaniements parmi ses compagnons de travail. Elle avait éliminé un vieil ouvrier patelin et obséquieux qui lui donnait sur les nerfs pour le remplacer par Kateline, qu'elle avait connue lorsqu'elle était, elle-même, élève chez un maître où elles s'instruisaient toutes deux. Encombrée d'un mari qui passait le plus clair de son temps à se dire malade et à se faire dorloter par sa femme, Kateline était devenue pour sa maîtresse une amie en plus d'une précieuse collaboratrice. Son entrain et un enjouement, qu'aucun déboire ne semblait pouvoir entamer, contrebalançaient heureusement le caractère intransigeant de la première ouvrière qui, elle, datait du temps de Mathieu Leclerc. Arguant du prestige de cette ancienne coopération, Denyse-la-Poitevine ne manquait jamais d'insister sur la déplorable transformation des esprits et sur la légèreté des nouveaux venus dans la profession. Son expérience et une grande sûreté de main justifiaient pourtant la place importante qui demeurait la sienne auprès de Marie.

Le troisième compagnon, Jean-bon-Valet, était le plus jeune. Agé d'un peu plus de vingt ans, il ne bénéficiait en rien des grâces de la jeunesse et portait, sur des épaules de lutteur, une grosse tête à la face boutonneuse dont la lippe maussade disait assez le mauvais caractère. A cause de l'adresse dont il faisait preuve dans sa profession, il avait cependant été maintenu dans la fonction qu'il tenait de Robert Leclerc. Il maniait en effet l'or à la feuille aussi bien que Marie et pratiquait parfaitement l'art de lui donner au brunissoir un admirable éclat.

— Ce singe fait-il une grimace moqueuse ou boudeuse ? demanda Kateline à l'enlumineresse quand celle-ci l'eut rejointe.

Assise devant une table où étaient posés de nombreux godets contenant chacun une couleur différente et plusieurs cornes à encre, la jeune femme travaillait sur la page d'un cahier volant en parchemin qui faisait partie d'un gros bestiaire. Après avoir peint une lettre ornée, elle en était parvenue au moment où il ne lui restait plus qu'à indiquer, en quelques traits de plume, l'expression de l'animal qui servait de motif central à son illustration. A sa droite, plusieurs pinceaux de tailles variées trempaient dans un gobelet de grès, auprès d'une palette constituée par une simple omoplate de mouton, nettoyée et grattée, que constellaient des taches de couleur.

Non loin d'elle, pendues à deux perches horizontales, d'autres feuilles en cours de séchage éclairaient de leurs teintes vibrantes la grisaille du jour pluvieux.

Le petit croquis marginal à la mine de plomb qu'avait, au préalable, dessiné Marie, représentait un singe suspendu à une branche, mais retenu au tronc d'un arbre par une chaîne qui lui enserrait la taille.

— Est-ce une grimace comique que vous avez esquissée, chère dame, ou bien une grimace de colère ? répéta l'ouvrière perplexe.

— Les deux à la fois, Kateline. Cette pauvre bête est prisonnière, comme vous pouvez le constater, mais se moque de ceux qui la regardent.

Un rire amusé répondit à la remarque.

— Je reconnais bien là une de vos subtilités ! s'écria Kateline. Si vous croyez qu'il est aisé de traduire tant de choses en si peu de place !

— Il le faut cependant. Croyez-moi, c'est tout à fait possible.

En train d'agrémenter de petits filaments tracés à l'encre rouge et bleue l'intérieur d'une initiale de couleur déjà peinte, Denyse-la-Poitevine leva la tête. De ses lèvres épaisses, elle fit une moue qui accentua sa ressemblance avec un gros poisson. A cause de cette similitude, ses compagnons l'avaient surnommée « Dame carpe ».

— L'essentiel de notre art réside dans de telles nuances, proclama-t-elle. La réputation d'un atelier en dépend. Si on n'est pas capable de les exécuter parfaitement, on se ravale au rang des barbouilleurs obscurs dont l'ouvrage n'est prisé de personne !

— A bon entendeur, salut ! lança Kateline gaiement. N'ayez crainte, Denyse, je ne pense pas devenir jamais responsable de la ruine de notre vénérable maison !

Marie posa une main apaisante sur l'épaule de l'ouvrière.

— Travaillons, Kateline, dit-elle d'un ton ferme. Nous n'avons pas de temps à perdre en discussions.

Avant de regagner sa place, elle passa derrière les apprentis : trois garçons et une fille, dont les âges s'étageaient de douze à quatorze ans. Ils s'employaient à broyer des couleurs, à composer des mélanges de cinabre et de céruse avec de la charnure, peinture couleur chair, ou à préparer du minium.

— Ces enfants nous donnent l'exemple de l'application, affirmat-elle après avoir vérifié les résultats obtenus. J'ai souvent remarqué que les plus jeunes font preuve de sérieux plus que leurs aînés !

— Je ne suis pas sérieux, moi !

Jean-bon-Valet protestait avec amertume. On savait qu'à l'abri de la discrétion dont il entourait sa vie privée, il était des plus susceptibles.

— Je ne parlais pas pour vous, mon ami, mais plutôt pour moi. Ce matin, je suis fort distraite !

Pour ne pas blesser son collaborateur, Marie évita de jeter un coup d'œil sur le semis d'étoiles d'or dont il parsemait un ciel nocturne sur la page d'un psautier qu'elle lui avait confié. Elle le savait jaloux de son travail et capable de ruminer pendant des jours une remarque qu'il aurait jugée mal venue.

Elle sourit aux deux aides, jumelles d'une quinzaine d'années assez accortes, dont la ressemblance était une source jamais tarie de facéties, et qui complétaient de façon divertissante l'équipe de l'atelier Leclerc. Assises sur des escabeaux, Perrine et Perrette s'affairaient à nettoyer un lot de pinceaux encrassés et à tailler des plumes.

— Vous ne manquez pas d'excuses pour justifier votre distraction ! affirma Kateline-la-Babillarde. On serait préoccupée à moins !

Tout le monde était au courant du scandale soulevé par l'installation de Thomas et d'Agnès au charnier des Saints-Innocents.

« Ces deux-là me causent, en effet, pas mal de souci, songea Marie en reprenant son dessin. Mais ce n'est pourtant pas tant leur folie qui me donne ce matin à penser que mes rapports respectifs avec ma fille et mon amant ! »

Depuis son retour à Paris, au début de la semaine, la jeune veuve traversait des moments difficiles. Partagée entre ses inquiétudes maternelles et les nombreuses questions que sa liaison avec Côme faisait lever en elle, il ne lui était pas facile de trouver le repos.

Elle avait laissé à Gentilly, aux soins de son beau-père et de tante Charlotte, une enfant silencieuse, qui se refusait à donner le moindre éclaircissement sur les raisons de son changement d'attitude envers sa mère. En vain, s'était-elle évertuée à la faire parler, à l'amener patiemment à retrouver la confiance perdue. La nuit de la Saint-Jean semblait avoir compromis, beaucoup plus sérieusement qu'elle ne l'avait cru d'abord, des échanges jadis si aimants. Maintenant, Aude opposait à Marie un visage lisse, une politesse tout extérieur qui blessait douloureusement la tendresse ardente que sa mère lui portait. Rien n'y avait fait. Ni les demandes d'explication, si coutumières avant les événements qui avaient transformé la petite fille, ni les appels à une complicité disparue, ni une fermeté qui s'était heurtée à une détermination plus assurée qu'elle-même, ni, en fin de compte, les supplications d'un cœur anxieux.

Marie avait quitté sa fille dans les affres d'une incertitude que rien ne semblait pouvoir calmer, pour se retrouver, à Paris, aux prises avec des perplexités d'un tout autre ordre, mais non moins harcelantes.

Livrée aux tourbillons d'un amour qui l'essoufflait un peu, elle avait d'abord pensé que le changement intervenu dans ses relations avec Côme expliquait le malaise dont elle souffrait parfois en sa compagnie. Ivre du bonheur de posséder enfin sa maîtresse à lui tout seul, satisfait de la voir libérée d'entraves familiales qu'il jugeait pesantes, Côme se comportait à présent en homme comblé et possessif. Bien entendu, on ne pouvait pas lui demander de partager une souffrance qui lui demeurait étrangère en dépit des efforts qu'il accomplissait pour tenter d'y compatir.

Lucidement, la jeune femme pensait que son amant négligeait avec insouciance des tourments dont il était peut-être cause. Sans l'avoir voulu, bien sûr, ne se trouvait-il pas responsable de l'éloignement manifesté par Aude envers sa mère ? Néanmoins, il refusait avec énergie de s'attarder à une semblable hypothèse et d'épiloguer sur les sautes d'humeur d'une enfant qu'il jugeait capricieuse et trop gâtée.

— Les chagrins puérils sont sans lendemains, alors que les fortes et belles amours demeurent exceptionnelles, ma mie, allait-il répétant. Il est impardonnable d'en perdre de savoureuses miettes sous le prétexte qu'une enfant lunatique vous oppose un mutisme qui mériterait bien plus une correction que l'attention excessive dont vous l'honorez ! On n'a pas le droit de bouder la vie quand elle nous fait de si délectables présents !

Les protestations de la jeune femme ne le laissaient pas, malgré tout, indifférent. Trop fin, trop épris aussi, pour ne pas sentir le besoin qu'elle éprouvait d'un cœur où s'épancher, d'une épaule où s'appuyer, il essayait de la comprendre, mais ses tentatives pour partager un désarroi qu'il blâmait en secret aboutissaient toujours à la même conclusion : « Les peines enfantines s'effacent sans laisser de traces, se dissipent comme rosée au soleil, alors que le temps des amours est compté. »

Satisfait de cette analyse, pour lui sans réplique, il souriait, attirait sa maîtresse contre lui et oubliait alors tout ce qui n'était pas sa passion.

« Que la vie est donc compliquée ! songeait Marie en terminant le tracé du col sinueux d'un deuxième cygne. Je lui reproche son désintérêt pour mes chagrins de mère et, en même temps, je demeure extrêmement sensible à son charme, à l'esprit dont il sait si bien faire preuve quand il le veut, à tout ce qui m'a finalement attirée vers lui du temps où il me faisait la cour ! »

Elle soupira, changea sa plume d'oie pour une autre, plus fine, mieux taillée.

« La vérité est que Côme n'est plus le Côme de Gentilly ! s'avoua-t-elle à contrecœur. Là-bas, il se trouvait loin de chez lui, de sa vie active, de son univers de riche marchand. Le dépaysement, ses obligations d'invité l'avaient amené à adopter une contenance toute de bonne volonté et d'acquiescement. Rentré à Paris, revenu à son mode coutumier d'existence, il se montre moins soumis, plus impatient. Il faut également compter avec l'influence que sa sœur exerce depuis toujours sur lui. C'est une femme de poids ! Elle l'a en partie élevé, et, d'après ce qu'il m'en a dit, continue à le considérer comme son bien. Ce n'est pas le mariage sans attrait qu'elle a contracté avec ce petit notaire dénué de prestige qui y a changé grand-chose... Bien qu'il reconnaisse la tyrannie qu'elle fait peser sur lui, son frère lui est tendrement attaché. J'aurai intérêt à la ménager... D'autre part, Côme est homme d'importance. A la tête d'une affaire réputée, habitué à être entouré de respect, d'égards, accoutumé à imposer à autrui sa volonté, il admet avec peine l'indépendance dont je continue à faire preuve envers lui... Et puis un amant est-il jamais le même avant et après qu'on lui ait appartenu ? »

Les cloches de Saint-Eustache se mirent à sonner. L'heure du repas approchait. Il était temps d'interrompre le travail pour aller dîner.

Les ouvriers relieurs avaient le choix entre le repas pris en commun chez Marie ou celui qui pouvait les attendre à leur propre domicile. Selon les statuts corporatifs, les apprentis devaient être nourris et entretenus aux frais du maître, qui les logeait aussi sous son toit. Les deux aides restaient au dîner parce que c'était plus commode pour elles, mais rentraient le soir pour souper dans le logement de leurs parents, qui habitaient hors les murs de la ville. Leur père, bûcheron de son état, vivait de la forêt de Rouvray, et leur mère, qui cultivait des légumes dans son jardin, allait chaque jour les proposer aux chalands dans les rues de la capitale. Elle franchissait de bon matin la poterne Coquillière pour se rendre dans les quartiers du centre, et on l'entendait parfois, quand elle passait sous les fenêtres de l'atelier, mêlée aux autres marchands de vivres, qui criait d'une voix haut perchée : « Pois, fèves, salades, choux, oignons à vendre ! »

La salle où chacun se retrouvait pour le dîner était située au premier étage, au-dessus de l'atelier d'enluminure. Couvrant tout le rez-de-chaussée, dotée d'une cheminée à chacune de ses extrémités, avec ses croisées qui n'ouvraient que sur le jardin, elle était chaude en hiver, claire en été. Des bahuts, des coffres, une crédence, des sièges, tous meubles en chêne, lustrés par l'usage fréquent de la cire, d'épais coussins de velours et une table qu'on ne dressait que pour les repas la garnissaient. Accrochées aux murs, des courtines brodées de grappes et d'épis la réchauffaient tout en la décorant. Dans une cage dorée posée entre deux fenêtres, des tourterelles roucoulaient.

Kateline était partie chez elle s'occuper de l'époux toujours souffrant dont elle parlait sans cérémonie mais qu'elle soignait avec dévouement.

Jean-bon-Valet, silencieux comme un chat et aussi peu démonstratif, s'était éclipsé selon son habitude. Seule, Denyse-la-Poitevine avait partagé le repas des autres compagnons.

On avait l'habitude d'être gai et bavard autour de la table de Marie, mais, ce jour-là, le temps maussade et, surtout, l'humeur soucieuse de la maîtresse du logis n'incitèrent pas les apprentis à taquiner les aides comme ils ne manquaient jamais de le faire d'ordinaire. Une fois expédiés le potage, les lapereaux au saupiquet, les cerises et le fromage, chacun disposa d'un moment pour faire la sieste ou muser dans le jardin.

Marie les laissa agir à leur guise et gagna sa chambre.

A colombages, haute et droite, la maison des Leclerc avait été bâtie une trentaine d'années auparavant sur les plans de Mathieu, qui avait choisi pour s'y installer ce quartier neuf, encore champêtre, où plusieurs terrains avaient alors été mis en vente. Depuis, d'autres constructions s'y étaient édifiées et la rue du Coquillier comportait à présent de nombreux chantiers qui transformaient insensiblement les prés ou les vignes d'antan en une artère animée et passante.

Au second, juste au-dessus de la grande salle où l'on se réunissait pour les repas et les veillées, se trouvaient deux chambres : celle que Marie partageait avec ses enfants, et celle que son beau-père s'était réservée pour ses courts passages à Paris.

Aux étages supérieurs, couchaient les apprentis, la cuisinière, son mari qui soignait le jardin, l'aide de cuisine, et les deux chambrières qui entretenaient le logis.

De la rue des Bourdonnais, Marie avait apporté des meubles qu'elle aimait parce qu'ils lui rappelaient son enfance protégée. Un vaste lit aux draps brodés, dont les courtines étaient en point de Hongrie, deux beaux coffres de chêne sculptés, une table, quelques chaises à haut dossier et une nuée de coussins disséminés un peu partout composaient un ensemble où le vert, couleur favorite de la jeune femme, dominait.

En dépit des sentiments qui l'agitaient, Marie goûta une fois de plus la quiétude de sa chambre quand elle s'y retrouva après le dîner. Elle alla à la fenêtre ouverte sur le jardin. La pluie se calmait enfin. Des odeurs de terre mouillée, de romarin, de chèvrefeuille, montaient jusqu'à elle. L'enclos foisonnant qu'elle avait sous les yeux était, certes, loin de posséder les dimensions de celui où elle avait été élevée, mais il jouxtait un fort bel hôtel, construit au début du siècle par le sire de Nesle et que le roi avait ensuite donné à sa mère, la reine Blanche. Cette princesse y avait habité pendant vingt ans, avant de se rendre à l'abbaye du Lys, à Melun, où elle s'était éteinte fort dévotement, une quinzaine d'années plus tôt. Personne n'y logeait plus, mais on l'entretenait. Le verger, les parterres et les bosquets d'arbres qu'on apercevait de la fenêtre de Marie, au-delà des murs de son propre jardinet, prolongeaient de leur belle ordonnance et de leurs frondaisons ses carrés, beaucoup plus simples, d'arbustes, de fleurs et de salades.

Le regard perdu dans la direction des allées ombreuses où s'égouttait la pluie, la jeune femme songeait à son passé. C'était dans des moments comme ceux-ci que l'absence de sa mère, de la confidente avisée dont elle ressentait un si grand besoin, lui était le plus sensible. A défaut de Mathilde et de son inépuisable tendresse, elle aurait pu aller trouver Charlotte Froment si cette dernière n'était demeurée à Gentilly... Restait son amie d'enfance, Marguerite Ménardier, mais pouvait-on demander à une fille qui ne s'était pas mariée, par amour pour un infirme, de comprendre ou même simplement d'admettre une situation si différente de la sienne ?

Non, en vérité, Marie était seule. Seule pour réfléchir, seule pour décider.

En est-il jamais autrement à l'heure des choix essentiels, des alternatives décisives ?

La veille au soir, pour la première fois depuis le retour de la campagne, elle s'était rendue chez Côme au lieu de le recevoir chez elle. Profitant de la liberté que lui donnait l'absence de ses enfants, elle préférait, d'ordinaire, faire monter son ami dans sa chambre, le soir venu, une fois servantes et apprentis couchés. Elle descendait alors lui ouvrir la petite porte du jardin. Ils escaladaient ensemble, sans bruit, les degrés de l'escalier, s'engouffraient dans la pièce accueillante, et l'huis se refermait ensuite sur leur secret. A l'aube, Côme s'en retournait par où il était arrivé.

Deux jours plus tôt, cependant, ils avaient décidé d'un commun accord que Marie rendrait à son tour visite à son amant le lendemain soir. Ce dernier, en effet, avait grande envie de montrer à la jeune femme, qui, jusqu'alors, n'avait fréquenté que l'élégante boutique de la Galerie du Palais, la demeure de la rue Troussevache qu'il tenait de ses parents défunts. En plus des entrepôts de la mercerie familiale à laquelle plusieurs générations de Perrin avaient contribué à donner un grand lustre, les trois principaux corps de bâtiment comportaient aussi un beau logis dont Côme était assez fier.

Marie n'ignorait pas combien l'état de mercier avait de prestige. Corporation à qui toute fabrication était interdite, mais qui possédait le droit de vendre les objets et les produits les plus variés, quelles que fussent leur nature ou leur provenance, ses membres jouissaient d'une réputation de prospérité et de distinction qui les mettait à part du reste des marchands. Marie savait aussi que, s'il y avait de nombreuses merceries à Paris, celle des Perrin était sans conteste une des plus renommées. Aussi éprouvait-elle une curiosité légitime à se rendre compte par elle-même du lieu où elle aurait peut-être à vivre un jour, et où, de toute manière, habitait son ami.

Sitôt son travail terminé, elle s'en était donc allée rejoindre Côme chez lui. Le riche logement, parfaitement entretenu et fort bien meublé, l'avait impressionnée plus que séduite. Dès l'abord, une sorte de malaise s'était emparé d'elle, pour ne plus la quitter par la suite.

La voyant incertaine, Côme avait cherché, tout au long de la soirée, à voiler l'éclat d'un bonheur qui transparaissait pourtant, en dépit de ses efforts, dans chacune de ses expressions.

Recevoir enfin sous son toit celle qu'il aimait et lui faire les honneurs du lieu où il espérait qu'elle serait sans tarder chez elle, le ravissait trop pour qu'il parvînt à dissimuler les témoignages de sa joie.

Il avait sans doute porté au compte de ses déboires maternels la gêne dont, si manifestement, Marie ne parvenait pas à se défaire. Par délicatesse et pour ne pas raviver entre eux, en des instants qu'il souhaitait parfaits, un sujet trop fréquent de discorde, il avait évité de reprendre une discussion sans issue.

Comment se serait-il douté de la vérité ?

Sous la flatteuse apparence d'une réception où il avait mis tout son amour, Marie n'avait vu que le piège qui s'apprêtait à se refermer sur elle.

« Suis-je donc incapable d'aimer ? se demandait-elle à présent avec désespoir. Je n'ai ressenti pour Robert que tiédeur et ennui ; vais-je, cette fois-ci, fuir Côme en lui reprochant de trop m'aimer ? De me vouloir toute à lui ? »

Entre ces murs, elle avait mieux perçu qu'auparavant ce que serait son existence, si elle acceptait de devenir l'épouse du mercier. Dans l'opulente demeure qu'il tenait de ses ancêtres, elle ne serait plus, une fois mariée, que la femme de Côme Perrin. Y trouverait-elle sa suffisance ?

Jusqu'à cette visite, elle avait évité de s'appesantir sur les perspectives d'un avenir dont elle n'avait pas encore décidé ce qu'il serait. L'aventure qu'elle vivait avec Côme conservait l'aspect agréable qu'elle avait eu à Gentilly. C'était un peu comme le prolongement de la fête de la Saint-Jean. Elle y songeait avec plaisir, mais se sentait encore libre d'elle-même. Tout d'un coup, elle venait de comprendre qu'elle s'était engagée beaucoup plus avant qu'elle ne l'imaginait. Dans l'esprit de son amant, elle était déjà installée rue Troussevache comme maîtresse de maison !

Une appréhension irrépressible la taraudait pendant le repas exquis et, par la suite, entre les courtines de soie émeraude que Côme avait tout spécialement fait refaire à ses couleurs... Ce mariage était-il souhaitable ? Le désirait-elle ?

Ses enfants accepteraient-ils un beau-père pour lequel ils ne semblaient pas éprouver une grande sympathie... Aude lui en voulait déjà. C'était, hélas ! certain ! Vivien avait également témoigné à l'ami de sa mère une sorte d'animosité encore vague où devait entrer pas mal de jalousie... Comment accueilleraient-ils l'un et l'autre l'annonce d'une union qu'ils ne souhaitaient aucunement, qui leur donnerait le sentiment de perdre, avec la chaleur d'une tendresse qu'ils considéraient comme leur bien, la précieuse intimité dont ils pensaient, à la manière des enfants, qu'elle durerait toujours ? Avec quelque prétendant que ce fût, d'ailleurs, il en serait de même ! Pourrait-elle jamais, du fait de ses petits, se résoudre à un remariage ?

Il y avait là un obstacle considérable, et ce n'était pas tout !

Marie quitta la fenêtre, se mit à marcher avec nervosité de long en large.

Une autre évidence s'était imposée à elle, la veille. Obligée de quitter sa chère maison de la rue du Coquillier, il lui faudrait, en plus, laisser derrière elle son atelier. Jamais encore cette pensée ne l'avait assaillie : était-il concevable que le puissant mercier, dont elle avait mesuré sur place l'aisance, acceptât de voir sa femme exercer un métier si différent du sien ? Un métier qui, en outre, ne l'intéressait pas le moins du monde ! S'il admirait de bonne grâce les volumes qu'elle lui montrait parfois, c'était bien plus pour lui faire plaisir, ou par déférence envers leur valeur marchande, que par goût pour des illustrations qui ne retenaient jamais longtemps son attention.

Parce qu'elle ne lui avait en rien caché le plaisir très vif qu'elle prenait à exercer son art, parce qu'il respectait la façon de vivre qu'elle avait choisie, parce que, surtout, elle n'était pas encore sienne, il s'était interdit toute ingérence dans sa façon de vivre. Ne serait-il pas vite amené, après les noces, à lui conseiller de se détacher d'un travail dont elle n'aurait plus besoin pour subsister et qu'il devait juger sans intérêt ?

Chef d'une entreprise dont elle était soucieuse d'étendre le renom parce que son beau-père l'avait placée sous sa responsabilité et qu'elle s'y était attachée, possédant la maîtrise d'enlumineresse, elle n'accepterait jamais d'abandonner son atelier. Même par amour.

Côme ne s'en doutait pas encore. Comment le prendrait-il quand elle le lui aurait clairement fait entendre ?

Une découverte dont elle ne mesurait pas encore toutes les conséquences s'imposait à elle : il allait lui falloir choisir sans tarder entre deux voies opposées. Qui l'emporterait ? Son amant ou son art ?

Ainsi donc, l'antipathie de ses enfants à l'égard de Côme et l'indifférence de celui-ci envers ses angoisses maternelles ne suffisaient pas ! Des difficultés touchant à son métier viendraient sans doute, un jour, s'y ajouter !

Marie serra les lèvres, tenta de réfléchir posément. Il s'agissait de ne pas céder au désarroi qui l'envahissait, de ne pas se laisser emporter par le vent de défaite qui tourbillonnait dans son esprit et dans son cœur.

« Ne suis-je pas en train de m'inventer des obstacles imaginaires ? se dit-elle en interrompant sa déambulation pour venir s'asseoir sur son lit. Côme n'est-il pas le plus aimant des hommes ? Ne m'entoure-t-il pas de soins et d'attentions qui satisferaient bien des femmes plus exigeantes que moi ? Combien seraient heureuses de tenir sous leur joug un amant comme celui-là. Ne faut-il pas être folle pour ne voir que les mauvais côtés d'une situation qui en comporte de si bons ? Puisqu'il m'aime tant, ne sera-t-il pas tout disposé à me laisser agir à ma guise ? Ne m'a-t-il pas maintes fois répété qu'il ne souhaitait que bien s'entendre avec mes enfants ? »

Elle se leva, marcha de nouveau du lit massif aux coffres sculptés que de fréquents astiquages faisaient reluire comme s'ils étaient vernis.

« Pourquoi de si noires pensées alors que tout ne dépend que de moi, de ma façon de présenter, tant à mon fils et à ma fille qu'à mon ami, mes choix et mes préférences ? Une femme habile peut dicter sans qu'il s'en aperçoive sa conduite à un amant épris. N'en suis-je donc point capable ? »

Elle s'immobilisa devant la table sur laquelle était posée une Bible superbe, dernièrement sortie de son atelier, l'ouvrit, en feuilleta quelques pages, sourit à la beauté délicate, si fraîche, des enluminures, se redressa.

« Veuve et pratiquant un art qui me comble, je suis libre de mes décisions. Personne ne peut s'y opposer. Mon avenir reste entre mes mains. Dans l'immédiat, rien ne presse, il n'est que de faire traîner les choses. Atermoyer conduit fort souvent à résoudre les difficultés de manière qu'on n'avait pas prévue à l'origine... »

Elle s'interrompit, se tourna vers le crucifix de cuivre suspendu au-dessus d'un prie-Dieu au chevet de son lit.

« Je sais bien, Seigneur, que je Vous ai promis de me décider avant la fin de l'été pour ne pas demeurer davantage dans une situation irrégulière et pécheresse. Je ne l'ai pas oublié, mais, si je sais employer ces semaines au mieux de nos intérêts à tous, je disposerai d'assez de temps pour être fixée quand viendra le terme de l'échéance que je me suis moi-même imposée. D'ici là, il me faut peser le bon et le mauvais, mesurer au plus juste mes besoins et mes pouvoirs, les estimer à leur exacte valeur et ne pas me tromper dans le dosage à opérer entre eux. Il me reste aussi, Seigneur, à Vous supplier de m'éclairer au moment d'un choix dont dépendra le sort de quatre de Vos créatures... »

Elle s'approcha du crucifix, en baisa dévotement les pieds.

« Dieu Vivant, soyez béni ! Je sais que, si je tiens parole, Vous m'aiderez à me prononcer quand il le faudra... C'est donc contre ma faiblesse que Vous aurez à me fortifier... Comme toujours ! Avec nous tous. »

Elle se signa, retourna vers la Bible ouverte sur la table, sourit en constatant que le feuillet qu'elle avait sous les yeux représentait Dalila coupant les cheveux de Samson.

« Avec l'appui du Seigneur, je viendrai à bout de toutes ces difficultés. J'en suis sûre à présent ! Je serai la plus forte et trouverai bien le moyen de dénouer les fils de ma quenouille, d'allier mon amour de mère à mon penchant pour Côme, et l'enluminure à la mercerie ! »

Elle avait retrouvé son entrain. De son père, elle tenait une nature changeante, connaissant sans cesse des sautes d'humeur, capable de passer sans transition de l'abattement le plus profond à la confiance la plus assurée.

Autant elle était agitée en pénétrant dans sa chambre, autant elle se sentait légère en en sortant, un moment après.

L'après-dîner se passa plus allégrement que la matinée. Le temps s'améliorait et Marie semblait avoir repris courage. L'atelier le devinait et en subissait les effets bienfaisants.

La jeune femme soupa rapidement entre ses quatre apprentis et les servantes, qui bavardaient tous à qui mieux mieux, puis gagna son jardin pendant que les autres jouaient à des jeux innocents jusqu'à l'heure du coucher.

Il ne pleuvait plus, le ciel s'éclaircissait et des rayons de lumière vespérale traversaient le feuillage encore trempé où luisaient comme des pierres fines les gouttes d'eau en suspens.

Tout en longeant ses allées bordées d'ancolies et de sauges, en respirant l'odeur des plantes mouillées, en se baissant pour ramasser quelques menues branches que l'orage avait cassées, Marie songeait qu'elle avait été bien sotte de se tourmenter pour des sujets que son imagination amplifiait. La vie était belle et tout s'arrangerait sûrement si elle savait s'y prendre et bien mener sa barque.

Quand elle eut entendu son petit monde aller se mettre au lit, elle regagna sa chambre où l'attendait Guillemine, qui l'aida à quitter sa guimpe de veuve, sa cotte blanche, ses chausses, avant de lui brosser longuement les cheveux tandis qu'elle restait en chemise safranée, assise devant le coffre sur lequel était posé un miroir de Venise fort beau, présent de Côme, qui l'avait fait venir à son intention, tout exprès, d'Italie. On en voyait peu et la rareté de l'objet ne lui donnait que plus de prix.

La chambrière bavardait, rapportant à sa maîtresse les potins de l'atelier, de la rue, du quartier. Les deux femmes s'entendaient bien. Marie appréciait la nature, tranquille bien qu'active, malicieuse quoique honnête, de la jeune paysanne qui s'était beaucoup affinée depuis six ans qu'elle était entrée à son service. Le contact des apprentis, des aides de l'atelier, celui de la grande ville aussi et, surtout, celui d'une famille où elle avait rencontré la paix et la sécurité qui lui faisaient si cruellement défaut à la ferme de Pince-Alouette avaient transformé l'enfant timide et ignorante qu'elle était en une fille bien plus sûre d'elle, plus responsable et capable de prendre des initiatives en cas de besoin.

— Les jumelles sont tombées ensemble amoureuses du même garçon, dit-elle en riant. Il s'agit d'un ouvrier maçon qui travaille au nouveau chantier du bout de la rue. Il aura du mal à choisir entre les deux !

Les aventures sentimentales de Perrine et de Perrette, les deux jeunes aides, ne se comptaient plus. Grâce à leur ressemblance, elles s'amusaient à troubler les amoureux qu'elles dénichaient avec une facilité qui était la fable de tous, et se les repassaient sans toujours les prévenir, ce qui était source de méprises inénarrables.

— Dame, voulez-vous que je vous frictionne à l'eau de fleurs ? Par ces temps lourds, ce serait un bon moyen de vous rafraîchir, proposa la chambrière, quand elle eut fini de tresser les épais cheveux couleur de paille que la brosse avait longuement lissés.

Marie accepta. Elle savait que Côme aimait le parfum de cette lotion où dominait le jasmin.

Guillemine partie, il fallut encore attendre avant que la nuit ne descendît tout à fait. Alors seulement, après avoir changé sa chemise ordinaire contre une autre en soie ponceau, la jeune femme se faufila dans l'escalier, ouvrit sans bruit les portes qu'elle tenait toujours huilées avec soin, longea une allée du jardin heureusement recouverte d'épais berceaux de feuillage propres à dissimuler ceux qui cheminaient sous leur abri, et parvint au mur derrière lequel se tenait celui qu'elle venait chercher.

Sitôt entré, il la saisit par la taille, la serra contre lui avec une ardeur qui l'étouffa un peu.

— Par Dieu ! que je trouve donc long le temps qui me sépare du moment de vous rejoindre, ma mie ! dit-il quand ses lèvres eurent cessé un instant de parcourir le visage, le cou, la gorge tendre de sa maîtresse.

— Venez.

Ils ne s'attardèrent pas en chemin et se retrouvèrent sans encombre dans la chambre de leurs amours. La porte refermée, Marie se retourna vers Côme, dans l'intention de lui parler, mais il l'attira de nouveau contre lui pour l'embrasser à sa façon, savante, gourmande, expérimentée.

En amour, cet homme si sincèrement épris se comportait avec une habileté, un raffinement qui donnait un air de virtuosité à ses gestes les plus osés.

Marie reconnaissait l'art des caresses qui était le sien et ne pouvait s'empêcher de comparer sa maîtrise à la façon dont Robert, jadis, la traitait. Au lieu de la posséder comme pour accomplir un devoir dont il était urgent de se débarrasser au plus tôt et sans paraître y prendre grand plaisir, Côme s'attardait sans fin à des préliminaires dont il savait renouveler les délices. Il aimait les approches lentes, frôleuses, suspendues.

Il avait avoué à son amie que d'y songer à l'avance, de les imaginer tout au long du jour, jusqu'au milieu de son travail, dans n'importe quelle circonstance, était déjà pour lui un avant-goût du bonheur.

Elle reconnaissait à présent que certains mots ajoutent du piment aux gestes qu'ils accompagnent, et se laissait enfiévrer par eux.

Les mains un peu fortes de son amant devenaient d'une adresse de plume pour la préparer à la jouissance et si elle les avait jamais trouvées sans finesse, elle les appréciait à présent pour leur douceur, leur légèreté, leurs inventions.

Le visage de Côme, lui aussi, se transformait. Son regard se faisait plus aigu pour observer l'effet de ses entreprises, et il avait une façon de s'inquiéter des sensations qu'il lui donnait, en serrant la mâchoire, qu'elle jugeait émouvante. Ses cheveux glissaient le long de ses joues comme deux ailes, et leur frôlement était caresse nouvelle...

— Vous avez la peau la plus douce du monde, amie, disait-il d'une voix émerveillée, en épousant de la paume le tendre corps blanc dont il avait retiré sans hâte, en en faisant durer le plus longtemps possible le lent dépouillement, la chemise couleur de feu. La plus douce et la plus fraîche aussi. Même en ces temps de canicule, vous demeurez lisse comme du satin !

Ses doigts, ses lèvres jouaient, éveillaient des sensations, les multipliaient, les diversifiaient, avec une telle virtuosité que Marie, qui préférait pourtant les prémices à la conclusion, lui demandait d'en finir pour parvenir à l'apaisement.

Les heures sonnaient à Saint-Eustache. Les chandelles de cire parfumée se consumaient au chevet du lit, bateau secoué par la bonne tempête, et la nuit enveloppait de son haleine tiède les corps que l'amour avait unis.

Quand venaient les accalmies, les amants prenaient, dans une large coupe d'orfèvrerie que la jeune femme veillait toujours à faire remplir de fruits et qu'elle déposait sur un trépied à côté de leur couche, des cerises, des groseilles sauvages, des amandes, des figues de Damas, dont ils avaient soudain faim et qu'ils arrosaient d'un vin gris provenant des vignes d'Étienne Brunel.

— Si je n'étais pas tellement désireux que vous deveniez ma femme et de vous voir porter mon nom, je dirais que les moments que nous sommes en train de vivre sont les plus suaves qu'on puisse rêver, dit soudain Côme, en dénouant les nattes que Guillemine avait tressées avec tant d'application.

Il plongea ensuite son visage dans le flot des cheveux épandus comme il eût fait dans une eau frissonnante et parfumée. Son long nez voluptueux, toujours à l'affût de sensations inédites (« votre flair de chien de chasse », lui disait Marie), respirait avec délectation l'odeur naturelle de gerbe ensoleillée qui émanait de la chevelure défaite, avec, en outre, des effluves de jasmin.

— Vous en convenez ! Pourquoi souhaiter autre chose que ce bonheur tout simple ? demanda Marie.

— Pour la tranquillité de mon cœur, amie, et pour assurer une félicité qui reste fragile tant qu'elle n'est ni sanctifiée ni reconnue.

— Je me trouve bien ainsi.

— Vous seriez encore mieux autrement.

— En êtes-vous certain ?

— Tout à fait. Il en est du mariage comme de presque tout ici-bas. Il peut être la meilleure ou la pire des choses, suivant les cas.

Il riait. Avoir trouvé, ce soir-là, sa maîtresse plus insouciante, plus gaie que la veille, lui suffisait. Une longue habitude des femmes lui avait appris à être heureux quand elles l'étaient et à savoir attendre, en d'autres circonstances, que le vent ait tourné.

Il changea de conversation, parla des gens qu'il avait rencontrés, des rumeurs de la cour qui filtraient jusqu'à la Galerie aux Merciers. On racontait depuis peu que Louis IX songeait à se croiser une seconde fois.

— Il est revenu de son premier séjour en Terre sainte en assez piètre état, remarqua Marie, et il demeure moins solide qu'auparavant... Sans compter que le royaume est en paix depuis un bon nombre d'années, tant à l'intérieur qu'avec ses voisins. Pourquoi compromettre un si beau résultat ?

— C'est ce que disent ceux qui sont raisonnables. Mais, tout sage qu'il soit, notre sire est bien trop proche du Seigneur Dieu pour en juger comme eux. Il doit se ronger à l'idée que les Lieux saints sont, pour beaucoup d'entre eux, retombés aux mains des infidèles, que Nazareth a été saccagé et rasée l'église de la Vierge, que Césarée, Arsur sont perdus...

— Vous approuveriez, vous, mon ami, une telle entreprise ?

— Je ne suis pas un ange, ma douce... point du tout... et vous me voyez tout prêt à vous le prouver...

Décidément, avec Côme, l'amour était gai. Pourquoi demander davantage et se retourner les sangs alors qu'il était si plaisant de rire, si amusant de folâtrer avec lui ?

La nuit glissa sur eux comme une soie.

Côme s'en alla un peu avant que le cor du guet eût averti les bourgeois de garde que leur service se terminait et qu'on pouvait relever les postes.

Marie s'étira alors entre ses draps froissés. Elle se dit que cet homme lui plaisait et qu'elle le manœuvrerait à sa guise. Qu'il cherchât à utiliser son savoir-faire d'amant pour la convaincre de l'épouser était flagrant. Qu'importait ? Elle ne s'y laisserait pas prendre et ce n'était certes pas son habileté au déduit qui y changerait quoi que ce soit ! Si elle aimait bien l'amour, elle n'était cependant pas son esclave et le considérait comme un divertissement, non comme un maître. Il en était tout autrement pour Côme. Elle le savait et en profiterait pour retourner la situation à son avantage...

Ce fut en fin de matinée, alors que Marie dessinait un autre cygne sur la feuille de parchemin à décorer, que Bertrand Brunel, son frère, entra tout d'un coup dans l'atelier inondé de soleil. Il semblait fort agité.

— Thomas et Agnès se sont enfuis ! annonça-t-il sans se soucier des oreilles curieuses qui pouvaient l'entendre. Ils ne sont plus aux Saints-Innocents !

— Que dites-vous ?

Dans son émotion, Marie se leva avec une telle vivacité que sa mine de plomb roula à terre et s'y brisa.

— La vérité, hélas ! Je suis rentré hier soir de Touraine où Florie avait fini par me convaincre de ne rien brusquer, de ménager l'avenir. Aussi, suis-je allé de très bonne heure ce matin à ce maudit charnier où je croyais trouver mon fils.

Ce n'était plus le père outragé, décidé à faire un exemple, qui parlait, mais un homme déconcerté, anxieux, malheureux.

La jeune femme s'approcha de son frère, posa une main sur son bras.

— Ils ne logent donc plus chez la cirière ? demanda-t-elle, tout en se sentant gênée du peu de part prise par elle dans un conflit que son égoïsme l'avait poussée à ignorer.

Détournée par ses propres soucis de ceux qui perturbaient le reste de sa famille, qu'avait-elle fait pour lui venir en aide ?

— Eh non ! soupira Bertrand. Ils sont partis sans rien dire. C'est bien ce qui m'inquiète. Où ont-ils pu se rendre ? Pourquoi ont-ils quitté un endroit d'où personne ne pouvait les déloger de force ?

— Que dit la logeuse ?

— Elle ne sait rien. Hier matin, elle dormait encore quand elle a été réveillée, avant l'aube, par des pas qui descendaient son escalier. Elle a pensé que les amoureux, comme elle les appelle, allaient à l'office de prime, ainsi que cela leur était déjà arrivé depuis qu'ils habitaient sous son toit. Elle ne s'en est pas autrement souciée...

Bertrand s'interrompit. D'énervement, il tirait sur ses doigts jusqu'à les faire craquer les uns après les autres. Marie retrouvait là un geste coutumier à son frère, quand il était au comble de la contrariété, du temps de leur jeunesse...

— Il ne faut pas vous affoler, dit-elle. On ne disparaît pas ainsi, sans laisser de traces...

Tout en parlant, elle ressentit une impression de déjà entendu. Ne lui avait-on pas répété les mêmes phrases de consolation vaine, la nuit de la Saint-Jean, après qu'Aude, elle aussi, s'en fut allée ?

— Les gardes qui veillent aux portes du charnier n'ont-ils pu vous fournir aucune indication ? reprit-elle aussitôt.

— Aucune. Ils n'ont rien remarqué... Je crois, d'ailleurs, savoir pourquoi. Le boulanger qui loge là-bas m'a rapporté à ce propos une chose intéressante. Il avait terminé sa première fournée, à l'aube, et il était sorti pour prendre l'air, quand il a distingué, à travers la demi-obscurité, des ombres qui se hâtaient en direction de la porte donnant sur la rue Saint-Denis. Or il connaissait un peu Thomas et Agnès pour leur avoir parfois vendu des petits pains. Il lui a semblé reconnaître la haute taille de mon fils et l'ombre menue de son amie, mais ils n'étaient pas seuls. Ils faisaient partie d'un petit groupe de gens vêtus en mendiants, le capuchon rabattu sur le visage. Intrigué, le boulanger s'est approché de la porte. Une charrette bâchée attendait au-dehors. Après être passés sans encombre devant les gardes, qui sont habitués aux allées et venues de ce genre et qui, paraît-il, semblaient connaître leur chef, ces promeneurs matinaux sont montés dans la voiture. Le conducteur a immédiatement fouetté son cheval et l'équipage a disparu dans la grisaille du petit jour.

L'atelier tout entier avait écouté le récit de Bertrand. Un silence pesant suivit les derniers mots.

— Qui a pu les aider à prendre la fuite ? Pourquoi ? Pour aller où ? murmura Marie.

— Je l'ignore. Mais, voyez-vous, ma sœur, parmi tous les truands qui hantent l'enclos des Saints-Innocents, il en est de dangereux. On peut craindre que des adolescents inexpérimentés comme les nôtres ne soient les proies, hélas ! consentantes, d'individus de sac et de corde, capables des pires vilenies !

— Peut-être sont-ils aussi partis de leur plein gré, pour échapper aux poursuites qu'ils craignent sans doute de vous voir entreprendre contre eux ? Peut-être n'ont-ils fait que changer de refuge ?

— J'aimerais le croire, dit Bertrand. Mais, que Dieu me pardonne, ce départ si bien préparé ne me dit rien qui vaille ! Comment ces deux enfants se seraient-ils, tout seuls, procuré une charrette, un conducteur, des acolytes ?

Les bras croisés sur la poitrine, la tête baissée, l'orfèvre réfléchissait.

— J'ai passé la matinée à interroger tous ceux qui pouvaient avoir remarqué quelque chose d'autre, reprit-il enfin. Cette enquête m'a convaincu que dans un endroit pareil règne une loi du silence impossible à briser. La peur, les intérêts les plus divers, des marchandages faciles à imaginer closent toutes les lèvres, arrêtent toutes les confidences.

— J'ai un cousin qui est sergent du roi, dit Denyse-la-Poitevine. Voulez-vous que j'aille le trouver ?

— Pas encore. Il est trop tôt pour faire intervenir les gens d'armes. Il faut attendre pour voir ce qui va arriver, si quelqu'un va se manifester... En admettant qu'il s'en soit allé de son plein gré, je ne puis croire que Thomas nous laisse longtemps dans l'incertitude. Je le connais bien, il est violent, emporté, mais généreux. Je suis sûr qu'il est incapable de nous fausser compagnie sans un mot d'explication.

Il se tourna vers sa sœur.

— A ce propos, reprit-il en s'adressant à elle, il ne peut être question de mettre notre père au courant de cette disparition. Il ne supporterait pas d'avoir perdu trace de son petit-fils.

— Et Laudine ? demanda Marie.

— C'est à cause d'elle qu'au sortir du charnier je suis passé d'abord chez vous, ma sœur. Je vous avoue ne pas avoir eu le courage d'affronter tout seul le chagrin de ma femme. Je compte aller la prévenir en votre compagnie, si vous le voulez bien. Acceptez-vous de venir avec moi ? Votre présence lui apportera un soutien féminin dont elle va avoir le plus grand besoin !

10

— Par ma foi, mon bel agneau, vous me voyez bien aise de vous trouver enfin calmé, dit le dameret qui se tenait sur le seuil de la cellule. Nous commencions à désespérer de vous. A-t-on idée de se montrer aussi violent ?

Il pénétra tout à fait dans la petite pièce. Derrière lui, le gardien referma la porte devant laquelle il se campa, une main sur le manche de son épée, l'autre serrée sur son trousseau de clefs.

Thomas, dont les chevilles et les poignets étaient liés par des cordes qui lui permettaient tout juste de se mouvoir, détourna la tête sans répondre.

— Voyez à quelle extrémité vous nous avez réduits, mon pauvre ami ! Par votre faute, vous voici entravé ainsi que taureau en foire ! Pourquoi, aussi, avoir tout cassé comme un forcené ?

Thomas demeura muet.

— Par le Corps-Notre-Dame ! vous êtes bien obligé de reconnaître, si vous êtes loyal, que nous avons commencé par vous traiter avec mansuétude, mais nous ne pouvions tout de même pas vous laisser tout saccager dans cette chambre !

Il parcourut du regard la pièce exiguë éclairée par une étroite fenêtre munie d'épais barreaux. Un châlit recouvert d'une paillasse, un escabeau, une table de bois sur laquelle était posé un lourd broc d'étain muni de son gobelet, un seau en composaient l'ameublement.

— Vous avez de la chance d'avoir des anges gardiens aussi patients que nous, reprit-il avec un sourire perfide tout en vérifiant du bout des doigts l'équilibre de la couronne de bleuets qui ornait ses boucles blondes. Beaucoup d'autres vous auraient laissé méditer, au milieu de vos débris, sur la vertu de résignation et ses bienfaits.

Le regard farouche que lui adressa le captif le fit partir d'un rire perlé.

— Heureusement, mon beau ramier, que vos yeux ne sont pas des épées ! J'en serais transpercé ! Avouez pourtant que, dans toute cette aventure, vous vous êtes conduits, votre amie et vous, comme des têtes de linottes ! Fallait-il que vous soyez naïfs tous les deux pour nous avoir fait confiance sur nos bonnes mines !

Il semblait bien s'amuser et le parfum de musc que toute sa personne exhalait soulevait le cœur du prisonnier.

— Vous êtes tombés comme deux innocents dans le piège que nous vous avions tendu. Je peux reconnaître à présent que nous n'osions pas l'espérer.

— Chien ! gronda Thomas.

— Fi donc ! Comment pouvez-vous être si grossier, mon beau pigeon ? N'en avez-vous pas honte ? Au lieu de m'injurier injustement, vous feriez mieux de vous soucier de votre avenir.

Un haussement d'épaules exaspéré lui répondit.

Le dameret s'accota contre le mur de pierre sur lequel sa cotte de soie rose se détachait de manière incongrue.

— Vous n'êtes pas curieux, mon cher soleil, dit-il en zézayant de plus belle.

— Par le Sang-Dieu ! Cessez de me parer de noms absurdes, et disparaissez de ma vue !

— Voyez comme vous avez le sang vif ! Je continue cependant à prétendre que ce nom de soleil convient parfaitement à votre éclat de roux, continua Joceran sans se démonter. Quant à nos projets à votre égard, et bien que vous paraissiez vous en désintéresser, je vais avoir la bonté de vous en faire part.

Il fit quelques pas vers le captif, mais l'expression de rage que son approche fit naître sur le visage contracté de Thomas l'incita à reculer aussitôt.

— Tout doux, l'ami, tout doux ! dit-il comme s'il s'adressait à un animal dangereux. En vous parlant, j'ai l'agréable impression de m'adresser à un ours mal léché... C'est déplaisant.

Il sortit de l'aumônière brodée qui pendait à sa ceinture un flacon de senteur dont il respira l'arôme en battant des cils comme une coquette.

— Allons, décidément, je suis beaucoup trop bon, soupira-t-il. Tant pis ! On ne se refait pas.

Avec élégance, il posa sa main droite, surchargée de bagues, sur sa hanche.

— Voici donc où nous en sommes : nous vous tenons à notre merci, mes douces colombes, que vous le vouliez ou non. Nous vous tenons ! N'est-il pas tout naturel de vouloir en tirer profit ?

— De quelle façon ?

— Tiens, tiens, voici que je vous intéresse tout à coup ! Vous m'en voyez ravi ! Votre famille est riche, mon agneau, et sachez que nous ne sommes pas insensibles au tintement de l'or... Vos pères et mères doivent être navrés de votre disparition... aussi sommes-nous enclins à croire que ces bons parents seront tout disposés à payer pour obtenir la joie inestimable de vous retrouver sains et saufs.

Il gloussa de nouveau.

— C'est pour cette raison que nous prenons soin de vous et qu'en dépit de vos mauvais traitements à l'égard de notre mobilier nous vous ménageons. Il faut que vous soyez frais comme l'œil quand nous vous échangerons, vous et votre amie, contre de belles pièces sonnantes et cascadantes !

D'indignation, Thomas frappa de ses poings liés contre le mur.

— Une rançon ! C'est donc une rançon que vous chercherez à extorquer à ma famille ! cria-t-il. Par saint Georges ! vous ne nous avez pas capturés sur un champ de bataille ! De quel droit vous permettez-vous ?...

Un ricanement l'interrompit. Ce n'était plus le dameret, cette fois, qui se moquait de lui, mais le geôlier, lourd et épais comme un soliveau, qui avait été chargé par Amaury, le jour de l'enlèvement, de surveiller le couple prisonnier. Un second individu, de la même espèce, aidait cette brute à accomplir sa tâche.

— Que parlez-vous de droit ? dit l'homme avec mépris en crachant par terre. Quel droit ? Il n'y a que le droit du plus fort que je reconnaisse !

— Par ma foi, admit Joceran avec une moue chagrine, par ma foi, il est désolant de se voir contraint de l'admettre, mais ce brave Louchard n'a pas tort.

Il examinait avec attention sa main gauche, tout aussi parée que la droite, dont les ongles, polis comme ceux d'une femme, semblèrent le satisfaire.

— Avez-vous déjà soumis vos propositions à mon père ? demanda Thomas, poussé à continuer cette conversation révoltante par une curiosité qu'il ne pouvait contenir.

— Nenni, mon bel ami, nenni ! Ce serait faire preuve d'inexpérience. Il est bon de laisser votre famille croupir dans son angoisse avant de nous manifester. Au bout de plusieurs jours passés à se ronger les sangs, les auteurs de vos jours se soumettront beaucoup plus aisément à nos exigences... croyez-moi, ça ne fait aucun doute ! Il faut, décidément, tout lui apprendre ! conclut-il avec un clin d'œil de connivence à l'adresse du gardien.

En dépit de ses entraves, Thomas voulut se jeter sur son interlocuteur. Les jambes fauchées, il s'écroula sur le sol.

— Allons, allons, par le Corps-Notre-Dame ! Gardez votre sang-froid, mon agneau ! Votre amie est bien plus raisonnable que vous.

Thomas rugit. Depuis qu'on les avait brutalement séparés, Agnès et lui, à peine descendus de charrette, pour les enfermer dans deux cellules de la maison forte, le plus cruel, le plus insoutenable de ses tourments était l'ignorance où on le tenait du sort de son amour.

— Où est-elle ? Qu'avez-vous fait d'elle ? Si vous avez seulement touché à un cheveu de sa tête, je vous tuerai tous ! hurla-t-il après s'être relevé. Je vous étriperai !

— Vous n'aurez pas besoin d'en venir à une telle extrémité, mon doux ami, assura Joceran d'un air amusé. Nous veillons sur votre belle avec autant d'attention que pourrait le faire sa propre nourrice ! Faites-nous crédit, si j'ose dire, pour ce qui est des précautions dont nous entourons nos otages !

Les deux truands s'esclaffèrent en chœur.

Thomas se tourna vers la fenêtre d'où il apercevait la cour. Plusieurs lièvres attachés à un bâton qu'il portait sur l'épaule, le second gardien de la maison forte rentrait de la chasse. Après avoir fermé derrière lui le portail bardé de fer qui donnait accès à l'extérieur, il traversait le préau cerné de hauts murs, pénétrait dans le corps du logis. C'était lui qui devait s'occuper de l'approvisionnement et faire la cuisine pour les occupants du lieu. Plus jeune que son compagnon, il lui obéissait comme à un chef. Il semblait bien qu'ils fussent tous deux, avec les captifs, les uniques habitants de la demeure.

Où était-elle située, cette bâtisse de malheur ? Où les avait-on conduits ? ne cessait de se demander Thomas.

Depuis qu'il était entré, sans appréhension, le cœur plein d'espoir, sous le porche de la maison où l'attendait la plus cuisante désillusion de sa vie, cette question l'obsédait. Durant le trajet qu'Agnès et lui avaient accompli, par raison de sécurité, accroupis au fond de la charrette bâchée, toute vue dissimulée par les épaules des trois hommes assis sur la banquette avant, la route suivie leur était demeurée invisible. Plus préoccupés l'un de l'autre que de l'itinéraire pris par leur conducteur, ils n'avaient pas même songé à se fixer des repères.

A présent, il s'en repentait avec emportement et s'injuriait tout seul de tant d'inconséquence et de sottise.

Après lui avoir retiré sa dague, on l'avait traîné de force, en dépit de ses hurlements et des coups qu'il distribuait à ses bourreaux, dans une des cellules que comportait cette insolite résidence campagnarde, et on l'avait laissé seul. Il disposait encore librement de ses mains et, dans un déchaînement de violence inouïe, il avait tout cassé, piétiné et réduit en miettes autour de lui. Aussi, vers le soir, les deux geôliers étaient-ils revenus, solidement armés de haches et munis de cordes. C'était alors, mais alors seulement, qu'ils lui avaient attaché chevilles et poignets, sans trop serrer tout de même, pour ne pas le blesser, mais suffisamment pour l'empêcher de se mouvoir à son gré.

Trois jours durant, on l'avait ensuite abandonné à ses réflexions, sans autre contact que celui du plus âgé des gardiens qui déposait matin et soir, sans un mot, une nourriture assez peu ragoûtante sur le seuil, près de la porte. Au début, Thomas avait piétiné en signe de dérision les aliments qu'on lui apportait.

Le matin de son deuxième jour d'incarcération, il s'était enfin ravisé. Après une nuit de méditation et de retour sur lui-même, il avait accepté de se nourrir, de façon délibérée, avec application, comme on prend un remède, dans l'unique but de conserver des forces dont il avait décidé de se servir dès que l'occasion s'en présenterait. Profitant de cette nouvelle attitude, ses gardiens avaient balayé les débris informes qui jonchaient la cellule avant de lui rapporter quelques objets de remplacement. Comme indifférent, Thomas les avait laissé faire. En réalité, une idée fixe l'habitait tout entier : fuir, libérer Agnès, s'évader avec elle de ce piège où ils s'étaient laissé enfermer comme des enfants, fausser compagnie aux truands qui les avaient si aisément enlevés...

Il y pensait sans cesse, et son esprit, totalement occupé par ce plan, observait, déduisait, retenait...

Vers la fin du quatrième jour, le dameret avait fait son apparition. Ni Foulques-le-Lombard ni Amaury ne s'étaient encore manifestés. A sa manière narquoise, avec le mélange de coquetterie et de cruauté doucereuse qui le caractérisait, Joceran était venu voir où en était le prisonnier.

— Charmé par la cordialité de votre accueil, disait-il justement, je vais avoir, mon bel agneau, la douleur de vous quitter. A bientôt. Je ne manquerai pas de vous tenir au courant de nos transactions !

Sur un dernier gloussement et avec une pirouette, il s'éclipsa dans un bruit de soie froissée. La porte retomba derrière lui et son garde du corps. Seul, son odieux parfum demeura après son départ.

Les cordes qui entravaient Thomas étaient assez longues pour qu'il pût se déplacer maladroitement. Il alla vers le châlit de bois, s'y laissa tomber.

L'envie de hurler le reprenait dès qu'il songeait à Agnès. Où se trouvait-elle ? Où l'avait-on enfermée ?

Après avoir follement espéré goûter aux douceurs de l'amour à l'abri d'une demeure dont ils ignoraient tout et dont ils se faisaient l'un et l'autre une bien fausse image, Thomas n'en était que plus atrocement malheureux devant l'écroulement de ses rêves. Être séparé de son amie lui déchirait l'âme et affolait son corps. Sa jeunesse se livrait à la douleur comme à un vice, et son désespoir, doublé de fureur impuissante, le secouait ainsi qu'un ouragan.

Agnès ! Sa dame, sa fée, son doux amour, sa belle ! Qu'en avait-on fait ? Quand il évoquait la possibilité du viol, il se sentait devenir fou... Lui qui l'avait traitée avec un si absolu respect, qui avait durement lutté contre le grand désir qu'il avait d'elle, afin de se conduire comme un chevalier et de ne la faire sienne qu'après avoir reçu la bénédiction qu'elle estimait nécessaire à leur bonheur, il ne supportait pas les images qui tournoyaient à ces moments-là dans sa tête. Pleurant à lourds sanglots, il se cognait alors le crâne contre les murs...

D'après ce que venait de dire Joceran-le-Puant, il ne semblait pas que cette abomination fût à craindre, du moins pour le moment. Les truands tenaient trop à leur prise pour en diminuer la valeur et en compromettre l'échange par une fausse manœuvre... Ces maudits ne s'intéressaient qu'à la somme qu'ils estimaient pouvoir soutirer aux familles de leurs victimes. Le reste leur importait peu !

Si, sur ce point, Thomas essayait de se rassurer, il n'en restait pas moins ravagé par une séparation qu'il ne pouvait supporter davantage. Allait-il donc attendre qu'on les vendît tous deux comme du bétail ? Combien de temps l'infâme marché prendrait-il pour se conclure ? On ne pouvait douter de la manière dont agiraient son père et sa mère, pas plus que les parents adoptifs d'Agnès, quand ils seraient avisés des prétentions des ravisseurs. Pour libérer leurs enfants, ils accepteraient d'en passer par où l'exigeraient les gibiers de potence dont ils dépendaient tous.

Mais une fois sauvés, arrachés aux griffes des truands, rendus à leurs familles, Agnès et lui se heurteraient de nouveau à l'interdiction de contracter mariage entre cousins. Ils retomberaient dans les difficultés inextricables que cette maudite parenté dressait entre eux. Ils n'auraient donc échappé à un péril que pour se retrouver en proie aux interdits qu'on ne manquerait pas de leur opposer.

Non ! Il n'y avait qu'un parti à prendre : la fuite ! Thomas, qui était resté assis, à fourrager furieusement dans sa chevelure, se leva gauchement, s'approcha de la fenêtre. Située à mi-hauteur de l'unique tour de la maison forte qui ne semblait guère grande, l'étroite ouverture plongeait sur la cour, mais, en même temps, permettait d'apercevoir, au-dessus des murs, des cimes d'arbres.

Où se trouvaient-ils donc enfermés ? A quelle distance de Paris ? Dans quelle direction ?

Il était indispensable de s'orienter avant d'établir un plan d'évasion qui ait quelques chances de réussir.

Le trajet de la charrette lui avait paru assez long. Mais il était alors — follement — impatient d'arriver à domicile et redoutait plus que tout qu'on les eût suivis, ce qui avait pu fausser son estimation...

De son poste d'observation, Thomas vit alors le dameret apparaître dans la cour. Avec force gestes, il parlait au geôlier, qui ne tarda pas à aller chercher le beau coursier de son maître. Joceran sauta en selle avec une telle aisance qu'instinctivement, en quête d'un admirateur, il leva les yeux vers la cellule où il savait que se tenait le captif. L'apercevant à la place où il comptait bien le découvrir, il lui adressa un sourire éblouissant et un salut moqueur où désir de plaire et mépris du vaincu se mêlaient curieusement.

« Je le tuerai ! se promit Thomas en étreignant les barreaux de sa fenêtre. Dieu me pardonne ! Avant de partir d'ici, j'écraserai cette punaise ! »

Par le portail grand ouvert devant lui, Joceran s'en fut vers la liberté interdite...

A cette heure du jour, le soleil commençait à décliner et on le voyait baisser à l'horizon, par-delà les frondaisons. Thomas nota qu'on était donc à l'ouest, mais à l'ouest de quoi ? Si c'était bien une forêt qui entourait la prison, de laquelle s'agissait-il ? Il ne manquait pas de belles et vastes futaies autour de la capitale.

Sortir de ce lieu de détresse était urgent. Mais comment ? Et, une fois évadés, si Dieu les aidait, où porteraient-ils leurs pas ? Il faudrait se diriger sans erreur vers un refuge sûr. Lequel ? Où le trouver ?

En clopinant, Thomas retourna à sa paillasse. Les questions bourdonnaient sous son crâne comme en une ruche. Cependant, une toute nouvelle certitude y logeait. Son adolescence était morte. Il se sentait désormais suffisamment fort pour venir à bout de bien des obstacles. Transformé par la douleur et l'humiliation, il avait soudainement vieilli, il s'était durci. Ravagé en son for intérieur par l'épreuve qui l'avait calciné comme le feu vitrifie les parois d'une maison incendiée, il était devenu un homme.

La nuit passa, puis un autre jour, puis une cinquième nuit. Dans la matinée qui suivit, le dameret réapparut.

Thomas entendit qu'on frappait au lourd portail, puis il le vit s'ouvrir devant le cavalier vêtu de blanc et paré selon son extravagante habitude. Le gardien qui le recevait était, une fois encore, le plus âgé. L'autre avait dû repartir pour la chasse.

Le prisonnier attendit. Pendant les longues heures où il avait peu et mal dormi, il avait décidé d'utiliser toutes les occasions qui se présenteraient à lui. Toutes. Quelles qu'elles fussent.

Bientôt, la porte de la cellule fut poussée. L'homme aux clefs sur les talons, Joceran entra. Avec lui, l'odeur de musc réintégra la pièce.

« Sire Dieu, je jure sur mon âme, si j'en trouve le moyen, de tuer ce chacal, de la main que voilà ! Je Vous prie, Dieu Juste, à l'avance, de me pardonner. Occire une bête malfaisante ne peut être pécher ! »

— Alors, mon cher agneau ? Comment se porte-t-on aujourd'hui ? Avez-vous seulement vu combien il faisait beau ?

« Son cheval n'avait pas l'air fatigué, se dit Thomas. Par temps chaud, après un long trajet, il serait couvert d'écume. Il faut que je sache d'où il vient. »

— Paris me manque, dit-il d'un ton moins rogue.

— Vous avez tort. Vous êtes bien mieux ici. Tel que vous me voyez, j'en viens. Par les cornes du diable, c'est une fournaise.

Joceran s'éventait avec les gants de peau blanche qu'il mettait pour préserver du hâle son délicat épiderme.

— Je constate avec plaisir que vous voici devenu beaucoup plus abordable, remarqua-t-il avec satisfaction. Nous allons enfin pouvoir bavarder tranquillement.

Une lueur trouble dans son regard alerta Thomas.

« Que me veut-il ? Pourquoi est-il le seul à venir me rendre visite ? »

— Ça, causons dit le dameret.

Il prit l'escabeau, s'y assit avec des mouvements languides.

— Savez-vous, mon beau ramier, que je suis prêt à fort goûter votre compagnie, si vous daignez demeurer calme et renoncer à vos excès ?

— J'ai utilisé le temps très long dont j'ai disposé depuis notre dernière entrevue à réfléchir, dit Thomas. J'en suis arrivé à la conclusion que je n'avais pas intérêt à me faire de vous un ennemi.

— Par mon saint patron, que je suis donc heureux de vous l'entendre reconnaître ! Soyez persuadé que je ne désire rien tant que votre amitié !

Roucoulant d'aise, il rejeta en arrière sa tête couronnée de marguerites assorties à la couleur de sa cotte.

« Je l'assommerai ! » se promit Thomas.

— Avez-vous fait connaître à mon père le montant de la rançon que vous exigerez de lui ? reprit-il.

— Point encore. Ainsi que je vous l'ai expliqué l'autre jour, il est bon de différer notre démarche pour faire languir jusqu'à la limite du supportable votre estimable famille. Elle n'en sera que plus souple par la suite. Toutefois, il n'est pas indiqué non plus de trop tarder. Le moment propice approche, à ce que je crois.

Thomas fut sur le point de parler d'Agnès. Un instinct d'animal pris au piège l'en détourna.

— Pensez-vous que mon père acceptera vos exigences ?

— Vous le connaissez mieux que moi... Il tient énormément à vous, qui êtes son fils aîné et déjà son successeur désigné...

— C'est bien pensé.

— Votre approbation me ravit, mon cher soleil ! Littéralement, elle me ravit !

Il zézayait et faisait des grâces.

— Pour être sincère, continua-t-il en froissant tout à coup avec nervosité les chaînes d'or superposées qu'il portait sur la poitrine, pour être tout à fait sincère, je dois avouer que nous avons une certaine habitude de ce genre de tractation...

La porte du bas claqua avec force, des pas rapides franchirent les marches de l'escalier, on frappa contre l'huis.

— Qui va là ? s'enquit le geôlier.

— C'est moi ! Brichemer ! Ouvre-moi que diable !

Le second gardien entra. Il était essoufflé et semblait au comble de l'excitation.

— Pourquoi nous dérangez-vous ? demanda Joceran, manifestement irrité.

— Pardonnez-moi, messire, mais je viens de me trouver, dans la forêt, devant un gros sanglier, un solitaire superbe, blessé au défaut de l'épaule par un chasseur maladroit qui n'aura pas su ou pas pu l'achever...

— Et alors ?

— Alors, je l'ai occis avec mon coutelas, mais la bête est trop lourde pour que je puisse la ramener seul ici. Il me faudrait de l'aide. J'ai pensé que Louchard...

Le mécontentement du dameret tomba tout d'un coup. Un sourire satisfait étira ses lèvres peintes.

— Est-ce là tout ? demanda-t-il avec une impatience soudaine, eh bien ! Louchard, qu'attendez-vous pour aller prêter main-forte à ce brave Brichemer ?

— Je ne sais pas si je peux...

— Bien sûr que si ! Je ne suis pas une poule mouillée, par le Corps-Notre-Dame ! De plus, je suis armé et ce damoiseau ne l'est pas. Allez, allez, ne tardez pas davantage et rapportez-nous ce magnifique cochon noir. Je ramènerai sa hure à Paris.

— Les clefs ? Que vais-je faire des clefs ? interrogea le geôlier.

— Laissez-les-moi, voyons ! Vous ne songez tout de même pas à m'enfermer céans comme un prisonnier ! Non plus que de laisser cette porte ouverte !

Avec répugnance, le gros homme tendit à Joceran, qui le passa négligemment autour de son poignet, l'anneau de fer auquel pendait le trousseau.

— C'est bon, c'est bon, lança, non sans agacement, son maître. Partez donc ! Il ne faudrait pas qu'un quidam vînt à passer à l'endroit où se trouve votre gibier et commençât à le dépecer sans vous !

Les deux gardiens disparurent.

Leurs pas résonnèrent sur les degrés de pierre, la porte du bas claqua, on les entendit enfin traverser la cour.

— Vous me disiez que vous aviez l'habitude de traiter des affaires comme la mienne ? enchaîna Thomas en se retournant vers son interlocuteur.

Le dameret opina.

— Que voulez-vous, mon beau ramier, il faut bien vivre !

— Votre oncle est-il réellement changeur ?

— Oui et non... il est tant de façons d'entendre le commerce auquel il se livre !

Il eut un geste désinvolte qui expédia Foulques-le-Lombard à tous les diables.

— Ne parlons plus de ce vieil homme tyrannique, dit Joceran, dont les narines palpitaient. Parlons plutôt de vous. Savez-vous que vous m'intéressez au plus haut point ?

— Je n'en doute pas, dit Thomas. Le mot intérêt me paraît tout à fait approprié dans un cas comme le mien !

— Par le Corps-Notre-Dame ! Je ne l'entendais pas de la sorte ! Non, non, mon bel agneau, je faisais allusion à un sentiment plus intime, plus personnel...

Il se leva, rapprocha son escabeau du lit où Thomas était assis, posa une main blanche et alourdie de bagues sur le genou qu'il touchait presque avec les siens.

— Ne vous êtes-vous véritablement pas encore aperçu de la très grande sympathie que vous m'inspiriez ? demanda-t-il en coulant entre ses paupières à demi fermées un regard enjôleur vers son prisonnier.

— Si vous ressentez quelque amitié pour moi, dit Thomas dont le sang battait la charge, vous devriez bien me délier les poignets, du moins pour un moment. Les cordes me blessent.

Le dameret hésita, pinça ses lèvres peintes. Derrière son front incliné, la méfiance et la concupiscence se livraient un combat incertain.

— Vous me prenez pour un poussin de la dernière couvée ! s'écria-t-il cependant avec une moue ironique. Je n'en ai plus l'âge, dites-le-vous bien, ni l'innocence !

Un flot de sang inonda le visage de Thomas.

— Je pensais que vous teniez à me faire plaisir, dit-il d'un air bougon. Rien ne me plairait davantage que de recouvrer l'usage de mes mains... N'en parlons plus, puisque vous vous y refusez !

— Il pourrait vous prendre fantaisie d'en faire mauvais usage.

— Je suis entravé... Je n'ai point d'arme...

— Mais vous êtes fort et solidement bâti ! Savez-vous, mon bel ami, qu'il est rarement donné à un garçon de votre âge d'être déjà si bien planté !

Thomas baissa la tête. Joceran se méprit sur la gêne évidente éprouvée par le jeune homme. Il crut y déceler un trouble qui le flatta et l'inclina à persévérer.

— Que vous êtes donc avenant, ainsi, tout empourpré sous votre chevelure de feu ! dit-il avec ravissement. Je verrai plus tard à vous dégager de vos liens... Il me semble plus important de mieux faire connaissance...

Avec un regard allumé et un sourire de connivence qui accentuèrent son aspect équivoque, il se pencha un peu plus vers son prisonnier.

— Nous pourrions devenir de si bons amis...

Thomas demeurait parfaitement immobile.

— Je peux me montrer gentil, très gentil, encore plus gentil que vous ne sauriez le croire, continua le dameret. Il suffirait que vous y apportiez un peu de complaisance...

Thomas releva les yeux. Leur expression déconcerta Joceran.

— Écoutez, mon beau poulain sauvage, reprit-il, écoutez un peu ce que j'ai à vous proposer...

Il hésita un instant, se leva, vint s'asseoir sur le lit, à côté du prisonnier. Tout près.

Manifestement tiraillé entre ses penchants et un reste de prudence, il inclina lentement la tête vers l'épaule du jeune homme... Prompt comme un fauve, Thomas leva ses mains liées et les rabattit avec une vigueur de bûcheron sur le cou blanc où voletaient des boucles soigneusement frisées. Maintenant contre lui, entre ses bras de lutteur, l'ennemi qui se débattait dans un relent de musc, le jeune homme serra la gorge offerte, à l'aide des cordes qui l'attachaient lui-même.

Ils s'écroulèrent sur le lit, en un corps à corps qui n'avait rien de commun avec ce qu'avait pu imaginer auparavant le dameret. Étranglé, suffoquant, celui-ci se débattait avec de moins en moins de force, alors que Thomas accentuait son avantage.

Poussé par la haine, la fureur, la nécessité de faire vite, et l'espoir d'une liberté toute proche, il écrasait son adversaire sous son poids tout en continuant à l'étouffer.

Dans un ultime sursaut, Joceran chercha à tirer sa dague. Plus rapide, Thomas le jeta à terre, saisit à deux mains le pesant broc d'étain posé à côté de sa couche, et en assena sur le crâne de son ennemi un coup à fendre un casque.

Le Lombard s'affaissa... Le sang coulait de sa tête défoncée, de son nez, se répandait sur ses vêtements... Il n'était pas besoin de ce flux rouge pour attiser l'ivresse frénétique du justicier. Soûl de violence, il continuait de frapper avec le broc la face fardée, les épaules revêtues de soie, le torse couvert de chaînes d'or...

— Ah ! porc ! vermine ! bête puante ! Crève ! crève ! crève donc ! hurlait-il comme un forcené. Que le diable t'étripe !

Il s'arrêta parce que ses bras se fatiguaient. A ses pieds, le dameret était dans un triste état. Les marguerites massacrées se mélangeaient aux cheveux poissés de sang, le visage n'était qu'une plaie, des éclaboussures sanglantes souillaient la cotte et jusqu'aux chausses safranées.

Thomas lâcha le broc maculé, cabossé, qui roula à terre. Il s'empara ensuite de la dague qui pendait à la ceinture du vaincu, la coinça entre ses dents, et se mit en devoir de trancher les cordes de ses poignets. Il eut beaucoup de mal à y parvenir.

Quand il y fut arrivé, il essuya avec dégoût ses doigts gluants à sa paillasse et se redressa. La fade odeur du meurtre se répandait dans la cellule... Une nausée tordit l'estomac du jeune homme. Il appuya son front au mur de pierre et resta un moment hébété, incapable de surmonter l'horreur qui prenait maintenant en lui la place de la rage homicide.

« Sire Dieu ! Il faut me pardonner ! »

Pour la première fois de sa vie, il venait de tuer un homme ! Tout se brouillait dans son esprit. Il crut qu'il allait se trouver mal, tant il tremblait... Le bruit de ses dents qui s'entrechoquaient le tira de son hébétude. Il se taxa de lâcheté, se força à regarder le corps qu'il avait privé de vie...

Qu'avait-il fait d'autre que de régler son compte à un truand criminel, à un malfaiteur perdu de vices, qui avait honteusement profité de leur inexpérience, à Agnès et à lui, pour les attirer dans un piège ? Le nom aimé le réconforta. C'était pour elle qu'il avait agi, pour la délivrer d'une captivité haïssable...

Son énergie naturelle reprenait le dessus. C'était bien le moment de se forger des cas de conscience, de s'attendrir sur la fin du dameret maudit ! Il avait mieux à faire : il avait à sauver son amour !

Il se baissa pour ramasser les clefs tombées à côté du cadavre et pour trancher les liens qui entravaient toujours ses chevilles. Le tremblement de ses mains, qui ne s'apaisait que peu à peu, le retarda pendant qu'il s'acharnait sur les cordes de chanvre, mais, une fois délivré, la joie de se sentir libre lui gonfla la poitrine.

Il glissa la dague dans sa manche et, serrant fébrilement le trousseau entre ses doigts, alla à la porte et l'ouvrit.

Où était Agnès ?

Le silence régnait dans la maison forte.

Il n'y avait pas de temps à perdre. Si les gardiens rentraient avant que leurs prisonniers aient eu le temps de se réfugier dans la forêt voisine, tout était perdu. Le meurtre du Lombard serait cruellement vengé.

Comme il l'avait déduit des allées et venues de ses geôliers, personne d'autre qu'eux n'occupait la demeure. Les truands ne devaient pas souhaiter mêler trop de monde aux affaires louches et aux crimes dont ce lieu isolé devait être fort souvent le repaire. Leurs victimes s'y trouvaient donc seules pour le moment.

Thomas descendit aussi vite qu'il le put l'escalier à vis, et sortit dans la cour.

L'air surchauffé lui sauta à la face. Il retrouvait l'été qu'il avait presque oublié dans la cellule étroite où l'épaisseur des murs empêchait la chaleur de pénétrer.

Campé au milieu de la cour, et un peu anxieux d'avoir à rompre la lourde paix des pierres endormies au soleil, où ne bourdonnaient que des insectes, il appela :

— Agnès ! Agnès ! Agnès, ma mie !

Sa voix puissante fit éclater le silence. Un cheval hennit dans l'écurie.

Parce qu'il se souvenait du dameret se mettant en selle, lors de sa précédente visite, et l'apercevant derrière la fenêtre de la cellule, Thomas espérait qu'il pourrait découvrir par ce moyen l'endroit où était enfermée son amie.

Ce fut à une croisée du premier étage qu'il vit soudain, avec une émotion qui l'embrasa, apparaître le clair visage de celle pour la délivrance de qui il venait de mettre en péril son salut éternel.

Il bondit vers l'escalier, en franchit les degrés comme un fou, ouvrit, grâce au trousseau de clefs, la porte du palier, et découvrit enfin un couloir sur lequel donnaient quelques ouvertures.

Il appela de nouveau. La voix d'Agnès lui répondit. Il courut à la porte de bois derrière laquelle on avait emprisonné son âme, chercha la clef qui convenait, en essaya plusieurs en s'embrouillant dans le nombre, et, quand il l'eut trouvée, eut beaucoup de mal à l'introduire dans la serrure et à l'y faire tourner, tant ses mains tremblaient. De la sueur et des larmes coulaient sur son visage.

Lorsque le battant s'ouvrit, il reçut contre sa poitrine une créature en pleurs qui répétait son nom comme une litanie.

— Thomas ! Thomas ! Thomas !

Ses cheveux répandus sur ses épaules, ses joues amaigries, l'effroi encore présent au fond de ses prunelles contribuaient à faire paraître Agnès encore plus fragile, plus jeune, plus vulnérable qu'à l'ordinaire.

— Amie ! Amie ! Mon amour ! Ma douce ! Vous voici, vous voici donc !

De joie et de peine, dans les bras l'un de l'autre, ils n'en finissaient plus de s'émerveiller et de pleurer, de s'embrasser, de se caresser mutuellement le visage, de s'émerveiller encore...

— Comment... Comment êtes-vous parvenu ?... chuchotait l'adolescente en s'accrochant aux épaules de Thomas.

— Il faut partir, mon aimée, répondit celui-ci. Je vous conterai plus tard ce qui est arrivé... Venez, venez vite ! Sauvons-nous !

Se tenant par la main, ils coururent jusqu'à l'escalier, se retrouvèrent dehors.

— Il y a un cheval dans l'écurie. Prenons-le !

Dans le local où deux roussins mâchaient du foin avec indifférence, le beau coursier pommelé de Joceran, tout sellé, attendait son maître.

Thomas le détacha et, en dépit des résistances de l'animal surpris de ce changement de main, l'amena, toujours courant et suivi d'Agnès, jusqu'au portail de la maison forte. La plus grosse clef du trousseau l'ouvrit en grinçant.

— Nous sommes libres ! Mon amie ! Libres ! s'écria-t-il avec exaltation. Venez !

Il sauta en selle, aida sa compagne à monter en croupe derrière lui.

— Tenez-vous solidement à moi, ma douce ! Il va nous falloir galoper !

Le coursier énervé partit comme un trait.

Un chemin de terre conduisait du portail à la route.

— Il ne convient pas de rester plus longtemps à découvert, dit Thomas. On pourrait nous apercevoir. Gagnons la forêt.

Un sentier cheminait entre les hauts fûts des hêtres aux troncs lisses et mats comme des colonnes d'argent bruni. Ils le quittèrent bientôt pour progresser au jugé sous les branches, afin de ne pas laisser d'empreintes derrière eux.

Une odeur familière de fougères, de feuilles, de terreau, soulevée par les sabots du cheval, emplissait leurs poitrines d'une ivresse à goût de liberté.

Au sortir de la cour incendiée de soleil, au sortir de la peur qui les avait tenus au ventre si durement, la fraîcheur régnant sous les branches des beaux arbres tutélaires leur faisait l'effet d'un souffle lustral et purificateur.

Les bras passés autour de la taille de son ami, Agnès, qui avait posé sa joue contre le large dos revêtu de toile verte froissée et salie, se disait que c'en était fini des jours de douleur, que la vie reprenait son cours et que leur amour, après avoir surmonté une telle épreuve, était de taille à lutter contre tous les dangers et à triompher de tous les obstacles.

Redoutant de retomber à l'improviste sur ses deux gardiens, qui se trouvaient dans la forêt, Thomas, aux aguets, ne partageait pas complètement l'euphorie de l'adolescente et poussait le cheval afin qu'il ne ralentît pas son allure.

A part quelques hardes de cerfs et de biches, une laie suivie de ses marcassins, d'innombrables rongeurs qui fuyaient à leur approche, et, quand ils traversaient des taillis, l'envol fracassant, en de grands claquements d'ailes, de faisans, de coqs de bruyère, ou de ramiers, ils ne rencontrèrent personne.

Au bout d'un moment, Thomas laissa sa monture se mettre au pas. On ne pouvait plus maintenant relever leurs traces. Ils étaient bien sauvés ! Le plus important était donc accompli. Il ne restait plus qu'à s'orienter convenablement et, surtout, à être fixé sur le lieu de leur prochain séjour.

« Où pouvons-nous bien nous trouver ? se demandait le cavalier. Vers quoi devons-nous nous diriger ? »

L'occasion qui s'était si opportunément offerte de se débarrasser du dameret et de prendre la fuite avait été trop soudaine pour lui laisser le temps nécessaire à l'élaboration d'un plan clairement établi.

« Nous voici parvenus au moment de prendre une décision, se dit-il encore. Je veux bien être pendu si j'ai la moindre idée de l'endroit où nous réfugier à présent ! »

Craignant que son amie ne fût déçue et inquiétée par une telle imprévoyance, il n'osait pas se retourner sur sa selle pour lui faire part de son incertitude et lui demander conseil.

Sur ces entrefaites, ils parvinrent à une clairière dont l'herbe drue donnait envie de s'y vautrer. Une source jaillissait en son milieu, entre deux roches blanches. Le jet limpide tombait entre des pierres qui formaient une sorte de bassin naturel, assez large, dont le fond, tapissé de fins graviers et de sable, devait être doux aux pieds qui le foulaient. Le ruisseau ainsi formé coulait ensuite à travers la grasse prairie cernée de hêtres et foisonnante de fleurs sauvages.

— Si nous nous arrêtions un moment ici, ma mie ? proposa Thomas. Nous voici loin de la maison forte et de ceux qui la gardent. Un bain nous ferait à tous deux le plus grand bien !

— Comme vous voudrez, mon seigneur !

Riant d'aise, ils se retrouvèrent, aux bras l'un de l'autre, auprès du cheval qui soufflait fort et respirait d'un air circonspect l'herbe épaisse des bords du ru.

— Qu'est-ce que ce sang sur votre cotte ? demanda Agnès tout d'un coup à son ami. Vous seriez-vous blessé ?

— Non point, ma douce. Ce sang est le prix de notre liberté, dit Thomas en détournant les yeux. N'en parlons plus, voulez-vous ? L'heure est trop belle ! Oublions ces jours noirs de captivité et n'y repensons plus, plus jamais ! Lavons-nous de cet affreux passé. Dépouillons-le ensemble...

Sortie tout droit des entrailles de la terre, l'eau de la source n'était guère chaude en dépit du soleil ardent qui brillait au-dessus de la clairière, et faisait étinceler les vaguelettes produites par l'entrée des jeunes gens dans le bassin. De larges remous lumineux les cernèrent dès qu'ils y eurent pénétré, marbrant leur peau nue de mouvants reflets dorés.

Malgré le froid qui les saisit, ils se plongèrent tous deux avec une joie avide dans l'onde purifiante et joueuse qui les accueillait comme des amis. Privés de soins depuis bientôt une semaine, leurs corps retrouvaient avec une satisfaction animale les plaisirs de la propreté, le contact vivifiant de l'élément liquide. L'eau les nettoyait en même temps des souillures de la captivité et des sueurs de l'angoisse. Leurs âmes aussi, aurait-on dit, comme par la grâce d'un nouveau baptême, se régénéraient sous ce ruissellement transparent...

Après avoir retiré, à l'abri d'un buisson d'églantines couvert de pétales, sa chemise, ses chausses, sa cotte et ses souliers, Agnès avait relevé ses cheveux à l'aide de son voile simplement noué comme un bandeau. Elle ne voulait pas qu'ils fussent mouillés. En frissonnant, elle s'enfonça jusqu'aux épaules dans la fraîcheur ondoyante qui la revêtait d'une chape bienfaisante...

Tout d'abord préoccupé de se défaire de la crasse et du sang qu'il sentait collés à sa peau, Thomas s'était contenté, pour commencer, de se frictionner de toutes parts avec vigueur.

Enfin propre, il prit le temps de contempler les ablutions de son amie qui procédait à sa toilette à quelques toises à peine de lui. Les bras levés, elle tentait de retenir des mèches indisciplinées qui glissaient sur sa nuque. Son corps nacré, nuancé de blondeurs, était si délié, si harmonieux que Thomas put rester un moment à la contempler sans arrière-pensée, comme il aurait fait d'une blanche statue au porche d'une cathédrale.

Une action de grâces chantait en lui.

« Dieu Sauveur, soyez béni ! La voici retrouvée, ma perle claire ! J'ai pu l'arracher, intacte, aux griffes de nos tortionnaires ! C'est moi, moi seul, qui lui apprendrai l'amour ! Je serai, à jamais, son initiateur et elle ne sera qu'à moi ! Soyez béni, Seigneur ! »

Il n'avait pas eu besoin d'interroger l'adolescente pour savoir que Joceran avait dit vrai et que personne ne l'avait déflorée. De tout son être, où veillait l'attention aiguisée de ceux qui aiment, il sentait qu'Agnès était restée aussi pure, aussi neuve qu'au moment de leur séparation. S'il en avait été autrement, son instinct d'homme épris l'aurait tout de suite deviné... et elle n'aurait pas ri de ce rire insouciant...

Ce constat d'innocence le troubla davantage qu'il n'eût souhaité. Au lieu de glisser sur les formes graciles comme sur celles d'une statue, son regard ne pouvait plus se détacher de la gorge menue qui, dans le geste que son amie faisait pour se recoiffer, pointait hors de l'eau. Ébloui, il découvrit, sous le sein gauche au contour délicat, un grain de beauté si foncé qu'il en avait des reflets bleu sombre, comme une prunelle des haies. Exactement la nuance et la taille du fruit sauvage couleur de nuit.

En dépit du respect infini qu'il lui vouait, un désir brutal, impérieux, lui fouailla les reins...

Précipitamment, il sortit du bassin dont la fraîcheur ne suffisait plus à calmer ses ardeurs, courut se rouler dans l'herbe pour éteindre ce feu. Mais l'odeur sensuelle, l'odeur végétale et puissante de l'argile féconde, des plantes gorgées de sève et d'eau qui croissaient au bord du ru, le reçut comme un complice, le submergea. Il lui semblait écraser sous lui un corps voluptueux au sang vert et parfumé, qui n'était que consentement et abandon. Que n'avait-il, à l'imitation de François d'Assise, choisi un buisson épineux plutôt que cette molle couche tendre, pour s'y jeter comme le saint dont on disait qu'il lui était arrivé de se précipiter tout nu dans l'épaisseur d'un roncier afin de lutter contre l'aiguillon de la chair !

Un moment auparavant, il avait imaginé qu'après le bain ils rinceraient, Agnès et lui, leurs habits salis dans le lavoir naturel de la source, puis les étendraient sur le pré afin de les y faire sécher pour les enfiler ensuite, propres. Étendus l'un près de l'autre sur la mousse, à l'ombre des arbres qui cernaient la clairière, ils auraient attendu, sans hâte, que le soleil eût rempli son office.

Il n'y fallait plus songer...

A son tour, Agnès sortait de l'eau, retournait derrière les églantiers, se séchait avec des poignées d'herbe, repassait ses vêtements en silence, les yeux baissés sur une joie secrète qui bondissait dans son cœur comme un chevreau de l'année. Elle rattacha son voile, glissa une des roses sauvages dans la torsade blonde qu'elle avait nouée sur sa nuque et retourna vers le coursier qui les attendait en broutant. Toujours nerveux, il releva la tête et la fixa de ses larges yeux bombés, un peu fous... S'en approchant, elle voulut caresser le chanfrein dont la douceur veloutée l'attirait, mais, à son contact, l'animal recula, les oreilles couchées, la robe parcourue de tressaillements.

« Serait-ce un mauvais présage ? se demanda l'adolescente. Sainte Agnès, protégez-moi ! »

Elle frissonna, comme si un nuage était passé sur le soleil.

— Repartons, dit Thomas, qui s'était rhabillé.

— Ami, où allons-nous ?

Elle lui faisait face, plongeait dans le sien qui la fuyait un regard direct, interrogateur.

— Par mon âme ! Je n'en sais rien.

— Il faudrait peut-être trouver quelqu'un pour nous renseigner, pour nous indiquer la route à suivre ?

— Quelle route, ma douce ? soupira Thomas, ramené aux réalités immédiates. Je n'ai aucune idée de l'endroit où nous pourrions trouver refuge.

Agnès fronça le nez d'un air amusé et tendrement protecteur.

— Pendant que j'étais enfermée, dit-elle, j'ai eu le temps de réfléchir et je me suis souvenue d'une petite maison de vigneron que j'avais vue l'unique fois où je suis allée chez maître Leclerc avec ma mère. Elle était inoccupée et dépendait du domaine des Chartreux, à deux ou trois lieues de Gentilly.

— Existe-t-elle encore ?

— Pourquoi l'aurait-on détruite ? Vous savez que depuis le départ des moines, leurs terres sont en beaucoup d'endroits laissées à l'abandon. Si personne ne s'en occupe, personne non plus n'oserait les utiliser. Les vignes et les champs retournent peu à peu à l'état sauvage, mais les bâtiments demeurent intouchés. Celui dont je vous parle tout autant que les autres, sans doute. Ce n'est certes pas un palais, mais, quand je l'ai remarqué, il tenait debout, avait conservé son toit de tuiles et m'avait paru habitable.

— Pourriez-vous en retrouver l'emplacement ?

— Il me semble. Vous savez que j'ai une bonne mémoire, et puis, il n'y a pas si longtemps !

— Où se trouve cette maisonnette ?

— Dans un endroit difficilement accessible ! Derrière l'étang du Sanglier Blanc, vers l'ouest, en lisière des bois du couvent, et en bordure d'un vignoble en friche. Loin de tout !

— Nous y serions tranquilles, bien sûr, mais, en admettant que vos souvenirs ne vous abusent pas, comment pourrions-nous vivre, ma mie, et nous nourrir dans une telle solitude ?

— En pêchant, en chassant, en cueillant des fruits aux arbres abandonnés... Ne sommes-nous pas à la belle saison ? Avec l'aide de Dieu, mon amour, nous subsisterons... et je suis certaine que nous finirons même par trouver dans le voisinage un ermite qui se laissera convaincre de nous accorder sa bénédiction !

Agnès offrait à son ami un visage si lumineux, un regard si confiant qu'il eut honte de ses tergiversations.

— Vous avez raison, mon aimée, n'attendons plus ! Partons !

— Savez-vous par où il nous faut passer pour gagner Gentilly ?

— Pas le moins du monde ! Mais sortons d'abord de cette forêt. Le meilleur moyen de ne pas nous perdre est de continuer tout droit. Nous finirons bien par trouver un bûcheron qui nous renseignera.

Après avoir bu à la source pour tromper la faim qui commençait à se faire sentir, ils repartirent.

Parmi les bruissements, les bondissements, les fuites, les envols de la sylve gorgée de gibier, ils chevauchèrent encore assez longtemps.

Vallonné, sillonné de ruisselets, le sous-bois offrait des combes tapissées d'herbe plus foncée, plus fine que celle des clairières, des lits de mousse, des mares vertes et immobiles où les grenouilles se précipitaient au passage du cheval, des terriers de blaireaux ou de renards, des berceaux de feuillage d'où jaillissaient des chevreuils troublés dans leur repos...

Sous le couvert, il ne faisait point trop chaud, en dépit des rais de soleil qui se glissaient par les trous de verdure pour tisser entre les fûts, comme des tapisseries de lumière, leurs toiles de poussières dorées.

Le pas du coursier, écrasant les feuilles sèches, les brindilles tombées au sol, rompait seul l'harmonieux silence qui enveloppait les cavaliers. De branche en branche, des écureuils gambadaient en une sorte de danse aérienne qui leur faisait escorte.

Soudain, après une montée, et de façon tout à fait inattendue, le cheval parvint au sommet d'une crête, à l'orée de la forêt. Un paysage immense s'offrait au regard...

Une plaine opulente où la forêt cédait la place à une campagne fertile s'étendait à l'infini sous les yeux des jeunes gens éblouis. A droite et à gauche, aux confins de l'horizon qu'ils fermaient, des coteaux couverts de bois se profilaient.

— La vallée de la Seine ! dit Thomas.

Paresseux, comme alangui sous le soleil d'été, le fleuve sinuait à travers la verdure. La lumière sans ombre des heures chaudes faisait scintiller ses méandres comme si son eau avait contenu des paillettes d'argent fondu. De nombreux villages éparpillés le long de son cours se signalaient par leurs toits de tuiles, le clocher de leur église, et leurs abords où vergers, vignes, pâturages, carrés de blé ou d'orge, cultures maraîchères se nourrissaient du sol gras arrosé par ses eaux.

— Dieu ! Que c'est beau ! dit Agnès. Quel présent royal Dieu nous a fait en nous donnant une pareille terre !

Au loin, dans une brume de chaleur, se découpant comme une ville de rêve, on pouvait imaginer Paris, ses murailles blanches, ses tours, ses églises, Notre-Dame, les toits de ses palais...

— Regardez, ma mie, la colline que vous voyez là-bas, c'est Montmartre avec ses moulins à vent, et celle-ci, qui est beaucoup plus proche, c'est le mont Valérien où sainte Geneviève faisait paître ses moutons.

— Mais, alors, le bourg que nous découvrons, ici, à main droite, quel est-il ?

Élevés sur le sommet de la crête où leur monture les avait conduits, un manoir fortifié et une église se dressaient côte à côte. Un village assez important étageait alentour d'autres clochers, des maisons, des cultures...

— Ces grands bâtiments, là-bas, ressemblent à une Maison-Dieu ou à un hôpital...

— Ce doit être le bourg de Saint-Germain. J'y suis venu une fois, il y a un certain temps, avec mon père, qui avait été convié à une chasse par un de ses amis, orfèvre à Poissy... Notre sire le roi y a fait bâtir une Sainte-Chapelle qui ressemble, en plus petit, à celle de son palais de la Cité.

— Mais, alors, nous ne sommes pas loin de Gentilly ?

— Point trop, en effet. Nous allons descendre vers la Seine, suivre son cours jusqu'à Bogival [1], de là gagner Vanvres [1], et nous serons tout près du but.

Tout en parlant, il flattait de la main le cheval qui s'agitait et fouettait nerveusement ses flancs de sa queue pour disperser les mouches dont il était assailli.

— Notre prison se trouve donc au cœur de cette forêt de Laye où nos rois ont tous été si souvent courre le cerf, reprit-il. Ce doit être un ancien rendez-vous de chasse transformé en repaire par les truands, entre les mains desquels nous avons eu le malheur de tomber. Il peut être utile de savoir le situer...

Ils repartirent, empruntèrent un sentier de chèvres pour descendre jusqu'aux rives du fleuve qu'ils longèrent ensuite à travers une campagne semée de champs, de vignes, de gras pâturages, de hameaux et de fermes. Dans l'une d'entre elles, une paysanne leur donna du lait et du pain pour apaiser une faim qui devenait exigeante. Le coursier lui-même eut droit à une ration d'avoine.

Pour éviter la lourde chaleur qui excitait les taons et faisait vibrer

---

1. Orthographe du temps.

l'air brûlant en un flamboiement immobile, les cavaliers prenaient de préférence les chemins creux. Quand il ne s'en trouvait pas, il fallait suivre la route qui déroulait sans fin, devant les yeux blessés par la réverbération de la trop forte lumière, ses méandres poussiéreux et vides. Personne, en effet, ne circulait, l'insupportable touffeur confinant tout le monde chez soi ou à l'ombre des arbres.

Ils passèrent à Bogival, en bordure de Seine, ce qui leur apporta un peu de fraîcheur, mais durent ensuite couper longuement à travers les terres pour rejoindre Vanvres.

La sueur coulait de plus belle sur le visage de Thomas, collait sa cotte à ses épaules moites et Agnès ne pouvait plus poser sa joue contre le large dos où des cernes humides ne cessaient de s'élargir. Elle-même se sentait accablée sous le voile qu'elle avait ramené sur son front, et sa tête bourdonnait.

Le cheval tentait vainement de se défaire des insectes qui le piquaient sans relâche et sa nervosité s'en accroissait.

A Montrouge, ils trouvèrent la route d'Orléans qu'ils comptaient suivre jusqu'à Gentilly, lorsque, soudain, peu après le carrefour, des lépreux qui s'étaient assis au bord du fossé pour se reposer à l'ombre d'un maigre poirier, mus par le souci de manifester leur présence, se dressèrent tous ensemble en actionnant leurs crécelles avec frénésie.

Affolé par ce tintamarre, le cheval, qui n'avait cessé, tout au long du trajet, de témoigner l'irritation où le mettaient la chaleur et un changement de monte incompréhensible, se cabra.

Agnès, surprise, fut jetée au sol. Tiré de la torpeur où il s'enlisait, Thomas voulut reprendre en main le coursier, et tira sur les rênes de toutes ses forces.

Le cheval de Joceran recula furieusement.

A demi assommée par sa chute, Agnès n'était pas encore parvenue à se relever. A travers la poussière soulevée, elle vit avec épouvante les fers arrière luire au-dessus d'elle... Puis, dans un jaillissement de graviers et une odeur suffocante d'écurie, les sabots fous retombèrent sur son corps, la frappèrent, la foulèrent, la piétinèrent, la brisèrent...

11

Relevant d'une main la toile pourpre de sa cotte pour la préserver de la poussière du chemin, Charlotte Froment marchait du pas rapide de ceux qui sont habitués à ce que le sort d'autrui dépende de leur célérité.

Elle revenait de l'église et se sentait réconciliée avec elle-même. Il lui avait fallu aller se confesser au père Piochon pour lui exposer les raisons qu'elle avait de n'être point satisfaite de son propre comportement.

Ce début d'été ruinait le lent travail d'affermissement et d'acceptation auquel elle se contraignait depuis des mois. La chaleur, la liberté des mœurs campagnardes, le foisonnement d'amours nouvelles l'éprouvaient plus qu'il n'aurait fallu. Il lui était déjà assez pénible de supporter le poids de l'âge, la démence de son pauvre mari, et son éloignement de l'Hôtel-Dieu ! En lui conseillant de céder la place à de jeunes confrères, la prieure de l'hôpital avait fait naître beaucoup d'amertume dans le cœur de la physicienne. Ces abandons, ces reniements successifs, l'assombrissaient suffisamment sans que des nostalgies sentimentales et des réminiscences un peu folles vinssent encore les aggraver !

Elle était venue à Gentilly pour répondre à la requête de Marie, dans l'intention de se reposer tout en surveillant Aude et Vivien. Il lui avait semblé que l'affection qu'elle éprouvait pour ses petits-neveux et le calme champêtre lui seraient d'un grand secours.

Rien de pareil ne s'était produit.

Certes, elle aimait ces enfants, mais ils n'étaient pas les siens. Leur présence constante réveillait la vieille blessure mal cicatrisée qu'elle portait au plus secret d'elle-même, comme beaucoup de femmes stériles. Si certaines d'entre elles, durant leur jeunesse, se félicitaient de ne pas être aptes à enfanter, au fil des ans, cette opinion se transformait souvent en désarroi. Ne posséder personne à qui offrir la tendresse inemployée qui pesait si lourd sur le cœur, personne qui pût vous en faire don en retour, devenait obsédant. Les soucis et les charges de la maternité n'eussent-ils pas été mille fois préférables à ce grand silence qui, lentement, vous enveloppait de sa chape, à cette solitude qui vous suivait partout ?

Du temps qu'elle menait sa vie libre de femme sans entrave, il lui était arrivé de penser qu'elle avait de la chance de n'être point encombrée d'une progéniture envahissante. En s'écoulant, les années l'avaient amenée à réviser ce jugement. Mais à présent, il était trop tard pour revenir en arrière. Seule elle était, seule elle demeurerait, sans descendance, parmi le flot des jeunes générations que d'autres avaient mises au monde...

Ce matin-là, un détail insignifiant, venu s'ajouter à ses mécomptes habituels, avait suffi à faire déborder la coupe d'amertume.

Après le déjeuner matinal, pris en commun dans la salle du rez-de-chaussée, elle avait constaté qu'une dent creuse, dont elle ne souffrait plus depuis qu'elle l'avait traitée avec des onguents de sa composition, dégageait cependant une odeur nauséabonde. Charlotte s'était déjà aperçue que des débris de nourriture s'y logeaient à chaque repas. Malgré les fréquents rinçages de bouche qu'elle s'imposait de faire avec une macération de thym dans de l'eau ardente, malgré le cure-dent en plume d'oie dont elle usait en sortant de table, les relents qui chargeaient son haleine la désolaient. Cette dent creuse et ses exhalaisons étaient devenues les symboles des dégradations diverses auxquelles son corps était soumis.

Comme elle n'avait jamais été vraiment jolie, mais tirait sa séduction d'un aspect sain, robuste, bien planté, elle avait toujours pris grand soin de sa personne. Ses dents solides et régulières lui importaient énormément. Matin et soir, elle les frictionnait avec de l'argile finement pulvérisée ou du pain carbonisé réduit en poudre. Contrairement à bien des gens de son âge, elle avait eu, jusqu'ici, la chance de ne pas en perdre et de ne pas avoir eu à s'en faire arracher. Et voilà que, malgré tout, elle aurait à s'accommoder de cette humiliation imprévue !

C'en était trop ! Non seulement, elle devrait renoncer aux joies des sens, à la douceur d'une fin de vie à deux, à une profession qui lui permettait de déverser sur ses malades le trop-plein de sa sensibilité, mais, en outre, il lui faudrait assister à la trahison de son propre corps !

Un mouvement de révolte l'avait secouée jusqu'au tréfonds.

C'était alors qu'elle avait ressenti le besoin urgent d'une aide, d'un appui, mais également d'une fermeté, d'une exigence, qu'elle ne se sentait plus capable de s'imposer. Après la sieste, quand la chaleur s'était un peu apaisée, elle était donc partie trouver le curé de Gentilly.

Cet homme énergique, au rude bon sens, à la foi solidement trempée, l'avait traitée comme elle le souhaitait : sans ménagement.

Bien sûr, on ne trouvait pas auprès de lui, comme autrefois en compagnie du chanoine Clutin, la finesse pénétrante, l'intuition d'un prêtre tout proche de la sainteté.

Si le père Piochon ne s'embarrassait pas de subtilités, il vous remettait sans complaisance, en vous bousculant même au besoin, et en vous assenant de durables vérités, sur la voie étroite mais ascendante du salut.

— A quoi vous est-il demandé de renoncer ? avait-il fait remarquer après l'avoir entendue. A des expériences qui ne vous ont point fait goûter bien longtemps aux bonheurs escomptés, si j'en crois ce que vous me confiez, à des désillusions sans cesse répétées, à des compromis constants avec vous-même et les autres. La félicité stable, assurée, dont vous rêviez, était-elle possible ? Sur quoi pleurez-vous ? Que regrettez-vous ? Vos chagrins ?

— Non, mon père, mais l'espoir de connaître encore, même de manière imparfaite, l'étourdissement joyeux de nouvelles rencontres, aux promesses toujours vaines mais toujours renouvelées... J'en ressens la privation avec une âpreté dont je ne suis pas fière, mais qui me hante.

— Votre âge ne vous aide-t-il donc pas à vous défaire de cette sentimentalité un peu sotte, permettez-moi de vous le dire, qu'on peut pardonner à une jouvencelle, non à une femme d'expérience ? De plus, c'est bon pour les païens de mettre leur seul désir dans des voluptés charnelles. Pour nous autres, chrétiens, l'Espérance est ailleurs !

— Je le sais, mon père. Pourtant, à cause, sans doute, de mon mariage manqué, qui a fait de moi une mal mariée, à cause aussi du peu de satisfactions retirées des tentatives suivantes, et en dépit des ans et des mécomptes, subsiste en moi le regret de n'avoir point épuisé jusqu'au bout la coupe offerte, de ne point avoir eu mon compte de plaisirs...

— Ne comprenez-vous donc pas que la tâche, au contraire, vous est simplifiée, dans la mesure, justement, où vous admettez n'être jamais parvenue à la réussite amoureuse escomptée ? N'est-il pas temps de vous détourner de la quête inutile que vous avez si longtemps poursuivie sans résultat, pour ne plus vous soucier que de celle, combien plus exaltante, de l'Amour Vivant ?

... Deux petits bergers que Charlotte croisa se mirent à rire sur son passage. Elle les entendit et se gourmanda. Comme cela lui arrivait à présent de plus en plus souvent, elle avait dû parler tout haut en cheminant. N'était-ce pas encore un signe supplémentaire de vieillissement que cette habitude de soliloquer à tout propos ?

Allons, le père Piochon était dans le vrai. L'âge des émois causés par l'été ou la proximité d'autres amours était bien révolu ! Il était grand temps de l'admettre sans rechigner et de se préparer à la vieillesse, qui reste la dernière épreuve du parcours à franchir avant de parvenir, si on ne faiblit pas en route, au seuil de la félicité inconnue mais éblouissante promise par le Seigneur...

Auprès de ce prêtre de village, elle avait recouvré en même temps confiance et courage.

C'était donc avec le sentiment d'être réconciliée avec ce qu'il y avait de meilleur dans son âme, consolidée dans la volonté de tourner ses efforts vers de nouveaux accomplissements qu'elle regagnait la maison de Mathieu Leclerc. Dorénavant, elle veillerait à ne plus s'empêtrer dans de vieilles nostalgies, à ne plus gémir sur ce qui était à jamais terminé, de façon à être parfaitement libre pour préparer ce qui était son proche avenir : le seul voyage pour lequel il est nécessaire de se tenir prêt sans en savoir le jour ni l'heure !

Ses réflexions l'avaient amenée jusqu'au pré où les fermiers de la Borde-aux-Moines s'affairaient à rentrer le foin.

Léonard, Catheau, leur fils aîné, une servante et un valet de la ferme emplissaient le grand char à bœufs, piquaient avec des fourches de bois les meules d'herbe séchée au soleil, les soulevaient à bout de bras pour les tendre ensuite à Colin qui, debout sur le tas oscillant, les empilait promptement autour de lui.

« Heureusement que je viens de prendre médecine contre les tentations ! songea Charlotte, tout en saluant les faneurs. Sans ce remède, le démon m'aurait soumise une nouvelle fois ! »

La tiédeur de cette fin de journée où la chaleur torride cédait enfin la place à une température plus douce, cette paix de la vesprée parfumée de miel et de l'arôme des fleurs fauchées, ce traître mélange de suavité et d'incitation sensuelle la troublaient encore et l'auraient sans doute asservie à ses charmes si elle n'avait pas reçu comme viatique les paroles de la Vie éternelle.

Elle parvint en haut du champ, là où les tentes de Thomas et de ses amis s'étaient élevées avant qu'on ne les démontât, quand elle s'avisa que la petite Aude, cotte relevée jusqu'aux genoux, ratissait avec application aux côtés des fermiers.

« L'étrange fille ! se dit Charlotte. Elle est à la fois capable de passer des heures, toute seule, au creux de ses cachettes, dans le bois ou ailleurs, et de se mêler avec un plaisir égal aux travaux ou aux amusements bruyants des paysans. Qu'est-ce qui peut bien l'attirer parmi eux ? Si elle n'était pas si jeune, je ne serais pas éloignée de croire que les fils de Léonard l'intéressent plus qu'il ne faudrait, mais elle n'a pas encore neuf ans... »

Charlotte traversa le verger. Les cerisiers, veufs de leurs cerises, ombrageaient mélancoliquement l'herbe piétinée et jaunie que parsemaient de petites branches cassées au moment de la cueillette et abandonnées sur place.

Elle arrivait au terre-plein, devant la maison, quand un bruit de roues lourdement chargées attira son attention.

Au bout du chemin de terre qui conduisait à la route de Paris, un chariot rempli de foin avançait lentement. Un charretier inconnu marchait au côté des bœufs qui le tiraient.

Un homme au visage déformé par la souffrance le suivait. Sans ses cheveux de cuivre, Charlotte ne l'aurait pas reconnu. Sur le dessus du chargement gisait une femme ensanglantée qui paraissait gravement blessée.

« Seigneur ! C'est Agnès ! »

Elle s'élança vers le convoi.

— Mon beau neveu ! Que se passe-t-il ?

D'où venaient-ils, tous deux, en cet état ? N'étaient-ils donc plus aux Saints-Innocents ?

— Agnès est rompue, dit Thomas. Elle a été foulée aux pieds par un cheval fou !

Lui-même semblait égaré. Ses yeux étaient vides, sa mâchoire tremblait. Sur sa cotte, sur ses mains, il y avait du sang...

— Je les ai trouvés là loin, près de Vanvres, sur la route d'Orléans, dit le conducteur du chariot qui aiguillonnait ses bœufs. Je rentrais de mon pré et ce garçon m'a demandé de charger la demoiselle pour la conduire ici. Vu son état, je ne pouvais pas refuser...

L'habitude des situations difficiles prit, chez la physicienne, le dessus sur la curiosité. Sans plus rien demander, elle fit avancer l'attelage jusqu'à la porte de la maison, appela Almodie, la petite aide-cuisinière, et lui ordonna de débarrasser la grande table de la cuisine.

— Il faudrait la porter dans le lit de la chambre du haut, dit Thomas d'une étrange voix assourdie, cassée, qu'on ne reconnaissait pas.

— Non point, mon neveu. Nous allons l'étendre sur la plus longue table du logis pour que je puisse la palper à mon aise et me rendre compte clairement de ce qu'il y a de lésé dans son organisme. Les lits sont trop mous pour ce genre de travail. Laissez-moi faire.

Le paysan et Thomas descendirent avec précaution l'adolescente de sa couche de foin. Elle geignait doucement à chaque mouvement de ses porteurs, à chaque faible heurt. Sa tête aux yeux clos bringuebalait de droite et de gauche.

Charlotte précéda la blessée dans la grande pièce qui sentait la galette chaude et la viande rôtie. La bouche ouverte de stupéfaction, Gerberge essuyait machinalement ses mains grasses à son devantier. Almodie pleurait.

— Étendez-la sans secousse... la tête sur un torchon...

Elle posa une main compatissante sur l'épaule de Thomas.

— Maintenant, mon neveu, sortez d'ici. Reconduisez ce brave homme dehors après lui avoir offert à boire et l'avoir dédommagé. Ne rentrez que lorsque je vous enverrai chercher. J'en ai pour un moment.

Sans le cri de révolte qu'elle attendait, les épaules courbées, toujours aussi étranger à ce qui l'entourait, Thomas quitta la cuisine en emmenant avec lui le charretier.

Son esprit flottait loin de son enveloppe charnelle. Il agissait, parlait, mais le sentiment de désastre qui l'avait transpercé quand il avait découvert le corps disloqué d'Agnès dans la poussière de la route, ce saisissement, cette sensation d'horreur irréparable accaparaient seuls son attention.

La journée qu'il était en train de vivre resterait à jamais la plus accablante de sa vie. Le matin, il avait tué un homme afin de s'évader, de fuir avec Agnès, de reconquérir avec la liberté le droit à la vie, à l'amour, et dans l'après-midi, il avait assisté, impuissant, au saccage de celle qui était devenue pour lui l'incarnation même de l'espérance, son unique bonheur...

Le paysan parti, le malheureux se laissa tomber sur une chaise de la salle, s'y écroula.

— Le cheval de Joceran a vengé son maître, dit-il tout haut. Il s'en est allé ensuite, tout seul, sans que je puisse le rattraper, prévenir le mort qu'il lui avait donné sa revanche...

Pendant un long moment, il retourna cette idée dans sa tête. Il se sentait vidé de tout sentiment. Insensible. Son chagrin vivait sa vie propre, en dehors de lui. Il n'en était pas encore habité.

— Il est écrit : « Tu ne tueras pas », reprit-il au bout d'un moment de la même voix sans timbre. En assommant ce dameret maudit, j'ai enfreint la loi de Dieu, j'ai attiré sur nous sa malédiction...

Sans savoir comment, il se retrouva par terre, couché sur l'herbe fraîche qui jonchait les dalles, pleurant et gémissant parmi les plantes écrasées et leur senteur sauvage. Cette exhalaison fit revivre soudain en lui, avec la précision déchirante d'une image prometteuse du bonheur perdu, le moment où il s'était roulé au creux de la clairière, après leur bain dans le bassin. Il revit exactement le geste qu'Agnès avait eu pour préserver sa chevelure du contact de l'eau, le grain de beauté bleu comme une prunelle qu'elle avait sous le sein, et, alors seulement, la douleur qui planait jusque-là s'abattit, lui laboura la poitrine de ses serres, le déchira de son bec...

Bien plus tard, la voix de Charlotte Froment le tira de l'absence hébétée où il avait sombré.

— Mon neveu, disait-elle, j'ai envoyé le palefrenier à Paris, avec la charrette, quérir un chirurgien que je connais et qui est très habile à réduire les fractures. Je préfère qu'il voie Agnès et juge par lui-même de ce qu'il convient de tenter.

— Elle va mourir, n'est-ce pas ? demanda Thomas, toujours étendu sur le sol.

— Mais non, voyons ! Elle est jeune et saine. Avec l'aide de Dieu, nous parviendrons à la sortir d'affaire.

— Je ne crois pas qu'Il nous viendra en aide cette fois-ci, ma tante. Il faut que vous sachiez que j'ai commis ce matin un péché mortel en assommant de mes mains un des vauriens qui nous tenaient prisonniers... Ce n'est pas tant sa mort qui charge ma conscience, voyez-vous, car c'était un grand malfaiteur, que l'espèce de joie mauvaise que j'ai ressentie pendant que je le tuais. C'était là plaisir satanique. Dieu ne me le pardonnera pas !

— Que dites-vous là, Thomas ? Comment pouvez-vous savoir ce que Dieu fera ou ne fera pas ? Sa miséricorde est infiniment plus vaste que votre méchanceté, plus immense que la somme de toutes nos forfaitures !

— J'ai occis cette bête puante avec trop de plaisir, répéta Thomas. J'ai enfreint le cinquième commandement et je m'en suis réjoui !

— Voyons, mon neveu, cessez de vous tourmenter comme vous le faites... et quelles que soient vos responsabilités dans ce malheur, faites confiance et gardez l'espérance. C'est la vertu qui nous sauve !

Hirsute, couvert de poussière, de sang, de larmes mal essuyées, Thomas se releva lentement, se redressa.

— Avant de retourner auprès d'Agnès, qui n'est pas en état de vous reconnaître, vous allez prendre un bain, mon petit-neveu, dit Charlotte. C'est une nécessité. Allez dans la buanderie. Je vais y faire porter de l'eau chaude. Il s'y trouve un grand cuvier qui devrait vous convenir. Par la même occasion je vous conseille de changer de vêtements. Vous en avez laissé ici quelques-uns au moment de votre départ pour Paris.

Elle ne posait pas de questions. A quoi bon ? Pourquoi s'informer des circonstances qui avaient conduit le couple sur une route proche de Gentilly et précipité Agnès sous les sabots d'un cheval furieux ? Ce n'étaient pas ces conjonctures qui importaient, mais bien de sauver l'adolescente.

Sans vouloir l'avouer à Thomas, la physicienne était inquiète. L'état d'Agnès lui paraissait fort grave. Sous les blessures externes qu'elle avait lavées, enduites de vin et d'huile, pansées ensuite à sa façon, le jeune corps lui avait paru brisé en maints endroits. Des fractures existaient à une épaule, au bras, et à la hanche gauche. Il y avait certainement plusieurs côtes cassées, mais à l'intérieur de ce corps si affreusement malmené que se passait-il ? Les viscères, les tissus, n'étaient-ils pas, eux aussi, mis à mal ?

La fièvre secouait l'adolescente qui était brûlante et délirait depuis un moment. Qu'en déduire ? Sinon que les dégâts devaient être importants.

Le destin de Thomas se jouait hors de son atteinte. Aussi, Charlotte avait-elle jugé utile de faire prévenir son père et sa mère. En même temps qu'elle envoyait le palefrenier quérir le chirurgien, elle lui avait demandé de passer chez Bertrand pour lui faire part de la nouvelle. Pas plus que Laudine, on ne pouvait le tenir à l'écart des traverses advenues à leur fils.

Toutes les difficultés soulevées par le projet de mariage entre Agnès et Thomas n'étaient-elles pas, maintenant, sans objet ? C'était à un autre genre d'infortune qu'ils auraient dorénavant à faire face...

Revenue dans la cuisine, la physicienne se pencha sur la petite créature meurtrie qui balbutiait, gémissait, pleurait à paupières fermées. Sur une de ses joues, un sabot de l'animal affolé avait tracé une marque sanglante en forme de fer à cheval...

— Allez-vous la laisser longtemps sur cette table ? demanda Gerberge qui essuyait le front moite avec un linge. C'est-y pas une pitié de la voir, elle qui était si avenante, gisant là comme une statue renversée ?

— Je préfère qu'elle demeure ainsi tant que le chirurgien ne l'a pas visitée, dit Charlotte. En revanche, il faut lui donner à boire une décoction de simples pour tenter de faire baisser la fièvre.

Depuis qu'elle était à Gentilly, elle avait récolté une grande quantité de fleurs, de feuilles, de tiges, d'écorces, de plantes sauvages. Une fois séchées au soleil, elle les conservait dans des sacs de toile qui s'empilaient un peu partout sur les coffres de sa chambre. Étant la seule à en connaître les propriétés, elle alla elle-même puiser dans les sachets les différentes espèces dont elle avait besoin. De retour dans la cuisine, elle les jeta aussitôt dans l'eau bouillante que Gerberge tenait prête.

— De la reine-des-prés, de l'écorce de saule, jointes à des fleurs de sureau, dit-elle tout en précipitant les simples dans un pot de grès. Voilà un remède qui devrait apaiser cette fièvre.

Il ne fut pas aisé de faire absorber le liquide adouci au miel à la blessée qui s'agitait toujours et repoussait le gobelet fumant avec des mouvements spasmodiques...

Plus tard, Thomas pénétra dans la pièce et s'approcha d'Agnès qui venait à peine de se calmer.

Lavé, rasé, revêtu d'une cotte propre, il n'en paraissait que plus misérable, plus démuni devant le malheur. Débarrassé de sa couche de poussière, le visage nu, défait, creusé, ressemblait au masque d'un homme foudroyé.

Debout près de la couche d'infortune, les bras ballants, il contemplait sa cousine avec une telle expression d'impuissance, de défaite, que Charlotte fut prise de l'envie de le bercer, comme un enfant souffrant, entre ses bras.

Elle en avait pourtant côtoyé, à l'Hôtel-Dieu, de pauvres êtres acculés à la désolation ! Elle ne se rappelait que fort peu de cas où elle avait déchiffré une telle absence de vitalité, d'intérêt, d'espoir, sur une face humaine...

Peu après, la porte s'ouvrit sur le praticien que Jannequin était allé chercher à Paris. C'était un homme encore jeune, maigre, très brun de peau, pourvu d'énormes sourcils à l'ombre desquels s'abritaient de petits yeux perçants. Il portait la souquenille noire des chirurgiens-renoueurs, et avait à la main un coffre de cuir clouté de cuivre.

— Mon neveu, dit alors Charlotte, il vous faut sortir encore. Votre présence n'est pas souhaitable auprès de la patiente en ce moment. Messire Garin-le-Mire a besoin de tranquillité pour exercer son art. Laissez-nous, s'il vous plaît, et faites-nous confiance !

Thomas se pencha sur le visage contusionné et bouffi de fièvre, posa ses lèvres sur le front où de fins cheveux s'étaient collés et s'en alla.

Quand il se retrouva dans la grande salle, ses larmes étaient si pressées qu'il ne put d'abord distinguer qui étaient les personnes se trouvant là. Ce ne fut qu'en entendant la voix de sa mère, qu'il les reconnut.

Devant une des fenêtres, Bertrand s'entretenait avec maître Leclerc. Ils se tournèrent tous deux vers l'arrivant, et l'orfèvre marcha vers son fils, le visage anxieux.

Au milieu de la pièce où la lumière du soir entrait à flots, Laudine, Marie et Blanche s'entretenaient à voix basse.

— Mon enfant ! Mon enfant ! Ne pleurez plus ! s'écria Laudine en s'élançant vers Thomas. Vous n'êtes pas abandonné ! Ne sommes-nous pas près de vous, nous qui vous aimons tendrement, pour vous aider à franchir ce mauvais pas ?

Petite, avec des cheveux aussi flamboyants que ceux de son aîné, cette femme à laquelle Thomas ressemblait par bien des traits semblait cependant trop minuscule pour avoir donné le jour à un tel athlète. Elle levait vers lui un regard soucieux, teinté de la timidité que certains parents ressentent devant leur enfant qu'ils ne comprennent plus.

— Ce n'est point un mauvais pas, ma mère, répondit Thomas en secouant le front avec lenteur, non, Dieu sait, ce n'est rien de tel ! C'est ma vie qui s'en va !

Bertrand s'approchait. On le sentait partagé entre une fort grande inquiétude et la gêne d'avoir à l'exprimer au rebelle qui l'avait défié ouvertement. D'ordinaire jaloux de son autorité, il montrait en cet instant combien il était demeuré sensible sous le masque de fermeté qu'il lui paraissait nécessaire en temps normal d'arborer, et toute son attitude traduisait la victoire de la sollicitude sur la rancune.

— Que s'est-il donc passé, mon fils ? demanda-t-il. Depuis que vous avez quitté les Saints-Innocents, nous étions dans une angoisse mortelle.

— Je vous conterai peut-être plus tard comment nous avons été abusés, trompés et enlevés, dit Thomas. Mais pas maintenant... A présent, j'en suis incapable... Tout se brouille dans ma tête... Je ne sais plus qu'une chose...

Des sanglots lui déchiraient la gorge.

— Elle est là, derrière cette porte, en train de mourir ! gémit-il. Rien d'autre ne compte !... Rien que ce combat qu'il lui faut livrer, toute seule, envers la mort !

Il se laissa tomber à genoux contre un banc sur lequel il posa sa tête, l'enfouit entre ses bras. Autour de lui, ne sachant que faire pour lui porter secours, les membres présents de sa famille l'entouraient.

Marie était venue parce qu'elle se trouvait auprès de Laudine quand le palefrenier était arrivé de Gentilly. Tout en s'interrogeant sur ce qu'il y avait à faire pour venir en aide à ses neveux, elle ne pouvait s'empêcher de guetter le retour de ses enfants.

Restée à Paris depuis deux semaines parce que Côme l'en avait priée, elle s'était languie d'eux. Aussi fut-ce avec un pincement au cœur qu'elle vit soudain Aude pénétrer dans la pièce. Sans un regard pour sa mère, le chien noir de Mathieu Leclerc sur les talons, l'enfant se dirigea vers Blanche.

— Almodie vient de m'empêcher d'entrer dans la cuisine, dit-elle. J'ai tout de même eu le temps d'apercevoir, par la fenêtre, Agnès qui était étendue sur la table, avec du sang sur sa cotte. Un homme fort laid la palpait et tante Charlotte avait sa figure des mauvais jours. Qu'est-il arrivé ?

— On ne sait pas exactement, répondit Blanche tout bas. Il semble qu'un cheval l'ait piétinée...

— Elle va mourir ?

— Par Notre-Dame ! Ma fille, taisez-vous ! s'écria Marie qui s'était approchée.

— Pourquoi ? interrogea Aude de sa voix claire. Ne vaut-il pas mieux mourir jeune et pure que vieille et souillée ?

Marie serra les lèvres. Elle se sentit s'empourprer tandis que des larmes lui venaient aux yeux. S'emparant de la main de sa fille, elle la tira de force hors de la pièce.

Le soleil baissait à l'horizon et le soir s'annonçait par des souffles légers qui frémissaient dans les branches. On respirait mieux. Le jardin embaumait.

— Ma petite fille, qu'avez-vous ?

Marie se penchait vers le mince visage fermé qui se détournait.

— Je n'ai rien.

Elle défiait sa mère de toute sa frêle personne soudain raidie. Marie remarqua que la cotte bleue de sa fille était salie, que des brindilles de foin restaient accrochées aux tresses brunes, bien moins nettes que d'habitude.

— Nous ne nous sommes pas vues depuis plus de deux semaines et voici donc comment vous me recevez ! dit-elle avec reproche. Mais enfin, Aude, que vous ai-je fait ?

Elle sentit que l'enfant était tentée de crier la vérité, de se délivrer du secret dont la présence entre elles était si oppressante, si destructrice.

La gorge nouée, elle attendit. Mais elle avait sans doute mésestimé la force du caractère qu'elle avait en face d'elle.

— Que m'auriez-vous fait, ma mère ? dit la petite fille en la dévisageant. Je ne vois pas. Il n'était, d'ailleurs, pas question de vous mais d'Agnès qui allait peut-être mourir...

Blanche sortait à son tour sur le terre-plein.

— Je pensais pouvoir être utile à mon frère, dit-elle avec regret en venant vers la mère et la fille. Hélas ! Il n'en est rien. Sa douleur n'est pas de celles qu'une amitié fraternelle peut adoucir.

Elle caressa d'un geste affectueux les tresses brunes d'Aude.

— Après les tribulations qu'Agnès et lui ont déjà connues en si peu de temps, cet accident montre avec quelle promptitude la passion peut ravager deux existences, continua-t-elle.

— Je ne croyais pas qu'on pouvait aimer à ce point-là, confessa Marie d'un air rêveur. Que mon mâtin de neveu en soit arrivé à ce degré de ferveur amoureuse me confond !

Blanche soupira.

— Il a fallu que ce coup du sort tombe sur lui ! Ce n'est pas de chance. Très peu de gens connaissent de semblables expériences. Une des sottises de ce temps est de laisser croire à tout un chacun que n'importe qui est capable d'éprouver les extases de Tristan et Yseult ! Si la littérature et les cours d'Amour ne le répétaient pas à tous les échos, beaucoup continueraient à vivre en paix avec leur sentiment, à l'étroite mesure de leur cœur et de leurs possibilités. Ils n'auraient jamais été s'imaginer de leur propre initiative qu'ils sont faits pour partager les émois des héros de romans !

— Vous avez sans doute raison, ma nièce, reconnut Marie. Ces transports ne conviennent guère au plus grand nombre, qui est de nature paisible.

— L'amour humain me semble souvent déraisonnable et aventuré, même s'il est véritable, reprit Blanche. Faire reposer ses joies et ses peines sur les frêles épaules d'une créature en proie à toutes les tentations, mettre ses délices à la merci de la force ou de la faiblesse d'un autre, aussi peu sûr que soi-même, c'est pour moi de la folie !

— L'amour demeure pourtant le seul sentiment qui nous arrache à notre égoïsme, qui nous porte vers notre prochain, le seul, en définitive qui soit désintéressé... J'envie presque Thomas qui joue son avenir tout entier sur le rétablissement ou la fin d'Agnès. Lui, au moins, aura su ce qu'était l'échange des cœurs !

— Ne peut-on donc pas aimer sans passer par tous ces tumultes ? Il existe une autre forme d'amour, Marie, plus pure, plus haute, plus absolue que celle qui nous occupe...

— Voudriez-vous parler de la foi ?

— Oui. De la foi en Dieu ! A Lui seul, on peut se donner en toute confiance, sans risque et sans restriction !

— A vous entendre, ne dirait-on pas que vous-même... ?

— On n'aurait pas tort.

Elle souriait comme une fiancée.

— Je vous demande de garder encore le secret sur ma décision, mais elle est irrévocable : je suis résolue à entrer dans les ordres. Elle prit entre ses mains la tête mal coiffée d'Aude.

— C'est grâce à votre fille, ma tante, que j'ai été mise sur la voie, dit-elle gravement. Le matin de la Saint-Jean, quand nous la cherchions tous, quelqu'un m'a fait savoir où elle se trouvait.

— Comment ?...

— Je ne saurais le dire... J'ai été éclairée, voilà tout. Une certitude s'est imposée à moi. C'était comme si on m'avait poussée aux épaules afin de m'amener aux pieds de la Vierge où dormait cette enfant...

Aude saisit une des mains posées contre sa joue, l'embrassa dévotement.

— Comme je suis contente ! dit-elle, les yeux brillants. C'est grâce à moi que Dieu vous a fait signe ! N'est-ce pas merveilleux ? Je suis votre petit ange gardien !

— Si vous saviez, murmura Blanche, si vous saviez...

Elle hésitait à parler, à révéler le secret qui débordait de son âme...

— La nuit suivante, reprit-elle sans pouvoir retenir le besoin qu'elle ressentait de s'exprimer enfin, la nuit qui a suivi votre retour à la maison, j'ai vu, en rêve, le sourire d'un ange. Il se tenait à côté d'une charrette où se trouvait déjà beaucoup de monde et où il m'était accordé de monter. Aucune langue ne peut décrire son expression, aucun mot ne peut traduire la félicité sereine, la douceur, le rayonnement, l'amour lumineux, l'accueil radieux et tendre, qui émanaient de ce sourire... Tout ce que je viens de dire est inexistant en comparaison de ce qu'il m'a été donné d'apercevoir ! Si brièvement que ce fut, j'en conserve depuis le reflet enchanté et jamais je ne pourrai l'oublier, dussé-je vivre cent ans !

— Je comprends mieux votre comportement depuis lors, Blanche... Vous avez été favorisée là d'une grâce extraordinaire.

— Je passerai ma vie à en remercier le Seigneur ! A L'en remercier, tout en faisant bénéficier le plus de personnes possible des bienfaits qui m'ont été octroyés. Voyez-vous, Marie, je n'ignore pas qu'il va m'être beaucoup demandé puisque j'ai déjà beaucoup reçu.

— Dans quel ordre pensez-vous entrer ?

— Je ne sais pas encore. C'est trop récent. Une révélation pareille apporte avec elle un bouleversement complet dans une existence. Il me faut réfléchir, méditer, prier... A quelle place serai-je le mieux à même de venir en aide à tous ceux qui sont éprouvés ? Je voudrais servir les plus déshérités, les plus souffrants... J'attends un signe qui, une fois encore, ne saurait manquer de venir...

Elle se tut.

Dans le jardin, à travers la campagne, les oiseaux s'appelaient à l'approche du soir. On entendait les bruits du village qui se préparait pour la nuit : bêlement des troupeaux qui rentraient à l'étable, meuglement des bêtes qu'on allait traire, pas des chevaux qu'on menait boire...

— Quel début d'été ! remarqua Marie. On a l'impression que le mal et le bien sont soudain à l'œuvre dans notre famille. On dirait d'un combat entre Dieu et l'Adversaire...

— Cette lutte-là dure depuis la chute d'Adam, dit Blanche. Elle ne cessera qu'à la fin des temps. On l'oublie parfois, mais il est des moments où chacun de nous s'y trouve personnellement confronté.

Il y eut du bruit dans la salle, Laudine en sortit.

— Le mire a réduit les fractures d'Agnès, dit-elle. On est en train de la transporter dans la chambre du premier.

— Que pense-t-il de son état ?

— Il dit qu'il faut attendre.

Les trois femmes et l'enfant entrèrent dans la maison, montèrent à l'étage. Toute la famille y était rassemblée.

Thomas et Garin-le-Mire venaient de déposer Agnès sur le grand lit de la chambre des filles où Blanche, Ursine et Agnès elle-même avaient couché durant la fête de la Saint-Jean.

Marie considérait avec pitité la forme frêle enveloppée de bandelettes de toile, le visage gonflé par la fièvre, les lèvres desséchées.

Elle s'approcha de Charlotte Froment. Au milieu de l'agitation générale, celle-ci était la seule à avoir conservé son sang-froid.

— Vous devez bien avoir une opinion, le-Mire et vous, sur ce qui attend Agnès, dit-elle. Va-t-on pouvoir la sauver ?

— On ne sait pas encore. Elle avait plusieurs fractures, mais Garin est habile. Il détient le secret d'un onguent qu'il a composé à partir de racines fraîches de Grande Consoude, râpées et mêlées à d'autres éléments dont il garde jalousement la formule et qui a déjà fait merveille. Il fallait voir avec quel art, quelle dextérité, il manipulait les os démis ou rompus, comme il massait les nerfs froissés, comme il ajustait ensuite ses bandages sur tous les endroits meurtris afin de réunir ce qui avait été brutalement désassemblé. Je l'avais déjà vu à l'œuvre, et c'est pourquoi j'ai tenu à ce qu'il vienne. A ma connaissance, personne n'aurait pu mieux faire. Il reste qu'on ignore tout ce qui se passe à l'intérieur de ce pauvre corps.

— N'y a-t-il pas de remède prévu pour des cas comme celui-là ?

— Je vais lui faire prendre des décoctions de prêle et de feuilles de ronce qui arrêtent les saignements... mais il y a des lésions dont les effets sont imprévisibles, lents et inguérissables.

Debout au chevet du lit, Thomas ne semblait rien entendre, rien voir d'autre que la forme disloquée de son amour.

— Mon fils, lui dit Bertrand, ne désespérez pas. Agnès est en de bonnes mains. Elle sera aussi bien soignée que possible.

— Elle est entre la vie et la mort, mon père ! Je ne me le dissimule pas... Vous ne pouvez savoir combien je me sens coupable ! Non de l'avoir aimée et enlevée, en dépit de ce que vous pouvez croire, mais pour une autre raison...

Il se tourna vers son père.

— Ce matin, j'ai tué un homme, ce qui n'est pas le plus grave, car je nous défendais tous deux, elle et moi, et que c'était un fieffé gueux, mais j'ai éprouvé un plaisir mauvais à le mettre à mal et je me suis acharné sur lui comme un loup sur sa proie !

Bertrand devint fort pâle.

— Par Dieu ! Que me dites-vous là ?

— La vérité, mon père.

Autour d'eux, on continuait à s'entretenir à mi-voix, sans prêter attention à ce qu'ils se disaient.

— Si ce que vous venez de me confier est vrai, Thomas, il vous faut, sans plus attendre, songer à faire pénitence. Une dure pénitence, pour expier un dur crime ! Vous voici, mon fils, en danger de mort spirituelle !

Les bras croisés sur la poitrine, le jeune homme demeura un moment sans parler. Visiblement, il était en proie à un débat de conscience qui l'absorbait tout entier.

La douceur du soir pénétrait dans la chambre en souffles d'air plus frais. Le ciel pâlissait, se nuançait de couleurs tendres. Des martinets traversaient comme des flèches piaillantes l'espace au-dessus des plates-bandes du jardin.

Provenant de la vallée, on entendait le lent grincement des essieux surchargés. Les chars de foin rentraient, accrochant aux branches des festons d'herbe sèche qui y demeureraient pendus longtemps. Les faneurs, épuisés, s'étaient étendus sur le chargement parfumé qui leur servait de matelas. On entendait certains d'entre eux qui sifflaient d'aise.

Des bords de la Bièvre, montaient les rires, les éclats de voix des villageois venus se baigner dans la rivière avant le souper.

— Écoutez, vous tous, dit soudain Thomas, en élevant le ton. Je suis requis par Dieu de m'accuser devant vous d'une faute grave, mortelle, que j'ai commise ce jourd'hui.

Il se frappa la poitrine.

— Je bats ma coulpe pour un péché qui met en péril mon salut éternel, et dont ma mie Agnès a déjà payé le prix. Il me faut en obtenir rémission. Je viens donc de prendre une décision qui me permettra d'effectuer à l'avance une partie de la pénitence que je mérite, tout en me conduisant vers celui dont je compte solliciter mon pardon. En même temps, je tenterai une démarche dont vous aviez déjà eu l'idée, ma sœur...

Blanche, qui se tenait en prière au pied du lit, releva le front.

— Vous partiriez ?...

— Pour Rome ! Vous l'avez deviné ! C'est tout ce qui me reste à faire. Plutôt que de demeurer ici, inutile, à me ronger auprès de cette couche où se joue mon destin avec celui d'Agnès, j'irai trouver notre Saint-Père le Pape. Je lui confesserai mon forfait. Après m'être soumis à la mortification qu'il m'imposera, quelle qu'elle puisse être, je le supplierai, une fois absous, de nous accorder la dispense dont nous avons besoin pour nos épousailles.

Il considéra de nouveau la blessée, rouge de fièvre sous ses pansements, qui respirait avec difficulté.

— Ou bien elle se rétablira durant mon absence, et, à mon retour, nous pourrons enfin nous marier, ou bien...

Tombant à genoux auprès du lit, il enfouit sa figure dans les draps qui en retombaient, sans oser s'approcher davantage de la gisante. De brusques tressaillements secouaient ses épaules courbées.

Marie se pencha vers Charlotte.

— Rome est loin, la route sera longue. Pensez-vous que ce pauvre Thomas ait quelque chance de retrouver Agnès en vie ?

— Nul ne peut savoir. Pas plus moi qu'un autre. Dieu seul. N'est-Il pas l'unique maître de la vie et de la mort ?

12

Marie chassa une fois de plus la mouche qui revenait sans cesse se poser sur le front de son père. Comme si la paralysie n'était pas une torture suffisante, mille petits tourments supplémentaires venaient s'y ajouter.

Privé de la parole, du mouvement, avec son regard pour unique intermédiaire, Étienne Brunel gisait, depuis trois semaines, sur son lit, la bouche déformée.

L'arrivée de Thomas, un soir de juillet, la longue conversation qu'ils avaient eue tous deux, puis le départ de son petit-fils pour Rome, en révélant au vieillard l'étendue d'une infortune qu'on était parvenu jusque-là à lui dissimuler, l'avaient achevé.

Il s'était aussitôt retiré dans la chambre de Mathilde pour un de ces entretiens qui étaient son refuge. Tard dans la soirée, inquiète de ne pas entendre son maître sortir de la pièce, Tiberge-la-Béguine était montée s'informer. Elle avait trouvé le vieil orfèvre, le visage tordu, étendu de tout son long sur le sol, au pied du lit où sa femme avait poussé son dernier soupir.

Appelés immédiatement, les médecins n'avaient obtenu aucun résultat. Toutes leurs saignées, toute leur science avaient échoué devant un mal dont on savait qu'il était presque toujours inguérissable. Charlotte Froment, accourue de Gentilly où elle soignait Agnès, n'avait pu que constater l'affreux état où se trouvait son frère. Pas plus que les autres physiciens, elle ne connaissait de remède à un mal sans merci, et s'en était retournée le cœur navré à la maison des champs.

On avait envoyé à Tours un messager, afin de prévenir de ce malheur Clarence dans son couvent et Florie, à laquelle il fallait annoncer aussi l'accident survenu à sa fille ! La pauvre femme avait répondu qu'elle se rendrait à Paris dès qu'elle serait remise de fortes fièvres qui l'avaient terrassée. Chez les Brunel, où elle n'était pas venue depuis deux ans, on l'attendait d'un jour à l'autre. Quel sinistre voyage allait-elle faire pour se rendre auprès d'un père mourant et d'une fille rompue !

Marie se leva une nouvelle fois afin d'éloigner les mouches qui s'obstinaient. On avait beau faire brûler dans une cassolette des clous de girofle mêlés à de la poudre d'iris et à de la cannelle de Chine, pour lutter contre l'odeur de la maladie, et poser sur le sol des écuelles contenant du lait et du fiel dans l'intention de se délivrer des insectes, on ne parvenait pas à s'en débarrasser.

Tous les jours, à l'heure du dîner, Marie quittait son atelier d'enluminure pour venir passer un moment auprès du paralytique. Afin de gagner le plus de temps possible, elle prenait un peu de nourriture à son chevet et s'installait ensuite sur un siège, tout contre son lit.

Elle tenait à parler au malade muré dans son abominable silence, à lui raconter les menus événements du jour, à lui lire des passages de la Bible, et elle s'essayait même à lui réciter des poèmes de Rutebeuf ou de Bernard de Ventadour, car elle savait que jadis, Mathilde, qui les aimait, les lui avait fait connaître.

Que tenter d'autre ? Comment parvenir à communiquer avec lui ? Parfois éteints et indifférents, ses yeux en certains moments s'éclairaient soudain. La conscience y affleurait de nouveau. L'espoir fou que son père allait peut-être se remettre de son attaque saisissait alors Marie qui cherchait, par le regard, à créer un début d'échange entre eux. Elle voulait se persuader qu'elle retrouverait le sourire désabusé, toujours un peu voilé depuis la mort de Mathilde, mais cependant attentif, rempli d'affection à l'égard de celle qui était demeurée pour lui la petite dernière, la plus jeune de ses enfants.

Ces instants d'illusion étaient de plus en plus rares et il fallait en revenir à la cruelle réalité.

Les chaleurs d'août, succédant à celles de juillet, rendaient plus pénible l'état du vieillard qui transpirait et s'écorchait entre ses draps mouillés de sueur. De terribles escarres étaient apparues sur son dos, ses coudes, ses talons. On avait beau les enduire d'huile de millepertuis et appliquer dessus des feuilles de bardane bouillies, elles s'étendaient inexorablement, accentuant encore les souffrances du pauvre corps supplicié.

Tiberge prodiguait à son maître des soins constants qui prouvaient mieux que des mots l'attachement et la fidélité de cette femme majestueuse et peu portée aux démonstrations, à l'égard de celui chez lequel elle servait depuis plus de quarante ans.

Avec l'aide de deux servantes et de Marie, quand cette dernière était présente, elle tournait, retournait, lavait, essuyait, oignait, poudrait, pansait, changeait son malade de linge plusieurs fois par jour et le nourrissait.

Marie se réservait la tâche de coiffer son père. Avec douceur et avant de renouer autour de la tête appesantie les bandes de toile qui la protégeaient, elle démêlait les mèches grises où, en dépit des soixante-dix-huit ans d'Étienne, des cheveux noirs se mêlaient encore aux blancs. Une sorte de gratitude tendre qui la bouleversait parce qu'elle témoignait d'un reste de lucidité, se faisait jour, alors, au fond des prunelles décolorées. La bouche inutile produisait avec un immense effort des sons incompréhensibles qui lui déchiraient le cœur.

Elle avait toujours ressenti pour son père une affection profonde, nuancée de crainte envers l'homme important et déjà mûr qu'elle avait connu. Âgé de plus de cinquante ans quand elle était née, maître Brunel n'était pas de ceux qui jouent avec leurs enfants, mais il représentait la puissance tutélaire, la protection, la force sur laquelle on sait pouvoir compter.

Tout en le veillant, la jeune femme se souvenait du temps de son enfance et de son adolescence durant lequel son père recevait de tous des témoignages de respect qui apportaient aux siens fierté, honneur et sécurité.

Elle le revoyait, avec Mathilde, lors d'un certain bal de Carnaval qui avait été pour elle le premier, elle le revoyait à table, du temps où ils étaient encore tous réunis, elle le revoyait dans sa boutique, maniant devant les yeux éblouis de l'enfant qu'elle était des coupes d'or, de lourds fermails, des hanaps de cristal et d'argent ciselé.

Des larmes lui piquaient les paupières. Son père allait mourir. Dans quelques heures, dans quelques jours, dans quelques semaines...

Aurait-il jamais su ce qu'il avait représenté pour elle ? Depuis fort longtemps, depuis le temps de son enfance, elle ne se souvenait pas le lui avoir redit. A ce moment-là était intervenue l'affreuse aventure de Florie, qu'il avait si mal acceptée et qui avait tellement assombri son humeur. Elle-même était encore petite, mais elle se souvenait des remous familiaux provoqués par un tel scandale et des transformations subies à cette occasion par le caractère de son père.

Dès les prémices de l'adolescence, une pudeur, plus forte que toute tendresse, l'avait retenue de s'exprimer. Le couple de ses parents donnait une si grande impression de solidité, leur affection était si manifeste, que leur dernière fille, parvenue à l'âge où plus rien n'est simple, avait jugé qu'ils n'avaient pas besoin qu'elle se manifestât. Apparemment, l'amour qu'il vouait à sa femme suffisait à Étienne pour emplir sa vie.

La mort de Mathilde avait fondu sur eux tous comme un cataclysme et maître Brunel s'était alors détourné d'un monde amputé de l'être qui lui était le plus cher. Depuis, Marie n'avait plus jamais retrouvé celui qu'elle avait connu auparavant. Des ruines de son paradis, Étienne n'avait pas su émerger. Son deuil assombrissait tous les rapports qu'on avait avec lui, et sa famille elle-même n'évoquait plus à ses yeux que l'harmonie perdue.

Comment avait-il pu survivre onze années à son épouse ? Chacun se le demandait. Il avait fallu que son corps soit bien robuste pour résister si longtemps à l'affliction de son âme...

Marie se leva pour essuyer avec un linge très fin la sueur qui mouillait le front du malade, et resta debout à agiter l'étoffe au-dessus du visage inerte.

« Je me suis mariée pour échapper à la sensation étouffante d'être ensevelie avec lui sous la dalle funéraire qui recouvrait notre mère, songea-t-elle. Je me suis enfuie de cette maison comme d'un caveau ! N'aurais-je pas mieux fait de me rapprocher alors de l'homme désespéré que j'avais devant moi, de lui témoigner mon affection, de redoubler de soins à son égard, plutôt que de m'en aller au bras de Robert, qui m'a si peu et si mal aimée ? »

Elle soupira. Décidément, songer aux autres, et même en des circonstances comme celles-ci, vous ramenait toujours sur vos propres chemins ! On demeurait incapable d'échapper bien longtemps à ses préoccupations personnelles !

« Pour ma décharge, il faut avouer que je suis accablée de soucis, se dit-elle. Entre l'éloignement qu'Aude me témoigne, l'accident de cette pauvre Agnès et le désespoir de Thomas, la difficulté que j'éprouve à discerner la nature véritable de mon attachement envers Côme, ses sollicitations de plus en plus pressantes pour que j'accepte de l'épouser, mon travail et son cortège de tracas, je ne sais plus où j'en suis ! Et voici à présent que, sans que je puisse l'aider en rien, mon père s'éteint, là, sous mes yeux ! Son mutisme me sépare davantage de lui que son mal. Plus jamais nous ne pourrons communiquer, plus jamais ! »

Où en était-il vis-à-vis du Seigneur ? Elle ne le savait même pas ! La foi d'Étienne avait toujours paru à ses enfants plus revendicative que confiante. On aurait dit qu'entre Dieu et lui il y avait un vieux compte à régler, que l'homme vieillissant, puis le vieillard, ne parvenait pas à apurer.

Tout de suite après son attaque, on avait fait venir le curé de Saint-Germain-de-l'Auxerrois qui, faute de pouvoir l'entendre en confession et lui donner la communion, l'avait béni. Il connaissait de longue date ce paroissien rétif dont il ne devait pas ignorer les débats de conscience.

« J'ai toujours eu, plus ou moins clairement, le sentiment que mon père demeurait en état de conflit perpétuel avec la Providence, se disait encore Marie. Pourquoi ? Qu'avait-il donc à Lui reprocher, lui dont l'existence, après tout, n'avait pas été difficile ? Heureux époux, père respecté, maître orfèvre entouré d'honneurs et de considération, il n'avait eu, en définitive, si l'on comparait son destin à celui de tant d'autres, qu'assez peu de traverses. Que pouvait-il souhaiter de plus ? Que reprochait-il au Seigneur ? Je l'ai entendu affirmer que la création n'était pas aussi bien faite qu'elle aurait pu l'être. Comment parler ainsi ? Que savons-nous des mystères et de l'œuvre de Dieu ? »

La jeune femme se signa.

« Sire Dieu, je Vous en supplie, secourez-le tout de même, en dépit de ses récriminations et d'une amertume que je ne m'explique pas. Dénouez son âme nouée ! Ne le laissez pas s'en aller vers Vous sans s'être réconcilié avec Vous ! Donnez-lui, en ces moments d'épreuve, où j'espère qu'il est en état de penser, de faire retour sur lui-même et d'être pénétré de contrition. Il a été bon époux, bon père, honnête marchand et fidèle à sa parole. Si entre Vous et lui subsiste une vieille querelle, je Vous en prie, ne lui en gardez pas rigueur. Permettez-lui de se mettre en règle à Votre égard, avant le grand voyage ! Comme chacun de nous, Dieu Seigneur, il ne savait pas bien ce qu'il faisait, ni disait, mais son cœur n'a jamais été mauvais. »

Depuis un certain temps, Étienne tenait ses paupières fermées et Marie considérait le gisant sans craindre d'être surprise. Que se passait-il maintenant derrière le masque douloureux ? La nuque roide se courbait-elle enfin sous la pression de la main qui nous sauve en nous amenant à résipiscence ? Maître Brunel reconnaissait-il ses torts ? Se dépouillait-il de son orgueil ? Son âme s'était-elle prosternée ?

Lassée de se poser tant de questions auxquelles elle ne savait quelle réponse apporter, Marie se détourna du lit où reposait son père, fit quelques pas. Elle se retrouvait chaque fois avec trouble dans la chambre de sa mère où on avait décidé de laisser l'orfèvre après l'y avoir découvert. Sans pouvoir prendre son avis, on avait songé qu'il devait souhaiter mourir, lui aussi, dans le lit conjugal où Mathilde avait vécu ses dernières heures.

Depuis la mort de sa femme, personne d'autre qu'Étienne n'avait eu le droit de pénétrer dans ce sanctuaire consacré au souvenir de la disparue. Marie, pas plus que le reste de la famille, n'était revenue dans la pièce dont son père tenait toujours la porte soigneusement fermée à clef.

Et voici que, de nouveau, elle reconnaissait la tapisserie des courtines, à présent fanée, les coffres dans lesquels devait encore rester, soigneusement plié, le linge de Mathilde, de même que ses vêtements, accrochés dans le cabinet voisin où trônait toujours sa baignoire de bois poli.

Marie revoyait sa mère s'habillant entre ces murs, y arrangeant des fleurs, y brodant, s'y entretenant avec ses sœurs, avec elle-même... elle la revoyait aussi à sa fenêtre, la veille des noces de Jeanne, surveillant en maîtresse de maison attentive ce qui se passait dans la cour tandis que Marie la coiffait... Elle la revoyait enfin, quelques jours plus tard, étendue sur cette même couche, si blanche, si belle, reposée de la vie, non pas rajeunie, mais soudain hors du temps, mise à l'abri de ses méfaits, épargnée, morte...

A présent, c'était au tour d'Étienne d'être allongé entre les colonnes de chêne sombre qui supportaient le ciel de lit et les riches courtines. C'était lui dont on attendait la fin, avec ce mélange d'anxiété et de fatalisme qui se partagent le cœur des vivants en présence de ceux dont le sort ne fait plus de doute pour personne.

La porte s'ouvrit. Tiberge-la-Béguine entra du pas pesant qui balançait ses jupes comme une houle.

— Je viens vous relever, demoiselle Marie, dit-elle à la jeune femme qu'elle n'avait jamais pu s'habituer à considérer tout à fait comme une adulte. Il va être temps que vous retourniez chez vous.

— Je sais, Tiberge, mais, n'étant jamais sûre de retrouver mon père en vie à ma prochaine visite, je le quitte toujours à regret. Aujourd'hui surtout, car je ne pourrai pas passer l'embrasser ce soir.

Elle avait en effet accepté d'aller souper chez Côme, rue Trousse-vache, pour être enfin présentée à la sœur du mercier, cette Hersende dont la réputation de dureté et de causticité était parvenue jusqu'à elle. Des clients de l'atelier, ignorant les liens qui l'attachaient subrepticement aux Perrin, ne s'étaient pas privés, en sa présence, de critiquer l'épouse du petit notaire dont on disait qu'elle l'avait assoté et réduit à moins que rien.

Se sachant dépourvue d'esprit de repartie, Marie redoutait une confrontation qui se produirait, en outre, en un si mauvais moment.

Elle quitta la rue des Bourdonnais et, pour rejoindre celle du Coquillier, longea le mur d'enceinte des Halles construites par le défunt roi Philippe Auguste. Accolés à la muraille, boutiques, échoppes, étaux, loges, appentis se succédaient sans interruption. La cohue y régnait, comme à l'accoutumée. Marchands, acheteurs, charrettes, bêtes de somme, ânes et mulets bâtés grouillaient autour de ce Marché le Roi[1] où se vendaient vêtements, fruits, légumes, toile, drap, vin, cervoise, poteries, fromages, volailles, gibier, blé, viandes diverses, poissons, et toutes choses achetables et monnayables dont pouvait avoir besoin le bon peuple de Paris.

Dans un fracas de cris, d'appels, d'interjections, de hennissements, de discussions, de braiments, de jurons, parmi les odeurs, les senteurs, les relents, les bouquets, les remugles, les fumets, les exhalaisons de la marée, de la boucherie, des épices, de la crémerie, du crottin, des jardins, des eaux salies, de la vinaille, et des fortes transpirations, il fallait se faufiler en essayant de ne se faire ni bousculer, ni peloter, ni écraser les orteils. Ce n'était pas facile.

Marie réussit cependant à s'extraire de l'agitation qui tourbillonnait principalement devant les portes de l'enceinte à l'intérieur de laquelle s'engouffrait le gros du public, et à prendre pied sur le sol plus calme entourant le chevet de Saint-Eustache.

Comme elle y parvenait, elle se trouva en face d'un homme dont le regard insolent croisa un instant le sien. Était-ce parce qu'il était jeune, beau, bien bâti, élégant, ou parce que ses prunelles pers lui parurent luisantes et cruelles comme celles d'un félin ? Une sorte de secousse la traversa, lui serra le ventre, lui fit sauter le cœur. Pourquoi ? Était-ce peur ou trouble ? Qui était cet homme ? Et que lui importait ce qu'il pouvait être ? Elle ne le connaissait pas, était certaine de ne l'avoir jamais rencontré...

Le temps qu'elle se reprenne, il avait disparu.

Une impression difficile à définir, pétrie de contrastes, attirante et repoussante à la fois, s'attardait...

Marie leva les épaules. Quelle stupidité ! Elle avait d'autres sujets d'embarras qu'une rencontre fortuite et sans lendemain avec un inconnu !

Elle hâta le pas pour regagner son atelier où elle se précipita avec un sentiment inexplicable de soulagement. Il lui semblait avoir échappé à un danger.

Dans la vaste pièce où le soleil pénétrait en coulées blondes par les fenêtres ouvertes, tout le monde était déjà au travail.

— Il va me falloir changer de chemin afin de ne plus avoir à passer par les Halles, dit-elle en refermant la porte. Il y a toujours là-bas une presse épouvantable !

---

1. Nom primitif donné aux Halles.

— Comment va maître Brunel, ce jourd'hui ? demanda Kateline dont la chevelure rousse accrochait la lumière.

— Hélas ! ma pauvre amie, fort mal ! Ses escarres s'agrandissent toujours davantage et son esprit s'embrume de plus en plus. Je ne suis pas certaine qu'il m'ait reconnue pendant que j'étais près de lui.

Il y eut un silence consterné. Les apprentis eux-mêmes, intimidés par la proximité du malheur, ne trouvaient plus rien à dire.

Marie s'approcha d'eux. Ils étaient en train de broyer les couleurs végétales obtenues, au cours des saisons, par la récolte et la conservation de certaines fleurs. Des bleuets pour le bleu, des feuilles d'iris sauvages pour le vert, de la gaude [1] pour le jaune.

— J'espère que vos teintes seront aussi réussies que la sanguine que vous avez si bien faite au printemps dernier, dit Marie pour les dérider.

On avait coutume, vers le mois de mars, de couper le lierre nécessaire, d'en recueillir alors le jus dans un récipient de grès où on le laissait trois jours avant de le faire cuire dans de l'urine. C'était la fabrication courante, mais les apprentis s'en étaient occupés pour la première fois cette année. Aussi ne manquèrent-ils pas d'apprécier ce rappel flatteur.

Marie gagna sa table. En dépit de tous ses soucis, elle ne délaissait pas un travail qui demeurait pour elle, au milieu de tant de remous, le seul point stable, l'unique satisfaction qui ne fût pas menacée ou douteuse.

Plus l'œuvre était absorbante, difficile, plus elle pouvait s'y perdre, s'y oublier. C'était seulement en s'y donnant tout entière qu'elle parvenait à se détacher, pour un temps, de ses multiples alarmes.

Dieu merci, l'ouvrage ne manquait pas ! L'été étant la meilleure saison pour procéder aux séchages successifs que nécessitaient les diverses phases de la dorure, il convenait de profiter de ces journées ensoleillées et chaudes.

Marie avait justement à préparer, pour un manuscrit dont le texte, les dessins, les nombreuses couches de couleur étaient déjà achevés, les fonds où elle aurait ensuite à appliquer l'or, à la feuille ou au pinceau.

Il s'agissait de cette fameuse *Chanson du Chevalier au cygne* dont elle avait elle-même illustré bien des pages. Elle en était parvenue au moment où il fallait composer la première assiette, en langage de métier, soit le premier fond. Deux autres suivraient avant qu'elle ne soit en mesure de passer à l'application de l'or pur. La réussite et l'éclat de la composition finale dépendaient du soin avec lequel on accomplissait cette série de préparations.

---

1. Réséda sauvage dont on extrayait une teinture jaune.

Comme elle s'installait, Marie surprit le regard que glissait vers elle, comme pour la surveiller, Jean-bon-Valet, toujours jaloux des travaux qu'elle se réservait. Sans avoir l'air de le remarquer, elle prit dans un des pots rangés sur sa table de la fleur de plâtre des plus fines qu'elle déposa devant elle sur une pierre dure, polie et de grande dimension. Elle y ajouta un peu de safran en poudre et de bol d'Arménie, les mélangea minutieusement, intimement, avant d'humecter le tout, par petites quantités, avec de l'eau, et se mit en devoir de remuer la préparation obtenue avec les plus attentives précautions. Le mélange devant durcir, mais non pas sécher complètement, elle alla déposer la pierre dans une flaque de soleil devant une des fenêtres, et se dirigea ensuite vers les aides qui s'activaient à entretenir, en vue des suites de l'opération, un feu doux de charbon de bois, sous une grille, dans la cheminée de la salle. A cause de la chaleur estivale, ce travail était pénible pour les jumelles qui en tiraient prétexte pour relever leurs cottes jusqu'aux genoux et pour délacer leurs chemises sur de jeunes seins découverts.

— Allons, mes filles, dit Marie, profitez de ce que je suis forcée d'attendre le séchage de ma préparation pour aller respirer l'air du jardin. Je vous rappellerai dans un moment.

Debout devant le foyer, elle regardait les courtes flammes bleues trembler sur les braises et songeait que la vie de son père était devenue aussi précaire que ces minces langues de feu.

Combien de temps durerait-elle encore ?

Cette interrogation ramena sa pensée vers Agnès au sujet de laquelle elle avait questionné, dans les mêmes termes, Charlotte Froment. En dépit des soins prodigués par la physicienne à la blessée que Thomas lui avait confiée avant de prendre la route de Rome, l'état de l'adolescente ne s'améliorait guère. Si, sous ses pansements, ses fractures semblaient se ressouder lentement, elle n'en continuait pas moins à avoir de la fièvre, à respirer avec peine, et à manquer d'appétit. Les décoctions et les élixirs de tante Charlotte demeuraient, pour une fois, sans effet. Que signifiaient cette fébrilité, cette immense fatigue ? En dépit de la gravité de ses lésions, sa jeunesse aurait dû reprendre bien plus vite le dessus. Il y avait près d'un mois à présent que son accident s'était produit et on ne constatait aucune amélioration importante. Chaque fois que Marie s'était rendue à Gentilly pour visiter sa nièce, elle l'avait trouvée aussi pâle, aussi faible que la fois précédente, et, chose qui l'inquiétait plus encore, aussi triste. On aurait dit que la jeune fille ne croyait pas sa guérison possible. L'absence de Thomas, bien sûr, lui était fort pénible et elle en souffrait visiblement. Était-ce une explication suffisante à son air dolent, à sa mélancolie ? Sans vraiment la connaître, l'enlumineresse croyait ne pas se tromper en pensant qu'Agnès, sous sa fragilité apparente, cachait une force d'âme, une vaillance indéniables. Si elle abandonnait si visiblement la partie, n'était-ce pas qu'un ressort, en elle, avait été brisé, qu'elle le savait, et ne se faisait pas d'illusion sur les chances qu'elle conservait de se remettre un jour ? Ou bien le mal d'amour était-il seul en cause ? Les risques de voir Thomas revenir sans la dispense souhaitée étaient grands. Elle ne l'ignorait pas et il était possible que cette angoisse retardât son rétablissement et la maintînt dans sa faiblesse...

— Dame, fit soudain remarquer Denyse-la-Poitevine, qui aimait se donner de l'importance, dame, votre préparation doit être à point.

Elle l'était en effet, juste comme il le fallait, solidifiée, mais pas complètement sèche.

Marie rapporta la pierre sur sa table et détrempa délicatement la composition, à l'intérieur d'une petite marmite avec de la colle de parchemin. Dès qu'elle eut terminé, elle retourna vers le feu et déposa la marmite sur la grille de fer. Il fallait que la pâte fût employée chaude ou au moins tiède. Quand elle la jugea à la bonne température, elle revint vers le volume ouvert, prit un pinceau, et étendit une couche du mélange, mince et régulière, aux endroits où elle aurait à appliquer ensuite l'or.

Une fois encore, il lui fallut attendre le séchage de cet enduit. Elle en profita pour aller se pencher un moment sur l'épaule de Kateline. Si elle ne pouvait tenir sa seconde ouvrière au courant de sa vie privée, rien ne l'empêchait, en revanche, de parler de maître Brunel à une femme dont elle appréciait l'amitié.

Kateline était en train de peindre une nouvelle page du Bestiaire auquel elle travaillait depuis des semaines.

— On disait jadis que chaque lettre ornée qu'on terminait avait le pouvoir d'effacer un de nos péchés ! remarqua-t-elle en voyant Marie s'approcher. A ce compte-là, mon âme doit être blanche comme une hermine ! Je peux me vanter d'en avoir peint des dizaines et des dizaines depuis le temps que je fais ce métier !

— Vous oubliez, ma mie, que vous commettez, comme chacun de nous, sans cesse de nouveaux péchés, remarqua la jeune veuve. La comptabilité à établir entre vos offenses et vos lettres ornées me paraît bien délicate.

Kateline opina avec bonne humeur. Elle était parvenue à ses fins : Marie souriait. Les deux femmes s'entretinrent un moment à mi-voix avant que l'enlumineresse se décidât à se rendre auprès de Denyse-la-Poitevine qui ne considérait pas sans aigreur des rapports amicaux dont elle était tenue à l'écart.

Pendant ce temps, sur le parchemin, l'assiette avait séché. Marie prit alors une agate taillée en forme de dents de sanglier et qu'une virole de cuivre retenait à un manche d'ébène. Elle s'en servit pour racler, égaliser, polir la préparation, puis posa, de la même manière que la première fois, une seconde couche d'enduit.

En même temps que l'adresse, l'enluminure apprenait à ses servants la patience. Il fallait de nouveau attendre un second séchage.

La jeune femme en profita pour préparer la feuille d'or dont elle allait se servir dans un moment.

Couchées dans un coffret de santal, ces pellicules de métal précieux, plus minces que la plus fine des soies, étaient séparées les unes des autres par des feuillets de vélin. Chaque fois que Marie ouvrait le coffret, elle admirait l'éclat somptueux, chaleureux, de l'or que le moindre souffle faisait frissonner et qu'il fallait manier avec des pinces d'une extrême délicatesse.

Ce jour-là, en redécouvrant la splendeur imputrescible qui brillait entre ses doigts, elle évoqua son père, qui, tout au long de sa vie d'orfèvre avait si bien su façonner, ouvrager, orner l'admirable métal dont les reflets continueraient toujours, pour elle, d'environner sa mémoire... Des larmes lui brouillèrent la vue, estompant le contenu du coffret dans une buée blonde, étincelante...

La seconde assiette était sèche. Alors, seulement, elle mêla à la colle un peu de blanc d'œuf préparé par une des apprenties puis, vivement, sur cette troisième couche, avant qu'elle ne fût prise à son tour, et en retenant sa respiration pour ne pas la faire envoler, elle appliqua une des feuilles d'or avec un pinceau très doux, à bout rond. Pour être menée à bien, cette application nécessitait une grande dextérité et beaucoup de rapidité. En l'accomplissant, Marie éprouvait chaque fois une satisfaction aiguë, où se confondaient orgueil de maître et contentement d'artiste.

De nouveau, elle ressentit ce plaisir de l'ouvrage bien fait, cette fierté du praticien exercé qui a soumis la matière à son usage.

« Seigneur mon Dieu ! Combien vos créatures sont étranges, qui peuvent être douloureuses jusqu'à l'âme sans cesser de se complaire à des œuvres qui les flattent ! »

Pendant que le dernier séchage s'effectuait, Marie alla vérifier le travail des apprentis qui achevaient de broyer les couleurs, et celui des jumelles qui nettoyaient le devant du feu en pouffant aux bonnes histoires qu'elles se racontaient tout bas. Par politique, elle entretint longuement Denyse-la-Poitevine des futurs travaux qu'on leur avait commandés.

Seul à sa table, Jean-bon-Valet étendait, avec un pinceau trempé dans un godet de grès, un peu d'or en poudre sur des croix destinées à illustrer une page du psautier auquel il mettait la dernière main. Silencieux, furtif, l'enlumineur était-il gêné par sa propre laideur ? Sa peau, trouée par la petite vérole, ressemblait à une terre fraîchement remuée. Sa tête, trop grosse pour sa taille, lui donnait l'air d'un enfant attardé, et sa bouche aux grosses lèvres semblait éternellement bouder devant les injustices de l'existence. Il s'habillait cependant avec soin et ses cottes, ses surcots, ses couvre-chefs, toujours de bonne qualité, arboraient de tendres couleurs assez déconcertantes sur son corps mal taillé.

Qui était-il en dehors de ses heures de travail ? Comment vivait-il ? Seul, selon les apparences, sans famille, sans épouse. Originaire de Picardie, il parlait fort peu de son pays natal et, à l'atelier, on ignorait tout de lui, ce qui était exceptionnel. Partageant le passé, le présent et l'avenir, les membres d'une même entreprise avaient coutume de tout savoir les uns des autres, et le mystère entourant l'ouvrier enlumineur le desservait beaucoup auprès de ceux qui travaillaient avec lui.

Marie s'efforçait, dans la mesure du possible, de le traiter comme tout un chacun, mais il ne paraissait pas souhaiter établir de relations avec qui que ce fût et conservait la plus extrême réserve envers elle comme envers ses compagnons.

La jeune veuve retourna vers sa table, plaça au verso du feuillet, aux endroits où allait s'exercer la pression du brunissoir, un peu de cire préalablement modelée, et reprit l'agate avec laquelle elle se mit à frotter la feuille d'or, tout doucement d'abord, plus fort, puis enfin avec une telle vigueur qu'elle fut bientôt en sueur.

En sonnant l'interruption du travail, les cloches de Saint-Eustache la surprirent alors qu'elle achevait de passer au brunissoir l'or qui en retirait un poli, un éclat admirables. Une fois de plus, l'œuvre l'avait aidée à supporter le poids de ses angoisses, à endormir ses peines, à oublier les questions auxquelles elle ne savait pas donner de réponse.

Malheureusement, avec la soirée, les oiseaux noirs revinrent à tire-d'aile.

Comment son père avait-il passé cette journée de chaleur lourde, oppressante ?

Elle n'aurait pas le temps d'aller s'en assurer sur place puisqu'il lui fallait se changer et se rendre rue Troussevache.

Ce repas l'ennuyait. La présence d'Hersende et de son mari n'avait rien de réjouissant et ce qu'il y avait d'officiel dans cette présentation aux deux seuls membres de la famille Perrin l'indisposait à l'avance.

Ce fut donc avec d'autant plus d'attention qu'elle se prépara. Guillemine la frictionna à l'eau de senteur, la coiffa de ses lourdes tresses ramenées en chignon sur la nuque, avant de l'habiller d'une cotte de lin blanc agrémentée de manches émeraude et d'un léger surcot de même étoffe, brodé de feuilles de plusieurs verts dégradés. Une coiffure de lingerie en mousseline empesée remplaça la guimpe des veuves qu'elle ne portait plus depuis son retour à Paris, et de fines chaussures de peau argentée moulèrent ses pieds cambrés.

« Comment puis-je me parer avec tant de soin alors que mon père se meurt, que ma fille me fuit, que mon amant m'assiège ? se dit-elle. Je ne suis que plaies, et, cependant, j'attache de l'importance au tissu de mes vêtements, à la couleur des pierres fines que je glisse à mes doigts ! »

Elle passait justement à son index une aigue-marine qui lui venait de sa mère. Pendant un instant qui lui coupa le souffle, elle vit, à la place du bijou, un regard pers qui la fixait.

— Je ne mettrai pas cette bague, dit-elle en la rejetant dans le coffret où elle conservait ses joyaux. Un grenat me semble mieux convenir.

Un valet l'accompagna jusqu'à la rue Troussevache.

La maison des Perrin, haute, large, à soubassements de pierre de taille, avait pignon sur rue, et se remarquait par des consoles et des pans de bois entièrement sculptés. Compris entre la chaussée, la cour et le jardin, trois corps de logis en enfilade la composaient. Le premier, seul visible de la rue, était consacré aux entrepôts de la mercerie, aux locaux où s'affairaient compagnons et valets. Il fallait passer un porche, pour trouver devant soi l'habitation proprement dite, sise au centre de la cour. Le troisième bâtiment, qui fermait l'ensemble derrière des arbres bien taillés, comprenait les écuries, le cellier, des resserres diverses.

Côme attendait Marie sous le porche d'entrée. Dès l'abord, au raidissement de son maintien d'ordinaire si plein d'aisance, elle devina qu'il était tendu, nerveux.

— Amie, dit-il en s'emparant du coude de la jeune femme afin de la guider sur les pavés, ma belle amie, soyez indulgente, je vous prie, à l'égard de ma sœur. Elle n'est point heureuse en ménage et son caractère s'en ressent.

— Soyez sans crainte, Côme. Je sais ce qu'il en coûte d'être mal mariée !

Le mercier se pencha, posa ses lèvres sur la nuque blonde.

— Après le souper, je vous reconduirai chez vous, dit-il tout bas, et, si vous y consentez, j'y resterai jusqu'au matin.

Cette perspective, songea Marie, l'aiderait à tenir durant une confrontation qui l'inquiétait. Elle lui répondit par un battement de paupières.

Sur le seuil de la belle salle où il l'avait reçue la première fois, il lui lâcha le coude et la laissa passer la première, après s'être effacé. Pas assez vite, cependant, pour qu'elle n'ait eu le temps de voir le coup d'œil anxieux qu'il lança en direction des deux occupants du lieu.

Dans la vaste pièce où la fraîcheur du soir et les rayons obliques du soleil déclinant pénétraient par les portes et les croisées donnant sur des parterres admirablement entretenus, on avait dressé pour le souper une longue table montée sur des tréteaux. Le repas terminé, on la démonterait. Pour l'heure, elle était recouverte d'une nappe immaculée sur laquelle étaient disposés avec art des écuelles d'argent, des couteaux, des cuillères, des salières, une nef de vermeil ciselé contenant des épices, des coupes de dragées et de fleurs.

Une seconde fois, Marie fut frappée par l'accumulation de meubles s'entassant entre les murs tendus de fort belles tapisseries. Coffres, bahuts, bancs à dossiers, petites tables sculptées supportant différents jeux d'échecs, de dames, de trictrac, de jacquet, tabourets, cathèdres, semblaient avoir été rassemblés là pour témoigner de l'opulence de leur propriétaire. Une longue crédence, chargée de gobelets en vermeil, de coupes et de hanaps en argent, de brocs et d'aiguières ciselés, tenait tout un mur en face de la cheminée au volumineux manteau de pierre.

Debout près d'une fenêtre, dame Hersende et son époux semblaient surveiller l'entrée de Marie dans la salle.

Côme conduisit la jeune femme vers sa sœur.

— Par ma foi ! dit celle-ci en manière de salutation, et tout en adressant à la nouvelle venue un sourire éblouissant, par ma foi ! je ne suis pas mécontente de vous rencontrer enfin en chair et en os. Mon frère m'entretient de vos mérites depuis si longtemps que ma curiosité était à bout !

— J'ai, également, beaucoup entendu parler de vous, répondit Marie d'un ton neutre.

Hersende était une belle femme. Grande, opulente, l'œil vif, mais avec on ne savait quoi d'un peu trop agressif dans la façon de sourire, de trop critique dans le coup d'œil. Pleine d'assurance, manifestement portée à la moquerie, au persiflage, elle avait une manière de s'esclaffer qui étirait ses lèvres gourmandes sur de grandes dents blanches faites pour mordre et dépecer.

— En tout cas, ce diable de Côme ne manque pas de goût ! s'écria le petit notaire en se frottant les mains avec jubilation.

Il partit d'un hennissement joyeux qui plissa sa figure de vieil adolescent de mille petits sillons semblables aux fronces de certaines guimpes tuyautées.

Très vite, on comprenait que cet homme se réfugiait derrière son rire comme d'autres derrière un bouclier, chaque fois qu'il lançait une flèche ou en recevait une.

— Taisez-vous donc ! s'écria sa femme. Que va penser la belle amie de notre frère en vous entendant parler comme vous le faites ? Que vous n'êtes qu'un abominable paillard. Et, certes, elle n'aura pas tort !

Marie devait constater dans la suite de la conversation que la sœur de Côme se montrait encore plus impitoyable envers son époux qu'envers le reste du genre humain, qu'elle n'épargnait pourtant guère !

Pendant le souper, qui fut brillant comme on pouvait s'y attendre de la part de gens cultivés, les traits d'esprit et les anecdotes croustillantes se succédèrent sans interruption.

Hersende s'en donnait à cœur joie. Pourquoi cette femme, belle, riche, pourvue d'un mari dont la profession d'officier public n'était pas dénuée de prestige, et dont la vie était facile, se plaisait-elle à déchirer à coups de bec, de griffes et d'ongles, tous ceux qui, au cours de l'entretien, passaient à sa portée ? Quelle rancune inavouable, quelle déception secrète, quel grief se cachaient sous son agressivité ?

Marie parlait peu, écoutait avec malaise, riait en se le reprochant, et sentait monter en elle une gêne de plus en plus nette au fur et à mesure du déroulement de la soirée.

Côme tentait d'intervenir, orientait les propos vers le passé de sa famille, ses habitudes, ses manies, ses énigmes, mais ses diversions faisaient long feu les unes après les autres. Inexorablement, on en revenait au jeu de massacre.

Le souper fut excellent. Les vins dignes des mets.

Une fois tartes et flans dégustés, on sortit dans le jardin que le crépuscule rosissait.

— Ces soirs d'été invitent à l'amour ! lança le notaire en cambrant sa petite taille.

Il leva vers Marie un visage à l'expression égrillarde, mais la jeune femme y lut, au fond des yeux plissés par son sempiternel rire, une sorte de désarroi, d'inquiétude informulée, qui le lui rendit plus proche. On devait pouvoir trouver au fond de ce cœur un reste de bonté laissé pour compte.

— Vous voudriez faire croire que vous vous comportez sans cesse en vrai coq de village ! remarqua Hersende avec un dédain railleur. Je vous en prie, chère dame, n'en croyez rien ! La marchandise, céans, ne vaut pas le marchand !

— Par les Quatre Évangélistes, nos saints patrons à nous autres, notaires, il ne revient pas à une femme comme vous, ma mie, qui n'appréciez guère le déduit, de juger de ces choses ! rétorqua le petit homme avec un rire qui retentit, cette fois, comme l'écho d'un vieux ressentiment.

— Il est vrai que je trouve plus plaisant de parler des choses de l'amour que de les pratiquer, reconnut sa femme avec une liberté de ton qu'elle semblait affectionner. Je ne m'en cache pas. La faute en revient sans doute à celui qui fut le premier à me les enseigner !

« Elle ressemble à une ogresse, se dit Marie. Quand elle sourit de la sorte, on a l'impression qu'elle a plus de dents qu'une personne ordinaire et qu'elle serait fort capable de les planter dans la chair vive d'une de ses victimes ! »

Côme entraîna le petit groupe vers ses espaliers afin de faire admirer les pêches, les pommes, les poires, qui mûrissaient lentement contre les murs orientés au sud et à l'ouest, là où le soleil s'attardait de préférence.

— Vous serez bien bon, mon frère, de me faire porter demain un panier de ces fruits, dit Hersende en désignant de grosses pêches blanches et roses sous le poids desquelles pliaient les branches qu'on avait été obligé d'attacher. Leur chair écrasée est excellente pour le teint.

Fardée avec art, habillée richement, couverte de bijoux, elle alliait une élégance un peu trop voyante à un aplomb qui ne faisait que mieux ressortir la discrétion et l'élégance véritable de Côme.

« Lui, au moins, ne fait jamais parade de sa fortune, songea Marie. S'il avait été aussi rempli de vanité que sa sœur, il ne m'aurait pas retenue plus d'un instant ! »

On rentra dans la salle pour boire des vins herbés et croquer des dragées ou des épices de chambre.

La nuit venait quand on se sépara.

— Vous n'avez guère parlé, chère dame, remarqua Hersende, mais, malgré tout, nous aurons bien ri ! A bientôt.

— Que Dieu vous garde ! répondit machinalement Marie, tout en remarquant en son for intérieur qu'il y avait peu de chance pour que son vœu fût exaucé.

Le couple tourna à droite, s'éloigna. La femme du notaire dépassait son époux d'une bonne tête.

Demeurée sous le porche, Marie fut presque aussitôt rejointe par Côme.

— Je vous reconduis, ma mie !

Par les rues où des restes de clarté se prolongeaient sur les tuiles vernissées des toits, sur le haut des clochers, sur les girouettes dorées que le calme de l'heure laissait immobiles, les Parisiens déambulaient, musaient, s'interpellaient, dansaient aux carrefours. Couronnée de fleurs, débraillée, émoustillée, la foule profitait de la belle saison, du temps clair chanté par les trouvères, dans un bruissement de voix, de refrains, de rires énervés, d'aigre musique.

La ville présentait, le soir, un visage différent de son visage diurne. Les volets des boutiques étaient clos et l'animation des marchés, des marchands, des artisans et de leurs pratiques, des petits métiers, des campagnards venus vendre leurs produits à la criée, toute cette agitation causée par le besoin et le profit s'était assoupie pour faire place aux jeux et aux plaisirs offerts à tous par un été généreux.

Seules, les tavernes demeuraient ouvertes et regorgeaient de monde. Des buveurs qui puaient le vin et des bandes de jeunes lurons excités hantaient leurs abords.

A cause de la chaleur, beaucoup de femmes portaient, sans chemise en dessous, des cottes légères qui moulaient étroitement leurs formes, et bien des hommes en profitaient pour tenter leur chance, le regard aux aguets et la main fureteuse.

Des mendiants, qui escomptaient de fructueuses recettes, se faufilaient parmi les passants, la sébile brandie et la plainte à la bouche.

A demi nues et racoleuses, des filles follieuses rôdaient par deux ou trois. Les édits royaux, pourtant sévères à leur égard, ne parvenaient pas toujours à les refouler dans les rues qui leur étaient réservées.

Des marchands ambulants d'oublies et de beignets offraient aux promeneurs, dans des corbeilles d'osier suspendues à leur cou par des courroies, leurs pâtisseries qui laissaient derrière eux un sillage odorant de pâte chaude et de miel.

Côme s'efforçait de distraire Marie de ses peines en lui parlant des bruits qui couraient la ville, des gens qu'il avait rencontrés dans la journée, de ses clients, mais, préférant sans doute repousser à plus tard toute conversation ayant trait à la rencontre qui venait de s'effectuer, il évita de l'interroger sur l'impression que lui avait faite sa sœur. De son côté, la jeune femme jugea plus sage de ne pas aborder ce sujet.

Parvenus rue du Coquillier, ils se dirigeaient vers la maison Leclerc, lorsqu'un homme, qui semblait attendre sous un porche, sortit de l'ombre et les croisa. Marie, qui leva instinctivement les yeux, rencontra un regard clair et froid qui la fit frissonner des pieds à la tête.

— Qu'avez-vous, mon amour ? demanda le mercier.

— Je suis lasse et souhaite me reposer, dit-elle avec effort. Si vous le voulez bien, mon ami, vous me laisserez devant ma porte ce soir. L'état de santé de mon père me tourmente trop pour que je puisse songer cette nuit à autre chose qu'au sommeil. Je sens que je vais avoir, d'ailleurs, bien du mal à le trouver.

13

Le lendemain matin, après la messe quotidienne, Marie s'apprêtait à sortir de Saint-Eustache, quand on lui toucha le bras. Elle se retourna.

— J'ai à vous entretenir de choses très importantes, dame. Pouvez-vous me suivre un moment dans un endroit tranquille ?

La jeune femme n'était pas surprise. Depuis la veille, elle attendait le moment où il l'aborderait.

— Je ne vous connais point.

— Par le Saint-Voult [1] ! Nous ne manquons pourtant pas d'amis communs, chère dame !

— Je ne sais qui vous voulez dire.

— Je suis là, justement, pour vous éclairer.

Autour d'eux, les assistants de l'office matinal se dirigeaient vers le porche, s'en allaient à leurs affaires, les bousculaient.

— Finissons-en. Je ne comprends rien à ce que vous me voulez ! Adieu ! Je m'en vais.

— Je ne pense pas que ce soit dans votre intérêt.

Il n'avait pas besoin d'élever la voix, ni d'insister, pour qu'on sentît la menace, le danger qu'il représentait.

— Mon travail m'attend.

— Il attendra.

— Mais, enfin, messire, de quel droit... ?

— Je croyais que vous étiez fort attachée à vos enfants.

Avec un de ces mouvements impulsifs qui la caractérisaient, Marie se retourna complètement, fit face à son interlocuteur.

— Que dites-vous ?

Les paupières légèrement plissées, il la dévisageait avec hardiesse.

— Qu'il y va du sort de vos enfants.

De toute sa vie, la jeune femme n'avait jamais rencontré un individu qui lui fît une semblable impression. Sans s'expliquer pourquoi, elle avait le sentiment d'être totalement à sa merci, comme une musaraigne entre les pattes d'un chat sauvage.

— Je ne vois pas en quoi il peut être question d'eux dans tout ceci !

— Allons, venez ! Vous voyez bien qu'il nous faut tirer au clair pas mal de choses qui vous demeurent confuses.

Il faisait demi-tour, s'écartait de la foule, se dirigeait vers le fond de l'église. Marie le suivit.

Il ne s'arrêta qu'une fois parvenu dans une petite chapelle située derrière le chœur. Elle était vide. Plusieurs mendiants semblaient en garder l'entrée.

Assombri par des vitraux où dominaient le violet et le bleu, l'intérieur en était obscur, seulement troué de points lumineux par les flammes de quelques cierges brûlant aux pieds d'une statue de sainte.

— Nous ne serons pas dérangés en cet endroit et ce que j'ai à vous dire risque d'être assez long.

---

1. Les Lombards avaient un culte pour l'image byzantine du crucifix, connue sous le nom de Saint-Voult.

Un banc de bois était posé contre le mur.

— Asseyez-vous donc, dame, je vous en prie.

Sous la courtoisie de surface, affleurait l'autorité d'un chef de bande habitué à être obéi. Instinctivement, Marie s'y conforma.

L'inconnu resta debout devant elle. Une odeur d'encens et de cire chaude les enveloppait.

— Je me nomme Amaury, dit l'homme, et suis d'origine italienne, ce qui ne m'a pas empêché de fort bien connaître Robert Leclerc, votre défunt époux.

Marie serra les lèvres.

— Depuis sa triste fin, vous devez vous poser beaucoup de questions à son sujet, n'est-il pas vrai ? Il n'a jamais été porté aux bavardages inconsidérés, ce bon Robert, et ne se confiait à personne. Pas plus à vous qu'à un autre, je gage. Seule une suite de circonstances fortuites m'ont permis d'être mis au courant de certains faits...

Il posa un pied étroitement chaussé de cuir gris, à travers les découpes duquel on apercevait ses chausses hyacinthe, sur l'extrémité du banc où était assise la jeune femme et il lui adressa un sourire complice, tout en s'appuyant d'un bras sur son genou levé.

— Je mettrais ma tête à couper, dame, que votre cher mari vous a laissée tout ignorer de ses goûts véritables. Je jurerais, par exemple, que vous ne vous êtes jamais doutée de la passion dévorante qu'il nourrissait pour les jeux de hasard, et, tout spécialement, pour les dés.

— Je n'en ai, en effet, jamais rien su, reconnut Marie du bout des lèvres. Comment aurait-il pu s'adonner au jeu sans se trahir devant moi ? S'il avait pris et dépensé, fût-ce quelques sols en dehors des besoins du ménage ou de l'atelier, je n'aurais pas manqué de m'en apercevoir.

— Justement, dit Amaury, justement...

Il se pencha un peu plus en avant. Les lueurs des cierges éclairaient un seul côté de son visage, mais faisaient briller ses prunelles félines. Un nez court et droit, aux narines dilatées, accentuait sa ressemblance avec un des guépards qu'elle avait vus à Caen, lors d'un voyage entrepris quelques années auparavant en compagnie d'autres maîtres enlumineurs, afin d'aller voir la ménagerie qu'un roi d'Angleterre avait fait installer dans cette ville.

« Il est beau et inquiétant comme seule peut l'être une créature du Malin, se dit Marie. Il en a le charme sulfureux, la vénéneuse séduction... »

— Quand on ne veut pas trahir le travers qui vous tient, ni déranger l'ordre familial derrière lequel on se réfugie, mais qu'il faut, à n'importe quel prix, assouvir son vice, que fait-on ? On trouve le moyen, honnête ou non, qui permet de disposer des fonds nécessaires.

Marie continuait à se taire.

— En l'occurrence, continua Amaury d'un air entendu, Robert n'eut pas à chercher bien loin.

— Les comptes de notre atelier ont toujours été soigneusement tenus à jour et contrôlés, d'abord par mon beau-père, puis par moi-même. Ni l'un ni l'autre n'y avons jamais, à ma connaissance, constaté la moindre anomalie.

— Par le Saint-Voult ! dame, je vous ai déjà dit que rien ne devait transpirer de toute cette affaire. Rien n'en transpira. Robert s'est arrangé autrement, voilà tout.

— Je ne vois pas...

Le Lombard se rapprocha d'elle. Des pèlerins semblaient vouloir pénétrer dans la chapelle. Les mendiants qui étaient, de toute évidence, commis à en empêcher l'accès, barrèrent le passage aux gêneurs, qui s'éloignèrent en maugréant.

Marie dévisageait avec une curiosité méfiante l'homme qui semblait au courant de tant de choses ignorées d'elle. Qui était-il ? Un joueur, lui aussi ? Un intermédiaire vénal entre les faiblesses humaines et ceux qui leur sont asservis ? Un puissant ribaud ?

— Tout s'est passé on ne peut plus discrètement, reprit Amaury, une fois le calme revenu. Votre mari était plein de duplicité, de cautèle et d'adresse. Il s'est entendu avec un garçon de Gentilly qui avait mal tourné et travaillait pour une organisation clandestine tirant le plus clair de ses ressources de la prostitution.

— Quoi ! Vous prétendez... ?

— Je ne prétends rien. J'affirme. Voyez-vous, dame, je ne suis pas homme à me lancer à la légère dans une aventure comme celle-ci. J'ai des preuves, des écrits. Robert participait bel et bien à tout un trafic de filles publiques. Le dévoyé dont je viens de vous parler, Radulf, l'avait introduit dans une bande dont il faisait lui-même partie. Ce qui procura à votre époux l'idée et la possibilité d'accomplir de fructueuses opérations.

Il changea de position, se redressa, se tint debout devant Marie, les mains enfoncées dans la ceinture de cuir qui serrait à la taille sa cotte de soie hyacinthe.

— Avec une habileté que nous admirions tous, nous qui étions devenus ses amis autour des tables de jeu, avec une adresse que nous aurions pu lui envier, votre mari utilisait son aspect d'honnête artisan pour mettre en confiance les filles des rues chaudes. Il les traitait bien, se faisait admettre par elles, puis en choisissait certaines qu'il attirait ensuite dans des lieux de rendez-vous où elles se rendaient sans se méfier. C'était alors un jeu pour ses complices de les enlever et de les livrer à des convoyeurs qui se chargeaient d'aller les vendre aux Turcs... ou à d'autres... Ce genre d'affaire rapporte gros. Robert n'avait pas besoin de renouveler souvent ses coups. Qui, d'ailleurs, pouvait porter plainte ? Personne ne s'est jamais avisé d'établir un rapprochement entre l'enlumineur sérieux, bien connu sur la place, et la disparition de créatures perdues que tout séparait de lui.

Marie enfouit son visage dans ses mains.

« Dieu ! Cet homme auquel j'ai appartenu, le père d'Aude et de Vivien, mon époux devant Vous, aurait été un criminel qui trafiquait des femmes ? Seigneur ! Est-ce possible ? Que m'arrive-t-il ? Dans quel enfer suis-je tombée ? »

— Je ne vous crois pas ! cria-t-elle en relevant la tête. Vous mentez ! Ce que vous soutenez est trop affreux pour être vrai ! Je ne vois d'ailleurs pas quand Robert aurait pu se livrer à ces honteux agissements. Il ne voyageait pas, sortait peu et travaillait le plus souvent à l'atelier, près de moi...

Amaury se pencha davantage. Sa belle bouche, aux lèvres parfaitement ourlées et dessinées, souriait, découvrant des dents sans défaut, dont l'émail luisait dans la pénombre.

— Rappelez-vous, dame : Robert s'absentait parfois, au cours de la journée ou plus souvent le soir, sous prétexte d'aller visiter des clients, de se rendre à des réunions corporatives, de rencontrer des confrères... Je vous ai déjà dit que je détenais les preuves de ce que j'avance. Croyez-moi, je suis en mesure de vous convaincre. Radulf, dans un moment de vaches maigres, m'a vendu plusieurs missives qui donnent assez de détails sur les activités cachées de votre mari pour déshonorer à jamais la plus honorable des familles !

Tout se brouillait dans l'esprit de Marie. Son cœur battait jusque dans sa gorge ; ses mains, ses genoux, son corps entier tremblaient.

— Que voulez-vous ? demanda-t-elle tout bas. Pourquoi m'apprendre seulement aujourd'hui ces infamies ? Dans quel but ?

— Pour l'unique raison, dame, qu'à notre tour, nous avons besoin d'argent frais.

Il s'interrompit, son visage se durcit.

— Pour être franc, nous avions projeté une première manœuvre qui aurait dû aboutir favorablement, si votre neveu n'avait réduit à néant nos visées en même temps qu'il massacrait mon frère. Il nous a donc fallu trouver un nouveau stratagème. Ce ne fut pas sans répugnance, sachez-le, que nous nous sommes vus obligés d'utiliser, pour en tirer avantage, les lettres de ce pauvre Robert qui fut notre compagnon, il n'y a pas si longtemps.

Il faisait donc partie des ravisseurs de Thomas et d'Agnès ! Avant de partir pour Rome, le jeune homme avait raconté aux siens la manière dont ils avaient, tous deux, été abusés et emprisonnés, et comment il s'était vu contraint de tuer un de leurs ravisseurs. Depuis lors, Bertrand avait porté plainte devant la justice, mais, protégés par le droit d'asile, les occupants du charnier des Saints-Innocents bénéficiaient tous de l'immunité et on ne pouvait les arrêter. Quant à la maison forte qu'on était parvenu à localiser et qu'on surveillait, elle demeurait inoccupée.

Marie serrait l'une contre l'autre ses mains moites. Qu'attendre encore de ces gibiers de potence ?

— Après réflexion, continuait Amaury, nous avons estimé qu'il nous restait une chance qu'il ne convenait pas de gâcher.

Il jouait avec la poignée de sa dague.

— Voici donc ce que je vous propose : contre la première des lettres accablantes écrites par Robert, je vous demande de me verser deux mille livres. Pour les autres, nous verrons plus tard.

— Deux mille livres ! Mais c'est énorme !

— Que voulez-vous, nous avons des goûts dispendieux !

— Je ne dispose pas d'une telle somme.

— Il faudra vous la procurer. N'avez-vous pas un père et un ami, fort à leur aise l'un comme l'autre ?

— Jamais je ne consentirai à mêler mon père à une pareille ignominie ! Puisque vous savez tout, vous savez qu'il est en train de mourir.

— Vous allez donc, bientôt, faire un bel héritage !

D'un bond, Marie se dressa de son banc, leva la main pour gifler l'insulteur.

Plus rapide qu'elle, il lui saisit le bras, l'immobilisa, le retint en l'air.

— Aucune femme ne me frappera. Jamais, dit-il d'une voix dure qui la glaça. C'est moi qui châtie, quand il y a lieu.

Brusquement, son expression se transforma. Il se reprit à sourire.

— Il y a rarement lieu, continua-t-il. Je détiens d'autres moyens d'action...

D'un mouvement prompt, il attira Marie contre lui, et, tout en maintenant de force les bras de la jeune femme derrière son dos, l'embrassa sur la bouche, la repoussa.

— Je préfère cette façon de procéder, affirma-t-il. Pas vous ?

Les yeux élargis, le visage en feu, Marie recula, buta contre le banc, trébucha, tomba assise à la place où elle s'était tenue jusque-là.

— Vous voyez bien qu'il est inutile de vouloir me résister, dit Amaury d'un ton railleur. Je viens toujours à bout de mes adversaires. Maintenant, reprenons notre entretien. Ou bien vous me faites parvenir dans les plus brefs délais la somme que je vous ai fixée, ou je fais circuler à travers tout Paris la première lettre, dûment recopiée, de votre cher mari. Vos enfants seront déshonorés, vous également, votre atelier délaissé, et toute votre famille se verra, de surcroît, éclaboussée par cette boue.

Marie baissait la tête pour que l'homme ne vît pas la peur qui la possédait. Elle avait l'impression d'être victime d'un tremblement de terre. Tout s'écroulait autour d'elle. Sa vie n'était plus que chaos et menaces.

Durant un moment, elle resta accablée, l'esprit en déroute. Puis, tout à coup, une évidence la traversa.

— Robert a été abattu, un soir, dans une ruelle, derrière la place de la Grève, reprit-elle. On lui a planté un couteau dans le dos. Le jeu était-il la cause de ce meurtre ? Étiez-vous parmi ses assassins ?

— Bien entendu, le jeu, les dettes, les difficultés au milieu desquelles votre mari se débattait sont à l'origine de sa fin, admit Amaury avec un parfait naturel. Il faut se lever tôt, chère dame, pour ne pas se brûler les ailes à ces sortes de passe-temps ! Robert était très fort, je le reconnais volontiers, mais il ne s'est pas assez méfié de son entourage. Étrangement, il suffisait d'être des nôtres pour obtenir sa confiance. Seuls, les gens passant pour irréprochables éveillaient ses soupçons, car il était persuadé qu'un vice commun et des forfaits partagés créent des liens indestructibles. Apparemment, il se trompait. Par ailleurs, il m'est revenu qu'il se faisait tirer l'oreille depuis quelque temps pour régler à ses complices ce qu'il leur devait. L'un d'entre eux s'est énervé... Je puis toutefois vous assurer que je ne suis pas celui-là.

— Vous connaissez le nom du meurtrier ?

— Qu'importe ? Les morts ne ressuscitent plus, de nos jours. Dévoiler ce nom serait bien inutile pour vous, et dangereux pour moi. Dans notre confrérie, on ne se dénonce pas. Non par grandeur d'âme, vous vous en doutez, mais par prudence. Entre gens de sac et de corde, le mutisme est de rigueur.

Tout en prodiguant à son interlocutrice des leçons de truanderie, il semblait s'amuser à remuer toute cette fange.

Les épaules courbées, la tête basse, Marie se tassait sur son banc. Par-delà la mort, Robert entraînait sa famille dans une sarabande infernale dont il avait été, lui-même, de son vivant, le meneur et la proie. Deux ans après sa disparition, il détruisait la paix de son foyer et faisait retomber sur les siens les conséquences de son assujettissement au Mal. Thomas et Agnès eux-mêmes s'étaient vus frappés par les lointains effets de son infamie. Sa femme et ses enfants allaient être souillés à leur tour.

« Le fossé qui n'a pas cessé de s'élargir entre nous venait donc de là ! songeait la jeune femme. J'ignorais la réalité, mais je devais la pressentir obscurément... C'est sans doute pour cela que je n'ai pas été vraiment surprise, tout à l'heure, en apprenant la vérité sur les ignobles trafics de Robert ! L'insensibilité qui me blessait tant en lui n'avait pas d'autre cause. »

— Alors, chère dame, que décidez-vous ?

Amaury s'impatientait. Marie se redressa.

— Je vous l'ai déjà dit : je n'ai pas deux mille livres.

— Demandez-les donc à Côme Perrin. Les merciers sont gens riches, et votre ami est un des plus prospères d'entre eux sur la place de Paris.

— J'aimerais mieux mourir que de le solliciter pour une chose pareille !

— Fort bien. Par le Saint-Voult ! Je ne vais pas attendre plus longtemps votre bon plaisir ! Demain matin, à l'aube, la première lettre de Robert sera placardée sur les murs de la ville et je puis vous assurer qu'elle ne passera pas inaperçue ! Les proches des disparues ne vont pas tarder à faire parler d'eux et à vous prendre à partie, vous et les vôtres !

Marie se leva. Elle tremblait encore tout entière, mais c'était à présent de colère autant que de dégoût.

— Puisque vous ignorez la pitié, je vais faire en sorte de m'arranger pour réunir les fonds nécessaires, mais il me faut un peu de temps.

— A votre aise. Je vous conseille cependant de ne pas tarder. Nous sommes pressés.

— Une semaine, peut-être un peu plus...

— Je vous donne rendez-vous ici, à la même heure, dans sept jours exactement. Si vous vous dérobez, de quelque façon que ce soit, la première lettre de votre époux sera divulguée sans plus attendre.

— La première lettre ! Mais les autres ? Y en a-t-il beaucoup ?

— Il y en a plusieurs.

— Et chacune d'elles... ?

— Chacune devra être rachetée au même prix.

— C'est ma ruine que vous voulez ! Je ne me laisserai pas faire.

Elle trouvait, maintenant, dans son indignation même, la force de le combattre. Après l'accablement qui avait suivi les révélations d'Amaury, une révolte de tout son être dressait la jeune femme contre son tortionnaire. Il le comprit, changea de méthode, se reprit à sourire.

— Je vous rappelle que je ne parle pas en mon nom propre, mais en celui d'une confrérie de gens qui n'ont qu'un désir : bien vivre. Nous ne voulons de mal à personne, mais il ne fait pas bon se mettre en travers de notre chemin, c'est tout. Ce n'est pas votre ruine que nous recherchons, mais notre enrichissement. Pas plus, pas moins. A vous d'agir en conséquence.

Il avait retrouvé sa désinvolture moqueuse.

— J'aviserai, dit Marie.

— Nous voici donc d'accord, dame. Nous avons assez longtemps interdit aux fidèles l'accès de cette chapelle. Le moment me paraît venu de nous quitter, mais, avant de nous séparer, je tiens à vous mettre en garde contre toute indiscrétion à propos de ce que nous venons de dire céans. Si vous en parlez à qui que ce soit, si le moindre bruit de tout ceci filtre à l'extérieur, vos enfants en répondront. Tenez-vous-le pour dit !

Il se dirigea vers les mendiants, leur parla à voix basse.

— A la semaine prochaine, dame, dit-il en se retournant vers la jeune femme, et n'oubliez pas de venir. C'est un conseil d'ami que je vous donne là.

Il la salua avec ce surprenant mélange de courtoisie et d'intimidation qui semblait sa manière d'être naturelle, et s'en alla. Les mendiants le suivirent.

En se retrouvant dans l'église, au milieu des groupes animés, des couples qui chuchotaient, des enfants qui jouaient, Marie se demanda si son imagination ne venait pas de lui jouer un tour. L'horreur qui ressortait de ce qu'elle venait d'entendre paraissait inimaginable en ce lieu si paisiblement voué à Dieu.

La jeune femme foulait les dalles jonchées d'herbe verte avec une curieuse sensation d'irréalité. Comme projetée hors d'elle-même, elle se mouvait dans une sorte de songe douloureux.

La lumière éclatante du dehors la surprit : elle l'avait oubliée.

Machinalement, elle se dirigea vers son logis. Elle demeurait sous le coup des divulgations qui venaient d'ébranler les assises de son existence, et ne réussissait pas à reprendre pied dans sa vie quotidienne.

Comme elle parvenait chez elle, elle aperçut un valet de la rue des Bourdonnais qui semblait l'attendre.

— Mon père... ?

— Maître Brunel se porte toujours de même, dit le jeune garçon. Je suis seulement venu vous annoncer l'arrivée de votre sœur, dame Thomassin, qui m'a envoyé vous prévenir.

Marie entra chez elle donner quelques instructions succinctes à ses ouvriers enlumineurs, et repartit.

Toute à ses pensées, elle suivit le valet sans savoir quelles rues elle empruntait. La venue de Florie ne suffisait pas à la tirer de son cauchemar.

Ce fut seulement en pénétrant dans la cour de la maison de son enfance, en retrouvant les bruits, les odeurs, les objets de son passé, qu'elle émergea de cet état d'absence.

Florie et Philippe l'attendaient dans la salle, autrefois si vivante, et à présent figée dans son inutilité.

— Vous êtes venus tous deux !

— Bien sûr ! Vous savez, ma sœur, que j'ai le plus attentionné des époux !

Marie croyait surtout savoir que, prisonniers du rôle de tendres conjoints qu'un passé sans merci leur avait forgé, ils ne pouvaient plus se permettre de se traiter mutuellement avec la liberté toute simple de ceux qui n'ont rien à prouver.

— Je suis heureuse que vous soyez là, dit-elle. J'ai tant de préoccupations ces temps-ci, que je n'ai plus la force de supporter seule les affres d'une agonie qui peut se prolonger encore longtemps.

— Voir notre père dans un état si dégradant, si pénible, et ne rien pouvoir pour le soulager, est intolérable, dit Florie avec des larmes dans la voix.

— N'y a-t-il plus aucun espoir d'une amélioration ? demanda Philippe.

Où était le jeune trouvère d'antan ? Sa joie de vivre, sa vitalité rieuse, ses espérances... ?

Marie se souvenait d'un mariage printanier où elle s'était tellement amusée...

A trente-sept ans, Philippe en paraissait dix de plus. Maigres, burinés, ses traits, durcis par le malheur, puis par la volonté d'y faire face, lui composaient un masque d'ascète. Son nez était plus saillant, ses yeux plus enfoncés, ses tempes creuses.

Mélancolique et assagie, Florie ornait de vêtements aux tendres couleurs, et de quelques bijoux de prix, une beauté fanée qui, elle aussi, paraissait rongée de l'intérieur.

Toute sa famille savait qu'elle considérait sa stérilité comme un châtiment mérité, mais ne s'en consolait pas.

— Je voudrais me rendre sans tarder auprès d'Agnès, disait-elle justement. Nous ne sommes pas de grand secours sous ce toit et notre père n'est plus en état de nous reconnaître. En revanche, la pauvre enfant doit avoir besoin de réconfort après une si malheureuse aventure !

— Vous lui manquez certainement, admit Marie, tout en songeant que Thomas occupait bien davantage les pensées de l'adolescente que ses parents adoptifs.

Tiberge-la-Béguine entra.

— Dînerez-vous céans, tous trois ? s'enquit-elle. Il me faut le savoir pour faire préparer un repas.

— Merci, Tiberge, dit Marie, mais nous partons tout de suite, ensemble, pour Gentilly.

Elle venait de se décider tout d'un coup à aller trouver Mathieu Leclerc. A défaut de son propre père, à qui elle ne pouvait plus demander assistance, et contrairement à Côme qu'elle refusait de mêler à d'humiliantes transactions, elle se tournerait vers son beau-père. Tout autant concerné qu'elle-même par les agissements de son fils, il était le seul qu'elle pût mettre au courant des exigences des anciens complices de Robert.

Dans les écuries de maître Brunel, des montures fraîches attendaient le bon vouloir des voyageurs dont les chevaux se remettaient des fatigues de la route.

Philippe prit Florie en croupe et Marie monta une mule qui lui était réservée par Étienne et qu'elle utilisait assez souvent.

Au milieu des allées et venues des Parisiens qui vaquaient à leurs occupations avec une certaine nonchalance, sous le grand soleil d'août, les cavaliers traversèrent la Cité, franchirent les ponts, et gagnèrent la porte Saint-Victor.

La route qu'ils empruntèrent suivait d'assez près le cours de la Bièvre, traversait les bourgs de Saint-Victor et de Saint-Marcel, pour se diriger ensuite, à travers vergers, vignes et champs, vers Gentilly et Arcueil.

On moissonnait partout. Vêtus de chemises de chanvre largement échancrées, aux manches roulées sur le haut des bras, les jambes nues, les pieds dans des sandales, de grands chapeaux de paille sur la tête, les paysans, armés de faucilles, tranchaient à mi-hauteur les tiges de blé, afin de laisser sur place des chaumes encore hauts pour les bêtes. Dans le but de s'encourager mutuellement, ils poussaient des cris rythmés auxquels répondaient ceux des lieurs de javelles qui se manifestaient ainsi chaque fois qu'ils craignaient de prendre du retard.

Derrière les gerbes mises en tas, des femmes et des enfants glanaient les épis et les grains oubliés.

La chaleur n'ayant pas cessé depuis le début de l'été, il n'avait guère plu durant juillet ni en ce début d'août, tout aussi sec. La poussière soulevée par les piétinements et l'agitation flottait, diffuse, au-dessus des travailleurs. La terre de la route, crevassée de sécheresse entre ses talus roussis, formait de petits nuages poudreux sous les pas des chevaux.

En dépit du voile dont Marie avait enveloppé sa coiffure de lingerie avant de partir, la sueur coulait sur son visage et d'âcres gouttelettes lui piquaient les yeux. Suivant le couple formé par Florie et Philippe, la jeune femme tentait de mettre un peu d'ordre dans ses pensées, de réfléchir posément à ce qui s'était passé dans la chapelle de Saint-Eustache. Ce n'était pas facile ! En son esprit, tout se confondait. Elle avait été bernée pendant des années par un homme qui partageait sa vie et, pourtant, lui cachait l'essentiel de ses activités. Son mari avait été un joueur et un criminel !

Cette découverte se doublait d'une autre, également honteuse, mais qui, cette fois, se rapportait à elle. L'aventurier qui lui avait dévoilé ces abominations exerçait sur elle un attrait inavouable, où horreur et fascination se confondaient étroitement !

« J'avais cru qu'il m'avait remarquée pour moi-même, non par vénalité ! » C'était cette constatation indécente, stupide, qui était la plus dure à admettre. Si elle ne l'avait pas si intimement perçue, elle aurait juré que c'était impossible !

La colère prenait alors la relève : « Il a eu l'audace de m'embrasser comme une de ses ribaudes ! »

Puis l'obsession dominante revenait : « Comment vais-je pouvoir me procurer la somme exigée ? Le sort de mes enfants en dépend ! »

Plus elle y songeait, plus il lui paraissait nécessaire de se confier à son beau-père, de voir avec lui ce qu'il convenait de faire, du moins pour ce qui était de l'argent...

En retrouvant les ombrages de Gentilly, les cavaliers éprouvèrent un bien-être profond... Ils abandonnèrent leurs montures entre les mains de Jannequin et pénétrèrent dans la maison.

A l'abri de ses volets fermés sur la fraîcheur des dalles, à l'abri de ses murs épais, la demeure des champs leur parut merveilleusement accueillante.

Eudeline-la-Morèle les reçut. Maître Leclerc était dans sa chambre, et les enfants se baignaient dans la rivière. Dame Charlotte se tenait au chevet d'Agnès.

En gravissant l'escalier qui menait à la chambre de la malade, au premier, ils entendirent, venant jusqu'à eux de plus en plus distinctement, des notes de musique, basses et ardentes, qui accompagnaient un chant inhabituel, aux sonorités orientales.

Ce ne fut qu'en pénétrant dans la pièce qu'ils comprirent ce dont il s'agissait. A gauche du lit où Agnès était étendue sous un drap de toile fine, Djamal jouait du rebab. La tête penchée, le jeune homme maniait avec un air inspiré le court archet de son instrument. D'origine arabe, cette sorte de simple vièle à deux cordes produisait des sons graves qui soutenaient parfaitement la mélodie chantée par l'Égyptien.

En voyant entrer les parents de l'adolescente, le musicien s'interrompit. Agnès, qui tenait les yeux fermés, les ouvrit.

Elle avait beaucoup maigri ; la peau de son visage et de ses mains accusait une ossature si fragile qu'elle en paraissait enfantine.

— Ma petite fille ! s'écria Florie. Ma pauvre petite fille !

Charlotte Froment, qui lisait près de sa patiente, se leva pour embrasser les arrivants que Djamal saluait à son tour.

— Vous voyez, ma mère, murmura Agnès. On me tient fidèlement compagnie...

Sa faiblesse était si manifeste qu'il semblait qu'esquisser l'ombre d'un sourire dût l'épuiser.

Florie l'embrassa avec précaution.

— Une mauvaise fièvre m'a retenue loin de vous plus longtemps que je ne l'aurais voulu, expliqua-t-elle, et nous avons dû nous arrêter à Blois pour mettre Jeanne au courant de l'état de notre père. Elle est encore grosse et ne peut songer à venir avant son terme, mais depuis que j'ai appris votre accident, je n'ai pas cessé de penser à vous.

— Je sais, ma mère, je sais. Je suis heureuse que vous ayez pu venir, en dépit des fatigues du voyage. Votre présence me fait du bien.

Elle peinait à parler et suffoquait aussitôt.

Devant la fenêtre aux volets mi-clos, la physicienne s'entretenait à voix basse avec Philippe.

— Quelle bonne idée vous avez eue, Djamal, dit Marie en s'approchant du jeune homme, de venir chanter au chevet de notre blessée. La dernière fois que je suis passée la voir, elle m'a parlé de vos visites et du plaisir qu'elles lui causent.

— Voir Agnès guérir est mon plus cher désir, reconnut le musicien de sa voix un peu rauque qui donnait un accent émouvant à ses propos. Je ne me console pas de l'accident qui lui est arrivé.

— Il faut être patient. Ses fractures sont en train de se ressouder. Dès qu'elle pourra se lever, sa santé s'améliorera.

— Dieu vous entende !

Djamal n'avait pas renoncé à ses espérances. En retenant Agnès loin de Thomas et de leur scandaleuse passion, l'accident survenu à l'adolescente servait ses projets. Aussi venait-il fort souvent la voir. Seul ou en compagnie de Gildas et d'Ursine. Mais il se trouvait parfaitement libre de lui-même puisque l'Université était encore fermée. Retenus à la ville par leur métier de brodeurs, le frère et la sœur ne pouvaient pas se déplacer aussi facilement que lui.

Soupirant évincé, il jugeait miraculeux d'avoir retrouvé Agnès après les affreux moments vécus lors de sa fuite avec Thomas. Dans ce retournement d'une situation qu'il avait estimée perdue, il croyait voir un signe. Grâce à ses dons de musicien, il apportait à la malade distraction et oubli de ses peines. Du moins voulait-il s'en persuader...

Thomas absent pour longtemps, le résultat de ses démarches incertain, n'y avait-il pas une chance nouvelle pour l'amoureux fidèle qui occupait la place ? Agnès ne se lasserait-elle pas d'un attachement que tout condamnait ?

Sans oser en parler ouvertement, le jeune Égyptien songeait que les insurmontables difficultés auxquelles se heurtaient les malheureux cousins favorisaient sa cause. Il lui suffisait de patienter en se rendant indispensable...

Les sentiments outranciers, se disait-il, sont rarement durables. Une fois guérie, l'adolescente pourrait bien en venir un jour à comparer les avantages que lui offrait l'étudiant étranger aux complications sans fin qu'elle aurait à subir d'un amour impossible.

Au bout d'un bref moment de conversation avec lui, Marie sut à quoi s'en tenir sur les intentions secrètes de Djamal : toujours aussi épris, il attendait son heure.

Charlotte Froment se rapprochait du lit où gisait Agnès, à laquelle Florie montrait les chemises de soie et les souliers de velours brodé qu'elle lui avait apportés.

Sous la coiffure de toile blanche qui recouvrait ses cheveux afin de les protéger, le mince visage s'animait un peu. Du rose lui montait aux pommettes et ses yeux brillaient d'un éclat qui n'était pas uniquement dû à la fièvre.

— Ne vous agitez pas, ma mie, recommanda la physicienne. Il ne faut en rien compromettre le lent travail que la nature opère en vous.

Entre les beaux draps immaculés, le corps souffrant était toujours étroitement maintenu par de légères planches de bois qu'enserraient des bandelettes. Le chirurgien venait les changer à date fixe.

— C'est si long ! soupira la jeune fille.

— Il s'agit aussi d'un sérieux raccommodage ! s'exclama Charlotte. Il ne faut pas oublier, mon enfant, que vous étiez en morceaux ! Ce n'est pas en un jour qu'on nous a faits, ce n'est pas en un jour qu'on peut nous refaire ! Le temps, voyez-vous, est parfois le meilleur allié des médecins et de la médecine !

Marie profita du moment où l'attention de tous était tournée vers la malade, pour sortir de la pièce.

Il était urgent qu'elle ait une conversation avec son beau-père.

Contrairement à ce que croyait Eudeline-la-Morèle, il n'était pas dans sa chambre.

Marie descendit et entra dans la cuisine où Gerberge, tout en houspillant Almodie qu'elle jugeait paresseuse, s'affairait à dresser sur un plateau de jonc tressé de beaux fromages de Brie et de Chaillot.

— Notre arrivée inopinée va vous donner du travail en plus, dit la jeune femme. Nous n'avons pas eu le temps de vous faire prévenir, car notre venue a été décidée au pied levé.

— Par sainte Marie ! on ne me prend pas facilement sans vert ! assura la grosse femme avec complaisance. J'ai toujours quelques pâtés en réserve et, justement, j'en ai fait cuire, hier au soir, un de brème et de saumon qui ne demande qu'à être mangé. Et, dans la marmite que vous voyez là, je viens de rajouter un second quartier de porc pris au saloir. Avec les choux, les raves, et les fèves qui mijotent depuis le début de la matinée, vous aurez de quoi vous remplir la panse ! Sans parler de ces fromages, et des salades toutes fraîches qui viennent du jardin : j'ai de la roquette, de la mâche, et même de la pimprenelle !

— Je savais bien que vous ne nous laisseriez pas mourir de faim, Gerberge, et ne m'en suis pas inquiétée un seul instant. Je passais seulement vous demander si vous saviez où se trouve maître Leclerc. Il n'est pas dans sa chambre.

— Pour sûr ! Il est au fruitier, en train de ranger les poires cueillies ce matin par Lambert. Vous savez combien il tient à surveiller lui-même ses fruits.

Marie connaissait le soin avec lequel son beau-père s'occupait de son domaine en général et de son verger en particulier.

De l'autre côté de la cour, non loin des écuries, s'élevait une remise au premier étage de laquelle on avait fait installer un fruitier. En poussant la porte, la jeune femme reconnut aussitôt l'odeur de paille et de maturation qui stagnait toute l'année entre les murs de la longue pièce.

Tout autour, sur trois rangs, des planches s'alignaient les unes au-dessus des autres. En automne, chacune d'elles croulait sous les pommes, les coings, les marrons, les poires, les nèfles ou les noix qu'on y disposait. Une émanation aigrelette, douceâtre, un peu sure, mais tenace, s'exhalait de leur bois imprégné du suc des fruits dont les senteurs, ainsi que des âmes, survivaient, immatérielles, à la consommation de leur chair.

Comme on était au cœur de l'été, seules quelques travées se trouvaient occupées. Sur la couche de paille fraîche qui les recouvrait, Mathieu Leclerc, le dos tourné à la porte, disposait avec précaution de belles poires jaunes et vertes.

Il faisait assez sombre dans la pièce que n'éclairaient que d'étroites ouvertures, afin de laisser les fruits dans la demi-obscurité favorable à leur conservation.

— Dieu vous garde, mon père !

L'homme vieillissant se retourna. Quand on le surprenait ainsi, à l'improviste, son regard paraissait toujours flou, comme étonné.

— Vous ! Ma fille ! Je ne vous attendais pas avant la fête de la Dormition de la Vierge !

— Je ne pensais pas, en effet, venir à Gentilly plus tôt, mais un grave événement s'est produit ce matin. Il m'a forcée à avancer ma visite. J'ai à vous parler, mon père.

Mathieu Leclerc désigna quelques vieux escabeaux de bois placés près des deux petites fenêtres donnant sur la cour.

— Voulez-vous rester ici, ou préférez-vous regagner la maison ?

— Du moment que nous y sommes seuls, cet endroit fera l'affaire.

Délaissant les paniers de poires, l'ancien maître enlumineur vint prendre place auprès de sa belle-fille. Il était si maigre que ses genoux pointaient comme des échalas sous sa cotte foncée.

Marie ne savait pas comment entamer une conversation qui serait cruelle au père de Robert. Elle n'ignorait pas que la mort de son fils unique avait été pour lui une épreuve très dure et que les conditions de cette fin l'avaient horrifié. Et voilà qu'à la douleur d'un deuil irréparable, allait s'ajouter la découverte des abominables circonstances dans lesquelles le crime avait été commis !

— Vous semblez embarrassée...

— Ce que j'ai à vous apprendre est affreusement pénible, mon père, dit Marie en avalant sa salive. Attendez-vous à une profonde blessure, à beaucoup de peine.

Un temps.

— Il s'agit de Robert.

Mathieu Leclerc se raidit, son visage se contracta, ses yeux se troublèrent.

— En sortant de la messe, tout à l'heure, j'ai été abordée par un homme qui...

Il fallait tout dire, ne sauter aucun détail, ou presque, répéter le navrant récit, les accusations, parler des preuves qui dénonçaient la connivence du mort avec ses meurtriers, des maudites lettres, en venir aux menaces de révélation, à la demande d'argent... Marie s'exprimait d'une voix rapide, monotone, comme étouffée par l'horreur d'avoir à évoquer tant d'infamies.

— Si, d'ici huit jours, je n'ai pas apporté à ce... truand, la somme qu'il exige, nous serons tous perdus d'honneur, termina-t-elle sombrement. Je ne pouvais pas, mon père, vous le dissimuler, car je suis sans arme devant un pareil péril, et ne sais que faire.

Mathieu Leclerc avait incliné la tête sur sa poitrine, joint ses mains osseuses sur ses genoux, et écouté sa belle-fille sans l'interrompre une seule fois. Quand elle se fut tue, il resta encore un moment silencieux.

— Je savais que Robert me cachait bien des choses, dit-il enfin, mais je n'aurais jamais pensé qu'il fût tombé si bas... jusqu'au crime !

Il se leva, s'appuya contre le cadre étroit de la fenêtre ouverte, regarda au-dehors d'un air absent.

— Mon fils, mon propre fils, déshonoré ! Un criminel, un scélérat, pourvoyeur de femmes, joueur... Rien ne pouvait être pire ! dit-il d'une voix cassée.

Il était si profondément atteint qu'il ne songeait pas même à dissimuler les effets de son émotion. Étouffé par les sanglots qui obstruaient sa gorge, il n'était plus en état de s'exprimer. Il demeura silencieux un moment, tout en secouant la tête de droite et de gauche, dans un mouvement dérisoire de négation.

Marie remarqua que le menton de son beau-père tremblait comme celui de certains vieillards séniles.

Une pitié mêlée de gêne envahissait la jeune femme. Avoir eu à évoquer la pestilence des vices humains dans cet endroit paisible, où flottait en permanence l'odeur saine des fruits de la terre, accentuait son malaise. Elle ressentait cette offense à l'ordre de la nature comme un acte indécent.

Le désespoir de ce père déchiré ajoutait un élément d'impuissance à sa propre angoisse. Que lui dire ? Quel adoucissement lui apporter ? Il avait aimé Robert, lui ! A cause de cette grande tendresse trahie, il souffrait bien davantage que l'épouse depuis longtemps déçue et détachée !

« Je n'ai envisagé, pensait-elle, que les effets possibles des menaces qu'on m'a faites. Pour mes enfants et pour moi. L'aspect pratique l'a emporté sur les autres considérations. La nécessité de trouver l'argent exigé m'a plus retenue que le triste sort de mon mari... Pas un instant, je ne me suis sentie solidaire de ses mauvaises actions. Mon Dieu ! Je dois être une femme sans cœur pour ne pas avoir éprouvé la moindre compassion envers lui... Après l'avoir épousé à l'aveuglette, j'en suis venue à le rejeter loin de moi, bien longtemps avant d'être mise au courant de ses forfaits. »

Elle se revoyait, un certain soir d'automne, à peine quelques mois après son mariage, marchant dans les feuilles jaunes, rouges et rousses qui jonchaient le chemin de Gentilly. L'odeur d'un feu de broussailles emplissait ses narines. C'était là, au sortir du petit bois, à ce moment précis, qu'elle s'était interrogée pour la première fois sur la réalité d'un attachement dont elle constatait chaque jour un peu plus l'affadissement. Le pâle reflet qui l'avait faussement éclairée s'effaçait déjà, la laissant découvrir avec effroi et consternation qu'elle se détachait inexorablement de celui auquel elle avait lié ses jours. L'avait-elle seulement aimé ? Ce qui s'appelle « aimé » ? L'attrait ressenti n'avait-il jamais été autre chose qu'une poussée plus aiguë de son imagination ? La disparition de sa mère l'avait précipitée dans les bras du premier venu et son âme romanesque avait brodé de soie la trame grise... En vérité, elle n'avait rien fait d'autre que d'affubler d'un visage masculin ses chimères amoureuses.

Parmi les feuilles que le vent d'octobre détachait des branches, qu'il éparpillait autour d'elle avant de les amonceler à ses pieds, une froide certitude avait alors glacé son âme : elle s'était trompée, n'avait pas su choisir son compagnon, et c'en était fini de ses espérances conjugales... Elle se souvenait de son déchirement. Quoi ? Le temps des amours, pour elle, était déjà enfui ? Les joies dont l'approche avait secrètement enfiévré sa jeunesse auraient tenu si peu de place dans sa vie ?

A y bien réfléchir, dès le soir de ses noces, elle s'était sentie déçue, obscurément. En dépit de son manque d'expérience, il lui avait paru que Robert ne participait pas pleinement aux plaisirs de l'amour, qu'ils ne comblaient pas ses vœux. Par la suite, elle avait constaté le peu de reconnaissance qu'il lui témoignait après leurs étreintes, le manque de gratitude dont il faisait preuve à son égard, et à quel point ce jeune mari demeurait, dans un domaine où tout doit être spontané, loin de ressentir la moindre complicité charnelle. A mille petits faits qui témoignaient de la sécheresse de leurs échanges, elle avait su qu'elle ne devait attendre de lui aucun élan, mais une sorte d'indifférence doublée d'une gaieté de commande, qui masquait fort mal le soulagement ressenti à la fin d'une corvée...

Elle savait, à présent, que les désirs de l'homme qui avait partagé sa couche étaient tout autres, que le jeu et les filles l'intéressaient uniquement et qu'il n'avait fait que se prêter à un simulacre. Elle en frissonnait de répulsion... Mais si ses suppositions étaient justes, pourquoi, alors, l'avait-il épousée ? Mis à part leur goût commun pour l'enluminure, qu'avaient-ils partagé ? Ils avaient vécu dans une sorte d'inattention mutuelle, de détachement admis, qui leur avait tenu lieu de sentiment. Courtois, mais lointain, Robert avait, finalement, incarné pour elle le personnage même du désamour.

A force d'y penser, elle en venait à se dire que c'était lui qui avait tous les torts et qu'elle n'était pas une femme au cœur sec. De se découvrir ainsi des excuses, lui permettait par la même occasion de s'absoudre de la sensation de délivrance éprouvée à la disparition d'un homme qu'elle avait si aisément remplacé...

Mathieu Leclerc se retourna vers elle :

— Ma fille, dit-il d'un ton affermi, vous avez bien fait de venir me parler. Je porte la responsabilité d'avoir engendré, puis élevé, ce fils que j'ai tant aimé, sans avoir su, hélas, en faire un honnête chrétien. Il est juste que le poids de ses fautes retombe sur moi et que j'aie à faire face aux suites des méfaits qu'il a commis...

Une nouvelle fois, sa voix sombra. Il attendit un moment, le visage détourné, que la vague d'émotion fût retombée.

— Mon père, dit Marie, compatissante, en se rapprochant de lui et en posant ses doigts sur le poignet aux rides profondes, mon père, vous ne pouvez savoir combien il m'a été pénible de vous révéler ces affreuses choses...

Le vieillard recouvrit de sa main aux veines saillantes les mains de sa belle-fille.

— Le moyen de faire autrement ? Vous êtes, Marie, comme tous ceux qui se sont fiés à Robert, une victime du mauvais génie qui l'habitait... Ah ! voyez-vous, mon enfant, les temps sont en train de changer. Mécontent de nous voir vivre pieusement sous un roi juste et pacifique, le Prince de ce monde cherche à nous reprendre en main, à nous courber de nouveau sous son joug. J'ai bien peur que ce siècle ne se termine mal... Il y a encore quelques années, une déchéance comme celle de mon fils eût été inconcevable. Dans ma jeunesse, on servait Dieu comme nos pères l'avaient fait ; à

présent, on se met au service de l'Adversaire et on s'en félicite.
Le Mal est sur nous !

Il s'interrompit, comme si l'inspiration prophétique qui venait de
le faire parler le quittait. Il ferma les yeux, resta un moment silencieux.

— Reposez-vous sur moi, ma fille, reprit-il enfin d'un ton différent. Sachez que je ne vous laisserai pas un jour de plus vous
débattre seule contre cette horde de loups !

— Je suis venue vers vous parce que vous étiez mon unique
refuge, avoua Marie. Je savais pouvoir compter sur votre aide, mais
encore plus que moi, vos petits-enfants ont besoin que vous veilliez
sur eux, sur leur tranquillité. Vous et moi pouvons, en dépit de
notre souffrance, accepter l'affreux héritage de leur père et tâcher
d'y porter remède, pas eux. Ils sont trop neufs. Notre premier devoir
est de les tenir loin de cette affaire, hors de portée de cette boue.

— Je comptais bien le faire. Vous savez comme ils me sont
chers... Ne vous tourmentez plus, ma fille, je vais vous décharger
de ce terrible fardeau. Pour commencer, il faut payer la somme
qu'on nous réclame. Ce règlement me revient de droit. J'en ai
pour quelques jours à réunir les fonds nécessaires, mais je dispose
d'économies qui me permettront d'envisager sans trouble cette
échéance. Dès que je disposerai de l'argent, je vous le remettrai
afin que vous alliez le porter à ces truands sans retard.

— Ils en réclameront d'autre.

— Il faudra aviser. Vous savez aussi bien que moi que nous ne
sommes guère riches, car les métiers d'art ne sont point commerce,
mais je vendrai jusqu'à cette maison s'il le faut plutôt que de vous
abandonner aux sollicitations de telles gens. Je connais à Paris
un usurier...

— J'espère bien que vous n'aurez pas à en arriver là, mon père !
Au besoin, je compléterai la somme exigée en demandant à plusieurs
de nos clients qui sont en retard pour me payer, de me régler ce
qu'ils me doivent.

— Parons d'abord au plus pressé, ma fille. Ensuite, nous agirons
ensemble, selon les exigences de nos tortionnaires, afin de racheter
toutes les lettres de Robert, sans exception. C'est essentiel. Pas une
seule ne doit traîner en des mains qui seraient tentées d'en faire
encore mauvais usage, et gardons-nous d'en parler à qui que ce
soit. Il faudra nous astreindre tous deux à un silence absolu.
Personne, sous aucun prétexte, ne doit jamais être mis au courant
de tout ceci. Notre intérêt, celui des enfants, veulent que nos
transactions ne s'ébruitent pas, qu'elles demeurent ensevelies dans
nos mémoires... ce sera bien assez !

Il soupira comme pour chasser des miasmes loin de lui, se
redressa, jeta un regard vers la cour où passait Jannequin, porteur

de deux seaux d'eau, maintenus en équilibre à chaque bout d'une perche qui lui barrait les épaules.

— A présent, dit-il, venez, Marie. Sortons d'ici. Je terminerai plus tard mes rangements.

— J'ai omis de vous dire, mon père, que ma sœur Florie et son époux étaient venus avec moi à Gentilly pour voir Agnès, reprit la jeune femme. Je vais repartir comme eux, ce tantôt, pour Paris, afin de mettre à jour mon travail. Si vous le voulez bien, je reviendrai demain, en fin de journée, sans attendre la fête de la Dormition comme il était prévu. Pour si peu de temps, l'atelier fonctionnera parfaitement sous la férule de Denyse-la-Poitevine. Elle s'y entend. Je préfère passer cette semaine auprès de mes enfants.

— Vous savez bien que vous êtes ici chez vous, ma fille, dit Mathieu Leclerc.

Comme il ouvrait la porte du fruitier, Vivien, bondissant, apparut en haut de l'escalier de bois. Les cheveux mouillés, la cotte relevée dans sa ceinture pour courir plus vite, rieur, essoufflé, il traînait encore après lui des senteurs de rivière. Il se jeta contre la poitrine de Marie avec son habituelle impétuosité.

— Ma mère ! Ma mère ! Vous voici donc !

Suspendu à son cou, il l'embrassait furieusement, frottait comme un jeune chat son nez contre la joue parfumée.

Insoucieuse de malmener sa délicate coiffure de lingerie, la jeune femme serrait de toutes ses forces l'enfant entre ses bras, couvrait de baisers le visage rond et saupoudré de taches de son ainsi qu'un abricot.

— Mon petit faon, mon bel ange, mon faucon blanc...

Jamais, elle ne laisserait compromettre l'enfance de son fils ou de sa fille. Elle les défendrait, coûte que coûte, contre les manœuvres de ceux qui les menaçaient ! Pour y parvenir, elle se ferait louve, s'il le fallait, afin de combattre les loups !

— Aude n'est point avec vous, mon cher cœur ? demanda-t-elle. Je croyais que vous vous baigniez tous deux dans la Bièvre ?

— Après le bain, elle n'a pas voulu venir avec moi. Elle a préféré repartir toute seule. Je ne sais pas où elle est.

14

Aude tressait une couronne d'épis pour la statue de la Vierge Marie. Elle irait ensuite l'offrir au curé de Gentilly, qui la bénirait avant d'en parer, dans la chapelle qui lui était dédiée, l'effigie de

Notre-Dame. En même temps que la tresse de blé, toute la moisson qui s'achevait serait ainsi bénie.

Natter la paille était un travail minutieux. Assise à l'ombre d'un des pommiers plantés en bordure du champ, la petite fille entrelaçait avec des mouvements agiles les tiges dorées sommées des plus beaux épis qu'elle avait pu trouver. Comme sa mère, elle avait des doigts longs, fins, adroits.

Autour d'elle, les moissonneurs accordaient un moment à la quatrième pause de la journée. La cinquième coïnciderait avec le repas du soir. Commencé à l'aube, le labeur, coupé de répits durant lesquels on se reposait en mangeant et en buvant, tirait à sa fin.

Les fermiers de la Borde-aux-Moines, auxquels s'étaient joints des voisins de plusieurs autres fermes, en étaient arrivés au dernier jour de la moisson proprement dite. Ensuite, il y aurait le battage et l'engrangement.

Comme le temps était resté sec, tout s'était normalement déroulé et on en aurait fini à la date prévue en ce soir du quatorze août, qui précédait la fête de la Dormition. Le repas de clôture tombant la veille d'un jour férié n'en serait que plus copieux et plus gai. Pour la dernière fois, il réunirait tous ceux qui avaient partagé la peine et la fatigue, mais aussi les rires et les plaisanteries, au cours d'une soirée débridée où on ferait bombance, gaillardement !

Mais avant de se trouver attablé devant les chapons rôtis et les tourtes aux prunes, devant les pichets de vin clairet et de poiré, il convenait de terminer l'ouvrage commencé. Le moment de l'offrande de l'ultime gerbe, nommée gerbe de la maîtresse, qui serait présentée par le fermier meneur du travail à son épouse, n'avait pas encore sonné et il restait quelques toises à couper.

Les deux grands chars qui rentreraient la fin de la moisson étaient déjà à moitié pleins et les bœufs de l'attelage s'occupaient à mâcher avec application l'herbe fraîche qu'on avait été ramasser pour eux au bord de la rivière. A l'imitation de leur maître, ils savouraient l'heure de none.

Installés sur le revers du fossé, à l'ombre des pommiers, les moissonneurs mangeaient du pain bis coupé en tranches épaisses, enduites de saindoux ou de fromage blanc relevé d'ail finement haché. Tout en se restaurant, ils buvaient à même les gourdes de peau du vin coupé d'eau qu'ils se versaient au fond de la gorge par brusques giclées bien envoyées. Pour étoffer leur collation, Léonard, Perret et Tybert-le-Borgne qui, en dépit du peu d'amitié vouée par lui à ses voisins, était venu les aider avec sa fille Bertrade et d'autres paysans des alentours, détachaient avec leurs couteaux de longues lanières d'un jambon fumé pendu à une branche.

Assises en rond au pied du même arbre, la vieille Mabile, Catheau, la fermière de la Borde-aux-Moines, et plusieurs autres commères, étalaient leurs devantiers sur leurs sorquenies[1] de toile vive, afin de ne pas les tacher pendant qu'elles videraient leurs écuelles de lait caillé ou de bouillie d'orge. Dans les grands paniers posés à côté d'elles, des crêpes et des gaufres restaient enveloppées dans un linge propre, et leur odeur miellée attirait les guêpes.

— Vous n'avez pas faim, demoiselle ? demanda Catheau à Aude qui continuait à confectionner sa couronne avec application.

Sous le large chapeau de paille qui recouvrait la coiffe protégeant ses cheveux tirés, la forte figure de la fermière, luisante de sueur, était aussi colorée que le jambon que se partageaient les hommes.

— Je préfère terminer ma couronne, répondit la petite fille. Mais ne dévorez pas tout et laissez-moi du caillé et des crêpes !

L'enfant se sentait bien. Elle aimait se trouver parmi les paysans. Surtout à cause de deux d'entre eux : la vieille Mabile qui continuait à lui enseigner les vertus des simples, et Colin.

Sous ses cils, épais et recourbés comme de légères plumes noires, Aude coula un regard aigu vers sa droite. Étendu dans l'herbe roussie, ses bras et ses jambes nus largement écartés, son couvre-chef rabattu sur le front, Colin dormait. A cause de la chaleur, il avait ouvert jusqu'à la taille la chemise flottante qu'il portait sur des braies de toile défraîchie, dont le bas avait été coupé au-dessus des genoux. Ainsi vêtu, son corps était à l'aise, et Aude s'emplissait les yeux du torse lisse, couleur de pain bien cuit, que le travail des champs avait modelé et que la sueur semblait avoir huilé. En dépit du bruit des conversations, des gros rires, des mouches, le fils cadet de Léonard dormait comme un bienheureux. Sa poitrine se soulevait régulièrement et Aude songeait qu'elle aurait aimé y poser sa joue.

« Je suis amoureuse, se répétait-elle avec excitation et ravissement. Amoureuse comme une grande fille de ce garçon qui est à mille lieues de s'en douter ! »

Savourer cette constatation lui suffisait. Elle ne tenait pas à ce que l'intéressé en fût avisé. Avec délices, elle voyait réunis, au sein de cette dernière journée de moisson, les deux principes qui avaient rendu supportable un été si mal commencé : son culte pour Notre-Dame et son attirance pour Colin.

Se complétant l'un l'autre, ces sentiments emplissaient en partie le vide laissé en elle depuis la nuit de la Saint-Jean par l'affaiblissement de la passion qu'elle portait jusque-là à sa mère. Sur le coup, la découverte de la liaison de Marie et de Côme l'avait affreusement fait souffrir. Depuis toujours, sa tendresse filiale avait entouré la jeune femme d'un halo d'admiration qui se confondait presque avec une auréole. L'auréole était tombée dans la poussière de juin et le cœur transi de la petite dépossédée en avait tremblé de froid.

---

1. Blouses de grosse toile.

Réfugiée aux pieds de la Vierge consolatrice, elle avait beaucoup pleuré avant de s'endormir en grelottant de chagrin.

La vénération et l'amour qu'elle vouait à sa mère lui faisaient subitement défaut, à elle qui avait un si impérieux besoin de vénérer et d'aimer. Par chance, au moment où elle avait été privée du support où s'appuyait toute sa jeune existence, une double occasion de croire et de s'attacher s'était offerte à elle. La Vierge qui l'avait protégée et gardée durant cette horrible nuit avait pris le relais de celle qui, troublante coïncidence, portait le même prénom, tandis qu'un sentiment nouveau s'était éveillé dans son cœur à la vue de Colin, dont elle n'avait jamais, les années précédentes, remarqué le charme rustique. L'équilibre indispensable à sa nature, mystique et sentimentale à la fois, s'étant trouvé, tant bien que mal, reconstitué, Aude avait connu des semaines dont l'angoisse était momentanément écartée au profit de toutes sortes de découvertes.

— Voilà ! J'ai fini, dit-elle en posant la couronne achevée à côté d'elle. Je vais manger un petit peu et j'irai, ensuite, la porter à l'église.

Elle but avec plaisir le lait caillé mélangé de miel, et dévora plusieurs crêpes froides en se léchant les doigts.

Les paysans se levaient, s'étiraient, remontaient leurs braies, retournaient au champ en crachant dans leurs paumes avant de reprendre faucilles et râteaux.

Colin, qui sortait du sommeil aussi aisément qu'il y entrait, s'était relevé d'un mouvement souple.

— Voulez-vous un morceau de crêpe ? lui demanda Aude en lui tendant la moitié de la sienne dans laquelle elle avait déjà un peu mordu.

— Voilà une offre qui ne se refuse pas ! s'écria le garçon en s'emparant de la portion de pâte dorée qu'il engloutit en quelques bouchées. C'est très bon. Merci, demoiselle.

Il sourit à l'enfant, recoiffa avec ses doigts écartés ses cheveux drus, avant de remettre son chapeau de paille, puis s'éloigna.

« Il a mangé la crêpe que j'avais entamée ! se dit Aude avec ivresse. C'est comme une sorte de communion d'amour ! Mais je suis la seule à le savoir... »

Elle ramassa la couronne d'épis et s'en fut, le cœur en liesse.

Elle suivit le chemin de terre qui longeait les pommiers, et franchit une haie afin de traverser un autre champ, déjà moissonné. Parvenue au bout de l'étroit sentier, elle s'apprêtait à rejoindre la route de Gentilly quand elle s'entendit appeler. Se retournant, elle aperçut Blanche qui lui faisait de grands signes. Sa cousine était venue avec Djamal, Gildas et Ursine, pour tenir compagnie à Agnès et passer à Gentilly les deux jours de fête.

— Votre mère vous demande, ma mie, dit la jeune fille dont la poitrine ronde se soulevait précipitamment sous la simple cotte de toile écrue qu'elle portait. Elle se plaint de ne pas vous voir autant qu'elle le souhaiterait.

Depuis trois jours que Marie était à la maison des champs, l'enfant n'avait rien changé à ses habitudes et continuait à passer tout son temps avec les fermiers.

— Nous nous retrouverons pour le souper, répondit la petite fille avec impatience. Je dois aller à l'église offrir cette couronne que j'ai tressée tout spécialement pour la statue de Notre-Dame. Elle la portera dès ce soir et la gardera demain, pendant la procession.

— Puis-je vous accompagner ?

— Volontiers ! Vous le savez bien, Blanche : je suis toujours contente d'être avec vous.

Des liens d'amitié s'étaient noués entre les deux cousines depuis que Blanche, le lendemain de la Saint-Jean, avait retrouvé Aude dans la chapelle de la Vierge. En dépit de leur différence d'âge, une même façon de croire, intuitive et absolue, les rapprochait. Si l'aînée des deux, toute à son projet de prendre le voile, s'était absentée assez souvent depuis juin, elle n'en était pas moins revenue tenir compagnie à Agnès chaque fois qu'elle l'avait pu. Aude en avait profité pour avoir de longues conversations avec la future moniale qui comptait entrer au couvent dès le début de septembre. Ses parents étaient heureux de la voir se consacrer à Dieu et la laissaient libre de choisir l'ordre qui l'accueillerait.

Émerveillée par une vocation dans l'éveil de laquelle son rôle avait été incontestable, l'enfant harcelait sa cousine de questions sur la prière, la grâce, la manière dont on percevait l'appel divin, le choix difficile qu'il lui restait à faire entre les différents monastères qui s'offraient à elle.

Une fois encore, elles se mirent à parler de ces choses en se rendant à Gentilly où le curé leur réserva, à sa façon, un accueil brusque mais chaleureux. Il déposa la couronne sur l'autel de la Vierge en attendant de l'avoir bénie au cours de la messe du soir, remercia l'enfant, et retourna à ses préparatifs.

Les deux cousines s'en revenaient et traversaient de nouveau le champ moissonné qui précédait celui où s'affairaient les fermiers, quand un hurlement semblable à celui d'une bête forcée les immobilisa l'une près de l'autre.

— Vierge sainte ! s'écria Aude en se signant trois fois de suite, qu'est-ce que c'est que ça ?

Blanche désigna deux vieux poiriers qui épandaient leurs branches chargées de fruits à l'extrémité des chaumes.

— Le cri vient de là !

Relevant à pleines mains le bas de sa cotte, elle s'élança en direction des arbres. Aude la suivit si vite qu'elles arrivèrent en même temps au bout de la haie.

Assise sur le sol, le dos appuyé contre un des troncs écailleux, Bertrade, la fille aînée de Tybert-le-Borgne, venait d'accoucher.

Entre ses cuisses, gigotant sur un morceau de toile grège posé à même l'herbe sèche, un petit enfant, poissé de sang, poussait ses premiers vagissements.

— C'est un garçon ! constata la jeune mère avec un sourire satisfait. Tant mieux. J'ai déjà quatre filles pour un seul petit gars.

Avec la dextérité d'une habituée, elle se penchait, coupait avec ses dents le cordon ombilical, le nouait rapidement sur le ventre gluant du nouveau-né.

— Il faut l'essuyer à présent, dit-elle en s'adressant à Blanche le plus naturellement du monde. Heureusement que je m'étais ceint les reins de cette bande de toile avant de partir ce matin au travail. Je savais que mon terme était proche. Aussi, quand j'ai ressenti les premières douleurs de l'enfantement, j'ai quitté les autres pour regagner Pince-Alouette, mais ce petit drôle a été plus vif que moi et le voici né dans un champ !

Elle riait.

— Il n'y a pas d'eau par ici pour le laver, remarqua Blanche, tout en essuyant l'enfançon dans la toile grège dont s'était munie Bertrade.

— Allez ! J'ai l'habitude, dit la paysanne qui était en train de procéder à sa propre délivrance. Ce n'est pas la première fois que j'accouche au grand air, et ce ne sera certainement pas la dernière !

La joie de vivre et le défi moqueur de son rire retentirent de nouveau.

Blanche frictionnait la poitrine et les jambes du nouveau-né qui paraissait solide et bien bâti.

— Il est beau, votre petit, dit-elle ensuite à la jeune mère. J'aimerais être sa marraine.

— On ne vous disputera pas l'emploi ! lança Bertrade avec drôlerie. Les gens du pays commencent à trouver que j'enfante un peu trop souvent et ils ne se bousculeront pas pour tenir ce petiot-là sur les fonts baptismaux !

Tout en parlant, elle s'essuyait tant bien que mal avec sa chemise tachée de sang, se relevait, restait un moment appuyée au poirier.

— Comment voulez-vous qu'on l'appelle ? demanda-t-elle ensuite à Blanche qui berçait entre ses bras le nouveau-né pour qu'il cessât de crier.

— Je ne sais, dit la jeune fille dont le visage penché reflétait une joie attentive, je ne sais. Comme son père.

Bertrade se reprit à rire.

— Dieu seul connaît le nom de ce père-là, demoiselle ! Moi, en tout cas, je m'y embrouille !

Et comme Blanche levait vers elle un regard interrogateur :

— Quand on est tombé le derrière dans une fourmilière, est-ce qu'on sait seulement quelle fourmi vous a piqué ? dit-elle avec la tranquille impudeur dont elle ne se départait jamais.

— Ma foi, admit Blanche, tout cela n'a pas d'importance. De quelque façon qu'il ait été conçu, cet enfant est aussi innocent qu'on peut l'être. C'est ce qui compte. Si on l'appelait Louis, comme notre sire le roi, qui est si juste et si bon ? Ce lui serait un excellent patronage.

— Va pour Louis, demoiselle ! Je n'ai personne de ce nom-là dans ma couvée ! Je vais demander au curé qu'on le baptise après la fête de la Dormition, et je le vouerai à Notre-Dame pour qu'elle le protège, ce pauvre petit bâtard !

— Je vais vous accompagner jusqu'à la ferme de votre père, dit Blanche. Il y a tout de même un bout de chemin à faire et vous devez vous sentir lasse.

— Point trop, je suis solide ! répliqua Bertrade avec fierté. Mais je serais bien contente que vous veniez avec moi, demoiselle, pour m'aider à baigner mon petit, à lui nettoyer les yeux, et à le langer. La grand-mère qui garde son frère et ses sœurs est déjà trop occupée en temps normal pour trouver le temps de me donner un coup de main, même dans une occasion comme celle-là !

— Est-ce que je peux venir avec vous ? interrogea Aude, qui n'avait rien dit jusque-là, entraînée par cet événement inouï dans un univers totalement inconnu.

— Non, non, ma mie, dit Blanche. Retournez vite à la maison. Il commence à se faire tard et votre mère doit s'inquiéter. Ne m'attendez surtout pas pour souper. Je resterai sans doute un bon moment à Pince-Alouette pour m'occuper de Bertrade et de Louis. A tout à l'heure !

Aude s'approcha de sa cousine, contempla avec un mélange vaguement nauséeux, de timidité, de curiosité et d'attirance, la petite créature rougeaude, aux cheveux noirs et collés sur le crâne, à la peau encore enduite d'un liquide cireux. Du bout d'un de ses doigts, elle toucha le front doux et fragile, recula avec une grimace souriante, et se sauva en courant.

Elle était hors d'elle-même.

« Ai-je poussé les mêmes cris, quand je suis sortie du ventre de ma mère ? se demandait-elle avec stupéfaction. Ma mère a-t-elle hurlé comme Bertrade en m'arrachant à elle ? »

En proie à une révélation confondante, elle mesurait soudain ce qu'était la réalité d'une naissance, que le fruit d'un corps est comme celui d'un arbre, et qu'elle était pétrie de la chair de Marie.

Cette constatation, si neuve pour elle, la remuait jusqu'au cœur. Pouvait-elle rompre un tel lien parce qu'elle blâmait la conduite de celle qui lui avait donné la vie ? Le sang identique qui coulait dans leurs veines à toutes deux était beaucoup plus important que les différends qui s'étaient élevés entre elles...

Une excitation nerveuse, doublée du sentiment de toucher soudain à la plus secrète intimité de la création, au nœud même d'un mystère immense qui la dépassait infiniment, la précipita, à genoux, au pied d'une Montjoie dressée au carrefour du chemin de Gentilly et de celui de l'étang du Sanglier Blanc.

— Notre-Dame, implora-t-elle avec un tel tremblement intérieur que les mots de la prière chevrotaient entre ses dents, Vierge Sainte, pardonnez-moi d'avoir pensé du mal de ma mère ! Je n'ai pas le droit de la juger. Elle m'a portée dans ses flancs et mise au monde dans le sang, la souffrance et la joie. Je ne le savais pas. Grâce à ce que je viens de voir, je sais et je comprends. Je m'accuse d'avoir été méchante et ingrate envers elle. Je vous en supplie, ma mère du ciel, absolvez-moi et faites que nous nous retrouvions, ma mère de cette terre et moi, comme nous étions autrefois !

Elle se signa, se releva, s'élança vers la demeure de son grand-père.

Son émotion était telle qu'elle croisa sans s'arrêter le char qui rentrait les dernières gerbes à la ferme. Décoré d'arbustes, de branches vertes, de fleurs sauvages, il était mené par Léonard qui avait conduit le travail tout au long de la semaine. Autour de lui, les moissonneurs au complet, hommes, femmes, enfants, chantaient et plaisantaient ensemble. Certains avaient piqué des épis à leurs chapeaux, d'autres en tenaient à la main, Catheau, enfin, portait dans ses bras le bouquet de la moisson.

— Ce soir, ce sera fête ! cria la fermière à la petite fille qui continuait sa course. Viendrez-vous avec nous, demoiselle ?

— Je ne sais pas, lança Aude. Je ne sais pas du tout !

Si elle jeta, cependant, au passage, un regard à Colin, ce fut davantage par habitude que par envie. Son esprit était ailleurs. Elle franchit sans s'attarder la porte qui donnait sur le petit bois et ses caches ombreuses, traversa le verger au fond duquel il lui sembla voir, sous un arbre, Lambert en conversation animée avec un inconnu, et parvint, haletante, sur le terre-plein, au moment où maître Leclerc sortait de la maison en compagnie de tante Charlotte. Le grand chien noir qui l'escortait courut vers Aude, dans l'intention de jouer avec elle, mais elle le repoussa. Ce n'était pas le moment !

— Vous êtes en nage, ma fille ! remarqua la physicienne. A-t-on idée de courir comme vous le faites, par un temps pareil ! D'où venez-vous donc ?

— Savez-vous où est ma mère ? demanda l'enfant, sans même songer à répondre. Je voudrais la voir.

— Elle vient de repartir pour Paris, dit Mathieu Leclerc. Elle avait une affaire urgente à y régler.

— Avec qui ?

— Je l'ignore. Elle ne m'en a rien dit.

— Ah ! bon. Tant pis, murmura l'enfant tout en pensant que le mercier devait être pour quelque chose dans ce départ imprévu, ce qui l'amena à reporter sur lui le poids amer de sa déception.

« Il est encore venu s'interposer entre elle et moi ! se dit Aude avec une sorte de flamboiement de haine qui lui mit le feu aux joues. Je le déteste ! Sans lui, nous nous serions déjà retrouvées toutes les deux et nous ririons dans les bras l'une de l'autre ! »

Elle fit demi-tour et courut vers ses cachettes du petit bois.

Son flair ne l'avait pas trompée. Au moment où elle se réfugiait dans son sanctuaire de feuillage, Marie franchissait la porte Saint-Victor et pénétrait dans Paris.

Elle avait reçu un peu plus tôt une missive qu'un valet lui avait apportée de la part de Côme. Son ami s'y plaignait de sa disparition au lendemain du souper de la rue Troussevache. Pourquoi ne pas lui avoir, depuis, donné le moindre signe de vie ? Que signifiait un silence aussi incompréhensible, alors même qu'elle venait d'être présentée à sa sœur et à son beau-frère ? Voulait-elle lui laisser entendre par là sa déception et son manque de sympathie envers les deux seuls membres proches qu'il lui restât de sa famille ? Il avait appris qu'elle était partie précipitamment pour Gentilly et n'en était revenue qu'une seule nuit, pour y retourner le lendemain. Pourquoi ne pas avoir cherché à le joindre cette nuit-là ? Que lui cachait-elle ? L'aimait-elle seulement encore ?

Pressée de tant de questions, Marie aurait néanmoins préféré attendre quelques jours avant de répondre à Côme, s'il n'avait terminé sa lettre en lui disant que, si elle ne venait pas, le soir même, le délivrer de ses tristes pressentiments, il se rendrait dès le lendemain matin à Gentilly pour avoir avec elle une explication qui lui semblait nécessaire.

« Dieu Seigneur ! Pourquoi faut-il que l'amour de Côme le pousse à se montrer si possessif et si vigilant, au moment précis où je me débats entre les mailles d'un filet dont je souhaite qu'il ne soupçonne rien ? Aidez-moi, je Vous en prie, à ne pas me trahir auprès de lui, à ne rien laisser deviner de mes tourments, à ne pas lui parler des crimes de Robert et du déshonneur qui nous menace, mes enfants et moi ! Aidez-moi aussi à ne pas me laisser aller à lui demander secours, à ne pas lui permettre d'intervenir dans le règlement d'une affaire qui ne le regarde pas ! Seigneur, donnez-moi la force de lutter seule ! »

Durant la nuit qu'elle avait passée chez elle, rue du Coquillier, après avoir quitté son beau-père, elle avait bien songé à envoyer prévenir le mercier, mais la crainte de se mettre à sa merci l'en avait dissuadée. En y réfléchissant, il lui apparaissait que son amour-propre était plus puissant que son penchant pour cet homme... Mais, n'y avait-il véritablement que cette appréhension qui l'éloignât de son amant ? La confusion de ses pensées était si grande, qu'elle ne comprenait plus ce qui lui arrivait.

Elle se sentait tellement troublée, qu'après avoir franchi le Grand Pont, elle s'arrêta devant l'église Saint-Jacques-de-la Boucherie, dont un côté était flanqué de petites logettes réservées à des écrivains publics, attacha sa mule, non loin de la dernière échoppe, à un des anneaux fixés à cet effet dans un endroit du mur, et pénétra dans l'église.

Agenouillée sur les degrés de l'autel, indifférente à l'agitation qui la cernait, écrasée de doutes et d'interrogations, incapable de voir clairement la route qu'il lui fallait suivre, elle se contenta de mettre son âme à nu devant Celui dont elle sollicitait ardemment la protection, tout en Lui demandant de décider pour elle et de faire en sorte que ses actes ne fussent point contraires aux intérêts de son salut.

Que voulait-elle ? Que ne voulait-elle pas ? Un grouillement de tentations et de faiblesses se tordait au fond d'elle-même. Pour la première fois de sa vie, ses propres réflexions lui inspiraient défiance et réprobation.

Elle sortit de l'église sans y avoir trouvé la paix, mais, cependant, bien déterminée à ne rien laisser paraître à son ami d'un débat dont il était si affreusement absent. Si, en effet, elle n'avait répondu jusque-là que par des hésitations et des atermoiements à l'amour qu'il lui vouait, elle n'en appréciait pas moins la sincérité des sentiments de Côme. Elle ne désirait à aucun prix ternir l'image qu'il se faisait d'elle en lui laissant entrevoir au bord de quel gouffre elle se débattait.

Au milieu de l'effervescence habituelle aux veilles de fête, dans la fièvre des préparatifs qu'on achevait pour le lendemain, jour dédié à Notre-Dame, elle continua sa route vers la rue Troussevache, l'esprit ailleurs.

Dans une rumeur fracassante de marteaux et d'interpellations, les Parisiens accrochaient sur les façades de leurs maisons des courtines et des tapisseries que les femmes et les jeunes filles décoraient de guirlandes de roses, de tournesols, de bleuets, et de feuillages. Des menuisiers achevaient de dresser des arcs de triomphe, peints et enrubannés, tandis que des groupes d'enfants et de jeunes gens répétaient sur place les chants et les cantiques prévus à certains endroits, le long du passage de la procession.

Comme de coutume la veille d'un jour férié, les entrepôts de la rue Troussevache étaient fermés depuis none.

Marie franchit le portail, laissa sa mule aux mains d'un palefrenier, traversa la cour pavée que la chaleur du jour avait chauffée comme un four, et souleva d'une main hésitante le heurtoir dont le bruit alerta aussitôt un valet.

— Je vais annoncer votre venue, dame, dit-il avec précipitation en la faisant entrer dans la grand-salle.

Le zèle du serviteur trahissait la fébrilité du maître et Marie ne s'y trompa pas.

Côme apparut presque immédiatement. Il avait l'air anxieux. Lumineux d'ordinaire, son regard s'était assombri et une crispation inhabituelle tirait les coins de ses lèvres charnues.

— Vous voilà enfin !

Il s'arrêta à quelques pas de sa maîtresse, désorienté, inquiet, ne sachant quelle contenance adopter.

— Je n'étais pas perdue ! dit Marie avec un sourire forcé.

— Si vous saviez toutes les idées qui m'ont traversé l'esprit !

— Vous avez eu tort. J'étais seulement surchargée de besogne à l'atelier, et retenue au logis par l'arrivée de ma sœur Florie et de son époux.

— Était-ce une raison pour me laisser ainsi sans nouvelles ?

— Je comptais vous écrire...

— Mais vous ne l'avez pas fait !

Marie haussa les épaules.

— Qu'importe ? Me voici.

Elle fit la moue.

— C'est ainsi que vous me recevez ?

Jetant un regard autour d'eux, sur l'ordonnance un peu trop parfaite de la salle :

— Si nous allions dans votre jardin ? proposa-t-elle.

— Venez.

Il retrouvait enfin assez de confiance en lui pour s'approcher d'elle, pour la prendre par le bras, comme il aimait à le faire, en s'emparant avec fermeté du coude qu'il serra entre ses doigts.

Fallait-il que cet homme, habitué aux conquêtes féminines, familier des élégantes et de leurs sautes d'humeur, fût épris pour se comporter avec Marie comme un jouvenceau timide et enflammé ! En le constatant, la jeune femme se sentit touchée mais un peu agacée. Elle aurait préféré avoir un amant plus volontaire, moins respectueux de ses fantaisies...

« Suis-je donc, moi aussi, une de ces femelles qui souhaitent être menées à la trique et asservies à un mâle, plutôt que de se voir tendrement courtisées ? Serais-je de celles que la brutalité séduit davantage que la délicatesse ? Ce n'est pas possible ! Ou alors j'aurais bien changé ! Les attentions de Côme à mon égard n'ont-elles pas été, depuis que je le connais, un de ses plus sûrs attraits ? Que m'arrive-t-il ? Dieu Seigneur ! Je suis envoûtée ! »

Le jardin les accueillait parmi ses sages parterres d'héliotropes, de verveines, de sauges, et ses bosquets bien taillés.

— Entrons dans cette tonnelle.

Sous un berceau de chèvrefeuille, un banc de bois attendait. Marie y prit place. Côme resta debout auprès d'elle, appuyé des épaules aux cerceaux de bois. Il portait un surcot de soie bleue sur une cotte de serge verte et cette alliance de verdure et de ciel lui allait bien.

« Il a beaucoup de charme et il m'aime, se dit Marie avec une sorte de violence désespérée. Qu'aller chercher d'autre ? Ne suis-je pas folle d'oser comparer cet homme de bien à un malfaiteur ? »

— Qu'avez-vous, ma mie ? demandait justement le mercier. Je vous connais assez pour m'apercevoir que vous êtes sous le coup d'une émotion tout à fait singulière.

— Mon père se meurt.

— Il est au plus mal depuis des jours, et je ne vous ai encore jamais vu cette expression-là.

— L'arrivée de ma sœur a réveillé en moi toute une série de souvenirs que je croyais avoir oubliés.

— S'agit-il de votre mère ?

— De ma mère et de mon maudit mariage !

Attention ! Elle devait se méfier de ce qu'elle pouvait dire au sujet de Robert.

— Il y a deux ans que vous voilà veuve, Marie, et vous avez eu tout le temps de laisser s'abîmer les tristes souvenirs de votre malencontreuse union !

— Sans doute. Mais je n'y pense jamais sans malaise.

— Il y a autre chose, ma mie !

Suave et sucré, le parfum du chèvrefeuille les environnait. Il ne fallait surtout pas se laisser gagner par la douceur du moment, par la peur qui tremblait au fond de son être, par le besoin de s'épancher qui la tenait, en dépit de toutes les résolutions prises auparavant.

— Mais non, Côme, je vous assure ! Il n'y a rien.

Sous la frange légère des cheveux où brillaient des fils d'argent, des rides creusèrent le haut front carré du mercier.

— Je suis persuadé que la rencontre de l'autre soir avec ma sœur est pour beaucoup dans votre gêne à mon égard, dit-il sourdement.

La jeune femme haussa les épaules.

— Votre sœur, votre sœur...

— Dès que je vous ai vue en face d'elle, j'ai senti le peu de sympathie qu'elle vous inspirait. Il émanait de vous une froideur qui m'était perceptible physiquement.

Puisqu'il y tenait et qu'il lui offrait de la sorte un prétexte si commode, elle ne tenta plus de l'en dissuader...

— Elle semble à tel point dénuée de bienveillance...

— Je sais, ma mie, je sais, mais il faut essayer de la comprendre. A quatorze ans, elle s'est follement éprise d'un baron poitevin qui était de nos clients. Il l'a méprisée parce que nous n'étions que des marchands. Elle en a beaucoup souffert et s'est trop vite mariée avec ce pauvre Henri. Grâce à lui, elle croyait se soustraire au négoce et pénétrer dans le monde des officiers publics, plus proche que le nôtre de celui de la noblesse. Il l'a déçue par sa médiocrité, et s'est, en outre, assez rapidement mis à courir les filles.

— Elle n'est pas la seule à s'être méprise sur les qualités d'un époux...

— Par Dieu ! Amie, vous avez raison, mais, voyez-vous, il ne lui a pas été donné, par la suite, d'être favorisée d'autres joies. Par trois fois en quatre ans, elle a mis au monde des enfants mort-nés et la sage-femme lui a laissé entendre, après une dernière fausse couche, qu'elle ne parviendrait jamais à en porter à terme de vivants. C'en fut trop et elle ne s'en est pas remise. A partir de ce moment-là son caractère s'est transformé, son cœur s'est endurci.

— Bien d'autres gens ont connu de grands malheurs et n'en sont pas devenus mauvais pour autant, objecta Marie avec un entêtement dont elle était la seule à mesurer la mauvaise foi.

Côme soupira.

— Je vois que vous lui en voulez beaucoup, dit-il sans cacher entièrement son irritation. Tout ce que je vous demande, Marie, c'est un peu d'indulgence envers Hersende. Ce n'est guère et nos rapports familiaux en seront facilités.

— Aurai-je jamais avec votre sœur des rapports de famille ? demanda Marie d'un air buté.

— Que voulez-vous dire ?

— Ce que je dis, sans plus. Nous ne sommes pas encore mariés, que je sache !

Côme tressaillit comme si son amie l'avait giflé. La saisissant par les épaules, il la força à se lever, à se tenir debout devant lui.

— Que vous arrive-t-il, Marie ? Quel démon vous pousse à parler comme vous le faites ?

— Nul démon, mais une grande lassitude.

Elle avait vaguement espéré qu'il l'empoignerait, qu'il lui imposerait silence, qu'il la plierait à sa volonté. Le voyant malheureux et incertain après son mouvement de protestation, elle se sentit de nouveau maîtresse de la situation et, selon l'illogique logique du cœur, lui en voulut.

— Cet entretien ne nous mènera nulle part, dit-elle avec une amertume sur laquelle il se méprit. Je vais rentrer chez moi. Nous ne pouvons que nous faire du mal, présentement. Nous avons besoin de prendre du recul et de trouver le temps de la réflexion.

Sur le visage de Côme que le temps n'avait que légèrement griffé jusque-là, une détresse soudaine mit un masque douloureux qui le vieillit d'un seul coup.

— Par mon âme ! vous n'allez pas repartir comme cela...

— Il le faut, mon ami. Croyez-moi, c'est mieux ainsi. Au lieu de nous déchirer à propos de votre sœur, nous allons examiner la situation chacun de notre côté, afin de voir plus clairement où nous en sommes.

Côme voulut l'attirer contre lui. D'un mouvement impatient, elle se dégagea d'une étreinte que son amant n'osa pas resserrer.

— Amie, j'ai tant envie de vous, dit-il tout bas. Ne me quittez pas, maintenant. Restez avec moi ce soir.

L'aveu d'un désir qu'elle ne partageait pas acheva de la renforcer dans sa décision.

— Je ne le puis, dit-elle en tirant une jouissance perverse de sa cruauté. Je dois m'en aller sans plus tarder. Restons un temps sans nous voir. Je vous ferai signe quand je serai parvenue à une conclusion...

— Ah ! Taisez-vous ! Vous m'avez blessé ! dit-il en se détournant brusquement.

Sans ajouter un mot, il s'éloigna d'un pas précipité.

Marie fut tentée de le rappeler, mais l'esprit malin qui la possédait veillait, et elle sortit du jardin, puis de la maison, sans avoir rien tenté pour réparer le coup qu'elle venait de porter si gratuitement au seul homme qui l'aimait.

En cette veille de fête, elle n'avait rien à faire à l'atelier, aussi décida-t-elle de passer voir son père, puis de retourner à Gentilly. Elle y arriverait un peu en retard pour souper, mais qu'importait ? C'était la seule façon d'échapper à ses pensées, à ses obsessions...

Rue des Bourdonnais, elle apprit de la bouche de Tiberge-la-Béguine que maître Brunel dormait après une journée de souffrances et qu'il était préférable de ne pas le réveiller.

Il ne lui restait plus qu'à quitter Paris. En sens inverse, elle refit donc le trajet parcouru un peu plus tôt.

La chaleur sèche des dernières semaines faisait place depuis le matin à une moiteur annonciatrice d'orage. Des nuages noirs s'amoncelaient au couchant, mais il ne pleuvait pas encore. Seuls, des grondements menaçants de fauve cherchant qui dévorer roulaient au-dessus de la vallée de la Bièvre. Déserté par les promeneurs habituels que l'approche du repas et la crainte de la pluie avaient fait fuir, le paysage familier devenait autre. Bousculant les nuées sombres qui couraient dans le ciel, un vent lourd entraînait dans sa furie les passereaux assez imprudents pour ne pas s'être mis à l'abri, les fétus de paille laissés dans les champs, et la poussière du chemin.

Marie parvint enfin à la maison des champs sous un ciel d'apocalypse, où des lueurs sulfureuses et des trouées sanglantes traversaient de leur lumière infernale les nuages que bousculait et lacérait la tourmente.

Comme la jeune femme descendait de sa mule, une petite forme agile se précipita vers elle. Avant que Marie ait eu le temps de s'interroger sur un changement d'attitude si imprévu, Aude s'était jetée dans ses bras, se cramponnait à son cou, l'embrassait avec transport.

— Ma perle ! Ma toute petite !

Allons ! Elle avait bien fait de quitter Côme et de revenir. Par un retournement quasi miraculeux, sa fille semblait avoir oublié ses rancunes. Elle la retrouvait enfin, aussi passionnée qu'auparavant, aussi confiante, aussi proche...

— Ma mère, dit Aude quand elles s'acheminèrent, au milieu des rafales, la main dans la main, vers la grand-salle, ma mère, j'ai vu ce tantôt quelque chose d'extraordinaire : Bertrade a mis au monde un enfant, dans le champ derrière la Montjoie, et j'ai presque assisté à la naissance !

Autour d'elles, des tourbillons de vent faisaient voler le voile de mousseline de Marie, les tresses brunes de la petite fille, les feuilles arrachées aux arbres, du sable, de la paille hachée, mais elles ne s'en souciaient ni l'une ni l'autre : elles s'étaient rejointes !

Le souper, puis la veillée autour du lit d'Agnès où tout le monde se rassembla pour écouter, scandés par les feulements de la tempête et la toux de l'adolescente, la musique de Djamal et les chants d'Ursine, passèrent comme un rêve. Aude ne quittait pas sa mère, lui parlait tout bas, écartait avec décision son frère qui grommelait que les filles étaient toutes des pies-grièches, mais n'insistait pourtant pas afin de ménager sa dignité. Buvant au même gobelet que Marie, lui offrant les poires confites, les noisettes fraîchement cueillies, la pâte de coing, dans lesquelles elle avait préalablement mordu en témoignage de don et de partage, Aude était heureuse. Elle ronronnait d'aise, tout comme la genette blottie sur ses genoux.

Elle ne fut même pas tirée de son extase par le retour tardif et discret de Blanche. La jeune fille prit son repas dans la cuisine et monta ensuite se coucher après avoir assuré sa cousine que tout allait bien à Pince-Alouette pour Bertrade et son nouveau-né.

La nuit venue, quand Marie, Aude et Vivien, leurs prières dites, s'allongèrent tous trois dans le vaste lit de leurs étés, la petite fille se blottit entre les bras maternels et s'endormit aussitôt. La joie d'une réconciliation si totale lui procurait un apaisement dont elle avait ignoré qu'il lui fût nécessaire. L'odeur retrouvée de sa mère, de ce corps auquel elle savait à présent appartenir, la comblait de félicité.

Toute la nuit, l'orage roula sans éclater. Ses grondements et ses coups de tonnerre ne réveillèrent pas les enfants enfouis sous les draps et tranquillisés jusque dans leur repos par la présence à leurs côtés de Marie. Celle-ci, pour sa part, eut bien du mal à trouver le sommeil...

Le lendemain matin, après avoir participé à la procession qui défila entre les maisons du village décorées et fleuries, après avoir assisté à la messe solennelle de la Dormition et communié en même temps que tous les assistants, comme on ne le faisait que trois ou quatre fois par an, la famille Leclerc et ses invités reprirent le chemin du logis.

C'est alors que Jannequin les rejoignit en courant. Il était au comble de l'excitation : on venait de repêcher, au bief du Moulin-des-Prés, le corps d'un inconnu qui avait un large trou derrière la tête !

15

Comme un forcené, Vivien pénétra à l'intérieur de la taverne de « La Pie qui boit », et, après avoir fait du regard le tour des buveurs, se précipita vers l'endroit où Ambroise, en compagnie de deux compères, célébrait à sa manière la fête de la Dormition.

Installé devant une table chargée d'écuelles contenant gaufres, amandes pelées, épices, plusieurs fromages, noix et platées d'aulx, les trois compères vidaient gaiement leurs hanaps de grenache. Un brouhaha jovial les environnait.

— Vous voici enfin ! Je vous ai cherché partout : à la bourrellerie et chez vos voisins ! s'écria l'enfant sans même prendre le temps de saluer les compagnons de l'artisan. Maintenant, laissez tout cela, laissez vite, et venez sur l'heure avec moi !

— Où donc, grand Dieu ? demanda Ambroise, sans se départir de son calme.

— Au Moulin-des-Prés ! On vient d'y repêcher un cadavre !

— Dieu ait son âme, dit civilement le bourrelier, mais permettez-moi de vous faire remarquer, mon garçon, que j'ai mieux à faire que d'aller perdre mon temps à baguenauder.

— Vous vous trompez, lança Vivien en tapant du pied, vous vous trompez complètement ! On a, au contraire, le plus pressant besoin de vous là-bas !

— Et pourquoi donc, s'il vous plaît ? demanda le vieil homme en jetant un regard d'excuse vers ses deux commensaux.

Sans se soucier des mines soudain attentives des amis d'Ambroise, Vivien soupira d'un air excédé et croisa les bras sur sa poitrine.

— Parce que personne ne sait qui est ce mort et que moi je suis sûr que vous le connaissez !

— Moi ?

— Eh oui ! Rappelez-vous : le soir de la Saint-Jean, pendant le souper, quand je suis allé avec Lambert dans le jardin pour y quérir une feuille de chou, je vous ai dit avoir vu, dans la resserre aux outils, un homme avec lequel Lambert s'était entretenu. Vous m'avez répondu que vous pensiez bien savoir de qui il s'agissait, mais que vous préfériez vous taire.

— Ce n'était qu'une supposition, grommela le bourrelier, d'autant plus mal à l'aise que les occupants des tables voisines commençaient à prêter l'oreille aux paroles de Vivien.

— Je suis certain que non ! répliqua vivement l'enfant. Vous avez même ajouté que l'homme n'était pas fréquentable et qu'il valait mieux l'oublier.

— Vous avez trop de mémoire, petit, constata Ambroise, et puisque je vous avais conseillé de l'oublier, vous auriez aussi bien fait d'en tenir compte.

— Mais je n'y pensais plus ! C'est simplement, tout à l'heure, en le voyant sur le pré, que je l'ai reconnu.

Autour d'eux, tout le monde s'était tu pour suivre leur conversation.

— Écoute, Ambroise, dit un des deux compères qui était coutelier de son état. Écoute, ce garçon n'a pas rêvé, que diable ! S'il assure avoir vu un noyé au Moulin, c'est qu'il y en a un, et s'il affirme que tu lui as dit le connaître, tu peux toujours y aller.

— Je n'ai pas envie de sortir, avec l'orage qui menace, grommela le bourrelier. D'ailleurs, ce n'est pas à moi, c'est à Lambert qu'il faut demander le nom du mort !

— Lambert n'est pas chez lui. Comme, bien entendu, il ne travaille pas aujourd'hui chez mon grand-père, je suis allé le réclamer à sa mère. Elle m'a dit qu'il était parti se promener.

Voyant qu'il se passait quelque chose d'inhabituel dans un coin de la salle, le tavernier s'approcha de la table où on discutait. C'était un petit homme, gras à lard, qui cachait sous une coiffe de toile une calvitie dont il n'aimait pas qu'on lui parlât. Il tenait deux chopines à la main et sentait la vinasse d'une lieue.

— Vous n'êtes pas curieux, compère ! remarqua-t-il avec un gros rire. A votre place, et si mon commerce ne me retenait pas ici, j'y serais déjà !

— Il a raison, renchérit le second buveur en se levant. Il faut y aller, l'ami ! Inutile de lanterner, je t'accompagne.

C'était le savetier du village, il passait pour sage et on l'écoutait volontiers. Quand il eut parlé, plusieurs autres consommateurs de cervoise et de vin gris se levèrent à leur tour.

— Alors ? Venez-vous, oui ou non ? s'écria Vivien, à bout de patience.

— On y va, on y va, bougonna le bourrelier. Ce n'est pas si pressé...

— Mais si, mais si : mon grand-père vous attend, en compagnie du meunier et, probablement, de messire le curé qu'on devait aller quérir à l'église, rétorqua Vivien d'un air important.

— Tant de monde pour un vaurien !

— Vous voyez que vous le connaissez !

Vaincu par la logique de l'enfant et par les remontrances des autres buveurs, Ambroise capitula.

— Bon, bon, je viens ! lança-t-il à contrecœur. Mais ça me servira de leçon : on parle toujours trop !

— On va te soutenir dans cette dure épreuve, compère, assura le savetier qui s'amusait manifestement. C'est pas si souvent qu'il se passe quelque chose d'intéressant dans ce pays !

Incapable de refréner plus longtemps son excitation, Vivien se précipita vers la sortie. Suivi d'un petit groupe de curieux, le bourrelier lui emboîta le pas.

Au milieu des rafales qui faisaient tourbillonner la poussière, ils descendirent la rue, parvinrent au pré communal, franchirent la rivière dont l'eau, agitée de brèves colères, clapotait entre les joncs et les roseaux froissés par le vent, longèrent le cours de la Bièvre, et arrivèrent enfin en vue du Moulin.

Sous les nuées qui s'amoncelaient, autour d'une forme étendue dans l'herbe épaisse du pâturage, plusieurs personnes faisaient cercle.

— Nous voilà ! cria Vivien.

Mathieu Leclerc se retourna.

— Dieu vous garde, Ambroise. Nous comptons sur vous pour éclaircir un mystère...

Le bourrelier salua l'abbé Piochon, qui avait tout juste eu le temps de retirer ses vêtements de cérémonie pour revêtir sa chape, le maître enlumineur et le meunier, puis il se pencha vers le cadavre qu'on avait recouvert à la hâte d'un sac vide ayant contenu de la farine. Le visage gonflé et livide qu'Ambroise découvrit en était comme poudré à blanc. Le vieil homme fit la grimace.

— C'est bien ce que je pensais, constata-t-il sans enthousiasme. Ce gibier de potence, dont l'âme doit déjà rôtir en enfer, se nommait

Radulf. Il était le cousin de Lambert et, par conséquent, le neveu de Richilde-la-Fleurière et de Martin-Peau-d'Oie, son époux.

— J'ignorais tout de son existence, remarqua l'abbé Piochon.

— Naturellement ! Vous n'étiez pas encore à Gentilly, sire curé, quand la sœur de Richilde en est partie avec sa crapule de fils. Elle avait déjà été la honte de la famille, vous pouvez m'en croire, mais son rejeton en a été l'abomination de la désolation !

— Y a-t-il longtemps qu'ils ont quitté le pays ? s'enquit Mathieu Leclerc.

— Quinze ans peut-être... C'était peu de temps avant que vous ne rachetiez à l'impécunieux sire Ferric de Gentilly votre maison des champs, messire.

— Que sont-ils devenus, tous deux ?

— Bernarde, qui était une ribaude, s'en est allée par la suite en Palestine, à la traîne des croisés, comme beaucoup de son espèce.

— Et son fils ?

— Il s'est mis à fréquenter à Paris la pire chiennaille de la truanderie, et, de mauvaise graine qu'il était déjà, est devenu un franc vaurien.

— Êtes-vous bien sûr de le reconnaître ? demanda le meunier.

— Hélas ! oui. Il devait revenir de temps en temps soutirer un peu d'argent à son oncle et à sa tante... Lors d'un de ses passages au village, il n'y a pas si longtemps, il est entré dans ma bourrellerie, à la brune, afin d'acheter une bride neuve.

— Vous ne pouvez pas vous tromper ? Vous en êtes tout à fait certain ? répéta l'abbé Piochon.

— A présent qu'Ambroise le dit, je le reconnais aussi, affirma le savetier en se mêlant à l'entretien, après un moment d'hésitation. Je ne l'ai pas revu depuis son enfance, mais il n'y a pas de doute, c'est bien lui !

— Nous allons le faire transporter dans la sacristie, dit le prêtre. Quoi qu'il ait pu devenir, il a été baptisé et on ne peut pas le traiter comme un chien. Ensuite, j'aurai à prévenir monseigneur l'archevêque de Paris. Il a droit de haute justice sur notre terre, ainsi que vous le savez.

Les explications du bourrelier avaient eu pour effet de rembrunir considérablement Mathieu Leclerc. Il approuva de la tête ce que venait de dire le curé, mais ne fit aucune remarque. Comme tous ceux que la curiosité avait réunis autour de la lamentable dépouille, il savait que le roi avait cédé, quatre siècles plus tôt, la souveraineté de Gentilly à l'évêque de Paris, Ingelwin, afin que le revenu des terres servît à entretenir le luminaire de la cathédrale. Il était donc tout naturel, dans une affaire de sang comme celle-ci, d'en référer à lui.

— Je me demande qui a jeté à l'eau ce... Radulf, après l'avoir si proprement assommé, soupira le meunier. Il me semble qu'on aurait pu s'en débarrasser ailleurs que dans mon bief ! Quelle histoire si son corps avait bloqué la roue de mon moulin !

— Ma foi, dit Jannequin, qui, avec quelques autres paysans, était demeuré sur place depuis la découverte du cadavre par un pêcheur matinal, ma foi, c'est une façon fort courante de faire disparaître les victimes encombrantes. La rivière digère tout et c'est là une double façon de noyer le poisson !

Sa plaisanterie tomba à plat.

— Bien des points de tout ceci devront être tirés au clair, dit encore le curé. Nous allons nous y employer. En attendant, deux d'entre vous veulent-ils porter ce pauvre hère jusqu'à la sacristie ?

Vivien s'empara de la main de son grand-père dont l'air soucieux et le dos plus voûté qu'à l'ordinaire le déconcertaient.

— Rentrons, nous n'avons plus rien à faire ici, affirma Mathieu Leclerc. Venez, mon enfant.

Ils s'éloignèrent tous deux, après avoir salué les assistants de cette scène insolite, et se dirigèrent vers la maison des champs. Vivien se taisait, fier d'avoir participé à un événement aussi extraordinaire, alors que sa sœur et le reste de la compagnie étaient rentrés directement au logis. Confronté à la mort pour la première fois de sa vie, il n'en avait pas été effrayé et s'était même montré apte à reconnaître, dans ce corps privé de vie, l'étrange visiteur du soir de la Saint-Jean. Le mutisme de son aïeul, dont il se serait attendu à recevoir des félicitations, l'étonnait bien un peu, mais il s'en consolait en imaginant le récit qu'il allait faire de ces événements aux garçons du village.

— Il faut que je parle à Lambert, dit soudain maître Leclerc comme ils traversaient le jardin. Où peut-il bien se cacher ?

— Pourquoi se cacherait-il, mon père ? interrogea l'enfant.

— Je ne sais. D'après vos dires, il savait que son cousin était de retour ici. Vous pensez bien que depuis la Saint-Jean, ils n'ont pas été sans se voir tous deux.

— Vous croyez que Radulf est resté dans les parages durant tout ce temps ?

— Où aurait-il été ? Pour qu'un criminel comme lui soit revenu dans son pays natal, où il risquait à chaque pas d'être découvert, il fallait qu'il eût de sérieuses raisons de s'éloigner de Paris !

— Comme je voudrais connaître le secret de tout cela ! s'écria Vivien, de plus en plus excité.

Mathieu Leclerc fixa son petit-fils avec gravité, sembla vouloir parler, se tut et posa une main sur la tête ébouriffée qui était levée vers lui.

— Il peut être mauvais de chercher à savoir le fond des choses, dit-il enfin. Et encore plus mauvais de les trouver. Allons, mon enfant, il vous faut déjeuner. Pour moi, j'ai à faire.

D'un mouvement spontané, Vivien s'empara de la main osseuse qui s'appesantissait sur ses cheveux, la baisa, se sauva en courant.

Maître Leclerc n'avait pas faim. Comme il se doutait que le repas du matin n'était pas fini et que certains convives devaient encore se trouver dans la salle, il fit un détour pour ne pas avoir à traverser cette pièce, et gagna le fruitier où il lui arrivait, quand son logis était plein de monde, de se réfugier pour méditer.

L'odeur surette des fruits l'accueillit familièrement. Il prit un des escabeaux qui traînaient là et s'y assit.

Ainsi donc, le complice de Robert venait d'être abattu à son tour ! On n'en finissait jamais avec le Mal !

Depuis que Marie lui avait rapporté les paroles du Lombard de Saint-Eustache, il ne cessait de penser au déplorable destin de son fils. Quand le nom de Radulf avait résonné à ses oreilles, il en avait été atteint comme d'un soufflet. Si Robert avait sombré dans l'abjection, n'était-ce pas, en partie, à cause de ce misérable qui lui avait permis, en jouant les intermédiaires, de pénétrer à sa suite dans la honteuse confrérie de la truanderie ? Pourquoi avait-on supprimé ce serpent ? Qui avait eu intérêt à le faire ? Il fallait le savoir.

De nouveaux grondements de tonnerre roulèrent leur fracas au-dessus de la vallée.

« Avant l'orage, il faut que j'aie une conversation avec Lambert, se dit le vieil homme. Une seule personne peut savoir où il se trouve. Sa mère. »

Il se leva et sortit du fruitier.

Le ciel noircissait à vue d'œil. Un éclairage blafard changeait l'aspect des choses et le vallon de la Bièvre, d'ordinaire si riant, prenait sous cette lumière de plomb une apparence sinistre.

Maître Leclerc tournait l'angle de sa maison pour gagner l'allée des tilleuls, quand il aperçut sous l'un d'eux Blanche en grande discussion avec Gildas. Le jeune homme semblait s'exprimer avec feu, mais la mine détachée et sereine de son interlocutrice laissait deviner que leurs points de vue respectifs étaient loin de concorder.

— Ne restez pas sous ce tilleul ! conseilla Mathieu en passant. Il peut être dangereux de se tenir au pied d'un arbre quand la foudre vient à tomber !

— Nous rentrons ! assura Blanche.

En dépit de son âge, de ses appréhensions, de la tempête qui collait son surcot à ses jambes, le maître relieur franchit assez vite la distance qui le séparait de la première maison du village.

Sur la porte de la fleurière, accrochée au clou qui servait à cet usage, Mathieu remarqua une couronne composée de soucis tressés, jaunes et orangés.

Richilde vint elle-même lui ouvrir.

— Sur mon âme, je pensais bien vous voir ce jourd'hui, maître Leclerc !

— Lambert est-il chez vous ?

La lourde femme inclina la tête.

— Puis-je le voir ?

— Comme vous voudrez, messire.

Derrière la pièce où les fleurs coupées attendaient d'être employées, se trouvait la salle. Auprès de la cheminée, devant une marmite bouillonnante d'où sortaient des odeurs de vin chaud aux épices, le jardinier était assis.

— Vous voici, messire, dit-il simplement en se levant.

— Assieds-toi, Lambert. Je désire te parler.

— Prenez ce siège, maître Leclerc, dit la fleurière qui était entrée sur les pas du vieillard. Voulez-vous un gobelet de vin à la cannelle ?

— Merci, Richilde. Je souhaiterais m'entretenir avec votre fils, seul à seul.

— Je comprends, soupira la pauvre femme, je comprends.

Quand elle fut sortie, Mathieu se tourna vers le jardinier.

— Sais-tu qui a tué ton cousin ? demanda-t-il sobrement.

— Par Dieu ! Qui voulez-vous que ce soit ?

Un haussement d'épaules souligna l'évidence.

— Comment en es-tu venu là ? N'était-il pas ici depuis des semaines ?

— Si fait, mais hier, une fois de plus, il a voulu me soutirer de l'argent. Il faut vous dire, messire, qu'il avait quitté Paris en juin, à la suite d'une sale affaire. Depuis lors, il était obligé de se cacher dans une masure située dans la forêt des Chartreux, derrière l'étang du Sanglier Blanc. Il y vivait de chasse et de pêche, mais le besoin des filles le travaillait et le faisait sortir du bois...

— C'était un chien ! lança Mathieu avec une telle rancune que Lambert en fut stupéfait. Un chien !

— Pour sûr, ce n'était pas grand-chose de bien, reconnut le jardinier. Il en a fait voir à mes parents, le Judas ! Mais, enfin, nous avions été élevés ensemble...

— Tu lui avais déjà fourni de fortes sommes ?

— Plus que je ne l'aurais souhaité, en tout cas ! Vous savez ce que c'est !

— Et hier ?

— Hier, il avait sa tête des mauvais jours, des jours où le diable le tourmentait. Il m'a réclamé dix livres, et, comme je les lui refusais, il s'est emporté et m'a dit que, puisque c'était comme ça, il se vengerait en enlevant la petite Aude.

— Dieu !

— Il était comme possédé. Je n'ai pas voulu le croire, alors, il m'a lancé à la figure des choses abominables sur votre fils, ce qu'il avait fait, ses opérations louches...

N'osant continuer, Lambert se tut. La tête basse, il évitait de regarder son maître.

— Je sais ce qu'il a dû te dire, reprit le vieillard d'une voix amère. Je ne l'ai appris que depuis peu et ne m'en remets pas, mon pauvre Lambert, mais continue, va, je n'ai plus d'illusions à perdre !

— Je ne devrais peut-être pas vous raconter ces choses-là, mais ce malfaisant s'est également vanté d'avoir tué votre fils à la suite d'une dispute qui les avait opposés tous deux...

— J'y avais pensé !

Après la mort de Robert, la justice n'avait pas découvert l'auteur du meurtre et l'affaire avait été close sans qu'on fût parvenu à trouver le coupable.

Les deux hommes demeurèrent un moment silencieux. Des bulles vineuses crevaient en soulevant le couvercle de la marmite, et l'odeur du vin à la cannelle emplissait la pièce.

— Pouvais-je faire autrement que de l'abattre comme un animal dangereux ? gronda Lambert au bout d'un moment. Vous venez de le dire vous-même, messire, Radulf était un chien !

Mathieu Leclerc avait fermé les yeux. Non pour dissimuler les larmes qui coulaient en suivant le tracé de ses rides, mais pour tenter de se ressaisir. Son fils !... Par le Sang du Christ il ne fallait pas y penser maintenant !... On devait, pour le moment, parer au plus urgent.

— Écoute, Lambert, dit-il, en se redressant, écoute-moi bien. Quelqu'un a-t-il pu te voir tuer Radulf ?

— Je ne crois pas. Tout s'est passé dans votre verger. J'épointais des tuteurs pour les pommiers qui ont tant de fruits cette année que les branches risquent de casser. Quand ce porc a répété qu'il enlèverait la petite, j'ai saisi un des pieux, bien taillé du bout, et je me suis tourné vers lui. Il a compris ma révolte, ma fureur, et a essayé de m'échapper... Je l'ai, alors, frappé d'un grand coup derrière la tête...

— Et ensuite, pendant que tu transportais le corps ?

— C'était en pleine nuit. Comme à présent, l'orage menaçait. Je l'avais caché sous les basses branches des noisetiers et personne ne se trouvait dans les parages quand je l'ai tiré de là pour aller le jeter dans la rivière.

— Aux yeux de tous, tu seras donc innocent. Tu m'entends, Lambert, parfaitement innocent ! Qui pourra t'accuser ? Seulement, il ne faut pas paraître craindre de te faire voir. Comme nous sommes un jour chômé, on comprendra que tu ne te sois pas trouvé chez toi au moment de la découverte du corps de ton cousin. Cette absence est normale, mais, en revanche, on ne tarderait pas à être surpris de ne pas te rencontrer au village. Tu dois y aller, parler aux gens qui s'amusent dans les tavernes ou ailleurs, leur dire que la lamentable fin de Radulf vous touche profondément tous les trois. Il avait beau avoir mal tourné, les liens de famille qui vous unissaient étaient trop proches pour être oubliés. On ne comprendrait pas que sa mort vous laissât indifférents, ta mère, ton père, et toi. Il convient donc de te montrer affecté et de laisser entendre que le défunt a dû être victime de ses mauvaises fréquentations. Il ne sera pas difficile de glisser que vous vous attendiez tous à ce triste dénouement. Ambroise t'a déjà préparé le terrain en proclamant bien haut tout à l'heure, que le noyé était un fieffé vaurien et qu'il n'avait eu que ce qu'il méritait !

— Il a bien fait de le dire ! lança Lambert. C'est la vérité même !

— Ne nie pas avoir su qu'il se cachait quelque part aux environs de Gentilly, termina maître Leclerc. Soutiens qu'il n'avait pas osé venir chez vous et que vous n'aviez plus aucun commerce avec lui... Tu es estimé dans le pays : on te croira.

Le jardinier hocha la tête en signe d'assentiment.

— Tu comprends, reprit l'ancien enlumineur au bout d'un moment, personne ne doit jamais soupçonner la vérité. Pour toi, en premier, qui es un brave garçon et dont la réputation ne sortirait pas indemne d'une poursuite judiciaire. Pour mes petits-enfants, ensuite, qui sont innocents des méfaits de leur père et dont je n'accepte pas que l'avenir soit compromis. Pour nos deux familles, enfin...

— De toute manière, il aurait été abattu, un jour ou l'autre, par ses complices. Il était perdu et tremblait de peur, dit Lambert en haussant ses épaules de bûcheron.

— C'est le sort de ceux qui fréquentent la chiennaille ! Mon fils, lui aussi, en a payé le prix !

De nouveau, la voix de Mathieu Leclerc sombra. Les deux hommes regardaient le feu, dernière source lumineuse, dans la pièce assombrie par l'obscurité qui ne cessait de s'épaissir au-dehors. Les lueurs du foyer dansaient à leurs pieds, sur le sol de terre battue.

— Je vais m'en aller, dit enfin Mathieu Leclerc. Je pensais que l'orage éclaterait plus vite, mais j'ai peut-être encore le temps de regagner la maison. Pour toi, rends-toi à Gentilly et exprime-toi hardiment. Ne crains rien. Je prends sur moi les mensonges qu'il te faudra proférer. Tu défendras une cause juste.

— Par mon saint patron ! Je ne crois pas avoir mal agi en empêchant Radulf de commettre un nouveau crime, dit le jardinier. Mais il est écrit : « Tu ne tueras pas. » Et me voici avec mort d'homme sur la conscience... Je dois aller sans tarder me confesser dans une paroisse éloignée d'ici, où personne ne me connaîtra.

— Tu feras bien, mais à l'avance, je crois pouvoir t'assurer que le Seigneur te pardonnera !

Le vent était devenu ouragan et le vieil homme eut plusieurs fois de la difficulté à retrouver son souffle durant son trajet de retour. Il s'enrhumait facilement et, d'ordinaire, redoutait de sortir par mauvais temps. Cette fois, il n'y prêta nulle attention...

Son fils avait été un pourvoyeur de mauvais lieux, un trafiquant de femmes, un joueur perdu d'honneur ! Les conséquences de ses méfaits éclaboussaient à présent chacun des membres de sa famille, et Aude elle-même, cette enfant, n'avait échappé que de justesse au sort atroce qu'un ancien complice de son père lui réservait !

« Se peut-il que Robert, que sa mère et moi croyions promis à un avenir honnête, soit tombé assez bas pour terminer ses jours ainsi que le dernier des vauriens, sous le couteau d'une crapule dont il partageait le honteux commerce ? Sire Dieu, une telle abomination est-elle concevable ? En serai-je donc réduit à considérer comme juste la damnation du fils unique que j'ai tant aimé ? »

Quand il poussa la porte de sa demeure, une certitude s'imposa à lui : si quelqu'un, sur terre, avait encore une chance de racheter les péchés de Robert, ce ne pouvait être que celui-là qui lui avait donné le jour. En s'imposant une pénitence qui occuperait tout le reste de son existence, en suppliant le Seigneur d'en reporter le mérite sur l'âme de son fils occis en état de péché mortel, peut-être parviendrait-il à la sauver ?

« Je fais le vœu de distribuer tout mon bien en trois parts. Une pour les pauvres, une pour Vivien, une pour Aude, et de ne rien conserver par-devers moi. Je prendrai le bâton de pèlerin et irai, de sanctuaire en sanctuaire, implorer, Dieu Tout-Puissant, l'intercession des plus grands saints de Votre Chrétienté, afin qu'ils obtiennent de Vous pardon et miséricorde ! »

Eudeline-la-Morèle, qui avait dû guetter le retour de son maître, surgit au moment où Mathieu Leclerc s'apprêtait à gagner sa chambre.

— Vous voici enfin, messire ! Vous n'avez rien pris ce matin et devez avoir grand-faim, dit-elle de son air tranchant. Aussi, je vous ai tenu au chaud une galette au beurre et du lait lardé. Voulez-vous venir les manger à la cuisine ou préférez-vous que je vous les apporte ?

— Ni l'un, ni l'autre. Je n'ai pas envie de déjeuner.

— Il faut vous nourrir !

— Laissez, laissez, Eudeline, et ne vous faites pas de souci. Je n'en dînerai que mieux... Savez-vous où se trouve ma belle-fille ?

— Elle doit être avec le reste de la compagnie, auprès de la pauvre petite Agnès.

— Allez lui dire discrètement que je désire l'entretenir et qu'elle me trouvera dans ma chambre.

Un moment plus tard, quand Marie pénétra dans la pièce où il faisait presque aussi sombre qu'en pleine nuit, les premières gouttes d'eau d'un orage qui devait être le plus violent de l'été commençaient à s'écraser sur les tuiles du toit, tandis que la tempête hurlait comme une furie au-dessus de la vallée.

— Voici tout de même la pluie qui se décide à tomber ! soupira la jeune femme. On étouffait hier et il était temps que cette attente prît fin !

Les grondements, qui n'avaient cessé que de façon intermittente depuis la soirée précédente, redoublaient. Assez proches, plusieurs coups de tonnerre éclatèrent presque en même temps. Comme si, à ce signal, un barrage venait de céder juste au-dessus de la maison, des trombes d'eau furieuses se précipitèrent du ciel avec une violence inouïe, et un ruissellement si bruyant s'abattit sur le toit que le bruit de ses cataractes couvrit pour un moment celui de la foudre. Les éclairs mauves, blêmes, ambrés, qui se succédèrent ensuite illuminaient le jardin dont les exhalaisons de terre mouillée envahirent la chambre. Les odeurs, les parfums de la terre altérée et offerte, entrèrent par la fenêtre ouverte en même temps que les éclaboussures de pluie qui rejaillissaient sur le sol.

— Heureusement que la moisson est rentrée, remarqua machinalement Mathieu Leclerc.

— Vous vouliez me parler, mon père ?

— Je voulais vous dire, ma fille, que j'ai l'intention de me rendre demain à Paris, chez mon notaire, pour régler certaines affaires. J'en profiterai pour me faire donner par lui la somme dont nous avons parlé et pour vous la remettre. Il ne vous restera plus, alors, qu'à la porter au Lombard qui la réclame. L'échéance est fixée au jour suivant.

— L'échéance... oui...

Succédant à un éclair, un craquement sec, tout proche, retentit comme si les éléments furieux voulaient détruire la demeure.

— La foudre n'a pas dû tomber bien loin, dit Marie.

Elle avait sursauté, en dépit du plaisir sensuel qu'elle éprouvait toujours à respirer l'air sulfureux de l'orage et à se sentir enveloppée de cette force exaltante et terrifiante à la fois.

— Elle aura encore foudroyé un de nos tilleuls, remarqua maître Leclerc sans avoir l'air d'y attacher la moindre importance. Plusieurs en ont déjà été victimes, d'autres ont résisté...

— A propos de victime, dit Marie, qui donc était ce noyé trouvé dans le bief du moulin ?

— Quelqu'un dont on vous a parlé il y a peu, ma fille : Radulf, le cousin de Lambert.

— Celui qui... ?

— Lui-même.

— Que venait-il faire par ici ?

— Se cacher pour tenter d'échapper à quelque sinistre règlement de comptes.

L'orage s'acharnait, grondait, fulgurait, se déversait avec une folle impétuosité sur la vallée de la Bièvre.

— Savez-vous quelque chose d'autre, mon père ?

— Moins on en sait sur ces sortes de gens et mieux on s'en trouve, Marie. Ne vous souciez plus de ce vaurien. Il a emporté avec lui ses ignobles secrets.

— Connaît-on son meurtrier ?

— Non. Celui qui l'a aidé à retourner vers l'enfer dont il n'aurait jamais dû sortir a rendu un grand service à tout le monde. J'espère qu'on ne le prendra pas. Oubliez tout cela, ma fille. C'est une histoire terminée.

La jeune femme sentit que son beau-père ne tenait pas à être interrogé davantage sur cet événement. Il devait avoir ses raisons. Elle le quitta donc sans lui poser d'autres questions.

Elle avait beau goûter profondément le bonheur d'avoir retrouvé la confiance d'Aude, il lui restait assez de sujets de préoccupation pour ne pas souhaiter en acquérir de nouveaux.

Au fil des heures, des remords étaient nés dans son cœur au sujet de Côme. Le cri sur lequel il l'avait quittée : « Ah ! vous m'avez blessé ! » la poursuivait à présent. Comment avait-elle pu maltraiter avec tant de cruauté un homme auquel elle n'avait rien à reprocher et qui ne méritait en aucune façon un affront pareil ?

L'humiliante agonie de son père, le coup porté à son amant, et l'échéance du septième jour qui lui poignait le ventre chaque fois qu'elle l'évoquait, tels étaient maintenant les points vers lesquels, alternativement, sa pensée affolée tournait et retournait sans cesse.

Elle en était tellement obsédée qu'aucun autre événement ne parvenait à retenir bien longtemps son attention. Le mystère entourant la fin de Radulf, pas plus que l'état pitoyable d'Agnès, ne réussissaient à l'arracher longtemps à elle-même.

Pourtant, le sort de l'adolescente, dont la santé déclinait de jour en jour, la bouleversait. En dépit des soins qu'on lui prodiguait, de la présence constante à son chevet de ses parents adoptifs et de ses amis, la malade, loin de se rétablir, dépérissait sous leurs yeux.

Ses fractures devaient être refermées, et tante Charlotte assurait qu'on ne tarderait pas à lui retirer ses bandelettes, mais elle toussait de plus en plus, jusqu'à des crises suppliciantes de suffocation qui se multipliaient dangereusement. La fièvre ne la quittait pas, elle souffrait de douleurs dans la poitrine et crachait du sang.

Son visage amaigri avait perdu tout éclat, devenait grisâtre, sauf quand des taches rouges avivaient d'un fard malsain ses pommettes.

Assise dans la chambre où on brûlait du romarin dans des cassolettes, Marie, tout en dessinant ou brodant, écoutait Djamal lire des contes à la malade ou lui jouer des airs de son pays. L'angoisse pathétique qui agrandissait les yeux creusés d'Agnès serrait le cœur de l'enlumineresse jusqu'aux larmes. Elle les dissimulait de son mieux pour ne pas aggraver la détresse de celle dont le pitoyable destin semblait proche de son terme...

Après l'orage qui foudroya un des tilleuls, comme l'avait prévu Mathieu Leclerc, et fit déborder la Bièvre, la pluie s'installa et ne s'interrompit plus de tout le jour, ni de la nuit suivante.

— A la mi-août, l'hiver se noue ! prédit Eudeline-la-Morèle le matin suivant, alors que Marie se préparait à regagner Paris. C'en est fini du beau temps !

La jeune femme faillit lui répondre que cet été aventureux avait assez duré, mais elle préféra se taire.

Son départ provoqua chez Aude une crise de désespoir.

— Je veux partir avec vous, ma mère ! Je ne veux plus vous quitter !

— Nous nous séparons pour peu de temps, ma petite perle ! Votre école et celle de Vivien rouvriront dans quelques jours. Je vais revenir sans tarder vous chercher tous deux pour vous ramener à la maison.

— Je sais bien... mais je vais être si malheureuse sans vous ! Emmenez-moi !

— Je croyais que vous teniez à assister au baptême de Louis ?

Partagée entre deux désirs opposés, la fillette hésita.

— Soyez raisonnable, ma chérie, dit Marie. Nous nous retrouverons bientôt.

Ce fut l'âme tourmentée qu'elle s'éloigna de Gentilly en compagnie de son beau-père. La nature excessive et passionnée de sa fille lui laissait entrevoir un avenir qui ne serait pas de tout repos.

Rue des Bourdonnais, où elle se rendit en premier, son père n'eut pas un regard pour elle. Les yeux fixes, muré dans sa déchéance, il était devenu inaccessible.

« Il est absent, se dit Marie penchée vers le corps figé. C'est comme s'il était déjà mort et que, seule, sa pauvre forme lui survive ainsi qu'une enveloppe vide ! Je n'ai plus de père ! »

A l'atelier, le travail en retard qui s'était accumulé durant son séjour à Gentilly l'aida à endurer les heures d'attente qu'il lui fallut traverser.

Maître Leclerc passa vers le milieu du jour lui apporter la somme qu'elle aurait à remettre le lendemain à Amaury. Il s'en retourna chez lui sans vouloir s'attarder davantage.

Côme ne se manifesta pas.

Marie ne dormit presque pas cette nuit-là, et ce fut une femme pâlie et nerveuse qui se rendit, le matin suivant, à la messe matinale de Saint-Eustache.

Il ne pleuvait plus, mais la chaleur, si lourde depuis des semaines, s'en était allée avec l'orage qui l'avait balayée, et un vent aigre poussait dans le ciel des nuages couleur de fumée qui ajoutaient à la mélancolie des lendemains de fête. Des guirlandes effeuillées frissonnaient sur les façades, et les arcs enrubannés dressaient tristement leurs rubans défraîchis au-dessus des pavés boueux.

Sur sa cotte, Marie avait passé un léger mantel de samit gris pour la protéger du vent et dissimuler le sac de cuir dans lequel elle transportait les pièces d'argent du rachat.

Si, durant la cérémonie, elle se montra attentive, ce fut davantage à ce qui se passait dans l'assemblée qu'à la célébration de l'office. Son esprit était ailleurs et un tremblement incoercible l'agitait.

Amaury, était-il déjà dans l'église ? En dépit des regards qu'elle glissait de droite et de gauche, elle ne le vit pas. Jamais messe ne lui parut aussi longue ni aussi courte à la fois.

Au moment de sortir de Saint-Eustache, elle se sentit prise de faiblesse et pensa perdre connaissance, mais il n'en fut rien. Elle aborda le parvis sans avoir découvert où pouvait se dissimuler son bourreau.

Hésitante, elle ne savait quel parti prendre, quand un marchand d'oublies, qui offrait ses gâteaux aux fidèles, l'interpella.

— N'attendez-vous point quelqu'un, belle dame ? demanda-t-il avec on ne savait quelle lueur goguenarde au fond de ses petits yeux rusés.

— Peut-être...

— Ne se nommerait-il point Amaury ?

Le cœur de la jeune femme tressauta.

— Viendra-t-il ? murmura-t-elle.

— Je suis chargé de vous conduire à lui, dit l'homme en baissant le nez vers la corbeille qu'il portait attachée par une légère courroie autour du cou. Achetez-moi des oublies et n'ayez pas l'air de vous attarder en ma compagnie. Gagnez la rue, vous m'y verrez bientôt et n'aurez qu'à me suivre.

Les jambes tremblantes, la tête perdue, Marie fit ce qu'on lui demandait.

Assez vite, l'homme passa devant elle, prit la rue des Étuves, tourna à droite, enfila une ruelle aux maisons basses. Plusieurs façades y offraient à la vue des fenêtres ouvertes sur des chambres où des lavandières de têtes, en tenue légère, se livraient à leur métier, tout en chantant. Chacun savait que, le plus souvent, elles ne se contentaient pas de laver et de parfumer les cheveux de leurs clients, mais qu'elles étaient peu farouches et ne refusaient pas de les accompagner au premier étage s'ils les y invitaient.

Ce fut dans une de ces bâtisses qu'entra le marchand d'oublies. Comme Marie hésitait à l'y suivre, il revint sur ses pas pour inciter la jeune femme à ne pas demeurer sur le seuil.

Ils longèrent un couloir, passèrent sous une voûte, traversèrent une cour fleurie, et pénétrèrent dans le bâtiment du fond, pas plus haut que celui qui donnait sur la rue, mais beaucoup plus tranquille.

Au premier, l'homme frappa à une porte qui s'ouvrit presque aussitôt. Un gardien au visage de bois, aux épaules de lutteur, vêtu d'une broigne de peau couverte d'annelets de fer, introduisit la jeune femme dans une pièce fastueusement meublée, décorée de tapis persans, et séparée d'une autre chambre qui lui faisait suite par une courtine de velours bleu.

Des oiseaux inconnus, au plumage éclatant, chantaient dans une cage près de la fenêtre, et un très beau lévrier gris, allongé sur un coussin, se léchait méticuleusement les pattes.

Le marchand d'oublies avait disparu. Le gardien se retira sans un mot.

La portière de velours s'écarta et Amaury apparut. Sur une chemise de cendal violette brodée d'or, il portait un vêtement oriental, ample et couvert de broderies de soies multicolores, d'une finesse et d'une diaprure admirables. Tête nue, ses cheveux bouclés retenus sur le front par un cordon d'orfroi, les pieds dans des babouches de velours noir recouvert de perles, il avait visiblement jugé bon de recevoir sa visiteuse en tenue d'intérieur.

— Par le Saint-Voult ! chère dame, vos yeux ont ce matin la couleur même de la mer ! déclara-t-il à sa façon déconcertante, tout en saluant Marie.

— Que signifie tout ceci ? demanda la jeune femme en tâchant de prendre l'offensive pour dissimuler son trouble. Pourquoi me recevoir dans un tel endroit ? Je croyais que nous devions nous rencontrer à Saint-Eustache.

— Sans doute, sans doute, mais je ferai mes dévotions plus tard. N'est-on pas mieux céans, pour converser, et n'y est-on pas plus tranquilles ?

— Mais je n'ai rien à vous dire ! Je suis venue pour vous remettre la somme que vous avez exigée, et pour recevoir, en échange, la lettre que vous vous êtes engagé à me restituer !

— Allons, chère dame, laissons de côté, pour le moment, ces questions triviales. Quittez votre mantel et venez goûter quelques épices de chambre fort appropriées à réjouir le palais le plus délicat.

Il s'approchait d'elle, l'aidait à retirer son vêtement, lui offrait la main.

— Passons dans la pièce voisine. J'ai fait préparer à votre intention une légère collation pour remplacer le déjeuner, que, par ma faute, vous n'avez pu prendre.

Le lévrier gris se levait avec des mouvements aussi élégants et souples que ceux de son maître, s'approchait de lui, le considérait affectueusement de ses yeux d'or. Amaury caressa la tête du bel animal, puis souleva la portière bleue, et s'effaça pour laisser entrer Marie. Prise au piège, la jeune femme ne savait plus que faire ni que penser.

La seconde pièce était une chambre tendue de soieries chatoyantes, et occupée par un large lit aux courtines relevées, sur lequel, immaculée, une couverture d'hermine était jetée.

Des draps et des oreillers de satin cramoisi en dépassaient. Posé sur le sol, près de la tête du lit, un brûle-parfum de jade laissait échapper une fumée dont l'arôme évoquait toutes les séductions de l'Orient.

Au milieu de la pièce, sur une table incrustée de nacre et d'ivoire, des mets et des boissons étaient servis sur des plats et dans des hanaps d'argent.

— Je ne comprends pas, dit Marie interdite, non, vraiment, je ne comprends pas à quoi rime cette réception !

— Par le Saint-Voult, il n'y a rien à comprendre, chère dame, rien du tout ! J'ai seulement souhaité enjoliver des rapports qui avaient, à mon gré, débuté trop froidement. J'aime tant les jolies femmes, voyez-vous, que je ne puis souffrir d'en rester avec elles sur le seul terrain de la vénalité. Je voulais vous voir et me faire voir à vous sous un aspect plus aimable. Voilà tout !

Il s'approchait de la table, versait un vin doré dans une coupe de vermeil, l'offrait.

— Goûtez-y, je vous prie. Il vient de Grèce et me semble digne des dieux de ce bienheureux pays !

Il s'empara d'un plateau d'argent chargé d'épices rares : coriandre, gingembre, noix muscade, garigal, anis, genièvre, amandes enrobées, angélique confite, tandis que, de l'autre main, il prenait un plat débordant d'abricots glacés, de nougats, de darioles, de craquelins, et de beignets arrosés de miel liquide. Il les lui présenta tous deux.

— Servez-vous, dame, dit-il, avec un sourire gourmand. Ces petites choses ne devraient pas vous déplaire.

Machinalement, Marie avait accepté la coupe. Elle repoussa les friandises.

— Que signifie un tel accueil ? répéta-t-elle misérablement, tout en se disant que son désarroi ne devait être que trop évident.

— Cessez donc de vous poser des questions oiseuses, répondit Amaury, désinvolte. Mangez, buvez, profitez de ce qui vous est offert et oubliez vos scrupules !

Marie reposa la coupe sur la table.

— Je ne suis pas venue ici pour me divertir mais uniquement pour vous apporter l'argent que vous m'avez requis de vous livrer, dit-elle en s'efforçant à la dignité. Le voici.

Elle tendit au jeune truand la lourde bourse qu'elle portait sous le bras.

Il la prit d'un air insouciant, la jeta sur la table.

— Vous ne vérifiez pas son contenu ?

— A quoi bon ? N'êtes-vous pas aussi honnête que sage ?

Il se rapprocha d'elle, la considéra comme un maquignon aurait pu faire d'une pouliche sur un foirail.

— Encore plus honnête que sage, reprit-il en soulevant d'un doigt le menton de sa prisonnière. Du moins, je l'espère.

Marie tressaillit.

— Vous voyez bien, dit-il simplement.

Et, d'un mouvement identique à celui qu'il avait déjà eu avec elle dans l'église, il l'attira contre lui, l'embrassa violemment.

Sa bouche avait un goût de santal et elle brûlait comme les plus fortes épices. Une sorte de lame de fond submergea Marie, lui arracha un gémissement.

Sans plus rien dire, Amaury l'enlaçait. Ses mains parcouraient le corps qui se défendait avec maladresse, le palpait avec hardiesse.

— Non ! jeta Marie. Non !

— Pourquoi non ? Le plaisir en sus, n'est-ce pas là une bonne formule ?

— Je ne veux pas...

— Mais si, vous voulez !

Il la serrait contre lui de si près qu'elle ne pouvait plus rien ignorer de ses intentions. Une sorte de tornade intime la ravageait. Elle sut alors qu'il lui fallait, sur-le-champ, faire un choix essentiel : la vie claire ou l'asservissement aux forces obscures, l'amour tendre ou la bestialité, Côme ou Amaury...

Avec la certitude de jouer son destin, elle regroupa ses dernières défenses, et, comme on s'arrache à la boue qui menace de vous enliser, elle le mordit aux lèvres, à pleines dents, sans pitié.

En criant de douleur, il se rejeta en arrière, et, d'un revers de main, en homme habitué à frapper, la gifla.

Vacillante, elle recula, faillit tomber, se raccrocha à la table, derrière laquelle elle finit par se réfugier.

— Vous me faites horreur ! cria-t-elle sans parvenir à maîtriser sa voix.

A l'aide d'une serviette de fin linon qu'il avait prise sur la nappe,

Amaury étancha le sang qui coulait de sa bouche blessée. Il ne cessait pas pour autant de l'observer.

A demi redressé, le lévrier grondait.

— Préférer la sécurité au plaisir me semble une irréparable sottise, remarqua le Lombard au bout d'un moment. Vous ne savez pas ce que vous perdez, ma belle !

Il haussa les épaules avec mépris.

— Votre mercier n'est peut-être pas exactement maladroit au déduit, mais il est bien trop honorable pour vous révéler des voluptés que je sais, et dont vous n'avez pas idée !

— Je vous interdis de parler de Côme ! Le plaisir pour le plaisir ne m'intéresse pas ! s'écria avec emportement Marie, dont tout l'être savait, au contraire, à présent et avec terreur, qu'il n'était dorénavant question de rien d'autre. Je ne suis venue que pour échanger contre l'argent que voici, la lettre que vous m'avez promise. Donnez-la-moi, dites-moi ce que vous exigez pour me rendre les autres, et laissez-moi partir !

— Tout doux, chère dame, tout doux ! Il y a, j'en suis persuadé, des accommodements possibles entre nous. Ne restons pas sur un malentendu.

Il avait repris son ton badin et la maîtrise de la situation.

— Pour commencer, cessez donc de vous réfugier derrière cette table comme derrière un rempart, conseilla-t-il d'un air railleur. Vous n'êtes pas une place forte assiégée, que je sache ! Je puis vous assurer que je n'ai jamais eu à forcer quelque fille que ce soit, et ce n'est certes pas aujourd'hui que je débuterai !

Il rejeta la serviette légèrement tachée de sang, prit une coupe, y versa du vin blond, le but voluptueusement.

— Asseyons-nous et causons, dit-il ensuite.

— Je n'ai plus rien à vous dire.

— Croyez-vous ?

Un mauvais sourire.

— Moi, en tout cas, j'ai une proposition à vous faire.

Il saisit une dariole, la mangea malgré sa lèvre blessée.

— Je vais vous surprendre, mais, voyez-vous, je ne suis pas un homme d'argent.

Marie s'appuya des épaules contre le mur, mais demeura sur ses gardes, là où elle se trouvait. La gifle l'avait réveillée d'un cauchemar, arrachée au vertige de la fascination.

Elle n'était pas femme à admettre d'être battue... L'emprise des sens n'avait pas eu le temps de l'établir suffisamment sous son joug pour l'amener à accepter de tels sévices. Peut-être, aussi, n'était-elle pas assez subjuguée pour s'abandonner de cette façon... Peut-être avait-elle trop de respect d'elle-même pour descendre jusque-là... De toute façon, en se révélant sous son véritable jour,

Amaury venait de compromettre le profit du jeu fort habile qu'il avait su mener si avant...

— Votre résistance me plaît, ma belle, disait-il pour tâcher de rattraper sa fausse manœuvre. J'ai toujours préféré les proies qui se défendent à celles qui se laissent capturer sans lutte, et je sais apprécier le courage là où il se trouve. Avant que vous ne mordiez de si belle manière, j'avais simplement envie de vous. A présent, vous m'intéressez.

De loin, il lui tendit un drageoir débordant.

— Vous pouvez vous servir sans crainte, je n'abuserai pas de la situation.

Sans répondre, elle secoua négativement la tête.

— Par le Saint-Voult ! Vous avez tort, mes dragées sont excellentes !

Il en prit une poignée qu'il introduisit délicatement entre ses lèvres avant de les croquer. Marie détourna les yeux.

Ces dents blanches et puissantes broyant les amandes, cet appétit de tout ce qui passait à sa portée, réveillaient en elle les tentations qu'un instant plus tôt elle pensait avoir résolument éloignées...

— Si vous le voulez bien, vous reviendrez dans deux jours. Je dis bien : deux jours, afin que je vous remette une autre missive de ce bon Robert, reprit le Lombard. Si je vous donne si peu de temps, c'est que vous n'aurez pas, cette fois, à vous soucier de trouver des fonds. En échange de la lettre, je ne vous réclamerai pas un sol !

Il se leva, demeura à distance, tout en fixant la jeune femme intensément, en plissant les paupières, comme elle l'avait vu faire à certains oiseleurs qui veulent apprivoiser un oiseau.

— La prochaine fois, belle dame, vous n'aurez rien à apporter, non, sur ma foi, rien d'autre que vous-même !

Du front aux orteils, Marie se sentit s'empourprer. Son sang enflamma sa peau claire, y brûla.

— Je vois que vous m'avez entendu, constata Amaury avec son cynisme habituel. C'est très bien ainsi. Contrairement à ce que vous feignez de croire, nous sommes faits pour nous entendre, vous et moi ! Je demeure persuadé qu'il existe entre nous des concordances délectables et je puis vous assurer que vous ne vous ennuierez pas dans mon lit !

— Taisez-vous ! Taisez-vous ! Mais taisez-vous donc !

Elle avait crié, et sa voix dérailla sur les dernières syllabes.

— Gardez vos crises de nerfs pour notre prochaine rencontre, chère dame ! Je vous apprendrai à les utiliser au mieux de nos fantaisies...

Il souleva la portière, passa dans l'autre pièce.

Après un temps de réflexion, Marie l'y suivit.

Il ouvrait un cabinet mauresque en ébène et nacre, prenait dans un tiroir un feuillet de parchemin soigneusement plié. Le format, semblable à celui de ses carnets de croquis, était familier à Marie, qui reconnut aussi le cachet des Leclerc.

— Voici la première lettre, belle dame. La suivante vous attendra sous l'oreiller, dit-il en la lui présentant.

D'un mouvement ferme et prompt, en chasseur habitué à saisir sa proie, il s'empara de la main tendue, attira Marie contre lui, l'emprisonna une seconde fois entre ses bras.

— Si je le voulais, je vous réduirais sur l'heure à merci, constata-t-il simplement. Mais je préfère ne vous tenir que de vous-même, et je me plais à penser que cette aventure, qui a si vulgairement débuté, va se continuer dans les délices des découvertes réciproques.

Il se pencha, posa sa bouche sur la chair délicate, là où s'arrêtait l'étoffe de la cotte, à la naissance du cou, y appuya sa lèvre meurtrie. Ce fut comme si un fer rouge brûlait Marie.

— Vous voyez bien, répéta-t-il avec son impudent sourire.

Il recula, frappa ses mains l'une contre l'autre. Le garde du corps, qui devait attendre sur le palier, entra.

— Reconduis cette dame jusque dans la rue, ordonna-t-il.

Puis, avec une apparence de respect qui n'en était que plus injurieuse, il tendit à la jeune femme son mantel de samit gris.

— Trouvez-vous, sans faute, dans deux jours, à Saint-Eustache, conclut-il, et n'oubliez pas que vos enfants répondent toujours de votre... bonne volonté.

Il la salua.

— Un de mes émissaires vous attendra sur le parvis, chère dame, afin de vous conduire ensuite jusqu'à moi, dans un autre de mes domiciles.

Une fois encore, il avait l'air de beaucoup s'amuser.

— Que voulez-vous, on ne me retrouve jamais deux fois de suite au même endroit, expliqua-t-il de fort bonne grâce. Par le jeu des circonstances, je me vois contraint à m'entourer de certaines précautions !

16

Quand Marie y pénétra, la Galerie marchande du Palais Royal regorgeait de monde.

La jeune femme savait quel attrait la Salle aux Merciers exerçait sur les élégants et les élégantes de la capitale. Elle avait prévu ce monde, ce bruit, cette agitation.

En se hâtant le plus possible, en bousculant certains, en jouant des coudes parmi la cohue colorée des chalands qui déambulaient à travers l'immense galerie de pierre voûtée large comme une rivière et haute comme une cathédrale, elle parvint enfin devant la boutique des Perrin.

L'entrée en était encombrée par les allées et venues incessantes des clients, des curieux, des hésitants, et de ceux que l'envie d'acheter tenait aux tripes.

La plus ancienne employée de la mercerie, Adélaïde Bonnecoste, qui régnait sur l'ensemble des vendeurs et venderesses, reconnut de loin l'arrivante. Laissant là le vénérable juge auquel elle faisait essayer des lentilles de béryl enchâssées dans des cercles de bois, de corne, de cuivre, ou de fer, qu'on nommait besicles clouantes parce qu'un clou réunissait les deux lentilles de cristal transparent sur le front, entre les deux yeux, la vieille employée se porta au-devant de la nouvelle venue.

— Par ma foi ! dame, s'exclama-t-elle avec le mélange d'amabilité et de suffisance qui était dans ses habitudes, par ma foi, messire Perrin va être navré d'avoir dû s'absenter ce matin ! Il est parti s'occuper d'un important achat de pièces de toile, de drap et de lin, qui requérait sa présence à la Grange aux Merciers, sur la route de Vincennes. Je ne sais point trop quand il en reviendra, mais je crains qu'il soit retenu assez longtemps car il avait à y rencontrer des marchands anglais, italiens et flamands.

Une déception aiguë traversa Marie. Elle devait voir Côme, lui parler, tout de suite !

— Tant pis, dit-elle à Adélaïde Bonnecoste qui la guettait derrière un sourire de commande, tant pis ! Je vais l'attendre. Il me faut l'entretenir.

— Voulez-vous prendre place sur ce banc, là, derrière l'étal des couvre-chefs ! Vous y serez mieux qu'à celui des armes ou à celui des épices, qui sont toujours pris d'assaut !

— Comme vous voudrez, dit Marie, indifférente.

Guidée par la femme maigre et décidée qui lui frayait un chemin parmi la presse des acheteurs, elle se retrouva bientôt installée sur un banc garni de coussins, entre des étagères supportant des coiffures de plumes de paon, de feutre, de velours ou d'orfroi, et une longue table sur laquelle étaient posés des chaperons, des guimpes, des couvre-chefs de mousseline ou de voile, plissés, empesés, brodés de perles ou de fils d'or.

— Ici, vous serez bien pour attendre, dit Adélaïde Bonnecoste. Je vous prie de me pardonner, dame, mais je ne puis m'attarder en votre compagnie comme je le souhaiterais, car il me faut retourner auprès de maître Beauneveu, qui est venu céans dans l'intention d'acheter des besicles. C'est une nouvelle invention qui aide à corriger la mauvaise vue, mais il n'arrive pas à se décider entre les différentes formes que je lui présente.

Avec le sourire de quelqu'un qui en sait long, elle s'éloigna.

Marie s'appuya contre le montant d'une étagère de bois ciré qui se trouvait derrière elle et ferma les yeux. En elle, tout était chaos, peur, découverte...

L'odeur si particulière de la mercerie où se fondaient des senteurs, des effluves, des relents, des fumets, dus aux parfums, savons, épices, tissus, cordages de chanvre, fourrures et autres marchandises venues parfois de si loin, ces émanations où fusionnaient les séductions les plus diverses, environnaient la jeune femme d'une présence devenue familière...

Pourquoi Côme était-il absent ? Elle avait un tel besoin de lui, de sa présence, de sa force tranquille, de son attention...

Pendant le court trajet qu'elle venait de faire entre la maison basse de la ruelle aux lavandières de têtes et la Galerie marchande, une évidence s'était imposée à elle. Une évidence considérable : elle aimait Côme !

Toutes les hésitations, tergiversations et cas de conscience qui la retenaient jusqu'à présent au bord du don d'elle-même, venaient, d'un coup, de céder, emportées par l'haleine de brasier que la scène vécue auprès d'Amaury avait fait passer sur elle. Mis à nu par l'effondrement de ses défenses les plus intimes, l'attachement qu'elle portait à son amant s'était enfin révélé comme son unique recours.

Folle ! Folle qu'elle avait été de jouer avec des sentiments de cette qualité ! A la faveur du choc qu'elle venait de subir, elle découvrait que si son veuvage la mettait bien à l'abri des pressions de son entourage, s'il lui conférait une liberté fort appréciable, il ne suffisait pas à la protéger de ses propres faiblesses. C'était contre elle-même, ou, tout au moins, contre les monstres tapis au plus épais de son être, qu'il lui fallait un défenseur. Sa foi en Dieu était un bouclier spirituel, son amour pour Côme lui apparaissait maintenant comme son armure humaine... Jamais, jusqu'à ce jour, elle n'avait eu l'occasion de mesurer à quel point elle était démunie devant l'assaut des forces obscures. Entre les bras d'Amaury, elle n'était plus qu'une femelle. De cet abaissement, elle ne voulait à aucun prix ! Devenir la catin d'un truand ! Voilà donc où l'auraient conduite ses sens si elle n'avait pas reçu, avec une gifle, la plus cuisante leçon de son existence !

« Dieu Seigneur ! J'ignorais que dormait tant de boue en moi ! Si cet homme ne m'avait pas touchée, je n'aurais jamais pressenti de quoi j'étais capable et j'aurais continué, sans l'ombre d'un remords, à mépriser les filles follieuses ! De tout mon cœur, je Vous en demande pardon... Quand je songe à l'aveuglement dont j'ai si longtemps fait preuve, je suis saisie d'effroi. J'avais mal interprété les paroles de l'abbé Piochon quand il affirmait, dans un de ses sermons de l'été, que le péché de chair est sans réelle gravité. Pour ce prêtre sain et droit, il ne pouvait s'agir que de l'amour tout simple d'un homme et d'une femme unis par de puissants liens de tendresse. Je sais maintenant qu'il existe un autre penchant, qui nous ravale au rang des bêtes, n'a de l'amour que le nom, et n'est que péril et souillure ! Inspiré par le Bouc, il nous livre à lui ! C'est une lèpre qui ronge, jusqu'à destruction totale, notre honneur et notre foi avant de s'attaquer enfin à l'âme, pour l'anéantir ! »

— Je suis ennuyée de vous déranger, dame, mais je ne puis atteindre cette étagère...

Marie ouvrit les yeux. Une jeune apprentie aux tresses blond cendré et aux joues rebondies se tenait devant elle, rouge de confusion, la tête penchée sur une épaule.

— Faites, faites, Jacquine, c'est moi qui vous dérange...

Plusieurs clientes se bousculaient de l'autre côté de la table longue et étroite qui lui faisait face, et essayaient des guimpes, des chapelets d'orfèvrerie, des résilles, tandis que des hommes, un peu plus loin, s'intéressaient aux chaperons, toques à revers taillés, chapeaux de feutre ou bonnets de toutes tailles qu'un vendeur leur offrait.

— Je vais marcher un peu, reprit Marie, et vous laisser la place.

Elle se leva et se retrouva aussitôt mêlée à l'agitation qui tourbillonnait à travers la boutique.

« On a raison de dire que les merciers sont marchands de tout, constata-t-elle une fois de plus. C'est un métier universel ! »

A chacune de ses visites dans la mercerie, elle était éberluée par la variété, le nombre, l'entassement, de tant de merveilles. Comment ne pas se laisser gagner par la fièvre des achats possibles ?

Pour tromper son attente, elle se laissa porter de proche en proche par la foule.

Les marchandises les plus diverses remplissaient les rayonnages et les lourds bahuts mis contre les murs s'empilaient sur les tables, s'amoncelaient sur le carrelage dans des corbeilles ou sur des plateaux. Il y avait de quoi faire tourner la tête la plus solide ! Rubans, boucles de ceinture ou de souliers, gants ordinaires ou fourrés, mitaines, lacets, épingles d'archal et d'argent, dés à coudre en vermeil, rasoirs du plus fin acier, ciseaux à broder, cure-oreilles et cure-dents, fers à lisser ou à crêper les cheveux, chaînettes ciselées, écrins à bijoux, bourses de cuir, courroies de soie, chausse-pieds de corne, peignes d'écaille, miroirs, fards pour les belles, roses et blancs, savons de Paris, agrafes, aumônières (n'était-ce pas en désirant en acquérir une que Marie avait rencontré Côme pour la première fois ?), brides d'attaches ornées de boutons d'or ou de soie, pelissons fourrés de loutre ou de vair, doublures d'écureuil ou de lièvre, tablettes de cire munies d'un stylet, pour écrire, instruments de musique divers, allant de la flûte à la harpe, bijoux de toutes sortes, jouets pour les enfants, balles et poupées habillées, moules à gâteaux, cuillères de bois de tremble, couteaux à lame ronde ou effilée, paniers de jonc, pilons de buis ou de marbre...

L'arôme des épices s'intensifia. Sur de larges plateaux de vannerie, dans des sachets de toile fine, on pouvait acheter du safran, du gingembre, du cumin, du poivre, des clous de girofle, des graines de paradis, de la cannelle, des pistaches, du thym, de l'aneth, du romarin, de la sarriette, de la sauge, en poudre ou en feuilles fraîches...

— Poussez-vous, commère ! Je suis pressée !

Une jeune fille coiffée d'une couronne de fleurs des champs, drapée dans un surcot de soie ponceau, bousculait Marie qui la suivit des yeux jusqu'à l'étal de lingerie qui semblait la fasciner. Avec un plaisir si vif et si flagrant que ç'en était inconvenant, la demoiselle maniait chemises, mouchoirs, bas de chausses, camisoles, dentelles, surcots bordés de fourrure, ceintures brodées, et autres atours féminins. Elle plongeait ses mains dans la soie, le linon, le satin, le molequin, le crêpe ou la mousseline, avec une sorte de volupté avide qu'on ne pouvait contempler sans gêne.

« En voilà une que le Malin tient par la coquetterie, songea Marie avec tristesse. Décidément, tous les procédés lui sont bons ! »

En se détournant, elle se trouva devant des pièces de toile, de serge, de camelot, d'étamine, de futaine, de drap, de chanvre, de lin et de fil, qui s'empilaient à même des planches posées sur des tréteaux.

Que faisait Côme ? Pourquoi tardait-il tant à revenir ? Qu'était-il allé acheter d'autres étoffes alors qu'il en possédait déjà en si grande quantité ?

Marie se sentait à bout de nerfs. Son amant lui apparaissait à présent comme le seul homme qui comptât, l'unique refuge imaginable. De son attirance malsaine envers Amaury, de ce vertige qui aurait pu la perdre, ne demeuraient que peur et répulsion. Le Lombard était l'incarnation faussement séduisante du Mal, du stupre, de la jouissance la plus basse. Il lui faisait horreur pour lui avoir révélé la plus mauvaise part d'elle-même...

— Que Dieu vous garde, dame !

La jeune femme se retourna. Le chirurgien qui était venu soigner les fractures d'Agnès la saluait.

— Je ne pensais pas vous rencontrer en un pareil endroit, maître Garin.

— Je ne m'y trouve certes pas pour m'y frotter aux vanités de cet antre, reconnut avec bonne humeur l'homme noir, et je puis vous affirmer que l'or en paillettes, les bijoux d'argent, les pierres fines, les perles, le corail, les calcédoines, les améthystes, l'ambre jaune et autres agates ne m'amusent que par les reflets qu'ils allument dans les yeux de mes pareils !

Un sourire de loup étirait sa grande bouche jusqu'à ses oreilles pointues.

— Rassurez-vous, chère dame ! Je ne suis ici que pour acquérir des lancettes à saigner, des remèdes contre la teigne, la goutte ou les maux de ventre, sans parler du galanga qui donne, comme chacun sait, force et éclat à la voix des clercs !

— Avez-vous visité ces temps-ci notre pauvre malade de Gentilly ? demanda Marie.

— Je vais aller la voir sans tarder. Il est temps de lui retirer ses bandelettes. Ce serait une bonne nouvelle, dit le mire en changeant d'expression, si son état n'était pas si préoccupant.

Il fit une grimace et se gratta la nuque.

— Elle va mal, continua-t-il avec mécontentement, fort mal, et j'ai bien peur de ne plus pouvoir grand-chose pour elle.

— Mais enfin, qu'a-t-elle donc ?

On les bousculait de tous côtés et c'était une étrange situation que d'évoquer le malheur au milieu de cette animation et de cette abondance.

— Comment savoir ? Je crains qu'une côte cassée lui ait déchiré le poumon, dit le chirurgien avec une nouvelle grimace. Elle crache du sang.

— Et vous n'y pouvez rien ?

— J'ai essayé tous les remèdes, mais sans succès, hélas !

Marie serra les lèvres, et quitta le mire sur un triste salut.

Lorsque Thomas reviendrait, avec ou sans la dispense qu'il était allé chercher si loin, retrouverait-il seulement sa fiancée ?

« Quel gâchis ! se dit Marie, quel gâchis en ce bas monde ! Le Christ Jésus avait raison de dire quand il s'est rendu chez Zachée, le publicain, qu'Il était venu sauver ce qui était perdu ! La matière humaine perdue par le péché ! »

Elle se trouvait devant l'étal des besicles où officiait Adélaïde Bonnecoste dont le vieux client s'en était allé depuis longtemps. Elle s'occupait à présent d'une femme opulente qui hésitait à acquérir des lentilles de cristal cerclées de corne.

— Messire Perrin ne devrait plus tarder à présent, dit la vendeuse en tendant le cou en direction de Marie afin de se faire entendre en dépit du brouhaha. La matinée tire vers sa fin.

— Je vais encore l'attendre un peu, dit Marie.

Elle se dirigea vers l'étal des parfums. Des exhalaisons de jasmin, d'iris, de fleur d'orange, de marjolaine, de myrrhe, de rose, d'encens, de vétiver, de violette l'assaillirent, mais le musc l'emportait sur toutes les autres senteurs.

« Je n'aime pas l'odeur du musc, songea Marie. Il est trop insistant. »

Elle songea qu'elle préférait l'ambre gris lié dans son souvenir à la présence de Côme, et son cœur tressaillit.

« Voici que je suis enfin devenue amoureuse d'un homme dont je suis la maîtresse depuis deux mois ! constata Marie en s'emparant d'un miroir de Venise qui ressemblait à celui que le mercier lui avait offert, et en s'y mirant. Voyons un peu la tête d'une femme éprise. »

Sous la coiffure de lingerie, les cheveux blonds encadraient un visage aux pommettes hautes où le sang affluait. Le nez trop court, la bouche trop grande, étaient sans surprise, mais, au fond de ses prunelles, elle découvrit une sorte de fièvre, une excitation faite d'angoisse et d'espérance, qui lui parut nouvelle.

— On s'admire ?

Un homme trapu, coloré, s'adressait à elle, clignait de l'œil, baissait le ton.

— Accepteriez-vous que je vous détaille hors d'ici, d'un peu plus près ? proposa-t-il d'une voix paillarde.

Marie haussa les épaules, reposa le miroir, s'éloigna.

L'absence de Côme lui semblait éternelle.

« Pourvu qu'il ne m'en veuille plus, songeait-elle. Pourvu qu'il m'ait pardonné... »

Connaissant la force des sentiments que son amant lui portait, elle ne se tourmentait pas trop de la brouille qu'elle avait provoquée avec une telle inconséquence. Dès qu'elle serait devant lui, il comprendrait combien elle avait changé. De son aventure avec le Lombard, elle lui raconterait ce qui était racontable et lui demanderait d'intervenir de façon à l'en débarrasser à jamais. Ensuite...

— Voulez-vous retourner vous asseoir, dame ? demanda la voix claire de Jacquine.

Marie la remercia. Elle préférait continuer sa promenade. En passant, elle jeta un coup d'œil sur les jeux offerts aux chalands : dés, en bois, corne, os ou ivoire, échecs en ébène, en ambre, en nacre, trictrac, quilles, boules, mérelles, marionnettes, cerceaux...

Elle épouserait Côme. Toutes ses préventions tombaient. Près de lui, elle était maintenant certaine de rencontrer le bonheur et la paix. Il faudrait amener Aude et Vivien à y consentir de bonne grâce. Elle s'y emploierait. Quant à l'enluminure, sans y renoncer, elle s'arrangerait pour s'y consacrer aux heures où son époux serait occupé par son propre métier...

Elle passa sans s'y intéresser devant les éventaires d'armes, de clous, de ciseaux et tous objets de fer, d'acier, de cuivre, d'airain, de laiton, devant les boîtes d'épingles et d'aiguilles de toutes tailles, devant les serrures, les cadenas, ainsi que devant les fournitures pour la pêche et la chasse, mais s'arrêta un moment devant les tapisseries, courtines, courtepointes, couvertures, en se disant qu'elle en aurait de plus belles quand elle serait la femme de Côme.

Elle termina son tour de boutique en contemplant avec respect les livres de prières, les heures, les psaumes, et les catéchismes posés avec soin sur une petite table recouverte de velours vert, au-dessus de laquelle étaient accrochés quelques images et panneaux de bois décorés ou peints. Bien que particulièrement apte à en juger le travail, elle ne parvint pas à fixer son esprit sur eux. Toutes ses facultés étaient tournées vers un avenir qu'elle construisait et reconstruisait sans cesse.

Le son tout proche des cloches de la Sainte-Chapelle, annonçant l'interruption du labeur matinal, l'amena devant Adélaïde Bonne-coste.

— Vous allez fermer boutique, lui dit-elle. Je vais donc partir. Pensez-vous que messire Perrin sera de retour lors de la réouverture ?

— En début d'après-midi, il se rend assez souvent au Jeu de Paume de la rue Garnier-Saint-Ladre afin de prendre quelque exercice, répondit la femme de confiance du mercier. Je ne sais s'il a l'intention de s'y trouver ce jourd'hui.

Marie remercia et quitta la mercerie en même temps que les derniers clients qui s'arrachaient à grand-peine aux délices de la flânerie et du marchandage.

Au sortir de la Galerie aux Merciers, elle retrouva le ciel sans joie et le vent trop frais pour la saison.

En franchissant le grand pont, elle passa devant l'orfèvrerie des Brunel où son frère Bertrand avait remplacé leur père. A cette heure du jour, la boutique était close ainsi que toutes ses voisines qui se serraient les unes contre les autres tout au long de la chaussée centrale. Sous le pont, les roues des moulins à eau tournaient sans fin dans un bruit de palettes et de mécanique.

Après le Grand Châtelet, elle coupa au plus court, traversa la rue des Bourdonnais sans s'y arrêter, et, par la rue de l'Arbre-Sec, gagna la place de la Croix-du-Trahoir sur laquelle une potence était dressée à demeure, prit la rue Saint-Honoré, bordée de belles demeures, puis celle d'Orléans qui la conduisit rue du Coquillier.

Elle parvint chez elle juste à temps pour réciter le bénédicité et se mettre à table en compagnie de ses apprentis, des aides, et de Denyse-la-Poitevine qui l'informa de l'absence de Jean-bon-Valet. L'ouvrier enlumineur était parti la veille au soir comme à l'ordinaire, mais n'était pas réapparu de la matinée. A l'accoutumée, quand il lui arrivait d'être malade, il envoyait un petit commissionnaire prévenir l'atelier, afin qu'on ne l'attendît pas en vain. Rien de semblable ne s'était produit cette fois-ci.

— Quelque affaire personnelle l'aura retenu, supposa Marie. Il reviendra sans doute après le dîner.

La jeune femme mangeait rapidement, sans écouter les bavardages des apprentis qui taquinaient les jumelles, selon une déjà vieille et solide tradition. Elle aurait aimé pouvoir réfléchir en paix à ce qui lui était advenu durant les heures précédentes, mais Denyse, sur laquelle la charge de l'atelier reposait depuis quelques jours, ne l'entendait pas de cette oreille. Elle tenait à mettre l'enlumineresse au courant des menus événements qui s'étaient produits depuis le début de la semaine, et déplorait le mauvais temps qui retardait le séchage des couleurs.

— J'en suis à la sixième couche de bleu sur le mantel de la Marie-Madeleine que je suis en train de terminer, disait-elle avec sa façon de toujours vouloir donner des leçons à ceux qui l'écoutaient. Je ne puis la poser car la précédente ne se décide pas à sécher à cause de l'humidité !

— Mieux vaut attendre encore un peu, plutôt que de vous hâter, conseilla Marie. La qualité de nos ouvrages vient du soin que nous apportons au moindre détail.

— Par ma foi ! Je le sais bien ! dit Denyse d'un air entendu. Il m'est déjà arrivé, en plein hiver, de patienter jusqu'à sept ou huit jours pour que mon travail fût sec et en état de recevoir une nouvelle application de couleur. C'est dire !

Le bruit des conversations, le roucoulement des tourterelles dans leur cage dorée, les explications de Denyse accompagnaient les pensées de Marie, mais ne parvenaient pas à l'en distraire. Il lui fallait, le plus vite possible, avoir un entretien avec Côme.

Si les exigences financières des Lombards n'avaient pas suffi à lui faire appeler son amant au secours, les propositions trop précises d'Amaury la précipitaient vers lui. Elle s'était refusée à aller quémander quelques livres à l'homme qui l'aimait. Son beau-père et elle-même pouvaient, non sans difficulté, mais honnêtement, se procurer la somme requise. Plaie d'argent... Mais à présent il s'agissait de bien autre chose ! Au cours de la scène du matin, elle avait découvert combien la sécurité dans laquelle elle vivait était fragile, et à quelle profondeur la source noire de ses mauvais désirs prenait naissance.

Il ne fallait à aucun prix laisser qui que ce fût en remuer la vase. Le marché que venait de lui offrir Amaury la menaçait directement dans ce qu'elle avait de plus précieux : son intégrité et le respect qu'elle se devait à elle-même. C'était là un danger bien plus redoutable que n'importe quelle demande de rançon !

Face à cet homme, elle était placée devant le risque majeur, le risque à éviter à tout prix, celui qui mettait en péril son honneur, sa famille, sa foi en cette vie et son salut dans l'autre !

— Denyse, dit-elle soudain, en coupant la parole à l'ouvrière sans se soucier de l'interrompre, Denyse, je suis de nouveau obligée de m'absenter ce tantôt. La maladie de mon père est de jour en jour plus préoccupante et je dois me rendre près de lui. Encore une fois, vous aurez à me remplacer.

— Vous pouvez compter sur moi, chère dame ! Je serai fidèle au poste.

Marie ne se reconnaissait plus. Au souci scrupuleux avec lequel elle avait coutume de tenir son rôle de chef d'atelier, s'était substituée une obsession unique : voir Côme. S'entretenir avec lui.

Depuis qu'elle le connaissait, depuis qu'il lui faisait la cour, depuis les nuits de Gentilly ou de Paris, jamais la pensée de son amant ne l'avait aussi totalement absorbée.

« Il n'était sans doute pas dans mon destin de tomber amoureuse de lui du premier coup, mais, au contraire, de le devenir au fil des jours et comme insensiblement, sans même m'en rendre compte. De ne découvrir la réalité de cet attachement qu'à la suite d'une secousse assez violente pour me faire tomber les écailles des yeux ! »

S'il lui avait fallu s'habituer à l'amour, voici qu'à présent elle en était la proie.

« Amaury aura au moins servi à quelque chose ! se dit-elle, une fois remontée dans sa chambre où elle se rafraîchit le visage à l'eau de rose et se parfuma abondamment. Sans sa mise en demeure, combien de temps serais-je encore restée ignorante de ce qui était mon véritable destin ? »

Dehors, elle constata que, si le ciel ne se décidait toujours pas à s'éclaircir, le vent était tombé.

Comme elle avait résolu d'aller trouver Côme dans la salle du Jeu de Paume qu'il fréquentait, elle gagna la rue Garnier-Saint-Ladre. Située dans un quartier neuf, non loin des remparts que le feu roi Philippe Auguste avait fait élever autour de sa capitale, cette rue était jalonnée de chantiers de construction.

Le vaste bâtiment de bois et de torchis où on avait installé le Jeu était tout récent.

A l'intérieur de la salle, il y avait beaucoup de monde.

Marie se rendit dans une des galeries de bois qui cernaient l'espace rectangulaire où se démenaient les joueurs. Côme n'était pas parmi eux.

Les cris de : « Tenez ! » lancés par le serveur, les coups sourds des esteufs [1] de cuir bourrés de laine, chaque fois qu'ils touchaient le sol de terre battue, ou étaient attrapés au vol par les adversaires

---

1. Nom donné aux balles durant le Moyen Age.

aux mains nues, les encouragements et les huées, résonnaient entre les hautes parfois de pierre qui les amplifiaient de leurs échos.

Des jeunes gens de la ville, marchands ou artisans, des seigneurs de la cour, des habitants des environs se rencontraient à la paume afin de s'y mesurer de chaque côté d'une corde tendue au travers du terrain.

Enfin, non loin de la porte d'entrée, Marie aperçut Côme. Il conversait en attendant son tour de jouer, avec un homme sensiblement plus vieux que lui, petit et à demi chauve.

Bousculant les spectateurs et spectatrices qui encombraient les galeries, la jeune femme s'élança vers celui qu'elle cherchait.

L'émotion qui la suffoquait en approchant de son amant était telle qu'elle dut s'arrêter un moment, non loin de lui, pour tenter de calmer les sursauts de son cœur et le tremblement qui l'agitait.

Ce fut alors que le mercier se retourna et la découvrit. Immobile, une main sur la poitrine, fort pâle, Marie fixait sur lui un regard qu'il ne lui connaissait pas.

Il hésita sur la conduite à suivre. D'abord surprise, son expression se transforma en un instant, devint sévère quand la jeune femme s'approcha de lui.

— Mon ami, dit-elle en parvenant à sa hauteur, mon ami, j'ai à vous parler.

Elle salua vaguement l'interlocuteur de Côme qui ne s'attarda pas en leur compagnie et s'éloigna après lui avoir rendu son salut.

— Je croyais que vous aviez résolu de vous tenir un certain temps à distance, afin de pouvoir évaluer en paix l'exacte mesure des sentiments que vous me portez, dit le mercier avec ressentiment.

— Tout est changé, Côme !

— Permettez-moi de m'étonner d'un revirement aussi subit, que rien ne laissait présager, et admettez que c'est moi, à présent, qui éprouve le besoin de réfléchir...

— Ami, dit-elle en faisant litière de son amour-propre, ami, je vous en prie, ne m'abandonnez pas ! Il m'arrive quelque chose d'affreux ! Vous êtes mon seul recours !

La partie engagée se terminait.

— Voici qu'arrive mon tour de jouer, dit le mercier, sans se laisser fléchir. Vous m'exposerez plus tard vos soucis.

Marie baissa la tête.

— Côme ! C'est que je vous aime ! dit-elle tout bas.

Il tressaillit comme sous l'effet d'un coup de fouet. Une sorte de violence, contenue à grand-peine, durcit ses traits, appliqua un masque incrédule sur le visage qu'elle avait connu si confiant.

— Savez-vous bien ce que vous dites ? demanda-t-il, les dents serrées, tout en la saisissant par le bras.

— Je ne le sais que de ce matin, avoua-t-elle dans un souffle, prête à toutes les mortifications. Auparavant, rien n'était clair en moi.

Leur partie achevée, les joueurs sortaient du terrain, gagnaient la salle voisine où des couches les attendaient sur lesquelles ils allaient s'étendre afin d'y être essuyés dans de larges draps de molleton, puis massés, avant de se rendre aux étuves proches où ils pourraient se baigner.

— Venez, dit Côme, qui serrait si fortement le bras de Marie qu'il lui faisait mal. Venez. Nous ne pouvons pas parler ici.

En prétextant une affaire urgente, il s'excusa, au passage, auprès de l'adversaire contre lequel il devait disputer la partie suivante, et entraîna sa compagne vers le fond de la salle.

— Allons dans le jardin du gardien, dit-il encore. C'est un endroit paisible où nous serons tranquilles pour nous expliquer.

Il ouvrit une petite porte et désigna à la jeune femme les carrés de salades, de fèves, de raves, de bettes, de pois, de choux et de poireaux, qui s'alignaient jusqu'à un ruisseau bordant l'espace clos. Des saules et quelques aulnes poussaient le long du cours d'eau, et deux bancs de bois avaient été mis là, sous les branches, comme pour inviter aux confidences. Le mauvais temps, qui n'incitait guère à la flânerie, avait vidé l'enclos.

Côme lâcha le bras de Marie en parvenant sous les arbres. Comme un éclair bleu acier, un martin-pêcheur fila entre les roseaux, vers l'autre rive du ru sur laquelle une plantation de jeunes peupliers frémissait au moindre souffle.

Il semblait à Marie tout contempler d'un œil neuf. Elle se mouvait dans une lumière intérieure qui rayonnait d'elle et transformait le monde.

— Ami, dit-elle en levant vers son amant un regard ébloui, ami, je vous ai mal aimé jusqu'à présent, mais voici que le jour se lève et que l'amour m'a enfin éclairée !

Elle n'avait jamais remarqué combien la nature était amicale, l'herbe brillante, doux le murmure de l'eau...

— Asseyons-nous, dit-elle en prenant place sur un des bancs. Venez près de moi et ayez la patience de m'écouter. J'ai tant à vous dire !

— Je ne vous suis plus, déclara Côme, toujours réticent. Vous m'avez quitté voici deux semaines, sur des paroles aussi injustes que cruelles, en me laissant entendre que vous ne comptiez pas poursuivre plus avant notre liaison, et voici que vous me revenez, transformée, proclamant ce que vous vous étiez toujours refusé à avouer, tendre, offerte... Que signifie tout cela ? Comment voulez-vous que je vous croie ?

— Simplement parce que je dis, maintenant, et maintenant seulement, la vérité.

— Vous m'aimez donc ? Mais, alors, la situation est totalement retournée !

— Elle l'est bel et bien, Côme ! C'est moi qui suis devenue la demanderesse...

Elle était assez près de lui pour lui prendre la main, y poser ses lèvres.

Côme retira ses doigts, croisa les bras sur sa poitrine. Parti de chez lui pour jouer à la paume, il était vêtu d'une simple cotte de toile blanche passée sur un doublet de futaine et ne portait pas de surcot. Un galon pourpre retenait ses cheveux autour de son front.

— Je ne comprends toujours pas, Marie, répéta-t-il en abandonnant le ton récriminateur qu'il avait conservé depuis le début. Non, sincèrement, je ne comprends pas...

— Écoutez-moi, mon amour, et vous n'allez pas tarder à comprendre.

Pour faire admettre à son ami l'évolution de ses sentiments, il fallait, hélas ! situer son déroulement dans le temps et exposer les faits qui l'y avaient conduite...

Parler d'Amaury à Côme n'était pas simple ! Au cours du récit qu'elle fut obligée de faire à l'un, de ses rencontres avec l'autre, elle s'aperçut qu'il lui était très difficile de minimiser la personnalité du Lombard et la dangereuse fascination qu'il avait exercée sur elle. Parce qu'il avait failli l'entraîner en enfer, elle ne pouvait s'empêcher de le dépeindre au milieu de lueurs sulfureuses où son inquiétante figure ne prenait que davantage de relief.

— Vous auriez dû venir me trouver aussitôt ! s'écria Côme quand elle parvint à la scène de la chapelle. Pourquoi ne pas l'avoir fait ?

— Par sotte fierté, et, aussi, parce que je ne savais pas encore ce que je sais maintenant, reconnut-elle.

Évoquer Robert et ses crimes lui fut relativement moins ardu. Si elle pouvait, à juste titre, se poser en victime des deux hommes, il lui était plus aisé de jeter l'anathème sur la mémoire d'un époux mort depuis deux ans, mais désaimé depuis bien plus longtemps, et dont tout la séparait, que de relater sans en trahir la troublante emprise ses relations avec un truand.

Sensible à tout ce qui se rapportait à sa maîtresse, Côme ne s'y trompa pas.

— Ce porc est le frère du diable ! s'exclama-t-il quand elle se fut tue. Sur mon âme, il faut l'anéantir !

En dépit des précautions que Marie avait prises pour atténuer l'effet des propositions outrageantes qu'Amaury lui avait faites, il n'en restait pas moins qu'elle se trouvait l'enjeu d'un marchandage honteux dont elle n'avait pu dissimuler les termes.

— Pour vous avoir proposé cet abominable marché, reprit Côme, ce misérable doit s'imaginer vous avoir séduite... Dites-moi la vérité, Marie, n'avez-vous pas été tentée ?

Décidée à être totalement sincère, la jeune femme fit front.

— La plus mauvaise part de moi-même a, peut-être, et sans que jamais je lui cède, été atteinte par l'infernale habileté de ce suppôt de Satan, reconnut-elle en offrant à son amant un visage frémissant du désir de se confesser. Grâce à Dieu, le sentiment de mon honneur, aussi bien que l'amour et le respect que vous m'inspirez, m'ont aidée à ne pas faillir !

Un tourment nouveau fonçait les prunelles de Côme.

— Vous a-t-il touchée ? demanda-t-il sombrement.

— Je ne l'aurais pas laissé faire ! s'écria avec fougue Marie qui découvrait tout en parlant qu'il est des vérités trop inutilement pénibles pour être dites et que l'harmonie d'un couple nécessite certaines altérations.

Côme se leva, fit quelques pas sous les branches, demeura un moment, le dos tourné, face au ruisseau, à considérer sans le voir le vol de grosses libellules bleues et vertes qu'on n'aperçoit que vers la fin de l'été.

Marie se leva, s'immobilisa derrière son amant, posa ses mains sur les larges épaules.

— Je vous jure, Côme, sur mon salut éternel, que cet homme me fait horreur et que l'unique résultat de ses honteuses manœuvres a été de me révéler la force de l'amour que je nourrissais pour vous, sans encore le savoir, comme un enfant en germe, enfoui dans mon sein !

Tout d'une pièce, il se retourna, la saisit à bras-le-corps, chercha à déchiffrer le clair visage renversé.

— Depuis des jours, vous m'avez fait souffrir au-delà de ce que vous avez pu imaginer, dit-il avec emportement. Vous m'avez piétiné le cœur, et vous venez ensuite, sans vergogne, me dire que vous vous étiez méprise sur vos véritables mobiles et que vous m'aimez ! Qui dois-je croire ? La femme qui me rejetait ou celle qui me revient ?

— Ne le savez-vous pas ?

— Je le saurai quand vous m'aurez prouvé votre loyauté.

— Quelle preuve en voulez-vous ?

— La seule qui vaille : que vous acceptiez de devenir ma femme, solennellement, au pied de l'autel de Dieu, en m'y engageant à jamais votre foi !

— Je ne souhaite rien d'autre, mon cher seigneur !

— Vous m'épouserez ?

— Quand vous voudrez, où vous voudrez, comme vous voudrez...

Les lèvres de Côme avaient toujours le goût ambré que Marie

leur connaissait, mais leurs baisers se firent plus impérieux, plus voraces, qu'auparavant...

— Je vous aime déraisonnablement...

— Nous serons heureux, Côme ! Si heureux !

— Malgré vos enfants, votre métier, votre belle liberté perdue ?

— J'aurai la liberté de me donner à vous, chaque jour, de nouveau ! Quant à mes enfants, je vous aiderai à les apprivoiser.

— Dieu vous entende !

Il eut son premier sourire de la journée :

— Et Hersende ? Comptez-vous aussi mettre ma sœur dans votre camp ?

— Pourquoi pas ? Ce n'est pas elle que j'épouserai, et, de toute façon, je vous jure de me comporter convenablement à son égard.

— Espérons que les événements vous donneront raison...

Il redevint grave.

— Afin d'en finir complètement avec ce passé, et avant de rien entreprendre, il est nécessaire d'empêcher les Lombards de mettre leurs menaces à exécution. Reposez-vous entièrement sur moi, ma mie. Je tiens à vous décharger de cet intolérable fardeau et je vais m'y employer par tous les moyens, vous pouvez en être certaine ! Il est urgent de faire arrêter, juger, exécuter, ces truands. Je ne serai satisfait qu'après les avoir vus, de mes yeux, accrochés au gibet de Montfaucon !

— Que comptez-vous faire ?

— Le quartier de Saint-Eustache est terre royale, elle est donc du ressort de messire Étienne Boileau, le prévôt, dont mon père était un des plus fidèles amis. Je le connais bien. Vous le savez, c'est un homme probe, actif et droit. On peut se fier à lui. Depuis qu'il a rétabli la justice et l'équité dans sa juridiction, son crédit auprès de notre sire le roi est des plus grands et les bonnes gens demandent à être jugés par lui.

— Vous allez le trouver ?

— De ce pas, ma mie ! Et, si vous le voulez bien, nous irons ensemble !

Ils traversèrent de nouveau le potager toujours vide.

— Jamais jardin de roses ne m'aura paru plus charmant que ces carrés de raves et de laitues, remarqua Côme. En y pénétrant j'avais un poids de cent livres sur la poitrine, vous m'en avez délivré, et voici que je renais !

Messire Étienne Boileau, prévôt de Paris, siégeait au Grand Châtelet. Ce fut vers ce bâtiment rébarbatif que Marie et Côme se dirigèrent sous un ciel nuageux qui évoquait déjà l'automne.

Fort bruyante, la rue Saint-Martin qu'ils empruntèrent était une des plus larges artères de Paris. Elle conduisait vers le nord. Son agitation était telle qu'on devait renoncer, quand on s'y trouvait, à entretenir une conversation. De chaque côté de la chaussée pavée, au milieu de laquelle coulait un caniveau central, presque partout recouvert de planches, des maisons hautes et étroites se serraient. Demeures de marchands et d'artisans, elles donnaient sur la rue par des fenêtres ouvertes permettant aux passants de voir de près, aux divers stades de leur fabrication, les marchandises qu'on leur proposait. Des chaudronniers, des marteleurs d'étain, des corroyeurs, des étuviers, des armuriers, des cloutiers, des marchands de fil, et aussi quelques ménestrels, vielleurs et jongleurs, sans parler des tavernes et des divers métiers ambulants dont les charrettes légères entravaient la circulation, y entretenaient une effervescence ininterrompue.

La foule des chalands, les chariots, les litières, les cavaliers, fort nombreux, les ânes et les mulets chargés de bâts, les portefaix, le sac au dos, les moines de tous ordres, les marchandes de lait, installées dans les embrasures des portes, et les traîne-savates à la recherche de quelque chapardage, qui se coudoyaient là, depuis les quais de la Seine jusqu'à la porte Saint-Martin, formaient une cohue colorée, bavarde, moqueuse, et agitée.

Côme s'était de nouveau emparé du bras de Marie et la guidait fermement à travers la presse. Un moment, il l'aida à se garer des remous causés par le passage d'un grand coche à quatre roues, attelé de deux chevaux en flèche, qui transportait d'un point à l'autre de Paris des voyageurs assis sur des banquettes. Au milieu de la chaussée encombrée, son sillage entraînait divers mouvements de foule.

Après avoir contourné un troupeau de moutons et laissé la place à des bœufs qu'on dirigeait vers la grande boucherie, le couple parvint enfin devant le Grand Châtelet.

— Les bâtiments de droite sont ceux où siègent les juridictions de la prévôté, expliqua Côme. Je m'y suis déjà rendu quelquefois, soit avec mon père, soit seul, afin d'y rencontrer messire Boileau. Ceux de gauche abritent prisons et cachots.

La façade du Châtelet était encadrée de deux tours rondes. Celle de droite, dont le toit pointu s'élevait un peu plus haut que celui de sa voisine, comportait un balcon en saillie où, le soir venu, se tenait un veilleur de nuit. Sous l'étroit corps de logis central, formé de deux étages surmontés d'un cadran et d'un clocheton, juste en son milieu, on avait ménagé un passage voûté dans lequel s'ouvraient les portes des deux tours.

Côme se dirigea vers l'épais vantail de bois clouté de fer donnant accès à la prévôté. Un sergent en gardait l'entrée. Le mercier se nomma et demanda si messire Étienne Boileau se trouvait pour l'heure en la place et s'il accepterait de le recevoir pour une question urgente.

Un garde fut expédié et revint promptement en disant que le prévôt travaillait, en compagnie de plusieurs copistes, à un ouvrage des plus importants, mais qu'il acceptait néanmoins, vu ses relations d'amitié avec la famille Perrin, de recevoir Côme.

Il fallait gravir un escalier à vis assez sombre, seulement éclairé de place en place par d'étroites ouvertures et quelques torches fichées dans le mur, pour accéder aux différentes salles des tribunaux, puis en emprunter un second pour parvenir aux pièces réservées aux services du prévôt.

Entouré de plusieurs copistes, Étienne Boileau se tenait dans l'une d'elles. Grand, vêtu d'un surcot de velours cramoisi, portant avec aisance la soixantaine, cet homme puissant inspirait dès l'abord sympathie et respect.

Il accueillit Côme avec cordialité et salua Marie fort courtoisement.

— Vous me voyez occupé à rédiger un recueil sur l'ensemble des statuts, coutumes et redevances des divers corps de métiers exercés dans cette ville, dit-il en désignant de gros cahiers de parchemin ouverts devant lui sur la table. C'est un énorme travail, mais il était urgent de l'entreprendre, et, de toute manière, notre sire le roi y tient beaucoup.

Sur deux colonnes, copiées d'une belle écriture cursive, des listes s'alignaient en ordre parfait.

— Laissons cela et passons dans mon cabinet personnel, dit Étienne Boileau.

Il se dirigea vers une porte donnant sur une petite pièce, meublée avec recherche, où il fit entrer ses visiteurs.

Quelques sièges, deux beaux coffres de bois sculpté, fermés par de grosses serrures de fer, et une table de travail recouverte d'une tapisserie sur laquelle étaient posés un lourd chandelier à trois branches, une corne à encre, des feuillets de parchemin, des plumes d'oie, une règle, un canif et plusieurs mines de plomb, composaient un cabinet parfaitement adapté aux besoins du prévôt.

Une fois assis, Côme présenta plus précisément Marie, dont le père était bien connu, lui aussi, d'Étienne Boileau, puis laissa la parole à la jeune femme qui recommença pour ce nouvel auditeur, mais en le simplifiant, le récit déjà fait un peu plus tôt à son amant.

— Les questions ayant trait à la justice et à la police relèvent plus spécialement de mon lieutenant civil, dit le prévôt, une fois que la narratrice se fut tue. Néanmoins, mon cher Côme, feu votre père était mon ami et il ne sera pas dit que je me désintéresserai d'une cause qui touche son fils de si près !

Il appela un garde et lui signifia d'aller quérir le lieutenant.

— Vous savez que, sous le nom de Lombards, on désigne des Italiens de toutes origines, précisa-t-il alors. Florentins, Génois,

Lucquois, Milanais, Placentins, Astesans, Siennois, et beaucoup d'autres, établis en France, parfois depuis plusieurs générations, pour y faire commerce. Tous ne sont pas changeurs, prêteurs ou monnayeurs, quoi qu'on en pense. Il se trouve parmi eux de riches drapiers, tout spécialement ceux qui sont originaires de Lucques, où l'on fabrique de très belles étoffes de luxe. Il y a aussi des fournisseurs d'armes ou de joyaux. C'est une véritable communauté. Hélas ! il ne s'y trouve pas que d'honnêtes marchands, et je sais plus d'un larron venu de l'autre côté des Alpes ! Vous avez eu, dame, la malchance de tomber sur certains d'entre eux.

Le lieutenant civil se présenta presque aussitôt après et fut, à son tour, mis au courant de ce qu'on attendait de lui.

— Nous savons que, sous le couvert du commerce, certains honteux trafics se pratiquent dans nos murs, dit-il alors. Jusqu'à présent, il nous a été impossible de prendre ces chiens sur le fait. Votre affaire pourrait bien nous offrir l'occasion qui nous manquait.

— Les renseignements fournis par mon neveu, Thomas Brunel, qui se trouve présentement en Italie, complètent ceux que je vous ai donnés, reprit Marie qui se mit en devoir de résumer le récit de Thomas.

Étienne Boileau et son lieutenant écoutaient avec la plus vive attention les informations qui leur étaient apportées.

— Où dites-vous qu'on a trouvé le corps de votre mari ? demanda le lieutenant.

— Dans une ruelle, derrière la place de la Grève.

— Écoutez donc : vers la fin de la nuit dernière, alors que l'aube n'était pas bien loin, des archers du guet, qui effectuaient une ronde dans le quartier de la Grève, ont entendu des appels. Dans une petite rue voisine, ils ont découvert un homme qui se traînait par terre. Il avait un couteau fiché dans le flanc. Ils ont voulu le transporter à l'Hôtel-Dieu, mais le blessé a dit qu'il se savait perdu et qu'on ne pouvait plus rien pour lui, sinon l'entendre. Il aurait eu des choses d'importance à révéler et souhaitait parler au sergent.

— Où est ce sergent ? demanda le prévôt.

— En bas, messire, dans la salle des gardes. Je viens de le faire appeler.

— Allez le chercher.

Les deux hommes revinrent sans tarder.

— Rapportez-nous, sergent, les propos du blessé que vous avez trouvé cette nuit, durant votre dernière ronde, ordonna Étienne Boileau.

L'interpellé, qui était jeune, paraissait intimidé.

— Par tous les saints ! messire, il n'était pas beau à voir ! finit-il par dire. Avant de lui porter le coup de couteau qui l'a tué, on l'a durement frappé et il avait la figure en sang.

— Il vous a parlé. Que vous a-t-il dit ?

— Qu'il se repentait de ses péchés et, qu'à défaut de prêtre, il désirait se confesser à moi.

— Tu peux néanmoins nous répéter ses dernières paroles, Brequin, assura le lieutenant. Tu n'es pas tenu au secret comme l'aurait été un religieux, et il s'agit pour nous de faire justice.

— Je sais bien, chef, je sais bien... L'homme pleurait, geignait, tremblait de peur à l'idée de paraître devant Dieu après l'avoir si gravement offensé... Aussi s'est-il déchargé la conscience en s'accusant d'avoir un goût immodéré pour les jeux de hasard. D'après lui, ce vice était le grand responsable de sa lamentable déchéance.

— Il n'est pas le seul à en avoir subi les conséquences ! remarqua Étienne Boileau. Notre bon roi avait sagement fait publier des ordonnances à travers tout le royaume, pour interdire qu'on y joue aux dés, aux tables, et aux échecs. Sans résultat. Les fabricants de dés continuent comme si de rien n'était à travailler le bois, l'os, la corne ou l'ivoire... La folie du jeu est un mal que rien ne peut guérir. Riches et pauvres en sont atteints.

— Notre homme faisait partie de ceux qui en sont morts, reprit le sergent. D'après ses aveux, le besoin d'argent l'aurait conduit à travailler pour certains membres de la Grande Truanderie. Il leur servait de rabatteur dans un trafic coupable de filles publiques. Par ce moyen malhonnête, il se procurait les sommes qu'il allait ensuite perdre dans des tripots clandestins.

— Vous a-t-il dit pour le compte de qui il œuvrait ?

— Il a parlé de Lombards, d'un certain Foulques, qui en paraissait le chef, de ses neveux... mais il est resté dans le vague et n'a fourni aucune précision, aucune adresse.

— Le nom suffit ! s'écria Côme. Il ne fait pas de doute que nous nous trouvions bien devant la même bande de crapules !

— A la fin, continua le sergent, le moribond s'est mis à divaguer. Il s'adressait aux mânes de son maître qui, lui aussi, aurait été occis par les mêmes truands. Il paraissait lui être sincèrement attaché et l'appelait au secours... Bref, je puis bien vous assurer, foi de Brequin, que j'ai été fort soulagé quand ce bougre a rendu le dernier soupir !

— Avait-il eu le temps de se nommer ? interrogea Marie.

— Oui, dame. C'est la première chose que je lui ai demandée. Il m'a dit s'appeler Jean-bon-Valet et être enlumineur de son état.

Marie ne dit mot.

— A-t-il également donné les raisons pour lesquelles on l'avait exécuté ? s'enquit le lieutenant civil.

— Il m'a semblé qu'il venait seulement de découvrir le lien rattachant le meurtre de son maître aux activités des Lombards et qu'une explication orageuse s'en était suivie. Il aurait menacé de les dénoncer... Ce qu'ils ont voulu empêcher... à leur façon !

— Grâce à ce que vous venez de nous apprendre, sergent, et vous aussi, dame, conclut Étienne Boileau, nous allons être en mesure d'intervenir enfin dans ce lamentable commerce de filles, et de faire un beau coup de filet ! Soyez tranquille, mon cher Côme, nous allons arrêter ces gibiers de potence !

Le visage carré, à la mâchoire énergique, se fit sévère.

— Comme ces truands changent constamment de domicile ou se réfugient aux Saints-Innocents, qui sont terre d'asile, et où nous ne pouvons intervenir, nous allons devoir leur tendre un piège...

Il s'adressa alors à Marie.

— Pour ce faire, nous allons avoir besoin de votre concours, dame. Vous nous servirez d'appât...

17

Bertrade referma sa chemise de lin sur sa poitrine pommée.

— Tenez, demoiselle, dit-elle en tendant son fils à Blanche. Voici votre filleul. C'est un fieffé gourmand ! Il est plein comme une outre, à c't' heure !

Aude se pencha pour mieux voir le nourrisson que sa cousine prenait avec précaution avant de le soulever, en le tenant un peu incliné, pour l'aider à faire son rot. Emmailloté dans des langes attachés par des bandelettes croisées sur son ventre et sur ses jambes, afin de les maintenir droites, son crâne fragile recouvert d'une coiffe de toile blanche nouée sous le menton, le petit Louis paraissait satisfait.

— Il est joli, dit-elle.

— Je l'ai assez bien réussi, celui-là, c'est vrai ! admit la jeune mère. Espérons qu'il pourra plus tard nous aider à tenir la ferme !

Tout en s'enveloppant d'un devantier d'étoffe rugueuse avant de repartir sarcler les mauvaises herbes au jardin, elle jeta un coup d'œil chargé de rancune vers le seuil de la pièce où son autre fils, âgé de quatre ans, était assis. Bossu et cagneux, l'enfant jouait avec des copeaux de bois et de menues branches qu'il assemblait, sans se lasser, des heures durant.

— Je me demande bien comment j'ai pu mettre au monde un avorton pareil, grommela-t-elle entre ses dents.

— Il est loin d'être sot, remarqua Blanche.

— Il ne manquerait plus que ça ! Mais voyez-vous, demoiselle, plus que de cervelle, c'est de bras que nous avons besoin ici ! Mon père ne sera pas toujours vaillant comme il est. Un jour viendra où il aura besoin d'un gaillard pour le remplacer.

— Vos filles sont plaisantes. Elles se marieront, et leurs époux aideront Tybert quand il sera vieux.

— A moins qu'ils n'aient leur propre terre ! dit Bertrade avec un mouvement d'épaule fataliste. Nous verrons bien. En tout cas, j'espère qu'elles seront plus avisées que leur mère et sauront se dénicher un mari quand elles en auront l'âge !

Son rire clair effraya les poules qui picoraient sous la table. Elle les chassa avec de grands gestes gais avant de sortir à son tour. Elle avait retrouvé sa bonne humeur, et on entendit sa voix résonner joyeusement dans la cour où sa grand-mère, installée auprès du puits à l'ombre d'un vieux sureau, surveillait, tout en triant des pois, les deux plus jeunes des petites filles. Les aînées gardaient chèvres et moutons quelque part dans les champs.

— Heureusement que vous êtes là, ma cousine, pour vous occuper de votre filleul, remarqua Aude. Je ne sais pas comment Bertrade ferait sans vous !

— Elle l'emmènerait partout avec elle, dans sa berce, et le déposerait dans l'herbe, à ses pieds, répondit Blanche tout en câlinant entre ses bras le nourrisson qui s'endormait. Elle en a l'habitude.

— Il a tout de même de la chance de vous avoir pour marraine !

— Je m'y suis tout de suite attachée, reconnut Blanche. Il est si mignon !

Aude considéra la jeune fille avec curiosité.

— Pourquoi vous faire religieuse, si vous aimez tant les enfants ? demanda-t-elle.

— Je préfère encore le Seigneur à ses créatures, répondit paisiblement Blanche. Et puis l'un n'empêche pas l'autre. La naissance de Louis m'a permis de découvrir ma véritable vocation. Je vais entrer dans un ordre où il me sera permis de m'occuper des plus pauvres, des plus déshérités d'entre nous. Je pense aux filles de Sainte-Claire. Chez les Clarisses, je pourrai joindre le service du Seigneur à celui de ceux qui ont tant besoin qu'on les aime en Son Nom, et mon amour pour Lui à ma tendresse pour eux !

— C'est une bonne idée, approuva Aude. Votre filleul sera, en quelque sorte, votre guide sur le chemin du Ciel !

— Je n'aurais pas pu en avoir de meilleur ! dit Blanche avec un joyeux sourire, tout en couchant doucement le nourrisson dans son berceau de bois.

Elle le borda avec soin et demeura un moment près de la nacelle qu'elle balançait tout en fredonnant à bouche fermée une berceuse familière.

L'unique pièce de la ferme était sombre et malpropre. La clarté du soleil, revenu après plusieurs jours de mauvais temps, n'y pénétrait que par une étroite fenêtre donnant sur le jardin, et par la porte ouverte sur la cour. Une cheminée enfumée, sous le manteau de laquelle étaient suspendus quelques jambons et des saucisses, occupait le mur du fond. A sa crémaillère de fer pendait une marmite où cuisait une soupe aux fèves. Des landiers, un pot de terre, un gril, un croc pour retirer la viande du pot, un soufflet, des pincettes, encombraient l'âtre.

Aude s'approcha de la table de chêne bruni, encadrée de deux bancs, sur le dessus de laquelle traînait une miche de pain. Elle s'en empara pour aller la ranger dans la huche, qui, avec deux escabeaux, un pétrin, un lardoir et un casier à fromages, composait le plus clair de l'ameublement.

Dans le coin opposé à la pierre d'évier, se dressait le grand lit aux couvertures rapiécées où Bertrade dormait avec ses quatre filles et l'aïeule infirme. Son père et le petit bossu couchaient au-dessus de l'étable contiguë à la cuisine, dans un réduit chauffé par la seule chaleur des bestiaux.

— Tybert-le-Borgne est vraiment pauvre, remarqua Aude en revenant près de sa cousine. Quelle différence entre Pince-Alouette et la Borde-aux-Moines !

Blanche inclina la tête sans cesser de fredonner. Le nouveau-né dormait à présent tranquillement. Aude, qui le contemplait, fut soudain saisie de surprise : l'enfantelet ressemblait à Colin !

Ce fut comme si une main invisible l'avait giflée. Elle devint toute rouge et des larmes lui piquèrent les yeux. Elle les essuya rageusement avant de se pencher sur le petit visage aux paupières closes. Il n'y avait pas à discuter : les traits minuscules étaient l'exacte réplique de ceux du jeune fermier !

Tant que l'enfant s'agitait, criait, tétait, pleurait, d'incessants mouvements rendaient la ressemblance moins frappante, mais, au repos, c'était aveuglant !

Une déception très aiguë serra le cœur de la petite fille. Colin, son Colin, son beau pastoureau, n'était-il pas meilleur que les autres ? Elle le croyait pur et secret, réfugié comme elle-même dans l'attente d'un avenir qui les réunirait enfin... et voilà que l'enfant de Bertrade était le fils du jeune homme !

Tout ce que cette découverte comportait de désillusion et de rêves écroulés s'abattit comme une vague d'eau sale sur le cœur d'Aude. Un dégoût affreux la submergea.

L'odeur de la pièce, qui sentait, elle s'en avisait seulement, le lait suri, le chou, la fumée, le poulailler et la chandelle de suif, lui fut soudain insupportable.

Sans explication, elle se précipita au-dehors, traversa la cour comme un trait, repoussa le chien qui voulait jouer avec elle, effraya les canards, s'élança vers le chemin raviné qui conduisait à la route.

Colin avait couché avec Bertrade ! Il s'était démené grotesquement sur elle comme le palefrenier sur Almodie ! Il était donc aussi bestial, aussi grossier, que tous les autres garçons !

Ce qu'elle avait sottement imaginé et rêvé durant cet été de malheur devenait poussière et cendre ! Elle courut jusqu'à la petite porte de la maison des champs qui donnait sur le bois et gagna, toujours courant, sa cachette enfouie sous les branches, pour y pleurer à son aise. Le trépied de bois et les pots remplis des liquides saumâtres aux mystérieuses fermentations l'y attendaient. Sur un tas de feuilles, la genette dormait. Au bruit que fit Aude en se faufilant jusqu'à elle, l'animal se leva, s'étira, et, d'un bond, vint se loger sur ses genoux. L'entourant de ses bras, l'enfant enfouit sa figure dans le pelage qui sentait le fauve et se laissa aller à son chagrin.

Si elle avait été moins occupée par sa déception et son amertume, elle aurait remarqué, à l'orée du bois, son grand-père et Lambert qui causaient ensemble.

Occupé à tailler des buissons d'épines-vinettes qui s'avançaient trop, à son gré, sur le pré, le jardinier venait d'être rejoint par Mathieu Leclerc, suivi de son grand chien noir.

— Je t'apporte, Lambert, une nouvelle qui va te rendre la paix, avait dit le maître du domaine en abordant le fils de la fleurière. La bande de truands dont ton cousin Radulf faisait partie a été arrêtée. Elle a été mise sous les verrous au Grand Châtelet, sur l'ordre exprès de messire Étienne Boileau, notre prévôt, qui s'est lui-même occupé de cette affaire.

— Par tous les saints ! maître Leclerc, comment le savez-vous ?

— Ma belle-fille vient d'arriver de Paris. C'est elle qui m'a informé de cette capture. Un des ouvriers de notre atelier d'enluminure, qui s'était, lui aussi, affilié à ces crapules, a été mis à mort l'autre nuit, par leurs soins. Prévenue, elle a pu joindre le prévôt à temps, et a aidé à tout cela.

— Je n'ai plus rien à redouter ? C'est bien sûr ?

— Plus rien, Lambert. Un des chefs avait été tué par Thomas Brunel lors de son évasion, avec la pauvre Agnès, de la maison forte où on les avait enfermés. Un second a été pris durant une entrevue qu'il avait fixée à ma bru afin de lui extorquer de l'argent, et le troisième, leur oncle à tous deux, a été trahi par un usurier de ses complices. On l'a cueilli à son propre domicile.

— Dieu soit béni ! Nous voici donc débarrassés de cette chiennaille ! J'espère ne plus jamais en entendre parler !

— On les a soumis à la question ordinaire, afin de leur faire avouer les noms de leurs complices. Il semble qu'on soit parvenu à en obtenir des renseignements complets car messire Étienne Boileau a dit à ma belle-fille que, grâce à son concours, la capitale du royaume allait enfin être délivrée d'un ulcère qui la rongeait.

— Vous ne pouviez rien m'apprendre qui me fît plus de plaisir, constata le jardinier. Je vais maintenant dormir sans cauchemar ! Je veux bien être pendu à la place de ces bêtes puantes si, depuis des semaines, j'ai jamais fermé l'œil plus d'une heure d'affilée !

— Ce soir, tu pourras te coucher en toute tranquillité, mon bon Lambert. Les responsables de ton malheur et du nôtre ne feront plus jamais de mal à leur prochain !

L'odeur verte et amère des rameaux tranchés qui jonchaient le sol à leurs pieds enveloppait les deux hommes.

— Tenez, dit le jardinier, regardez votre chien : il a reconnu la sente du lièvre !

— Tu en as repéré un par ici ?

— Pas plus tard que ce tantôt ! En taillant ces épines-vinettes, j'ai découvert un gîte encore chaud, là, juste où Carambeau a mis le nez !

— C'est un bon chasseur... Nous en avons fait des parties tous les deux !

Le vieil homme hochait la tête.

— Allons, je te laisse à ton travail, conclut-il. J'ai, de mon côté, beaucoup à faire.

Il siffla son chien qui obéit à regret, et s'éloigna.

Pour lui, en effet, rien n'était terminé. S'il éprouvait un profond soulagement à savoir ses petits-enfants à l'abri des dangers que représentait pour eux l'existence de l'organisation criminelle maintenant anéantie, il n'en demeurait pas moins que son fils avait participé à ces ignominies. Il n'aurait pas trop de tout le restant de sa vie pour tenter de racheter par son propre sacrifice l'âme égarée de Robert.

Depuis qu'il avait décidé de consacrer les jours qu'il avait encore devant lui à cette expiation, il n'avait cessé de préparer son départ. A l'insu des siens, il avait mis ses affaires en ordre, établi ses partages, prévu sa succession. Avant de quitter pour jamais sa calme demeure des champs, avant de se transformer en pèlerin itinérant, en vagabond de Dieu, il ne lui restait plus qu'à faire connaître à sa famille ses dernières volontés.

Dans le verger qu'il traversa, les pommes mûrissantes rougissaient sous l'ardeur du soleil de l'après-midi.

« Août s'achève, songea Mathieu. Je partirai au début du mois de septembre, après la fête de la Nativité de la Vierge Marie. »

Comme il longeait la haie séparant le verger du jardin, il aperçut une forme écroulée dans l'herbe. S'en approchant, il découvrit Djamal qui sanglotait.

— Par le cœur Dieu ! Que vous arrive-t-il, mon ami ?

Le jeune Égyptien leva vers lui un visage désespéré.

— Agnès se meurt, balbutia-t-il en laissant retomber sa tête sur le sol. Elle est perdue !

— Je croyais que maître Garin-le-Mire devait passer aujourd'hui pour lui retirer ses bandelettes et constater la reprise de ses fractures ?

— Par mon âme ! Il est venu ! Il l'a bien débarrassée des bandes de toile qui enserraient ses hanches et son bras, mais elle continue à étouffer jusqu'à ne plus pouvoir respirer et à cracher le sang à pleine bouche !

Le vieillard savait par Charlotte Froment que l'adolescente demeurait en mauvais état de santé, mais il ne la croyait pas si gravement atteinte.

— Allons, ne restez pas ainsi, dit-il cependant. Rien ne sert de gémir. Relevez-vous, mon ami. C'est le moment de montrer que vous êtes capable de courage. A quoi sert la bravoure si on n'en fait pas montre dans des moments comme celui-ci ?

L'Égyptien prit la main qui lui était tendue, se redressa, suivit maître Leclerc qui se dirigeait à présent vers sa maison.

Reconduisant le chirurgien, Florie et Philippe en sortaient.

— J'apprends que votre fille ne se remet pas, dit Mathieu Leclerc en s'approchant d'eux.

Depuis que le couple était descendu chez lui, Mathieu n'entretenait avec lui que des rapports de simple courtoisie. Son propre chagrin, le projet qui l'occupait tout entier et l'angoisse de son âme lui faisaient fuir les conversations. Il s'en remettait à Charlotte Froment et à Eudeline-la-Morèle des soins donnés à ses hôtes comme de l'entretien de son logis.

— Hélas ! dit Florie, c'est affreux ! nous n'avons plus d'espoir de la sauver.

Elle avait, elle aussi, les yeux rougis et Mathieu lui trouva les traits tirés et comme usés par le tourment.

Il se tourna vers le mire.

— A l'âge de cette enfant, on a pourtant de la ressource ! dit-il avec la maladresse des natures pudiques obligées de s'exprimer dans des circonstances difficiles.

— Elle lutte depuis des semaines contre un mal interne qui la déchire un peu plus chaque jour, observa maître Garin. Je crains qu'elle ne soit parvenue au bout de ses forces.

Incapable d'en entendre davantage, Djamal s'éloigna.

— On ne peut même plus songer à l'emmener en pèlerinage à Saint-Martin de Tours ou à Notre-Dame du Puy, reprit Florie avec découragement. L'épuisement où la voilà parvenue ne lui permet aucun déplacement.

— Ce serait la tuer que de la faire sortir de sa chambre, admit Philippe. Il ne nous reste que le secours de la prière. Même si ce n'est pas toujours comme nous l'avions prévu, notre oraison ne demeure jamais sans réponse.

— Je sais, mon ami, je sais, soupira Florie. Reconnaissez pourtant que le sort de notre fille est accablant.

Mathieu connaissait l'histoire de cette femme. Sans trouver que dire, il regarda s'éloigner le trio.

Il était vrai que le destin d'Agnès était cruel : orpheline, adoptée pour remplacer un enfant mort, empêchée de s'unir à celui qu'elle aimait, blessée, mourante, la pauvre fille n'avait jamais été qu'une victime.

« La souffrance des innocents est un des mystères les plus difficilement tolérables du monde visible, songea le vieil homme. Notre entendement comprend mal cette nécessité d'un échange entre les forces du Bien et celles de l'Adversaire et n'admet qu'avec difficulté qu'il faille tant de souffrances pour contrebalancer tant de crimes ! Là réside le principal obstacle à notre croyance en la Communion des Saints ! »

Tout en réfléchissant, il s'était dirigé vers la chambre où l'adolescente vivait ses derniers moments. Parvenu devant sa porte, il s'immobilisa. Un râle coupé de toux et de suffocations s'élevait, tout proche. Il ne se sentit ni le droit ni le courage de troubler cette agonie.

Revenant sur ses pas, il se dirigeait vers la salle quand des vociférations et des protestations en provenance de la cuisine attirèrent son attention.

En pénétrant dans la pièce d'où venait tout ce bruit, il découvrit Almodie, étendue par terre près d'un panier d'osier rempli d'anguilles vivantes qui grouillaient sur l'herbe où on les avait déposées. Déjà à demi redressée, l'aide de cuisine était encadrée par Gerberge, qui brandissait au-dessus d'elle une main enduite de la farce qu'elle était en train de confectionner pour un pâté, et par Eudeline-la-Morèle, à genoux, qui lui tamponnait les tempes avec un linge humide. Également penchée vers elle, Marie rajustait la coiffe qui avait glissé au cours de sa chute.

— Que se passe-t-il céans ? demanda le maître du logis. Est-ce bien le moment de faire tant de caquetage alors que la mort s'apprête à nous visiter ?

La cuisinière tourna vers son maître un visage enflammé.

— La petite gueuse ! cria-t-elle sans prêter attention à ce que venait de dire Mathieu. La petite gueuse ! Voilà-t-il pas qu'elle est grosse !

Le vieillard fronça les sourcils.

— Mon père, expliqua Marie, Almodie vient de s'évanouir parce que Gerberge lui a ordonné de dépouiller ces anguilles apportées par Vivien, dont vous connaissez le nouvel engouement pour la pêche. La première qu'elle a saisie lui a glissé entre les doigts, ce qui l'a effrayée...

— Elle ne serait pas tombée en pâmoison pour si peu, si elle n'avait pas été grosse ! répéta la cuisinière avec indignation.

— A la suite de ce malaise, termina Marie posément, cette petite vient, en effet, de nous avouer qu'elle attendait un enfant.

Eudeline-la-Morèle se redressa, puis, aidée par Marie, releva la future mère, et l'amena jusqu'au banc le plus proche.

— Là, assieds-toi, dit-elle, et reprends tes esprits.

Elle aussi considérait la fautive avec sévérité, mais demeurait calme et efficace.

— Peut-on savoir qui est responsable de ton état ? demanda-t-elle de sa voix précise.

Almodie baissa la tête et demeura muette.

— Ce n'est guère difficile à deviner ! s'écria Gerberge. Il n'y a pas à le chercher bien loin ! Depuis des mois, elle traîne avec ce bouc de palefrenier, qui ne peut pas voir passer un tendron sans lui courir après !

— Est-ce vrai ? demanda Mathieu Leclerc. Dis-moi la vérité, petite. Nous ne te voulons pas de mal et ferons en sorte que tout s'arrange bien pour toi... si nous en avons les moyens.

L'aide de cuisine se mit à pleurer.

— Voyons, dit Marie en lui mettant une main sur l'épaule, voyons, n'aie pas peur. Rien n'est perdu !

— Mon père va me battre ! gémit la coupable.

— Tu ne seras pas battue si tu te maries avant que ton état ne soit connu, reprit Marie. Jannequin est libre. Si c'est bien lui qui t'a engrossée, il n'a qu'à t'épouser, et tout sera dit !

— J'sais pas s'il voudra !

— C'est donc bien de lui qu'il s'agit, constata maître Leclerc.

Un hochement de tête, suivi d'un reniflement, lui répondit.

— Par Dieu ! Il faut mettre bon ordre à tout ceci ! reprit le vieillard. Je vais aller derechef trouver Jannequin et lui dire ma façon de penser !

Almodie repoussa les mèches blondes qui lui tombaient sur les yeux.

— Y va pas être content, dit-elle.

— Il devait y penser plus tôt ! lança maître Leclerc. Quand on fait un enfant à une fille honnête, on se doit de l'épouser ! Sois tranquille, petite, je saurai quoi lui dire et il sera bien forcé de m'entendre !

Marie approuva.

— Vous avez raison, mon père. Il n'osera pas se dérober devant vous. Il doit réparation à cette enfant.

Mathieu parti vers l'écurie, Gerberge se reprit à grommeler, tout en se remettant à hacher ensemble la viande de canard, le persil, le porc gras, les oignons, les pistaches et les œufs durs pour confectionner son pâté.

Eudeline-la-Morèle recommença à disposer poires et pommes sur une corbeille de vannerie, et Marie à composer un bouquet de passeroses commencé un moment auparavant dans l'intention d'en fleurir la chambre d'Agnès. Venue pour annoncer à son beau-père la capture des Lombards, elle songeait maintenant à rester à Gentilly tant l'état de la malade lui paraissait alarmant.

Tandis qu'Almodie, tremblante mais entêtée, se mettait en devoir de vider et d'écailler carpes et brochets contenus dans un seau, afin de ne pas avoir à toucher aux anguilles, la jeune femme songeait que Côme allait l'attendre et qu'il fallait le prévenir en expédiant un messager le plus vite possible à Paris.

Depuis leur visite à Étienne Boileau, ils avaient vécu trois journées tourbillonnantes, partagées entre leurs projets d'avenir et leurs travaux respectifs. Décidés l'un comme l'autre à fixer la date de leur mariage sans tarder, ils avaient choisi la mi-septembre, au lendemain de la fête de la Sainte-Croix. A cause de la paralysie d'Étienne Brunel, les noces se feraient fort simplement, sans faste et sans bruit.

« Déjà en temps normal, le remariage d'une veuve nécessite la plus absolue discrétion, pensait Marie. Même sans la santé de mon père et la douloureuse fin d'Agnès, j'aurais redouté que nos amis et connaissances se missent en tête de venir mener sous nos fenêtres un de ces charivaris qu'on a coutume de faire en de tels cas... Dans les conditions actuelles, la décence veut que nous unissions nos vies en silence, sans nous faire remarquer le moins du monde et presque secrètement. »

Côme avait bien un peu regretté les jeux et le festin dont il souhaitait agrémenter leurs noces afin d'en signifier à tous l'importance et l'éclat, mais il s'était incliné devant les arguments de sa future épouse. En fin de compte, la seule chose qui leur importait à tous deux était d'être unis.

« Nous serons bien ensemble, se disait encore Marie. Qu'avons-nous besoin d'une fête ! Ce qui compte, c'est notre entente et notre existence commune ! »

A présent qu'elle était délivrée d'Amaury et de ses maléfices, elle se sentait rajeunie, légère comme une fiancée...

Le stratagème du prévôt avait réussi au-delà de leurs espoirs à tous. Guidée par une vieille maquerelle qui l'avait abordée à la sortie de Saint-Eustache, Marie s'était rendue dans la maison d'un usurier de la rue de la Buffeterie, au premier étage de laquelle le Lombard l'attendait. Sur la demande expresse de Côme, les gens d'armes de la prévôté, qui avaient discrètement suivi la jeune femme jusque-là, s'étaient précipités, avant même qu'il ait compris ce qui se passait, sur l'homme trop sûr de lui et de sa séduction, qui la recevait en simple robe de chambre, sans arme et sans garde du corps...

Amaury s'était cependant débattu comme un furieux, et, en passant devant celle qu'il comptait porter à son tableau de chasse, l'avait injuriée de la plus outrageante façon. Ce n'était pas sans malaise qu'elle évoquait le prisonnier, à demi nu, entravé, les mains liées, qui lui avait crié son mépris et l'avait menacée dans sa descendance.

Heureusement, l'usurier qui faisait, lui aussi, partie de la bande, et qu'on avait conduit en même temps que le truand au Grand Châtelet, n'avait pas hésité, dès les premières menaces de torture, à livrer ses complices. Ses aveux avaient permis de capturer aussitôt, dans son domicile personnel, Foulques-le-Lombard, chef de l'organisation. Certains de ses acolytes, qui se trouvaient sous son toit, avaient été pris avec lui.

Satisfait, Étienne Boileau avait remercié Marie pour sa contribution au démantèlement de la sinistre confrérie de malfaiteurs, et l'avait assurée qu'il n'y avait plus lieu de la redouter.

Doublement tranquillisée, la jeune femme respirait enfin.

« Il ne me reste plus qu'à faire part à mon beau-père de notre projet de mariage... »

Mathieu Leclerc réapparaissait justement. Derrière lui, moins faraud que de coutume, le palefrenier pénétrait à son tour dans la cuisine. En le voyant, Almodie laissa choir à ses pieds une grosse carpe qui glissa sur le pavé comme à la surface d'un étang.

— Tout est arrangé, annonça maître Leclerc. Jannequin reconnaît avoir connu cette petite alors qu'elle était vierge et admet que l'enfant ne peut être que de lui. Il est donc décidé à réparer ses torts et à s'employer à devenir un bon mari !

Almodie poussa un cri de souris et vacilla. Elle serait tombée de nouveau si Eudeline-la-Morèle, avisée, ne l'avait soutenue et assise une seconde fois sur le banc.

— Vous voyez bien, constata Marie. On a toujours intérêt à s'expliquer.

— N'empêche qu'ils ont fêté la Pentecôte avant Pâques, ces deux-là ! bougonna Gerberge qui avait de toute évidence oublié une jeunesse peu farouche. Si c'était ma fille, je ne serais pas contente !

— Dieu merci, ce n'est pas votre fille, et ses parents ne sauront jamais rien, si vous voulez bien vous taire ! reprit sévèrement Mathieu Leclerc. Ces enfants se marieront la semaine prochaine et je ne conseille à personne d'aller clabauder à tort et à travers sur leur compte !

Il se retourna vers le palefrenier qui n'avait pas encore prononcé un mot.

— Jannequin, conseilla-t-il, embrassez votre promise avant d'aller demander sa main à son père.

— Et si Léonard ne voulait pas de moi pour gendre ? marmonna l'interpellé.

— Je vais vous précéder à la ferme, mon ami. Soyez sans crainte. Je me porte garant du consentement de Léonard.

Le palefrenier s'approcha d'Almodie, défaillante, l'embrassa sur le front d'un air contraint et sortit précipitamment.

— Je me rends de ce pas à la Borde-aux-Moines, dit maître Leclerc. Plus tôt cette affaire sera réglée, mieux cela vaudra pour tout le monde !

Comme il sortait, Aude entra en coup de vent.

— Ma mère ! Ma mère ! Je ne savais pas que vous étiez revenue ! cria-t-elle en se jetant dans les bras de Marie. Je suis contente, contente ! Vous ne pouvez pas savoir comme je suis contente de vous retrouver !

— Moi aussi, ma petite biche, je suis heureuse, dit Marie. D'autant que nous n'allons bientôt plus nous quitter. Dès que ce sera possible, je vous emmènerai, votre frère et vous, avec moi à Paris.

— Pourquoi attendre encore ?

— Hélas ! ma douce, nous sommes tenus de rester quelque temps ici. Agnès est au plus mal.

— Vous croyez qu'elle va mourir ?

— Maître Garin-le-Mire, qui est venu retirer ses bandelettes ce tantôt, s'en est allé en disant qu'il ne pouvait plus rien pour elle.

— Tante Charlotte, peut-être ?...

— Pas davantage, ma petite fille.

— Et Thomas qui est toujours absent !

— Dieu me pardonne, mais j'ai bien peur qu'il ne revienne trop tard.

La mère et l'enfant quittèrent la cuisine, traversèrent la salle où Marie déposa la cruche de grès contenant le bouquet qui ne pouvait plus réjouir les yeux de la malade, sortirent sur le terre-plein, et allèrent s'asseoir sur un banc de bois, sous les branches du grand if chevelu qui les protégeait du soleil.

L'après-midi était sur son déclin. On entendait à distance le bruit sec de la serpette de Lambert qui continuait à tailler les abords du bois. Des martinets passaient en piaillant. Du côté de l'écurie, un cheval hennit longuement.

A quelques pas du banc, sur la dalle chaude du seuil, le chien noir sommeillait.

Marie prit le visage de sa fille entre ses mains. La peau en était si claire et fine que c'en était miraculeux. Aucun pétale n'approchait de cette transparence vivante sous laquelle couraient de minces veines bleues. Rosie aux pommettes, laiteuse par ailleurs, la petite figure lumineuse était l'image même de la fragilité et de la grâce mystérieuse que Dieu a données aux enfants des hommes pendant leurs tendres années, si fugacement...

La jeune femme fronça les sourcils :

— Vos yeux sont rouges, ma colombe... On dirait que vous avez pleuré !

L'enfant se mordit les lèvres.

— C'est à cause du petit Louis, dit-elle d'une voix tremblante.

— Seigneur ! En quoi ce marmot peut-il vous chagriner ?

— Ce n'est pas lui qui me fait de la peine, c'est autre chose...

Jamais encore Aude n'avait parlé à qui que ce soit de son attirance pour Colin. C'était là un secret d'amour auquel elle tenait jalousement. Mais sa déception fut soudain la plus forte, et, dans les larmes revenues, elle avoua à sa mère qu'elle aimait le jeune fermier jusqu'à ce jourd'hui, mais qu'il venait définitivement de perdre en même temps prestige et attrait pour elle.

Réfugiée entre les bras de Marie, le visage enfoui dans la poitrine maternelle, Aude se confessait d'une voix hachée, coupée de sanglots.

— Je croyais qu'il attendrait que j'aie atteint l'âge du mariage, disait-elle avec une naïve rancune. Pendant ce temps-là, il courait après Bertrade !

Marie caressait la tête brune, lissait les mèches souples qui sortaient du béguin de fine toile de Reims pour friser sur la nuque gracile. Elle suivait de la main, sous la cotte, la ligne sinueuse de l'échine, si frêle, qu'elle pouvait en égrener avec émotion, ainsi que les grains d'un chapelet, chaque os entre ses doigts.

Elle n'éprouvait nulle envie de tourner en dérision la passion enfantine qui lui était confessée. Loin de là ! Depuis toujours, elle avait appris à compter avec la nature ardente, entière de l'enfant. Dernièrement encore, n'avait-elle pas ressenti âprement le tranchant de ce caractère sans concession et sans partage ? L'aveu fait à présent de la puérile et maladroite aventure apportait une preuve de plus de la violence des attachements dont la petite fille était capable, de sa capacité à garder pour elle ses sensations les plus instinctives, de la force aveugle de son cœur.

Avec une créature aussi impulsive, il fallait redouter les imprévisibles éveils du corps et des sentiments. A quelle extrémité ne se laisserait-elle pas aller quand elle parviendrait à l'âge des premières et véritables amours ?

— Ma fille si chère, ma petite perle, vous vous étiez trompée d'objet, dit-elle doucement, quand la voix bégayante se fut tue. Colin est un brave garçon, mais il n'est point pour vous. Ni par l'âge, ni par l'esprit. Quand le moment en sera venu, il vous faudra trouver celui qui se montrera apte à vous comprendre autant qu'à vous aimer, celui qui partagera vos goûts, celui qui se présentera comme le compagnon solide et sûr dont vous aurez besoin. Jusque-là, laissez, si bon vous semble, votre imagination courir, mais sachez qu'elle peut être mauvaise conseillère si elle se montre trop vive et mal contrôlée, du moins dans le domaine du cœur.

Les yeux clos, Aude écoutait. Elle se reprenait à espérer. Sa mère était dans le vrai : il convenait d'attendre... d'attendre encore au moins quatre ou cinq ans. A ce moment-là, elle choisirait le compagnon dont elle ne pouvait s'empêcher de rêver... Entre-temps, il n'y avait qu'à faire confiance à Marie, à s'en remettre à sa tendresse et à son expérience...

— Vous avez raison, convint-elle spontanément en redressant un mince visage plein de gravité sur lequel les larmes avaient séché. Je suis trop jeune encore pour aimer quelqu'un d'autre que vous ! Pourquoi penser à un garçon, alors que je vous ai, près de moi, bien à moi, vous qui êtes ce qu'il y a de meilleur au monde ?

— Mon petit oiseau, commença Marie, il ne faut pas non plus me parer de toute les vertus. Je suis une femme comme beaucoup d'autres...

Ce fut alors que le chien noir, qui somnolait toujours, se dressa d'un coup sur ses pattes de devant, et, la tête pointée vers le ciel, la gueule ouverte, se mit à hurler à la mort.

— Je n'aime pas cela, dit la jeune femme en interrompant sa phrase et en regardant avec inquiétude vers la maison. Non, vraiment, ce n'est pas bon signe !

Tout en conservant une des mains de sa fille serrée dans la sienne, elle se leva.

— Allons voir Agnès, dit-elle simplement.

Dans la chambre où elles pénétrèrent ensemble on n'entendait plus de râles ni de suffocations.

Assise sur son lit, soutenue par une pile d'oreillers, la malade semblait connaître une étonnante rémission.

Sous la coiffure de toile qui protégeait la mousse blonde de ses cheveux, et, en les faisant disparaître, accusait le dépouillement des traits, le visage épuré avait retrouvé, avec la nudité de l'enfance, un éclat tremblant, presque joyeux.

— Je n'ai plus mal ! Je respire sans difficulté ! constatait l'adolescente d'une voix émerveillée. Dieu soit béni ! On dirait que je suis guérie !

Debout à son chevet, Charlotte Froment avait suspendu le geste commencé. Elle tenait à la main un gobelet dont elle ne savait plus que faire.

Assise à la tête du lit, du côté opposé à celui où se trouvait sa tante, Florie levait vers cette dernière un regard interrogateur.

Philippe, debout derrière son épouse, se penchait vers elle, incrédule.

Djamal, la tête levée, reposait doucement à côté de lui, au pied de la couche, sur le coussin voisin du sien, le rebab dont il ne jouait plus.

— Si je vis assez longtemps pour voir revenir Thomas, je serai sauvée..., reprenait Agnès qui parlait dans une sorte d'extase. Je le sais. Je le sens.

L'amour ne pouvait pas avoir une autre apparence que la sienne. Une ferveur lumineuse irradiait de ses yeux élargis, nimbait ses traits d'espérance, la transfigurait.

— Thomas ! cria-t-elle alors d'une voix claire comme le cristal, d'une voix de source. Thomas !

Un flot de sang jaillit de sa bouche, coula de son menton sur sa gorge, tachant le drap blanc d'une traînée pourprée, tandis qu'elle se renversait en arrière, sur ses oreillers, avec la grâce furtive d'un vêtement de soie qu'on abandonne.

— Dieu Seigneur ! gémit Marie en tombant à genoux.

Aude entoura de ses bras le cou de sa mère et s'y cacha la figure.

Charlotte Froment se pencha, ferma du pouce, avec une tendresse et un respect infinis, les paupières cernées de mauve qui restaient ouvertes sur un regard radieux, et essuya avec un linge les lèvres ensanglantées, avant de s'agenouiller à son tour.

Florie, qui conservait entre les siennes la main trop blanche de la jeune morte, la porta à ses lèvres, les y appuya, les y laissa. Elle pleurait sans bruit, sans mouvement, avec un accablement si absolu, si définitif, qu'on avait le sentiment, qu'en même temps que ses larmes, elle se vidait, elle aussi, de sa vie...

Philippe, contracté, durci, se redressait lentement derrière elle. Contrairement à ce qu'on aurait attendu de cet époux attentif, il ne cherchait pas à consoler sa femme. Pour lui comme pour elle, cette fin ravivait d'insoutenables souvenirs, réveillait une souffrance mal cicatrisée sur laquelle venait se greffer ce dernier désastre...

La face contre le sol, Djamal se lamentait.

Charlotte Froment songeait qu'en fermant les yeux d'Agnès, d'un geste si souvent accompli pour d'autres, elle venait de sceller à jamais une vie apparemment manquée. Mais que savons-nous des réalités de ce monde et de l'autre ? Que connaissons-nous ? Ne sommes-nous pas, sans cesse, abusés par les faux-semblants ?

Ce que nous jugeons perdu, gâché, ce que nos nommons une existence dépourvue de sens, n'est jamais que l'affleurement singulier d'une vérité plus générale. Il n'y a pas de parcours totalement réussi ici-bas. L'imperfection humaine est inévitable. Seule, l'Éternité donnera réponse à la quête tâtonnante, à la quête malhabile, que nous entreprenons sur cette terre. L'explication nous attend, quelque part, à l'autre bout du tunnel, ailleurs... là où se trouvait maintenant rendue l'enfant partie vers l'Inconnaissable...

Charlotte baissa la tête et commença à réciter à voix haute les sept psaumes de la pénitence.

18

Il y avait à présent une place vide dans l'atelier d'enluminure.

— Comptez-vous remplacer bientôt ce renard puant de Jean-bon-Valet ? demanda Kateline.

— Je ne sais pas encore, répondit Marie. Je prendrai une décision plus tard, quand je serai mariée...

Par besoin d'une confidente, par amitié aussi, la jeune femme avait mis son ouvrière au fait des événements survenus les dernières semaines. Elle lui avait aussi confié ses projets matrimoniaux. Il lui fallait parler de Côme à quelqu'un.

— Je vous comprends, dit Kateline. Votre vie va changer, et bien des choses avec !

Après une journée de travail, semblable à beaucoup d'autres, les deux femmes se tenaient dans l'atelier devant une des fenêtres ouvertes sur le jardin.

Denyse-la-Poitevine, les apprentis et les aides étaient déjà partis. Ils ne reviendraient pas travailler le lendemain, jour de la Nativité de la Vierge, qui était fête chômée.

Le soir tombait. Septembre n'avait que quelques jours, et, cependant, la lumière plus douce faisait déjà songer à l'automne.

— Je n'ai pas encore trouvé le moyen de mettre mes enfants au courant de cette union et de la grande transformation qu'elle apportera dans nos existences, soupira Marie. Je ne sais comment m'y prendre.

— Il faut le leur dire tout simplement, dame !

— Ce n'est pas si aisé...

Une appréhension la retenait. Elle savait d'avance qu'ils accepteraient fort mal la nouvelle de son remariage.

— Ils seront furieux et blessés, reprit-elle. Toutes leurs habitudes vont s'en trouver bouleversées, et Dieu sait si les enfants sont attachés aux habitudes ! Ce sont les seuls repères dont ils disposent dans un monde où si peu de place leur est offerte.

— Vous croyez qu'ils se montreront jaloux de votre second mari ?

— Je ne sais... Ils m'aiment peut-être trop, voyez-vous. Je suis devenue à la fois leur mère et leur père. J'occupe toute la place...

Revenus avec elle de Gentilly pour retourner à leurs écoles, réouvertes durant la dernière semaine d'août, Aude et Vivien avaient repris tout naturellement leur vie coutumière. Il n'en était pas de même pour Marie.

L'amour la tenaillait à présent. Devenu tout-puissant dans son cœur, le besoin de voir Côme, de partager chaque instant, chaque incident de ses jours, l'obsédait. Mais ils ne disposaient l'un et l'autre que de fort peu de temps pour se rejoindre.

Depuis la nuit de la Saint-Jean où elle avait craint de perdre Aude, depuis les semaines déchirantes qui avaient suivi, Marie était bien décidée à ne pas remettre en cause le délicat accord établi entre ses enfants et elle... C'était essentiel. Elle ne pouvait donc plus recevoir Côme la nuit chez elle, ainsi qu'elle avait aimé à le faire pendant l'été.

Restaient les journées. Les futurs époux ne parvenaient à leur arracher que de minces lambeaux d'intimité, volés à leurs métiers respectifs. Ils en souffraient tous deux.

— Il faut sortir à tout prix de cette situation, reprit Marie. La date fixée entre nous pour nos noces se rapproche, et je n'en ai averti ni ma famille ni mes enfants !

Chaque nuit, étendue dans le vaste lit à côté de Vivien et d'Aude, elle tournait et retournait dans son esprit ce qu'elle avait à leur dire, la manière de le faire, les précautions à y apporter. Le matin venu, elle repoussait une nouvelle fois l'échéance, ne jugeait jamais le moment propice, tergiversait sans fin...

— Jusqu'à présent, j'ai manqué de courage, reconnut-elle. Cela ne peut plus durer ! La peur de faire de la peine à ces enfants me retient, mais je dois surmonter mon appréhension. Après tout, ils se consoleront vite, et apprendront bientôt à aimer leur nouveau père... du moins je veux l'espérer !

— Toute veuve qui se remarie connaît ce genre de difficulté, dame, dit Kateline. Quels sont les rejetons d'un premier lit qui acceptent de bonne grâce le nouveau venu qui leur prend leur mère ? Ils le voient toujours d'un mauvais œil s'installer à la place du disparu.

— Il est vrai, admit Marie, mais il faut reconnaître que les circonstances présentes ne leur facilitent pas les choses. La mort de la pauvre Agnès, survenue après tant d'événements inhabituels, les a beaucoup impressionnés.

— On peut dire que vous n'avez pas eu un été ordinaire ! admit Kateline.

Marie suivait des yeux dans le jardin la genette, en quête de quelque proie à dévorer, qui rampait sur une branche de coudrier.

— Mon neveu ne va sans doute pas tarder à revenir de Rome, soupira-t-elle. Je n'ose imaginer son chagrin !

Rentrée à Paris tout de suite après l'enterrement d'Agnès, l'enlumineresse, en dépit de ses propres difficultés, restait hantée par la fin de l'adolescente. Ce passage de la mort parmi les siens, l'âge tendre de la victime, la brièveté d'un tel destin, l'avaient beaucoup frappée. Sans doute l'agonie de son père, toujours paralysé, lui aussi menacé de disparaître à chaque instant, l'avait-elle rendue plus sensible au crève-cœur de la séparation.

— Ma sœur et mon beau-frère sont repartis pour Tours dans un tel état d'accablement qu'on ne savait que faire pour adoucir leur deuil, reprit Marie, le regard perdu vers le ciel où montaient des nuages presque violets. Ils avaient d'abord eu l'intention d'emmener le corps de leur fille avec eux, mais, sur nos conseils à tous, ils ont fini par se résoudre à la laisser à Gentilly.

— Les voilà seuls à jamais, dit Kateline. Je suis, hélas ! bien placée pour savoir ce qu'il en est. Je les plains.

— Quel sort pitoyable que celui de Florie ! soupira la jeune femme. Quand je songe aux espoirs qui entouraient sa jeunesse, je me dis que nous sommes bien fous de compter sur l'avenir.

Un bruit de pas précipités, des cris, en provenance de la salle, à l'étage supérieur, attirèrent son attention.

— Vivien et Aude doivent se disputer, déclara-t-elle. Je vais monter voir ce qui se passe.

Elle trouva son fils et sa fille en train de se battre comme de jeunes chats.

— Pour l'amour de Dieu ! Que vous arrive-t-il ? demanda-t-elle en les séparant.

— Il a osé aller fouiller, là-haut, dans mon coffret, lança Aude avec indignation.

— Pour ce que j'y ai trouvé ! rétorqua Vivien dédaigneusement. Rien que des pots pleins d'horribles soupes et des boîtes remplies d'herbes séchées ou de graines qui puent !

— Pourquoi y aller voir en cachette, alors ? cria la petite fille, le visage enflammé de fureur. Pourquoi profiter de ce que j'ai le dos tourné pour fureter partout ? Si mes affaires vous dégoûtent tellement, vous n'avez qu'à ne pas vous en occuper !

— Voyons, dit Marie, calmez-vous tous les deux. Vous avez eu certes tort, mon fils, d'ouvrir le coffret d'Aude en son absence.

Mais vous, ma fille, vous ne devriez pas vous mettre en de pareilles colères. Je vous croyais plus pondérée.

— Je n'aime pas qu'on touche à ce qui m'appartient, répliqua l'enfant d'un air farouche. Le bien de chacun est sacré !

— Il nous a pourtant été demandé de partager avec nos prochains, dit Marie.

— Pas n'importe quoi ! Je veux bien partager mon pain, mes habits, mes jouets, mais pas les simples que j'ai rapportées de Gentilly !

Après s'être assise sur une cathèdre, Marie attira sa fille contre elle.

— Vous y tenez donc tellement, ma colombe ?

— J'y tiens beaucoup, ma mère. Le vieille Mabile m'a appris des choses qui restent cachées à énormément de gens et que je suis fière de savoir. Cet âne de Vivien n'y connaît rien et risque de tout abîmer !

— Que dites-vous ? Que dites-vous ? hurla, en se relevant d'un bond, le petit garçon qui venait de s'installer devant une table volante, où étaient disposés un feuillet de parchemin, des pinceaux et des couleurs broyées. Vous m'avez traité d'âne !

— Il n'y a que la vérité qui blesse, lança Aude tout en toisant son frère avec mépris.

— Il suffit ! dit Marie. Cessez de vous disputer. Votre grand-père ne va pas tarder à arriver.

— Heureusement qu'il vient, remarqua Viven avec amertume. Lui au moins, il me comprend !

— Allons, mon fils, embrassez-moi, proposa Marie. Vous n'êtes pas si maltraité que vous semblez le croire !

Elle serra ses enfants dans ses bras.

— Tout est oublié maintenant, assura-t-elle. Allons tous trois à la cuisine. Il faut que je m'assure qu'on a bien mis à la broche les perdrix rouges pour le souper.

Mathieu Leclerc avait fait prévenir sa bru qu'il comptait passer la fête de la Nativité de la Vierge à Paris. Il n'avait pas fourni d'explication à ce déplacement imprévu. Marie ne s'en était pas autrement souciée. Il s'agissait sans doute d'affaires à traiter, et, de son côté, elle avait à lui parler.

Avant tout autre, son beau-père devait être informé du projet de remariage. C'était une question de convenance. Qu'en penserait-il ?

Elle y songea durant le repas qu'ils prirent tous ensemble, et décida de le mettre au fait, sitôt la tarte au fromage rôti terminée, et les enfants envoyés au lit.

Comme le ciel était de nouveau menaçant, Mathieu Leclerc et Marie ne s'installèrent pas sur le banc de pierre qui s'adossait à la façade de la maison donnant sur le jardin. Ils préférèrent demeurer dans la salle qu'éclairaient déjà des chandeliers de tables, munis chacun de quatre bougies accolées. Devant eux, un plat de noix fraîches et de noisettes voisinait avec un flacon de vin pimenté. Sur un bahut proche, des clous de girofle et du gingembre brûlaient dans une coupe, pour chasser les odeurs de nourriture qui s'attardaient dans la pièce.

— Si je suis venu ainsi vous rendre visite à l'improviste, dit l'ancien maître enlumineur, c'est, ma fille, que j'ai à vous faire part de dispositions d'importance.

— Moi aussi, mon père, j'aurai à vous entretenir. Mais, auparavant, je vous écoute.

Le vieil homme avait posé ses mains sur les accoudoirs de son siège à haut dossier et, une fois de plus, sa bru fut frappée par la maigreur de ses doigts et le relief noirâtre des veines qui saillaient sous la peau.

— Je ne vous étonnerai pas en vous disant que l'affreuse mort de Robert hante chacune de mes heures, commença Mathieu Leclerc. Savoir son âme en danger de damnation éternelle ne me laisse point de repos.

Derrière les mots, on devinait des abîmes de souffrance.

— J'ai donc décidé de racheter, autant que je le pourrai, les fautes de mon fils, continua le vieillard. J'y ai longuement pensé et il m'est apparu que la seule tentative à faire était de consacrer à cette expiation ce qui me restait de temps sur terre. Il me faut perdre ma vie si je veux tenter de sauver celle de Robert dans l'éternité. Il ne peut y avoir de salut pour lui qu'à ce prix. C'est une entreprise qui nécessite le détachement absolu du monde. Pour y parvenir, je dois commencer par me défaire de mes biens terrestres. Je suis donc déterminé à me dépouiller de tout ce que je possède. Je donnerai jusqu'à mon dernier sou et partirai sur les routes comme tant d'autres pèlerins. Seulement, je ne pourrai pas me contenter d'un unique sanctuaire. J'irai, tour à tour, implorer tous les intercesseurs possibles pour les supplier de présenter ma requête au Seigneur. Je me rendrai à Saint-Martin-de-Tours, à Saint-Jacques, à Rome... jusqu'à Jérusalem, si j'en ai la force !

— Un tel voyage, à votre âge, en de si pénibles conditions, c'est de la folie, mon père !

Maître Leclerc posa sur sa bru un regard un peu flou, déjà lointain.

— Il n'y a pas d'autres remèdes à un mal aussi grave, ma fille. Comme je vous l'ai dit, j'ai parfaitement mûri ma décision. Il n'y a plus à y revenir. Je partirai dans deux jours.

— Si vite ! Avez-vous vraiment pesé la somme de renoncements que votre résolution entraînera avec elle ? Vous vous transformerez en vagabond, vous n'aurez plus de logis, plus de famille... Vous ne verrez pas grandir vos petit-enfants !

— Je sais, Marie, je sais. Ce sera le plus dur. Mais où serait le mérite s'il n'y avait pas sacrifice ?

— Dieu est bon, mon père ! Meilleur que vous ne le pensez. Il ne demande pas que nous nous soumettions à de pareilles pénitences !

— Pour nos propres péchés, il est sans doute infiniment miséricordieux. Mais il ne s'agit pas des miens, pour lesquels je me serais contenté de rester chez moi à méditer sur nos fins dernières ; il s'agit de ceux de mon fils que je prends en charge, comme un terrible fardeau supplémentaire. Les crimes commis par Robert réclament des mortifications exemplaires. Ils sont affreux... on serait tenté de dire, impardonnables ! Si j'espère, tout de même, en obtenir merci, ce ne peut être qu'au prix le plus lourd !

— Réfléchissez encore, je vous en supplie !

— Il n'est plus temps. Je suis certain d'être sur le seul chemin possible. J'y songe depuis des semaines et j'ai déjà tout préparé. Si j'ai tenu à vous en avertir ce jourd'hui, ma fille, c'est que je ne voudrais pas que vous appreniez par un notaire les dispositions qu'il m'a fallu prendre et que je dois vous exposer.

— Je m'en remets à votre jugement, mon père. Le plus important demeure pour moi votre absence et non les affaires d'argent.

— Je suis sensible à votre affection, Marie. Elle me tiendra chaud sur la voie étroite où je vais m'engager... Il faut cependant vous dire ce qu'il en est. J'ai partagé mes biens en trois parts. Je lègue aux pauvres de Saint-Eustache tout ce que je possède en or et en argent. Je laisse à Aude la ferme de la Borde-aux-Moines et ma maison des champs. Enfin, je fais Vivien mon héritier de l'atelier, de ce logis-ci, et d'une autre petite bâtisse de rapport que je possédais rue Saint-Jacques et dont je conservais les revenus.

— Vous avez pensé à tout, mon père.

— Je craignais que vous ne vous sentiez dépossédée.

— Non point, soyez-en persuadé ! Tant que mes enfants seront mineurs, je continuerai à gérer leurs biens. Sitôt venu le moment de les émanciper, je leur remettrai le tout en main propre.

— Mon notaire a reçu ordre de vous apporter son concours, chaque fois qu'il sera nécessaire... Comprenez-moi bien, Marie, je ne pouvais faire autrement.

— Vous n'avez pas à vous excuser, mon père. Il est tout à fait normal que l'avoir paternel revienne à ces enfants. Votre façon d'agir est l'équité même. Aude aime Gentilly plus que tout autre lieu. Elle saura s'occuper de la demeure aussi bien que de la ferme. Par ailleurs, vous lui constituez là une dot des plus honorables et qui, avec ce que je comptais lui donner, l'aidera plus tard à s'établir au mieux. Quant à Vivien, vous savez qu'il s'intéresse déjà beaucoup à l'enluminure. Comme nous en étions convenus, il travaille avec moi à l'atelier durant les moments de liberté que lui laisse l'école.

Votre décision l'incitera sûrement à s'y consacrer davantage. Si vous le jugez bon, je le déclarerai dès ce mois-ci en qualité d'apprenti.

— Il est bien entendu que vous continuerez à diriger cet atelier comme auparavant tant que votre enfant ne sera pas en âge de le faire lui-même. Vos conseils et votre expérience lui demeureront indispensables.

— Il me sera fort agréable de travailler avec Vivien, reconnut Marie avec un tendre sourire. Nous nous entendons si bien tous les deux ! Il tient de vous et de moi un goût assez sûr. Nous en ferons un bon enlumineur.

— Je suis satisfait que vous preniez les choses avec cette sérénité, ma fille, avoua Mathieu Leclerc. Je redoutais vos récriminations...

— C'est que vous me connaissez mal, mon père !

Le sourire de la jeune femme s'effaça soudain. Elle baissa les yeux, l'air gêné. Les reflets des bougies coloraient son visage, accusaient le relief de ses pommettes, le modelé de ses lèvres qu'elle se mit à mordiller comme elle le faisait toujours aux moments difficiles.

Dans sa cage dorée, une tourterelle, rompant la paix du soir, commença tout à coup à roucouler, puis s'interrompit net.

— De toute manière, j'aurais trouvé votre partage juste et bon, reprit Marie au bout d'un moment. Mais des circonstances nouvelles et capitales sont intervenues dernièrement qui font que, loin de me déplaire, vos arrangements me rendent service.

Le vieillard, qui ne concevait pas ce qui pouvait encore être important en comparaison de ce qu'il venait d'apprendre à sa bru, eut quelque difficulté à se dégager de ses pensées pour prêter attention à ce qu'elle paraissait vouloir lui confier.

— Vous m'aviez parlé de certain projet dont vous souhaitiez m'entretenir ? dit-il comme au sortir d'un songe.

— Oui, mon père.

Nerveusement, la jeune femme triturait les franges de l'aumônière qu'elle avait ramenée sur ses genoux.

— Eh bien, voici, j'ai décidé de me remarier.

Mathieu Leclerc hocha la tête.

— Depuis le début de l'été, j'avais remarqué que vous ne portiez plus la guimpe des veuves, dit-il sans paraître s'en émouvoir. Je l'ai parfaitement admis... J'ai bien peur que Robert n'ait jamais été un bien bon mari pour vous !

— Je me serais contentée de vivre pour mes enfants, s'il ne m'avait pas été donné de rencontrer un homme qui me semble réunir toutes les qualités que je pouvais espérer trouver chez un futur compagnon de route, expliqua Marie en rougissant. Je dois aussi vous avouer que je l'aime...

— Qu'y a-t-il à redire à cela ? Vous m'en voyez heureux pour vous, ma fille. Est-il de nos amis ?

— Il est venu avec moi à Gentilly, pour les fêtes de la Saint-Jean. Il s'agit de Côme Perrin.

— Le mercier ! Vous allez faire un beau mariage, Marie. Il est fort riche.

— Ce n'est pas ce qui importe, mon père, croyez-le bien !

L'ancien enlumineur tendit vers sa belle-fille une main conciliante.

— Je suis navré d'avoir parlé si sottement, dit-il. Moi qui craignais de vous froisser tout à l'heure, voici que je viens de le faire par maladresse. Oubliez cette remarque déplacée, je vous le demande... Votre choix est excellent, ma fille. J'ai peu vu votre ami cet été, suffisamment tout de même pour le juger loyal et bon. Vous serez heureuse avec lui. C'est certainement un homme de bien et sa famille est des plus honorables. J'ai connu feu son père, qui faisait partie des quatre jurés élus par ses pairs, les maîtres merciers, pour surveiller et administrer la communauté tout entière. C'est vous dire en quelle estime les Perrin sont tenus dans cette ville !

— Pardonnez-moi, à votre tour, un mouvement d'humeur dû à ma seule nervosité. J'étais angoissée d'avoir à vous apprendre un remariage qui aurait pu vous déplaire !

— Vous êtes encore jeune, Marie. Il est tout naturel que vous désiriez refaire votre vie. Je vous souhaite, pour cette seconde union, plus de chance qu'avec la première !

Ramené à son obsession, le vieil homme détourna les yeux et contempla tristement, par la fenêtre ouverte, la nuit qui s'épaississait. Pas une étoile. Aucune clarté. Tout était ténèbres.

— Je ne sais s'il me restera assez de temps pour mener à bien mon entreprise, dit-il avec inquiétude. Ma vie est déjà fort avancée et j'ai tant à faire !

— Êtes-vous certain, mon père, de ne pouvoir agir autrement ?

— Tout à fait certain. N'en parlons plus, ma fille, et allons nous coucher.

Il prit un chandelier d'étain.

— Comptez-vous avertir Aude et Vivien de votre départ, demanda Marie, et des dispositions que vous avez prises ?

— Je leur en dirai l'essentiel demain, après le dîner.

— Je profiterai de cette occasion pour leur annoncer mon remariage.

— Vous ne leur en avez encore rien dit ?

— Je n'ai pas osé !

Le vieillard eut un sourire un peu tremblant, affectueux et compréhensif.

— Dieu vous garde, Marie ! Vous êtes une bonne mère. Vos enfants ont de la chance !

— Ne faut-il pas qu'une mère soit une chance dans la vie ? demanda la jeune femme tout en soufflant sur les bougies de cire blanche.

Le lendemain matin, pendant et après la messe célébrée en grande pompe en l'honneur de la naissance mariale, la pluie tomba avec violence.

Durant le dîner, elle cessa pour laisser la place à un soleil trop chaud.

Au-dessus de Paris, le ciel demeurait noir, alourdi de nuages de plomb, mais, vers l'ouest, une éclaircie limpide, ni bleue ni verte, couleur de certains fonds sous-marins, trouait les nuées. Soulignée par un bourrelet de vapeurs grises, elles-mêmes bordées d'argent, fardées de rose, nuancées d'orangé, la coulée lumineuse éclairait tendrement les toits luisants de la capitale.

— Venez voir l'arc-en-ciel ! cria Vivien, qui était descendu le premier au jardin, sitôt le repas terminé. Je n'en ai jamais vu de si beau !

Immense, parfait, surplombant toute la ville, reliant la terre au ciel dans une buée d'eau suspendue, un arc aux couleurs du prisme se dressait comme une voûte miraculeuse, comme un porche de lumière ouvrant on ne savait sur quel temple célestiel.

— C'est l'écharpe de la Vierge ! constata Aude d'un air entendu. N'est-ce pas naturel, puisque nous fêtons aujourd'hui sa natalité ?

— Notre-Dame nous fait tout de même un beau présent, dit Marie. Peut-on rêver rien de plus merveilleux ?

Elle attira son fils et sa fille contre elle et resta un long moment, la tête levée, à admirer et à rendre grâces.

Son beau-père la ramena sur terre.

— Ce soleil d'orage est trop cuisant pour moi, dit-il. Rentrons à la maison.

Ce fut là, dans l'ombre retrouvée, qu'il mit ses petits-enfants au courant de sa décision. Sans dévoiler ses motifs, il leur apprit qu'il partait en pèlerinage pour recommander l'âme de Robert au Seigneur et que ce serait un long voyage.

Assis tout droit sur son siège, la parole ferme, il s'exprima simplement, évitant tout attendrissement, toute complaisance. Sur des coussins, à ses pieds, le frère et la sœur, ravis, l'écoutaient évoquer Rome et Jérusalem. Quand il en vint aux dispositions pratiques prises à leur endroit, ils s'en montrèrent surpris, un peu gênés, et ne retrouvèrent leur quiétude qu'après avoir reçu de leur aïeul l'assurance que rien ne serait changé et que leur mère continuerait à s'occuper de tout.

— Justement, enchaîna alors Marie, dont le cœur battait avec impétuosité, justement, je profite de ce moment solennel pour vous annoncer une seconde nouvelle, mes chéris. Je pense à me remarier.

Elle se tenait debout derrière le fauteuil de Mathieu Leclerc, sur le dossier duquel elle s'appuyait.

Vivien se leva d'un jet. Rouge, les yeux brillants, il se dressait comme un coquelet en colère.

— Quoi ? Quoi ? Que dites-vous ? bredouilla-t-il.

— Votre mère est encore fort jeune et a de lourdes charges, dit le vieillard. Il est normal qu'elle envisage de prendre un mari qui puisse l'aider. Contenez-vous, mon petit. Vous verrez que c'est la meilleure solution pour tout le monde.

L'enfant rejeta d'un geste furieux les mèches blondes qui retombaient sur son front.

— Je ne veux pas qu'un autre homme que mon père entre céans !

— Votre père n'est plus, Vivien, reprit sévèrement maître Leclerc. Il convient à un garçon de bientôt onze ans de se montrer raisonnable et d'admettre une réalité qu'il doit pouvoir comprendre. Cette nouvelle union sera bénéfique à chacun de vous. Comme je viens de vous le faire savoir, l'atelier sera vôtre dès que vous serez capable de le diriger. L'époux que votre mère s'est choisi n'interviendra en rien dans toute cette affaire. Il ne cherchera pas à vous éloigner ni à vous disputer la première place puisque, Dieu merci, il est de son côté pourvu d'un solide métier.

— Il n'est donc pas enlumineur ? demanda Vivien avec méfiance.

— Bien sûr que non ! lança Aude qui s'était contentée jusquelà de tirer à petits coups secs sur ses nattes. Il n'est pas enlumineur. Il est mercier !

D'un mouvement souple de belette, elle se leva et s'élança hors de la salle sans qu'on eût le temps de la retenir.

— Dieu Seigneur ! Où va-t-elle ? cria Marie.

Son beau-père se tourna vers elle.

— Ne craignez rien, ma fille, dit-il. Vous voyez bien qu'elle savait déjà à quoi s'en tenir.

Guillemine entra alors pour annoncer que Jannequin venait d'arriver de Gentilly. Il avait à communiquer à son maître une nouvelle des plus importantes.

— Qu'il entre.

Le palefrenier pénétra dans la pièce.

— Messire Thomas Brunel est de retour, lança-t-il sans ménagement. Il n'a trouvé que Gerberge à la maison. Et, dans son affolement, elle s'est laissé aller à lui dire tout à trac que demoiselle Agnès était morte depuis deux semaines. Il a demandé où elle reposait et s'est rué, ensuite, vers l'église de Gentilly.

— Où se trouve-t-il à présent ?

— Là-bas. Dans l'église. Couché sur la dalle de pierre, les bras

en croix, il pleure comme un enfant et refuse de répondre à not'
curé qui essaie de le raisonner. C'est lui, l'abbé Piochon, qui m'a
conseillé de venir vous prévenir.

— Et Bertrand qui se trouve à Troyes, en Champagne, pour la
foire chaude [1] ! s'écria Marie. Il ne doit rentrer qu'à la fin de
la semaine...

— Laudine... ?

— Elle ne fera que se lamenter avec son fils.

Marie serrait les lèvres, réfléchissait.

— Mon père aurait pu avoir quelque influence sur Thomas, mais
il n'y faut point songer... Blanche, elle aussi, serait peut-être
parvenue à se faire entendre de son frère, mais elle a commencé
son noviciat chez les Clarisses... Reste tante Charlotte, dont nous
avons tous appris à estimer le jugement... Elle sait communiquer
sa fermeté à ceux qui en ont besoin. C'est elle qu'il faut alerter !

Pendant la maladie d'Agnès, Charlotte, qui aimait se sentir utile,
avait puisé un regain d'activité dans les soins donnés à l'adolescente.
Depuis la disparition de sa patiente, elle s'était retrouvée inoccupée
et avait décidé de s'installer au chevet d'Étienne. Sa présence et
son expérience pourraient être de quelque secours au paralytique.
Elle logeait donc maintenant rue des Bourdonnais.

— Je cours là-bas, dit Marie.

— De mon côté, je vais rentrer chez moi, déclara maître Leclerc.
Je verrai sur place si je peux secourir ce pauvre garçon.

— Adieu donc, mon père, puisque vous le voulez ! dit Marie
non sans affliction. Que Dieu vous garde sur les grands chemins
où vous allez vous aventurer !

— Priez surtout pour qu'Il m'exauce, ma fille !

— Vous nous manquerez beaucoup, murmura la jeune femme
en embrassant le vieillard. Beaucoup.

— Vous me manquerez encore plus, croyez-moi, Marie ! Mais
ai-je le choix ?

Il se maîtrisa.

— Soyez heureuse, ajouta-t-il. Vous le méritez bien !

Son sourire crispé fut la dernière image que sa bru emporta de
lui, avec l'immense tristesse de son regard.

Rue des Bourdonnais, où Étienne Brunel somnolait, sans participer en rien aux événements qui agitaient son entourage,
l'enlumineresse mit Charlotte au courant du retour de Thomas et
du comportement du jeune homme.

— Vous seule, ma tante, pouvez l'amener à accepter son deuil.

— J'espère parvenir à tempérer ce que sa douleur a d'excessif,

---

1. A Troyes il y avait une foire chaude en été, et une foire froide en hiver.

dit la physicienne, mais vous connaissez sa violence. Il est capable des pires folies.

Elle partit et Marie retourna chez elle. L'arc-en-ciel avait disparu. Un ciel redevenu orageux coiffait Paris de nuées. Le vent faisait voltiger, tourbillonner, sur les pavés, les pétales de fleurs jetés le matin sous les pas de la procession. En dépit du temps, les gens flânaient en ce jour de fête et dansaient aux carrefours.

Marie eut la tentation de courir chez Côme, qui devait se languir d'elle, mais elle se contraignit à retourner auprès de ses enfants. La façon dont ils avaient pris l'annonce de son remariage la tourmentait.

Contrairement à ce qu'elle redoutait, elle les trouva sagement assis dans la salle. Ils jouaient ensemble. Aude avait sorti d'une boîte des petits personnages et des animaux de terre cuite qu'elle animait pour son frère en les faisant agir et parler comme dans les contes.

Ne sachant trop que dire, la jeune femme alla chercher son carnet de croquis et s'installa près de son fils et de sa fille. Elle entreprit alors de les dessiner tous deux en train de manier les figurines.

— J'ai réfléchi à ce que vous nous avez appris tout à l'heure, dit Vivien au bout d'un certain temps. J'ai eu tort de me fâcher et vous prie de me pardonner.

Il se leva à sa manière agile et vint se camper devant sa mère, la tête penchée sur l'épaule, un sourire gêné sur les lèvres, maladroit et rempli de bonnes intentions, si semblable à elle-même, qu'elle en eut chaud au cœur et l'attira dans ses bras.

— Je vous aime tant tous deux, dit-elle sur un ton de confidence. Je vous aime si fort. Je ne puis être en paix si vous ne l'êtes pas !

— Je veux que vous soyez heureuse, continua Vivien. Grand-père avait raison. Vous l'avez bien mérité et nous n'avons pas le droit de vous faire de la peine.

Tout en embrassant l'enfant, Marie jeta un coup d'œil vers sa fille. Penchée sur une figurine qu'elle retournait en tous sens entre ses doigts prestes, avec une attention trop appliquée pour être naturelle, Aude restait figée sur son escabeau. Son profil très pur, aux paupières baissées, n'était que refus.

« Je parviendrai à l'apprivoiser, elle aussi, songea Marie. C'est déjà beaucoup que Vivien accepte l'idée de me voir remariée. En général, les fils sont les plus difficiles à convaincre de la nécessité d'une seconde union ! »

Charlotte Froment entra dans la pièce comme le crépuscule tombait sur la ville.

— Eh bien, ma tante, êtes-vous parvenue à vous faire entendre de Thomas ? interrogea la jeune femme.

— Ce n'est pas si simple, ma mie.

La physicienne s'assit. Les épaules voûtées, les traits tirés, elle avait soudain l'apparence d'une très vieille femme.

— Je suis arrivée à l'arracher à la pierre tombale d'Agnès, dit-elle, mais je ne sais si j'ai bien fait. Le pauvre garçon paraissait hors de lui, véritablement absent de son corps.

— Ne s'est-il pas emporté, lui qui est si aisément furieux ?

— Nullement. Il a fait montre d'un calme, d'un abattement bien plus impressionnants que les éclats que j'avais prévus. Il a répété plusieurs fois : « Je le savais... Je le savais... Elle m'est apparue en songe, au cours d'une de mes étapes, pour me prévenir qu'il lui fallait s'en aller, me quitter. Elle soupirait, comme Tristan, qu'elle n'avait pas pu retenir sa vie plus longtemps... »

— Nous aurions dû, bien davantage, respecter cet amour, murmura Marie.

— Sans doute, ma nièce, sans doute... Ils ont su être de purs amants... Thomas m'en a donné la preuve : sans démonstration, sans déchaînement, sans outrance, il n'était que douleur. Son chagrin, voyez-vous, m'a atteinte au cœur. Il me rappelait le tilleul foudroyé de votre beau-père, qui restait apparemment en vie alors que, sous l'écorce, la moelle était calcinée... Un peu plus tard, il m'a appris qu'il ne voulait pas demeurer un jour de plus dans un pays qui avait tué son amie. Il a décidé de repartir sur-le-champ.

— Dieu Seigneur ! Repartir ! Pour aller où ?

— Il a parlé de l'Italie.

— Que va-t-il faire, là-bas ?

— Il semble que, pendant son séjour à Rome, où il n'a pas reçu du pape l'accueil qu'il escomptait, il ait rencontré Arnauld, votre frère aîné, venu, de son côté, en mission dans la Ville éternelle.

— Arnauld ! Comme il y a longtemps qu'il est parti ! Comme j'aimerais le revoir !

— Ce ne sera pas pour demain, ma nièce. D'après les quelques mots que je suis parvenue à arracher à Thomas, votre frère serait devenu un personnage d'importance à la cour du roi de Naples et de Sicile. Il y exerce à la perfection, paraît-il, son rôle d'ambassadeur et s'est lié d'amitié avec le prince auprès duquel il est accrédité. Aussi a-t-il proposé à son neveu, déconfit de n'avoir point obtenu la dispense escomptée, de venir à son tour chercher fortune dans la péninsule. A ce moment-là, il était question qu'Agnès et Thomas s'y rendissent ensemble. Seul, dorénavant, ce dernier songe à s'engager dans l'armée du duc d'Anjou, devenu roi de régions qui ne sont pas toutes soumises.

— Et Bertrand qui espérait tellement voir son fils lui succéder à la tête de l'orfèvrerie familiale !

— Il devra y renoncer. Dieu merci, il ne manque pas d'enfants ! Thomas paraît avoir pris en horreur tout ce qui lui rappelle un passé trop funèbre. Il est absolument déterminé à quitter le royaume de France.

— Il se battra comme un preux !

— Hélas ! ma mie, je serais plutôt tentée de croire qu'il ne fera la guerre que pour rencontrer, au cours d'une bataille, l'occasion honorable d'une fin rapide !

— Vous voulez dire qu'il est décidé à mourir ?

— De l'air éteint et désespéré qui m'a fait tant de peine, il m'a ouvertement avoué qu'il ne voyait pas d'autre moyen d'aller rejoindre Agnès.

Les deux femmes se turent.

Le vent soufflait sous les portes et faisait voler les cendres du foyer. Dans le jardin, les ombres des arbres envahis de nuit s'agitaient dans la bourrasque.

— Quelle tristesse, soupira Marie. Ces deux-là sont devenus victimes de leur propre amour !

Au moment où Guillemine entrait, une chandelle à la main, pour éclairer la salle en allumant les bougies accolées, la voix implacablement logique d'Aude s'éleva :

— S'il aime Agnès au point de désirer mourir pour elle, pourquoi Thomas ne s'est-il pas tué sur sa tombe ?

— Comment pouvez-vous parler ainsi, ma fille ? Vous savez bien que se donner volontairement la mort est un des plus graves péchés qu'un chrétien puisse commettre ! C'est la preuve qu'on n'espère plus en Dieu, qu'on ne Lui fait plus confiance !

— Je sais, dit l'enfant, mais, alors, comment montrer qu'on est capable d'aimer jusqu'au bout ?

— Personne ne peut souhaiter recevoir un tel témoignage d'attachement, trancha la physicienne avec son bon sens coutumier. D'ailleurs, on meurt rarement d'amour, ma petite fille. Croyez-en mon expérience.

— Parlons d'autre chose, dit Marie.

— Si vous annonciez à tante Charlotte que vous allez bientôt vous remarier, ma mère ? proposa Aude tout en continuant à manier les figures de terre cuite disposées devant elle sur la table.

— Quoi ? Que dit cette petite ?

— La vérité. Nous avons jugé bon, Côme Perrin et moi, de ne plus attendre davantage pour unir nos vies.

Il y avait une trace de défi dans le ton de l'enlumineresse, mais ce n'était pas à sa tante qu'elle en avait.

— Vous avez grandement raison, ma nièce ! Une femme ne peut rester bien longtemps seule sans dommage et il est bon de tenter la chance une seconde fois !

— Vous nous approuvez donc ?

— Vous ne pouviez rien m'apprendre qui me fît plus de plaisir.

D'autant mieux que vous avez fort bien choisi, ma nièce ! Votre ami est un homme sûr, solide, sur lequel vous pourrez vous appuyer.

Charlotte Froment se pencha, baissa la voix.

— A vrai dire, avoua-t-elle en souriant, votre secret n'en était plus un pour moi depuis le mois de juin dernier, mais j'ignorais le moment où vous vous résoudriez à nous le révéler.

— Nous pensons nous marier très vite maintenant, reprit Marie. Immédiatement après la fête de l'Exaltation de la Sainte-Croix.

Elle saisissait l'occasion qui lui était offerte de mettre ses enfants au fait de ses intentions, sans, toutefois, avoir à s'adresser directement à eux.

— A cause des circonstances actuelles, nous éviterons toute ostentation, continua-t-elle. Ce sera la cérémonie la plus simple du monde : une messe matinale et un repas où ne seront conviés que quelques membres de nos deux familles.

— Fort bien, ma nièce, mais vous n'allez tout de même pas vous passer de fiançailles ! protesta Charlotte.

— Elles auront lieu, ma tante, rassurez-vous ! Seulement comme je suis veuve, il convient que tout reste le plus discret possible. Pour présenter la sœur et le beau-frère de Côme, qui sont ses seuls proches, à ma parenté, nous avons l'intention de réunir tout le monde ici, au cours d'un souper intime, en présence du curé de Saint-Eustache.

— Vous n'avez pas de temps à perdre !

— Fixons donc cette première réunion à samedi prochain.

— Bonne idée, ma nièce ! Je m'en réjouis par avance. Ce sera enfin une soirée consacrée à l'espérance ! Elle nous distraira un peu de tous les malheurs qui nous accablent !

Pendant que sa tante parlait, Marie croisa le regard d'Aude qui avait enfin relevé la tête. Dans les prunelles fixées sur elle, la jeune femme discerna une expression grave, attentive, alarmée, empreinte de pitié et non pas de colère ou de mépris. Elle comprit aussitôt que ce n'était plus à elle que sa fille en voulait à présent, mais à Côme. L'enfant jugeait sans doute sa mère victime du mercier. Comme son frère et elle-même.

Durant les quelques jours qui s'écoulèrent entre la fête de la Nativité de la Vierge et le repas des fiançailles, et en dépit d'une activité incessante, l'enlumineresse demeura sur le qui-vive.

Aude avait beau lui témoigner une recrudescence de tendresse et d'attention, elle ne s'en tourmentait pas moins. Que se passait-il derrière le front sans rides, mais non sans mystère, de l'enfant dont elle connaissait les capacités d'invention ?

Prise dans le tourbillon des préparatifs indispensables à des fiançailles suivies de fort près par les épousailles, la jeune femme ne disposait pas du temps nécessaire à une surveillance constante des faits et gestes de la petite fille. Tout en continuant à s'occuper de l'atelier, il fallait prévenir le prêtre qui devait bénir l'engagement des futurs époux, puis présider au don mutuel qu'ils se feraient du sacrement de mariage, inviter les convives, établir le menu, commander chez un marchand de vivres des plats plus compliqués que ne pouvait en confectionner la cuisinière des Leclerc, et passer commande à Côme. C'était lui, en effet, qui fournirait les épices, les bougies de couleur, les vêtements neufs pour la maisonnée, les poudres odorantes qui parfumeraient la salle en brûlant, les vins de Grenache, de Grèce ou de Chypre, et jusqu'aux tapis de Perse qui décoreraient somptueusement les murs !

Il fit porter par deux serviteurs, qui resteraient rue du Coquillier pour assurer le service, des corbeilles de fruits, de fleurs, des couronnes de clématites et de scabieuses, des plateaux de fruits exotiques cuits dans du sucre blanc de Caïffa, des coupes remplies de dragées, d'anis et de coriandre. Sa libéralité n'était pas ostentation, mais témoignage de joie et d'amour.

Marie le comprit bien ainsi. En dépit de tout ce qu'elle avait à faire et de son inquiétude maternelle, un émoi bondissant lui mettait le cœur en liesse et le feu aux joues. Elle s'immobilisait au milieu d'un geste, là où elle se trouvait, avant de repartir vers ses occupations, la main sur la poitrine, pour mieux savourer le goût si neuf du bonheur promis.

Le samedi arriva.

Il y eut un moment d'effervescence et d'énervement avant l'heure fixée pour le souper et Marie s'impatienta parce que le laçage de sa cotte en satin de Gênes ivoire était trop serré, et que la résille en chenille de soie verte qui retenait sa chevelure nattée avait des mailles moins étroites qu'elle ne l'avait prévu. Grâce à Guillemine, qui entourait sa maîtresse de soins attentifs, les lacets furent relâchés en un tour de main, et les longues tresses blondes finirent par se loger sans dommage dans leur soyeuse enveloppe.

Vêtue d'un surcot de velours émeraude brodé d'ancolies aux nuances diaprées, ceinturée de la chaîne de fins anneaux d'or offerte par son amant le matin de la Saint-Jean, chaussée de cuir doré, parée d'un long collier de perles qui lui venait de la cassette de Mathilde, le front ceint d'un cercle d'orfèvrerie sorti de l'atelier des Brunel, ce fut une future épousée éclatante qui pénétra en fin de matinée dans la salle pour y accueillir Côme.

Le mercier, qui avait tenu à arriver un bon moment avant les convives, s'efforçait de conserver son habituelle aisance. Il n'y parvenait guère. Pâle, visiblement ému, il tordait entre ses doigts les gants de peau souple qui complétaient son ajustement. Lui aussi avait revêtu des vêtements de fête. Un ample manteau d'épaisse soie bleue s'ouvrait sur un surcot de velours violet rayé de blanc.

Il portait un couvre-chef de fines plumes de paon blanc, et ses souliers bas en cuir violet doublés de fourrure d'écureuil laissaient voir ses chausses bleues.

Sitôt entré, il alla vers Marie, prit entre ses mains le visage blond et parfumé, le contempla un instant en silence, avec ferveur, avant d'appuyer ses lèvres sur la bouche tremblante. Il l'embrassa longuement, gravement, respectueusement, comme on appose sur un traité d'alliance, son sceau personnel au cœur de la cire chaude.

— Voici enfin venu le jour tant espéré, ma mie, dit-il d'une voix un peu rauque après ce baiser presque religieux. Ce jour où vous allez m'engager votre foi !

— Oublions tout ce qui fut avant, murmura la jeune femme. Le passé n'est plus. Une nouvelle vie commence !

Côme prit dans l'aumônière qu'il portait à la ceinture un écrin de peau cramoisie dont il sortit un large anneau d'or orné d'une belle émeraude et le passa à l'annulaire de sa fiancée.

— En attendant celui de nos noces, portez ce témoignage de notre engagement mutuel, ma mie, dit-il. J'ai fait graver à l'intérieur la sentence que notre sire le roi avait choisie quand il a épousé la reine Marguerite : « En cet annel, tout mon amour. » Je crois qu'on ne saurait mieux dire.

Vivien entra en courant, salua le futur mari de sa mère.

— Soyez le bienvenu, messire Perrin, dit-il spontanément, et que Dieu vous garde !

Marie caressa avec gratitude la jeune tête couronnée de clématites.

— Votre sœur n'est pas avec vous, mon petit faon ?

— Elle n'en finit plus de se préparer, répondit l'enfant.

Il avait bien d'autres préoccupations ! Politesse faite, il se précipita vers les buffets où s'amoncelaient des victuailles.

Le curé de Saint-Eustache fut introduit presque aussitôt. Côme et Marie se portèrent au-devant de lui. Grand, bien découplé, ce prêtre doux et timide avait l'apparence d'un lutteur.

Ce furent ensuite Bertrand et Laudine qui arrivèrent, accompagnés de leur second fils, Renaud, devenu, depuis le départ de Thomas pour le royaume des Deux-Siciles, l'héritier des Brunel et le futur successeur de l'orfèvre.

En dépit de leurs efforts pour faire bonne contenance, le frère et la belle-sœur de Marie avaient bien du mal à se mettre au diapason de la fête. Le sort de leur aîné les assombrissait et nul ne pouvait songer à leur en vouloir.

Parée de bijoux somptueux, vêtue de taffetas pourpre, et suivie de son petit mari qui riait aux éclats, Hersende fit une entrée qui ne pouvait passer inaperçue.

— Votre maison n'est pas mal du tout, chère dame, dit-elle à son hôtesse en la rejoignant. Il faudra que vous me fassiez visiter votre atelier. Je projette de vous faire enluminer certain psautier...

Charlotte pénétra à son tour dans la salle.

— J'aurais tant aimé voir mon père parmi nous ce jourd'hui, murmura à son oreille Marie en l'embrassant. Heureusement que je vous ai, ma tante !

Kateline-la-Babillarde apparut en dernier. Dans cette réunion familiale, elle seule représentait les autres ouvriers enlumineurs, mais aussi l'amitié.

— Messire Perrin est tout à fait séduisant, glissa-t-elle à la maîtresse de maison. Vous êtes bien appareillés tous les deux !

Les valets venus de la rue Troussevache présentèrent alors aux convives des coupes remplies de claret parfumé aux aromates et des plateaux chargés d'amandes aux épices douces, de pistaches confites, de pommes de pin pignon au miel, et de petits pâtés chauds, fourrés à la viande de porc hachée avec des oignons et du cumin.

— Votre logis est plaisant, mais ce quartier est en pleine transformation, disait Hersende à sa future belle-sœur. Ce ne sont partout que chantiers et pans de murs qui s'élèvent. Comment pouvez-vous vivre dans tout ce remue-ménage ?

— Ma foi ! Je n'ai guère le temps de m'en soucier, répondit la jeune femme, décidée à être patiente. L'air y est bon, et la proximité du grand jardin de l'hôtel où vécut la reine Blanche me plaît beaucoup.

Le curé de Saint-Eustache s'entretenait avec Côme et Bertrand.

— Des rumeurs circulent, disait-il d'un air préoccupé. Notre sire le roi songerait à un second départ pour la Terre sainte. J'espère que c'est un faux bruit !

— Outre-mer, les choses vont mal pour nous, reconnut Bertrand, Baïbars l'Arbalétrier a reconquis le pouvoir de Saladin. Il a saccagé Nazareth, rasé l'église de la Vierge. Il a failli prendre Saint-Jean-d'Acre !

— Césarée est tombée l'an dernier, renchérit Côme, et Arsur. Aux dernières nouvelles ce diable de soudan[1] aurait repris Safed !

— Le pire est que le tombeau du Christ est toujours aux mains des Infidèles, continua le curé en soupirant. Le reprendrons-nous jamais ? En tout état de cause, le moment est mal choisi. La santé de notre roi n'est guère bonne et il est plus utile dans ce royaume que nulle part ailleurs !

— Je ne pense pas que notre sire s'arrête à de pareilles objections, remarqua le mercier. Il en est fort loin ! Je le soupçonnerais même d'aspirer au martyre !

_____

1. Sultan.

— Il y a du vrai dans ce que vous dites, admit Bertrand. Mais il me semble que son devoir de roi doit l'emporter sur la tentation de la sainteté !

— Un roi pieux est une grande bénédiction pour le royaume, reprit le curé, mais je le préfère en sa capitale plutôt que dans le désert d'Égypte !

Le petit notaire débitait de fades galanteries à Marie et à Kateline pendant que son épouse, qui était friande de scandales, s'enquérait auprès de Renaud de ce qu'il savait des amours de Thomas et d'Agnès.

Charlotte Froment s'était assise à côté de Laudine.

— Votre Blanche est maintenant à l'abri de tous ces remous, remarqua-t-elle avec un bon sourire. C'est une âme ferme et claire qui a fait sans doute l'unique choix qui en vaille la peine.

— Nous avions toujours pensé qu'elle se marierait, dit Laudine, mais, cependant, nous avons accueilli avec satisfaction l'annonce de sa décision. Je suis allée la voir hier dans son couvent. Elle respire le bonheur de ceux qui ont été touchés par la grâce.

— Il ne m'avait jamais encore été donné d'assister de si près au cheminement de l'appel sacré dans une créature de Dieu, reprit Charlotte. Au cours de ces derniers mois, j'ai suivi en elle l'éclosion et l'épanouissement de sa vocation. C'était comparable à la montée irrésistible de la marée...

Avant de passer à table, on procéda au lavement de mains, dans de belles bassines de cuivre présentées par les valets de Côme. Puis on prit place. Les femmes en premier, les hommes ensuite.

Des hanaps, des écuelles d'argent à deux oreilles, des cuillères, des couteaux à manche d'ivoire, de larges tranches de pain pour recevoir les viandes, des salières ouvragées, et une nef d'orfèvrerie offerte par Bertrand s'alignaient sur la longue nappe blanche.

On apportait une lardée de cerf au poivre noir, des truites en croûte, et un cochon de lait farci, dont les fumets se répandaient agréablement dans la pièce, quand, au moment de réciter le bénédicité, on s'aperçut qu'Aude ne se trouvait toujours pas parmi les convives. Étant la plus jeune, c'était à elle de dire la prière.

— Comment se fait-il que votre fille ne soit point encore prête, chère dame ? demanda Hersende.

— Je l'ignore. Elle a dû s'attarder dans sa chambre. Je vais l'envoyer quérir.

Guillemine, qui veillait, près d'un buffet, au découpage des viandes, fut alertée et dépêcha une servante chercher l'enfant.

Un cri strident en provenance de l'étage supérieur creva le brouhaha des conversations, et la chambrière réapparut presque aussitôt, courant, le visage à l'envers.

— La petite demoiselle gît par terre, à côté du lit, dit-elle d'un air épouvanté, au milieu du silence qui avait accueilli son retour. Elle se tord comme une possédée et sa figure est pleine de bave !

Marie sentit un remous glacé descendre de son cœur à son ventre. Elle jeta un regard éperdu à Côme et se leva, chancelante, décolorée, ses jambes pouvant à peine la porter.

— Ma tante, dit-elle d'une voix étouffée, venez avec moi !

Charlotte était déjà debout.

— Commencez le repas sans nous, dit-elle aux convives alarmés. Nous allons voir ce qu'a cette enfant, et nous vous rattraperons ensuite.

Dans la chambre, le long du lit où sa mère et son frère s'étendaient chaque soir auprès d'elle, Aude se convulsait sur le sol. De violentes contractions agitaient son corps, déformaient ses traits. Les yeux fermés, les lèvres écumantes, elle râlait.

Marie s'agenouilla à côté de sa fille. Elle grelottait. Une terreur immense lui creusait les entrailles. Il lui semblait descendre vertigineusement vers le fond d'un abîme...

Charlotte souleva une des paupières de l'enfant, découvrant une prunelle révulsée. Elle chercha ensuite à introduire ses doigts entre les mâchoires contractées, mais n'y parvint pas.

— Il faut la faire vomir au plus vite, dit-elle d'un ton bref. C'est une question de vie ou de mort.

— Que puis-je faire ? demanda, derrière Marie, la voix détimbrée de Côme.

— D'abord, m'aider à transporter cette pauvre petite sur le lit. Ensuite, appeler Guillemine pour lui dire de monter de la cuisine une cuillère et une cuvette.

Ils eurent du mal à contenir Aude pendant le court trajet à effectuer. Elle se débattait avec violence et se raidissait en de brusques crampes qui la tendaient comme un arc.

Une fois étendue sur la couche, elle continua de s'agiter convulsivement.

— Ma nièce, ordonna la physicienne à Marie qui restait prostrée, venez maintenir votre fille. Elle risque de retomber à terre si on ne l'en empêche pas.

En s'approchant, la jeune femme heurta du pied un gobelet vide qu'elle ramassa en frissonnant et tendit à sa tante.

Charlotte en examina le fond où demeuraient quelques traces d'un épais liquide poisseux et rougeâtre, le renifla.

Côme et Guillemine revenaient.

Non sans peine, en réunissant leurs forces, ils parvinrent tous quatre à retourner le mince corps raidi, secoué d'incessantes trépidations, et à le pencher au-dessus du récipient que venait d'apporter la servante.

Avec le manche de la cuillère, glissé entre les dents serrées, la physicienne effectua une pesée, entrouvrit de force les mâchoires, et enfonça deux doigts au plus profond de la gorge de l'enfant.

Des haut-le-cœur se succédèrent, qui arrachaient à la petite fille des plaintes et des gémissements.

Ce ne fut qu'après bien des efforts qu'elle put rejeter un mélange de nourriture et de purée rouge, gluante, où nageaient des parcelles noirâtres. Une ignoble odeur de vomi se répandit.

— Nous n'arriverons pas à la débarrasser suffisamment de cette manière, dit Charlotte. Il faut maintenant lui faire boire une préparation spéciale.

Comme au temps où elle sauvait régulièrement des vies, dans son service de l'Hôtel-Dieu, elle retrouvait sa rapidité de jugement, donnait des ordres.

— Nous devons nous procurer sans tarder de l'écorce de chêne, continua-t-elle.

— Où voulez-vous, dame, commença Guillemine...

— Il y a des chênes dans le jardin de l'hôtel voisin, dit Marie.

— Bon. Courez demander à Renaud Brunel, qui est certainement le plus agile d'entre nous, de se munir d'un couteau, d'escalader le mur mitoyen et d'aller prélever quelques lamelles d'écorce sur le premier chêne venu.

La servante se précipita hors de la pièce.

— La sauverez-vous, ma tante ? murmura Marie.

— Si Dieu le veut...

L'état de la petite fille ne semblait guère s'améliorer et ses vomissements ne paraissaient pas lui avoir apporté grand soulagement.

— Les baies de l'if provoquent de très fortes douleurs, dit la physicienne. Elles contiennent un poison dangereux qu'il faut coûte que coûte empêcher d'atteindre le cœur...

Penchée au-dessus de sa fille secouée d'affreux tressaillements, Marie demeurait comme assommée, sans larmes, sans réaction... Elle ne pouvait même plus prier. Elle n'était qu'épouvante.

— Où a-t-elle pu se procurer ces maudites baies ? interrogea Côme, qui tenait encore l'enfant aux épaules.

— A Gentilly. Il y a un grand if au bout du terre-plein. Ses fruits étaient justement parvenus à maturité à la fin du mois d'août.

Marie revit l'arbre touffu sous les branches duquel elle s'était assise avec Aude le jour où celle-ci lui avait avoué sa déception au sujet de Colin et ses innocentes amours... De petites boules vermeilles, au cœur noir bleuté, décoraient le feuillage sombre, l'égayaient.

— Dieu ! Ce sont donc ces baies-là que ma fille a cueillies, écrasées, préparées, pour composer cette horrible bouillie rouge qu'elle a avalée seule, ici, pendant que je me divertissais en bas, sans même avoir remarqué son absence !

Ce fut comme si sa poitrine éclatait.

Elle s'écroula, pâmée, dans les plis de sa robe de fête que souillaient des éclaboussures.

— Allongez-la sur le lit, auprès de la petite, conseilla Charlotte à Côme, et occupez-vous d'elle. Je n'en ai pas le temps.

Elle massait avec précaution l'estomac de l'enfant et s'efforçait de lui faire restituer le plus de poison possible.

Penché au-dessus de Marie, Côme lui humectait le visage d'eau fraîche et baisait dévotement les paupières closes de son amie.

En bas, dans la salle, le désarroi avait remplacé la joyeuse effervescence du début. A la suite du curé, les convives des fiançailles interrompues récitaient des oraisons. Les plats entamés refroidissaient sur la table.

Bertrand était sorti avec son fils pour l'aider à franchir le mur mitoyen. Assez vite, Renaud revint. Il avait mis une poignée de lambeaux d'écorce dans un sac qu'on lui avait donné.

— Montons, dit Bertrand.

Marie n'avait toujours pas repris connaissance.

— Sans perdre un instant, vous allez me faire une décoction de ceci, ordonna la physicienne à Guillemine. Vous mettrez ces fragments dans un petit pot d'eau froide et les y ferez bouillir. Pendant ce temps, demandez à la cuisinière de délayer deux blancs d'œufs et de les battre avec soin. Quand la décoction vous paraîtra assez forte, vous la passerez dans un linge, y ajouterez les blancs d'œufs battus, et me monterez aussitôt la préparation... Plus tard, nous aurons besoin de lait...

Aude continuait à se tordre entre les bras de Charlotte qui tentait de la maintenir couchée. Elle délirait. D'abord incompréhensibles, des mots, des phrases lui échappaient.

— Non ! Non ! Mabile ! Non... pas lui... pas lui... personne... L'if est noir, noir, noir...

Elle gémissait, pleurait, se convulsait de nouveau.

— Je le déteste ! Il doit mourir... Sainte Vierge, faites-le mourir ! Non ! Non ! Pas moi, lui ! Lui ! J'ai mal ! Oh ! j'ai si mal !...

Elle haletait.

— Ma mère ! cria-t-elle en se redressant un peu. Ma mère ! Au secours ! Non ! jamais ! jamais ! J'empoisonnerai ce maudit palefrenier !

Elle se renversait, les membres raidis, hurlait, se débattait.

— Jamais ! Jamais ! Ma mère et lui... Non ! Jamais !

Marie revenait à elle, écoutait, tout de suite replongée dans l'horreur.

— Amie, amie, dit Côme en lui baisant les paumes, je vous en supplie, remettez-vous... Je vous aime !

La jeune femme tourna vers lui des yeux éteints, secoua lentement la tête.

— Pour nous tout est perdu, dit-elle dans un souffle. Plus rien n'est possible... Il faudra attendre, attendre...

Incliné vers elle, lui tenant toujours les mains, la considérant avec une expression de consternation éperdue, Côme hésitait à comprendre.

Elle sentit en elle un déchirement de tout l'être.

— Mon amour, murmura-t-elle, mon cher amour, quoi qu'il puisse advenir à présent...

Et, se jetant contre la poitrine de son amant, elle éclata en sanglots.

Guillemine entra, un pot d'étain à la main.

— Maintenant, nous allons avoir à lui faire absorber cette préparation, annonça Charlotte. Ce ne sera pas facile.

— Ma mère ! Ma mère ! criait l'enfant dans son délire. Ma mère, je ne veux pas que le colporteur vous emporte ! Non ! Non ! Je n'ai que vous... N'allez pas dans l'écurie ! N'y allez pas ! Sinon je le tuerai... Je vous délivrerai de lui ! Ma mère ! Si je ne peux pas vous sauver, je me tuerai ! Je me tuerai ! Je ne suis pas comme Thomas... Je saurai mourir pour l'amour de vous !

Elle se soulevait, retombait, brisée, sur les oreillers.

Marie se détacha de Côme, se redressa, fit le tour du lit, déposa sur son coffre, au passage, le long collier de perles et l'anneau d'or où était enchâssée l'émeraude, écarta sa tante avec fermeté, se pencha, et prit Aude dans ses bras.

Sa joue contre la joue de sa fille qu'elle mouillait de ses larmes, elle lui caressa les cheveux, longuement, tendrement...

— Ma perle, ma colombe, ma biche blanche, dit-elle d'une voix cassée et cependant très douce, apaisante, lente, monotone, comme une berceuse. Ma toute petite, il faut boire. Je suis avec vous. Je ne vous quitterai pas. Je ne vous quitterai plus. Je vous le promets... Mais il faut boire, il faut boire, il faut boire...

II

ÉPILOGUE

Mars - Avril 1271

La rade de Carthage... Les ruines de l'antique cité... le sable brûlant... et, tout à coup, au loin, en provenance du camp français, les gémissements, les pleurs, les lamentations d'une troupe désemparée...

— *Le roi est mort ! Nous arrivons trop tard ! Ah ! pourquoi, pourquoi, monseigneur d'Anjou-Sicile, avoir si longtemps fait attendre sur ce rivage maudit, où le mal l'a frappé, notre bon souverain, votre frère... ?*

Les croisés sont écrasés de chagrin, écrasés de maux, écrasés de chaleur ! Le soleil, ce feu du ciel, nous brûle la peau, les yeux, nous met en sueur au moindre effort, tombe sur nous comme une malédiction...

Qui me délivrera de ce haubert de mailles, enveloppe d'acier qui m'enserre de ses fins anneaux soudés, chauffés au four du ciel d'Afrique ? La cotte d'armes, passée dessus pour atténuer les effets de la chaleur sur le métal, ne sert à rien... Fervêtus nous sommes, enfermés dans nos vêtements de combat, et fervêtus nous resterons, en dépit de nos souffrances, condamnés à subir la transformation de nos hauberts en tuniques ardentes...

— *Le roi, notre sire, n'est plus ! Son fils, le prince Philippe, est devenu notre souverain.*

— *Il l'ignore encore... lui aussi est malade, comme la moitié de l'armée... On a préféré lui cacher le plus longtemps possible une fin qui lui donne le pouvoir en de si sombres circonstances !*

Notre duc-roi, Charles d'Anjou-Sicile, s'élance comme un fou... nous le suivons...

— *Ah ! Monseigneur, mon frère !*

Ce cri du cadet devant le corps souriant et apaisé de son aîné ! Il tombe à genoux devant le cadavre qui gît, étendu ainsi qu'il l'a voulu, sur un lit de cendres pour dernière couche. Il lui baise les pieds, et pleure comme un enfant !

Lui ! Le souverain magnifique du beau royaume des Deux-Siciles, lui, le brave, despotique, fier et ambitieux conquérant, il s'écroule et sanglote devant cette dépouille sereine que l'âme vient de quitter...

— *Ah ! Monseigneur, mon frère !*

Le cri éclate, résonne, se propage, retentit à n'en plus finir...

— *Taisez-vous ! Par la merci Dieu ! Taisez-vous ! Il faut dissimuler la disparition du roi de France aux musulmans de Tunis. Ils s'en réjouiraient et fondraient sur nous...*

Les remparts de Tunis ! Le siège ! La pestilence et la chaleur ! La chaleur !...

Thomas se réveilla en sursaut.

Sous les couvertures de laine épaisse, doublées de lièvre, au creux de la couette de plumes, enclos à l'abri des courtines soigneusement tirées, Thomas avait chaud, trop chaud, aussi chaud qu'à Carthage !

Il n'avait plus l'habitude de dormir dans des lits moelleux comme celui-ci... Il avait si longtemps couché à la dure, au hasard des étapes ! Il ne supportait plus le bien-être trop doux, trop mou !

Il s'assit, passa, selon son habitude, ses doigts écartés dans ses cheveux roux, rejeta les couvertures, et se leva en prenant bien garde de ne pas réveiller ses deux frères, Renaud et Charles, qui dormaient près de lui.

La chambre sans feu n'était guère chaude ! Dehors, il gelait. En ce mois de mars glacial, l'hiver ne se décidait pas à laisser la place au printemps. La nature, elle aussi, semblait en deuil, et la rigueur de ce carême convenait mieux à la gravité des événements que ne l'aurait fait le sourire de la belle saison... Le verglas, le gel, la glace rendaient superbes et inhumaines les régions que Thomas et les deux autres émissaires, désignés en même temps que lui afin de préparer le cérémonial de la réception prévue pour le cortège funèbre, avaient dû traverser pour regagner Paris...

Comme il était étrange de se retrouver rue des Bourdonnais, après bientôt cinq années d'errances et d'aventures, dans la vieille demeure familiale inchangée !

Depuis qu'Étienne Brunel, ce grand-père avec lequel il s'entendait si bien, naguère, s'était éteint, au bout de plusieurs mois de paralysie, Bertrand, Laudine et les sept enfants vivants qui leur restaient étaient venus s'installer entre ces murs qui conservaient la trace encore sensible du passé de leurs parents.

En l'absence définitive d'Arnauld, l'aîné, fixé avec les siens à Palerme, le second fils de l'orfèvre succédait maintenant à son père dans sa maison comme dans son entreprise...

Sans bruit, Thomas sortit d'un coffre une couverture de laine doublée de peaux d'écureuils, l'étendit près du lit d'où s'élevaient les respirations paisibles des adolescents gorgés de récits guerriers, s'y enroula parmi l'odeur agreste du foin jonchant le sol, et, comme s'il couchait encore sous la tente, ferma les yeux.

Il ne trouva pas le sommeil pour autant. Trop de choses occupaient ses pensées.

« J'appréhendais ce retour, mais j'avais tort. J'ai sûrement bien fait d'accepter la proposition de monseigneur Charles », songeait-il.

Le duc-roi, dans l'armée duquel il guerroyait depuis près de cinq ans pour soumettre le royaume rétif des Deux-Siciles, savait pouvoir compter sur ce garçon intrépide et ardent.

« Venir à Paris comme messager de ce prince, avec les deux compagnons choisis au même titre que moi pour cette mission de confiance, est bien préférable à piétiner interminablement dans la neige et la boue glacée ! »

La traversée des Alpes et le passage du col du Mont-Cenis lui avaient laissé un souvenir de cauchemar.

Des moines et des villageois savoyards leur avaient pourtant servi de guides. Nés dans la montagne, ils en avaient l'habitude et connaissaient tous ses dangers. C'étaient eux qui avaient délimité dans la neige le parcours à respecter, tendu les cordages le long des précipices, et guidé, dans un paysage de vertige et de blancheur obsédante, le convoi qui s'étirait sans fin. Ils frayaient les passages des mulets de bât, ou des chevaux inquiets, et tiraient les voyageurs sur des sortes de traîneaux rustiques, faits de branches de sapins assemblées par des cordes. Pour se protéger du froid tranchant et de l'étincellement, sous le soleil, des pentes gelées ou neigeuses, on était obligé de porter des capuchons découpés de trous ronds pour la vue et la respiration, ce qui accentuait l'aspect fantomatique du triste cortège.

Le spectacle était impressionnant.

Au milieu des pics, dont l'immensité mystérieuse frappait de crainte et de respect les âmes les mieux trempées, au bord de gouffres sans fond, à travers des couloirs taillés à vif dans la neige ou la glace, la troupe des rescapés de Tunis cheminait misérablement. Les soldats, dont beaucoup étaient mal en point, traînaient avec eux des femmes, des enfants, des malades, des vivres, des bagages, tout un encombrement de choses et de gens qui s'efforçaient de reprendre courage en chantant des cantiques... Et puis, il y avait les cercueils !

« Il est vrai que la série inouïe de malheurs qui, tout au long de notre parcours, s'est abattue sur nous, rendait ce retour abominable ! »

Durant la soirée, il avait tenté de décrire aux siens l'effarante succession de désastres dont ils avaient été les victimes. Mais comment le faire comprendre ? Il y avait une telle différence entre l'existence ordonnée des Brunel et le déchaînement des forces démoniaques qui s'étaient acharnées sur les croisés endeuillés, qu'il était presque impossible d'exposer aux uns les souffrances des autres.

Tel l'enfant prodigue, Thomas était arrivé chez ses parents à l'improviste, en fin de journée. Pour le recevoir dignement et pour faire partager sa joie, son père avait aussitôt convié tous les membres de la famille habitant encore Paris à venir souper chez lui...

Dans un bruit de foin remué, Thomas se retournait d'un côté sur l'autre.

Au cours de cette veillée improvisée, comme il lui avait paru curieux, déconcertant, de revoir autour de lui les visages de ceux qui avaient entouré ses premières années ! Dans la salle, qui était restée celle d'Étienne Brunel, brûlait, comme autrefois, un haut feu de bois, et rien ne paraissait différent... Bien des choses l'étaient, cependant !

« J'ai trouvé mon père plus attentif, moins intransigeant que dans mon souvenir. Aussi assuré, pourtant, prêt à faire face. Ma mère semble satisfaite. Chaque fois qu'elle attend un enfant, elle retrouve cet air de matrone comblée que je connais bien. Tante Charlotte, elle, ne change guère. A peine voûtée... Il est vrai qu'elle m'a toujours paru chargée d'ans et de savoir ! »

La physicienne, qui vivait chez ses neveux, demeurait à présent la dernière représentante de sa génération.

En plus de Charlotte Froment, de Bertrand, de Laudine, d'Arnauld et de Charles, qui n'avaient pas cessé de considérer leur aîné avec émerveillement, de ses jeunes sœurs, Aélis et Mantie, dont il ne se souvenait qu'assez peu et qui étaient devenues mignonnes, il y avait aussi les Leclerc.

Marie, moins gaie, moins allante qu'autrefois, Vivien, maintenant un adolescent de quinze ans, toujours vif et rieur, et, enfin, Aude.

« Je ne l'aurais pas reconnue ! Quel âge peut-elle avoir ? Treize, quatorze ans ? Quelle étrange fille ! Belle, mais scellée. On dirait déjà une femme, et, pourtant, on la sent méfiante comme la gazelle du désert ! »

L'adolescente avait écouté sagement son cousin évoquer la douleur des croisés après la mort du roi, leur abattement. Elle regardait le feu où elle semblait déchiffrer un message perceptible à elle seule. Soudain, elle avait levé les yeux. Ce fut comme si Thomas avait revu le ciel d'Italie... Entre les longues tresses brunes, le visage étroit, au nez fin, à la bouche charnue, au front trop haut, lui parut tout entier dévoré par les prunelles claires. A l'ombre des épais cils foncés, le regard limpide ne faisait pas penser, cependant, à l'innocence, mais plutôt aux profondeurs inconnues de certains lacs de montagne...

Thomas se défit de la couverture, se leva, se mit à marcher de long en large à travers la chambre, en évitant de faire du bruit.

Il avait tant parlé, durant la veillée dans la chaleur du foyer retrouvé, qu'il avait soif à présent.

Il ouvrit la porte avec précaution, descendit l'escalier, se rendit dans la salle où le feu, recouvert de cendres pour la nuit, n'était plus que rougeoiement discret, et gagna la cuisine où il trouva un broc d'eau (cette eau dont il avait tant rêvé dans les sables arides), en but de longues gorgées, puis revint dans la salle.

Le silence, autour de lui, était absolu. On devait être au cœur de la nuit.

Thomas s'approcha de l'âtre, appuya son front à la pierre chaude du manteau de la cheminée. Éclairés par la lueur modeste des braises, ses traits se révélaient plus accusés que jadis, ses cheveux roux, plus ardents. S'il était déjà robuste au moment de son départ, la rude existence menée depuis lors avait encore accru sa prestance, développé sa carrure. L'adolescent s'était transformé en un soldat à la musculature souple et solide.

— Les épreuves que vous avez traversées vous ont accompli, mon fils, avait constaté Laudine, avec un mélange de fierté et de mélancolie. Vous voici devenu un homme fait. Le soleil a foncé votre peau, et les combats élargi vos épaules. Où est mon petit taurillon roux d'antan ?

— Si la vie ne m'a pas épargné, avait-il répondu, c'était, sans doute, que j'avais besoin d'être ainsi accommodé ! Il en est des humains comme des cuirs, plus on les bat, plus ils deviennent résistants !

C'était à ce moment précis qu'Aude, qui n'avait encore rien dit, était intervenue.

— Quelles sont les souffrances qui vous ont paru les plus dures à supporter ? avait-elle demandé. Celles qui blessent le cœur ou celles qui blessent le corps ?

Sa voix n'était plus légère comme au temps de son enfance, mais assourdie et, cependant, chantante sur les finales.

— Le sais-je ? avait répondu Thomas, soudain intéressé. Le sais-je seulement ? Il serait tentant et plus élégant d'assurer que les douleurs morales surpassent les douleurs physiques... Je pencherais, néanmoins, pour celles qui navrent la chair. Les plaies de l'âme n'empêchent pas d'agir, souvent même, elles y incitent. Au lieu que celles du corps nous réduisent à l'état de loques, de pauvres choses meurtries, entièrement livrées à la merci des autres !

— Dieu soit loué ! Vous n'avez pas changé autant qu'on pourrait le supposer, avait constaté l'adolescente à la manière directe et lucide qui avait toujours été la sienne. Vous êtes demeuré tout aussi orgueilleux !

Pourquoi cette pique ?

Thomas se pencha vers le feu qui couvait sous la cendre, l'activa à l'aide d'un tisonnier. De courtes flammes s'élevèrent...

Que lui voulait donc cette cousine si dissemblable des filles qu'il avait fréquentées depuis des années ?

Son retour sur les lieux de ses premières amours lui permettait de constater que l'ancienne affliction, si cruelle, s'était transformée en un souvenir plein de nostalgie, mais aussi de douceur... Agnès ! Il avait fui son pays comme un dément après la mort de celle qu'il aimait. Il avait espéré trouver dans des combats hasardeux le coup de lance ou d'épée qui mettrait fin à sa douleur et les réunirait enfin tous deux... Le Seigneur savait qu'il n'avait pas ménagé sa peine et rien fait pour éviter le danger ! Mais ses blessures n'avaient jamais été assez graves pour mettre sa vie en péril, et il ne lui avait pas été donné de franchir les portes de bronze...

A la longue, la jeunesse l'avait emporté. S'il était certain que le nom d'Agnès conserverait toujours pour lui les résonances de la plus déchirante tendresse, il devait cependant admettre que ce qu'il y avait d'intolérable dans sa souffrance s'était dilué et que le visage aimé s'estompait dans la brume du temps...

L'existence guerrière l'avait jeté dans des aventures sans lendemain. Toujours à combattre, il ne s'attardait nulle part, ce qui lui convenait parfaitement, car il ne souhaitait pas s'attacher.

Il acceptait de ne plus jamais connaître le bouleversement éprouvé au moment où il découvrait l'amour et savait qu'aucune fille, qu'aucune femme, fût-elle la séduction même, ne pourrait effacer de son cœur l'ombre fragile de la disparue... Mais il avait vingt-deux ans, des sens exigeants, et des yeux pour voir...

Il alla chercher un coussin pour y poser la tête, le mit par terre devant la cheminée, et s'allongea sur le sol.

C'était à cet emplacement même, qu'un peu plus tôt, il avait raconté aux siens, assis en cercle autour de lui, la navrante histoire des croisés orphelins de leur roi.

— Qui n'a pas vu le désarroi, l'accablement, le désespoir, qui se répandirent dans le camp de Carthage après la mort de notre sire, ne peut mesurer l'immense prestige et la vénération dont il jouissait parmi son armée, avait-il dit. Tous ces rudes soldats ressemblaient à des enfants dont le père vient de trépasser.

— Il n'y a pas que ses troupes pour l'avoir regretté, avait, à son tour, assuré Bertrand. Jamais monarque ne fut davantage pleuré dans son royaume, ni avec plus de sincérité ! Depuis les hauts barons jusqu'aux plus humbles laboureurs, nous nous sommes sentis frappés, chacun, personnellement, par cette perte. C'est un deuil commun à tous les gens de France. Notre sire Louis le neuvième a su être le meilleur, le plus juste, le plus équitable de nos rois. Tout le monde le sait, tout le monde le dit. Beaucoup pensent qu'il est irremplaçable.

« Il l'est bel et bien, par le sang du Christ ! songea Thomas, étendu dans l'obscurité tiède. Son fils ne lui arrive pas à la cheville ! »

— J'ignore quel règne nous réserve l'avenir, avait-il répondu à Bertrand, pour ne pas trop alarmer les siens, mais le roi Philippe, troisième du nom, ne semble pas posséder toutes les vertus de son père.

— Succéder à un souverain comme celui-là ne serait aisé pour personne, avait fait remarquer Charlotte Froment. Les circonstances qui ont présidé aux passages d'un règne à l'autre n'étaient pas, non plus, particulièrement favorables.

— Il est vrai, ma tante, et, pourtant, Dieu me pardonne ! les malheurs ne faisaient encore que commencer ! Par la suite, l'adversité s'est acharnée sur la famille royale avec une constance stupéfiante ! De mémoire d'homme, on n'a jamais rien vu de pareil !

Comment décrire à ceux qui ne connaissaient que les ennuis de la vie quotidienne, qui vivaient à l'abri des tribulations, ce qu'avait été, réellement, cette hallucinante remontée vers la France ?

Thomas ferma les yeux. Le proche passé le poursuivait jusqu'ici !

... A la place de son neveu Philippe, éperdu de chagrin, et incapable de s'arrêter à une décision, Charles d'Anjou, roi des Deux-Siciles, avait pris le commandement de l'armée.

En dépit de la confiance et de l'élan que ce nouveau chef avait redonnés aux croisés, le siège de Tunis s'était achevé dans les escarmouches et les flux de ventre... Après trois victoires sans lendemain, le duc souverain, approuvé par Alphonse de Poitiers, son autre frère, s'était résigné à signer la paix avec le sultan tunisien. On s'était ensuite préparé au réembarquement.

A la fin du mois d'août, l'armée avait repris la mer, en emportant pieusement le corps du roi Louis et celui du prince royal, Jean-Tristan, né à Damiette, mort à Tunis, avant son père, et dont la vie n'avait été qu'un court passage entre deux expéditions. Selon la coutume, on avait préalablement séparé les entrailles et les cœurs, mis à part dans une urne, des ossements. Après qu'on eut fait bouillir les cadavres pour n'en garder que les os, on avait soigneusement recueilli dans des sacs de cuir les restes imputrescibles du souverain défunt et de son fils, pour les enfermer dans des cercueils et les ramener dans le royaume de leurs pères.

Dès la première traversée, celle qui devait conduire les croisés à Palerme, capitale de la Sicile, une tempête d'équinoxe, digne de l'Apocalypse, avait dispersé la flotte et submergé les vaisseaux, alors qu'ils touchaient au port ! Curieusement, la nef qui transportait les dépouilles royales, arrachée par les flots furieux aux amarres qui la retenaient, et désemparée, avait repris la route de Tunis, comme si un aimant l'attirait vers la côte où le roi s'était endormi dans la paix du Seigneur... Les marins avaient eu le plus grand mal à s'en rendre maîtres...

Ensuite, semée de deuils, la remontée douloureuse s'était poursuivie.

En Sicile, à Trapani, Thibaud, roi de Navarre, et son épouse, la propre fille de Louis IX, Isabelle de France, tant aimée de son père, étaient morts presque en même temps.

En Calabre, la reine Isabelle d'Aragon, épouse adulée du nouveau souverain, Philippe III, avait fait, alors qu'elle était enceinte et presque parvenue à son terme, une chute de cheval en traversant un guet tumultueux. On l'avait relevée expirante et on avait juste eu le temps de la transporter à Cosenza où elle avait rendu l'âme. L'enfant avait péri avec elle.

Un peu plus tard, Alphonse de Poitiers, dernier frère de Charles d'Anjou-Sicile, compagnon de toutes les heures, bonnes ou mauvaises, du défunt roi, s'était éteint, lui aussi, aussitôt suivi par sa femme, Jeanne de Toulouse...

Derrière les paupières de Thomas, l'effarant cortège défilait. Dans la chaleur, puis dans la boue, dans la glace et la neige des Alpes enfin, en plein hiver, le convoi cheminait, lentement, péniblement, interminablement...

Une telle suite d'épreuves passait l'imagination !

La lignée capétienne, renommée jusque-là pour sa chance, connaissait, depuis que Louis le neuvième s'en était allé, une suite ininterrompue de malheurs !

Dans le sillage du pauvre roi Philippe, s'étiraient, comme en une procession de mauvais rêve, les huit cercueils où reposaient son père, sa femme, son frère, sa sœur, son beau-frère, son oncle, sa tante, et l'enfant mort-né de la reine Isabelle !

Sans parler de tous les défunts laissés dans le sable de Carthage, au sein des flots, sous les pierres hâtivement rassemblées du chemin...

« Ce que j'ai vu là est effrayant, se dit Thomas. Avec notre sire Louis, on dirait que bonheur et harmonie s'en sont allés loin de nous. Les vertus de notre roi étaient aussi celles de son règne. Lui parti, il ne nous reste plus en héritage que peur et angoisse ! Les vieux croisés répétaient à tout venant qu'un esprit nouveau soufflait sur la jeunesse, que la douceur de vivre avait amolli les âmes, que le sel de la terre s'affadissait... et qu'on récoltait ce qu'on avait semé ! Les anciens n'ont-ils pas toujours dit des choses semblables, ou bien sommes-nous, véritablement, à la fin d'un temps que nous regretterons ? »

Étendu près du feu, Thomas s'endormit.

Son sommeil continua sa veille.

Il se voyait, dans la neige, franchissant un col alpin, longeant des précipices au fond desquels scintillaient d'étranges lacs bleus bordés de roseaux noirs. Le froid l'engourdissait. Il se penchait pour mieux apercevoir les lacs, glissait, tombait, tombait... se retrouvait au bord de l'eau dont il découvrait alors avec incrédulité et ravissement qu'elle était chaude, très chaude, brûlante...

La sensation d'une présence proche le tira de son rêve.

En ouvrant les paupières, il distingua dans la pénombre une forme blanche qui l'observait. Il se frotta les yeux, se releva sur un coude, et reconnut enfin Aude, sa jeune cousine, qui ressemblait à une apparition.

Vêtue d'une simple chemise de toile lacée sur les hanches, les cheveux dénoués, pieds nus, elle se tenait immobile, assise sur les talons, les mains à plat sur les cuisses. Dans la position qu'elle occupait, sa chevelure épaisse tombait jusqu'à terre et la couvrait en entier d'un manteau vivant que la sourde lueur des tisons moirait de reflets fauves. Un parfum d'héliotrope s'en exhalait chaque fois qu'elle remuait la tête.

— Par la merci Dieu ! Aude, que faites-vous ici, au milieu de la nuit ? demanda Thomas d'une voix ensommeillée.

— Je vous regardais dormir.

— C'est pour assister à ce merveilleux spectacle que vous vous êtes levée quand tout le monde repose ?

Comme le récit du voyageur s'était prolongé fort avant dans la soirée, bien après le couvre-feu, Marie, Vivien et Aude avaient accepté de rester coucher rue des Bourdonnais plutôt que de regagner à une heure pareille leur propre domicile.

— J'attendais le moment de votre réveil.

— Pourquoi donc ?

— Parce que j'ai quelque chose d'important à vous apprendre.

— Vous ne pouviez pas patienter quelques heures ?

Elle secoua lentement le front. Le parfum d'héliotrope s'intensifia.

— Thomas, continua Aude d'une voix grave et cependant violente, Thomas, il faut que vous le sachiez : je vous aime !

Il se redressa à demi.

— Nous ne nous sommes pas vus pendant cinq ans !

— Justement ! Je vous avais presque oublié. Je ne gardais de vous qu'un souvenir assez vague, bien que très admiratif. Votre aventure amoureuse me rappelait celles de certains romans courtois ; mais, enfin, vous étiez loin de mes pensées... Et puis, ce soir, quand je vous ai revu, j'ai su, dans l'instant, que c'était vous et pas un autre, qui m'étiez destiné. De toute éternité.

— Mais enfin, Aude, vous n'y pensez pas !

Elle se redressa d'un coup de reins, vint jusqu'à lui.

Debout devant les tisons rougeoyants, svelte et pourtant épanouie, son corps délié discernable sous la toile trop fine, elle se découpait sur le fond sombre de la cheminée, comme l'image même de la féminité, renforcée du charme vert de son extrême jeunesse.

Elle offrit ses deux mains à Thomas pour qu'il se mît debout à son tour. Face à face, ils se dévisagèrent un moment, sans un geste.

— Vous êtes capable d'aimer plus que le commun des mortels, vous l'avez prouvé, dit-elle sourdement. Je le suis également, je vous prie de le croire. Je vous le prouverai !

Thomas retira ses mains de celles qui les retenaient et s'éloigna de quelques pas.

— Vous avez tout pour plaire, Aude, je vous le concède sans peine, reprit-il comme malgré lui. Mais, enfin, entre nous rien n'est possible ! Vous le savez bien ! Ne sommes-nous pas cousins germains ?

— Ce ne sera pas la première fois que l'amour fera passer outre aux arrêtés de la loi !

— Toute union entre nous serait jugée criminelle. Je suis bien placé pour le savoir !

— Jugée par qui ? Le seigneur Dieu a-t-il jamais rien dit de semblable ? Ni dans l'Ancien Testament, ni dans le Nouveau, je n'ai relevé de condamnation de ce genre ! Au contraire, le Livre saint est rempli d'amours impossibles qui ont pourtant eu lieu ! Du moment que les interdits ne se trouvent pas dans les commandements de Dieu, il n'y a pas à s'en soucier !

Une ardeur si intrépide, si passionnée, émanait d'elle, de ses paroles, de tout son être, que Thomas se sentit troublé.

Levant vers lui ses yeux clairs, elle le fixait comme si elle connaissait de longue date le pouvoir de son regard, comme si elle voulait s'en servir pour le charmer...

— Aude, dit-il encore, mais son accent avait changé, Aude, je vous en conjure, épargnez-vous, épargnez-moi !

Elle sourit, posa ses mains sur les larges épaules revêtues d'une simple cotte de drap blanc, et, se dressant sur la pointe des pieds en un élan si soudain, si impulsif, qu'il ne put s'en défendre, colla aux siennes des lèvres gourmandes, ardentes, et inexpérimentées, dont, cependant, l'apprentissage ne dura qu'un instant...

Jamais encore, Thomas n'avait été embrassé ainsi. Plus ébranlé qu'il ne l'aurait voulu, il chercha d'instinct à lui prendre la taille, mais, d'un souple mouvement de hanches, elle se dégagea et s'enfuit...

Resté seul, le jeune homme passa lentement une main sur sa bouche et s'aperçut qu'elle tremblait...

L'étrangeté d'un destin qui lui faisait revivre, à cinq ans de distance, une épreuve si proche de celle qu'il avait alors connue, le bouleversait, et donnait beaucoup plus d'importance à ce qui venait de se produire. C'était donc pour retrouver une autre Agnès (et combien plus entreprenante !) qu'il avait souffert comme un possédé, s'était battu comme un furieux !

— Sire Dieu ! murmura-t-il d'un ton douloureux, beau sire Dieu, ne me laissez pas succomber à la tentation ! Non, vraiment, ne m'y laissez pas succomber !... Cette fois-ci, je ne réponds plus de moi !

Le matin, après qu'on se fut lavé et préparé, toute la famille se rendit, par un froid toujours vif, à la messe matinale de Saint-Germain-de-l'Auxerrois, afin de rendre grâces pour le retour du fils aîné.

— A bientôt, murmura Aude à l'oreille de Thomas, une fois l'office terminé, en profitant des embrassades familiales. A bientôt !

Marie, Vivien et l'adolescente retournèrent chez eux.

Rue du Coquillier, la vie reprit son cours.

Le premier repas de la journée expédié, Marie gagna l'atelier en compagnie de Vivien, tandis qu'Aude se rendait à la Grande École où elle achevait d'apprendre le latin, la littérature, l'astronomie, l'astrologie, les mathématiques, la musique, le dessin et un peu de droit, en attendant de commencer à étudier la médecine à laquelle elle se destinait.

Dans l'atelier, rien n'avait changé depuis cinq ans, si ce n'est les personnes elles-mêmes. Denyse-la-Poitevine s'en était allée après s'être fait renverser dans la rue par un cheval emballé. Elle avait dû s'aliter pour toujours. Kateline l'avait remplacée comme première ouvrière. Un jeune enlumineur s'était alors présenté. Il s'appelait Anseau, connaissait bien son métier, était plein de gentillesse et de gaieté.

Marie n'avait pas jugé bon d'engager un quatrième compagnon. Elle attendait que Vivien, qui terminait son temps d'apprentissage, pût s'installer à son tour à la table vide de Jean-bon-Valet.

Les meilleurs moments de la vie de l'enlumineresse se passaient maintenant entre ces murs, dans les exhalaisons de parchemin, de colle, d'huile, de plâtre, de couleurs végétales, de céruse, de safran, de cire, et de bien d'autres ingrédients, qui se mêlaient inextricablement pour composer l'odeur rassurante et familière de sa profession.

— Dame, demanda Kateline, en rejoignant bientôt Marie, dame, votre neveu vous a-t-il dit comment se dérouleront les funérailles de feu notre roi ? Tant de bruits circulent...

— Il nous a surtout entretenus des circonstances de sa mort, qui fut humble et chrétienne, puis des affreux malheurs qui ont accablé les croisés durant leur retour. Nous en pleurions en l'écoutant !

— Hélas ! Dame, tout Paris s'en émeut !

— Je vous conterai une autre fois, plus en détail, cet horrible voyage de retour, ma mie, promit la jeune femme. Pour l'heure, je dois distribuer le travail.

Les jumelles s'étaient mariées à deux ouvriers maçons, et les nouveaux aides étaient un garçon et une fille de leurs amis, Martin et Alison Chaucebure, qu'elles avaient recommandés à Marie. Petits, vifs, fort adroits, le frère et la sœur s'étaient vite mis au courant et rendaient de bons services.

Deux apprentis avaient changé d'atelier. On les avait remplacés par Vivien et un de ses amis, Grégoire Maciot, fils d'un peintre sellier, qui désirait exercer la profession d'enlumineur, son père ayant déjà quatre enfants à employer avant lui.

Marie était satisfaite de la façon dont travaillait Vivien. Il partageait avec elle le goût de l'ouvrage bien fait, ne se décourageait pas facilement, possédait un sens très sûr du beau, et se montrait capable de contenir sa pétulance naturelle par amour de son art.

Comme jadis dans l'échoppe d'Ambroise, le bourrelier de Gentilly, il pouvait demeurer des heures sans broncher sur une lettre ornée, tant ce qu'il faisait l'absorbait.

Seulement, une fois sorti de l'atelier, et selon les saisons, il courait nager à la baignade de Paris, près du Petit Pont, s'entraînait avec des amis au tir à l'arc, ou bien s'adonnait à la course à pied dans les faubourgs. Il aimait aussi le canot à rames, et se livrait à des joutes mémorables sur la Seine, avec d'autres adolescents de son âge. Sa nature agitée et nerveuse avait sans doute besoin de se dépenser ainsi.

Marie songeait avec douceur que son fils était affectueux, sain, travailleur, joyeux et bon compagnon, et elle en remerciait le Seigneur. Elle n'attachait pas d'importance à ses petits travers.

Ce matin-là, après avoir distribué sa tâche à chacun, elle alla se pencher au-dessus de l'épaule de Vivien pour juger des progrès accomplis. Il œuvrait à l'illustration d'une Bible commandée par un seigneur flamand de passage à Paris.

Comme apprenti, il ne pouvait prétendre à tout exécuter et s'en tenait aux personnages secondaires, alors que les ouvriers avaient déjà peint les figures principales.

— Pour les sourcils, la ligne du nez, les trous des narines, on mêle du cinabre et de la céruse avec la charnure, commença-t-il à réciter à sa mère en lui adressant une petite grimace complice. Pour les parties du corps à rosir ou à rougir, on ajoute du cinabre et un peu de minium à la charnure.

Marie approuva en riant.

— Par Notre-Dame ! Vous savez bien votre leçon, mon fils, dit-elle en caressant du bout des doigts les cheveux blonds toujours en désordre. Je n'en attendais pas moins de vous !

Partager les joies et les peines du métier qu'ils aimaient leur plaisait autant à l'un qu'à l'autre.

— Pour les lèvres et les joues, continua Vivien, on mélange le minium à la céruse...

— Assez, mon fils, ordonna Marie. Vous avez prouvé votre science. Je vous laisse.

Grégoire Maciot, l'ami de Vivien, était un long garçon maigre, à la pomme d'Adam saillante et à l'œil noir.

— Dame, dit-il comme l'enlumineresse s'approchait, voulez-vous venir voir ? Me faut-il préparer une seconde couche pour consolider la feuille-lustre à décalquer que je suis en train de confectionner ?

Marie savait combien il importait de réussir ce travail et qu'il n'était pas facile.

On enduisait légèrement de suif de mouton une grande pierre unie et polie, sur une longueur et une largeur égales à celles de la feuille. Avec un pinceau, on étendait sur la pierre une couche de colle, composée de colle de peau, de colle adragante, de colle de poisson, mêlée à un peu d'alun et à quelques gouttes de vinaigre, et on laissait sécher. Quand la préparation était prête, on soulevait avec l'ongle cette couche claire et brillante, mince comme la plus fine soie, et transparente comme le verre, et on s'assurait de sa solidité. Si elle ne paraissait pas assez résistante, il fallait alors passer une seconde couche.

On utilisait beaucoup de ces feuilles-lustres dans les ateliers d'enluminure où elles permettaient de gagner du temps pour reproduire certains motifs.

La jeune femme glissa un ongle sous la mince pellicule et secoua la tête.

— Je crains bien que vous n'ayez à recommencer, dit-elle à Grégoire. Cette première couche me semble un peu fragile.

— C'est en forgeant qu'on devient forgeron ! répondit avec sagesse le garçon que rien ne démontait jamais.

Et il se remit à l'ouvrage.

Marie regagna sa table.

Elle commençait à illustrer la marge d'un feuillet qui faisait partie d'un gros livre d'heures. C'était Étienne Boileau, toujours prévôt de Paris, qui le lui avait commandé. Elle avait conservé avec lui de bonnes relations depuis le jour où elle était allée le trouver en compagnie de Côme, quand il s'agissait de faire arrêter les Lombards...

Côme !

Tout en dessinant des rinceaux épineux et des feuilles trilobées, à travers lesquels couraient, sautaient, rampaient, volaient faisans, singes, colimaçons, papillons, libellules, aigles, effraies, chardonnerets, Marie songeait à son amour perdu...

C'était son plus constant et plus douloureux tourment que de ressasser sans fin les circonstances qui les avaient amenés à rompre leurs fiançailles avant même de les avoir rendues officielles ! La tentative de suicide d'Aude, qu'on avait arrachée de justesse à la mort, avait tout brisé... Quelques jours après la fête interrompue, elle était allée trouver Côme chez lui afin de lui rendre l'anneau d'or où était enchâssée l'émeraude de leurs si brèves accordailles.

Avec déchirement, elle lui avait expliqué qu'ils ne pouvaient plus envisager de se marier tant que l'enfant passionnée et excessive resterait avec elle. L'horrible peur ressentie devant le corps convulsé de sa fille lui remontait à tout moment à la gorge, et hantait son sommeil.

— Elle m'aime trop, ami, avait-elle avoué. Sans mesure et sans partage. Si vous m'épousiez, je ne sais pas de quoi elle serait encore capable !

— A cause d'une petite sotte, vous allez condamner nos deux existences à la solitude et aux regrets ! s'était exclamé Côme qui se refusait à comprendre. Ce n'est pas possible. Marions-nous ! Elle s'habituera.

— Elle ne s'habituera pas !

Ils avaient longuement discuté, en envisageant les possibilités qui leur restaient. Elles étaient minces. Le mercier désirait Marie pour femme, non pour amie de passage, mais le chemin de l'autel leur était barré par une volonté enfantine, farouche et obstinée... Ils étaient alors convenus de se voir rue Troussevache, deux ou trois fois par semaine, en attendant qu'une solution plus heureuse se fît jour.

Les mois avaient passé. Étienne Brunel était mort, à la fin d'une nuit de décembre, un peu avant la Noël, sans avoir recouvré la parole, ni l'usage de ses membres. Marie avait pleuré son père avec d'autant plus de tristesse qu'il emportait avec lui toute une part de son enfance heureuse, et qu'il la laissait seule face à l'adversité...

Les entrevues trop brèves, trop hâtives, que Côme et elle parvenaient à soustraire à leur emploi du temps quotidien, ne les satisfaisaient ni l'un ni l'autre. Ils éprouvaient tous deux répugnance et révolte à devoir s'aimer clandestinement, alors qu'ils aspiraient à une véritable existence conjugale.

Lentement, leur entente s'était dégradée.

Marie s'était sentie humiliée de la vie furtive qu'elle devait mener, des précautions qu'il avait fallu prendre. Elle s'était vue contrainte à utiliser des éponges imprégnées d'une décoction de sel gemme et d'alun, afin d'éviter de concevoir. Elle pleurait de honte en utilisant ces objets méprisables que lui avait fournis Charlotte Froment.

Avoir un enfant de Côme aurait été pour la jeune femme une joie essentielle, et, du temps de leur brève espérance, ils avaient souvent parlé ensemble de la famille qui naîtrait de leurs amours...

Marie s'aperçut que le colimaçon qu'elle était en train de dessiner se brouillait devant ses yeux. Elle interrompit son travail et se mit en devoir de tailler une plume d'oie avec un canif...

Que de pleurs elle avait versés depuis leurs fiançailles interrompues ! Ce qu'elle n'avait pas cessé de redouter dès ce moment-là, avait fini par se produire : Côme s'était lassé des difficultés incessantes qui se dressaient entre eux, des rendez-vous remis, des retards, des précipitations, des inquiétudes, des subterfuges, des mensonges... S'il n'avait sans doute pas cessé de l'aimer, il s'était pourtant fatigué d'une liaison qui ne lui apportait pas tout ce qu'il souhaitait. Les événements l'avaient servi. Au printemps 1267, en effet, le roi Louis avait rendu publique sa décision de prendre une seconde fois la croix. Malgré les réserves de ses conseillers, la fièvre des grands départs s'était emparée, une fois encore, des futurs croisés, et les préparatifs étaient devenus l'unique préoccupation du moment. Il fallait compléter les équipements des hommes et des chevaux, et tout prévoir pour le voyage qui s'annonçait. D'où un mouvement d'affaires beaucoup plus important qu'à l'ordinaire. Le mercier y avait trouvé une occasion toute naturelle de déplacements et d'absences renouvelés... C'était Marie elle-même qui lui avait proposé, pour en finir, une séparation devenue déjà effective depuis des mois. Ils avaient décidé de continuer à se voir en amis, mais ni l'un ni l'autre n'avait le cœur assez tiède pour que ce fût possible... Il y avait maintenant plus d'un an qu'ils ne s'étaient rencontrés...

— Cette plume me semble bien difficile à tailler, chuchota, toute proche, la voix de Kateline. Vous devriez en changer, dame.

La première ouvrière était, avec tante Charlotte, la seule personne à qui Marie avait confié ses tourments. Le besoin de parler de Côme à une amie éprouvée l'avait beaucoup rapprochée de Kateline dont elle appréciait la vaillance toute simple, et en compagnie de qui elle dessinait et peignait tout au long du jour.

Venue discrètement à côté de la jeune femme, l'ouvrière rousse posa une main compatissante sur l'épaule affaissée.

— Pour l'amour de Dieu ! Dame, reprenez-vous ! murmurat-elle. Cessez de vous faire du mal !

Et, se redressant, elle entama le récit d'une folle aventure arrivée peu de temps auparavant à la marchande de pinceaux chez laquelle se fournissait tout l'atelier.

Les heures s'écoulèrent.

A son retour de la Grande École, en fin de journée, Aude entra dans la pièce où œuvraient sa mère et son frère. C'était une coutume qui lui était chère. Elle aimait voir travailler les enlumineurs et apprenait souvent ses leçons auprès d'eux. La vie fervente et feutrée d'un lieu où travail et création ne faisaient qu'un lui plaisait.

Quand elle vint les rejoindre ce jour-là, Marie fut frappée par l'éclat qui émanait de toute la personne de sa fille. Depuis quelque temps déjà, l'enfant trop vite grandie s'était transformée en une adolescente aux formes des plus avenantes. De taille moyenne, mince, mais non dépourvue de rondeurs, Aude paraissait plus que son âge. Il était vrai qu'elle allait avoir quatorze ans et pouvait légitimement penser au mariage. Plusieurs de ses amies avaient convolé en justes noces les mois précédents.

En plus des avantages dont la nature l'avait gratifiée au fil des ans, Aude sembla soudain à sa mère parée d'un charme nouveau et plus subtil. Une allégresse radieuse avivait son teint et illuminait ses prunelles comme le font, dans l'eau, les rais du soleil.

— Par ma sainte patronne ! vous brillez ainsi qu'une étoile, demoiselle ! s'écria Kateline qui, elle aussi, fut sensible à cet épanouissement. Je ne vous ai jamais vu aussi bonne mine !

— Le vent est tranchant comme une lame, dit l'adolescente. Il m'aura époussetée !

Elle riait, embrassait sa mère, bousculait les couleurs de Vivien, allait à la cheminée, remettait, dans une envolée d'étincelles, des bûches sur celles qui se consumaient.

— Vous voici bien gaie, ma petite fille, remarqua Marie.

— Ce temps me plaît, assura Aude. La bise a chassé les nuages et le ciel est enfin dégagé. L'hiver s'en va. Malgré le froid, on sent qu'il y a du printemps dans l'air !

— Le printemps, dit Marie, oui, bien sûr, le printemps...

— Ma petite mère, reprit l'adolescente qu'une sorte de frémissement intime semblait agiter, ma petite mère, j'ai envie d'aller passer un moment avec tante Charlotte, dans son herberie, rue des Bourdonnais. Me le permettez-vous ?

— Si vous y tenez vraiment, Aude, allez-y, mais ne soyez pas en retard pour le souper !

Comme elle avait décidé de faire plus tard des études de médecine, l'adolescente avait obtenu de la physicienne une permission tout à fait exceptionnelle : celle de la rejoindre dans la petite pièce, attenante à sa chambre, où elle préparait ses remèdes et recevait ses patients.

Maintenant installée à demeure dans la maison de son frère défunt, où logeaient son neveu et sa nombreuse famille, éloignée de l'Hôtel-Dieu à cause de son âge, Charlotte Froment avait trouvé le moyen de continuer à soigner ceux qui souffraient. Les pauvres gens du quartier n'avaient pas tardé à savoir qu'une femme de haute compétence s'était retirée près de chez eux et qu'elle ne demandait qu'à s'occuper des malades ou estropiés de toute espèce qui pouvaient avoir besoin de ses soins. Aussi était-elle rarement seule et n'avait-elle pas le temps de s'ennuyer.

D'ordinaire, Marie était contente de voir sa fille se rendre chez la physicienne, mais, ce soir-là, une fois Aude partie, elle se sentit mal à l'aise et l'esprit chagrin. L'agitation de l'adolescente lui paraissait insuffisamment expliquée par l'approche de la belle saison.

C'est pourquoi, lorsque les cloches de Saint-Eustache eurent sonné l'interruption du travail, elle décida, malgré la froidure, de se rendre, à son tour, rue des Bourdonnais.

Dès qu'elle fut dehors, le froid l'assaillit. Elle avait pourtant mis des bottes fourrées et s'était enveloppée dans un vaste manteau de drap olive doublé de loutre, dont elle avait rabattu le capuchon, mais le vent du nord soufflait avec furie. Il secouait les enseignes qui grinçaient au-dessus des passants pressés de gagner un abri, mais retardés par des plaques de verglas demeurées sur le sol aux endroits que le soleil n'avait pas visités.

Charlotte logeait à l'extrémité de la grande maison des Brunel, dans deux pièces agréables qui donnaient sur la cour d'entrée. La plus vaste lui servait de salle et de chambre. La plus petite, qu'elle nommait par jeu « son herberie », était consacrée à l'accueil des malades et au rangement des remèdes.

Elle s'y trouvait précisément quand Marie frappa à sa porte.

— Entrez, ma nièce, entrez, dit-elle en introduisant la jeune femme dans la salle. Mettez-vous à l'aise devant le feu, vous devez être gelée ! J'en ai pour peu de temps à terminer un pansement, et je suis à vous.

Tendue de rouge, la salle était meublée avec goût de beaux meubles luisants. Un grand lit occupait le mur opposé à la cheminée. A l'image de son occupante, dont on entendait, dans la petite pièce voisine, la voix qui donnait des conseils, l'installation de la physicienne était chaleureuse et accueillante.

Marie s'approcha du feu.

Se retrouver dans la maison de son enfance, si semblable et pourtant si différente de ce qu'elle avait été, de ce qu'elle demeurait dans son souvenir, émouvait toujours la jeune femme. Les ombres de Mathilde et d'Étienne lui paraissaient devoir errer dans cette demeure où s'était déroulée leur existence de couple... Comme la vie était plus douce, plus rassurante, en ce temps-là...

Charlotte revint.

— Voici que j'en ai fini, ma mie. Laissez-moi vous dire que je suis tout heureuse de recevoir votre visite. Elle se fait rare !

— J'ai tant à faire !

— Je sais, ma nièce, je sais, et ne vous en veux point !

Elle prenait place sur une des banquettes ménagées pour l'hiver sous le manteau de la cheminée, et faisait signe à Marie de venir à côté d'elle, sur le coussin de velours rouge.

— Je pensais trouver Aude céans, remarqua Marie.

— Elle est venue, est même restée avec moi un moment, puis s'en est allée rejoindre ses cousins dans la grande maison.

— Eh bien, je vais l'attendre, dit Marie.

Les deux femmes parlèrent assez longtemps. De Vivien, qui était si facile à vivre en dépit de son tempérament nerveux, et d'Aude qui l'était moins, malgré la tendresse possessive qu'elle vouait à sa mère.

— En grandissant, elle s'est affirmée, expliqua Marie. Sa nature passionnée, que l'enfance tenait en lisière, éclate maintenant à tout propos. Rien ne lui est indifférent. Si le ciel vomit les tièdes, elle ne risque certes pas d'être rejetée !

— Depuis qu'elle est pubère, elle a beaucoup changé, reconnut Charlotte. Dorénavant, il faudra penser à son avenir de femme... de jolie femme...

— Oui, ma tante. La voici devenue, à son tour, objet de tentation !

— Je ne sais si c'est parce que je vieillis, continua la physicienne, mais je décèle partout autour de nous la montée des tentations ! Tout se passe comme si l'Adversaire plaçait ses pièges dans l'ombre, pour préparer son terrain après ce règne si juste, qui ne devait pas lui convenir. Il a sans doute une revanche à prendre sur un royaume qui fut si bien gouverné. Dans la succession des malheurs que nous a décrits hier au soir Thomas, je vois plus qu'une suite de calamités. Je vois un mauvais présage...

— En s'en allant guerroyer à Tunis, contre l'avis de son conseil, notre sire le roi n'a-t-il pas, lui-même, cédé à la tentation du martyre ?

— On pourrait le soutenir, ma nièce. Mais un homme comme lui n'était pas de ceux qui succombent aux avances du prince de ce monde. Sa mort aux rives d'Afrique a certainement un sens qui nous échappe... Laissons cela. Nous parlions de votre fille qui peut se montrer tendre et docile à certaines heures, et tranchante à d'autres. Il ne faut pas vous en alarmer. Quelles que soient ses sautes d'humeur, je l'aime beaucoup, car elle vit par le cœur !

La nuit tombait. Il fallut allumer les bougies d'un gros chandelier de cuivre.

— Puisque cette enfant ne revient pas d'elle-même, je vais la chercher, dit Marie. Je ne voudrais pas rentrer trop tard à la maison.

Dans la salle où son passé rôdait un peu partout, la jeune femme découvrit une dizaine d'adolescents et de grands enfants qui jouaient au « Roi-qui-ne-ment ». Arnaud et Charles, ses neveux, Aélis et Mantie, ses nièces, et quelques amis à eux, riaient, s'interpellaient, se posaient des questions indiscrètes.

Aude ne se trouvait pas parmi eux.

Après avoir salué de la main la jeune troupe, tout en faisant signe qu'elle ne voulait pas déranger, Marie se dirigea vers Tiberge-la-Béguine qui filait sa quenouille auprès de la cheminée. Installée dans un fauteuil encombré de coussins, la vieille femme souriait dans le vide. Elle avait un peu perdu la tête depuis la mort de son maître et parlait toute seule à mi-voix sans jamais se lasser, pendant que ses doigts s'activaient. Sa vie se terminait, là où elle s'était déroulée, au sein de la famille Brunel dont elle faisait, pour ainsi dire, partie.

En s'approchant de l'ancienne intendante, Marie découvrit Thomas et Aude, assis côte à côte sur une banquette de bois à haut dossier, qu'on avait tirée devant le feu, et qui les dissimulait aux yeux des arrivants.

Elle obliqua vers eux, et Thomas, qui l'aperçut seulement à ce moment-là, se leva pour venir la saluer. Aude tourna vers sa mère un visage ébloui et absent. Il n'était même pas sûr qu'elle la vît.

— J'étais en train de décrire à votre fille les attraits de l'Italie, dit le jeune homme. Un pays magnifique !

— Je n'en doute pas. Il y fait certainement moins froid que chez nous, reconnut Marie avec un sourire distrait.

Alourdie par sa grossesse, Laudine entra sur ces entrefaites.

— J'ignorais que vous vous trouviez ici ! s'écria-t-elle en embrassant sa belle-sœur. J'étais au rez-de-chaussée avec les servantes dont je surveillais le travail de couture. Dans cette maison, il y a toujours des montagnes de linge à coudre et de chanvre à filer !

— Je ne voulais pas vous importuner, ma mie. D'ailleurs, il se fait tard. Aude et moi allons regagner notre logis.

En dépit de l'insistance que Laudine mit à la retenir, Marie s'en tint à sa décision.

— Je vais vous accompagner jusque chez vous, dit Thomas. Attendez-moi un instant, le temps que j'aille quérir une lanterne.

— Est-ce bien nécessaire ? demanda l'enlumineresse.

Aude, qui semblait s'arracher avec peine à ses rêves, se leva d'un seul élan.

— Il est bon, la nuit venue, d'avoir un défenseur pour nous protéger, dit-elle d'un air déterminé.

Dans la cour, balayée par une bise glaciale, le trio ne s'attarda pas. Comme il approchait de la porte donnant sur la rue, elle s'ouvrit et deux hommes, suivis d'un valet qui tenait haut une torche, entrèrent l'un après l'autre. Le premier était Bertrand, qui revenait chez lui. Les traits du second restaient noyés d'ombre.

— Que Dieu vous garde, mon père ! dit Thomas en levant sa lanterne pour éclairer le petit groupe.

Le visiteur était Côme.

Marie eut l'impression d'être clouée sur place par une épée de feu.

— Vous, ma sœur ! s'exclama Bertrand. Par Saint-Jean ! Je ne m'attendais pas à vous rencontrer dans cette cour venteuse à une heure pareille !

— Nous partions, balbutia Marie. Nous sommes affreusement en retard.

— Bonsoir, Marie, dit Côme.

— Bonsoir, murmura Marie, et elle se sauva.

Dans la rue, où les passants se hâtaient en disputant les pans de leurs vêtements à la bise, la jeune femme avançait comme une somnambule. A sa droite, Thomas s'entretenait d'elle ne savait quoi avec Aude, tout en les éclairant toutes deux. Son cœur continuait à tressaillir comme celui d'une bête forcée. Jamais elle n'aurait pensé se trouver un jour, dans la cour de la maison familiale, face à face avec son amant perdu ! Elle savait pourtant que Bertrand et le mercier entretenaient des relations amicales, mais son frère avait dû veiller jusque-là à les tenir soigneusement éloignés l'un de l'autre.

Devenu le chef de la famille Brunel, l'orfèvre se souciait beaucoup du destin de tous ceux qui en faisaient partie, et surtout de celui de Marie, la plus jeune de ses sœurs et la moins solidement établie. Depuis cinq ans, il n'avait jamais manqué de lui témoigner son affection, et elle savait pouvoir compter sur lui. Comme tous les autres invités, il avait été atterré par la rupture de fiançailles dont il se réjouissait, et en avait parlé plusieurs fois de suite à sa cadette.

Il devait être navré, à présent, d'avoir été à l'origine d'une confrontation dont il n'ignorait pas que Marie ne pouvait que souffrir.

Sans rien voir, insensible au froid, la jeune femme n'était occupée que d'une chose : le regard de Côme croisant le sien. Révélée par la lueur de la lanterne, une amère réprobation s'y lisait, mais aussi un certain trouble...

Étrangère à ce qui l'entourait, Marie ne remarqua qu'à peine un incident qui survint au coin de la rue des Étuves et de la place Saint-Eustache. A cet endroit, le vent du nord n'avait pas permis au verglas de fondre durant la journée, aussi les pavés étaient-ils encore recouverts d'une mince couche de glace.

Aude, qui marchait à la droite de son cousin, glissa sur la surface gelée, et serait tombée si Thomas ne l'avait rattrapée juste à temps. Afin d'éclairer Marie en premier, il portait la lanterne de la main gauche, et ne disposait que de son bras droit pour saisir l'adolescente. Aussi le fit-il plus maladroitement et plus brutalement qu'il ne l'aurait voulu. Il l'agrippa par la taille et, pour retenir sa chute, la plaqua contre lui. Un bref instant, ils furent accolés l'un à l'autre, mais, durant ce laps de temps, leurs corps, qui ne s'étaient pas encore approchés de si près, apprirent d'un seul coup, en une sorte de flamboiement partagé, qu'ils étaient faits pour s'unir et s'aimer... Aude accentua ce contact en s'appuyant de tout son poids contre Thomas, et, quand ils reprirent leur marche, leurs destins étaient liés...

Le souper se passa pour la mère et la fille dans une brume irréelle. Vivien dut faire tous les frais de la conversation. Découragé par le peu d'échos que ses propos éveillaient chez les deux femmes, il monta dans sa chambre dès le repas terminé.

Depuis le départ de son grand-père maternel, il couchait dans la pièce que Mathieu Leclerc s'était longtemps réservée. Du vieillard pérégrinant sur les routes, on n'avait eu, en cinq ans, que deux fois des nouvelles. Un pèlerin qui l'avait rencontré à Saint-Jacques-de-Compostelle, puis, longtemps après, un marchand qui rentrait de Rome, étaient venus de sa part saluer sa famille et dire qu'il se portait bien.

Vivien songeait souvent à cet aïeul qui lui manquait et dont l'absence, surtout à Gentilly, laissé à la surveillance d'Eudeline-la-Morèle, se faisait lourdement sentir. L'adolescent s'endormit en pensant à celui qui s'en était allé sur les routes pour une mystérieuse œuvre de rachat...

De leur côté, Marie et Aude, qui partageaient toujours le même lit, éteignirent leur bougie après un échange de propos insignifiants. Ni l'une ni l'autre ne pouvait concevoir de révéler ce qui la préoccupait. Tout entière à l'écoute de l'éclosion de la passion en elle, Aude n'en était pas encore parvenue au moment où elle s'inquiéterait d'en avertir sa mère. Quant à Marie, hors d'elle-même, totalement tournée vers les pensées et les agissements de Côme, elle savait qu'elle ne trouverait en sa fille aucun écho à son obsession.

Souffrant depuis de longues années d'insomnies, la jeune femme avait pris l'habitude de boire chaque soir avant de se coucher une infusion d'aubépine et de mélilot. Mais, en dépit de cette précaution, elle ne dormit guère cette nuit-là...

Le carême s'achevait. On allait entrer dans la Semaine sainte. Avec le retour du mois d'avril, le printemps éclata soudain.

Un soleil rajeuni se leva un matin sur la vallée de la Seine, la glace fondit et on découvrit des bourgeons à toutes les branches. En deux jours, le temps se réchauffa.

Chaque soir désormais, à son retour de la Grande École, Aude avait pris l'habitude de se rendre rue des Bourdonnais. Marie n'allait plus l'y chercher. En revanche, Thomas accompagnait souvent sa cousine jusque chez elle et montait volontiers boire un verre de vin chaud à la cannelle dans la grande salle, au-dessus de l'atelier. Après avoir averti les corps constitués de la ville des ordres reçus, et s'être entretenu avec eux des différentes manifestations à prévoir pour les funérailles royales, il en avait terminé avec sa mission. Libre de lui-même comme il ne l'avait jamais été, il ne s'en trouvait que plus dangereusement disponible, et éludait les questions que ses parents ne manquaient pas de lui poser sur ses projets.

Le samedi avant les Rameaux, Marie, qui avait fermé son atelier après le travail du matin, comme elle en avait l'habitude tous les samedis et veilles de fête, s'en alla, sitôt le dîner achevé, faire des achats qu'elle remettait depuis longtemps.

Peu après son départ, Thomas arriva rue du Coquillier. Aude le reçut, lui offrit du lait d'amande, qui convenait mieux au beau temps revenu que le vin chaud, puis les deux jeunes gens descendirent dans le jardin où le printemps avait, en fort peu de jours, éveillé la nature. D'avoir été retardée, l'explosion du renouveau n'était que plus éclatante. Sous la lumière moins dorée que celle de l'été, fine, allègre, mais déjà chaude, une buée verte était apparue dans les bosquets et sur les moindres ramures. La force débridée de la vie jaillissait de toutes parts. Pervenches, violettes, primevères, pointaient entre les feuilles pourrissantes de l'hiver précédent. Les oiseaux semblaient ivres de reconnaissance, et ce n'étaient que roulades, pépiements, sifflements et ramages.

L'air était de nouveau parfumé, et une brise joueuse véhiculait des senteurs d'herbe naissante et de terre fécondée.

Guillemine, qui revenait de la resserre, au fond du jardin, où elle se laissait courtiser par un porteur d'eau qui ne lui déplaisait pas, longeait une allée tout en réajustant sa coiffe, quand elle entendit une sorte d'exclamation sourde qui l'intrigua.

A pas de loup, et se dissimulant derrière les massifs de buis, de houx, ou de résineux, toujours verts, elle se glissa au bout du clos. Sous le couvert d'un coudrier dont les branches souples, parées de leurs frêles chatons, retombaient très bas, se trouvait un banc de pierre couvert de mousse. Aude y était allongée. Ses nattes luisantes avaient glissé jusqu'au sol. Un genou en terre, à côté d'elle, Thomas l'embrassait avec une sorte de voracité éperdue, tandis que ses mains parcouraient avec fièvre le jeune corps abandonné.

Médusée, Guillemine demeura sur place.

— Plus j'y pense, mon doux ami, murmura l'adolescente d'une voix oppressée, quand Thomas lui en laissa le temps, plus j'y pense, moins je m'étonne de vous aimer : je songe à un présage...

Elle prit entre ses mains le visage du jeune homme et le considéra avec des prunelles luisantes de joie.

— Je vais vous raconter une chose que tout le monde ignore, continua-t-elle. La nuit de la Saint-Jean, à Gentilly, voici bientôt cinq ans, je vous ai vus dormir, Agnès et vous, sous la tente de toile pourpre où vous vous étiez réfugiés. Immobiles, tels des gisants, vous reposiez chastement, votre dague plantée entre vous deux. Je suis restée un long moment à vous contempler. J'admirais la pureté et le courage dont vous faisiez preuve en cette étrange circonstance... Il me revient qu'une chose m'avait alors frappée : projetée à l'intérieur de votre abri par le clair de lune, mon ombre se découpait, mince et noire, ainsi qu'une troisième présence, exactement entre vous deux...

Thomas appuya sa tête contre l'épaule de son amie. La lumière printanière faisait briller comme du cuivre sa crinière de lion.

— Mes amours avec vous, ma belle Aude, sont en effet la réplique sombre et ardente de la douce aventure que j'ai vécue avec Agnès, dit-il d'un ton passionné. Vous et elle ne détenez pas les mêmes pouvoirs... Elle était une fée, vous êtes une magicienne...

— J'ai toujours su que je saurais aimer...

Un nouveau baiser l'interrompit. La violence, la faim amoureuse dont témoignait leur étreinte, mirent le sang aux joues de Guillemine.

D'une main, Thomas releva le bas de la cotte de laine bleue, s'aventura, remonta...

Aude saisit le poignet du jeune homme.

— Pas maintenant, pas ici, souffla-t-elle. Bientôt ! Ailleurs !

Thomas interrompit son geste, mais, s'inclinant vers les jambes découvertes, que gainaient des chausses noires retenues par des jarretières bleues, il posa ses lèvres juste au-dessus des rubans de soie brodée, là où la peau blanche et douce des cuisses était découverte.

Le gémissement que cette caresse arracha à l'adolescente mit Guillemine en fuite.

Thomas resta un moment immobile, éperdu, agenouillé dans sa position fervente... Il se redressa enfin, les yeux toujours fixés sur Aude. Étendue sur le banc, elle avait fermé les paupières, pour retenir et goûter au plus secret d'elle-même son émoi, comme si elle n'osait pas encore le partager avec son ami.

— Je n'en peux plus, dit enfin celui-ci d'une voix sourde. Non, sur mon âme, je n'en peux plus ! Le printemps coule dans mes veines et me brûle le sang !

Et il s'élança hors du jardin.

Le lendemain, dimanche des Rameaux, après la grand-messe, toute la famille alla dîner rue des Bourdonnais.

Marie ne remarqua rien d'insolite dans la conduite de sa fille, qui semblait se partager équitablement entre ses cousins et cousines.

Durant le repas, fort simple puisqu'on commençait la Semaine sainte, on parla de Djamal, retourné en Égypte, et de Blanche. Tout portait à croire qu'elle serait bientôt sous-prieure. Ses parents étaient allés la veille lui rendre visite dans son couvent de Clarisses.

— Dans l'exercice d'une charge qui n'est certes pas de tout repos, je suis certain qu'elle saura faire preuve de fermeté, mais aussi de finesse, dit Bertrand, qui avait toujours été fier des qualités de sa fille aînée. Elle me rappelle de plus en plus notre mère.

— Elle tient d'elle bien des traits de caractère, reconnut Marie. Mais elle est allée encore plus loin dans le don de soi : c'est à tous les êtres souffrants qu'elle a étendu la sollicitude que notre mère nous réservait.

— L'amour maternel peut se manifester de bien des façons, assura Charlotte Froment, mais, sous quelque aspect que ce soit, il demeure le miel de la terre...

Pourquoi Marie croisa-t-elle, juste à ce moment, le regard de sa fille ? Ce qu'elle y déchiffra d'inquiétude, d'interrogation inavouée, de tendresse meurtrie, l'alerta et lui gâcha tout le reste de la journée. Que se passait-il encore une fois derrière ce front lisse que ceignait aujourd'hui un galon d'orfroi ?

Elle promena ses idées noires sous un ciel de soie bleue qu'illuminait un clair soleil d'avril. Le printemps s'affirmait.

Tout le monde se rendit, hors les murs, aux bords de la Seine, pour assister à une joute entre canots à rames, à laquelle participait Vivien.

En raison de ses deuils, et, tout spécialement, de celui de son roi, le royaume renonçait aux festivités pendant de longs mois, mais il n'en restait pas moins que la jeunesse avait besoin de prendre de l'exercice. On limita donc cette manifestation aux joutes, et nul bal, nul repas champêtre, ne vint clore la journée. Chacun rentra chez soi, sans avoir puisé dans ces premiers ébats de la saison le réconfort que, d'ordinaire, ils ne manquaient jamais d'apporter avec eux.

Les Brunel et les Leclerc se séparèrent. Marie rentra chez elle avec Aude et Vivien, celui-ci encore tout excité par la compétition qu'il venait de disputer.

L'adolescente prétendit que le premier soleil lui donnait toujours mal à la tête et qu'elle n'avait pas faim. Aussi laissa-t-elle sa mère et son frère souper seuls, et, sitôt rentrée, monta-t-elle dans sa chambre.

Après le repas, l'enlumineresse resta un moment dans la salle à bavarder avec Vivien, devant la fenêtre ouverte sur le jardin qu'envahissait une nuit encore frileuse. Puis, l'heure en étant venue, elle alla se coucher à son tour.

Sa tisane bue, sa prière faite, Marie s'allongea auprès de sa fille qui, enfouie sous les draps, paraissait dormir. A demi rassurée, la jeune femme s'assoupit assez vite. Le grand air des bords de Seine lui avait donné cette fatigue languide, cette sensation de sentir ses os sous la peau, que procurent les premières chaleurs.

— Ma mère ! Ma mère ! Réveillez-vous !

Chargée d'angoisse, la voix d'Aude la tira de ses songes.

— Qu'y a-t-il donc ?

Encore tout enduite de sommeil, elle se débattait entre rêve et réalité.

Il lui fallut un moment pour constater que l'adolescente, habillée, son manteau bleu sur le bras, un couvre-chef de lingerie sur la tête, se tenait debout à son chevet.

Aude écarta les courtines, et Marie vit qu'une bougie était allumée sur la table qui lui servait d'écritoire. La nuit était encore épaisse.

— Que se passe-t-il, ma douce ?

Comme elle n'obtenait pas de réponse, elle s'aperçut, à la lueur de la bougie, que des larmes coulaient sur le visage crispé de sa fille. Elle s'assit brusquement, le cœur aux abois.

— Pour l'amour du Ciel ! Qu'avez-vous, ma petite enfant ?

— Oh ! Ma mère ! s'écria Aude en sanglotant. Oh ! Pourquoi faut-il que je vous fasse du mal, moi qui ne vous veux que du bien !

— Du mal ? Quel mal ? Je vous en prie, expliquez-vous !

Aude se laissa glisser à genoux le long du lit, prit une des mains maternelles, y appuya sa joue.

— Je vais partir, murmura-t-elle entre deux sanglots. Partir avec Thomas.

— Que dites-vous ?

— Nous nous aimons, ma mère ! Nous nous aimons pour toujours, mais nous sommes cousins et ne pouvons espérer obtenir la permission de nous marier. Il ne nous reste donc qu'à fuir, loin d'ici, loin des lois qui nous sont contraires, pour aller vivre dans un pays où personne ne nous connaîtra !

Marie ferma les yeux.

— Je perds le sens, dit-elle tout haut.

Aude leva vers elle un visage ruisselant, mais farouchement déterminé.

— Cet amour nous a possédés en un instant, dit-elle, mais il est indestructible. Rien ne nous fera renoncer l'un à l'autre. Jamais.

— Mais, enfin, ma petite fille, on ne joue pas sa vie à pile ou face, sur un coup de cœur !

— Vous me connaissez, ma mère, et savez de quoi je suis capable. Si je vous affirme qu'il s'agit pour moi d'une question de vie ou de mort, vous devez me croire.

— Et Thomas, malgré son âge, malgré sa malheureuse expérience passée, n'est pas plus raisonnable que vous !

— La raison n'a rien à faire ici.

Aude se releva.

— Je vous en conjure, ma mère, ne nous quittons pas sur des paroles cruelles et inutiles. Je ne reviendrai pas sur la décision qu'il nous a fallu prendre, mais je voudrais tellement me séparer de vous en bonne amitié !

Marie rejeta ses draps, se leva, s'enveloppa dans une robe de chambre blanche qui attendait de servir sur la perche-aux-vêtements fixée le long du mur, et s'assit sur une chaise, près de la table éclairée. Avec cette tunique ample et flottante, la coiffe de linon qui protégeait ses cheveux, elle ressemblait à une moniale se rendant à un office de nuit, en quelque monastère.

— Avez-vous seulement imaginé combien votre folie va affliger nos deux familles ?

— L'expérience que Thomas possède de ce genre d'affaires fait qu'il ne peut s'illusionner en rien sur les suites que nous avons à en attendre si nous restons ici. Ou nous partons vivre notre amour loin de France, ou nous y demeurons, et nous sommes perdus.

— Vous avez donc choisi de nous sacrifier !

L'adolescente vint s'agenouiller de nouveau aux pieds de Marie.

— Ne croyez surtout pas, ma mère chérie, que je m'en vais sans souffrance et sans regret ! Je vous jure que s'il y avait eu la moindre chance d'obtenir la dispense nécessaire à notre mariage, nous aurions tout tenté pour l'obtenir...

Elle se remit à pleurer doucement.

— J'aurais tant aimé vous avoir près de moi, heureuse et consentante, le jour de mes noces !

— Mais vous vous en allez !

— Je l'aime, ma mère, je l'aime à en mourir... Que puis-je faire d'autre que de le suivre... ?

— Vous accepterez tous deux de vivre en état de péché mortel ?

— Le péché mortel serait de vivre hors mariage, mais il n'en sera rien. Nous nous fixerons dans un pays où nul ne saura qui nous sommes, et le premier prêtre venu nous unira sans se douter de notre cousinage. Peut-être sans valeur aux yeux des hommes, cette union sera valable devant Dieu, qui n'a jamais interdit à des cousins de s'épouser !

Accoudée à la table, Marie laissa tomber sa tête entre ses mains. C'était donc pour en arriver là qu'elle avait renoncé à devenir la femme de Côme !

Après un moment de silence, elle soupira, releva le front, se redressa.

— Comment comptez-vous procéder ?

— Thomas va venir bientôt, à l'aube, me chercher avec deux chevaux. Il s'arrêtera sous nos fenêtres, et je descendrai le rejoindre en emportant ce ballot où j'ai mis quelques effets.

— Dieu Seigneur ! dit Marie. Vous partirez comme des voleurs !

— Comme des amants... Comme tous ceux qui s'aiment sans en avoir le droit !

— Où irez-vous ?

— A Salerne, en Italie. Thomas y a des amis orfèvres avec lesquels il pourra travailler. Pour moi, j'y suivrai des cours de médecine dans la plus célèbre université de toute la chrétienté !

— Vous avez tout prévu !

Aude se releva. La lueur de la bougie éclairait par en dessous son visage intrépide, bien que mouillé de larmes.

— Ne vaut-il pas mieux partir en sachant où se rendre, que de vagabonder au hasard ?

Tant de détermination, une si implacable logique, désarmèrent Marie.

— Mon Dieu, ma petite fille, dit-elle, que de tourments vous m'aurez donnés !

Aude se jeta dans ses bras.

— Je vous en prie, je vous en supplie, ma mère, ne m'en veuillez pas ! Après Thomas, vous êtes la personne que j'aime le plus au monde !

— Après Thomas !

— Bien sûr ! N'est-il pas dit que l'homme et la femme quitteront leurs pères et leurs mères pour s'unir à jamais ?

Marie se sentait soudain lasse, lasse...

Au loin, le cor du guet sonna le jour.

Aude se serra contre celle qu'elle allait quitter.

— Je vous ferai parvenir de nos nouvelles toutes les fois que j'en trouverai l'occasion, dit-elle précipitamment.

— Vous savez aussi bien que moi le temps que met la moindre missive avant de parvenir à son but, soupira Marie. Il y a tant de hasards au long des routes !

— Pourquoi ne viendriez-vous pas, vous-même, dans quelques mois, nous retrouver à Salerne pour y passer l'hiver prochain avec nous ?

— Folle ! dit encore Marie, mais sa voix avait retrouvé sa tendre inflexion habituelle.

Longtemps, elles s'étreignirent, pleurant et s'embrassant.

Soudain, elles entendirent des pas de chevaux sur le pavé de la rue. Aude tressaillit. Marie eut l'impression qu'une main de glace serrait son cœur entre ses doigts...

— Ma mère, dit Aude avec gravité, ma mère, il faut que vous vous consoliez en vous répétant que votre fille sera heureuse !

Marie prit l'ardent et mince visage entre ses paumes, le contempla comme pour le graver à jamais dans son esprit...

— Va, dit-elle tout bas, va donc vers celui que tu aimes, ma petite fille ! Peut-être est-ce toi qui as raison !

Aude inclina le front. Du pouce, sa mère traça un signe de croix à l'ombre du voile de mousseline, et l'enfant amoureuse s'enfuit pour ne plus revenir.

Peu après, Marie entendit la porte d'entrée qui s'ouvrait et se refermait doucement. Comme sa chambre n'avait pas de fenêtre donnant sur la rue, elle s'élança dans l'escalier et se précipita à l'une des croisées de son atelier. Elle y parvint pour voir sa fille qui se mettait en selle. Le visage levé vers elle, un visage empreint de bonheur, d'angoisse et d'impatience, Thomas l'aidait. Sur les joues de l'adolescente, des traces de pleurs étaient encore visibles, mais le sourire qu'elle adressa à son ami rayonnait.

Pas une fois, elle ne tourna les yeux vers la maison qu'elle abandonnait derrière elle.

Marie demeura à sa place jusqu'à ce que les deux cavaliers eussent disparu au premier carrefour, dans le matin frais et soyeux d'avril, puis elle remonta dans sa chambre comme si elle avait cent ans.

Dans la pièce close, le parfum d'héliotrope traînait encore...

« Heureusement, il me reste Vivien, songea-t-elle pour tenter d'endiguer le flot d'eau grise qui l'étouffait. Il ne me quittera pas, lui, puisque son travail le retient ici ! Il se mariera un jour, aura des enfants... Je serai grand-mère... Mon Dieu ! Ayez pitié de moi ! »

Son chagrin creva d'un coup. Emportant toutes ses défenses, la marée grondante la submergea.

La figure enfouie dans les draps où sa fille dormait si peu d'heures auparavant, elle se laissa couler...

La conscience du temps la quitta. Quand elle reprit ses esprits, il faisait grand jour. Elle redressa la tête. Ses tresses blondes, qui s'étaient dénouées, glissèrent sur ses épaules. Elle frissonna... Plus jamais Aude ne rentrerait dans cette pièce...

En s'en allant, elle avait cédé la place au mince fantôme de la petite fille exigeante et si tendre qu'elle avait été. Il faudrait bien que Marie s'en contentât. C'était là tout ce qui lui restait... Une autre mère aurait, peut-être, essayé de retenir par la force l'ingrate qui reniait si aisément leur commun passé, mais Marie savait que l'amour que nous portons à nos enfants ne nous donne pas de droit sur eux. Il lui faudrait désormais apprendre à vivre amputée de sa fille...

Elle avait sans doute eu raison de laisser Aude suivre sa voie comme elle l'entendait, en compagnie de celui qu'elle aimait... Elle voulait s'en persuader, mais ce n'était pas facile...

Un bruit de pas dans le couloir alerta la jeune femme. La maison s'éveillait. Guillemine allait bientôt pénétrer dans le cabinet attenant pour y préparer le bain de sa maîtresse. Il ne fallait pas qu'elle la trouvât ainsi, prostrée, perdue dans son chagrin... Marie se releva, sortit de la pièce. Sans rencontrer personne, elle descendit dans l'atelier d'où elle gagna le jardin.

Sous les branches, l'air circulait comme une eau vive. Les oiseaux chantaient. Dans le ruissellement de la lumière matinale, la végétation naissante, fragile et triomphante à la fois, éclatait de sève...

Aude et Thomas devaient chevaucher au plus près, ivres de printemps et d'amour, sur la route étincelante qui les conduisait vers un avenir insoupçonnable, hérissé de difficultés...

Marie respira profondément. En dépit de sa peine, la contagion du renouveau la gagnait. Jamais son jardin ne lui avait paru plus beau. La splendeur du moment était telle qu'on ne pouvait pas ne pas être réconforté par tant de douceur...

Marchant au hasard, la promeneuse se disait qu'il était impossible que les merveilles de la création ne fussent pas signes et engagements. Celui qui nous avait donné un tel lieu d'exil, ne nous promettait-Il pas, implicitement, beaucoup plus et encore beaucoup mieux ailleurs ? Il suffisait de s'en remettre à Lui, de Lui faire confiance... L'ordre de la nature était la preuve de l'existence du Créateur. La beauté du monde n'était-elle pas celle de Son amour ?

Comme on remonte du fond de l'eau en frappant le sol du pied, Marie se sentait émerger de sa peine par la grâce de ce matin d'avril. Elle revenait à la surface pour constater que l'existence était belle et qu'elle pouvait encore être bonne...

« Dieu Seigneur, je sais que nos épreuves n'ont de sens que si elles sont surmontées, et qu'alors, elles apportent beaucoup... Vous le voyez, je l'admets. Mais celle-là est très dure. Donnez-moi de la dépasser... C'était donc à ce dépouillement que Vous vouliez me conduire ? A ce dépouillement du cœur ? Plus nous sommes démunis, plus Vous Vous préoccupez de nous. Vous nous attendez, sur le chemin de ronces, pour nous offrir l'Espérance... »

Elle respira de nouveau, longuement, profondément, l'air frais à goût de miel, tendit son visage à la lumière.

« A aucun prix, je ne dois me laisser aller, m'abandonner au découragement, se dit-elle encore. Ce serait lâcheté. J'ai ma foi en Dieu, Vivien, mon métier, ma famille, et, qui sait... Côme, peut-être ? »

Le Mesnil-le-Roi, le 2 mars 1981.

Annexes

Préface à la première édition
de *La Chambre des dames*

par *Régine Pernoud*

Lorsque Jeanne Bourin me demanda de préfacer son ouvrage, j'ai quelque peu hésité. L'amitié certes me portait à accepter ; mais s'il a le respect de l'œuvre littéraire, l'historien ne se sent pas qualifié pour y participer : son travail à lui relève sinon d'une technique, du moins d'une discipline fort éloignée de la création romanesque. Il est vrai qu'en France surtout on a très peu le sentiment des exigences qu'impose le métier d'historien. Ne voit-on pas, très couramment, des directeurs de collections demander à des romanciers ou romancières un ouvrage d'« Histoire » ? On croit qu'il suffit de savoir écrire pour pouvoir composer une page d'Histoire. L'exemple de Michelet est toujours plus ou moins implicitement invoqué – et l'on oublie que l'immense talent de Michelet fut servi par sa carrière d'archiviste, et que le décalage certain, quant à la valeur historique, entre ses premières et ses dernières œuvres, vient précisément de ce qu'il cessa, en 1852, d'exercer une fonction qui le mettait en contact direct avec le document d'Histoire.

Aussi ne voulions-nous pas, après avoir si souvent déploré que des romanciers se mêlent d'Histoire, nous mêler nous-même de roman.

Mais le roman que voici procure au médiéviste un bonheur rare : celui de présenter des images du « Moyen Age » qui rompent tout à fait avec le « Moyen Age » des romanciers (sans parler de celui des journalistes !). A peine croyable : le décor est tout autre que celui de la Cour des Miracles et du Gibet de Montfaucon ; il n'est pas question de serfs torturés, écartelés et massacrés par des seigneurs brutaux et avides ; la faim, la terreur et la misère ne sont pas le cadre de vie exclusif des gens qui bâtissent des cathédrales ; leur existence se déroule autrement que dans une menace quotidienne de fléaux et d'exterminations. Des gens comme vous et moi, occupés de leur travail, de leur entourage familial, de leurs ambitions et de leurs amours, de leurs désirs et de leurs passions. Une humanité semblable à ce que fut depuis toujours l'humanité.

C'est très surprenant si l'on songe que traditionnellement chez nous il était convenu que parmi les quelque six millénaires que comporte l'histoire de l'homme, l'un d'entre eux, celui qui va du Ve au XVe siècle de notre ère, avait eu ce triste privilège de ne produire que des brutes et des monstres, sous-alimentés, sous-développés et intellectuellement demeurés. Que ce fût le même temps qui ait produit la Merveille du Mont-Saint-Michel, le portail de Reims, la poésie des Troubadours et le Roman de chevalerie n'entamait pas cette légende d'un « Age de ténèbres » faisant tache dans l'histoire des hommes – légende soigneusement entretenue par l'enseignement à tous les degrés, de l'école primaire à l'Université (création pourtant de ces siècles obscurs !).

Voilà pourquoi une médiéviste ne pouvait moins faire, à la lecture du roman de Jeanne Bourin, que de saluer une œuvre dans laquelle les personnages sont bien ceux qu'elle rencontre aussi à travers les chartes et les chroniques, les actes de donation et les rôles des comptes – bref les documents d'Histoire. Hors de tout jugement de valeur, elle y retrouve son monde quotidien, et c'est pour elle une heureuse surprise. Le lecteur en sera peut-être déconcerté ; ce n'est pas ainsi qu'on lui a appris à imaginer la vie au XIIIe siècle. Mais quel que soit l'apport de création qui fait la valeur propre du roman, les personnages ici évoqués vivent en fait la vie de leur temps.

Et l'on se prend à penser : pourquoi cette coupure ? Comment, en une époque qui s'est crue rationnelle et scientifique, a-t-on pu poser un postulat aussi absurde que celui qui jetait sur mille années un préjugé de sottise et d'ignorance ? Comment a-t-on pu ériger en axiome le mépris historique ? Aujourd'hui encore où l'opinion a considérablement évolué, n'est-ce pas quotidiennement qu'on entend employer le terme « Moyen Age » pour signifier misère et abrutissement ?

On parle souvent de « France coupée en deux ». Est-ce vrai dans l'espace ? ou dans les statistiques ? Ce n'est pas à nous d'en juger. Mais c'est rigoureusement vrai dans le temps. Faire comme si notre pays n'avait commencé à exister qu'au XVIe siècle, c'est scientifiquement inacceptable. En nous persuadant de son manque d'intérêt, voire de sa non-existence, on nous a frustrés de notre passé.

Œuvres de Jeanne Bourin

Le bonheur est une femme (Les Amants de Talcy), Casterman, 1963 (épuisé).

Très Sage Héloïse, Hachette, 1966 ; La Table Ronde, 1980 ; Le Livre de Poche, 1987. *Ouvrage couronné par l'Académie française.*

La Dame de Beauté (Agnès Sorel), Presses de la Cité, 1970 ; La Table Ronde, 1982 ; Le Livre de Poche, 1987.

La Chambre des dames (préface de Régine Pernoud), La Table Ronde, 1979 ; Le Livre de Poche, 1986. *Prix des Maisons de la Presse 1979. Grand Prix des lectrices de* Elle *1979.*

Le Jeu de la tentation (tome II de *La Chambre des dames*), La Table Ronde, 1981 ; Le Livre de Poche, 1986. *Prix Renaissance 1982.*

Les Recettes de Mathilde Brunel, Flammarion, 1983. Réédité sous le titre : *Cuisine médiévale pour tables d'aujourd'hui,* Flammarion, 1991. *Prix de la Poêle de fer. Prix Charles-Monselet.*

Le Grand Feu, La Table Ronde, 1985 ; Folio, 1988. *Grand Prix catholique de littérature 1986.*

Le Sanglier blanc (conte pour enfants), Grasset, 1987.

Les Amours blessées, La Table Ronde, 1987 ; Folio, 1989.

Les Pérégrines, Éditions François Bourin, 1989.

La Rose et la Mandragore, plantes et jardins médiévaux (album), Éditions François Bourin, 1990.

Les Compagnons d'éternité, Éditions François Bourin, 1992.

L'Ami Séraphin (conte pour enfants), Éditions Bourin/Julliard, 1993.

La Garenne, Éditions Julliard, 1994.

Cet ouvrage a été composé
par Nord Compo, Villeneuve-d'Ascq, Nord
et achevé d'imprimé en juillet 2003
par Normandie Roto Impression s.a.s.
61250 Lonrai
N° d'impression : 031691

Imprimé en France